GRIJALBO

DICCIONARIO PRÁCTICO

GRIJALBO

DICCIONARIO PRÁCTICO

DICCIONARIO PRÁCTICO GRIJALBO

© 1996, Editorial Grijalbo, S.A. de C.V.

2a. reimpresión, 2006

D.R. 2006, Random House Mondadori, S.A. de C.V.
 Av. Homero núm. 544, Col. Chapultepec Morales,
 Del. Miguel Hidalgo, C.P. 11570, México, D.F.

www. randomhousemondadori.com.mx

Queda rigurosamente prohibida, sin autorización escrita de los titulares del *copyright*, bajo las sanciones establecidas por las leyes, la reproducción total o parcial de esta obra por cualquier medio o procedimiento, comprendidos a reprografía, el tratamiento informático, así como la distribución de ejemplares de la misma mediante alquiler o préstamo público.

ISBN 1-4000-9283-3

Impreso en México / *Printed in Mexico*

ABREVIATURAS USADAS

abrev.	abreviatura
a.C.	antes de Cristo
adj.	adjetivo
adv.	adverbio
álg.	álgebra
amb.	ambiguo
anat.	anatomía
arit.	aritmética
arq.	arquitectura
arqueol.	arqueología
art.	artículo
astr.	astronomía
astrol.	astrología/astrológico, ca
astron.	astronáutica
biol.	biología/biológico, ca
bot.	botánico, ca
°C	centígrados
cast.	castellano, na
cc.	centímetro cúbico (cilindrada)
cm	centímetro
com.	sustantivo común
comp.	comparativo
conj.	conjunción
contr.	contracción
d.C.	después de Cristo
defect.	verbo defectivo
dem.	demostrativo
der.	Derecho
despect.	despectivo
dim	diminutivo
div.	división
dpto.	departamento
E	este
econ.	economía/económico, ca
ej.	ejemplo
electr.	electricidad
esp.	especial/especialmente
etc.	etcétera
EUA	Estados Unidos
f.	sustantivo femenino
fam.	familiar
farm.	farmacia
fem.	femenino
fig.	figura/figurativo
fon.	fonético, ca/fonología/fonológico, ca
fot.	fotografía
fr.	frase
g	gramo
geogr.	geografía/geográfico, ca
geol.	geología/geológico, ca
geom.	geometría/geométrico, ca
ger.	gerundio
gram.	gramática
h.	hacia/hora
ha	hectárea
hem.	hemisferio
hist.	historia/histórico, ca
hom.	homónimo
íd	ídem
imper.	imperativo
imperf.	imperfecto
impers.	impersonal
impr.	imprenta
ind.	industria/industrial
indef.	indefinido
indet.	indeterminado
indic.	indicativo
infin.	infinitivo
inform.	informática
int.	interior
interj.	interjección
interr.	interrogativo, va
intr.	verbo intransitivo
irón.	irónico
kW	kilovatio
kWh	kilovatio hora

l	litro	poét.	poético, ca
ling.	lingüística	pos.	posesivo
lit.	literatura/literario, ria	post.	posterior/posteriormente
loc.	locución	p.p.	participio pasivo
m	metro	pref.	prefijo
m.	sustantivo masculino	prep.	preposición
m^2	metro cuadrado	pres.	presente/presidente
m^3	metro cúbico	pret.	pretérito
mar.	marina	prnl.	verbo pronominal
mat.	matemáticas	prod.	producción/producto
med.	medicina	pron.	pronombre
meteor.	meteorología	psic.	psicología/psicológico, ca
mg	miligramo		
mil.	militar/milicia	psiq.	psiquiatría
mill.	millón (millones)	rec.	verbo recíproco
min.	minuto/minería	s.	sustantivo
mín.	mínimo, ma	S	sur
mm	milímetro	SE	sureste
mús.	música	seg.	segundo
N	Norte	símb.	símbolo
n.	neutro	sinón.	sinónimo
náut.	náutico, ca	SO	suroeste
NE	noreste	sociol.	sociología/sociológico, ca
neg.	negación		
NO	noroeste	suf.	sufijo
n.p.	nombre propio	superl.	superlativo
O	oeste	t.	tonelada
occ.	occidental	tr.	verbo transitivo
onomat.	onomatopeya	TV	televisión
p.	participio/partido	unipers.	unipersonal
p.a.	participio activo	V	voltio
pas.	pasivo, va	v.	verbo
pat.	patología	var.	variedad
pedag.	pedagogía	veter.	veterinaria
p. ej.	por ejemplo	vol.	volumen
pers.	persona (cat. gram.)	vulg.	vulgarismo/vulgar
p. f.	participio de futuro	W	watio
pint.	pintura	zool.	zoología/zoológico, ca
pl.	plural		

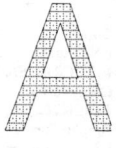

A, 1 f. Primera letra del abecedario castellano (A, a) y primera de sus vocales.

A, 2 prep. Usada en los complementos del verbo, indica diversas relaciones: dirección *(voy a Mérida)*; tiempo y lugar *(me encontró a la salida)*; distancia temporal o espacial *(de 9 a 3; del Pacífico al Atlántico)*; en ciertos casos, forma en que se realiza la acción *(a pie)*; precio o valor unitario de algo *(a 850 pesos la hora)*; distribución *(a 100 pesos por cabeza)* o proporción *(a un 15%)*; estilo *(pescado al ajo)*; comparación *(de Manuel a Felipe)*; seguido de infinitivo, mandato *(a trabajar)*, o hipótesis *(a poder ser)*. || Precede al complemento directo si es nombre de persona *(vi a tu prima)* o nombre propio de animal *(llévate a Tom de paseo)*; a veces, cuando se trata de una cosa personificada *(no tientes a la fortuna)*.

ÁBACO m. Útil de cálculo aritmético. Bastidor con varillas horizontales, por las que se deslizan unas cuentas ensartadas en ellas.

ABAD m. Superior de un monasterio.

ABADESA f. Superiora de un monasterio u otra comunidad de religiosas.

ABADÍA f. Dignidad del abad o abadesa, y monasterio y territorio sobre los que éstos ejercen su jurisdicción.

ABAJEÑO, ÑA adj. y s. Propio de zonas bajas o costeras.

ABAJO adv. Designa situación o dirección inferior con respecto a algo.

ABALANZAR tr. Arrojar con violencia. || prnl. Lanzarse enérgicamente sobre algo o alguien.

ABALORIO m. Bolita de vidrio. || Adorno o bisutería hechos con ellas.

ABANDERADO m. Oficial designado para llevar la bandera. || Quien porta la bandera en actos públicos. || Quien destaca en la defensa de una causa.

ABANDONADO, DA adj. Dejado, descuidado.

ABANDONAR tr. Dejar a su suerte; desechar. Desinteresarse de algo. || Dejar un lugar, actividad, competición, etc. || Soltar algo. || Dejar de tener algo que se tenía. Descuidar el propio interés o aseo.

ABANICAR tr. y prnl. Agitar el abanico u otro objeto para producir aire con el fin de refrescar.

ABANICO m. Útil para abanicarse, en especial el plegable de tela o papel, sujeto con varillas. || Gama o serie de algo.

ABARATAR tr. y prnl. Rebajar el precio de algo.

ABARCA f. Calzado de cuero o caucho, que cubre parte del pie y se ata al tobillo con correas. || Zueco.

ABARCAR tr. Rodear con los brazos o con las manos. || Comprender, incluir, llegar hasta. || Llegar con la vista.

ABARROTAR tr. Consolidar la estiba con abarrotes. || Llenar un espacio hasta el límite de su capacidad. || Asegurar algo con barrotes.

ABARROTE m. Pequeño fardo para rellenar los huecos de la estiba. || pl. Artículos de venta en el pequeño comercio, especialmente los comestibles.

ABASTECER tr. y prnl. Proporcionar lo necesario.

ABASTO m. Suministro de abastecimientos, en especial víveres; se usa más en plural. || Abundancia.

ABATE m. Título que se da a ciertos clérigos de Francia e Italia, o a curas españolas que han vivido mucho tiempo en estos países. || Eclesiástico del siglo XVIII, de órdenes menores.

ABATIDO, DA adj. Alicaído, desanimado, desalentado.

ABATIR tr. y prnl. Tirar a tierra, demoler. || tr. Bajar algo. || Inclinar o tumbar algo que estaba vertical. || Desmontar algo para reducir su volumen. || tr. y prnl. Humillar. || Desalentar, deprimir. || intr. Derivar un buque. || prnl. Lanzarse sobre algo.

ABDICAR tr. e intr. Renunciar a su cargo un soberano, o traspasarlo. || intr. Con la preposición *de*, abandonar privilegios, ideas o convicciones.

ABDOMEN m. Porción del tronco comprendida entre el tórax y la pelvis. || Región diferenciada en el cuerpo de los animales con simetría bilateral, situada después del tórax.

ABDOMINAL adj. Relativo al abdomen.

ABDUCTOR, RA adj. Se dice del músculo o nervio que realiza la abducción.

ABECÉ m. Abecedario. || Principios elementales de cualquier conocimiento.

ABECEDARIO m. Alfabeto. || Impreso que lo contiene, para aprender a leer.

ABEJA f. Nombre común de himenópteros aculeados, adaptados a la recolección del polen y a la fabricación de miel.

ABEJORRO m. Nombre de diversos himenópteros ápidos; de hábitos sociales, forman colonias no perennes.

ABELIANO, NA adj. En matemáticas, conmutativo. || Se dice de ciertas ecuaciones y ciertas integrales.

ABERRACIÓN f. Desvío exagerado de lo que se considera propio o normal. || Equivocación grave; disparate. || Defecto que introducen en las imágenes los sistemas ópticos. || *mental* Trastorno mental que no llega a la locura.

ABERTURA f. Acción de abrir. || Apertura. || Agujero, hendidura, ranura, brecha, hueco. || Discontinuidad, y longitud de ésta. || Ángulo, y su medida. || Rada. || Separación de los órganos de fonación al emitir un fonema.

ABIERTAMENTE adv. Sinceramente. || Claramente.

ABIERTO, TA p.p. irreg. de *abrir*. || adj. Amplio, sin limitación *(campo abierto)*. || No cercado, ni amurallado. || Sincero y comunicativo. || Tolerante, receptivo, comprensivo. || Que puede continuar *(la discusión está abierta)*. || Se aplica a la cuenta sin saldar. || Sin cicatrizar. || Se dice del circuito eléctrico interrumpido.

ABIGARRADO, DA adj. Con demasiados colores. || Multiforme, reunido sin orden ni criterio. || Vistoso, alegre.

ABIGEATO m. Robo de ganado.

ABIGEO m. Ladrón de ganado. || Cuatrero.

ABIOGÉNESIS f. Teoría de la generación espontánea.

ABIOSIS f. Reducción sustancial de la actividad metabólica. Constituye un tipo de defensa ante un medio adverso, e implica deshidratación.

ABIÓTICO, CA adj. Se dice de los medios naturales que impiden el desarrollo de la vida. || Se aplica a cada uno de los factores físicos o químicos que componen un ecosistema.

ABISAL adj. Se dice de una de las zonas pelágicas del medio marino, que incluye los grandes fondos comprendidos entre los 3 000 y 6 000 m, y de la fauna de dicha zona

ABISINIO, NIA adj. y s. Etíope.

ABISMO m. Precipicio o sima de gran profundidad.

ABJURAR tr. e intr. Proclamar solemnemente el abandono de una religión o creencia. || Por extensión, renunciar a una actividad habitual.

ABLACIÓN f. Extirpación de algún órgano, en especial cortando.

ABLANDAR tr. Dar blandura a algo. || Apaciguar. || Emocionar a alguien. || Relajar. || intr. y prnl. Ceder algo o alguien.

ABLUCIÓN f. Acción de lavarse. || En ciertas religiones, purificación ritual por medio del agua.

ABNEGACIÓN f. Voluntad de ponerse al servicio incondicional de una creencia, un colectivo o una persona.

ABOCADO, DA adj. Encaminado o próximo a una situación.

ABOCAR tr. Coger con la boca. || tr. y prnl. Poner cerca.
ABOCHORNAR tr. Producir bochorno la elevada temperatura. || tr. y prnl. Avergonzar o avergonzarse.
ABOFETEAR tr. Dar bofetadas.
ABOGADO, DA m. y f. Persona con conocimientos y capacidad para ejercer en un juicio en nombre de las partes y para asesorar y dictaminar en cuestiones legales. || Quien hace de mediador, o intercede por alguien. || *del Estado* El que representa a éste en los juicios en que está implicado. || *de oficio* El que, por turno, defiende a litigantes sin medios económicos.
ABOGAR intr. Ejercer la defensa en una causa judicial. || Interceder, defender.
ABOLENGO m. Conjunto de antepasados. || Alcurnia, linaje e historia ilustres.
ABOLIR tr. Revocar una ley, norma o costumbre.
ABOMBAR tr. y prnl. Dar o tomar forma convexa. || Ahuecar, tornear.
ABOMINAR tr. Rechazar intensamente. || Tener aversión.
ABONAR, 1 tr. Dar fiabilidad. || Avalar. || Extender abono sobre la tierra; por extensión, mejorar algo.
ABONAR, 2 tr. Pagar. || Entregar dinero de una cuenta corriente. || Satisfacer un plazo. || tr. y prnl. Dar o darse de alta en una institución, servicio o publicación para, mediante pago, disfrutar de sus prestaciones.
ABONO, 1 m. Sustancia orgánica o inorgánica usada en agricultura para proporcionar o restituir a un suelo los elementos precisos para el desarrollo equilibrado de las plantas.
ABONO, 2 m. Acción de abonar, pagar o suscribir. || Derecho del abonado y documento que lo reconoce. || Aval, fianza. || Asiento en el haber de una cuenta.
ABORDAJE m. Acción de abordar las naves. || *al a.* Asaltando un barco desde otro. || *¡al a.!* Orden de abordar. || fam. Expresión festiva para lanzarse de improviso sobre alguien o algo.
ABORDAR tr. e intr. Atracar un barco. || Interponerse en la actividad que está desarrollando alguien para solicitarle o agradecerle algo. || Acometer, iniciar algo dificultoso.

ABORIGEN adj. Propio de su tierra. || adj. y com. El que originariamente habitaba un país. Por extensión se aplica a los habitantes de un país que viven en forma primitiva.
ABORRECER tr. Experimentar hacia algo o alguien un sentimiento de odio y repugnancia. || tr. y prnl. fam. Sacar de las casillas, aburrir.
ABORTAR tr. e intr. Parir antes de que el feto sea viable. || intr. Interrumpir el embarazo voluntariamente. || Frustrarse un proyecto.
ABORTIVO, VA adj. y s. Que provoca el aborto.
ABORTO m. Interrupción del embarazo antes de que el feto sea viable. || fam. Esperpento, adefesio. || *espontáneo* El debido a causas naturales, sean infecciosas, genéticas o incluso accidentales; es más frecuente en los primeros meses del embarazo. || *provocado* El que se realiza voluntariamente.
ABOTAGARSE prnl. Hincharse normalmente el cuerpo o parte de él. || Atontarse.
ABOTONAR tr. y prnl. Abrochar con botones. || intr. Brotar botones en las plantas.
ABOVEDAR tr. Cubrir un espacio con una bóveda. || Dar forma de bóveda.
ABRACADABRA m. Palabra mágica que forma un triángulo, compuesto por 11 renglones, a cada uno de los cuales se quita una letra de dicha palabra.
ABRASAR tr. y prnl. Quemar algo hasta reducirlo a brasas. || Secar una planta la temperatura extremada. || Corroer algo un ácido o una base fuertes. || tr. Sentir dolor o comezón a causa de la sed u otros agentes. || tr. e intr. Producir un calor excesivo. || prnl. Enardecerse como consecuencia de una pasión.
ABRASIÓN f. Acción y efecto de desgastar algo raspándolo. || Lesión superficial de una mucosa. || Irritación que produce un purgante. || Erosión marina en costas rocosas.
ABRASIVO, VA adj. y m. Se dice de los materiales de alta dureza usados para desgastar por fricción metales o rocas.
ABRAZADERA adj. y f. Se dice de una sierra de grandes dimensiones. || f. Pieza que ciñe dos cosas para mantenerlas unidas. || Impr. Corchete.

ABRAZAR tr. y prnl. Ceñir, rodear con los brazos, entre dos o más personas, en señal de afecto o regocijo. || tr. Rodear, bordear. || Abarcar, incluir. || Adoptar una idea o creencia. || Iniciarse en un negocio o profesión.

ABRECARTAS m. Estilete para abrir sobres.

ÁBREGO m. Viento del sur o sureste.

ABRELATAS m. Útil con el que se abren latas o botes cerrados al vacío.

ABREVADERO m. Lugar o pileta donde abreva el ganado.

ABREVAR tr. Llevar a beber el ganado y beber éste. || Mantener en remojo las pieles para curtirlas. || Regar, rociar con agua. || Colmar, saciar. || fam. Beber.

ABREVIAR tr. Acortar, reducir algo en el espacio o el tiempo.

ABREVIATURA f. Representación gráfica acortada de una palabra. || Compendio. || Cada uno de los signos que, colocados encima, al lado o debajo de las notas, dentro del pentagrama, sirven para abreviar la repetición sucesiva de notas y simplificar la lectura musical.

ABRIDOR, RA adj. Que abre. || m. Útil para abrir botellas que tienen tapa metálica a presión. || Abrelatas.

ABRIGAR tr. y prnl. Cubrir o resguardar de las inclemencias del tiempo. || Ayudar, proteger. || Albergar intenciones o sentimientos.

ABRIGO m. Protección contra el frío, y por extensión, contra las inclemencias del tiempo. || Cosa que resguarda. || Prenda larga, con mangas y de tejido fuerte que se pone sobre la ropa para abrigar.

ABRIL m. Cuarto mes del año (30 días). || pl. fam. Primeros años de la juventud.

ABRILLANTAR tr. Dar brillo a una cosa. || Tallar una piedra preciosa en forma de brillante. || Dar esplendor a algo.

ABRIR tr. Dejar al descubierto algo, retirando lo que lo cierra: descorrer un cajón; destapar una caja, botella, etc.; rasgar un sobre o envoltorio; hacer girar los goznes de una puerta o ventana. || Romper la superficie de algo para hacer el interior accesible: un boquete, un bolsillo, una herida, etc. || Desplegar algo (un plano, abanico, etc.). || Separar las partes de cosas que están unidas por algún sitio (un libro, unas tijeras, un molusco). || Extender (las alas, los brazos). || Hacer accesible algo (una frontera, una carretera). || Manipular ciertos mecanismos para permitir mediata o inmediatamente el paso de algo (gritos, cerrojos, llaves). || Vencer o eliminar un obstáculo: *a. paso* (en la vida). || Iniciar un negocio, tanto en general *(a. una tienda)* como cotidianamente (a. *la tienda*). También, iniciar una actividad (a. *la sesión*). || Ir o ser lo primero (a. *el desfile; a. el concierto*). || Iniciarse el periodo de inscripción a algo. || Establecer una cuenta corriente. || Referido al apetito, despertarlo. || Comenzar la floración. || Sincerarse, confiar a alguien. || prnl. Todas las acepciones del verbo a. cuando denotan espontaneidad o impersonalidad, y en formas de pasiva refleja: *abrirse un boquete, abrirse una tienda*. || Aclararse el cielo. || Comunicarse con (una casa, puerta, etc.). || Tomar el conductor una curva por su lado exterior. || Distenderse un músculo.

ABROCHAR tr. y prnl. Unir las dos partes de una prenda de vestir mediante botones, corchetes, cremallera, etcétera.

ABROGACIÓN f. Fin de la eficacia de una norma legal, generalmente por efecto de otra sobre el mismo tema.

ABROJO m. pl. Sufrimientos.

ABRUMAR tr. Anonadar con un excesivo peso, físico o moral. || Confundir a alguien con una atención excesiva.

ABRUPTO, TA adj. De relieve quebrado. || fig. Cortante, desagradable.

ABSCESO m. Colección de pus en una cavidad, formada por desintegración de los tejidos.

ABSCISA f. En unas coordenadas cartesianas, la primera de un punto o vector.

ABSCISIÓN f. Corte de una parte del cuerpo con un instrumento afilado.

ABSENTISMO m. Abandono o descuido de un cargo.

ÁBSIDE m. Parte de un edificio, situada en su cabecera, de planta semicircular o poligonal, abovedada.

ABSOLUCIÓN f. Acción y efecto de absolver. En derecho, implica la retirada de todos los cargos.

ABSOLUTISMO m. Sistema político caracterizado por el poder preeminente del monarca, que encarna al Estado, sobre otras instancias de poder. Propia de los siglos XVII y XVIII.

ABSOLUTO, TA adj. Exclusivo y excluyente. || Entero, total. || *en a.* De ningún modo.

ABSOLVER tr. Declarar a alguien exento de una culpa o carga que se le imputaba.

ABSORBENTE adj. Que absorbe. || Que exige toda la atención.

ABSORBER tr. Captar un gas un sólido o un líquido y retenerlo dentro de él. || Captar radiaciones. || Embeber los órganos de una planta los nutrientes que necesita. || Eliminar por asimilación. || Exigir dedicación total. || Subyugar.

ABSORCIÓN f. Acción y efecto de absorber.

ABSORTO, TA adj. Cautivado, abstraído.

ABSTEMIO, MIA adj. y s. Se dice del que no toma bebidas alcohólicas.

ABSTENCIONISMO m. Posición inhibitoria, particularmente en política.

ABSTENERSE prnl. Renunciar voluntariamente a algo. || No participar activamente en reuniones, votaciones, etcétera.

ABSTINENCIA f. Acción de abstenerse. || Renuncia, temporal o definitiva, a un goce determinado. || Cese en el consumo de drogas.

ABSTRACCIÓN f. Acción y efecto de abstraer. || Cualidad de abstracto.

ABSTRACTO, TA adj. Se dice del concepto que se define por sus cualidades, sin referencia a los aspectos o circunstancias en que se manifiesta; no concreto. || De difícil comprensión. || *arte a.* Término que designa al arte no figurativo. || *en a.* Sin descender a detalles.

ABSTRAER tr. Definir algo por sus cualidades, sin referirse a las circunstancias en que se manifiesta. || Analizar algo sin tener en cuenta sus interrelaciones. || prnl. Dirigir la atención hacia una cosa, excluyendo cualquier otra.

ABSTRUSO adj. Oscuro, confuso.

ABSURDO m. Lo imposible, o que carece de significado.

ABUELO, LA m. y f. Cada uno de los progenitores del padre o de la madre de uno. || Persona anciana.

ABULIA f. Abolición total o parcial de la voluntad, o incapacidad patológica de adoptar decisiones, que se observa en algunas psicosis y neurosis.

ABULTAR tr. y prnl. Aumentar el volumen. || Engordar, exagerar.

ABUNDANCIA f. Gran cantidad; por extensión, prosperidad.

ABUNDAR intr. Ser copioso. || Sumarse a algo, insistir en ello.

ABURGUESAR tr. y prnl. Convertir en burgués. || Adoptar formas de vida acomodaticias y ligeramente pretenciosas.

ABURRIMIENTO m. Cansancio, tedio.

ABURRIR tr. y prnl. Causar hastío. || tr. Incordiar. || prnl. Cansarse de algo o de alguien.

ABUSAR intr. Hacer uso excesivo, desproporcionado o injusto de algo o alguien; aprovecharse. || Violar a una mujer o a un menor.

ABUSO m. Acción y efecto de abusar. || pl. Leyes y costumbres injustas. || *de confianza* Falta o delito que comete quien se aprovecha de la confianza que otro deposita en él. || *de poder* Falta o delito que comete la autoridad que se excede en el uso de sus atribuciones.

ABYECTO, TA adj. Ruin, rastrero.

ACÁ adv. Aquí; admite grados de comparación. || Precedido de las preposiciones *de* o *desde* y de determinados adverbios temporales, hasta ahora.

ACABADO, DA adj. Se dice de lo perfectamente realizado y completo en todas sus partes. || Fatigado, abatido. || m. Perfeccionamiento final de un objeto, para darlo por válido.

ACABAR tr. y prnl. Poner término a algo o darle los últimos toques. || Agotar una cosa || intr. Finalizar. || Morir. || prnl. Desmejorarse, consumirse, degradarse. || *a. como* Repetirse un suceso. || *a. con* Matar, destruir. || *a. de* (e infinitivo) Denota pasado reciente: *acabo de llegar*; en frase negativa, atenúa la negación. || *para a. de arreglarlo* Para colmo.

ACABÓSE, el El colmo, un desastre.

ACADEMIA f. Escuela filosófica fundada por Platón (h. 387 a.C.-529). || Institución oficial de carácter científico, histórico o lingüístico, que promueve o avala estudios en su terreno. || Institución privada de enseñanza. || Escuela de formación de mandos militares. || Edificio o sede de las antes citadas.

ACADEMICISMO m. Calidad de académico. En particular, el estilo plástico de amplios volúmenes, intención muralista y tema mitológico de Ludovico y Annibale Carracci (fines del siglo XVI).

ACADÉMICO, CA adj. Relativo a la academia. || Se dice de los estudios o títulos universitarios y similares.

ACAECER intr. Pasar, ocurrir (sólo infinitivo y 3ª persona.)

ACALORAR tr. Producir calor. || Animar, provocar entusiasmo. || Promover, alterar. || tr. y prnl. Fatigarse hasta el sofoco como consecuencia del ejercicio físico. || Excitarse en una discusión.

ACALLAR tr. Silenciar. || Calmar.

ACAMPAR tr. e intr. Establecer temporalmente un campamento.

ACANALADO, DA adj. Que transcurre por un canal o desfiladero. || En forma de canal. || Estriado.

ACANALADURA f. Surco, estría.

ACANALAR tr. Estriar. || Dar forma de estría o canal.

ACANTILADO, DA adj. Se dice del fondo marino cuando está escalonado.

ACAPARAR tr. Comprar mercancías y retenerlas como prevención ante una catástrofe, real o figurada, o para especular con el alza de precios que provoca su escasez. || Apropiarse de algo; monopolizar a una persona o actividad.

ACÁPITE m. Párrafo.

ACARAMELAR tr. Endulzar a punto de caramelo. || prnl. fam. Comportarse de forma empalagosamente cariñosa con la pareja.

ACARICIAR tr. y prnl. Hacer caricias. || Mimar. || Rozar suavemente una cosa a otra. || Recrearse en la esperanza de que algo suceda.

ÁCAROS m. pl. Artrópodos arácnidos, de exiguo tamaño y cuerpo globoso. Poseen un aparato bucal adaptado específicamente al tipo de alimentación (picadura o succión). Son parásitos temporales o permanentes de vegetales y animales (ej.: garrapata, arador, etcétera).

ACARREADO, DA adj. y s. Se dice de la persona que por pequeñas compensaciones materiales acude a las concentraciones promovidas por el gobierno.

ACARREAR tr. Transportar una carga. || Traer consecuencias (en especial desgracias, males, etcétera).

ACARREO m. Acción y efecto de acarrear. || Precio de un porte.

ACASO m. Azar. || adv. Quizá. || Casualmente. || *por si a*. Por si ocurriera.

ACATAR tr. Someterse a las órdenes y leyes de alguien o algo.

ACATARRAR tr. y prnl. Producir o contraer catarro.

ACAUDALADO, DA adj. Rico, adinerado.

ACAUDALAR tr. Hacer una fortuna. || Aprender mucho, o mejorar espiritualmente.

ACAUDILLAR tr. Ser o actuar como caudillo. || Ser máximo dirigente de una organización.

ACCEDER intr. Satisfacer una petición o deseo ajeno. || Inclinarse voluntariamente ante las opiniones de otro. || Llegar a ocupar un cargo. || Llegar al sitio al que se va.

ACCESIBLE adj. Que se puede llegar a él o ella. || Fácil de abordar o entender.

ACCESO m. Acción de aproximarse o llegar. || Vía o punto por el que se comunican dos lugares. || Posibilidad de llegar o entrar. || Ataque, arrebato. || Conocimiento de una persona. || Lectura de un dato en la memoria de una computadora.

ACCESORIO, RIA adj. Que mantiene con lo principal relaciones casuales, de dependencia o coadyuvantes. || No esencial. || m. Objeto que se usa con carácter ornamental o auxiliar. || f. pl. Locales con entrada propia.

ACCIDENTAL adj. Secundario, accesorio. || Casual, eventual. || Se dice del cargo ocupado circunstancialmente.

ACCIDENTAR tr. y prnl. Causar un accidente.

ACCIDENTE m. Acontecimiento inesperado, generalmente perjudicial (de automóvil, de ferrocarril). || Forma del relieve del terreno. || Morfema que expresa circunstancias o categorías gramaticales.

ACCIÓN f. Ejercicio de la facultad de actuar. || Efecto de hacer. || Significado sustantivo de cualquier verbo predicado. || En una obra literaria, cinematográfica, etc., su argumento. || Conjunto de los gestos y ademanes estudiados de un actor, orador, etc. || Cada una de las participaciones indivisibles en el capital de una sociedad, y título que la acredita. || Derecho de promover una demanda judicial. || En física, fuerza que un cuerpo ejerce sobre

otro, a la que corresponde otra de igual dirección y sentido contrario (reacción).
ACCIONAR tr. Poner en funcionamiento una maquinaria.
ACCIONISTA com. Quien posee acciones en una sociedad mercantil.
ACECHAR tr. Vigilar escondido la llegada de una persona o cosa con una intención determinada.
ACECHO m. Acción de acechar.|| *al a.* Aguardar escondido la llegada de alguien o algo.
ACEDAR tr. y prnl. Agriar algo. || Dar un disgusto. || prnl. Marchitarse una planta.
ACEDÍA f. Acidez. || Rudeza de carácter y trato.
ACEDO, DA adj. Ácido. || Que se ha agriado. || Se dice de algo o alguien rudo.
ACÉFALO, LA adj. Que no tiene cabeza. || Se dice del colectivo que no tiene jefe.
ACEITAR tr. Echar o untar de aceite algo.
ACEITE m. Término genérico aplicado a los líquidos de alta viscosidad, insolubles en agua y de menor densidad que ella, combustibles y que se imbrican fácilmente.
ACEITERA f. Recipiente donde se guarda el aceite. || Útil para aceitar.
ACEITOSO, SA adj. Que contiene aceite. || Con exceso de aceite.
ACEITUNA f. Fruto del olivo, en forma de drupa, de la que se extrae el aceite de oliva.
ACELERACIÓN f. Acción y efecto de acelerar. || Magnitud vectorial que expresa la variación de velocidad de un móvil por unidad de tiempo.
ACELERADOR, RA adj. Que acelera. || Mecanismo que regula la velocidad de un automóvil, aumentando o disminuyendo la entrada de carburante, y pedal con que se acciona. || Sustancia que aumenta la velocidad de una reacción química. || *de partículas* Aparato electromagnético que imprime grandes velocidades a partículas subatómicas para provocar reacciones nucleares.
ACELERAR tr. Imprimir mayor velocidad. || Adelantar el curso natural de un acontecimiento. || tr. e intr. Incrementar la velocidad de un motor.
ACÉMILA f. Mula de carga. || fam. Persona de pocas entendederas.

ACENTO m. Rasgo prosódico o fonológico que pone de relieve un sonido o grupo de sonidos. || Conjunto de particularidades del habla que denotan el origen del hablante. || Énfasis. || Elemento del verso, que marca su ritmo.
ACENTUAR tr. Usar el acento prosódico y/o el ortográfico. || tr. y prnl. Dar énfasis. || Incrementar.
ACEPCIÓN f. Cada significado de una palabra o frase.
ACEPTABLE adj. Digno de ser aceptado. || De mediana calidad.
ACEPTAR tr. Tomar de buen grado lo que se ofrece. || Reconocer la validez de algo. || Ser capaz de absorber algo. || tr. y prnl. Soportar con entereza una calamidad. || Admitir un reto.
ACEPTOR m. Sustancia o átomo que en los procesos químicos de equilibrio gana protones o electrones.
ACEQUIA f. Obra de conducción de aguas más pequeñas que un canal. || Riachuelo.
ACERA f. Cada uno de los bordes, ligeramente más elevado, de la calzada. || Hilera de casas que se encuentra a cada lado de la calle.
ACERADO, DA adj. De acero, o con sus cualidades. || fig. Duro e hiriente. || Fuerte.
ACERAR tr. Transformar el hierro en acero. || Revestir de acero. || tr. y prnl. Endurecer el carácter.
ACERBO, BA adj. De sabor áspero. || Cruel, muy doloroso.
ACERCA DE adv. Sobre o en torno a la cosa de que se trata.
ACERCAR tr. y prnl. Aproximar. || prnl. Ir a un sitio, o abordar a alguien. || Avecinarse una fecha o acontecimiento.
ACERO m. Hierro con una proporción baja de carbono (inferior al 1%). Con frecuencia contiene otros elementos a fin de obtener propiedades especiales (cromo, wolframio, vanadio, níquel, etc.) || *inoxidable* Aleación de a. con cromo y níquel, con fuerte resistencia a la oxidación.
ACÉRRIMO, MA adj. superl. de *acre.* || Que defiende sus opiniones de forma vigorosa e insistente.
ACERTADO, DA adj. Atinado.
ACERTAR tr. Dar en el blanco. || tr. e intr. Descubrir, encontrar. || Dar, entre va-

rias posibilidades, con la solución correcta.
ACERTIJO m. Adivinanza. || Cosa complicada.
ACERVO m. Conjunto de cosas pequeñas, en especial productos agrícolas, amontonadas. || Patrimonio de una colectividad. || Conjunto de valores morales, culturales, etc., de una persona o colectividad.
ACETATO m. Cada una de las sales o ésteres del ácido acético.
ACÉTICO, CA adj. Relativo al vinagre o a sus derivados.
ACETILENO m. Gas incoloro, tóxico; arde con llama muy luminosa y es explosivo en estado líquido. Forma compuestos de adición y se obtiene por reacción del carburo cálcico con agua. Se emplea en la soldadura de metales y en diversos procesos industriales.
ACETILSALICÍLICO, *ácido* Blanco cristalino, poco soluble en agua; antirreumático, febrífugo y analgésico.
ACETONA f. Líquido incoloro, de olor característico, muy soluble en agua, que se obtiene en la industria a partir de la reducción del alcohol isopropílico. Se usa como disolvente y en la síntesis de diversas sustancias.
ACIAGO, GA adj. Desdichado, de mala suerte.
ACÍBAR m. Áloe. || Sustancia amarga y purgante que se extrae del áloe. || Desdicha, disgusto.
ACICALAR tr. y prnl. Engalanar excesivamente. || tr. Abrillantar, limpiar las armas. || Pulir una pared.
ACICATE m. Espuela de una sola punta. || Aliciente, estímulo.
ACICULAR adj. En forma de aguja.
ACIDEZ f. Calidad de ácido; se expresa mediante el pH. || *de estómago* Hiperclorhidria.
ACIDIFICAR tr. y prnl. Volver ácido.
ÁCIDO, DA adj. De sabor agrio. || Con las características de un ácido. || Mordaz, malhumorado. || Sustancias que, en las reacciones de equilibrio, aceptan dos electrones.
ACIERTO m. Acción y efecto de acertar. || Maestría, exactitud. || Resultado atinado.
ÁCIMO adj. Sin levadura.
ACINESIA Pérdida del movimiento.

ACLAMACIÓN f. Acción y efecto de aclamar. || *por a.* Unánimemente, sin discusión.
ACLAMAR tr. Expresar aprobación colectivamente y a voces. || Proclamar la jefatura de alguien por acuerdo tácito y sin procesos electorales.
ACLARAR tr. y prnl. Quitar espesor, oscuridad o confusión a algo. || Explicar. || fam. Poner uno en claro sus propias ideas.
ACLIMATACIÓN f. Acción y efecto de aclimatar o aclimatarse. || Modificación de la respuesta de un organismo a un nuevo ambiente, sin que implique cambios estructuralmente importantes; p. ej., el incremento del ritmo cardiaco al pasar una persona de países templados a la zona tropical.
ACLIMATAR tr. y prnl. Adaptar a un nuevo clima o ambiente.
ACMÉ f. En una enfermedad, periodo de máxima intensidad; en especial, durante los estados febriles.
ACNÉ f. Dermatosis caracterizada por presencia de pústulas. Se origina al retenerse la secreción de las glándulas sebáceas, que posteriormente se inflaman.
ACOBARDAR tr. y prnl. Meter miedo, asustar.
ACOCOTE m. Calabaza alargada y abierta por sus extremos, que se usa para extraer por succión el aguamiel del maguey.
ACOGEDOR, RA adj. Confortable; de trato agradable.
ACOGER tr. Aceptar alguien en su trato u hogar a otra persona. || Dar asilo, proteger. || Recibir de forma destacada un acontecimiento o persona. || Asumir un pensamiento, o aceptar una noticia. || prnl. Protegerse, resguardarse. || Escudarse con pretextos.
ACÓLITO m. Eclesiástico de órdenes menores que ayuda al sacerdote en las funciones litúrgicas. || Monaguillo.
ACOMEDIRSE prnl. Ofrecerse para algo, servicial y desinteresadamente.
ACOMETER tr. Atacar impetuosamente. || Empezar a hacer algo. || Ser uno asaltado por una idea, deseo, molestia, etc. || Presionar a alguien.
ACOMODADOR, RA adj. Que acomoda. || m. y f. Empleado de un local público que guía a los espectadores hasta sus localidades.

ACOMODAR tr. Poner una cosa en el sitio adecuado, ajustarla a otra. || Dar empleo. || Dotar de lo preciso. || tr. e intr. Ser algo conveniente.

ACOMODATICIO, CIA adj. De fácil adaptación. || Conformista.

ACOMPAÑAMIENTO m. Acción y efecto de acompañar. || Cortejo. || Conjunto de elementos de una composición musical (acordes o voces) que, ligados a la parte melódica instrumental o vocal, sostienen, completan o acentúan el contenido armónico. || Conjunto de comparsas de teatro.

ACOMPAÑAR tr. y prnl. Ir o estar en compañía. || tr. Adjuntar. || Compartir las actividades o sentimientos con otra persona. || Comer o beber una cosa con otra. || Ayudar o guiar el movimiento de una cosa.

ACOMPLEJAR tr. y prnl. Tener o provocar complejos o cualquier otra deficiencia subjetiva.

ACONDICIONADOR, RA adj. Que acondiciona. || *de aire* Aparato que regula la temperatura de un local.

ACONDICIONAR tr. y prnl. Adecuar a unas condiciones requeridas. || tr. Regular la temperatura o humedad de un ambiente.

ACONGOJAR tr. y prnl. Apesadumbrar.

ACONSEJAR tr. y prnl. Dar o pedir consejo. || tr. Advertir, avisar, con tono ligeramente amenazador.

ACONSONANTAR tr. e intr. Rimar en consonante.

ACONTECER intr. impers. Pasar, suceder.

ACONTECIMIENTO m. Evento, generalmente de gran entidad.

ACOPIAR tr. Almacenar, reunir, especialmente alimentos.

ACOPLAMIENTO m. Acción y efecto de acoplar. || Coito. || Asociación entre dos circuitos eléctricos de corriente variable, para lograr fenómenos de inducción. || Conexión de los ejes de dos motores.

ACOPLAR tr. y prnl. Ensamblar. || Combinar dos piezas, máquinas, sistemas, etc., para lograr un efecto determinado. || Adecuar una cosa a un uso distinto del suyo. || Formar una yunta. || Aparear. || prnl. fam. Llevarse bien dos personas.

ACORAZAR tr. Cubrir con coraza. || prnl. Protegerse con algo. || Endurecer el carácter.

ACORDAR tr. Llegar a una resolución común varias personas. || Tomar alguien una decisión. || Conciliar distintos intereses.

ACORDE adj. De acuerdo. || Armonioso. || m. Conjunto de notas musicales que se ejecutan simultáneamente y que se pueden ordenar por 3as sucesivas. Existen diversos tipos: consonantes, disonantes; mayores, menores; aumentados, disminuidos; fundamentales, invertidos, etcétera.

ACORDEÓN m. Instrumento musical de viento. Generalmente tiene forma rectangular; produce los sonidos gracias a un sistema de lengüetas libres, situadas a cada lado de un fuelle, que el ejecutante alarga y encoge, y con cuyo aire las hace vibrar. Se toca por medio de botones o teclado.

ACORDONAR tr. Atar o sujetar con cordón. || Cercar una zona o lugar para incomunicarlo, especialmente en acciones policiales.

ACORRALAR tr. y prnl. Guardar en el corral el ganado. || tr. Cerrar las vías de escape de un animal o persona. || Dejar a uno sin argumentos. || Amedrentar.

ACORTAMIENTO m. Acción y efecto de acortar. || Diferencia entre las distancias real y proyectada sobre la elíptica de un astro.

ACORTAR tr. y prnl. Abreviar y recortar las dimensiones de algo. || Apocarse.

ACOSAR tr. Perseguir de cerca y tenazmente. || Importunar reiteradamente. || Estar sometido a difíciles circunstancias. || Espolear al caballo.

ACOSO m. Acción de acosar, en especial a las reses para marcarlas. || *sexual* Persecución con fines carnales.

ACOSTAR tr. y prnl. Tender a alguien para que repose. || intr. y prnl. Tener relaciones sexuales.

ACOSTUMBRAR tr. y prnl. Habituar. || intr. Soler.

ACOTACIÓN f. Acción y efecto de acotar. || Nota al margen de un escrito. || Cada cota de un plano o dibujo. || Anotación de los aspectos escénicos de una obra teatral.

ACOTAR tr. Delimitar con cotos un terreno y, por extensión, cualquier otra cosa; reservarlo para un uso específico (p. ej., caza). || Reservarse una cosa.

ACRE, 1 adj. De olor o sabor picante y áspero. || De trato o lenguaje cortante y desagradable.

ACRE, 2 m. Medida de superficie equivalente a 40.46 áreas.

ACRECENTAR tr. y prnl. Aumentar, agrandar. || tr. Hacer progresar a alguien en su actividad.

ACREDITAR tr. y prnl. Hacer que una cosa o persona tenga crédito. || ¡Afirmar documentalmente que una persona o cosa es lo que dice ser. || Recomendar a alguien por su idoneidad para un puesto. || Asentar en el haber. || prnl. Lograr prestigio.

ACREEDOR, RA adj. y s. Merecedor. || Se dice de quien tiene derecho a exigir pagos a otro, y del monto exigible.

ACRIBILLAR tr. Hacer multitud de agujeros en algo. || Producir muchas heridas o picaduras. || fam. Molestar pertinazmente.

ACRÍLICO, CA adj. Derivado del ácido acrílico. || a., *ácido* El incoloro y avinagrado, muy soluble en agua. Se usa para fibras textiles, pinturas y barnices.

ACRIMONIA f. Calidad de acre. || Causticidad, aspereza en las palabras.

ACRISOLAR tr. Depurar en el crisol. || tr. y prnl. Acreditar la solvencia moral con actos.

ACROBACIA f. Número de espectáculo que se basa en la realización de ejercicios gimnásticos o deportivos de difícil ejecución, en especial equilibrios en el aire, y cada uno de los ejercicios que lo componen. || Comportamiento habilidoso para no comprometerse. || *aérea* Evoluciones de carácter espectacular que realizan los aviones, solos o en formación.

ACRÓBATA com. Artista que realiza acrobacias.

ACROFOBIA f. Miedo fóbico a las grandes alturas.

ACROMÁTICO, CA adj. Se dice de las lentes o instrumentos ópticos que refractan la luz blanca sin descomponerla, dando imágenes, por tanto, exentas de aberración cromática. || Se dice, en general, de aquello que no tiene color.

ACRÓNIMO m. Palabra formada por sílabas o letras de otras, como *radar (Radio Detection and Ranging)*. Se usa especialmente en la formación de nombres comerciales, industriales y científicos.

ACRÓPOLIS f. En las ciudades de la antigua Grecia, fortificación, en lo alto de un montículo, sede de la aristocracia militar (palacios) y religiosa (templos).

ACRÓSTICO, CA adj. y m. Composición poética en que las letras iniciales de cada uno de los versos, leídas verticalmente, dan una palabra o una frase.

ACTA f. Escrito que da fe del desarrollo y conclusiones de una reunión. || Certificación que acredita al elegido para un puesto. || Documento público que certifica un acontecimiento. || *notarial* La levantada por el notario. || *levantar a.* Realizarla.

ACTINIO m. (Ac) Elemento químico del grupo III de la tabla periódica. Metal de color plateado que en la oscuridad emite un resplandor azul; radiactivo, su desintegración se acaba al convertirse en plomo. Muy raro y escaso.

ACTITUD f. Gesto o postura corporal que refleja un estado de ánimo. || Posición espontánea ante algo. || Postura de un animal que resulta llamativa. || Psic. Esquema de comportamiento o disposición para actuar selectivamente en una forma determinada más que en otra.

ACTIVACIÓN f. Acción y efecto de activar. || Bombardeo al núcleo de un átomo para hacerlo radiactivo. || Aporte de energía, generalmente térmica, para que se produzca una reacción química. || Método analítico basado en la radiactividad inducida en un elemento químico tras someterlo a bombardeo de partículas, en general neutrones.

ACTIVAR tr. Acelerar, apresurar. || Poner en funcionamiento.

ACTIVIDAD f. Manifestación externa de lo que se hace. || Capacidad de hacer o de actuar sobre algo. || Conjunto de las acciones, tareas, etc., de un campo, entidad o persona.

ACTIVO, VA adj. Que actúa o tiene cualidades para ello. || Que connota acción. || De efectos rápidos. || Se dice de la voz o de la forma de un verbo cuyo sujeto realiza la acción expresada. Se opone a *pasiva*.

ACTO m. Hecho o acción; hecho humano. || Suceso de carácter público, solemne y ceremonial. || Cada parte en que se divide una obra teatral. || Disposición legal.

ACTOR, RA, 1 adj. y s. Se dice de la parte demandante en un juicio.

ACTOR, TRIZ, 2 m. y f. Persona que representa un papel en una obra teatral o cinematográfica. || fig. Protagonista de un hecho o un acontecimiento.

ACTUAL adj. Contemporáneo, del momento.

ACTUALIDAD f. Tiempo presente. || Acontecimiento o cosa que atrae masivamente la atención, por su novedad o significación.

ACTUALIZAR tr. y prnl. Poner al día.

ACTUAR intr. Poner o ponerse en acción. || Asumir determinadas funciones. || Hacer una persona o cosa lo que le es propio. || Proceder de forma fingida. || Ejercer influencia. || Trabajar en un espectáculo. || Entablar proceso.

ACTUARIO m. Escribano en un acto judicial. || *de seguros* Especialista que asesora a las compañías aseguradoras en materia de estadística y cálculo.

ACUARELA f. Técnica pictórica que aglutina los colores con goma arábiga y los diluye en agua para conseguir la escala tonal. Emplea como blanco el del papel. || Obra obtenida con esta técnica. || pl. Colorantes que se usan en ella.

ACUARIO m. Pecera de considerables dimensiones. || Instalación donde se conservan y exhiben animales y plantas acuáticos vivos. || n. p. Constelación del Zodiaco, caracterizada por la débil luz de sus estrellas.

ACUARTELAR tr. y prnl. Instalar en cuarteles a los soldados. || Recluir a la tropa en el cuartel en previsión de intervenciones militares.

ACUÁTICO, CA adj. Relativo al agua. || Se dice de los animales o plantas cuyo hábitat natural es el agua.

ACUCLILLARSE prnl. Ponerse de cuclillas.

ACUCHILLADO, DA adj. Herido a cuchilladas.

ACUDIR intr. Ir uno adonde le llamen o tiene que estar. || Recurrir. || Ayudar a alguien. || Frecuentar un lugar. || Atender, ser solícito con alguien. || Responder, contestar.

ACUEDUCTO m. Cauce artificial que recoge y conduce el agua potable a un centro habitado, salvando los desniveles del terreno.

ACUERDO m. Resolución tomada en común. || Fallo de un tribunal o asamblea. || Avenencia, concordia, entre dos o más personas. || Decisión de una persona. || Sensatez.

ACUICULTURA f. Conjunto de técnicas destinadas al aprovechamiento de los recursos vegetales y animales de los ríos, los lagos y el mar.

ACUÍFERO, RA adj. Que contiene agua. || Se aplica al terreno que contiene agua. || *manto a.* Curso subterráneo de agua.

ACULTURACIÓN f. Proceso de pérdida de la cultura de un pueblo al entrar en contacto con otra técnicamente más desarrollada.

ACULLÁ adv. En lugar opuesto al del observador.

ACUMULACIÓN f. Acción y efecto de acumular. || Capacidad de una formación económica de efectuar reinversiones a partir de los beneficios de su actividad.

ACUMULADOR, RA adj. y s. Que acumula. || Batería, aparato que acumula energía eléctrica.

ACUMULAR tr. Amontonar.

ACUÑAR tr. Estampar los relieves de una moneda por medio de cuños. || Fabricar moneda. || Crear las condiciones para lograr un fin.

ACUOSO, SA adj. Que tiene mucha agua. || Jugoso.

ACUPUNTURA f. Antigua práctica terapéutica de origen chino, que consiste en la inserción de agujas metálicas (oro, plata u otros metales) en puntos muy concretos del cuerpo que, según la patología china, guardarían relación con determinados órganos internos.

ACURRUCARSE prnl. Hacerse un ovillo, encogerse.

ACUSACIÓN f. Acción y efecto de acusar. || Texto o discurso en que se acusa.

ACUSAR tr. y prnl. Culpar a alguien de una falta o delito. || tr. Delatar. || Reprochar. || Regañar, echar en cara. || Confirmar la recepción de un envío. || Tratar de demostrar ante un tribunal la autoría de un delito.

ACUSATIVO m. Caso de la declinación que indica el objeto de la acción que expresa el verbo; generalmente realiza la función de complemento directo.

ACUSE m. Acción y efecto de acusar el recibo de envío.

ACÚSTICO, CA adj. Del oído. || f. Parte de la física que estudia la producción, propagación y recepción de sonidos. || Conjunto de propiedades sonoras de un local.

ACUTÁNGULO adj. Se dice del triángulo cuyos tres ángulos internos son agudos.

ACHACAR tr. Imputar.

ACHACOSO, SA adj. Senil, con achaques. || Indispuesto.

ACHAPARRADO, DA adj. Se dice de la planta baja y robusta; por extensión, de las personas que tienen estas características.

ACHAQUE m. Dolencia crónica, generalmente de carácter leve que suele manifestarse en la vejez.

ACHATAMIENTO m. Acción y efecto de achatar o achatarse.

ACHATAR tr. y prnl. Poner chato.

ACHICAR tr. prnl. Reducir las dimensiones de algo. || Acoquinar. || tr. Sacar el agua de una embarcación, mina, etcétera.

ACHICHARRAR tr. y prnl. Freír o asar con exceso. || Calentar intensamente. || tr. Incordiar. || Acribillar a tiros.

ACHISPAR tr. y prnl. Alegrar a consecuencia del alcohol.

ADAGIO, 1 m. Refrán, generalmente de carácter moralizante.

ADAGIO, 2 adv. y m. Muy lentamente, relajadamente. Designa un movimiento musical tranquilo.

ADAPTACIÓN f. Acción y efecto de adaptar o adaptarse. || Reelaboración de una obra literaria para adecuarla a su representación cinematográfica o teatral. || Adecuación de una obra literaria antigua a la lengua moderna. || Respuesta de los organismos a las características del medio en que viven.

ADAPTADOR, RA adj. Que adapta o se adapta. || m. Pieza de un mecanismo, mediante la cual se puede acoplar otro u otros para cumplir funciones distintas.

ADAPTAR tr. y prnl. Acomodar o ajustar dos cosas. || prnl. Amoldarse a una circunstancia.

ADDENDA m. o f. Adiciones a un escrito.

ADECUAR tr. y prnl. Adaptar.

ADEFAGIA f. Voracidad.

ADEFESIO m. fam. Cosa fea y ridícula. || Persona llamativamente fea. || Despropósito.

ADELANTADO, DA adj. Precoz. || Destacado. || Audaz, osado. || *por a.* Por anticipado.

ADELANTAR tr. y prnl. Hacer preceder a algo. || Avanzar, anticipar. || Apresurar. || Sobrepasar. || Hacer progresar algo. || intr. Progresar. || intr. y prnl. Ir el reloj a más velocidad de la debida, o señalar una hora que no ha llegado.

ADELANTE adv. Más allá. || De frente. || *¡adelante!* Voz para autorizar la entrada, el avance o la continuación de lo que se estaba haciendo. || *en a.* A partir de.

ADELANTO m. Anticipo. || Mejora, invento.

ADELGAZAMIENTO f. Pérdida progresiva de peso corporal, frecuentemente asociada a astenia.

ADELGAZAR tr., intr. y prnl. Enflaquecer, poner más delgado. || tr. Depurar.

ADEMÁN m. Gesto o movimiento que indica un estado de ánimo. || pl. Maneras.

ADEMÁS adv. A más de; encima de. || También.

ADENTRARSE prnl. Penetrar; meterse de lleno.

ADENTRO adv. Hacia o en el interior. || m. pl. fig. Lo interior.

ADEPTO, TA adj. y s. Seguidor de una secta o doctrina y que participa activamente en ella. || Conocedor de los secretos de una ciencia, en especial esotérica.

ADEREZAR tr. y prnl. Acicalar, embellecer. || Poner a punto, arreglar. || tr. Aliñar las comidas. || Componer el vino o ciertos licores. || Dar apresto a un tejido. || Acompañar una acción con elementos que le dan énfasis.

ADEUDAR tr. Deber algo.

ADHERENCIA f. Acción y efecto de adherir o adherirse. || Efecto de la fuerza de adhesión. || Soldamiento de dos órganos vecinos a causa de una inflamación. || pl. Materias superfluas en la superficie de un objeto.

ADHERIR tr., intr. y prnl. Unir una cosa a otra. || tr. y prnl. Estar de acuerdo con una idea. || Sumarse al dictamen de la parte opuesta en el juicio.

ADHESIÓN f. Adherencia. || Fuerza de atracción molecular ejercida entre las superficies de dos cuerpos distintos puestos en contacto; en el caso de dos sólidos aumenta con la pulimentación; en el de un líquido en un recipiente sólido determina, con la cohesión, la formación de meniscos y las condiciones en que lo moja o no. || Firme apoyo, fidelidad a una idea o persona.

ADHESIVO, VA adj. y s. Se dice de la sustancia con poder adherente.

AD HOC Adecuado para lo que se pretende.

ADICCIÓN f. Dependencia, física o psíquica, que procede de un consumo habitual; se aplica especialmente a las drogas.

ADICIÓN f. Acción o efecto de adicionar. || Suma.

ADICIONAL adj. Que se añade.

ADICIONAR tr. Añadir. || Sumar.

ADICTO, TA adj. y s. Inclinado a algo. || Que tiene adicción. || Partidario.

ADIESTRAMIENTO m. Proceso por el que se acostumbra a un animal a que responda de una manera determinada ante unos estímulos fijos.

ADIESTRAR tr. y prnl. Aleccionar. || Adoctrinar. || tr. Llevar a cabo el adiestramiento de un animal.

ADINERADO, DA adj. Rico en dinero.

¡ADIÓS! Interj. de despido o saludo. || m. Despedida.

ADIPOSIDAD (o ADIPOSIS) f. Obesidad.

ADIPOSO, SA adj. Se dice del tejido caracterizado por la acumulación de grasa en sus células.

ADITAMENTO m. Añadido, complemento.

ADITIVO, VA adj. y m. Que se añade. || m. Sustancia que se añade a otra para potenciar sus características o incorporar otras nuevas.

ADIVINACIÓN f. Conjunto de prácticas religioso-mágicas con que se intenta adivinar y predecir el futuro.

ADIVINANZA f. Pasatiempo que consiste en adivinar algo.

ADIVINAR tr. Averiguar por medios sobrenaturales lo oculto. || Presagiar. || Descifrar un enigma. || Vislumbrar.

ADJETIVAR tr. Caracterizar, calificar; aplicar un adjetivo a una persona o cosa.

ADJETIVO, VA adj. Se dice de lo que no tiene valor en sí mismo o independencia, en oposición a sustantivo. || Palabra que funciona como rango o término secundario dentro del discurso. Admite categorías (género y número).

ADJUDICACIÓN f. Acción y efecto de adjudicar. || *de bienes* Reparto legal de una herencia.

ADJUDICAR tr. y prnl. Atribuir, conferir o asignar una cosa a alguien.

ADJUNTAR tr. Agregar una cosa a otra, generalmente a documentos, impresos, etcétera.

ADJUNTO, TA adj. Se dice de lo que se une a algo. || adj. y s. Se dice de la persona que en un cargo o negocio colabora con otra. || m. Añadido.

AD LIBITUM A gusto de cada uno.

ADMINISTRACIÓN f. Acción de administrar. || Cargo o empleo de administrador. || Despacho del administrador. || *pública* Conjunto de instituciones y organismos que ejecutan las decisiones de un gobierno.

ADMINISTRAR tr. Regir los intereses o bienes personales o comunales. || Ejercer un empleo. || Dar, distribuir; ejercer, aplicar.

ADMINISTRATIVO, VA adj. Relativo a la administración. || adj. y s. Se dice de la persona que ejerce cargos de oficina.

ADMIRACIÓN f. Acción de admirar. || Signo ortográfico (¡!) que en una frase expresa exclamación.

ADMIRADOR, RA adj. y s. Que admira. || m. y f. Persona que manifiesta la especial atracción que otra ejerce sobre ella.

ADMIRAR tr. y prnl. Contemplar algo con sorpresa, agrado o entusiasmo. || Sorprender. || tr. Estimar o sobrevalorar a una persona o cosa.

ADMISIÓN f. Acción y efecto de admitir. || Aceptación.

ADMITIR tr. Acoger algo o a alguien. || Recibir, consentir en tomar algo. || Transigir. || Aceptar, dar por bueno algo.

ADNATO, TA adj. Que nace y se desarrolla adherido a otra cosa.

ADOBAR tr. Condimentar, poner en adobo una vianda. || Aderezar algo, como vinos, pieles, etcétera.

ADOBE m. Ladrillo de barro y paja, secado al aire.

ADOBO m. Acción y efecto de adobar. || Aliño para adobar las viandas. || Compuesto de varios ingredientes usado para curtir pieles o aprestar telas. || Carne adobada.

ADOCTRINAR tr. Enseñar, catequizar.
ADOLECER intr. Enfermar, o sufrir una dolencia. || Padecer algún vicio o defecto.
ADOLESCENCIA f. Periodo de desarrollo del ser humano comprendido entre la infancia y la edad adulta (entre los 12-13 años y los 18-20).
ADONDE adv. A la parte que, o a qué parte. En este caso es interrogativo y lleva acento fonético y ortográfico.
ADONDEQUIERA adv. A cualquier parte.
ADONIS m. Prototipo de belleza masculina, en especial aplicado a un muchacho.
ADOPCIÓN f. Acción y efecto de adoptar algo. || Acto jurídico por el que una persona se integra en una familia distinta de la suya.
ADOPTAR tr. Aceptar a alguien como hijo. || Tomar o adquirir alguna idea o doctrina como propia. || Aprobar o tomar resoluciones.
ADOQUÍN m. Piedra paralelepipédica para pavimentación.
ADORACIÓN f. Acción de adorar. || Amor apasionado.
ADORAR tr. Rendir culto a la divinidad. || Amar apasionadamente. || int. Rezar.
ADORMECER tr. y prnl. Producir somnolencia. || Atenuar emociones o sufrimientos. || prnl. Dormirse un miembro del cuerpo.
ADORMILARSE prnl. Quedarse medio dormido.
ADORNAR tr. y prnl. Ornamentar, poner adornos. || Poseer alguien cualidades notables. || tr. Imprimir virtudes en alguien.
ADORNO m. Objeto o cualidad para realzar la belleza.
ADOSAR tr. y prnl. Apoyar o unir por su espalda o cara posterior una cosa a otra.
ADQUIRIDO, DA adj. Se dice de aquello (especialmente rasgos de carácter) que no es congénito, sino fruto del ambiente o del proceso de socialización.
ADQUIRIR tr. Lograr algo, bueno o malo. || Comprar. || Apropiarse de un bien sin dueño.
ADQUISICIÓN f. Acción y efecto de adquirir; en derecho se refiere a los bienes no heredados. || Cosa adquirida.
ADREDE adv. A propósito.
ADRENALINA f. Hormona secretada por la médula de las suprarrenales. Posee una acción estimulante sobre las terminaciones simpáticas y tiene un potente efecto vasoconstrictor.
ADSCRIBIR tr. Asignar, destinar a una persona o cosa para un fin determinado. || prnl. Afiliarse a algún colectivo.
ADSORCIÓN f. Unión química lábil, de tipo superficial, que se establece entre las partículas de un sólido o de un líquido con los átomos, iones o moléculas existentes en el medio.
ADSTRATO m. Influjo entre dos lenguas o dialectos vecinos.
ADUANA f. Oficina estatal, situada en los puntos fronterizos de un país, donde se revisan las mercancías que entran o salen de él y se cobran los derechos correspondientes (arancel). || Derechos que se devengan en ella.
ADUCCIÓN f. Movimiento de aproximación de un miembro u órgano del cuerpo al eje de éste.
ADUCIR tr. Probar, alegar, justificar.
ADUEÑARSE prnl. Apropiarse; apoderarse.
ADULAR tr. Alabar servilmente; lisonjear.
ADULTERAR tr. y prnl. Falsificar las cualidades originales de algo con aditamentos; degradar. || intr. Cometer adulterio.
ADULTERIO m. Unión sexual de una persona casada con otra que no es su cónyuge.
ADÚLTERO, RA adj. y s. Que comete adulterio. || Degradado, degenerado, falso.
ADULTO, TA adj. y s. Se dice de la persona o animal que ha alcanzado la plenitud de su desarrollo; maduro.
ADUSTO, TA adj. Quemado, abrasado. || Severo, seco, huraño.
ADVENEDIZO, ZA adj. y s. Forastero. || Se dice de la persona que se introduce en un grupo social o profesional para el que no reúne las condiciones adecuadas.
ADVENTICIO, CIA adj. Que ocurre por casualidad. || Se dice del órgano vegetal que se produce fuera de su lugar. || Se dice de la planta que crece fuera de su localización propia. || Se dice de las malas hierbas.
ADVERBIO m. Palabra que actúa como término terciario en relación con otros términos secundarios (verbos o adjetivos) y con otros adverbios. Su función es calificar o determinar la significación de las

palabras anteriores. Según su sentido pueden ser de modo, cantidad, tiempo, lugar, duda, etcétera.

ADVERSARIO, RIA m. y f. Persona, grupo, etc., que se opone activamente, con o sin hostilidad, a otro. || Contrario a una creencia o idea.

ADVERSATIVO, VA adj. Se aplica a frases, conjunciones, adverbios y adjetivos que indican contrariedad u oposición.

ADVERSIDAD f. Calidad de adverso. || Desgracia, mala suerte.

ADVERSO, SA adj. Desfavorable, no propicio. || Situado en la parte opuesta.

ADVERTENCIA f. Acción y efecto de advertir. || Introducción breve de carácter aclaratorio.

ADVERTIR tr. e intr. Notar, centrar la atención en algo. || tr. Avisar, señalar la existencia de algo; hacer constar. || Recomendar, prevenir, generalmente con ligero tono amenazante. || Darse cuenta de algo.

ADYACENTE adj. Contiguo o próximo. || Se dice de los ángulos con un lado común.

AEDO m. En la antigua Grecia, poeta épico caracterizado porque cantaba acompañándose con la lira.

AERACIÓN f. Ventilación. || Suministro de aire a un compuesto. || Intercambio gaseoso en los pulmones, con enriquecimiento de oxígeno.

AÉREO, A adj. Perteneciente o relativo al aire, la atmósfera o el viento. || Relativo a la aerodinámica o a la aeronáutica. || En el aire, a través de él o por medio de él. || Liviano, sutil.

AERÍFERO, RA adj. Que conduce aire.

AEROBIC m. Técnica de gimnasia basada en el control de la respiración.

AEROBIO, BIA adj. y s. Se dice del organismo que requiere oxígeno molecular (atmosférico o disuelto en el agua) en los procesos respiratorios. || Que necesita el oxígeno del aire para funcionar.

AERODESLIZADOR m. Vehículo que se desliza sobre un colchón de aire que él mismo expulsa a presión sobre la superficie del agua o el suelo por donde se desplaza.

AERODINÁMICO, CA adj. Relativo a la aerodinámica. || De buen diseño aerodinámico. || f. Parte de la mecánica que estudia las fuerzas ejercidas por el aire sobre los cuerpos en movimiento o en su seno.

AERÓDROMO m. Terreno llano, con servicios anexos, habilitado para el tráfico de aviones, generalmente comerciales, deportivos o militares.

AEROLITO m. Meteorito compuesto de silicatos, sin minerales, aunque excepcionalmente contiene pequeñas cantidades de hierro.

AERÓMETRO m. Aparato que mide densidades de gases.

AEROMODELISMO m. Actividad recreativa que consiste en reproducir a escala modelos de aviones y hacerlos volar.

AERONÁUTICO, CA adj. Relativo a la aeronáutica. || f. Conjunto de técnicas aplicadas al transporte aéreo. || Conjunto de medios aéreos de un país, o los dedicados a una actividad.

AERONAVAL adj. Se dice de cualquier operación bélica en la que toman parte, por uno o ambos bandos, fuerzas navales y aéreas, estas últimas generalmente embarcadas.

AERONAVE f. Nombre genérico de cualquier medio de navegación aérea, sea más ligero (aerostato) o más pesado que el aire (avión, helicóptero).

AEROPLANO m. Avión.

AEROPUERTO m. Recinto en el que se encuentran las instalaciones al servicio del tráfico aéreo.

AEROSOL m. Dispersión coloidal de un sólido o líquido en un gas. Las partículas dispersas poseen gran libertad, manifiestan fotoforesis y aceptan carga eléctrica. Nubes, nieblas y algunos tipos de contaminación atmosférica son ejemplo de a.; también numerosos productos de consumo: perfumes, pinturas, espumas, pastas, etc. || Envase en que se expenden a. a presión.

AEROSTÁTICA f. Estudio de las condiciones de equilibrio (estática) de los gases en reposo y de los cuerpos inmersos en ellos. Los fundamentos son idénticos a los de la hidrostática.

AFABLE adj. Sociable, afectuoso en el trato.

AFAMAR tr. y prnl. Hacer famoso.

AFÁN m. Empeño con que se realiza alguna actividad o trabajo. || Deseo vehe-

mente. || Trabajo físico de gran esfuerzo. || pl. Penalidades.
AFANAR intr. y prnl. Entregarse a una actividad con empeño. || Interesarse por conseguir algo. || Prosperar económicamente. || tr. Insistir ante alguien, apurarle.
AFANOSO, SA adj. Penoso, con dificultad. || Que se afana.
AFASIA f. Incapacidad, total o parcial, de hablar o de comprender el lenguaje, debida a lesiones cerebrales, sin que estén afectados los órganos periféricos sensoriales y fonadores, y sin menoscabo de la capacidad intelectiva.
AFEAR tr. y prnl. Hacer o volver feo algo o alguien. || tr. Reprochar algo.
AFECCIÓN f. Transformación o cambio que produce una cosa en otra. || Preferencia, inclinación hacia algo o alguien.
AFECTACIÓN f. Acción de afectar. || Carencia de naturalidad.
AFECTADO, DA adj. Falto de naturalidad. || Alterado. || Que sufre una enfermedad o dolencia. || adj. y s. Perjudicado.
AFECTAR tr. Actuar sin naturalidad. || Simular. || Atañer, importar; sufrir. || Alterar. || tr. y prnl. Producir sensación o impresión algo.
AFECTIVIDAD f. Conjunto de sentimientos determinados. || Capacidad de una persona para sentir afecto.
AFECTIVO, VA adj. Relativo al afecto. || Que hace referencia a la sensibilidad.
AFECTO, TA adj. Aficionado a alguien o algo. || Se dice de los bienes sometidos a obligaciones o cargas. || Adherido, adscrito. || m. Cariño, estimación. || Afección, dolencia.
AFECTUOSO, SA adj. Cariñoso.
AFEITAR tr. y prnl. Cortar con navaja o maquinilla el pelo, especialmente la barba o el bigote. || Adornar con afeites.
AFEITE m. Cosmético.
AFELIO m. Punto de la órbita de un planeta en el que ésta se encuentra más alejado del Sol. El a. de la Tierra tiene lugar en los primeros días de julio.
AFELPADO, DA adj. Con textura de felpa.
AFELPAR tr. Dar apariencia de felpa a un tejido. || Forrar con felpa.
AFEMINADO, DA adj. Se dice del hombre que adopta características de mujer, o de estas mismas características. || adj. y m. Homosexual.

AFEMINAR tr. y prnl. Perder la energía varonil, o volver afeminado.
AFÉRESIS f. Pérdida de un sonido o grupo de sonidos al inicio de una palabra; frecuentes en la lengua vulgar: *cera* por *acera*, *bus* por *autobús*.
AFERRAR tr. e intr. Agarrar, asir con fuerza. || tr. Asegurar el ancla. || Plegar las velas. || Asir con el garfio. || intr. y prnl. Empeñarse u obstinarse en una idea.
AFFAIRE m. Negocio, caso, generalmente escandaloso.
AFIANZAR tr. Garantizar a alguien. || tr. y prnl. Sostener o asegurar con clavos, puntales, etc. || Agarrar con fuerza. || Asentar, dar firmeza.
AFICIÓN f. Apego, inclinación a algo o alguien. || Afán. || Grupo de personas aficionadas a una determinada actividad.
AFICIONADO, DA adj. y s. Se dice del que se dedica a algo sin ser profesional. || Que tiene afición por alguna cosa, generalmente por un deporte, arte, etcétera.
AFIJO, JA adj. m. Se dice del morfema que se une a la raíz o radical de una palabra para indicar una categoría gramatical o para formar una nueva palabra. Según su posición se distinguen los *prefijos* (colocados delante), los *infijos* (insertados) y los *sufijos* (colocados detrás del radical).
AFILADO, DA adj. Mordaz. || m. Acción y efecto de afilar.
AFILADOR, RA adj. Que afila. || m. y f. Persona que afila instrumentos cortantes. || f. Máquina de afilar.
AFILAR tr. Sacar filo o punta a un objeto.
AFILIACIÓN f. Acción y efecto de afiliar o afiliarse. || Conjunto de afiliados.
AFILIADO, DA m. y f. Miembro de una asociación, partido, sindicato, etcétera.
AFILIAR tr. y prnl. Hacer entrar a alguien o ingresar uno mismo como miembro en una asociación, partido, etcétera.
AFILIGRANADO, DA adj. Como una filigrana. || Pequeño, delicado.
AFILIGRANAR tr. Hacer filigrana. || Acicalar, pulir.
AFÍN adj. Cercano, próximo. || Que posee afinidad con algo. || com. Allegado, pariente.
AFINAR tr. y prnl. Suavizar. || Mejorar, perfeccionar algo. || tr. Igualar la cubierta el encuadernador. || Poner a tono un instrumento musical. || tr. e intr. Cantar o

interpretar música dando los tonos adecuados. || Buscar o conseguir la máxima precisión en algo.
AFINCAR intr. y prr.l. Fincar. || prnl. Establecer la residencia en un lugar.
AFINIDAD f. Similitud de una cosa con otra. || Parentesco que se contrae por matrimonio. || Analogía de gustos, caracteres, opiniones, etcétera.
AFIRMACIÓN f. Acción y efecto de afirmar. || Enunciación positiva. || Gesto, signo, palabra o conjunto de ellos equivalentes a una aseveración.
AFIRMAR tr. Aseverar. || Corroborar. || Apalear, golpear. || tr. y prnl. Consolidar.
AFLAUTADO, DA adj. Se dice del sonido o voz suaves, semejantes a la flauta.
AFLICCIÓN f. Efecto de afligir. || Dolor, pena.
AFLIGIR tr. y prnl. Dañar. || Entristecer.
AFLOJAR tr. y prnl. Reducir la presión o la tirantez. || tr. fam. Soltar dinero. || intr. y prnl. Debilitar.
AFLORAR intr. Surgir a la superficie una capa o filón o el agua. || Aparecer una cualidad o estado de ánimo. || tr. Cerner.
AFLUENCIA f. Acción de afluir. || Concurrencia.
AFLUENTE adj. Que afluye. || Río que forma parte de la cuenca de otro generalmente mayor, en el que desagua.
AFLUIR intr. Concurrir muchos a un lugar. || Desembocar un río, arroyo.
AFONÍA f. Pérdida de la voz debida a lesiones orgánicas o funcionales de las cuerdas vocales.
AFORISMO m. Máxima o sentencia que se expresa con pocas palabras.
AFORO m. Número de plazas en un local de actos o espectáculos públicos.
A FORTIORI Con mayor motivo.
AFORTUNADO, DA adj. Que goza de buena suerte o fortuna. || Dichoso. || Atinado.
AFRENTA f. Agravio o deshonor que se deriva de un dicho o hecho, o de alguna pena. || Deshonra, ultraje.
AFRICADO, DA adj. y s. Se dice del sonido en cuya articulación toman parte un momento oclusivo y otro fricativo; p. ej. el fonema *ch*.
AFROAMERICANO, NA adj. y s. Se dice del americano de raza negra, descendiente de esclavos.

AFRODISÍACO, CA o (AFRODISIACO, CA) adj. Se dice de la sustancia que incrementa el apetito sexual.
AFRONTAR tr. e intr. Encarar o encararse a una persona, cosa o situación. || tr. Carear, confrontar.
AFTA f. Pequeña erupción vesiculosa de las mucosas, especialmente de la bucal.
AFUERA adv. Denota lugar, situación o procedencia exterior con respecto al que habla. || f. pl. Alrededores de una población.
AGACHAR tr. Bajar la cabeza. || tr. y prnl. Inclinar el tronco hacia el suelo, o acuclillarse. || prnl. Esconderse, evadirse de algún contratiempo.
AGALACTIA f. Ausencia de secreción mamaria tras el parto.
AGALLA f. Cecidio. || Cada uno de los laterales de la cabeza de las aves. || Cada branquia de los peces. || Astucia, codicia. || *tener agallas* Poseer valor.
AGAMIA f. Ausencia de órganos sexuales. || Reproducción asexual.
ÁGAMO, MA adj. Que carece de órganos sexuales y se reproduce por vía asexual.
ÁGAPE m. Convite, banquete.
AGAR (o AGAR-AGAR) m. Polisacárido a base de moléculas de galactosa; se obtiene masivamente a partir de ciertas algas marinas. En solución acuosa se gelifica. Se usa en microbiología, alimentación y farmacia.
AGARRADO, DA adj. fam. Roñoso, miserable.
AGARRADOR, RA adj. Que agarra. || Almohadilla para asir utensilios calientes.
AGARRAR tr. y prnl. Sujetar con fuerza. || Asir, coger. || Descubrir, pillar desprevenido a alguien. || prnl. fam. Pelear.
AGARROTAR tr. Apretar algo con fuerza. || Oprimir, provocar agobios físicos o morales. || prnl. Ponerse o quedarse rígido. || Funcionar con dificultad una pieza por falta de engrase.
AGASAJAR tr. Expresar atención o afecto. || Hospedar. || tr. y prnl. Obsequiar.
AGASAJO m. Acción de agasajar. || Obsequio. || Homenaje, fiesta.
ÁGATA f. Variedad de la calcedonia, dura, con bandas onduladas y concéntricas. Se usa en joyería.

AGAVE f. y amb. Nombre común a diversas plantas amarilidáceas, de grandes hojas carnosas terminadas en acúleo. Tienen diversas denominaciones: maguey, henequén, ixtle. Algunas proporcionan fibras textiles (pita, sisal) y de su savia se obtiene el pulque.

AGAZAPAR tr. fam. Agarrar a alguien. || prnl. Ocultarse, agacharse.

AGENCIA f. Delegación para tramitar ciertos servicios.

AGENCIAR tr. y prnl. Procurar algo con maña. || tr. e intr. Llevar a cabo las gestiones necesarias para conseguir algo.

AGENDA f. Libro o cuaderno para notas y direcciones. || Lista de temas que se han de tratar en una junta o asamblea.

AGENTE adj. Que opera o puede operar. || Se dice del elemento gramatical que realiza la acción del verbo. || com. Persona que realiza tareas ejecutivas por cuenta de otra o de una institución. || Policía.

AGEUSIA f. Pat. Pérdida del sentido del gusto.

AGIGANTAR tr. y prnl. Agrandar algo con desmesura.

ÁGIL adj. Activo, diligente, desenvuelto. || Rápido, vivo.

AGILITAR (o **AGILIZAR**) tr. y prnl. Procurar los medios para realizar algo con prontitud.

AGIO m. Beneficio que se obtiene del agiotaje. || Especulación con fondos públicos.

AGIOTAJE m. Especulación fraudulenta con valores bursátiles, moneda y títulos de deuda. Suele basarse en la propalación de rumores.

AGITACIÓN f. Acción y efecto de agitar o agitarse. || Operación física para aumentar la turbulencia en el seno de un fluido y así acelerar procesos de mezcla o de transferencia.

AGITADOR, RA adj. y s. Que agita. || m. Útil mecánico que sirve para mezclar líquidos. || m. y f. Persona que por cuenta de un partido o gobierno difunde el descontento y promueve disturbios.

AGITAR tr. y prnl. Mover con fuerza y de manera continua. || Alterar; excitar. || tr. Movilizar.

AGLOMERACIÓN f. Acción y efecto de aglomerar o aglomerarse. || Amontonamiento. || Complejo urbano.

AGLOMERADO m. Materia compacta, formada por polvo o fragmentos de una sustancia, ligados con un producto aglomerante. Usados en construcción (piedras artificiales, fibrocemento, etcétera).

AGLOMERAR tr. y prnl. Concentrar; cohesionar.

AGLUTINANTE adj. Que aglutina. || Se dice de las lenguas caracterizadas por la aglutinación o unión en una sola palabra de varios elementos con significación fija e individualidad. Ej.: finés, turco, lenguas fino-ungras, etc. || m. Pint. Sustancia líquida en que se diluyen los pigmentos. Al solidificarse, se cohesionan los colorantes.

AGLUTINAR tr. y prnl. Adherir, juntar, pegar. || Congregar. || Coligar.

AGNACIÓN f. Parentesco consanguíneo entre los descendientes de una misma rama masculina.

AGNOSIA f. Incapacidad de reconocer los objetos y las personas, debida a lesiones cerebrales, sin que estén afectados los órganos periféricos de los sentidos; puede ser visual, auditiva, táctil, etcétera.

AGOBIAR tr. y prnl. Doblegar o inclinar el cuerpo hacia delante. || tr. Abrumar. || Causar gran fatiga; resultar insoportable. || Humillar.

AGONÍA f. En las enfermedades en que la vida se extingue lentamente, periodo que precede a la muerte. || Final o decadencia de algo. || Congoja muy fuerte. || Deseo vehemente.

AGONIZAR intr. Estar en la agonía. || Concluirse o cesar la existencia de algo. || Experimentar ansia por algo. || Padecer mucho.

ÁGORA f. Plaza de las polis griegas en la que se reunían los organismos políticos y jurídicos.

AGORAFOBIA f. Miedo a pasar por espacios abiertos (una gran plaza) o a enfrentarse con un vasto horizonte.

AGORAR tr. Vaticinar el futuro, en especial de manera supersticiosa.

AGORERO, RA adj. y s. Que adivina por agüeros. || Que pronostica sin base. || Que predice males futuros.

AGOSTAR tr. y prnl. Abrasar el calor excesivo las plantas. || Marchitar, perder fuerza algo. || tr. Labrar la tierra en agosto para eliminar rastrojos.

AGOSTO m. Octavo mes del año (31 días). || Época de recolección. || *hacer el a.* Lograr grandes beneficios.

AGOTAMIENTO m. Debilidad general en que se encuentra un individuo cuando, sin que medien lesiones propiamente dichas, se han consumido sus reservas nutritivas o reducido el tono de sus nervios (astenia).

AGOTAR tr. y prnl. Sacar un líquido por completo. || Consumir del todo. || Extenuar.

AGRACIAR tr. Favorecer a una persona o cosa. || Otorgar algún don o premio.

AGRADAR intr. Satisfacer, contentar, gustar.

AGRADECER tr. Experimentar gratitud. || Dar las gracias. || Responder una cosa al esfuerzo puesto en ella.

AGRADO m. Afabilidad. || Satisfacción, voluntad.

AGRAFIA f. Dificultad total o parcial para la escritura debida a lesiones neurológicas.

AGRANDAR tr. y prnl. Aumentar el tamaño.

AGRARIO, RIA adj. Relativo al campo.

AGRARISMO m. Corriente o partido político que preconiza la importancia socioeconómica de la agricultura y la necesidad de su defensa y apoyo.

AGRAVANTE adj. y amb. Que agrava. || Se dice de la circunstancia que modifica, en sentido de agravar, la responsabilidad penal.

AGRAVAR tr. y prnl. Hacer más grave algo.

AGRAVIAR tr. Hacer agravio. || prnl. Sentirse ofendido.

AGRAVIO m. Insulto, dicho o hecho ofensivo. || Perjuicio que se causa a alguien.

AGREDIR tr. Atacar a alguien física o verbalmente.

AGREGADO, DA adj. y s. Añadido, adscrito.

AGREGAR tr. Añadir. || prnl. Anexionarse.

AGREMIAR tr. y prnl. Agrupar en gremio.

AGRESIÓN f. Acción y efecto de agredir. || Acto dirigido contra el derecho de otro. || Ataque inopinado.

AGRESIVIDAD f. Disposición a actuar en forma agresiva. Puede aparecer ligada a la satisfacción de una necesidad primaria o a las pulsiones destructivas del impulso de muerte y puede ser consciente o inconsciente, patológica (epilepsia, algunas formas de psicosis, etc.) o normal.

AGRESIVO, VA adj. Que ataca. || Que provoca. || Pendenciero.

AGRESTE adj. Del campo. || Rústico. || Silvestre. || Rudo.

AGRIAR tr. y prnl. Poner agrio. || Volver hosco, insociable. || Alterar los ánimos, irritar.

AGRICULTOR, RA m. y f. Quien trabaja el campo.

AGRICULTURA f. Conjunto de las actividades humanas que, basándose o influyendo en el medio natural, buscan la obtención de vegetales útiles para la subsistencia. || Conjunto de técnicas que se utilizan para dichas actividades, y valor económico de lo producido.

AGRIDULCE ad. De sabor agrio y dulce.

AGRIETAR tr. y prnl. Resquebrajar.

AGRIO, GRIA adj. Que sabe a limón o a vinagre. || Dificultoso, agreste. || Dicho del metal, quebradizo. || Malhumorado, irritable. || adj. y m. Se aplica al colorido disonante. || m. Zumo o jugo ácido. || m. pl. Frutos cítricos.

AGRO m. Campo, en su sentido genérico y desde el punto de vista humano.

AGRONOMÍA f. Estudio de las prácticas agrícolas.

AGROPECUARIO, RIA adj. De la agricultura y la ganadería.

AGRUPACIÓN f. Acción y efecto de agrupar. || Grupo de personas que se unen para llevar a cabo una empresa.

AGRUPAR tr. y prnl. Reunir.

AGRURA f. Sabor agrio. || pl. Acidez estomacal.

AGUA f. Compuesto formado por dos átomos de hidrógeno y uno de oxígeno. En condiciones óptimas, es un líquido incoloro, inodoro e insípido. Importante disolvente. En estado natural, ocupa las tres cuartas partes de la superficie terrestre. Fundamental para la vida, pues los procesos fisiológicos tienen lugar en solución acuosa. || Lluvia. || Vertiente de un tejado.

|| Cualquier masa acuática. || vulg. Líquido amniótico.

AGUACERO m. Chaparrón. || Reprensión.

AGUADA f. Paraje donde hay agua potable. || Agua potable de un barco. || Agua que inunda una mina. || Pintura similar a la acuarela, de colores más espesos. || Abrevadero. || Cenote.

AGUADOR, RA m. y f. Persona que vende o transporta agua.

AGUAFIESTAS com. Persona que malogra cualquier tipo de diversión o alegría.

AGUAFUERTE amb. Técnica de grabado que se logra por la acción química de ácido nítrico sobre las partes de la plancha de metal no tratadas con un barniz previo. || Lámina impresa por este sistema.

AGUAMANIL m. Jarra y jofaina de tocador; por extensión, palanganero.

AGUAMARINA f. Silicato de berilo y aluminio, variedad verdeazulada, transparente, usada en joyería.

AGUAMIEL f. Mezcla de agua y miel. || Bebida a base de agua y caña de azúcar o papelón. || Jugo de maguey para fabricar pulque.

AGUANTAR tr. Resistir, sobrellevar. || Soportar un peso material o espiritual. || prnl. Conformarse.

AGUANTE m. Paciencia. || Resistencia.

AGUAR tr. y prnl. Adulterar un líquido añadiéndole agua. || Frustrar algo agradable.

AGUARDAR tr. e intr. Esperar. || tr. Dar un plazo a alguien. || Suponer o prever un acontecimiento futuro. || prnl. Detenerse a esperar.

AGUARDIENTE m. Bebida de alta graduación (40 al 60%) que se obtiene por destilación y fermentación del vino, frutos, cereales u otras sustancias.

AGUARRÁS m. Esencia de trementina que actúa como solvente de grasas y resinas.

AGUATINTA f. Grabado que consiste en granular la plancha de metal con una capa de resina, para conseguir impresiones entintadas en lugar de líneas.

AGUDEZA f. Calidad de agudo. || Carácter agudo de un proceso patológico. || Capacidad sensorial de los sentidos, en especial de la vista, oído y olfato.

AGUDO, DA adj. Afilado. || Incisivo, sutil. || Ocurrente, ingenioso. || Se dice de los sonidos de frecuencia elevada, y de los olores y sabores intensos. || Se dice del dolor muy fuerte y punzante. || Se dice del proceso patológico de curso breve y relativamente grave. Se contrapone a crónico. || Se dice de determinado acento (sobre la última sílaba) y de ángulo (menor de 90°).

AGÜERO m. Augurio; por extensión, cualquier tipo de predicción.

AGUERRIDO, DA adj. Con experiencia en las artes de la guerra. || Esforzado.

AGUIJÓN m. Órgano dispuesto en la extremidad del abdomen en algunos grupos de insectos, de naturaleza quitinosa y conectado a una glándula de veneno.

AGUILEÑO, ÑA adj. Se dice de las facciones delgadas y afiladas, y especialmente de la nariz ganchuda.

AGUINALDO m. Obsequio o gratificación que se da por Navidad; por extensión, paga extraordinaria de Navidad. || Villancico.

AGUJA f. Varilla generalmente metálica, aguzada por un extremo y con un ojo en el opuesto, que se usa para labores de confección. || La de mayores dimensiones y formas diversas, que se usa para hacer punto, ganchillo, etc. || Cualquier objeto fino, alargado y puntiagudo, para diversos usos: a. *de tocadiscos, de brújula, de reloj.*

AGUJERAR (o **AGUJEREAR**) tr. y prnl. Hacer agujeros, horadar.

AGUJERO m. Abertura, generalmente redondeada, que perfora una cosa. || Alfiletero. || Hoyo de golf. || Déficit o pérdida económica que no se ha justificado.

AGUJETA f. Cordón o cinta con herretes que se usa para sujetar ciertas prendas.

AGUSANARSE prnl. Criar algo gusanos.

AGUZAR tr. Afilar algo o sacarle punta. || Avivar el entendimiento o los sentidos. || Animar, fomentar pasiones, deseos, dolores, etcétera.

¡AH! interj. Expresa sorpresa, emoción, dolor, admiración, etcétera.

AHERROJAR tr. Llenar a uno de cadenas y grilletes. || Oprimir, esclavizar.

AHERRUMBRAR tr. y prnl. Conferir a algo sabor o color de hierro, o adquirirlo. || Oxidar.

AHÍ adv. En o a ese lugar; en esto o eso. || *de a.* Expresa el tiempo del que se acaba de hablar. || De esto. || *por a.* Denota un lugar indeterminado.

AHIJADO, DA m. y f. Cualquier persona en relación con sus padrinos. || Protegido.

AHIJAR tr. Adoptar a alguien como hijo; también se aplica a los animales. || Achacar a alguien obras ajenas.

AHÍNCO m. Esfuerzo, constancia o diligencia en hacer algo.

AHÍTO, TA adj. Saciado de comer. || Repleto de riquezas, virtudes, etc. || Hastiado, harto. || m. Indigestión.

AHOGADO, DA adj. Falto de ventilación. || m. y f. Persona que muere por sofocación, especialmente en el agua. || Necesitado, apurado.

AHOGAR tr. y prnl. Provocar la muerte de alguien cortándole la respiración. || Pudrirse las plantas por exceso de agua. || Extinguir el fuego. || Angustiar. || Aplacar o dominar una actividad o cualidad. || prnl. Hundirse algo en el agua. || Sofocarse.

AHOGO m. Dificultad para respirar. || Agobio, indigencia. || Conflicto, situación apurada.

AHONDAR tr. Hacer más profunda una cosa. || Cavar. || tr., intr. y prnl. Hacer que una cosa penetre en otra más de lo que está. || tr. e intr. Adentrarse en lo más hondo de un asunto.

AHORA adv. En el momento presente, en el día de hoy. || Hace poco tiempo, de inmediato. || conj. adversativa Pero, no obstante. || conj. distrib. Ora... ora. || *bien* Pues bien. || *que* Pero. || *por a.* De momento.

AHORCADO, DA adj. y s. Muerto en la horca.

AHORCAR tr. y prnl. Estrangular a alguien suspendiéndole del cuello.

AHORMAR tr. y prnl. Agrandar con la horma. || tr. Amoldar. || Hacer entrar en razón a alguien.

AHORQUILLAR tr. y prnl. Sujetar las ramas con horquillas. || Dar forma de horquilla.

AHORRAR tr. Economizar. || Rehuir, eludir. || Liberar al esclavo.

AHORRO m. Acción y efecto de ahorrar. || Parte de la renta que no se destina al consumo. || pl. Cantidad ahorrada por un particular. || *forzoso* El provocado por decisiones del Estado (restricciones al consumo, imposición...) o, en una empresa, por necesidades de autofinanciación.

AHUECAR tr. Poner hueco. || tr. y prnl. Esponjar. || intr. fam. Largarse, marcharse.

AHUIZOTE m. Animal fantástico, anfibio y parecido a la nutria, que tiene fama popular de maléfico. Dio nombre a varias revistas satíricas. || Mal augurio. || Persona inaguantable.

AHUMADO, DA adj. Expuesto al humo y afectado por éste. || Curado al humo. || De color gris humo.

AHUMAR tr. Someter alimentos (carnes, embutidos, pescado) a los efectos del humo para lograr su deshidratación y facilitar su conserva. || Llenar de humo. || intr. Expulsar humo. || prnl. Adquirir una comida sabor a humo. || Oscurecerse algo por efectos del humo.

AHUYENTAR tr. Provocar la huida. || Alejar algo desagradable. || prnl. Huir.

AIRAR tr. y prnl. Enojar, cabrear.

AIRE m. Mezcla gaseosa que forma la atmósfera. En condiciones normales, en las capas bajas de la atmósfera, la composición en volumen es la siguiente: nitrógeno, 78.08%; oxígeno, 20.95%; argón, 0.93%, y anhídrido carbónico, 0.03%. Es indispensable para los organismos. || Viento. || *al a. libre* Al raso. || *cambiar de aires* Mudarse de residencia. || *coger a.* o *un a.* Resfriarse.

AIREADO, DA adj. Ventilado.

AIREAR tr. Orear, poner al aire. || Polemizar, discutir. || Sacar a la luz asuntos delicados. || prnl. Tomar el fresco. || Resfriarse.

AIROSO, SA adj. Con mucho viento. || Apuesto, arrogante. || Que realiza una cosa con éxito y dignidad.

AISLADOR, RA adj. Que aísla. || m. Dispositivo que impide la transmisión del calor o de la electricidad. Generalmente se construye en porcelana, vidrio o material plástico.

AISLAMIENTO m. Tendencia a restringir las relaciones con el mundo exterior y a reducir al mínimo los contactos interpersonales.

AISLANTE adj. Que aísla. || adj. y m. Se dice de la sustancia que dificulta o impide la transmisión de determinadas formas de energía (eléctrica, calorífica, etcétera).

AISLAR tr. Rodear de agua. || Sacar algo de su contexto para analizarlo. || tr. y prnl. Separar algo o a alguien de cualquier contacto; incomunicar.

¡AJÁ! Interjección que denota asentimiento, sorpresa o agrado.

AJAR m. Sembrado de ajos.

AJEDREZ m. Juego que se practica entre dos contendientes sobre un tablero dividido en 64 casillas (escaques) y con 16 fichas cada uno.

AJENJO m. Hierba de la familia Compuestas, tomentosa, flores amarillas en capítulos. || Bebida alcohólica preparada con las hojas de la planta; de acción violenta sobre el sistema nervioso.

AJENO, NA adj. Que es de otro. || De distinta calidad o naturaleza. || Exento de algo.

AJETREAR tr. y prnl. Atosigar con una ocupación que obliga a ir sin tregua de un lado para otro.

AJO m. Planta bulbosa de la familia Liliáceas, de bulbo compuesto y con el escapo terminado en una inflorescencia de flores blancas. Se cultiva como condimento; estomacal, expectorante, febrífugo e hipotensor. || fam. Palabra soez.

AJOLOTE m. Axolote.

AJONJOLÍ m. Sésamo, y su semilla.

AJORCA f. Argolla para adornar el brazo, la muñeca, la pierna o el tobillo.

AJUAR m. Muebles, ropa y joyas que aporta la mujer cuando se casa. || Conjunto de ropa de casa, muebles y menaje.

AJUSTADOR, RA adj. Que ajusta. || m. y f. Obrero que da el último toque a las piezas metálicas, para ajustarlas. || Impr. Compaginador.

AJUSTAR tr. y prnl. Trabajar, dar forma a una cosa para que case con otra. || Conformar una cosa a otra. || Contratar. || Reacomodar. || tr. Pactar y, por extensión, reconciliar. || Revisar una cuenta y zanjarla. || Asegurar la precisión de un instrumento. || Impr. Compaginar.

AJUSTE m. Acción y efecto de ajustar. || Acuerdo, avenencia. || Relato o forma de una pieza para que otra pueda ajustarse o cerrarse sobre ella. || Conjunto de mecanismos económicos usados para corregir desequilibrios. || *de cuentas* Venganza.

AJUSTICIAR tr. Ejecutar la pena de muerte contra un reo.

AL Contracción de la prep. *a* y el artículo *el*.

ALA f. Miembro anterior de las aves, que a lo largo del proceso evolutivo se ha transformado en el órgano de vuelo. Los huesos que forman el a. son homólogos a los de otros grupos de vertebrados. || Cada uno de los apéndices laterales de los insectos, que les sirven para volar. || Cualquier cosa laminar que sobresalga alrededor o a los lados de un objeto (a. del sombrero, del avión). || Cada flanco de un ejército en campaña. || Cada parte lateral de un edificio. || Tendencia de una organización sociopolítica. || Cobijo.

ALABANZA f. Acción de alabar y palabras con que se alaba.

ALABAR tr. Elogiar verbalmente. || prnl. Preciarse.

ALABARDA f. Arma que combina pica y hacha, con pala en forma de media luna y peto ganchudo hacia abajo. Lo usan hoy algunas guardias de gala (guardia suiza vaticana).

ALABASTRO m. Mineral blanco y blando, de yeso o calcita, este último más duro y menos soluble en agua que el anterior.

ALABEAR tr. y prnl. Combar una superficie.

ALACENA f. Armario con estantes y puerta colocado en la cocina.

ALACRÁN m. Escorpión. || Ganchito para sujetar botones metálicos. || Pieza que une el bocado y la barbada en los frenos de los caballos. || fam. Persona maldiciente.

ALADO, DA adj. Que tiene alas. || En forma de ala. || Raudo, ligero.

ALALIA f. Pérdida de la palabra debida a lesiones neurológicas o a procesos patológicos locales de los órganos de la fonación.

ALAMAR m. Presilla y botón, generalmente para una capa. || Fleco.

ALAMBICAR tr. Destilar. || Analizar en profundidad una cosa. || Pensar o expresarse de forma rebuscada y complicada. || Reducir algo a su mínimo, especialmente la tasa de ganancia.

ALAMBIQUE m. Aparato usado en destilación. Consta de caldera, en la que se calienta la sustancia para tratar, y un sistema de recogida de gases hacia el serpentín para su condensación.

ALAMBRADA f. Cerca de alambre.

ALAMBRE m. Hilo de metal. || Conjunto de cencerros de un hato de ganado. || *de espino* El anudado de forma que salgan púas. || *en el a.* En difícil equilibrio.

ALAMBRERA f. Red de alambre para resguardar los huecos de un edificio. ||

Pantalla de alambre que se coloca por precaución ante chimeneas, braseros, etcétera.

ALÁMBRICO, CA adj. Se dice de los transmisores que para funcionar necesitan hilo conductor.

ALAMBRISTA com. Funámbulo, equilibrista.

ALAMEDA f. Paraje poblado de álamos. || Paseo público con árboles.

ÁLAMO m. Nombre común a diversos árboles de la familia Salicáceas, de considerable altura, tallo erecto, hojas ovaladas y alternas, flores dioicas en amentos y semillas en el interior de una cápsula. Madera de escasa calidad, de uso industrial.

ALARDE m. Revista, inspección militar. || Ostentación.

ALARGAMIENTO m. Acción y efecto de alargar.

ALARGAR tr. y prnl. Aumentar la longitud, extensión, cantidad, duración de algo. || tr. Extender un miembro. || prnl. Excederse en el espacio o tiempo previstos. || Alabar excesivamente.

ALARIDO m. Grito desgarrado.

ALARIFE m. Arquitecto o maestro de obras. || Min. Albañil.

ALARMA f. Señal para aprestarse al combate y, por extensión, aviso de algún peligro. || Inquietud, susto. || Reacción de defensa que algunos organismos desencadenan frente a estímulos nocivos para su vida.

ALARMISTA com. Quien propaga noticias alarmantes o tiende a creérselas.

ALAZÁN, NA adj. y s. Se dice del caballo o yegua de color canela.

ALBA f. Amanecer. || Alborada, primera luz del día. || Alborada, composición poética y musical. || *romper*, o *rayar, el a.* Amanecer.

ALBACEA com. Persona, designada por el testador o el juez, que se encarga de ejecutar las disposiciones testamentarias y administrar los bienes del finado hasta su asignación.

ALBAÑAL m. Conducto de aguas residuales de un edificio a una cloaca. || Lugar inmundo.

ALBAÑIL m. Quien ejerce de oficial o maestro en la construcción de edificios.

ALBARDA f. Aparejo para acomodar la carga en las caballerías.

ALBARICOQUE m. Fruto del albaricoquero. || Durazno.

ALBEDRÍO m. Facultad de actuar por propia voluntad (suele usarse en la forma *libre a.*). || Antojo.

ALBERCA f. Depósito artificial de agua. || Poza para macerar el cáñamo o el lino. || Piscina.

ALBERGAR tr. Alojar, hospedar. || Mantener íntimamente sentimientos, planes, etc. || intr. y prnl. Tomar albergue.

ALBERGUE m. Sitio para hospedarse o cobijarse. || Cubil.

ALBERO, RA adj. Blanco. || m. Terreno blanquecino. || Paño de cocina.

ALBINISMO m. Anomalía hereditaria, en general de carácter recesivo, relacionada con una deficiencia en el metabolismo de la tirosina y que se traduce en una falta de pigmentación en la piel, pelo y ojos.

ALBINO, NA adj. y s. Que tiene albinismo.

ALBO, BA adj. Blanco.

ALBÓNDIGA f. Bola de carne o pescado picado que se reboza con harina o pan rallado, huevo y especias.

ALBORADA f. Primeras luces del día. || Empresa guerrera al amanecer. || Toque militar al rayar el alba. || Composición poética y musical, de origen trovadoresco, cuyo tema principal era la separación de los amantes al alba. || Serenata que se da al amanecer, bajo la ventana de la persona a quien se desea festejar. || Tapia, cerca.

ALBOREAR intr. Rayar el alba, comenzar el día.

ALBOROTADO, DA adj. Alterado, perturbado. || Irreflexivo.

ALBOROTAR tr. e intr. Armar un alboroto. || tr. y prnl. Alterar, excitar. || intr. Desordenar.

ALBOROTO m. Barahúnda. || Disturbio, motín. || Desorden, trifulca. || Zozobra, inquietud. || Regocijo.

ALBRICIAS f. pl. Obsequio que recibe el portador de una buena nueva. || *¡albricias!* Expresión de alegría; parabién.

ÁLBUM m. Libro en blanco para coleccionar sellos, fotos, cromos, etcétera.

ALBÚMINA f. Proteína soluble en agua; coagula por el calor y precipita en soluciones salinas saturadas.

ALBUR m. Azar o riesgo que implica un negocio o una empresa. || Retruécano.

ALBURA f. Blancura absoluta. || Clara de huevo.

ALCABALA f. Ant. Impuesto indirecto que gravaba ciertas transacciones (entre un 5 y un 10%, según las épocas).

ALCAHUETE, TA m. y f. Tercero, persona que media en relaciones amorosas; por extensión, encubridor. || Chismoso, maldiciente.

ALCALDE, DESA m. y f. Presidente de un ayuntamiento. || Presidente de ciertas cofradías u organizaciones gremiales.

ALCALDÍA f. Función, despacho y territorio que forma parte de la jurisdicción del alcalde.

ÁLCALI m. Quím. Base.

ALCALIMETRÍA f. Medida, por neutralización, de la basicidad de una disolución, generalmente mediante indicadores que cambian de color (p. ej., fenolftaleína).

ALCALINO, NA adj. Básico. Relativo a los elementos químicos del grupo I de la tabla periódica. Son los más electropositivos. Muy activos químicamente.

ALCALOIDE m. Compuesto orgánico nitrogenado (todos poseen una función amina o imina) de origen vegetal. Los a. tienen carácter básico. Presentes en forma de sales, especialmente en solanáceas, papaveráceas, etc., se extraen mediante solventes o por síntesis de aminoácidos. Son a. la heroína, la morfina, la cocaína, la atropina, etcétera.

ALCANCE m. Distancia en la que se nota la acción de cierta cosa. || En balística, distancia máxima que alcanza un proyectil. || Distancia a que se llega con el brazo. || Persecución. || Correo extraordinario para alcanzar el ordinario. || *estar al, a mí, a tu*, etc., *a.* Se aplica a lo que uno puede obtener.

ALCANCÍA f. Hucha, generalmente de barro. || Cepillo de limosnas.

ALCANFOR m. Cetona sólida blanca, de olor penetrante (se evapora a temperatura ambiente). Poco soluble en agua, soluble en éter y en alcohol.

ALCANO m. Cada uno de los hidrocarburos saturados acíclicos, también llamados parafinas.

ALCANTARILLA f. Paso para facilitar la circulación del agua, por debajo de caminos o carreteras. || Cauce subterráneo donde desembocan las aguas residuales o de lluvia.

ALCANTARILLADO m. Complejo de obras hidráulicas para recoger y eliminar las aguas residuales.

ALCANZAR tr. Llegar a la altura de alguien o algo que va delante. || Coger algo alargando la mano. || Poner al alcance de otro. || Lograr percibir algo con la vista, oído u olfato. || Haber sido coetáneo de alguien o testigo de algún hecho. || Captar, comprender. || Obtener lo deseado. || Poseer capacidad o fuerza para hacer algo. || Llegar a equipararse con alguien. || Acceder a un punto o lugar. || En algunas armas, llegar su proyectil a una distancia determinada. || Afectar a uno alguna cosa o una de sus consecuencias. || Bastar, ser suficiente. || prnl. Rozarse, juntarse. || Entender, comprender.

ALCAYATA f. Escarpia.

ALCAZABA f. Recinto amurallado propio de los países musulmanes.

ALCÁZAR m. Residencia fortificada de los gobernadores de la España musulmana. || Fortaleza. || Espacio que existe entre el palo mayor de un buque y la popa.

ALCIÓN m. Martín pescador.

ALCISTA adj. Se dice del alza o subida de la bolsa. || com. Persona que juega al alza en la bolsa.

ALCOBA f. Habitación para dormir. || Conjunto de muebles de dicha habitación. || Parte de la balanza que sirve para equilibrar el fiel.

ALCOHOL m. Cada uno de los compuestos orgánicos derivados de los hidrocarburos por sustitución de uno (monoalcoholes) o varios (polialcoholes) átomos de hidrógeno por grupos -OH. Se obtienen por síntesis química (reducción de aldehídos y de cetonas, etc.) e industrialmente por destilación del vino y de otros licores y zumos o jugos. Son anfóteros. Se emplean como combustibles, en la industria farmacéutica y en la de bebidas. || Etanol. || Bebida alcohólica; se usa con valor pl. (*no toma alcohol*). || *de madera* El metílico.

ALCOHÓLICO, CA adj. Que tiene alcohol. || Relativo al alcohol. || adj. y s. Se dice del individuo que muestra dependencia de las bebidas alcohólicas.

ALCOHOLISMO m. Intoxicación, aguda o crónica, debida al alcohol. || Estado del que tiene dependencia física o psicológica de la ingestión de alcohol.

ALCOHOLIZAR tr. Añadir alcohol a un líquido. || Alcoholar. || tr. y prnl. Contraer alcoholismo.

ALCORNOQUE fam. Persona ignorante o de cortas entendederas.

ALCURNIA f. Estirpe, abolengo.

ALDABA f. Llamador de hierro o bronce que se coloca en las puertas. || Argolla que se fija en la pared para sujetar las caballerías.

ALDEA f. Núcleo de población, especialmente rural, pequeño y generalmente sin jurisdicción propia. Frente al pueblo, significa un estadio más bajo de integración comunitaria.

ALDEHÍDO (o ALDEHIDO) m. Cada uno de los compuestos orgánicos que derivan de la oxidación de un alcohol primario y que contienen característicamente el grupo carbonilo (> C = O).

ALEACIÓN f. Mezcla metálica resultante de la fusión o aglutinación de dos o más metales a veces junto con otros elementos no metálicos, de cara a conseguir propiedades específicas, útiles a una aplicación determinada. Éstas dependen de la naturaleza de los componentes y de la disposición reticular de los elementos metálicos. || *fusible* Aquella cuyo punto de fusión es inferior a 100° C. || *ligera* Aquella en la que interviene el aluminio.

ALEAR tr. Efectuar una aleación.

ALEATORIO, RIA adj. Que depende del azar. || Se dice de un tipo de música. || Se dice de los sucesos o resultados que se siguen de las leyes de probabilidad.

ALECCIONAR tr. y prnl. Enseñar, adoctrinar. || tr. Castigar, enmendar.

ALEDAÑO, NA adj. Contiguo, limítrofe. || m. pl. Terrenos lindantes con un campo o una población; alrededores, confines.

ALEGAR tr. Aducir pruebas, hechos, méritos, etc., como fundamento de algo. || Litigar.

ALEGATO m. Exposición o razonamiento de pruebas, méritos o causas para demostrar algo. || Riña, discusión.

ALEGORÍA f. Imagen que representa o simboliza algo. || Obra artística o literaria que usa este método expresivo.

ALEGRAR tr. Dar alegría a alguien. || Embellecer, dar vida a las cosas. || En una embarcación, disminuir la tensión de un cabo. || Incitar al toro a la acometida. || prnl. Solazarse; achisparse.

ALEGRÍA f. Sentimiento de gozo que se expresa mediante signos externos. || Cosa que lo ocasiona. || Estado anímico de la persona que siempre está contenta.

ALEJANDRINO, NA adj. De Alejandría. || adj. y s. Se dice del verso de 14 sílabas, dividido en 2 hemistiquios.

ALEJAR tr. y prnl. Colocar una persona o una cosa lejos o más lejos. || Rehuir alguien el trato de los demás. || Desterrar de la mente ideas o sentimientos. || Diferir, discrepar. || prnl. Irse de un lugar.

ALELAR tr. y prnl. Volver lelo, embobar.

ALELO m. Cada uno de los dos genes que ocupan lugar idéntico en los cromosomas homólogos, y dan origen en los descendientes a características opuestas, que se pueden presentar alternativamente, pero nunca juntas.

¡ALELUYA! f. Interj. que denota júbilo.

ALEMÁN, NA adj. y s. De Alemania. || m. Lengua indoeuropea, perteneciente a la rama germánica occidental.

ALENTAR intr. Respirar. || tr. e intr. Seguir teniendo vida. || tr. y prnl. Confortar, animar; promover.

ALERGIA f. Hipersensibilidad inmunológica del organismo frente a los alérgenos, que pueden penetrar por vía parenteral, respiratoria o digestiva, y producen antígenos, con los que reaccionan frente a dosis mínimas a las que la mayoría de individuos son insensibles. || Por extensión, desagrado o rechazo que inspiran determinados temas, personas, etcétera.

ALÉRGICO, CA adj. Relativo a la alergia. || Que sufre o tiene propensión a la alergia.

ALERO m. Borde del tejado que sobresale de la pared. || Perfil, orilla.

ALERÓN m. En los aviones, pieza móvil del ala, que actúa como timón.

ALERTA adj. Expectante, vigilante. || adv. A la expectativa. || interj. Voz de alarma.

ALERTAR tr. y prnl. Poner sobre aviso.

ALETA f. Apéndice típico de los peces, diferenciado en a. pares e impares. Las pares (pectorales y ventrales) son homólogas a las extremidades de los otros vertebrados y sirven para regular la profundidad. Las impares (dorsal, anal y caudal) son propulsoras y fijan la dirección. || Por extensión, apéndice semejante de otros animales que viven básicamente en el agua. || Objeto de goma que se adapta a los pies para hacer más cómoda y rápida la natación. || Porción saliente, a modo de ala, de diversos objetos, especialmente técnicos, y de los aviones.

ALETARGAR tr. y prnl. Producir o sufrir letargo.

ALETEAR intr. Menear un ave las alas sin levantar el vuelo. || Agitar los peces las aletas fuera del agua.

ALETEO m. Acción de aletear. || Palpitación agitada del corazón o latido violento del pulso.

ALEVOSÍA f. Traición, deslealtad. || Figura penal que agrava un delito, cuando el que lo comete pone los medios adecuados para su realización, con el fin de evitar la defensa de la víctima, o ser descubierto.

ALEXIA f. Forma de afasia en la que se presenta imposibilidad de lectura.

ALFA f. Primera letra del alfabeto griego (A, α); se transcribe a. || Nombre de la estrella más brillante de una constelación. || *y omega* Principio y fin.

ALFABETIZAR tr. Colocar por orden del alfabeto. || Enseñar a leer y escribir.

ALFABETO m. Conjunto de signos gráficos (o letras) que permiten transcribir los sonidos del lenguaje articulado. || Sistema de signos empleados para escribir un lenguaje (informática, telecomunicación, notación musical, etc.). || *braille* Sistema de escritura para ciegos, basado en puntos en relieve. || *cirílico* El usado para transcribir el ruso, el búlgaro y otras lenguas eslavas. Su sistematización se atribuye a los santos Cirilo y Metodio, y procede de las mayúsculas del a. griego. || *de sordomudos* Aquel cuyas letras o conceptos se representan por posiciones de las manos. || *fonético* El que intenta representar con la mayor exactitud los sonidos del lenguaje, eliminando las diferencias entre la escritura y el habla real. || *morse* Sistema de telegrafía en el que las letras se representan con puntos y rayas.

ALFANJE m. Sable ancho y curvo, con doble filo en el extremo. || Machete de los campesinos.

ALFANUMÉRICO, CA adj. Se aplica al código que usa simultáneamente letras y números.

ALFARERÍA f. Arte de hacer vasijas de barro. El material usado es arcilla mezclada con arena en distintas proporciones; para el vidriado exterior se añade a las anteriores galena o minio. Las vasijas se trabajan en torno y después se cuecen a unos 500 °C. La cerámica es una forma más elaborada de la a. || Lugar donde se venden dichas vasijas.

ALFÉIZAR m. Superficie del muro que forma el reborde de una ventana o puerta.

ALFEÑIQUE m. Pastelillo de azúcar, cocido en aceite de almendras dulces. || Persona de aspecto y carácter insignificantes. || Afectación.

ALFÉREZ m. Oficial que era responsable de la bandera o el estandarte. || Empleo menor del escalafón de oficiales.

ALFIL m. Pieza del ajedrez.

ALFILER m. Aguja con cabeza en uno de sus extremos, que sirve para unir entre sí prendas u otras cosas. || Joya que tiene esta forma.

ALFOMBRA f. Tejido que recubre los suelos, con fines aislantes u ornamentales. De origen egipcio, son famosas las orientales (a. persas, turcas, indias), por la viveza y originalidad de su diseño. || Lo que recubre el suelo.

ALFOMBRADO, DA adj. Con diseño similar a la alfombras. || Se dice de la superficie cubierta por una alfombra o por algo similar. || m. Conjunto de alfombras. || Acción y efecto de poner alfombras.

ALFORJA f. Banda de tela con dos bolsas en sus extremos que se lleva colgada al hombro o sobre el lomo de las caballerías; se usa también en plural. || Comestibles que se llevan para un viaje.

ALFORZA f. Pliegue que se hace en una prenda para acortarla. || Chirlo, cicatriz.

ALGA f. Grupo de vegetales talófitos, sin categoría taxonómica, con diversas características comunes: poseen clorofila, estructura eucariota, tienen preferencia por los sistemas acuáticos y siempre requieren un cierto grado de humedad.

ALGARABÍA f. Forma atropellada de hablar. || Escándalo, griterío.

ALGAZARA f. Griterío, especialmente de tono festivo.

ÁLGEBRA f. Parte de la matemática que formalizó la aritmética y estudió los métodos generales de resolución de ecuaciones. El á. contemporánea investiga sobre estructuras tales como semigrupo, grupo, semianillo, anillo, cuerpo, espacio vectorial, á. de Boole, etc., que generalizan la solución de problemas clásicos aparentemente inconexos y simplifican económicamente la acumulación del conocimiento científico.

ALGEBRAICO adj. Relativo al álgebra, o de ella. || En oposición a trascendente, que sólo contiene las operaciones de suma, producto, potenciación y sus inversas.

ÁLGIDO, DA adj. Muy frío. || Impropiamente, culminante, decisivo.

ALGO pron. indef. Denota la existencia de una cosa en contraposición a nada. || Indica cantidad indeterminada. || irón. Mucho. || adv. Un poco. || *a. así* Más o menos así. || *a. es a., más vale a. que nada* Expresa conformidad al tener pequeñas cosas. || *por a.* Por alguna razón.

ALGODÓN m. Fibra que recubre las semillas del algodonero, cuyas paredes están formadas de celulosa casi pura. || Fibra textil que se obtiene del algodón. || Algodonero. | *criar, llevar, tener*, etc., *entre algodones* Hacer lo que el verbo indica, con especial cuidado y atenciones.

ALGORITMO m. Descripción de un cálculo mediante un esquema de proceso reiterativo (una serie de etapas iguales), en número finito; p. ej., el *a. de Euclides* o *de las divisiones sucesivas*, para averiguar el máximo común divisor de 2 números.

ALGUACIL m. Funcionario judicial o municipal que ejecuta las órdenes del tribunal o del alcalde.

ALGUIEN pron. indef. Indica una persona indeterminada; a veces se usa impropiamente por 'alguno de'. || fam. Persona relevante, en contraposición a *don Nadie*.

ALGÚN adj. Apócope de 'alguno', cuando se antepone al masculino.

ALGUNO, NA adj. Al menos uno, entre varias personas o cosas. || En cantidad moderada. || En frases negativas y pospuesto al sustantivo, toma el valor de 'ninguno'. || pron. indef. Puede tener valor absoluto (*poseo algunos recursos*) o partitivo (*algunos de ellos*). || *algun(o) que otro* Unos pocos.

ALHAJA f. Joya (adorno). || Mueble, adorno o cualquier otra cosa valiosa. || Persona, animal o cosa de excelentes cualidades; irónicamente, se usa también en sentido absolutamente contrario.

ALHAJERO m. Joyero (cofre).

ALHARACA f. Manifestación exagerada de los sentimientos; se usa más en plural.

ALHÓNDIGA f. Local público destinado a la compraventa de trigo y otras mercancías; servía también como posada de los comerciantes.

ALIADO, DA adj. y s. Ligado por una alianza. || Se dice de cada uno de los países vencedores de las dos guerras mundiales; por extensión, cada uno de los miembros de la OTAN.

ALIANZA f. Acuerdo de 2 o más Estados, generalmente para acciones coordinadas en política internacional. || Pacto y acuerdo entre 2 o más individuos o grupos. || Vinculación a otra familia, a través del matrimonio. || Unión de dos o más cosas.

ALIAR tr. Unir. || prnl. Establecer un pacto 2 o más Estados; por extensión, asociarse, unirse 2 o más cosas.

ALIAS m. Mote, sobrenombre. || adv. También llamado.

ALICAÍDO, DA ad. De alas caídas. || Deprimido, debilitado. || Se dice de quien sufre un descenso en su posición social.

ALICATES m. pl. Tenazas de cabeza plana, cónica o cilíndrica, a veces estriada y con un sector cortante.

ALICIENTE m. Incentivo, estímulo.

ALIENACIÓN f. Acción y efecto de alienar o alienarse. || Término complejo cuyo significado filosófico tiene un doble origen: *económico*, transmisión de una propiedad de una persona a otra; *jurídico-político*, transferencia que un individuo hace de su libertad a la sociedad. El concepto de a. ha sido preferentemente empleado —aunque con matices muy distintos— por filósofos alemanes. || Pat. Enajenación.

ALIENADO, DA adj. y s. Que sufre alienación. || Loco.

ALIENÍGENO, NA adj. y s. Extranjero. || Extraño. || Extraterrestre.
ALIENTO m. Acción de alentar. || Respiración. || Espiración, y aire espirado. || Ánimo. || *quitar el a.* Impresionar.
ALIFÁTICO, CA adj. Se dice de los compuestos orgánicos acíclicos.
ALIGERAR tr. y prnl. Disminuir el peso. || Suavizar. || tr., intr. y prnl. Acortar. || Activar, avivar.
ALIJADOR, RA adj. Que alija. || m. Barcaza para alijar. || Descargador de muelle.
ALIJAR tr. Desembarcar toda la carga o parte de ella. || Desembarcar mercancías de contrabando.
ALIJO m. Acción y efecto de alijar. || Mercancías de contrabando.
ALIMAÑA f. Animal que perjudica el aprovechamiento que el hombre hace de otras especies. || Persona de singular maldad y depravación.
ALIMENTACIÓN f. Acción y efecto de alimentar o alimentarse. || Proceso fisiológico por el cual se suministran a un organismo los materiales que precisa para desarrollar sus funciones, ya sea de tipo energético o plástico. || *artificial* La suministrada por vía diferente a la digestiva.
ALIMENTADOR, RA adj. Que alimenta. || m. Fís. Dispositivo que hace posible el inicio de un proceso al procurarle lo necesario en condiciones adecuadas.
ALIMENTAR tr. y prnl. Dar alimento. || Proporcionar a una persona lo necesario para su sustento, o a una máquina la energía, la munición o las condiciones necesarias para que funcione. || Avivar, estimular.
ALIMENTICIO, CIA adj. Nutritivo.
ALIMENTO m. Sustancia nutriente. || Lo que sirve para que algo se mantenga vivo o activo.
ALIMÓN, *al* En cooperación.
ALINDAR tr. Delimitar algo. || intr. Colindar, limitar.
ALINEACIÓN f. Acción y efecto de alinear o alinearse.
ALINEADO, DA adj. Colocado en hilera. || Titular de un equipo deportivo. || Que apoya una posición política o simpatiza con ella.
ALINEAMIENTO m. Acción y efecto de alinear o alinearse.
ALINEAR tr. y prnl. Colocar en línea recta. || tr. Seleccionar a los jugadores titulares de un partido. || prnl. Adoptar un Estado como propias las directrices de otro.
ALIÑAR tr. Sazonar, aderezar un alimento. || Adornar, arreglar. || tr. y prnl. Acicalar.
ALIÑO m. Acción y efecto de aliñar o aliñarse. || Condimento para aliñar. || Limpieza y arreglo personal.
ALISADOR, RA adj. y s. Que alisa.
ALISAR tr. Poner lisa una superficie, eliminando rugosidades o evitando que sobresalgan pelos.
ALISIOS m. pl. Se dice de los vientos producidos por aportación de aire fresco de los trópicos en la zona ecuatorial que, recalentado, tiende a ascender.
ALISTADO, DA adj. Con listas. || m. Soldado que ha entrado en filas.
ALISTAR prnl. Enrolarse en el ejército.
ALITERACIÓN f. Repetición de un sonido o una serie de sonidos, acústicamente semejantes, en una palabra o en un enunciado, usado especialmente en el lenguaje poético.
ALIVIAR tr. Aminorar; mitigar. || fam. Robar, hurtar. || tr. y prnl. Calmar, moderar. || Aligerar.
ALIVIO m. Acción y efecto de aliviar o aliviarse.
ALJABA f. Carcaj.
ALJIBE m. Cisterna. || Tanque para transportar agua. || Buque cisterna. || Caja metálica para llevar el agua de a bordo. || Manantial.
ALJÓFAR m. Perla pequeña e irregular. || Conjunto de ellas. || Lo que se parece al aljófar.
ALMA f. En religión, y en ciertas filosofías, principio espiritual del ser, soporte de las manifestaciones más elevadas de su existencia. || Persona o cosa que anima y se convierte en el eje de una actividad, proceso, etc. || Persona, individuo. || Pieza interior de algunos objetos, para darles mayor resistencia. || Persona cándida. || Persona melancólica, triste o quejica. || *abrir el a.* Sincerarse. || *arrancar el a.* Matar.
ALMACÉN m. Local donde se guardan mercancías o se venden al por mayor. || Sección de una fábrica donde están las herramientas, componentes, recambios, etcétera.
ALMACENAJE m. Acción de almacenar. || Cantidad que se paga por almacenar.

ALMACENAR tr. Depositar en un almacén. || Introducir datos en la memoria de una computadora. || Acumular, guardar.

ALMANAQUE m. Calendario de hojas sueltas con pasatiempos e indicaciones meteorológicas, astronómicas, agrícolas, etcétera.

ALMENA f. Cada prisma de los que coronan las murallas de una fortaleza.

ALMENDRA f. Fruto del almendro, y su semilla, comestible y muy oleaginosa, de la que se extrae un aceite, laxante, una esencia (de a. amargas), de uso cosmético, y con la que se elaboran diversas bebidas refrescantes (leche, horchata). Constituye la base de diversos productos de pastelería. || Semilla de los frutos drupáceos.

ALMENDRADO, DA adj. De forma de almendra. || m. Dulce de almendras, harina y miel.

ALMÍBAR m. Líquido dulce, hecho con azúcar disuelto en agua y espesado al fuego. || *hecho un a.* Obsequioso.

ALMIBARAR tr. Bañar con almíbar. || Endulzar las palabras para ganarse la voluntad de alguien.

ALMIDONADO, DA adj. Tratado con almidón. || fam. Muy peripuesto. || Aplicado a personas, arrogante.

ALMIRANTE m. Empleo de la armada, equivalente al de teniente general en el ejército de tierra.

ALMIZCLE m. Secreción glandular abdominal del almizclero, de sabor muy amargo y olor fuerte. En perfumería se usa como fijador; en medicina, como estimulante y antiespasmódico.

ALMOHADA f. Cojín alargado para descansar la cabeza. || *consultar con la a.* Meditar un asunto.

ALMOHADÓN m. Almohada grande para recostarse. || Cada una de las 2 piedras inferiores del arco que descansa en el machón.

ALMONEDA f. Subasta pública con puja. || Saldo de géneros.

ALMORRANA f. Hemorroide, se usa más en plural.

ALMORZAR intr. Tomar el almuerzo. || tr. Comer determinada vianda durante el almuerzo.

ALMUERZO m. Comida de media mañana, y del mediodía. || Acción de almorzar. || Lo que se toma para almorzar.

ALOCADO, DA adj. Insensato, atropellado. || Poco juicioso.

ALOCUCIÓN f. Discurso breve hecho por una autoridad.

ALÓFONO m. Término que designa las variantes fonéticas de un fonema.

ALOGAMIA f. Fecundación entre flores distintas, pertenecientes o no al mismo pie, realizada a través del transporte por el viento, el agua o los animales polinizadores.

ALÓGENO, NA adj. y s. De raza distinta.

ALOJAMIENTO m. Acción y efecto de alojar o alojarse. || Sitio para alojarse.

ALOJAR tr. y prnl. Albergar. || Introducir una cosa dentro de otra. || prnl. Colocarse las tropas en un punto determinado.

ALOMORFO m. Cada una de las variantes combinatorias de un morfema, en función de un contexto fonológico o morfológico (*ser/era*).

ALOPATÍA f. Sistema terapéutico de origen hipocrático que consiste en administrar fármacos que en los individuos sanos causan efectos contrarios a los de la enfermedad que se quiere combatir. Concepto contrapuesto al de la homeopatía.

ALOPÁTRICO, CA adj. Ecol. Se dice de las especies que ocupan áreas geográficas separadas.

ALOPECIA f. Caída parcial o total, transitoria o permanente, del cabello.

ALOTRÓPICO, CA adj. Capaz de cristalizar en varias formas cristalinas con propiedades físicas distintas.

ALOXÚRICO, CA adj. Se aplica a las purinas básicas que resultan del catabolismo de los ácidos nucleicos. Son importantes en fisiología y patología por su relación con el ácido úrico.

ALPARGATA f. Calzado de tejido o lona, con suela de cáñamo o esparto, que se sujeta con cintas por encima del tobillo.

ALPINISMO m. Deporte que consiste en escalar montañas.

ALPINISTA com. Persona que escala montañas con fines deportivos, especialmente por su dificultad orográfica.

ALPINO, NA adj. De los Alpes o de montañas de gran altura.

ALQUENO m. Cada uno de los hidrocarburos con un doble enlace en su molécula. Son muy reactivos y forman compuestos de adición.

ALQUILAR tr. Usar una cosa, o prestarla, previo pago acordado y por el tiempo que se fije. || prnl. Estar en alquiler. || Prestarse a servir a cualquiera por una cantidad estipulada.

ALQUILER m. Acción de alquilar. || Cantidad que se fija cuando se alquila algo. || *de a.* Que se puede alquilar.

ALQUIMIA f. Conjunto de experimentos y técnicas anteriores a la química moderna, que pretendían lograr la transmutación de los metales.

ALQUINO m. Cada uno de los hidrocarburos con un triple enlace en su molécula. Son muy reactivos y forman compuestos de adición.

ALQUITRÁN m. Denominación genérica de un conjunto de productos viscosos obtenidos por destilación destructiva de sustancias orgánicas diversas (hulla, madera); son oscuros e insolubles en agua. Se usan en el pavimentado de carreteras, revestimiento de tuberías, para impermeabilizar, en la industria de colorantes, de explosivos, farmacéutica, etcétera.

ALQUITRANADO, DA adj. De alquitrán. || m. Acción y efecto de alquitranar. || Capa de alquitrán. || Pavimento de una carretera.

ALREDEDOR adv. En torno a. || Aproximadamente, más o menos. || m. pl. Inmediaciones.

ALTA f. Ingreso en cualquier asociación, grupo, etc. || Ingreso o reingreso de un militar en el servicio activo. || Documento que confirma la entrada en dicho servicio. || Comunicación en la que se hace constar que el enfermo ya está curado. || Notificación hecha a Hacienda que indica el inicio de una actividad o industria sujetas a tributo. || *causar a.* Ingresar en el ejército o en un cuerpo del Estado. || *dar de a., o el a.* Incorporar a alguien en una ocupación. || Inscribirlo en una asociación.

ALTANERÍA f. Arrogancia, orgullo. || Vuelo elevado de ciertas aves. || Caza con aves de cetrería. || *meterse en altanerías* Hablar de asuntos en que uno no entiende.

ALTAR m. Piedra o ara para sacrificios y ofrendas. || *conducir,* o *llevar al a.* (a una mujer) Casarse con ella.

ALTAVOZ m. Aparato que transforma impulsos eléctricos en movimiento vibratorio de un elemento (electrodinámico, electromagnético, piezoeléctrico, etc.) y lo transmite a una membrana (diafragma) con lo que se generan ondas sonoras.

ALTERACIÓN f. Acción de alterar o alterarse. || Motín, desorden. || Pendencia, querella. || Modificación en la composición química de una roca como consecuencia del clima o de la actividad de los organismos. || Mús. Modificación cromática de la altura de una nota.

ALTERAR tr. y prnl. Modificar la esencia o forma de algo. || Excitar, sofocar, encrespar. || Deteriorar, adulterar.

ALTERCADO m. Riña, pelea.

ALTER EGO com. Persona en quien otra deposita totalmente su confianza. || Persona real o ficticia que se identifica con otra.

ALTERIDAD f. Calidad de distinto. || Característica del derecho, por la que toda norma se define en relación con otros.

ALTERNADO, DA adj. Alternativo.

ALTERNADOR m. Generador de corriente alterna a partir de energía cinética de rotación mediante inducción electromagnética.

ALTERNANCIA f. Acción y efecto de alternar. || Cambio periódico. || Fenómeno morfológico usual en las lenguas indoeuropeas. La *a.* puede ser *vocálica* (variación de la vocal temática en la sílaba radical de las palabras que tienen la misma etimología: *facio/feci*), *consonántica* (cambio de una consonante según la preceda sílaba tónica o átona, propia del germánico común), *temática* (la que hace que surjan temas distintos en un mismo paradigma: *tengo/tuve*).

ALTERNAR tr. Realizar diversas cosas de forma sucesiva y repetida. || intr. y prnl. Turnarse. || intr. Relacionarse, principalmente con gente de un nivel social más elevado. || Sucederse cosas distintas de modo repetitivo.

ALTERNATIVO, VA adj. Que sucede o se hace de forma alterna. || f. Acción y efecto de alternar. || Opción, disyuntiva.

ALTERNO, NA adj. Dadas dos posibilidades de situación, primero en una y luego en otra, y así sucesivamente. || Aplicado al tiempo, que se repite con periodicidad.

ALTEZA f. Nobleza, excelencia.

ALTIBAJO m. Irregularidad de un terreno; se usa más en plural. || Alternancia de acontecimientos buenos y malos; se usa más en plural.

ALTILLO m. Piso suplementario en el interior de otro, para aprovechamiento del espacio vertical.

ALTIMETRÍA f. Parte de la topografía especializada en la medición de las alturas.

ALTÍMETRO m. Aparato que indica la altura a que se encuentra, con respecto al nivel del mar (barométrico) o al terreno sobre el que se halla (radar, acústico).

ALTIPLANICIE f. Altiplano.

ALTIPLANO m. Extensión de elevada altura, y relieve poco contrastado, formada por un proceso erosivo; el del Tibet es el más elevado del mundo (5 000 m de altura).

ALTÍSIMO, MA adj. superl. de *alto*.

ALTISONANTE adj. Se dice del lenguaje ampuloso, o soez.

ALTITUD Altura, especialmente la de un punto en relación con el nivel del mar.

ALTIVO, VA adj. Pagado de sí mismo. || Erguido.

ALTO, TA, 1 adj. Que se halla a distancia vertical considerable con respecto al plano del suelo o a algún nivel de referencia. || De estatura, excelencia o valor superiores a los medios. || Se dice del curso de un río más próximo a su nacimiento. || Se aplica al periodo histórico más alejado en el tiempo. || Se dice de las épocas de mayor turismo. || Referido a lugares, los más alejados del mar. || Referido al sonido, intenso, fuerte. || Voz masculina, también llamada de contratenor; emplea el falsete. || Voz de contralto. || En una familia de instrumentos, el de registro más agudo. || adv. Arriba. || *horno* El cilíndrico vertical, usado para la obtención de hierro, por fundición en él del mineral. || *alta fidelidad (hi-fi)* Modo de reproducción fonográfica que distorsiona al mínimo el sonido original. Como adj., se dice del aparato que logra dicho efecto. || *mar* Zona del mar más alejada de la costa. || *tensión* La de un voltaje superior a los 650 V. || *por todo lo a.* Sin reparar en gastos.

ALTO, 2 m. Voz militar con que se ordena la detención o parada; por extensión, voz de interrupción de un acto. || Parada, detención. || *¡alto!*, o *¡a. ahí!* Interj. para detener a alguien, paralizar un suceso,

hacer callar a uno, pararse a considerar algo, etcétera.

ALTORRELIEVE m. Relieve que sobresale más de la mitad de su bulto.

ALTRUISMO m. Interés por el bien ajeno aun a costa del propio.

ALTURA f. Distancia mínima de un punto respecto a un plano de referencia (nivel). || Capacidad intelectual, moral, etc., de un individuo o grupo. || Cima de un monte. || Ángulo que forma la visual de un astro con su proyección en el plano del horizonte del observador. || En música, cualidad del sonido, que depende de la frecuencia. || pl. Cielo. || *a estas a.* Referido a algo que ya debiera haber sucedido, en este momento. || *a la a. de* De tantas cualidades como.

ALUCINACIÓN f. Percepción sensorial que responde a estímulos exteriores inducidos (droga), psicológicos (trastornos mentales, influencia de valores, mitos, etc.) o una mezcla de ambos.

ALUCINAR tr., intr. y prnl. Sufrir alucinaciones. || Asombrar agradablemente.

ALUCINÓGENO, NA adj. y m. Se dice de cualquier sustancia capaz de causar alucinaciones. Los más conocidos son derivados del ácido lisérgico, LSD. Algunos hongos a. (amanita muscaria, mezcal) han tenido uso ritual.

ALUD m. Masa de nieve, junto con rocas y hielo, que precipita velozmente por la ladera de una montaña como consecuencia de la propia morfología de la pendiente y de la descompensación del volumen acumulado. || Conjunto de obligaciones, ocupaciones, etc., que se agolpan y desbordan a uno.

ALUDIR tr. Tratar sobre una persona o cosa sin nombrarla. || Mencionar a personas o cosas de manera ocasional. || *darse por aludido* Captar una indirecta.

ALUMBRADO, DA adj. Iluminado. || fam. Achispado. || m. Conjunto de luces empleadas para iluminar los espacios públicos.

ALUMBRAMIENTO m. Expulsión de la placenta y las membranas fetales después del parto. || Parto.

ALUMBRAR tr. Dar luz. || Iluminar. || Asistir con luz a otro. || Sacar a la superficie un filón mineral o aguas subterráneas. || Esclarecer, explicar. || Zumbar, golpear. || intr. Parir. || prnl. fam. Achisparse.

ALUMBRE m. Sulfato doble de un metal alcalino y otro trivalente, cristalizado con 12 moléculas de agua. || Sulfato de potasio y aluminio.

ALÚMINA f. Óxido de aluminio. Sus minerales cristalinos son de gran dureza y tienen mucho valor en joyería (corindón, rubí rojo, topacio amarillo, esmeralda, etc.). Muy importante en la industria: es el paso intermedio entre la bauxita y el aluminio, que se obtiene por su fusión electrolítica.

ALUMINIO m. (Al) Elemento químico del grupo III de la tabla periódica. Metal de brillo argéntico, muy ligero (2.7 g/cm^3), dúctil y buen conductor de la electricidad. Funde a 600 ºC. Constituye el 7.5% de la corteza terrestre.

ALUMNO, NA m. y f. Sujeto que recibe enseñanza, respecto a su profesor o a su escuela.

ALUNIZAR intr. Posarse en la superficie de la Luna.

ALUSIÓN f. Acción de aludir.

ALUVIÓN m. Depósito sedimentario formado por materiales detríticos transportados y depositados por aguas corrientes. || Crecida repentina y abundante de agua. || Abundancia, afluencia de personas o cosas.

ALVEOLO (o ALVÉOLO) m. Celdilla de un panal.

ALZA f. Aumento del precio de una cosa.

ALZADO, DA adj. Se dice del empresario que quiebra con fraude. || Se dice de un precio fijo. || Orgulloso. || Se dice del animal en celo. || m. Proyección de un cuerpo (edificio, pieza, etc.) sobre el plano vertical (se aplica especialmente a la frontal).

ALZAMIENTO m. Acción y efecto de alzar o alzarse. || Puja en una subasta. || Sublevación, generalmente militar.

ALZAPAÑO m. Cordón o tira de tela, y pieza que la sujeta a la pared, con los que se recoge la cortina.

ALZAR tr. Elevar, subir el nivel, intensidad, etc., de algo. || Edificar, construir. || Esconder o guardar alguna cosa. || Ordenar uno a uno los pliegos de una impresión. || Levantar la caza. || prnl. Erguirse. || Sublevarse. || Quebrar fraudulentamente. || Recurrir ante un tribunal superior.

ALLÁ adv. Allí (con un matiz más impreciso que esta última voz; admite grados de comparación). Establece una relación de lejanía tanto en el espacio como en el tiempo. || *el más a.* El otro mundo.

ALLANAMIENTO m. Acción y efecto de allanar o allanarse.

ALLANAR tr. y prnl. Volver llana o lisa una cosa. || Triunfar sobre un obstáculo o dificultad. || Permitir que los ministros de la justicia entren en un lugar. || Violar el domicilio particular de alguien.

ALLEGADO, DA adj. Vecino, próximo. || Recogido, unido. || adj. y s. Familiar. || Aficionado, partidario.

ALLEGAR tr. y prnl. Reunir, recoger. | Unir, juntar. || prnl. Adherirse a una idea.

ALLEGRETTO m. Dim. de allegro. Movimiento musical que indica un tiempo menos rápido que éste, pero más que el andante. || Fragmento musical que lleva esta indicación.

ALLEGRO m. Movimiento musical moderadamente rápido, entre el allegretto y el presto. || Fragmento musical que lleva esta indicación. Suele ser el 1er tiempo de la sonata o de la sinfonía.

ALLENDE adv. De la parte de allá. || Además. || Como prep., indica más allá de.

ALLÍ adv. Señala un lugar concreto, alejado del hablante. Toma sentido distributivo en correlación con "aquí". || Denota también lejanía temporal.

A. M. (*ante meridiem*) Antes del mediodía.

AMA f. Señora de la casa. || Dueña, poseedora. || Dueña o encargada de burdel. || *de gobierno* o *de llaves* La responsable de las llaves y economía de una casa.

AMABLE adj. Que merece ser amado. | Agradable, atento.

AMADO, DA m. y f. Persona querida.

AMADRINAR tr. Actuar como madrina. || Atar un caballo a otro con la madrina.

AMAESTRAR tr. Adiestrar; Domar.

AMAGAR tr. e intr. Hacer ademán de una acción que no se realiza. || intr. Dar algo los primeros indicios. || prnl. Refugiarse, esconderse.

AMAGO m. Acción de amagar. || Síntoma, señal. || Ataque fingido.

AMAINAR tr. Recoger las velas de una embarcación. || En una mina, sacar del

pozo los cubos. || intr. Calmarse el viento o la lluvia; por extensión, las pretensiones o deseos de alguien.
AMALGAMA f. Reunión de cosas heterogéneas. || Aleación de mercurio con otro metal.
AMAMANTAR tr. Dar de mamar.
AMANCEBARSE prnl. Hacer vida marital sin casarse.
AMANECER m. Alba. || Comienzo, origen. || intr. Despuntar el día. || Llegar o estar en algún sitio a la amanecida. || Aparecer algo con las primeras luces del día.
AMANERADO, DA adj. Afectado, sin naturalidad. || Se dice del estilo estereotipado. || fam. Afeminado.
AMANSADOR, RA adj. y s. Que amansa. || m. Domador.
AMANSAR tr. y prnl. Domesticar, desbravar a un animal. || Aplacar, tranquilizar. || Dominar el carácter de alguien.
AMANTE adj. y s. Que ama. || com. Persona con la que, sin estar casado, se mantienen relaciones sexuales.
AMANUENSE com. Quien escribe al dictado. || Copista manual; recopilador de textos. || Escribiente de oficina.
AMAÑAR tr. Arreglar con habilidad una cosa; por extensión, falsearla. || prnl. Tener destreza para hacer algo. || Entenderse en el trato.
AMAR tr. Sentir amor o tener afición por alguien o por algo.
AMARAR intr. Posarse un hidroavión o una nave espacial en el agua.
AMARGAR tr. y prnl. Volver amargo. || Agriar el carácter. || intr. Tener sabor amargo. || prnl. Sentirse apesadumbrado.
AMARGO, GA adj. Del sabor de la hiel. || Aciago. || Que está apenado. || De carácter acre. || adj. y m. Se aplica a algunas sustancias y plantas de este sabor y que actúan como estimulantes del apetito. || m. Aspereza en el sabor. || Dulce o licor de almendras amargas.
AMARGOR m. Sabor amargo. || Sufrimiento, pesadumbre.
AMARGURA f. Amargor.
AMARILLEAR intr. Tomar una cosa color amarillo. || Tender al color amarillo. || Palidecer.
AMARILLO, LLA adj. y m. Se dice del 3er color del espectro solar; longitud de onda, entre 5 700 y 5 900 A. || Se dice de cierta prensa y de ciertos sindicatos. || m. Sustancia para teñir de amarillo. || Aletargamiento de los gusanos de seda.
AMARRA f. Cable o calabrote con que se asegura la embarcación cuando se ancla. || Lo que sirve para amarrar. || pl. fam. Agarraderas, influencias. || *soltar amarras* Zarpar.
AMARRADO, DA adj. Agarrado, tacaño.
AMARRAR tr. Asegurar mediante amarras los buques en el puerto y, por extensión, sujetar a un amarradero. || Atar. || prnl. fam. Afianzarse.
AMARTELAR tr. Dar celos. || tr. y prnl. Enamorar. || prnl. Acapararse mutua y visiblemente dos enamorados.
AMARTILLAR tr. Martillar. || Montar un arma de fuego para disparar. || fam. Afianzar.
AMASAR tr. Hacer masa. || Reunir, acumular. || Amalgamar. || Combinar.
AMASIJO m. Acción y efecto de amasar. || Harina amasada. || Argamasa. || Cuerpo de materiales diversos que no se han disuelto unos en otros, aunque forman un todo compacto.
AMATEUR adj. y com. Aficionado; no profesional.
AMATISTA f. Mineral de color violeta que forma una variedad del cuarzo. Se halla en rocas eruptivas y en geodas y se usa como piedra preciosa.
AMAXOFOBIA f. Temor patológico a los vehículos y a viajar en ellos.
AMAZACOTADO, DA adj. Denso, apelmazado. || Confuso, informe.
AMAZONA f. Mujer guerrera, en la mitología griega. || Mujer que monta a caballo. || Mujer fuerte y decidida.
AMAZÓNICO, CA adj. De las amazonas. || Relativo al río Amazonas o a su cuenca.
AMBAGES, *sin* Directamente, sin circunloquios.
ÁMBAR m. Resina fósil amarilloanaranjada, a veces con insectos o plantas conservados en su interior. || Perfume suave y grato. || adj. y m. De color amarilloanaranjado. || *gris* Concreción grisácea dispuesta en la porción terminal del intestino del cachalote.
AMBICIÓN f. Deseo vehemente de todo aquello que permite descollar: dinero, fama, poder, etcétera.

AMBICIONAR tr. Tener ambición. || Desear, aspirar a.

AMBIDEXTRISMO m. Grado intermedio de preferencia lateral, o capacidad de emplear con igual habilidad ambas manos.

AMBIENTAR tr. Crear un ambiente adecuado para algo. || tr. y prnl. Adaptar algo a un ambiente.

AMBIENTE m. Conjunto de factores (materiales y/o de relación) que contribuyen (*buen* a.) o no (*mal* a.) al desarrollo de algo. || *a., medio* En ecol., ambiente.

AMBIGUO, GUA adj. Que se presta a varias interpretaciones o puede tener varios valores. || Se dice de un género gramatical.

ÁMBITO m. Delimitación de algo y espacio que comprende. || Círculo de relaciones y lugares en que alguien se desenvuelve.

AMBIVALENCIA f. Capacidad de algo de ser interpretado o usado de dos formas distintas. || En psicoanálisis, actitud afectiva caracterizada por la presencia simultánea de sentimientos opuestos (amor-odio; atracción-miedo, etcétera).

AMBOS, BAS adj. El uno y el otro, los dos.

AMBROSÍA f. Alimento de los dioses en el Olimpo. || Alimento de sabor grato.

AMBULACRAL adj. Se dice del sistema vascular locomotor por el que circula agua, característico de los equinodermos.

AMBULANCIA f. Vehículo provisto de camilla e instrumental de primeros auxilios, para el traslado de heridos y enfermos. || Hospital ambulante.

AMBULANTE adj. Que se traslada de un lado a otro sin establecerse en un punto fijo.

AMBULATORIO, RIA adj. Que sirve para andar. || Se dice de la enfermedad y del tratamiento que no obligan a guardar cama. || m. Dispensario.

AMEDRENTAR tr. y prnl. Provocar miedo.

AMENAZA f. Acción de amenazar.

AMENAZAR tr. Advertir a alguien que se le ocasionará algún daño. || intr. Dar algún signo de peligro, desgracia o molestia.

AMENO, NA adj. Agradable. || Entretenido, divertido.

AMENORREA f. Ausencia de menstruación, debido a causas fisiológicas (embarazo) o patológicas.

AMERICANISMO m. Rasgos característicos de lo americano. || Afición por lo americano. || Palabra, giro o rasgo lingüístico propio de los diversos países de la América hispanohablante.

AMERICANISTA adj. Relativo a lo específicamente americano. || com. Quien se dedica al estudio de las lenguas y las culturas latinoamericanas.

AMERICANO, NA adj. y s. De América.

AMERICIO m. (Am) Elemento químico radiactivo de la familia actínidos de la tabla periódica. De brillo metálico argéntico, se oxida al aire y forma compuestos trivalentes bastante estables. Es muy electropositivo. Se obtiene por bombardeo del plutonio.

AMERINDIO, DIA adj. y s. Se dice de los pueblos xantodermos propios de América, excluidos los esquimales. La mayoría de las hipótesis consideran que no forman un único tipo humano.

AMERITADO, DA adj. Digno de mérito.

AMERITAR tr. Realzar los méritos de algo. || intr. Merecer.

AMETRALLADOR, RA adj. Que ametralla. || f. Arma automática, de gran velocidad de tiro, montada sobre un trípode.

AMETRALLAR tr. Disparar metralla. || Disparar con ametralladora. || Acosar verbalmente a alguien, en especial con preguntas.

AMIANTO m. Variedad fibrosa y flexible de silicatos de magnesio, o bien de calcio y magnesio o hierro. Se usa para fabricar tejidos incombustibles e incorrosibles por los ácidos.

AMIDA f. Cada uno de los compuestos químicos orgánicos derivados de la sustitución de uno o varios átomos de hidrógeno del amoniaco por radicales acilo.

AMIGABLE adj. Que se comporta como amigo. || Sociable. || Que es afín o aparece generalmente ligado a otra cosa, o la origina.

AMÍGDALA f. Órgano en forma de almendra, en especial los folículos linfáticos que existen en las vías digestivas y aéreas altas.

AMIGDALITIS f. Inflamación de las amígdalas palatinas.

AMIGO, GA adj. y s. Que tiene amistad con alguien. || adj. Amistoso. || Proclive a algo. || m. y f. Amante. || m. fam. Contertulio, compadre.

AMILANAR tr. Amedrentar, causar miedo. || prnl. Desanimarse.

AMINOÁCIDO m. Conjunto de moléculas orgánicas que poseen simultáneamente una función amina (NH_2) y una función ácida (COOH) situadas sobre un mismo átomo de carbono.

AMINORAR tr. Reducir.

AMISTAD f. Relación afectiva y desinteresada entre dos o más personas. || Gracia, merced. || pl. Personas con quienes se tiene amistad.

AMNESIA f. Pérdida, en sentido cuantitativo, de la memoria. La a., fenómeno patológico, es distinta del olvido, que se considera normal.

AMNIOS m. Saco membranoso que rodea el embrión de los vertebrados superiores.

AMNIÓTICO, CA adj. Relativo al amnios. || Se dice del líquido contenido en el amnios, en el que está sumergido el feto, y que, durante el parto, forma la llamada bolsa de las aguas.

AMNISTÍA f. Acto, formalmente voluntario, del poder ejecutivo por el que se anula la aplicación de una pena legal; sus efectos son totales, y generalmente se aplica a delitos políticos.

AMO m. Señor de la casa. || Dueño, poseedor. || Patrono; capataz. || Persona preeminente, dotada de poder, en un grupo o asunto.

AMODORRARSE prnl. Adormecerse.

AMOLAR tr. Aguzar un filo mediante la muela. || tr. y prnl. Perder peso, adelgazar. || fam. Fastidiar.

AMOLDAR tr. y prnl. Adaptar a un molde. || Adaptar a las circunstancias; se usa más con pronominal.

AMONEDAR tr. Transformar un metal en moneda.

AMONESTAR tr. Reprender a alguien para influir en su conducta. || Hacer públicos los nombres de los que desean contraer matrimonio eclesiástico.

AMONIACO m. Gas incoloro, de olor picante, densidad inferior al aire, soluble en agua, alcohol etílico, alcohol metílico, cloroformo y éter. Químicamente activo. Se presenta diluido en agua, puede reducir a numerosos óxidos y es estable a temperaturas ordinarias.

AMONIO m. Radical derivado de la adición de un ion hidrógeno al amoniaco. Se comporta como un metal alcalino en sus sales.

AMONTONAR tr. y prnl. Hacer un montón. || Apilar sin orden cosas de diversa índole. || prnl. Ocurrir muchos acontecimientos a la vez.

AMOR m. Intensa inclinación afectiva hacia alguien, que lleva a quien lo siente a desear vivamente su felicidad y su presencia. || Afición, tendencia hacia algo. || Persona u objeto amado. || Cuidado, interés en la ejecución de algo. || pl. Relaciones amorosas. || Manifestaciones de afecto. || *cortés* Concepción amorosa propia de la poesía trovadoresca y novelas de caballería. || *libre* Concepción de las relaciones amorosas, en la que se rechaza el establecimiento de parejas. || *platónico* Amor desprovisto de pasión sexual. || *propio* Consideración de sí mismo, dignidad.

AMORAL adj. y com. Que no se guía por criterios morales.

AMORATARSE prnl. Ponerse lívida alguna parte del cuerpo.

AMORDAZAR tr. Colocar una mordaza. || Impedir que alguien se exprese.

AMORFO, FA adj. Informe. || Falto de carácter. || Se dice del mineral o la sustancia que carece de estructura cristalina.

AMORÍO m. Aventurilla amorosa; suele usarse en plural.

AMOROSO, SA adj. Relativo al amor. || Amable, tierno.

AMORTAJAR tr. Vestir con la mortaja a un difunto. || Tapar, ocultar.

AMORTIGUADOR, RA adj. y s. Que amortigua. || m. Ingenio destinado a neutralizar o suprimir vibraciones en donde esté instalado. Los a. de suspensión de los automóviles son cilindros de funcionamiento hidráulico, con una válvula que regula el paso de aceite en los dos sentidos.

AMORTIGUAR tr. y prnl. Templar, disminuir la intensidad.

AMORTIZACIÓN f. Acción y efecto de amortizar. || Reembolso o extinción de una deuda, especialmente la que realiza el Estado con la deuda pública. || Cantidad destinada a la reproducción del capital fijo que se haya desgastado por el uso, la obsolescencia u otras causas.

AMORTIZAR tr. Hacer efectiva una amortización.

AMOTINAR tr. Sublevar, incitar al motín. || prnl. Rebelarse, no acatar la autoridad. || tr. y prnl. Perturbar.

AMPARAR tr. Socorrer, auxiliar, proteger. || prnl. Ponerse bajo la protección de alguien. || Cobijarse, escudarse.

AMPARO m. Acción y efecto de amparar o de ampararse. || Protección, refugio.

AMPERÍMETRO m. Galvanómetro para medir la intensidad de la corriente eléctrica de un circuito y que se coloca en serie con éste.

AMPERIO m. (A) Unidad de intensidad de la corriente eléctrica en el sistema MKS. || –hora Unidad de carga equivalente a 3 600 culombios.

AMPLIACIÓN f. Acción y efecto de ampliar. || Positivo fotográfico aumentado.

AMPLIADOR, RA adj. y s. Que amplía. || Instrumento fotográfico que aumenta proporcionalmente el tamaño de una copia.

AMPLIAR tr. Hacer más grande algo: añadir, aumentar, prorrogar, desarrollar, etc. || Aumentar proporcionalmente el tamaño de una copia fotográfica.

AMPLIFICACIÓN f. Acción y efecto de amplificar. || Aumento de una magnitud física.

AMPLIFICADOR, RA adj. y s. Que amplifica. || Aparato que aumenta una magnitud física por variación de la energía que la alimenta.

AMPLIFICAR tr. Ampliar.

AMPLIO, PLIA adj. Vasto; extenso. || Holgado, suelto. || Abierto de miras.

AMPLITUD f. Calidad de amplio. || Distancia entre 2 puntos o valores extremos.

AMPOLLA f. Botella de vidrio de cuello largo y cuerpo abombado. || Flictena. || Burbuja de aire en el agua. || Abultamiento doloroso en la piel, causado por el roce. || Med. Dilatación de algún conducto. || *inyectable* Envase de vidrio que contiene una dosis medicamentosa. || *levantar ampollas* Causar algo un disgusto moral.

AMPOLLETA f. Reloj de arena. || En este reloj, el tiempo que tarda en consumirse la arena.

AMPULOSO, SA adj. Pomposo y reiterativo. Se aplica generalmente al lenguaje o la actitud.

AMPUTACIÓN f. Extirpación total o parcial de un miembro, tanto quirúrgica como por causa traumática o patológica (gangrena).

AMPUTAR tr. Practicar una amputación. || Suprimir una parte de algo.

AMUEBLAR tr. Acondicionar con muebles un espacio.

AMULETO m. Talismán que se lleva consigo.

ANABIOSIS f. Recuperación de la vida activa plena de un organismo al cabo de un cierto tiempo de vida latente.

ANABOLISMO m. Proceso por el cual las células transforman sustancias simples en otras más complejas. Es una fase del metabolismo, contrapuesta al catabolismo.

ANACOLUTO m. Inconsecuencia en la construcción sintáctica de una frase.

ANACORETA com. Persona que se retira a un lugar apartado para dedicarse a la oración y la penitencia.

ANACREÓNTICO, CA adj. y f. Se dice de las composiciones poéticas de carácter hedonístico, de estrofas y versos breves.

ANACRONISMO m. Hecho, objeto, personaje, texto, etc., discordante, a nivel cronológico, del contexto en que aparece. || Objeto pasado de moda.

ANADIPLOSIS f. Figura retórica que consiste en la repetición de la última parte de un grupo sintáctico, o de un verso, al comienzo del siguiente.

ANAEROBIO, BIA adj. y m. Se dice del microorganismo que se desarrolla en ausencia de oxígeno libre y que usa como aceptores de electrones sales inorgánicas (nitratos, sulfatos, etc.), o bien compuestos orgánicos (fermentación).

ANAEROBIOSIS f. Proceso que siguen los organismos anaerobios para la obtención de energía.

ANAFASE f. Tercera de las fases de los procesos de mitosis y de meyosis en la que tiene lugar la separación de las cromátidas y su desplazamiento hacia los polos opuestos del huso.

ANÁFORA f. Figura retórica que consiste en la repetición de una o varias palabras al comienzo de una frase o al comienzo de diversas frases en un periodo. || Tipo de deixis, propia de ciertas palabras (pronombres, adverbios, verbos), que consiste en señalar un término de la frase ya enunciado.

ANAFORESIS f. Inhibición parcial en la función secretora de las glándulas sudoríparas. || Electroforesis en que las partículas van hacia el ánodo.

ANAFÓRICO, CA adj. Rel. a la anáfora. || Se dice de los mecanismos que pueden moverse mediante agua.

ANAGRAMA m. Conversión de una o varias palabras en otra u otras al reordenar sus letras.

ANAL adj. Relativo al ano.

ANALES m. pl. Relación de acontecimientos o de observaciones astronómicas por años. || Crónica histórica. || Publicaciones de periodicidad anual.

ANALFABETISMO m. Desconocimiento de la lectura y la escritura; por extensión, incapacidad de comprender un escrito. || *funcional* Condición de quien no practica la lectura y la escritura.

ANALFABETO, TA adj. y s. Que padece analfabetismo. || fam. Ignorante, tosco.

ANALGESIA f. Abolición de la sensibilidad al dolor.

ANALGÉSICO, CA adj. y m. Se dice de los fármacos o agentes físicos que alivian o suprimen el dolor.

ANÁLISIS m. Individualización y estudio de las partes de un sistema con vistas a profundizar el conocimiento de éste y establecer la posición y las funciones de aquéllas en el mismo. || Psicoanálisis. || Estudio de la forma (a. *morfológico*), función (a. *sintáctico*) y expresión (a. *estilístico*) de los elementos lingüísticos de un escrito. || En mat., el basado en los conceptos de función, límite y continuidad, derivada e integral. || *clínico* El de sangre, orina, tejidos, etc., que permite establecer diagnósticos. || *económico* Estudio de un fenómeno a través de los factores que concurren en él (sociológicos, estadísticos, teóricos). || *químico* El que investiga la naturaleza (a. *cualitativo*) y proporciones (a. *cuantitativo*) de las sustancias presentes en una muestra.

ANALISTA com. Médico, farmacéutico, químico, etc., que realizan análisis. || Psicoanalista. || *programador* En informática, el especialista en crear programas óptimos para un problema.

ANALÍTICO, CA adj. Relativo al análisis.

ANALOGÍA f. Similitud de una cosa con otra distinta. || Procedimiento de creación de palabras basado en la similitud con otras, abundantes en la lengua.

ANÁLOGO, GA adj. Semejante. || Se dice de los órganos que realizan la misma función en especies distintas, aunque su origen embrional sea distinto. P. ej., patas, alas y aletas en los vertebrados.

ANAMNESIS f. Recapitulación de todos los datos personales y familiares de un enfermo anteriores a la enfermedad actual. || Historia clínica. || Fil., Psicol. Reminiscencia, rememoración.

ANAQUEL m. Estante.

ANARANJADO, DA adj. y m. Se dice del color compuesto que resulta de las mezclas de rojos y amarillos.

ANARQUÍA f. Inexistente forma de organización social propugnada por el anarquismo, caracterizada por la ausencia de gobierno con facultades coactivas. || Disgregación social por quiebra de la autoridad política. || Desorganización, desorden.

ANARQUISMO m. Conjunto de las teorías políticas que defienden la supresión del Estado, mantenedor y fuente él mismo de la opresión, y su sustitución por la libre asociación de los individuos.

ANATEMA amb. Excomunión. || Maldición.

ANATOMÍA f. Ciencia que estudia la estructura y morfología de los seres vivos basándose en la disección.

ANCA m. Parte superior de los cuartos traseros de un animal. || Grupa.

ANCESTRAL adj. De los antepasados remotos.

ANCIANO, NA adj. y s. Persona muy vieja y venerable. || Miembro del consejo supremo de ciertas organizaciones, especialmente las de carácter tribal.

ANCLA f. Útil de hierro que, pendiente de una cadena, sirve para fondear un buque.

ANCLAR tr. Fondear una nave. || prnl. Aferrarse a una posición.

ANCHO, CHA adj. Relativo a la anchura, o que la tiene excesiva. || Desahogado, amplio. || m. Anchura (dimensión). || *a sus anchas* Feliz, relajado.

ANCHOA f. Conserva de boquerón, mantenido en sal después de su desangrado.

ANCHURA f. Una de las 2 dimensiones de un plano, generalmente la menor, o una de las 3 de un cuerpo. || Amplitud, vastedad.

ANDADERA f. Armazón con ruedas donde se introduce a los niños que empiezan a caminar para evitar sus caídas.

ANDALUZ, ZA adj. y s. De Andalucía. || m. Dialecto no uniforme del castellano, suma de variantes regionales, hablado en Andalucía.

ANDAMIO m. Estructura provisional que se coloca externa o internamente en un edifico para hacer accesibles las partes que hay que construir, reparar, pintar, etcétera.

ANDANADA f. Disparo simultáneo de todas las baterías de un buque.

ANDANTE m. Movimiento musical lento, entre el adagio y el allegretto.

ANDANZA f. Acontecimiento; se usa también en plural. || pl. Viajes, avatares.

ANDAR intr. Caminar. || Ir, venir o moverse algo. || Funcionar un mecanismo. || Hablando del tiempo, transcurrir. || intr. y prnl. Estar, encontrarse. || Actuar, proceder *(a. con cuidado)*. || Pretender *(a. tras una moza)*. || Estar en las proximidades, rondar *(alguien anda por ahí; anda por los 40)*. || tr. Recorrer.

ANDARIEGO, GA (o **ANDARÍN, NA**) adj. y s. Aficionado a caminar o viajar.

ANDÉN m. Acera elevada a lo largo de una calle, un muelle o las vías de tren. || Acera de un puente. || Balda. || Pretil, antemuro.

ANDRAJO m. Harapo (jirón de ropa).

ANDRAJOSO, SA adj. Harapiento.

ANDROCEO m. Aparato sexual masculino de las flores, formado por el conjunto de los estambres.

ANDRÓGENO, NA adj. y m. Se dice de la hormona sexual masculina que causa el desarrollo de los caracteres sexuales secundarios.

ANDRÓGINO, NA adj. y m. Se dice del individuo del sexo masculino que presenta caracteres sexuales externos de tipo feminoide; por extensión, se aplica a los rasgos de estos individuos.

ANDROIDE m. Robot de forma humana.

ANDROPAUSIA f. Climaterio masculino.

ANDROSTERONA f. Hormona sexual masculina secretada por el testículo. Su acción estimula el desarrollo de los caracteres sexuales secundarios.

ANDURRIAL m. Zona poco transitada y fuera del camino; alrededores; se usa especialmente en plural.

ANÉCDOTA f. Historieta sobre algún hecho o rasgo curioso.

ANECDÓTICO, CA adj. Con carácter de anécdota. || No esencial.

ANEGAR tr. Cubrir el agua algo totalmente.

ANÉLIDOS m. pl. Tipo de invertebrados celomados, segmentados, carentes de apéndices articulados, metamerizados y provistos de simetría bilateral. P. ej.: lombriz de tierra, gusano de mar, sanguijuela.

ANEMIA f. Disminución del número de hematíes de la sangre, o de su contenido en hemoglobina.

ANEMÓMETRO m. Instrumento que mide la velocidad y la fuerza del viento.

ANESTESIA f. Abolición de la sensibilidad en cualquiera de sus formas (táctil, térmica o dolorosa); puede ser espontánea o inducida.

ANEXIÓN f. Acción y efecto de anexionar. || En der. internacional, todo tipo de sumisión de un territorio a la soberanía de otro, aunque suele tener connotaciones de proximidad geográfica y de integración jurídica superior al *status* colonial.

ANEXIONAR tr. y prnl. Incorporar o juntar una cosa a otra con dependencia de ella.

ANEXO, XA adj. y s. Anejo. || m. pl. Anat. Partes adjuntas a otro órgano.

ANFETAMINA f. Fármaco que estimula el sistema nervioso central. Acrecienta el rendimiento físico e intelectual. Pasado su efecto sobreviene un bajón. Produce adicción. Se usa como inhibidor del apetito.

ANFIBIO, A adj. Que puede vivir en el agua o fuera de ella. || Se dice de la operación militar en la que participan fuerzas de tierra y de mar (actualmente con apoyo aéreo).

ANFIBIOS m. pl. Clase de vertebrados aéreos, de cuerpo desnudo y piel provista de abundantes glándulas mucosas que la mantienen húmeda. La circulación sanguínea es doble, aunque incompleta; el intestino termina en una cloaca. Presentan diversos órganos de los sentidos y su temperatura varía según las condiciones del ambiente. Los a. están muy ligados al agua o a los ambientes húmedos.

ANFIBOLOGÍA f. Ambigüedad que resulta del uso de palabras o expresiones de doble sentido. || Figura retórica que produce dicha ambigüedad.

ANFITEATRO m. Edificio elíptico o circular con gradas en torno a un espacio central de arena, donde se celebraban espectáculos públicos (lucha de gladiadores y fieras). || Disposición en semicírculo de los asientos de aulas, cines y teatros. || Parte alta de los teatros y cines, con gradas para espectadores.

ANFITRIÓN, NA m. f. Persona que invita a otros a comer o a una fiesta en su casa.

ÁNFORA f. Vaso de cerámica con dos asas y cuello estrecho y largo, usado por griegos y romanos como recipiente y para las inhumaciones. || Urna de votaciones.

ANFÓTERO, RA adj. Se dice de la sustancia capaz de comportarse como un ácido en determinadas reacciones y como una base en otras.

ÁNGEL m. En ciertas religiones, espíritu celestial, creado por la divinidad para su servicio y para mediar entre ella y los mortales. || Miembro de cada uno de los órdenes angélicos: serafines, querubines, tronos, dominaciones, potestades, virtudes, principados, arcángeles y ángeles. || Encanto personal.

ANGELICAL adj. Relativo o semejante a los ángeles. || Dulce, candoroso.

ANGINA f. Afección inflamatoria de las fauces, especialmente localizada en las amígdalas; también se usa en plural.

ANGIOSPERMAS f. pl. División del reino vegetal formado por plantas fanerógamas cuyos primordios seminales están protegidos por el ovario, por lo que la semilla queda encerrada dentro del fruto. Unas 200 000 especies, divididas en dos grupos: Monocotiledóneas y Dicotiledóneas.

ANGLICISMO m. Vocablo o construcción de procedencia inglesa. Empiezan a introducirse a partir del siglo XIX, primero a través del francés y luego directamente. Hoy es la principal fuente de préstamos (sobre todo en el español de América), especialmente en el lenguaje tecnológico, político, económico, deportivo y de los jóvenes y marginados (música, droga, etcétera).

ANGLOAMERICANO, NA adj. De ingleses y americanos a la vez. || adj. y s. Se dice del americano de origen inglés.

ANGLOSAJÓN, NA adj. y s. Relativo al miembro de las tribus germánicas (anglos, sajones y jutos) que a partir de 449 invadieron Gran Bretaña.

ANGORA adj. y s. Se dice del gato, conejo o cabra originarios de Angora, caracterizados por su pelo largo y sedoso. || Lana de pelo suave y copioso.

ANGOSTO, TA adj. Muy estrecho.

ANGOSTURA f. Calidad de angosto.

ANGSTRÖM m. (Å) Unidad de longitud equivalente a 10^{-10} m. De uso en la expresión de longitud de onda de radiaciones, de distancias atómicas, etcétera.

ÁNGULO m. Porción de plano comprendida entre dos semirrectas (lados) de origen común (vértice). Se mide según el arco interceptado por sus lados de una circunferencia con centro en el vértice; por dicha medida, se clasifica en *completo* (360°), *cóncavo* (más de 180°), *llano* (180°) y *convexo* (menos de 180°). Estos últimos pueden ser *obtusos* (más de 90°), *rectos* (90°) y *agudos* (menos de 90°).

ANGUSTIA f. Estado emocional de extrema inquietud y ansia, de las que difiere sólo por revestir mayor intensidad.

ANGUSTIAR tr. Ocasionar angustia, atribular.

ANHELAR tr. e intr. Ambicionar algo.

ANHELO m. Fuerte deseo de algo.

ANHÍDRIDO m. Óxido de un elemento no metálico y de algunos metales que al reaccionar con el agua producen un ácido. || *orgánico* Compuesto obtenido por deshidratación de 2 moléculas de ácido orgánico.

ANHIDRO, DRA adj. Se dice del compuesto químico cuya estructura molecular no contiene agua.

ANIDAR intr. y prnl. Hacer nido las aves o vivir en un lugar; por extensión, residir en un sitio. || Albergar. || tr. Amparar, guarecer a alguien.

ANILINA f. Amina aromática obtenida por reducción del nitrobenceno. Líquida. Incolora. Poco soluble en agua y soluble en disolventes orgánicos. Tóxica.

ANILLADO, DA adj. Con anillos o en forma de anillo. || Rizado. || adj. y m. Anélido.

ANILLAR tr. Dar forma de anillo. || Colocar o poner anillos.

ANILLO m. Aro o sortija que se pone en los dedos como adorno. || Aro pequeño. ||

Cada uno de los arcos de la rueda hidráulica. || Denominación de distintos elementos arquitectónicos de forma circular. || Cada uno de los segmentos en que se divide el cuerpo de algunos animales. || *anual* Incremento anual del tejido leñoso de los árboles.

ÁNIMA f. Alma humana. || Alma del purgatorio. || Alma de un arma de fuego. || pl. Toque de campanas para encomendar a las ánimas del purgatorio. || Hora en que se efectúa este toque.

ANIMACIÓN f. Acción y efecto de animar o animarse. || Actividad, movimiento. || Dinamismo en la expresión o en los hechos. || Alegría, bullicio.

ANIMADO, DA adj. Que tiene alma. || Gracioso, entretenido. || Frecuentado.

ANIMADOR, RA adj. Que anima o alienta. || m. y f. Artista o presentador que ameniza o dirige un espectáculo o fiesta.

ANIMAL adj. y m. Se dice de uno de los reinos en que se divide a los seres vivos, y de cada uno de los seres que lo integran. Comprende principalmente los organismos heterótrofos de organización eucariota. || adj. y com. Torpe, bruto. || Por contraposición a hombre, los demás animales.

ANIMALADA f. fam. Estupidez, disparate. || Salvajada.

ANIMAR tr. Dar vida, viveza, aliento, vigor, animación, etc. || intr. Morar, habitar. || prnl. Tomar ánimo y vida una cosa. || Esforzarse, osar.

ANÍMICO, CA adj. Relativo a la psique o al alma.

ANIMISMO m. Creencia religiosa, propia de las culturas tradicionales africanas y asiáticas, que considera que los objetos materiales, especialmente los del entorno físico, están dotados de cualidades espirituales.

ÁNIMO m. Alma, principio de la actividad humana. || Brío, ardor. || Voluntad, propósito. || Pensamiento. || ¡*ánimo*! interj. Se usa para incitar o estimular a alguien.

ANIMOSIDAD f. Antipatía, rencor. || Ánimo.

ANIMOSO, SA adj. Con ánimo (brío).

ANIÑADO, DA adj. Que se parece a un niño o actúa como él.

ANIÓN m. Ion electronegativo.

ANIQUILACIÓN f. Acción y efecto de aniquilar. || *de materia* Colisión entre una partícula y una antipartícula.

ANIQUILAR tr. Hacer desaparecer por completo. || tr. y prnl. Arrasar, causar ruina. || Derrotar, anular los ánimos o los argumentos de alguien.

ANIVERSARIO, RIA adj. Anual. || m. Día en que se cumplen los años de un acontecimiento, y acto con que se conmemora.

ANO m. Extremo inferior del tubo digestivo. || *artificial*, o *contra natura* Abocamiento del intestino en la pared del abdomen. || *imperforado* Oclusión del orificio anal.

ANOCHE adv. Ayer noche.

ANOCHECER m. Tiempo en que acaba el día y empieza la noche.

ANODINO, NA adj. Inofensivo, sin sustancia. || Insulso, sin gracia. || adj. y m. Que mitiga el dolor.

ANODIZACIÓN f. Formación de una capa protectora de óxido en metales ligeros o ultraligeros; se consigue haciéndolos actuar como ánodo en la electrólisis de una disolución ácida.

ÁNODO m. Polo positivo de una cuba o un generador electrolíticos, o de una válvula electrónica.

ANOFELES m. Variedad de mosquito, cuyas hembras inoculan el germen del paludismo.

ANOMALÍA f. Anormalidad, rareza. || Malformación. || Diferencia entre el valor teórico de una magnitud, o el medio, y el real o experimental.

ANÓMALO, LA adj. Irregular, raro.

ANONADAR tr. y prnl. Aniquilar. || Desconcertar. || Empequeñecer. || Asombrar; embobar.

ANÓNIMO, MA adj. y m. Se aplica a las obras artísticas o literarias en las que no aparece el nombre del autor. || Se dice del autor desconocido. || m. Escrito sin nombre en el que generalmente se amenaza, ofende o delata. || Condición del que oculta su nombre.

ANOREXIA f. Pérdida del apetito. || *mental* La de raíces exclusivamente psíquicas.

ANORMAL adj. No acorde con la norma. || com. Deficiente físico o mental.

ANOTACIÓN f. Acción y efecto de anotar. || Nota, apunte. || Inscripción, cautelar o auxiliar, en el registro de la propiedad,

ANOTADOR, RA adj. y s. Que anota o sirve para ello. || m. y f. Ayudante del director de cine, que anota los detalles de cada escena.

ANOTAR tr. Poner notas en un escrito. || Tomar notas. || Inscribir en un registro público.

ANQUILOSAR tr. y prnl. Ocasionar una anquilosis. || prnl. Paralizarse una cosa. || Atrofiarse, perder agilidad, física o mental.

ANQUILOSIS f. Limitación parcial o total de la movilidad de una articulación normalmente móvil.

ANSIA f. Inquietud, malestar físico. || Congoja, pesadumbre. || Afán, anhelo.

ANSIAR tr. Tener gran deseo de algo.

ANSIEDAD f. Sentimiento de inseguridad o de temor. El término se usa a menudo como sinónimo de angustia, de la que difiere, sin embargo, por no ir acompañada, como ésta, de tan fuertes manifestaciones fisiológicas.

ANSIOSO, SA adj. Con ansias. || Deseoso, anhelante.

ANTAGONISMO m. Disentimiento o contraposición en doctrinas e ideas. || Situación de rivalidad o contienda. || Relación entre 2 especies de organismos, cuando el desarrollo de uno interfiere el crecimiento del otro.

ANTAGONISTA adj. Que actúa de manera contraria a algo. || Se dice de los músculos y nervios que actúan en forma distinta, aunque tienden a neutralizarse en sus efectos. || adj. y com. Rival.

ANTAÑO adv. En el año pasado. || Antiguamente.

ANTÁRTICO, CA adj. Relativo al polo Sur y a su región.

ANTE m. Alce. || Piel trabajada de algunos animales, especialmente del alce. || Búfalo indio.

ANTE prep. En presencia de, delante de. || Respecto de.

ANTENOCHE adv. Anteayer noche.

ANTEAYER adv. El día de antes de ayer.

ANTEBRAZO m. Parte del brazo que comprende desde el codo hasta la muñeca. || Brazuelo.

ANTECÁMARA f. Pieza de una casa anterior a la sala principal. || En ciertos motores de explosión, cámara de precombustión situada entre el inyector de combustible y el cilindro.

ANTECEDENTE adj. Que antecede. || m. Hecho, suceso o dicho precedente, con el que se juzgan acontecimientos posteriores. || Primer término gramatical de una proposición relativa. || *antecedentes penales* Historial que recoge las sentencias firmes y cumplidas de una persona. || *poner, o ponerse, en a.* Poner o ponerse al corriente de algo.

ANTECEDER tr. Preceder. || Adelantar, dar anticipo de algo. || intr. Ir delante.

ANTECESOR, RA adj. Que antecede en el tiempo. || m. y f. Persona que antecedió a otra en un oficio o cargo. || Ascendiente (individuo); se usa más como m. plural.

ANTEDILUVIANO, NA adj. Que sucedió antes del diluvio. || Pasado de moda; anacrónico.

ANTELACIÓN f. Anticipación temporal de una cosa con respecto a otra; suele precederle la prep. *con.*

ANTEMANO, *de* Con antelación.

ANTEMERIDIANO, NA adj. Anterior al mediodía. || Se dice de cualquier punto del meridiano celeste situado por debajo del horizonte.

ANTENA f. Dispositivo emisor o receptor de ondas de radio; sus diversos tipos corresponden a las distintas frecuencias y direcciones de los trenes de ondas que emiten o captan. || Formación anatómica de ciertos artrópodos, donde se asientan los órganos sensoriales.

ANTEOJO m. Sistema óptico cuyo aumento angular permite observar con detalle y nitidez objetos lejanos. Esquemáticamente consta de una lente convergente de gran distancia focal (objetivo) y otra (ocular), convergente o divergente, a través de la cual se mira la imagen que forma la primera. || pl. Sistema de dos tubos que contienen el instrumento anterior, y que sirve para mirar con los dos ojos. || Gafas.

ANTEPASADO, DA adj. Se dice del tiempo ocurrido con anterioridad a otro ya pasado. || m. y f. Ascendiente (individuo). || pl. Los que vivieron antes que uno; generalmente alejados en el tiempo.

ANTEPENÚLTIMO, MA adj. Que precede inmediatamente al penúltimo.

ANTEPONER tr. y prnl. Colocar una cosa antes o delante de otra. || Distinguir, dar preferencia.

ANTEPORTADA f. Portadilla de un libro.
ANTEPROYECTO m. Estudio previo a un trabajo técnico. || Proyecto de ley.
ANTERIOR adj. Que antecede en tiempo o lugar.
ANTES adv. Expresa prioridad o preferencia en el tiempo o en el espacio; a veces, en correlación con *que*. || En otro tiempo. || adj. Cuando va con sustantivos referidos a tiempo: *el día antes*. || conj. adversativa. Sino que. || *a. bien* Sino que. || *a. de*, o *que, nada* Lo primero de todo.
ANTESALA f. Pieza o recibimiento de la sala principal o despacho. || *guardar*, o *hacer*, *a.* Esperar en una antesala.
ANTIACADÉMICO, CA adj. y s. Que se aparta de la autoridad o reglas de una academia, o que es contrario al academicismo.
ANTIAÉREO, A adj. y m. Que tiene por finalidad la defensa contra los aviones.
ANTIALCOHÓLICO, CA adj. Se dice de los defensores de la ley seca y de los partidarios de regular el consumo de bebidas alcohólicas.
ANTIBIÓTICO, CA adj. Relativo a la antibiosis o a los antibióticos. || m. Sustancia, sintética o producida naturalmente por algunos microorganismos (especialmente bacterias y hongos), que impide la multiplicación o destruye a otros microorganismos.
ANTICIPACIÓN f. Acción y efecto de anticipar o anticiparse. || Figura retórica que consiste en refutar una hipotética.
ANTICIPADO, DA adj. Avanzado, precoz, temprano. || *por a.* Con antelación.
ANTICIPAR tr. Hacer que acontezca algo antes del tiempo fijado. || Adelantar dinero a alguien. || Prevenir algún acontecimiento. || prnl. Apresurarse en la ejecución de algo. || Sobrevenir una cosa antes del tiempo previsto.
ANTICIPO m. Dinero que se da por adelantado o a cuenta de una cantidad.
ANTICLERICALISMO m. Hostilidad hacia el clero, y especialmente a su influencia política, económica y cultural.
ANTICLINAL m. Pliegue de los estratos rocosos convexo hacia arriba, producido por fuerzas de compresión de la corteza terrestre.
ANTICOAGULANTE adj. y m. Se dice de la sustancia que retrasa o impide la coagulación.

ANTICONCEPCIÓN f. Conjunto de prácticas destinadas a impedir la fecundación (control de natalidad).
ANTICONCEPTIVO, VA adj. Relativo a la anticoncepción. || adj. y m. Se dice del fármaco, dispositivo o método destinados a evitar el embarazo.
ANTICONGELANTE adj. y m. Se dice de la sustancia que al disolverse en un líquido rebaja notablemente su punto de congelación.
ANTICORROSIVO, VA adj. m. Se dice de la materia o sustancia (sales inorgánicas, aceites, etc.) que cubre y protege una superficie, evitando la corrosión.
ANTICUADO, DA adj. Que está en desuso. || Que no está al día o a la moda.
ANTICUARIO m. Coleccionista o comerciante de cosas antiguas.
ANTICUERPO m. Sustancia inmunitaria elaborada por el organismo como respuesta a la presencia de un antígeno con el cual reacciona específicamente.
ANTIDETONANTE adj. y m. Se dice de aquellos aditivos de los combustibles de motores de explosión que retardan la detonación y mejoran el rendimiento.
ANTIDOPING adj. Se dice del control que pone al descubierto el uso de estimulantes.
ANTÍDOTO m. Contraveneno o antitóxico. || Cosa que evita o contrarresta los efectos nocivos de algo.
ANTIESTÉTICO, CA adj. Contrario a la estética. || Feo.
ANTIFAZ m. Careta o velo para cubrir la cara.
ANTIGÁS adj. Se dice de lo que sirve para protegerse de los gases tóxicos.
ANTÍGENO m. Sustancia, de naturaleza proteica o no, que introducida en un órgano provoca la formación de anticuerpos.
ANTIGUALLA f. Objeto muy antiguo. || Cosa pasada de moda; es despectivo en todas sus acepciones.
ANTIGÜEDAD f. Calidad de antiguo. || Tiempo que una persona lleva desempeñando un trabajo. || En abstracto, tiempos viejos. || pl. Conjunto de objetos antiguos, de valor, que se coleccionan. || *clásica* La grecorromana.
ANTIGUO, GUA adj. Que existió o aconteció en épocas pasadas. || Se aplica al que es veterano en su empleo. || adj.

y s. fam. despect. Viejo, anciano; desfasado.

ANTIMONIO m. (Sb) Elemento químico del grupo V de la tabla periódica. Presenta varias formas alotrópicas, generalmente poco conductoras; combina con los halógenos y forma compuestos salinos con el sodio. Se usa en aleaciones para incrementar la dureza de los metales, en esmaltes y para fabricar granadas.

ANTIOXIDANTE adj. y m. Que impide o retrasa la oxidación.

ANTIPARTÍCULA f. Partícula elemental o subatómica de igual masa, spin y vida media que otra, pero de carga, momento magnético y número bariónico o leptónico opuestos.

ANTIPATÍA f. Rechazo hacia alguien o algo. || Oposición entre cosas.

ANTÍPODA adj. y com. Que habita en un punto de la Tierra diametralmente opuesto a otro, con respecto a este último. || amb. Este mismo punto. || f. Lo radicalmente opuesto; se usa más en pl., en todas sus acepciones.

ANTIRRÁBICO, CA adj. Se dice del medicamento o tratamiento usados para prevenir o curar la rabia; referido en especial a la vacuna.

ANTIRROBO adj. y m. Se dice del dispositivo de seguridad para evitar sustracciones; se emplea especialmente en coches.

ANTISEMITISMO m. Racismo contra los judíos.

ANTISEPSIA f. Conjunto de medidas destinadas a la prevención de enfermedades infecciosas, principalmente por el uso de sustancias químicas para destruir los agentes patógenos.

ANTISÍSMICO, CA adj. Se dice de las construcciones a prueba de terremotos.

ANTISOCIAL adj. Contrario al orden social. Dada la imposibilidad de determinar un orden social "natural", todo aparato de poder ha tendido a considerar natural el orden social en que se apoya, por lo que se juzgará antisocial todo comportamiento que tienda a subvertirlo.

ANTÍTESIS f. Propuesta que se opone a otra de carácter positivo; para Hegel, 2ª fase del proceso dialéctico. || Figura retórica, por la que se oponen palabras o frases de significación opuesta. || Individuo u objeto de cualidades contrapuestas a las de otro.

ANTITOXINA f. Anticuerpo presente en el suero de individuos o animales inmunizados frente a una toxina a la que es capaz de neutralizar.

ANTOJADIZO, ZA adj. Caprichoso.

ANTOJARSE prnl. Ser interesante, deseado, un bien. || Parecerle a alguien algo.

ANTOJO m. Capricho, especialmente el que la imaginación popular atribuye a las embarazadas y relaciona con las manchas cutáneas del recién nacido, también llamadas así.

ANTOLOGÍA f. Selección de textos de una materia o autor. || de a. Fuera de lo común.

ANTÓNIMO, MA adj. Se dice de los vocablos de significados opuestos (bueno/malo).

ANTONOMASIA f. Sinécdoque que consiste en sustituir un nombre propio por una cualidad que lo define, o viceversa: el Salvador, por Jesucristo. || por a. Ideal, el más representativo.

ANTORCHA f. Tea, hachón.

ÁNTRAX m. Proceso inflamatorio cutáneo circunscrito y muy doloroso por acumulación de forúnculos; frecuente en la diabetes.

ANTRO m. Oquedad oscura y profunda. || Local de mala nota, por su aspecto o clientela.

ANTROPOCENTRISMO m. Conjunto de doctrinas cuya preocupación básica es el hombre y su bienestar.

ANTROPOFAGIA f. Práctica ritual de comer carne humana en sociedades de carácter tribal, que generalmente suponen transferibles las virtudes del muerto y las asocian a su carne y órganos. || Por extensión, comer carne humana, por necesidad u otra razón.

ANTROPOIDE adj. y m. De forma humana. Se aplica a primates que guardan un parecido con el hombre; especialmente (y sin categoría taxonómica), a las familias de los grandes monos.

ANTROPOLOGÍA f. Ciencia que estudia las respuestas del ser humano ante el medio, las interrelaciones entre ambos y el marco sociocultural en el que se desenvuelven.

ANTROPOMETRÍA f. Técnica de medición de las dimensiones del cuerpo humano.

ANTROPOMORFISMO m. Doctrina o creencia que se basa en la atribución de caracteres humanos a otros entes (Dios o dioses, el universo, etcétera).

ANTROPOMORFO, FA adj. De forma humana.

ANTROPOPITECO m. Pitecántropo.

ANTROPOZOICO, CA adj. y m. Cuaternario.

ANUAL adj. Que dura un año, o se repite de año en año.

ANUALIDAD f. Ingreso o pago anual, especialmente el derivado de una renta, de la amortización de un capital (créditos) o de una capitalización (seguros, pensiones de vejez, etcétera).

ANUARIO m. Publicación anual que recoge, con carácter general o especializado, acontecimientos del año anterior.

ANUDAR tr. Hacer nudos o atar con ellos. || Juntar, unir. || Proseguir. || prnl. Estrangularse la voz. || Interrumpirse el crecimiento de un ser vivo.

ANUENCIA f. Conformidad, consentimiento.

ANULAR, 1 adj. Relativo al anillo. || Con forma de anillo. || adj. y m. Se dice del dedo contiguo al meñique, en el que se suelen llevar los anillos.

ANULAR, 2 tr. y prnl. Invalidar un compromiso, documento, etc. || Abolir, derogar. || Despersonalizar. || Humillar, apocar. || prnl. En mat., tomar valor cero (una función, una suma de enteros, etcétera).

ANUNCIAR tr. y prnl. Informar, avisar. || Comunicar la llegada de alguien. || Profetizar, prever. || Hacer publicidad.

ANUNCIO m. Acción y efecto de anunciar. || Mensaje publicitario. || Pronóstico. || *anuncios económicos*, o *por palabras* Los muy reducidos, y con abreviaturas, que se insertan en la prensa.

ANVERSO m. Haz o cara de una moneda, donde generalmente figura el símbolo del Estado emisor. || Cara de una hoja por donde empieza la escritura. || Cara por donde se imprime la 1ª página de un pliego.

ANZUELO m. Gancho de punta aguzada que se usa para pescar. || Señuelo, aliciente. || *echar*, o *tender, el a.* Usar añagazas. || *morder, picar, tragar el a.* Caer en la trampa.

AÑADIDO, DA adj. Que se añade. || adj. ~~P~~ostizo.

AÑADIR tr. Incorporar, sumar una cosa a otra. || Aumentar, acrecentar. || prnl. Adherirse a un acto.

AÑAGAZA f. Treta, engaño. || Trampa para aves.

AÑEJAR tr. y prnl. Hacer o volverse añeja una cosa. || prnl. Transformarse con el tiempo el sabor de las cosas.

AÑEJO, JA adj. De uno o más años. || Viejo, antiguo.

AÑICOS m. pl. Fragmentos pequeños que resultan de la rotura de algo. || *estar hecho a.* Estar muy fatigado o muy desmoralizado. || *hacer a.* Destrozar.

AÑIL adj. y m. Se dice del 6º color del espectro solar; longitud de onda entre 4 200 y 4 500 Å.

AÑO m. Unidad de tiempo determinada por una vuelta de la Tierra alrededor del Sol. || Periodo de doce meses. || Periodo de tiempo que transcurre entre el inicio y el final anuales de una actividad (a. *escolar, fiscal, judicial*, etc.). || *anomalístico* El que transcurre entre dos pasos de la Tierra por el perihelio (365.2596 días). || *bisiesto* El que tiene 366 días. || *civil* El que abarca del 1 de enero hasta el 31 de diciembre, ambos inclusive. || *luz* Medida de longitud para distancias astronómicas, que equivale al recorrido de la luz en un año (9.4607 × 10^{12} km). || *solar* o *trópico* Periodo de revolución de la Tierra en torno al Sol entre dos equinoccios de primavera (365.2422 de valor medio). || *a años luz* A enorme distancia. || *entrado en años* De edad avanzada o madura.

AÑORANZA f. Nostalgia.

AÑORAR tr. e intr. Sentir añoranza de alguien o algo.

AORTA f. Principal arteria del organismo de los vertebrados. En el hombre tiene su origen en el ventrículo izquierdo.

APABULLAR tr. Anonadar e intimar a alguien; aplastarle.

APACENTAR tr. y prnl. Llevar a pastar al ganado y cuidarlo mientras pasta. || Pastar el ganado.

APACIBLE adj. Afable en el trato, sosegado, plácido. || Referido al tiempo, estable, tranquilo.

APACIGUAR tr. y prnl. Aplacar, calmar, pacificar.

APACHE adj. y com. Se dice del grupo de tribus de la familia atapasca que habitaban al S de los EUA (actuales estados de Nuevo México y Arizona) y N de México (Sonora, Chihuahua y Coahuila).

APADRINAR tr. Ser padrino o actuar como tal. || Proteger, avalar. || prnl. Acogerse al favor o la protección de alguien.

APAGADO, DA adj. De poca viveza, pusilánime. || Se aplica al color, brillo, etc., atenuado, débil. || m. Acción y efecto de apagar.

APAGADOR, RA adj. y s. Que apaga.

APAGAR tr. y prnl. Extinguir el fuego o la luz. || Interrumpir el funcionamiento de un mecanismo, especialmente eléctrico. || Amortiguar, anular, ahogar pasiones o deseos.

APAGÓN, NA m. Cese repentino y momentáneo de la luz eléctrica.

APAISADO, DA adj. De más anchura que altura.

APALABRAR tr. Convenir un trato de palabra.

APALANCAR tr. Desplazar o elevar algo con palanca. || tr. y prnl. fam. Esconder, guardar, ocultar. || prnl. Quedarse en un sitio.

APALEAR tr. Dar golpes con un palo o algo similar. || Golpear la ropa o varear los árboles.

APAÑADO, DA adj. Diestro, mañoso. || Apropiado para lo que se aplica.

APAÑAR tr. Recoger una cosa. || Apropiarse de algo ajeno. || Engalanar, arreglar. || Remendar, componer. || Cubrir, arropar. || Ajustar las cuentas a alguien; se usa más en futuro, y como amenaza. || *apañárselas* Ingeniárselas para salir adelante.

APAÑO m. Acción y efecto de apañar. || Arreglo, compostura. || Destreza, maña. || fam. Embrollo, componenda.

APARADOR, RA m. Mueble de comedor donde se guarda o expone el servicio de mesa. || Escaparate.

APARATO m. Artificio mecánico, eléctrico, etc., de múltiples piezas, cuyas acciones se combinan para conseguir un objeto (a. de radio, a. telefónico, etc.) || Instrumento o instrumental de una profesión o dedicado a un fin. || Solemnidad, pompa. || Hechos o signos con que se acompaña algo. || Estruendo, desorden. || Alharaca, aspaviento. || Conjunto de órganos anatómicos relacionados con la misma función (a. respiratorio, digestivo, circulatorio, genitourinario). || En un partido político, sector dedicado a tareas administrativas. || Conjunto de instituciones, leyes, etc., de un Estado. || *crítico* Conjunto de notas, citas, datos, etc., de un documento o libro, con que se documenta y complementa su texto.

APARATOSO, SA adj. Exagerado, llamativo. || Pomposo, presuntuoso.

APAREAMIENTO m. Acción y efecto de aparear o aparearse. || Unión con fines reproductores entre individuos pertenecientes a sexos opuestos.

APAREAR tr. Igualar dos cosas. || tr. y prnl. Formar pares o parejas. || Juntar las hembras con los machos para que copulen.

APARECER intr. y prnl. Mostrarse súbitamente. || Hallarse, encontrarse, especialmente lo que estaba perdido. || Llegar de improviso alguien a quien no se esperaba.

APARECIDO m. Espectro de un difunto, especialmente si se trata de un personaje no divino.

APAREJADO, DA adj. Dispuesto, preparado. || Apropiado, apto. || *llevar*, o *traer*, a. Acarrear, producir.

APAREJAR tr. Aprestar, disponer algo para un fin. || Unir en parejas.

APAREJO m. Acción y efecto de aparejar. || Conjunto de lo que se precisa para determinada actividad. || Conjunto de las correas que se colocan a las caballerías.

APARENTAR tr. Fingir, simular lo que no se es o no se tiene. || Tener aspecto de.

APARENTE adj. Que parece algo sin serlo. || Visible. || Que tiene cierta apariencia. || fam. Bonito, vistoso.

APARICIÓN f. Acción y efecto de aparecer o aparecerse. || Visión de un ser irreal o sobrenatural.

APARIENCIA f. Aspecto que ofrece una cosa. Suele usarse en oposición a verdadero, y también a esencia. || Aspecto externo de alguien. || *guardar, mantener* o *salvar las apariencias* Atenerse a las formas y convenciones sociales.

APARTADO, DA adj. Distante, aislado. || Distinto, diverso. || m. Habitación fuera del uso común. || Cada parte en que se divide un artículo de un decreto, ley, etc.

|| **de Correos** Buzón situado en una oficina postal donde se deposita la correspondencia del usuario para que éste la recoja; también el mismo servicio.
APARTAMENTO m. Habitación o vivienda, generalmente pequeña.
APARTAR tr. y prnl. Separar una parte de un todo. || Dejar de lado, hacer de menos. || Distanciar. || Desviar. || Liberar, desembarazar. || Aislar, establecer una frontera física. || prnl. Alejarse, recluirse.
APARTE adv. En otro sitio. || Separado del lugar de la acción. || Separadamente, destacándose. || Salvo, a excepción de. || m. En el teatro, frase que un actor dice como para sí mismo, o con otro personaje.
APASIONADO, DA adj. Dominado por alguna pasión. || Entusiasta.
APASIONAR tr. Provocar pasión. || prnl. Entusiasmarse; aficionarse en extremo. || Perder ecuanimidad. || Prendarse.
APATÍA f. Estado de ánimo caracterizado por indiferencia afectiva.
APÁTRIDA adj. y com. Se dice de la persona que, por razones generalmente políticas, no tiene nacionalidad.
APEADERO m. Estación secundaria de ferrocarril, de uso exclusivo para pasajeros. || Lugar del trayecto donde los viajeros descansan.
APEAR tr. y prnl. Descender de un vehículo o cabalgadura. || Hacer descender una cosa de donde estaba.
APECHUGAR intr. Golpear con el pecho. || Pechar con algo desagradable.
APEDREAR tr. Arrojar piedras. || Lapidar. || intr. Caer granizo. || Estropearse la cosecha, especialmente la viña, por el granizo.
APEGARSE prnl. Tomar apego.
APEGO m. Inclinación, afecto.
APELACIÓN f. Acción de recurrir contra el fallo de un tribunal ante otro superior. || **sin a.** Indefectiblemente, sin salida.
APELAR intr. Recurrir una sentencia a un tribunal superior. || Solicitar a una persona su ayuda o perdón; valerse de ella o de una cosa. || Remitirse.
APELATIVO, VA adj. Se dice de una de las funciones expresivas básicas del lenguaje. || adj. y m. Se dice de cualquier sobrenombre que se da a una persona. || m. Apellido.

APELMAZAR tr. y prnl. Volver una cosa más tupida y rígida de lo normal en ella.
APELOTONAR tr. y prnl. Formar grumos. || prnl. Apretujarse, amontonarse.
APELLIDAR tr. Referirse a una persona o cosa, especialmente por su apellido. || prnl. Tener determinado apellido.
APELLIDO m. Nombre de familia. Usual entre los romanos *(cognomen)*; surgido en la edad media, a partir del señorío que se disfrutara, el oficio, lugar de nacimiento, mote de la familia u otras circunstancias geográficas o sociales; los que son patronímicos derivan directamente del nombre del padre (los castellanos terminan en *az* o *ez*; Ruy Díaz de Vivar = Ruy, hijo de Diego, natural de Vivar).
APENAR tr. y prnl. Provocar o sentir pena.
APENAS adv. Casi no. || Inmediatamente.
APÉNDICE m. Prolongación de una cosa, de la que es parte secundaria. || Conjunto de partes que se añaden a un libro, como bibliografía, notas, índices, etcétera.
APENDICITIS f. Proceso inflamatorio asentado en el apéndice cecal.
APERCIBIMIENTO m. Requerimiento judicial para que alguien actúe conforme a la ley, bajo amenaza de sanción. || Corrección impuesta a un funcionario ante reiteradas faltas leves.
APERCIBIR tr. y prnl. Disponer, prevenir lo necesario. || tr. Advertir. || Hacer conocer la autoridad judicial o administrativa las sanciones que penan una contravención.
APERITIVO, VA adj. y m. Que abre el apetito (los amargos en general). || m. Bebida, comúnmente alcohólica, que se toma antes de las comidas.
APERSONARSE prnl. Presentarse, hacer acto de presencia. || Comparecer como parte o representante en un pleito.
APERTURA f. Acción de abrir. || Acto con que reanuda sus actividades una escuela o institución. || Acto de abrir y dar lectura a un testamento. || Diámetro del objetivo de un instrumento óptico.
APESADUMBRAR tr. y prnl. Ocasionar aflicción.
APESTAR tr. y prnl. Contagiar la peste. || Corromper. || Aburrir. || Atestar, llenar. || intr. Heder.

APÉTALO, LA adj. Carente de pétalos.
APETECER tr. Desear algo. || intr. Gustar.
APETITO m. Gana de comer. || Tendencia a la satisfacción de necesidades o anhelos. || Lo que provoca el deseo.
APETITOSO, SA adj. Que provoca apetito. || Sabroso, de buen aspecto y olor. || fam. Beneficioso, deseable.
APIADAR tr. Causar piedad. || prnl. Compadecerse.
APICAL adj. Relativo al ápice. || adj. y f. Se dice de la consonante cuyo órgano activo es el ápice de la lengua.
ÁPICE m. Extremo o punta de una cosa. || Porción muy pequeña; nimiedad. || Signo ortográfico que se coloca sobre una letra. || Cualquier estructura anatómica de forma cónica o de vértice (punta del corazón, o de la lengua, etcétera).
APICULTURA f. Cría de la abeja, para el aprovechamiento de la miel y la cera.
APILAR tr. Poner objetos uno encima de otro.
APIÑAR tr. y prnl. Apretujar.
APIO m. Planta herbácea de la familia Umbelíferas; de olor característico, hojas divididas y flores blancas en umbela.
APISONADORA f. Máquina con grandes rodillos de hierro para allanar y apisonar pavimentos.
APISONAR tr. Apretar la tierra con apisonadora, pisón u otro instrumento.
APLACAR tr. y prnl. Aliviar, tranquilizar.
APLANAR tr. y prnl. Alisar. || Abatir, desalentar. || tr. Aplastar. || Sorprender a alguien, dejarle helado. || prnl. Derrumbarse un edificio.
APLASTAR tr. y prnl. Disminuir el grosor de algo, comprimiéndolo o golpeándolo. || Confundir, dejar sin habla. || Derrotar rotundamente.
APLATANARSE prnl. fam. Atontarse; dejarse dominar por la pereza mental y física.
APLAUDIR tr. Dar palmadas de entusiasmo o aprobación. || Elogiar la conducta de alguien.
APLAUSO m. Acción y efecto de aplaudir. || *cerrado* Ovación.
APLAZAR tr. Posponer, retardar. || Distribuir en plazos. || Citar, emplazar.
APLICACIÓN f. Acción y efecto de aplicar o aplicarse. || Adorno sobrepuesto. || Mano, capa.

APLICADO, DA adj. Se dice del que se aplica o se esmera, especialmente en los estudios. || Se dice de las partes de una ciencia que tienen carácter eminentemente práctico, y de las artes de carácter artesanal.
APLICAR tr. Adosar una cosa a otra. || Usar como o para. || Achacar, imputar. || tr. y prnl. Asignar; destinar. || Tomar como ejemplo. || prnl. Esmerarse en hacer algo cuidadosamente.
APLOMO m. Firmeza y cordura en el obrar. || Verticalidad. || En las caballerías, líneas verticales imaginarias que permiten comprobar la buena disposición de sus miembros.
APOCADO, DA adj. Pobre de espíritu.
APOCALIPSIS m. Fin del mundo; catástrofe, desastre.
APOCALÍPTICO, CA adj. Relativo al Apocalipsis. || Catastrófico. || Arcano, misterioso.
APOCAMIENTO m. Cortedad, pobreza de espíritu. || Desánimo.
APÓCOPE m. Caída de una sílaba (o sílabas) o de un fonema al final de una palabra; tanto > *tan*; bueno > *buen*.
APÓCRIFO, FA adj. Falsificado, fingido. || Se dice de los textos bíblicos que la Iglesia no considera directamente inspirados por Dios. En general se dice de todo documento o libro de dudosa autenticidad, autoría u origen.
APODAR tr. y prnl. Dar o darse motes.
APODERADO, DA adj. y s. Se dice del que obra en potestad y representación de otro.
APODERAR tr. Delegar sus derechos una persona en otra para que los defienda. || prnl. Hacerse con el dominio o propiedad de algo.
APODO m. Mote, sobrenombre.
APÓDOSIS f. Proposición principal de una oración compuesta, precedida de una subordinada condicional.
APÓFISIS f. Parte prominente de ciertos huesos, destinada a la inserción muscular o a la articulación de otro hueso.
APOFONÍA f. Alternancia vocálica.
APOGEO m. Punto de la órbita (real o aparente) de un astro, en el que su distancia a la Tierra es máxima. || Punto culminante o decisivo de un proceso.
APOLILLADURA f. Desperfecto causado por larvas de polilla, generalmente en los tejidos.

APOLILLAR tr. y prnl. Agujerear algo la polilla. || prnl. fam. Instalarse de manera rutinaria y sin perspectivas en una relación, empleo, etcétera.

APOLITICISMO m. Postura de quien sistemáticamente evita opiniones y actitudes políticas. || Actitud anarcosindicalista que rechaza, por considerarla inútil, la acción parlamentaria.

APOLOGÍA f. Elogio en defensa de personas o cosas. || Panegírico.

APÓLOGO m. Relato alegórico, en prosa o verso, donde personajes animales, entes abstractos o cosas inanimadas presentan verdades de orden moral. Menos narrativo y literario que la fábula.

APOLTRONARSE prnl. Acomodarse, relajarse.

APOMEIOSIS f. Formación de un gameto sin reducción en el número de cromosomas; generalmente va acompañada de supresión de la fecundación.

APONEUROSIS f. Membrana delgada y fibrosa, blanquecina y muy resistente, que envuelve los músculos en forma de vaina y los fija al hueso.

APOPLEJÍA f. Cuadro clínico caracterizado por una brusca suspensión de la actividad cerebral, con pérdida de la conciencia y de la motilidad voluntaria. Puede ser debida a hemorragia cerebral, embolia o trombosis.

APORREAR tr. y prnl. Golpear con una porra o de otro modo. || Molestar de forma reiterada.

APORTACIÓN f. Acción y efecto de aportar. || Lo que se aporta.

APORTAR tr. Donar algo para la consecución de una empresa.

APORTE m. Aportación.

APOSENTAR tr. y prnl. Hospedar, alojar.

APOSENTO m. Habitación. || Alojamiento.

APOSICIÓN f. Yuxtaposición de 2 palabras, de una palabra y una frase o de 2 frases, de idéntica categoría gramatical. La a. puede ser explicativa o específica, en este último caso va entre comas.

APÓSITO m. Compresa.

APOSTAR tr. Jugar a las apuestas (lotería, quinielas, etc.) || intr. Incitar a una persona a ganar o perder dinero u otra cosa según quién de los dos tenga razón en algo, y concertar este trato.

APOSTASÍA f. Acción y efecto de apostatar.

APOSTATAR intr. Renunciar formalmente a la calidad de cristiano. || Por extensión, abandonar cualquier creencia o militancia.

A POSTERIORI adv. Una vez conocidos los hechos, datos, etcétera.

APOSTILLA f. Añadido posterior a un texto.

APÓSTOL m. Persona que se entrega a la difusión de una doctrina o teoría.

APOSTOLADO m. Misión de un apóstol. || Propaganda en favor de una causa o ideología.

APÓSTROFE amb. Ret. Interpelación a una persona o a un objeto cualquiera. Corresponde a la antigua *exclamatio*. || Por extensión, increpación.

APÓSTROFO m. Signo ortográfico (') que indica la elisión de una vocal.

APOSTURA f. Planta, gallardía. || Maneras, ademanes.

APOTEGMA m. Frase breve y sentenciosa, atribuida a un pensador o erudito famoso.

APOTEMA f. Segmento que une el centro de un polígono regular con el punto medio de uno cualquiera de sus lados. || Línea que une el vértice de una pirámide regular con el punto medio de la base de cualquiera de sus caras.

APOTEOSIS f. Dignificación pública de una persona. || Momento culminante de una obra, reunión, etc., o final festivo de la misma.

APOYAR tr. y prnl. Hacer que una cosa repose sobre otra o la sustente. || Patrocinar, proteger. || Fundamentar, basar. || tr. e intr. Suscribir, adherirse, solidarizarse.

APOYO m. Sostén, sustento. || Ayuda, amparo. || Argumento que corrobora a otro.

APRECIABLE adj. Evaluable. || Digno de estima. || Copioso, considerable.

APRECIAR tr. Evaluar, tasar. || Percibir. || Estimar, querer.

APRECIO m. Acción y efecto de apreciar. || Afecto, consideración. || *no hacer a*. No dar importancia.

APREHENDER tr. Atrapar, detener. || Percibir, captar mentalmente algo. || Apropiarse de un botín o del producto de un contrabando.

APREMIAR tr. Urgir, apurar. || Oprimir, constreñir. || Gravar con un recargo. || Instar una parte en litigio a la contraria para que actúe en el procedimiento.

APREMIO m. Acción y efecto de apremiar. || Procedimiento ejecutivo de las haciendas estatales y municipales, o de agencias privadas a las que ceden este derecho, para cobrar a sus deudores.

APRENDER tr. y prnl. Comprender y recordar algo. || intr. Instruirse, educarse.

APRENDIZ, ZA m. y f. Principiante en algún oficio o actividad.

APRENDIZAJE m. Tiempo que se tarda en aprender un oficio y prácticas necesarias para ello. || Tipo de comportamiento de los animales, que puede adquirirse a través de las relaciones temporales que los organismos establecen con el medio ambiente. || Proceso de adquisición de nuevos hábitos y comportamientos mediante la experiencia.

APRENSIÓN f. Hipersensibilidad, temor, cautela, especialmente sin fundamento.

APRENSIVO, VA adj. y s. Que sufre alguna aprensión. || Hipocondríaco.

APRESAR tr. Cobrar alguna presa. || Hacer prisionero.

APRESTAR tr. y prnl. Proveer lo necesario para algo; preparar, disponer. || tr. Dar apresto a los tejidos.

APRESURAR tr. y prnl. Dar prisa. || Adelantar, acelerar.

APRETADO, DA adj. Ajustado. || Tupido. || Se dice de la letra estrecha y poco separada. || Apurado, en aprietos. || fam. Tacaño, cicatero.

APRETAR tr. Oprimir, hacer presión sobre algo o alguien. || Estrechar (contra el pecho, entre los brazos, etc.) || Prensar, comprimir. || Acelerar algún asunto.

APRETÓN m. Achuchón, apretujón. || Intensificación del esfuerzo de una actividad. || *de manos* Acción de chocar las manos vigorosamente.

APRETUJAR tr. Apretar fuerte y repetidamente. || prnl. Apretarse varias personas unas con otras en un lugar demasiado pequeño.

APRETURA f. Sensación de opresión causada por el hacinamiento de gente en un lugar. || Lugar estrecho. || Carencia, especialmente de víveres. || Brete, situación embarazosa que da poco margen de actuación.

APRIETO m. Apretura. || Apuro, brete. || Necesidad, estrechez. || *en aprietos*, o *en un a*. En dificultades.

A PRIORI adv. Anticipada o hipotéticamente. || adj. Previo a la experiencia, o que no depende de ella (categorías, formas, etcétera).

APRISA adv. Rápidamente.

APRISIONAR tr. Encarcelar, encerrar. || Ligar, sujetar.

APROBADO, DA adj. Aceptado. || m. Calificación de examen, inferior al notable y superior al suspenso. || Visto bueno.

APROBAR tr. Juzgar válido algo. || Coincidir con una opinión, doctrina, etc. || Considerar buena la conducta o aptitud de alguien. || Conseguir la calificación de apto en una asignatura o examen.

APROPIAR tr. Adecuar una cosa a otra. || prnl. Apoderarse de algo.

APROVECHADO, DA adj. Atento, diligente. || Se dice del que saca beneficio de algo, aun a costa de otro.

APROVECHAR tr. Usar algo con provecho. || intr. y prnl. Aplicarse, avanzar en algún estudio o materia. || intr. Ser útil alguna cosa. || prnl. Servirse de una cosa para el propio interés. || Abusar de la confianza de alguien. || vulg. Propasarse.

APROVISIONAR tr. y prnl. Suministrar o acumular provisiones, especialmente víveres.

APROXIMACIÓN f. Acción y efecto de aproximar o aproximarse. || Solución inexacta pero próxima a la correcta, y método para hallarla.

APROXIMAR tr. y prnl. Situar cerca de. || tr. Realizar una aproximación.

APTITUD f. Cualidad de apto. || Cualidad por la que algo es adecuado a un propósito. || Capacidad para desempeñar un trabajo u ocupar un cargo. || Habilidad natural para adquirir cierto tipo de conocimientos. Se puede calibrar por medio de test.

APTO, TA adj. Apropiado, competente. || Se dice de los espectáculos tolerados para menores. || m. Calificación que supone la aptitud en una materia.

APUD Preposición latina que equivale a 'según' o 'en la obra de'.

APUESTO, TA adj. Referido a personas, de buena presencia y figura. || Arreglado, compuesto.

APUNTADOR, RA adj. y s. Que apunta. || m. y f. Persona que en el teatro ayuda a que los actores recuerden su papel. || m. Traspunte.

APUNTALAR tr. Sostener con puntales. || tr. y prnl. Reafirmar.

APUNTAMIENTO m. Acción y efecto de apuntar. || Resumen de los autos de un proceso que realiza el secretario de un tribunal.

APUNTAR tr. Orientar un arma hacia el blanco. || Indicar, señalar con un gesto, con el dedo o con un objeto. || Preparar un escrito para la segunda lectura. || Tomar apuntes. || Fijar o sujetar algo provisionalmente. || Tratar de pasada un tema. || Anotar algo para recordarlo o para que conste. || Sugerir, insinuar. || Indicar a alguien lo que debe decir, especialmente en el teatro y entre estudiantes. || En dibujo, hacer un apunte. || tr. y prnl. Inscribirse en una actividad, curso, etc. || intr. Dar algo los primeros síntomas.

APUNTE m. Apuntamiento. || Escrito corto, nota. || Boceto. || Traspunte. || Texto del apuntador. || Tanto, punto. || pl. Conjunto de notas, extracto de lo que explica un profesor.

APUNTILLAR tr. Dar la puntilla. || fam. Remachar.

APUÑALAR tr. Herir con puñal.

APURADO, DA adj. Necesitado. || Arriesgado, difícil. || Afinado, pulido. || Apresurado.

APURAR tr. Agotar, concluir. || Limpiar, depurar. || Llevar una averiguación hasta su último término. || tr. y prnl. Poner en apuros. || Acelerar, meter prisa. || prnl. Darle a uno reparos algo.

APURO m. Aprieto, necesidad. || Ahogo, sofocón. || Prisa, urgencia. || Brete, compromiso; conflicto. || *en apuros* En aprietos.

AQUEJAR tr. Dañar a uno una enfermedad o dolencia.

AQUEL, LLA, LLO m., f. y n. Partícula deíctica que funciona como adj. o como pron. (en este caso, es portadora de tilde). Señala a la persona o cosa más alejada, tanto del que habla como del que escucha.

AQUÍ adv. Señala el lugar preciso en que se encuentra el hablante, o un lugar próximo y determinado hacia el que se dirige. || Denota también el tiempo próximo al hablante: entonces, ahora.

AQUIETAR tr. y prnl. Calmar, relajar.

AQUILATAR tr. Establecer los quilates. || Evaluar la calidad de una cosa o el mérito de una persona. || Depurar, perfeccionar.

ARA f. Altar para sacrificios. || Losa consagrada, con una oquedad que contiene reliquias, sobre la que el sacerdote dice misa. || *en aras de* En honor de.

ÁRABE adj. Relativo a Arabia. || Impropiamente en ocasiones, islámico. || Se dice de una raza de caballos de muy buena estampa que se usan como sementales para mejorar razas (pura sangre inglés). || Se dice de las cifras arábigas.

ARABESCO, CA adj. De los árabes. || m. Decoración de líneas entrelazadas que forman complejos dibujos geométricos e incluyen elementos vegetales. || Composición breve, de melodía muy ornamentada.

ARÁBICO, CA (o **ARÁBIGO, GA**) adj. Relativo a Arabia o a los árabes.

ARABISMO m. Voz de procedencia árabe. En español son muy importantes, abarcan muchos aspectos: voces guerreras (*alcázar, atalaya*), comercio (*almacén*), pesos y medidas (*arroba, quilate*), oficios (*albañil*). Hay también voces griegas, latinas y sánscritas que entraron a través de los árabes (*ajedrez, albaricoque*). Los a. son una de las características distintivas de las lenguas hispánicas.

ARÁCNIDOS m. pl. Clase de artrópodos, cuyo cuerpo se divide en un cefalotórax con 6 pares de apéndices (los 2 primeros, denominados queliceros, pueden estar conectados a glándulas venenosas) y un abdomen ápodo. Respiran por tráqueas; el sistema nervioso es ganglionar. Algunos grupos forman telarañas.

ARADO m. Utensilio de agricultura con que se labra la tierra. || Reja, vuelta dada a la Tierra.

ARADOR, RA adj. y s. Que ara.

ARANCEL m. Tarifa fija sobre el valor, o el peso o volumen que grava las mercancías que entran en un país. || Tasa, regulación.

ARANDELA f. Aro metálico que, situado entre dos piezas, evita el roce.

ARAÑAR tr. y prnl. Rasgar, herir superficialmente la piel. || Rayar una superficie. || Escarbar, sacar de donde casi no hay. || Reunir muy poco a poco, ahorrando de aquí y de allí.

ARAÑAZO m. Rasguño.

ARAR tr. Trabajar la tierra con el arado.

ARAUCANO, NA adj. y s. Relativo a un grupo étnico amerindio que habita en el SO de América del S. (especialmente en el S de Chile). || m. Lengua hablada por este grupo étnico; cerca de 250 000 hablantes en Chile y 10 000 en Argentina.

ARBITRAJE m. Acción o facultad de arbitrar. || Remisión de las 2 partes de un litigio o de una 3ª, cuya decisión se comprometen a aceptar las primeras. || Procedimiento de resolución de conflictos internacionales, por el que las partes aceptan dejar a un tercer Estado u otra institución (Papado, organismos internacionales) la decisión resolutoria. || Operación de compraventa de valores de distintas bolsas, valiéndose de las diferencias de sus cotizaciones.

ARBITRAR tr. Decidir uno según su propio arbitrio. || Dar o proponer arbitrios. || Ser árbitro entre partes. || Hacer cumplir las reglas de un deporte o juego.

ARBITRARIEDAD f. Actuación contraria a la razón, la justicia o el derecho. || Despotismo.

ARBITRIO m. Capacidad de decisión. || Cosa necesaria para la consecución de algún fin. || Voluntad que obedece al capricho.

ÁRBITRO, TRA adj. y s. Se dice de quien es autosuficiente en sus acciones. || Quien tiene influencia. || Juez escogido para solventar una diferencia. || Quien arbitra en un juego o deporte.

ÁRBOL m. Vegetal que dispone de un tronco columnar, de consistencia leñosa, del que parten una serie de ramificaciones que se apartan distintamente del suelo según las especies.

ARBÓREO, A adj. Relativo o perteneciente al árbol. || Semejante a él.

ARBUSTO m. Planta leñosa, generalmente ramificada a partir ya de la base, que no suele superar los 5 m de altura.

ARCA f. Baúl de tapa plana. || Caja fuerte. || Horno donde se introducen las piezas de vidrio después de labradas. || Trastero o cajón donde se guardan cosas heterogéneas. || pl. Vacíos que hay debajo de las costillas. || Habitación donde guarda sus fondos una entidad; por extensión, los mismos fondos.

ARCAICO, CA adj. y s. Primitivo. || Anticuado, en desuso. || Se dice del periodo inferior del precámbrico, de una antigüedad entre 3 500 y 800 millones de años; contiene los fósiles más antiguos conocidos. || Se dice de una cultura o arte en las primeras fases de su evolución.

ARCAÍSMO m. Voz o frase que se usa aunque haya quedado anticuada, especialmente en zonas aisladas. || Imitación acrítica de lo antiguo.

ARCÁNGEL m. Dignidad angélica superior al ángel.

ARCANO, NA adj. Recóndito, misterioso. || m. Enigma, secreto, especialmente religioso o esotérico.

ARCILLA f. Roca sedimentaria de aspecto detrítico compuesta básicamente por silicato de aluminio hidratado. Al cocerse a elevada temperatura adquiere gran dureza.

ARCIPRESTE m. Presbítero principal de una iglesia; hoy, dignidad entre los canónigos catedralicios. || Presbítero a cuyo cargo están las iglesias de un territorio.

ARCO m. Porción de curva; en el caso de la circunferencia se puede medir como el ángulo central que lo abarca. || Arma formada por una vara de madera u otro material flexible, curvada por la tensión de una cuerda sujeta a sus extremos, que impulsa las flechas. || *iris* Meteoro de forma semicircular, con los colores del espectro dispuestos en bandas longitudinales, que se forma en el cielo después de la lluvia. || *triunfal* Monumento arquitectónico del imperio romano, con el que se celebraba una victoria u otro hecho relevante.

ARCHIPIÉLAGO m. Porción de mar cubierta de islas. || Conjunto de islas.

ARCHIVAR tr. Guardar documentos o fichas en un archivo según un orden. || Dar por zanjado un asunto. || fam. Desechar algo inútil o en desuso.

ARCHIVO m. Lugar donde se guardan documentos, cartas, mapas, material gráfico o sonoro, etc. || Conjunto de documentos o material que se guarda en estos lugares. || Inform. Conjunto de información organizada en registros que se almacenan.

ARDER intr. Estar encendido o quemándose. || Desprender calor el estiércol cuando fermenta. || Resplandecer, lucir. || Consumirse por un deseo o una pasión. || Haber agitación en un lugar. || *estar que arde* Estar en situación muy competida o tensa.

ARDID m. Artimaña, treta.

ARDIENTE adj. Que arde. || Que ocasiona ardor. || Fogoso, vehemente. || De color muy subido.

ARDOR m. Calor intenso. || Quemazón. || Luminosidad, brillo. || Fogosidad, arrojo, pasión. || *de estómago* Hiperclorhidria.

ARDUO, DUA adj. De gran dificultad.

ÁREA f. Medida de la superficie geométrica de una figura plana. || Unidad de superficie equivalente a 1 Dm^2. || Extensión que se considera de manera unitaria, por tener una característica común (geográfica, cultural, lingüística, etc.) o ser escenario de un mismo acontecimiento. || En educación, conjunto de materias que tienen relación entre ellas. || *metropolitana* Conjunto urbano continuo, formado por varios municipios, ligados de modo funcional.

ARENA f. Conjunto de partículas procedentes de la disgregación de las rocas, de naturaleza preferentemente cuarzosa y de tamaño inferior a 2 mm. || Palestra para las competiciones.

ARENAL m. Gran extensión de arena. || Terreno arenoso y movedizo.

ARENGA f. Discurso que incita al valor o al entusiasmo, en especial el dirigido a los soldados. || Razonamiento prolijo y pesado.

AREOLA (o ARÉOLA) f. Pequeña superficie anular alrededor de ciertas cosas. || Parte central de la mama, que rodea el pezón. || Enrojecimiento alrededor de una zona inflamada. || Intersticio entre nervios de alas u hojas.

AREÓMETRO m. Instrumento basado en el principio de Arquímedes, que se usa para determinar densidades y concentraciones.

ARETE m. Aro pequeño, en especial el que se lleva en las orejas.

ARGÉNTEO, A adj. De plata o semejante a ella.

ARGENTÍFERO, RA adj. Que tiene plata.

ARGENTINO, NA adj. Argénteo. || Se dice del sonido armonioso y dulce, especialmente de la voz de mujeres y niños. || adj. y s. De Argentina.

ARGOLLA f. Anillo metálico de grandes dimensiones que sirve para sujetar. || Todo aquello que tiene dominada la voluntad de una persona.

ARGÓN m. (Ar) Elemento químico del grupo 0 de la tabla periódica. Es un gas monoatómico, no forma compuestos y se ioniza mediante descargas eléctricas. Constituye aproximadamente el 1% en volumen del aire seco.

ARGONAUTA m. Cada uno de los héroes mitológicos griegos que embarcaron con Jasón en la nave *Argos*, en busca del vellocino de oro. || Navegante.

ARGOT m. Lenguaje secreto que usan entre sí los maleantes. Se denomina también caló o caliente, lunfardo, replana, coa, etc. || Lenguaje profesional y gremial. || Conjunto de palabras de origen muy diverso que se introducen en la conversación familiar con fines expresivos, irónicos o humorísticos; es un lenguaje especialmente urbano.

ARGUCIA f. Argumento falaz e ingenioso.

ARGÜIR tr. Inferir una cosa de otra. || Mostrar, poner en evidencia. || Denunciar, acusar. || Alegar. || intr. Refutar una opinión, o contradecirla.

ARGUMENTAR tr. Dar argumentos.

ARGUMENTO m. Prueba o razonamiento con que se defiende una acción o una afirmación. || Tema, contenido de una obra literaria, un filme, etc. || Pequeño resumen que antecede a una obra literaria o a cada uno de sus capítulos.

ARIA f. Melodía vocal o instrumental, a menudo acompañada por la orquesta, y en apoyo de un recitativo. Suele ser un pequeño fragmento vocal en óperas, oratorios, cantatas y pasiones.

ARIDEZ f. Calidad de árido. Los *índices de a.* (a partir de Martonne) son cocientes de la pluviosidad y la temperatura medias de una zona.

ÁRIDO, DA adj. Yermo, reseco. || Se dice del clima desértico. || Aburrido, pesado.

ARIO, RIA adj. y s. Se dice de los individuos de un pueblo de Asia Central. Provenían de ellos los indoeuropeos de Irán y del N de la India. || Según los nazis, de una pura raza "superior", origen de los europeos nórdicos.

ARISCO, CA adj. Que rechaza el trato o el contacto con los demás.

ARISTA f. Línea en la que se cortan 2 planos o superficies. || pl. Problemas que plantean algo.

ARISTOCRACIA f. Minoría social que a través de la posesión de la tierra se apropia del excedente creado por los campesinos —rentas— y permanece inactiva en el proceso de producción. Ejercía el poder desde altos cargos militares, religiosos y jurídicos.

ARITMÉTICA f. Parte de la matemática que estudia los números, sus propiedades (teoría de los números) y, fundamentalmente, las formas básicas de cálculo.

ARLEQUÍN m. Personaje de la comedia del arte italiano. Su origen, probablemente medieval, es dudoso. Vestía sombrero gris y traje a rombos o cuadros de distintos colores, con mascarilla negra y una vara. || Persona vestida de este modo. || Persona que hace payasadas.

ARMA f. Útil que se usa, en defensa o ataque, contra otras personas. Existen muchas clasificaciones, según su función (ofensiva/defensiva), su peso y facilidad para el transporte (pesada/ligera), el número de servidores (individual/colectiva). || Cada uno de los cuerpos de un ejército que están implicados directamente en los combates. || Oficio de los militares. || Defensas de los animales. || Recursos o ventajas para lograr algo.

ARMADA f. Conjunto de buques y hombres adscritos a la marina militar de un Estado. || Conjunto de buques empleados en una misión de guerra. || Línea de cazadores que aguardan a las reses tras la batida.

ARMADO, DA adj. Que porta armas o armaduras. || Que lleva un armazón metálico en su interior. || Se dice de los animales con defensas naturales. || Aplicado a conductores eléctricos, revestidos de metal sobre el aislante.

ARMADURA f. Conjunto de piezas metálicas con que se preservaban los combatientes hasta el siglo xviii. || Armazón. || Esqueleto.

ARMAMENTO m. Provisión de lo necesario para una gira o campaña. || Conjunto del material bélico, principal y de apoyo, de un ejército. || Equipo militar de un soldado.

ARMAR tr. y prnl. Dotar de armas. || Vestir con la armadura. || tr. Ensamblar las piezas de un artefacto o mecanismo. || Construir, sentar una cosa sobre otra.

ARMARIO m. Mueble con puertas, generalmente provisto de cajones, estantes, etcétera.

ARMATOSTE m. Máquina o mueble voluminoso, pesado o inútil. || Individuo grandullón y torpe.

ARMAZÓN amb. Entramado sobre el que se construye o basa algo, o con que se forma su estructura.

ARMELLA f. Aro metálico provisto de una espiga o tornillo con que se sujeta.

ARMISTICIO m. Pacto de suspensión de hostilidades que no significa el final de la guerra.

ARMONÍA f. Parte de la técnica musical que trata de todo lo referente a la simultaneidad de los sonidos. || Conjunto de sonidos gratos al oído; por extensión, se aplica al lenguaje hablado que combina con acierto sonidos, acentos y entonaciones. || Simpatía, buena relación entre personas.

ARMÓNICO, CA adj., Relativo a la armonía. || De sonido grato. || Se dice del sonido secundario que se origina por resonancia de un sonido fundamental.

ARMONIO (o **ARMÓNIUM**) m. Instrumento musical de teclado y viento, de lengüetas libres. Consta de un depósito de aire y dos fuelles que, accionados por pedales, producen una corriente que hace vibrar las lengüetas con un sonido graduable.

ARMONIZAR tr. Concertar, poner en armonía personas o cosas. || Realizar los acordes que acompañan una melodía.

ARNÉS m. Armadura de combate. || pl. Aparejo de las caballerías. || Pertrechos necesarios para alguna actividad.

ARO m. Objeto anular y rígido, especialmente el que usan los niños en sus juegos. || Anillo, sortija. || *entrar*, o *pasar*, uno *por el a.* Ceder, verse obligado a hacer algo.

AROMA m. Perfume, olor agradable. || amb. Bálsamo, goma o madera perfumados.

AROMÁTICO, CA adj. Que posee aroma (perfume). || Se dice de las plantas que tienen un olor característico (menta, romero, tomillo, etc.). || Se aplica a los compuestos orgánicos que tienen núcleos bencénicos.

AROMATIZAR tr. Perfumar algo.

ARPA f. Instrumento musical de cuerdas pinzadas, colocadas en posición vertical dentro de un marco triangular, un lado del cual actúa como caja de resonancia.

ARPÍA f. Monstruo mitológico con cara de mujer y cuerpo de ave rapaz. || Mujer de malos instintos, y también fea y escuálida.

ARPILLERA f. Tela de saco, generalmente de fibra de yute o estopa de cáñamo.

ARPÓN m. Asta provista de una punta para hendir y dos para hacer presa, usada especialmente para pescar.

ARQUEAR tr. y prnl. Combar, curvar. || tr. Ahuecar la lana con la vara o arco. || Hacer el arqueo (contabilidad).

ARQUEO m. Acción y efecto de arquear o arquearse. || Cálculo y verificación del saldo de caja.

ARQUEOLOGÍA f. Ciencia que estudia las civilizaciones antiguas a través del análisis de los restos conservados.

ARQUERO m. Quien practica el tiro de arco.

ARQUETIPO m. Modelo por excelencia de algo en que se resumen sus características esenciales; canon. || Tipo primitivo de organismo que, por evolución, da origen a otros.

ARQUITECTURA f. Arte y técnica de diseñar y construir edificaciones. || Conjunto de diseños y obras de un mismo arquitecto, de un país determinado, de un momento histórico concreto o con una misma función.

ARRABAL m. Afueras de una población, barrio periférico.

ARRABALERO, RA adj. y s. Habitante de un arrabal. || Barriobajero.

ARRACADA f. Pendiente, arete.

ARRAIGAR intr. y prnl. Enraizarse. || Afianzarse un hábito. || Depositar una fianza para posibles costos del juicio. || tr. Afincar, fijar algo. || Impedir judicialmente la salida de alguien del país. || prnl. Avecindarse en un lugar de forma definitiva.

ARRANCADA f. Impulso de un automóvil, buque, caballo, etc., al iniciar la marcha, o aumento brusco de su velocidad. || Embestida.

ARRANCAR tr. Sacar de raíz. || Quitar con violencia algo de su lugar habitual. || Arrebatar, conseguir algo por la fuerza o mediante artimañas. || Alejar a uno de un lugar o hábito.|| Ser inicio; provenir, salir de.

ARRANQUE m. Acción y efecto de arrancar. || Arrebato, impulso. || Precipitación. || Punto de partida, o momento del inicio de algo.

ARRAS f. pl. Fianza que se da en un contrato. || En la ceremonia nupcial, las 13 monedas que en algunos lugares el esposo entrega a la esposa. || Dote que el marido da a la mujer al casarse.

ARRASAR tr. Asolar. || Igualar la superficie de algo. || Rasar. || Colmar un recipiente. || tr. y prnl. Llorar desconsoladamente.

ARRASTRADO, DA. adj. Lamentable, lleno de sinsabores. || Despreciable, ruin.

ARRASTRAR tr. Trasladar algo o a alguien tirando de ello o de él, de forma que roce por el suelo. || Mover irresistiblemente hacia algo. || Atraer con fuerza a alguien. || prnl. Caer bajo, humillarse.

ARRASTRE m. Acción y efecto de arrastrar.|| *estar* o *dejar para el a.* Encontrarse cansado, viejo o medio muerto.

¡ARRE! interj. Se usa para arrear a las caballerías.

ARREAR tr. Instigar a las caballerías. || Apropiarse de algo, generalmente con violencia. || Golpear. || Meter prisa.

ARREBATADO, DA adj. Atolondrado, impetuoso. || Colérico, iracundo. || Arrebolado.

ARREBATAR tr. Apropiarse de algo por la fuerza. || Atraer irresistiblemente. || Seducir, cautivar.

ARREBATO m. Arrebatamiento. || Arranque, pronto. || Forma de enajenación mental causada por una pasión intensa. Eximente penal.

ARREBOL m. Tono rojizo que adoptan las nubes al salir o ponerse el sol. || Colorete. || Rubor, vergüenza.

ARREBUJAR tr. Arrugar algo al cogerlo. || tr. y prnl. Alborotar, trastocar. || Taparse, envolverse en ropa.

ARRECIAR tr., intr. y prnl. Aumentar en fuerza, vigor, volumen o reciedumbre.

ARRECIFE m. Bajío a flor de agua. || Camino empedrado. || *coralino* Construcción de animales coloniales, en aguas cálidas y claras, a una profundidad media de 25 m. Uno de los hábitats ecológicos de mayor interés.

ARREDRAR tr. y prnl. Alejar, separar. || Hacer volver atrás; acobardar. || Impresionar, sobresaltar.

ARREGLAR tr. y prnl. Reglamentar, regular. || Poner orden. || Hacer un trato, concertar algo. || Embellecer, adornar. || Restaurar, reparar. || Enmendar, corregir.

ARREGLO m. Acción de arreglar o arreglarse. || Ajuste, regla. || Concordia. || Adaptación de una pieza musical.

ARREMETER intr. Abalanzarse contra algo o alguien. || Desagradar a la vista.

ARREMOLINARSE prnl. Apiñarse sin orden. || Formarse remolinos.

ARRENDADOR, RA m. y f. Persona o entidad que cede algo en arriendo.

ARRENDAMIENTO m. Acción de arrendar. || Contrato de arriendo. || Pago que se fija en el arriendo.

ARRENDAR tr. Tomar o ceder en alquiler algo.

ARRENDATARIO, RIA m. y f. Persona o entidad que toma algo en arriendo.

ARREO m. Acción y efecto de arrear. || Ornato, aderezo. || pl. Aparejo de las caballerías. || Útiles necesarios para algún fin.

ARREPENTIMIENTO m. Acción de arrepentirse. || Remordimiento, atribulación.

ARREPENTIRSE prnl. Lamentarse por haber obrado de un modo determinado. || Cambiar de opinión.

ARRESTAR tr. Apresar, detener. || prnl. Atreverse con una dificultad.

ARRESTO m. Acción y efecto de arrestar. || Privación provisional de libertad. || Condena leve. || pl. Valor.

ARRIAR tr. Recoger una vela o bandera que está izada. || Largar un cabo.

ARRIBA adv. En alto. || En dirección hacia lo más alto o lo anterior. || Más de. || ¡arriba! interj. Se usa para levantar a uno, o para enardecer su ánimo. || *de a. abajo* De cabo a rabo. || Con desprecio o gesto de superioridad. || *por a. y por abajo* Por doquier.

ARRIBAR intr. Llegar el buque a puerto. || Navegar de bolina. || Llegar a un lugar, poner fin a un viaje.

ARRIBISMO m. Tendencia a escalar hacia cargos sociales de importancia sin hacer valoraciones éticas de los medios empleados.

ARRIERO m. El que trabaja con bestias de carga, generalmente como guía, transportista o comerciante.

ARRIESGADO, DA adj. Expuesto, peligroso. || Temerario.

ARRIESGAR tr. y prnl. Exponer a un riesgo. || Aventurar, conjeturar.

ARRIMAR tr. y prnl. Aproximar. || Asestar un golpe. || Relegar a una persona, profesión o cosa. || Ampararse en alguien.

ARRINCONAR tr. Dejar algo en un rincón. || Acosar.

ARRISCAR tr. Aventurar. || Alzar.

ARRITMIA f. Perturbación de cualquier ritmo, especialmente del cardiaco.

ARROBA f. Unidad de peso equivalente a 25 libras, 11.502 kg. || Medida para líquidos que varía según regiones.

ARROBAR tr. y prnl. Encantar, extasiar.

ARRODILLAR tr., intr. y prnl. Hacer poner de hinojos a alguien, o ponerse uno mismo. || prnl. Humillarse.

ARROGANTE adj. Altanero, insolente. || Temerario, osado. || Bizarro, airoso.

ARROJAR tr. Lanzar algo con violencia. || Expulsar a alguien de un lugar o cargo. || Vomitar. || Dar como resultado en una cuenta, documento, etc. || prnl. Tirarse desde una altura. || Dirigirse resueltamente contra una persona o cosa. || Arriesgarse.

ARROLLAR tr. Disponer una cosa en forma de rollo. || Vencer en toda regla. || Atropellar. || Pasar por encima de leyes y normas. || Dejar a alguien sin réplica posible.

ARROPAR tr. y prnl. Envolver en ropa, abrigar. || Refugiar, amparar.

ARROSTRAR tr. e intr. Hacer frente a peligros, calamidades, etc., o sufrirlos. || Lanzarse a empresas arriesgadas.

ARROYO m. Pequeña corriente de agua. || Cauce de la misma. || Zona de una

ARRUGA calzada por donde corre el agua de lluvia. || Calle miserable; arrabal. || Afluencia repentina de un líquido.

ARRUGA f. Surco o pliegue en la piel, en un tejido o en cualquier materia flexible. || Pliegue de la corteza terrestre.

ARRUGAR tr. y prnl. Hacer arrugas. || prnl. Achicarse.

ARRUINADO, DA adj. Que está en la ruina, o en ruinas.

ARRUINAR tr. y prnl. Provocar la ruina de una persona o cosa. || Aniquilar, destruir.

ARRULLAR tr. y prnl. Hacer arrullos el palomo para atraer a la hembra. || Dormir a un niño con arrullos.

ARRULLO m. Gorjeo con que se atraen las palomas. || Cantinela para adormecer a los niños.

ARRUMACO m. Caricia; suele usarse en plural.

ARRUMBAR tr. Desechar, arrinconar.

ARSENAL m. Astillero, especialmente el militar. || Almacén de armas, municiones y pertrechos bélicos. || Archivo o fuente de documentación, noticias, etc. || Conjunto del instrumental quirúrgico. || Gran cantidad de algo.

ARSÉNICO m. (As) Elemento químico del grupo V de la tabla periódica. Es un sólido, gris al cristalizar en el sistema hexagonal, y amarillo en el cúbico; relativamente inerte, forma compuestos con los halógenos, el azufre y otros metales.

ARTE amb. Obra o actividad humana capaz de generar emociones por medio de artificios (elementos y sus combinaciones). Su definición implica una concepción estética. || Habilidad para hacer algo o desempeñar una actividad. || Normativa de una actividad u oficio. || Oficio. || Astucia. || Argucia, engaño; se usa más en la expresión *malas artes*. || *a., séptimo* El cine. || *plásticas* Tradicionalmente, arquitectura, escultura y pintura. || *de a. mayor o menor* Se dice del verso de más o menos de ocho sílabas.

ARTEFACTO m. Artilugio, aparato, mecanismo. || fam. Bomba explosiva. || Armatoste.

ARTERIA f. Cada uno de los vasos sanguíneos que conducen la sangre desde el ventrículo izquierdo a la periferia y desde el derecho a los pulmones. || Vaso sanguíneo que en otros animales distribuye la sangre del corazón a los demás órganos. || Calle principal que absorbe el tráfico de otras muchas.

ARTERIAL adj. Relativo a las arterias y a la sangre que circula por ellas, la cual es mucho más rica en O_2 que la sangre venosa.

ARTERO, RA adj. Taimado, ladino.

ARTEROESCLEROSIS f. Enfermedad vascular caracterizada por endurecimiento y pérdida de elasticidad de la pared arterial.

ARTESANAL adj. Relativo a la artesanía. || Se dice de un modo de producción caracterizado porque el trabajador es el propietario de los medios de producción, y por la pequeña dimensión de las unidades productivas y el escaso uso de maquinaria; es básicamente productor de bienes de consumo. || Se dice de aquellos objetos de mecánica sencilla y acabado rudimentario.

ARTESANÍA f. Modo de producción artesanal. || Trabajo realizado manualmente y con poca intervención de maquinaria, habitualmente de objetos decorativos o de uso común. || Conjunto de la producción artesanal, con referencia a sus singularidades históricas y estilísticas. || Por extensión, producción industrial de objetos de estilo tradicional.

ARTESANO, NA adj. Artesanal. || m. y f. Trabajador manual que produce objetos de uso, especialmente aquel que, en función de su imaginación y habilidad, les imprime características diferenciadas.

ÁRTICO, CA adj. Se dice del polo Norte o de lo relativo a él.

ARTICULACIÓN f. Acción y efecto de articular o articularse. || Ensamblaje con juego de 2 piezas de un mecanismo. || Estructura que establece la unión entre 2 huesos. || Posición que toman los órganos de fonación al emitir un sonido.

ARTICULADO, DA adj. Que posee articulaciones. || m. Conjunto de artículos de una ley, tratado, etc. || Serie de elementos de prueba que presenta un litigante.

ARTICULAR tr. y prnl. Unir con articulaciones, ensamblar. || Colocar correctamente los órganos de la fonación para hablar. || Producir sonidos, de forma clara y precisa, con la voz humana o con un instrumento.

ARTÍCULO m. Morfema libre, átono, de rango secundario, que se apoya en otras palabras (sustantivo, adjetivo, adverbio, o preposición) para determinarlas. La gramática tradicional lo admitía como parte de la oración y distinguía entre a. *determinado* e *indeterminado*. Hoy no se consideraría categoría gramatical (no es independiente) ni universal lingüístico (hay lenguas que carecen de él). || Escrito de carácter temático inserto en una publicación periódica. || Cada uno de los párrafos numerados en un tratado, ley o norma. || Cualquier objeto sometido a compraventa (especialmente, mueble). || Escrito en un diccionario que corresponde a una entrada independiente. || *de fe* Enunciado teológico o religioso de carácter dogmático. || *de fondo* Escrito en un periódico que pretende analizar o criticar temas de actualidad, sin intención meramente informativa. || *de primera necesidad* El indispensable para vivir.

ARTÍFICE com. Persona que realiza una obra manual. || Artista, autor.

ARTIFICIAL adj. Ejecutado por el hombre. || Falso, ficticio.

ARTIFICIO m. Destreza o abundancia de elementos artísticos con que se ha hecho una cosa. || Dispositivo, mecanismo. || Astucia, doblez. || *de a.* Artificial.

ARTIFICIOSO, SA adj. Realizado con artificio.

ARTILUGIO m. Mecanismo de uso provisional y poco perfeccionado. || Disimulo, maña.

ARTILLAR tr. Armar la artillería. || Preparar la artillería para el combate.

ARTILLERÍA f. Ciencia de la construcción, mantenimiento y uso de las armas de guerra. || Conjunto de las armas que disparan proyectiles de alto calibre, así como de cohetes y misiles.

ARTIMAÑA f. Trampa para cazar. || Ardid, intriga para conseguir algo.

ARTISTA adj. Que tiene gustos artísticos. || com. Persona que se dedica a las bellas artes.

ARTÍSTICO, CA adj. Propio de las bellas artes. || Realizado con arte.

ARTRITIS f. Proceso inflamatorio, agudo o crónico, que afecta a las articulaciones.

ARZOBISPO m. Obispo de una iglesia metropolitana.

ARZÓN m. Pieza de madera en forma de arco, que delimita la silla de montar por delante y por detrás.

AS m. En la baraja, el número 1 de cada palo. || Cara del dado que tiene un punto. || Campeón o primero en alguna actividad.

ASA f. Parte saliente de un objeto que sirve para asirlo.

ASADO m. Carne asada.

ASADOR m. Pincho en que se clava la comida para asarla. || Útil para asar.

ASAETEAR tr. Lanzar saetas. || Herir o matar a alguien con saetas. || Fastidiar, causar molestias continuas.

ASALARIADO, DA adj. y s. Que recibe salario. || Sometido, subordinado.

ASALARIAR tr. y prnl. Fijar salario o pagarlo a una persona.

ASALTAR tr. Sitiar un lugar para someterlo. || Abordar a alguien por sorpresa para robarle. || Irrumpir con violencia en un lugar para robar. || Acaecer repentinamente algo. || Importunar de sopetón a alguien con peticiones.

ASALTO m. Acción y efecto de asaltar.

ASAMBLEA f. Reunión de numerosas personas para deliberar sobre asuntos de interés común. || Órgano rector o consultivo de una organización, asociación, club, etc. (también junta). || Institución política de carácter deliberante. Con distintos nombres, suele significar el poder legislativo de un Estado.

ASAR tr. Cocinar un manjar sometiéndolo a la acción directa del fuego.

ASBESTO m. Nombre común a diversos minerales de naturaleza fibrosa, inalterables al fuego, producto de alteración de diversos silicatos. Se usa como aislante térmico.

ASCENDENCIA f. Conjunto de ascendientes de una persona. || Alcurnia. || Influjo, poder moral.

ASCENDENTE adj. Que asciende. || Se dice del astro cuyo movimiento lo remonta por encima del horizonte.

ASCENDER intr. Subir. || Prosperar en un empleo o cargo. || tr. Otorgar un ascenso.

ASCENDIENTE adj. Que asciende. || com. Respecto de un individuo, cada uno de los de su línea familiar anterior a él. || m. Influencia moral.

ASCENSO m. Subida. || Mejora en una categoría o empleo. || Cada uno de los pasos en la graduación de una carrera.

ASCENSOR m. Aparato para el transporte vertical de personas entre las diferentes plantas de un edificio. || Montacargas.

ASCESIS f. Reglas y prácticas encaminadas a la liberación del espíritu y el logro de la virtud.

ASCETISMO m. Conjunto de prácticas y reglas que tienden a mortificar y, en última instancia, a liberar el cuerpo y el espíritu de sus pulsiones fisiológicas más inmediatas (alimento, sueño, sexualidad), y teoría que las sustenta.

ASCO m. Sensación que provoca náuseas o vómitos. || Repulsión hacia alguna cosa. || Fatiga, hastío. || *estar*, o *ir hecho un a.* Aparecer desastrado y sucio. || *ser un a.* Ser digno de desprecio.

ASCUA f. Trozo de materia sólida que arde sin llama. || *en ascuas* Nervioso, sobresaltado; a la expectativa.

ASEADO, DA adj. Limpio, pulcro.

ASEAR tr. y prnl. Arreglar, adecentar; lavar.

ASECHANZA f. Insidia para perjudicar a alguien.

ASECHAR tr. Tramar asechanzas.

ASEDIAR tr. Rodear un lugar aislando a los que están en su interior. || Molestar insistentemente a alguien con preguntas, ruegos, etcétera.

ASEGURADOR, RA adj. y s. Que asegura. || Se dice de la persona o entidad que cubre los riesgos de un seguro.

ASEGURAR tr. Afianzar algo. || Garantizar el cumplimiento de una obligación. || tr. y prnl. Transmitir confianza a alguien. || Proteger. || Concertar un seguro sobre alguien o algo. || Afirmar, prometer. || Comprobar la certeza de algo, cerciorar.

ASEMEJAR tr. Hacer que una cosa sea semejante a otra. || intr. y prnl. Parecerse una cosa a otra.

ASENTAMIENTO m. Acción y efecto de asentar o asentarse. || Sensatez, cordura. || Sedimentación. || Lugar donde se ejerce una profesión. || Instalación no definitiva de colonos en tierras que han de expropiarse.

ASENTAR tr. y prnl. Sentar. || Asignar a alguien un determinado empleo o cargo. || Encajar o afirmar algo de modo que quede fijo. || Fundar una población o establecerse en un lugar. || tr. Afianzar un material en una obra (sillares, vigas, etc.). || Dar golpes con precisión y violencia.

ASENTIMIENTO m. Asenso. || Palabra o expresión con que se asiente. || Aquiescencia.

ASENTIR intr. Mostrar acuerdo o conformidad con una cosa.

ASEO m. Higiene, limpieza. || Pulcritud, esmero. || Cuarto de baño.

ASEPSIA f. Eliminación total, por esterilización, de los microorganismos, ya sean de carácter patógeno o saprofito. || Por extensión, neutralidad, falta de emociones.

ASÉPTICO, CA adj. Relativo a la asepsia. || Que no tiene gérmenes infecciosos.

ASEQUIBLE adj. Que puede lograrse o alcanzarse. || Llano, tratable. || Comprensible, fácil. || Relativamente barato.

ASERCIÓN f. Acción de afirmar.

ASESINAR tr. Matar a alguien con alevosía, premeditación o por dinero. || Apenar, afligir mucho.

ASESINATO m. Acción y efecto de asesinar. En el mundo no existe una calificación homogénea del a.; en muchas legislaciones se considera homicidio cualificado por ciertas circunstancias (modo de cometerlo, personas, alevosía); en otras es simplemente homicidio agravado.

ASESINO, NA adj. y s. Que asesina. || Se dice de las cosas molestas, física o moralmente. || Se dice de cualquier acción, gesto, etc., hostil.

ASESORAR tr. Aconsejar o dar informe. || prnl. Tomar informe o consejo de un experto.

ASESORÍA f. Oficio de asesor. || Despacho donde trabaja el asesor.

ASESTAR tr. Propinar un golpe, puñalada, tiro, etc. || Apuntar un arma hacia el blanco deseado; por extensión, dirigir la vista, un telescopio, etc., hacia un punto.

ASEVERAR tr. Afirmar y confirmar lo que se dice.

ASEXUADO, DA (o **ASEXUAL**) adj. Sin sexo, o sin caracteres sexuales externos demasiado definidos. || Se aplica a la reproducción en la que no intervienen gametos.

ASFALTAR tr. Pavimentar con asfalto. Técnica usada desde el siglo xix.

ASFALTO m. Conjunto de productos naturales y artificiales bituminosos, oscuros; funden a 100 °C y son insolubles en agua. Se usan en pavimentación y revestimiento. || Carretera; suelo de una ciudad.

ASFIXIA f. Cuadro clínico grave causado por supresión de la función respiratoria, con lo cual el oxígeno no se suministra a los tejidos. || Fatiga o dificultad en la respiración, debida a cualquier causa.

ASÍ adv. De esta, o esa, manera. || En correlación con *que* o *como*, tanto, de igual modo (*castigaremos así a tu hermano como a ti*). || Introduce una consecuencia, especialmente cuando va precedido de *y* (y *así hicieron las paces*). || En oraciones concesivas, equivale a *que, aunque* o *por más que* (*así lloviera, no sacaba el paraguas*). || En oraciones desiderativas, ojalá (*así Dios te ayude*). || Adquiere a veces valor enfático. || Tiene también valor temporal (*así que entró, lo reconoció*). || *así, así* Pasable. || *a. como* Un poco parecido a. || Más o menos. || De igual manera. || *a. como a.* De cualquier manera, a la ligera. || *a. es* Ciertamente. || *a. o asá,* o *por asá* De manera indeterminada. || *a. y todo* A pesar de. || *ni a.* Ni una pizca.

ASIDERO m. Parte de un objeto por donde se puede asir. || Justificación, excusa. || Recurso.

ASIDUO, DUA adj. y s. Puntual; constante, frecuente; habitual.

ASIENTO m. Acción y efecto de asentar o asentarse. || Cualquier cosa usada para sentarse. || Sitio asignado a una persona en un tribunal o junta. || Base de botellas, vasijas, etc. || *no calentar el a.* Durar poco tiempo en un empleo o cargo. || *pegársele* a uno *el a.* Alargar demasiado una visita. || *tomar* uno *a.* Sentarse. || Aposentarse en un lugar.

ASIGNACIÓN f. Acción y efecto de asignar. || Sueldo, paga.

ASIGNAR tr. Fijar lo que le corresponde a una persona o entidad. || Nombrar o designar para un cargo, misión, etcétera.

ASIGNATURA f. Disciplina de estudio en un centro académico. La enseñanza por asignaturas tiende a fragmentar la educación.

ASILAR tr. y prnl. Acoger en un asilo. || Conceder asilo político.

ASILO m. Casa benéfica en que se da acogida a los necesitados. || Acción de albergar uno en su casa a otros. || Derecho de residencia que se concede a emigrados políticos. || Protección, refugio. || *a., derecho de* Inmunidad que consigue un perseguido por la justicia al acogerse a ciertos lugares, como iglesias y buques de guerra extranjeros. Hoy pueden ejercerlo las embajadas y consulados.

ASIMETRÍA f. Carencia de simetría.

ASIMILACIÓN f. Acción y efecto de asimilar o asimilarse. || Anabolismo. || Política cultural que tiende a sustituir los rasgos propios del pueblo sojuzgado por los del sojuzgante.

ASIMILAR tr. y prnl. Hacer similar o semejante. || tr. Equiparar derechos de una clase o profesión a los de otra. || Incorporar un organismo las sustancias nutricias. || Modificar un sonido por aproximación a otro. || Aclimatar grupos o culturas. || Aprender algo entendiéndolo. || intr. y prnl. Parecerse, ser semejante.

ASIMISMO adv. También, igualmente.

ASÍNDETON m. Ret. Ausencia de cópula o ligazón entre 2 o más términos; sirve para dar viveza y énfasis a la frase.

ASÍNTOTA f. En el plano, recta o curva que se acerca indefinidamente a una curva dada, sin cortarla. El concepto se generaliza a figuras y planos (respecto a una figura dada) en el espacio ordinario.

ASIR tr. Coger, agarrar con la mano. || intr. Echar raíces las plantas. || prnl. Sujetarse o aferrarse a alguna cosa.

ASIRIO, RIA adj. y s. De Asiria.

ASISTENCIA f. Acción de asistir. || Conjunto de individuos que concurren en un lugar. || Auxilio o ayuda que se presta a una persona; también de carácter profesional (médica, jurídica, social o de beneficencia, etcétera).

ASISTENTE, TA adj. y s. Que asiste, concurre o auxilia. || *social* Persona que profesionalmente educa, asesora, etc., a personas generalmente de clases sociales deprimidas, con problemas graves de carácter general (educativos, familiares, etcétera).

ASMA amb. Síndrome respiratorio caracterizado por ataques de disnea espiratoria, con tos y sensación de ahogo.

ASOCIACIÓN f. Acción y efecto de asociar o asociarse. || Grupo de personas que se unen para un mismo fin. || *de ideas* Relación consciente de ideas contiguas, semejantes u opuestas.

ASOCIADO, DA adj. y s. Se dice de la persona que acompaña o colabora con otra en una misión o actividad. || m. y f. Socio.

ASOCIAR tr. y prnl. Unir personas o cosas para lograr un fin común. || Poner en relación unas cosas con otras.

ASOLAR tr. Echar al suelo, derribar, destruir. || prnl. Posarse un líquido.

ASOLEAR tr. Solear. || prnl. Acalorarse tomando el sol. || Broncearse.

ASOMAR intr. Comenzar a aparecer. || tr. y prnl. Sobresalir o mostrarse parte de algo.

ASOMBRAR tr. Producir sombra algo. || Oscurecer un color. || tr. y prnl. Maravillar, provocar pasmo.

ASOMBRO m. Acción y efecto de asombrar. || Persona o cosa que asombra.

ASOMO m. Acción de asomar o asomarse. || Indicio o primera manifestación de algo. || *ni por a.* En modo alguno, ni hablar.

ASONADA f. Tumulto, disturbio.

ASONANCIA f. Repetición de los sonidos vocálicos de 2 o más versos desde la última vocal acentuada. || En retórica, uso de voces asonantes.

ASPA f. Figura de X hecha con 2 maderos; por extensión, cualquier signo o figura de la misma forma. || Utensilio con el que se aspa el hilo. || Armazón externo de los molinos de viento, que recoge la energía eólica con que funcionan.

ASPAVIENTO m. Manifestación exagerada de una emoción; se usa especialmente en plural.

ASPECTO m. Imagen que ofrece una cosa a primera vista. || Apariencia externa.

ASPEREZA f. Calidad de áspero. || Rugosidad del terreno.

ÁSPERO, RA adj. Rugoso al tacto, con granulaciones en su superficie. || Desagradable, falto de delicadeza. || Tratándose de una pugna, violenta.

ASPERSOR adj. Que asperja. || m. Aparato que transforma un chorro compacto de agua en una lluvia fina.

ASPIRACIÓN f. Acción y efecto de aspirar. || Ruido sordo, producido al aspirar, que acompaña a determinados sonidos. || Espacio menor de una pausa musical. || pl. Anhelos, pretensiones.

ASPIRADOR, RA adj. Que aspira. || m. Mecanismo para extraer fluidos de una cavidad. || f. Electrodoméstico que absorbe el polvo y los residuos.

ASPIRAR tr. Introducir aire en los pulmones. || Absorber. || Pretender un cargo, posición, título, etcétera.

ASQUEAR tr., intr. y prnl. Experimentar o producir asco. || Hartar, fastidiar.

ASQUEROSO, SA adj. Que da asco. || Muy sucio o repugnante. || Se dice de la persona de características morales reprobables.

ASTA f. Palo de la bandera. || Cada extremidad frontal de los cérvidos, generalmente presente sólo en los machos. || *a media a.* Se dice de la bandera izada sólo hasta la mitad en señal de duelo.

ASTADO, DA adj. Que tiene cuernos. || Con mango. || m. Por antonomasia, toro.

ASTATO m. (At) Elemento químico del grupo VII de la tabla periódica. Sólido. No existe en estado natural y se forma como producto inestable en las series radiactivas.

ASTERISCO m. Signo ortográfico (*) de llamada, nota, remisión, etc. || En ling., signo que ante palabra indica que dicha forma no está documentada y, ante frase, que ésta es agramatical.

ASTEROIDE m. Cada uno de los pequeños planetas cuya órbita se sitúa (99.8% de los casos) entre las de Marte y Júpiter.

ASTIGMATISMO m. Defecto visual debido a alteración de la curvatura de los medios refringentes del ojo.

ASTILLA f. Trozo acicular de una pieza de madera u otro material.

ASTILLAR tr. Hacer astillas. || tr. y prnl. Resquebrajar.

ASTILLERO m. Industria donde se fabrican y reparan buques.

ASTRAL adj. Relativo a los astros.

ASTRINGENTE adj. y m. Se dice de la sustancia que produce sequedad y constricción en superficies mucosas. Los a. se usan como antidiarreicos.

ASTRINGIR tr. Desecar y contraer una sustancia los tejidos orgánicos. || Forzar, oprimir.

ASTRO m. Término genérico que designa los cuerpos celestes (estrellas, planetas, satélites, asteroides, nebulosas y cometas, pero no los meteoritos). || Actor muy destacado o personalidad eminente, especialmente de cine.

ASTROFÍSICA f. Parte de la astronomía que estudia los fenómenos físicos que tienen lugar en los cuerpos celestes.

ASTROLABIO m. Instrumento para medir la altitud de los astros sobre el horizonte.

ASTROLOGÍA f. Ciencia o arte adivinatorio que parte de la concepción de que los astros y sus posiciones relativas influyen en el acontecer terreno.

ASTRONAUTA com. Tripulante de una astronave.

ASTRONÁUTICA f. Ciencia y técnica de los viajes espaciales.

ASTRONAVE f. Vehículo capaz de viajar por el espacio interplanetario.

ASTRONOMÍA f. Ciencia que estudia el universo y las leyes que lo gobiernan: movimiento y composición de los cuerpos celestes, su posición, radiaciones luminosas y electromagnéticas, temperatura, masa, densidad, etcétera.

ASTRONÓMICO, CA adj. Relativo a la astronomía. || Se dice de las cantidades exageradamente altas.

ASTUCIA f. Calidad de astuto. || Estratagema.

ASTUTO, TA adj. Diestro en amañar o esquivar engaños. || Hecho con astucia.

ASUETO m. Vacación corta; por extensión, descanso breve.

ASUMIR tr. Hacerse cargo, responsabilizarse de algo; por extensión, interiorizar una idea o creencia.

ASUNCIÓN f. Acción y efecto de asumir.

ASUNTO m. Cuestión sobre la que se debate o se trabaja. || Tema de cualquier obra de arte. || Negocio. || Chanchullo.

ASUSTAR tr. y prnl. Dar o producir susto. || Desagradar o escandalizar.

ATACAR tr. Acometer, asaltar, agredir. || Oponerse con decisión. || Alterar, irritar. || Comprimir el contenido de un recipiente u oquedad para que quepa más. || Acorralar a alguien en una conversación.

ATADURA f. Acción y efecto de atar. || Lo que sirve para atar. || Alianza, unión. || Obstáculo, impedimento.

ATAJAR intr. Ir o tomar por un atajo. || tr. Salir al paso de alguien por un atajo. || Cortar la marcha de algo, interrumpir.

ATAJO m. Paso que acorta un camino. || Procedimiento rápido. || División de algo.

ATALAYA f. Torre exenta para observación. || Altura con vista muy amplia. || fig. Perspectiva favorable para enfocar hechos o ideas.

ATAÑER intr. Concernir.

ATAQUE m. Acción de atacar. || Arrebato. || Parte ofensiva de un equipo deportivo. || Trabajos de trinchera en un asedio. || Debate, disputa. || Crisis violenta de una enfermedad.

ATAR tr. Liar o sujetar con ataduras. || Agarrotar los movimientos. || Conciliar, asociar. || tr. y prnl. Refrenar; turbar.

ATARDECER m. Transición de la tarde a la noche.

ATAREAR tr. Dar tarea. || prnl. Ocuparse de algo intensamente.

ATARJEA f. Cubierta protectora, de ladrillo, de una cañería. || Conducción de las aguas residuales hasta el sumidero.

ATASCAR tr. y prnl. Taponar un conducto. || Cerrar grietas con estopa. || Quedar inmovilizado en terreno blando.

ATAÚD m. Cajón alargado para depositar un cadáver antes de enterrarlo.

ATAVIAR tr. y prnl. Arreglar, acicalar.

ATAVÍO m. Conjunto de prendas de vestir y de adornos que lleva una persona. || Aspecto y ornato. || pl. Objetos de adorno.

ATAVISMO m. Cualidad hereditaria que resurge después de no darse en varias generaciones. || Emoción instintiva que se presume originada en estadios culturales anteriores.

ATEÍSMO m. Concepción según la cual Dios no existe. En sentido menos riguroso, se aplica a veces a las concepciones filosófico-religiosas que no admiten la existencia de un Dios personal.

ATEMORIZAR tr. y prnl. Causar miedo.

ATEMPERAR tr. y prnl. Mitigar, moderar. || Adecuar dos cosas.

ATENAZAR tr. Inmovilizar. || Causar sufrimiento una emoción o un recuerdo.

ATENCIÓN f. Momento activo y selectivo de la percepción, caracterizado por una restricción del campo de la conciencia, la cual en su totalidad se concentra en un estímulo determinado. || Acto de cortesía y respeto; también se usa en pl. || *en a.* Teniendo en cuenta.

ATENDER tr. e intr. Concentrar la mente; fijarla en algo. || Satisfacer un deseo o un ruego. || Cuidar de algo o alguien. || intr. Cotejar entre dos, uno leyendo en voz alta, una prueba de imprenta. || Tomar en consideración.

ATENEO m. Templo dedicado a Atenea. || Institución cuyos fines son servir de centro de reunión de artistas y científicos, para contrastar ideas y promover la cultura.

ATENERSE prnl. Remitirse, adherirse. || Adecuar el comportamiento a algo.

ATENTADO m. Acto de agresión física o moral contra una persona; por extensión, contra cualquier otro ente (cultura, naturaleza, etcétera).

ATENTAR tr. Hacer algo ilícito. || intr. Cometer atentado.

ATENTO, TA adj. Con la atención puesta en algo. || Educado, afable.

ATENUACIÓN f. Acción y efecto de atenuar. || Figura retórica que consiste en moderar, sin dejar de decirlo, una afirmación (*no está tan mal*).

ATENUANTE adj. y s. Que atenúa. || Se dice de la circunstancia que disminuye la gravedad de un delito.

ATENUAR tr. Volver tenue. || tr. y prnl. Moderar, rebajar.

ATEO, A adj. y s. Se dice de quien profesa el ateísmo.

ATERRAR tr. Producir terror. || Deprimir, desanimar.

ATERRIZAJE m. Maniobra que un avión realiza para posarse en tierra. || *forzoso* El de urgencia, que se realiza por avería u otro imprevisto que suponga un riesgo para la navegación.

ATERRIZAR intr. Efectuar un aterrizaje. || fam. Caer al suelo. || Dejarse caer inopinadamente en un lugar.

ATESORAR tr. Acumular dinero, joyas, etc. || Poseer buenas cualidades.

ATESTADO, DA adj. Lleno, hasta los topes.

ATESTAR tr. Llenar algo comprimiendo su contenido. || tr. y prnl. Atiborrar.

ATESTIGUAR tr. Testificar, actuar de testigo.

ATIBORRAR tr. Llenar un recipiente, comprimiendo su contenido. || Estar un recinto repleto de cosas variadas. || tr. y prnl. Hinchar a base de comida. || Llenar la cabeza de imágenes, lecturas, ideas.

ÁTICO, CA adj. Relativo al aticismo. || adj. y s. De la Ática o Atenas. || m. Piso superior de una casa, bajo el tejado.

ATILDAR tr. Poner tildes en las letras. || Marcar, advertir. || tr. y prnl. Acicalar.

ATINAR intr. Acertar. || Encontrar algo a tientas. || Dar con la opinión, solución, etc., oportuna o correcta.

ATÍPICO, CA adj. Fuera de norma.

ATIPLAR tr. Elevar el tono hasta el de tiple. || prnl. Subir del tono grave al agudo.

ATISBAR tr. Observar con precaución. || Intuir; ver difusamente.

ATISBO m. Acción de atisbar. || Conjetura.

ATIZADOR, RA adj. y s. Que atiza. || m. Instrumento para atizar el fuego.

ATIZAR tr. Avivar el fuego, removiéndolo; por extensión, avivar pasiones, deseos, etc. || Despabilar la luz. || Propinar, sacudir.

ATLANTE m. Escultura masculina que sustituye a una columna en su función de soporte.

ATLÁNTICO, CA adj. Del monte Atlas o del titán Atlante. || adj. y m. Relativo al océano Atlántico.

ATLAS m. Publicación que contiene mapas de uno o varios temas (geográficos, históricos, bíblicos, económicos, etc.). || Libro de láminas o diagramas sobre un tema.

ATLETA com. Quien practica el atletismo. || Participante en los antiguos juegos deportivos de Grecia o de Roma. || Persona fuerte y bien conformada.

ATLÉTICO, CA adj. Relativo al atleta. || adj. y s. Se dice de un determinado biotipo.

ATLETISMO m. Conjunto de prácticas deportivas basadas en la reproducción competitiva de movimientos básicos.

ATMÓSFERA f. Masa gaseosa estratificada que rodea la Tierra; por extensión, capa gaseosa que envuelve un cuerpo celeste. || Ambiente de un lugar o el que rodea a una persona, las circunstancias de un hecho, etcétera. || Unidad de medida de la presión, que equivale a la ejercida por una columna de 760 mm de mercurio.

ATOLONDRAR tr. y prnl. Desconcertar, aturdir.

ATOLLADERO m. Lugar o situación de difícil salida.

ATÓMICO, CA adj. Relativo al átomo. || Relativo a la energía nuclear. || a., *número* (Z) Núm. de protones de un átomo de un elemento; equivale al núm. de electrones, si dicho átomo no está ionizado, y determina las propiedades químicas del elemento. || a., *masa* o *peso* Peso promedio del átomo de un elemento respecto a la doceava parte del átomo de carbono 12.

ATOMIZADOR m. Aparato capaz de nebulizar o pulverizar sustancias líquidas o sólidas.

ATOMIZAR tr. Reducir a partes mínimas. || Nebulizar un líquido. || Destruir por medio de armas o radiaciones atómicas.

ÁTOMO m. Fracción más pequeña de un elemento que conserva sus propiedades químicas y que constituye la unidad última que toma parte en las reacciones químicas. || Cosa muy pequeña.

ATONÍA f. Pérdida del tono muscular. || Apatía.

ATÓNITO, TA adj. Boquiabierto, estupefacto.

ÁTONO, NA adj. Se dice de cualquier unidad lingüística no acentuada.

ATONTAR tr. Asombrar, pasmar. || Entontecer.

ATORAR tr., intr. y prnl. Taponar, obstruir.

ATORMENTAR tr. Dar tormento. || tr. y prnl. Hacer daño. || Preocupar, dar disgustos.

ATORNILLAR tr. Encajar un tornillo en su hueco girándolo sobre su eje. || Afianzar con tornillos.

ATOSIGAR tr. Emponzoñar. || prnl. Instigar, dar prisa.

ATRABILIARIO, RIA adj. Relativo a la atrabilis. || adj. y s. Colérico, huraño.

ATRABILIS f. En la teoría de los humores, la bilis negra y acre. || Mal talante.

ATRACADERO m. Lugar en que atracan las barcas.

ATRACADOR, RA m. y f. Ladrón que roba a mano armada.

ATRACAR, 1 tr. Arribar a tierra un buque. || intr. Aproximar una embarcación a la costa o a otra nave.

ATRACAR, 2 tr. Robar a mano armada. || tr. y prnl. Atiborrar de comida o bebida.

ATRACO m. Acción y efecto de atracar.

ATRACTIVO, VA adj. Que atrae. || Fascinante, que se gana el agrado de uno. || m. Estilo peculiar que resulta atrayente.

ATRAER tr. Generar fuerzas hacia sí o hacia otro. || tr. y prnl. Prendar a alguien.

ATRAGANTAR tr. y prnl. Taponar momentáneamente la garganta el alimento, provocando un ahogo. || prnl. Caerle mal a uno una persona o cosa. || Trabarse la lengua.

ATRANCAR tr. Bloquear la puerta con una tranca. || tr. y prnl. Encerrar. || intr. Caminar o leer a trancos. || prnl. Atorarse al hablar.

ATRAPAR tr. Pillar a alguien. || Lograr algo. || Embaucar.

ATRÁS adv. Detrás, a las espaldas. || Antes, hace tiempo. || *¡atrás!* interj. ¡Retrocede!

ATRASAR tr. y prnl. Demorar. || tr. Datar un hecho en época anterior a cuando sucedió. || Hacer retroceder las agujas del reloj o aminorar su marcha. || intr. y prnl. Indicar el reloj tiempo anterior o marchar con velocidad más lenta de la que debiera. || prnl. Retrasarse. || Desarrollarse mal o a destiempo.

ATRASO m. Efecto de atrasar. || pl. Entrega o pago que debiera saldarse y no se ha hecho.

ATRAVESAR tr. Colocar en medio estorbando el paso. || Traspasar de parte a parte. || Pasar un cuerpo sobre otro o ponérsele encima de través. || Cruzar de una a otra parte.

ATREVERSE prnl. Aventurarse, resolverse. || Encararse con un superior.

ATREVIDO, DA adj. y s. Que se atreve. || Impetuoso. || Provocativo, indecente.

ATRIBUCIÓN f. Acción de atribuir. || Lo que es competencia de un cargo; suele usarse en plural.

ATRIBUIR tr. y prnl. Asignar hechos o cualidades a una persona o cosa. || Dar

facultad o competencia en algo. || Achacar, culpar.
ATRIBULAR tr. Causar tribulación. || prnl. Sufrirla.
ATRIBUTIVO, VA adj. Que indica cualidad. || Se dice de varios conceptos gramaticales referentes al atributo (adjetivo, oración, etcétera).
ATRIBUTO m. Cualidad. || Elementos iconográficos que simbolizan el carácter o propiedades de la figura a la que representan. || Adjetivo o sustantivo que forma parte del predicado nominal.
ATRIL m. Útil en que se apoyan libros abiertos o papeles, partituras, etc., para facilitar su lectura.
ATRINCHERAR tr. Cavar trincheras para defensa de una posición militar. || prnl. Resguardarse del enemigo en una trinchera. || Refugiarse en algo o alguien. || Valerse de excusas para obstinarse en algo.
ATRIO m. Patio interior, generalmente porticado. || Peristilo, entrada y sala principal de la antigua casa romana. || Pórtico de entrada a algunos templos y palacios. || Zaguán. || Cavidad en un órgano anatómico, y entrada a dicha cavidad.
ATROCIDAD f. Sevicia. || Abuso, demasía. || Sandez, acción disparatada.
ATROFIA f. Alteración patológica de un órgano o tejido, en la que se produce una disminución del peso, volumen y funcionalidad por déficit nutritivo o por degeneración fisiológica.
ATROFIAR tr. Perder cualidades por falta de uso, o por uso inadecuado.
ATROPELLAR tr. Derribar a alguien pasándole por encima. || Abrirse paso a empellones. || Despreciar las leyes o la moral. || Saltar por encima de cualquier obstáculo. || Ultrajar mediante la fuerza o el abuso. || Calumniar, insultar. || Actuar o hablar sin pensarlo.
ATROZ adj. Bárbaro, inhumano. || Desmesurado, enorme. || Espantoso, horrendo.
ATUENDO m. Ropaje, vestimenta. || Pompa, ostentación.
ATURDIMIENTO m. Perturbación causada por una desgracia, estruendo, noticia, etc. || Nerviosismo, torpeza.
ATURDIR tr. y prnl. Causar aturdimiento. || Asombrar, dejar perplejo.

ATUSAR tr. Emparejar el pelo, recortándolo. || Alisar el pelo con la mano. || Recortar ciertas plantas de jardín. || prnl. Emperifollarse.
AUDACIA f. Valor, temeridad.
AUDICIÓN f. Percepción de los sonidos por el oído. || Concierto o recital.
AUDIENCIA f. Facultad para despertar interés y ser escuchado. || Acto por el que una autoridad jurídica escucha alegatos, exposiciones, solicitudes, etc., y lugar destinado a tal fin. || Ocasión que se ofrece a un litigante, un testigo, etc., para exponer sus razones respecto a un pleito. || *pública* Aquélla en la que se permite la asistencia de público.
AUDÍFONO m. Aparato que permite o mejora la audición.
AUDIO m. En la emisión televisiva, impulsos que transmiten la información sonora.
AUDIOVISUAL adj. Relativo al oído y a la vista. || Se dice de los métodos de educación y enseñanza en los que actúa el oído y la vista.
AUDITIVO, VA adj. Relativo al oído. || m. Auricular.
AUDITOR, RA m. y f. Persona que realiza la auditoría de una empresa.
AUDITORÍA f. Profesión de auditor. || Revisión y supervisión de las cuentas de una empresa.
AUDITORIO m. Público que escucha algo.
AUGE m. Cenit, apogeo. || Alza en fortuna o categoría.
AUGURAR tr. Predecir, profetizar.
AUGURIO m. Presagio.
AUGUSTO, TA adj. Merecedor de especial respeto por su alta posición o cualidades. || Título de carácter sacral que llevaban los emperadores romanos a partir de Octavio César Augusto; simbolizaba el carácter sagrado del imperio.
AULA f. Sala donde se imparten cursos o clases. || *magna* La mayor de entre las de un centro docente, generalmente destinada a actos solemnes.
AULLIDO (o AÚLLO) m. Sonido quejumbroso y continuo que emiten el perro, lobo, etc. || Por extensión, sonido similar producido por el viento.
AUMENTAR tr., intr. y prnl. Acrecentar en alguna medida una cosa.

AUMENTATIVO, VA adj. Que aumenta. || Se dice del sufijo (*-on, -azo, -ote, -acho*) que añade idea de mayor intensidad o tamaño.

AUMENTO m. Crecimiento de algo. || Ascenso, alza. || Cociente entre las dimensiones de un objeto y la de la imagen que da de él un sistema óptico.

AUN adv. Incluso, hasta, también, etc. || *cuando* Aunque.

AÚN adv. Todavía.

AUNAR tr. y prnl. Reunir cosas o esfuerzos para alcanzar un objetivo. || Unificar.

AUNQUE conj. A pesar de que. Denota una objeción pese a la cual una cosa es posible. Se usa en correlación con *todavía, con todo, entonces,* etc. || Pero, mas.

AURA f. Céfiro suave. || Reconocimiento, aplauso. || Conjunto de fenómenos subjetivos que anuncian y preceden a ciertas enfermedades, en especial los accesos epilépticos. || En parapsicología, irradiación luminosa percibida por ciertos individuos en torno a cuerpos humanos, animales o vegetales.

ÁUREO, A adj. De oro, o parecido a él.

AUREOLA (o **AURÉOLA**) f. Nimbo, círculo que envuelve algunas cosas, especialmente las cabezas de las imágenes religiosas. || Estima pública y general que consigue una persona, fama. || Areola. || Corona luminosa que en ocasiones rodea al sol o a la luna.

AURÍCULA f. Cavidad cardíaca situada sobre cada uno de los ventrículos, con los que comunica por el orificio aurículo-ventricular. || Pabellón de la oreja. || Apéndice redondeado situado en la base del peciolo de algunas hojas de plantas, en forma de oreja.

AURICULAR, 1 adj. Relativo al oído. || adj. y m. Se dice del dedo meñique. || m. En el teléfono y otros aparatos, altavoz que se aplica al oído.

AURICULAR, 2 adj. Relativo a una aurícula, especialmente la del corazón.

AURÍFERO, RA adj. Que contiene oro.

AURIGA m. En la antigüedad clásica, conductor de un carruaje. || Poét. Conductor de un carruaje.

AURORA f. Resplandor que antecede a la salida del sol. || Modalidad de canto religioso entonado al despuntar el día. || Inicios de algo. || *polar* Meteoro luminoso, de posible origen eléctrico que se da por la noche en las zonas polares (a. *boreal*, en el N, a. *austral* en el S).

AUSCULTACIÓN f. Exploración clínica de los fenómenos acústicos que se producen en el organismo. La a. *directa* consiste en la aplicación del oído sobre el tórax. La a. *instrumental* usa el estetoscopio.

AUSCULTAR tr. Efectuar una auscultación. || Pulsar una opinión, la marcha de un asunto, etcétera.

AUSENCIA f. Acción y efecto de ausentar o ausentarse. || Tiempo en que uno está ausente. || Carencia de alguna cosa. || Pérdida de conciencia, repentina y breve, propia de algunas formas de epilepsia. || *brillar,* uno o algo, *por su* a. No hallarse una persona o cosa donde debía o se esperaba que estuviese.

AUSENTAR tr. y prnl. Mantener alejado de un lugar, o marchar de él.

AUSENTE adj. com. No presente, o alejado de su residencia habitual. || En derecho, se dice de aquél cuyo paradero se ignora. || Metido en sí mismo.

AUSPICIAR tr. Presagiar, adivinar.

AUSPICIO m. Tipo de adivinación basado en la observación de las aves (vuelo, posición, situación, canto, etc.). || Tutela, amparo; tanto esta acepción como la anterior se usan más en pl. || pl. Indicios del buen o mal término de un suceso.

AUSTERIDAD f. Calidad de austero. || Conjunto de políticas económicas y monetarias que se aplican en tiempos de crisis.

AUSTERO, RA adj. Severo, parco. || Carente de ornamento, sobrio. || Penitente, mortificado. || Agrio, ácido.

AUSTRAL adj. Relativo al sur (especialmente al hemisferio y al polo) y al austro.

AUSTRALIANO, NA adj. y s. De Australia. || Se aplica a la flora de Australia y Tasmania y a la fauna de dichas islas y Nueva Guinea (*reino australiano*).

AUSTRALOPITECO m. Homínido fósil perteneciente a la subfamilia Australopitecinos, descubierto en 1924; se supone que representa un estadio anterior del hombre.

AUTARQUÍA, 1 f. Autocracia.

AUTARQUÍA, 2 f. Calidad del ser que se basta a sí mismo.

AUTÉNTICA f. Certificación legal de la verdad de algo. || Copia autorizada de un documento.

AUTENTICAR tr. Dar fe de la veracidad y legalidad de un acto o documento jurídico. La realizan funcionarios públicos, en especial los notarios.

AUTÉNTICO, CA adj. Cierto, verdadero. || Legalizado o autorizado. || Sincero, sin doblez.

AUTISMO m. Predominio más o menos total que en ciertos individuos tiene la vida interior frente a la realidad cotidiana.

AUTO, 1 m. Resolución de un tribunal sobre aspectos parciales o circunstanciales de un proceso. || pl. Conjunto de la documentación de un proceso.

AUTO, 2 m. Apócope de automóvil.

AUTOBIOGRAFÍA f. Relato de la vida de una persona escrito por ella misma.

AUTOBUS m. Automóvil de gran capacidad, para el transporte colectivo y público de pasajeros; de recorrido fijo y generalmente urbano.

AUTOCLAVE m. Aparato para esterilizar por medio de temperaturas superiores a los 100 ºC, a presión mayor que la atmosférica.

AUTOCONTROL m. Capacidad de control sobre sí mismo.

AUTOCRACIA f. Forma de gobierno encarnada en una sola persona. El término se usa para indicar una monarquía absoluta de carácter muy despótico.

AUTOCRÍTICA f. Crítica que un autor hace de su obra. || Crítica que un individuo o una colectividad ejerce sobre su propia conducta.

AUTÓCTONO, NA adj. y s. Originario del lugar del que se habla.

AUTODETERMINACIÓN f. Decisión libre y soberana de los pobladores de un territorio sobre su estatuto y futuro político.

AUTODIDACTO, TA adj. y s. Que se educa sin necesidad de maestro.

AUTODROMO m. Pista de pruebas para vehículos automóviles, tanto competitivas como de ensayo, para comprobar las funciones o límites del vehículo.

AUTÓGENO, NA adj. Se dice de la soldadura de metales realizada sin sustancias extrañas.

AUTOGIRO m. Aeronave que se sustenta mediante alas rotoras que giran por autorrotación. La hélice frontal se encarga de la traslación.

AUTÓGRAFO, FA adj. y s. Se dice del manuscrito redactado por él mismo autor. || m. Firma de un personaje famoso.

AUTOINDUCCIÓN f. Fenómeno de inducción electromagnética que se da en un circuito cuando varía la corriente que circula por él.

AUTÓMATA com. Aparato automático, especialmente el que imita la figura y algunos movimientos de un ser vivo. || Persona que actúa de forma mecánica, maquinal. || Persona dominada por la voluntad de otra.

AUTOMÁTICO, CA adj. Que se rige por automatismos. || De o relativo a los autómatas. || Que se sigue con seguridad de algo. || Se aplica a los procesos que una máquina realiza sin intervención del hombre, y a las máquinas que los efectúan.

AUTOMOTOR, RA adj. y s. Se dice de la máquina dotada de motor para cumplir su cometido, especialmente de los vehículos de tracción mecánica. || m. Unidad ferroviaria, por lo general con motor diesel.

AUTOMÓVIL adj. Que se mueve por sí mismo. || Vehículo sobre ruedas, dotado de motor de combustión interna, especialmente el de pequeño tamaño para transporte de personas.

AUTOMOVILISMO m. Conjunto de técnicas relacionadas con la construcción y el manejo de automóviles. || Deporte que se practica sobre automóvil, en pruebas de habilidad (*rallyes*) o de velocidad (carreras).

AUTONOMÍA f. Facultad de las personas o las instituciones para actuar libremente y sin sujeción a una autoridad superior dentro de un marco de valores jurídico predeterminado. || Capacidad de ciertas entidades territoriales, integradas en otras superiores, de gobernarse por sí mismas, sin disponer de soberanía.

AUTÓNOMO, MA adj. Que tiene autonomía. || Se aplica en especial a la persona que trabaja por su cuenta.

AUTOPISTA f. Carretera de circulación rápida, sin cruces a nivel, con pendientes limitadas y curvas de radio muy amplio;

generalmente de dos carriles o más por sentido de marcha.

AUTOPSIA f. Examen sistemático del cadáver para establecer la posible causa del fallecimiento. La parte más esencial es la abertura de las cavidades del cuerpo. Existen 2 tipos: la a. *judicial*, que practica el médico forense, y la *clínica*, cuya finalidad es la investigación médica. || Análisis detallado.

AUTOR, RA m. y f. Persona que hace alguna cosa. || Quien ha hecho una obra científica, literaria o artística. || Inventor. || Director de un filme.

AUTORIDAD f. Potestad, inherente o concedida, que tienen algunas personas de hacerse obedecer. || Persona que tiene esa potestad. || Persona digna de respeto por sus conocimientos o habilidad en un campo determinado.

AUTORITARIO, RIA adj. y s. Que ejerce o impone su autoridad; que se basa en ella. || Que no admite oposición. || Que hace prevalecer su criterio a toda costa. || Que defiende a ultranza el principio de autoridad.

AUTORITARISMO m. Tendencia exagerada al ejercicio de la autoridad. || Régimen político en el que el jefe del Estado tiene concedidos legalmente poderes amplios (presidencialismo), a los que acompaña una gran autoridad personal.

AUTORIZAR tr. Facultar para algo. || Dar fe. || Abonar, certificar una cosa por la autoridad de alguien (o algo). || Conceder, dar permiso. || Engrandecer, realzar.

AUTORRETRATO m. Retrato de sí mismo que hace un artista, muy común en la pintura especialmente a partir del renacimiento. || En literatura, conjunto de rasgos descriptivos de la autobiografía.

AUTOSERVICIO m. Establecimiento comercial (especialmente de productos alimenticios o de consumo diario) en el que el cliente se sirve él mismo, o restaurante de estas características.

AUTOSUFICIENCIA f. Cualidad de una persona o ente por la que no precisa de agentes externos para satisfacer alguna necesidad.

AUTOSUGESTIÓN f. Sugestión ejercida por una persona sobre sus propias actitudes o comportamiento.

AUXILIAR, 1 adj. Que auxilia. || adj. y com. Que colabora en el cometido de otro desde una posición subordinada a éste. || Se aplica a la palabra que modifica y complementa el sentido de otra.

AUXILIAR, 2 tr., Socorrer, dar auxilio. || Ayudar y confortar en el trance de la muerte.

AUXILIO m. Ayuda que se da a quien está en peligro. || Instrumento que se usa en esta ayuda. || En derecho, cooperación; obligatoria con la autoridad, y punible cuando coadyuva a la comisión de un delito.

AVAL m. Documento por el que una persona (avalista) se responsabiliza subsidiariamente de las obligaciones contraídas por otra.

AVALANCHA f. Alud. || Muchedumbre que se desplaza como un alud.

AVALAR tr. Dar aval. || Confirmar la veracidad de una opinión o un acto.

AVANCE m. Acción de avanzar. || Espacio avanzado. || Progreso, innovación. || Resumen de una noticia o reportaje que se amplía en el interior de una publicación o en una emisión posterior. || Fragmento de una obra literaria o cinematográfica que se ofrece precisamente como publicidad.

AVANZADO, DA adj. Hablando de edad, muy mayor. || Tratándose de ideas, estilos artísticos, etc., lo más innovador. || f. Destacamento que va delante del grueso de la tropa, con fines exploratorios (también *avanzadilla.*).

AVANZAR intr. y prnl. Ir hacia adelante. || Irse agotando el tiempo de algo. || intr. Hacer progresos. || tr. Mover hacia delante. || Anticipar. || Precipitar, apresurar.

AVARICIA f. Ansia de conseguir dinero u otras riquezas para guardarlo. || *con* a. Expresión con la que se enfatiza una cualidad negativa.

AVARO, RA adj. y s. Dominado por la avaricia. || Tacaño. || Por fuerza.

AVASALLAR tr. Obligar, oprimir. || prnl. Someterse al vasallaje de un señor. || Dejarse dominar, de grado o por fuerza.

AVATAR m. Vicisitud; suele usarse en plural.

AVE f. Clase del tipo Vertebrados que presenta el cuerpo cubierto de plumas, tiene las extremidades anteriores transformadas en alas y las posteriores adaptadas para la marcha por el suelo o la natación, regula la temperatura corporal de un modo bastante eficaz (homotermia), carece de dientes y en cambio dispone de un pico de forma muy diversa según los grupos; se reproduce mediante huevos. || *de paso* Persona errabunda. || *fénix* La mitológica, que renacía de sus cenizas.

AVEJENTAR tr. y prnl. Envejecer; dar aspecto de viejo.

AVENENCIA f. Acuerdo, pacto. || Amistad, armonía. || Resultado de un acto de conciliación judicial, que evita el juicio por acuerdo de las partes.

AVENIDA f. Crecida súbita y violenta de un curso de agua. || Calle ancha y arbolada. || Confluencia de muchas personas o cosas. || Camino que conduce a un lugar. || Camino, desfiladero, puente, etc., que lleva a un campamento o posición militar.

AVENIDO, DA, *bien* o *mal* De acuerdo o no.

AVENIR tr. y prnl. Concordar, reconciliarse. || prnl. Mantener buena relación. || Amoldarse, acomodarse. || Armonizar, sentar bien.

AVENTAJADO, DA adj. Que aventaja. || Que destaca; notable. || Ventajoso, adecuado.

AVENTAJAR tr. y prnl. Sobrepasar, conseguir ventaja. || Promover a alguien. || Dar prioridad, anteponer.

AVENTAR tr. Lanzar algo. || Arrastrar el viento una cosa. || Orientar una corriente de aire. || Expulsar o ahuyentar a alguien.

AVENTURA f. Empresa arriesgada o de final imprevisible. || Hecho insólito. || Azar, vicisitud. || Lance o peripecia de una obra de acción. || Ligue, plan en sentido amoroso.

AVENTURADO, DA adj. Audaz, atrevido; incierto.

AVENTURAR tr. y prnl. Arriesgar. || Conjeturar.

AVENTURERO, RA adj. y s. Se dice de la persona dada a correr aventuras, en especial de armas (piratas, legionarios, espadachines, etcétera).

AVERGONZAR tr. y prnl. Producir o sufrir vergüenza. || Dejar en ridículo.

AVERÍA f. Desperfecto de un mecanismo, que impide su uso. || Deterioro de cualquier mercancía o cosa. || Daño de un buque o de su carga.

AVERIAR tr. y prnl. Producir avería. || Estropear.

AVERIGUAR tr. Tratar de encontrar una verdad o una solución.

AVERNO m. Infierno.

AVERSIÓN f. Repugnancia.

AVIACIÓN f. Locomoción por el aire en vehículos más pesados que éste. || Conjunto de los medios aéreos de un país, especialmente los militares.

AVIADOR, RA adj. y s. Piloto de un avión. || Soldado del arma de aviación.

AVICULTURA f. Cría de aves domésticas para el aprovechamiento de sus productos.

ÁVIDO, DA adj. Ansioso, avaricioso.

AVIESO, SA adj. Torcido, sin orden. || Malévolo, dañino.

AVINAGRAR tr. y prnl. Poner o volverse agria una cosa. || prnl. Agriarse el carácter.

AVÍO m. Prevención, preparación. || Comida que llevan los pastores. || Útiles apropiados para un fin determinado.

AVIÓN m. Vehículo aéreo que en esencia consta de 3 elementos: la estructura, formada por el fuselaje y las alas, que le permiten sustentarse en el aire; la propulsión, que puede ser a hélice o a través de la reacción producida por una turbina de gas; elementos auxiliares (de la navegación, de dirección, etc., o para su cometido específico).

AVIONETA f. Avión pequeño y de poca potencia.

AVISADO, DA adj. Comedido, astuto. || *mal a.* Atolondrado, irreflexivo.

AVISAR tr. Proporcionar noticias de algún suceso. || Prevenir, dar consejo. || Llamar o recurrir a alguien.

AVISO m. Acción y efecto de avisar. || Nota o escrito con que se avisa. || Indicio, signo. || Discreción, cuidado. || Anuncio publicitario. || *andar*, o *estar, sobre a.* Estar precavido. || *poner sobre a.* Alertar.

AVISPADO, DA adj. Listo, vivo.

AVISPAR tr. Instigar con látigo u otro objeto a las caballerías. || Despertar a alguien, hacerlo más vivo.

AVISTAR tr. Divisar, llegar con la vista. || prnl. Entrevistarse, reunirse.

AVITAMINOSIS f. Denominación genérica de las enfermedades causadas por carencia o déficit vitamínico.

AVIVAR tr. Vivificar. || Estimular, animar. || Incrementar, poner algo más vivo. || Intensificar, acalorar. || intr. y prnl. Despertarse, adquirir vida.

AVIZOR m. El que avizora. || pl. fam. Los ojos.

AVIZORAR tr. Escudriñar; vigilar. || Divisar.

AXIAL adj. Relativo al eje.

AXILA f. Hendidura en la unión del brazo con la pared torácica. || Ángulo que forma una hoja, rama u otro órgano lateral con el tallo en que se inserta.

AXIOLOGÍA f. Teoría filosófica de los valores (éticos, religiosos, estéticos, etc.). Estudia la naturaleza de éstos, la posibilidad de su captación y su jerarquización.

AXIOMA m. Proposición a la que se asigna, convencionalmente, valor de verdad.

AXIOMÁTICO, CA adj. Cierto, evidente. || f. Conjunto de axiomas, definiciones y postulados lógicamente independientes y no excluyentes dos a dos, a partir de los que se puede deducir una teoría científica.

AXOLOTE Anfibio urodelo de la fam. Ambistómidos caracterizado por su estado neoténico, con branquias externas.

¡AY! interj. Expresa dolor, amenaza, pena, etc. || m. Suspiro, lamento. || *estar en un ay* Tener un dolor persistente. || Estar tenso y sobresaltado.

AYER adv. En el día inmediatamente anterior al de hoy. || En tiempo pasado: *los problemas de ayer.* || m. Tiempo pasado.

AYO, YA m. y f. Persona que cuida y educa a un niño.

AYUDA f. Acción y efecto de ayudar. || Persona o cosa que ayuda. || Lavativa. || Golpe leve para avivar al caballo. || Complemento de un sueldo. || m. Persona que presta servicio directo a un superior. || *de cámara* Criado que se ocupa del vestuario de su señor.

AYUDANTE, TA adj. Que ayuua. || adj. y s. Se dice del profesor universitario que colabora con el catedrático. || Se dice del maestro, militar o funcionario a las órdenes de un superior.

AYUDAR tr. Proporcionar cooperación; por extensión, socorrer. || prnl. Servirse de una persona o cosa.

AYUNAR intr. Practicar el ayuno. || Privarse de algo.

AYUNO, NA adj. Que no ha comido. || Falto de algún placer o gusto. || Abstinencia de alimentarse, por razones terapéuticas o religiosas. || *natural* Abstinencia de comida o bebida (excepto agua) desde la medianoche anterior. || *voluntario* Huelga de hambre. || *en ayuna,* o *en ayunas* Sin haber probado bocado.

AYUNTAMIENTO m. Unión. || Reunión, junta. || Corporación, formada por el alcalde y los concejales, que define la política municipal, administra los bienes del municipio y lo representa. || Acto sexual.

AYUNTAR tr. Unir, agrupar. || Agregar. || prnl. Copular.

AZABACHE m. Variedad de lignito negro brillante; usado con fines ornamentales.

AZADA f. Útil de labranza, consistente en una placa de hierro, con filo cortante, unida en ángulo agudo a un mango. || Azadón.

AZADÓN m. Azada de pala larga y estrecha. || *de peto,* o *de pico* Zapapico.

AZAFATA f. Empleada que en los aviones cuida de los pasajeros. || Encargada de atender al público en exposiciones, congresos, etcétera.

AZAHAR m. Flor del naranjo; de ella se extrae una esencia usada en perfumería y medicina.

AZAR m. Suceso que aparentemente no se debe a ninguna causa. || Casualidad, suerte. || Infortunio, percance imprevisto. || *a.* Arriesgando, sin seguridad. || *por a.* De forma fortuita.

AZAROSO, SA adj. Que implica azar. || Infortunado y poco estable. || Preocupado, medroso.

ÁZIMO adj. Se dice del pan elaborado sin levadura.

ÁZOE m. Nitrógeno; denominación dada por Lavoisier.

AZOGAR tr. Dar azogue. || prnl. Intoxicarse por la absorción de vapores de mercurio; provoca temblores continuos. || Inquietarse, desasosegarse.

AZOGUE m. Mercurio. || Barco que transportaba el azogue a América. || *ser un a.* Ser muy inquieto y alborotador.

AZOLVAR tr. y prnl. Atascar un conducto.

AZOLVE m. Lodo que tapona un conducto de agua.

AZORAR tr. Espantar, asustar. || Incitar, aguijonear.

AZORRADO, DA adj. Semejante a la zorra. || Soñoliento; achispado.

AZORRARSE prnl. Adormilarse, aletargarse.

AZOTAR tr. y prnl. Dar azotes. || tr. Batir con fuerza y de manera ininterrumpida. || Malograr. || intr. Caer al suelo.

AZOTE m. Conjunto de cuerdas anudadas o con puntas para azotar; por extensión, cualquier instrumento con que se azota. || Golpe fuerte que se propina con el azote o con la mano abierta. || Catástrofe. || Persona que origina una calamidad.

AZOTEA f. Cubierta de un edificio acondicionada para andar por ella.

AZTECA adj. y com. Se dice del pueblo amerindio de lengua náhuatl que en el siglo XIV se estableció en el altiplano mexicano, donde creó un imperio destruido por los españoles (1521). || fam. Mexicano.

AZÚCAR amb. Hidrato de carbono (carbohidrato). Los a. se dividen en: monosacáridos, de 5 o 6 átomos de carbono (glucosa, fructosa, galactosa, etc.); oligosacáridos, 2 o más monosacáridos unidos por enlaces glucosídicos (sacarosa, lactosa, etc.); polisacáridos, grandes agregados de moléculas de monosacáridos unidas por enlaces glucosídicos (almidón, celulosa, etc.). Son solubles en agua y tienen sabor dulce.

AZUCARADO, DA adj. Dulce. || Con azúcar. || De trato suave y amable.

AZUCARAR tr. Impregnar de azúcar o endulzar con él. || Dulcificar, suavizar algo. || prnl. Almibarar.

AZUCARERO, RA adj. Relativo al azúcar. || amb. Recipiente para azúcar. || m. y f. Experto en la fabricación de azúcar. || f. Fábrica de azúcar.

AZUFRADO, DA adj. Sulfuroso. || Del color del azufre. || m. Acción de azufrar.

AZUFRAR tr. Rociar, Impregnar o sahumar con azufre. Se practica especialmente en las partes aéreas de las plantas (vid, hortalizas), cuando empiezan a brotar, a florecer o a madurar, para protegerlas de parásitos.

AZUFRE m. (S) Elemento químico del grupo VI de la tabla periódica. Amarillo, muy abundante en la naturaleza (sulfuros o sulfatos). Tiene aplicación en medicina, en la industria textil, para fabricar explosivos y ácido sulfúrico, en la agricultura (fertilizantes, antiparasitarios), y en el vulcanizado del caucho.

AZUL adj. y m. Se dice del color básico que ocupa el 5º lugar en el espectro solar (longitud de onda entre 4 500-5 000 Å). || m. El cielo. || *celeste* El más claro. || *cobalto* El algo más oscuro que el celeste. || *prusia* El intermedio entre el cobalto y el marino. || *marino* El muy oscuro. || *turquesa* El ligeramente verdoso.

AZULEJO m. Baldosín vidriado de diversos colores. Puede presentar dibujos o formarlos con la combinación de varias piezas (composición mural); también alternando geométricamente formas, colores y tamaños.

AZUZAR tr. Estimular a los perros para que acometan. || Pinchar, instigar.

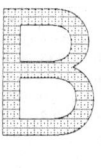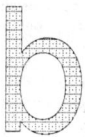

B f. Segunda letra del abecedario castellano (B, b); su nombre es *be*.
BABA f. Saliva espesa. || Líquido viscoso y pegajoso de algunos animales y plantas.
BABEAR intr. Echar baba.
BABEL (de la torre bíblica) amb. Confusión. || Lugar desordenado.
BABERO m. Prenda que se pone a los niños sobre el pecho para que no se manchen. || Bata infantil.
BABILÓNICO, CA adj. y s. Relativo a Babilonia. || adj. Fastuoso, ostentoso.
BABISMO m. Religión que parte de una reforma del islamismo. Preconiza la emancipación de la mujer y la fraternidad entre los humanos.
BABOR m. Lado izquierdo de la embarcación, mirando de popa a proa.
BABOSO, SA adj. y s. Que babea mucho. || Bobo, tonto.
BABUCHA f. Zapatilla sin tacón, ni talón. || Zapato con pala alta, cerrado con un cordón.
BABUINO m. Papión.
BACANAL f. Orgía tumultuosa. || Fiestas orgiásticas romanas en honor del dios Baco.
BACANTE f. Sacerdotisa de Baco. || Mujer impúdica y ebria. || Mujer que participaba en las bacanales.
BACILO m. Forma morfológica de numerosas especies bacterianas en forma de bastón. || *coma* El causante del cólera. || *de Koch* El productor de la tuberculosis.
BACÍN m. Orinal alto. || Platillo para pedir limosna.
BACTERIA f. Microorganismo unicelular procariota, caracterizado por poseer una pared rígida, carecer de membrana nuclear, presentar el material nuclear en un único cromosoma y carecer de los orgánulos propios de las células eucariotas.
BACTERICIDA adj. y m. Que destruye las bacterias.
BACTERIOLOGÍA f. Ciencia dedicada al estudio de las bacterias en sus diferentes aspectos.
BÁCULO m. Bastón para apoyarse. || Alivio, sostén. || Hueso en forma de varilla y disposición longitudinal que se encuentra en el interior del pene de algunos grupos de mamíferos (carnívoros, roedores, quirópteros, etcétera).
BACHE m. Hoyo en un camino o carretera. || Disminución en una actividad o producción.
BACHILLER, RA m. y f. Persona que cursa o ha cursado el bachillerato.
BACHILLERATO m. Grado de bachiller. || Estudios necesarios para obtenerlo. Corresponden al grado medio o segunda enseñanza.
BADAJO m. Pieza metálica que pende en el interior de las campanas para hacerlas sonar.
BÁDMINTON m. Deporte que se practica con raquetas más pequeñas que las de tenis y una pelota semiesférica con plumas en su parte plana para orientarla. Su mecánica es similar a la del tenis.
BAFLE m. Pantalla acústica; por extensión, altavoz de un equipo de alta fidelidad.

BAGAJE m. Impedimento. || Bestia que la transporta. || Conjunto de conocimientos de una persona.

BAGATELA f. Nadería. || Pieza musical breve, sencilla y expresiva, propia del romanticismo.

BAGAZO m. Cascarilla de la baga del lino. || Desechos de la caña de azúcar tras exprimirla, con los que se fabrica papel, pasta de papel, etcétera.

¡BAH! interj. Indica incredulidad o desdén.

BAHÍA f. Entrante de mar en la costa, menor que un golfo.

BAILABLE adj. y m. Se dice de la música compuesta para bailar.

BAILAR intr. y tr. Mover el cuerpo con cadencia, generalmente al compás de la música. || intr. Girar con rapidez sin mantener fijo el eje de giro. || Moverse u oscilar una cosa en un espacio reducido; no ajustarse en su lugar. || No seguir la alineación correcta los renglones o letras de un impreso. || Agitarse nerviosamente el caballo. || *al son que tocan* Adaptarse a deseos o decisiones ajenas. || *que me quiten lo bailado* Expr. que indica la asunción de un pasado feliz.

BAILARÍN, NA adj. y s. Que baila. || m. y f. Persona dedicada profesionalmente al baile.

BAILE m. Acción de bailar. || Cada una de las formas o estilos de bailar. || Sitio en que se baila. || Pieza escénica breve que combina el texto con música y mímica, representada durante los entreactos en el teatro castellano de los siglos XVI-XVIII.

BAJA f. Descenso del precio o estimación de una cosa. || Cese de una persona física o jurídica en una sociedad, empresa, agrupación o registro. || Documento en que el médico acredita las causas que imponen el abandono, transitorio o definitivo de la actividad laboral. || Mil. Pérdida de un individuo, y documento que la acredita.

BAJADA f. Acción de bajar. || Camino por el que se baja.

BAJAR tr., intr. y prnl. Trasladar de arriba abajo. || Rebajar, disminuir. || Apear.

BAJEZA m. Vileza.

BAJO, JA adj. De poca altura. || Que está en un lugar inferior. || Inclinado hacia abajo. || Tosco, vulgar. || Se dice del color poco vivo. || Se dice de las clases sociales más empobrecidas. || Se dice de la última etapa de un periodo histórico. || m. En los mares y ríos, elevación del fondo. || Registro más grave de la voz humana, o de una familia de instrumentos. || adv. Abajo. || En voz baja. || prep. Debajo. || m. pl. Parte inferior de algo (edificios, coches, vestidos, etcétera).

BAJORRELIEVE m. Escultura no exenta que sobresale menos de la mitad del plano del fondo.

BALA f. Proyectil de determinadas armas de fuego.

BALACEAR tr. Balear.

BALACERA f. Tiroteo.

BALADA f. Composición popular que aúna canto y danza.

BALADÍ adj. Irrelevante.

BALANCE m. Movimiento de un cuerpo al inclinarse alternativamente a ambos lados. || En contabilidad, operación por la que se compara el activo y el pasivo de una empresa en un momento dado, reflejando así su situación patrimonial. || Documento en que consta el resultado de esta operación. || Control manual de equilibrio estereofónico que permite actuar sobre los canales izquierdo y derecho sin tener que variar el volumen.

BALANCEAR tr., intr. y prnl. Oscilar o hacer oscilar pendularmente un cuerpo. || tr. Igualar, equilibrar.

BALANCÍN m. Pieza que en distintos mecanismos equilibra su movimiento. || Pieza que interviene en la transmisión y transformación del movimiento (máquina de vapor, motor de explosión).

BALANDRA f. Embarcación pequeña a vela con cubierta y un solo palo.

BÁLANO (o BALANO) m. Glande.

BALANZA f. Instrumento utilizado para la medición de masas y pesos. Existen multitud de tipos, de distintas aplicaciones, como la *hidrostática*, que se usa para determinar la densidad de los líquidos; la de *precisión*, de gran sensibilidad, que aprecia menos de 0.001 mg, o la de *torsión*, dispositivo experimental para determinar la constante de gravitación universal. || fig. Comparación. || *comercial* Relación entre las exportaciones e importaciones de un país en un periodo determinado de tiempo. || *de pagos* Resumen de la situación financiera internacional de un país en un periodo determinado.

BALASTO m. Lecho de piedra y grava para asentar y sujetar las traviesas de las vías férreas o asentar el pavimento de las carreteras.

BALATA f. Goma de látex que se emplea en cintas de transmisión y como impermeabilizante.

BALAUSTRADA f. Serie de balaustres, unidos por dos elementos corridos, uno como base y otro como coronamiento, que forman barandilla o antepecho.

BALAUSTRE (o **BALAÚSTRE**) m. Cada una de las columnitas que forman una balaustrada.

BALAZO m. Impacto o herida de bala.

BALBUCEAR intr. Balbucir.

BALBUCEO m. Llamado también murmullo o laleo, es la emisión de sonidos orales que realiza el niño durante el primer año de vida, aproximadamente. Constituye la base de la adquisición del lenguaje.

BALBUCIR intr. Hablar o leer con pronunciación dificultosa y vacilante. Se conjuga sólo en infinitivo y en las formas que tienen *i* en la desinencia: *balbucía*.

BALCÓN m. Plataforma sobresaliente de la fachada, cerrada a media altura con una balaustrada o barandilla. || Hueco exterior de la fachada, hasta el suelo de la habitación y con barandilla. || Mirador.

BALDAR tr. y prnl. Impedir o dificultar una enfermedad el uso de los miembros. || Dejar maltrecho. || prnl. Quedarse derrengado.

BALDE m. Cubo para sacar y transportar agua.

BALDÍO, A adj. Se dice del terreno sin cultivar. || Vano, inútil. || m. Terreno comunal, en oposición al *propio*, no arrendable y que no se cultivaba.

BALEAR tr. Tirotear. || Herir con bala.

BALIDO m. Voz del carnero, el cordero, la oveja, la cabra, el gamo y el ciervo.

BALÍN m. Bala de fusil de menor calibre que la normal. || Munición para escopetas de aire comprimido.

BALÍSTICO, CA adj. De la balística. || Se dice del misil con una trayectoria similar a la de un proyectil. || f. Parte de la física que estudia el movimiento de los proyectiles.

BALIZA f. Señal fija o flotante con que se marca un obstáculo o se delimitan los márgenes de caminos, vías de navegación o pistas de aterrizaje.

BALNEARIO adj. De los baños públicos. || m. Establecimiento en el que se tratan las enfermedades con aguas medicinales naturales.

BALOMPIÉ m. Fútbol.

BALÓN m. Pelota grande para jugar; por antonomasia, la de cuero, rellena de aire, que se usa para el fútbol. En diversos deportes se utilizan b. de forma, tamaño y peso variables: el de baloncesto tiene unos 80 cm de circunferencia y 600 g de peso; el de fútbol, 70 cm y unos 400 g. || Recipiente flexible para gases. || Recipiente esférico de vidrio.

BALONCESTO m. Deporte que se juega entre dos equipos de 5 jugadores, sobre un campo de 16 × 14 m, con dos redes o canastas, suspendidas a 3.05 m, en los extremos del mismo. || Basquetbol.

BALSA f. Hoyo que se llena de agua. || Plataforma de maderos que se usa para navegar. || Barca neumática.

BÁLSAMO m. Sustancia generalmente formada por una mezcla de resinas, aceites esenciales, alcoholes y ácidos aromáticos, que suelen exudar determinadas plantas. || Medicamento que se prepara con algunas de estas sustancias. || Consuelo, alivio.

BALUARTE m. Fortificación pentagonal en el ángulo formado por dos lienzos de muralla. || Protección, defensa.

BALLENA f. Nombre de diversas especies de mamíferos cetáceos.

BALLENERO, RA adj. Relativo a la pesca de la ballena. || m. Barco equipado para la pesca y el aprovechamiento de la ballena. || Pescador de ballenas.

BALLESTA f. Arma portátil para disparar flechas, saetas, etcétera.

BALLET m. Representación escénica de danza y pantomima, con apoyo musical y que generalmente se desarrolla conforme a un tema.

BAMBALINA f. Cada una de las tiras que cruzan el escenario del teatro, formando la parte superior de la decoración.

BAMBOLEAR int. y prnl. Balancearse u oscilar. || prnl. Perder poder desde una situación privilegiada.

BANAL adj. Trivial, intrascendente.

BANANA f. Plátano, fruto del bananero. || Bananero.

BANCA f. Conjunto de actividades financieras y crediticias. || Organismo bancario. || Asiento de madera, sin respaldo. || Conjunto de dinero apostado en un juego de azar. || Banco para sentarse.

BANCARIO, RIA adj. Relativo a la banca mercantil.

BANCARROTA f. Quiebra. || Desmoronamiento, desastre.

BANCO m. Asiento largo y estrecho en el que pueden acomodarse varias personas. || Mesa de trabajo que se usa en algunas profesiones artesanales. || Empresa comercial cuyo fin es custodiar dinero y valores de particulares o entidades, realizar préstamos y, en general, servir de intermediaria en el mercado de capitales. || de *órganos* Conjunto de instalaciones e instrumentos que posibilitan la conservación de órganos y tejidos de forma que estén siempre disponibles para un trasplante: *de ojos*, el que conserva las córneas de los globos oculares; *de sangre*, el frigorífico especialmente diseñado para almacenar frascos de sangre destinada a la transfusión; *de semen*, el que lo recolecta para la inseminación artificial. || *de peces* Grupo errante de peces pertenecientes a una misma especie y con un tamaño semejante.

BANDA, 1 f. Cinta ancha que se cruza desde un hombro al costado opuesto que llevan altos cargos en ciertas solemnidades, acompañada habitualmente de uniforme o traje de gala. || Distintivo de algunas órdenes. || Faja o lista. || Paño litúrgico. || *sonora* Parte de la película cinematográfica que registra el sonido (voces, música o ruidos ambientales) de un filme. || Por extensión, la música de un filme.

BANDA, 2 f. Grupo de gente armada. || Pandilla de amigos. || Bandada. || Conjunto musical, formado por instrumentos de viento y percusión.

BANDADA f. Grupo numeroso de aves que vuelan juntas.

BANDEJA f. Fuente llana con bordes o algo cóncava, para ofrecer, mostrar o colocar algo. || *en b.* fam. Con grandes facilidades.

BANDERA f. Pieza de tela que se asegura por uno de sus lados a un asta y que, diferenciada por sus colores o escudo, se emplea como insignia o señal de una nación o colectividad. || Tela que se cuelga como adorno en las festividades. || Lienzo para hacer señales. || Tropa que milita bajo una misma enseña. || *a media asta* La que se coloca así como señal de luto. || *blanca* La que se enarbola para pedir negociaciones.

BANDERÍN m. Bandera pequeña usada por diversos organismos o instituciones.

BANDIDO, DA adj. y s. Se dice del fugitivo de la justicia reclamado por bando. || m. Bandolero. || m. y f. fam. Persona malvada.

BANDO, 1 m. Orden de la autoridad civil o militar que se fija en sitios públicos para conocimiento de la población.

BANDO, 2 m. Facción, partido. || Grupo formado por animales de una misma especie.

BANDOLERISMO m. Desequilibrio social por el que, al margen del poder instituido, un grupo o banda decide vivir del ejercicio indiscriminado de las armas. || Acción propia de bandoleros.

BANDOLERO, RA m. y f. Persona que se dedica al bandolerismo. || Salteador de caminos.

BANQUERO m. Propietario de un banco o de un paquete de acciones del mismo. || Gestor de negocios bancarios.

BANQUETA f. Asiento sin respaldo. || Escabel. || Andén de alcantarilla. || Plataforma en las fortificaciones.

BANQUETE m. Comida espléndida en la que participan muchas personas para celebrar algún acontecimiento. || Comilona, festín.

BANQUILLO m. Asiento en que se coloca el procesado ante el tribunal. || Lugar donde permanecen sentados el entrenador y los jugadores reserva durante el partido.

BAÑAR tr. y prnl. Sumergir en un líquido. || Mojar con un líquido. || tr. Tocar el agua del mar, de un río, etc., algún lugar. || Dar a una cosa una capa de otra sustancia.

BAÑISTA m. y f. Persona que se baña en lugares públicos. || Persona que acude a los balnearios.

BAÑO m. Acción y efecto de bañar. || Pila para bañarse. || Líquido para bañar. ||

Cuarto de aseo. || Revestimiento de un objeto con una película de esmalte, barniz, laca, oro, etc. || Mano de pintura que se da sobre lo ya pintado. || Aplicación al cuerpo de medios higiénicos con fines terapéuticos (balneoterapia). || pl. Lugar público para bañarse. || *maría* Recipiente con agua calentada al fuego en la que se sumerge la vasija que contiene la sustancia que se quiere evaporar, destilar o calentar moderada y constantemente. Se emplea en ciertas operaciones culinarias, químicas o farmacéuticas.
BAPTISTERIO m. Pila bautismal. || Parte del templo donde ésta se encuentra. || Edificio pequeño y de planta central, próximo al templo, donde se administra el bautismo.
BAQUELITA f. Resina sintética obtenida por Baekeland, por polimerización del fenol y el formaldehido. Se utiliza en aparatos eléctricos, aislantes, como material de cimentación, etcétera.
BAQUETA f. Varilla metálica para atacar o limpiar las armas de fuego. || Varilla con que los picadores manejan las caballerías. || Junquillo, moldura. || pl. Palillos para instrumentos de percusión.
BAR m. Local con mostrador o barra, en el que se sirven bebidas y alimentos ligeros. || Lugar o mueble donde se guardan las bebidas.
BARAHÚNDA f. Alboroto, jaleo ruidoso.
BARAJA f. Conjunto de naipes para jugar. La española consta de 48 cartas y la francesa de 52. Ambas tienen 4 palos.
BARAJAR tr. Mezclar los naipes antes de repartirlos. || En el juego de los dados, obstaculizar la suerte que se va a echar. || tr. y prnl. Mezclar, revolver. || tr. Calibrar.
BARANDAL m. Listón sobre el que se asientan los balaustres.
BARATA f. Baratura. || Mohatra.
BARATIJA f. Cosa menuda y de escaso valor.
BARATO, TA adj. Que cuesta poco. || m. Saldo. || adv. Por poco precio.
BARATURA f. Precio muy barato.
BARBA f. Parte de la cara debajo de la boca. || Pelo que nace en esta parte del rostro y en las mejillas. || Pelo que tienen algunos animales en la quijada inferior. || pl. Bordes desiguales de algunas cosas. || *en las barbas* En presencia de uno. || *subirse a las barbas* (de alguien) fam. Insolentarse, perderle el respeto.
BARBACOA f. Parrilla para asar carne o pescado al aire libre. || Carne o pescado asados de este modo. || Carne que se asa en un hoyo abierto en la tierra.
BARBARIDAD f. Calidad de bárbaro. || Necedad, imprudencia. || Salvajada, exceso. || Gran cantidad.
BARBARIE f. Ignorancia, incultura. || Ferocidad.
BARBARISMO m. Falta de lenguaje consistente en el uso de vocablos o formas impropias del idioma: faltas de ortografía, formaciones incorrectas, extranjerismos, etc. || Barbaridad, necedad.
BÁRBARO, RA adj. Relativo a los bárbaros. || Fierro cruel. || Tosco, vulgar. || Osado, temerario. || adj. y adv. Muy bien, estupendo. || m. pl. Término usado por griegos y romanos con el sentido despectivo de extranjero salvaje.
BARBECHAR tr. Disponer la tierra para siembra. || Prepararla para el barbecho.
BARBECHO m. Tierra de cultivo que no se siembra durante uno o dos años para que se regenere. || Acción de barbechar. || Tierra arada para sembrar después.
BARBERO m. El que tiene por oficio barbear o cortar el pelo. || Adulador.
BARBILLA f. Prominencia de la parte inferior del rostro.
BARBITÚRICO m. Denominación genérica del ácido b. y sus derivados. Los b. se forman por condensación del ácido malónico, o sus derivados, con la urea. Se utilizan como fármacos (luminal, veronal, dial, pentotal), con acción hipnótica, anestésica o sedante.
BARBUDO, DA adj. y s. De barba grande o tupida.
BARCA f. Embarcación pequeña. || Recipiente de madera usado en tintorería e industria textil para teñir.
BARCO m. Embarcación que puede transportar personas o cosas por el agua.
BARDO m. Entre los celtas, poeta que cantaba las victorias y las glorias de los héroes. || Por extensión, poeta épico de cualquier época o país.
BARIO m. (Ba) Elemento químico del grupo IIa de la tabla periódica. Presente en la naturaleza en forma de sulfato (ba-

ritina) y de carbonato (witherita). Sus sales, solubles, son tóxicas para los organismos animales.
BARITA f. Óxido de bario, difícilmente fusible, de color grisáceo. || Baritina.
BARÍTONO m. Voz masculina más grave que la del tenor y menos que la del bajo. || Quien tiene esta voz y se dedica al canto. || adj. Se dice del instrumento de viento que por su afinación ocupa el lugar parecido al del b. entre las voces humanas (p. ej., saxofón baritono).
BARLOVENTO m. Lugar de donde viene el viento.
BARMAN m. Camarero que atiende la barra de un bar y, especialmente, el experto en cócteles.
BARNIZ m. Preparado químico líquido, transparente, de origen natural (solución resinosa en aceite o alcohol) o sintético, usado para proteger contra la intemperie la superficie de materiales delicados (madera, cerámica, porcelana), y para dotarlos de viscosidad por su color y brillo. || Baño que se da al barro y a la porcelana. || Conocimiento superficial de una ciencia. || Impr. Compuesto con que se hace la tinta.
BARNIZAR tr. Dar una capa de barniz a una cosa.
BARÓMETRO m. Instrumento inventado por Torricelli en 1643, que sirve para medir la presión atmosférica.
BARÓN m. Título nobiliario. Inicialmente de la alta nobleza feudal. Más tarde se usó para el inferior al de vizconde.
BARONESA f. Esposa del barón. || Mujer que disfruta de una baronía.
BARQUILLA f. Molde usado para hacer pasteles. || Cesto de un globo aerostático.
BARQUILLERO, RA m. y f. Persona que hace o vende barquillos. || m. Molde para prepararlos. || f. Caja para transportarlos.
BARQUILLO m. Hoja delgada en forma de canuto, preparada con harina, sin levadura y endulzada.
BARRA, 1 f. Pieza larga y estrecha de cualquier material o sustancia. || Lingote largo. || Franjas de la bandera. || Línea perpendicular que corta las 5 del pentagrama. || *fija* Aparato gimnástico.
BARRA, 2 f. Mostrador de un bar. || Colegio de abogados.

BARRABASADA f. fam. Trastada.
BARRACA f. Chabola. || Vivienda rural de la huerta valenciana.
BARRANCA f. Barranco.
BARRANCO m. Despeñadero, precipicio. || Quiebra profunda que hacen las corrientes de agua.
BARRENA f. Instrumento para horadar. || Barra de hierro que se utiliza para agujerar peñascos, sondar terrenos, etcétera.
BARRENAR tr. Abrir agujeros empleando una barrena. || Hablando de leyes y derechos, infringirlos.
BARRENDERO, RA m. y f. Persona cuyo oficio es barrer.
BARRER tr. Arrastrar con la escoba la suciedad del suelo. || Llevarse uno por delante todo lo que se encuentra. || Hacer desaparecer. || Ahuyentar. || Arrasar, aplastar, vencer al enemigo. || Enfocar de pasada con un haz de luz.
BARRERA f. Valla que obstaculiza o impide el paso. || fig. Obstáculo o impedimento. || Cada uno de los obstáculos de distinta naturaleza (ecológicos, etológicos, geográficos), que provocan el fraccionamiento de poblaciones de un mismo grupo de organismos.
BARRIADA f. Barrio o parte de él.
BARRICA f. Tonel mediano.
BARRICADA f. Parapeto improvisado en una calle para estorbar el paso de los adversarios.
BARRIDO, DA m. y f. Acción de barrer. || m. Recorrido del impacto del haz electrónico en la pantalla del televisor que configura la imagen.
BARRIGA f. Vientre. || fig. Embarazo, preñez. || Parte abultada de una vasija.
BARRIL m. Tonel para guardar y transportar licores y otros géneros. || Unidad de volumen usada para medir el petróleo; 1 b. es igual a 158.98 litros.
BARRIO m. Cada una de las zonas en que se divide una ciudad. || Zona de la ciudad caracterizada por una especialización económica (b. *administrativo, de negocios, comercial*) o sociológica (b. *obrero*). || Caserío dependiente de una población, aunque esté separado de ésta. || Arrabal, punto extremo de una población.
BARRIOBAJERO, RA adj. y s. Relativo a los barrios bajos. || despect. Ordinario, vulgar, de mal gusto.

BARRO, 1 m. Mezcla de tierra y agua. || Lodo. || Sedimento de las profundidades oceánicas. || Arcilla de alfarero. || Búcaro, vasija.

BARRO, 2 m. Grano de la cara.

BARROCO, CA adj. y m. Relativo al estilo artístico que se desarrolló durante los siglos xvi y xvii. || Se aplica a la cultura de esta época, y al propio periodo. || Excesivamente adornado, ampuloso o recargado.

BARROTE m. Barra gruesa de hierro.

BARRUNTAR tr. Prever, conjeturar, temerse algo.

BARRUNTE (o BARRUNTO) m. Indicio, noticia.

BÁRTULOS m. pl. Enseres que se manejan. || fam. Cosas heterogéneas que se utilizan para algo. || fam. Chisme.

BARULLO m. fam. Confusión, desorden.

BASA f. Base, fundamento o apoyo. || Parte inferior de una columna, sobre la que descansa el fuste. || Pedestal de una estatua.

BASAMENTO m. Parte inferior de una edificación. || Cuerpo que forman la basa y el plinto de una columna. || Masa rocosa sustentadora de una serie de rocas sedimentarias.

BASAR tr. Asentar o establecer algo sobre una base. || tr. y prnl. Fundamentar, apoyar.

BÁSCULA f. Aparato para medir pesos. || Cosa que oscila sobre un eje horizontal.

BASE f. Fundamento, apoyo de algo. || Elemento principal de una cosa. || Parte inferior de un objeto. || Conjunto de militantes de un partido político que no ostentan cargos directivos o de responsabilidad. || Parte de una estructura anatómica situada en el extremo opuesto de un vértice. || Basa de una columna. || Todo compuesto que forma sales con los ácidos; son b. los óxidos e hidróxidos de metales alcalinos y alcalinotérreos, así como las orgánicas y alcaloides.

BÁSICO, CA adj. Fundamental, esencial. || m. Compuesto que, en una solución, tiene propiedades de base, al ser captor de protones.

BASÍLICA adj. y f. Se dice de una vena del brazo. || f. Entre los romanos, edificio destinado a la contratación y la administración pública. || Palacio real.

BASILISCO m. Animal legendario que mataba con la mirada. || *hecho un b.* Colérico.

BASTANTE adv. Suficiente. || En cantidad.

BASTAR intr. y prnl. Ser suficiente para algo (o ser autosuficiente). || *¡basta!* interj. Indica que algo debe terminar o desagrada.

BASTARDEAR intr. Degenerar. || Actuar una persona en discordancia con su categoría social. || tr. y prnl. Adulterar, desnaturalizar.

BASTARDILLA adj. y f. Se dice de la letra cursiva.

BASTARDO, DA adj. Se decía del hijo ilegítimo. || Sometido a un proceso de degeneración. || m. Boa, serpiente.

BASTIDOR m. Armazón usado para fijar lienzos, vidrieras, etc. || Armazón que soporta la caja de un vehículo. || El soporte del eje de la hélice. || pl. Lienzos pintados situados a ambos lados del escenario. || *entre bastidores* Se dice de lo que se prepara a escondidas.

BASTILLA f. Hilván con el que se impide el deshilachamiento de una tela.

BASTIMENTO m. Embarcación, barco. || Vituallas para el sustento de una ciudad, ejército, etcétera.

BASTO, TA adj. Vulgar, tosco, grosero.

BASTÓN m. Vara, con puño y contera, para apoyarse al andar. || Insignia de mando o autoridad. || Apoyo, sostén.

BASTONERO, RA m. y f. Persona que hace o vende bastones. || m. El que dirige con bastón algunos bailes.

BASURA f. Desperdicios, desechos. || Estiércol. || Persona despreciable.

BASURERO, RA m. y f. Persona que tiene por oficio la recogida de basuras. || m. Lugar donde se amontona la basura.

BATA f. Prenda de vestir holgada y cómoda. || Guardapolvo para trabajar. || Guardapolvo escolar.

BATACAZO m. Golpe ruidoso y espectacular. || Fracaso total en un asunto.

BATALLA f. Combate entre dos ejércitos. || Justa o torneo. || *campal* Mil. La que tiene lugar en campo abierto. || fam. Pelea encarnizada entre varias personas.

BATALLAR intr. Luchar con armas. || Disputar por algo. || Estar indeciso. || Bregar.

BATALLÓN m. Unidad táctica de una misma arma compuesta por varias compañías. || Por extensión, grupo numeroso de personas.

BATE m. Bastón cilíndrico, que se ensancha hacia su parte inferior, usado en el béisbol.

BATEL m. Bote, barco pequeño.

BATERÍA f. Conjunto de piezas de artillería. || Unidad táctica de artillería. || Fortificación artillada. || Serie de pruebas. || Sistema eléctrico que permite la acumulación de energía y posterior suministro. || *solar* Dispositivo utilizado para transformar la energía luminosa en energía eléctrica.

BATIBURRILLO m. Mezcla de cosas dispares.

BATIDA f. Reconocimiento del terreno, por varias personas, en busca de algo o alguien. || Cacería en la que se levantan previamente las piezas. || Redada policial.

BATIDOR, RA adj. Que bate. || m. o f. Instrumento para batir.

BATIR, 1 tr. Golpear. || Derribar, echar por tierra. || Recoger o desarmar un toldo o tienda. || Agitar algo con fuerza. || Revolver una sustancia para condensarla, disolverla o mezclarla. || Vencer al enemigo. || prnl. Combatir por desafío.

BATIR, 2 tr. Superar, mejorar; se emplea especialmente en la frase *b. el récord.*

BATISTA f. Tela delgada y fina de lino o algodón.

BATRACIO m. Denominación antigua de los Anfibios.

BATUTA f. Varita de madera que utilizan los directores de orquesta para indicar el ritmo, la dinámica y la expresión de la obra. || *llevar* uno *la b.* fam. Dirigir, dar órdenes.

BAÚL m. Arca usada generalmente para guardar y transportar ropa.

BAUTISMO m. Sacramento de la iglesia católica y algunas iglesias cristianas que confiere gracia y testifica el ingreso en ellas. || *de algo (aire, fuego,* etc.) Primera experiencia de una actividad.

BAUTIZAR tr. Administrar el sacramento del bautismo. || Poner nombre a una cosa. || fam. Apodar. || fam. Adulterar un líquido añadiéndole agua.

BAUTIZO m. Acción de bautizar y ceremonia con que se solemniza.

BAUXITA f. Roca sedimentaria constituida por hidróxidos de aluminio. Se presenta en masas compactas terrosas, amarillas o rojizas según el contenido de impurezas (hidróxido férrico, óxido férrico). Es el mineral más importante para la obtención de aluminio.

BAYA f. Fruto carnoso, jugoso, indehiscente, epicarpo membranoso, mesocarpo y endocarpo carnosos. Generalmente de forma redondeada o elipsoidal y color intenso. P. ej.: tomate.

BAYO, YA adj. y s. Se dice del caballo blanco amarillento.

BAYONETA f. Arma blanca que se ajusta al fusil y sobresale de su boca. || Yuca.

BAZAR m. Mercado público oriental. || Tienda de productos muy dispares.

BAZO, ZA adj. y m. De color moreno amarillento. || m. Órgano impar de forma oval situado en la profundidad del hipocondrio izquierdo, a nivel de la décima costilla. De coloración rojiza, pesa unos 200 gramos.

BAZOFIA f. Desechos de las comidas. || Comida mala. || Cosa repulsiva.

BE Onomatopeya del balido de las ovejas. || f. Nombre de la letra *b.*

BEATIFICAR tr. Declarar el papa la bienaventuranza de alguien al que se puede dar culto. Paso intermedio para la canonización.

BEATITUD f. Bienaventuranza eterna. || Tratamiento que se da al papa. || Placidez, sosiego.

BEATO, TA adj. Feliz o bienaventurado. || Persona que ha sido beatificada. || m. y f. fam. Persona de prácticas religiosas afectadas o exageradas.

BEBÉ m. Niño de pecho.

BEBEDERO, RA adj. Bueno para beber. || m. Recipiente para beber las aves domésticas. || Lugar a donde acuden a beber los animales silvestres, especialmente las aves.

BEBEDIZO, ZA adj. Potable. || m. Bebida farmacológica. || Veneno. || Filtro con supuestos poderes mágicos, especialmente en cuestiones amorosas.

BEBEDOR, RA adj y s. Que bebe. || Que abusa del alcohol.

BEBER tr. e intr. Ingerir un líquido por la boca. || intr. Brindar. || Abusar del alcohol. || fig. Aprender, informarse.

BECA f. Ayuda económica o exención de pago que recibe un estudiante para realizar estudios.

BECAR tr. Conceder una beca.

BECARIO, RIA m. y f. Quien disfruta de una beca.

BECERRO, RRA m. y f. Ternero o ternera hasta los dos años. || m. Piel de ternero curtida.

BEDUINO, NA adj. y s. Se dice de los árabes nómadas que habitan en la península arábiga, Siria y N de África; viven de la ganadería (camellos), en clanes de tipo patriarcal.

BEHAVIORISMO m. Conductismo.

BEIGE adj. y m. De color café con leche.

BÉISBOL m. Deporte que se juega entre 2 equipos de 9 jugadores en un cuadrado de 27.43 m de lado, con una *base* en cada ángulo.

BEL CANTO m. Estilo de canto, propio, principalmente, de la ópera italiana del siglo XVII. Va unido a la escuela napolitana, que valora en especial la virtuosidad y belleza de la voz humana y la precisión en el fraseo. || Por extensión, ópera.

BELDAD f. Belleza. || Mujer muy guapa.

BELFO, FA adj. y s. Que tiene más grueso el labio inferior. || m. Labio del caballo y otros animales.

BELGA adj. y com. De Bélgica. || Relativo a las antiguas poblaciones de Bélgica.

BÉLICO, CA adj. Relativo a la guerra.

BELICOSO, SA adj. De actitud o inclinaciones guerreras. || fam. Pendenciero, agresivo.

BELIGERANTE adj. Cada uno de los Estados que intervienen en una guerra. || *no b.* Se dice del Estado que, sin entrar en una guerra, favorece a uno de los contendientes.

BELLACO, CA adj. y s. Ruin, vil. || Sagaz.

BELLEZA f. Armonía física o espiritual de las cosas y de las personas, que inspira placer. || Mujer muy hermosa.

BELLO, LLA adj. Poseedor de belleza. || Excelente.

BELLOTA f. Glande, fruto de la encina. || Adorno de madera recubierto de seda.

BEMOL adj. Se dice de la nota musical cuya entonación es un semitono más grave que su sonido natural. || m. Signo de alteración musical. || pl. fig. Valentía, arrojo. || *tener bemoles* (algo) Ser muy difícil.

BENCENO m. El más elemental de los hidrocarburos cíclicos aromáticos. Se encuentra en el alquitrán de hulla y es un producto residual de las coquerías y de las fábricas de gas. Es buen disolvente de sustancias orgánicas. Se emplea industrialmente en la preparación de explosivos, colorantes, medicamentos, material plástico y eléctrico.

BENDECIR tr. Loar, ensalzar. || Conceder bienes la Providencia. || Consagrar algo al culto divino. || Invocar la bendición divina. || Esbozar el sacerdote la señal de la cruz con la mano o algún objeto sagrado, sobre las personas o cosas.

BENDICIÓN f. Acción de bendecir. || pl. Ceremonia del matrimonio. || *echar la b.* Romper toda relación con alguien. || *ser una b.* Ser excelente.

BENDITO, TA adj. Santo o bienaventurado. || Dichoso. || adj. y s. Inocente, ingenuo; buenazo.

BENEFACTOR, RA adj. y s. Bienhechor.

BENEFICENCIA f. Virtud de ejercer la caridad. || Conjunto de instituciones de asistencia.

BENEFICIAR tr. y prnl. Hacer bien. || tr. Trabajar un terreno. || Mejorar algo.

BENEFICIARIO, RIA adj. y s. Relativo a quien se da o destina una ventaja. || m. y f. El heredero que acepta una herencia o el beneficio de inventario. || El destinatario de un contrato de seguro o una pensión. || Quien goza de un territorio, predio o usufructo por merced de un superior.

BENEFICIO m. Bien, hecho o recibido. || Cultivo del campo. || Derecho que alguien obtiene por ley o privilegio. || Acción de beneficiar empleos o créditos. || Utilidad obtenida por explotación de un negocio. || Extracción de minerales. || *bruto* El que incluye los gastos generales. || *neto* El resultante de detraer al b. bruto los gastos de gestión, amortizaciones e impuestos.

BENÉFICO, CA adj. Que hace bien. || Relativo a la ayuda a los necesitados.

BENEMÉRITO, TA adj. y s. Digno de honor.

BENEPLÁCITO m. Aquiescencia.

BENEVOLENCIA f. Buena voluntad, actitud favorable. || Tolerancia.
BENGALA f. Fuego artificial de diversos colores. || Artificio luminoso utilizado en operaciones nocturnas de búsqueda, salvamento, etcétera.
BENIGNO, NA adj. Afable y bondadoso. || Sereno. || En medicina, mal leve o sin consecuencias.
BEODO, DA adj. y s. Borracho.
BERBIQUÍ m. Útil para taladrar piedra o madera.
BERGANTE m. Bribón, pícaro.
BERGANTÍN m. Velero de dos palos, mayor y trinquete, con velas redondas. Destinado al corso, a partir del siglo xiv.
BERIBERI m. Enfermedad carencial por falta de vitamina B_1 (tiamina). Muy difundida en los países orientales. Se manifiesta por astenia, edemas, insuficiencia cardíaca, atrofias musculares y polineuritis.
BERILIO m. (Be) Elemento químico del grupo IIa de la tabla periódica. Sólo existe combinado, en especial en el berilo. El b. puro es un metal ultraligero, muy duro y caro. Se usa en ventanas de salida de tubos roentgen, en tubos fluorescentes y como inhibidor de neutrones en tecnología nuclear.
BERILO m. Variedad de esmeralda, metasilicato de berilio y aluminio, que cristaliza en el sistema hexagonal en cristales aislados, de grandes dimensiones.
BERKELIO m. (Bk) Elemento químico del grupo VIIIa de la tabla periódica. Se produce por bombardeo de americio-241 con partículas alfa.
BERMEJO, JA adj. Pelirrojo.
BERMELLÓN m. Cinabrio en polvo; se usa para obtener pintura roja.
BERMUDAS adj. m. pl. Se dice de los pantalones cortos que casi llegan a la rodilla.
BERREAR intr. Mugir los becerros y otros animales. || fam. Gritar o cantar destempladamente. || Llorar los niños. || Grito estridente.
BERRIDO m. Voz propia del becerro y de otros animales.
BERRINCHE m. fam. Rabieta, generalmente infantil.
BESAR tr. Aplicar los labios a algo o alguien en muestra de afecto, saludo o despedida. || fam. Estar en contacto diversas cosas.
BESO m. Acción de besar. || *de Judas* El engañoso o con mala intención. || *comer a besos* Besar con vehemencia.
BESTIA f. Animal, generalmente el mamífero cuadrúpedo. || Persona ignorante. || *a lo b.* A pura fuerza.
BESTIAL adj. Brutal o irracional. || fam. Magnífico, desmesurado.
BESTSELLER m. Libro que alcanza la mayor cifra de ventas en un período determinado; por extensión, libro de gran éxito, generalmente ajustado a gustos mayoritarios y escrito buscando esta finalidad.
BESUQUEAR tr. Besar con insistencia y zalamería.
BETATRÓN m. Acelerador de partículas que sirve para proporcionar elevadas energías a los electrones que describen trayectorias circulares en un campo magnético variable.
BETÚN m. Producto natural formado por hidrocarburos saturados, de color pardo o negro. Se usa para fabricar barnices, emulsiones, para pavimentos, como impermeabilizante, y en fotolitografía. || Mezcla de productos, que se usa para limpiar calzado.
BIBERÓN m. Botella provista de un pezón de goma, para la lactancia artificial. || Líquido que contiene.
BIBLIA f. Conjunto de libros sagrados canónicos, fundamento de las religiones judía y cristiana.
BIBLIOFILIA f. Pasión por los libros raros o que tienen valor por sus características editoriales.
BIBLIOGRAFÍA f. Repertorio ordenado de publicaciones. Puede ser *descriptiva*, si sólo contiene datos generales de libros, o *analítica*, si además ofrece datos históricos, temáticos o formales, e incluso juicios críticos.
BIBLIOTECA f. Lugar donde se conservan libros, ordenados para su lectura. || Conjunto de libros, manuscritos, etc. || Mueble para guardarlos. || Obra en que se da a conocer a los escritores de una nación o de una especialidad. || Colección de libros o tratados análogos.
BIBLIOTECARIO, RIA m. y f. Persona que trabaja en una biblioteca.

BIBLIOTECOLOGÍA f. Ciencia que estudia todo lo relacionado con el libro o la biblioteca.

BICARBONATO m. Carbonato ácido. El más conocido es el b. sódico, empleado popularmente como antiácido y en la industria textil como blanqueador.

BICÉFALO, LA adj. Con dos cabezas. || Se dice del organismo cuya jefatura es dual.

BÍCEPS m. Cada uno de los músculos constituidos por 2 cabezas claramente diferenciadas. El braquial, situado en la región anterior del brazo, permite la flexión del antebrazo sobre el brazo. El femoral se halla en la parte lateral de la región posterior del muslo.

BICICLETA f. Vehículo de dos ruedas montadas sobre un bastidor, en el que el movimiento se obtiene trasladando, por medio de un engranaje (cadena), el esfuerzo muscular de las piernas a la rueda trasera (motriz); se dirige por medio de un manillar.

BICOCA f. fam. Cosa insignificante. || Cosa aprovechable y barata; cosa fácil, chollo.

BICÓNCAVO, VA adj. Se dice de un cuerpo con dos superficies cóncavas opuestas.

BICONVEXO, XA adj. Se dice de un cuerpo con dos superficies convexas opuestas.

BICHO m. Animal pequeño. || fam. Persona ridícula o estrafalaria. || Niño o niña traviesos. || *mal b.* Persona con malas intenciones.

BIDÉ m. (BIDET) m. Lavabo para el aseo de los genitales.

BIDÓN m. Recipiente metálico de grandes dimensiones, para el transporte de líquidos; por extensión, recipiente grande para este mismo uso.

BIELA f. Órgano de un sistema mecánico utilizado para transformar un movimiento rectilíneo periódico en circular o viceversa.

BIEN m. Todo aquello que es útil o deseable. || Lo que es perfecto dentro de su género. || Sensación de dicha o felicidad. || Cosa provechosa. || Lo que puede formar parte de un patrimonio. || Cualquier producto que sirve para satisfacer una necesidad. || adv. Según debe hacerse. || Sin dificultad. || Conforme a lo que se pide o especifica. || Con buena salud o buen aspecto. || Estupendamente; divertido. || Aproximadamente. || Expresión de acuerdo, consentimiento o aprobación.

BIENAL adj. Que se organiza o sucede cada 2 años. || Que dura ese tiempo. || Se dice de la planta que completa su ciclo en 2 años. || Exposición artística (cine, arte, etc.) que se celebra cada 2 años.

BIENAVENTURADO, DA adj. y s. Que goza de bienaventuranza. || Afortunado.

BIENAVENTURANZA f. Visión de Dios en el cielo. || Felicidad.

BIENESTAR m. Goce de bienes de cualquier género.

BIENHECHOR, RA adj. y s. Que hace el bien.

BIENIO m. Periodo de dos años.

BIENVENIDO, DA adj. Se dice de la persona o cosa acogida con agrado a su llegada. || f. Recibimiento agradable.

BIFOCAL adj. Relativo a la lente que posee dos distancias focales distintas.

BIFURCACIÓN f. Acción y efecto de bifurcarse. || Lugar donde se separa en dos vías un camino, ferrocarril, etc. || Secuencia de instrucción de un programa a la que se transfiere el control del ordenador, dependiendo de una o diversas variables. || Selección de una o varias ramas.

BIFURCARSE prnl. Separarse una cosa en dos ramales, vías, etcétera.

BIGAMIA f. Estado de una persona casada que contrae nuevo matrimonio sin haber disuelto legítimamente el anterior. || Segundo matrimonio que contrae la persona que enviuda.

BIGOTE m. Pelo que nace sobre el labio superior. || Impr. Línea horizontal de adorno, más gruesa por el centro que por los extremos.

BIKINI m. Traje de baño femenino compuesto de dos piezas. || Bocadillo caliente, a base de pan, jamón de york, queso y mantequilla.

BILABIAL adj. y f. Se dice del sonido cuyo punto de articulación es la unión de los dos labios: *p, b, m*.

BILATERAL adj. Relativo a ambos lados. || Se dice del tipo de simetría que presentan algunos seres vivos o sus órganos. || Se dice del contrato que genera obligaciones por ambas partes.

BILATERALISMO m. Régimen de comercio internacional que se basa en la tendencia a negociar los intercambios individualmente con cada país.

BILIAR adj. Relativo a la bilis. || *b., aparato* Conjunto de órganos que intervienen en la secreción y almacenamiento de la bilis (hígado, vesícula y vías biliares).

BILINEAL adj. Relativo a dos líneas.

BILINGÜE adj. y com. Que se expresa indistintamente en dos lenguas. || adj. Escrito en dos idiomas.

BILIOSO, SA adj. Que tiene exceso de bilis. || Provocado por un exceso de bilis. || De carácter propenso al malhumor.

BILIRRUBINA f. Pigmento biliar de color rojo. Se origina en la transformación de la hemoglobina en el sistema retículo-endotelial (SRE). Normalmente se encuentra en la bilis.

BILIS f. Secreción digestiva del hígado. Es un líquido viscoso compuesto de agua, sales y pigmentos biliares, ácidos grasos, colesterol y lecitina. Durante la digestión es vertida al duodeno por el conducto hepático a través del colédoco.

BILLAR m. Juego que consiste en golpear con una bola, que se impulsa con ayuda de un taco, a otras dos. || Habitación o local público con instalaciones para la práctica de este juego.

BILLETE m. Recibo que autoriza a usar ciertos servicios o certifica la participación de determinados juegos de azar. || Papel moneda.

BILLETERO, RA m. y f. Cartera de bolsillo.

BILLÓN m. Millón de millones.

BIMESTRAL adj. Que sucede cada dos meses o que dura un bimestre.

BIMESTRE m. Periodo de dos meses. || Renta o sueldo que se paga o cobra cada dos meses.

BIMOTOR m. Avión de dos motores.

BINAR tr. Dar segunda reja a las tierras o cavar por segunda vez las viñas.

BINARIO, RIA adj. Compuesto de dos elementos.

BINÓCULO m. Anteojo con una lente para cada ojo.

BINOMIO m. Polinomio de dos términos.

BIODEGRADABLE adj. Se dice de la sustancia susceptible de ser metabolizada por los organismos transformándose en compuestos más sencillos.

BIODINÁMICA f. Aspecto de la fisiología que estudia la actividad de los fenómenos biológicos.

BIOFÍSICA f. Parte de la biología que se ocupa del estudio de los fenómenos vitales bajo el punto de vista de las ciencias físicas y de la observación de los efectos de los elementos fisicoquímicos sobre los organismos.

BIOGÉNESIS f. Teoría enunciada por Redi (1668) según la cual todo ser vivo procede de otro ser vivo.

BIOGRAFÍA f. Historia de la vida de una persona. || Género literario que la narra.

BIOLOGÍA f. Ciencia que estudia los seres vivos, tanto actuales como extintos.

BIÓLOGO, GA m. y f. Persona dedicada al estudio y cultivo de la biología.

BIOMA m. En ecología, conjunto de animales y plantas de una zona determinada en equilibrio con las condiciones ambientales de esa zona.

BIOMASA f. Masa total de los organismos que ocupan un ecosistema.

BIOMBO m. Mampara pegable compuesta por bastidores unidos entre sí mediante bisagras.

BIOMETRÍA f. Aplicación de los métodos de la estadística a la biología.

BIOPSIA f. Procedimiento de diagnóstico consistente en extirpar fragmentos pequeños de tejidos para su posterior observación al microscopio.

BIOQUÍMICA f. Ciencia que estudia la composición de la materia viva (b. *descriptiva*) y las transformaciones energética o químicas que se originan durante su actividad funcional (b. *dinámica*).

BIOSFERA f. Parte de la Tierra y de la atmósfera en la que es posible la vida y, por extensión, el conjunto de todos los organismos animales y vegetales, actuales o extintos.

BIOSÍNTESIS f. Proceso bioquímico por el cual un organismo vivo sintetiza las sustancias orgánicas indispensables para su existencia.

BIOTIPO m. En genética, conjunto de individuos que presentan las mismas características constitucionales de carácter hereditario.

BIÓXIDO m. Óxido con dos átomos de oxígeno en su molécula.

BIPARTIDISMO m. Sistema basado en el predominio de dos grandes partidos políticos.

BIPARTITO, TA adj. Se dice de la reunión, convenio, etc., en que intervienen sólo dos partes.

BÍPEDO, DA adj. y s. De dos pies o dos patas. || fam. Hombre. || m. En los cuadrúpedos, conjunto de dos remos.

BIRLAR tr. En el juego de bolos, tirar por segunda vez la bola desde donde se quedó la primera vez. || fam. Robar o quitar algo con astucia.

BIRRETE m. Gorro con una borla de color, distintivo de catedráticos, jueces, magistrados, abogados, etc. || Gorro, bonete.

BIRRIA f. Adefesio. || fam. Persona o cosa de poco valor, ridícula, grotesca o fea.

BIS Prefijo inseparable que significa 'dos veces'. || m. Repetición, o pieza fuera de programa, que se ejecuta al final de un concierto, a petición del público. || adv. Indica que una cosa debe repetirse o que está repetida.

BISABUELO, LA m. y f. Respecto de una persona, padre o madre de los abuelos.

BISAGRA f. Herraje de dos piezas unidas por un eje común y que, al fijarse a puertas, ventanas, tapas, etc., permite su giro.

BISECTOR adj. y m. Se dice del plano que divide un diedro en otros dos iguales entre sí.

BISECTRIZ adj. y f. Se dice de la recta que divide un ángulo en otros dos iguales entre sí.

BISEL m. Corte oblicuo con el borde de una lámina o plancha. || Cerco en el que se acoplan la esfera y el cristal de un reloj.

BISEXUAL adj. y com. Hermafrodita. || Se dice de la persona que experimenta atracción por ambos sexos.

BISIESTO adj. y m. Se dice del año de 366 días.

BISILÁBICO, CA (o **BISÍLABO, BA**) adj. De dos sílabas.

BISMUTO m. (Bi) Elemento químico del grupo V de la tabla periódica. Raramente se encuentra libre en la naturaleza, pero lo contienen combinado algunos minerales: bismutita, tetradimita, y sus minas se explotan en México, Bolivia y España. Es un metal frágil, de brillo argénteo rojizo; muy mal conductor del calor y de la electricidad.

BISNIETO, TA m. y f. Hijo o hija del nieto.

BISOÑÉ m. Peluca que cubre la parte anterior de la cabeza.

BISTÉ (o **BISTEC**) m. Filete de carne de bóvido; por extensión, lonja de carne de otros animales.

BISTURÍ m. Instrumento quirúrgico que sirve para seccionar.

BISUTERÍA f. Joyería que no usa materiales preciosos, aunque a veces los imita. || Objetos así realizados. || Tienda que los vende.

BIT m. Abreviatura de *binary digit*. En informática, unidad de medida que indica la cantidad de pasos binarios que componen una información.

BITÁCORA f. Armario situado cerca del timón, donde se coloca la brújula para que siempre esté horizontal.

BIVALENTE adj. Se dice del elemento o radical que tiene valencia 2.

BIZANTINO, NA adj. y s. De Bizancio. || adj. Del imperio romano de oriente. || Se dice de discusiones enconadas y sutiles sobre temas intrascendentes.

BIZARRO, RRA adj. Valiente, generoso.

BIZCO, CA adj. y s. Que tuerce la vista. || *dejar b.* Sorprender. || *quedarse b.* Asombrarse.

BIZCOCHO m. Pan sin levadura cocido dos veces para que dure más. Se usaba en las travesías marítimas. || Masa horneada, de harina, huevos y azúcar.

BLANCO, CA adj. y m. Del color de la luz solar. || De color más desvaído que otras cosas de la misma especie. || Se dice del verso que no tiene rima. || Se dice de la raza humana europea o caucásica, y de sus individuos.

BLANCURA f. Calidad de blanco. || *del ojo* Nube, mancha de la córnea.

BLANCUZCO, CA adj. Blanquecino.

BLANDENGUE adj. y com. Se dice de la persona débil.

BLANDIR tr. Enarbolar un arma u otro objeto.

BLANDO, DA adj. Tierno y suave al tacto. || Que cede a la presión. || Condes-

BLANQUEAR 84 **BOCADO**

cendiente. || Cobarde y pasivo. || adv. Con blandura.
BLANQUEAR tr. Poner blanco algo. || Encalar. || Dar las abejas cierta cera a los panales. || Blanquecer metales. || Proceder al blanqueo de fibras textiles, pasta de papel, etc. || Convertir en dinero legal el conseguido delictivamente.
BLANQUECINO, NA adj. Se dice del color algo blanco.
BLASFEMAR intr. Decir blasfemias. || Vituperar.
BLASFEMIA f. Injuria dirigida a Dios, la Virgen, los ángeles, los santos o las cosas sagradas. || fam. Insulto grave contra otros.
BLASÓN m. Arte que estudia los escudos de armas. || Escudo de armas; pieza o parte que lo componen. || Por extensión, honor o fama.
BLASONAR tr. Preparar el escudo de armas de acuerdo con las normas de la heráldica. || intr. Presumir ostentosamente de algo.
BLÁSTULA f. Una de las fases en el proceso de segmentación del huevo. Sigue a la fase de mórula y presenta la forma de una esfera hueca (blastocele) cuyas paredes están formadas por una o varias capas de células denominadas blastómeros.
BLENDA f. Sulfuro de cinc. Contiene también hierro, cadmio y cobre. Cristaliza en el sistema cúbico, es de color amarillo pardo y de brillo metálico. Abunda en las rocas eruptivas sedimentarias y en los esquistos cristalinos. Constituye la principal mena de cinc.
BLENORRAGIA f. Enfermedad venérea; consiste en una inflamación catarral de la mucosa urogenital.
BLENORREA f. Blenorragia crónica.
BLINDAJE m. Revestimiento de acero u otro material difícilmente penetrable, diseñado para proteger personas o cosas de proyectiles o armas de fuego. || Protección metálica que impide la propagación de los campos eléctricos o magnéticos.
BLINDAR tr. Proteger con blindajes.
BLOC m. Cuaderno cuyas hojas se pueden separar o arrancar fácilmente.
BLONDA f. Encaje de seda.
BLONDO, DA adj. Rubio.
BLOQUE m. Trozo de piedra sin labrar, de grandes dimensiones. || Piedra tallada que se usa en construcción. || Conjunto compacto e informe de cosas. || Edificio grande y de muchos pisos, que a veces llega a ocupar una manzana. || Composición tipográfica en la que todas las líneas de un párrafo tienen la misma longitud. || Agrupación de personalidades de distintos ámbitos, sin carácter legal, con fines determinados. || Agrupación tácita de países de similares formaciones económicas y culturales y que afirman los mismos valores ideológicos.
BLOQUEAR tr. Sitiar. || tr. y prnl. Interrumpir, cortar o impedir movimientos, transacciones, comunicaciones o el funcionamiento de algo.
BLUSA f. Prenda de vestir, generalmente femenina y de tela fina, que cubre desde los hombros hasta la cintura.
BOATO m. Ostentación manifestada en las formas.
BOBADA f. Necedad, tontería; trivialidad.
BOBALICÓN, NA adj. y s. fam. Bobo, atontado.
BOBERÍA f. Calidad de bobo. || Bobada.
BOBINA Carrete en el que se enrolla hilo, alambre, cinta, cable, papel, etc. || Lo que se enrolla en él. || Uno de los componentes de los circuitos electrónicos: está formada básicamente por un hilo conductor arrollado en espiras, por lo general en torno a un núcleo ferromagnético.
BOBO, BA adj. y s. De corta inteligencia; se usa a veces sin valor ofensivo. || Se dice de la persona muy crédula o ingenua. || m. Gracioso de la comedia clásica.
BOCA f. Cavidad con abertura situada en la parte anterior de la cabeza del hombre y de muchos animales, por la cual se toma el alimento. Contiene los órganos sensoriales del gusto. || Abertura anterior de esta cavidad.
BOCACALLE f. Entrada de una calle. || Calle que afluye a una principal.
BOCADILLO m. Pan relleno con algún alimento. || Tentempié. || Lienzo delgado y basto. || Cinta muy estrecha. || En teatro, pocas palabras de un actor que interrumpen un diálogo.
BOCADO m. Cantidad de alimento que se toma de una vez. || Un poco de comida. || Mordisco.

BOCANADA f. Volumen de líquido que se toma de una vez en la boca o se arroja de ella. || Cantidad de humo aspirado o expelido de una vez al fumar. || *de aire* Golpe repentino de viento.

BOCAZO m. Barrenazo fallido.

BOCEL m. Moldura lisa, convexa, de sección semicircular. || Cepillo que usan los carpinteros y tallistas para hacer boceles.

BOCETO m. Líneas y manchas de color que sirven de guía para la realización de una obra pictórica. || Modelado en tamaño reducido de un proyecto de composición escultórica. || Por extensión, esquema sólo con los rasgos principales de cualquier cosa.

BOCINA f. Cuerno o trompa, instrumento musical. || Pieza en forma de embudo con que se amplifica el sonido. || Instrumento de esta forma, provisto de lengüeta vibratoria y pera de goma, que usaban antiguamente los coches como avisador. || Claxon.

BOCIO m. Tumoración del tiroides que causa un abultamiento en la parte anterior del cuello.

BOCÓN, NA adj. y s. Bocudo. || fam. Bocazas. || Que habla de más.

BOCUDO, DA adj. De boca grande.

BOCHINCHE m. Barullo, tumulto, desorden. || Taberna, bodegón.

BOCHORNO m. Aire muy cálido; calor sofocante, combinado con baja presión atmosférica. || Enrojecimiento momentáneo del rostro. || Vergüenza, sonrojo.

BODA f. Casamiento, ceremonia y fiesta con que se solemniza. || *bodas de diamantes* Sexagésimo aniversario de algo, generalmente de la boda. || *de oro* Quincuagésimo aniversario. || *de plata* Vigesimoquinto aniversario.

BODEGA f. Lugar donde se guarda y cría el vino. || Vinatería. || Producción de vino en cierto lugar o tiempo. || Despensa. || Granero. || En los puertos de mar, almacén de mercancías. || Espacio de los barcos por debajo de la cubierta inferior. || Tienda o almacén de comestibles; por extensión, de cualquier mercadería.

BODEGÓN m. Figón. || Taberna. || Pintura en la que se representan cosas comestibles, vasijas y utensilios domésticos.

BODRIO m. Caldo preparado con sobras de otras comidas que antiguamente se repartía entre los pobres. || Comistrajo, bazofia, guiso mal aderezado. || fam. Obra literaria o artística inaguantable, de pésima calidad.

BOFE m. Pulmón, especialmente de las reses muertas para el consumo.

BOFETADA f. Golpe dado con la mano abierta en la mejilla. || Desdén, agravio.

BOGA f. Acción de remar o bogar. || *estar en b.* Estar de moda.

BOGAR intr. Remar.

BOHEMIO, MIA adj. y s. De Bohemia. || Gitano. || Se dice de la persona cuya forma de vida es informal y poco organizada || m. Idioma checo. || f. Movimiento artístico vinculado a la sociedad romántica francesa, que se desarrolló en París a partir del segundo imperio. Se caracteriza por una actitud de inadaptación social.

BOICOT m. Acción y efecto de boicotear.

BOICOTEAR tr. Presionar a una institución o persona por medio de la suspensión total de todo tipo de relaciones con ella o poniéndole dificultades.

BOINA f. Gorra plana y redonda, sin visera.

BOLA f. Cuerpo esférico. || En determinados deportes, pelota.

BOLCHEVIQUE adj. y com. Adscrito al bolchevismo. || com. fam. Comunista radical.

BOLCHEVISMO m. Corriente capitaneada por Lenin en el seno del Partido Obrero Socialdemócrata Ruso y que comenzó a definirse a partir del II congreso del Partido (1903).

BOLEAR, 1 intr. En el juego de trucos y en el billar, jugar para entrenarse, sin hacer partidas. || Competir en distancia en el lanzamiento de bolas. || En diversos juegos, lanzar la bola y pelota.

BOLEAR, 2 tr. Arrojar, impeler.

BOLETA f. Cédula electoral. || Cédula judicial. || Borrador de una escritura pública; en algunos lugares implica el pago de un anticipo.

BOLETÍN m. Publicación periódica especializada. || Cuaderno en el que se consignan las notas de un colegial. || Papeleta de suscripción.

BOLETO m. Papeleta de rifa o sorteo. || Resguardo de una apuesta. || Billete que da derecho al disfrute de diversos servicios.

BOLICHE m. Bola pequeña del juego de las bochas. || Juego de bolos. || Cierto juego consistente en introducir el máximo de bolas en unos cañutos acoplados a una mesa cóncava.

BÓLIDO m. Masa mineral en ignición que atraviesa la atmósfera y, a veces, estalla y produce aerolitos. || fam. Cosa o persona que va a toda velocidad, especialmente el coche de carreras.

BOLÍGRAFO m. Instrumento para escribir, cuya punta, una bolita de acero que gira libremente, se impregna de una tinta grasa.

BOLÍVAR m. Unidad monetaria de Venezuela.

BOLO, 1 m. Bola. || Palo tornado que puede mantenerse vertical. || pl. Juego que consiste en derribar un número determinado de bolos con una bola, lanzada desde cierta distancia.

BOLO, 2 m. Píldora de mayor tamaño que las corrientes. || *alimenticio* Alimento masticado y ensalivado que se traga de una vez.

BOLSA, 1 f. Saco pequeño. || Saco con asas que se utiliza para transportar cosas o productos ligeros. || Pliegue que hace la ropa cuando está deformada o resulta ancha.

BOLSA, 2 f. Conjunto de operaciones de compraventa de activos financieros. || Lugar donde se realizan estas operaciones. || *de trabajo* Oficina semipública de colocación, o sección publicitaria de algún medio o institución dedicados a este fin. || *jugar a la b.* Especular con valores bursátiles.

BOLSILLO m. Saquito cosido en los vestidos. || Bolsa para el dinero. || *consultar con el b.* Pensar sobre el estado financiero de uno antes de emprender un gasto. || *meterse* a alguien *en el b.* Captar su voluntad. || *tener* a alguien *en el b.* Tenerlo dominado.

BOLSO m. Bolsa de mano, de piel u otros materiales. || Bolsillo.

BOLLO Panecillo muy esponjoso hecho con harina, azúcar, leche, huevos, etc. || Plegado de tela de forma esférica en un vestido o tapicería.

BOMBA, 1 f. Artefacto explosivo que consiste en un recipiente metálico de forma cilíndrica o ahusada, que contiene algún producto que estalla al ser activado por un detonador o espoleta. || fam. Verso que se improvisa en fiestas populares. || adj. y f. Noticia inesperada y asombrosa. || *caer como una b.* Sentar mal, producir consecuencias desagradables y negativas.

BOMBA, 2 f. Máquina para elevar o transportar líquidos, consiste en la aportación de energía mecánica, que se transforma en un aumento de altura del líquido y provoca el movimiento del mismo a lo largo de un conducto.

BOMBARDEAR tr. Lanzar bombas. || Modificar la estructura atómica o nuclear de un elemento proyectando contra el átomo o contra el núcleo atómico partículas dotadas de elevada energía.

BOMBEAR tr. Elevar o impulsar un líquido por medio de una bomba.

BOMBERO m. Miembro del cuerpo que se ocupa de la extinción de incendios y de auxilios en otros siniestros.

BOMBILLA f. Globo de cristal que contiene una resistencia larga y fina que se pone al rojo blanco al paso de la corriente.

BOMBÍN m. Sombrero hongo.

BOMBO, BA adj. fam. Atolondrado. || m. Instrumento de percusión, de sonido grave e indefinido. Consiste en un gran tambor cilíndrico, cubierto de cuero. || Quien toca ese instrumento. || *a b. y platillo* Públicamente y con exageración.

BOMBÓN m. Golosina de chocolate, a veces rellena de licor u otros ingredientes. || fam. Joven de gran atractivo.

BONACHÓN, NA adj. y s. De buen carácter.

BONANZA f. Tiempo bonancible, especialmente en el mar. || Prosperidad.

BONDAD f. Calidad de bueno. || Disposición a hacer el bien. || Bonachonería. || *tener la b. de* Hacer el favor de.

BONETE m. Gorro generalmente de cuatro picos, propio de eclesiásticos, que antiguamente usaban también estudiantes y graduados.

BONGO m. Instrumento de percusión afroamericano. Formado por dos pequeños tambores, unidos entre sí; se tocan con los dedos o la palma de las manos.

BONIFICACIÓN f. Acción de bonificar. || Rebaja o descuento sobre el precio de venta.

BONIFICAR tr. Deducir una cantidad de otra.

BONITO, TA adj. Bueno. || Bello, lindo, agradable.
BONO m. Vale canjeable por determinados artículos comerciales o por dinero. || En economía, título de deuda que emite el Estado (b. *del tesoro*) u otras instituciones públicas o privadas (b. *de caja*).
BOOM m. Éxito fulgurante. || Alza repentina de algunos valores bursátiles.
BOQUERA f. Boca de piedra que se hace en un canal de riego. || Abertura en el pajar por donde se echa el heno. || Llaga en la boca de ciertos animales. || Excoriación en la comisura de los labios.
BOQUETE m. Entrada o paso de escasa amplitud. || Brecha.
BOQUIABIERTO, TA adj. Que tiene la boca abierta. || Que permanece embobado observando algo.
BOQUILLA f. Abertura inferior de la pernera del pantalón. || Abertura de una acequia para que salga el agua. || Cañuto de los instrumentos musicales de viento, que se aplica a la boca para tocarlos. || Ranura que se hace en una madera para ensamblarla con otra. || Parte de la pipa que se introduce en la boca. || Filtro de un cigarrillo. || Orificio cilíndrico por donde se introduce la pólvora en algunos proyectiles.
BORBOLLÓN m. Borbotón. || *a borbollones* A borbotones, atropelladamente.
BORBOTÓN m. Ondulación de la superficie de un líquido al burbujear. || *hablar a borbotones* Hablar atropelladamente.
BORCEGUÍ m. Botín ajustado y abierto.
BORDA f. Baranda que bordea el costado de un barco. || Vela mayor en las galeras. || *arrojar o echar por la b.* Desprenderse de algo o alguien; desperdiciar una ocasión.
BORDADO (o **BORDADURA**) m. (o f.) Arte de bordar. || Adorno que se hace en las telas con trabajos de aguja.
BORDAR tr. Adornar una tela con bordados. || fam. Hacer algo muy bien. || *quedar o salir bordado* Resultar algo perfecto o impecable.
BORDE m. Orilla o límite de algo. || Contorno de la boca de un vaso o vasija. || *al b. de* Muy cerca de.
BORDEAR tr. Viajar o caminar por el borde de algo. || Aproximarse mucho a algo. || Rodear o eludir un obstáculo o una dificultad.

BORDO m. Costado exterior de un barco desde la línea de flotación hasta la borda. || *a b.* En la embarcación.
BOREAL adj. Relativo al bóreas. || Septentrional.
BÓREAS m. Viento del N, que trae clima frío. Divinizado por los griegos.
BORLA f. Adorno colgante formado por un grupo de cordoncillos sujetos por un extremo. || Distintivo del birrete de los graduados universitarios, que indica la facultad según el color. || Utensilio de cosmética usado para empolvarse.
BORNE m. Dispositivo que une entre sí uno o varios conductores a un circuito o aparato para obtener una continuidad metálica que permita el paso de la corriente eléctrica. || Tornillo en el que se sujeta un conductor.
BORO m. (B) Elemento químico del grupo IIIb de la tabla periódica. Posee propiedades de metaloide. En la naturaleza sólo se presenta combinado (ácido bórico, bórax).
BORRA f. Parte más basta de la lana. || Cordera de un año. || Pelo de cabra para relleno. || Pelusa del interior de la cápsula del algodón. || Pelusa que se forma en los bolsillos o tambien bajo los muebles o en los rincones. || Desperdicios de la lana.
BORRACHERA f. Efecto de emborracharse, y estado del que está ebrio. || Exaltación exagerada.
BORRACHO, CHA adj. y s. Se dice de la persona que se embriaga con frecuencia. || Embriagado.
BORRADOR m. Primer esquema de un escrito, en donde se efectúan correcciones. || Libro de cuentas en los comercios. || Goma de borrar. || Útil de fieltro para borrar pizarras.
BORRAR tr. Tachar lo escrito. || Hacer desaparecer lo escrito. || Por extensión, hacer desaparecer algo.
BORRASCA f. Tormenta marina. || Temporal de viento, junto con nevadas o pedriscos. || Ciclón, depresión atmosférica. || fam. Peligro.
BORREGO, GA m. y f. Cordero o cordera de uno a dos años. || fam. Persona apocada y sin criterio propio.
BORRICO, CA m. y f. Asno. || m. Burro, caballete. || adj. y s. fam. Burro, estúpido; resistente; testarudo, terco.

BORRÓN m. Mancha de tinta que cae o se hace en un papel. || Imperfección. || Consecuencias deshonrosas de ciertos actos. || Esbozo de un cuadro. || *y cuenta nueva* Olvido y perdón de acciones pasadas, con propósito de actuar en el futuro como si no hubieran sucedido.

BORROSO, SA adj. Confuso, impreciso, que no se distingue con claridad. || Lleno de borra.

BOSCAJE m. Bosque pequeño.

BOSCOSO, SA adj. Con bosque espeso.

BOSQUE m. Asociación vegetal caracterizada por la presencia de plantas leñosas, arbóreas o arbustivas. Pueden citarse los siguientes tipos: *ecuatorial* o *pluvial*, el que se establece en zonas con una precipitación superior a 1 500 mm anuales, con una gran exuberancia, hasta el punto de que las copas forman una superficie continua y la vegetación del sotobosque está poco desarrollada; *templado*: está formado por especies de hoja caduca, el estrato superior es continuo pero permite el paso de la luz con lo que el sotobosque es rico en especies; *mediterráneo*: tipo especial de b. templado, en zonas de sequía estival, con árboles de pequeño porte y sotobosque a base de platas xerófilas; *en galería*: propio de zonas con sabana, crece en el fondo de valles o junto a corrientes de agua; *de ribera*: se desarrolla junto a las masas de agua; *mixto*: formado por más de una especie vegetal arbórea; *virgen*: conserva la integridad de su estado natural climático, sin que la acción del hombre haya producido ningún tipo de degradación.

BOSQUEJAR tr. Pintar o dibujar sin definir los contornos. || Indicar vagamente un plan. || Preparar una obra, sin llegar a realizarla.

BOSTEZAR intr. Abrir involuntariamente la boca, aspirando primero lentamente y espirando después prolongadamente.

BOTA f. Calzado que cubre el pie y parte de la pierna o su totalidad.

BOTANA f. Parche en los pellejos para líquidos. || Tapón de las cubas de vino. || fam. Parche para las heridas. || Aperitivo; se usa especialmente en plural.

BOTÁNICO adj. Relativo a la botánica. || m. y f. Persona que se dedica a la botánica. || f. Rama de las ciencias biológicas que se ocupa del estudio de los vegetales.

BOTAR tr. Arrojar con violencia. || intr. Dar botes el caballo. || fam. Manifestar exageradamente algún sentimiento. || intr. y tr. Saltar la pelota, después de chocar contra el suelo u otro obstáculo.

BOTARATE adj. y m. fam. Estúpido, insensato.

BOTE, 1 m. Brinco que da el caballo. || Salto de una pelota.

BOTE, 2 m. Recipiente pequeño para conservas u otros usos.

BOTE, 3 m. Lancha pequeña.

BOTE, *de bote en* Lleno de gente, a rebosar.

BOTELLA f. Vasija de cuello largo y estrecho. || Su contenido.

BOTICA f. Establecimiento que se dedicaba a la elaboración y venta de específicos. || Gasto en medicamentos durante una enfermedad. || fam. Farmacia. || *haber de todo, como en b.* Haber gran abundancia y variedad de cosas.

BOTICARIO, RIA m. y f. Propietario de una botica, donde hace sus preparados. || Farmacéutico.

BOTÍN, 1 m. Calzado que cubre todo el pie y parte de la pierna.

BOTÍN, 2 m. Despojo que se repartía entre los soldados como premio por la conquista de posesiones enemigas. || Conjunto de armas, provisiones y demás efectos que quedan en poder del vencedor. || Producto de un saqueo, robo, etcétera.

BOTIQUÍN m. Habitación o mueble para guardar medicinas, o caja para transportarlas. || Conjunto de medicamentos. || Enfermería para curas de urgencias.

BOTÓN m. Yema de las plantas. || Capullo de una flor. || Pieza pequeña de metal u otra materia para abrochar un vestido. || Resalto cilíndrico o esférico que se atornilla en algún objeto como asidero, tirador, etc. || Pulsador para conectar o desconectar un aparato. || *de muestra* Ejemplo, aclaración.

BOTONES m. Empleado subalterno que hace recados y encargos.

BOURRÉE f. Movimiento de danza de la suite clásica; de aire alegre y en compás binario.

BOUTIQUE f. Tienda de pequeñas dimensiones especializada en ropa de moda.

BÓVEDA f. Obra curva, sostenida por muros o columnas, que cierra la parte superior de una edificación o estancia. || Recinto abovedado. || Cripta. || *celeste* La que aparentemente recubre el cielo. || *craneal* Conjunto de huesos de la calavera que recubren el cerebro.

BÓVIDOS m. pl. Familia de mamíferos artiodáctilos. Presenta cuernos huecos y no ramificados, que en ocasiones faltan en las hembras. En total reúne 120 especies, la mayoría animales de caza: toro, búfalo, gamuza, gacela, cebú, oveja, etcétera.

BOVINO, NA adj. Relativo al buey o a la vaca.

BOXEADOR m. Deportista que practica el boxeo. Puede ser profesional (hasta 12 asaltos en los combates) y aficionado (3 asaltos).

BOXEAR intr. Practicar el boxeo. || Pelear a puñetazos.

BOXEO m. Deporte que enfrenta sobre un cuadrilátero de 5 a 6 m de lado a dos contendientes; éstos luchan golpeando al contrario exclusivamente con los puños, protegidos por guantes.

BOYA f. Cuerpo flotante amarrado al fondo de una masa acuática y colocado como baliza. || Corcho que se pone en la parte superior de la red para que no se hunda, o en el sedal de la caña de pescar para saber cuándo pica un pez.

BOYADA f. Manada de bueyes.

BOYANTE adj. Próspero.

BOZAL adj. y com. Se decía del esclavo negro recién sacado de su país. || adj. Necio, ignorante. || m. Utensilio de diversas formas y materiales que se coloca a los perros para que no muerdan, a las caballerías para que no se paren a comer y a los terneros para que no mamen.

BOZO m. Primer vello que sale a los muchachos sobre el labio superior. || Parte externa de la boca.

BRACEAR intr. Mover reiterada y exageradamente los brazos. || Andar con elegancia el caballo, levantando mucho las patas delanteras. || Nadar a braza. || Forcejear con alguien.

BRACERO, RA adj. Se dice del arma lanzada con el brazo. || m. Jornalero del campo. || El que ofrece su brazo para que otro se apoye.

BRAGA f. Pañal infantil. || fam. Bragazas, calzonazos. || Prenda interior femenina que cubre la parte inferior del tronco. || Calzón ancho.

BRAGADO, DA adj. Se dice de bóvidos que tienen la bragadura de diferente color que el resto del cuerpo. || fam. Se dice de la persona muy valiente. || Avieso, mal intencionado.

BRAGAZAS adj. y m. Se dice del hombre pusilánime, del que abusan todos, especialmente su mujer.

BRAGUERO m. Aparato ortopédico para contener las hernias.

BRAGUETA f. Abertura delantera de los pantalones.

BRAHMANISMO Sistema religioso y social propio de la India.

BRAMA f. Acción y efecto de bramar. || Celo de los ciervos y otros animales y tiempo en que sucede.

BRAMANTE m. Cuerda de cáñamo muy fina y resistente.

BRAMAR intr. Dar bramidos o mugir. || Gritar con violencia para expresar ira, dolor, etc. || Producir ruido estrepitoso el mar, el viento, etcétera.

BRANQUIA f. Órgano que permite el proceso de intercambio de gases en el seno del agua. Se encuentran de forma permanente en algunos grupos (peces, moluscos, etc.), mientras que son temporales en las larvas de algunos anfibios.

BRAQUICÉFALO, LA adj. y s. Se dice de la conformación craneal en la que los diámetros anteroposterior y transversal (biauricular) ofrecen un índice de 80-89. Este tipo de cráneo, de aspecto redondeado, es frecuente entre los lapones y los fineses.

BRASA f. Ascua de leña o carbón. || *a la b.* Se dice de la cocción de alimentos directamente sobre brasas o sobre una parrilla.

BRASERO m. Recipiente circular de metal en el que se echan brasas para calentarse. || Lugar en que se quemaba a ciertos delincuentes.

BRAVATA f. Amenaza jactanciosa.

BRAVÍO, A adj. Violento, salvaje. || Tosco, sin educación.

BRAVO, VA adj. Valeroso, decidido. || Inmejorable. || Tempestuoso, agitado. || Agreste, quebrado. || Enfurecido.

BRAVUCÓN, NA adj. fam. Valiente sólo en apariencia, y matón.

BRAVURA f. Valentía, arrojo.

BRAZA f. Medida de longitud equivalente a 1 671.8 metros.

BRAZADA Movimiento que se da con los brazos para producir un impulso al nadar, remar, etcétera.

BRAZALETE m. Aro que se lleva como adorno en el antebrazo. || Distintivo.

BRAZO m. Extremidad superior del cuerpo humano. || Dicha extremidad desde el hombro hasta el codo. || Cada una de las patas delanteras de los cuadrúpedos. || Soporte lateral de un sillón, donde se apoyan los brazos. || Cada una de las partes que se ramifican de una principal, como en una balanza, un candelabro, un río, un árbol, una cruz, etc. || Extremidades de algunos animales invertebrados (pulpos, estrellas de mar, etc.). || Varilla del giradiscos, que contiene la aguja. || *derecho* Persona de confianza.

BREA f. Líquido denso, viscoso, pardo negruzco, obtenido por destilación seca (al fuego) de la madera de varios árboles (haya, pino, abedul), del petróleo o del alquitrán. || Tela con que se envuelven los fardos.

BREAR tr. Golpear; fastidiar. || Chasquear, embromar.

BREBAJE m. Bebida de sabor o aspecto inapetecibles.

BRECHA f. Abertura informe en una pared. || Fractura que causan los ingenios bélicos en murallas o fortificaciones. || Duda que se introduce en el ánimo de alguien. || *abrir b.* Actuar de pionero en algo.

BREGA f. Acción de bregar. || Pelea. || fam. Tomadura de pelo. || *andar a la b.* Estar muy aterrado.

BREGAR intr. Luchar entre varios. || Trabajar con afán o duramente. || fam. Enfrentarse con decisión a tareas difíciles.

BREÑA f. Monte bajo muy rocoso.

BRETE m. Cepo de hierro que se ponía en los pies de los reos. || *estar* o *poner en un b.* Encontrarse, o poner a alguien, en una situación apurada.

BRETÓN, NA adj. y s. De Bretaña. || Se dice de una raza de robustos caballos originaria de Bretaña. || m. Lengua de los bretones, del grupo celta.

BREVE adj. Que es de extensión o duración escasa. || Se dice de la palabra llana o grave, es decir, la que lleva el acento en la penúltima sílaba, y de esta misma sílaba. || *en b.* Pronto.

BREVEDAD f. Poca extensión o duración de algo.

BREVIARIO m. Libro que contiene el rezo eclesiástico de todo el año. || Resumen, compendio. || Libro de cabecera. || Impr. Letra de nueve puntos.

BRIBÓN, NA adj. y s. Pícaro, canalla. || Astuto.

BRIDA f. Conjunto que forman el freno del caballo, las correas que lo sujetan y las riendas. || Filamentos membranosos que se forman en los labios de las heridas o de los abscesos. || Abrazadera metálica usada para sujetar diversas piezas de un mecanismo, una construcción, etcétera.

BRIDÓN m. Quien monta a la brinda. || Brida pequeña de reserva. || Varilla de hierro colocada debajo del bocado. || Caballo que está ensillado y enfrenado a la brida. || Caballo brioso, fuerte y altivo.

BRIGADA f. Gran unidad del ejército, que consta de dos regimientos o de cuatro a seis batallones. || Conjunto de caballerías, con sus conductores, dedicadas al transporte de provisiones de campaña. || Sección en que se divide la marinería de un barco de guerra para los servicios de a bordo. || Conjunto de personas que hacen el mismo trabajo, generalmente manual.

BRILLANTE adj. Que brilla. || Se dice de la persona que sobresale por sus grandes cualidades. || adj. y m. Se dice del diamante tallado por ambas caras en diversas facetas.

BRILLANTEZ f. Brillo.

BRILLAR intr. Despedir rayos de luz. || Sobresalir en algo.

BRILLO m. Resplandor. || Gloria, esplendor. || Propiedad que mide el grado en que la luz se refleja en un cristal.

BRINCAR intr. Dar saltos. || fam. Disimular la existencia de algo pasándolo por alto.

BRINCO m. Salto hecho con ligereza. || *dar brincos* Manifestar estentóreamente las emociones.

BRINDAR intr. Beber a la salud de alguien o algo. || Facilitar las cosas para que alguien saque provecho. || Invitar a algo. || prnl. Ofrecerse voluntariamente.

BRINDIS m. Acción de brindar al beber. || Lo que se dice al brindar.

BRÍO m. Energía, decisión. || Espíritu resolutivo. || Gallardía, altivez.

BRISA f. Viento del NE, contrapuesto al vendaval. || Viento fresco y suave. || Viento local y periódico, ligero, que sopla entre dos zonas próximas de calentamiento desigual (p. ej., mar y montaña).

BRITÁNICO, CA adj. y s. De Gran Bretaña. || f. Romaza de hojas vellosas y de color morado.

BRIZNA f. Parte pequeña de una cosa. || Filamento de la vaina de la judía y otras legumbres.

BROCA f. Herramienta a modo de punzón grande para taladrar. || Pieza similar y con las mismas funciones que se aplica al taladro. || Carrete interior de la lanzadera del telar.

BROCADO m. Tela de seda con dibujos que parecen bordados.

BROCAL m. Murete alrededor de la boca de un pozo. || Cerco de la embocadura de la bota de beber. || Conducto o acceso a una alcantarilla.

BROCHA f. Escobilla de cerdas, con mango, que sirve para extender un líquido sobre una superficie.

BROCHE m. Conjunto de dos piezas, una de las cuales engancha o encaja con la otra. || Aguja o alfiler en que se engarza una joya, esmalte, etc., y que se prende en el vestido, como adorno o para sujetar o unir una prenda. || *de oro* Acontecimiento o palabras que dan un final a un acto o reunión.

BROMA f. Algazara, diversión. || Chanza, burla. || Suceso que parece inocente, pero que acarrea consecuencias negativas. || *ni en b.* De ninguna manera, en absoluto.

BROMEAR intr. y prnl. Gastar bromas o chanzas.

BROMO m. (Br) Elemento químico del grupo VIIb de la tabla periódica. Metaloide del grupo de los halógenos. Líquido denso de color pardo rojizo, que desprende vapores densos muy irritantes.

BRONCA f. Pelea, riña aparatosa. || Fuerte regañina. || Muestra ruidosa de desaprobación por parte de los asistentes a un espectáculo.

BRONCE m. Aleación de cobre (que predomina) con estaño, a la que, según las propiedades deseadas, se añaden otros metales (aluminio, plomo, manganeso, níquel, cinc,etc.). || Obra escultórica realizada con este material.

BRONCEAR tr. Dar a una cosa el color del bronce o cubrirla de este material. || prnl. Ponerse moreno.

BRONCO, CA adj. Rudo, basto. || Se dice del sonido desagradable de la voz o los instrumentos musicales. || De mal carácter.

BRONCONEUMONÍA f. Proceso inflamatorio que se origina en los bronquios y se extiende al parénquima pulmonar. Afecta con mucha frecuencia a los niños y tiene un origen microbiano variado.

BRONQUIO m. Cada uno de los conductores en que se bifurca la tráquea y que a su vez se ramifican, penetrando en los pulmones (respiración).

BRONQUITIS f. Proceso patológico en que la mucosa bronquial está inflamada, ya sea de forma aguda o crónica.

BROQUEL m. Escudo pequeño. || fig. Protección.

BROTAR intr. Romper a ras de suelo la plántula, en su desarrollo a partir de la semilla. || Desarrollarse las yemas de una planta. || Salir flores en la planta. || Manar agua u otro líquido. || Surgir erupciones cutáneas, en algunas enfermedades.

BROTE m. Acción de brotar. || Tallos y hojas en fase de desarrollo a partir de una yema. || Primera manifestación de una cosa.

BROZA f. Restos de vegetal. || Cualquier tipo de desperdicio. || Maleza en el monte. || Escritos o palabras vanas.

BRUCES, *de* Boca abajo. || *darse de b.* Toparse súbitamente con alguien.

BRUJA f. Mujer de la que se dice, o que ella cree, que tiene un pacto con el diablo, por el que éste le otorga poderes para hacer mal. Se trata en general de mujeres marginadas, de fuerte emotividad o sensibilidad y bajo nivel cultural. || Mujer, generalmente mayor, fea y desastrada. || Mujer de mal carácter.

BRUJERÍA f. Poder que ciertas personas, supuestamente relacionadas con espíritus malignos, tienen de causar daños a otras personas o cosas. || Conjunto de prácticas de los que tienen dicho poder.

BRÚJULA f. Barrita imantada y en equilibrio sobre un pivote que señala el N magnético, e instrumento, de distintas formas y aplicaciones, que se basa en este fenómeno. || *perder la b.* Perder el control.

BRUMA f. Niebla ligera, que se forma generalmente sobre el mar. || pl. Desorientación espiritual.

BRUÑIR tr. Pulimentar un objeto metálico, primero eliminando sus rugosidades y después, esmerilándolo para sacarle brillo.

BRUSCO, CA adj. Áspero, indelicado. || Súbito. || Irreflexivo.

BRUSQUEDAD f. Calidad de brusco. || Acto o comportamiento bruscos.

BRUTAL adj. Violento, carente de escrúpulos. || Enorme, colosal; formidable (encierra un valor ponderativo que exagera las excelencias de lo que califica: *una película brutal*).

BRUTALIDAD f. Calidad de bruto. || Irracionalidad. || Apasionamiento desmesurado. || Violencia innecesaria. || Enormidad.

BRUTO, TA adj. y s. De poca inteligencia y formación, y dado al abuso de la fuerza física; grosero, desconsiderado. || Tosco, sin elaborar. || Íntegro, sin rebaja ni descuento (se aplica a peso, sueldo, etc.). || Animal irracional (se dice especialmente del caballo). || *a lo b.* Tosca o groseramente, o sin reflexionar. || *en b.* Sin pulir o labrar. || Calculado globalmente, sin rebaja ni descuento.

BUBÓN m. Inflamación tumefacta de los ganglios linfáticos, especialmente de los inguinales, característica de la peste bubónica.

BUCAL adj. De la boca.

BUCANERO m. Aventurero europeo que se instaló en las Antillas.

BUCEADOR, RA adj. y s. Que bucea.

BUCEAR intr. Nadar o ejercer cualquier actividad bajo la superficie del agua. || Investigar en profundidad un tema o asunto.

BUCLE m. Rizo en el cabello; tirabuzón.

BUCÓLICO, CA adj. Se dice de la literatura inspirada en la vida agreste como prototipo de la feliz condición primitiva. || Se dice del autor que cultiva este género. || Por extensión, se aplica a paisajes y escenas del campo de singular belleza, y a las personas amantes de los mismos. || f. Composición poética de dicho género.

BUCHE m. Dilatación del esófago, presente únicamente en algunos grupos de aves, en la que se almacena el alimento con anterioridad a su paso al estómago. || Zona del intestino de los insectos destinada a almacenar el alimento. || Estómago de algunos cuadrúpedos. || Líquido que cabe en la boca.

BUDÍN m. Dulce preparado con bizcocho, leche y frutas. || Por extensión, plato de consistencia pastosa, confeccionado con molde, que contiene otros ingredientes (carne, arroz, etcétera).

BUDISMO m. Religión que surgió en Nepal en el siglo VI. a. C., a partir de las meditaciones del buda Gautama.

BUEN adj. Apócope de *bueno*, que se usa precediendo a un sustantivo o a un verbo en infinitivo.

BUENAVENTURA f. Buena suerte. || Adivinación propia de gitanas, examinando las rayas de la mano.

BUENO, NA adj. Que se ajusta a las características que le son propias. || Que es provechoso para algo. || Que está de acuerdo con lo moral. || Sano. || De carácter o comportamiento franco y agradable. || *a la b. de Dios* Con despreocupación. || *de buenas* De buen talante. || *de buenas a primeras* De improviso. || Voluntariamente. || De pronto, improvisadamente.

BUEY m. Toro castrado. || Cornudo.

BUFANDA f. Prenda de lana con que se envuelve y abriga el cuello e incluso la boca.

BUFAR intr. Resollar el toro, el gato u otros animales cuando se enfurecen. || fam. Mostrar uno su enfado.

BUFÉ (o BUFET) m. En las fiestas, mesa donde se dispone la comida y la bebida. || Aparador.

BUFETE m. Escritorio. || Despacho y clientela del abogado. || *abrir b.* Iniciarse como abogado.

BUFO, FA adj. Cómico, grotesco. || Se dice del género de ópera de carácter ligero o humorístico que nació en Italia en el siglo XVIII, en contraposición a la ópera seria. || m. y f. Intérprete que actúa en un repertorio de carácter bufo o humorístico.

BUFÓN, NA adj. Burlón. || m. y f. Persona grotesca que divertía a la corte con su ingenio. || Quien por servilismo y adulación hace reír.

BUHARDILLA f. Ventana abierta en la vertiente de un tejado, proyectada hacia el exterior. || Habitación habilitada en el desván de una casa. || Desván.

BUITRÓN m. Arte de pesca formado por dos conos, uno dentro del otro, de modo que los peces que entran del primero al segundo quedan atrapados.

BUJE m. Manguito del cubo de una pieza destinada a girar (p. ej., una rueda), a través del cual pasa el eje.

BUJÍA f. Vela hecha con cera blanca, esperma de ballena o estearina. || Unidad de intensidad luminosa equivalente a la vigésima parte de la cantidad de luz proporcionada por 1 cm^3 de platino líquido a temperatura de solidificación. || Elemento destinado a producir la chispa que enciende la mezcla de aire y gasolina, en el interior del cilindro de los motores de explosión.

BULBO m. Anat. Órgano o parte de él, de forma redondeada. || Órgano subterráneo de reserva, procedente de la transformación de un tallo hipogeo, destinado a proporcionar sustancias nutritivas a la planta en el momento de la germinación. Es característico de numerosas plantas monocotiledóneas y está formado por un conjunto de hojas transformadas en escamas o catáfilos, completa o parcialmente superpuestas. Numerosos b. presentan interés alimentario, como en el caso de la cebolla, ajo, puerro, etcétera.

BULEVAR m. Avenida con paseo central arbolado.

BÚLGARO, RA adj. y s. De Bulgaria. || m. Lengua eslava, hablada en Bulgaria y ciertas partes de Rumania. Utiliza el alfabeto cirílico.

BULO m. Noticia falsa, que se extiende con fines determinados.

BULTO m. Volumen, dimensiones de algo. || Objeto que, por las razones visuales que sean, sólo se distingue confusamente. || Hinchazón perceptible. || Baúl, maleta o cualquier otro receptáculo de objetos, pequeños o medianos, ordenados para su transporte. || *escurrir el b.* No asumir una responsabilidad. || *hacer b.* Sumarse a un acto para que sea mayor el número de asistentes.

BULLA f. Alboroto que arman una o más personas. || Gentío, afluencia numerosa. || Prisa.

BULLANGUERO, RA adj. y s. Jaranero.

BULLICIO m. Rumor que produce el gentío. || Alboroto, movimiento caótico de una multitud.

BULLIR intr. Hervir un líquido. || Agitarse algo de forma rápida y constante. || Revolotear muchos insectos reunidos. || fam. Moverse una persona con nerviosismo. || Producirse frecuentemente sucesos similares.

BUMERÁN (o BUMERANG) m. Arma arrojadiza que consiste en una lámina de madera de forma aplanada; es usada por los aborígenes australianos. Debido a su peculiar característica aerodinámica, de volver al lugar desde donde ha sido arrojada, se aplica a los actos que se vuelven en contra de quien los realiza.

BUÑUELO m. Pastelillo de masa de harina batida y frito en aceite. A veces incluye otros ingredientes.

BUQUE m. Espacio, cabida. || Embarcación de una o varias cubiertas, con medios de propulsión propios. Aunque en muchos aspectos es voz sinónima de barco, suele utilizarse para designar navíos de la suficiente capacidad o porte como para ser utilizados en empresas de importancia. || *de guerra* El acondicionado especialmente para operaciones bélicas. || *mercante* El destinado a transporte de carga o pasajeros.

BURBUJA f. Glóbulo de aire u otro gas que se forma en el interior de los líquidos.

BURDEL m. Establecimiento donde se ejerce la prostitución.

BURDO, DA adj. Tosco, basto.

BURGUÉS, SA adj. Del burgo. || Perteneciente o relativo a la burguesía. || m. y f. Miembro de esta clase social. || adj. y s. Se dice de la persona de mentalidad conservadora y acomodaticia.

BURGUESÍA f. Clase social de los propietarios de los medios de producción, los que participan de forma destacada en la reproducción de los mismos y comparten activamente la ideología de los anteriores.

BURIL m. Instrumento punzante, de acero, empleado para grabar sobre metal.

BURLA f. Acción, gestos o palabras con las que se pretende ridiculizar a alguien en algo. || Engaño. || Broma. || *entre burlas y veras* Mezclando lo serio con lo jocoso.

BURLADOR, RA adj. y s. Que burla. || m. Donjuán, seductor.

BURLAR tr. Engañar, falsear deliberadamente algo. || Destruir o desvanecer las aspiraciones o deseos de alguien. || Esquivar al toro cuando embiste; por extensión, superar un obstáculo. || tr. y prnl. Zaherir a alguien, ponerlo en ridículo. || Despreciar algo.

BURLESCO, CA adj. Hilarante, de tono jocoso y crítico.|| Se dice del género artístico y de dicho tono.

BUROCRACIA f. Conjunto de los funcionarios, del Estado u otra institución; tiene un sentido sociológico.

BURÓCRATA com. Que trabaja en tareas burocráticas. || Por extensión, persona formalista y sin iniciativas en su trabajo, sobre todo si es de carácter administrativo.

BUROCRATISMO m. Hegemonía de la organización burocrática en la toma de decisiones políticas. || Tendencia a buscar soluciones fijándose exclusivamente en lo que dicen las normas.

BURRADA f. Manada de burros. || En el juego del burro, jugada no permitida. || fam. Acción o dicho estúpidos. || *una b.* fam. Gran cantidad.

BURRO m. Asno. || Caballete sobre el que se apoya una madera para aserrarla. || En los tornos de seda, rueda de tracción. || Aparato gimnástico para saltos. || adj. y m. fam. Fuerte y trabajador. || Tosco, poco inteligente, que mete la pata.

BURSÁTIL adj. Relativo a la bolsa y a las operaciones que se realizan en ella.

BUSCA f. Acción de buscar. || Grupo de cazadores y perros que levantan la caza en el monte. || Trabajo de localizar y apropiarse de cosas útiles entre los desperdicios. || Beneficio accesorio que se saca de algún empleo o cargo.

BUSCAPIÉ m. Expresión o palabra que se introduce en una conversación para saber o dar a entender algo.

BUSCAPIÉS m. Fuego de artificio que zigzaguea chispeante a ras de suelo hasta explotar.

BUSCAPLEITOS com. fam. Persona pendenciera, camorrista.

BUSCAR tr. Poner los medios para encontrar algo o alguien. || tr. y prnl. Provocar. || *buscársela* Provocar una respuesta desagradable.

BÚSQUEDA f. Busca, acción de buscar.

BUSTO m. Parte superior del cuerpo humano. || Representación artística de la misma. || Pecho femenino.

BUTACA f. Asiento más bajo y cómodo que la silla, tapizado y generalmente mullido. || Localidad de teatro, cine u otro espectáculo.

BUTANO m. Hidrocarburo saturado, con dos isómeros gaseosos. Usado como combustible.

BUZO m. Persona que realiza trabajos subacuáticos. Se sumerge conteniendo la respiración, o con un equipo adecuado de inmersión. || Mono, prenda de vestir. || Astuto.

BUZÓN m. Ranura por la que se introducen las cartas para su envío, y receptáculo donde quedan depositadas. || Conducto de vaciado de los estanques. || Sumidero. || Tapón del agujero de entrada o salida de un líquido.

BYTE m. Inform. Serie de números binarios tratados como una unidad por la computadora u ordenador; por lo general, equivalente a ocho bits.

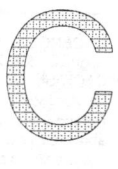
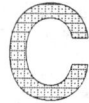

C f. Tercera letra del abecedario castellano (C,c); su nombre es ce (fonético, alfabeto). || En la notación musical alfabética, nota *do*. || En la numeración romana, 100 (C). || Símbolo químico del carbono (C). || Abreviatura de grado centígrado (°C) y de cantidad de calor (C).

CABAL adj. Íntegro, completo. || *no estar*, o *no hallarse en sus cabales* Estar loco.

CÁBALA f. Conjunto de doctrinas esotéricas y místicas del judaísmo que explicaba y fijaba el sentido del Antiguo Testamento. || Cálculo supersticioso. || Intriga, negocio oscuro. || Conjetura, hipótesis; se usa más en plural.

CABALGADURA f. Montura (animal). || Animal de carga.

CABALGAMIENTO m. Fenómeno tectónico en el que dos masas rocosas se disponen montando una sobre otra quedando separadas por un plano de desplazamiento.

CABALGATA f. Desfile de jinetes y carruajes.

CABALÍSTICO, CA adj. Relativo a la cábala. || Indescifrable, oculto, esotérico.

CABALLERÍAS, *libros de* Género literario en prosa que aparece en Francia hacia el siglo XII y en España alcanza prácticamente el XVII. Sus dos rasgos fundamentales son la peripecia aventurera y la trama amorosa.

CABALLERO, RA adj. Que cabalga. || m. Persona perteneciente a una clase o grupo social situado entre la nobleza y el pueblo.

CABALLEROSO, SA adj. De caballeros. || Que se comporta con dignidad y nobleza.

CABAÑA f. Vivienda tosca.

CABARET m. Establecimiento de bebidas, donde se baila y ofrecen espectáculos.

CABECEAR tr. e intr. Golpear con la cabeza, especialmente el balón.

CABECERA f. Inicio de algunas cosas. || Sitio de honor. || Extremo donde reposa la cabeza en una cama, y pieza sobresaliente que la remata. || Capital de una unidad administrativa territorial.

CABECILLA com. Dirigente de una banda de delincuentes.

CABELLERA f. Pelo de la cabeza, especialmente el muy largo. || Peluquín. || Cola de un cometa.

CABELLO m. Cada pelo de la cabeza humana, o conjunto de ellos. || pl. Fibras de la panoja de maíz.

CABER intr. Poder meter, encajar o contener una cosa en otra. || Tener acceso. || Corresponderle a uno parte de algo. || Ser posible, o capaz. || *no cabe más* Está totalmente saturado. || *no c. en sí* Estar rebosante de un sentimiento.

CABEZA f. Parte superior del cuerpo del hombre que contiene el encéfalo y los principales órganos de los sentidos. || Comienzo o extremo de una cosa. || Dispositivo de grabación o reproducción de sonidos. || m. Persona principal entre otras. || *dura* Terco y de pocas luces. || *a la c.* En primera posición. || *calentarse la c.* Cavilar mucho. || *sentar la c.* Volverse juicioso. ||

subírsele a alguien a *la c.* Engreírse. || Achisparse. || *venir* una cosa a *la c.* Ocurrirse.

CABIDA f. Capacidad de una cosa para contener otra. || Superficie de un terreno. || *tener* uno *cabida* o *gran cabida, con* alguna persona o *en* alguna parte. || Tener valimiento, amistad o poder.

CABILDEAR intr. Emplear la intriga para conseguir algo en una organización.

CABILDO m. Junta de miembros de ciertas cofradías. || Ayuntamiento.

CABINA f. Departamento de pequeñas dimensiones, provisto de aparatos o dispositivos para diversos usos (c. telefónica, de avión de camión, etcétera).

CABIZBAJO, JA adj. Con la cabeza gacha, por vergüenza o abatimiento.

CABLE m. Trenza larga, hecha con cuerdas o hilo metálico, destinada a soportar fuertes tensiones. || Cablegrama. || *coaxial* El usado para líneas de transmisión de alta frecuencia, con un conductor central aislado dentro de un tubo metálico que constituye el segundo conductor. || *eléctrico* El de hilo de cobre, recubierto de material aislante, para transporte de electricidad o impulsos eléctricos (telegráficos o telefónicos).

CABLEGRAFIAR tr. Efectuar una transmisión por medio de cablegrama.

CABLEGRAMA m. Telegrama que se envía por cable submarino.

CABO m. Punta o extremidad de una cosa. || Resto de una cosa. || Asidero. || Porción de tierra que penetra en el mar.

CABOTAJE m. Navegación costera con fines comerciales, especialmente por las costas de un mismo país.

CABRIOLA f. Salto de danza en el que los pies se cruzan varias veces en el aire. || Pirueta. || Salto en el que el caballo cocea en el aire. || Maña para acomodarse a una situación.

CACA f. Excremento humano (se usa generalmente en el lenguaje infantil). || fam. Porquería, basura. || Vicio, defecto.

CACAREAR intr. Lanzar su grito característico el gallo o la gallina. || intr. fam. Jactarse, presumir de las propias cosas.

CACATÚA f. fam. Adefesio, mujer fea.

CACERÍA f. Partida de caza. || Animales muertos en la caza. || Cuadro con motivos de caza.

CACEROLA f. Recipiente de metal para guisar, con dos asas.

CACIQUE m. Jefe indio de ciertas tribus de América Central y del Sur. || com. Persona que, en un pueblo o comarca, abusa de su autoridad en cuestiones políticas y administrativas. || Persona déspota, arbitraria.

CACO m. Ladrón.

CACOFONÍA f. Repetición de un mismo sonido, que produce un efecto desagradable al oído.

CACUMEN m. fam. Perspicacia, inteligencia.

CACHA f. Cada una de las dos piezas del mango de los cuchillos, las navajas, etc. || adj. y m. fam. Imponente, bien plantado. || *estar hasta las c.* Del todo, por completo.

CACHARRO m. Vasija basta. || Máquina o mecanismo viejo o averiado. || Cachivache.

CACHEAR tr. Registrar a alguien para comprobar si oculta armas u objetos sospechosos.

CACHETE m. Golpe dado con los dedos de la mano juntos, en cualquier parte del cuerpo, especialmente en la cara o la cabeza. || Moflete. || Cachetero, puñal.

CACHIPORRA f. Palo abultado por uno de sus extremos.

CACHIVACHE m. Cacharro, chisme. || fam. Hombre indigno y ridículo.

CACHO m. Pedazo de cualquier cosa.

CACHONDO, DA adj. Se dice del animal en celo, especialmente de la perra. || fam. Guasón, chistoso. || Obsesionado por el sexo.

CACHORRO, RRA m. y f. Cría de corta edad de diversas especies de mamíferos.

CADA adj. Se dice de una persona o cosa consideradas singularmente entre otras de un grupo o una totalidad (*c. mujer; c. semana*), o de grupos de igual número de personas o cosas entre un total (*c. 2 mujeres; c. 6 semanas*). A veces adquiere valor irónico o ponderativo (*¡tiene c. cosa!*).

CADALSO m. Tablado para un acto conmemorativo. || El que se levanta para la ejecución de un condenado.

CADÁVER m. Cuerpo muerto, especialmente el de las personas. || adj. y m. Se dice de la persona demacrada.

CADENA f. Serie articulada de eslabones, generalmente metálicos. || Cuerda de presos sujetos a una cadena. || Grupo de personas con las manos asidas. || Sucesión de hechos o elementos de un proceso. || Red comercial. || Instalaciones en las que se monta o fabrica un producto, para reducir la inversión, el tiempo y el trabajo. || *alimentaria* Conjunto de relaciones de dependencia alimentaria que establecen entre sí los distintos organismos que componen un ecosistema.

CADENCIA f. Conjunto de sonidos, pasos, movimientos, etc., que se repiten de forma regular. || Final de una frase musical. || Armonía y perfecta disposición entre diversos elementos. || Final de una unidad lingüística, con descenso de entonación (tonema). || Número de fotogramas proyectados en un segundo.

CADERA f. Región anatómica situada en la zona posterolateral de la pelvis. Corresponde al lugar de unión del tronco con las extremidades inferiores. || Cuadril.

CADETE m. Alumno de una academia militar.

CADMIO m. (Cd) Elemento químico del grupo IIb de la tabla periódica. Color del estaño, aunque más duro. Buen reductor; se usa en aleaciones de bajo punto de fusión.

CADUCAR intr. Perder vigencia un contrato, testamento, etc. || Llegar a su término un privilegio, concesión o plazo. || Perder algo su efectividad, por vejez o por el uso. || Chochear.

CADUCIDAD f. Acción y efecto de caducar. || Calidad de caduco. || Extinción de la vigencia de una ley, derecho o acción por haber terminado el plazo fijado.

CAER intr. y prnl. Desplazarse una cosa de arriba a abajo por su peso. || Desplomarse un cuerpo al perder el equilibrio. || Colgar, suspender. || Derrumbarse una cosa. || Sucumbir, morir. || Lanzarse. || Llegar a un sitio distinto del propuesto. || Descender de categoría. || Aproximarse un astro a su ocaso, especialmente el sol. || Llegar a su fin un periodo de tiempo.

CAFÉ m. Semilla del cafeto, planoconvexa, con un 3% de cafeína. || Bebida preparada mediante infusión de semillas de c. molidas. || Establecimiento donde se sirve café, y otras bebidas.

CAFEÍNA f. Alcaloide bianular heterocíclico (1,3,7, trimetilxantina) del café (1-2%), el té (1-3%), la cola (2-2.5%), el mate, etc., de donde se extrae mediante cloroformo en que se disuelve. Tónico y estimulante del sistema nervioso central y del corazón.

CAFETERÍA f. Industria de manipulación del café. || Bar moderno y de cierto lujo.

CAFRE adj. y com. De Cafrería. || Inhumano, cruel. || Tosco, rudo.

CAÍDA f. Acción y efecto de caer. || Inclinación, declive del terreno. || Perdición, ruina. || En las cortinas, tapices, etc., lo que pende. || Forma que adopta la ropa al caer.

CAÍDO, DA adj. Desanimado, cansado. || Con la prep. *de* y los nombres de algunas partes del cuerpo significa cargado, hundido. || adj. y s. Se dice de la persona que ha muerto en combate.

CAJA f. Recipiente de forma geométrica regular, generalmente con tapa, que sirve para guardar o transportar cosas. || Receptáculo de seguridad para guardar dinero, joyas, valores, etc. || Ataúd. || *de ahorros* Entidad financiera que capta recursos de pequeños y medianos ahorradores, a los que destina sus préstamos. Generalmente de carácter no lucrativo, los beneficios se destinan a gastos sociales. || *de Pandora* Conjunto de males que puede desatar un hecho o comportamiento irreflexivos. || *de resonancia* Estructura que amplifica los sonidos en los instrumentos musicales; cuanto más grande es la c. más grave es el sonido. || *negra* Conjunto de mecanismos que registran datos diversos durante el vuelo de un avión. || *registradora* Máquina de cobro y cálculo utilizada en el comercio. || *despedir*, o *echar con c. destempladas* Expulsar a alguien violentamente de un lugar.

CAJERO, RA m. y f. Persona que fabrica cajas. || Persona que efectúa los pagos y cobros de una entidad. || *automático* Máquina computarizada que realiza pequeñas operaciones bancarias sin intervención humana.

CAJETILLA f. Paquete de cigarrillos.

CAJÓN m. Caja grande sin tapa. || Caja corredera de ciertos muebles. || Espacio entre dos estantes. || Garita que se usa como tienda o taller. || Ataúd.

CAL f. Óxido cálcico. Se prepara por calcinación de las piedras cálcicas puras. Es un sólido blanco, amorfo. Útil en construcción, para preparar bases alcalinas, carburo cálcico, vidrio, cloruro cálcico, abonos, etcétera.

CALA f. Acción y efecto de calar. || Porción que se corta de una fruta para catarla. || Perforación de un terreno para investigarlo. || Supositorio, generalmente infantil y de carácter laxante.

CALABOZO m. Celda para presos, por lo general subterránea.

CALADO m. Labor que consiste en entresacar y juntar hilos de una tela. || En un papel, madera, taladrado que forma un dibujo. || Altura de un buque desde el punto más bajo sumergido hasta la superficie. || Acción y efecto de calarse un motor.

CALAMBRE m. Contractura involuntaria y dolorosa de un músculo o grupo muscular. || Estremecimiento producido por una descarga eléctrica de poca intensidad.

CALAMIDAD f. Desastre o grave suceso que afecta a muchos. || Infortunio. || Cosa mal realizada. || Persona desmañada, torpe.

CALAMITOSO, SA adj. Que causa calamidades o es efecto de ellas. || Desdichado, infortunado.

CALAÑA f. Muestra, modelo. || Índole, laya.

CALAR tr. Introducirse un líquido en un cuerpo poroso. || Echar al agua las redes o cualquier utensilio de pesca. || Bajar un objeto deslizándolo a lo largo de otro. || Ensartar un cuerpo con un objeto punzante. || Hacer labores de calado en una tela, o formar un dibujo en una lámina de papel, cuero, etc., mediante agujeros diminutos. || Cortar un trozo de fruta para ver si está madura.

CALAVERA f. Parte del esqueleto correspondiente a la cabeza.

CALCÁNEO m. Hueso del tarso que forma el talón.

CALCAÑAL (CALCAÑAR o CALCAÑO) m. Talón del pie.

CALCAR tr. Copiar un dibujo o un escrito colocando un papel transparente sobre el original o bien un instrumento calcador. || Imitar con la máxima fidelidad, plagiar.

CALCETA f. Media; por extensión, labor de punto hecha a mano. || Grillete del recluso.

CALCETÍN m. Calceta o media que llega hasta la mitad de la pierna.

CALCIFICACIÓN f. Acción y efecto de calcificar. || Depósito de sales cálcicas en el tejido conectivo durante el proceso de formación del hueso.

CALCIFICAR tr. Producir artificialmente carbonatos de cal. || tr. y prnl. Adherirse las sales cálcicas en el tejido orgánico.

CALCINAR tr. Eliminar por calentamiento los componentes volátiles orgánicos e inorgánicos de una sustancia sólida. || Abrasar.

CALCIO m. (Ca) Elemento químico del grupo IIa de la tabla periódica. Metal de brillo plomizo, duro (1.5) y ligero. Importante bioelemento en estructuras de sostén (huesos, espinas, conchas, etc.) y diversos procesos (crecimiento, excitabilidad de nervios y músculos, etc.), se halla en productos lácteos y verduras.

CALCOGRAFÍA f. Arte y técnica del grabado en láminas metálicas.

CALCOMANÍA f. Imagen polícroma prefabricada que se estampa en un objeto para decorarlo. || Papel que contiene la figura.

CALCULADOR, RA adj. y s. Que calcula. || Interesado, que prevé las consecuencias de sus acciones. || adj. y f. Se dice de la máquina automática, capaz de realizar con rapidez cálculos numéricos, de almacenar programas o datos y de modificar sus propios programas a partir de instrucciones externas.

CALCULAR tr. Efectuar operaciones de cálculo. || Estimar, valorar. || Suponer, pensar.

CÁLCULO m. Acción de calcular. || Serie de métodos y reglas capaces de reducir un problema o una gama de ellos (logaritmo, combinatoria, probabilidad, derivada, diferencial, integral, etc.) a una serie de operaciones mecánicas o aritméticas. || Concreción patológica formada en el organismo por precipitación de diversas sales minerales contenidas en algunos líquidos orgánicos, tales como orina, bilis, saliva, etc. || Suposición. ||Tino, reflexión.

CALDEAR tr. y prnl. Aumentar la temperatura, especialmente de un local. ||

Poner el hierro al rojo vivo para trabajarlo. || Estimular, excitar.

CALDEO, A adj. y s. Se dice del pueblo semita instalado en Sumer hacia el siglo IX a. C. || m. Lengua que hablaban los caldeos. No era indoeuropea.

CALDERA f. Recipiente de metal, generalmente redondo, para calentar o hervir algo. || Caldero. || Depresión profunda, de boca circular y paredes escarpadas, formada por hundimiento o explosión del cráter de un volcán. || Recipiente metálico, cerrado, donde se genera, por ebullición del agua que contiene, el vapor que mueve una máquina.

CALDERO m. Caldera pequeña, de fondo redondo y asa transversal. || Lo que contiene.

CALDO m. Líquido nutritivo que resulta de la cocción de alimentos. || Jugo de los frutos, especialmente aceite, vino, etc. || Aliño de la ensalada.

CALEFACCIÓN f. Acción y efecto de calentar o calentarse. || Conjunto de instalaciones para mantener una temperatura más alta que la ambiental en las dependencias de un edificio. || Fenómeno físico por el que las gotas de agua toman forma globosa sobre una superficie candente.

CALEFACTOR m. El que fabrica o manipula aparatos de calefacción. || Calentador.

CALENDARIO m. Sistema de medición del tiempo según fenómenos astronómicos de carácter cíclico. El *solar* es el c. que se basa en la rotación del sol alrededor de la Tierra (365.24 días); de este tipo es el c. juliano. El decimal se compensaba añadiendo 1 día cada 4 años (29 de febrero). En él se basa el gregoriano, hoy aceptado universalmente, que divide el año en 12 meses de 30-31 días, más 1 (29 de febrero) cada 4 años. El *lunar* está basado en las lunaciones, como el musulmán; el año se divide en 12 meses de 29-30 días. || División del año solar para orientar determinadas actividades (c. escolar, del contribuyente, etcétera).

CALENTADOR, RA adj. Que calienta. || Utensilio o aparato que sirve para calentar o calentarse.

CALENTAR tr. y prnl. Transmitir o absorber calor. || Avivar, enardecer los ánimos o el deseo sexual. || Desentumecer los músculos antes de practicar un deporte. || tr. Pegar a alguien. || Retener una pelota cierto tiempo antes de jugarla.

CALENTURA f. Fiebre. || Pústula que deja la fiebre en los labios. || Excitación sexual.

CALERA f. Cantera de piedra caliza. || Horno de cal.

CALIBRAR tr. Medir el calibre. || Proporcionar el calibre previsto a una cosa. || Ajustar un instrumento de acuerdo con una medida. || Sopesar la importancia o cualidades de una persona o cosa.

CALIBRE m. Diámetro del hueco interno de un cilindro, especialmente el cañón de un arma de fuego; por extensión, diámetro de un proyectil o de un alambre. || Tamaño, medida, grosor, dimensión, capacidad.

CALIDAD f. Conjunto de propiedades o atributos que configuran la naturaleza de una persona o cosa. || Lo que tiene más valor o está más alto. || Posición social, función u oficio de una persona. || Valor o gravedad de una cosa.

CÁLIDO, DA adj. Que da o produce calor. || Se dice de la gama de colores con predominio del rojo y el amarillo. || Agradable, cordial.

CALIDOSCOPIO m. Juguete en forma de cilindro hueco, con espejos en sus laterales internos y papelitos de colores entre dos vidrios en una de sus aberturas, que ofrece variedad de imágenes simétricas a quien observa por el orificio opuesto.

CALIENTE adj. Que tiene calor. || Acalorado, irritado. || Excitado sexualmente.

CALIFICACIÓN f. Acción y efecto de calificar. || Nota, puntuación, clasificación.

CALIFICAR tr. Asignar a una persona o cosa ciertas cualidades, o valorarlas. || Dar puntuación, poner nota. || Modificar una palabra el sentido de otra. || Dignificar, realzar.

CALIFICATIVO, VA adj. Que califica. || adj. y s. Se dice de ciertos adjetivos y adverbios.

CALIFORNIO m. (Cf) Elemento químico del grupo IIIa de la tabla periódica, décimo de los actínidos. Se usa como generador de neutrones en las reacciones nucleares.

CALIGRAFÍA f. Arte de escribir con letra pulcra y esmerada, en oposición al matiz personal de la escritura espontánea.

CÁLIZ m. Vaso sagrado para consagrar el vino en la misa. || Copa. || Verticilo externo del perianto de la flor formado por hojas más o menos modificadas, llamadas sépalos. Se denomina ínfero o súpero según su posición respecto al ovario.

CALIZO, ZA adj. Que contiene cal. || f. Roca sedimentaria, formada básicamente por carbonato cálcico. Se usa en construcción.

CALMA f. Quietud, paz, sosiego. || Pausa o cese en una actividad. || Tranquilidad. || en c. Plácido, sosegado.

CALMANTE adj. Que calma. || adj. y m. Se aplica a los analgésicos.

CALMAR tr. y prnl. Apaciguar. || intr. Estar en calma.

CALÓ m. Lenguaje de los gitanos españoles. || Argot de los maleantes.

CALOR m. Tipo de energía de los cuerpos que indica su grado de agitación. || Sensación que origina un cuerpo caliente. || Ardor, entusiasmo. || Aprecio. || Temperatura, ambiental o corporal, elevada. || al c. de Bajo su amparo o influencia.

CALORÍA f. (cal) Unidad de calor. Cantidad de calor necesaria para elevar de 14.5 ºC a 15.5 ºC 1 g de agua destilada a la presión de una atmósfera.

CALOSTRO m. Líquido secretado por las glándulas mamarias, antes de que se establezca la auténtica secreción láctea.

CALUMNIA f. Acusación falsa que atenta gravemente contra alguien.

CALUMNIAR tr. Levantar calumnias.

CALUROSO, SA adj. Que siente o da calor. || Entusiasta.

CALVA f. Zona de la cabeza que ha perdido el pelo. || Trozo pelado de una piel, etcétera.

CALVARIO m. Padecimiento prolongado.

CALVICIE f. Carencia de pelo en la cabeza.

CALVO, VA adj. y s. Que ha perdido el pelo de la cabeza o una parte considerable de él. || adj. Se dice del terreno, paño, etc., que presenta claros.

CALZADA f. Zona de una calle o carretera reservada al tránsito de vehículos. || Vía ancha y empedrada.

CALZADO m. Nombre genérico del zapato.

CALZADOR m. Utensilio acanalado que ayuda a introducir el pie en el zapato. || con c. Forzadamente.

CALZAR tr. y prnl. Poner o llevar puestos el calzado, los guantes, las espuelas, etc. || tr. Colocar una calza. || Poner con alzas los grabados a la altura del texto.

CALZÓN m. Pantalón, especialmente el que sólo cubre hasta las rodillas. || a c. quitado Sin tapujos. || llevar bien puestos los c., o ponerse los c. Imponerse uno.

CALZONCILLOS m. pl. Prenda interior masculina de longitud variable, generalmente de la cintura a la ingle.

CALLADO, DA adj. Que guarda silencio, taciturno. || No citado, tácito.

CALLAR intr. y prnl. Guardar silencio; por extensión, cesar un sonido. || No replicar, aguantarse. || tr. y prnl. Ocultar algo, guardando el secreto.

CALLE f. Vía urbana. || Camino entre dos filas de árboles. || Opinión pública. || Libertad, por oposición a cárcel.

CALLEJEAR intr. Deambular por las calles sin rumbo fijo.

CALLEJERO, RA adj. Relativo a la calle. || Que callejea. || m. Guía de calles.

CALLEJÓN m. Calle corta o paso angosto.

CALLO m. Hipertrofia circunscrita de la capa córnea de la piel, que se origina por la acción continuada de un estímulo mecánico, p. ej., el calzado inadecuado. || Deposición de calosa en un tubo, criboso, que impide la circulación de la savia.

CALLOSIDAD f. Dureza de la piel, de tipo más superficial que el callo.

CAMA f. Mueble apropiado para dormir. || Plaza que ocupa un paciente en un hospital.

CAMADA f. Crías de un mamífero nacidas en un mismo parto.

CAMAFEO m. Piedra preciosa tallada en bulto redondo o en relieve.

CÁMARA f. Estancia, dependencia. || Sala de recepción del palacio real. || Camarote, especialmente el de la oficialidad en los buques de guerra. || Consejo, reunión de notables. || Cada una de las asambleas que forman el poder legislativo. || Interior de una máquina. || Tubo circular de goma que forma la parte interior de un neumático y contiene el aire del mismo. || com. Operador de cine. || *c., música de* La escrita para ser interpretada por un grupo pequeño de instrumentos, generalmente entre dos y nueve, y para un auditorio reducido. || *acorazada* Caja fuerte. || *baja* La de elección directa y proporcional al número de electores. || *cinematográfica* Aparato para filmar películas, que consta de elementos ópticos (objetivo y visor), cámara oscura y mecanismos de arrastre de la película. || *fotográfica* Aparato para hacer fotografías; consiste en una cámara oscura y un objetivo.

CAMARADA com. Persona que convive con otra, o participa de la misma actividad (especialmente militar) o militancia política (en especial, comunista).

CAMARADERÍA f. Vinculación entre camaradas.

CAMAROTE m. En un barco, habitación de alojamiento para tripulación y pasajeros.

CAMASTRO m. Cama sencilla e incómoda. || Jergón militar.

CAMBALACHE m. Trueque de poca monta o con ánimo de estafa.

CAMBIAR tr. e intr. Canjear, reemplazar o poner una cosa por otra. || Modificar, transformar. || Hacer que un caballo galope con el pie y mano contrarias al que galopaba. || Trasladar una cosa de un sitio a otro. || tr. Comprar o vender moneda de un sitio a otro. || tr. Comprar o vender moneda extranjera. || Poner en común ideas, pensamientos, etc., intercambiándolos. || Hacer virar el barco.

CAMBIO m. Acción y efecto de cambiar o cambiarse. || Moneda suelta. || La vuelta de lo pagado. || Cotización de valores mercantiles. || Precio relativo de las monedas de un mismo país o de las extranjeras. || Trueque, permuta. || Mecanismo de una máquina o vehículo, consistente en una serie de engranajes que sirven para adecuar la velocidad a las revoluciones del motor. || *lingüístico* Transformación o variación que sufren los elementos lingüísticos con el paso del tiempo. Según el plano del discurso al que atañen pueden ser fonéticos, fonológicos, morfosintácticos y semánticos.

CAMELAR tr. Cortejar, enamorar. || tr. y prnl. Seducir con lisonjas. || Amar, desear. || Convencer, engatusar.

CAMELO m. Requiebro. || Enredo, chanza. || Bola, cuento. || Disimulo, doblez. || *hablar en c.* Expresarse de modo incoherente, enlazando palabras que no significan nada.

CAMERINO m. Lugar usado por el actor para maquillarse y vestirse.

CAMILLA f. Especie de parihuelas para el transporte de enfermos. || Mesa circular, cubierta con un tapete largo a modo de falda, acondicionada para encajar un brasero debajo de ella.

CAMINANTE adj. y com. Que camina. || m. Mozo de espuelas.

CAMINAR intr. Viajar, trasladarse de un sitio a otro. || Avanzar dando pasos. || Seguir una cosa su propio curso. || tr. Cubrir una distancia.

CAMINATA f. Trayecto, largo recorrido a pie. || Paseo, viaje corto.

CAMINO m. Lugar de paso. || Vía transitable. || Acción de trasladarse de un sitio a otro. || Ruta, itinerario. || Viaje. || Modo y medios de lograr algo.

CAMIÓN m. Automóvil resistente y de grandes dimensiones para transportar mercancías.

CAMIONERO, RA m. y f. Conductor de camiones.

CAMIONETA f. Camión pequeño y ligero, cuya carga no suele superar los 1 500 kg.

CAMISA f. Prenda de vestir, generalmente con cuello y puños, que cubre la parte superior del cuerpo. || Pelleja de puntos, legumbres y cereales. || Película que cubre el interior de una pieza metálica o una máquina. || Sobrecubierta de un libro. || Carpeta o pliego de papel doblado para guardar documentos.

CAMISETA f. Especie de camisa sin cuello, con o sin mangas, que se enfunda por la cabeza y está en contacto directo con la piel. || Parte superior del uniforme de los deportistas.

CAMISOLA f. Camisa fina con cuello y puños de encaje.

CAMISÓN m. Prenda de dormir femenina, a modo de camisa suelta y, a veces, larga.

CAMORRA Organización secreta delincuente de Nápoles. || f. Por extensión, refriega, trifulca.

CAMPAMENTO m. Acción de acampar. || Sitio en que se instalan las tiendas

y pertrechos de un ejército. || Aposentamiento temporal en el campo, generalmente en tiendas de campaña. || Grupo de soldados o de gente acampados.
CAMPANA f. Instrumento de percusión, de metal, de grandes proporciones, en forma de copa; suspendido boca abajo, suena cuando sus paredes son percutidas. || Pabellón de los instrumentos de viento, como la trompeta. || Instrumento de la orquesta moderna que consiste en unas barras de metal huecas que al percutirlas dan un sonido similar al de la campana.
CAMPANARIO m. Torre, adosada o exenta, que sostiene las campanas. || *de c.* Se dice de lo localista, sin miras universales.
CAMPANTE adj. Que campa o sobresale. || fam. Contento, despreocupado.
CAMPAÑA f. Campo llano, sin montañas. || Actividad dirigida a un fin determinado. || Periodo por los que los ejércitos pasan fuera de sus cuarteles para combatir al enemigo. || Lanzamiento de los productos de una empresa o industria en un determinado periodo. || Tiempo en que una persona desarrolla su cometido o ejerce ciertas actividades.
CAMPAR intr. Acampar. || Destacar.
CAMPEAR intr. Pacer los animales en el campo. || Verdear las sementeras. || Sobresalir, destacar. || Combatir en campo abierto o explorar el ejército un terreno.
CAMPECHANO, NA adj. Llano, jovial. || Generoso.
CAMPEÓN, NA m. y f. Ganador de una competición. || Paladín de una causa, ideología, etc. || Guerrero en los torneos medievales.
CAMPEONATO m. Torneo deportivo con varios participantes, y que generalmente se disputa durante más de un día.
CAMPESINO, NA adj. Relativo al campo. || m. y f. Agricultor.
CAMPIÑA f. Extensión de terreno amplia, dedicado a la agricultura, sin cercados entre las parcelas, propio de la Europa occidental.
CAMPO m. Zona rural. || Extensión amplia fuera de poblado. || Terreno cultivado o laborable. || Por oposición a tierras altas, las llanas. || Terreno llano para la práctica de ciertos deportes o ejercicios. || Espacio que abarca una actividad, una disciplina, un asunto, etc. || Región del espacio en la que se manifiestan las fuerzas: eléctricas sobre cargas también eléctricas (c. *eléctrico*); gravitatorias (c. *de gravedad*); magnéticas, por actuar la Tierra como un enorme imán (c. *magnético terrestre*).
CAMPOSANTO m. Cementerio.
CAMUFLAJE m. Ocultación de tropas y material de guerra, haciéndolos asimilables al medio. || Cautela, disimulo.
CAMUFLAR tr. y prnl. Esconder, disfrazar.
CAN m. Perro. || Gatillo de un arma. || Modillón. || Parte que asoma al exterior de las vigas que soportan la cornisa.
CANA f. Cabello blanco. || *echar una c. al aire* Correrse una juerga. || *peinar canas* Ser de edad avanzada.
CANAL m. Paso natural o artificial que comunica dos mares entre sí. || amb. Cauce, excavado, de agua. || Zona expedita y más profunda de la entrada a un puerto. || Conducción para el transporte de aguas o gases. || Desagüe de un tejado, y tejas que lo forman. || Llano alargado entre dos montañas.
CANALIZAR tr. Construir canales. || Regular la afluencia de un río mediante obras. || Encauzar con canales aguas corrientes o estancias para su aprovechamiento (navegación, riego, etc.). || Orientar opiniones, actividades, etc., hacia un fin.
CANALLA f. Gente de baja calaña. || com. Persona ruin.
CANASTA f. Cesto de mimbre, con asas, de boca ancha. || En baloncesto, aro metálico del que pende una red, por el que se introduce la pelota para puntuar.
CANASTILLA f. Canasta pequeña. || Ropa que se prepara para el recién nacido.
CANASTO m. Cesta de mimbre, alta y de boca estrecha.
CANCEL m. Estructura cubierta formada por tres puertas y adosada a las jambas de la puerta externa. Evita ruidos y corrientes de aire. || Reja o balaustrada que separa el presbiterio o el coro de la nave de una iglesia.
CANCELA f. Verja de menor altura que la puerta principal, situada delante de ella.
CANCELAR tr. Anular un documento público, una inscripción en el registro, una

obligación, etc. || Satisfacer una deuda o un compromiso. || Olvidar una afrenta.

CÁNCER m. Tumoración maligna, en especial la derivada del tejido epitelial. Las células cancerosas tienen gran capacidad de proliferación desorganizada e invaden los tejidos vecinos. || Defecto o contradicción en el seno de una sociedad, que tiende a destruirla. || n.p. Constelación del Zodiaco, la más al N de la eclíptica.

CANCILLER m. Funcionario auxiliar del servicio exterior de un país.

CANCILLERÍA f. Oficio y oficina del canciller. || Departamento de una embajada o consulado donde se autorizan y archivan los documentos. || Ministerios de Asuntos Exteriores.

CANCIÓN f. Composición poética cuya unidad es la estancia, formada por versos heptasílabos y endecasílabos, combinados según el poeta. || En la edad media, poema breve con un estribillo seguido de una o más estrofas. Generalmente acompañado de música, tenía un tono cortés y culto. || Composición musical a una o varias voces, con o sin acompañamiento instrumental, por lo general con texto versificado.

CANCIONERO m. Antología poética, en la que se recogía la producción de un autor o varios de una época. || Antología de canciones musicales.

CANCHA f. Local deportivo, y en especial campo, terreno llano, libre de obstáculos y delimitado para la práctica deportiva (tenis, frontón, baloncesto, etcétera).

CANDADO m. Cerradura portátil que asegura puertas, baúles, armarios, etc., por medio de armellas. || *echar, o poner un c. a la boca* Mantener un secreto, callar.

CANDELA f. Vela, bujía. || Lumbre. || Candelero. || Espacio que recorre el fiel de la balanza cuando se pesa algo. || Unidad de intensidad luminosa.

CANDELABRO m. Lámpara de varios brazos para sostener velas.

CANDELERO, RA m. y f. Persona que fabrica o vende velas. || m. Objeto que sostiene una vela.

CANDENTE adj. Ardiente. Se aplica a las cosas, por ejemplo el carbón o los metales, sometidas a temperatura tan elevada que despiden luz roja o blanca. || Que quema. || Se aplica a la cuestión problemática y de actualidad cuyo desenlace suscita interés.

CANDIDATO, TA m. y f. Persona que aspira a un cargo, título, premio, etc., o que es propuesta para recibirlo.

CANDIDATURA f. Propuesta de ofrecimiento de uno o varios candidatos. || Conjunto de candidatos de la misma agrupación que se presentan a unas elecciones y papeleta en que constan.

CÁNDIDO, DA adj. Candoroso. || Blanco. || Puro. || Ingenuo, sin malicia, fácil de engañar.

CANDIL m. Lámpara formada por un recipiente con un gancho para colgarlo y un pico por el que asoma la mecha sumergida en el aceite.

CANDOR m. Ingenuidad, sencillez. || Blancura extrema.

CANELA f. Condimento extraído del canelo. || Cosa muy buena (también *c. fina* o *en rama*).

CANELÓN m. Canalón. || Carámbano que pende de los canales en invierno. || Trabajo de pasamanería alargado y hueco. || Dulce alargado que contiene canela o acitrón. || Punta de las correas del azote, gruesa y retorcida.

CANESÚ m. Parte superior de un vestido que recoge el vuelo del delantero y de la espalda.

CANÍBAL adj. y com. Se aplica al salvaje de las Antillas que, al parecer, practicaba la antropofagia. || Antropófago. || Salvaje, feroz.

CANIBALISMO m. Consumo de individuos pertenecientes a la propia especie; entre seres humanos se llama antropofagia.

CANICA f. Bolita de vidrio, barro o acero.

CANÍCULA f. Período del año en que el calor es más intenso.

CANIJO, JA adj. y s. Raquítico, enfermizo.

CANILLA f. Hueso largo y principal de las extremidades de un mamífero o ave. || Carrete en que se devana el hilo que forma la costura por la parte inferior en las máquinas de coser.

CANINO, NA adj. Relativo o semejante al perro. || m. Tipo de diente par y simétrico situado en los mamíferos entre los incisivos y los premolares.

CANJE m. Intercambio, permuta.

CANO, NA adj. Con canas, o de su color.

CANOA f. Bote de remos, sin quilla, ahusado y ligero. || Lancha de motor con proa afilada y popa plana.

CANON m. Norma, precepto. || Prototipo, modelo ideal. || Decisión establecida por los concilios de la Iglesia. || Catálogo de los libros sagrados, en la iglesia católica. || Catálogo o lista.

CANÓNICO, CA adj. Ajustado a un canon o incluido en él (se usa en especial referido a los cánones eclesiásticos).

CANONIZACIÓN f. Elevación de un beato a la calidad de santo. || Alabanza, especialmente la inmerecida.

CANORO, RA adj. Se aplica a las aves que cantan armoniosamente y al sonido musical o grato.

CANSADO, DA adj. En declive o decadencia. || Que cansa. || Harto de repetir lo mismo.

CANSANCIO m. Agotamiento, fatiga. |! Hastío.

CANSAR tr. y prnl. Provocar cansancio. || tr. Desagradar, molestar. || Agotar las plantas las sustancias nutricias del suelo.

CANTANTE adj. Que canta. || com. Persona que canta, en un teatro, en un concierto, etcétera.

CANTAR tr. e intr. Emitir con la voz sonidos armoniosos. || Trinar o gorjear las aves. || Recitar algo o decirlo con entonación. || Trovar. || Ejecutar un instrumento el canto de una pieza concertante. || Ensalzar, elogiar. || Confesar, delatar.

CÁNTARA f. Cántaro. || Medida antigua de capacidad equivalente a 16.13 litros.

CÁNTARO m. Vasija de barro o metal de forma abombada, de boca y pie estrechos, y generalmente con asas. Se usaba para transportar agua. || Medida antigua de capacidad variable según zonas (y *cántaros*). || *a cántaros* Copiosamente y con fuerza (se usa especialmente con *llover*).

CANTATA f. Composición vocal instrumental para una o varias voces, de tema religioso o profano, de carácter lírico sin acción dramática o épica.

CANTERA f. Lugar de donde se saca la piedra destinada a la construcción.

CANTERÍA Arte y técnica de tallar la piedra para la construcción. || Trabajo en piedra labrada. || Trozo de piedra labrada.

CÁNTICO m. Composición poética de argumento religioso o metafísico. || Himno religioso de acción de gracias.

CANTIDAD f. Propiedad de lo que puede medirse o numerarse, y aumentarse o disminuirse. || Parte, generalmente grande, de algo. || Porción de dinero. || Duración temporal de un sonido; se mide en centésimas o milésimas de segundo. || adv. En sentido cualitativo, mucho: *me gusta cantidad*. || *de movimiento* En un sistema de masas, sumatorio del producto de cada masa por su velocidad respectiva.

CANTINELA f. Composición poética breve, a propósito para ser cantada, sin acompañamiento instrumental. || Repetición monocorde y fastidiosa de algo.

CANTIMPLORA f. Recipiente metálico o de plástico, revestido de fieltro, cuero o paja, que sirve para refrescar el agua.

CANTINA f. Local, generalmente anejo a una institución, donde se sirve de comer y beber.

CANTINERO, RA m. y f. Propietario o sirviente de una cantina, o persona que sirve bebidas.

CANTO, 1 m. Acción y efecto de cantar. || Arte o actividad de cantar. || Cada una de las partes que componen un poema épico. || Composición corta, generalmente de carácter heroico. || Poema lírico. Emisión de sonidos musicales con la voz, ya sea por vocalización o por articulación de las palabras. Forma de expresión que une el lenguaje con la música. || Composición vocal o instrumental, destinada a ser cantada.

CANTO, 2 m. Borde o extremo que limita una cosa. || Extremo o punta de algo.

CANTÓN m. Borde, esquina o arista.

CANTOR, RA adj. y s. Que canta, especialmente por oficio. || Se dice del compositor de poemas épicos. || adj. y m. Se dice de los pájaros de canto melodioso.

CANTURREAR (o CANTURRIAR) intr. Cantar a media voz y sin prestar atención.

CÁNULA f. Caña pequeña. || Instrumento en forma de tubo, de calibre y material diverso, con sus extremos abiertos, que se usa en medicina para introducirlo por una abertura del organismo. || Tubo, extremo de las jeringas.

CANUTO m. Porción de caña comprendida entre los nudos. || Tubo cerrado por un extremo.

CAÑA f. Tallo fistuloso y con nudos muy aparentes, como el de las gramíneas. || Canilla del brazo o de la pierna. || *de pescar* Utensilio para la pesca, generalmente deportiva. Consta de una vara (de caña o fibra de vidrio), un sedal del que pende un anzuelo y un carrete en el que se enrolla el sedal.

CAÑADA f. Paso entre dos promontorios. || Zona de paso del ganado transhumante.

CAÑAVERAL m. Lugar sembrado de cañas. || Plantación de caña de azúcar.

CAÑERÍA f. Tubo, generalmente de plomo, para la conducción de agua, gas, etc. || Conjunto de dichos tubos.

CAÑO m. Tubo corto, generalmente de metal, vidrio o barro. || Tubo de metal por donde sale el agua de una fuente; por extensión, la fuente misma. || Albañal. || Cañón del órgano por donde sale y entra el aire. || Chorro de agua.

CAÑÓN m. Arma de artillería, capaz de lanzar proyectiles pesados. || Boca de fuego de dicha arma y de las armas ligeras.

CAÑONAZO m. Tiro o detonación de cañón. || Estrago que produce. || fam. Noticia imprevista.

CAOS m. En el pensamiento clásico griego, estado originario de la materia, en oposición al *cosmos* o universo ordenado. || Confusión, desbarajuste.

CAPA f. Vestimenta de abrigo suelta, sin mangas y abierta por delante. || Parte de una sustancia que cubre una cosa de manera uniforme. || Cada una de las diferentes extensiones superpuestas entre sí. || Cubierta con que se protege algo. || Estrato de un terreno. || Cada uno de los grupos, más o menos homogéneos en función de su renta, categoría profesional, etc., en que se divide una sociedad; es un concepto más impreciso que el de clase.

CAPACIDAD f. Posibilidad de contener cantidad de una cosa. || Cabida. || Competencia, suficiencia. || Oportunidad, situación favorable para realizar algo. || (C) En un circuito o elemento eléctrico, relación entre la carga eléctrica (Q) y la tensión (V).

CAPACITAR tr. y prnl. Facultar, dar poder a alguien para hacer algo.

CAPAR tr. Castrar, inutilizar para la reproducción. || Cercenar, menoscabar.

CAPARAZÓN m. Telliz que se coloca al caballo sin jinete, para cubrir la silla, o a las caballerías de tiro, para protegerlas de la lluvia. || Cubierta endurecida y mineralizada que cubre parte del cuerpo en muchas especies de animales.

CAPATAZ, ZA m. y f. Persona que está al cargo de un grupo de obreros. || Caporal.

CAPAZ adj. Que se basta para contener algo. || Amplio, vasto. || Competente, idóneo. || Conocedor, instruido. || Apto jurídicamente para hacer algo.

CAPCIOSO, SA adj. Falaz, artero.

CAPEAR tr. Entretener a alguien con excusas y subterfugios. || Esquivar una dificultad. || Soslayar un barco el temporal. || intr. No perder terreno el barco cuando el viento es contrario.

CAPELO m. Sombrero rojo que llevan los cardenales. || Dignidad de cardenal. || Campana de cristal para proteger alimentos.

CAPELLÁN m. Sacerdote titular de una capellanía o que ejerce su ministerio en una entidad religiosa o privada. || Cualquier sacerdote.

CAPICÚA adj. y m. Se dice del número o palabra que se lee igual en los dos sentidos (*8338, ala*).

CAPILAR adj. Relativo al cabello. || Se dice de los fenómenos de capilaridad. || adj. y m. Se dice en general de cualquier tubo de diámetro pequeño. || Se dice de cada uno de los vasos sanguíneos microscópicos que, a modo de red, conectan el sistema vascular arterial con el venoso.

CAPILARIDAD f. Calidad de capilar. || Conjunto de fenómenos que tienen lugar en la superficie de contacto entre un líquido y un sólido, provocados por las diversas fuerzas que intervienen (atracción, etcétera).

CAPILLA f. Pequeño edificio de culto, aislado o que forma parte de un templo. || Oratorio. || Pliego suelto de una obra antes de su encuadernación.

CAPIROTE adj. Capucha de algunas prendas de vestir. || Muceta con capucha, usada por los catedráticos en actos académicos.

CAPITAL, 1 adj. Relativo a la cabeza. || Se dice del pecado, defecto, vicio, etc., muy grave. || Se aplica a la pena de muerte. || Se dice de lo primordial de alguna cosa. || adj. y f. Se dice de la letra mayúscula. || f. Ciudad donde tienen su sede los órganos (de gobierno, administrativos, diplomáticos, etc.) de un Estado o de una unidad territorial inferior. || Que tiene una posición preeminente, especialmente en lo financiero.

CAPITAL, 2 m. Conjunto de los bienes de una persona o sociedad, especialmente en dinero o valores. || Dinero de que se dispone en un momento determinado. || Patrimonio que aporta el marido. || Conjunto de bienes, monetarios o en especie, que aplicados a una actividad productiva generan plusvalía.

CAPITALISMO m. Modo de producción caracterizado por la propiedad privada de los medios de producción y la existencia de un mercado de trabajo al que acuden los no propietarios a vender su fuerza de trabajo.

CAPITALIZAR tr. Determinar el capital a que corresponde un interés determinado. || Hacer económicamente productiva una renta. || Agregar los intereses al capital que los devenga para aumentarlo.

CAPITÁN, NA m. y f. Jefe de un grupo de personas. || En un equipo deportivo, persona que representa al resto de los jugadores. || m. Oficial del ejército que tiene a su cargo una compañía, escuadrón o batería.

CAPITANEAR tr. Ejercer el mando de capitán en una tropa. || Acaudillar a un grupo de gente.

CAPITEL m. Elemento superior de una columna o pilastra sobre el que descansa el arquitrabe o se apoya el pie de un arco. Compuesto de molduras y motivos decorativos que establecen las diferencias entre los órdenes. Consta de ábaco, equino y astrágalo. Los c. clásicos pertenecen a los órdenes creados por los griegos: *dórico, jónico* y *corintio*, recogidos por los romanos que también emplearon el *compuesto* y el *toscano*.

CAPITOLIO m. Acrópolis. || Impropiamente, nombre de algunos grandes edificios públicos (Washington, Toulouse).

CAPITULACIÓN f. Acción y efecto de capitular. || Acuerdo en que se señalan las condiciones en que un ejército se rinde a otro.

CAPITULAR, 1 adj. y com. Relativo al capítulo o al cabildo. || Se dice de la persona perteneciente a un organismo, con voto en él. || Se aplica a la letra mayúscula o a la que encabeza un capítulo.

CAPITULAR, 2 intr. y tr. Llegar a un acuerdo o convenio.

CAPÍTULO m. Asamblea de dignidades de una orden religiosa, que se reúne para decidir sobre grandes temas que la afectan. || Cada división importante de un libro, tratado, ley, etcétera.

CAPÓN adj. y s. Castrado. || Gallo castrado para favorecer su engorde. || Haz de sarmientos. || Cadena o cabo grueso para suspender el ancla.

CAPORAL m. El que tiene a su cargo el mando de un grupo. || El encargado de la ganadería de una hacienda. || Cabo de escuadra.

CAPOTA f. Sombrero de mujer, ceñido y atado al cuello. || Cubierta plegable de carruajes y coches.

CAPOTE m. Prenda recia semejante a la capa, pero con mangas. || Abrigo militar amplio y largo.

CAPRICHO m. Propósito o idea que uno se forja sin fundamento y de manera repentina. || Empeño, antojo. || Lo que es objeto de ese antojo. || Inconstancia, arbitrariedad. || Adorno o detalle superfluo.

CÁPSULA f. Casquillo que se acopla a la boca de una botella para cerrarla herméticamente. || Cilindro de metal, hueco, que contiene el fulminante en las armas de fuego. || Pequeño estuche insípido y soluble que facilita la toma de ciertos medicamentos. || Fruto seco y dehiscente que se abre según una serie de hendiduras longitudinales.

CAPTAR tr. y prnl. Ganar el afecto, la voluntad, el deseo, etc., de alguien. || tr. Acopiar las aguas de un manantial. || Aprehender sensaciones, ideas, matices, o recoger imágenes, sonidos, ondas, etcétera.

CAPTURAR tr. Prender a un delincuente. || Cazar fieras.

CAPUCHA f. Gorro cónico, generalmente unido a una prenda de vestir. || En imprenta, el acento circunflejo. || Plumas que coronan la cabeza de algunas aves.

CAPUCHÓN m. Capucha. || Funda que cubre el extremo de una cosa. || Disfraz usado en carnaval.

CAPULLO m. Envoltura de seda segregada por la larva de algunas especies de insectos, en cuyo interior se produce la transformación en crisálida. || Flor a punto de abrirse. || Cascabel de la bellota. || Tela ordinaria de seda.

CARA f. Región anatómica correspondiente a la zona anterior e inferior de la cabeza. || Rostro, especialmente referido al estado físico o anímico que aparenta. || Superficie o parte frontal de una cosa. || Anverso de una moneda. || Cada una de las superficies que definen un ángulo diedro o poliedro. || Cada una de las superficies que delimitan un poliedro. || adv. Hacia, frente a.

CARABELA f. Antigua embarcación, de casco largo y fino, dos o tres palos y elevado castillo de popa.

CARABINA f. Especie de fusil, de cañón más corto, usado por las unidades de caballería. || La usada también en deportes olímpicos (tiro), especialmente la de calibre 22.

CARABINERO m. Soldado armado de carabina. || Funcionario encargado de la represión del contrabando. || En algunos países, cuerpo paramilitar de policía.

CARACOL m. Cavidad del hueso temporal que contiene parte del oído interno, que también recibe el mismo nombre.

CARÁCTER m. Signo o señal que hace alguien en una superficie. || Signo de escritura o letra de imprenta. || Cada uno de los tipos o estilos de letra en un sistema de escritura. || Pictograma esotérico. || Sedimento interno que dejan las experiencias pasadas. || Conjunto de cualidades morales de un individuo o colectividad. || Cada uno de los rasgos morfológicos, fisiológicos y funcionales de cada individuo. || Conjunto de rasgos generales que sirven para entender cómo es una ideología, movimiento cultural u organización. || Firmeza moral, voluntad. || En informática, unidad de información que representa números, letras u otros símbolos.

CARACTERÍSTICO, CA ad. Relativo al carácter. || Que caracteriza, distingue. || m. y f. Intérprete dramático de personajes maduros. || f. Peculiaridad de una persona o cosa. || Parte entera de un logaritmo. || Representación gráfica que indica las propiedades físicas de un sistema. || f. pl. Medidas estadísticas que describen una muestra (media, varianza, dispersión, etcétera).

CARACTERIZAR tr. Determinar las cualidades específicas de una persona o cosa. || Distinguir a alguien con un cargo o un honor. || Interpretar un actor fielmente su papel. || tr. y prnl. Maquillarse, vestirse, etc., el intérprete para su papel.

CARÁMBANO m. Trozo de hielo alargado y puntiagudo.

CARAMBOLA f. Enredo, trampa. || Suerte del billar en la que la bola, impulsada por el taco, golpea a otras dos. || fam. Doble resultado que se obtiene de una acción. || Buena suerte.

CARAMELO m. Pasta de azúcar, previamente fundida. || Golosina hecha con esta pasta, más alguna esencia o producto dulce (chocolate, frutas, licor).

CARAMILLO m. Instrumento rústico de viento, de caña o de madera. Consta de un tubo sonoro, una boquilla y 6 agujeros, y tiene un sonido muy agudo. || Montón informe de cosas. || Lío, chismorreo.

CARÁTULA f. Máscara, o cualquier otro artificio, para ocultar el rostro. || Farándula. || fig. Por extensión, farsa. || Adefesio, persona fea. || En los medios de comunicación, portada, presentación o sintonía; hace referencia a los aspectos gráficos o sonoros.

CARAVANA f. En Asia y África, grupo de viajeros que van juntos para conjurar los riesgos del camino; por extensión, grupo de gente que se reúne para ir juntos a algún sitio. || Tráfico pesado y lento debido a la aglomeración de vehículos. || Remolque habitable que se acopla a un vehículo, especialmente, para hacer turismo.

CARBOHIDRATOS m. pl. Compuestos que incluyen los azúcares sencillos (polihidroxialdehidos y polihidroxicetonas), y sus derivados y polímeros. Llamados también hidratos de carbono. Muy difundidos en los reinos vegetal y animal, en los que, según sus distintas modificaciones, cumplen funciones muy diversas: son fuentes de energía (alimentos), tejidos de sostén para plantas y animales, etcétera.

CARBÓN m. Combustible sólido, generalmente de color negro, de 1 a 1.8 de

densidad, originado por la carbonización de restos vegetales depositados en condiciones anóxicas. Tradicionalmente, se distinguen 4 principales tipos de c.: turba, lignito, hulla y antracita. Se usa como combustible; el encarecimiento de los productos petrolíferos ha potenciado su empleo para la producción de energía eléctrica. || *vegetal* El obtenido por calcinación de la madera; muy combustible.

CARBONATO m. Sal o éster formado por sustitución de los 2 hidrógenos del ácido carbónico. Excepto los alcalinos y de amonio, los c. son insolubles en agua. En las industrias cerámicas y metalúrgicas se usan los de calcio, sodio y magnesio.

CARBONCILLO m. Palo de madera carbonizada para dibujar. || Dibujo hecho con ese instrumento.

CARBÓNICO, CA adj. Relativo al carbono, o que lo contiene. || *c., anhídrido* CO_2. Dióxido de carbono. Gas incoloro e inodoro. Soluble en agua. Su punto de fusión es de -56 °C (5 atm.) y su punto de ebullición de -78 °C. Al enfriar, solidifica produciéndose una masa blanca (nieve carbónica) que sublima a -78.5 °C. Se reduce fácilmente mediante hidrógeno, carbono y magnesio. Se usa para elaborar bebidas gaseosas, como agente frigorífico, extintor, etcétera.

CARBONIZAR tr. y prnl. Convertir en carbón. || Abrasar.

CARBONO m. (C) Elemento químico del grupo IVb de la tabla periódica. En la tierra (48.8 % de la litosfera y la atmósfera) se presenta libre en dos formas alotrópicas: grafito y diamante. Componente principal del carbón. Debido a su configuración electrónica se combina consigo mismo dando lugar al vasto número de compuestos que estudia la química orgánica. Aparece en minerales y rocas como carbonato y en la atmósfera y el agua como CO_2. || *c., ciclo del* Conjunto de transformaciones que afectan cíclicamente al c. de la biosfera y la atmósfera. Esquemáticamente, los vegetales absorben CO_2 y en la fotosíntesis producen hidratos de c., que los animales "queman" (respiración) para obtener energía y restituyen el CO_2 que también se produce al descomponerse detritus orgánicos y en las combustiones.

CARBUNCO m. Enfermedad infecciosa que padecen los animales (caballos, carneros, cabras, etc.) y que puede afectar al hombre. Es causada por un bacilo específico (*b. anthracis*).

CARBURACIÓN f. Acción y efecto de carburar. || Operación que enriquece el contenido de carbono en un metal.

CARBURADOR m. En un motor de explosión, mecanismo donde se efectúa la carburación.

CARBURAR. tr. Mezclar adecuadamente los gases o el aire atmosférico con los vapores de carburantes líquidos o gaseosos para hacerlos combustibles o detonantes. || intr. fam. Funcionar bien algo o alguien.

CARCAJ m. Especie de vaina para guardar flechas.

CARCAJADA m. Risa estridente.

CARCAMAL adj. y com. Se dice de la persona decrépita; vejestorio. || Carca, antigualla. || Poco inteligente.

CÁRCEL f. Local habilitado para la reclusión de presos. || Hendedura por la que se deslizan los tablones de una compuerta. || Par de tablas iguales, dispuestas en las patas de la prensa de imprenta para asegurar el husillo. || fig. Sitio incómodo y agobiante.

CARCOMER tr. y prnl. Ir agotando lentamente algo o a alguien.

CARDAR tr. Disponer una fibra textil para su hilado, desenredándola y peinándola. || Levantar el pelo de los paños y felpas con una carda. || Ahuecar el pelo con el peine.

CARDENAL m. Prelado de máxima categoría de la iglesia católica, que forma parte del sacro colegio cardenalicio y elige al papa.

CARDENILLO m. Capa de óxido o sulfuro, venenosa, que se forma en los objetos de cobre si están en contacto con el aire. || En pintura, acetato de cobre.

CÁRDENO, NA adj. Amoratado. || Se dice del toro de piel blanca y negra. || Referido al agua u otros líquidos, opalino.

CARDÍACO, CA (o **CARDIACO, CA**) adj. Relativo al corazón. || adj. y s. Se dice del enfermo afecto de una cardiopatía, y del fármaco que mejora el rendimiento del corazón.

CARDINAL adj. Principal, esencial. || Se dice de los signos colocados en los 4 puntos cardinales: Aries, Cáncer, Libra y Capricornio, con los cuales empiezan las estaciones. || Se aplica al adjetivo numeral o al número que denota una cantidad precisa: 2, 9, etc. || adj. y m. Se dice del número de elementos de un conjunto; 2 conjuntos equipotenciales poseen el mismo c.; la representación simbólica de los c. de conjuntos finitos son los números naturales.

CARDIOVASCULAR adj. Relativo al aparato circulatorio.

CARDUMEN (o **CARDUME**) m. Grupo social de peces (banco) dotados de una misma orientación en el movimiento. Incluye millares de individuos. Su formación es frecuente en algunas familias y tiene finalidad defensiva, reproductora o para la búsqueda de alimento.

CAREAR tr. Efectuar un careo. || Confrontar una cosa con otra. || prnl. Encararse, hacer frente.

CARECER intr. Tener carencia de algo.

CARENCIA f. Ausencia o privación de alguna cosa. || Déficit de algún principio nutritivo generalmente vitamínico, que determina un proceso patológico. || *afectiva* Falta de cariño, especialmente en la infancia, que perturba el desarrollo psíquico.

CAREO m. En un interrogatorio o juicio, contraste de opiniones de dos o más personas para esclarecer la verdad.

CARERO, RA adj. fam. Se dice del comerciante que vende caro.

CARESTÍA f. Privación o escasez de algo. || Subida del precio de los bienes de mayor consumo, debida a una devaluación de la moneda o a razones de mercado.

CARETA f. Máscara, generalmente de cartón, que oculta la cara o parte de ella. || Cobertura del rostro, de formas y materiales diversos según sus finalidades, para evitar peligros (c. de colmenero, c. de esgrima) o intoxicaciones (c. antigás). || fig. Fingimiento, doblez.

CAREY m. Tortuga carey. || Material córneo y traslúcido que se obtiene del caparazón de esta tortuga; se usa para fabricar peines, estuches, etcétera.

CARGA f. Acción y efecto de cargar. || Cosa transportada por una persona, animal o vehículo. || Peso ejercido por una cosa sobre otra. || Peso soportado por una estructura. || Responsabilidad, preocupaciones, etc., que uno se ve forzado a sobrellevar. || Cantidad de explosivo cuyo efecto impulsa el proyectil en las armas de fuego, o proporciona el estallido de un barreno, mina, etc. || Potencia activa de una máquina o de una red eléctrica. || Resistencia que ha de vencer una máquina. || Cantidad de energía eléctrica que admite un acumulador. || Cantidad de electricidad que acumula un cuerpo; se mide en culombios.

CARGADO, DA adj. Se aplica al tiempo o al ambiente pesados. || Fuerte, intenso, concentrado; recargado. || Se dice de la atmósfera irrespirable.

CARGADOR, RA adj. y s. Se aplica a la máquina, útil, etc., que sirve para cargar algo. || m. y f. Persona dedicada al acarreo de mercancías o fardos. || m. Pieza de un arma automática o semiautomática que contiene los cartuchos y los suministra a la ventana de alimentación. || Circuito rectificador usado para cargar baterías.

CARGAR tr. Colocar una carga (mercancía, peso, etc.), introducirla (proyectil, explosivo, repuesto; energía eléctrica; hornada), inducirla (energía eléctrica), imponerla (gravamen) o agregarla (material). || Llenar en exceso. || Aumentar el peso, la concentración o el precio de algo. || Asentar un cargo en una cuenta. || Con adv. de cantidad, comer o beber en exceso. || Atribuir, responsabilizar.

CARGO m. Acción de cargar. || Carga o peso. || Obligación adquirida. || Encargo, cuidado. || Oficio, dedicación, destino, y persona que lo desempeña. || Serie de cantidades, plasmadas en una cuenta, que han de justificarse. || Recriminación a la actitud de alguien.

CARIACONTECIDO, DA adj. Triste, sobresaltado o acongojado.

CARIÁTIDE f. Escultura femenina que, a modo de columna o pilastra, coronada con un capitel, soporta un arquitrabe.

CARIBE adj. y com. Se dice de una familia de pueblos amerindios, y de sus diversas lenguas y dialectos. Venidos del N del subcontinente americano, fueron ocupando las Antillas y el NE de América meridional, especialmente las Guayanas y Venezuela. Ocupan actualmente pequeñas zonas del Alto Amazonas. || Piraña.

CARICATURA f. Figura (especialmente dibujo) de persona cuyo aspecto aparece deformado y se exageran determinados rasgos para producir un efecto cómico o crítico. || Persona o cosa grotesca.

CARICIA f. Roce delicado con la mano, en señal de afecto. || Agasajo, mimo. || fig. Roce, impresión suave de algo (sol, brisa, etcétera).

CARIDAD f. Virtud teologal que ordena el amor a los demás seres humanos, como reflejo del amor a Dios. || Actitud de extrema sensibilidad hacia el sufrimiento de los otros. || Limosna. || ¡por c.! Expr. solicitando ayuda o benevolencia.

CARIES f. Forma de necrosis que afecta a tejidos duros, como el óseo; generalmente reconoce un origen tuberculoso. || *del trigo* Tizón (hongo). || *dental* Desmineralización del diente que, si progresa, conduce a la destrucción de su estructura.

CARIÑO m. Sentimiento de amor o aprecio hacia algo o alguien. || Manifestación de dicho sentimiento. || Afán y cuidado con que se realiza una cosa. || pl. Saludos.

CARISMA m. Conjunto genérico de rasgos de carácter de alguien, que le dan una especial capacidad de convicción y dirección de gente.

CARIZ m. Conjetura meteorológica. || Matiz que ofrece un asunto o negocio.

CARMESÍ adj. y m. Se dice del color rojo, producto del quermes. || Seda roja.

CARMÍN adj. y m. De color rojo. || m. Polvo rojo que se obtiene de los cuerpos de las hembras de la cochinilla *Coccus cacti*, muy abundante en México. Se usó como tinte, y actualmente como colorante alimentario. || Rosal silvestre con flores de este color.

CARNADA f. Cebo de carne utilizado en la caza y la pesca. || Treta, artimaña.

CARNAL adj. Relativo a la carne. || Libidinoso, sensual. || Se dice del pariente por rama colateral (tío, primo).

CARNAVAL m. Periodo de tres días antes del miércoles de Ceniza. Época de jolgorio antes de la cuaresma; se celebra con bailes, especialmente de disfraces o máscaras, y desfiles de comparsas. || Acto improvisado y poco serio.

CARNE f. Tejido muscular de los animales, de consistencia generalmente blanda. Se suele aplicar a las utilizadas directamente para alimentación humana. || Parte comestible de la fruta. || Parte corporal del hombre, que se contrapone al espíritu. || Parte material del hombre que incita a la sensualidad.

CARNERO m. Macho adulto de la oveja, con grandes cuernos triangulares, apreciado por su carne y lana. || Carne de dicho animal.

CARNICERÍA f. Establecimiento donde se vende carne. || Matanza a causa de una guerra o cataclismo. || Sanción impuesta de forma generalizada. || *hacer una c.* Matar a mucha gente, o provocar muchas heridas a alguien.

CARNICERO, RA adj. y s. Se aplica al animal que mata a otros para su sustento. || Brutal, sanguinario. || m. y f. Persona que vende carne.

CARNÍVORO, RA adj. Se dice de los animales que comen carne. || Se dice de las plantas, propias de suelos pobres, que disponen de diversos artilugios para la captura de pequeños insectos a fin de aprovechar su contenido en nitrógeno y otros elementos.

CARNOSO, SA adj. De carne, o de mucha carne o meollo. || Se dice de los órganos vegetales formados por tejidos parenquimatosos y muy jugosos.

CAROLINGIO, A ad. Relativo a Carlomagno, a su dinastía, imperio o periodo.

CARÓTIDA f. Cada una de las dos arterias principales del cuello, que conducen la sangre a la cabeza.

CARPA f. Gran toldo que cubre un circo o protege un amplio solar.

CARPETA f. Útil consistente en un cartón doblado, satinado o no, a veces forrado, con o sin departamentos en su interior, para escribir sobre él o guardar papeles o documentos. || Cubierta para ordenar legajos. || Relación detallada de valores comerciales o públicos puestos al cobro, al canje o a la amortización.

CARPINTERÍA f. Actividad del carpintero, y taller donde trabaja. || Maderamen de una construcción.

CARPINTERO m. Hombre que trabaja la madera.

CARPO m. Formación esquelética de la muñeca, constituida por 8 huesos cortos en 2 filas transversales.

CARRASPERA f. Ronquera leve.

CARRERA f. Acción de desplazarse corriendo; por extensión, de apurarse en cualquier menester. || Lugar donde se corre. || Órbita de los astros. || Ruta trazada para el paso de una comitiva, una procesión, etc. || Trayecto que recorre un vehículo de servicio público. || Senda que uno se marca en sus actos. || Estudios requeridos para la práctica de una profesión. || Modalidad deportiva que consiste en la competencia entre varias personas, montadas o no en vehículo o cabalgadura, para llegar la primera a un punto predeterminado, o meta.

CARRETA f. Carro pequeño, de ruedas sin llanta, cuya plataforma se prolonga en una lanza a la que se acopla el yugo.

CARRETADA f. Cargamento de una carreta o carro. || Medida que viene a ser la carga de una carreta. || Abundancia de cosas.

CARRETE m. Canuto con dos discos en los extremos, en el que se enrolla hilo, alambre, cinta, el sedal de la caña de pescar, la película fotográfica o cinematográfica, etc. || Conjunto de este útil y la cosa enrollada. || Bobina. || *dar c.* Soltar el sedal cuando el pez tira.

CARRETERA f. Camino asfaltado, acondicionado para el tránsito de vehículos de motor.

CARRETILLA f. Carrito de mano, con una sola rueda y dos ramales para conducirlo; por extensión, otros tipos de carrito de mano. || Tacatá. || Buscapiés. || Utensilio de cocina con un disco dentado, que sirve para cortar o adornar pastas.

CARRIL m. Rodada de un vehículo. || Surco de arada. || Camino apto para un solo carro. || Cada una de las divisiones de la calzada apta para una fila de vehículos. || Raíl.

CARRILLO m. Zona más carnosa de cada lado de la cara. || *comer a dos c.* Devorar, comer con ansia. || Sacar partido de dos personas o cosas a la vez.

CARRO m. Vehículo de carga y tracción animal, generalmente de dos ruedas. || Carga de dicho vehículo. || Elemento de desplazamiento horizontal de una máquina, que lleva el objeto que ésta debe trabajar y lo expone a su acción: de la máquina de escribir, del torno, de la cámara fotográfica, etc. || En cine, elemento de sustentación de la cámara, con ruedas, o motor, para posibilitar sus movimientos.

CARROCERÍA f. Parte de un vehículo, que cubre sus mecanismos y acoge a los viajeros o a la carga. || Establecimiento que fabrica o vende carrocerías.

CARROMATO m. Carro grande de dos ruedas y toldo.

CARRUAJE m. Vehículo de tracción animal de cuatro ruedas y adaptado para el transporte de personas.

CARTA f. Escrito cerrado que una persona o entidad dirige a otra. || Cada naipe de una baraja. || Lista de comidas y bebidas de que dispone un restaurante. || Mapa, especialmente el marítimo. || Acta, documento, escritura de ciertos títulos o derechos. || Constitución escrita o código fundamental de un Estado. || Autorización otorgada a alguien para que actúe según su criterio.

CARTABÓN m. Regla de dibujo en forma de triángulo isósceles. || Regla graduada de tope móvil que utilizan los zapateros. || Ángulo que forman en el caballete dos vertientes de la armadura de un tejado.

CARTAPACIO m. Cuaderno de apuntes, especialmente el pautado de caligrafía. || Carpeta o funda para papeles. || Carpeta de escritorio. || Papeles que contiene.

CARTEL m. Obra publicitaria ilustrada, por lo general en papel, empleada usualmente en la vía pública. || Aviso, pasquín. || Abecedario o silabario grande, utilizado en las escuelas para enseñar a leer. || Escrito público de desafío. || Documento con propuestas de negociación dirigido al enemigo.

CARTELERA f. Armazón para fijar carteles, especialmente de espectáculos. || Guía de espectáculos de los periódicos. || Cartel en el que se anuncia un filme, una función teatral u otro espectáculo.

CÁRTER m. Cubierta rígida que protege las piezas de un mecanismo contra la intrusión de cuerpos extraños. || Depósito para lubricante, en la parte inferior de un motor de explosión.

CARTERA f. Especie de maletín o portafolios para llevar libros, papeles, etc. || Cargo de ministro, o su departamento. || Conjunto de valores, títulos de crédito, etc., en poder de una institución financiera. || *de clientes, de pedidos* Conjunto de los compradores o de los pedidos, habituales o en firme, de una empresa. || *de valores* Parte del activo de una institución que comprende los títulos (de participación o crédito). || *en c.* En estudio.

CARTERISTA com. Ladrón de carteras.

CARTERO, RA m. y f. Funcionario de correos que reparte las cartas por las viviendas.

CARTILAGINOSO, SA adj. Relativo al cartílago. || Se dice del tejido animal formado por células estrelladas, ovoidales o poliédricas según los grupos incluidas en el interior de cápsulas y separadas por sustancia intercelular flexible y transparente. Realiza funciones de sostén.

CARTÍLAGO m. Tipo especial de tejido conectivo que ofrece una cierta resistencia a la tracción y presión, debida a la sustancia fundamental amorfa. En el embrión constituye la totalidad del esqueleto; en el adulto sólo persiste en escasos lugares.

CARTILLA f. Libro de primeras letras. || Manual de un oficio o arte. || Libreta para anotaciones.

CARTOGRAFÍA f. Arte de realizar un mapa en una superficie plana. || Ciencia que estudia los mapas geográficos.

CARTÓN m. Lámina gruesa y dura de pasta de papel endurecida por compresión.

CARTUCHERA f. Estuche de cuero para llevar cartuchos. || Canana para cartuchos.

CARTUCHO m. Cilindro de cartón o metal con carga explosiva en su interior. || Conjunto de bala, casquillo y carga explosiva que forma el proyectil de ciertas armas de fuego. || Paquete cilíndrico de monedas del mismo valor. || Envoltorio cilíndrico para papeles. || Carrete cerrado de película fotográfica.

CARTULINA f. Cartón delgado.

CASA f. Construcción acomodada para vivienda. || Piso, vivienda.

CASACA f. Prenda exterior ceñida, de manga larga y faldones hasta por encima de las rodillas; propia del siglo XVIII y hoy utilizada en ciertos uniformes de gala.

CASADERO, RA adj. Susceptible de casarse.

CASAMENTERO, RA adj. y s. Muy aficionado a urdir o fomentar matrimonios.

CASAMIENTO m. Acción y efecto de casar o casarse. || Boda y documento legal que lo acredita.

CASAR, 1 m. Conjunto de casas que no constituyen un pueblo.

CASAR, 2 intr. y prnl. Contraer matrimonio. || intr. Coincidir dos cosas, corresponderse. || tr. Presidir un sacerdote un casamiento.

CASCABEL m. Bola hueca de metal, con agujeros y un asa para colgarla; contiene una piedrecita o un fragmento de metal, de modo que al agitarla suene. || Persona bulliciosa y algo atolondrada.

CASCADO, DA adj. Se aplica a la voz débil y enronquecida. || Gastado, en mal funcionamiento o estado. || f. Salto de agua, desnivel pronunciado en la corriente de un río.

CASCAJO m. Guijo, grava. || Frutos secos. || Cosa vieja y muy maltrecha.

CASCANUECES m. Útil para partir nueces, avellanas, etcétera.

CASCAR tr. y prnl. Quebrar, romper. || Pegar, zurrar. || Debilitar la salud de alguien. || Averiar algo.

CÁSCARA f. Superficie externa de algunas cosas, más dura que su interior (huevos, semillas, frutos, etc.). || Corteza de árbol.

CASCARÓN m. Cáscara de un huevo, especialmente la rota por la cría al salir. || Bóveda de cuarto de esfera.

CASCARRABIAS com. Persona irritable, colérica.

CASCO m. Cráneo. || Trozo de una vasija, ladrillo, metralla, etc. || Gajo de una fruta. || Cada una de las capas carnosas de la cebolla. || Copa del sombrero. || Pieza redondeada, generalmente de metal o plástico, que protege la cabeza. Se usa especialmente en la guerra, pero también lo utilizan motoristas, obreros de la construcción, etc. || Contenedor de líquido. || Botella de cristal vacía. || Cuerpo fundamental de un buque o un avión.

CASCOTE m. Cada uno de los fragmentos de materiales procedentes del

derribo de una obra; suele usarse en plural.

CASEÍNA f. Fosfoproteina de un peso molecular del orden de 75 000 a 375 000. Constituye la mayor parte de las materias nitrogenadas de la leche (3% en peso); es insoluble en agua; coagula por la adición de ácidos y de enzimas proteolíticos, en presencia de iones de calcio; se emplea para fabricar adhesivos, apresto de tejidos, industria de plásticos y fibras sintéticas, en farmacia, etcétera.

CASERÍO m. Conjunto de casas que no constituyen un pueblo. || Casería. || Aspecto general de una población.

CASERO, RA adj. Hecho o criado en casa. || Que se lleva a cabo entre personas íntimas, sin ceremonias. || m. y f. Propietario de una casa, que la arrienda. || Administrador de ella.

CASERÓN m. Casa grande y desvencijada.

CASETA f. Vestuario de madera o de obra, en instalaciones deportivas, balnearios, playas, etc. || Casa pequeña de planta baja. || Barracón de feria.

CASI adv. Cerca de, a punto de, por poco.

CASILLA f. Casa o refugio pequeño, especialmente la del guardaguja, peones camineros, etc. || Cada uno de los espacios del papel rayado verticalmente o formando cuadrículas. || Cada compartimento en que se divide un casillero, o ciertas cajas, estantes, etcétera.

CASILLERO m. y f. Persona que se aloja en una casilla y está al cuidado de un paso a nivel. || m. Mueble con compartimentos para el archivo de papeles, documentos, facturas, etcétera.

CASINO m. Casa de juego. || Sitio donde se reúnen personas asociadas para actividades recreativas, culturales, etcétera.

CASITERITA f. Óxido de estaño. Forma cristales tetragonales, amarillentos; muy dura y pesada, indiferente a los ácidos. Es la principal mena de estaño.

CASO m. Eventualidad, suceso. || Ocasión, circunstancia. || Asunto o tema que se expone a consulta. || Cada una de las formas de un paradigma nominal, constituidas por un lexema más los morfemas flexivos que se añaden, de los que dependerá su función sintáctica.

CASONA f. Casa grande y señorial.

CASORIO m. fam. Casamiento desigual o poco vistoso.

CASPA f. Escamillas que se forman en el cuero cabelludo procedentes de la descamación córnea.

CASQUETE m. Gorro o peluca que cubre toda la cabeza o parte de ella. || Untura de pez que se aplicaba en la cabeza de los tiñosos para curarlos. || Cada una de las dos zonas en que un plano divide a una esfera al cortarla. || *de gas* Almacenamiento de gas que generalmente cubre los yacimientos de petróleo. || *glaciar* Capa de hielo, de gran espesor, que cubre permanentemente continentes y océanos en las zonas polares y próximas.

CASQUILLO m. Pieza metálica cilíndrica que refuerza, protege o cubre el extremo de una cosa. || Hierro de la flecha. || Cápsula del cartucho de cartón. || Cartucho metálico vacío.

CASQUIVANO, NA adj. y s. Aturdido, irreflexivo.

CASSETTE amb. Caja que contiene una cinta magnética enrollada en dos bobinas, la cual puede ser grabada, leída o borrada por un magnetófono. || Por extensión, magnetófono.

CAST m. Conjunto de actores que intervienen en un filme o en una obra de teatro.

CASTA f. Grupo social, en especial de carácter profesional, que considera tener unos privilegios, no sancionados por la ley, y se une para defenderlos. || Linaje de un animal o persona. || Cada una de las distintas clases de individuos que componen las sociedades de insectos (hormigas, abejas, termes), con diferencias tanto morfológicas como de comportamiento.

CASTAÑETEAR tr. Tocar las castañuelas. || Chasquear los dedos. || intr. Tabletear los dientes por el frío o el miedo. || Producir ruido una articulación.

CASTAÑO, ÑA adj. Se dice del color pardo oscuro, como el de la castaña.

CASTAÑUELA f. Instrumento de percusión de sonido indeterminado; consta de dos piezas de madera unidas por dos cordoncillos. Se tocan un par en cada mano.

CASTELLANO, NA adj. y s. Relativo o natural de Castilla. || m. Lengua romance que empezó a hablarse en Cantabria y se extendió de una manera progresiva hacia el S (hoy es hablado por unos 200 millones, repartidos en España y la mayoría de países de América Central y del Sur). Algunos rasgos distintivos son: aspiración (o desaparición) de *f-* inicial, diptongación de *e* y *o* breve, no diptongación ante yod, palatalización de los grupos *cl, pl, fl* y *ll*; paso de *ll* a *j*... || En un romance, estrofa de cuatro versos octosílabos.

CASTICISMO m. Calidad de castizo. || Modalidad lingüística que consiste en usar voces y giros tradicionales, evitando los extranjerismos y neologismos.

CASTIDAD f. Virtud de quien somete a principios morales la satisfacción del impulso sexual. || Abstinencia sexual.

CASTIGO m. Acción y efecto de castigar. || Pena que se impone. || Corrección de un escrito. || *ejemplo* El que se inflige con fines preventivos.

CASTILLO m. Construcción fortificada, de carácter militar, con ciertas aptitudes residenciales, propiedad y sede de un señor territorial.

CASTIZO, ZA adj. De origen o casta puros. || Se dice de la persona o de las características más genuinas de una cultura, en especial sus aspectos más folclóricos y manipulables ideológicamente. || Se aplica al lenguaje preservado de todo influjo extranjero. || Fecundo.

CASTO, TA adj. Se aplica a la persona que se abstiene del trato sexual o es moderado en él. || Asexuado. || Puro, inmaculado.

CASTRACIÓN f. Extirpación quirúrgica o traumática de los genitales, cuya consecuencia es la esterilidad.

CASTRAR tr. Extirpar las gónadas de un animal. || Esterilizar. || Por extensión, cortar el crecimiento de algo. || Quitar panales de miel a las colmenas. || Secar las llagas.

CASUAL adj. Que ocurre de modo imprevisto. || Relativo a los casos de la declinación.

CASUALIDAD f. Hecho producido por una confluencia de circunstancias que no pretendían provocarlo.

CATABOLISMO m. Fase del metabolismo opuesta al anabolismo. Constituye el proceso de desintegración tisular de las sustancias asimiladas con formación de productos de desecho que elimina el cuerpo.

CATACLISMO m. Catástrofe de gran envergadura, producida por causas naturales. || Transformación violenta del orden social en cualquier sentido. || Suceso que causa un trastorno, material o no.

CATACUMBAS f. pl. Galerías subterráneas, de uso funerario entre los antiguos judíos y cristianos. || Por extensión, galería subterránea. || fig. Clandestinidad.

CATADURA f. Acción y efecto de catar. || Aspecto, semblante.

CATAFALCO m. Túmulo cubierto de paños negros sobre el que se expone el féretro en la iglesia.

CATALÁN, NA adj. y s. De Cataluña. || m. Lengua romance caracterizada fonéticamente por la oposición fonológica de abiertas/cerradas (*e, o*), la *s* sonora, las palatales *s, z* y la *l*/fuertemente velarizada. Se habla en Cataluña, Valencia, Baleares, Rosellón (Francia), L'Alguer (Cerdeña), Andorra y zonas de Aragón.

CATALEJO m. Anteojo consistente en un tubo extensible, que contiene los elementos ópticos.

CATALEPSIA f. Estado patológico de una duración de pocos minutos hasta algunas horas, caracterizado por la suspensión repentina de la motricidad voluntaria. La inteligencia del sujeto parece inalterada.

CATÁLISIS f. Proceso de activación de las reacciones químicas, realizado por una sustancia que, al terminar la reacción, permanece inalterada.

CATALIZACIÓN f. Catálisis

CATALIZADOR adj. y s. Se dice de la sustancia que de una reacción química varía la velocidad sin modificar las condiciones de equilibrio ni alterarse. || fig. Se dice del acontecimiento o persona que provocan una reacción generalmente activa y de carácter social.

CATALOGAR tr. Clasificar, hacer el catálogo. || Introducir en catálogo. || fig. Etiquetar a una persona.

CATÁLOGO m. Lista clasificada de los objetos de un fondo determinado, y folleto que lo contiene.

CATAPLASMA f. Masa medicamentosa de consistencia de papilla que se aplica en caliente sobre zonas doloridas.

CATAPULTA f. Antigua máquina de guerra para lanzar proyectiles colocados en la cuchara del extremo de su brazo. || Mecanismo hidráulico, neumático, etc., de un portaviones, para proporcionar la velocidad de despegue a un avión situado sobre una plataforma que se desliza sobre un raíl.

CATAR tr. Degustar algo para determinar su calidad. || Observar. || Sacar panales de las colmenas.

CATARATA f. Salto grande de agua. || Enfermedad que consiste en la pérdida de la transparencia del cristalino.

CATARRO m. Proceso inflamatorio de una mucosa, que se acompaña de abundante secreción. || Resfriado.

CATARSIS f. Purificación, recuperación de la calidad ética. || Liberación de una perturbación, o "purificación" de la mente mediante el terror y la compasión. || En psicoanálisis, liberación de afectos inconscientes.

CATASTRO m. Censo de las propiedades urbanas y rústicas de un país. || Impuesto que se satisface por la posesión de fincas.

CATÁSTROFE f. Hecho imprevisto y de graves consecuencias. || fam. Desastre, cosa o hecho de pésimo resultado.

CATEAR tr. Catar. || Suspender un examen. || Violar la policía un domicilio.

CATECISMO m. Libro de doctrina cristiana elemental, presentado en preguntas y respuestas, y centro donde se enseña. || Por extensión, cualquier libro de similares características. || fig. Ideología que se expone de forma sumaria y rígida.

CÁTEDRA f. Asiento elevado desde el que explicaba el profesor. || Aula. || Función y cargo de catedrático. || Materia que imparte un catedrático.

CATEDRAL f. Iglesia de grandes proporciones, sede de una diócesis. || fig. Institución o lugar de gran prestigio en su campo.

CATEDRÁTICO, CA m. y f. Titular de una cátedra universitaria.

CATEGÓRICO, CA adj. Se dice de la opinión o decisión que se emite sin que quede lugar a dudas.

CATEQUIZAR tr. Instruir a alguien en una religión, especialmente la cristiana. || Inducir a alguien para que realice algo que antes estaba en contra de sus opiniones.

CATERVA f. Masa de personas o cosas agrupadas en desorden.

CATETO m. Cada uno de los lados de un triángulo rectángulo que delimitan su ángulo recto.

CÁTODO m. Electrodo negativo de una cuba electrolítica (electrólisis) o de una válvula electrónica.

CATOLICISMO m. Iglesia cristiana que, además de recoger el legado de Jesucristo, acepta la figura soberana de un vicario de éste (el papa) como cabeza de una estructura encargada de la definición, interpretación y aplicación de los dogmas.

CATÓLICO, CA adj. Del catolicismo. || Título honorífico que se daba a los reyes de España.

CATÓN m. Censor estricto.

CATRE m. Cama simple individual.

CAUCE m. Álveo o lecho de un río o un arroyo. || Zanja por donde discurre el agua para el riego y otros menesteres. || Lo que encauza ideas, actividades, etcétera.

CAUCIÓN f. Previsión, cautela.

CAUCHO m. Sustancia compleja, elástica, tenaz, impermeable, resistente a la abrasión y a las corrientes eléctricas, que se obtiene del látex de numerosas variedades de plantas tropicales, especialmente de *Hevea brasiliensis*.

CAUDAL adj. De abundante agua. || m. Cantidad de agua corriente. || Relación entre el volumen de un líquido y la sección del conductor o cauce por el que circula. || Patrimonio, dinero. || Gran cantidad.

CAUDILLO m. El que dirigía a gentes de armas. A partir del siglo XIX se ha aplicado a los militares que usan la fuerza para imponer su dominio.

CAUSA f. Todo lo que concurre a la producción de algo. || Aquello que mueve a actuar. || Empresa o doctrina de la que uno es partícipe o se siente próximo. || Juicio, pleito.

CAUSAL adj. Se aplica a la relación que establece la causa con respecto a su efecto. || adj. y f. Se aplica a la oración subordinada que indica una circunstancia de causa y que se enlaza a la principal mediante las conjunciones causales (*que*, *pues, porque, puesto que,* etc.) || f. Razón o motivo de una cosa.

CAUSALIDAD f. Causa de algo. || Ley por la que las mismas causas, en las mismas condiciones, producen los mismos efectos. || Relación de causa a efecto.

CAUSAR tr. y prnl. Provocar una causa su efecto. || Originar, motivar una cosa otra.

CÁUSTICO, CA adj. Se dice de las sustancias que destruyen los tejidos orgánicos, por acción corrosiva o quemante. En medicina se usan para eliminar células muertas. || Punzante, mordaz.

CAUTELA f. Precaución y reserva con que se ejecuta algo. || Tacto. || Astucia, doblez.

CAUTERIZACIÓN f. Destrucción de tejidos superficiales enfermos mediante cauterios; se usa también con fines hemostáticos.

CAUTERIZAR tr. Aplicar un cauterio. || Censurar, corregir algún vicio.

CAUTIVAR tr. Apresar, capturar. || Captar, seducir, ganar la voluntad de alguien.

CAUTIVERIO m. Condición de la persona cautiva; especialmente el tiempo de su permanencia en ella.

CAUTIVO, VA adj. y s. Se dice del preso retenido por la fuerza. || Seducido, esclavizado.

CAUTO, TA adj. Que actúa con prudencia o sagacidad.

CAVA f. Acción de cavar, especialmente la que se realiza en las viñas. || En palacio, dependencia en que se guardaba el agua y el vino. || Bóveda subterránea donde fermenta o se conserva el vino. || Foso. || f. Se dice de cada una de las dos grandes venas, superior e inferior, que desembocan en la aurícula derecha.

CAVAR tr. Ahondar y remover la tierra. || Abrir un hoyo o zanja. || intr. Con *en*, penetrar, profundizar. || Reflexionar hondamente.

CAVERNA f. Cueva. || Cavidad patológica que se forma en algún órgano, especialmente las lesiones pulmonares causadas por la tuberculosis.

CAVERNÍCOLA adj. y com. Que mora en cavernas, especialmente el hombre prehistórico. || Se dice de los organismos, vegetales y animales, que viven en el interior de cuevas, en condiciones de luminosidad limitada.

CAVERNOSO, SA adj. Relativo a la caverna o similar a ésta. || Se dice de la estructura de las rocas con abundantes poros y oquedades. || Ronco, profundo. || Con muchas cavernas.

CAVIAR m. Manjar de huevas de distintos peces (especialmente esturión, pero también salmónidos y ciprínidos) mantenidas en salmuera.

CAVIDAD f. Espacio hueco de un cuerpo o de algún órgano. || *abdominal* Vientre. || *amniótica* Espacio entre el feto y el amnios; contiene el líquido amniótico. || *torácica* Caja torácica.

CAVILAR tr. Reflexionar profundamente sobre algo. || Darle muchas vueltas a un asunto.

CAYADO, DA m. y f. Bastón rústico de puño corvo. || Báculo episcopal.

CAYO m. Isla baja y arenosa, con vegetación de tipo pantanoso (mangle), propia del mar de las Antillas.

CAZA f. Acción de cazar. || Conjunto de animales de monte o salvajes, antes o después de ser cazados. || Carne de estos animales. || m. Avión de intercepción de los aparatos enemigos.

CAZADOR, RA adj. Se dice de los animales depredadores. || adj. y s. Que caza.

CAZAR tr. Localizar y acosar la caza para capturarla y matarla. || Dar alcance. || Conseguir algo con habilidad. || Atrapar a alguien en una acción impropia o vergonzosa.

CAZO m. Recipiente cilíndrico con mango. || Cucharón semiesférico con el mango largo y vertical. || Cazoleta de la espada. || Cuchara de máquina excavadora.

CAZUELA f. Utensilio de cocina, ancho y poco profundo. || Guiso, generalmente de carne, hecho en dicho utensilio. || Paraíso, gallinero del teatro. || Componedor de imprenta, capaz de contener varias líneas.

CE f. Nombre de la letra *c*.

CEBO m. Alimento que se da a los animales para cazarlos. || Persona con la que se atrae a otra; también se usa para cosas.

CECINA f. Fiambre más seco y salado que el jamón.

CEDAZO m. Malla tensa, con un bastidor circular que sirve para tamizar o filtrar. || Cierta red de pesca.

CEDER tr. Dar, transferir, traspasar a otro una cosa, acción o derecho. || intr. Aminorar su intensidad ciertas cosas: el dolor, la fiebre, etc. || Relajarse o terminar la resistencia. || Ser de inferior jerarquía.

CEDILLA f. Signo gráfico que se ponía en castellano bajo la c, que hoy se emplea en catalán, portugués y francés, para indicar un sonido de s sorda, y letra que lo lleva.

CÉDULA f. Documento en que se reconoce una deuda u otra obligación. || Certificado. || Documento de identificación. || *real* Despacho que expedía el rey.

CEFALALGIA (o **CEFALEA**) f. Dolor de cabeza. || Jaqueca, migraña.

CEGAR intr. Quedarse alguien totalmente sin visión. || tr. Quitar la vista. || tr. y prnl. Taponar una cañería o cualquier otro conducto; rellenar un hoyo o agujero. || Obcecar la razón.

CEGATO, TA adj. y s. Miope.

CEGESIMAL adj. Se dice del sistema absoluto de unidades, cuyas magnitudes fundamentales son centímetro, gramo y segundo.

CEGUERA f. Pérdida del sentido de la visión. Puede ser congénita o adquirida. Su origen puede hallarse en lesiones del propio ojo, del nervio óptico o de las vías y centros cerebrales. || Ofuscación.

CEJA f. Borde superior cubierto de pelo de la cuenca del ojo. || Pelo que lo cubre. || Resalto de algunas cosas. || En los instrumentos de cuerda, listón colocado entre el mástil y el clavijero, para apoyar y separar las cuerdas. || Cejuela.

CEJAR intr. Recular, especialmente las caballerías. || Ir perdiendo el ímpetu o el ánimo.

CELADA f. Pieza de la armadura que cubría la cabeza. || Soldado que la usaba.

CELADOR, RA adj. Que vigila. || m. y f. Vigilante, especialmente de ciertas instituciones.

CELAR tr. Velar por el cumplimiento de las leyes, obligaciones, deberes, etc. || Observar con desconfianza a alguien. || Cuidar de que los subordinados cumplan con sus obligaciones.

CELDA f. Habitación pequeña, en los conventos, prisiones, etc. || Cada uno de los alvéolos en los panales de abejas, avispas y otros insectos, en cuyo interior se cumple el desarrollo de las larvas. || *real* La de tamaño superior, del panal de las abejas, construida especialmente para la larva de la futura reina.

CELDILLA f. Celda (alvéolo). || Nicho. || Cavidad, agujero.

CELEBRAR tr. Elogiar, enaltecer o encomiar a alguien o algo. || Festejar con cultos públicos y solemnes los dogmas y misterios de la religión. || Llevar a cabo una entrevista, reunión, etc. || Organizar un acto conmemorativo de un acontecimiento. || Reír las gracias a alguien. || tr. e. intr. Oficiar la misa.

CÉLEBRE adj. Ilustre, renombrado. || Dicharachero, alegre.

CELEBRIDAD f. Notoriedad, popularidad. || Festejo para conmemorar algo. || Persona ilustre o famosa.

CELERIDAD f. Diligencia, presteza, velocidad.

CELESTE adj. Relativo al cielo. || adj. y m. Se aplica al color azul claro. || Se dice de un registro del órgano.

CELESTIAL adj. Relativo al cielo como morada de los bienaventurados. || Perfecto, encantador. || Alelado, bobalicón.

CELESTINA f. Alcahueta.

CELIBATO m. Soltería. || fam. Hombre célibe.

CELO m. Ardor, emulación, asiduidad con que se desempeña un trabajo, deber, etc. || Inclinación hacia Dios, una persona, o una causa. || Recelo de que otro participe de lo que uno tiene. || Apetito sexual en los animales. || pl. Temor que uno siente de que el bien o afecto que posee o cree poseer pase a otro o sea compartido por otro.

CELOFÁN m. Papel flexible y transparente hecho de viscosa, utilizado para envolver objetos o preservarlos de la humedad.

CELOSÍA f. Enrejado de listones de madera, hierro, etc., que se coloca en las ventanas u otros vanos para ver sin ser visto. || Cualquier estructura similar. || Celos extremados.

CELOSO, SA adj. Que tiene celo. || Que siente celos o es propenso a ellos. || Suspicaz.

CELTA adj. y com. Se dice del pueblo indoeuropeo cuya evolución y diferenciación se produjo en el marco de la cultura de Hallstatt (1000-800 a. C.), en las cuencas altas del Rin y el Danubio, y posteriormente se extendió por Europa Occidental.

CÉLULA f. Según la teoría celular, unidad fundamental, tanto morfológica como fisiológica, de los seres vivos. Las c. se dividen en *procariotas* y *eucariotas* según una serie de diferencias fundamentales tanto en organización como en función. || Celda, seno. || Elemento básico de un organismo administrativo o social. || *fotoeléctrica* Elemento de transducción de la energía luminosa en eléctrica aprovechando la propiedad de determinados metales que, al recibir luz, emiten electrones.

CELULOIDE m. Plástico a base de piroxilina y alcanfor (en solución alcohólica); inflamable; se disuelve en electrolitos fuertes; de aplicación en muy diversos objetos y como base de película fotográfica.

CELULOSA f. Polisacárido macromolecular, principal constituyente de las paredes celulares de los vegetales superiores. Constituido a partir de hexosas. Se presenta en forma de fibras y es blanca, sin olor ni sabor. Se usa para fabricar explosivos, películas, fibras artificiales, películas transparentes (celofán), como absorbente en cromatografía, etcétera.

CEMENTERIO m. Sitio donde se da sepultura a los cadáveres. || Lugar aislado, sombrío, de escasa animación.

CEMENTO m. Material pulverento que, mezclado con un líquido, llega a ser adhesivo y capaz de unir fragmentos o masas sólidas; normalmente son compuestos de calcio. || Capa superficial del tegumento de los insectos, de espesor muy delgado, que protege la cutícula. || Capa de tejido óseo que cubre la raíz de los dientes de los vertebrados, diferenciada de la del hueso normal por su mayor número de fibras.

CENA f. Comida que se toma por la noche. || Acción de cenar.

CENÁCULO m. Congregación de artistas, literatos, etc.; connotación ligeramente peyorativa.

CENAGAL m. Sitio donde abunda el cieno. || Asunto comprometido.

CENAR intr. Tomar la cena. || tr. Comer algo en la cena.

CENCERRO m. Campana metálica que pende del cuello de ciertos animales, especialmente reses.

CENEFA f. Franja que repite sucesivamente un motivo decorativo.

CENICERO m. Recipiente donde se depositan la ceniza y la colilla del cigarro.

CENICIENTO, TA adj. Se dice de lo que tiene ceniza. || De color ceniza. || f. (del personaje del cuento homónimo de Perrault) Persona que realiza los trabajos más humildes y fatigosos.

CENIT m. Punto de intersección de la esfera celeste con la vertical trazada al punto en el que se encuentra un observador. || Momento cumbre en la vida de una persona.

CENIZA f. Polvo grisáceo, resto de una combustión. || Este color. || Restos de un cadáver; suele usarse en plural. || Cernada. || *volcánica* Material incoherente y muy fino (unos 3 mm de diámetro) emitido durante las erupciones. || *reducir* algo *a cenizas* Arrasarlo.

CENOZOICO, CA adj. y m. Terciario.

CENSAR tr. Inscribir en el censo. || intr. Efectuar el empadronamiento de los habitantes de una población.

CENSO m. Cómputo y registro de los habitantes de una unidad poblacional, especialmente un estado. || Cómputo y registro de otros factores (c. industrial o agrícola, ganadero, de viviendas).

CENSOR, RA adj. Que censura. || m. En la antigua Roma, magistrado que realizaba el censo de personas y bienes. || m. y f. Persona que, designada por el gobierno o una autoridad competente, juzga si son o no convenientes determinadas publicaciones, películas, etc., o bien controla los medios de comunicación. || Persona encargada del cumplimiento de los estatutos o reglamentos en una corporación.

CENSURA f. Cargo y cometido del censor. || Acción de censurar. || Conjunto de organismos y normas cuyo fin es controlar o impedir la difusión de ciertas ideas o imágenes. || Objeción, reparo. || Murmuración, vituperio. || Pena eclesiástica que, con arreglo a los cánones, se impone a alguien.

CENSURAR tr. Establecer un juicio sobre algo. || Examinar publicaciones, películas, obras teatrales, etc., con fines morales o políticos, antes de su aparición o exhibición. || Criticar, vituperar.

CENTAURO m. Ser mitológico griego, con torso y cabeza de hombre y cuerpo y extremidades de caballo. || fig. Hombre montado a caballo.

CENTAVO, VA adj. y s. Centésimo. || Centésima parte de una unidad monetaria (p. ej., dólar, peso, etcétera).

CENTELLA f. Descarga eléctrica de poca intensidad. || Chispa que se desprende al golpear el pedernal. || Resplandor intermitente. || Persona o cosa muy breve o rápida. || pl. Brillo de los ojos cuando se experimenta una emoción o una gran pasión.

CENTELLAR (o **CENTELLEAR**) intr. Irradiar destellos. || Despedir fulgor los ojos de alguien.

CENTELLEO m. Fenómeno de brillo intermitente y luminosidad variable en las estrellas como consecuencia de que la atmósfera terrestre introduce modificaciones en las refracciones de la luz. || Emisión de luz de corta longitud de onda al chocar una partícula elemental muy enérgica con determinados cristales.

CENTENA f. Conjunto de 100 unidades.

CENTENAR m. Centena. || Centenario, conmemoración. || *a centenares* En abundancia.

CENTENARIO, RIA adj. Relativo a la centena. || adj. y s. Se dice de la persona que cuenta con 100 años. || m. Período de 100 años. || Fecha en que se cumplen una o más centenas de un acontecimiento, y actos para conmemorarla.

CENTÉSIMO adj. Cardinal ordinal de 100. || Cardinal partitivo de 100.

CENTÍGRADO m. (°C) Unidad de la escala termométrica centígrada.

CÉNTIMO, MA adj. Centésimo. || adj. y s. Centésima parte de la unidad monetaria. || *al c.* Con exactitud, detalladamente. || *sin un c.* Sin nada.

CENTINELA amb. Soldado que guarda un sitio. || Persona que está a la espera de algo.

CENTRADO, DA adj. Se dice de lo que tiene el centro en el lugar que le corresponde. || Se aplica al individuo que está en el entorno o marco que le es propio.

CENTRAL adj. Relativo al centro. || Que se halla en el centro. || f. Edificio donde se concentran los órganos de dirección de una institución o empresa. || Instalación donde se transforma energía potencial en energía eléctrica.

CENTRALISMO m. Sistema político basado en la absoluta preeminencia de un centro de poder (el Estado), con exclusión de los demás.

CENTRALIZAR tr. y prnl. Concentrar todo el poder de decisión en un solo órgano.

CENTRAR tr. Precisar el punto céntrico. || Hacer que el centro de una cosa coincida con el de otra. || Encajar una pieza de modo que su eje geométrico se corresponda con el de rotación. || Concentrar en un punto los rayos luminosos, proyectiles, etc. || Colocar algo o a alguien en la posición o actitud adecuadas. || Enfocar una persona sus actos hacia un objetivo concreto. || tr. y prnl. Atraer algo o alguien hacia sí el interés, la atención, etcétera.

CÉNTRICO, CA adj. En el centro.

CENTRÍFUGO, GA adj. Se dice, en un movimiento circular, de aquellos parámetros vectoriales cuyo sentido es opuesto a los centrípetos y se dirige, por la inercia del móvil, hacia afuera de la trayectoria. || Que se aleja del centro.

CENTRÍPETO, TA adj. Se dice, en un movimiento circular, de aquellos parámetros vectoriales cuyo sentido se dirige hacia el centro de la trayectoria.

CENTRO m. Punto equidistante de todos los de una circunferencia o superficie esférica. || Punto de intersección de las diagonales de un polígono o poliedro regular, o de los diámetros de una curva. || Punto que debe especificarse en determinadas transformaciones geométricas (giro, homotecia, simetría, inversión, etc.). || Lo más apartado de los extremos o de la superficie de una cosa. || Cosa o sitio a donde convergen o de donde se difunden determinadas cosas o acciones. || Objeto al que se dirige la atención o el interés de alguien. || Núcleo de una calle o de un barrio.

CENTURIA f. Período de 100 años. || Unidad militar romana de 100 hombres. || Unidad organizativa de ciertas agrupaciones paramilitares, especialmente fascistas.

CENTURIÓN m. Oficial romano al mando de una centuria.

CEÑIR tr. Amoldar o ajustar algo la cintura del cuerpo. || Abrazar, contornear. || Navegar haciendo bordadas. || tr. y prnl.

Concretar. || Ajustar al cuerpo ciertos adminículos (espada, corona, etc.). || prnl. Ser parco en palabras, gastos, etc. || Limitarse a una ocupación.

CEÑO, 1 m. Abrazadera circular. || Cincho.

CEÑO, 2 m. Gesto de preocupación o enfado que consiste en fruncir las cejas.

CEPA f. Base del tronco de un árbol, unida directamente a la raíz. || Tronco de la vid. || Conjunto de individuos que presentan un genotipo idéntico, desarrollado a partir de un único individuo inicial. || Parte más próxima al cuerpo de determinados apéndices (cuernos, cola). || Rama que da origen a una estirpe.

CEPILLAR tr. Quitar el polvo con un cepillo. || Asear con un cepillo distintas partes del cuerpo (uñas, dientes, pelo). || Pulir una superficie de madera o metal. || Refinar los modales, lenguaje, etc., de alguien.

CEPILLO m. Tablilla con cerdas en una de sus caras, que sirve para quitar el polvo de los tejidos. || Instrumento similar, más pequeño y con mango, para el aseo personal. || Cajetín con una cuchilla transversal, para pulir la madera.

CEPO m. Rama de árbol. || Asiento de madera de yunque. || Instrumento hecho de dos maderos con agujeros coincidentes, en los que se introducían los brazos, cabeza o piernas de un reo.

CERA f. Éster de un ácido graso con un alcohol alifático de cadena larga (16 a 36 átomos de carbono), perteneciente a la categoría de los lípidos. Es una materia blanda y amarillenta que se vuelve dura y quebradiza por la acción del frío. Puede ser de origen animal, vegetal o mineral. || Cualquier objeto de dicha materia. || Conjunto de las velas o hachas que se usan en una ceremonia.

CERÁMICA f. Arte de elaborar objetos de arcilla, loza, porcelana o azulejos. || Objeto de arcilla cocida o secada. || Estudio arqueológico de estos objetos.

CERBATANA f. Arma consistente en un tubo por el que se arrojan soplando diversos proyectiles. || Pieza de artillería antigua, larga y delgada. || Trompetilla para sordos.

CERCA, 1 f. Tapia o valla de una finca.

CERCA, 2 adv. Denota proximidad en el tiempo o en el espacio, en sentido absoluto. || *c. de* Denota proximidad en sentido relativo. || Indica cantidad aproximativa. || En verbos que expresan mediación, con *(negociaron c. de la dirección).* || Ante *(embajador c. de la Casa Blanca).* || *de c.* A poca distancia.

CERCADO m. Cerca (valla). || Finca rodeada de una cerca.

CERCANÍA f. Proximidad. || pl. Periferia de un lugar.

CERCANO, NA adj. Próximo, inmediato, adjunto.

CERCAR tr. Delimitar una finca con cercas. || Sitiar una plaza o fuerte. || Rodear a una o muchas personas, de modo que se les impida escapar. || Contornear, ceñir algo.

CERCENAR tr. Cortar algo por la raíz. || Recortar, igualar. || Mutilar alguna cosa.

CERCIORAR tr. y prnl. Comprobar o confirmar la veracidad de algo.

CERCO m. Lo que cerca algo. || Aro. || Acto de cercar una plaza o fuerte. || Conjunto de medios usados para cercar una plaza o fuerte. || Aureola del sol. || Corrillo. || Giro, movimiento circular. || Marco o bastidor que delimita ciertas cosas.

CERDA f. Hembra del cerdo. || Cada uno de los pelos recios del cuerpo del cerdo, o de la cola y crin de los caballos. || Lazo usado en la caza de la perdiz.

CEREAL adj. Relativo a la diosa Ceres. || adj. y m. Se dice de cada una de las diversas plantas herbáceas, generalmente gramíneas, cultivadas por la abundancia de almidón y sustancias proteicas de la semilla. Las más importantes son: trigo, arroz, maíz, cebada, avena, centeno, sorgo y panizo. Se usan como alimento humano, forraje y en la destilación de licores. || Se dice de la semilla de estas plantas, y de los productos manufacturados con ella.

CEREBELO m. Órgano del sistema nervioso central, situado en la parte posterior de la cavidad craneal. Está constituido por dos lóbulos laterales o hemisferios cerebelosos y uno medio, y tres pares de pedúnculos que lo unen al resto del encéfalo y médula; regula y coordina los movimientos del cuerpo.

CEREBRAL adj. Del cerebro. || Que no se deja dominar por las pasiones. || Especulativo.

CEREBRO m. Parte principal del encéfalo, contenido en la cavidad craneal;

constituido por dos hemisferios cerebrales unidos por medio del cuerpo calloso. La superficie de los hemisferios es la corteza cerebral y está formada por la sustancia gris. En el centro se halla la sustancia blanca. || Seso, inteligencia. || Reflexivo, poco emocional. || En una organización, persona a la que se sigue por su capacidad estratégica. || Sabio, especialista. || *electrónico* Calculadora. || *gris* Persona que dirige un grupo, organización, etc., manteniéndose en la sombra.

CEREMONIA f. Conjunto de reglas o ritos con los que se manifiesta una creencia o se da solemnidad a ciertos acontecimientos. || Reverencia, saludo exagerado.

CEREMONIAL adj. De ceremonia. || m. Conjunto de prácticas que configuran una ceremonia. || Libro de ceremonias.

CERILLA f. Palito de madera o papel encerado, con una cabeza de fósforo, que se prende por frotación. || Cerumen. || Vela fina y larga.

CERIO m. (Ce) Elemento químico, de la serie de lantánidos o tierras raras, del grupo IIIa de la tabla periódica. Tiene numerosos isótopos. Es la tierra rara más abundante. Se utiliza en electrónica, como catalizador, en siderurgia, en medicina como coagulante, en reactores nucleares y en el tratamiento del cáncer.

CERNER tr. Tamizar con cedazo. || Otear, avizorar. || Refinar los modelos. || Amenazar algún peligro.

CERNIR tr. Cerner.

CERO m. Número con que se simboliza el cardinal del conjunto vacío. || Símbolo del elemento neutro de una operación que se anota aditivamente. || Ausencia de rasgo formal o semántico que resulta significativa en un sistema en el que las unidades se definen por la presencia o ausencia de dicho rasgo (*grado c., desinencia c., morfema c.,* etc.). || *absoluto* Temperatura mínima teórica que pueden alcanzar los cuerpos por enfriamiento; equivale a −273.15 °C.

CERRADURA f. Acción y efecto de cerrar. || Mecanismo metálico que se coloca en las dos hojas o partes de la puerta, caja, etc., y que las mantiene unidas por medio de un pestillo, que se acciona con una llave.

CERRAR tr. Incomunicar, tapar. || Aislar un recinto o el interior de algo encajando el elemento que lo mantenía comunicado. || Echar el cerrojo. || Juntar las dos partes de algo de modo que quede oculto lo que había entre ellas. || Unir los extremos o apéndices de algo entre sí, o al todo al que pertenecen. || Abrochar, abotonar. || Pegar los sobres de las cartas. || Plegar, encoger. || Impedir la marcha o el discurrir de algo o alguien. || Accionar el mecanismo que corta el paso de un fluido. || Terminar una figura uniendo los dos extremos de su trazado. || Finalizar un plazo. || Concluir algo de modo que no pueda añadirse nada más; dar por definitivo.

CERRAZÓN f. Oscuridad que producen las nubes muy negras y densas. || Terquedad, incomprensión.

CERRIL adj. Se dice del terreno abrupto. || Se dice de los animales domésticos que han vuelto al estado salvaje. || Terco, rudo, bruto.

CERRO m. Montículo, elevación de terreno. || Pescuezo del animal. || Espinazo o lomo de un animal. || Manojo de cáñamo o lino después de rastrillado.

CERROJO m. Mecanismo consistente en una barrita de hierro sujeta a la hoja de una puerta, y que se desliza hasta la otra hoja o la jamba. || Cualquier sistema de cierre de seguridad, basado en el principio anterior. || Mecanismo de las armas de fuego que transporta las balas a la recámara.

CERTAMEN m. Concurso de carácter científico o artístico. || Debate literario.

CERTERO, RA adj. De buena puntería. || Cierto, atinado. || Conocedor.

CERTEZA f. Estado subjetivo de quien está absolutamente seguro de poseer algún conocimiento verdadero.

CERTIDUMBRE f. Certeza.

CERTIFICADO, DA adj. y s. Se dice del envío postal que se certifica. || m. Documento por el que una persona autorizada atestigua el conocimiento o no de determinadas situaciones, hechos o condiciones jurídicas concernientes a un individuo; cosa a que se refiere el acta.

CERTIFICAR tr. y prnl. Reafirmar la veracidad de algo. || tr. Expedir un certificado (documento). || Asegurar un envío postal mediante recibo de haberlo remitido.

CERUMEN m. Secreción cérea del conducto auditivo externo que puede llegar a dificultar la audición.

CERVECERÍA f. Bar en que predomina el consumo de cerveza. || Fábrica de cerveza.

CERVEZA f. Bebida producida de la fermentación alcohólica de los granos de cebada u otros cereales y aromatizada con lúpulo.

CERVICAL adj. Relativo al cuello. || Se dice de la región superior de la columna vertebral.

CERVIZ f. Parte abultada donde se unen la columna vertebral y el cráneo. || *agachar*, o *doblar la c.* Someterse de forma humillante.

CESANTE adj. Que cesa. || adj. y s. Se decía del funcionario público al que se dejaba sin empleo.

CESAR intr. Terminar, interrumpirse algo. || Dimitir o ser apartado de un cargo.

CESÁREA f. Extracción quirúrgica del feto por vía abdominal.

CESE m. Acción y efecto de cesar. || Nota adjunta a la nómina o documento con el que termina la prestación de sueldo a un funcionario.

CESIO m. (Cs) Elemento químico del grupo I de la tabla periódica. Ligero, blando y de brillo argéntico. Escaso en la Tierra. Se usa en células fotoeléctricas y válvulas rectificadoras.

CESIÓN f. Renuncia de una cosa, presión; acción o derecho a favor de otra persona. || *de bienes* La que hace un deudor a favor de sus acreedores.

CÉSPED m. Hierba de pequeño tamaño que cubre el suelo de forma continua, formada por diversas especies de la familia Gramíneas. Se siembra artificialmente por motivos ornamentales. || Terreno cubierto por dicha hierba.

CESTA f. Recipiente de mimbre, con asa, para transportar cosas; por extensión, bolsa de la compra. || Coche con caja de mimbre. || En baloncesto, canasta.

CESTO m. Cesta grande y ancha. || *de los papeles* Papelera.

CESURA f. En versos de arte mayor, pausa que se introduce, y que los divide en dos partes, iguales o no, denominadas hemistiquios.

CETÁCEOS m. pl. Orden de mamíferos caracterizado por su adaptación a la vida acuática, lo que comporta numerosas modificaciones: cuerpo sin pelo, en forma de pez, miembros anteriores transformados en aletas, gran capacidad de buceo, etc. Las 90 especies conocidas se reparten en los subórdenes Misticetos (con barbas) y Odontocetos (con dientes).

CETÍLICO, *alcohol* Alcohol primario que se obtiene por hidrólisis del esperma de la ballena. Sólido blanco, que funde a 49 °C y hierve a 344 °C.

CETRERÍA f. Arte de adiestrar para la caza a ciertas aves rapaces (gerifalte, gavilán, halcón, azor). || Deporte de caza de ciertas aves (palomas, tórtolas, etc.) y otros animales (liebres) valiéndose de aves rapaces.

CETRINO, NA adj. De color entre verde y amarillo. || Relativo a la cidra. || Triste, huraño.

CETRO m. Vara de materiales nobles, símbolo de la dignidad real. || Esta misma dignidad. || Superioridad, jerarquía.

CGS Sistema de unidades basado en el centímetro, gramo y segundo.

CHABACANADA (o CHABACANERÍA) f. Vulgaridad, ordinariez. || Falta de gusto.

CHABACANO, NA adj. Ordinario, pedestre, ramplón.

CHABOLA f. Choza, casa pequeña, especialmente en el campo. || Barraca de los suburbios.

CHACOLOTEAR intr. Hacer ruido la herradura poco sujeta.

CHACOTA f. Bullicio con que se festeja alguna cosa. || Burla, chanza.

CHÁCHARA f. fam. Sarta de palabras inútiles. || Conversación de poca monta. || pl. Baratijas.

CHAFAR tr. y prnl. Aplastar. || fam. Preocupar, desanimar. || tr. Arrugar, ajar. || fam. Achicar a alguien en una conversación.

CHAFLÁN m. Plano practicado entre dos caras convergentes de un sólido para eliminar la arista viva. || Fachada estrecha de un edificio que hace esquina.

CHAIRA f. Cuchilla de zapatero para trabajar la suela. || Cilindro de acero para afilar cuchillos o cuchillas. || Navaja.

CHAL m. Prenda de vestir que se colocan las mujeres sobre los hombros y la espalda.

CHALADO, DA adj. Trastornado, chiflado. || Enamorado, prendado.

CHALÁN, NA adj. y s. Que negocia, especialmente con ganado. || f. Pequeña embarcación de fondo plano.

CHALÉ m. Casa de madera propia de Suiza. || Casa con terreno ajardinado.

CHALECO m. Prenda de vestir sin mangas que se lleva sobre la camisa. || *antibalas* Peto que cubre el pecho y el abdomen, para preservar de los impactos de bala. || *salvavidas* Prenda hinchable que se utiliza en casos de naufragio.

CHALET m. Chalé.

CHALINA f. Corbata ancha y sin entretela, de caídas largas. || Chal estrecho que usan las mujeres.

CHALUPA f. Embarcación pequeña, con dos palos para velas. || Lancha.

CHAMACO, CA m. y f. Chico.

CHAMARILERO, RA m. y f. Persona que compra y vende objetos usados.

CHAMBELÁN m. Camarero real.

CHAMBÓN, NA adj. y s. Poco habilidoso en el juego. || Desmañado, torpe. || Que logra algo por azar.

CHAMPÁN m. Vino blanco espumoso que se produce en la región francesa de Champagne. || Vino de similares características producido en otras regiones pero dicha denominación está prohibida.

CHAMPAÑA m. Champán.

CHAMPÚ m. Jabón líquido para lavar el cabello.

CHAMUSCAR tr. y prnl. Quemar algo superficialmente.

CHAMUSQUINA f. Acción y efecto de chamuscar, chamuscarse. || Refriega, trifulca. || *oler a ch.* Desconfiar de algo.

CHANCE m. Oportunidad, alternativa.

CHANCEAR intr. y prnl. Mofarse, burlarse.

CHANCLA f. Chancleta. || Zapato roto y estropeado.

CHANCLETA f. Zapatilla sin talón o con éste doblado. || *en ch.* Llevar el calzado con el talón doblado.

CHANCRO m. Úlcera venérea, generalmente genital, acompañada de adenopatía inguinal. || *duro* El de principios de sífilis, de fondo y bordes indurados.

CHANCHULLO m. fam. Negocio turbio.

CHANGO, GA adj. y s. Mono.

CHANTAJE m. Amenaza de pública difamación, o daño semejante, que se hace contra alguna persona a fin de obtener de ella dinero u otro provecho.

CHANZA f. Dicho acertado, gracioso. || Mofa, burla.

CHAPA f. Lámina de metal, madera o plástico usada en revestimientos y estructuras ligeras. || Lámina de madera que se encola a un tablero en los contrachapados. || Pedazo de piel fina con el que los zapateros refuerzan las costuras del calzado. || Mancha de colorete. || Placa distintiva de algunos cargos. || Pequeña pieza plana y numerada que sirve de contraseña en guardarropías y otros servicios. || Botón metálico usado como adorno o emblema.

CHAPAR tr. Cubrir con chapas o con una capa de metal. || Alicatar. || Responder abruptamente.

CHAPARRAL adj. Se dice de los árboles y arbustos de pequeño tamaño y de aspecto retorcido. || m. Monte bajo de chaparros. || Bosque xeofítico formado por árboles y arbustos de pequeño tamaño.

CHAPARRÓN m. Lluvia breve e intensa. || fig. La que cae, especialmente sobre personas, con profusión e inesperadamente.

CHAPETÓN, NA adj. y s. despectivo Se decía del europeo y, sobre todo, del español recién llegado. || Inhábil, patoso. || Bisoño, inexperto.

CHAPÍN m. Chanclo de corcho, forrado de cordobán, que usaban las mujeres.

CHAPISTA com. Persona que trabaja en laminados metálicos. || Persona que repara carrocerías.

CHAPOTEAR tr. Remojar, humedecer la superficie de algo. || intr. Salpicar aguas con los pies y manos, y ruido que se hace.

CHAPUCERO, RA adj. Basto, ordinario. || adj. y s. Se dice de la persona que trabaja mal. || Mentiroso. || m. Herrero que fabrica piezas toscas. || Chatarrero.

CHAPURREAR tr. Hablar un idioma extranjero con dificultad y mala pronunciación.

CHAPUZAR tr. y prnl. Sumergir bruscamente algo o a alguien en el agua.

CHAQUÉ m. Levita con los faldones cortados por la parte delantera. || Indu-

mentaria de ceremonia en la que se usa dicha prenda.
CHAQUETA f. Prenda de vestir que se abotona por delante y que cubre el tronco hasta debajo de la cintura. || *cambiar de ch.* Ser oportunista, especialmente en política.
CHARADA f. Adivinanza de palabras a través de combinaciones de sílabas u otras palabras.
CHARANGA f. Composición musical breve. || Conjunto musical formado por instrumentos de viento, y especialmente la banda militar (de viento) formada por 20 o 30 músicos.
CHARCA f. Charco extenso de aguas muertas. || Laguna pequeña.
CHARCO m. Pequeña irregularidad del terreno que se ha llenado de agua.
CHARLA f. Acción de charlar. || Disertación en tono distendido.
CHARLAR intr. Conversar ligeramente y sin intención definida. || Parlotear.
CHARLATÁN, NA adj. y s. De verbo torrencial, inconsistente e indiscreto. || Se dice del vendedor ambulante que hace propaganda de su mercancía con gran aparato de palabras. || Engañabobos.
CHAROL m. Barniz de alto brillo y duración, y de gran adherencia; uso en marroquinería y zapatería.
CHARRETERA f. Insignia de oro, plata, etc., que llevan los militares en el hombro de la guerrera. || Jarretera. || Hebilla de ésta.
CHARRO, RRA adj. y s. Se dice del campesino de Salamanca. || Se dice del jinete mexicano experto en el jaripeo, particularmente el que, vestido de forma peculiar, lo hace como deporte. || adj. Se aplica a las cosas muy adornadas o chillonas.
CHARTER adj. y m. Se aplica al avión fletado por una compañía de turismo y cuya tarifa es más reducida.
CHASCARRILLO m. Anécdota graciosa y festiva, frase ocurrente.
CHASCAR intr. Producir chasquidos; se usa también como intr. || intr. y tr. Tragar. || Triturar un alimento que se rompe con facilidad.
CHASCO m. Burla, trampa. || Desilusión, desengaño.
CHASIS m. Bastidor que soporta una estructura o mecanismo. || Estuche que contiene la placa fotográfica para su exposición. || fam. Esqueleto. || *quedarse en el ch.* Estar muy delgado.
CHASQUEAR tr. Dar chasco, gastar una broma. || Incumplir una promesa. || intr. Fallar las esperanzas depositadas en algo. || prnl. Sufrir una decepción.
CHASQUEAR tr. Producir chasquidos con el látigo.
CHASQUIDO m. Sonido que produce el látigo, honda, etc., al hacerlo restallar. || Ruido seco que se origina al resquebrajarse o romperse algo. || Ruido de la lengua al separarse del paladar con rapidez.
CHATARRA f. Escoria del mineral de hierro. || Hierro viejo. || Cosas de hierro inservible. || fam. Conjunto de condecoraciones o joyas que luce una persona. || Calderilla.
CHATO, TA adj. y s. De nariz pequeña, aplastada o redondeada. Se usa también como expresión cariñosa. || adj. Se aplica a la nariz que tiene dicha forma. || De escasa altura. || Corto, pobre, sin gracia. || m. Vaso ancho y pequeño de vino, y su contenido.
CHAVAL, LA m. y f. Muchacho, chico.
CHAVETA f. Pieza que encaja entre una polea y su eje para impedir el giro libre durante el arrastre. || Pasador que se remacha abriendo sus dos patas. || *perder la ch.* Perder la razón.
CHELÍN m. Moneda británica que valía la vigésima parte de una libra; eliminada en 1971. || Unidad monetaria de Austria.
CHEQUE m. Documento de crédito por el que el titular de una cuenta bancaria da orden de pago al banco de la totalidad o parte de los fondos que tenga disponibles en la cuenta. Puede ser extendido *al portador*, cuando puede cobrarlo cualquier tenedor, o *nominativo*, cuando en el mismo se indica el nombre del tenedor que ha de cobrarlo. También se le denomina *talón*.
CHEQUEO m. Reconocimiento médico muy exhaustivo al que se somete un individuo que carece de síntomas de enfermedad para el diagnóstico precoz.
CHIC m. Distinción, gracia.
CHICANO, NA adj. y s. Se dice de las personas residentes en EUA de ascendencia o nacionalidad mexicana y que no se

identifican con los patrones culturales estadounidenses.

CHICLE m. Gomorresina que se extrae del tronco del zapote. || Sustancia gomorresinosa que, endulzada y aromatizada, se usa como goma de mascar.

CHICO, CA adj. Pequeño, de poca altura. || adj. y s. Niño. || Muchacho. || m. y f. Entre personas de confianza, apelativo para dirigirse a alguien sin tener en cuenta la edad. || Persona joven que, en las empresas, comercios, etc., se dedica a hacer los recados.

CHÍCHARO m. Guisante, garbanzo o judía.

CHICHARRA f. Cigarra. || Juguete hecho con una caña delgada que produce un ruido desapacible. || fig. Persona muy locuaz, cotorra.

CHICHARRÓN m. Restos de las pellas de cerdo, una vez fritas. || Carne muy tostada. || Persona requemada por el sol.

CHICHÓN m. Protuberancia en la cabeza, a causa de un golpe.

CHIFLADO, DA adj. Loco, chalado. || Prendado, enamorado.

CHIFLAR intr. Silbar. || tr. y prnl. Hacer mofa. || tr. fam. Beber sin respiro. || intr. prnl. Volverse loco. || Estar cegado por alguien.

CHILE m. Ají, pimiento.

CHILLAR intr. Emitir chillidos. || Recriminar a alguien a gritos. || Lamentarse, protestar. || Reproducir con la chilla el sonido de los animales de caza. || Chirriar. || Combinar mal los colores.

CHILLÓN, NA adj. y s. Que chilla en exceso. || adj. Penetrante. || Se dice del color estridente.

CHIMENEA f. Conducto por donde sale el humo. || Hogar en que se enciende el fuego, para guisar o producir calor. || En las armas de fuego de pistón, tubo de la recámara para la cápsula. || En el teatro, espacio por donde suben y bajan las pesas de la tramoya. || Hendidura vertical de una pared glaciar o rocosa. || Conducto de un volcán por donde asciende la lava.

CHINA f. Porcelana o tela procedente de China. || Planta semejante a la zarzaparrilla. Uso medicinal.

CHINAMPA f. Huerto jardín en las lagunas cercanas a la ciudad de México; los aztecas los construyeron sobre balsas flotantes.

CHINCHAR tr. y prnl. Molestar, fastidiar, incomodar. || prnl. Aguantarse.

CHINCHE m. Parásito del hombre, le produce picaduras y puede transmitir diversas enfermedades.

CHINCHORRERÍA f. Inconveniencia, molestia. || Cuento, habladuría.

CHINELA f. Calzado casero sin talón.

CHINO, NA adj. y s. De China. || Se dice de cierto colador de forma cónica. || Lengua del grupo chinotibetano. Monosilábica; gran cantidad de dialectos. Más de 1 000 millones de habitantes. || adj. Se dice de una variedad de naranja. || *engañar* a uno *como a un ch*. Timarle fácilmente por excesiva candidez.

CHIQUEAR tr. Consentir; acariciar.

CHIQUERO m. Pocilga de cerdos. || Toril.

CHIRIGOTA f. Cuchufleta, chanza. || Grupo festivo de cantantes de los carnavales de Cádiz.

CHIRIMBOLO m. Cachivache, trasto.

CHIRIMÍA f. Instrumento musical de viento, de madera con embocadura de caña, con seis orificios; precursor del oboe. || Tubo de la cornamusa, que hace la melodía.

CHIRIMOYA f. Fruto del chirimoyo; de tamaño variable, corteza verdosa con pulpa blanca, sabor agradable y semillas negras; comestible.

CHIRLO m. Costurón en la cara, hecho con una arma blanca. || Cicatriz.

CHIRONA f. fam. Cárcel.

CHIRRIAR intr. Emitir algo un sonido agudo y disonante, generalmente por estar mal engrasado. || Piar al unísono los pájaros, sin armonía. || Desafinar al cantar. || Ir de parranda. || Tiritar.

CHISME m. Información, verdadera o falsa, que se difunde para difamar a una persona o malquistarla con otra.

CHISMORREAR int. Contar chismes.

CHISPA f. Descarga eléctrica entre dos conductores electrizados, sumergidos en un dieléctrico, y que se encuentran a una diferencia de potencial superior a un determinado valor (potencial explosivo). || Partícula incandescente que despide un objeto al quemarse. || Lucecilla que surge de algunas cosas. || Gota pequeña de agua. || Pizca. || Ingenio, gracia. || fam. Borrachera. || m. pl. Automotor eléctrico. || Electricista. || *echar chispas* Estar fuera de sí.

CHISPEAR intr. Despedir chispas. || Destellar. || Lloviznar. || Salpicar. || Brillar, destacar.

CHISPORROTEAR intr. fam. Echar chispas al arder.

CHISTAR intr. Decir algo o empezar a hacerlo (se usa especialmente en frases negativas).

CHISTE m. Frase, relato o dibujo que provoca la risa. || Cosa que causa risa. || Chasco, burla.

CHISTOSO, SA adj. y s. Que hace chistes. || adj. Se aplica a cualquier hecho gracioso.

CHIVATO, TA m. y f. Chivo de pocos meses. || fam. Delator, denunciante, confidente. || Cualquier persona o aparato que controla la puntualidad, la producción, etc. || m. Avisador mecánico o electrónico. || Mirilla de la celda.

CHIVO, VA m. y f. Cría de la cabra, desde la edad del destete hasta la de procreación. || *expiatorio* El que, sin razón, es culpable de algo. || *como una chiva* Como una cabra, excéntrico en su comportamiento.

CHOCANTE adj. Que choca. || Inusitado, gracioso.

CHOCAR intr. Topar dos cosas bruscamente. || Luchar, litigar. || Extrañar. || Irritar, molestar. || tr. e intr. Saludarse, estrechando las manos. || Brindar con las copas.

CHOCARRERÍA f. Chiste burdo. || Grosería, hecho o dicho de mal gusto. || Trampa en el juego.

CHOCOLATE m. Sustancia alimenticia de alto valor nutritivo, compuesta esencialmente de cacao, azúcar y otros ingredientes (leche, avellanas, almendras, etc.). || Bebida hecha con cacao en polvo y azúcar disueltos en leche o agua hirviendo.

CHOCHEAR intr. Decaer las facultades mentales por vejez. || Mimar en exceso.

CHÓFER (o CHOFER) com. Quien, por oficio, conduce automóviles.

CHONGO m. Dulce de pan frito con mantequilla, miel y queso. || Burla, chunga.

CHOQUE, 1 m. Acción de chocar. || Colisión entre pequeños ejércitos. || Encuentro, disputa. || Fenómeno que se produce cuando dos cuerpos en movimiento entran brevemente en contacto y modifican la dirección e intensidad de su movimiento anterior.

CHOQUE, 2 m. Estado de depresión grave, con descenso térmico y disminución del fisiologismo cardiaco y respiratorio.

CHORIZO, 1 m. Embutido de carne de cerdo picada, sazonado con pimentón. || Balancín del equilibrista.

CHORIZO, 2 adj. y m. fam. Choro; por extensión, estafador, maleante, delincuente. || Sinvergüenza, pícaro, infame.

CHORO m. fam. Ladrón, randa.

CHORREAR intr. Salir un líquido a chorro. || Gotear. || Tener lugar poco a poco una cosa. || Producirse una cosa poco a poco, con intermitencias. || tr. fam. Regañar, poner como un trapo.

CHORRERA f. Lugar por donde se desliza un chorro de agua, y marca que deja. || Parte de un río donde el agua corre con más rapidez. || Pechera de encajes.

CHORRO m. Cantidad de líquido o de gas que sale con impulso. || Descenso continuo de cosas pequeñas y uniformes. || Aluvión de cosas.

CHOZA f. Vivienda construida con estacas y cubierta de hojarasca, paja o ramas. || Casa mísera.

CHUBASCO m. Chaparrón de corta duración. || Nubarrón de lluvia o de viento en el mar. || Contratiempo.

CHUCHERÍA f. Bagatela. || Dulce, golosina.

CHULEAR tr. Vivir a costa de alguna mujer, explotarla. || prnl. Presumir, pavonearse. || Burlarse.

CHULERÍA f. Arrogante desenvoltura en los dichos o ademanes. || Fanfarronada.

CHULETA f. Costilla de carnero, cerdo, ternera. || Pieza para rellenar un hueco.

CHULO, LA adj. y s. Presumido; elegante, encopetado. || Bravucón, insolente. || Estupendo, bonito.

CHUNGO, GA adj. fam. Malo, sin calidad. || Falso. || f. fam. Burla, guasa.

CHUPADO, DA adj. fam. Fácil, sencillo. || Delgado.

CHUPAR tr. e intr. Absorber con los labios. || Mover repetidamente, ayudándose con la lengua, algo que se tiene en la

CHUPETE boca. || Tener algo (la tierra, un paño...) capacidad de absorber líquidos. || Lamer. || Aprovecharse sin esfuerzo del trabajo de otros, o de algo que es común. || prnl. Adelgazar.

CHUPETE m. Especie de pezón de goma elástica que chupan los niños como distracción y para facilitar la dentición. || Tetina del biberón.

CHUPETEAR tr. e intr. Chupar poco y a menudo.

CHUPÓN, NA adj. Que chupa. || adj. y s. fam. Aprovechado, persona que se las ingenia para sacar a los demás dinero, invitaciones, etc. || m. Brote que se desarrolla demasiado, e impide la fructificación.

CHURRASCO m. Carne a la brasa, a la parrilla o a la plancha.

CHURRIGUERESCO, CA adj. Se dice del estilo arquitectónico del último barroco español (finales del siglo XVII-comienzos del siglo XVIII). Caracterizado por una decoración exuberante, de influencia italiana y rayana con el rococó francés.

CHUSCO, CA adj. y s. Gracioso, picaresco.

CHUSMA f. Gente basta, ordinaria. || Gentío, multitud. || Alegría, jolgorio, diversión. || Conjunto de galeotes.

CHUZO m. Especie de lanza. || Bastón del sereno. || Arreciar los ataques, o las dificultades sobre una persona.

CIANURO m. Sal derivada del ácido cianhídrico. Los c. alcalinos y alcalinotérreos son hidrosolubles y muy tóxicos. El ion c. tiende a formar iones complejos (ferrocianuros, argentocianuros, etc.). Se usan en metalurgia, como herbicidas, en síntesis orgánica, etc. || Cianuro potásico.

CIÁTICO, CA adj. Se dice de los troncos nerviosos que son los ramos terminales del plexo sacro e inervan la región pelviana y el miembro inferior. || f. Afección dolorosa del nervio ciático. Se manifiesta en la región glútea y se irradia por la parte externa de la extremidad.

CIBERNÉTICA f. Estudio de los procesos de comunicación y control, tanto en los sistemas automáticos como en los seres vivos. Trata sobre cómo un estímulo exterior se transforma en información (entrada) y cómo el sistema reacciona mediante una respuesta (salida).

CICATRIZ f. Señal, generalmente cutánea, que permanece tras la curación de una lesión; por extensión, cualquier secuela. || Señal que resta en un órgano vegetal por desprendimiento de otro adyacente. || Impresión que queda de algún recuerdo traumático.

CICATRIZAR tr. y prnl. Cerrarse una herida. || Superar una experiencia penosa.

CÍCLICO, CA adj. Relativo a un ciclo, o que opera en él. || Se dice del poeta cuya obra pertenece a un ciclo épico. || Se aplica a la enseñanza gradual y de carácter no especializado.

CICLISMO m. Deporte que se basa en diversas modalidades de carreras en bicicleta.

CICLO m. Cada uno de los intervalos de tiempo que se suceden unos a otros, y que tienen las mismas características. || Serie de actos culturales sobre un tema monográfico. || División de un plan de estudios, en orden a la mayor especialización y complejidad de las materias. || Serie de poemas u obras literarias que versan sobre un periodo determinado, unos mismos acontecimientos o unos mismos héroes (c. troyano, c. del rey Arturo). || *biológico* Distintas fases en el desarrollo de una especie vegetal o animal, desde su formación hasta la producción de nuevos descendientes. || *de erosión* Conjunto de fenómenos que actúan sobre el desgaste de las estructuras geológicas a partir de su formación. || *menstrual* Conjunto de cambios que experimenta el organismo femenino, en especial los órganos genitales, en relación con la ovulación.

CICLÓN m. Perturbación atmosférica causada por la rotación de una masa de aire, impulsada por un frente frío, en torno a un área de bajas presiones; acompañada de descenso de barómetro, lluvias y fuertes vientos. || fig. Persona alborotadora o muy activa.

CICLOSTIL (o CICLOSTILO) m. Método para efectuar copias de un escrito o dibujo, a base de un cliché perforado, por el que cuela la tinta. || Máquina de impresión según este método.

CIDRA f. Fruto oloroso y de corteza gruesa que contiene un aceite esencial usado en medicina.

CIEGO, GA adj. y s. Sin vista. || adj. Deslumbrado, cegado. || Poseído por alguna pasión. || Que se niega a la evidencia. || Se dice de cualquier conducto taponado. || m. Porción inicial del intestino grueso donde aboca el íleon.

CIELO m. Espacio exterior a la tierra, en el que se puede observar el movimiento de los astros. || Bóveda azul y diáfana que circunda la Tierra. || Atmósfera, clima. || Parte superior que cubre algunas cosas.

CIEN adj. Apócope de ciento, se usa especialmente delante de sustantivos.

CIÉNAGA f. Lodazal, terreno cubierto de barro.

CIENCIA f. Tipo de conocimiento lógicamente estructurado sobre un conjunto amplio de fenómenos que, enfocados bajo un determinado punto de vista, aparecen íntimamente relacionados. || Saber, erudición. || Destreza, maestría.

CIENCIA-FICCIÓN f. Género narrativo o cinematográfico en el que la ciencia y la técnica desempeñan un papel fundamental, impulsadas por la imaginación, que suele colocarlas a un nivel mucho más avanzado que el que ocupan cuando el autor escribe su obra.

CIENO m. Lodo blando, de zonas con aguas estancadas. || fig. Deshonra, descrédito.

CIENTÍFICO, CA adj. Relativo a la ciencia. || adj. y s. Que posee ciencia y se dedica a ella.

CIENTO adj. Diez por diez. || Centésimo, ordinal. || M. Cada signo con que se representa esta cantidad. || Centenar.

CIERRE m. Acción y efecto de cerrar o cerrarse. || Lo que cierra. || Hora en que se cierra un establecimiento, despacho, etc. || Suspensión temporal de la actividad de un establecimiento, fábrica, etc. || Momento de la impresión en que no se admiten más originales.

CIERTO, TA adj. Seguro, verdadero. || Uno, alguno. || Se aplica al perro de caza fiable y eficaz. || Con el verbo *estar*, indica la seguridad absoluta en el conocimiento de algo. || *de c.* Con seguridad. || *estar en lo c.* Tener razón. || *por c.* Ciertamente. || A propósito de.

CIERZO m. Viento frío que sopla en dirección NE-SO.

CIFRA f. Cada uno de los símbolos usados para representar un número. || Conjunto de signos que hay que interpretar por medio de una clave. || Monograma. || Abreviatura. || Resumen.

CIFRAR tr. Representar con cifras. || Basar, recaer en una cosa otra que se propone como objetivo (va con *en*). || tr. y prnl. Resumir, sintetizar.

CIGARRILLO m. Cilindro pequeño y delgado formado por picadura envuelta en papel muy fino.

CIGARRO m. Hoja de tabaco arrollada para fumar. || Cigarrillo.

CIGOTO m. Óvulo fertilizado, resultante de la unión de dos gametos. Llamado también huevo.

CIGÜEÑAL m. Cigoñal. || Eje de transmisión de movimiento capaz de transformarlo de alternativo rectilíneo en circular (motores de explosión) o a la inversa; generalmente, en cada uno de sus codos o cigüeñas se adapta una biela por medio de un casquillo. En un motor, pieza que soporta los mayores esfuerzos.

CILINDRADA f. Volumen de un cilindro, medido en cm^3, que corresponde al producto entre la carrera y la sección de su émbolo. || Suma de c. de los cilindros de un motor. || Recorrido completo del émbolo de un cilindro.

CILINDRO m. Cuerpo limitado por una superficie cilíndrica y dos planos (bases), no paralelos a la generatriz y comúnmente paralelos entre sí, que la cortan; se aplica en especial al c. recto. || Nombre de cada pieza de dicha forma, en distintas máquinas (de imprimir, telar, calandria...), cuya función suele ser la de impulsar o trabajar las materias de su especialidad, y que suele estar dotada de movimiento giratorio. || Pieza hueca y cilíndrica de un motor de explosión, donde se comprime y detona el carburante y por la que desliza el émbolo. Los c. pueden disponerse en línea, en V o radialmente.

CIMA f. Parte más elevada de una montaña, un árbol, etc. || Inflorescencia en la que tanto el eje principal como los secundarios terminan en una flor. || Término, remate de una cosa. || Cúspide, apogeo.

CIMARRÓN, NA adj. Se aplica al animal doméstico que se hace salvaje. || Se dice también del animal salvaje y la planta

CIMENTAR tr. Colocar los cimientos de un edificio. || Construir, fundar. || Afinar el oro con cimiento real. || Sentar las bases de ciertos principios. || prnl. Afianzarse, consolidarse una persona o cosa.

CIMIENTO m. Obra sólida enterrada que soporta la estructura de un edificio. || Fundamento, base de una cosa. || *real* Mezcla de sal, vinagre y polvo de ladrillo, que se utilizaba para afinar el oro.

CINABRIO m. Sulfato de mercurio. Forma cristales rojos en el sistema trigonal; brillo adamantino, muy pesado, frágil, volatiliza a temperaturas relativamente bajas. Principales yacimientos: España, Italia, EUA, ex URSS, China. Es la principal mena de mercurio.

CINC m. (Zn) Elemento químico del grupo IIb de la tabla periódica. Poco abundante en la naturaleza en estado libre aunque forma parte de muchos minerales (blenda, etc.). Metal blanco, de aspecto lustroso, se opaca fácilmente. Conduce bien el calor y la electricidad. Se utiliza para recubrir techumbres o cañerías, en aleaciones y como reactor.

CINCEL m. Instrumento de acero con un extremo biselado que se emplea para esculpir o grabar.

CINCO adj. Cuatro más uno. || adj. y com. Quinto. || m. Guarismo del número 5.

CINCUENTA adj. Cinco veces diez. || adj. y com. Quincuagésimo. || m. Guarismo del número 50.

CINCUENTÓN, NA adj. y s. Se aplica a la persona que ha cumplido 50 años.

CINCHA f. Banda de cuero o tela recia con que se afianza, ciñendo por debajo de la barriga, la silla a una caballería.

CINCHO m. Faja o cinturón que usan los campesinos. || Aro metálico que afianza o refuerza algunas cosas. || Parte del arco que sobresale en el interior de la bóveda de cañón. || Cinturón del que pende el sable y el espadín. || Enfermedad de los cascos de las caballerías.

CINE m. Apócope de cinematografía. || Arte, industria o técnica de la cinematografía. || *de arte y ensayo* Término para designar locales especializados en la proyección de filmes de calidad o de vanguardia, en versión original. || *mudo* Periodo de la cinematografía hasta 1927. || *de c.* Lujoso, fascinante. || Inaudito, inconcebible.

CINEASTA com. Persona que trabaja en la elaboración de una película.

CINECLUB m. Asociación de aficionados cinematográficos que buscan promover filmes clásicos, no comerciales, y vanguardistas.

CINEMA m. Cine.

CINEMASCOPE m. Sistema cinematográfico (H. Chrétien, 1925) que comprime ópticamente la imagen en las tomas y la descomprime en la proyección en gran pantalla panorámica.

CINEMÁTICA f. Parte de la física que estudia el movimiento de los cuerpos, con independencia de las causas que lo producen y mantienen.

CINEMATOGRAFÍA f. Arte de registrar imágenes que, proyectadas sucesivamente, dan ilusión de movimiento. En 1895, Lumiere efectuó la 1ª proyección, sólo con intención científica.

CINEMATÓGRAFO m. Aparato grabador o de proyección de imágenes en movimiento; usa un sistema de arrastre de 16 imágenes/seg. Nació al abrigo de descubrimientos científicos y técnicos del siglo XIX.

CINESCOPIO m. Tubo catódico de un televisor; su parte fotosensible es la pantalla del aparato en la que incide el haz de electrones.

CINÉTICO, CA adj. Relativo al movimiento. || f. Parte de la mecánica que estudia los movimientos y las fuerzas que los provocan.

CÍNICO, CA adj. y s. Se dice de una escuela filosófica de la Grecia antigua. Destaca por su anticonvencionalismo social y cultural, y por defender y practicar un ideal de vida basado en la austeridad más absoluta. || Se dice de quien carece de moral y presume de ello.

CINISMO m. Doctrina de los cínicos. || Impudor.

CINTA f. Tira de tela, papel, etc., larga y estrecha. || Banda angosta de tela, que impregnada de una tinta grasa y arrollada en carretes, efectúa la impresión en máquinas de escribir, calculadoras, etc. || Película, filme. || Ornamento arquitectónico formado por una banda larga y estrecha que se pliega de diverso modo.

CINTO m. Tira de tela o piel con que se ajustan algunas prendas al talle. || Cintura, talle.

CINTURA f. Zona del cuerpo humano comprendida entre el torso y las caderas. || La misma zona del vestido. || Parte donde se estrecha el hogar de una chimenea. || Recogida de las jarcias o cabos de un barco alrededor de su palo. || *meter en c.* Obligar a alguien a ajustarse a un comportamiento.

CINTURÓN m. Cinto ancho, especialmente el de la espada o sable. || Correa que ajusta algunas prendas de vestir a la cintura. || Serie de cosas que circundan a otras. || Franja que ciñe el traje de judokas y karatekas, cuyo color indica la categoría deportiva.

CIRCO m. Construcción romana, alargada y con un eje longitudinal, donde tenían lugar las competiciones hípicas. || Espectáculo de acróbatas, animales amaestrados y humor. || Local para dicho espectáculo. Tradicionalmente se trata de un gran edificio circular de lona, a modo de gran tienda de campaña (carpa), fuera del cual se instalan los servicios. El uso de camiones es la base de su movilidad.

CIRCONIO m. (Zr) Elemento químico del grupo IVa de la tabla periódica. Se encuentra muy distribuido sobre la corteza terrestre (circón, badelevita). Se asemeja al titanio en su dureza y en su resistencia a la corrosión. Se utiliza como antídoto del plutonio, en la metalurgia nuclear, en las válvulas electrónicas, etc. Peligroso por su radiactividad.

CIRCUITO m. Trazado, itinerario cerrado. || Perímetro o contorno. || Pista cerrada para carreras automovilísticas o de motos. || Red de circulación de vehículos. || Sistema de conductores y elementos eléctricos unidos entre sí hasta formar un anillo cerrado por el que circula la corriente. || Grabación y proyección simultáneas de un programa de TV para una instalación o local concretos. || *impreso* Capa de metal, de estructura y formas características, dispuesta sobre una placa aislante, usada para la conexión entre los distintos componentes. || *integrado* El de dimensiones muy pequeñas; esta economía se logra con el uso de componentes electrónicos.

CIRCULACIÓN f. Acción y efecto de circular. || Tráfico de vehículos. || Movimiento de transporte de calor producido en las envoltura fluidas (atmósfera y océanos) que rodean la Tierra. || Conjunto de los procesos de relación de los bienes y servicios producidos con los mercados a que se dirigen, y su reflejo monetario. || Desplazamiento de la savia por el interior de las plantas.

CIRCULAR, 1 adj. Relativo o semejante al círculo. || f. Orden que una autoridad superior dirige a todos o parte de los subalternos. || Documento en que la administración pública dicta reglas de actuación a los administrados sobre asuntos concretos, para mejor cumplir las disposiciones legales. || Cada una de las cartas o avisos iguales dirigidos a diversas personas para darles conocimiento de algo.

CIRCULAR, 2 intr. Transitar, deambular. Moverse algo rápidamente de una persona a otra.

CIRCULATORIO, RIA adj. Relativo a la circulación de la sangre. || *c., aparato* El formado por el corazón y un sistema tubular que son los vasos sanguíneos (arterias, venas y capilares), por los que circula la sangre gracias al movimiento contráctil del corazón.

CÍRCULO m. Porción del plano limitada por una circunferencia e incluida en su interior. || Aureola. || Medio social, ambiente; más usado en pl. || *artístico* Grupo de artistas que, sin tener una unidad estilística, sí tienen semejanzas y criterios similares. || *lingüístico* Denominación que engloba a un grupo de lingüistas, que no forman escuela, con coincidencias en el plano de los principios teóricos generales, métodos de análisis y en los temas que estudian. || *máximo* Círculo que divide el globo terrestre o la esfera celeste en dos partes iguales (ej., ecuador y meridianos). || *polar* Cada uno de los dos c. menores, paralelos al ecuador, cuya distancia al polo respectivo (23º 30′) es equivalente a la de los trópicos al ecuador. || *vicioso* Razonamiento o situación en la que planteamientos y conclusiones se remiten mutuamente.

CIRCUNCIDAR tr. Cortar la parte exterior del prepucio. || Rebajar, disminuir algo.

CIRCUNDAR tr. Rodear, envolver.

CIRCUNFERENCIA f. Lugar geométrico de los puntos que equidistan de uno dado, el centro. Si las coordenadas de éste en el plano son (a, b), la ecuación de la c. es $(x - a)^2 + (y - b)^2 = k$.

CIRCUNFLEJO adj. Se dice del signo diacrítico (^) que señala diversas particularidades, etimológicas, fonéticas o morfológicas.

CIRCUNLOCUCIÓN (o **CIRCUNLOQUIO**) f. (m.) Perífrasis.

CIRCUNSCRIBIR tr. Reducir algo a ciertos límites o términos. || Hallar una figura que contenga a otra y la toque en la mayor cantidad finita posible de puntos, sin cortarla; se aplica especialmente a la circunferencia que toca los vértices de un polígono. || tr. prnl. Limitarse, concretarse.

CIRCUNSCRIPCIÓN f. Acción y efecto de circunscribir. || División administrativa de un territorio, especialmente para fines electorales.

CIRCUNSPECTO, TA adj. Mesurado, cortés.

CIRCUNSTANCIA f. Aspectos no esenciales que influyen o aparecen en un fenómeno, acontecimiento, etc. || Figura jurídica modificada de la responsabilidad criminal (agravante, atenuante, eximente). || Entorno, ámbito de una existencia. || Requisito, calidad.

CIRCUNSTANCIAL adj. Accesorio. || Se dice de un complemento gramatical.

CIRCUNVALACIÓN f. Acción de circunvalar. || Línea defensiva alrededor de una plaza. || Vía de comunicación o trayecto que evita el núcleo de una ciudad o la rodea.

CIRIO m. Vela de cera larga y gruesa.

CIRROSIS f. Esclerosis difusa de un órgano, con alteración del parénquima. El hígado es el órgano más comúnmente afectado (c. hepática).

CIRUGÍA f. Parte de la medicina que propone el tratamiento de las enfermedades por procedimientos manuales o instrumentales.

CISCO m. Carbón vegetal menudo. || Follón, barullo. || *hacer c.* Dejar anonadado o maltrecho.

CISMA m. Desunión, separación entre miembros de un grupo, asociación, comunidad, etc. || Desavenencia, desacuerdo.

CISTERNA f. Depósito subterráneo de agua de lluvia. || Depósito de agua del retrete. || Formando nombre compuesto con el de un vehículo, indica que éste está acondicionado para el transporte de líquidos o gases. || Cada uno de los espacios meníngeos donde se remansa la circulación del líquido cefalorraquídeo.

CISTICERCOSIS f. Infestación por ingestión de formas larvales de tenia.

CISTITIS f. Inflamación de la vejiga urinaria. Síntomas principales: micción dolorosa y frecuente, presencia de pus en la orina y ocasionalmente sangre.

CISURA f. Abertura, corte en cualquier cosa. || Incisión en una vena. || Cada una de las hendiduras o surcos que separan las circunvoluciones cerebrales. || Cicatriz.

CITA f. Acción de citar. || Acuerdo que establecen dos o más personas para verse y hablarse. || Cosa o fragmento a que se alude de forma oral o escrita.

CITAR tr. y prnl. Convocar a una persona en un determinado lugar para tratar algún asunto. || Mencionar lo dicho o escrito por otra persona. || Comunicar a alguien un requerimiento de juez.

CÍTARA f. Mús. Instrumento antiguo de cuerdas pinzadas, derivado de la lira.

CITOLOGÍA f. Parte de la histología que estudia la morfología y funciones de las células. || Examen citológico.

CITOPLASMA f. Parte fundamental de la célula, entre la membrana celular y el núcleo.

CÍTRICO, CA adj. Relativo a los cítricos o al ácido c. || m. pl. Agrios. || c., *ácido* Ácido orgánico tricarboxílico que se obtiene del jugo del limón sin madurar. Se usa como componente de bebidas refrescantes, en farmacia y en tintorería.

CIUDAD f. Núcleo edificado de notable extensión, cuyos pobladores se dedican principalmente a tareas no agrícolas. || Por oposición a campo, cualquier núcleo de urbanización comparativamente intensivo.

CIUDADANÍA f. Cualidad de ciudadano. || Conjunto de derechos y deberes de un ciudadano.

CIUDADANO, NA adj. y s. De la ciudad. || Habitante de una ciudad. || m. y f. Miembro de una comunidad que, por los derechos que ésta le concede, está obligado a cumplir con determinados deberes.

CIUDADELA f. Recinto fortificado dentro de una ciudad.

CÍVICO, CA adj. Civil, de la ciudad. || Del civismo. || Patriótico.

CIVIL adj. Ciudadano. || Sociable, cortés. || Se aplica a la persona que no es militar. || Perteneciente a las relaciones e intereses particulares entre ciudadanos; especialmente, a los conflictos entre grupos sociales del mismo Estado.

CIVILIZACIÓN f. Acción y efecto de civilizar o civilizarse. || Conjunto de ideas, artes, hábitos, etc., de un pueblo o raza.

CIVILIZAR tr. y prnl. Llevar a un país la civilización de otros más avanzados. || Instruir, refinar.

CIVISMO m. Observancia de los deberes del ciudadano. || Cualidad de civilizado, instruido.

CIZALLA f. Herramienta compuesta por dos hojas con bisel, para cortar planchas delgadas de diversos materiales. || Máquina con una cuchilla fija y otra móvil para cortar chapa, papel, etc., de accionamiento mecánico o manual. || Fragmentos o recortes de metal.

CLAMAR intr. y tr. Lamentarse, quejarse a voces en demanda de auxilio. || Se aplica a las cosas inanimadas con el sentido de pedir, necesitar, exigir. || tr. Hablar con énfasis o gravedad.

CLAMOR m. Grito o voz que se emite con vigor y vehemencia. || Grito de dolor. || Toque de campana por los muertos.

CLAN m. Tipo de organización social basada en el reconocimiento por parte de sus miembros de una ascendencia común. || fig. Grupo muy cerrado.

CLANDESTINO, NA adj. Secreto, oculto. || Se dice del partido u organización, y las actividades que realiza, opuestos a la legislación vigente. || Se dice del impreso sin pie de imprenta, o con éste falseado.

CLAQUE f. Grupo de personas pagadas o que asisten gratis a un espectáculo para aplaudirlo.

CLARA f. Materia de naturaleza albuminoidea, que coagula con el calor, que rodea la yema de los huevos. || Parte transparente de un paño mal tejido. || Zona de la cabeza en que el pelo es más ralo.

CLARABOYA f. Ventana abierta en el techo o parte de un suelo, recubierta de vidrio para dejar pasar la luz.

CLAREAR tr. Dar claridad. || intr. Despuntar el día. || Ir desapareciendo un nublado. || intr. y prnl. Transparentarse un tejido. || prnl. Descubrir alguien sus propósitos e intenciones sin querer.

CLARIDAD f. Calidad de claro. || Efecto que produce la luz al iluminar un espacio. || Lucidez mental para captar ideas, sensaciones, etc. || Verdades que se dicen sin tapujo. || Prestigio o buena opinión.

CLARIFICAR tr. Iluminar algo. || Esclarecer una cosa. || Depurar un líquido, mantequilla, etc., con claras de huevo. || Volver espeso un líquido denso.

CLARÍN m. Instrumento musical de viento, de metal; es una trompeta sin pistones, de perforación cónica, con tubo de considerable diámetro, de 1 o 2 vueltas. Usado para los toques en el ejército. || Persona que lo toca.

CLARINETE m. Instrumento musical de viento, de madera o ebonita, de lengüeta simple, perforación cilíndrica y pabellón en forma de campana. || Juego de lengüetas del órgano. || Tubos de la cornamusa. || Clarinetista.

CLARIVIDENCIA f. Facultad de percibir y comprender claramente las cosas. || Sutileza, sagacidad. || fam. Pupila, olfato.

CLARO, RA adj. Con luz, con bastante luz. || Fácil de percibir. || Nítido, diáfano. || De escasa consistencia. || Ralo. || Se aplica al color suave. || Se dice del sonido limpio y puro. || De fácil comprensión. Notorio, preciso, seguro. || Expresado sin rodeos. || Se aplica al tiempo, día, noche, etc., en que el cielo está despejado. || adv. Claramente. || ¡claro!, ¡c. está! Exclamación para dar por sentado lo que se expresa.

CLAROSCURO m. En pintura, contraste de luces y sombras que hace destacar las figuras iluminadas sobre fondo oscuro. || Composición elaborada con las distintas tonalidades de un color. || En escritura, aspecto que presenta la combinación de trazos gruesos, medianos y finos.

CLASE f. Cada uno de los estratos en que se divide la sociedad capitalista según la posición de sus miembros ante los medios de producción. Se caracteriza por su relativa homogeneidad cultural e ideológica, el *status* social diferenciado y por la relativa movilidad social de sus componentes. || Grupo social caracterizado por una actividad común, especialmente de tipo profesional libre. || Conjunto de datos estadísticos obtenidos a partir de uno o varios rasgos comunes. || Grupo de estudiantes de un mismo nivel, o de una misma asignatura. || Lección diaria del maestro. || Aula. || Refinamiento, distinción, categoría. || Bot., Zool. Categoría sistemática inmediatamente superior al orden, usada también en fitosociología.

CLASICISMO m. Fenómeno cultural que arranca de la tradición clásica griega y latina; parte de la concepción del hombre como "medida de todas las cosas" (Protágoras), lo que implica la adecuación del universo a las medidas humanas, idealizadas como proporción y armonía, base de la belleza. El c. es altamente idealista, humanista, defensor del arte como elaboración intelectual y de la nitidez y perfección como valores formales.

CLÁSICO, CA adj. y s. Se aplica al autor, o a la obra literaria o artística que puede tomarse como modelo. || Se dice de los autores o de las obras artísticas de la antigüedad grecolatina. || Seguidor del clasicismo. || Sobresaliente en algo.

CLASIFICACIÓN f. Acción y efecto de clasificar. || Cada categoría taxonómica (Reino, Tipo, Orden, Familia, Género y Especie) en que se divide la naturaleza. || *profesional* Conjunto de profesiones codificadas según las diversas categorías.

CLASIFICAR tr. Catalogar, ordenar por clases. || Fijar la clase o grupo de una cosa. || prnl. Conseguir un determinado lugar en una competición. || Alcanzar un puesto mediante el cual se logra la continuidad en un torneo.

CLAUDICAR Intr. Ceder, no ofrecer resistencia. || No ser consecuente con los deberes o principios. || Cojear.

CLAUSTRO m. Galería de arcos alrededor de un patio, generalmente anexo a una iglesia, monasterio, abadía, etc. || Junta de los profesores de un centro docente.

CLAUSTROFOBIA f. Temor patológico a los espacios cerrados, por la sensación de ahogo que producen.

CLÁUSULA f. Cada uno de los pactos de que consta un contrato, testamento o cualquier documento análogo. || Parte final de un periodo lingüístico, en el que los escritores clásicos intensificaban los efectos rítmicos. || Frase u oración. || *final* Cada una de las que se incluyen en los tratados internacionales para asegurar la ejecución de los mismos.

CLAUSURA f. Acción y efecto de clausurar. || Obligación, propia del clero regular, de permanecer en su convento en determinadas horas. || Recinto donde se cumple dicha obligación. || Acto, generalmente solemne, con que se concluyen o interrumpen las actividades de un congreso, certamen, etc., o las deliberaciones de un tribunal.

CLAVADO, DA adj. Provisto o ensamblado con clavos. || Puntual, exacto. || Conveniente, adecuado.

CLAVAR tr. Hincar un clavo o cualquier objeto puntiagudo en una superficie, mediante golpes. || Afianzar con clavos. || Engastar las piedras preciosas.

CLAVE m. Clavicémbalo. || f. Desarrollo de los signos convencionales de una escritura cifrada. || Aclaración que requieren algunos escritos para su adecuada comprensión. || Lo que es necesario saber para comprender algo oscuro o hermético. || Signo musical que se coloca al principio del pentagrama y determina el nombre de las notas y su altura correspondiente.

CLAVICORDIO m. Instrumento musical de teclado y cuerda percutida. Antecesor del piano.

CLAVÍCULA f. Hueso par que forma, juntamente con la escápula, la cintura torácica o escapular. Tiene forma de S itálica, y se articula con el esternón y con la escápula u omoplato.

CLAVIJA f. Espiga de madera, metal, plástico, etc., que se utiliza para tapar un orificio o sujetar algo. || En los instrumentos musicales de cuerda, pequeña pieza de madera, metal u otro material en la que se enrollan las cuerdas para tensarlas y afinarlas. || *apretar las clavijas* (a alguien) Tratar con mano dura; inducir a confesar algo.

CLAVO m. Pieza metálica larga y angosta, con cabeza en un extremo y puntiaguda en el otro, usada para asegurar, colgar o adornar cosas. || Capullo seco de la flor del clavero, pardo, aromático y picante. Se usa como condimento, es medicinal y se emplea en perfumería. || Pena, pesar, aflicción.

CLAXON m. Bocina de automóviles y de ciertos aparatos, que funciona con un sistema electromagnético.

CLEMENCIA f. Virtud que induce al perdón o a la comprensión.

CLEPTOMANÍA f. Impulso morboso que, no por afán de lucro sino por deseo de poseer lo ajeno, mueve a robar.

CLERICAL adj. Relativo al clérigo. || Apegado a la iglesia o influido por ella. || adj. y com. Adepto al clericalismo.

CLÉRIGO m. El que ha recibido las órdenes sagradas. || En la edad media, hombre versado.

CLERO m. Conjunto de los miembros de una iglesia o religión que están facultados para oficiar los ritos y se encuentran en cualquier puesto de su jerarquía. || *secular* Conjunto de los sacerdotes que dependen directamente de un obispo diocesano y que realizan sus labores en y para la sociedad de fieles.

CLICHÉ m. Negativo fotográfico que sirve para reproducir copias por ampliación o contacto. || Plancha de tipografía sobre la que, por acción química, se ha grabado en relieve la imagen que debe reproducirse; por extensión, cualquier grabado que sirve para obtener copias. || Tópico, estereotipo.

CLIENTE, TA m. y f. Persona que requiere o utiliza los servicios de un profesional. || Quien compra a un vendedor, en especial el que lo hace habitualmente. || Persona que se coloca bajo la protección de otra.

CLIENTELA f. Los clientes de un establecimiento, de un profesional, etc. || Grupo de quienes frecuentan el trato de un personaje influyente de manera interesada y para obtener algún beneficio.

CLIMA m. Conjunto de los distintos estados atmosféricos que suelen producirse a lo largo del año en un territorio y que lo caracterizan. || Entorno, ambiente.

CLÍMAX m. Gradación. || Cenit de esta gradación. || En retórica, denominación aplicada al lugar del texto en el que el autor ha reunido un número mayor de efectos expresivos y conceptuales para conseguir una mayor tensión ante el lector o espectador. || Estado final al que tiende la vegetación de un territorio determinado; representa la etapa de mayor estabilidad y organización. || En el curso de algún proceso, la fase de mayor intensidad. || En el acto sexual, el orgasmo.

CLÍNICO, CA adj. Relativo a la clínica. || m. y f. Persona dedicada a la práctica médica. || f. Conjunto de conocimientos médicos adquiridos por la observación directa de los pacientes. || f. Institución donde se diagnostica y trata a los enfermos, principalmente si deben guardar cama. || c., *historia* Conjunto de datos de un enfermo en relación con su enfermedad.

CLIP m. Especie de pinza para sujetar papeles. || Pasador u horquilla para el pelo. || Cierre de contacto utilizado en pendientes, broches, etcétera.

CLISÉ m. Cliché.

CLÍTORIS m. Órgano eréctil del aparato genital externo de la mujer; situado en la parte anterosuperior de la vulva. Es un órgano homólogo al pene masculino.

CLOACA f. Conducto para las aguas residuales de una población, generalmente subterráneo. || Depósito de esas mismas aguas. || Cámara, por lo general en forma de saco, en la que desembocan el intestino terminal, los conductos de los órganos reproductores y los de los excretores. || Lugar inmundo.

CLORHIDRATO m. Sal hidratada que resulta de combinar el ácido clorhídrico con una base.

CLORHÍDRICO, *ácido* Solución acuosa del cloruro de hidrógeno. Se encuentra en la naturaleza, en las emanaciones volcánicas y en el jugo gástrico. Industrialmente se prepara por síntesis directa de los elementos. Es un ácido fuerte que reacciona con todos los metales a excepción del mercurio, plata y oro. Usado para neutralizar sistemas básicos, en metalurgia, etcétera.

CLORO m. (Cl) Elemento químico del grupo VIIb de la tabla periódica. No existe en la naturaleza en forma elemental, aunque sí combinado con el sodio, potasio, magnesio, etc. Es un gas verde claro, de olor característico, irritante y venenoso. Es un buen oxidante. Reacciona con los hidrocarburos formando muchos compuestos.

CLOROFILA f. Cada uno de los distintos pigmentos porfirínicos dispuestos en

CLOROFORMO los cloroplastos de los órganos verdes de las plantas. Durante la fase luminosa, la c. capta la energía de la radiación solar, que posteriormente es usada para la reducción del CO_2 y fabricación de compuestos orgánicos (fotosíntesis). La c. es utilizada en farmacia por sus propiedades desodorantes en la elaboración de dentríficos y cosméticos.

CLOROFORMO m. Triclorometano. Líquido incoloro de olor a éter. Soluble en alcohol y éter, aunque poco soluble en agua. Es incombustible. Por acción del aire y de la luz se oxida a fosgeno, que es un gas muy tóxico por vía respiratoria. Por ello se añade alcohol para poderlo utilizar con fines medicinales. Se utiliza como disolvente y anestésico.

CLORURO m. Sal o éster del ácido clorhídrico. En la naturaleza abundan los c. alcalinos, especialmente el c. sódico (sal común) y el potásico.

CLÓSET m. Armario empotrado.

CLOSE-UP m. Primer plano.

CLUB m. Círculo, asociación, generalmente de fines recreativos o deportivos; por extensión, asociación deportiva de carácter profesional. || Localidad de anfiteatro, la más próxima al escenario.

CLUECO, CA ad. y s. Se dice del ave dispuesta a incubar sus huevos. Esta acción viene desencadenada por un mecanismo hormonal; se realiza por hembras, y ocasionalmente por machos. || adj. Se dice de la persona débil o enfermiza.

COACCIÓN f. Fuerza o violencia física, psíquica o moral ejercida sobre una persona para obligarla a decir o hacer una cosa.

COADYUVAR tr. Cooperar en la consecución de algo.

COAGULAR tr. y prnl. Hacer o hacerse coágulos.

COÁGULO m. Masa semisólida que resulta de la coagulación sanguínea una vez se ha expulsado el suero. || Porción compacta resultante de someter un líquido al fenómeno de coagulación.

COALICIÓN f. Pacto entre varias instituciones, políticas, económicas o sociales, para realizar una acción común.

COARTADA f. Circunstancia que alega el sospechoso de un delito y que sirve para demostrar la imposibilidad material de que lo haya cometido. || fig. Disculpa.

COARTAR tr. Restringir la libertad de alguien.

COBA f. Trola. || Lisonja. || *dar c.* Adular, halagar.

COBALTO m. (Co) Elemento químico del grupo VIII de la tabla periódica. En la naturaleza se presenta generalmente combinado y asociado al níquel y al arsénico. Metal ferromagnético; duro, blancoazulado. Se usa como catalizador en aleaciones magnéticas o de resistencia a la corrosión, el desgaste y las altas temperaturas, como colorante desde la antigüedad (azul de c.), etc. Su isótopo c.-60, fuente de rayos gamma, se usa en terapia del cáncer.

COBARDE adj. y com. Miedoso, carente de valor. || Se dice de la persona que daña a otra a escondidas.

COBERTIZO m. Tejado saliente o techado tosco para protegerse del mal tiempo o del sol.

COBERTOR m. Colcha o manta para la cama.

COBERTURA f. Cubierta, lo que tapa o cubre algo. || Acción de resguardarse, especialmente de las consecuencias de una responsabilidad, o de enmascarar la personalidad y actividades. || Conjunto de las medidas defensivas que se adoptan para proteger una fuerza militar o un territorio. || Porcentaje de las importaciones de un país que compensa las exportaciones.

COBIJAR tr. y prnl. Cubrir, abrigar. || Alojar o dar amparo a alguien. || fig. Abrigar ciertos sentimientos.

COBRANZA f. Acción y efecto de cobrar. || Cobro de las piezas cazadas.

COBRAR tr. Recibir alguien dinero en pago o a cambio de algo. || Recuperar. || Lograr. || Recoger una cuerda, soga, etc., tirando de ella. || Recoger las piezas cazadas. || Empezar a experimentar afecto, simpatía, etc., por alguien. || Sufrir una paliza.

COBRE m. (Cu) Elemento químico del grupo Ib de la tabla periódica. Metal pardorrojizo, moldeable, dúctil, muy buen conductor del calor y la electricidad. Abundante en la naturaleza en estado puro y en numerosos minerales (pirita, calcopirita, calcosina, etc.). Se usa en conductores, calderería, construcción, galvanoplastia, en numerosas aleaciones (latón, bronce, etc.) y su importancia como materia prima es muy relevante.

COBRIZO, ZA adj. Que tiene cobre. || De color semejante al cobre.

COCA f. Planta arbustiva originaria de América del Sur. Sus hojas contienen varios alcaloides, entre ellos la cocaína.

COCAÍNA f. Alcaloide contenido en las hojas de la coca. Su consumo está en expansión, por los efectos excitantes que provoca y su difusión entre las clases altas.

COCCIÓN f. Acción y efecto de cocer o cocerse.

CÓCCIX m. Hueso que forma el extremo inferior de la columna vertebral. Situado bajo el sacro, con el que se articula.

COCEAR intr. Lanzar coces. || Negarse a hacer o admitir cierta cosa.

COCER tr. Hervir los alimentos crudos, o preparar un manjar para que resulte más comestible. || Echar una sustancia o producto en un líquido caliente para que le confiera ciertas propiedades. || Exponer a la acción del fuego o el calor determinadas cosas o ciertos alimentos.

COCIDO m. Cierto guiso de carne, legumbres, verduras, etc., mezcladas.

COCIENTE m. Resultado de una división. || *c., conjunto (A/R)* Dado un conjunto A y una relación de equivalencia R, conjunto cuyos elementos son las clases de equivalencia definida por R en A. || *de inteligencia (CI)* Relación entre edad mental y cronológica multiplicado por 100, según la fórmula $CI = EM : EC \times 100$. Sirve para medir la inteligencia. || *respiratorio* Relación entre la cantidad de dióxido de carbono espirado y la de oxígeno inhalada.

COCINA f. Dependencia de una casa donde se elaboran las comidas. || Utensilio con fogones y por lo general horno, para guisar. || Arte de hacer comidas (gastronomía). || Guiso de legumbres y semillas cocidas.

COCINAR tr. Guisar, elaborar los alimentos en el fuego. || intr. Meterse uno donde no le llaman. || Intrigar, fraguar.

COCINERO, RA m. y f. Persona que prepara comidas.

COCO m. Célula bacteriana de forma esférica o elíptica.

CÓCTEL m. Bebida compuesta de una mezcla de licores y otros ingredientes, alcohólicos o no. || Reunión de personas donde suele servirse esta bebida; por extensión, cualquier reunión social que se celebra a últimas horas de la tarde.

COCHAMBRE amb. Porquería, mugre. || Montón de trastos viejos y roñosos.

COCHE m. Carruaje con asientos y 4 ruedas para el transporte de pasajeros. || Automóvil.

COCHERO, RA adj. Relativo al coche, automóvil. || m. y f. Persona que guía un coche de caballos. || f. Lugar donde se guardan coches y otros vehículos.

COCHINO, NA m. y f. Cerdo. || adj. y s. Se dice de la persona muy descuidada en su aseo. || Persona avara o que actúa con malicia.

CODAZO m. Golpe que se pega con el codo. || *a c. limpio* A empujones.

CODEAR intr. Mover los codos, o abrirse paso con ellos. || prnl. Tratarse en un nivel de igualdad.

CODEÍNA f. Alcaloide contenido en el opio (5%) y en la morfina, de donde se extrae por metilación. Es una base cristalina, soluble en alcohol, que tiene propiedades analgésicas; es calmante de la tos.

CÓDICE Manuscrito antiguo, encuadernado en forma de libro; la difusión del pergamino (siglo III) permitió su aparición. También se llaman así los objetos de las mismas características, hechos de piel de animal y con caracteres pictográficos, de las culturas maya y azteca. || Parte del misal que contiene los oficios particulares de una diócesis.

CODICIA f. Ansia desmedida.

CODICIAR tr. Desear algo vivamente, especialmente dinero o riquezas.

CODICILO m. Escrito en que uno declara su última voluntad en ausencia de testamento o como complemento del mismo. No contiene la institución de heredero.

CODIFICAR tr. Agrupar leyes, estatutos, etc., en un cuerpo legislativo. || Transformar la formulación de un mensaje a través de un código.

CÓDIGO m. Recopilación sistemática de normas legislativas. || Por extensión, compendio de reglas sobre una materia. || Sistema de signos convencionales para la comunicación, o la interpretación de un mensaje. || Códice. || Clave en número que permite descifrar y emitir un mensaje.

|| En informática, conjunto convencional de señales que permite que la información que se introduce en el ordenador o computadora sea inteligible para éste. || *genético* Conjunto de información que dirige la transducción de la secuencia de nucleótidos del ácido ribonucleico a una secuencia de polipéptidos. Es universal e idéntico en todos los organismos vivos. || *internacional de señales* Cualquiera de los dos sistemas de comunicación entre barcos más empleados: mediante banderas o señales luminosas. || *Q* Sistema de señales usado en radiocomunicaciones para cifrar mensajes con el alfabeto morse.

CODO m. Región anatómica correspondiente a la unión del brazo con el antebrazo. || Codillo. || Nombre de distintas medidas de longitud, que equivalen a unos 45 cm. || Nombre de dos medidas de capacidad. || Ángulo de una rama con otra o con el tronco.

COEFICIENTE adj. Que junto a otra causa produce un efecto. || m. Constante que aparece como factor ante una variable (coeficiente de un polinomio, de una ecuación, etc.). || *angular* Pendiente de una recta. || *de inteligencia* Cociente de inteligencia.

COERCER tr. Reprimir, moderar.

COETÁNEO, A adj. y s. Que coincide en el tipo con otra persona o cosa.

COEXISTENCIA f. Existencia simultánea. || *pacífica* Parte de la teoría marxista que hace referencia a las relaciones entre Estados de distinto sistema político-social; implica el reconocimiento de la necesidad de convivir con sistemas capitalistas, dentro del más riguroso respeto a la soberanía e igualdad de cada uno, que no obsta a la necesaria ayuda los movimientos populares que se produzcan en ellas.

COFA f. Plataforma en el cuello de un mástil desde donde se otea o se maniobra con la parte alta del velamen.

COFIA f. Tocado femenino, especialmente el de uniforme para camareras, enfermeras, etc. || Malla para el cabello.

COFRADÍA f. Asociación religiosa fundada para venerar y rendir homenaje a un santo, virgen o advocación. || Gremio o asociación profesional. || Cualquier tipo de hermandad.

COFRE m. Arcón de tapa convexa. || Joyero, caja para guardar joyas.

COGER tr. Tomar, aprehender con las manos. || tr. y prnl. Recolectar, recoger los frutos. || Detener, apresar. || Decomisar contrabando. || Dar alcance. || Atropellar un vehículo a una persona o animal. || Adueñarse de algo.

COGIDO, DA adj. Sujeto a la voluntad de otro. || m. Pliegue en un tejido. || f. Recolección, y cosecha obtenida.

COGNOSCIBLE adj. Que puede conocerse.

COGOLLO m. Yema apical muy desarrollada de algunas hortalizas. || Brote de una planta. || Meollo de un asunto. || Lo más granado, lo mejor, la flor y nata.

COGOTE m. Zona del cuello inferior a la nuca.

COHABITAR intr. Residir con otro u otros. || Hacer una pareja vida marital.

COHERENCIA f. Adhesión de unas cosas con otras. || fam. Actuación consecuente con el pensamiento.

COHERENTE adj. Con coherencia. || Se dice del conjunto de ondas que presentan una relación fija de fases.

COHESIÓN m. Acción y efecto de enlazarse o de reunirse las cosas entre sí o la sustancia de que están constituidas. || Fuerza de atracción recíproca entre moléculas de una misma especie, inversamente relacionada con la distancia que las separa.

COHETE m. Artificio aerodinámico, relleno de una materia propulsante, que puede elevarse a una altura determinada. || Artificio pirotécnico que, al explotar, produce efectos luminosos. || *como un c.* A toda velocidad.

COHIBIR tr. y prnl. Amedrentar, apocar.

COHORTATIVO, VA adj. En gramática, exhortativo.

COHORTE f. Unidad militar romana, formada por tres manípulos, y que era la décima parte de una legión. || Grupo, serie. || Acompañamiento, escolta.

COINCIDIR intr. Estar de acuerdo dos o más personas. || Acoplarse, ajustarse dos o más personas o cosas. || Suceder simultáneamente. || Confluir en el mismo lugar dos o más personas o cosas.

COITO m. Unión sexual del hombre con la mujer. En lenguaje jurídico se llama cohabitación. || Cópula. || *interrupto* Aquél en que la eyaculación tiene lugar fuera de las vías genitales de la mujer.

COJEAR m. intr. Caminar asentando mal una pierna o pata. || No asentarse un mueble. || Tener algún vicio o defecto. || Comportarse de forma deshonesta.

COJERA f. Defecto en la manera de andar.

COJÍN m. Forro de tela decorado con diversos motivos y relleno de algún material mullido, que sirve para sentarse, recostarse, etcétera.

COJINETE m. Almohadilla. || Pieza metálica que fija las traviesas a los carriles. || Pieza o conjunto de ellas sobre las que se mueve un mecanismo.

COJO, JA adj. y s. Se dice de la persona que cojea o que le falta total o parcialmente una pierna. || adj. Se dice de la pierna, pata o pie que obliga a cojear. || Se dice del animal o mueble que cojea o está falto de una pata. || Se dice del pensamiento o expresión inacabados.

COLA f. Extremidad del cuerpo de los animales, de significado distinto según los grupos. En los peces es la aleta caudal; en las aves, un conjunto de plumas fijo al extremo de la columna vertebral que sirve de timón en el vuelo e interviene en las paradas nupciales; en los mamíferos poseen longitud variable y en algunas especies actúa como órgano prensil. || Lo que se encuentra al final de algo, por oposición a la cabeza o principio: parte posterior de un ejército, de un avión, de una fortificación; añadido final a un escrito. || Fila, columna de personas o automóviles que guardan turno.

COLA f. Pasta gelatinosa que sirve para pegar.

COLABORADOR, RA adj. y s. Que colabora. || Se dice del artista, periodista, científico, etc., que trabaja para una empresa en forma ocasional, sin formar parte de su plantilla.

COLABORAR intr. Cooperar en un trabajo, generalmente en forma secundaria. || Escribir habitualmente en una publicación periódica, sin ser de plantilla.

COLACIÓN f. Acto de colar o conceder un beneficio eclesiástico, grado universitario u otra dignidad. || Confrontación de dos cosas entre sí. || Circunscripción parroquial.

COLADERO m. Colador. || Paso angosto. || Boquete del piso de una galería de una mina, para arrojar el mineral. || Sitio por donde puede uno colarse.

COLADOR m. Útil, a modo de tamiz, para colar líquidos.

COLÁGENO, NA adj. y m. Se dice de la sustancia fundamental del tejido conectivo, óseo y cartilaginoso. Es de naturaleza proteica, y por el calor se transforma en gelatina. || *colágena, fibra* Conjunto de elementos fibrilares constituyentes del tejido conectivo.

COLAPSO m. Depresión de un órgano hueco (corazón, vasos sanguíneos, pulmón), que compromete seriamente su funcionalidad. || Parón de algo que se desborda o atasca.

COLAR tr. Pasar un líquido por un colador o por otro líquido filtrante. || Blanquear con lejía la ropa lavada. || Vaciar.

COLATERAL adj. Que está al lado de otra cosa. || adj. y com. Se dice del pariente que no lo es por línea directa (descendiente del hermano).

COLCHA f. Cobertor de una cama, generalmente de adorno.

COLCHÓN m. Saco aplanado relleno de lana, pluma, miraguano, etc., para dormir. || Capa de aire sobre la que se desplazan algunos vehículos (aerodeslizador, aerotrén).

COLEAR intr. Sacudir la cola un animal. || Persistir algo que se creía finalizado, producir consecuencias.

COLECCIÓN f. Conjunto de cosas, generalmente de una misma clase. || Cúmulo, gran cantidad. || Conjunto de modelos que los modistas presentan cada nueva temporada. || Acúmulo de algún líquido normal o patológico en alguna cavidad del organismo.

COLECTA f. Contribución que se reparte y cobra en una vecindad. || Cuestación, especialmente con fines benéficos.

COLECTIVIDAD f. Agrupación de personas con un fin común. || Conjunto de los extranjeros de un determinado país que viven en otro.

COLECTIVISMO m. Nombre genérico de las doctrinas que propugnan sistemas colectivos de propiedad y distribución.

COLECTIVO, VA adj. Relativo a la colectividad o a un conjunto de personas o cosas.

COLECTOR adj. Que recoge. || m. Zanja o canal por el que discurren las aguas sobrantes de un riego o las de un avenamiento. || Conducto subterráneo donde van a parar las aguas de las alcantarillas. || m. Elemento que en un generador de corriente continua se encarga de transmitir hacia el circuito exterior la corriente producida en el rotor.

COLEGA com. Persona que, en relación con otra, desempeña la misma profesión. || fam. Compañero, amigo.

COLEGIAL, LA adj. Relativo al colegio. || m. y f. Alumno de un colegio. || Persona que residía en colegio mayor. || Persona apocada e inexperta.

COLEGIATURA f. Beca o plaza de colegial.

COLEGIO m. Institución de enseñanza. || Grupo de personas que viven en un mismo establecimiento, ocupadas en el estudio y sujetas a ciertas reglas y a un superior. || Agrupación de personas que desempeñan una misma profesión, generalmente liberal.

COLEGIR tr. Agrupar cosas diseminadas. || Con de o por ello, inferir una cosa de otra.

CÓLERA, 1 f. Irritación súbita, a veces incontrolable y de tipo agresivo, sobrevenida ante situaciones frustrantes. || Bilis.

CÓLERA, 2 f. Enfermedad infecciosa, endémica de la India y otros países asiáticos, causada por un bacilo en forma de coma llamado vibrión colérico. Clínicamente cursa con intensas diarreas y vómitos.

COLESTEROL m. Esterol presente en todas las células de los vertebrados que especialmente se concentra en el tejido nervioso; es precursor de todos los demás esteroides del organismo.

COLETA m. Trenza de pelo. || Pelo recogido que cuelga de alguna parte de la cabeza. || Coletilla.

COLETAZO m. Golpe dado con la cola. || Expresión desordenada de algo que está llegando a su fin.

COLGADURA f. Conjunto de tapices, telas o cortinas para paredes y balcones.

COLGAR tr. Pender una cosa de otra sin que toque el suelo. || Adornar con colgaduras. || No estar igualados los bordes de una prenda, cortina, etc. || Ahorcar. || Atribuir, achacar. || Cortar una comunicación telefónica. || Abandonar una profesión o actividad. || intr. Permanecer una cosa en el aire pendiente de algún punto.

CÓLICO, CA adj. Relativo al colon. || m. Síndrome clínico que se presenta en los espasmos de la fibra muscular lisa de los órganos huecos. Consiste en un dolor abdominal intenso, con gran agitación del paciente; remite con espamolíticos. Los c. más frecuentes son el hepático, el renal y el intestinal.

COLILLA f. Parte final del cigarro, que se desecha.

COLINA f. Relieve orográfico de un máximo de 500 m de altura, de forma generalmente suave y ondulada.

COLINDANTE adj. Se dice de los terrenos, casas, términos municipales, etc., contiguos entre sí. || Se dice también de los dueños de dichas propiedades.

COLIRIO m. Medicamento, generalmente usado en forma de gotas, para afecciones oculares.

COLISEO m. Teatro, y por extensión, cine. Su nombre deriva del anfiteatro Flavio, de Roma.

COLISIÓN f. Choque. || Enfrentamiento violento entre personas o grupos de personas. || Pugna o conflicto de ideas, sentimientos, etc., o de las personas implicadas en ellos.

COLITIS f. Inflamación, aguda o crónica, del colon. Existe una forma leve de tipo catarral y otras formas de tipo ulceroso, hemorrágico y purulento.

COLMADO, DA adj. Abundante, repleto. || m. Establecimiento de comestibles.

COLMAR tr. Llenar un recipiente hasta rebasar sus bordes. || Dar en gran cantidad. || Satisfacer al máximo ilusiones, deseos, etc. || Llenar de atenciones, improperios, etcétera.

COLMENA f. Caja o recipiente para albergar las abejas de una colonia y aprovechar su producción de miel. || Colonia de abejas. || Gentío.

COLMILLO m. Diente canino, situado detrás de los incisivos y delante del primer premolar. || Diente incisivo, especialmente desarrollado, de crecimiento continuo, presente en varias especies de mamíferos. || Diente especializado en algunas especies de reptiles escamosos, dotado de un conducto interno para la inyección del veneno.

COLMO, MA adj. Que está colmado o tiene colmo. || m. Parte de una sustancia que excede de los bordes de la vasija que la contiene. || Punto más alto que se puede alcanzar en una actividad, cualidad o cosa. || Cosa que tiene en grado sumo la cualidad que se expresa. || Lo que se añade a algo que en sí ya es excesivo.

COLOCACIÓN f. Acción y efecto de colocar. || Disposición, instalación de personas o cosas. || Cargo, empleo.

COLOCAR tr. y prnl. Acomodar en un lugar concreto o de manera determinada a una persona o cosa. || Situar a alguien en un puesto o estado. || Invertir un capital. || Lograr que alguien compre, oiga, acepte, etc., algo que rechaza en principio.

COLOFÓN m. Nota que se coloca al final de algunos libros, en que se consigna el nombre del impresor y la fecha de impresión. || Añadido o remate de un acto, fiesta, etcétera.

COLOMBINO, NA adj. Relativo a Cristóbal Colón.

COLON Porción intermedia del intestino grueso situada entre el ciego y el recto. || En gramática, cada uno de los miembros de un periodo, y puntuación con que se separan. || En métrica clásica, verso que no forma una unidad rítmica y no puede descomponerse.

COLONIA f. Grupo de personas que se instalan en un país, para habitarlo o cultivarlo. || Gente que se desplaza a una zona de su propio país para poblarlo, y esa misma zona. || Barrio nuevo. || Conjunto de la población extranjera, o de una nacionalidad, en un país. || Territorio sometido a otro país, del que está geográficamente separado. || Conjunto organizado de individuos de la misma especie, de forma generalmente característica. En el caso de animales invertebrados suele existir una especialización funcional. || Células bacterianas procedentes de la división asexual de una sola célula inicial, y que sobre un medio sólido forman un conjunto aparente, de características bien definidas para cada especie.

COLONIALISMO m. Forma del imperialismo que preconiza la expansión colonial de un país. || Conjunto de teorías que la defienden.

COLONIZAR tr. Fundar una colonia en un país. || Proceder a la explotación y organización de una colonia. || Repoblar y valorar económicamente un territorio.

COLONO m. Persona que emigra, voluntaria o forzosamente, a una colonia, para explotar sus riquezas o atender a su administración; por extensión, sus descendientes.

COLOQUIAL adj. Relativo al coloquio. || Se dice del lenguaje llano y familiar, especialmente cuando se usa en obras de creación.

COLOQUIO m. Diálogo, plática. || Discusión que se mantiene tras una conferencia, reunión, espectáculo, etc., por lo general centrada y dirigida por una o más personas. || Composición literaria dialogada.

COLOR m. Sensación fisiológica provocada en la retina de los vertebrados, por reacción de unas células especializadas, al estímulo de radiaciones electromagnéticas de longitud de onda variable. || Materia colorante usada en pintura. || Colorido de una pintura o cualquier otra cosa.

COLORACIÓN f. Acción y efecto de colorear. || Sensación visual que ofrece el empleo de los diversos tonos y colores en una obra pictórica. Matiz o peculiaridad que diferencia una cosa.

COLORANTE m. Sustancia cuya disolución o dispersión coloidal es capaz de teñir y colorear tejidos; de ello deriva su importancia en biología y en la industria. Son compuestos orgánicos de origen natural (vegetal o animal) o sintéticos.

COLOREAR tr. Dar color, tintar. || Justificar con razón una cosa que no la tiene. || intr. y prnl. Manifestar una cosa su color característico. || Tomar algunas frutas su color de madurez. || intr. Tender o asomar el color rojo.

COLORETE m. Cosmético para colorear el rostro.

COLORIDO m. Conjunto y distribución de los colores de una cosa. || Color, peculiaridad y pretexto. || Técnica de la combinación de colores. || Animación, concurrencia, viveza. || Lucimiento, brillo, vistosidad.

COLOSAL adj. Relativo al coloso. || De gran tamaño, enorme. || Magnífico, sobresaliente.

COLOSO m. Estatua de figura humana mayor que el natural. Famoso el desaparecido C. de Rodas. || Persona muy grande. || Persona o cosa relevantes.

COLUMNA f. Elemento de soporte de forma cilíndrica; se compone de base, fuste y capitel. || Masa de fluido que toma dicha forma, tanto en libertad como cuando se encuentra en un instrumento (barómetro, termómetro). || Conjunto de cosas apiladas. || Cada una de las partes verticales en que se dividen las páginas de un escrito. || Sección fija de opinión de un periódico.

COLUMNATA f. Serie de columnas de la fachada de un edificio (pórticos, paseos cubiertos) o en su interior (salas hipóstilas).

COLUMNISTA com. Colaborador asiduo de una sección, en un periódico o revista.

COLUMPIAR tr. y prnl. Balancear en un columpio.

COLUMPIO m. Asiento que pende de un punto elevado mediante dos cuerdas o cadenas, y que sirve para mecerse.

COLLADO m. Montículo, colina. || Depresión practicable entre dos montañas.

COLLAR m. Objeto ornamental que se lleva alrededor del cuello. || Insignia de algunas órdenes o cargos. || Aro o correa que se pone en el cuello de ciertos animales. || Argolla con que se ceñía el cuello de esclavos y maleantes. || Plumas de diversos colores que lucen algunas aves en el pescuezo. || Pieza circular que rodea un objeto.

COLLERA f. Collar de lona o cuero, relleno de paja u otro material, que llevan las caballerías al cuello para sujetar los arreos. || Cadena con que se sujetaba a los presidiarios.

COMA, 1 f. Signo ortográfico (,) que señala una separación o pausa entre ciertos elementos oracionales.

COMA, 2 m. Estado patológico de inconciencia y pérdida de respuesta a los estímulos que se puede observar en el curso de algunas enfermedades o tras un traumatismo importante.

COMADRE f. Comadrona. || Madrina de un niño, en relación con la madre, el padre y el padrino de aquél.

COMADREAR intr. fam. Criticar, chismorrear.

COMADRÓN, NA m. y f. Persona calificada que asiste un parto.

COMANDANCIA f. Cargo, despacho y territorio del comandante.

COMANDANTE m. Jefe militar, cuya categoría está entre capitán y teniente coronel. || Militar que en determinados momentos ejerce el mando. || *en jefe* Oficial general al mando de todas las fuerzas armadas de un país dependientes del alto mando.

COMANDAR tr. Mandar un ejército, unidad, etcétera.

COMANDO m. Mando de una unidad o plaza fuerte. || Operación realizada por dicha unidad. || Pequeña unidad de tropas, especialmente entrenadas para sorpresas, golpes de mano y otras operaciones tácticamente limitadas. || Cierto tipo de prenda de abrigo.

COMARCA f. Demarcación territorial, con un alto grado de homogeneidad física y humana, y de menor tamaño que una región.

COMBA f. Curvatura o arqueamiento que adquieren determinados cuerpos.

COMBAR tr. y prnl. Arquear, curvar un objeto.

COMBATE m. Enfrentamiento entre fuerzas militares, de menor entidad que una batalla. || Pugna, desazón íntima de ánimo. || Conflicto, contradicción.

COMBATIENTE adj. Que combate. || com. Que participa activamente en una guerra, sea como militar regular, miembro de una organización estable de resistencia o como ciudadano que se opone al invasor de forma abierta.

COMBATIR intr. y prnl. Batallar, pelear. || tr. Agredir, acometer. || Sacudir, golpear con fuerza el viento, el mar, etc. || Refutar, contradecir. || Alterar el ánimo sentimientos o pasiones.

COMBINACIÓN f. Acción y efecto de combinar o combinarse. || Maniobra, plan, maquinación. || Reunión de dos o más cosas para formar conjunto. || Combinado. || Selección de uno o más objetos de un conjunto. || Clave numérica para abrir cajas fuertes, y mecanismo giratorio en el que se marca.

COMBINAR tr. Reunir cosas de modo que formen un conjunto. || Agrupar escuadras o ejércitos. || Hacer proyectos sin que dificulte el transcurso de otras acciones. || tr. y prnl. Concertar, acordar. || Formar una combinación matemática || intr. y prnl. Armonizar.

COMBUSTIBLE adj. Que puede arder, o que lo hace con facilidad. || adj. y m. Se dice de la sustancia capaz de arder, especialmente para producir energía.

COMBUSTIÓN f. Acción y efecto de arder o quemar. || Oxidación de un combustible, con producción de calor y, a veces, con emisión de luz (fuego). || *espontánea* La que produce un incremento en la temperatura tan elevado que, al alcanzar el punto de inflamación, se enciende espontáneamente el combustible.

COMEDIA f. Género teatral o cinematográfico que se caracteriza por la presentación de unos personajes humanos y realistas, el uso del verso o la prosa, y el final feliz. || Edificio del teatro. || fig. Disimulo, ficción.

COMEDIANTE, TA m. y f. Actor o actriz de teatro. || El que finge sentimientos.

COMEDIMIENTO m. Cortesía, moderación.

COMEDIÓGRAFO, FA m. y f. Persona que escribe comedias.

COMEDOR, RA adj. Que come en abundancia. || m. Habitación donde se come. || Conjunto de los muebles que se colocan en dicha habitación. || Establecimiento donde se sirven comidas.

COMENDADOR, RA m. Alto cargo de las órdenes militares.

COMENSAL adj. Relativo al comensalismo. || com. Cada uno de los que comen en la misma mesa. || Persona que vive a expensas de otra.

COMENTAR tr. Explicar el contenido de un escrito, etc. || fam. Hacer comentarios.

COMENTARIO m. Cosa que se dice o escribe sobre algo, especialmente la que explica un texto, película, suceso, etc. || pl. Opinión sobre algún suceso de la vida cotidiana. || Murmuración, maledicencia. || Denominación que recibe cierto tipo de memorias históricas.

COMENTARISTA com. Comentador, especialmente el de noticias y libros.

COMENZAR tr. Iniciar, emprender algo. || intr. Tener una cosa principio.

COMER tr. e intr. Masticar y deglutir el alimento. || intr. Tomar alimento. || Tomar la comida principal del día. || tr. Tomar cualquier alimento. || Corroer, consumir. || Desgastar a uno un mal físico o moral. || Perder el color una cosa por efecto de la luz.

COMERCIAL adj. Relativo al comercio. || Se aplica a lo que se vende fácilmente.

COMERCIANTE com. Persona que comercia, especialmente el propietario de una tienda. || adj. com. Se dice de la persona que antepone el dinero a todo, interesada.

COMERCIAR intr. Realizar operaciones, generalmente de compra y venta, con fines lucrativos. || fig. Relacionarse unas personas con otras.

COMERCIO m. Acción y efecto de comerciar. || Intercambio de unos bienes por otros, o por dinero. || Conjunto de las transacciones entre productores y consumidores, y mecanismos que intervienen en ellas. || Establecimiento que vende artículos, generalmente al por menor. || Conjunto de comerciantes. || Relación entre la gente. || Trato sexual.

COMESTIBLE adj. Que se puede comer. || m. pl. Víveres.

COMETA f. Astro del sistema solar formado por un núcleo (silicatos que conglomeran compuestos de carbono e hidrógeno) y una cabellera o nube luminosa que lo rodea, producto de los gases liberados del núcleo. || Armazón ligera recubierta de tela o papel que, con ayuda de una cuerda, se eleva en el aire.

COMETER tr. Ejecutar, consumar faltas, agravios, etcétera. || Deber moral. || f. Ataque.

COMETIDO m. Comisión, encargo. || Trabajo que desempeña cada cual.

COMEZÓN f. Picor, molestia que produce desasosiego. || Desazón que se origina en una falta, deseo, etcétera.

CÓMIC m. Género narrativo en viñetas, con base en texto e imagen, en el que los diálogos suelen ir en bocadillos. Cuenta también con textos de apoyo, onomatopeyas y otros recursos ilustrativos.

COMICIOS m. pl. Diversas asambleas de la antigua Roma. || Reunión con fines electorales. || Elecciones.

CÓMICO, CA adj. Relativo a la comedia. || Que provoca la risa. || adj. y s. Se dice del actor de comedias o que representa un papel jocoso. || m. y f. Actor.

|| *de la legua* El que actúa de pueblo en pueblo.
COMIDA f. Alimento. || Alimento que se toma a horas habituales. || Alimento principal del día, generalmente el de mediodía. || Acción de comer.
COMIDILLA f. fam. Tema, motivo de una murmuración o rumor. || Inclinación especial.
COMIENZO m. Inicio, origen de algo.
COMILÓN, NA adj. y s. Que come en exceso. || f. Comida muy variada y abundante.
COMILLAS f. pl. Signo ortográfico (" ") que se coloca antes y después de palabras, frases o citas que, por un motivo u otro, quieren destacarse.
COMISARÍA f. Cargo, oficina y demarcación del comisario.
COMISARIO, RIA m. y f. Persona delegada por otra, especialmente un poder público, para ejecutar una función u orden específicos.
COMISIÓN f. Acción de cometer. || Misión que se encomienda a alguien. || Retribución que obtiene una persona por mediar en un contrato mercantil o en un negocio, generalmente hecho por cuenta de uno de los contratantes. || Grupo de personas delegadas por otras para una gestión o representación. || *a c.* En gestión de ventas, se dice de la forma de retribución basada en un porcentaje de aquéllas. || *en c.* Se dice del género depositado que no se cobra hasta que se vende.
COMISIONISTA com. Persona que vende a comisión.
COMISO m. Confiscación, decomiso. || Pérdida de la cosa en que incurre el que comercia en géneros prohibidos o falta a un contrato en que se estipuló esta pena. || Pena accesoria de privación o pérdida de los instrumentos o efectos del delito. || En la enfiteusis, derecho del dueño de una finca a recuperarla por falta de pago u otros abusos graves.
COMISURA f. Punto de unión de ciertas estructuras anatómicas, p. ej., de los labios (c. labial) o los párpados (c. palpebral o ángulos del ojo).
COMITÉ m. Comisión delegada con funciones ejecutivas. || *central, provincial, etc.* Máximo órgano ejecutivo de un partido en su demarcación territorial.

COMITIVA f. Acompañamiento, cortejo, séquito.
COMO adv. Del modo o de la manera que. || Con acento prosódico y ortográfico tiene valor exclamativo e interrogativo; equivalente a de qué modo o manera. || Con valor comparativo, denota semejanza o igualdad; así usado se corresponde con *así, tal, tan* y *tanto*. || En frase interrogativa, a veces reclama la causa, el motivo, la razón, etc., de la realización o no de un acto. || Para que, o de tal forma que. || A veces, es un mero nexo que introduce una subordinada (*verás como han traído lo que pediste*). || En ocasiones, introduce una frase condicional.
CÓMODA f. Mueble con cajones para la ropa; a veces, con tablero abatible que sirve de escritorio.
COMODIDAD f. Cualidad de cómodo. || Facilidad, oportunidad. || Todo lo que ayuda al bienestar.
COMODÍN m. En el póker, canasta y otros juegos de naipes, carta que tiene el valor que el jugador que la posee quiere darle. || Cosa o persona que puede servir para múltiples usos. || Pretexto de que uno se vale en provecho propio.
CÓMODO, DA adj. Apropiado, de fácil manejo. || Que no requiere esfuerzo, da bienestar y descanso.
COMOQUIERA adv. De cualquier manera. || Seguido de *que* equivale a como, con valor de conjunción causal.
COMPACTO, TA adv. Se aplica a las cosas de estructura densa y poco porosa, o a las que ofrecen pocos intersticios. || Se dice de la impresión tipográfica muy apretada.
COMPADECER tr. y prnl. Condolerse del mal ajeno, compartirlo. || prnl. Compaginar o ser compatible una cosa con otra.
COMPADRE m. Padrino del niño en relación con sus padres y madrina. || Padre, respecto del padrino.
COMPAGINAR tr. y prnl. Con la preposición *con*, corresponderse una cosa con otra, armonizar. || Impr. Distribuir las galeradas en planas.
COMPAÑERISMO m. Amistad entre compañeros. || Camaradería, avenencia entre ellos.
COMPAÑERO, RA m. y f. Persona que vive, trabaja, juega, etc., con otra. || Miem-

bro del mismo partido o sindicato. || Colega. || Cosa que combina o se corresponde con otra.

COMPAÑÍA f. Acción y efecto de acompañar. || Persona o personas que acompañan a otras u otras. || Asociación de personas para un fin común. || Sociedad industrial o mercantil. || Grupo estable de artistas y técnicos que representa obras teatrales. || Unidad de infantería o ingenieros, al mando de un capitán.

COMPARACIÓN f. Acción y efecto de comparar. || Expresión de igualdad o diferencia entre dos o más cosas. || En retórica, símil.

COMPARAR tr. Establecer las diferencias o semejanzas existentes entre las cosas. || Cotejar.

COMPARATIVO, VA adj. Que implica comparación o la expresa. || Se dice del grado de significación del adjetivo que pone en relación la cualidad expresada por éste con la misma cualidad en otro sustantivo; puede ser menor (de inferioridad), igual (de igualdad) o mayor (de superioridad). Puede formarse por dos medios: con adverbios de cantidad (*más, menos, igual,*) y con afijos (super-*ior*).

COMPARECENCIA f. Acción y efecto de comparecer, en particular ante el juez.

COMPARECER intr. Personarse ante el juez, previo llamamiento, o ante notario, sin él. || Aparecer inopinadamente en un lugar, de modo sorprendente o inoportuno.

COMPARSA com. Persona que interviene en un espectáculo teatral sin pronunciar palabra. || f. Grupo de personas que se disfrazan igual para una fiesta.

COMPARTIMENTO (o COMPARTIMIENTO) m. Acción y efecto de compartir. || Cada una de las partes que se obtienen al dividir un espacio mediante paredes o de otra forma. || Departamento de un vagón de viajeros.

COMPARTIR tr. Dividir, distribuir las cosas en partes. || Participar en algo de otro. || Poseer o usar algo entre varios.

COMPÁS m. Útil de dibujo geométrico (circunferencias, etc.) o de toma de medidas, formado por dos brazos de origen común, en torno al cual pueden girar determinando un ángulo (abertura). Fundamental en la matemática griega, predominantemente geométrica. || Cualquier útil que tenga esa forma.

COMPASIÓN f. Sentimiento de conmiseración hacia el mal o desgracia que afecta a otras personas.

COMPATIBLE adj. Capaz de concurrir con otro o de acomodarse a él.

COMPATRIOTA com. Persona nacida en el mismo país que otra.

COMPELER tr. Constreñir a alguien a hacer una cosa que no es de su agrado o no desea.

COMPENDIO m. Extracto o resumen, oral o escrito, de una materia. || *en c.* Con claridad y brevedad.

COMPENETRARSE prnl. Introducirse las moléculas de una sustancia entre las de otra, o bien de manera recíproca. || Avenirse las personas hasta llegar a la identificación de sentimientos e ideas.

COMPENSACIÓN f. Acción y efecto de compensar. || Indemnización. || Extinción recíproca de deudas. || Intercambio y liquidación de los instrumentos de crédito que unas entidades financieras tienen frente a otras.

COMPENSAR tr., intr. y prnl. Contrarrestar el efecto de una cosa con el de otra. || tr. y prnl. Resarcir a alguien, o resarcirse, del daño o perjuicio ocasionados.

COMPETENCIA f. Acción de competir. || Calidad de competente. || Incumbencia. || Idoneidad legal de una autoridad para conocer un asunto. || Pugna entre las empresas de un sector para conseguir una cuota mayor de mercado, por ampliación de éste o a costa de las otras.

COMPETENTE adj. Idóneo, proporcionado. || Se dice de la persona capacitada para solucionar un asunto. || Se aplica a la persona entendida en una materia.

COMPETER intr. Corresponder, incumbir a uno.

COMPETICIÓN f. Competencia. || Acción y efecto de competir, especialmente en deportes. || Liga, torneo.

COMPETIR intr. y prnl. Rivalizar por la consecución de una misma cosa. || Equiparar una cosa a otra semejante en sus cualidades.

COMPILACIÓN f. Acción de compilar. || Obra que agrupa diferentes textos o documentos, especialmente la de tipo jurídico.

COMPILAR tr. Reunir en una sola obra fragmentos de varios libros, documentos, etcétera.

COMPINCHE com. fam. Amigo, compañero, especialmente el de fechorías.

COMPLACENCIA f. Agrado o placer derivado de algo. || Tolerancia amplia.

COMPLACER tr. Satisfacer uno los deseos de otro. || prnl. Regocijarse o experimentar placer en algo.

COMPLEJO, JA adj. Se aplica a lo que está formado por diversos elementos o partes. || Difícil, intrincado. || m. Conjunto de instalaciones industriales o deportivas que funcionan bajo una dirección común y con cierta interdependencia. || Conjunto de sentimientos o tendencias, con autonomía funcional, que alteran inconscientemente la conducta.

COMPLEMENTARIO, RIA adj. Que complementa.

COMPLEMENTO m. Lo que hay que añadir a una cosa para acabarla o perfeccionarla. || Cada una de las cosas que se completan entre sí. || Colmo o plenitud de una cosa. || En una oración, elemento lingüístico que amplía o completa el significado de otro.

COMPLETAR tr. y prnl. Acabar, hacer completa una cosa. || Perfeccionarla.

COMPLETO, TA adj. Entero, cabal. || Terminado, perfecto. || Lleno de todo. || Total, absoluto.

COMPLEXIÓN f. Constitución física.

COMPLICACIÓN f. Acción y efecto de complicar. || Confluencia de cosas diversas. || Tropiezo, dificultad. || Problema que prolonga o agrava una enfermedad.

COMPLICADO, DA adj. Confuso, enredado. || Se aplica a las cosas de estructura compleja, o recargadas. || Se dice de la persona difícil de entender.

COMPLICAR tr. Mezclar cosas diversas entre sí. || Embarullar una cosa, hacerla más difícil de lo que es. || Implicar a alguien en un asunto. || tr. y prnl. Entorpecer, enredar. || prnl. Embrollarse.

CÓMPLICE com. Persona que, sin ser autora material de un delito o falta, coopera a su realización mediante actos anteriores o simultáneos.

COMPLOT m. Conspiración de varias personas contra alguien o algo. || Intriga, maquinación.

COMPONENTE adj. y com. Se dice de la persona o cosa que compone o forma parte de un todo.

COMPONER tr y prnl. Formar una cosa mediante otras. || Integrar, constituir. || Ataviar a alguien o adornar algo. || Reconciliar. || tr. Condimentar o sazonar las comidas o las bebidas. || Arreglar, ordenar. || Crear una obra literaria, musical, etc. || En imprenta, preparar las galeradas o planas juntando los caracteres. || Reponer, restablecer.

COMPORTAMIENTO m. Conducta, manera de portarse una persona (conductismo) o un animal (etología); también se usa para máquinas en el sentido de "funcionamiento".

COMPOSICIÓN f. Acción y efecto de componer. || Obra musical, literaria, etc. || Arte y técnica de escribir obras musicales. || Disposición de los distintos elementos de una obra de arte. || Mecanismo de formación de la palabra, por unión de otras. || Convenio o arreglo entre varios. || Sensatez, mesura. || Redacción hecha por un alumno.

COMPOSITOR, RA adj. Que compone. || m. y f. Persona que crea obras musicales.

COMPOSTURA f. Construcción, ensamblaje de las piezas que componen un objeto. || Arreglo o restauración de algo. || Aseo, embellecimiento de una persona. || Aliño de una comida. || Sustancia con la que se adultera un producto. || Trato, acuerdo. || Buenos modales.

COMPRA f. Acción y efecto de comprar, y lo que se compra. || Conjunto de los alimentos que se compran para ser consumidos en un plazo determinado de tiempo.

COMPRAR tr. Posesionarse de algo a cambio de dinero. || Sobornar.

COMPRAVENTA f. Operación comercial y contrato por los que un vendedor se obliga a transferir la propiedad de algo, y un comprador a pagar por ello un precio en dinero. || Negocio del que compra objetos, en especial usados, para posteriormente revenderlos. || *mercantil* Aquélla en que se adquieren bienes muebles para revenderlos.

COMPRENDER tr. y prnl. Abarcar, tener dentro. || Captar, entender. || Aceptar, tolerar. || prnl. Avenirse o compenetrarse una persona con otra.

COMPRENSIÓN f. Acción de comprender. || Capacidad o facilidad para entender. || Benevolencia, tolerancia.

COMPRESA f. Tela esponjosa que se coloca entre la herida y la venda; también usada para empapar la sangre en operaciones, menstruación, etcétera.

COMPRESIÓN f. Acción y efecto de comprimir. || Disminución de volumen por efecto de la presión. || Fase segunda del ciclo de un motor de explosión, en la que la mezcla aspirada por el cilindro se comprime antes de su explosión.

COMPRIMIR tr. prnl. Apretar o reducir el volumen de algo por presión en toda su superficie. || Contener, ahogar.

COMPROBANTE adj. y com. Que comprueba. || m. Recibo o documento que da constancia de algo, especialmente de un pago.

COMPROBAR tr. Verificar la corrección de algo por medio de pruebas.

COMPROMETER tr. y prnl. Asignar a alguien un arbitraje. || Arriesgar. || Apalabrar, reservar. || Asumir una obligación. || Actuar en contra de la reputación de alguien. || prnl. Formalizar relaciones de noviazgo. || Prometer hacer cierta cosa. || Descubrirse.

COMPROMISO m. Acuerdo entre dos partes para resolver una diferencia mediante concesiones mutuas. || Obligación aceptada. || Convenio entre litigantes por el que las partes comprometen su decisión a la resolución de un árbitro o amigable componedor. || Elección o designación de compromisarios. || Dificultad, problema. || Desposorios, noviazgo formal.

COMPUERTA f. Plancha deslizable de madera o metal que regula el paso del agua en pantanos, canales, etc. || En una puerta de dos hojas verticales, la inferior.

COMPUESTO, TA adj. Formado de varias partes o elementos. || Atildado. || Reparado. || Tipo de orden arquitectónico. || m. Especie química formada por dos o más elementos distintos, en proporción fija y definida.

COMPULSAR tr. Efectuar la compulsa de un documento. || Cotejar.

COMPULSIÓN f. Impulso que lleva a actos, en relación con ideas obsesivas, contrarios a los deseos conscientes del propio individuo: éste experimenta una gran desazón si se resiste a realizarlos. || Apremio o fuerza que, por mandato de la autoridad, se hace a uno para que ejecute alguna cosa.

COMPUTADOR, RA adj. y s. Que computa. || m. y f. Ordenador (máquina).

COMPUTAR tr. Usar el cálculo numérico para medir algo. || Determinar la cantidad o el tiempo necesario para obtener algo.

CÓMPUTO m. Acción y efecto de computar, cuenta.

COMULGAR tr. Dar la comunión. || intr. Recibirla. || Estar de acuerdo con las ideas de otros.

COMÚN adj. Que es poseído o utilizado por varios. || Corriente, ampliamente aceptado. || Del montón, vulgar, muy difundido. || Se dice de una lengua, antes de su diferenciación en dialectos. || m. Conjunto de las clases populares de una colectividad. || Comunidad. || *el c. de las gentes* La mayor parte de la gente. || *por lo c.* Corrientemente.

COMUNA f. Organización social básica, caracterizada por la libre adhesión de sus componentes, la sustitución de la propiedad privada por la común de todos ellos, la eliminación de los tradicionales valores familiares y la importancia concedida a las relaciones personales basadas en la libertad y la afectividad no mediatizada.

COMUNICACIÓN f. Acción y efecto de comunicar. || Relación entre personas. || Existencia de un nexo o contacto entre dos cosas. || El mismo nexo o contacto. || Proceso de transmisión de un mensaje entre un emisor y un receptor a través de un medio, que requiere un código común a ambos. || Estudio que se envía a un congreso sobre un aspecto parcial de su tema. || Comunicado, aviso. || En un discurso o charla, forma retórica de preguntar al público sin esperar respuesta. || pl. Medios de enlace o transporte entre distintos puntos. || *de masas* Parte de la sociología que estudia los procedimientos de difusión cultural, informativa y recreativa, los medios de que se valen (prensa, radio, TV) y el efecto que produce en el público receptor.

COMUNICADO, DA adj. Se dice de un lugar en relación con los medios de llegar

a él. || m. Escrito oficial de una institución pública o privada, remitido a la prensa para su publicación. || Aviso al público.
COMUNICAR tr. Poner en conocimiento, avisar de algo. || Contagiar una emoción, enfermedad, etc. || Trasladar un mecanismo una fuerza o movimiento. || Pedir la opinión de otros. || intr. y prnl. Estar en relación oral o escrita dos personas, o física dos cosas.
COMUNICATIVO, VA adj. Dado a comunicarse con otros. || Tratable, abierto, extrovertido.
COMUNIDAD f. Cualidad de común, de no privado. || Vecindario. || Conjunto de los religiosos que viven en un mismo convento. || *de vecinos* Asociación de los vecinos de una vivienda.
COMUNIÓN f. Participación en lo común, especialmente bienes espirituales. || Asociación de personas con las mismas ideas políticas o religiosas. || Eucaristía, participación en ella. || Parte de la misa en que se celebra.
COMUNISMO m. Doctrina que propugna la desaparición de la propiedad privada y la posesión en común de la riqueza social; implica la desaparición de las clases sociales y del Estado, una consideración del trabajo como necesidad humana y su retribución con arreglo a las necesidades.
COMUNISTA adj. Relativo al comunismo. || adj. y com. Se dice del partido, o militante de él, que lucha por la implantación de dicho sistema; por extensión, en ciertos sectores, equivalente a progresista.
CON prep. Denota el medio o el modo de hacer algo (*escribe con lápiz, come con gula*). || Expresa el contenido de algo (*carpeta con fichas*). || Indica contacto o relación (*Ana sale con José*). || Seguido de infinitivo equivale a gerundio (*con hablar no se arregla nada*); en las locuciones conjuntivas; "con que", "con tal que", "con sólo que", adquiere sentido condicional (*con que se calle me basta*). || Se utiliza en expresiones familiares, para dar énfasis (*¡vaya con el negro de Adela!*). || Como prefijo, expresa colaboración, unión, etc.: *contener, convivir*.
CONATO m. Intento, principio frustrado de algo. || Intención. || Afán en la realización de una cosa.

CONCAVIDAD f. Cualidad de cóncavo. || Hueco, cavidad.
CÓNCAVO, VA adj. Se dice del cuerpo o superficie curvados hacia dentro, de modo que su espesor es mayor en los bordes. || Se dice de cierto tipo de ángulo. || m. Concavidad.
CONCEBIR intr. y tr. Quedar embarazada. || Idear, formular mentalmente. || tr. Aflorar un sentimiento.
CONCEDER tr. y prnl. Donar, otorgar. || tr. Abundar en la opinión de otro. || Asignar un valor o cualidad.
CONCEJAL, LA m. y f. Miembro de un ayuntamiento, generalmente encargado de un departamento del mismo.
CONCENTRACIÓN f. Acción y efecto de concentrar o concentrarse. || Reunión masiva de personas para manifestarse o celebrar algo. || Densidad. || Proceso de creación de grandes empresas que toman un papel predominante en un sector de la economía o en toda ella. || Orientación y delimitación de la atención en un solo objeto. La c. puede desarrollarse mediante la voluntad y el aprendizaje. || Cantidad de soluto por unidad de peso o volumen de disolución o de disolventes.
CONCENTRAR tr. y prnl. Agrupar en un punto. || Reforzar, incidir en un punto o aspecto. || Realizar un equipo una concentración. || Aumentar la concentración de una solución extrayéndole disolvente. || prnl. Fijar intensamente la atención.
CONCEPCIÓN f. Acción y efecto de concebir. || Inicio de un embarazo, que se produce cuando tiene lugar la fecundación de un óvulo.
CONCEPTO m. Representación intelectual de los caracteres comunes a un grupo de objetos. || Opinión que merece algo. || Expresión aguda e ingeniosa. || Cada elemento a que se refiere una partida contable o presupuestaria. || Precedido de *en*, y seguido de *de*, aspecto, título, modo.
CONCEPTUAR tr. Valorar, enjuiciar.
CONCERNIR intr. Atañer, hacer referencia.
CONCERTAR tr. y prnl. Ajustar, ponerse de acuerdo en un negocio. || Avenir, conciliar. || tr. Recomponer algo, ensamblando sus partes. || Armonizar voces o instrumentos musicales || Determinar las

circunstancias de una cita. || Concordar los elementos gramaticales variables de una oración.

CONCERTISTA com. Solista de un concierto musical.

CONCESIÓN f. Acción y efecto de conceder. || Cesión por parte del Estado a particulares de bienes o servicios de dominio público. || Contrato por el que una empresa cede a otra o a un particular la patente, o distribución de un producto. || Figura retórica en que se defiende una objeción hipotética que no impide la veracidad de lo que se sustenta. || Acción y efecto de rebajar los planteamientos iniciales, para llegar a un acuerdo. || Zona o territorio en la que un gobierno concede derechos de extraterritorialidad a los naturales de un país extranjero.

CONCESIONARIO, RIA adj. y s. Se dice de quien disfruta de una concesión, especialmente de un servicio u obra pública, o de la distribución de un producto.

CONCIENCIA f. Facultad del ser por la que éste se reconoce a sí mismo y como distinto a los otros. || Comprensión cabal de una cosa. || En psicol., conocimiento que se tiene de uno mismo y del mundo exterior.

CONCIENZUDO, DA adj. Que hace o está hecho a conciencia. || Se dice de la persona de conciencia rígida.

CONCIERTO m. Armonía, buena organización de las cosas. || Pacto, acuerdo. || Composición musical en 3 movimientos, para uno o varios instrumentos solistas (piano, violín, violoncelo, etc.), generalmente con acompañamiento orquestal. || Audición musical en la que se ejecutan obras de canto o música instrumental. || *de c.* De común acuerdo.

CONCILIÁBULO m. Concilio de convocatoria no oficial. || Reunión secreta, para tratar algo al margen de la legalidad

CONCILIACIÓN f. Acción y efecto de conciliar. || Avenencia entre dos cosas. || Mérito que uno se hace.

CONCILIAR, 1 adj. Relativo a los concilios. || adj. y m. Se dice de quien asiste a un concilio.

CONCILIAR, 2 tr. y prnl. Avenir, poner paz. || Moderar dos doctrinas o posturas, para que puedan coexistir. || Venir el sueño.

CONCILIO m. Asamblea de eclesiásticos, convocada por la jerarquía con autorización papal, para tratar temas dogmáticos u organizativos. || Por extensión, reunión de personas para tratar algo. || *ecuménico* Reunión de todos los obispos de la iglesia católica, convocados por el papa, para tratar cuestiones de fe o canónicas.

CONCISIÓN f. Precisión y brevedad en el estilo.

CONCLUIR tr., intr. y prnl. Acabar, terminar. || tr. Llegar a un acuerdo o decisión. || Deducir, acabar demostrando. || Dejar sin argumentos a alguien. || Sujetar por el puño la espada del contrincante. || Finalizar las alegaciones en defensa de una parte, tras haber respondido a las de la contraria.

CONCLUSIÓN f. Acción y efecto de concluir. || Determinación a que se llega, después de reflexionar. || Cada una de las afirmaciones contenidas en el escrito de calificación penal del fiscal y de la defensa. || Proposición resultante de una inferencia lógica. || *en c.* Finalmente, para acabar.

CONCLUYENTE adj. Que concluye, convence o determina.

CONCORDANCIA f. Afinidad de una cosa con otra. || Conexión, según las reglas sintácticas, de los distintos accidentes gramaticales de las palabras de un discurso en el interior de una proposición. || Estratificación paralela de varias capas de sedimentos, todas con el mismo comportamiento. || Armonía de las voces en una composición polifónica. || pl. Índice onomástico y de materias de un libro.

CONCORDAR tr. Armonizar, avenir. || intr. Seguido de *con* o *en*, estar de acuerdo una cosa con otra. || Guardar concordancia gramatical.

CONCORDE adj. Afín, de acuerdo.

CONCORDIA f. Acuerdo, identidad. || Relación fluida y agradable entre personas. || Avenencia entre las partes de un litigio, y documento en que consta.

CONCRECIÓN f. Acción y efecto de concretar. || En medicina, cálculo, piedra. || Acumulación de partículas minerales alrededor de un núcleo, de forma variada. || Masa mineral irregular en el interior de una roca de distinta naturaleza.

CONCRETAR tr. Volver concreto algo. || Condensar un discurso oral o escrito. || prnl. Ceñirse a un tema con exclusión de los aspectos secundarios.

CONCRETO, TA adj. Se dice de todo aquello que se considera en sí mismo, con exclusión de sus relaciones. || Singular, determinado. || Que padece concreción. || m. Concreción.

CONCUBINA f. Mujer que convive con un hombre sin estar casada con él.

CONCULCAR tr. Infringir. || Quebrantar una ley, obligación o principio. || Pisotear.

CONCUPISCENCIA f. Inclinación natural hacia los placeres sensibles, especialmente los sexuales.

CONCURRENCIA f. Asistencia de personas a un mismo lugar, fiesta, espectáculo, etc. || Acción de converger o concurrir diversas circunstancias, factores, etc. || Presencia de varios elementos lingüísticos para expresar la forma o función de otro elemento. || En economía, competencia.

CONCURRIR intr. Coincidir en un mismo sitio o tiempo personas, cosas, circunstancias. || Aportar una cantidad para un objetivo determinado. || Estar de acuerdo con la opinión o dictamen de otro. || Participar en un concurso. || Contribuir a un hecho. || Converger virtudes, cualidades, etc., en alguien. || Cortarse varias rectas en un punto, varios planos en una recta, etcétera.

CONCURSO m. Afluencia de gente a un lugar. || Serie de circunstancias, hechos, etc., que colaboran a la consecución de algo. || Cooperación para llevar a cabo alguna cosa. || Examen o prueba para acceder a un cargo o dignidad. || Certamen para alcanzar un premio. || Convocatoria de especialistas, técnicos, etc., para efectuar una obra o determinados trabajos, con el fin de seleccionar la propuesta más conveniente.

CONCUSIÓN f. Conmoción, agitación violenta. || Exacción que un funcionario público realiza en su propio beneficio; es delito.

CONCHA f. Formación característica de los Moluscos. Tiene función protectora y sirve para la inserción de los músculos. El número de piezas de la c. es variable en los distintos grupos taxonómicos. || Por extensión, caparazón o envoltura de un animal. || Ostra de la madreperla. || Materia córnea de la tortuga carey. || Dispositivo en forma de concha situado en la parte delantera del escenario, para ocultar al apuntador.

CONDADO m. Dignidad de conde, y territorio sobre el que ejercía su jurisdicción.

CONDE m. Título nobiliario superior al de vizconde e inferior al de marqués.

CONDECORACIÓN f. Acción y efecto de condecorar. || Insignia o señal de distinción.

CONDECORAR tr. Otorgar condecoraciones.

CONDENA f. Acción y efecto de condenar.

CONDENAR tr. Pronunciar el juez sentencia, imponiendo al acusado la pena correspondiente. || Censurar o desaprobar una actitud, opinión, etc. || Obligar a hacer algo trabajoso. || Obstruir aberturas o incomunicar un lugar. || prnl. Imponerse a sí mismo un trabajo o algo penoso. || Merecer la pena eterna.

CONDENSACIÓN f. Acción y efecto de condensar. || Paso del estado gaseoso al líquido, por enfriamiento o compresión.

CONDENSADOR, RA adj. Que condensa. || Elemento de un circuito electrónico destinado a la acumulación de cargas. || Aparato que, por acción de aire o agua fríos, condensa el vapor. || Sistema óptico que hace converger la luz en un objeto.

CONDENSAR tr. y prnl. Reducir o concentrar una cosa. || Transformar un gas en líquido o sólido. || Abreviar un escrito o exposición.

CONDESCENDER intr. Adaptarse a otro, o transigir en sus costumbres, gustos, etcétera.

CONDICIÓN f. Estado, naturaleza, índole de las cosas. || Modo de ser de una persona. || Estado, posición en que se encuentra una persona. || Requisito para que se cumpla algo.

CONDICIONAMIENTO m. Acción y efecto de condicionar. || Organización de un comportamiento nuevo a través de la experiencia.

CONDICIONAR tr. Supeditar algo a determinadas circunstancias o condiciones. || Especificar las características de las fibras en la industria textil. || Acondicionar. || intr. Corresponderse una cosa con otra.

CONDIMENTO m. Conjunto de ingredientes con que se sazona una comida.

CONDOLENCIA f. Pésame. || Participación en el dolor o sentimiento de otro.

CONDOLERSE prnl. Unirse al dolor o pesar de otro.

CONDÓN m. Preservativo para el pene en forma de vaina.

CONDONAR tr. Perdonar una pena de muerte. || Renunciar gratuitamente de un crédito.

CONDUCCIÓN f. Acción y efecto de conducir. || Contrato realizado por precio y salario. || Forma de transmisión del calor sin que se produzca ningún desplazamiento de materia; se basa en una interacción entre las partículas de distinto nivel térmico. || *eléctrica* Paso de corriente por un elemento conductor como consecuencia del desplazamiento de los electrones.

CONDUCIR tr. Trasladar de un sitio a otro, o guiar hacia un lugar. || Dirigir un negocio. || Hacerse cargo del mando de un grupo de personas. || Dar lugar a que una persona o cosa mude de condición. || tr. e intr. Manejar, llevar un automóvil.

CONDUCTA f. Modo de comportarse o proceder una persona. || Conducción. || Mando, guía. || Iguala que se paga en los servicios médicos.

CONDUCTO m. Canal o tubo para el transporte de fluidos u otras materias. || Estructura o formación anatómica, generalmente de aspecto cilíndrico, que permite el paso de vasos o nervios o posibilita la secreción de una glándula. || Persona que media en un asunto. || Trámite para un negocio.

CONDUCTOR, RA adj. y s. Que conduce. || m. y f. Persona que lleva un automóvil. || m. Cuerpo o sustancia para la conducción eléctrica.

CONECTAR tr. Poner en contacto dos dispositivos para que la corriente se reparta proporcionalmente entre ambos. || Enlazar, unir.

CONEJILLO, *de Indias* fig. Persona sobre la que se realiza una experimentación de tipo científico, o se la utiliza de forma abusiva y sin su consentimiento.

CONEXIÓN f. Acción y efecto de conectar. || Nexo, relación entre cosas, ideas o personas. || Unión entre distintos elementos de un circuito eléctrico. || pl. Amistades, asociación de intereses o ideas

CONFABULAR intr. Hablar, charlar. || prnl. Asociarse dos o más personas para conspirar contra alguien o algo.

CONFECCIÓN f. Acción y efecto de confeccionar. || Producción de prendas de vestir. || Preparación farmacéutica hecha a base de sustancias pulvurentas, y jarabe o miel. || *de c.* Se dice de la ropa hecha en serie.

CONFECCIONAR tr. Fabricar, preparar cosas.

CONFEDERACIÓN f. Acción y efecto de confederar o confederarse. || Organismo resultante de ello. || Organización política de varios Estados que, sin renunciar a su soberanía, actúan conjuntamente, en especial en el campo internacional, y mantienen instituciones y servicios comunes. || Nombre de distintas uniones internacionales y nacionales de sindicatos, organizados de modo confederal.

CONFEDERAR tr. y prnl. Asociarse en confederación personas o Estados.

CONFERENCIA f. Reunión o conversación que llevan a cabo varias personas, para discutir asuntos o negocios de diversa índole. || Reunión oficial de cuadros de un partido, con carácter deliberante. || Comunicación telefónica interurbana. || Discurso, hecho en público, sobre un tema literario, político, científico, etcétera.

CONFERIR tr. Otorgar a alguien cargos, dignidades, etc. || Analizar algo entre varios. || Confrontar una cosa con otra. || Anunciar instrucciones, normas, etc., para que se realicen. || Asignar cualidades o atributos inmateriales a personas o cosas.

CONFESAR tr. y prnl. Expresar hechos o sentimientos ocultos. || Manifestar pecados al confesor. || tr. Admitir alguien lo innegable. || Declarar la verdad, espontáneamente o forzado por los hechos. || Escuchar el confesor al pecador.

CONFESOR, RA m. y f. En el cristianismo primitivo, persona que sufre padecimientos por su fe sin llegar al martirio. || m. Clérigo encargado de oír en confesión.

CONFETI m. Trocitos de papel, de diversos colores, que se tiran las personas en algunas fiestas, especialmente las de carnaval.

CONFIADO, DA adj. Crédulo, incauto. || Orgulloso, altivo. || Que tiene esperanza.
CONFIANZA f. Fe que se deposita en una persona o cosa. || Certeza en las cualidades que uno posee. || Orgullo, sobreestimación. || Desenvoltura en el trato. || pl. Abusos o libertades en la relación con otras personas. || *de c.* Se dice de las personas íntimas o de fiar; o de las cosas que reúnen los requisitos necesarios. || *en c.* En secreto.
CONFIAR intr. Esperar o suponer que algo ocurrirá como se desea. || tr. Dejar en manos de alguien el cuidado de algo. || Infundir esperanzas. || tr. y prnl. Comunicar un secreto.
CONFIDENCIA f. Confianza. || Cosa íntima o secreta que se comunica.
CONFIDENCIAL adj. Se dice de la noticia o documento reservado a pocos.
CONFIDENTE, TA adj. Digno de confianza. || m. y f. Persona en quien alguien cifra su confianza, o le encomienda asuntos reservados. || Espía, chivato.
CONFIGURACIÓN f. Acción y efecto de configurar. || Modo de presentarse las cosas. || Aspecto de una superficie terrestre según sus rugosidades.
CONFIGURAR tr. y prnl. Proporcionar a algo una determinada forma.
CONFÍN adj. Confinante. || m. Límite entre poblaciones, países, etc. || Sitio más lejano al que se llega con la vista. || Lo más alejado de un lugar, territorio, etc.; también se usa en plural.
CONFINAR tr. Asignar residencia obligatoria a alguien en un lugar determinado donde está bajo vigilancia. || Aislar a alguien del trato de los demás. || intr. Con *con,* limitar, lindar.
CONFIRMACIÓN f. Acción y efecto de confirmar. || Verificación de la verdad de una cosa. || En el discurso clásico, la parte dedicada a confirmar las propias tesis. || En diversas iglesias cristianas, sacramento con el que su receptor logra en su plenitud la gracia que confiere el Espíritu Santo.
CONFIRMAR tr. y prnl. Ratificar la veracidad de algo. || Dar validez a lo ya aprobado. || Reafirmar a una persona o cosa. || tr. Administrar el sacramento de la confirmación. || Solventar los vicios subsanables de nulidad de un acto jurídico.

CONFISCAR tr. Efectuar una confiscación. || Hacerse cargo la policía de ciertos bienes de un particular. || fam. Apropiarse de algo.
CONFITAR tr. Bañar ciertas frutas en azúcar. || Cocer las frutas en almíbar. || Dulcificar, suavizar. || Engolosinar a alguien, ilusionarlo.
CONFITE m. Golosina, generalmente pequeña, rellena de almendras, piñones, anís, etcétera.
CONFLAGRACIÓN f. Incendio. || Conflicto bélico entre dos o más países.
CONFLICTO m. Momento más duro y difícil de un combate. || Combate o enfrentamiento prolongados. || Ahogo, situación difícil. || Antagonismo, discrepancia. || Nombre genérico de distintas formas de contraposición de derechos, jurisdicción o normas. || Presencia simultánea de tendencias opuestas y de intensidad aproximadamente igual en el interior de un individuo. || Tensión o contraposición entre individuos o grupos sociales.
CONFLUENCIA f. Acción de confluir. || Lugar de enlace de ríos, carreteras, etcétera.
CONFLUIR intr. Unirse en determinado lugar dos corrientes o rutas. || Afluir a un lugar gran cantidad de gente. || fig. Llegar a un acuerdo.
CONFORMACIÓN f. Configuración de las partes de un conjunto.
CONFORMAR tr. Dar forma a algo. || Reconciliar a los enemistados. || tr., intr. y prnl. Acomodar, acoplar una cosa a otra. || tr. y prnl. No exigir más, contentarse con algo. || intr. y prnl. Coincidir en las ideas con otra persona.
CONFORME adj. Semejante, afín a otra cosa. || Común a las acciones o ideas de otro. || Sumiso, sufrido en las contrariedades. || m. Ratificación al pie de un escrito. || adv. En correspondencia a, de manera que. || En correlación con el adverbio *así, según* (*conforme se trabaja, así es el resultado*).
CONFORMIDAD f. Igualdad, analogía de una cosa con otra. || Armonía en las partes de un todo. || Adhesión a los planteamientos de otro. || Avenencia, acuerdo entre dos o más personas. || Aceptación, resignación en las penalidades.

CONFORT m. Bienestar, comodidad.
CONFORTABLE adj. Que conforta.
CONFORTABLE adj. Cómodo.
CONFORTAR tr. y prnl. Fortalecer al débil. || Consolar, animar en las adversidades.
CONFRATERNIDAD f. Hermandad, amistad íntima. || Vínculo que se desprende de ella.
CONFRONTAR tr. En un juicio, oponer dos personas para verificar sus respuestas. || Comparar dos o más cosas. || intr. Limitar, lindar. || intr. y prnl. Enfrentarse, oponerse.
CONFUNDIR tr. y prnl. Mezclar cosas de manera que no se distingan entre sí. || Borrar los límites o perfiles de algunas cosas. || Desordenar. || Cometer un equívoco, engañarse. || Abrumar a alguien, dejarle sin palabras. || Ofender, achicar.
CONFUSIÓN f. Acción y efecto de confundir. || Desconcierto, desorden. || Falta de claridad. || Error. || Inquietud, trastorno del ánimo. || Tribulación, penas. || Modo de extinguirse las obligaciones, al reunirse en un mismo sujeto el crédito y la deuda.
CONFUSO, SA adj. Desordenado, embrollado. || Oscuro, borroso. || Indeciso, turbado. || Humillado, corrido.
CONGELAR tr. y prnl. Pasar un líquido a estado sólido mediante el frío. || Enfriar un sólido hasta que se hiele su parte líquida. || Padecer mucho frío una persona. || Decretar un gobierno la inmovilidad de un activo financiero. || Decidir un gobierno la no fluctuación de rentas, precios, salarios, etcétera.
CONGÉNERE adj. y com. Que pertenece al mismo género o tiene el mismo origen.
CONGENIAR intr. Avenirse dos o más personas.
CONGÉNITO, TA adj. Innato, connatural. || Se dice del trastorno, lesión o malformación que existe desde el nacimiento o antes.
CONGESTIÓN f. Acúmulo anómalo de sangre en algún órgano o parte del mismo. || Aglomeración de personas y vehículos en un espacio, especialmente urbano, con inmovilizaciones prolongadas del tránsito. || Acumulación, apiñamiento de cosas o personas.

CONGLOMERAR tr. Aglomerar. || tr. y prnl. Incorporar en una misma masa fragmentos de una misma sustancia o de distintas, de modo que resulte un todo compacto.
CONGLUTINAR tr. y prnl. Aglutinar.
CONGOJA f. Pena, zozobra, angustia de ánimo.
CONGRATULAR tr. y prnl. Complacerse en la satisfacción o alegría de otro.
CONGREGACIÓN f. Acción y efecto de congregar. || Reunión o asamblea para tratar diversos asuntos. || Conjunto de monasterios de una misma orden, regidos por un superior. || Hermandad de devotos. || Orden o comunidad religiosa, especialmente aquélla cuyos miembros no pronuncian votos solemnes.
CONGREGAR tr. y prnl. Agrupar, reunir gente.
CONGRESISTA com. Miembro de un congreso.
CONGRESO m. Conjunto de personas que se reúnen para discutir temas o asuntos de importancia, cuestiones de Estado, intereses profesionales, etc. || Reunión de representantes estatales al máximo nivel, generalmente tras una guerra, para proceder a amplias reorganizaciones de equilibrio de fuerzas, fronteras, posesiones, etcétera.
CONGRUENCIA f. Conformidad, coherencia en las ideas. || Conformidad, en un juicio, entre el fallo del tribunal y las pretensiones de las partes.
CÓNICO, CA adj. Relativo al cono. || En forma de cono.
CONÍFERO, RA adj. Se dice de las plantas cuyo fruto es un cono o piña.
CONJETURA f. Suposición o idea de algo a través de ciertos signos.
CONJUGACIÓN f. Acción y efecto de conjugar. || Paradigma de formas verbales, compuesto por una raíz y unas desinencias, que expresan el tiempo, el modo, la persona, etc., de un verbo. || Cada uno de los tres tipos en que se dividen los verbos según la terminación del infinitivo.
CONJUGAR tr. Ligar, coordinar cosas. || Formar el paradigma de un verbo.
CONJUNCIÓN f. Acción y efecto de unirse o juntarse dos o más cosas. || Parte invariable del discurso que une dos pala-

bras o proposiciones. || Posición de dos astros cuando, en su órbita, se encuentran en línea recta con un tercero (Tierra, Sol) de referencia.
CONJUNTIVITIS f. Inflamación que se asienta en la conjuntiva. Puede ser debida a factores irritantes (humo, polvo, etc.) o a infección de diversos gérmenes.
CONJUNTO, TA adj. Ligado, adjunto a algo. || Mezclado. || Ligado por amistad o parentesco. || m. Cosa resultante de la unión de varias. || Grupo de voces o instrumentos musicales.
CONJURA (o CONJURACIÓN) f. Conspiración contra algo o alguien, especialmente contra el Estado.
CONJURAR intr. y prnl. Asociarse con otro u otros, mediante juramento. || intr. Maquinar una conjura contra alguien. || tr. Exorcizar. || Rogar, pedir con premura. || Ahuyentar un mal. || Desechar las preocupaciones o los malos pensamientos.
CONMEMORACIÓN f. Acción de conmemorar. || Rememoración solemne de un acontecimiento. || Mención que hace la Iglesia de un santo en su festividad.
CONMEMORAR tr. Hacer memoria pública de un personaje o acontecimiento. || Celebrar el aniversario de algo.
CONMESURABLE adj. Que puede medirse. || Se dice de una magnitud respecto a otra, si el cociente de las medias de ambas es un número racional.
CONMIGO Forma especial del pronombre personal de primera persona cuando le precede la preposición *con*.
CONMINAR tr. Amenazar. || Manifestar con actos o palabras la intención de hacer daño a otro. || Apercibir a alguien con la autoridad debida a que cumpla algo, so pena de multa o castigo.
CONMISERACIÓN f. Compasión, lástima.
CONMOCIÓN f. Perturbación física o anímica. || Disturbio, alteración. || Temblor de tierra perceptible. || *cerebral* Alteración brusca de la función cerebral causada por un traumatismo.
CONMOVER tr. y prnl. Sacudir, alterar, estremecer. || Incitar a compasión, ablandar.
CONMUTACIÓN f. Acción y efecto de conmutar. || En retórica, retruécano. || Conjunto de operaciones para establecer contacto entre líneas telefónicas. || *de pena* Indulto parcial.
CONMUTADOR, RA adj. Que conmuta. || m. Elemento de un circuito destinado a desplazar la señal de un canal a otro.
CONMUTAR tr. Mudar, trocar, sustituir una cosa por otra. || Respecto a penas, reducir su alcance.
CONNIVENCIA f. Disimulo en el superior acerca de las transgresiones de las reglas o leyes cometidas por el subordinado. || Confabulación.
CONNOTACIÓN f. Acción y efecto de connotar. || Parentesco lejano. || En una unidad lingüística, significación que ésta adquiere, al margen de la propia, por causas socioculturales.
CONNOTAR tr. Establecer relación. || Contener una palabra o idea otras que la complementan.
CONO m. Cuerpo limitado por una superficie encerrada en una curva directriz (base) y la superficie que describen todos los segmentos rectilíneos que, partiendo de un punto no coplanario con ella (vértice), pasan por la directriz.
CONOCER tr. Aprehender, distinguir la esencia y las relaciones entre las cosas. || Saber de algo sin profundizar en ello. || Llegar a concebir un objeto como ente diferenciado. || Prever. || Tener los conocimientos necesarios para opinar sobre algo. || Tener relación sexual. || Con *de* o *en*, entender un juez en un asunto. || tr. y prnl. Tener familiaridad con alguien. || prnl. Juzgarse, analizarse uno mismo de manera certera. || Darse a ver.
CONOCIDO, DA adj. Muy difundido. || Afamado, acreditado. || m. y f. Persona con quien se mantiene un trato que no es íntimo.
CONOCIMIENTO m. Acción y efecto de conocer. || Entendimiento, facultad de discernir lo conveniente, y obrar en consecuencia. || Aprehensión intelectual de un objeto. || Conciencia del propio ser. || pl. Conjunto de saberes que se tienen sobre una ciencia o arte. || *con c. de causa* Sabiendo en profundidad de lo que se trata.
CONQUE conj. Denota la consecuencia lógica de lo que se ha dicho. || A principio de frase, se usa para aludir a lo ya sabido

o conferirle un carácter enfático (*conque ¿lo tomas o lo dejas?*).
CONQUISTAR tr. Tomar por las armas o por la fuerza un territorio. || Obtener una cosa con trabajo y empeño. || Atraerse la voluntad de alguien. || Enamorar.
CONSABIDO, DA adj. Mencionado con anterioridad. || Frecuente, habitual.
CONSAGRACIÓN f. Acción y efecto de consagrar. || Parte de la misa en la que se produce la transformación eucarística.
CONSAGRAR tr. Conferir carácter sagrado a una cosa o persona. || Pronunciar el sacerdote las palabras rituales de la consagración. || Levantar un monumento en conmemoración de algo. || Emplear con afán una cosa para un fin. || tr. y prnl. Dedicar, ofrendar a Dios una persona o cosa. || Aplicarse con empeño a una causa noble.
CONSANGUÍNEO, A adj. y s. Que es pariente por consanguinidad. || Se dice de los hermanos de padre.
CONSCIENTE adj. Que tiene conciencia de sí mismo, que siente o posee vida psíquica. || Reflexivo. || Que no ha perdido el conocimiento.
CONSECUENCIA f. Hecho resultante de otro. || Coherencia con los principios que una persona sustenta. || *a c. de, en c., o por c.* De acuerdo con lo ya sabido o dicho. || *atenerse a las c.* (de algo) Cargar con las que se derivan de la propia actuación. || *tener, o traer consecuencias* (algo) Derivarse algo, especialmente negativo, de ello.
CONSECUENTE adj. Que sigue inmediatamente a una cosa. || Que es resultado de algo. || Que se deriva de la lógica. || Se dice de la persona que es coherente con sus principios. || m. Segundo término de una correlación gramatical.
CONSECUTIVO, VA adj. Consecuente. || adj. y f. Se aplica a la oración subordinada que expresa una consecuencia de la principal, y a la conjunción que la introduce: *que, luego*, etcétera.
CONSEGUIR tr. Adquirir, lograr lo que se desea.
CONSEJERO, RA m. y f. Persona que aconseja. || Persona que pertenece a un consejo. || Lo que sirve de aviso o pauta de vida.

CONSEJO m. Opinión o dictamen que se da o se pide, para ejecutar o no algo. || Determinación que una persona toma. || Organismo colegiado que tiene a su cargo la dirección de una empresa (*c. de administración*), un gobierno (*c. de ministros*) o cualquier entidad (*c. rector o de dirección*). || Reunión de dicho organismo.
CONSENSO m. Consentimiento de todas las personas que componen una corporación. || Acuerdo de voluntad entre las partes de un contrato. || Acuerdo entre la mayoría de los miembros de un grupo social respecto a sus valores, fines y organización.
CONSENTIDO, DA adj. y s. Caprichoso.
CONSENTIR tr. e intr. Permitir una cosa, dejar que se lleve a cabo. || tr. Mimar, ser indulgente. || Admitir, soportar, padecer. || prnl. Agrietarse, empezar a quebrarse algo.
CONSERJE com. Encargado de la limpieza y vigilancia de un edificio público o privado.
CONSERVA f. Operación de conservar. || Cualquier tipo de alimento que se guarda herméticamente, por lo general en lata, para su posterior consumo.
CONSERVADOR, RA adj. y s. Que conserva. || Se dice de la persona, partido u opinión que, aceptando la inexorabilidad de la evolución sociopolítica, preconiza moderación en la cantidad, contenido y ritmo de las reformas que deban acometerse, procurando evitar cualquier ruptura con la situación previa.
CONSERVAR tr. y prnl. Guardar una cosa, hacer que se mantenga. || Seguir una norma o costumbre. || Atesorar algo. || Elaborar conservas.
CONSERVATORIO, RIA adj. Que conserva. || m. Escuela oficial, municipal o estatal, en donde se realizan los diversos estudios musicales. || Establecimiento público para la enseñanza de otras artes.
CONSIDERABLE adj. Que merece consideración. || Grande, importante.
CONSIDERACIÓN f. Acción y efecto de considerar. || Asunto sobre el que se ha de reflexionar. || Educación, respeto a los demás. || *en c. a* Teniendo en cuenta lo que se expresa. || *ser de c.* (una cosa) Ser notable. || *tener, o tomar en c.* Hacer caso a algo o alguien.

CONSIDERAR tr. Juzgar, examinar con atención una cosa. || Tratar a alguien con consideración. || tr. y prnl. Valorar, suponer.

CONSIGNA f. Orden breve y tajante dirigida al que tiene a su cargo algo; por extensión, la que una persona o grupo da a sus subordinados o afiliados.

CONSIGNAR tr. Reservar el producto de algo para el pago de una renta o una deuda. || Adscribir a una entidad el pago de ciertas obligaciones. || Destinar una cantidad fija de un presupuesto para un fin específico. || Adjudicar el lugar que ha de ocupar una cosa. || Enviar una mercancía a un destinatario. || Entregar algo en depósito. || Entregar algo a requerimiento de la autoridad judicial. || intr. Poner a alguien en prisión.

CONSIGNATORIO, RIA m. y f. Quien recibe de depósito, por auto judicial, el dinero que otro consigna. || Acreedor que administra, previo convenio con su deudor, la finca que éste le entrega en usufructo, hasta la extinción de la deuda. || Destinatario de un cargamento.

CONSIGO Forma especial del pronombre personal de tercera persona, compuesta de la preposición *con*.

CONSIGUIENTE adj. Que depende o se infiere de otra cosa. || *por c.* Como consecuencia.

CONSISTENCIA f. Firmeza, estabilidad. || Coherencia, adhesión de las partículas de un cuerpo. || Correspondencia con lo que se dice.

CONSISTIR intr. Fundamentar, residir la explicación de una cosa en otra. || Ser efecto de una causa. || Estar compuesta una cosa por lo que se expresa.

CONSOLA f. Mesa decorativa, generalmente sin cajones, adosada a la pared y sobre la que se colocan figuras, candelabros, relojes, etcétera.

CONSOLACIÓN f. Acción y efecto de consolar o consolarse. || Trofeo que se disputa entre los que no resultan finalistas de un torneo.

CONSOLAR tr. y prnl. Mitigar la pena o el dolor de alguien.

CONSOLIDAR tr. Asegurar, fijar, reforzar una cosa. || Fortalecer un lazo de índole moral. || Convertir en fija una deuda flotante. || prnl. Juntarse en alguien los atributos de un dominio que estaba disperso.

CONSOMÉ M. Caldo de carne.

CONSONANCIA f. Efecto armonioso de diversos sonidos producidos simultáneamente. || Igualdad de terminaciones en una rima consonante. || Afinidad o conformidad entre sí de diferentes elementos.

CONSONANTE adj. Que tiene consonancia. || adj. y s. Se aplica a la palabra o al sonido que presenta consonancia. || adj. y f. Se dice del sonido que se articula mediante un movimiento de cierre, al que sigue uno de abertura. Funcionalmente no puede formar sílaba. || Se dice de la grafía o letra que representa en la escritura a este sonido.

CONSORCIO m. Asociación entre personas para tutelar e incrementar intereses comunes. || Matrimonio. || Asociación de entidades industriales o financieras para una actividad, especialmente un concurso público.

CONSORTE com. Persona que participa de la suerte de otra. || Cónyuge. || Compañero de delincuente, compinche o gancho en robos, estafas, etcétera.

CONSPICUO, CUA adj. Notable, distinguido. || Muy visible.

CONSPIRAR intr. Confabularse varios contra algo o alguien. || Contribuir varias cosas a un mismo fin, generalmente malo.

CONSTANCIA f. Persistencia, firmeza del ánimo. || Prueba o certeza de un dicho o hecho.

CONSTAR intr. Ser cierta y evidente una cosa. || Estar formado un todo de determinadas partes. || Aparecer algo o alguien en un documento, registro, etc. || Presentar un verso las características métricas correspondientes a las de su clase.

CONSTATAR tr. Comprobar, verificar, hacer constar; es galicismo.

CONSTELACIÓN f. Agrupación convencional de estrellas fijas según un esquema. || fig. Gran cantidad de personas o cosas unidas en torno a una.

CONSTERNAR tr. y prnl. Abatir, entristecer.

CONSTIPADO, DA adj. Estreñido. || m. Catarro.

CONSTIPAR tr. Constreñir los poros, impidiendo la transpiración. || tr. y prnl. Acatarrarse.

CONSTITUCIÓN f. Acción y efecto de constituir. || Estructura de una cosa; conjunto de los elementos que la forman. || Ley suprema de organización de un Estado; propiamente, la elaborada por decisión popular o por un pacto entre el soberano y el pueblo.

CONSTITUCIONAL adj. Relativo a la constitución. || Conforme a ella. || adj. y com. Partidario de una constitución.

CONSTITUIR tr. Integrar, formar. || Conferir a una persona o cosa determinada calidad o condición. || tr. y prnl. Organizar, fundar.

CONSTRUCCIÓN f. Acción y efecto de construir. || Obra de albañilería y construida. || Arte y técnica de construir edificios. || Estructuración de los diferentes elementos lingüísticos de un discurso, atendiendo a las relaciones gramaticales propias de cada lengua.

CONSTRUIR tr. Realizar una cosa con los elementos adecuados; especialmente edificar. || Ordenar los términos léxicos o lingüísticos siguiendo unas normas. || Idear.

CONSUEGRO, GRA m. y f. Padre o madre de un cónyuge en relación con los del otro.

CONSUELO m. Lenitivo de las penas o los sinsabores. || Alegría, dicha.

CONSUETUDINARIO, RIA adj. Propio de la costumbre. || Se dice del derecho basado en la costumbre y no en preceptos.

CÓNSUL m. Cada uno de los dos magistrados elegidos anualmente por los comicios centuriados, que tenían en Roma la máxima autoridad, civil y militar. || Dirigente de cualquier institución llamada consulado. || com. Funcionario exterior de un país; protege a las personas y bienes de sus connacionales y goza de inmunidad personal y territorial.

CONSULADO m. Dignidad de cónsul romano, y año en que ejercía su cargo. || Cargo, dependencias y demarcación territorial de cónsul de un país. || Institución medieval, compuesta por comerciantes, con funciones de protección de intereses corporativos y de tribunal mercantil.

CONSULTA f. Acción y efecto de consultar. || Juicio o dictamen sobre algo. || Puesta en común, intercambio de opiniones o consejos para la resolución de algo. || Acción de recibir un médico a un paciente, y local donde lo recibe.

CONSULTAR tr. Tratar con una o varias personas sobre algo. || Pedir opinión, consejo o asesoramiento. || Someter una duda al parecer de alguien. || Indagar, averiguar datos.

CONSULTORIO m. Despacho o lugar donde se informa sobre ciertos temas. || Establecimiento donde visitan médicos de distintas especialidades. || En los medios de comunicación, sección donde se responden consultas del público.

CONSUMACIÓN f. Acción y efecto de consumar. || Término, extinción. || Comisión plena de un delito.

CONSUMAR tr. y prnl. Realizar por completo una cosa. || tr. Dar cumplimiento a un contrato u otro acto jurídico.

CONSUMIDOR, RA adj. y s. Que consume; especialmente, se dice de la persona genérica a quien se dirige una oferta.

CONSUMIR tr. y prnl. Extinguir, destruir algo. || Usar una persona o cosa de lo necesario para su mantenimiento. || Tomar una consumición. || Apurar, desazonar, roer la impaciencia. || tr. Gastar lo que ofrece el mercado. || prnl. Reducirse una sustancia al evaporarse el líquido que la constituye.

CONSUMO m. Acción y efecto de consumir. || Fase final del proceso de producción, en el que un bien se emplea para satisfacer una necesidad.

CONSUNCIÓN f. Acción y efecto de consumir o consumirse. || Estado de intensa demacración del organismo debido a ciertas enfermedades.

CONTABILIDAD f. Calidad de contable. || Técnica para conocer la situación patrimonial de una empresa (ingresos y gastos) y fundamentar decisiones económicas. || Conjunto de las cuentas de una entidad.

CONTABILIZAR tr. Asentar o incluir en un cálculo contable. || Contar.

CONTACTO m. Acción y efecto de tocarse dos o más cosas. || Zona en que se tocan. || Relación, comunicación con la gente. || Persona que pone en relación a otras con un organismo clandestino o de espionaje. || En el ejército, posición de dos unidades, enemigas o no, que se encuentran próximas para combatir o auxiliarse. || Estado en que una persona o comunidad lingüística, por razones geográficas o culturales, usa más de una lengua.

CONTADOR, RA adj. y s. Que cuenta o sirve para contar. || m. y f. Contable. || Persona designada por el juez para liquidar una cuenta. || En general, cualquier dispositivo que sirve para detectar o medir la intensidad de las radiaciones.

CONTADURÍA f. Oficio y oficina del contador. || En espectáculos públicos, despacho donde se venden entradas con anticipación.

CONTAGIAR tr. y prnl. Propagar una enfermedad por contagio. || Transmitir costumbres, vicios, tics, etcétera.

CONTAGIO m. Transmisión de una enfermedad infecciosa de un individuo enfermo a uno sano, mediante la difusión de gérmenes patógenos.

CONTAMINACIÓN f. Acumulación en los distintos medios naturales (atmósfera, suelo, aguas continentales y marinas) de una serie de productos relacionados con la actividad humana y que alteran las características propias de estos medios, modificando gravemente el equilibrio general de la biosfera. || Contagio. || Adulteración de la esencia de algo. || Alteración de un vocablo o texto por cruce o contacto con otro.

CONTAMINAR tr. y prnl. Producir contaminación. || Infectar. || Contagiar.

CONTAR tr. Computar, numerar algo. || Relatar un hecho real o imaginario. || Incluir algo en una cuenta. || Considerar, tener presente. || Refiriéndose a años, tenerlos. || tr. y prnl. Situar a una persona o cosa de acuerdo con la opinión o grupo al que corresponde, etc. || intr. Efectuar operaciones de acuerdo con la aritmética.

CONTEMPLACIÓN f. Acción de contemplar. || pl. Deferencias hacia alguien.

CONTEMPLAR tr. Mirar una cosa, observarla con detenimiento, complacencia, etc. || Considerar una cosa de cierta manera. || Mimar.

CONTEMPORÁNEO, A adj. y s. Coetáneo. || De la época actual.

CONTENCIÓN f. Acción y efecto de contener (detener, dominar). || Acción de mantener unidas partes del cuerpo que se han roto o separado.

CONTENCIÓN f. Contienda, esfuerzo.

CONTENCIOSO, SA adj. Que acostumbra a disputar. || Se dice de los litigios sometidos al fallo de los tribunales, en contraposición a los actos gubernativos y a los de jurisdicción voluntaria.

CONTENDER intr. Pelear, luchar. || Disputar, discutir, pleitear. || Rivalizar, competir.

CONTENER tr. y prnl. Englobar una cosa a otra. || Detener o frenar el movimiento de un cuerpo. || Dominar los impulsos, sentimientos, etc. || prnl. Dominarse, frenarse, reprimirse.

CONTENIDO, DA adj. Reservado, moderado. || m. Lo que se contiene dentro de una cosa. || Tema, argumento de una obra, escrito, etcétera.

CONTENTAR tr. Complacer a alguien. || Alegrar. || tr. y prnl. Reconciliar. || prnl. Darse por satisfecho.

CONTENTO, TA adj. Gozoso, feliz. || m. Satisfacción, placer. || *darse*, o *tenerse, por c.* Conformarse con algo. || *no caber uno en sí de c.* Rebosar de alegría.

CONTESTACIÓN f. Acción y efecto de contestar. || Querella, contienda. || Escrito en el que el demandado en juicio refuta las alegaciones del demandante.

CONTESTAR tr. Responder; replicar. || Corroborar, atestiguar algo. || intr. Impugnar; manifestar disconformidad, protestar. || Concordar una cosa con otra.

CONTEXTO m. Textura, disposición de ciertas cosas. || Lío, embrollo. || Hilo de un escrito, obra, etc. || Entorno, conjunto de unidades que rodean a una unidad lingüística determinada, ya sea fónica, morfosintáctica o semántica. || Entorno.

CONTEXTURA f. Forma de disponerse los elementos de un todo. || Constitución del cuerpo humano.

CONTIENDA f. Pendencia, refriega. || Polémica, debate.

CONTIGO Forma especial del pronombre personal de segunda persona cuando lo precede la preposición *con*.

CONTIGUO, GUA adj. Inmediato, lindante con otra cosa.

CONTINENCIA f. Virtud que aplaca o contiene el goce de los placeres, especialmente los sexuales. || Acción de contener.

CONTINENTAL adj. Relativo al continente, en oposición a las islas. || Se dice del clima con grandes contrastes térmicos y escasas lluvias.

CONTINENTE adj. Que contiene. || Que practica la continencia. || m. Cosa que incluye otra. || Semblante, aspecto. || Cada una de las grandes masas que emergen de los mares. Son seis: Asia, América, África, Antártida, Europa y Australia.

CONTINGENCIA f. Condición de poder ser y también no ser. La c. de un ente o de un acontecimiento equivale, no a su posibilidad, sino a su *no necesidad*. || Eventualidad, suceso. || Peligro.

CONTINGENTE adj. Se dice de lo no necesario, lo que puede ser y también no ser. || Se dice de aquello cuya existencia depende de otro. || m. Contingencia. || Lo que uno paga para contribuir a un fin común. || Cuota que un país impone a las importaciones de otro u otros o a productos determinados.

CONTINUACIÓN f. Acción y efecto de continuar. || Parte o cosa que prolonga algo.

CONTINUAR tr. Prolongar lo iniciado. || intr. Perdurar, subsistir. || prnl. Seguir, reanudarse.

CONTINUO, NUA adj. Ininterrumpido. || Se dice de las cosas entre las que no existe separación. || Perseverante, constante. || En física, se dice del espectro que no tiene huecos ni interrupciones.

CONTORNO m. Conjunto de líneas que limitan una figura o composición. || Alrededores de una población o lugar. || Borde o canto de una medalla o una moneda.

CONTORSIÓN f. Contracción violenta del cuerpo, gesto o ademán forzado. || Dicho movimiento realizado con afán de hacer reír.

CONTORSIONISTA com. Acróbata que flexiona su cuerpo y logra posiciones muy forzadas e inusitadas.

CONTRA Prep. que designa el antagonismo y la contrariedad de una cosa con respecto a otra. || Enfrente. || Hacia. || A cambio de. || En posición vertical en relación con algo. || Un. Concepto opuesto y contrario a otro; se contrapone *pro*. || f. Dificultad inherente a una cosa, o que existe para su realización.

CONTRAATAQUE m. Defensa agresiva, consistente en un ataque súbito, para debilitar o abortar el del enemigo, o para recuperar posiciones perdidas. || En deportes de equipo, jugada rápida sobre la meta contraria. || Por extensión, respuesta ofensiva a una acusación o crítica.

CONTRABAJO m. Llamado también violón. Instrumento musical de cuerda frotada y arco, sin trastes en el bastidor, de la familia del violín; el de sonido más grave y mayor dimensión y peso. || Voz más grave que la del bajo. || Persona que la tiene.

CONTRABANDO m. Comercio o producción de géneros prohibidos por la ley del lugar a los productores y comerciantes particulares. || Importación o exportación fraudulenta de mercancías o valores sujetos a derechos de aduana. || fig. Cosa ilegal, o poco común.

CONTRACCIÓN f. Acción y efecto de contraer. || Fenómeno por el cual se unen dos vocales o elementos fónicos en uno solo (*tauru>toro*). || Unión de dos palabras en una sola, con pérdida de la vocal final de la primera, o la vocal de la segunda (*a + el = al*). || Contractilidad.

CONTRÁCTIL adj. Que puede contraerse.

CONTRADECIR tr. y prnl. Llevar la contraria o desmentir lo que otro afirma. || Hacer o decir cosas en contradicción.

CONTRADICCIÓN f. Acción y efecto de contradecir o contradecirse. || Relación entre cosas que se oponen. || Contrariedad, incompatibilidad.

CONTRAER tr. y prnl. Disminuir en longitud o volumen. || Adquirir vicios, enfermedades, etc., o sumirse en ellos. || Concretar un discurso, relato, etc. || prnl. Encogerse los músculos, nervios, etcétera.

CONTRAFUERTE m. Elemento vertical de refuerzo, adosado a un muro, que contrarresta los empujes horizontales de arcos y bóvedas.

CONTRAHECHO, CHA adj. y s. Torcido, jorobado.

CONTRAINDICAR tr. Aconsejar la abstención de determinados remedios, alimentos, etcétera.

CONTRALTO com. Voz femenina más grave; también pueden tener este regis-

CONTRALUZ m. Contraste obtenido cuando se pinta o fotografía una parte en sombra intensa sobre fondo luminoso. || f. Vista de las cosas opuestas a la luz.

CONTRAMAESTRE m. Encargado de una fábrica o taller. || Suboficial de marina que se encarga de la marinería y de la conservación de la nave y sus aparejos.

CONTRAPARTIDA f. En la contabilidad por partida doble, asiento que se hace para compensar un error, o bien asientos recíprocos del debe y el haber. || En los tratados comerciales, ventajas que el país que tiene saldo positivo o es vendedor acuerda al contrario. || *por c.* Por compensación.

CONTRAPESO m. Peso que se coloca en el extremo de otro para que ambos se equilibren. || Porción de una sustancia o mercancía con que se completa el peso. || Balancín que utilizan los equilibristas. || Lo que se juzga suficiente para equilibrar algo.

CONTRAPONER tr. Comparar una cosa con otra para establecer sus diferencias. || tr. y prnl. Oponer una cosa a otra para contrarrestar su efecto.

CONTRAPRODUCENTE adj. Contrario a lo que se busca o pretende.

CONTRAPUNTO m. Técnica de composición musical que consiste en la combinación de dos o más melodías con sentido musical, unidad y coherencia armónica.

CONTRARIAR tr. Estorbar, entorpecer los deseos de alguien. || Fastidiar, incordiar.

CONTRARIEDAD f. Oposición entre dos cosas. || Dificultad que impide la consecución de algo. || Disgusto, decepción.

CONTRARIO, RIA adj. y s. Opuesto, se dice de la cosa que es el antípoda de otra, que no puede existir al mismo tiempo que ella. || Que es nocivo, hostil, molesto. || m. y f. Persona enemiga de otra. || Persona que lucha y compite con otra. || m. Obstáculo, traba.

CONTRARRESTAR tr. Resistir, oponerse a algo. || Mitigar, compensar una cosa el efecto o influencia de otra.

CONTRARREVOLUCIÓN f. Movimiento que busca la restauración de las condiciones socioeconómicas de un país anteriores a un proceso revolucionario.

CONTRASENTIDO m. Interpretación contraria al sentido lógico de una palabra o expresión. || Deducción opuesta a la que desprenden los antecedentes. || Disparate, sinrazón.

CONTRASEÑA f. Contramarca. || Señal o palabra para reconocerse las personas de un mismo grupo, asociación, etc. || En el ejército, expresión que se utiliza para ser reconocido por el centinela. || En los espectáculos, tarjeta que se entrega a los espectadores que desean salir, con el fin de que puedan volver a entrar.

CONTRASTAR tr. Resistir, hacer frente. || Verificar y fijar la ley del oro y la plata, y marcarlos con el contraste. || Confirmar la exactitud de pesas y medidas; por extensión, de cualquier otra cosa. || Diferenciarse considerablemente dos cosas cuando se comparan.

CONTRASTE m. Acción y efecto de contrastar. || Encargado de contrastar monedas o pesos, u oficina donde se hace. || Combate, enfrentamiento. || Cambio súbito de un viento en otro contrario. || Disparidad entre personas o cosas. || Diferencia relativa de radiación luminosa entre las partes de una imagen óptica. || Sustancia opaca que se introduce en un órgano humano para hacerlo visible a los rayos X.

CONTRATAR tr. Convenir, negociar, hacer contratos o contratas. || Emplear a alguien para un trabajo.

CONTRATIEMPO m. Complicación, revés. || Alteración rítmica del compás.

CONTRATO m. Convenio o pacto entre dos o más personas, por el que se obligan mutuamente a dar, hacer o no hacer una cosa determinada, y a cuyo cumplimiento pueden ser compelidas, excepto si lo pactado es contrario a las leyes, la moral o el orden público. || Documento que lo avala.

CONTRAVENENO m. Antídoto.

CONTRAVENIR tr. Actuar en contra de lo establecido. || Desobedecer, incumplir.

CONTRAVENTANA f. Puerta interior de las vidrieras de las ventanas o balcones. || Puerta exterior de las ventanas para una mayor protección contra el frío y el viento.

CONTRAYENTE adj. y com. Se dice de cada una de las dos personas que se unen en matrimonio.

CONTRIBUCIÓN f. Acción y efecto de contribuir. || Cantidad que se paga para algún fin, especialmente la impuesta para cubrir las cargas del Estado.

CONTRIBUIR tr. e intr. Cotizar cada uno lo que le corresponde por un impuesto. || Cooperar de forma voluntaria con una cantidad para un fin concreto. || Participar con otros en la consecución de algo.

CONTRIBUYENTE adj. Que contribuye. || com. Persona, en cuanto sujeto pasivo de tributación.

CONTRINCANTE com. Persona que compite con otras u otras en el logro de algo.

CONTROL m. Comprobación, verificación, vigilancia e inspección; lugar en que se realiza, y persona, mecanismo, etc., que lo ejecuta. || Autoridad, mando, manejo, dominio, etc., y persona o automatismo que lo ejerce. || Autodominio. || Parte de la calculadora que transforma las instrucciones en señales operables por la unidad aritmético-lógica.

CONTROLAR tr. Ejercer control. || Dirigir. || prnl. Dominarse, no abandonarse a impulsos o arrebatos

CONTROVERSIA f. Debate o polémica sobre una materia de carácter doctrinal.

CONTROVERTIR intr. y tr. Debatir una cuestión; especialmente de religión.

CONTUNDENTE adj. Que causa contusión. || Convincente, concluyente.

CONTURBAR tr. Impresionar, trastornar a alguien un suceso. || Intranquilizar, turbar el ánimo.

CONTUSIÓN f. Acción y efecto de contundir. || Tipo de lesión traumática causada por el choque violento con un objeto obtuso.

CONVALECENCIA f. Acción y efecto de convalecer. || Periodo que dura. || Estado de convaleciente. || Institución para la recuperación de convalecientes.

CONVALECER intr. Recuperarse de una enfermedad. || Salir de una situación peligrosa o conflictiva.

CONVALIDAR tr. Dar por válido algo, confirmarlo.

CONVENCER tr. y prnl. Inducir a alguien para que haga alguna cosa, tome partido por algo, etc. || Gustar, complacer.

CONVENCIÓN f. Acción de convenir o pactar, especialmente en relación con instituciones del Estado o interestatales. || Acuerdo de tregua de escasa duración y alcances limitados. || Reunión amplia, de carácter informativo y deliberante, de miembros de una empresa, o sector de la misma (especialmente de vendedores).

CONVENIENCIA f. Correspondencia entre dos cosas. || Provecho, interés. || Acomodo, ajuste. || Comodidad. || pl. Rentas, bienes. || Normas sociales.

CONVENIENTE adj. Oportuno, favorable. || Adecuado, conforme. || Proporcionado, decoroso.

CONVENIO m. Pacto, tratado. || *colectivo* Acuerdo sobre salarios y condiciones de trabajo entre un empresario o grupo empresarial y un sindicato o representación obrera.

CONVENIR intr. y tr. Coincidir en un parecer o juicio. || Cohabitar. || tr. Congregarse varias personas o cosas en un mismo sitio. || Corresponder, pertenecer. || Ser conveniente. || prnl. Ajustarse, ponerse de acuerdo.

CONVENTO m. Lugar de residencia de los miembros de una orden religiosa que viven en comunidad. || Dicha comunidad.

CONVERGENCIA f. Acción y efecto de converger. || Punto en que coinciden dos cosas.

CONVERGER (o CONVERGIR) intr. Juntarse en un mismo punto dos o más líneas, caminos, etc. || Propender a ello. || Confluir en un mismo objetivo acciones, ideas, etcétera.

CONVERSACIÓN f. Acción y efecto de conversar. || Forma de practicarla. || *dar c.* Hablar con alguien para entretenerlo. || *dejar caer* algo *en la c.* Decirlo como el que no quiere la cosa. || *sacar* uno *la c.* Inclinar la conversación hacia un punto que interese.

CONVERSAR intr. Hablar entre sí dos o más personas. || Convivir. || En el ejército, hacer conversión.

CONVERSIÓN f. Acción y efecto de convertir o convertirse. || Mutación de una cosa en otra. || Figura de dicción que surge de la repetición en varias oraciones de la palabra o grupos de palabras. || Proceso por el cual ciertos conflictos psíquicos del inconsciente pueden transfor-

marse en perturbaciones somáticas. || *de frecuencia* Transformación de una corriente eléctrica a otra de distinta frecuencia. || *de la deuda* Reducción del interés que devenga, al tiempo que se da opción a sus tenedores de pedir su reintegro.
CONVERTIDOR adj. y m. Se aplica al aparato, dispositivo, etc., destinado a transformar las características de algo. || m. Cámara en que se transforma el hierro fundido en acero. || Aparato que cambia el tipo de corriente o alguna de sus características. || *de par* Mecanismo con que se varía el par, la velocidad o el rendimiento, al transmitir el giro de un motor de un árbol a otro.
CONVERTIR tr. y prnl. Transformar una cosa en otra. || Hacer que alguien cambie sus creencias, ideas, etc. || Alcanzar alguien una situación o estado determinado. || prnl. Reemplazarse una palabra o proposición por otra, de idéntico significado.
CONVEXO, XA adj. Se aplica a un tipo de ángulo. || Se dice de la figura y del cuerpo que contienen todos los puntos de un segmento formado al unir dos puntos cualesquiera de aquéllos.
CONVICCIÓN f. Acción y efecto de convencer. || pl. Creencias o principios religiosos, éticos o políticos.
CONVICTO, TA adj. Se dice del reo al que legalmente se ha probado su delito.
CONVIDADO, DA m. y f. Persona que recibe una invitación.
CONVIDAR tr. y prnl. Invitar a una persona a algo grato. || Inducir. || prnl. Prestarse voluntariamente a algo. || Asistir a una fiesta o acto inopinadamente.
CONVITE m. Acción y efecto de convidar. || Comida o fiesta a que se convida.
CONVIVENCIA f. Acción de convivir. || Buena armonía entre los que conviven.
CONVIVIR intr. Vivir o habitar con otros.
CONVOCAR tr. Llamar a una o varias personas para que se reúnan en un sitio determinado. || Aclamar, vitorear.
CONVOCATORIO, RIA adj. Que convoca. || f. Anuncio o nota con que se convoca. || Periodo de exámenes.
CONVOY m. Acompañamiento, escolta. || Conjunto de barcos, efectos, etc., escoltados, y los que los custodian. || Tren. || Vinagreras de mesa.

CONVULSIÓN f. Contracción involuntaria y violenta de parte o de toda la musculatura esquelética. || Sacudida violenta provocada por un terremoto. || Alteración brusca de la vida colectiva por causas políticas o sociales.
CÓNYUGE com. Marido respecto de la mujer, o mujer respecto del marido.
COÑAC m. Aguardiente de alta graduación (40-50°), obtenido por destilación y envejecimiento de vinos flojos. Es denominación de origen. || Impropiamente, brandy.
COOPERACIÓN f. Acción y efecto de cooperar. || Ayuda que se presenta a los países menos desarrollados.
COOPERAR intr. Colaborar con otros.
COOPERATIVO, VA adj. Que coopera. || f. Unidad económica de producción, distribución o consumo, cuyos socios son al tiempo agentes y destinatarios de su actividad.
COORDENADO, DA adj. Se dice de cada uno de los elementos de un sistema de referencia (puntos, rectas, planos, círculos, etc...) con que se determinan unívocamente puntos de un espacio de dimensión uno, dos o tres. || f. Cada uno de esos parámetros.
COORDINACIÓN f. Acción y efecto de coordinar. || Relación unitiva que se establece entre palabras, frases u oraciones con la misma categoría sintáctica e independencia entre sí.
COORDINAR tr. Colocar cosas diversas de modo que formen un todo ordenado. || Conjugar medios, acciones, etc., para un objetivo común.
COPA f. Vaso para beber, provisto de pie. || Líquido que contiene. || Conjunto de ramas de un árbol. || Parte hueca del sombrero en que se encaja la cabeza. || Premio que se otorga en competiciones deportivas; por extensión, dicha competición.
COPETE m. Tupé. || Penacho o cresta de algunas aves. || Mechón sobre la frente del caballo. || Parte de un helado o bebida refrescante que rebasa los bordes del recipiente. || Adorno de la parte superior de espejos, sillones, etcétera.
COPIA f. Acción y efecto de copiar. || Abundancia, cantidad grande de una cosa. || Plagio. || Imitación o semejanza entre dos personas o cosas. || En cine, posi-

tivo obtenido de un negativo estándar, con sonido incorporado, destinado a la exhibición.

COPIADOR, RA adj. y s. Que copia. || Multicopista. || m. Libro donde se archivan copias de cartas enviadas.

COPIAR tr. Reproducir fielmente un escrito, objeto de arte, etc. || Reflejar minuciosamente la naturaleza en una obra de arte. || Imitar a algo o a alguien.

COPIOSO, SA adj. Abundante.

COPISTA com. Persona que se dedica a copiar profesionalmente o por afición, especialmente libros antes de la invención de la imprenta.

COPLA f. Composición poética que consta de cuatro versos octosilábicos, con rima asonante en los pares; generalmente se usa en canciones populares. || Pareja. || pl. fam. Versos. || Habladurías. || *andar en coplas* Estar algo (rumores, chismes, etc.) muy difundido.

COPO m. Porción pequeña y consistente de algo, especialmente el lino o el cáñamo antes del hilado; la nieve al caer; o un grumo o coágulo.

COPTO, TA adj. y s. Relativo a la religión cristiana implantada en Etiopía y Egipto; unos 16 millones de creyentes de distintas sectas.

CÓPULA f. Nexo entre dos cosas. || Acto sexual. || Palabra que actúa como nexo ligando dos términos lingüísticos (conjunción y verbos copulativos).

COPULACIÓN f. Unión entre individuos pertenecientes a sexos distintos, en la que el macho, mediante un órgano especializado, deposita los espermatozoides en los conductos genitales de la hembra.

COPULATIVO, VA adj. Que une o ata. || adj. y s. Se dice de las conjunciones (*y, e, ni*) que unen palabras, frases u oraciones. || Se dice de un tipo de oración coordinada cuyo nexo son las conjunciones anteriores. || Se dice del verbo que actúa como simple enlace entre el sujeto y el atributo (*ser y estar*).

COPYRIGHT m. Término que indica que una obra literaria o artística tiene un autor o concesionario de los derechos de reproducción. Su signo es ©.

COQUETEAR intr. Actuar alguien de forma estudiada a fin de atraerse al sexo contrario. || Cortejar. || Estar próximo a una ideología o grupo, sin decidirse a incorporarse a ellos.

CORAJE m. Valentía, decisión. || Enfado.

CORAL adj. Relativo al coro.

CORAZA f. Armadura que cubría el tronco. || Blindaje de barcos, carros de combate, etc. || Concha de la tortuga. || fig. Actitud psicológica de autodefensa.

CORAZÓN m. Órgano muscular impar y hueco, situado en el mediastino, espacio del centro del tórax entre ambos pulmones. Gracias a la contracción de sus paredes, la sangre circula por los vasos sanguíneos. El c. tiene forma cónica y está dividido en cuatro cavidades: dos superiores (aurículas) y dos inferiores (ventrículos). Representación estilizada de dicha víscera, con significación amorosa. || Sentimiento, emoción. || Valentía. || Parte central de algo.

CORAZONADA f. Presagio. || Impulso, arranque. || Asadura, vísceras.

CORBATA f. Accesorio de vestir, generalmente masculino, a modo de tira de tela o cuero, anudado bajo el cuello de la camisa.

CORCEL m. Caballo rápido y brioso.

CORCHEA f. Figura de nota musical.

CORCHETE m. Cierre metálico formado por macho y hembra. || Macho de ese broche. || Calce dentado con que los carpinteros sujetan la madera. || Signo gráfico equivalente al paréntesis:[ ].

CORCHO m. Tejido secundario de revestimiento del tallo y de la raíz, formado por pequeñas células muertas, con la membrana suberificada e impermeable al paso de líquidos y gases. Se usa en la fabricación de tapones, pavimentos y materiales aislantes.

CORDEL m. Cuerda fina. || *c. literatura de* Literatura de cordel. || *a c.* En línea recta.

CORDERO, RA m. y f. Cría de la oveja de menos de un año. || fig. Persona humilde y fácil de dominar. || m. Carne de este animal. || Piel adobada del mismo.

CORDIAL adj. Que fortalece o estimula el corazón. || De talante apasionado o impulsivo. || m. Bebida estimulante que se da a los enfermos.

CORDILLERA f. Conjunto de montañas, unidas entre sí y que forman una unidad geográfica definida; generalmente son producto de una misma orogénesis.

CORDÓN m. Cuerda fina y redonda, de seda u otro material, para atar cosas o utilizada como adorno. || Cable de los electrodomésticos. || Cada alambre de un cable metálico. || Cuerda que ciñe el hábito de los religiosos de algunas órdenes. || Serie de personas alineadas de trecho en trecho para formar una barrera de protección o vigilancia.

COREAR tr. Cantar en coro, acompañando o no la ejecución instrumental. || Componer música para ser cantada con acompañamiento de coros. || Repetir en coro lo que otro dice o canta. || Aprobar de manera manifiesta el parecer de otro.

COREOGRAFÍA f. Arte de componer danzas. || Conjunto de pasos y figuras de una danza o ballet.

CORISTA com. En un espectáculo teatral, artista o cantante que forma parte del coro. || Religioso que asiste al coro.

CORNADA f. Golpe que asesta un animal con el cuerno, y herida que ocasiona. || Cierta estocada de esgrima.

CORNAMENTA f. Cuernos de ciertos animales. || fig. Cuernos, del cónyuge engañado.

CÓRNEA f. Zona anterior transparente de la membrana exterior del globo ocular. Tiene forma de disco y en su parte periférica se une a la esclerótica.

CÓRNEO, A adj. De cuerno o parecido a él.

CORNETA f. Instrumento de viento, de metal, usado en las bandas y en el ejército. || m. Instrumento musical de viento, de madera dura, embocadura de marfil abovedada, y perforación cónica, con agujeros.

CORNISA f. Parte superior saliente de un entablamento, formada por molduras. || Conjunto de ornamentos que rematan un edificio a fin de evitar que la lluvia incida directamente en el muro. || Saliente rocoso de una meseta o montaña.

CORNUCOPIA f. Especie de vaso en forma de cuerno, lleno de frutas y flores, que simbolizaba la abundancia. || Espejo de marco tallado.

CORNUDO, DA adj. Con cuernos. || adj. y s. Consorte burlado.

CORO m. Grupo de actores que en la tragedia griega y latina intervenían cantando y bailando. || Conjunto de cantores, agrupados según sus registros vocales, que interpretan simultáneamente una obra musical. || Composición escrita para ser cantada por el conjunto anterior. || Conjunto de eclesiásticos que cantan o rezan los oficios. || Lugar de la iglesia donde lo hacen. || Lugar de los conventos de monjas donde éstas rezan.

COROIDES f. Membrana vascular del globo ocular situado entre la esclerótica y la retina.

COROLA f. En las angiospermas, parte de la flor formada por el conjunto de los pétalos.

COROLARIO m. Teorema o proposición que se deduce fácilmente de otro ya demostrado.

CORONA f. Ornamento en forma circular, de flores o de metal, que se coloca en la cabeza como símbolo de dignidad u honor. || Atributo real. || Reino o monarquía. || Aureola. || Acción, circunstancia o virtud que realza o dignifica a alguien. || Cosa que adorna o ciñe la parte superior de una cosa. || Parte de cualquier órgano en forma circular. || Parte visible y esmaltada de un diente o muela. || Superficie delimitada por dos arcos de circunferencias concéntricas.

CORONACIÓN f. Acción de coronar. || Ceremonia solemne de la coronación de un rey. || Coronamiento.

CORONAR tr. y prnl. Ceñir la corona a alguien como símbolo de honor o distinción, especialmente a un rey. || tr. En el juego de las damas colocar un peón sobre otro para formar una dama. || Acabar, concluir. || Premiar, recompensar. || Situarse personas o cosas en la parte más alta de una eminencia o torre. || intr. y prnl. Asomar el feto la cabeza durante el parto.

CORONEL m. Jefe militar que tiene bajo su mando un regimiento o una base aérea.

CORONILLA f. Zona superior y posterior de la cabeza. || *estar hasta la c.* Estar harto.

CORPIÑO m Especie de chaleco femenino ajustado al cuerpo.

CORPORACIÓN f. Agrupación profesional o patrimonial (cámara de comercio, colegio profesional), con personalidad jurídica, para defensa de sus intereses.

CORPORAL adj. Relativo al cuerpo. || m. Paño litúrgico sobre el que se coloca el cáliz en la misa.

CORPÓREO, A adj. Que tiene cuerpo. || Material.

CORPULENTO, TA adj. Grande, vigoroso.

CORPÚSCULO m. Partícula en reposo con masa distinta de cero. || Denominación de diversas estructuras histológicas, células o inclusiones celulares.

CORRAL m. Lugar delimitado y descubierto, generalmente anexo a las casas, para animales.

CORRASIÓN f. Erosión ocasionada por la partículas que el viento lleva en suspensión.

CORREA f. Tira de cuero u otro material, para usos diversos; cinturón. || Elasticidad de algo correoso. || En arquitectura, tablón horizontal sobre el que reposan los contrapares.

CORRECCIÓN f. Acción y efecto de corregir. || Cambio introducido a fin de mejorar algo; especialmente en un texto escrito. || Noción por la cual un enunciado sigue las reglas gramaticales y las normas lingüísticas de un idioma. || Buenos modales.

CORRECCIONAL adj. Relativo a la corrección. || Establecimiento penitenciario para menores de edad.

CORRECTIVO, VA adj. Que corrige o sirve para ello. || m. Sanción leve.

CORRECTO, TA adj. De acuerdo con las normas o reglas. || Bien hecho, pero sin brillantez ni personalidad. || Comedido, educado.

CORRECTOR, RA adj. y s. Que corrige. || m. Sustancia que se añade al suelo para dotarlo de la composición requerida. || Parte de una calculadora con que ésta automodifica determinadas características, especialmente la estabilidad.

CORREDIZO, ZA adj. Que se desata o se corre fácilmente.

CORREDOR, RA adj. y s. Que corre. || Se dice de las aves que han perdido su capacidad para el vuelo y son de carrera veloz. || Se dice de los insectos que no vuelan y se desplazan corriendo. || Persona que media en negocios de compra, venta, intercambios, etc. || Pasillo de una vivienda. || m. y f. Persona que corre en competiciones. || Individuo que efectúa las compras o ventas de una firma comercial.

CORREGIDOR, RA adj. Que corrige. || En el Antiguo Régimen, funcionario de nombramiento real que ostentaba el poder ejecutivo en un municipio.

CORREGIR tr. y prnl. Enmendar, subsanar un error, falta, etc. || Revisar y evaluar un profesor los ejercicios de los alumnos. || Castigar, escarmentar. || Suavizar un defecto. || Atemperar la actividad de algo.

CORRELACIÓN f. Relación mutua entre dos o más hechos, cosas, ideas, etcétera. || Interdependencia entre dos magnitudes.

CORRELATIVO, VA adj. Que tiene o expresa correlación. || Se aplica al número que, en una serie, sigue a otro.

CORRELIGIONARIO, RIA adj. y s. Que tiene la misma religión que otro; por extensión, que participa de las mismas ideas políticas de otro.

CORREO m. Persona que se dedica a llevar correspondencia. || Correspondencia que se recibe o tramita. || Buzón para la correspondencia. || Procedimiento o medio con que se efectúa el transporte de correspondencia. || Persona que trae y lleva chismes. || pl. Servicio público encargado de cursar la correspondencia, y cada oficina de dicho servicio.

CORREOSO, SA adj. Flexible, elástico. || Se aplica a lo que se mastica con esfuerzo.

CORRER intr. Ir con cierta velocidad, de modo que se levante un pie del suelo antes de apoyar el otro. || Hacer o disponerse a realizar algo apresuradamente. || Desplazarse, por lo general con rapidez, un fluido; soplar el viento. || Prolongarse o dilatarse un río, cordillera, etc. || Discurrir el tiempo. || Corresponde a alguien o a algo la tramitación de un asunto, o el cuidado de algún menester.

CORRERÍA f. Penetración en terreno enemigo, con el fin de saquearlo. || Salida o desplazamiento corto del que se vuelve al lugar de residencia.

CORRESPONDENCIA f. Acción y efecto de corresponder. || Relación entre dos personas a través del correo. || Correo. || Comunicación o contacto entre habitaciones, pueblos, países, etc. || Medio de transporte entre pueblos. || Lugar de contacto de dos líneas férreas, con instalaciones para el trasvase de pasajeros; es galicismo. || Sinonimia. || Significado de

CORRESPONDER

una palabra en otro idioma. || Acuerdo o equivalencia entre los elementos de diferentes grupos.

CORRESPONDER intr. y tr. Pagar, agradecer ciertos favores o beneficios. || Guardar proporción o relación dos cosas. || intr. Atañer, incumbir. || prnl. Quererse, cuidarse recíprocamente.

CORRESPONSAL adj. y com. Correspondiente. || Se aplica a la persona encargada de las relaciones comerciales en el extranjero. || com. Periodista destacado de forma estable en una ciudad distinta a la de la sede del periódico.

CORRETEAR intr. Deambular, andar sin rumbo fijo. || Correr jugando.

CORREVEIDILE com. Persona que trae y lleva rumores, cuentos, etcétera.

CORRIDO, DA adj. Que sobrepasa el peso o medida. || Se aplica a las partes contiguas de un edificio. || Se aplica a la letra cursiva. || Se dice del tiempo ya pasado. || Abochornado, confundido.

CORRIENTE adj. Que corre. || Se aplica a la semana, mes, año, etc., actual o que transcurre. || Vigente. || Común, muy difundido. || Se dice del último número de un periódico, revista, etc. || Habitual, aceptado por el uso. || Vulgar, ordinario. || Flujo ordenado de cargas eléctricas a lo largo de un conductor. || En una casa, circulación del aire por puertas y ventanas. || Trayectoria de ciertas cosas. || Dirección o curso del pensamiento, de los sentimientos, emociones, etc. || adv. Indica conformidad o acuerdo.

CORRILLO m. Círculo de personas que se apartan de los demás, reunidos en un mismo grupo, para hablar, tramar algo, etcétera.

CORRIMIENTO m. Acción y efecto de correr o correrse.

CORRO m. Círculo formado por varias personas, para charlar, divertirse, etc. || En la bolsa, conjunto de personas que negocian los mismos valores. || Espacio que lo constituye. || Espacio semejante a un círculo.

CORROBORAR tr. y prnl. Fortalecer, animar. || Afirmar, ratificar una opinión o tesis.

CORROER tr. y prnl. Carcomer poco a poco una cosa. || Consumirse por el remordimiento o la tristeza.

CORROMPER tr. y prnl. Deformar algo. || Averiar, malograr. || Depravar, seducir.

CORROSIÓN f. Acción y efecto de corroer. || Alteración o deterioro de la superficie de un cuepo debida a agentes físicos, y especialmente a reactivos químicos.

CORROSIVO, VA adj. Que corroe. || Mordaz.

CORRUPCIÓN f. Acción y efecto de corromper. || Falsificación o alteración de un escrito.

CORSÉ m. Prenda interior femenina que sujeta el cuerpo. || *ortopédico* Tipo de c. usado para el tratamiento de las desviaciones de la columna vertebral.

CORTACIRCUITO m. Fusible.

CORTADO, DA adj. Adecuado, proporcionado. || Se aplica al estilo literario conciso. || Aturdido, desconcertado.

CORTADURA f. Incisión hecha en un cuerpo al cortar. || Abertura angosta que permite el paso entre dos montañas. || Recorte.

CORTANTE adj. Que corta. || m. Carnicero. || Cuchillo de carnicero.

CORTAR tr. Fragmentar o seccionar en partes una cosa con un útil afilado. || Disponer las diferentes partes de una prenda para su confección. || Atravesar un fluido o un líquido. || Interrumpir la continuidad de algo, separándolo en dos. || Pasar por alto, o indicar lo que se ha de omitir en un discurso, comedia, etc. || Recortar. || Grabar.

CORTE, 1 m. Acción y efecto de cortar. || Filo, borde.

CORTE, 2 f. En una monarquía, conjunto del rey, su familia, séquito y ayudantes, tanto privados como en el ejercicio del poder. || Comitiva de una persona principal.

CORTEJAR tr. Acompañar a alguien agasajándolo. || Requebrar a una mujer. || Tener novio o novia.

CORTEJO m. Acción de cortejar. || Acompañamiento de un rey o una autoridad. || Personas que participan en un desfile, ceremonia, etc. || Presente, fineza. || Persona que mantiene un lío amoroso.

CORTÉS adj. Amable, correcto, fino.

CORTESANO, NA adj. Relativo a la corte. || Cortés. || adj. y f. Se aplica a la mujer de mala reputación, pero con cultura y elegancia. || Se dice de cierto tipo de letra del siglo XIV, posterior a la gótica cursiva. || m. Servidor del rey en la corte.

CORTESÍA f. Cualidad de cortés. || Conjunto de normas propias del trato social. || Muestras y expresiones de este trato. || Salutaciones en una carta. || Título que se concede a una persona. || Gracia, favor. || Presente, don. || Hoja o pliego que en los libros se deja en blanco.

CORTEZA f. Parte externa en el tallo y raíces de las plantas. || Parte exterior y más dura que la interior de algunas cosas, especialmente alimentos. || Superficie, parte externa de algo. || Torpeza, bastedad.

CORTINA f. Tela colgante que se coloca en puertas, ventanas, doseles, etc. || Aquello que oculta otra cosa. || Muralla entre dos baluartes. || Muro de sostén de un canal, muelle, etcétera.

CORTINAJE m. Juego de cortinas.

CORTO, TA adj. De extensión breve en el tiempo o en el espacio. || De poca entidad. || Que no alcanza lo previsto. || Indeciso, débil. || Necio, ignorante. || Torpe, falto de expresión. || m. Cortometraje.

CORTOCIRCUITO m. Perturbación en un circuito eléctrico por la conexión directa entre dos conductores de distinta fase, con la producción de una corriente de gran intensidad.

CORTOMETRAJE m. Filme que no sobrepasa los 1 000 m de longitud y 35 minutos de proyección.

CORVA f. Cara interna de la rodilla y su articulación. || Llaga en los corvejones de las caballerías.

CORVEJÓN m. Articulación de la extremidad posterior de los cuadrúpedos, responsables de su flexión y extensión.

COSA f. Todo ente; lo que tiene algún tipo de existencia. || Objeto inanimado, por oposición a sujeto. || Aquello de lo que se trata. || Seguido de *de* y un número, aproximadamente éste. || fam. Órgano sexual.

COSACO, CA adj. y s. Se dice de las antiguas poblaciones rusas que a partir del siglo XV se establecieron en las cuencas bajas del Don y el Dniéper.

COSCORRÓN (o COSCURRO) m. Golpe que se da en la cabeza y no provoca herida. || Cuscurro.

COSECANTE f. Referida a un ángulo, α (cosec α), es la inversa de su seno.

COSECHA f. Lo que se obtiene con el cultivo de la tierra. || Temporada en que se efectúa su recolección. || Labores propias de la recolección. || Lo que uno recoge, consigue u obtiene. || *ser de c. propia* (algo) Habérsele ocurrido a uno.

COSECHAR intr. y tr. Hacer la cosecha, la recolección. || tr. Conseguir éxitos, fracasos, etcétera.

COSENO m. Referido a un ángulo, α, (cos α), cociente entre el cateto contiguo al ángulo y la hipotenusa del triángulo que se forma al trazar una perpendicular cualquiera desde un punto de un lado del ángulo hasta el otro lado.

COSER tr. Unir dos pedazos de tela o materia similar utilizando aguja e hilo. || Realizar todo tipo de labores de costura. || Poner grapas. || Unir dos cosas.

COSMÉTICO, CA adj. y s. Se aplica al preparado químico destinado a la higiene, cuidado o belleza del cuerpo humano. || f. Arte de elaborar y emplear dichos productos.

CÓSMICO adj. Relativo al cosmos.

COSMOGONÍA f. Teoría filosófica mítica o religiosa sobre el origen del universo o, más frecuentemente, sobre su organización. Suele basarse en la actividad de una divinidad superior, que a partir de una materia primordial separa los distintos elementos y crea el orden.

COSMOGRAFÍA f. Astronomía descriptiva.

COSMOLOGÍA f. Disciplina filosófica tradicional que trata del universo (o cosmos) concebido como una totalidad.

COSMOPOLITA adj. y com. Se aplica a la persona que ha viajado mucho, carece de residencia fija, etc., o bien aquella que se siente por encima de las barreras nacionales. || Se dice de las especies vegetales o animales de distribución geográfica muy amplia.

COSMOS m. El universo, entendido como conjunto de todo lo que existe. || La ordenación de tal conjunto, opuesta a caos.

COSQUILLAS f. pl. Hormigueo nervioso y a veces risa que produce un contacto ligero sobre ciertas partes del cuerpo.

COSTA f. Parte de una masa de tierra que está en contacto con el mar, especialmente la que éste baña en su flujo y reflujo.

COSTADO m. Cada uno de los lados del cuerpo humano, situados debajo de los brazos. || Flanco de un ejército. || Lado. || Cada una de las paredes laterales del casco de una embarcación.

COSTAL adj. Relativo a las costillas. || m. Saco grande. || Cada uno de los listones que, atravesados por las agujas, mantienen la verticalidad en un tapial.

COSTAR intr. Valer una cosa al adquirirla a un precio determinado. || Ocasionar algo daño o preocupación. || *c. un ojo de la cara, un riñón*, etc. Costar caro, o mucho trabajo. || *cueste lo que cueste* A toda costa.

COSTE m. Precio que se paga por la adquisición de una cosa. || Valor monetario de los factores de producción aplicados a ésta o a la distribución.

COSTEAR tr. y prnl. Pagar el importe de un coste. || prnl. Generar algo los suficientes beneficios para cubrir gastos.

COSTERO, RA adj. Costanero. || Relativo a la costa. || Se dice de lo que está situado a un lado.

COSTILLA f. Hueso plano y arqueado que en número de doce pares constituyen la jaula torácica. || Cada uno de tales huesos, con su carne, en los animales para el consumo. || fam. Cónyuge, especialmente el femenino.

COSTO m. Coste (precio). || Costa (manutención). || Valor en dinero o en esfuerzo.

COSTOSO, SA adj. De mucho precio o que cuesta de obtener. || Que provoca daño o preocupación.

COSTRA f. Corteza externa y endurecida de algo blando o húmedo. || Capa de espesor variable que cubre el suelo de zonas áridas como consecuencia de la acumulación superficial de las sales disueltas al evaporarse el agua. || Capa formada sobre la piel lesionada, por desecación de exudado, pus o sangre, durante el proceso de curación.

COSTUMBRE f. Uso, tradición. || Actuación individual o colectiva a la que se llega por repetición. || Regla de conducta observada de modo uniforme y constante, con la convicción de que atiende un imperativo jurídico.

COSTUMBRISMO m. Género literario que se cultivó como tal desde 1830 hasta la aparición del realismo (hacia 1868).

COSTURA f. Acción y efecto de coser. || Arte e industria de la confección de ropas. || Labor que se está cosiendo. || Línea de puntadas que une dos piezas.

COSTURERO, RA m. y f. Persona cuya profesión es coser ropa. || m. Mueble pequeño o estuche donde se guardan los útiles de costura.

COTANGENTE f. Referida a un ángulo, α (ctg α), es la inversa de su tangente.

COTEJAR tr. Confrontar dos cosas a vista.

COTEJO m. Acción y efecto de cotejar. || Autentificar pericialmente un documento, especialmente el presentado a un juicio.

COTIDIANO, NA adj. Diario, propio de cada día.

COTILEDON (o COTILEDÓN) m. Cada una de las primeras hojas desarrolladas por el embrión de las fanerógamas.

COTIZACIÓN f. Pago regular que se efectúa por pertenecer a una organización. || Valor porcentual que adquiere algo, especialmente activos financieros en el mercado bursátil.

COTIZAR tr. Señalar el valor de una acción u obligación, en función de su posición en el mercado bursátil. || tr. y prnl. Tener valor o influencia una persona o cosa. || intr. Pagar o cobrar una cuota. || Tener un valor presencia en la bolsa.

COTORREAR intr. Hablar sin ton ni son.

COVACHA f. Cueva o antro cochambroso.

COYUNDA f. Soga o correa para uncir los bueyes. || Correa de abarcas. || Matrimonio. || Dominio, yugo.

COYUNTURA f. Articulación de un hueso. || Circunstancia óptima para algo. || Contexto de una situación, hecho, etc. || Momento determinado en que se encuentra una actividad económica, y tendencias que apuntan en él.

CRÁNEO m. Parte del esqueleto de la cabeza, formada por ocho huesos: frontal, dos parietales, dos temporales, occipital, etmoides y esfenoides. Protege el encéfalo. || *ir de c.* Ir de cabeza.

CRASIS f. En gramática griega, tipo de contracción o de formación de diptongo, por la unión de la vocal final de una palabra y la inicial de la siguiente.

CRASO, SA adj. Grasiento, gordo. || Con ciertos sustantivos como error, engaño, etc., imperdonable. || Se dice de plantas, de tallos u hojas jugosos.

CRÁTER m. Cavidad en forma de embudo. || *meteorítico* El producido por el impacto de la caída de un meteorito. || *volcánico* Zona de emisión de los productos volcánicos, comunicado a través de la chimenea con la zona más profunda.

CREACIÓN f. Acción de crear. || Por antonomasia, la del universo por Dios, según la Biblia.

CREADOR, RA adj. y s. Que crea; se dice de artistas e investigadores. || Por antonomasia, Dios.

CREAR tr. Hacer que algo comience su existencia. || Fundar un nuevo cargo. || Elevar a una persona a una dignidad que antes no tenía. || Instituir. || Inventar, hacer surgir. || prnl. Tomar idea en la mente una cosa.

CREATIVIDAD f. Capacidad de crear; imaginación, práctica. || Capacidad de cualquier hablante para construir o entender mensajes que no conocía.

CRECER intr. Desarrollarse, ganar tamaño o estatura progresivamente. || Hacer una cosa mayor, por acumulación de nuevos elementos. || Elevarse, progresar. || Agrandarse de manera paulatina la cara visible de la Luna. || Aumentar el nivel del mar, por efecto de las mareas.

CRECIDO, DA adj. Desarrollado, grande. || adj. y s. Orgulloso, altanero. || f. Subida de una corriente de agua.

CRECIMIENTO m. Acción y efecto de crecer. || Cantidad que crece. || Proceso de desarrollo de un organismo u órgano, que en general se produce en varias fases y a distintas velocidades. || Proceso de aumento del producto interior bruto de una economía.

CREDENCIAL adj. Que acredita. || f. Certificado imprescindible para la toma de posesión de un cargo. || pl. Documentos con los que un embajador se acredita ante un jefe de Estado.

CRÉDITO m. Confirmación de algo. || Fama, prestigio. || Solvencia de una persona. || Derecho que uno tiene a recibir de otro alguna cosa, normalmente dinero. || Operación de préstamo de un bien, especialmente dinero, a cambio de garantías de su devolución y pago de un precio por disfrutarlo (interés). || *abrir un c.* (a alguien) Aceptar un banquero la entrega de dinero, hasta cierta cantidad, a un solicitante. || *a c.* Se dice de las compras a plazos o de pago aplazado. || *dar c.* Creer una noticia o argumento.

CRÉDULO, LA adj. Que se cree las cosas con facilidad.

CREENCIA f. Acción de creer. || Cosa creída. || Confianza ciega en algún dicho o hecho. || Doctrina, credo. || pl. Ideas políticas o religiosas de una persona o grupo.

CREER tr., intr. y prnl. Admitir una cosa sin necesidad de comprobación. || tr. e intr. Aceptar por la fe las verdades de revelación divina según las formula la Iglesia; suele construirse con la preposición *en.* || Pensar que una cosa es posible o evidente.

CREÍDO, DA adj. Orgulloso, fatuo.

CREMA, 1 f. Elemento graso de la leche. || Nata de la leche. || Especie de natillas espesas. || Licor denso y muy dulce. || La élite, lo más distinguido.

CREMA, 2 f. Cosmético para el cutis. || Pasta dentífrica. || Betún para el calzado.

CREMACIÓN f. Acción de quemar un cadáver, o los productos de desecho.

CREMALLERA f. Sistema de cierre, generalmente de prendar de vestir, formado por dos tiras con dientes, que se engranan y se desengranan, según se cierre o se abra. || Mecanismo compuesto por una barra y una rueda dentadas, de modo que al girar ésta, transforma un movimiento rotativo en rectilíneo.

CREMATORIO, RIA adj. Relativo a la cremación. || m. Horno y local para incinerar cadáveres.

CREPUSCULAR adj. Relativo al crepúsculo. || Se dice del estado de semiconsciencia que se da inmediatamente antes o después del sueño, o de un tipo de transtorno de la conciencia.

CREPÚSCULO m. Claridad que se observa al refractarse en la atmósfera los rayos de luz solar antes de la salida o después de la puesta del sol. || Declive.

CRESPO, PA adj. Se aplica al cabello muy rizado. || Se dice de las hojas u órganos vegetales de borde desigual. || Dicho del lenguaje o estilo, complicado. || Enojado. || m. Bucle, rizo.

CRESTA f. En sentido amplio, cualquier formación carnosa eréctil dispuesta generalmente en la cabeza de los machos de algunas especies de animales (aves, reptiles, etc.). || Cima rocosa de una montaña. || Parte alta y espumosa de las olas.

CRETINO, NA adj. Necio, torpe, corto.

CRETONA f. Tela de algodón, fuerte, estampada; se usa en tapicería.

CRÍA f. Acción y efecto de criar. || Niño o animal durante la crianza. || Conjunto de animales de un mismo parto.

CRIADERO, RA adj. Fértil. || m. Sitio donde crían los animales. || Plantel. || Mina, depósito de minerales.

CRIADILLA f. Testiculo de las reses.

CRIADO, DA adj. Con *bien* o *mal*, se dice de la persona que ha recibido buena o mala educación. || m. y f. Persona que realiza tareas domésticas a cambio de un salario.

CRIANZA f. Acción y efecto de criar. || Periodo de lactancia. || Con *buena* o *mala*, cortesía, educación.

CRIAR tr. Sacar algo de la nada (sustituido hoy por *crear*). || Alimentar, mantener una persona o animal a sus crías. || Enseñar, cuidar. || Fabricar vinos. || Incitar, dar motivos. || tr. y prnl. Crear, originar. || Efectuar la lactancia de un niño.

CRIATURA f. Cualquier cosa creada. || Niño de corta edad. || Feto. || Persona que debe a otra todo lo que es.

CRIBA m. Útil consistente en un aro de madera con una tela metálica, usado para cribar. || Cualquier utensilio de características similares. || Separación de los elementos esenciales de los que no lo son. || Tabique perforado dispuesto en los vasos conductores.

CRIMEN m. Delito grave. || Falta, acción mala. || Impropiamente (el concepto es más amplio), asesinato.

CRIMINAL adj. Relativo al crimen. || Se dice de las instituciones y legislación dedicadas a la prevención y castigo de los delitos. || adj. y com. Que ha cometido o ha intentado cometer un crimen.

CRIMINALISTA adj. y com. Se dice del abogado especializado en asuntos criminales. || Se dice del tratadista de derecho penal. || adj. Se dice del escribano que actúa en el proceso penal.

CRIN f. Conjunto de pelos dispuestos en el cuello, o en la cola de algunas especies animales, generalmente de mayor longitud que los restantes. || *vegetal* La de fibras vegetales (esparto, agave, etcétera).

CRÍO, A m. y f. Niño o niña de corta edad.

CRIOLLO, LLA adj. y s. Se dice del descendiente de europeos nacido en América; por extensión, en cualquier otra parte del mundo.

CRIPTA f. Capilla subterránea empleada como cámara sepulcral. || Santuario subterráneo en general. || Depresión en el parénquima de algún órgano (especialmente las amígdalas).

CRIPTÓGAMAS f. pl. Conjunto de plantas, sin categoría taxonómica, que carecen de órganos de reproducción aparentes (flores). Incluye Algas, Hongos, Líquenes, Briófitos y Pteridófitos.

CRISÁLIDA f. Estadio intermediario de desarrollo en las larvas de los insectos Lepidópteros. Forma imperfecta, pero con todos los rasgos del insecto adulto.

CRISIS f. Cambio en el curso de un proceso patológico, que se presenta de modo rápido e independiente del sentido favorable o desfavorable del mismo. || Cambio notable en el curso de un asunto, hecho, etc. || Estado delicado y conflictivo en el desarrollo de una cuestión. || Carestía, penuria. || Situación de decaimiento y atonía de las magnitudes (inversión, consumo, mercado de trabajo...) que definen una actividad económica.

CRISMA m. Aceite con bálsamo consagrado por el obispo, que se usa en la consagración de elementos litúrgicos y en el rito de ciertos sacramentos. || f. fig. Cabeza.

CRISOL m. Recipiente usado para fundir diversas materias a elevadas temperaturas. || Demostración que consolida una virtud o sentimiento.

CRISPAR tr. Contraer los músculos, nervios y miembros del cuerpo. || Exasperar, irritar.

CRISTAL m. Cuerpo macroscópico de composición química homogénea, limitado por caras, aristas y vértices, de natura-

CRISTALERÍA f. Tienda o fábrica de objetos de cristal. || Conjunto de tales objetos. || Técnica de la fabricación de objetos de cristal. || Serie de vasos, copas, etc., que forman una vajilla.

CRISTALINO, NA adj. Relativo al cristal; de estructura molecular regular. || m. Cuerpo en forma de lente biconvexa situado detrás del iris y delante del humor vítreo.

CRISTALIZAR intr. y pml. Adoptar forma cristalina. || Concretarse, aclararse las ideas. || tr. Hacer que algo se torne cristalino.

CRISTIANDAD f. Colectividad cristiana. || Conjunto de países de civilización cristiana. || Cumplimiento de la doctrina de Jesucristo.

CRISTIANISMO m. Movimiento religioso que incluye a todos aquellos que se consideran seguidores de las enseñanzas y ejemplo de Jesucristo. Surgió en Palestina, hacia los siglos I-II. || Observancia de la ley de Cristo.

CRISTIANO, NA adj. Relativo a la doctrina de Jesucristo. || fam. Se dice del vino rebajado. || Conveniente, útil para algo. || adj. y s. Que sigue la fe de Jesucristo.

CRITERIO m. Pauta o norma para discernir una cosa. || Regla o teorema de cálculo usada para comprobar si algo cumple o no determinada propiedad.

CRÍTICA f. Actividad que examina y juzga una obra artística, literaria, etc. || Juicio sobre algo. || Conjunto de críticos de arte, literatura, cine, etc. || Opinión sobre las acciones o la conducta de alguien. || Chismorreo.

CRITICAR tr. Analizar algo de acuerdo con unas reglas. || Reprobar, motejar. || Desacreditar. || Murmurar.

CRÍTICO, CA adj. Relativo a la crítica o a la crisis. || Se dice del momento, ocasión, punto, etc., oportuno, decisivo. || m. y f. Persona que se dedica a analizar obras de arte, literatura, cinematografía, etcétera.

CROAR intr. Cantar la rana.

CROMAR tr. Bañar un metal en cromo, para evitar que se oxide.

CROMÁTICO, CA adj. Relativo a los colores. || Se dice de los elementos ópticos que por defecto de construcción presentan los objetos observados a su través con los bordes coloreados.

CROMO m. (Cr) Elemento químico del grupo VIa de la tabla periódica. Se encuentra combinado en la naturaleza y su mena más importante es la cromita. Es un metal blanco, duro, brillante y frágil. Se utiliza para formar capas protectoras mediante depósito electrolítico (cromado), en la industria de pigmentos minerales, en tintorería, e interviene en la composición de los aceros inoxidables.

CROMOSOMA m. Cada una de las subunidades estructurales presentes en el núcleo celular, portadoras del patrimonio genético del individuo. Su número es característico de cada especie y en las células diploides cada c. está duplicado. || *sexual* Portador de los caracteres sexuales individuales.

CRÓNICO, CA adj. Se dice de las enfermedades de larga duración, en oposición a las agudas. || Se aplica a vicios o defectos persistentes. || Que se viene arrastrando desde hace tiempo. || f. Género medieval que narra los acontecimientos históricos expuestos cronológicamente. || Artículo periodístico que comenta un tema actual.

CRONISTA com. Periodista que redacta crónicas. || Autor de alguna crónica.

CRONOLOGÍA f. Ciencia que estudia las fechas de los acontecimientos históricos. || Forma de efectuar el cómputo del tiempo. || Sucesión de personas o hechos históricos, según un criterio temporal.

CRONÓMETRO m. Reloj de alta precisión para fracciones de tiempo muy pequeñas, provisto de un certificado de homologación y control.

CROQUETA f. Fritura, hecha generalmente con carne picada o pescado desmenuzado, que se reboza dándole una forma ovalada.

CROQUIS m. Apunte, boceto que se hace de algo para su posterior realización.

CRUCE m. Acción de cruzar o de cruzarse. || Intersección de dos líneas, caminos, etc. || Franja en una vía urbana, para el paso de peatones. || Unión sexual de animales de raza distinta, para depurarla.

|| Interferencia de ondas radiográficas, telefónicas, etcétera.
CRUCERO m. Confluencia en un punto, de diferentes vías de comunicación. || Viaje de placer, a bordo de un barco, que toca puertos de interés turístico.
CRUCIAL adj. Se dice de lo que tiene forma de cruz. || Se aplica al momento decisivo o cumbre, en el desarrollo de un hecho.
CRUCIFICAR tr. Clavar a alguien en una cruz. || Mortificar, afligir. || Poner verde.
CRUCIFIXIÓN f. Acción y efecto de crucificar.
CRUCIGRAMA m. Juego enigmático que consiste en colocar letras o sílabas en casillas, de modo que pueda realizarse una doble lectura, vertical y horizontal, de las palabras resultantes.
CRUDEZA f. Cualidad de crudo. || Dureza, desabrimiento. || pl. Alimentos que se asientan mal en el estómago.
CRUDO, DA adj. Que no está cocido. || Se dice de la fruta no madura. || Se aplica a las cosas que no están sazonadas o trabajadas. || Se dice de los alimentos pesados. || Cruel, destemplado. || Se aplica a la obra literaria, película, etc., en que se reflejan escenas truculentas, repugnantes, etc., con mucho realismo.
CRUEL adj. Que hace, o le gusta, hacer sufrir a otros. || Duro, insoportable. || Inclemente, sangriento.
CRUELDAD f. Cualidad de cruel. || Acción cruel.
CRUENTO, TA adj. Sangriento.
CRUJÍA f. Pasillo largo de una vivienda. || Sala de hospital con hileras de camas a uno y otro lado. || Zona que queda entre dos muros de carga.
CRUJIR intr. Producir ruido un cuerpo, al quebrarse, al rozar o al chocar.
CRUSTÁCEOS m. pl. Clase de Artrópodos caracterizados por cuerpo metamerizado con un número variable de segmentos, dividido en cefalotórax y abdomen, cubierto distintamente por el caparazón; tamaño variable, desde microscópicos a más de tres metros. La cabeza lleva cinco pares de apéndices, sensoriales u orales mientras que los torácicos son locomotores. Se conocen unas 27 000 especies.
CRUZ f. Figura formada por la intersección de dos líneas perpendiculares. || Instrumento de suplicio, de dicha forma, en que se clavaba a los condenados. || Símbolo del cristianismo. || Reverso de las monedas o medallas.
CRUZADA f. En la edad media, cada una de las ocho campañas de los Estados europeos en Palestina, frente a los árabes. || Cualquier otra campaña, contra el mismo enemigo, de un Estado cristiano (p. ej., la Reconquista); declarada por el papa en ambos casos.
CRUZADO, DA adj. En cruz. || Se dice del animal que procede de padres de distinta raza. || Se dice del tejido muy tupido. || adj. y m. Que intervenía en una cruzada.
CRUZAR tr. y prnl. Poner una cosa sobre otra, formando una cruz. || Otorgar a una persona la cruz de una orden. || Cambiar mutuamente miradas, palabras, signos, etc. || tr. Pasar de un lado a otro en una calle, camino, etc. || Atravesar una embarcación el mar en todas direcciones.
CU f. Nombre de la letra *q*.
CUADERNILLO m. Conjunto de cinco pliegos de papel. || Añalejo.
CUADERNO m. Unión de varios pliegos de papel, en forma de libro. || Libro en que se consignan notas, observaciones, cuentas, etcétera.
CUADRA f. Caballeriza. || Conjunto de caballos de un mismo dueño. || Sala grande. || Sala espaciosa de un cuartel, prisión, etc. || Manzana de casas, y cada tramo de calle correspondiente a un lado de aquélla. || Medida de longitud (según los países, entre 100 y 150 m). || En astronomía, cuadratura.
CUADRADO, DA adj. En forma de cuadrado. || De mente cerrada. || De superficie igual a un cuadrado cuyo lado es la unidad de longitud a la que adjetiva. || m. Cuadrilátero paralelogramo que tiene iguales todos sus lados y ángulos. || Potencia de exponente dos. || Número expresable como potencia dos de otro (*c. perfecto*).
CUADRANGULAR adj. Que posee o forma cuatro ángulos.
CUADRANTE m. Reloj de sol. || Cuarta parte de una herencia. || Almohada cuadrada. || Antigua moneda romana de cobre. || Cada una de las cuatro partes en que puede dividirse un círculo.
CUADRAR tr. Dar figura cuadrada. || Elevar al cuadrado. || Hallar el cuadrado

de la superficie de una figura. || Cuadricular. || Lograr la coincidencia del debe y el haber.

CUADRATURA f. Acción y efecto de cuadrar. || Cálculo de la superficie de una figura, logrado a partir de la de un cuadrado cuya superficie es igual a la de la figura. || *la c. del círculo* Expresión que denota que no se puede realizar algo.

CUADRIGA f. Tiro de cuatro caballos de frente. || Carro que llevaba un tiro de esta modalidad.

CUADRILÁTERO, RA adj. Que tiene cuatro lados. || m. Polígono de cuatro lados. Se clasifican en paralelogramos (cuadrado, rectángulo, rombo y romboide) y no paralelogramos (trapecio y trapezoide).

CUADRILLA f. Grupo de personas que realizan un trabajo común. || Reunión de gente armada. || Conjunto de personas con distintivo, que participan en algunas fiestas. || Antigua danza de sociedad. || Grupo de perros de caza.

CUADRO, DRA adj. y s. Cuadrado. || m. Rectángulo. || Obra pintada no mural, especialmente la tela o tabla realizada al óleo. || Marco de una pintura. || Denominación de diversas cosas de forma cuadrada, p. ej., una parte de un jardín. || En teatro, cada parte de un acto en que cambia la decoración. || Descripción detallada y vivida. || Representación gráfica y sinóptica de la organización, estado o evolución de algo. || Paisaje o conducta conmovedora.

CUADRÚMANO, NA adj. y s. Se dice de los primates provistos de cuatro extremidades prensiles.

CUADRÚPEDO, DA adj. y s. Se dice de los animales de cuatro patas.

CUAJADA f. Residuo sólido de la leche que ha cuajado. || Requesón.

CUAJAR, 1 m. Cuarta cavidad del estómago de los Rumiantes, verdadero estómago con abundantes glándulas gástricas.

CUAJAR, 2 tr. y prnl. Hacer que un líquido, que contiene generalmente materia grasa, se torne sólido. || Asentarse, no licuarse la nieve sobre una superficie.

CUAJARÓN m. Coágulo de sangre u otro líquido.

CUAJO m. Fermento que coagula la leche. Está contenido en el cuajar de los rumiantes y posee una enzima que activa la coagulación de la leche (precipita la caseína). Se usa en la fabricación de quesos. || fam. Tranquilidad, flema.

CUAL pron. Es átono y no tiene otra variación que la del número. || Con el artículo precediéndolo, forma pronombre relativo. || En correlación con *tal* y su plural, toma función de adjetivo. || Se acentúa cuando funciona como interrogativo; también cuando es exclamativo. || En ocasiones toma el valor de *como* y funciona como adverbio. || También denota comparación o equivalencia. || *cada c.* Referido a personas, todos.

CUALIDAD f. Cada característica que define a una persona o cosa. || En fonética, lo que determina el timbre de un sonido.

CUALITATIVO, VA adj. Que denota cualidad.

CUALQUIER adj. y pron. Apócope de *cualquiera*; sólo se usa antepuesto al nombre.

CUALQUIERA adj. y pron. Es marca de indeterminación. || *un c.* Pobre diablo.

CUAN adv. Apócope de *cuanto*. || Con acento ortográfico, se utiliza para enfatizar la exclamación. || En correlación con *tan*, indica comparación en grado de igualdad o semejanza.

CUANDO conj. En el momento, tiempo, ocasión en que. || En caso de que. || Aunque. || Puesto que. || adv. Con acento, en fases exclamativas o interrogativas toma el significado de *en qué tiempo*. || Precedido de artículo y con acento, toma valor de sustantivo. || prep. Durante.

CUANTÍA f. Cantidad. || Rasgos que diferencian y elevan a una persona.

CUANTIFICAR tr. Expresar una magnitud en números. || Determinar la cantidad en un juicio lógico.

CUANTIOSO, SA adj. De gran cantidad.

CUANTITATIVO, VA adj. De la cantidad.

CUANTO, TA pron. En plural y funcionando como sustantivo, equivale a *todas las personas que*. || También como *todo lo que*, en frases generalmente ponderativas o enfáticas. || En correlación con *tanto* y sus derivados y agrupados con *más o menos*, expresa cantidad y a veces

CUARENTENA   173   **CUBRIR**

equivale a *como*. || También puede usarse como partícula interrogativa o exclamativa, solo o con un sustantivo. || En cuanto a.

CUARENTENA f. Conjunto de 40 unidades. || Cuarenta días, meses o años. || Aislamiento preventivo, por razones sanitarias, a que se somete por dicho lapso a personas o animales.

CUARESMA f. Tiempo litúrgico de los católicos, en el que se prepara penitencialmente la pascua de resurrección. Dura cuarenta días, a partir del miércoles de ceniza.

CUARTA f. Cada una de las cuatro divisiones iguales de algo. || Palmo, medida de longitud.

CUARTEAR tr. Dividir en cuartos. || Trocear. || Hacer zigzaguear un carruaje, para subir mejor las cuestas.

CUARTEL m. Cuarta parte. || Cada una de las divisiones de un escudo. || Parte acotada de un terreno. || Edificio donde se ubica permanentemente una unidad militar y su material.

CUARTETA f. Redondilla. || Estrofa de cuatro versos de arte menor, con rima en consonante en los pares (abcb).

CUARTETO m. Estrofa de cuatro versos de arte mayor, con rima en consonante (generalmente en ABBA o ABAB). || Composición vocal o instrumental para cuatro intérpretes, y conjunto que la ejecuta.

CUARTILLA f. Medida de áridos (13. 87 l). || Cuarta parte de una fanega. || Hoja de papel, cuarta parte de un pliego.

CUARTO, TA adj. y s. Entre el tercero y el quinto. || adj. y m. Cada una de las cuatro divisiones iguales de algo. || m. Quince minutos.

CUARZO m. Anhídrido silícico, que forma cristales trigonales, de tamaño y color variable en función de las impurezas presentes. Es muy duro, carece de exfoliación y es muy piezoeléctrico. Se usa en la industria, para la fabricación de abrasivos, y ciertas variedades como ornamentales.

CUATERNARIO, RIA adj. y s. Que consta de cuatro elementos. || adj. y m. Se dice de la era geológica actual de la Tierra, iniciada hace 1-2 millones de años con un empeoramiento del clima que condujo a alternancias de épocas frías y relativamente cálidas. **CUBA** f. Tonel pequeño.

|| Líquido que puede contener. || Persona que bebe mucho vino sin embriagarse. || Parte de un alto horno entre el vientre y el tragante.

CUBETA f. Herrada frágil. || Pequeña cuba de los aguadores. || En los barómetros, depósitos de mercurio. || Recipiente de poco fondo, que se usa en laboratorios fotográficos, químicos, etcétera.

CÚBICO, CA adj. De figura de cubo o semejante a él; la palabra cubo aparece en las unidades de volumen pospuesta a la longitud del lado del cubo que las define. || Aplicado a una raíz, de índice tres. || Se dice de las ecuaciones o funciones (curvas) de 3er grado. || Sistema cristalino con tres ejes equivalentes y perpendiculares entre sí.

CUBÍCULO m. Alcoba, habitación.

CUBIERTO, TA m. Servicio completo de mesa. || Juego de cuchara, tenedor y cuchillo; suele usarse en pl. || f. Lo que cubre o sirve para cubrir. || Portada de una revista.

CUBIL m. Refugio, madriguera de las fieras. || Cauce de una corriente de agua.

CUBILETE m. Vaso de boca ancha, y de materiales diversos, que se usa especialmente en cocina y en algunos juegos, como el de los dados. || Pastel o empanada en forma de cubilete.

CUBISMO m. Movimiento artístico aparecido en Francia hacia 1907. Recibió las influencias de Cézanne. Buscó representar simultáneamente y en un mismo espacio los diferentes aspectos y facetas de lo representado.

CÚBITO m. Hueso de la parte interna del antebrazo; se articula con su vecino el radio y por medio de su apófisis, llamada olécranon, con el húmero.

CUBO, 1 m. Recipiente metálico o de otro material, generalmente de forma cilíndrica, ancho de boca y provisto de un asa de una parte a otra de su circunferencia.

CUBO, 2 m. Hexaedro regular. || Número que se puede expresar como producto de tres factores idénticos. || Potencia tres.

CUBRECAMA m. Colcha de la cama.

CUBRIR tr. y prnl. Tapar o resguardar una cosa con otra. || Vestirse con poca ropa o con algo inapropiado. || Bastar, ser suficiente. || Llenar de atenciones, honores, etc. || tr. Tapar algo del todo o en parte.

CUCLILLAS, *en* Agachado de forma que el cuerpo reposa sobre las puntas de los pies.

CUCO m. Coco (fantasma).

CUCO, CA adj. De apariencia grata. || adj. y s. Astuto, sagaz.

CUCURUCHO m. Papel, pasta de galleta, etc., arrollado en forma de cono.

CUCHARA f. Pieza ovalada y cóncava, con mango, empleada para comer, especialmente líquidos. || Cacillo para extraer líquidos de las tinajas u otros recipientes. || Cucharada.

CUCHARADA f. Porción de algo que se toma cada vez con la cuchara.

CUCHICHEAR intr. Hablar a alguien al oído o en voz baja para que no se enteren los demás.

CUCHILLA f. Cuchillo de hoja ancha con un solo filo. || Hoja de arma blanca. || Hoja de afeitar. || Montaña abrupta.

CUCHILLADA f. Golpe de arma blanca. || Herida que se ocasiona. || Altercado, reyerta.

CUCHILLO m. Útil compuesto de una hoja de un solo filo y un mango.

CUCHITRIL m. Pocilga. || Habitáculo pequeño y desaseado.

CUELLO m. Segmento del tronco situado entre la cabeza y el tórax. Su esqueleto está formado por la zona cervical de la columna vertebral. || Parte superior y estrecha de una vasija.

CUENCA f. Vasija cóncava de barro, madera, etc., que llevaban los peregrinos y mendigos. || Cavidad craneal en que se alojan cada uno de los ojos. || Concavidad. || *fluvial* Depresión geográfica, por cuya parte baja discurre un río que recoge todas las aguas de aquélla. || *minera* Conjunto de yacimientos mineros que forman una unidad geográfica.

CUENTA f. Acción y efecto de contar. || Cálculo aritmético. || Hilos de la trama de una tela, que configuran su calidad. || Satisfacción, explicación de algo. || Bolita perforada, con que se hacen rosarios y otros abalorios. || Deber, incumbencia, cuidado. || Atención, deferencia. || Beneficio, ganancia. || En contabilidad, cada una de las divisiones del libro mayor. || Depósito bancario.

CUENTO m. Relato breve que desarrolla un argumento o acción. || Cuenta, cálculo. || Chiste, historieta. || fam. Patraña, embuste. || Enredo.

CUERDA f. Conjunto de hilos o fibras, de materiales diversos que, una vez torcidos juntos, se usa para atar o suspender cosas. || Hilo fino de acero, tripa o alambre de determinados instrumentos; su vibración produce el sonido. || Cada una de las voces: soprano, tenor, contralto y bajo.

CUERDO, DA adj. y s. En plenas facultades mentales. || Reflexivo, sensato, formal.

CUERNO m. Formación cefálica típica de numerosas especies de mamíferos, generalmente presente en ambos sexos. Puede ser persistente o caduco, de naturaleza ósea o cutánea, y de forma muy variable. Tiene carácter defensivo. || Instrumento de viento, de origen prehistórico, hecho de cuerno de animal, vaciado y agujereado por la punta.

CUERO m. Piel curtida de algunos animales. || Odre.

CUERPO m. Toda cosa material. || Organismo de un ser animado y, en los vertebrados superiores, también el tronco. || Constitución física de una persona. || Lo que constituye el tema de un escrito, dejando de lado introducción, epílogo, etc. || En un discurso, el desarrollo de la idea central. || Conjunto de leyes.

CUESTA f. Terreno en pendiente. || *de enero* Periodo de dificultades económicas, en enero, debido a los gastos navideños.

CUESTIÓN f. Pregunta, inquisición. || Controversia, disputa. || Altercado, follón. || Asunto que requiere atención. || Cosa, tema, asunto. || Problema.

CUESTIONARIO m. Batería de preguntas. || Temario de un examen u oposición. || Formulario, impreso.

CUEVA f. Cavidad de desarrollo predominantemente horizontal, de dimensiones muy variables, originada por fenómenos naturales (disolución de rocas calcáreas, erosión marina o vulcanismo). Se sitúan generalmente en las laderas de las montañas.

CUIDADO m. Esmero y atención en la realización de algo. || Solicitud y curas a un enfermo. || Responsabilidad de vigilar y atender algo. || Seguido de *con*, advertencia o amenaza frente a algo o alguien. || Prevención, desconfianza. || *¡cuidado!*

Exclamación de advertencia o amenaza. || *de c.* Peligroso, imprevisible.
CUIDADOSO, SA adj. Esmerado, minucioso. || Precavido, prudente.
CUIDAR tr. e intr. Vigilar, atender. || prnl. Atender a la propia salud. || Darse vida regalada.
CUITA f. Pesar, penalidad.
CULATA f. Anca de caballería. || Empuñadura de un arma de fuego, para asirla o apoyarla en el momento del disparo. || Tapa que cierra la parte superior de uno o varios cilindros de un motor. || Pieza ferromagnética que cierra el circuito de un transformador, un electroimán o los polos de una máquina.
CULINARIO, RIA adj. Relativo a la cocina o al arte de cocinar.
CULMINAR tr. e intr. Alcanzar una cosa su realización o máxima altura. || Pasar un astro por el meridiano del observador.
CULO m. Nalga. || Ancas de los animales. || Ano. || Parte posterior o inferior de una cosa por donde generalmente se apoya. || Pequeña cantidad de líquidos en un recipiente.
CULOMBIO m. (cul) Unidad de carga eléctrica: cantidad de electricidad transportada por un amperio durante un segundo a lo largo de la sección de un conductor.
CULPA f. Conducta negligente, sin intención directa de perjudicar, que lesiona un derecho ajeno o infringe un precepto penal. || Responsabilidad de un acto inadecuado o delictivo.
CULPABILIDAD f. Calidad de culpable; es una de las características esenciales de un delito.
CULPABLE adj. y com. Que ha provocado consecuencias negativas o es responsable de un delito.
CULPAR tr. y prnl. Echar la culpa.
CULTERANISMO m. Estilo literario desarrollado por Góngora, caracterizado por una latinización de la sintaxis del lenguaje y del vocabulario (cultismo, hipérbaton, etc.), empleo de metáforas genéricas, etcétera.
CULTISMO m. Voz procedente de una lengua clásica que penetra en otra tardíamente, cuando ya las voces populares han sufrido las transformaciones fonéticas. || Culteranismo. || Expresión culta, frente a la de uso común.

CULTIVAR tr. Efectuar un cultivo. || Afanarse por desarrollar un vínculo, una cualidad, etcétera. || Practicar una actividad.
CULTIVO m. Conjunto de técnicas de control del crecimiento y desarrollo de un organismo. El más antiguo es el dedicado a la producción de vegetales útiles al hombre (c. *agrícola*). Se basa en las técnicas de abonado, de selección de las variedades más productivas y combate a las plagas. Los c. *marinos* (crustáceos, algas) se están desarrollando. || Conjunto de actuaciones para mantener vivo un vínculo, actividad, etcétera.
CULTO, TA adj. Que tiene formación cultural. || Cultivado.
CULTURA f. Conjunto de valores, creencias, tradiciones, instituciones, lenguaje, etc., que elabora y trasmite una sociedad; refleja las condiciones materiales de su existencia y proporciona instrumentos para alterarlas. || Conjunto de conocimientos que una persona ha adquirido, generalmente en su proceso de socialización.
CUMBRE f. Cima. || Culminación || Reunión de alto nivel.
CUMPLEAÑOS m. Aniversario de nacimiento.
CUMPLIDO, DA adj. Entero, lleno. || Concluido, perfecto. || Abundante, largo. || Atento, educado. || m. Manifestación de cortesía.
CUMPLIMENTAR tr. Saludar con cortesía a un superior o una autoridad. || Poner en ejecución una orden o trámite. || Cumplir.
CUMPLIR tr. Ejecutar, realizar algo previsto. || Ayudar a alguien en sus necesidades. || Ser cortés con alguien. || Llegar a tener un cierto número de semanas, meses o años.
CÚMULO m. Pila de cosas. || Reunión de cosas materiales o inmateriales.
CUNA f. Cama para niños, generalmente con barandillas o barrotes, que puede llevar balancines. || Inclusa. || Lugar de origen de una persona o cosa. || Estirpe, familia.
CUNDIR intr. Expandirse una cosa. || Difundirse una cosa. || Rendir algo. || Avanzar, prosperar.
CUNEIFORME adj. De forma de cuña. || Se dice de la escritura empleada antiguamente en el Asia Occidental cuyos caracteres son mezcla de agujeros y pequeñas cuñas.

CUÑA f. Pieza diédrica aguda; se aplica especialmente al prisma triangular usado para hender, calzar, rellenar un hueco, ajustar cuerpos sólidos entre sí, etc. || Hendidura o grieta de esta forma. || Adoquín troncopiramidal.

CUÑADO, DA m. y f. Hermano o hermana de uno de los esposos con respecto al otro.

CUÑO m. Troquel para imprimir monedas, medallas, etc. || Impresión o marca de este sello. || Acción de acuñar.

CUOTA f. Cantidad o porción fija o proporcionada. || En una lista de cobro, cantidad señalada a cada contribuyente.

CUPÓN m. Cada parte de un título de deuda o de crédito, que su tenedor corta y presenta a la entidad emisora para mostrar su derecho a cobrar un interés o cualquier otra ventaja.

CÚPULA f. Bóveda semiesférica levantada sobre una base cuadrada, poligonal, circular o elíptica. El paso de la planta a la c. se hace por medio de pechinas o trompas. || Torre de hierro, redonda y giratoria, donde se emplazan los cañones de ciertos acorazados.

CURA m. Sacerdote encargado de una parroquia. || Sacerdote católico. || f. Acción y efecto de curar.

CURANDERO, RA m. y f. Persona que, sin título profesional, cura mediante procedimientos naturales (hierbas, masajes, etc.), y en algunos casos con métodos supersticiosos. || despect. Médico.

CURAR intr. y prnl. Sanar. || Con la prep. *de*, cuidar de. || tr. y prnl. Tratar a los enfermos. || tr. Preparar lo necesario para que un enfermo logre su curación. || Disponer las carnes y pescados para su curación. || Preparar algo para su conservación. || fig. Sanar las penas del alma. || Aliviar un mal.

CURIA f. Tribunal de lo contencioso. || Conjunto de abogados, jueces y otros funcionarios que participan en la administración de justicia.

CURIO m. (Cm) Elemento químico, actínido transuránido del grupo IIIa de la tabla periódica. Muy radiactivo, inestable y artificial.

CURIOSEAR intr. Tratar de averiguar una persona lo que no es de su incumbencia. || intr. y tr. Husmear.

CURIOSIDAD f. Cualidad de curioso. || Cosa extraña o rara. || Aseo, pulcritud. || esmero.

CURIOSO, SA adj. y s. Que tiene curiosidad. || Chocante, llamativo. || Limpio, meticuloso.

CURRICULUM VITAE m. Serie de datos personales y profesionales que aporta el aspirante a un puesto o cargo.

CURSAR tr. Frecuentar un sitio. || Realizar estudios en un centro docente. || Tramitar un documento. || Enviar algo a su destino. || intr. Mostrar una enfermedad los síntomas que le son propios.

CURSI adj. y com. Se aplica a la persona que se cree elegante o fina y no lo es. || Se dice de lo que es pretencioso o ridículo.

CURSILLO m. Curso corto sobre una determinada materia. || Breve serie de conferencias sobre algún tema.

CURSIVO, VA adj. y s. Se dice de la escritura muy ligada, a causa de la rapidez con que se ejecuta. || f. En imprenta, tipo de letra inclinada.

CURSO m. Dirección o rumbo que sigue una cosa al moverse. || Transcurso del tiempo. || Año escolar. || Lecciones que se imparten de una materia determinada. || Tratado o materia. || Conjunto de alumnos de un mismo nivel escolar. || Trámite o desarrollo de un asunto. || Sucesión, serie. || Divulgación. || Desplazamiento de una masa líquida por un cauce. || Evolución de una enfermedad.

CURSOR m. Pieza pequeña que se desliza a lo largo de otra mayor y que sirve para establecer contactos de intensidad variable.

CURTIDO m. Acción y efecto de curtir. Consta de tres fases principales: reverdecimiento (ablandado de la piel en agua), encalado o apelambrado (baño de la piel en una lechada de cal, para separar de ella la carne y pelos) y c. propiamente dicho (tratamiento de la piel con sustancias, vegetales —tanino— o químicas —sales de cromo).

CURTIR tr. Tratar las pieles para uso. || tr. y prnl. Tostar la piel el sol o la intemperie. || Habituar a alguien a un trabajo duro, penalidad, etcétera.

CURVA f. Línea del plano (c. *plana*) o del espacio (c. *alabeada*). Se usan varios métodos de definición: como lugar geométrico —sus puntos deben cumplir una determinada propiedad—, cinemáticamente —sus puntos son sucesivas posiciones que varían en función del tiempo—, como corte de dos superficies, dando la ecuación que deben satisfacer sus puntos algébricamente, etc. || Esquema gráfico de las etapas sucesivas de un fenómeno. || Recodo en una carretera o camino; según su mayor o menor curvatura, puede ser *cerrada* o *abierta*.

CURVATURA f. Acción y efecto de curvar. || Desvío de la línea recta. || Referida a una curva plana, relación entre la variación de la inclinación de la tangente a ella (α) y la longitud del arco considerado. || Característica del espacio, por la que éste tiene una inflexión curva, ante la presencia de la materia y su ley de gravedad, que opera sobre los fotones.

CURVILÍNEO, A adj. Formado por líneas curvas.

CURVO, VA adj. y s. Que se aleja de la dirección recta sin formar ángulos. || Combado.

CÚSPIDE f. Cima puntiaguda de una montaña. || Parte más alta de cualquier cosa. || Cumbre, pináculo. || Conjunto de órganos de dirección de una institución.

CUSTODIA f. Acción y efecto de custodiar. || Persona encargada de custodiar algo o a alguien.

CUSTODIAR tr. Vigilar, proteger.

CUSTODIO m. Quien tiene encomendada la custodia de algo o alguien.

CUTÁNEO, A adj. Del cutis.

CUTÍCULA f. Película, capa. || Diferenciación y engrosamiento de la membrana celular, tanto vegetal como animal, que forma una capa resistente e impermeable y cubre ininterrumpidamente la superficie. || Revestimiento protector externo, no celular, segregado por las células de la epidermis, presente en varios grupos de invertebrados. || Epidermis.

CUTIS m. Piel de las personas, especialmente la de la cara.

CUYO, YA pron. rel. y pos. Concierta con la cosa o persona poseída; seguido de dos sustantivos, concuerda con el primero. Rige preposición de acuerdo con el nombre con el cual concierta. Tiene valor de atributo con el verbo ser; carácter posesivo.

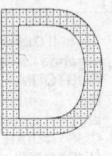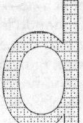

D f. Quinta letra del abecedario castellano (D, d); su nombre es *de*. || En la numeración romana, 500. || En la notación musical alfabética, nota *re*. || Abreviatura de derivada (D) y de diferencial (d). || En abreviaturas de medidas, deci-.
DACTILOGRAFÍA f. Mecanografía.
DACTILOLOGÍA f. Lenguaje de las manos, especialmente el de los sordomudos.
DACTILOSCOPIA f. Estudio de las huellas dactilares con finalidad de identificación personal.
DADAÍSMO m. Movimiento artístico y literario que planteó una actitud anárquica ante el hecho artístico y un total rechazo a los modelos establecidos.
DÁDIVA f. Regalo que se hace de forma gratuita.
DADO m. Pequeño cubo de seis caras con diversas figuras o puntos utilizado en juegos de azar. || Pieza metálica de la misma forma que en las máquinas sirve de apoyo a tornillos, ejes, etcétera.
DADO, DA adj. Otorgado, concedido. || *que* Puesto que, a condición que.
DAGA f. Espada pequeña y de hoja corta.
DÁLMATA adj. y com. De Dalmacia.
DALTONISMO m. Variación de discromatopsia. Es una dificultad para discernir ciertos colores (especialmente rojo y verde).
DAMA f. Mujer de clase elevada o buena educación. || Mujer a quien se dirigían los desvelos amorosos de un caballero. || Mujer de alcurnia al servicio de la familia real. || Actriz de una obra de teatro; el término va precedido de un numeral que indica la importancia del papel que desempeña (1ª d., 2ª d., etcétera).
DAMASCO m. Tejido de seda labrada cuya trama y urdimbre tienen un mismo color, con dibujos que destacan solamente por su brillo.
DAMNIFICAR tr. Perjudicar.
DANÉS, SA adj. y s. De Dinamarca.
DANZA f. Acción de danzar o bailar; tiene una connotación de baile sujeto a normas muy rígidas, como los bailes populares o el ballet. || Conjunto de bailarines y cuadro que componen.
DANZAR tr. e intr. Bailar. || intr. Bailotear, moverse algo. || Entremeterse.
DANZARÍN, NA m. y f. Persona que baila con arreglo a pasos ensayados. || adj. y s. Se dice del danzante entremetido.
DAÑAR tr. y prnl. Herir, arruinar o perjudicar. || Estropear, especialmente un fruto.
DAÑINO, NA adj. Nocivo, que daña.
DAÑO m. Efecto de dañar o dañarse. || Dolor por una contusión. || pl. Estragos. || *emergente* El que se deduce de forma secundaria del incumplimiento de una palabra dada. || *daños y perjuicios* Figura jurídica por la que el causante de un daño debe compensar económicamente a la persona dañada.
DAR tr. Regalar, donar. || Poner al alcance. || Sentar las bases. || Otorgar. || Nombrar, designar para un cargo. || Estar de acuerdo.

DARDO m. Arma arrojadiza parecida al venablo. || Dicho punzante o satírico.
DARVINISMO (o DARWINISMO) m. Teoría biológica elaborada por Darwin, para explicar por cambio evolutivo la aparición de nuevas especies.
DATAR tr. Encontrar la fecha de composición de algo si se desconoce. || intr. Seguido de *de*, existir desde el momento que se indica.
DÁTIL m. Fruto de la palmera datilífera.
DATIVO m. Caso de la declinación nominal que indica a quién va destinado algo; realiza la función de complemento indirecto. En las lenguas romances se recurre a las preposiciones (en castellano, *a* y *para*) para expresarlo.
DATO m. Hecho o noticia previos que permiten conocer o deducir algo. || Documentos, prueba.
DDT Abreviatura de dicloro-difenil-tricloroetano. Agujas incoloras prácticamente insolubles en agua, ácidos y álcalis. Solubles en benceno. Usado como insecticida de contacto; es tóxico por ingestión.
DE, 1 f. Nombre de la letra *d*.
DE, 2 prep. Expresa posesión o pertenencia (*libro de Pedro*). || Indica la materia de que está formada una cosa (*mesa de madera*). || Especifica lo que abarca o contiene una cosa (*libro de música, plato de sopa, vaso de agua*). || Expresa la condición o manera de ser de una persona o cosa (*mujer de carácter*). || Referido a cantidades, tiene valor partitivo (*veinte de los nuestros*). || Denota origen y procedencia (*soy de la ciudad*). || En las distancias, equivale a *desde*. || Manifiesta el modo en que se realizan o acontecen algunas cosas (*conduce de prisa*). || Fija el tiempo en que ocurre algo (*de madrugada*). || Forma aposición (*el cañón del Colorado*). || Acompaña a algunos verbos auxiliares: *haber de*. || Rige infinitivo (*momento de actuar*). || Enfatiza un calificativo (*el gracioso de tu tío*). || Confiere un matiz conjuntivo (*de lo cual, se desprende*). || Con infinitivo, toma un carácter concesivo, condicional, causal, etc. (*de venir pronto, iremos al cine*).
DEAMBULAR intr. Andar sin rumbo fijo.
DEBAJO adv. En una posición inferior o más baja que otra. Si le sigue un nombre lleva la preposición *de* (*debajo de la cama*).
DEBATE m. Discusión, polémica. || Contienda, litigio.
DEBE m. Parte en la que se anotan todas las cantidades que se cargan en cuenta y que suponen la deuda.
DEBER, 1 m. Obligación que tiene el hombre de atenerse a unas normas religiosas, éticas, políticas, etc. || Objeto y contenido de una obligación jurídica o moral. || Lo que cada cual debe hacer.
DEBER, 2 tr. y prnl. Tener la obligación de seguir unas determinadas normas o leyes. || Estar obligado a mostrar gratitud, afecto, etcétera.
DÉBIL adj. y com. Que tiene escasa fuerza. || De naturaleza o carácter blando. || adj. Se dice de la posición de ciertos fonemas que, al no estar en posición fuerte, están expuestos a perderse o a sufrir transformaciones.
DEBILIDAD f. Cualidad de débil. || Carencia de energía moral o fuerza física. || Dejadez, apatía. || Hambre. || *mental* Estado psíquico, congénito o adquirido, de disminución de la capacidad intelectual.
DEBILITAR tr. y prnl. Volver débil, o decaer la fuerza, resistencia, etc., de algo.
DÉBITO m. Deuda. || Anotación efectuada en el debe de una cuenta. || *bancario* Total de deudas del sistema bancario en un periodo determinado.
DEBUT m. Primera intervención pública de actor, cantante, compañía, etc. || Por extensión, inicio de la vida profesional de una persona.
DÉCADA f. Periodo de tiempo que abarca diez años, días, etc. || Serie de diez cosas. || Decena.
DECADENCIA f. Acción de decaer. || Periodo en que acontece. || Debilidad, decaimiento.
DECADENTE adj. Que decae. || adj. y com. Esteticista, hedonista.
DECAEDRO m. Sólido de diez caras.
DECAER intr. Declinar, degradarse o debilitarse una persona o cosa. || Perder un barco su rumbo, por causa de agentes atmosféricos.
DECÁGONO m. Polígono de diez lados.
DECANO, NA m. y f. Persona con más antigüedad en una corporación, comunidad, etc. || Persona que por elección dirige

un organismo, especialmente una facultad universitaria, un colegio profesional, etcétera.

DECANTAR tr. Inclinar ligeramente un recipiente para trasegar el líquido que contiene, sin arrastrar su sedimento. || prnl. Preferir, inclinarse por.

DECAPITAR tr. Cortar la cabeza.

DECATHLÓN m. Disciplina atlética que se basa en la realización de 10 pruebas en dos días: 100 m lisos, salto de longitud, levantamiento de peso, salto de altura, 400 m lisos, 110 m vallas, lanzamiento de disco, pértiga, jabalina y 1 500 m lisos.

DECENA f. Conjunto de diez unidades.

DECENIO m. Periodo de diez años.

DECENTE adj. Que actúa con decoro. || Adecuado, conveniente. || Limpio, ordenado. || Abundante, suficiente, o bueno. || Honesto.

DECEPCIÓN f. Engaño, mentira. || Desilusión.

DECESO m. Muerte, fallecimiento.

DECIBEL (o **DECIBELIO**) m. Unidad de intensidad energética de un sonido, equivalente a la décima parte del bel.

DECIDIDO, DA adj. Resuelto, seguro. || Intrépido.

DECIDIR tr. Acabar con un problema, llegar a una opinión sobre algo controvertido. || Hacer que alguien se incline por una cosa u otra. || tr. y prnl. Escoger, resolver.

DECIMAL adj. Se aplica al sistema de numeración que usa 10 signos (el usual), al número representado mediante él, a los sistemas de medidas cuyas unidades son múltiplos o divisores de 10 con respecto a la unidad principal.

DECÍMETRO m. Medida de longitud que equivale a la décima parte de un metro.

DÉCIMO, MA adj. y s. Que ocupa el último lugar en una serie de 10. || Se dice de cada una de las 10 partes iguales de un todo.

DECIR tr. y prnl. Exponer con la palabra o la escritura un pensamiento. || Repetir o leer en voz alta. || tr. Aseverar, sostener, confirmar. || Mencionar, llamar. || Manifestar, dar muestras.

DECISIÓN f. Opción que se toma o da ante un problema. || Seguridad en sí mismo. || Arbitraje. || Fallo de un tribunal.

DECISIVO, VA adj. Que decide o resuelve. || Determinante, que sucede en un momento crítico.

DECLAMACIÓN f. Acción de declamar. || Arte o técnica de declamar. || Discurso enfático.

DECLAMAR intr. Hablar en público. || Poner en práctica las reglas de la oratoria. || Manifestarse oralmente con ímpetu y dureza. || tr. e intr. Recitar siguiendo unas normas de entonación y pronunciación.

DECLARACIÓN f. Acción y efecto de declarar. || Confesión. || Manifestación, comunicación de lo que uno se propone o de sus ideas. || Exposición jurada de testigos y peritos de un juicio; también la que en un proceso penal efectúa el reo sin hacer juramento.

DECLARAR tr. Expresar o comunicar algo reservado. || Dar a conocer lo relativo al pago de impuestos. || Opinar con fundamento sobre algo o alguien. || tr., intr. y prnl. Exponer ante el juez o tribunal la verdad de unos hechos. || prnl. Manifestar los sentimientos o intenciones. || Surgir, originarse una cosa.

DECLINACIÓN f. Acción y efecto de declinar. || Bajada, pendiente. || Declive, decadencia. || Distancia de un astro al ecuador celeste, equivalente en la esfera celeste a lo que en la Tierra se llama latitud. || Desviación o ángulo que forman el plano vertical en el que se dispone la aguja (meridiano magnético) y el meridiano geográfico. || Paradigma de las formas nominales, pronominales o adjetivas a que da lugar la flexión de una lengua.

DECLINAR intr. Tender hacia abajo, o hacia un lado u otro. || Empezar a extinguirse una cosa. || Disminuir, menoscabar, debilitar. || Mudar de naturaleza o costumbres. || tr. Rechazar, renunciar. || tr. y prnl. Desarrollar el paradigma nominal de una palabra.

DECLIVE m. Desnivel de un terreno o de la superficie de algo. || Decadencia, caída. || *en d.* Inclinado.

DECOLORAR tr. Disminuir o suavizar la viveza de los colores merced a la acción física o química.

DECOMISAR tr. Apropiarse el fisco del producto de un contrabando.

DECORACIÓN f. Combinación de elementos artísticos que adornan un objeto,

DECORAR un espacio o un ambiente. || Objetos que se usan para este fin. || Decorado.

DECORAR tr. Preparar una decoración o un decorado. || Condecorar.

DECORATIVO, VA adj. Relativo a la decoración. || Que tiene valor por el aspecto externo.

DECORO m. Honor, consideración hacia una persona. || Serenidad, educación. || Recato, decencia.

DECRECER intr. Aminorar. || Disminuir.

DECRÉPITO, TA adj. Se aplica a la edad avanzada y a la persona de muchos años y de facultades debilitadas. || Que está en su máxima decadencia.

DECRETAR intr. Decidir por decreto quién está capacitado para ello. || Señalar al margen de un escrito el trámite que ha de seguir. || Determinar el juez respecto de las pretenciones de las partes

DECRETO m. Decisión que tiene fuerza de ley. || Resolución, determinación o decisión normativa del jefe del Estado, del gobierno, de un tribunal o juez. || *ley* El emanado del ejecutivo por razones de necesidad urgente. || *legislativo* El emanado del ejecutivo con base en una delegación del legislativo. || *por real d.* A la fuerza, porque sí.

DECÚBITO m. Posición del cuerpo cuando reposa horizontalmente: *lateral*, de lado; *prono*, apoyado sobre el vientre; *supino*, apoyado sobre la espalda.

DECURRENTE adj. Se dice de las hojas cuya lámina se prolonga por el tallo, debajo del punto de inserción.

DECHADO m. Muestra que se copia para aprender su ejecución. || Trozo de tela para practicar los diversos puntos de costura o bordado. || Ejemplo, modelo.

DEDAL m. Funda de materia dura que se coloca en la punta del dedo medio, para empujar la aguja al coser.

DEDICAR tr. y prnl. Consagrar algo al culto. || Asignar algo a una determinada función u objetivo. || Ofrecer un libro, fotografía, etc., a una persona haciéndolo constar. || Destinar, reservar. || prnl. Entregarse con afán a algo. || Tener una ocupación o profesión.

DEDICATORIA f. Envío, manuscrito o impreso con que se dirige una obra, fotografía, etc., a alguien. || Lápida de una fachada, en la que se escribe el nombre de su patrocinador o su uso.

DEDO m. Cada una de las cinco partes distintas y articuladas en que termina la mano y el pie. Su esqueleto está formado por tres huesos (falange, falangina y falangeta), a excepción del 1er dedo, que sólo tiene dos. Los dedos, especialmente. los de las manos, reciben una denominación propia que del $1°$ al $5°$ es: pulgar, índice, medio o cordial, anular y auricular o meñique. || Medida de longitud equivalente a unos 18 mm.

DEDUCCIÓN f. Acción y efecto de deducir. || Resta, descuento que se hace en una cantidad. || Cosa deducida.

DEDUCIR tr. y prnl. Inferir, extraer consecuencias. || Rebajar, sustraer un importe de una cantidad.

DEFECACIÓN f. Expulsión de las materias fecales por el ano. || Eliminación de las impurezas de un líquido.

DEFECTO f. Ausencia en una cosa de una o varias de sus propiedades. || Imperfección natural o moral. || Fallo de fabricación. || *en d. de* A falta de. || *por d.* Por lo bajo.

DEFENDER tr. y prnl. Preservar, resguardar contra algo nocivo. || Auxiliar a alguien o proteger algo que está en peligro. || Mantener una opinión, causa, etc., contra el dictamen ajeno. || Apoyar la inocencia de alguien, especialmente en un juicio. || En algunos deportes y juegos, rechazar la acción del contrario.

DEFENSA f. Acción y efecto de defender. || Cosa que sirve para defender algo o para defenderse, como armas, instrumentos, fortificaciones, etc. || Previsión que se hace frente a un posible ataque de aviones enemigos. || Protección, refugio. || Argumentos que se aducen en la defensa de algo o alguien, especialmente en un juicio. || Abogado defensor.

DEFENSIVO, VA adj. Que sirve para defender o proteger. || m. Amparo, refugio. || Compresa impregnada de algún líquido que se pone sobre una zona enferma o dolorida del cuerpo.

DEFENSOR, RA adj. y s. Que defiende. || Se dice de la persona que en un juicio se encarga de la defensa. || *del pueblo* Ombudsman.

DEFERENCIA f. Apoyo a la actuación o parecer ajeno. || Respeto, consideración.

DEFERENTE adj. Que actúa con deferencia. || Se dice del círculo que describe el centro del epiciclo de un planeta alrededor de la Tierra. || Se dice del conducto excretor del testículo, que se une al conducto excretorio de la vesícula seminal y forma el conducto eyaculador.

DEFICIENTE adj. Insuficiente, incompleto. || Que no llega al nivel requerido. || Que tiene defecto. || *mental* Que presenta debilidad mental.

DÉFICIT m. Saldo negativo resultante de la adición de ingresos (positivo) y gastos (negativo). || Falta o carencia de algo.

DEFINICIÓN f. Acción y efecto de definir. || Palabras con que se define. || Explicación de cada una de las voces en un diccionario. || Solución o aclaración de un asunto dada por una autoridad competente.

DEFINIR tr. Precisar el significado de una palabra. || Dar el acabado a una pintura. || tr. y prnl. Determinar la esencia, el carácter, la actitud, etc., de una persona o cosa. || Resolver un asunto la autoridad.

DEFINITIVO, VA adj. Que determina o pone fin a un asunto. || Conveniente, adecuado. || *en definitiva* De un modo definitivo. || En conclusión.

DEFORMAR tr. y prnl. Desfigurar, modificar la naturaleza de una cosa o persona.

DEFORME adj. y com. De forma irregular o desproporcionada.

DEFORMIDAD f. Alteración morfológica de algún órgano, que puede presentarse en el curso del desarrollo, o bien ser secuela de lesiones.

DEFRAUDAR tr. Perder algo o alguien parte de la estimación o confianza que se le tenía. || Privar a otro, mediante el engaño o abuso de su confianza, de lo que es suyo o lo que en derecho le corresponde. || Eludir la obligación de pagar los impuestos. || Frustrar. || Impedir, turbar.

DEFUNCIÓN f. Muerte, fallecimiento de alguien.

DEGENERACIÓN f. Acción y efecto de degenerar. || Pérdida de los caracteres distintivos de un órgano o tejido. || Pérdida o alteración de las características morfológicas de una célula o conjunto de ellas.

DEGENERADO, DA adj. y s. Pervertido, vicioso.

DEGENERAR intr. Declinar, perder las cualidades primigenias. || Degradar, empeorar la especie.

DEGLUCIÓN f. Proceso por el cual el bolo alimenticio pasa de la boca al estómago por el esófago.

DEGOLLAR intr. Seccionar el cuello de una persona o animal. || Formar el escote de un vestido. || Malograr, frustrar. || Crearse la antipatía de alguien.

DEGRADAR tr. Desposeer a alguien de honores, méritos, etc., o rebajarlo. || Amortiguar la luz o el color de una cosa para producir un efecto de alejamiento. || tr. y prnl. Ofender, someter. || Envilecer. || En pintura, disminuir gradualmente la intensidad del color y el tamaño de las figuras para dar sensación de alejamiento.

DEGÜELLO m. Acción de degollar. || Parte angosta de un arma arrojadiza.

DEIDAD f. Esencia divina. || Cada uno de los dioses paganos.

DEIFICAR tr. Divinizar. || Exaltar a alguien. || prnl. Alcanzar la unión con Dios a través del éxtasis.

DEJADEZ f. Apatía, incuria de uno mismo. || Flojedad, debilitación física.

DEJAR tr. Colocar en un sitio algo que se lleva asido o puesto. || Olvidar, descuidar. || Permitir, tolerar. || Rentar. || Abandonar, plantar. || Designar, confiar. || Irse, retirarse. || Ausentarse de un lugar. || Legar algo.

DEJO m. Acción y efecto de dejar. || Meta, objetivo de algo. || Modo característico del habla de ciertas regiones o personas. || Caída tonal al final de un periodo hablado o cantado. || Sabor que deja la comida o la bebida. || Dejamiento.

DEL Contracción de la preposición *de* y el artículo *el*.

DELANTAL m. Prenda de vestir que se ata a la cintura, y protege los vestidos por la parte de delante. || Mandil.

DELANTE adv. En primer lugar, en la parte anterior, o de cara a algo o alguien. || Enfrente. || En presencia de.

DELANTERO, RA adj. Que está o va delante. || m. En ciertos deportes, jugador, situado en primera línea, encargado del ataque.

DELATAR tr. Denunciar a la autoridad competente al autor de un delito. || Descubrir, o sacar a la luz algo, generalmente censurable. || prnl. Acusarse de algo sin querer.

DELEGACIÓN f. Acción y efecto de delegar. || Conjunto de delegados. || Cargo de delegado.

DELEGADO, DA adj. y s. Se dice de la persona a quien se encomienda un cargo o poder.

DELEGAR tr. e intr. Ceder la autoridad que uno posee a otra persona.

DELEITAR tr. y prnl. Causar deleite.

DELEITE m. Goce de los sentidos del ánimo.

DELETREAR intr. y tr. Nombrar cada una de las letras de una palabra. || Descifrar las letras de un texto oscuro y difícil. || tr. Interpretar, poner en claro.

DELEZNABLE adj. Que se quiebra, se separa o se deshace con facilidad. || Que resbala o patina fácilmente. || Frágil, de escasa consistencia. || Despreciable.

DELGADEZ f. Proceso opuesto a la obesidad y que se debe a la pérdida anormal de peso corporal.

DELGADO, DA adj. Enjuto, flaco de carnes. || De escaso grosor. || Se aplica al terreno poco fértil. || Se dice del agua pobre en sales.

DELIBERAR intr. Considerar un hecho, analizando todos los detalles. || tr. Debatir varios un asunto.

DELICADEZA f. Cualidad de delicado. || Finura. || Exquisitez en el trato. || Escrupulosidad.

DELICADO, DA adj. Suave, fino. || Frágil, que se puede romper con facilidad. || Enfermizo, enclenque. || Que requiere una habilidad o trato especial. || Refinado, exquisito. || De hermosos rasgos. || Penetrante, sutil. || Quisquilloso. || Escrupuloso. || Educado.

DELICIA f. Goce del ánimo o de los sentidos. || Aquello que lo origina. || *hacer las delicias* Divertir.

DELICTIVO, VA adj. Relativo al delito. || Que es causa de delito.

DELIMITAR tr. Poner límites a algo.

DELINCUENCIA f. Perpetración de delitos; es consecuencia de la inadaptación o del desequilibrio social. || Cantidad, estadística de delitos de un país, en una época, etcétera.

DELINEAR tr. Dibujar los contornos o líneas de una figura. || prnl. Destacarse el perfil de una cosa.

DELINQUIR intr. Cometer un delito.

DELIRAR intr. Padecer delirio. || Hacer o decir desatinos.

DELIRIO m. Alteración patológica de las facultades mentales en la que se confunde realidad y fantasía. || Desatino, desvarío.

DELIRIUM TREMENS m. Delirio agudo caracterizado por intensa excitación, ansiedad, temblor y alucinaciones, que puede presentarse en el alcoholismo crónico.

DELITO m. Infracción penal dolosa o culposa, sancionada por la ley con pena grave; puede ser cometido mediante acción u omisión.

DELTA f. Cuarta letra del alfabeto griego (Δ, δ); se transcribe *d*. || Descarga de los materiales transportados por un río al desembocar en un mar, a causa de la pérdida de velocidad de la corriente. || Terreno donde se deposita. || Tipo de ala para practicar el vuelo libre.

DEMAGOGIA f. En la antigua Grecia, dictadura ejercida por el partido popular. || Manipulación de los sentimientos de las clases populares para obtener su apoyo político.

DEMAGOGO, GA m. y f. Persona que usa de la demagogia. || En la antigua Grecia, dirigente del partido popular.

DEMANDA f. Petición que un litigante sustenta en el juicio. || Escrito que se presenta al juez para que resuelva sobre un derecho que se reclama. || Cantidad de productos o servicios que un comprador está dispuesto a adquirir, y conjunto de ella en una economía.

DEMANDADO, DA adj. y s. Se dice de la persona contra la que se ejerce una acción judicial y a quien se le exige algo.

DEMANDAR tr. Entablar judicialmente una demanda. || Solicitar una cosa. || Preguntar. || Desear.

DEMARCACIÓN f. Acción y efecto de demarcar. || Zona demarcada. || Parte que engloba una jurisdicción territorial.

DEMARCAR tr. Determinar los límites de un territorio.

DEMÁS adj. y pron. Lo otro, lo que queda, los otros, los restantes (generalmente se usa con el artículo). || adv. Además. ||

por *d.* En vano. || En exceso. || *por lo d.* En lo concerniente a. || *y d.* Etcétera.

DEMASÍA f. Abundancia, exceso. || Osadía. || Desconsideración, insolencia. || Delito, atropello.

DEMASIADO, DA adj. Que supera lo normal. || adv. En demasía.

DEMENCIA f. Estado de debilidad adquirida de la capacidad intelectual, generalmente de carácter progresivo e irreversible, lo que la diferencia del retraso mental. Puede ser debida a un estado infeccioso, inflamatorio o degenerativo.

DEMENTE adj. y com. Que sufre demencia. || Loco.

DEMOCRACIA f. Sistema de organización político-social, basado en la participación de todos los miembros (o los que son considerados como tales) de una sociedad, en la orientación y funcionamiento de ésta.

DEMOCRATIZAR tr. y prnl. Transformar un país, sociedad, ley, etc., según criterios de democracia.

DEMOGRAFÍA f. Ciencia que estudia la población, tanto en sus aspectos cuantitativos (estadísticas de su distribución geográfica, de características tales como sexo, edad, estado civil, categoría socioeconómica, de sus variaciones a través de la natalidad, la mortalidad, y las migraciones, etc.) como cualitativos.

DEMOLER tr. Deshacer, desmantelar algo.

DEMONIO m. En las religiones bíblicas, espíritu o ángel rebelde o caído, privado de la gracia divina, pero no de poder maligno. || Espíritu del mal.

DEMORA f. Retraso, dilación, tardanza en el cumplimiento de una obligación.

DEMORAR tr. y prnl. Atrasar. || intr. Tener un objeto un rumbo marítimo determinado con respecto a otro. || intr. y prnl. Pararse en un lugar.

DEMOSTRACIÓN f. Acción y efecto de demostrar. || Exteriorización de actos o emociones. || Muestra jactanciosa de fuerza, lujo, ingenio, etc. || *ab absurdo*, o *por reducción al absurdo* La que se realiza deduciendo un absurdo de la negación de un postulado.

DEMOSTRAR tr. Evidenciar algo mediante argumentos. || Probar un hecho por la experiencia.

DEMOSTRATIVO, VA adj. Que demuestra. || adj. y s. Se dice de los elementos de una subclase de pronombres, que tienen una función deíctica como sustantivos, aludiendo a uno anterior (anáfora) o posterior (catáfora), o como adjetivo, determinando el nombre al que acompañan. Los primeros llevan acento ortográfico.

DEMUDAR tr. Cambiar, modificar. || Alterar, escamotear. || prnl. Demacrarse, mudar el color, la compostura, etcétera.

DENEGAR tr. Negar, desestimar una solicitud.

DENGUE m. Remilgo, afectación. || Enfermedad aguda, vírica, trasmitida por un mosquito tropical.

DENIGRAR tr. Desprestigiar algo o a alguien. || Insultar, humillar.

DENOMINACIÓN f. Nombre que se da a algo. || *de origen* Etiqueta que se da a ciertos productos agropecuarios elaborados (vinos, quesos, embutidos), que garantiza que proceden de determinada comarca y cumplen las normas de calidad correspondientes.

DENOMINADOR, RA adj. y s. Que denomina. || m. Segundo término de una fracción (el que actúa como divisor y aparece bajo la raya que simboliza la división).

DENOMINAR tr. Dar nombre, designar de una forma determinada.

DENOTACIÓN f. Acción y efecto de denotar. || En lingüística, cualquier término, usado en su sentido genérico y propio; se opone a connotación.

DENOTAR tr. Señalar, singularizar algo mediante signos.

DENSIDAD f. Cualidad de denso. || *absoluta* Masa de sustancia por unidad de volumen. || *acústica* Valor medio de la energía sonora por unidad de volumen del medio de propagación del sonido. || *de corriente* Cociente entre la intensidad de corriente y la superficie perpendicular atravesada por ella. || *de energía* Relación entre la energía de un cuerpo o campo y el volumen.

DENSO, SA adj. Concentrado, aglomerado, apiñado. || Pastoso. || Difícil de entender, complejo, oscuro.

DENTADURA f. Conjunto de las piezas dentales implantadas en los alveolos de los maxilares. || *artificial* o *postiza* Prótesis

dentaria consistente en varias piezas dentales montadas sobre un mismo soporte para sustituir la d. natural.
DENTAL adj. Relativo a los dientes. || adj. y s. Se dice del sonido cuyo punto de articulación es la unión de la punta de la lengua con la cara interior de los incisivos superiores.
DENTELLADO, DA adj. Dotado de dientes o semejante a ellos. || Herido a dentelladas. || f. Mordedura, especialmente de un animal, incluso la dada en el vacío. || Herida de un mordisco.
DENTICIÓN f. Formación, salida y crecimiento de las piezas dentarias en las mandíbulas. La d. *primaria* o *de leche* se inicia hacia los 6 meses (20 piezas); a los 7 años, más o menos, se caen y son sustituidas por los dientes definitivos (32 piezas). || Época en que se denta. || Tipo y número de dientes característicos de una especie.
DENTÍFRICO, CA adj. y m. Se dice de los preparados líquidos (elixir d.), pastosos (pasta d.) o pulvirulentos (perborato sódico) usados en la higiene de dientes y encías.
DENTISTA com. Odontólogo.
DENTRO adv. En el interior de algo. || Incluido en.
DENUEDO m. Pundonor, coraje.
DENUESTO m. Insulto, afrenta.
DENUNCIA f. Acción y efecto de denunciar. || Notificación a la autoridad competente, penal o administrativa, de una violación de la ley, indicando o no al autor de la misma. || Documento en que consta dicha notificación.
DENUNCIAR tr. Notificar, avisar. || Comunicar a la autoridad la irregularidad o ilegalidad de un acto designando o no al culpable. || Notificar una de las partes la rescisión de un contrato. || Delatar. || Promulgar. || Solicitar de la autoridad competente el derecho a la explotación de una mina.
DEPARTAMENTO m. Cada una de las partes en que puede dividirse administrativamente un territorio. || Subdivisión de entidades gubernativas, militares, jurídicas, culturales, etc. || Compartimento (división de un espacio).
DEPARTIR intr. Hablar sobre un tema. || Charlar. || Dividir. || Repartir. || Separar. || Limitar. || Reñir.

DEPAUPERAR tr. y prnl. Empobrecer. || Enfermar progresivamente, desmejorar. || Envilecerse.
DEPENDENCIA f. Estado de subordinación que reproduce la desigualdad social. || Sujeción, sometimiento a algo o alguien. || Sección de empresa, entidad, etc. || Conjunto de dependientes. || Relación de parentesco o amistad. || En la toxicomanía, estado mental y físico en que uno necesita el fármaco para lograr una sensación de bienestar.
DEPENDER intr. Estar bajo el dominio o la protección de algo o alguien. || Tener relación una cosa con otra, deducirse de ella.
DEPENDIENTE, TA adj. Que depende. || Se dice de un tipo de variable o de vector. || m. y f. Persona que está directamente al servicio del público, en una tienda o almacén.
DEPILAR tr. y prnl. Eliminar el pelo o vello de algunas partes del cuerpo, generalmente por motivos estéticos.
DEPLORABLE adj. Digno de lástima.
DEPLORAR tr. Lamentar.
DEPONER tr. Dejar de lado, renunciar al uso de. || Destituir. || Bajar una cosa de su lugar preeminente. || Atestiguar en un tribunal.
DEPORTAR tr. Desterrar (expulsar).
DEPORTE m. Actividad en la que el ejercicio físico y el intelectual, en distintas proporciones, se realiza de modo competitivo y reglamentado, con fines de mejoramiento individual o diversión. || *profesional* El realizado con fines lucrativos. Basado en las virtualidades del d. como espectáculo. || *deportes de invierno* Los que exigen hielo o nieve para su práctica. || *por d.* Por afición o gusto.
DEPORTISTA adj. y com. Quien practica algún deporte de forma habitual, sea o no profesional.
DEPOSITAR tr. Colocar en depósito. || Encomendar a alguien una cosa, fiándose de su palabra. || Guardar, contener. || Colocar una cosa en un sitio concreto. || Sedimentar. || prnl. Irse al fondo de un líquido las materias que lleva en suspensión.
DEPOSITARIO, RIA m. y f. Quien se hace cargo de un depósito. || Tesorero.
DEPÓSITO m. Acción y efecto de depositar. || Cosa depositada. || Sitio donde se

deposita. || Contrato por el que una persona recibe una cosa con la obligación de guardarla y restituirla cuando le sea pedida. || Cantidad de dinero colocada en una cuenta bancaria por cualquier individuo, empresa o institución. || Lugar donde se conservan los cadáveres antes de su sepultura, identificación, autopsia, etcétera.
DEPRAVAR tr. y prnl. Envilecer, viciar.
DEPREDADOR, RA adj. y s. Se dice de la especie animal que usa para su alimentación a otras, a las que captura vivas.
DEPRESIÓN f. Acción y efecto de deprimir o deprimirse. || Estado de tristeza de ánimo con disminución del tono y de la actividad intelectual y física. Es normal si hay una causa exterior explicable. || Período del ciclo económico en que el crecimiento es negativo. || *atmosférica* Zona de bajas presiones.
DEPRIMIR tr. Reducir el volumen de un cuerpo. || Formar una depresión en la superficie de un cuerpo. || tr. y prnl. Padecer depresión psíquica o física. || Hacer de menos, humillar. || prnl. Descender el volumen de un cuerpo por hallarse hundido en parte. || Resultar baja una superficie o una línea frente a las inmediatas.
DEPURAR tr. y prnl. Eliminar las impurezas, limpiar. || tr. Restituir a un funcionario en su cargo. || Sancionar o excluir a los disconformes con una ideología determinada.
DERECHO, CHA adj. Recto, erguido. || Se aplica al lado del cuerpo humano opuesto al del corazón. || Que queda a ese lado. || En un río, se dice de lo que está a la mano derecha de quien mira hacia donde bajan las aguas. || Legítimo, razonable. || Conjunto de normas de convivencia, basadas en la costumbre y promulgadas por la autoridad competente, para regular las relaciones entre las personas, y entre las personas y la administración. || Acción que se tiene sobre algo o alguien. || Justicia, razón. || Privilegio, franquicia.
DERECHOHABIENTE adj. y com. Se aplica a la persona cuyo derecho procede de otra.
DERIVA f. Desviación que experimenta un buque a causa del viento.
DERIVACIÓN f. Acción de derivar. || Mecanismo de formación de palabras por la adición de afijos a un radical o tema. || Figura retórica, uso de palabras con idéntica raíz en una misma cláusula. || Acción de obtener la derivada de una función. || Conexión de dos circuitos eléctricos, de manera que se unan los extremos iniciales por un lado y los finales por otro.
DERIVADA f. En una función matemática, límite hacia el que tiende el cociente del incremento de la función y de su variable, cuando este último tiende a cero.
DERIVAR intr. y prnl. Seguirse una cosa de otra. || Separarse el buque de su rumbo. || tr. Trasladar, conducir de un sitio a otro. || Formar palabras por derivación. || Proceder.
DERMATOLOGÍA f. Parte de la medicina que estudia la piel, sus funciones y enfermedades.
DERMIS f. Capa de la piel situada entre la epidermis (la más superficial) y la hipodermis (la más profunda), constituida por tejido conectivo; muy rica en vasos, contiene los corpúsculos táctiles.
DEROGAR tr. Suprimir una ley, práctica o costumbre. || Reformar, modificar.
DERRAMA f. Distribución de una carga tributaria. || Aportación eventual o extraordinaria.
DERRAMAR tr. y prnl. Volcar o verter, por lo general involuntariamente, un líquido o una sustancia disgregada. || Repartir los impuestos entre los vecinos de una población. || Propalar una noticia.
DERRAME m. Acción y efecto de derramar. || Parte que se desborda al medir con un recipiente. || Lo que se pierde del contenido de una vasija cuando ésta se rompe. || Desnivel por el que puede correr el agua.
DERREDOR m. Circuito, contorno de una cosa. || *en*, o *al, d.* En torno, alrededor.
DERRETIDO, DA adj. Licuado, fundido. || Enamorado, acaramelado. || m. Hormigón.
DERRETIR tr. y prnl. Licuar por medio del calor una cosa sólida o semisólida. || Dilapidar la fortuna familiar. || En el juego, cambiar moneda. || prnl. Enamorarse ciegamente. || Impaciente.
DERRIBAR tr. Derruir, abatir algo, generalmente una construcción. || Tumbar a un adversario. || Destruir un avión en vuelo. || Trastocar el orden, hacer caer lo que estaba en alto. || Echar a tierra las reses

con la garrocha. || Postrar, debilitar. || Abatir el ánimo de alguien. || Reprimir las pasiones.
DERROCAR tr. Hacer caer desde una piedra o roca. || Abatir, derruir. || Derribar a alguien en la lucha. || Bajar algo de un lugar alto. || Echar a alguien de su cargo, o derribar un sistema político.
DERROCHAR tr. Malgastar, disipar. || Seguido de sustantivos como salud, simpatía, etc., indica que se posee en cantidad.
DERROTAR tr. Vencer al enemigo o contrincante en una guerra, competición, etc. || Echar a perder, romper. || Dilapidar la hacienda. || prnl. Desviarse un buque del rumbo trazado.
DERROTERO m. Rumbo previsto de un buque, trazado en las cartas marinas. || Camino, forma de obrar.
DERRUIR tr. y prnl. Abatir, demoler un edificio.
DERRUMBAR tr. y prnl. Arrojar, hacer caer, despeñar, derribar.
DESABRIDO, DA adj. De escaso sabor, o sin él. || De mal sabor. || Se aplica a armas de manejo rudo y fuerte retroceso. || Referido al tiempo, desapacible. || Adusto, áspero.
DESACATO m. Falta de respeto con los mayores, las cosas sagradas o los superiores. || Delito cometido al calumniar, injuriar o faltar al respeto debido a una autoridad en el ejercicio de sus funciones.
DESACOSTUMBRADO, DA adj. Raro, inusitado.
DESACREDITAR tr. Rebajar la fama o el crédito de algo o alguien.
DESACUERDO m. Discrepancia en las opiniones, ideas, etc. || Fallo. || Enajenación mental. || Olvido. || Desmayo.
DESAFECTO, TA adj. Que no experimenta afecto por algo o alguien. || Hostil. || m. Antipatía.
DESAFIAR tr. Incitar a alguien a luchar o combatir. || Competir en habilidad o fuerza con alguien. || Oponerse. || Enfrentarse a las ideas de alguien. || Hacer frente a algo. || Arrostrar una dificultad.
DESAFINAR intr. y prnl. No dar la voz, o un instrumento musical el tono justo. || intr. fam. Hablar a destiempo.
DESAFÍO m. Acción y efecto de desafiar. || Competencia, duelo.

DESAFORADO, DA adj. Que actúa sin ley, desenfrenado. || Descomedido, enorme.
DESAFORTUNADO, DA adj. Que no tiene fortuna, desdichado. || Inoportuno, desacertado.
DESAFUERO m. Acto violento contra la ley o contrario a las buenas costumbres. || Acto que priva de fuero al que lo tenía. || Por extensión, acción contraria a lo que se tiene por norma.
DESAGRADO m. Descontento, fastidio. || Actitud con que se manifiesta la falta de gusto o amabilidad en el cometido de algo.
DESAGRAVIAR tr. y prnl. Quitar del ánimo de alguien la mala impresión de un agravio. || Compensar por el daño o perjuicio causado a alguien.
DESAGUAR tr. Sacar el agua de un sitio o lugar. || Consumir, derrochar. || intr. Verter las aguas los ríos. || Vaciarse el agua de un recipiente. || prnl. Descargarse el estómago o el intestino.
DESAGÜE m. Acción y efecto de desaguar o desaguarse. || Conducto o canal por donde sale el agua.
DESAGUISADO, DA adj. Hecho contra la ley o sin razón. || m. Desafuero, agravio, desatino.
DESAHOGAR tr. Calmar a uno, aliviarle de trabajo. || tr. y prnl. Expresar clara y rotundamente una emoción o satisfacer una pasión. || prnl. Confiarse a otro. || Recuperarse.
DESAHOGO m. Descanso, consuelo. || Seguridad económica, bienestar. || Soltura, desenfado.
DESAHUCIAR tr. y prnl. Dejar a alguien sin esperanza de conseguir algo. || tr. Dar a uno por moribundo. || Hacer un desahucio a un inquilino.
DESAIRAR tr. Chasquear, desdeñar a una persona o despreciar una cosa.
DESAIRE m. Acción y efecto de desairar. || Falta de gracia y donaire.
DESAJUSTAR tr. Desarticular, dislocar. || prnl. Apartarse de una regla o ajuste, desacompasarse.
DESALENTAR tr. Dejar sin aliento. || prnl. Desanimarse.
DESALIENTO m. Falta de aliento. || Desánimo.
DESALIÑO m. Falta de aliño. || Desidia, dejadez.

DESALMADO, DA adj. Sin moral ni conciencia. || Sádico, sin entrañas.

DESALOJAR tr. Extraer algo o a alguien de un lugar. || Provocar el abandono de un lugar, especialmente en acciones de guerra o de orden público. || Cambiar de ubicación. || intr. Abandonar un lugar o salir de él.

DESAMOR m. Falta de amor. || Odio. || Enfriamiento de la pasión amorosa.

DESAMPARAR tr. Abandonar, no auxiliar. || Salir de un lugar, alejarse de él. || Renunciar a todo derecho sobre una cosa por abandonarla.

DESANGRAR tr. y prnl. Extraer o perder sangre en abundancia. || tr. Drenar o desecar una masa de agua. || Sacar el dinero a uno.

DESANIMAR intr. y prnl. Quitar o perder la ilusión, esperanza, ganas, etc., de conseguir algo.

DESAPARECER tr. y prnl. Ocultar una cosa, quitarla de la vista. || intr. Esconderse, perderse algo de vista

DESAPARECIDO, DA adj. y s. Que no puede ser encontrado. || m. y f. Persona secuestrada, y muchas veces asesinada, por los servicios policiales de un Estado, sin que quede constancia legal del hecho.

DESAPERCIBIDO, DA adj. Desprovisto de lo necesario. || Inadvertido.

DESAPRENSIVO, VA adj. Sin moral ni escrúpulos.

DESAPROVECHAR tr. Aprovechar poco o nada una cosa. || Echar a perder, descomponer. || intr. Perder un fondo o adelanto.

DESARMAR tr. Arrebatar el armamento a una persona o fuerza, u obligarla a rendirlo. || Licenciar fuerzas. || Desmontar un mecanismo. || Apaciguar, calmar a uno. || Confundir.

DESARME m. Acción y efecto de desarmar. || Posición o acuerdo internacional que busca la limitación o supresión de armamentos.

DESARRAIGAR tr. y prnl. Arrancar una planta con su raíz. || Extirpar, anular un sentimiento o tendencia. || Enajenar a alguien de su familia y ambiente.

DESARROLLAR tr. y prnl. Extender lo arrollado. || Aumentar, ampliar. || Explicar una teoría, tesis, etc., o ponerla en práctica. || Realizar alguna cosa o ponerla en juego. || prnl. Acontecer, desenvolverse una cosa del modo que se expresa.

DESARROLLO m. Acción y efecto de desarrollar. || Proceso que sigue un ser vivo desde su origen hasta alcanzar una fase de madurez. || Situación de un país o área geográfica que alcanza unas cuotas comparativamente elevadas de productividad económica, bienestar social y calidad en los bienes y servicios ofrecidos.

DESARTICULAR tr. y prnl. Desencajar dos o más huecos de su articulación. || Separar las piezas de un artefacto. || Echar por tierra un plan, disolver una organización, etcétera.

DESASTRE m. Catástrofe, adversidad. || Derrota total de una guerra. || Se dice de las cosas fallidas, de mala calidad, etc., o de las personas carentes de habilidad o suerte.

DESASTROSO, SA adj. Calamitoso, adverso. || De pésima calidad.

DESATAR tr. y prnl. Soltar una atadura. || Liquidar, disolver. || Desencadenar, provocar. || Aclarar una sustancia. || Proceder sin encogimiento. || Desquiciarse.

DESATENTO, TA adj. Que no presta atención. || adj. y s. Poco amable, mal educado.

DESATINO m. Falta de tino, desacierto. || Error, barbaridad.

DESAUTORIZAR tr. y prnl. Despojar de autoridad, poder, etc., a algo o alguien. || Desaprobar públicamente una autoridad los actos o palabras de otra inferior.

DESAVENENCIA f. Desacuerdo, disconformidad, disentimiento.

DESAYUNAR tr. y prnl. Tomar el desayuno. || prnl. Enterarse por vez primera de algo que es de dominio público.

DESAYUNO m. Primera comida del día que se efectúa por la mañana. || Acción de desayunar.

DESAZÓN m. Falta de sabor en las comidas. || Falta de sazón en los campos. || Molestia que provoca un picor. || Congoja, inquietud, malestar.

DESBANCAR tr. Quitar los bancos de un sitio. || En ciertos juegos, ganar el jugador al banquero todo el dinero apostado. || Suplantar a alguien en una posición, cargo, afecto, etcétera.

DESBARAJUSTE m. Caos, barullo, falta de orden.

DESBARATAR tr. Trastornar, alterar el orden de una cosa. || Malgastar, arruinar. || Dificultar, obstaculizar proyectos, planes, etc. || Desorganizar, confundir al enemigo. || Derrochar alguien sus bienes. || intr. Disparatar. || prnl. Destemplarse.

DESBARRAR intr. Deslizarse, patinar. || Disparatar. || En el juego de la barra, lanzarla lo más lejos posible. || Fallar, desatinar.

DESBOCAR tr. Romper o quitar la boca a una cosa. || intr. Afluir. || prnl. Galopar desaforadamente una caballería por no responder al freno. || Desatarse la lengua, perder los estribos. || Abrirse más de lo debido un orificio.

DESBORDAR tr. Rebasar, superar. || intr y prnl. Rebosar un líquido, salirse por los bordes. || prnl. Desmandarse, sobrepasarse.

DESCABELLADO, DA adj. Absurdo, desatinado, ilógico.

DESCABEZAR tr. Quitar o cortar la cabeza a alguien o algo. || Anular el padrón de los pueblos. || Desmochar algunas cosas. || Empezar a superar un obstáculo.

DESCALABRAR tr. y prnl. Herir en la cabeza; por extensión, herir o maltratar en cualquier parte del cuerpo. || tr. Causar un gran perjuicio a alguien.

DESCALABRO m. Desastre, adversidad, contratiempo.

DESCALIFICAR tr. Privar de autoridad a alguien, desacreditarlo. || Expulsar a un deportista de una competición, a un participante de un concurso o de una prueba, etc., por infringir el reglamento, por ineptitud, etcétera.

DESCALZAR tr. y prnl. Quitar el calzado. || Retirar calzos. || Socavar. || Eliminar parte de la tierra de las raíces de un árbol o planta. || prnl. Perder una o más herraduras las caballerías.

DESCALZO, ZA adj. Con los pies desnudos. || Mal provisto de calzado. || Desnudo, sin medios de vida. || adj. y s. Se aplica a ciertas órdenes religiosas cuyos miembros llevan los pies desnudos, y a dichos miembros.

DESCAMINAR tr. y prnl. Desviar a alguien del verdadero camino; también se usa en sentido figurado. || tr. Decomisar.

DESCAMPADO, DA adj. y s. Se aplica a un campo sin vegetación ni árboles.

DESCANSAR intr. Parar el trabajo, recuperar fuerzas; estar ocioso. || Dormir. || Gravitar o apoyarse una cosa sobre otra. || Yacer en la tumba. || tr. Descargar a alguien de un trabajo. || Asentar una cosa sobre otra.

DESCANSO m. Reposo. || Pausa en el trabajo. || Cosa que mitiga una intranquilidad o pena. || Entreacto. || Descansillo. || Soporte.

DESCARADO, DA m. y f. Desvergonzado; respondón.

DESCARGA f. Acción y efecto de descargar. || Empuje de un cuerpo arquitectónico que recae sobre otro para aligerar su peso. || Disparo de disparos de armas de fuego. Si se dan simultáneamente, se habla de d. cerrada. || *eléctrica* Pérdida de carga al paso de corriente eléctrica entre dos cuerpos de potencial distinto, que actúan como electrodos.

DESCARGAR tr. Quitar o aligerar la carga. || Eliminar lo superfluo o lo no deseado de una cosa. || Disparar un arma de fuego. || Sacar la carga de un arma de fuego o de un barreno. || Suprimir la carga eléctrica de un cuerpo o de un lugar. || Propinar golpes. || Aliviar una tensión, gritando, dando golpes, etc. || Eximir a alguien de un trabajo u obligación. || Declarar a alguien sin culpa.

DESCARGO m. Acción y efecto de descargar. || Partida de salida de una cuenta. || Justificación o dispensa de un cargo.

DESCARNAR tr. y prnl. Despegar la carne del hueso. || Eliminar la parte blanda de algo. || Dejar debilitado.

DESCARO m. Insolencia, desfachatez, descoco, desvergüenza.

DESCARRIAR tr. y prnl. Desviar a uno del camino o conducta que ha de seguir. || Separar un grupo de reses de un rebaño.

DESCARRILAR tr. y prnl. Salir del carril.

DESCARTAR tr. Eliminar, excluir algo. || prnl. Desechar ciertas cartas un jugador.

DESCASTADO, DA adj. y s. Indiferente a la familia o a un afecto.

DESCENDENCIA f. Serie de personas que provienen de un mismo tronco. || Raza, linaje, estirpe.

DESCENDER intr. Desplazarse a un sitio más bajo. || Deslizarse un líquido. || Menguar el nivel de una cosa. || Decaer o debilitarse una persona física, moral, social o económicamente. || Pender de una forma determinada. || tr. Bajar, disminuir el precio, grado, valor, temperatura, etc., de una cosa.

DESCENDIENTE com. Persona que proviene de otra.

DESCENSO m. Acción y efecto de descender. || Bajada por la ladera de una montaña o por el curso de un río. || Declive, decadencia.

DESCENTRALIZAR tr. Hacer que una cosa deje de depender de un centro común. || En política, otorgar el Estado a una unidad inferior competencias que tenía aquél.

DESCENTRAR tr. y prnl. Desplazar una cosa de su centro. || Apartar a alguien de su atmósfera o entorno. || Deslizar perpendicularmente a su eje una o varias lentes de un sistema óptico, de modo que se suprima la coincidencia de sus ejes.

DESCERRAJAR tr. Forzar o arrancar una cerradura. || Disparar con arma de fuego.

DESCIFRAR tr. Leer un documento cifrado recurriendo a la clave. || Desentrañar el sentido oculto de algo.

DESCLAVAR tr. y prnl. Sacar o aflojar un clavo de su sitio, o quitar el clavo o clavos que sujetan una cosa. || Quitar el engaste de las piedras preciosas.

DESCOLGAR tr. Bajar lo que está colgado. || Quitar las colgaduras o adornos de un lugar. || tr. y prnl. Bajar algo o alguien lentamente por el aire o por una pendiente mediante cuerdas, cadenas, cables, etc. || prnl. Ir descendiendo de una pendiente o de un lugar alto.

DESCOLORIDO, DA adj. Pálido o apagado de color.

DESCOLLAR intr. y prnl. Despuntar, resaltar.

DESCOMPONER tr. y prnl. Trastocar, desunir. || Disociar los elementos de un todo. || Turbar la armonía, la paz, etc. || Deteriorar un mecanismo. || prnl. Enfadarse, destemplarse. || Enfermar, experimentar un malestar físico. || Entrar en putrefacción. || Palidecer.

DESCOMPOSICIÓN f. Acción y efecto de descomponer o descomponerse. || Cólico, diarrea. || Putrefacción. || Transformación de una sustancia en sus componentes más sencillos.

DESCOMPOSTURA f. Descomposición. || Falta de aseo, descuido en el vestir. || Insolencia, descortesía.

DESCOMUNAL adj. Desmesurado, gigantesco.

DESCONCERTAR tr. y prnl. Alterar el orden, disposición, etc., de personas o cosas. || Dislocar un hueso. || Confundir a alguien. || prnl. Desarreglarse. || Excederse en algo. || No saber qué pensar de alguna cosa o de alguien.

DESCONFIAR intr. No confiar; recelar. | Tener poca esperanza.

DESCONOCER tr. No conocer. || Ignorar una cosa, o simularlo. || Repudiar algo. || tr. y prnl. No reconocer algo o a alguien, por haber cambiado mucho, o por no corresponder a la idea que uno tenía.

DESCONOCIDO, DA adj. y s. Olvidadizo, ingrato. || Ignoto, inexplorado. || adj. Irreconocible.

DESCONSUELO m. Pesar, tristeza, aflicción. || Lo que lo origina. || Vacío de estómago.

DESCONTAR tr. Restar una cantidad de un cálculo, medida, etc. || Adelantar al tenedor de una letra u otro documento de pago no vencidos el valor de éstos, reservándose parte de su valor como interés de la operación.

DESCONTENTO, TA adj. Contrariado, disgustado. || m. Insatisfacción, enojo.

DESCORAZONAR tr. y prnl. Acobardar, desmoralizar.

DESCORCHAR tr. Extraer el corcho del alcornoque. || Romper el corcho de la colmena para vaciar la miel. || Sacar el tapón de una botella.

DESCORRER tr. y prnl. Hacer marcha atrás en el espacio corrido. || Plegar lo que se había desplegado, especialmente las cortinas. || Abrir un cerrojo o pestillo.

DESCORTÉS adj. y com. Desatento, insolente.

DESCOSIDO, DA adj. Que habla sin mesura. || Incoherente, confuso. || m. Trozo de una prenda que se ha descosido.

DESCOYUNTAR tr. y prnl. Dislocar un hueso de su articulación. || Fatigar en exceso. || Tergiversar un hecho o un relato para adaptarlo a la propia conveniencia. || Rendir. || prnl. Experimentar un deseo o una sensación muy vivos.

DESCRÉDITO m. Pérdida o mengua de la fama o buen nombre de alguien.
DESCRIBIR tr. Explicar, reseñar las características de una persona o cosa. || Trazar, dibujar algo que dé una idea precisa de lo que es. || Definir algo a grandes rasgos. || Hablando de un objeto que siga una trayectoria, definir la forma de ésta.
DESCRIPCIÓN f. Acción y efecto de describir, enumerar los rasgos, características, detalles, etc., de un objeto, concepto, situación, etcétera.
DESCRIPTIVO, VA adj. Que describe o sirve para ello. || adj. y s. Se dice de la parte de aquellas disciplinas (geografía, gramática) que las presenta de forma estática y sistemática.
DESCUARTIZAR tr. Seccionar un cuerpo en partes o trozos. || Dividir algo en pedazos.
DESCUBIERTO, TA adj. Que lleva la cabeza sin cubrir. || Destapado. || Se aplica al lugar amplio o despejado. || Desenmascarado. || m. Saldo deudor de una cuenta bancaria.
DESCUBRIMIENTO m. Acción y efecto de descubrir, especialmente países, mares, adelantos científicos, nuevos inventos, etc. || Cosa descubierta.
DESCUBRIR tr. Poner de manifiesto. || Sacar a la luz. || Destapar lo cubierto u oculto. || Encontrar algo ignorado o escondido. || Saber algo que se ignoraba. || Dar una explicación científica a los fenómenos o leyes naturales. || Hacer que se conozca la verdadera naturaleza de una cosa. || Atisbar, registrar. || prnl. Despojarse del sombrero, gorra, etc. || Mostrar admiración ante alguien o algo.
DESCUENTO m. Deducción que se efectúa de una cuenta a cargo, especialmente en concepto de pronto pago. || Operación de descontar una letra.
DESCUIDAR tr. y prnl. Abandonar, desatender a alguien o algo. || Olvidar. || Descargar a alguien de un cuidado u obligación. || intr. Como imperativo, tiene el sentido de *no se preocupe*.
DESCUIDO m. Distracción, incuria, abandono. || Error, desliz. || *al*, o *como por d*. Con aparente olvido. || *en un d*. Sorpresivamente.
DESDE prep. Indica el tiempo o lugar en que da comienzo la acción que se comenta. || Después de.

DESDECIR intr. No estar a la altura una persona o cosa de su clase, origen, etc. || No avenirse una cosa con otra. || Declinar. || prnl. Contradecir lo dicho.
DESDÉN m. Menosprecio, indiferencia. || *al d*. Al desgaire, con aparente descuido.
DESDENTADO, DA adj. Sin dientes, que los ha perdido todos o algunos.
DESDEÑAR tr. Tratar con desdén a alguien o algo. || tr. y prnl. Desestimar algo por considerarlo poco apropiado o indigno.
DESDICHA f. Desventura, infortunio. || Pobreza, necesidad. || fam. Persona calamitosa.
DESDOBLAMIENTO m. Acción y efecto de desdoblar o desdoblarse. || Exposición detallada de una materia, ideología o plan. || *de la personalidad* Trastorno psicológico caracterizado por la alternancia de caracteres y comportamientos distintos en un mismo individuo, sin conciencia por parte de éste.
DESDOBLAR tr. y prnl. Desenrollar lo que estaba plegado. || Descomponer las partes de un compuesto.
DESEAR tr. Anhelar el conocimiento, dominio o goce de alguien o algo. || Ansiar que ocurra o no un hecho.
DESECHAR tr. Alejar de sí, excluir. || Correr un cerrojo, pestillo, etc. || Menospreciar a alguien o algo. || Recusar, impugnar una cosa. || Tirar, echar. || Ahuyentar una duda, temor, etc. || Arrinconar cosas inútiles, especialmente prendas de vestir.
DESECHO m. Lo que sobra de un conjunto de cosas después de seleccionar las mejores. || Lo que se desprecia por inútil. || Lo más vil de algo. || Calamidad.
DESEMBARAZAR tr. y prnl. Apartar lo que estorba u obstaculiza. || tr. Desalojar un lugar.
DESEMBARCAR tr. Descargar un barco. || intr. y prnl. Descender de él. || intr. Dejar de formar parte de su tripulación. || Rematar una escalera en el rellano que da acceso a un lugar. || Salir de un vehículo.
DESEMBARCO m. Acción y efecto de desembarcar. || Rellano en lo alto de una escalera. || Operación militar que consiste en depositar efectivos, trasladados en buques o aviones, en una zona en poder del enemigo.

DESEMBOCADURA f. Lugar donde una masa de agua confluye en otra.

DESEMBOCAR intr. Salir por una boca o sitio angosto. || Afluir un río, lago, calle, etc., a un lugar. || Concluir algo, en un determinado hecho o acción, tener su desenlace.

DESEMBOLSAR tr. Extraer de una bolsa. || Hacer efectivo un pago.

DESEMBOLSO m. Gasto o pago al contado.

DESEMBUCHAR tr. Arrojar las aves lo que está en el buche. || fig. Explicar algo que se deseaba mantener oculto.

DESEMPACAR tr. Quitar o desliar los envoltorios de una mercancía. || Deshacer la maleta.

DESEMPEÑAR tr. Rescatar mediante pago algo empeñado. || tr. y prnl. Pagar las deudas. || Librar de aprietos o dificultades. || Ejecutar un oficio, cargo o representación artística.

DESEMPLEO m. Falta de trabajo, paro.

DESEMPOLVAR tr. y prnl. Limpiar el polvo. || tr. Utilizar lo que se había arrinconado o reemprender una tarea estancada.

DESENCADENAR tr. y prnl. Librar de cadenas. || prnl. Originarse un proceso violento, físico o moral.

DESENCAJAR tr. y prnl. Desprender algo de su encajadura. || Alterarse el rostro a causa de enfermedad o de una emoción violenta.

DESENCANTAR tr. y prnl. Deshacer un encantamiento. || Decepcionar.

DESENCHUFAR tr. y prnl. Separar lo que está enchufado; desconectar.

DESENFADADO, DA adj. De comportamiento libre y espontáneo. || Vasto, capaz.

DESENFRENAR tr. Quitar el freno. || prnl. Darse a una vida de vicio y crápula. || Desatarse un fenómeno o una emoción.

DESENGANCHAR tr. y prnl. Soltar de su enganche una cosa.

DESENGAÑAR tr y prnl. Sacar del engaño. || Desilusionar, desanimar. || Sufrir un desengaño.

DESENGAÑO m. Acción y efecto de desengañar o desengañarse. || Franqueza en la crítica. || pl. Conocimiento que dan los padecimientos pasados.

DESENGRASAR tr. Quitar la grasa de un objeto. || intr. Adelgazar. || Introducir variaciones en la actividad normal, para hacerla más llevadera.

DESENLACE m. Fin, conclusión. || Resolución de la trama de una obra literaria.

DESENLAZAR tr. y prnl. Desatar lo que está enlazado. || Salir de un apuro. || Resolver una trama.

DESENMARAÑAR tr. Ordenar un embrollo o enredo. || Aclarar una cuestión oscura.

DESENMASCARAR tr. y prnl. Quitar la máscara. || Denunciar, poner en evidencia.

DESENREDAR tr. y prnl. Desenmarañar. || prnl. Salir de un mal paso. || fam. Romper una relación amorosa.

DESENROSCAR tr. Desplegar lo que forma una rosca. || Aflojar lo enroscado.

DESENTENDERSE prnl. Hacerse el loco, fingir no comprender. || Separarse de un asunto o no querer saber nada de él.

DESENTERRAR tr. y prnl. Sacar o aflorar lo que está enterrado. || Volver a afectar algo ya olvidado.

DESENTONAR tr. Rebajar el orgullo de uno. || intr. Desafinar. || Estar fuera de lugar, llamar la atención.

DESENTRAÑAR tr. Extraer las entrañas. || Llegar al fondo de un asunto o materia; descifrar. || prnl. Volcarse en favor de otro. || Desprenderse de lo que se tiene.

DESENTUMECER tr. y prnl. Quitar el entumecimiento a un miembro. || prnl. Variar de actividad para salir de la rutina.

DESENVAINAR tr. Sacar de la vaina un arma. || Sacar las uñas el animal que las tenga retráctiles. || Revelar lo oculto.

DESENVOLTURA f. Agilidad, gracia. || Desparpajo, descaro. || Labia, verborrea.

DESENVOLVER tr. y prnl. Quitar la envoltura. || Desarrollar algo. || Explicar, desarrollar un tema, una cuestión, etc. || Extender, ampliar. || prnl. Actuar con desenvoltura. || Defenderse, saber comportarse. || Salirse de apuros.

DESEO m. Acción y efecto de desear. || Desazón que provoca la no posesión o disfrute de una cosa. || Cosa deseada. || Apetito sexual.

DESEQUILIBRADO, DA adj. Falto de equilibrio o simetría. || Insensato, de reacciones imprevisibles.

DESEQUILIBRAR tr. y prnl. Perder o hacer perder el equilibrio.

DESERTAR intr. Dejar el soldado su puesto o ausentarse sin permiso por más de tres días. || Desamparar uno sus negocios, ideología, deber, escuela, etc. || Dejar de acudir a una concurrencia o abandonar una amistad.

DESÉRTICO, CA adj. Desierto, o relativo a él. || De naturaleza o clima similares a los del desierto.

DESERTOR, RA m. y f. Soldado que deja su puesto sin permiso. || Persona que abandona una idea, partido, amistad, escuela, etcétera.

DESESPERACIÓN f. Carencia absoluta de esperanza. || Turbación extrema del ánimo provocada por la impotencia ante un hecho. || Cosa que la provoca.

DESESPERAR tr., intr. y prnl. Desesperanzar. || tr. y prnl. Hacer perder la paciencia a uno. || prnl. Hastiarse, aborrecer la propia vida.

DESFACHATEZ f. Desvergüenza, cadradura.

DESFALCAR tr. Rebajar una cosa, eliminar parte de ella. || Apropiarse de unos fondos de los que se era custodio.

DESFALCO m. Acción y efecto de desfalcar. || Malversación de fondos.

DESFALLECER tr. Provocar desfallecimiento. || Flaquear las fuerzas. || intr. Perder el ánimo, debilitarse. || Desmayarse.

DESFAVORECER tr. Retirarle a uno el favor en que se le tenía. || Rechazar algo apoyando su contrario. || Afear.

DESFIGURAR tr. y prnl. Alterar la forma propia de algo, velar una cosa difuminando su forma. || Desmejorar el semblante.

DESFILADERO m. Forma orográfica producida por la erosión fluvial o movimientos tectónicos, angosta y de paredes abruptas.

DESFILAR intr. Andar en fila. || Salir o pasar en hilera. || Pasar las tropas ante una autoridad o un símbolo.

DESFOGAR tr. Dar escape al fuego. || Apagar la cal. || En marina, estallar por fin una tormenta que se estaba preparando. || tr. y prnl. Exteriorizar una pasión, desahogarse.

DESGAJAR tr. y prnl. Arrancar o separar una cosa de otra con la que estaba íntimamente unida. || Romper algo.

DESGANA, O f. Falta de apetito. || Indolencia.

DESGAÑITARSE prnl. Gritar o vocear con fuerza ininterrumpidamente. || Quedarse afónico.

DESGARRAR tr. y prnl. Rasgar. || Producir un vivo dolor o lástima. || Carraspear. || prnl. Aislarse.

DESGARRO m. Rotura o herida de algún órgano, de bordes irregulares y causada por estiramiento.

DESGASTAR tr. y prnl. Reducir o gastar por el roce. || Agotar, debilitar.

DESGASTE m. Acción y efecto de desgastar. || Daño que sufren los materiales de construcción por la acción de agentes climatológicos.

DESGLOSAR tr. Dividir en partes un tema para analizarlo mejor. || Separar un documento de un expediente dejando copia, o al menos, nota de su contenido. || Sacar una hoja, pliego, etc., de otros con los cuales estaba encuadernado.

DESGRACIA f. Desastre (adversidad). || Mal, daño. || Carencia de gracia. || Pérdida de un cargo o privilegio. || *desgracias personales* Víctimas humanas a causa de un siniestro. || *caer uno en d.* Sufrir el desafecto o la indiferencia de quienes le apoyaban.

DESGRACIADO, DA adj. y s. Que sufre desgracia. || Que tiene mala suerte. || Desvalido, menesteroso. || adj. Exento de cualidades positivas.

DESGRANAR tr. Extraer el grano de algo. || En artillería, tamizar la pólvora. || Pasar las cuentas del rosario. || Ensartar. || prnl. Ensancharse o deteriorarse el oído en las armas de fuego. || Desprenderse las cuentas, granos, etcétera.

DESGREÑAR tr. Despeinar, alborotar el cabello. || prnl. Pelearse.

DESGUARNECER tr. Quitar los adornos de algo. || Desaparejar una caballería. || Retirar las fuerzas y defensas de una guarnición militar. || Privar de algo esencial a un instrumento o mecanismo. || Dejar indefenso o inservible.

DESHABITAR tr. Abandonar una vivienda o un lugar. || tr. y prnl. Vaciar de habitantes una zona, población, etcétera.

DESHACER tr. y prnl. Desbaratar o destruir algo ya hecho. || Desarticular una cosa, hacer que pierda su forma. || Gastar, reducir una cosa. || Fundir, disolver.

DESHARRAPADO, DA adj. y s. Desastrado, con harapos; es despectivo.
DESHECHO, CHA p.p. irreg. de *deshacer*. || adj. Referido a agentes climatológicos, fuerte, impetuoso. || Disimulo con que intenta desvanecerse una sospecha. || f. Salida obligada de un sitio.
DESHEREDAR tr. Excluir a uno de la herencia legal, voluntariamente o por causa legal. || prnl. Obrar alguien de forma que la familia lo repudie.
DESHIDRATACIÓN f. Pérdida patológica de agua del organismo, por vómitos, diarreas, sudoración profusa o falta de ingesta de líquidos.
DESHIDRATAR tr. y prnl. Sufrir deshidratación un organismo o un cuerpo, o provocársela.
DESHIELO m. Acción y efecto de deshelar o deshelarse. || Periodo en que se funde el hielo. || Mejora de las relaciones entre Estados, por renunciar a la agresión sistemática, o entre un gobierno y sus gobernados, por disminución en el uso de la represión.
DESHILACHAR tr. y prnl. Deshilar una tela.
DESHILAR tr. y prnl. Sacar los hilos de una tela, especialmente por los bordes. || Desmenuzar algo en hilos. || tr. Trasladar un enjambre de una colmena vieja a otra nueva. || intr. Adelgazarse.
DESHOLLINAR tr. Limpiar de hollín. || Escudriñar o fisgar en un sitio.
DESHONOR m. Pérdida del honor. || Injuria, ofensa.
DESHONRA f. Pérdida de la honra. || Ignominia, descrédito.
DESHONRAR tr. y prnl. Privar de la honra. || Insultar, difamar, desprestigiar. || tr. Violar a una mujer.
DESIDIA f. Dejadez.
DESIERTO, TA adj. Deshabitado, sin concurrencia. || Lugar desprovisto de vegetación, poco fértil. || Se aplica a la subasta o certamen en que no se adjudica objeto o premio alguno. || m. Región de flora y fauna muy escasa o inexistente, y de baja pluviosidad. || *clamar o predicar en el d.* Argumentar frente a un auditorio hostil o indiferente. || No hacer caso de lo que uno dice.
DESIGNAR tr. Señalar, denominar, nombrar. || Adoptar un designio.
DESIGNIO m. Plan, intento, fin.
DESIGUAL adj. No igual, falto de equidad. || Vasto, difícil. || Variable, diverso, irregular.
DESIGUALDAD f. Cualidad de desigual. || Expresión que indica falta de igualdad.
DESILUSIÓN f. Falta o pérdida de ilusión. || Decepción.
DESINENCIA f. Morfema flexivo que se añade al final del tema o raíz de una palabra para formar los diversos paradigmas nominales (declinación) o verbales (conjugación). Las d. denotan las diversas relaciones gramaticales: género, número, etcétera.
DESINFECTANTE adj. y m. Se dice de la sustancia que destruye los microorganismos y los parásitos e inhibe su crecimiento.
DESINFECTAR tr. y prnl. Eliminar gérmenes con sustancias patógenas.
DESINFLAR tr. y prnl. Deshinchar. || Desanimar.
DESINTEGRACIÓN f. Acción y efecto de desintegrar o desintegrarse. || Fragmentación de una roca por acción de agentes externos. || Proceso radiactivo de los núcleos atómicos inestables, que tienden a emitir partículas alfa, electrones, positrones y radiación electromagnética.
DESINTEGRAR tr. y prnl. Disgregar, desmenuzar.
DESINTERÉS m. Falta de interés. || Generosidad.
DESINTOXICACIÓN f. Proceso fisiológico o terapéutico por el cual se intenta que un tóxico pierda tal carácter. || Tratamiento de deshabituación en una toxicomanía.
DESISTIR intr. Dejar de lado un asunto ya iniciado. || Abandonar una pretensión jurídica.
DESLEAL adj. y com. Sin lealtad.
DESLENGUADO, DA adj. Mal hablado, descarado.
DESLIGAR tr. y prnl. Desunir lo que está ligado. || Desenredar un asunto. || tr. Liberar a alguien de una obligación o promesa contraídas.
DESLINDAR tr. Delimitar claramente las lindes de un terreno o asunto.
DESLIZ m. Acción y efecto de deslizar o deslizarse. || Metedura de pata. || Infidelidad.

DESLIZAR tr. Colocar, meter algo al desgaire. || intr. y prnl. Resbalar. || Moverse sobre el agua, fluir. || Cometer un error, equivocarse. || prnl. Escabullirse.

DESLUCIR tr. y prnl. Deslustrar una cosa. || Rebajar, criticar.

DESLUMBRAR tr. Ofuscar. || Asombrar. || Perder la visión por el excesivo brillo de algo.

DESMÁN m. Atropello, desbarajuste, exceso. || Calamidad.

DESMANTELAR tr. Abatir una fortificación. || Desvalijar, privar de enseres y aparejos algo. || Desarbolar.

DESMAYAR tr. Producir desmayo. || Caer una cosa sin tiesura, lacia. || intr. Arredrarse, intimidarse. || prnl. Sufrir un desvanecimiento.

DESMAYO m. Desánimo. || Lipotimia.

DESMEDIDO, DA adj. Desmesurado, sin fin.

DESMEJORAR tr. Empeorar, deslucir. || intr. y prnl. Enfermar.

DESMEMBRAR tr. Descuajar los miembros del cuerpo. || Disgregar, desunir.

DESMENTIR tr. Contradecir uno lo que otro afirma. || Evidenciar que algo es falso. || Escamotear algo. || No estar alguien a la altura de lo que se esperaba.

DESMENUZAR tr. Triturar, disgregar. || Analizar minuciosamente algo.

DESMERECER intr. Mermar el valor o mérito de algo. || Ser una cosa peor en comparación con otra.

DESMESURADO, DA adj. Desproporcionado, enorme. || adj. y s. Mal educado, descarado.

DESMONETIZAR tr. Eliminar o reducir el valor legal de una moneda. || Abolir el uso de un metal para la acuñación de moneda.

DESMONTABLE adj. Que se puede desmontar, con facilidad. || m. Palanca de hierro con la que se saca la cubierta de un neumático.

DESMONTAR, 1 tr. Descomponer algo en sus elementos. || Deshacer una casa totalmente o en parte. || Poner el seguro a un arma de fuego.

DESMONTAR, 2 tr. Rebajar un montón de paja, tierra, broza, etc., aplanar una superficie.

DESMORALIZAR tr. y prnl. Hacer perder los buenos hábitos y maneras. || Hacer perder el coraje, arrojo, etcétera.

DESMORONAR tr. y prnl. Disgregar, deshacer poco a poco. || Entrar un proceso de decadencia (de una organización, cultura, edificio) en una fase de apatía y total abandono.

DESMOVILIZAR tr. Licenciar a parte de la población que se halla llamada a filas y en pie de guerra. || Desconvocar una manifestación, huelga, etcétera; por extensión, desanimar las movilizaciones sociales.

DESNACIONALIZAR tr. Suprimir el carácter nacional. || Entregar o hacer revertir a la iniciativa privada un sector o una unidad económica.

DESNATURALIZADO, DA adj. y s. Se dice de quien no tiene apego ni cariño a su familia.

DESNATURALIZAR tr. y prnl. Desterrar a alguien, privarle de su nacionalidad. || tr. Degradar las características de una cosa, manipulándola.

DESNIVEL m. Inclinación. || Diferencia de altura entre distintos puntos.

DESNUCAR tr. y prnl. Desencajar o romper los huesos de la nuca. || Matar golpeando la nuca.

DESNUDAR tr. y prnl. Despojar del vestido o de alguna prenda. || Robar a alguien o ganarle en el juego todo lo que llevaba. || tr. Dejar una cosa sin sus ornamentos o cubierta. || Extraer el arma de su funda. || prnl. Alejar de sí algo. || Desprenderse.

DESNUDO, DA adj. Sin ropa. || Mal o escasamente vestido. || Sin revestimiento, adorno o complemento. || Despojado. || Carente de medios materiales. || Evidente, sin ambages. || m. Representación de una figura desnuda.

DESNUTRICIÓN f. Estado del organismo, consecuencia de un insuficiente aporte de sustancias nutritivas, sales minerales o elementos vitamínicos.

DESOBEDECER tr. Hacer caso omiso de una orden. || Vulnerar (una ley, norma, etcétera).

DESOCUPADO, DA adj. y s. Exento de ocupaciones, inactivo. || Parado, carente de trabajo. || Vacío.

DESOCUPAR tr. Vaciar un lugar, local, etcétera.

DESODORANTE adj. y com. Que elimina o atenúa los malos olores. || m. Producto cosmético, a base de formol y clorofila,

usado para eliminar el mal olor, corporal o ambiental (ambientador).
DESOÍR tr. Hacer oídos sordos.
DESOLAR tr. Devastar, asolar. || prnl. Apenarse, angustiarse en grado sumo.
DESOLLAR tr. Despellejar.
DESORDEN m. Falta de orden, desbarajuste. || Agitación moral o social; también se usa en pl. || Perturbación funcional. || Exceso, desenfreno, desmán.
DESORDENAR tr. Poner en desorden. || prnl. Desgobernarse, extralimitarse.
DESORGANIZAR tr. y prnl. Perder la organización. || Desbaratar.
DESORIENTAR tr. y prnl. Hacer perder la orientación o el rumbo. || Trastornar, desconcertar.
DESOVAR intr. Depositar los huevos o las huevas las hembras de los insectos, peces y anfibios.
DESOXIDAR tr. Eliminar la capa de óxido de un metal. || tr. y prnl. Reducir o anular el oxígeno de un compuesto. || Recuperar la destreza en algo.
DESPABILADO, DA adj. Despierto.
DESPABILAR tr. Avivar un candil, antorcha, etc. || Servir o vender algo con rapidez. || Actuar con prontitud. || Hurtar, birlar en un santiamén. || fam. Matar. || tr. y prnl. Aguzar el talento de alguien. || prnl. Despertarse, quitarse el sueño de encima.
DESPACIO adv. Lentamente. || Durante mucho tiempo. || En silencio. || Interj. para solicitar moderación y tranquilidad.
DESPACHAR tr. Resolver o zanjar un asunto. || Atender a empleados o clientes en el despacho. || Remitir un escrito o encargo a alguien. || Expulsar, despedir a alguien. || Proveer de géneros y vendérselos a un cliente. || fam. Acabar con algo o alguien.
DESPACHO m. Acción y efecto de despachar. || Habitación para tratar asuntos o negocios, o destinada al estudio. || Escritorio, mueble. || Tienda. || Comunicación oficial, noticia o notificación que se cursa con celeridad (por teléfono, telégrafo, etcétera).
DESPACHURRAR tr. y prnl. Chafar, despanzurrar.
DESPAMPANANTE adj. fam. Impresionante, deslumbrante.
DESPANZURRAR tr. y prnl. Reventar o abrir la panza a una persona o animal. || Estallar una cosa blanda o inflada.

DESPARPAJO m. Desenvoltura, desenfado en la forma de hablar y actuar.
DESPARRAMAR tr. y prnl. Dispersar, diseminar. || tr. Dilapidar los bienes. || Disipar. || prnl. Divertirse en exceso.
DESPECTIVO, VA adj. Que actúa con desprecio. || adj. y s. Se aplica a los afijos (y a las palabras de las que forman parte) que conllevan un matiz peyorativo o de desprecio: *casucha, perrucho*.
DESPECHO m. Inquina surgida de las frustraciones o desilusiones. || Desesperación. || Inclemencia del tiempo. || *a d. de* Pese a.
DESPEDAZAR tr. y prnl. Desmembrar, descomponer un cuerpo en partes irregulares. || Ocasionar un gran dolor o pena.
DESPEDIDA f. Acción y efecto de despedir. || Estribillo final de ciertas canciones populares.
DESPEDIR tr. Lanzar, disparar una cosa. || Desprender algo (luz, olor, vapor, etc.). || Prolongarse la costa hacia el mar. || Alejar de sí pensamientos o ideas negativos. || Quitarse de encima a una persona molesta. || Dejar a alguien sin oficio o cargo. || Decir adiós, cumplimentar a alguien.
DESPEGAR tr. y prnl. Soltar o quitar una cosa de otra a la que estaba junta o adherida. || Descoser. || intr. Ir tomando altura un vehículo aéreo. || prnl. Desapegarse. || Desentonar una cosa con otra.
DESPEGUE m. Acción y efecto de despegar. || Abandono por una aeronave de su sustentación sobre la pista, y maniobra para lograrlo. || Etapa del crecimiento económico en que las fuerzas productivas han alcanzado el suficiente nivel para permitir un desarrollo continuado y más tecnificado de la economía.
DESPEINAR tr. y prnl. Estropear o descomponer el peinado. || Enredar el pelo.
DESPEJADO, DA adj. Amplio, espacioso. || Claro, sin nubes. || Desenvuelto en el trato. || De mente aguda y despabilada. || Sin estorbos u obstáculos.
DESPEJAR tr. Desalojar, vaciar un lugar. || Poner en claro, disipar la duda o confusión de algo. || En algunos deportes, lanzar la pelota fuera del área de peligro. || Aislar, por medio de cálculo, una de las incógnitas que intervienen en una ecuación. || prnl. Despabilarse una persona. ||

Airearse, entretenerse. || Apaciguarse el tiempo. || Descender la fiebre de un enfermo. || Despertarse, recuperarse una persona de la fatiga, el sueño, etcétera.

DESPELLEJAR tr. Arrancar la piel o el pellejo. || Vituperar a alguien. || Arruinar o desvalijar.

DESPENSA f. Sitio destinado al almacenamiento de alimentos. || Acopio de víveres.

DESPEÑADERO, RA adj. Que es propicio para despeñar o despeñarse. || m. Sima, tajo. || Peligro que uno corre.

DESPEÑAR tr. y prnl. Lanzar algo o a alguien desde un lugar elevado. || prnl. Darse al desenfreno.

DESPERDICIAR tr. y prnl. Malgastar o desaprovechar una cosa.

DESPERDICIO m. Dispendio, disipación de los bienes. || Resto que no se utiliza o aprovecha. || *no tener d.* Ser de gran utilidad o provecho.

DESPERDIGAR tr. y prnl. Diseminar, desparramar.

DESPERFECTO m. Defecto superficial. || Imperfección que desmerece el aspecto o valor de una cosa.

DESPERTADOR, RA adj. y s. Que despierta. || m. Reloj con alarma. || Mecanismo de un faro que señala la carencia de aceite en los mecheros. || Incitación, aviso.

DESPERTAR, 1 m. Momento en que alguien suspende el sueño. || Principio de alguna empresa o actividad.

DESPERTAR, 2 tr. y prnl. Sacar del sueño al que duerme. || Evocar, recordar algo. || Abrir los ojos de alguien, hacerle ver un error. || Avivar, estimular.

DESPIADADO, DA adj. Duro, desalmado.

DESPIDO m. Ruptura unilateral de un contrato de trabajo antes del tiempo previsto. || Indemnización que se paga al despedido. || Despedida. || *libre* El que puede legalmente realizarse sin otro trámite que un plazo, generalmente corto, de preaviso.

DESPIERTO, TA adj. fam. Avispado, vivo.

DESPILFARRAR tr. Dilapidar, gastar el caudal inadecuada o exageradamente.

DESPILFARRO m. Gasto excesivo o superfluo.

DESPINTAR tr. y prnl. Borrar o raspar lo pintado. || Deformar, modificar un relato o asunto. || intr. Renegar, degenerar. || prnl. Decolorarse, desteñirse algo. || Borrarse de la memoria algo.

DESPISTAR tr. y prnl. Desconcertar, hacer perder una pista. || prnl. Desviarse, salirse uno o un vehículo de su camino.

DESPLANTE m. Corte, chasco. || Postura o frase insolentes. || En danza o esgrima, postura poco airosa.

DESPLAZAMIENTO m. Acción y efecto de desplazar o desplazarse. || Volumen y peso del agua que desaloja un buque, igual al espacio que ocupa su casco hasta la línea de flotación. || Movimiento que conserva la distancia y los ángulos.

DESPLAZAR tr. Mover una cosa de un lugar a otro. || Trasladar o sacar a uno de su puesto o empleo. || Sacar a uno de su ambiente. || prnl. Moverse, trasladarse.

DESPLEGAR tr. y prnl. Extender, desenrollar. || Hacer que las tropas efectúen un despliegue. || tr. Clarificar, hacer patente. || Mostrar una aptitud o cualidad.

DESPLIEGUE m. Acción y efecto de desplegar. || Lucimiento, ostentación de fuerza o riqueza para causar admiración. || Paso de las tropas del orden cerrado al orden abierto o de combate. || Conjunto de operaciones militares inmediatas al inicio del combate.

DESPLOMAR tr. y prnl. Hacer que algo pierda su verticalidad. || prnl. Derrumbarse una pared o caer algo a plomo. || Caer repentinamente una persona, muerta o desmayada. || Hundirse, arruinarse.

DESPLOME m. Acción y efecto de desplomar o desplomarse. || Conjunto de elementos arquitectónicos que sobresalen de la línea de aplome.

DESPLUMAR tr. y prnl. Despojar de plumas a un ave. || tr. fam. Dejar a alguien sin dinero, especialmente en el juego; desposeerlo de todo, con malas artes.

DESPOBLADO, DA adj. y m. Se dice del lugar no habitado, especialmente el que si lo estuvo. || m. Circunstancia agravante de la responsabilidad penal, consistente en buscar o aprovechar la soledad para la comisión de un delito.

DESPOBLAR tr. y prnl. Abandonar un lugar su población o disminuir ésta considerablemente. || Despojar un sitio de lo

que haya en él. || prnl. Quedarse un lugar sin gente por un motivo circunstancial.
DESPOJAR tr. Expoliar a uno de una posesión, privilegio, etc. || Privar la justicia a uno del uso que hacía de bienes de otro. || prnl. Quitarse la ropa. || Renunciar a la posesión de algo.
DESPOJO m. Acción y efecto de despojar. || Botín que toma el vencedor. || Lo que ha de ser víctima del tiempo o de la muerte. || pl. Restos, sobras. || Restos mortales, cadáver.
DESPOSADO, DA adj. y s. Recién casado. || adj. Esposado, con grilletes.
DESPOSAR tr. Celebrar un sacerdote un matrimonio. || prnl. Casarse.
DESPOSEER tr. Dejar a uno sin sus posesiones. || prnl. Renunciar uno a sus posesiones. || Desapropiarse.
DÉSPOTA m. Título de algunos soberanos absolutos de antiguas monarquías orientales. || Quien ejerce el poder de forma arbitraria y absoluta. || Persona excesivamente rigurosa con sus subordinados.
DESPOTISMO m. Ejercicio del poder de modo arbitrario y sin sujeción a ley alguna. || Rigor innecesario o abuso de la autoridad que se tiene.
DESPOTRICAR intr. y prnl. Hablar mal y sin contención contra algo o alguien.
DESPRECIAR tr. Hacer de menos, rechazar. || prnl. Menospreciarse.
DESPRECIO m. Falta de aprecio, rechazo. || Desdén, descortesía.
DESPRENDER tr. Desasir, separar. || tr. y prnl. Renunciar a algo, rechazarlo. || prnl. Deducirse, seguirse. || Despojarse, desposeerse. || Prescindir de algo por decisión propia.
DESPRENDIDO, DA adj. Espléndido, desinteresado.
DESPRENDIMIENTO m. Acción de desprender o desprenderse. || Generosidad, largueza. || Indiferencia, desapego. || Alud. || Descendimiento. || Caída o separación de algún órgano, o de parte del mismo, de su posición anatómica normal.
DESPREOCUPACIÓN f. Acción y efecto de despreocuparse. || Desatención, negligencia. || Falta de interés.
DESPREOCUPADO, DA adj. Sin preocupaciones. || Que hace caso omiso de convencionalismos; informal. || Que no se interesa por los temas del momento.

DESPRESTIGIAR tr. y prnl. Desacreditar.
DESPROPORCIONAR tr. Exagerar, sacar de proporción.
DESPROPÓSITO m. Dislate, desatino.
DESPROVEER tr. y prnl. Privar de lo necesario.
DESPROVISTO, TA adj. Carente.
DESPUÉS adj. Siguiente, posterior. || adv. Detrás de. || Posteriormente. || conj. A pesar de. || Puede tener también valor nominal en determinadas frases (*después de los despueses*).
DESPUNTAR tr. y prnl. Romper o gastar la punta de algo. || Descerar una colmena. || intr. Empezar a brotar o a manifestarse. || Sobresalir, destacar.
DESQUICIAR tr. y prnl. Sacar algo de su quicio. || Exasperar. || Desarreglar, estropear algo. || Desproporcionar. || Enemistar. || prnl. Dislocarse un miembro.
DESQUITAR tr. y prnl. Resarcir una pérdida. || Vengar. || fam. Deducir, descontar.
DESTACAMENTO m. Porción de tropa que se destaca para una misión.
DESTACAR tr. y prnl. Apartar una porción de tropa o un grupo expedicionario del grueso de sus componentes para cumplir una misión. || Distinguir; realzar. || intr. y prnl. Descollar, sobresalir.
DESTAJO m. Trabajo que se paga según obra realizada. || *a d.* No a jornal, sino a un tanto convenido. || Muy de prisa.
DESTAPAR tr. y prnl. Privar de lo que cubre, tapa o abriga a algo o alguien. || prnl. Sincerarse. || Mostrar alguien un carácter o cualidades que no se le conocían.
DESTARTALADO, DA adj. y s. Desangelado, poco acogedor.
DESTEJER tr. y prnl. Deshacer lo tejido. || Malograr una trama o plan.
DESTELLAR intr. Lanzar destellos.
DESTELLO m. Acción de destellar. || Relumbre, refulgencia instantánea o intermitente. || Exteriorización breve y relevante de una cualidad.
DESTEMPLAR tr. Descomponer el orden o la armonía de algo. || Poner en infusión. || tr. y prnl. Destruir la concordancia o armonía con que están templados o afinados los instrumentos musicales, desafinar con la voz. || Quitar el temple a un metal o perderlo éste. || prnl. Sufrir

una leve indisposición física, con alteración del pulso. || Irritarse, perder la templanza.

DESTEÑIR tr. y prnl. Eliminar o perder el tinte; atenuar o difuminar los colores.

DESTERRAR tr. Expulsar a alguien de un país, generalmente por motivos políticos. || Limpiar de tierra. || Alejar, descartar de sí. || Prohibir, abandonar una costumbre, etc. || prnl. Exiliarse.

DESTETAR tr. y prnl. Desmamar al niño o a la cría de un animal. || Ir emancipando a los hijos.

DESTIEMPO, a loc. adv. Fuera de tiempo o del momento propicio.

DESTIERRO m. Acción y efecto de desterrar. || Pena consistente en expulsar a alguien de un territorio determinado, con la prohibición temporal o perpetua de que no regrese. || Sitio muy alejado.

DESTILACIÓN f. Proceso utilizado para purificar los líquidos que consiste en calentar hasta la temperatura de ebullición y condensar los vapores que se desprenden durante la operación.

DESTILADOR, RA adj. y s. Que destila. || adj. Que se destila. || m. Especie de filtro. || Alambique.

DESTILAR tr. Efectuar una destilación. || Expresar una cosa o persona ciertos sentimientos o cualidades. || tr. y prnl. Filtrar. || tr. e intr. Escurrir un líquido gota a gota. || Rebosar, rezumar.

DESTINAR tr. Adscribir, reservar algo o a alguien para un determinado fin. || Consignar el empleo, ocupación, etc., que ha de desempeñar una persona.

DESTINATARIO, RIA m. y f. Persona a quien se envía o destina algo; especialmente un efecto postal.

DESTINO m. Encadenamiento de los hechos considerados inalterables, por influjo de fuerzas divinas o sobrenaturales. || Necesidad futura. || Trayectoria vital elegida por el individuo. || Sino, suerte, fatalidad. || Aplicación, uso o finalidad que se confiere a una cosa.

DESTITUIR tr. Deponer a alguien de un cargo.

DESTORNILLAR tr. Sacar un tornillo girándolo sobre sí mismo. || Desmontar una pieza que está atornillada. || prnl. Actuar o hablar atolondradamente.

DESTREZA f. Maña, pericia.

DESTRIPAR tr. Sacar las tripas o el relleno de algo. || Despanzurrar. || Malograr un relato anticipando el final.

DESTRONAR tr. Destituir a un rey. || Despojar a alguien de su primacía.

DESTROZAR tr. y prnl. Romper en trozos. || Ocasionar un gran pesar. || tr. Desacreditar, humillar. || Vencer, aniquilar.

DESTRUCCIÓN f. Acción y efecto de destruir. || Devastación, calamidad.

DESTRUCTOR, RA adj. y s. Que destruye. || m. Buque de guerra antitorpedero de 2 000 a 5 000 t; sustituyó a los torpederos en la Segunda Guerra Mundial.

DESTRUIR tr. y prnl. Demoler, desbaratar, malograr. || Arruinar.

DESUNCIR tr. Liberar del yugo.

DESUNIR tr. y prnl. Disgregar lo unido. || Enemistar.

DESUSADO, DA adj. Sorprendente, no habitual. || Fuera de uso.

DESVAÍDO, DA adj. Se aplica a la persona alta y desgarbada. || Se dice de la personalidad poco acusada, y de la persona que la tiene. || Se dice del color atenuado. || m. Ambiguo.

DESVALIDO, DA adj. y s. Sin protección o recursos.

DESVALIJAR tr. Robar o saquear el contenido de una maleta, vivienda, etc. || Apoderarse del dinero o las posesiones de alguien mediante robo, fraude, etcétera.

DESVALORIZAR tr. Rebajar el valor de algo. || Rebajar en el cambio internacional el valor de una moneda. || Despreciar.

DESVÁN m. Parte de una casa que está inmediatamente debajo del tejado.

DESVANECER tr. y prnl. Hacer más sutil la materia de algo, para difuminarlo. || Eliminar, hacer desaparecer un sentimiento, idea, etc. || Envanecer. || prnl. Disiparse la parte volátil de una sustancia, especialmente el alcohol. || Perder el conocimiento, desmayarse.

DESVANECIMIENTO m. Acción y efecto de desvanecer. || Lipotimia. || Pérdida de la recepción de ondas radioeléctricas causada por estados de la atmósfera.

DESVARIAR intr. Delirar, decir insensateces.

DESVARÍO m. Despropósito, tontería. || Delirio patológico. || Deformidad, anormalidad. || Volubilidad, frivolidad.

DESVELAR, 1 tr. y prnl. Dejar de tener sueño, hacer que alguien no duerma.

DESVELAR, 2 tr. Poner al descubierto.

DESVENCIJAR tr. y prnl. Aflojar o descomponer las partes de algo. || fam. Fatigar.

DESVENTAJA f. Inferioridad comparativa.

DESVENTURA f. Infortunio.

DESVESTIR tr. y prnl. Desnudar.

DESVIACIÓN f. Acción y efecto de desviar o desviarse. || Ramal. || Aberración, deformidad. || Diferencia entre el valor de un dato, una conducta, etc., y la normalidad o el valor medio. || Posición anómala de una parte del cuerpo o un órgano.

DESVIAR tr. y prnl. Separar del rumbo. || Convencer a alguien para que no haga una cosa. || En esgrima, esquivar el tiro del contrario, apartándole el arma.

DESVÍO m. Desviación. || Frialdad, desafecto. || Modificación del itinerario de una carretera. || Bifurcación ferroviaria, y dispositivo que la permite.

DESVIRTUAR tr. y prnl. Hacer que una cosa pierda sus características. || Contrarrestar el efecto de algo.

DESVIVIRSE prnl. Preocuparse intensamente por el bien de algo o alguien.

DETALLAR tr. Contar o estudiar minuciosamente algo. || Vender al por menor.

DETALLE m. Aspecto, enumeración o lista pormenorizados. || Cosa añadida o secundaria. || fam. Invitación, convite. || Favor, atención, regalo.

DETALLISTA com. Persona minuciosa y ordenada. || Tendero o comerciante al por menor.

DETECTAR tr. Descubrir los síntomas o indicios de algo tras un proceso de búsqueda.

DETECTIVE com. Persona que se dedica a la investigación de hechos privados por cuenta de un afectado.

DETECTOR, RA adj. y s. Que detecta y se usa para ello. || m. Rectificador cristalino usado en las técnicas radiofónicas para la demodulación. || Aparato para revelar la modulación generada por ondas electromagnéticas. || *de mentiras* Aparato que detecta cambios reflejos emocionales en quien miente.

DETENCIÓN f. Acción y efecto de detener. || Freno, dilación, demora. || Privación de libertad por causa de un delito. || *preventiva* La que se impone a quien se supone es autor de un delito, para evitar su fuga o facilitar la aclaración del mismo.

DETENER tr. y prnl. Parar. || tr. Obstaculizar la marcha. || Arrestar, encarcelar. || Retener algo. || prnl. Andar sin prisas. || Considerar una cosa con calma.

DETERGENTE adj. y com. Detersorio. || m. Sustancia limpiadora de acción enérgica.

DETERIORAR tr. y prnl. Estropear o degradar algo.

DETERMINACIÓN f. Acción y efecto de determinar. || Energía y resolución en el cometido de un propósito. || Concreción precisa y exacta de un objeto cuya realidad se pretende hallar y delimitar. || Acción semántica de un determinante sobre la palabra a la que determina. || Obtención de la solución de una ecuación o de un sistema de ecuaciones, cuando la hay y es única.

DETERMINADO, DA adj. Audaz, decidido. || Exacto, concreto. || Se dice de una clase de artículo.

DETERMINAR tr. y prnl. Decidir. || Delimitar, acotar.

DETESTAR tr. Maldecir de forma solemne. || Abominar de algo o alguien.

DETONACIÓN f. Acción y efecto de detonar. || Ruido que acompaña una explosión. || Ruido del motor de explosión, a causa de una combustión incorrecta.

DETONAR intr. Producir estampido.

DETRÁS adv. En la parte posterior. || Seguido de la preposición *de*, en la parte posterior de lo indicado. || Precedido de *por*, en ausencia, o en inferioridad de jerarquía.

DETRIMENTO m. Estrago de poca cantidad. || Menoscabo, perjuicio material o moral.

DETRITO m. Todo tipo de fragmento rocoso. || Materia orgánica amorfa que se mantiene en suspensión en el agua.

DEUDA f. Obligación de pagar una cantidad de dinero a otra persona o institución. || Cosa o cantidad debida. || Pecado. || *pública* La del Estado.

DEUDOR, RA adj. En contabilidad, relativo al debe. || adj. y s. Que debe.

DEVALUACIÓN f. Reducción, por parte del gobierno, del valor de una unidad mo-

netaria respecto a las de los demás Estados.
DEVANAR tr. Formar ovillos o carretes.
DEVANEO m. Desvarío, disparate. || Entretenimiento vacuo. || Tonteo amoroso.
DEVASTAR tr. Arrasar un territorio. || Destruir cualquier cosa.
DEVENGAR tr. Tener derecho a ser remunerado.
DEVENIR, 1 intr. Ocurrir, pasar.
DEVENIR, 2 m. Cambio, transformación, futuro.
DEVOCIÓN f. Actitud de reverencia hacia ideas o personajes sagrados, y exteriorización de ella. || Costumbre devota. || Amor respetuoso y entregado hacia algo o alguien. || Oración, rezo u otra práctica religiosa. || Afición muy intensa.
DEVOLUCIÓN f. Acción y efecto de devolver. || Transmisión de un derecho o bien a otra persona.
DEVOLVER tr. Restituir a una persona algo que era suyo. || Tornar algo a su estado originario. || Corresponder a una ofensa, cortesía, etc. || Vomitar la comida.
DEVORAR tr. Comer un animal a otro. || Comer de prisa y con voracidad. || Arrasar, especialmente el fuego. || Dilapidar. || Dedicar una atención extrema a algo.
DEVOTO, TA adj. y s. Que tiene devoción. || Se dice de lo que inclina a la devoción. || m. Objeto de la devoción de alguien.
DEYECCIÓN f. En geología acúmulo de materias por acción de agentes externos (agua, viento). || Expulsión de los excrementos orgánicos. || Los mismos excrementos.
DÍA m. Intervalo de tiempo definido como una rotación de la Tierra sobre sí misma. || Cada uno de los espacios sucesivos de 24 horas en que se divide convencionalmente el año. || Parte del anterior en que hay luz solar. || Tiempo que hace durante el día. || Oportunidad, coyuntura.
DIABETES f. Grave trastorno del metabolismo de los hidratos de carbono. Generalmente se debe a un déficit de secreción de insulina (hormona que regula la glicemia), y por ello el azúcar sanguíneo aumenta.
DIABLO m. Demonio. || Soporte de madera del taco de billar. || Persona dada a las bromas. || Persona astuta y malvada.
DIABLURA f. Travesura que trae consecuencias. || Locura, audacia. || pl. Habilidad, destreza.
DIABÓLICO, CA adj. Relativo al diablo. || Muy perverso. || Complicadísimo.
DIÁBOLO m. Diávolo.
DIACRÍTICO, CA adj. Se dice de los signos gráficos que añaden a una letra un valor o unas características especiales, como la tilde, diéresis, circunflejo, etc. || Se dice del acento que se pone encima de una palabra para distinguir a ésta de otra que se escribe igual y que de otra forma se confundiría. || Se dice de los síntomas que distinguen unas enfermedades de otras.
DIADEMA f. Cinta blanca que los reyes llevaban alrededor de la cabeza. || Corona. || Aderezo semicircular que se pone en la cabeza.
DIÁFANO, NA adj. Que deja pasar la luz. || Nítido.
DIAFRAGMA m. Tabique muscular y tendinoso dispuesto en forma de cúpula que separa el tórax del abdomen. || Membrana estanca y elástica que separa dos fluidos en una máquina o circuito. || Membrana que transmite las vibraciones de sonido al amplificador. || Elemento de la cámara cinematográfica o fotográfica que regula la cantidad de luz que va al objetivo y permite impresionar la película. || Tabique dispuesto en los órganos vegetales fistulosos. || Anticonceptivo consistente en un disco de caucho que, introducido en la vagina, obstruye el cuello del útero.
DIAGNÓSTICO (o **DIAGNOSIS**) m. Conocimiento de una enfermedad por sus signos y síntomas. || Cualidad que da el médico a una enfermedad.
DIAGONAL adj. y f. Se dice de la línea recta que en un polígono une dos vértices no consecutivos y en un poliedro dos vértices no situados en la misma cara. || Se dice de los tejidos en que la trama y la urdimbre se cortan en forma oblicua. || *en d.* Oblicuamente.
DIAGRAMA m. Representación geométrica en la que se relacionan gráficamente dos o más variables.
DIALÉCTICO, CA adj. Relativo a la dialéctica. || Que le gusta discutir. || f. Parte

de la filosofía que trata del razonar y sus leyes. || Método filosófico para la resolución de las contradicciones.

DIALECTO m. Variedad que adopta una lengua dentro de una zona geográfica determinada. || Respecto de una lengua, sistema lingüístico que deriva de ella y que tras una evolución puede transformarse también en lengua (caso de las lenguas romances con respecto al latín) o quedarse en una etapa de estancamiento.

DIÁLISIS f. Proceso que permite separar las sustancias cristalinas disueltas de las que están en estado coloidal mediante una membrana semipermeable. || *peritoneal* Procedimiento terapéutico para depurar la sangre de metabolitos a los enfermos del riñón.

DIALOGAR intr. Conversar. || tr. Escribir diálogos.

DIÁLOGO m. Charla entre dos o más personas. || Género literario en el cual se establece una conversación imaginaria entre varios personajes. || Cada parte de una obra literaria o cinematográfica o conjunto de ellas, en las que la trama se explicita a través de las conversaciones de los personajes.

DIAMANTE m. Carbono puro que cristaliza en octaedros en el sistema cúbico; incoloro o toma tono de las impurezas; es el mineral más duro; pesado, frágil, exfoliable, insoluble e infusible; brillo característico. Uso como gema e industrial. || *brillante* El tallado en cincuenta y ocho caras. || *bruto* El que está sin tallar. || *rosa* El de base plana.

DIÁMETRO m. Cada eje de la esfera. || Segmento que pasa por el centro del círculo y tiene sus extremos en la circunferencia. || En otras curvas (cónicas, cuádricas, etc.), línea que pasa por el centro, si existe, y divide en dos partes iguales un sistema de cuerdas paralelas.

DIANA f. Toque que sirve para despertar a la tropa. || Centro de un blanco de tiro.

DIAPASÓN m. Frecuencia asignada a un sonido, que condiciona y regula los restantes (440 vibraciones por segundo). || Instrumento que produce dicha nota. || Batidor (de un instrumento).

DIAPOSITIVA f. Positivo fotográfico enmarcado para facilitar su proyección.

DIARIO, RIA adj. De todos los días. || m. Crónica día a día, especialmente la escrita por el propio interesado, y cuaderno en que se escribe. || Periódico que sale diariamente. || Libro de contabilidad en que se anotan cronológicamente las operaciones.

DIARREA f. Trastorno de la función intestinal que se caracteriza por la profusa emisión de heces, muy pastosas o líquidas. || *mental* Confusión psicológica.

DIATRIBA f. Acusación o denuncia violenta contra algo o alguien, sea verbalmente, o por panfletos, obras de arte, etcétera.

DIBUJANTE com. Persona que dibuja, en especial si lo hace profesionalmente.

DIBUJAR tr. y prnl. Hacer un dibujo. || Describir. || prnl. Mostrarse, revelarse de manera imprecisa.

DIBUJO m. Representación gráfica basada en líneas, trazos y sombras. || Obra donde predomina la línea sobre el color. || Figura y formas de las labores que adornan ciertos tejidos.

DICCIÓN f. Palabra. || Modo de hablar o escribir. || Pronunciación.

DICCIONARIO m. Libro que recoge las palabras y locuciones de un idioma, generalmente sistematizadas en orden alfabético, con la definición del significado, o con su equivalencia en otro idioma. || Catálogo alfabético de los términos propios de una materia o ciencia específica.

DICIEMBRE m. Duodécimo y último mes del año (31 días).

DICTADO m. Acción de dictar. || Lo que se dicta o escribe al dictado. || pl. Reglas de la razón o la conciencia.

DICTADOR, RA adj. Que dicta, manda u ordena. || Mandón, autoritario. || adj. y s. Se dice de quien ejerce una dictadura.

DICTADURA f. En la antigua Roma, situación excepcional, prevista constitucionalmente, por la que una persona era investida de todo el poder ejecutivo, por tiempo limitado (6 meses). || Régimen político caracterizado por la concentración del poder en un solo partido o individuo, después de una ruptura radical y generalmente violenta con el poder constitucional previo. || Tiempo que dura. || Concentración del poder en una sola persona o institución.

DICTAMEN m. Informe, opinión, sentencia.

DICTAR tr. Escribir algo a medida que otro lo dice o lo lee. || Promulgar, expedir sentencias, leyes, etc. || Sugerir, infundir algo. || Exigir, imponer normas, condiciones, etcétera.

DICHA f. Felicidad, goce. || Ventura. || Ladrido del perro a una pieza de caza.

DICHO, CHA adj. y s. Que está dicho o expresado. || m. Frase ocurrente, agudeza, refrán. || Insulto. || *d. y hecho* Realizado inmediatamente.

DICHOSO, SA adj. Feliz, gozoso. || En sentido antitético, engorroso, irritante.

DIDÁCTICO, CA adj. Relativo a la enseñanza. || Aleccionador. || f. Parte de la pedagogía que se ocupa de los métodos y técnicas de la docencia.

DIEDRO adj. y s. Se dice de un tipo de ángulo. || m. Ángulo formado por el ala y el estabilizador de un avión y la horizontal.

DIENTE m. Cada una de las piezas blancas y duras implantadas en los alveolos de los maxilares y cuya función es la masticación. || Cada uno de los órganos duros implantados en la mandíbula, en la cavidad bucal, o en la porción anterior del intestino de los animales, adaptado para la trituración y masticación de los alimentos. || En los frutos, división poco profunda de las cápsulas. || Cada saliente de ciertos útiles o partes de un mecanismo, que permite su engranaje con otro.

DIÉRESIS f. Signo diacrítico (ü) que colocado sobre la *u* en las sílabas *güe* y *güi* fuerza la pronunciación de aquélla (*cigüeña*); también usado en poesía para romper un diptongo (*ruido = ru-ido*).

DIESTRO, TRA adj. De la derecha. || Mañoso. || Propicio, favorable. || f. Mano derecha.

DIETA f. Tipo o régimen alimenticio adaptado a las necesidades específicas de un paciente, suprimiendo unos alimentos o incluyendo otros.

DIETÉTICA f. Parte de la medicina que estudia el régimen alimentario más idóneo para la conservación de la salud o su recuperación.

DIEZ adj. Nueve y uno. || adj. y com. Décimo. || m. Par de signos numéricos que representan este número.

DIEZMAR tr. Sacar o separar el 10%. || Producir una gran mortandad. || Condenar a un delincuente de cada 10; también en el caso de una tropa, cuando la culpa es colectiva (hasta el siglo XIX). || Pagar el diezmo.

DIEZMO m. Impuesto del 10% sobre la producción agropecuaria. Se generalizó en la Europa altomedieval como exacción controlada principalmente por la Iglesia.

DIFAMAR tr. Propalar noticias que atentan contra la buena forma de algo o alguien.

DIFERENCIA f. Aspecto que permite distinguir una cosa de otra. || Discrepancia. || Resultado de la sustracción. || Residuo.

DIFERENCIAL adj. Relativo a la diferencia. || Se dice del cálculo aritmético que establece las reglas para diferenciar una función. || f. Referida a una función del tipo $y = f(x)$, producto de su derivada por el incremento de la variable independiente. || m. Mecanismo de piñones cónicos que permite a las ruedas de un vehículo girar a distintas velocidades, para repartir mejor el esfuerzo.

DIFERENCIAR tr. y prnl. Distinguir. || Crear diferencias. || Hallar la diferencial de una función.

DIFERENTE adj. Distinto. || Original, singular.

DIFERIR tr. Aplazar, demorar. || intr. Ser diferente. || Discrepar.

DIFÍCIL adj. Arduo, que requiere mucha atención y trabajo. || Desabrido. || fam. Feo.

DIFICULTAD f. Calidad de difícil. || Traba, estorbo. || Objeción.

DIFICULTAR tr. Hacer o poner difícil algo. || tr. e intr. Creer algo que resulta difícil.

DIFTERIA f. Enfermedad infecciosa causada por el bacilo diftérico o de Loefler. Tras la incubación, de dos a ocho días, se forman seudomembranas en las vías respiratorias altas.

DIFUMINAR tr. Sombrear o esfumar difundiendo el pigmento con el difumino. || tr. y prnl. Volver imprecisos los contornos de algo.

DIFUNDIR tr. y prnl. Expandir, especialmente un fluido; propagar. || Propalar, divulgar.

DIFUNTO, TA adj. y s. Muerto; se aplica especialmente a personas. || Con pronombre posesivo, el cónyuge fallecido.

DIFUSIÓN f. Acción y efecto de difundir o difundirse. || Profusión y extensión en demasía en el discurso oral o escrito. || Distribución debida al movimiento térmico, de las moléculas de una sustancia en otra.

DIFUSO, SA adj. Extenso. || Impreciso.

DIGERIR tr. Efectuar la digestión. || Asumir o asimilar algún acontecimiento o noticia. || Analizar concienzudamente una idea. || Cocer a fuego lento.

DIGESTIÓN f. Acción y efecto de digerir. || Conjunto de modificaciones físico-químicas que experimentan los alimentos después de su ingestión, para ser transformados en sustancias asimilables.

DIGITAL adj. Relativo a los dedos. || Se aplica al calculador que opera con variables discretas. || Representación numérica cuyos caracteres se forman por impulsos eléctricos o mecánicos. || Sistema de codificación numérica usado en informática.

DÍGITO m. Cifra.

DIGNARSE prnl. Condescender en algo.

DIGNATARIO, RIA m. y f. Quien representa a una dignidad o autoridad.

DIGNIDAD f. Calidad de digno. || Estima, especialmente la propia. || Honorabilidad. || Cargo preeminente, y persona que lo ostenta.

DIGNIFICAR tr. y prnl. Dotar de dignidad o incrementar la dignidad de algo o alguien.

DIGNO, NA adj. Merecedor; apropiado. || Encomiable, meritorio, honesto.

DIGRESIÓN f. Parte de una exposición que no sigue la línea principal.

DIJE m. Alhaja que cuelga de una cadena, pulsera, etc. || Persona de cualidades estimables.

DILACIÓN f. Demora.

DILAPIDAR tr. Derrochar.

DILATACIÓN f. Acción y efecto de dilatar o dilatarse. || Aumento del ojo de una abertura, de un conducto o de un órgano hueco del cuerpo, sea éste normal, patológico o hecho con fines exploratorios o quirúrgicos.

DILATAR tr. y prnl. Aumentar las dimensiones de algo. || Aumentar el volumen de un cuerpo sin alterar su masa. || Prolongar. || Diferir. || Henchir.

DILEMA m. Argumento que desde una premisa disyuntiva obtiene una conclusión necesaria, por ser consecuencia de los 2 miembros de la disyunción ("o A o B; si A, C y si B, C; luego, C"). || Brete.

DILIGENCIA f. Calidad de diligente. || Trámite, recado, gestión. || Coche de caballos que transportaba pasajeros y correo.

DILIGENTE adj. Rápido, concienzudo y minucioso en el obrar.

DILUCIDAR tr. Esclarecer una cuestión.

DILUIR tr. Disminuir la concentración de una disolución; por extensión, restar concentración a algo. || Disolver. || Difuminar.

DILUVIAR intr. Llover torrencialmente.

DILUVIO m. Inundación originada por abundantes lluvias. || Lluvia cuantiosa. || Cantidad excesiva de cosas.

DIMANAR intr. Provenir y manar el agua de un manantial. || Venir una cosa de otra, seguirse.

DIMENSIÓN f. Extensión de un segmento (longitud), figura plana (longitud, anchura), o cuerpo (longitud, anchura, altura). || Cada una de las tres direcciones en que se sitúa un volumen: planta, alzado y perfil. || Cada una de las magnitudes fundamentales con que se expresa una magnitud derivada. || pl. Aspecto, relieve que alcanza una cosa.

DIMINUTIVO, VA adj. Que disminuye o aminora. || adj. y m. Se aplica a la palabra a cuya base léxica se añade un sufijo que presenta al ser, objeto o cualidad como pequeños.

DIMINUTO, TA adj. Disminuido, muy pequeño o falto de alguna cosa.

DIMITIR tr. Renunciar a un cargo o empleo o ser inducido a abandonarlo.

DINA f. Unidad de fuerza del sistema cgs. Es la fuerza que aplicada a un cuerpo de masa 1 g le confiere una aceleración de 1 cm/seg^2.

DINÁMICO, CA adj. Relativo a la dinámica. || Presuroso, activo, vivaz. || f. Parte de la mecánica que estudia el movimiento de los cuerpos y las fuerzas que lo originan.

DINAMITA f. Explosivo a base de trinitroglicerina absorbida en tierra de infusorios o en carbón, nitrato sódico, etc. || *ser pura d.* Ser dinámico, o propenso a armar broncas.

DINAMO (o **DÍNAMO**) f. Generador de corriente continua a partir de energía mecánica de rotación.

DINAMÓMETRO m. Instrumento que por deformación elástica mide fuerzas.

DINASTÍA f. Sucesión de monarcas de una misma estirpe. || Saga, familia oligarca que perpetúa su poder, riqueza, etcétera.

DINERAL m. Mucho dinero. || Conjunto de pesas para comprobación del peso de monedas o piedras preciosas.

DINERO m. Moneda corriente. || Caudal, fortuna; también se usa en pl. || Cualquier objeto, tenga o no valor intrínseco, aceptado comúnmente como medio de pago.

DINOSAURIOS m. pl. Orden de reptiles extinguidos en el Mesozoico, que alcanzaron su máximo desarrollo en el Jurásico y Cretáceo. Eran probablemente animales de sangre fría, ovíparos, de cavidad craneal reducida. Su tamaño oscilaba entre algunas decenas de cm y 25 m.

DINTEL m. Pieza de sostén horizontal, sobre soportes verticales en sus extremos, que cierra vanos de puertas y ventanas.

DIÓCESIS f. División administrativa del periodo del bajo imperio romano, que agrupaba a varias provincias. || Circunscripción territorial de la Iglesia.

DIOPTRÍA f. Unidad de medida de la potencia de una lente. Es la inversa de la distancia focal expresada en m. Sirve para relacionar las posiciones de los objetos y las de las imágenes que de ellos da la lente.

DIOS m. En las religiones monoteístas, el ser eterno, omnisciente, omnipotente y omnipresente, creador del universo. || En las religiones politeístas, personaje inmortal, con poderes sobrehumanos, que orienta y tiene bajo su patrocinio un aspecto de la realidad. || El sumo bien, la máxima aspiración.

DIPLODOCO m. Nombre común a diversas especies de reptiles dinosaurios, actualmente extinguidos, de unos 25 m de longitud, cuello largo. Vivieron en el Jurásico.

DIPLOMA m. Documento oficial que establece la posesión de un privilegio, rango o título.

DIPLOMACIA f. Estudio y práctica de las relaciones internacionales. || Carrera o cuerpo que se ocupa de tales asuntos. || Tacto (habilidad).

DIPLOMÁTICO, CA adj. Del diploma. || Se dice del conjunto de instrumentos e instituciones que sirven para relacionar dos Estados entre sí, establecer negociaciones y potenciar los intereses comunes. || fam. Hábil, contemporizador. || adj. y s. Se dice del funcionario de un Estado especializado en las relaciones de éste con otro Estado o un organismo internacional.

DÍPTICO m. Retablo de dos tablillas, articuladas entre sí, y labrado con bajorrelieves.

DIPTONGO m. Combinación de dos vocales que forman un solo grupo fonético (sílaba) en una palabra.

DIPUTADO, DA m. y f. Quien ha sido elegido para representar a una institución o grupo social. || Miembro del congreso, parlamentario.

DIQUE m. Muro de albañilería o tierra para contención del agua. || Masa de rocas ígneas, relativamente larga y estrecha, que corta la estratificación de otras rocas. || Lo que retiene a una persona o cosa.

DIRECCIÓN f. Acción y efecto de dirigir o dirigirse. || Conjunto de orientaciones que mueven hacia determinada línea de conducta. || Conjunto de personas o cargos rectores de una empresa o sociedad. || Rumbo, sentido. || Señas de localización de un lugar. || Conjunto de mecanismos que permiten y controlan el giro de un automóvil. || Ángulo que forman todas las rectas paralelas a una dada con otra no paralela a ésta. || En una formación geológica, ángulo que la intersección de ésta con la superficie terrestre forma con los meridianos. || Información que individualiza cada posición de memoria o cada unidad de almacenamiento.

DIRECTIVO, VA adj. y s. Que puede o debe dirigir. || m. y f. Miembro de una junta de dirección. || f. Junta de dirección, especialmente en sociedades de carácter no económico. || Orden, línea que debe seguirse.

DIRECTO, TA adj. En línea recta. || Sin paradas ni escalas. || Sin ambages ni rodeos. || Sin mediación de ningún tipo.

DIRECTOR, RA adj. y s. Que dirige. || m. y f. Persona que dirige una entidad o actividad. || *de escena* El que dirige las representaciones teatrales. || *espiritual* Confesor y consejero religioso de alguien. || *general* Máximo cargo ejecutivo de una empresa. || Jefe de la dirección general de un ministerio.

DIRECTORIO, RIA adj. Que marca directrices. || m. Normativa de una materia. || Nomenclátor de personas con las que se relaciona una empresa o entidad. || Junta de dirección. || Lista de direcciones.

DIRIGENTE adj. y com. Que dirige. || com. Responsable conocido de un partido o asociación.

DIRIGIBLE adj. Que puede dirigirse. || m. Aerostato autopropulsado y dotado en un sistema de dirección.

DIRIGIR tr. y prnl. Orientar, ir o llevar algo hacia un lugar. || Interpelar oralmente o por escrito. || tr. Conducir. || Poner la dirección en un envío. || Encaminar a un fin determinado. || Mandar, disponer. || Orientar, asesorar. || Dedicar una obra.

DIRIMIR tr. Desunir, anular un vínculo, relación, etc. || Resolver un conflicto.

DISCERNIR tr. Establecer la diferencia entre dos cosas. || Encomendar el juez una tutela u otra comisión.

DISCIPLINA f. Pautas de conducta que ordenan la actividad de alguien dentro de un grupo. || Actitud subjetiva de aceptación de dichas pautas. || Cada asignatura de unos estudios. || Cada una de las modalidades de un deporte, especialmente el atletismo.

DISCIPLINAR tr. Enseñar, educar. || tr. y prnl. Imponer la disciplina.

DISCÍPULO, LA m. y f. Persona que aprende, especialmente de manera individualizada. || Seguidor de las doctrinas de alguien.

DISCO m. Cilindro recto, de altura mínima en relación con el diámetro. || Formación anular de la flor; su posición y morfología tienen importancia taxonómica. || Placa circular de materia plástica con un surco estampado en espiral cuyo sonido se reproduce en un fonógrafo, al girar a una velocidad determinada (especialmente 33 1/3 o 45 r.p.m.). || Placa circular de uno o dos kg de peso (mujeres u hombres) usada en una especialidad atlética (lanzamiento de d.). || Aspecto de un astro a ojos del observador. || *compacto* El fonográfico, de doce cm de diámetro, que se reproduce por rayo láser.

DÍSCOLO, LA adj. y s. Renuente a obedecer.

DISCORDANCIA f. Falta de acuerdo, armonía o continuidad.

DISCORDIA f. Desacuerdo, falta de avenencia. || Enemistad. || Pelea.

DISCOTECA f. Local donde se baila música de discos. || Colección de discos. || Mueble donde se guardan.

DISCRECIÓN f. Prudencia y parquedad de opinión y conducta. || Tino, mesura, tacto. || Agudeza. || Capacidad del que sabe guardar secretos y evita divulgar chismes. || *a d.* Al buen criterio de cada cual.

DISCRECIONAL adj. Según el criterio de cada cual. || *d., poder* Facultad de la autoridad administrativa y jurisdiccional de tomar decisiones, en el marco del respeto a la legalidad.

DISCREPAR intr. Manifestar desacuerdo. || Divergir una cosa de otra.

DISCRETO, TA adj. y s. Que tiene o manifiesta discreción. || adj. Moderado.

DISCRIMINACIÓN f. Acción y efecto de discriminar; especialmente la de carácter social (sexual, racial, etcétera).

DISCRIMINAR tr. Separar, discernir, distinguir. || Segregar alegando diferencias raciales, sociales, sexuales, etcétera.

DISCULPA f. Acción de disculpar o disculparse. || Excusa.

DISCULPAR tr. y prnl. Alegar pruebas o motivos exculpatorios. || tr. Perdonar, excusar.

DISCURRIR intr. Pasar, fluir, transcurrir. || Analizar sensatamente algo. || Cavilar. || Conjeturar, deducir. || tr. Inventar.

DISCURSO m. Argumentación, comunicación lógica de ideas; facultad de pensar lógicamente. || Razonamiento, reflexión. || Enunciado igual o superior a la oración, que se forma atendiendo a las reglas de encadenamiento de oraciones. || Alocución, disertación. || Lapso, espacio de tiempo.

DISCUSIÓN f. Acción y efecto de discutir. || *sin d.* Sin ninguna duda.

DISCUTIR tr. Analizar un problema, cuestión, tema, etc., manteniendo cada cual su punto de vista. || tr. e intr. Disputar, altercar.

DISECAR tr. Seccionar un cadáver, animal o humano, o un vegetal, con objeto de estudiarlo. || Manipular los animales muertos y las plantas para conferirles la apariencia de vivos.

DISECCIÓN f. Acción y efecto de disecar. || Técnica de estudio anatómico que consiste en la separación metódica de tejidos y órganos del cuerpo, con el auxilio de instrumentos cortantes. || Destrucción de un relieve geológico por la erosión del agua corriente. || Análisis riguroso.

DISEMINAR tr. y prnl. Sembrar, desperdigar.

DISENSIÓN f. Acción y efecto de disentir. || Disputa, riña.

DISENTERÍA Enfermedad infecciosa que afecta al intestino (especialmente el grueso), donde causa lesiones inflamatorias y ulcerosas.

DISENTIR intr. Discrepar del parecer u opinión de otro.

DISEÑAR tr. Trazar el diseño o bosquejo de una cosa.

DISEÑO m. Esbozo de un edificio, vestido, etc. || Descripción somera de algo. || *industrial* Proyecto artístico aplicado al aspecto y estructura de objetos de uso que han de ser fabricados en serie.

DISERTACIÓN f. Acción y efecto de disertar. || Exposición oral o escrita sobre un tema.

DISERTAR intr. Hablar ampliamente y con autoridad sobre algo.

DISFRAZ m. Artificio con que se encubre algo. || Vestido de máscara utilizado en fiestas y carnavales. || Tapujo.

DISFRAZAR tr. y prnl. Modificar el aspecto habitual de algo o alguien para que no se le reconozca. || tr. Velar, encubrir los sentimientos.

DISFRUTAR intr. y tr. Gozar, experimentar complacencia. || Con la preposición *de*, poseer, tener algo bueno.

DISGREGAR tr. y prnl. Separar, dividir las partes de un todo.

DISGUSTADO, DA adj. Desabrido, soso. || Desazonado, malhumorado. || Desavenido, indispuesto con alguien.

DISGUSTAR tr. y prnl. Desazonar, incomodar. || Causar una sensación desagradable. || tr. Provocar mal sabor. || prnl. Enemistarse.

DISGUSTO m. Pesadumbre. || Enfado, fastidio. || Disputa, enfrentamiento. || Desazón, mal sabor. || *a d.* Incómodo.

DISIDENCIA f. Acción y efecto de disidir. || Discrepancia.

DISIDIR intr. Disentir.

DISIMULAR tr. Enmascarar la intención con habilidad. || Aparentar alguien que no se entera de lo que ocurre a su alrededor. || Encubrir lo que se siente. || Hacer la vista gorda. || Tergiversar las cosas. || Atenuar el sabor de una cosa mezclándolo con el de otra. || Tolerar, dispensar.

DISIMULO m. Arte de disimular. || Tolerancia, condescendencia.

DISIPAR tr. y prnl. Disgregar, esfumar algo que está en el aire. || Hacer desvanecer una ilusión, sueño, etc. || Derrochar la fortuna.

DISLEXIA f. Alteración de la capacidad de reconocer el lenguaje escrito.

DISLOCAR tr. y prnl. Sacar algo de su sitio, desquiciar, especialmente un hueso. || Violentar un hecho. || prnl. Originar un vivo deseo.

DISMINUCIÓN f. Acción y efecto de disminuir. || La de la energía de los neutrones, causada por los choques elásticos con un moderador. || Enfermedad de los cascos de las caballerías. || Acortamiento proporcional y sucesivo de los valores de duración de un tema en una obra musical.

DISNEA f. Dificultad en la respiración.

DISOCIACIÓN f. Acción y efecto de disociar o disociarse. || Descomposición de una molécula en partes más simples, sean elementos o no. || Mecanismo de defensa psicológica que consiste en bloquear un aspecto de la personalidad para impedir que afecte conscientemente.

DISOLUCIÓN f. Acción y efecto de disolver o disolverse. || Líquido que en fase homogénea contiene un sólido, otro líquido o un gas. || Debilitamiento moral de la vida y de las costumbres. || Resquebrajamiento o ruptura de los vínculos entre varias personas.

DISOLUTO, TA adj. y s. Corrompido, libertino.

DISOLVENTE adj. y m. Se dice de la sustancia líquida que disuelve a otra. ||

Qué produce debilitamiento moral o que corrompe.

DISOLVER tr. y prnl. Diluir una sustancia en otra de manera que sus partículas queden totalmente trabadas. || Anular un acuerdo o contrato. || Desbaratar una manifestación, un partido, etcétera.

DISONANCIA f. Sonido desapacible. || Desacuerdo, discrepancia. || Sensación auditiva poco armoniosa que producen los sonidos simultáneos disjuntos.

DISPAR adj. Diferente, desigual.

DISPARADOR m. El que dispara. || Mecanismo que libera el percutor de las armas de fuego para hacer estallar la carga. || En etología, estímulo o parte del mismo que pone en funcionamiento determinadas pautas de comportamiento.

DISPARAR tr. Hacer que un artefacto o un arma lance un proyectil. || Accionar un disparador. || tr. y prnl. Despedir con violencia una cosa. || intr. Despilfarrar el dinero. || prnl. Marchar o correr de manera descontrolada. || Lanzarse precipitadamente hacia algo. || Hablar u obrar atropelladamente.

DISPARATADO, DA adj. Que disparata. || Absurdo, desatinado. || Tremendo, desproporcionado.

DISPARATE m. Hecho o dicho disparatado. || Barbaridad, dislate.

DISPARIDAD f. Diferencia, diversidad.

DISPARO m. Acción y efecto de disparar.

DISPENDIO m. Gasto desmesurado. || Derroche.

DISPENSA f. Cesación de los efectos generales obligatorios de la ley, acordada por el poder competente para un caso concreto, decididida con posterioridad a su entrada en vigor. || Escrito que la incluye.

DISPENSAR tr. Dar, otorgar, suministrar. || Perdonar una falta grave. || tr. y prnl. Liberar de una obligación.

DISPENSARIO m. Establecimiento de asistencia sanitaria, para enfermos no internados.

DISPERSAR tr. y prnl. Esparcir o desparramar lo que estaba unido. || Romper las filas del enemigo. || Desplegar una fuerza en orden abierto. || tr. Disgregar la atención, el esfuerzo, etcétera.

DISPERSIÓN f. Acción y efecto de dispersar o dispersarse. || Variación del índice de refracción de un sistema al variar la longitud de onda. Si aquél es una función creciente o decreciente de la longitud de onda, la d. se denomina normal o anómala. || Sistema de varias fases en el cual una está repartida y la otra es continua. || En estadística, alejamiento de los valores o datos cuantificados de una muestra respecto a un valor central o medio.

DISPLICENCIA f. Desconsideración en el trato. || Indolencia en la realización de algo.

DISPLICENTE adj. y com. Con arrogante desinterés. || Agrio, malhumorado.

DISPONER tr. y prnl. Concertar, poner en orden. || Decidir o determinar lo que se ha de realizar. || Arreglar, prever. || intr. Tener derecho a usar de los bienes. || Usar de alguien o algo. || prnl. Estar pronto a realizar una cosa.

DISPONIBLE adj. Que se puede utilizar con prontitud y libremente. || Se dice del funcionario o militar que está en espera del destino.

DISPOSICIÓN f. Acción y efecto de disponer. || Capacidad para efectuar algo. || Situación física o anímica de una persona.

DISPOSITIVO, VA adj. Que dispone. || m. Mecanismo. || Situación de un ejército ante una determinada misión. || *intrauterino* Diagrama anticonceptivo.

DISPUESTO, TA adj. Preparado. || Despierto, capaz. || Apuesto, de buena planta. || Con *bien* o *mal*, que presenta un estado físico o anímico favorable o desfavorable.

DISPUTAR tr. Polemizar, litigar. || tr. e intr. Competir para conseguir algo.

DISQUET m. Inform. Dispositivo de almacenamiento de información consistente en un disco flexible con capacidad entre 360 KB y 1 440 KB.

DISTANCIA f. Espacio temporal o de lugar entre dos cosas o hechos. || Disparidad entre las cosas. || Desapego afectivo. || Separación entre dos astros. || Magnitud obtenida de establecer una aplicación entre el par ordenado de coordenadas de dos puntos de un espacio vectorial. || *de un punto a una recta* o *a un plano* Es la medida del segmento que, perpendicular a la recta o al plano, los une con el punto. || *focal* La que hay entre el

plano principal de un sistema óptico y el foco. || *a d.* Desde lejos. || *guardar las distancias* Poner impedimentos para la cordialidad o confianza en el trato.
DISTANCIAR tr. y prnl. Separar, alejar. || Enemistar a las personas.
DISTAR intr. Estar separada una cosa de otra temporal o espacialmente. || Distinguirse en extremo una cosa de otra.
DISTENDER tr. Disminuir la tirantez de algo. || Originar una tensión excesiva en un músculo, un tendón, una membrana, etcétera.
DISTENSIÓN f. Relajación, tranquilidad, falta de preocupaciones. || Apaciguamiento entre contrarios; especialmente usado en política internacional; puede significar el paso previo al establecimiento de relaciones normales entre dos Estados ||. Esguince.
DISTINCIÓN f. Acción y efecto de distinguir o distinguirse. || Cualidad de distinguido. || Privilegio, honra. || Concreción y claridad en las cosas. || Deferencia hacia alguien. || *sin d.* Indistintamente.
DISTINGUIDO, DA adj. y s. Eminente, esclarecido, elegante.
DISTINGUIR tr. Ver la diferencia existente entre cosas o personas. || Mostrar o expresar dicha diferencia. || Ser capaz de discernir un objeto oculto o alejado. || Conceder a alguien un privilegio. || Inclinarse por unas personas u otras. || tr. y prnl. Diferenciar dos o más cosas por alguna propiedad.
DISTINTIVO, VA adj. Que distingue. || adj. y s. Se aplica a la particularidad, a lo que es motivo de distinción. || m. Insignia, señal.
DISTINTO, TA adj. Diferente. || Desemejante. || Inteligible, preciso.
DISTORSIÓN f. Torsión corporal. || Alteración, tergiversación de un hecho o imagen. || Alteración de la forma de una onda entre la entrada y la salida (amplificador, etcétera).
DISTRACCIÓN f. Acción y efecto de distraer o distraerse. || Esparcimiento, diversión.
DISTRAER tr. y prnl. Desviar la atención de alguien hacia cosas intrascendentes, divertidas, etc. || Entretener. || tr. Robar, sustraer.
DISTRAÍDO, DA adj. y s. Que se distrae con cualquier cosa. || Descarriado.

DISTRIBUCIÓN f. Acción y efecto de distribuir o distribuirse. || Organización de los distintos compartimentos de un espacio determinado (piso, etc.). || Conjunto de mecanismos que trasladan la fuerza de los cilindros a otras partes del automóvil, especialmente al mecanismo de entrada y salida de gases de los cilindros. || Proceso de reparto de las rentas globales producidas entre los factores de producción que las realizan. || Conjunto de procesos que relacionan un bien producido con el consumidor. || Negocio del distribuidor comercial.
DISTRIBUIR tr. y prnl. Repartir o disponer de acuerdo con ciertos criterios.
DISTRITO m. Subdivisión de una mitad territorial. || División de un territorio para ciertos aspectos (d. electoral, judicial, universitario).
DISTURBIO m. Alteración de la paz o el orden, especialmente público; suele usarse en plural.
DISUADIR tr. Hacer que alguien deponga una actitud u opinión.
DISYUNCIÓN f. Acción y efecto de separar y desunir. || Figura retórica consistente en enumerar distintos objetos, suprimiendo los artículos. || Relación entre dos o más cosas, cada una de las cuales excluye a las demás.
DISYUNTIVO, VA adj. Que desune o separa. || adj. y f. Se dice de las conjunciones que sirven de nexo gramatical en las oraciones disyuntivas. || Se dice de la clase de oraciones coordinadas entre las que se establece una relación de disyunción entre dos o más elementos y en la que uno de los miembros coordinados excluye a los demás. || f. Opción entre dos cosas que se contraponen.
DITIRAMBO m. En la antigua Grecia, himno en honor de Dionisios. Hacia la mitad del siglo VII se utilizó para cantar las alabanzas de diversos héroes. Según Aristóteles, de él derivó la tragedia. || Elogio exagerado.
DIURÉTICO, CA adj. y m. Se dice de cualquier sustancia que estimule la secreción de orina, especialmente de los fármacos.
DIURNO, NA adj. Relativo al día, en oposición a la noche. || Se dice de las especies de animales cuya actividad, prin-

cipalmente la búsqueda de alimento, se realiza durante el día.
DIVAGAR intr. Perderse en digresiones insulsas. || Vagar, deambular.
DIVÁN m. En el mundo islámico, conjunto de la administración (servicios centrales o provinciales). En el imperio otomano, consejo de altos dignatarios con el sultán. || Sofá alargado, generalmente, sin respaldo y arrimado a la pared, con almohadones sueltos.
DIVERGENCIA f. Acción y efecto de divergir. || Discrepancia.
DIVERGIR intr. Separarse progresivamente dos o más líneas, superficies o cosas. || Disentir.
DIVERSIDAD f. Variedad, disparidad. || Conjunto, gama de cosas distintas.
DIVERSIFICAR tr. Diferenciar para adaptar a distintos usos o funciones.
DIVERSIÓN f. Acción y efecto de divertir o divertirse. || Cualquier acto o acontecimiento que divierte. || pl. Conjunto de actividades recreativas o de entretenimiento de una localidad.
DIVERSO, SA adj. Distinto, vario.
DIVERTIDO, DA adj. Que divierte, anima o entretiene.
DIVERTIR tr. y prnl. Amenizar, distraer, regocijar.
DIVIDENDO m. Cantidad que se divide. || Parte de los beneficios que corresponden a cada accionista, en función del tipo y número de acciones que posee. || En una división, cantidad que se divide.
DIVIDIR tr. y prnl. Hacer partes o porciones de algo. || Repartir algo entre varios. || Clasificar. || Desavenir. || tr. Delimitar, fraccionar. || Efectuar una división. || prnl. Perder las relaciones con otra persona.
DIVINIDAD f. Naturaleza divina; ser divino. || Cada uno de los seres que los paganos consideran dioses. || fam. Persona o cosa de notable gracia o belleza.
DIVINO, NA adj. Relativo a Dios o a los dioses. || Referente a algo debido a Dios. || Magnífico, muy bueno.
DIVISA f. Distintivo. || Lema heráldico. || Penacho de cintas para distinguir las reses bravas de cada ganadería. || Moneda extranjera, y títulos de crédito a corto plazo (talones, letras, etc.) liquidables en moneda de otro Estado; suele usarse en plural.

DIVISAR tr. Atisbar, vislumbrar algo.
DIVISIBLE adj. Que puede dividirse. || Se dice de un número entero a, respecto a otro b, si el primero es múltiplo del segundo (la división entera de a entre b da de resto 0).
DIVISIÓN f. Acción y efecto de dividir. || Cada una de las partes que resultan de dividir algo. || Desunión, desavenencia. || Operación que consiste en, dados dos números, a (dividendo) y b (divisor), buscar un número, c (cociente), tal que $a = b \cdot c$. || En ortografía, guión. || Unidad militar formada por elementos de todas las armas y servicios, que puede actuar de forma autónoma; compuesta de 2 o 3 brigadas. || En botánica, categoría sistemática superior, comprendida entre el tipo y la clase.
DIVISOR, RA adj. Que divide. || Se dice de un número entero a, respecto a otro b, si b es múltiplo de a. || m. En la división, número entre el que se divide. || Dispositivo aplicado a máquinas-herramienta provisto de un disco con agujeros que permite girar una pieza de diversos ángulos.
DIVISORIO, RIA adj. y f. Que delimita o separa las divisiones de algo. || En escritura musical se aplica a la línea que separa dos compases. || Se dice de la línea imaginaria que separa dos zonas geográficas.
DIVO, VA adj. En poesía, divino. || adj. y s. Cantante de ópera muy famoso. || Persona engreída.
DIVORCIAR tr. y prnl. Llevar a cabo un divorcio. || Desunir.
DIVORCIO m. Disolución del matrimonio por ruptura del vínculo y suspensión de la vida en común de los cónyuges, con libertad para contraer nuevo matrimonio. || Separación, divergencia.
DIVULGAR tr. Difundir algo al máximo. || Hacer asequible a todos algo minoritario.
DOBLADILLO m. Pliegue que remata el borde de un tejido. || Hilo resistente para labor de calceta.
DOBLADO, DA adj. Plegado. || Encorvado. || Se aplica al terreno irregular, quebrado. || Afectado de doblez, hipocresía y mala intención. || Achaparrado y recio. || Se dice del filme sometido a un doblaje. || *estar d.* Estar muy cansado.

DOBLAR tr. Duplicar la magnitud de algo. || Plegar algo de modo que los pliegues queden igualados. || Bordear, torcer una esquina, un accidente geográfico. || Prorrogar una operación a plazos, en la bolsa. || Disponer un texto en dos columnas iguales.

DOBLE adj. Que está compuesto por dos cosas iguales o similares, sin que pueda explicarse la una sin la otra. || adj. y m. Se dice de lo que está duplicado. || En el mercado de valores, remuneración otorgada por los vendedores a plazo a los poseedores de títulos en una operación de prórroga, si la posición de un valor muestra un excedente de las ventas aplazadas sobre las compras.

DOBLEGAR tr. y prnl. Arquear, doblar. || Ablandar, suavizar. || Violentar la voluntad de alguien.

DOBLEZ m. Parte que se dobla de algo, y marca que queda. || amb. Disimulo de los sentimientos para actuar de mala fe.

DOCE adj. Diez y dos. || adj. y com. Duodécimo. || m. Guarismo de tal número (12).

DOCENO, NA adj. Duodécimo. || f. Conjunto de doce cosas.

DOCENCIA f. Oficio de enseñar.

DOCENTE adj. Relativo a la enseñanza. || com. Persona que se dedica a la enseñanza.

DÓCIL adj. Flexible, fácil de educar. || Obediente. || Maleable.

DOCTO, TA adj. y s. Erudito en una materia.

DOCTOR, RA m. y f. Individuo que ha recibido el máximo grado académico. || Médico.

DOCTORADO m. Título de doctor. || Estudios que se requieren para alcanzar dicho título.

DOCTRINA f. Cuerpo coherente de conocimientos o ideas sobre una materia. || Conjunto del pensamiento de un autor.

DOCTRINARIO, RIA adj. Perteneciente o adscrito a una doctrina, especialmente de forma muy rígida. || adj. y s. Se dice de la persona que hace proselitismo en favor de su doctrina. || Que sigue el doctrinarismo.

DOCUMENTACIÓN f. Acción y efecto de documentar. || Serie de material documental recopilado para utilización informativa o investigación.

DOCUMENTADO, DA adj. Dotado de la documentación reglamentaria. || adj. y s. Se aplica a la persona que conoce a fondo un asunto.

DOCUMENTAL adj. Que se basa en documentos o hace referencia a ellos. || Género cinematográfico que muestra algún aspecto de la realidad, excluyendo cualquier tipo de ficción.

DOCUMENTAR tr. y prnl. Avalar con documentos. || Dotar de documentación.

DOCUMENTO m. Escrito con que se fundamenta, avala o acredita algo.

DODECAEDRO m. Poliedro de doce caras. Se dice regular si sus caras son pentágonos regulares e iguales.

DODECASÍLABO, BA adj. Con doce sílabas. || adj. y m. Se dice del verso de doce sílabas que varía en su acentuación.

DOGMA m. Proposición que es o se presenta como irrecusable.

DOGMÁTICO, CA adj. Relativo a los dogmas. || adj. y s. Incondicionalmente adscrito a un dogma o que se ciñe a él, especialmente quien lo hace de forma acrítica y tajante. || f. Sistema de dogmas.

DOLENCIA f. Enfermedad duradera, achaque.

DOLER intr. Causar dolor, disgusto, etc. || prnl. Quejarse de lo que duele o desagrada. || Apiadarse del sufrimiento de otro. || Deplorar, lamentar.

DOLIENTE adj. Enfermizo. || Dolido. || com. En un óbito, familiar del difunto.

DOLMEN m. Monumento megalítico, generalmente funerario, del neolítico y de la edad del bronce. Consiste en grandes piedras verticales que sostienen otras en disposición horizontal.

DOLO m. Engaño premeditado. || Voluntad consciente de producir un acto injusto, sea o no delictivo, que lesiona el ordenamiento jurídico o un derecho de un tercero.

DOLOR m. Sensación penosa y desagradable, de intensidad variable, que se percibe en algún punto del cuerpo. || Sufrimiento físico o psíquico.

DOLOROSO, SA adj. Que produce dolor o compasión.

DOMA tr. Hacer dócil a un animal salvaje. || Dominar, moderar.

DOMESTICAR tr. Hacer que un animal se adapte a la compañía del hombre. || Dominar el carácter desabrido.

DOMÉSTICO, CA adj. Relativo a la casa u hogar. || Se aplica al animal que vive con el hombre. || m. y f. Sirviente.

DOMICILIAR tr. Otorgar domicilio a una persona. || Efectuar una domiciliación. || prnl. Establecer el domicilio en un lugar.

DOMICILIO m. Residencia, vivienda habitual. || Lugar donde una persona física o jurídica ha establecido la sede principal de sus intereses o negocios. || *a d.* En el propio domicilio.

DOMINACIÓN f. Acción y efecto de dominar. || Señorío, soberanía. || Sitio elevado desde el que se domina una plaza militar.

DOMINANTE adj. Que se comporta como si gozase de dominio o soberanía. || Principal, predominante. || f. Quinto grado de cualquier escala diatónica que forma quinta justa con la tónica.

DOMINAR tr. Someter, sojuzgar. || Abarcar. || Ser experto en algo. || intr. y tr. Descollar, estar por encima de. || Divisar, alcanzar con la vista. || prnl. Contenerse.

DOMINGO m. Primer día de la semana, tras el sábado y anterior al lunes.

DOMINICAL adj. Relativo o perteneciente a la dominica o al domingo. || Se aplica a los impuestos feudales. || Relativo al derecho de dominio sobre las cosas. || adj. y m. Se dice del periódico que sale los domingos, y de su suplemento, de variado contenido, con muchos pasatiempos.

DOMINIO m. Plenitud de facultades que las leyes reconocen al propietario para usar y disponer de una cosa. || Conjunto de bienes y personas sometidos a la soberanía de alguien. || Saber amplio sobre una materia. || Capacidad de control militar de un espacio (tierra, mar o aire) por superioridad relativa. || Marco que abarca una ciencia, lengua, etcétera.

DOMINÓ (o **DÓMINO**) m. Juego compuesto por 28 fichas rectangulares, cada una dividida en dos partes, con una puntuación que señala todas las combinaciones posibles entre el doble 0 y el doble 6. Los jugadores intentan concatenar las fichas; gana el primero que logra deshacerse de todas.

DON m. Dádiva, obsequio. || Cualidad, característica personal. || Maña, destreza. || *de gentes* Simpatía, capacidad para las relaciones públicas. || Tratamiento que se antepone al nombre propio de varón.

DONAIRE m. Garbo, salero, gracia. || Broma, chiste, agudeza.

DONANTE adj. y com. Se dice de la persona que hace alguna donación. || com. Persona que da su sangre para transfundirla o que cede algún órgano para el trasplante.

DONAR tr. Transferir algo.

DONATIVO m. Transferencia benéfica. || Limosna.

DONCEL, LLA m. y f. Adolescente impúber o virgen. || Adolescente. || f. Doméstica que no trabaja en la cocina.

DONDE adv. En un sitio, en el sitio en que, o en el que; en qué sitio o a qué sitio; en función interrogativa, se acentúa: *dónde*. || Adonde. || En casa de. || pron. rel. Equivale a *en que* o *en el cual* (con las correspondientes variantes según género y número). || *a d.* Adonde. || *de d.* De lo que se deduce que. || *d. no* Si no. || *d. quiera* Dondequiera. || *en d.* Donde.

DONDEQUIERA adv. En cualquier lugar.

DONOSO, SA adj. Gallardo, gracioso, que tiene apostura.

DOÑA f. Tratamiento que se antepone al nombre propio de mujer.

DOPING m. Uso de estimulantes farmacológicos para lograr un mayor rendimiento físico en el deporte. Prohibido por las federaciones deportivas.

DORADO, DA adj. De color de oro o parecido a él. || Áureo, venturoso, halagüeño. || m. Acción y efecto de dorar.

DORAR tr. Recubrir de oro. || Dar aspecto de oro a una cosa. || Mostrar el aspecto positivo de un hecho o noticia desagradable. || tr. y prnl. Freír o tostar muy poco una cosa. || prnl. Adquirir color dorado.

DORMILÓN, NA adj. Propenso a dormir.

DORMIR tr., y intr., prnl. Reposar con el sueño, deteniendo toda actividad consciente. || intr. Pernoctar. || Aplacarse lo que estaba agitado.

DORMITAR intr. Cabecear, adormecerse.

DORMITORIO m. Habitación para dormir.

DORSAL adj. Del dorso. || Relativo a la espalda. Se dice especialmente de ciertos

músculos, arterias, etc. || Se dice de la articulación cuyo órgano activo es el dorso de la lengua; se dice también del sonido articulado de esta forma y de la letra que lo representa. || m. Número que llevan sobre la espalda los deportistas en una competición.
DORSO m. Revés de una cosa. || Espalda.
DOS adj. Uno más uno. || adj. y com. Segundo, que va después del primero. || m. Guarismo que lo representa (2).
DOSCIENTOS, TAS adj. Dos veces ciento. || adj. y s. Ducentésimo. || m. Guarismo que representa dicho número (200).
DOSEL m. Cubierta decorativa de una imagen, altar, tumba, púlpito, cama, etc. || Antepuerta o tapiz.
DOSIFICAR tr. Repartir en dosis un medicamento, o repartir en porciones otra cosa.
DOSIS f. Cantidad preestablecida de un fármaco para lograr el efecto terapéutico; por extensión, cantidad de una droga que se necesita para que haga efecto. || En general, cantidad abstracta de algo, material o inmaterial. || *letal* Cantidad mínima de una droga a partir de la cual su efecto es mortal.
DOTACIÓN f. Acción y efecto de dotar. || Lo que sirve para dotar. || Cantidad de dinero que se asigna a un servicio.
DOTAR tr. Asignar dote a una mujer. || Conceder bienes a un organismo, institución, etc. || Proveer a un establecimiento, oficina, buque, etc., de las personas y el material necesarios. || Otorgar a una cosa algo que la mejora. || Conferir la naturaleza algún don o gracia especial a alguien.
DOTE amb. Conjunto de bienes, muebles o inmuebles, que la mujer aporta al matrimonio, o al convento en que entra como religiosa.
DRACMA f. Antigua moneda griega y romana que equivalía a cuatro sextercios. || Unidad monetaria de la actual Grecia. || Antiguo peso de farmacia, equivalente a un octavo de onza.
DRACONIANO, NA adj. Relativo a Dracón. || Se dice de las leyes u ordenanzas excesivamente rígidas.
DRAGA f. Excavadora flotante para limpieza de canales y puertos o extracción de áridos sumergidos; puede ser de cuchara, de aspiración o de cangilones.
DRAGADO m. Aumento o mantenimiento de la profundidad de un puerto, canal, río, etc., mediante extracción con dragas de los sedimentos del fondo.
DRAGÓN m. Animal fabuloso, de cabeza y cuerpo de serpiente, patas con garras y alas. Vinculado a ritos de fertilidad, con connotaciones benéficas (Extremo Oriente) o malignas (Europa, Oriente Medio).
DRAMA m. Representación escénica de un conflicto humano, entre la comedia y la tragedia. || fig. Coyuntura penosa, o que mueve a compasión.
DRAMÁTICO, CA adj. Relativo al drama. || Se dice de lo referente al teatro. || Que conmueve. || Que adopta actitudes desgarradoras y teatrales. || f. Arte de componer obras dramáticas, y género de dichas obras.
DRAMATIZAR tr. Conferir cualidad dramática. || Exagerar una situación para darle mayor emoción o interés.
DRÁSTICO, CA adj. Radical, riguroso. || Se dice del medicamento de efectos rápidos y fuertes.
DRENAJE m. Evacuación quirúrgica de una secreción líquida. || Circulación de los hidrocarburos desde su depósito natural hasta los pozos de explotación. || Operación de evacuar las aguas superfluas o perjudiciales de un terreno, y conjunto de las obras (especialmente drenes) que lo posibilitan.
DROGA f. Sustancia, natural o sintética, usada en medicina por sus efectos estimulantes, depresores u obnubiladores. || Sustancia de efectos estimulantes o alucinógenos que crea dependencia (toxicomanía). || Nombre de ciertas sustancias usadas en la industria o en arte. || Cualquier cosa que produce una sensación agradable, a la que se tiene gran afición.
DROGUERÍA f. Elaboración y comercialización de drogas (pinturas, disolventes, detergentes, etc.) no estupefacientes. || Tienda en que se venden estos productos.
DUALIDAD f. Reunión de dos caracteres opuestos en una persona o cosa. || Circunstancia de existir simultáneamente

DUBITACIÓN f. Duda. || Figura retórica que consiste en la exposición de una duda que se resuelve luego en el discurso.

DÚCTIL adj. Que presenta ductilidad. || Maleable. || Acomodaticio, blando.

DUCTILIDAD f. Propiedad que presentan algunos metales de poder estirarse en hilos finos.

DUCHA f. Chorro de agua, a modo de aspersión, para higiene corporal. Se usa también para fines relajantes o medicinales.

DUCHAR intr. y prnl. Dar una ducha.

DUCHO, CHA adj. Entendido, hábil.

DUDA f. Incertidumbre, suspensión del juicio, sea definitiva (escéptica) o provisional (metódica, cartesiana) y crítica (opuesta al dogmatismo). || *sin d.* Con toda seguridad.

DUDAR intr. Vacilar, no estar seguro de una cosa. || tr. No creer algo.

DUELA f. Cada una de las tablas abombadas de los barriles, cubas, etc. || Nombre común a diversas especies de platelmintos de la clase Trematodos.

DUELO, 1 m. Combate entre dos personas, previo desafío, por la nobleza durante la edad media.

DUELO, 2 m. Desconsuelo, tristeza, especialmente por la muerte de una persona. || Séquito que acompaña un funeral. || Trabajo, dificultad.

DUENDE m. Espíritu que, según la superstición, vive en ciertos lugares, causando ruidos y trastornos. || Ser fantástico que aparece especialmente en los cuentos de hadas.

DUEÑO, ÑA m. y f. Persona con dominio sobre algo o alguien. || Amo de una casa en relación con los que le sirven. || Propietario.

DULCE adj. De sabor agradable, como el de la miel, el azúcar, etc. || Que no es salado o agrio. || Soso, carente de sal. || Grato, complaciente, suave. || Se dice de la pintura de agradable colorido. || m. Golosina. || adv. Dulcemente.

DULCIFICAR tr. y prnl. Endulzar una cosa. || Suavizar, atenuar la aspereza de algo o alguien. || En la metalurgia del plomo, extraer las escorias metálicas no plúmbeas.

DUNA f. Promontorio de arena fina transportada, en las zonas desérticas y en playas, por acción eólica. Su sección es asimétrica y es móvil; pueden alcanzar hasta 120 m de altura.

DÚO m. Composición vocal o instrumental para dos intérpretes, y conjunto que la ejecuta. || *a d.* Simultáneamente los dos.

DÚPLEX m. Apartamento de dos pisos unidos por escalera interior.

DUPLICADO m. Copia fiel de un original.

DUPLICAR tr. y prnl. Doblar, obtener el doble de una cantidad. || Hacer el duplicado de algo.

DUPLICIDAD f. Doblez, hipocresía. || Calidad de doble.

DUPLO, PLA adj. y m. Que contiene una cantidad dos veces.

DUQUE m. Título nobiliario inferior al de príncipe.

DUQUESA f. Mujer que ha obtenido un título ducal por herencia o por matrimonio.

DURACIÓN f. Intervalo de tiempo entre el inicio y el final de un proceso, fenómeno, etcétera.

DURADERO, RA adj. Que normalmente dura bastante. || Aplicado a un bien económico, que no se agota con el uso, como el bien de consumo.

DURANTE prep. Tiene carácter adverbial; mientras, entretanto.

DURAR intr. Existir un ser como tal durante un cierto tiempo.

DURAZNO m. Variedad de melocotón.

DUREZA f. Calidad de duro. || Propiedad vectorial de los minerales de resistencia al rayado y a la abrasión. En mineralogía, los minerales se clasifican en una escala de diez términos (escala de Mohs).

DURMIENTE adj. y com. Que duerme. || m. Viga horizontal que sirve de sostén a postes o puntales. || Traviesa de ferrocarril.

DURO, RA adj. De escasa elasticidad y difícil de deformar. || Difícil de rayar. || Estricto, severo. || De poca sensibilidad, impasible. || Resistente, tenaz. || adv. Con fuerza e insistencia.

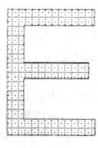 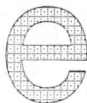

E, 1 f. Sexta letra del abecedario castellano (E, e) y segunda de sus vocales. Su nombre es e. || Abrev. del Este, punto cardinal. || En la notación musical alfabética, nota *mi*. Símbolo de fuerza electromotriz, y de intensidad de campo magnético (E). || Símbolo del electrón (e).

E, 2 conj. Sustituye a y ante palabras que empiezan con el fonema vocálico *i* (*madre e hija*, pero *sinalefa y hiato*). No inicia nunca interrogación ni admiración.

¡EA! interj. ¡Vamos! ¡Ánimo!

EBANISTA com. Persona que labora maderas de calidad. || Constructor de muebles.

EBANISTERÍA f. Oficio, taller u obra del ebanista.

EBRIO, BRIA adj. y s. Embriagado. || Ofuscado, sin objetividad.

EBULLICIÓN f. Hervor. || Vaporización en toda la masa de un líquido cuando su presión de vapor se iguala a la presión externa. Se realiza a una temperatura determinada e invariable durante el proceso (*punto de e.*), que depende de la presión a la que se somete el líquido.

ECLECTICISMO m. Filosofía que reúne elementos de sistemas distintos con los que intenta un conjunto armónico que se beneficie de aciertos de unos y otros. || Tendencia a conciliar opiniones diversas, rehuyendo los extremismos. || Etapa artística (segunda mitad del siglo xix) caracterizada por la superposición de elementos de culturas anteriores (especialmente góticos, renacentistas y bizantinos) de forma rígida y poco creativa.

ECLESIÁSTICO, CA adj. Relativo a la iglesia. || m. Clérigo.

ECLIPSAR tr. Causar un astro el eclipse de otro. || Anular los méritos de algo o alguien con la excelencia de los propios. || prnl. Ocurrir el eclipse de un astro. || Desaparecer, ausentarse.

ECLIPSE m. Ocultación transitoria, parcial o total, de un astro, o pérdida de la luz que recibe o refleja, por interposición de otro cuerpo celeste. El e. es *total* si el astro eclipsado no es visible, y *parcial* si sólo permanece oculta una parte del astro. || Desaparición, ausencia.

ECLIPTICA f. Círculo máximo de la esfera celeste que señala el curso aparente del Sol en el año; el plano de este círculo forma con el plano del ecuador celeste un ángulo de 23° 27' aproximadamente.

ECO m. Fenómeno debido a la reflexión de las ondas sonoras sobre una superficie; consiste en la repetición reiterada del sonido, siempre que el obstáculo se halle a una distancia mínima de 30 a 40 m. || Sonido leve y difuminado. || Persona que imita lo que hace o dice otra. || Lo que denota influencia o procede de algo anterior. || Repercusión de una noticia o suceso. || En TV, imagen desfasada con respecto a la normal, debido a una onda indirecta reflejada.

ECOLOGÍA f. Ciencia que estudia las relaciones de los organismos con su ambiente orgánico o inorgánico, en un nivel nuevo de integración no contemplado en otras ciencias naturales.

ECONOMÍA f. Ciencia que estudia sistemáticamente cómo se producen, reparten y consumen las riquezas. Dentro de la ciencia económica, la e. *aplicada* trata del estudio y descripción de los métodos particulares para la administración de los recursos escasos en el pasado (e. *histórica*) o en el presente (e. *institucional*). ‖ Conjunto de las actividades productivas de cualquier zona. ‖ e. *política* Ciencia que trata de la producción, distribución y consumo de los bienes destinados a satisfacer las necesidad humanas. ‖ e. *doméstica* Conjunto de conocimientos necesarios para administrar bien una casa. ‖ Estado, situación de la riqueza de una familia.

ECONÓMICO, CA adj. Relativo a la economía. ‖ Barato. ‖ Roñoso, tacaño.

ECONOMIZAR tr. Reservar parte del dinero de que se dispone; gastar menos de lo que se puede. ‖ Por extensión, limitar los esfuerzos, los medios para un fin.

ECOSISTEMA m. Sistema formado por un conjunto de individuos pertenecientes a distintas especies, que viven en un fragmento de la biosfera definido por una serie de características ambientales.

ECUACIÓN f. Igualdad entre dos expresiones matemáticas que sólo se verifica para ciertos valores de la variable o variables que intervienen en ella. El valor o el sistema de valores que la satisface se denomina raíz o solución de la ecuación. ‖ *cúbica o de tercer grado* La que resulta de igualar a 0 un polinomio de tercer grado. ‖ *determinada* Aquella que tiene un número finito de soluciones. ‖ *exponencial* Aquella en que la incógnita figura como exponente. ‖ *diferencial* Aquella en que intervienen varias variables y sus cocientes de diferenciales. ‖ *indeterminada* Aquella que tiene un número infinito de soluciones. ‖ *integral* Aquella en que la incógnita se halla bajo el signo integral.

ECUADOR m. Círculo imaginario equidistante de los polos que divide la Tierra en dos hemisferios; desde él se mide la latitud N y S; alcanza 40 076 km. ‖ *celeste* Círculo en la esfera celeste situado a mitad de camino entre los dos polos aparentes de rotación. Corresponde al plano del e. de la Tierra, prolongado hasta cortar la esfera.

ECUÁNIME adj. Sereno, inalterable. ‖ Justo, equitativo.

ECUATORIAL adj. Relativo al ecuador, terrestre o celeste. ‖ Se dice del clima regularmente cálido y lluvioso propio de las zonas próximas al ecuador, con débil oscilación anual.

ECUESTRE adj. Relativo al caballero, al caballo, o a la equitación. ‖ Se dice de la pintura o escultura que representa un personaje a caballo.

ECUMÉNICO, CA adj. Universal.

ECZEMA m. Enfermedad cutánea de tipo inflamatorio y crónico, que se caracteriza por diversidad de lesiones cutáneas, eritema, edemas, vesiculación, exudación, etc., acompañadas de intenso picor.

ECHAR, tr. Lanzar, enviar algo hacia un lugar. ‖ Expeler, despedir. ‖ Expulsar de un sitio. ‖ Dejar caer intencionalmente algo en un lugar. ‖ Privar a alguien de un oficio o cargo. ‖ Mandar, enviar a alguien a cumplir un castigo. ‖ Atribuir, suponer. ‖ Aplicar, poner.

EDAD f. Tiempo que lleva viviendo una persona o animal desde que nació. ‖ Permanencia de cosas desde su inicio. ‖ Cada etapa de la vida humana. ‖ Época, tiempo. ‖ Cada uno de los periodos en que convencionalmente se ha dividido la historia. Tradicionalmente son: e. *antigua* (desde la aparición de los 1os Estados con escritura hasta la caída del imperio romano, siglo v); e. *media* (subdividida en *alta*, hasta los siglos XI-XII, y *baja*, hasta la toma de Constantinopla, 1453), e. *moderna* (hasta la revolución francesa, 1789) y e. *contemporánea* (siglos XIX y XX). ‖ Cada una de las divisiones cronológicas de la estratificación terrestre.

EDECÁN m. Oficial al servicio de otro de rango superior. ‖ Acompañante, persona que trae y lleva cosas.

EDEMA m. Retención patológica de líquido en los espacios intersticiales de un órgano o en el tejido subcutáneo o submucoso, debido a diversas alteraciones de la presión sanguínea, mayor permeabilidad capilar, pérdida de proteínas plasmáticas, etcétera.

EDÉN m. Paraje grato.

EDICIÓN f. Impresión de una obra o preparación de un escrito para su publicación. ‖ Grabación de un disco. ‖ Conjunto de ejemplares de un libro o texto que se imprimen de una vez. || Cada una de las celebraciones periódicas de un congreso, curso, etc. || Texto de una obra, preparado por un científico especializado y generalmente acompañado de anotaciones eruditas.

EDICTO m. En la antigua Roma, orden que sólo tenía validez mientras permanecía en el cargo el magistrado que la había promulgado. || Mandato publicado por las autoridades administrativas o judiciales a efectos del general conocimiento. || Escrito que se fija en lugares públicos o que se publica en periódicos oficiales, para conocimiento de las personas interesadas que carecen de representación en los autos o cuyo domicilio se ignora.

EDIFICAR tr. Levantar un edificio. || Poner en marcha, fundar. || Inclinar alguien hacia los buenos sentimientos; dar buen ejemplo.

EDIFICIO m. Obra de construcción para vivienda, o para fines industriales (fábricas, almacenes) culturales (escuelas, ateneos) o recreativos (teatros, cines, gimnasios), etcétera.

EDIL m. Magistrado de la antigua Roma, extendido a las capitales de las provincias del imperio. Desde el siglo IV a. C. cuidaba de las obras públicas, proveimientos y vigilancia. || Concejal.

EDITAR tr. Publicar y difundir libros, folletos, periódicos, discos, etcétera.

EDITOR, RA adj. y s. Que edita. || m. y f. Persona u organismo que corre a cargo de una edición. || Persona encargada de la preparación y edición crítica de un texto. || m. En informática, programa para la obtención de la información en un formato preestablecido. || *responsable* Quien asume el contenido de los artículos de un periódico político y los firma, aunque no sean suyos.

EDITORIAL adj. Relativo al editor o a la edición. || m. En una publicación, artículo de fondo que aparece sin firma por asumir los editores su contenido. || f. Sociedad mercantil dedicada a la industria del libro.

EDREDÓN m. Especie de cobertor acolchado y relleno de plumas o de fibras artificiales suaves.

EDUCACIÓN f. Acción y efecto de educar. || Modo en que se ha educado una persona. || Proceso de socialización de los miembros más jóvenes de una comunidad, a fin de integrarlos en las normas y valores imperantes en ella. || *especial* La dirigida a disminuidos físicos o psíquicos, que procura su integración social y laboral. || *física* La dedicada especialmente al desarrollo armónico del cuerpo.

EDUCAR tr. Enseñar, instruir. || Formar intelectual y moralmente a una persona. || Hacer que el cuerpo se desarrolle con ejercicio físico. || Agudizar la sensibilidad. || Inculcar las normas de civismo y cortesía.

EFE f. Nombre de la letra *f*.

EFECTIVO, VA adj. Seguro, real, en contraposición a hipotético o nominal. || Se aplica al oficio o categoría fijos. || m. Dinero en moneda nacional inmediatamente disponible por una persona o empresa.

EFECTO m. Consecuencia de una causa. || Sensación producida en el ánimo por un hecho, noticia, etc., especialmente si es inesperado. || Objetivo al que se dirige una cosa. || Movimiento de giro que la desvía del curso previsto. || Artículo, mercancía. || Cualquier título de crédito (talón, cheque) que puede ser descontado y endosado, pagadero a fecha fija. || Designación de determinados fenómenos físicos y químicos (e. Edison, Magnus, Venturi, etc.). Suele indicarse con el nombre del investigador que lo descubrió.

EFECTUAR tr. Realizar, llevar a cabo algo. || prnl. Plasmarse, ejecutarse.

EFEMÉRIDE f. Conmemoración de un acontecimiento. || Hecho conmemorado; suele usarse en pl. || pl. Libro que consigna los sucesos diarios.

EFERVESCENCIA f. Aparición de burbujas de gas en el seno de un líquido sin que haya ebullición. || Ardor, acaloramiento del ánimo.

EFICACIA f. Facultad para realizar algo. || Hecho de ser eficaz una cosa.

EFICAZ adj. Eficiente, idóneo para obrar. || Que consigue lo que se pretendía.

EFICIENCIA f. Eficacia.

EFIGIE f. Figura o representación de personas. || Símbolo o imagen de algo inmaterial.

EFÍMERO, RA adj. De un solo día. || Breve, fugaz. || Se dice de la planta de ciclo vegetativo muy corto.

EFLUVIO m. Desprendimiento de sustancias volátiles de un cuerpo, como vapor, perfume, etc. || Irradiación de ciertas cualidades. || Descarga eléctrica débilmente luminosa y no ruidosa que se produce entre ambos y que no basta para producir una descarga destructiva.

EFUSIÓN f. Salida de un líquido, especialmente orgánico, de donde estaba contenido. || Paso de un gas a través de un pequeño orificio a causa de la presión. || Desahogo afectivo.

EFUSIVO, VA adj. Que se manifiesta con efusión. || Se dice de la roca magmática cristalizada en superficies en condiciones atmosféricas normales, por lo que sufre desgasificación y rápido enfriamiento. || Se dice de la emisión de lava volcánica fluida, de forma lenta y no explosiva.

EGIPCIO, CIA adj. y s. Relativo a Egipto. || m. Lengua del grupo camitosemítico, hablada en el Egipto faraónico. Gran cantidad de afijos y complejo sistema consonántico. Tres escrituras: jeroglífica, hierática y demótica.

ÉGLOGA f. Composición poética de carácter bucólico, generalmente articulada por un diálogo amoroso entre pastores.

EGOÍSMO m. Actitud y sentimiento intensos de preocupación por uno mismo y sus intereses, con minusvaloración de los ajenos.

EGOLATRÍA f. Admiración excesiva hacia uno mismo.

EGREGIO, GIA adj. Destacado, célebre, especialmente se aplica a reyes o personas reales. || Ilustre por sus méritos.

EGRESAR tr. Salir de algún sitio. || Dejar un centro de enseñanza, tras terminar los estudios.

¡EH! Interjección para atraer la atención.

EJE m. Pieza cilíndrica, que pasa por el centro de un cuerpo giratorio y le sirve de sostén y guía en el movimiento. || Barra de unión entre dos ruedas paralelas de un vehículo. || Vástago de un mecanismo que transmite o conduce la rotación de una o más piezas. || Diámetro principal de una curva. || Línea imaginaria que pasa por la parte central de algo. || Aspecto sustancial y fundamental de un discurso, comportamiento, etc. || Persona o cosa que se convierte en centro de atención de una fiesta, empresa, etc. || *de abcisas* Recta que pasa por el origen del sistema de coordenadas, a cuyos puntos se les hace corresponder los valores numéricos de la variable independiente. || *de coordenadas* Coordenadas. || *de ordenadas* Recta que pasa por el origen del sistema de coordenadas, a cuyos puntos se les hace corresponder los valores de la función independiente. || *de rotación* En geometría, recta alrededor de la cual se considera que gira una línea o una superficie para engendrar una superficie o un sólido. || *de simetría* Recta sobre la cual puede girar una figura geométrica transformándose en sí misma; en los cristales, el número de posiciones idénticas que se produce a lo largo de un giro de 360°.

EJECUCIÓN f. Acción y efecto de ejecutar. || Modo de hacer algo. || Factura que se da a una obra de arte. || Cumplimiento de lo establecido por una sentencia o un acuerdo administrativo.

EJECUTAR tr. Llevar a cabo una tarea. || Ajusticiar. || Desenvolverse bien en algo. || Interpretar una pieza musical. || Reclamar una deuda por procedimiento de apremio. || Cometer un delito.

EJEMPLAR adj. Modélico, digno de ser imitado. || Se dice del castigo que se inflige con especial severidad para dar ejemplo. || m. Canon, prototipo. || Cada uno de los individuos de una especie; por extensión, de un grupo, clase, etc. || Cada una de las reproducciones de un impreso. || Cada objeto de una colección. || Lo que sirve de ejemplo o modelo.

EJEMPLO m. Persona o cosa que sirve de patrón, en sentido positivo o negativo. || Cualquier cosa que se aduce para demostrar algo. || *dar e.* Mover el ánimo de otros por la propia actuación. || *por e.* Expresión con que se inicia la exposición de un ejemplo.

EJERCER tr. e intr. Realizar lo propio de un oficio, virtud, etcétera.

EJERCICIO m. Acción y efecto de ejercer o ejercitarse. || Práctica para conservar o aumentar alguna facultad, especialmente física. || Tiempo de vigencia de una ley de presupuestos. || Cada una de las pruebas de una oposición o examen. || Práctica obligatoria en la enseñanza de ciertas disciplinas.

EJERCITAR tr. Ejercer un arte, oficio, etc. || Enseñar a alguien mediante la práctica. || prnl. Aprender algo practicándolo.

EJÉRCITO m. Conjunto de las fuerzas armadas, especialmente las de tierra y aire de un Estado. || Tipo de gran agrupación militar terrestre divisible en cuerpos de ejército, especialistas y cuerpos auxiliares. || Numerosa gente de armas al mando de un general o un caudillo militar. || Masa de gente organizada y dispuesta a un fin preciso.

EJIDO m. Terreno comunal de un pueblo.

EL Artículo determinado masculino singular. Al ser antepuesto al nombre lo individualiza y señala su género masculino y número singular. No debe usarse delante de nombres propios.

ÉL Pronombre personal de tercera persona en género masculino y número singular. Sustituye siempre a la persona o animal macho de que se habla. Actúa de sujeto si va solo, o de complemento, precedido de una preposición.

ELABORAR tr. Dar cuerpo a una cosa mediante sucesivas transformaciones. || Producir un determinado organismo una sustancia. || Idear un plan, una doctrina, proyecto, etcétera.

ELASTICIDAD f. Propiedad de algunos cuerpos de recobrar su forma primitiva, una vez han sido sometidos a fuerzas comprensivas o tractoras que los deforman. || Variación porcentual de una magnitud económica en función de la variación de otra; especialmente aplicada a las variaciones de la oferta o de la demanda en relación con precios o rentas.

ELÁSTICO, CA adj. Que tiene elasticidad. || Susceptible de ser entendido o aplicado con amplitud, en distintos sentidos.

ELE f. Nombre de la letra *l*.

ELECCIÓN f. Acción y efecto de elegir. || Opción, libertad de decidirse entre varias alternativas. || pl. Votación de los miembros de una comunidad para un cargo. || Proceso por el que, mediante votación, se elige entre varios candidatos el que ha de ocupar un cargo. Elementos fundamentales de ellas son el tipo de sufragio (censitario o universal) y la forma de asignar los cargos electivos a los candidatos: mayoritario (asignación al candidato o lista más votados en la circunscripción) y proporcional (reparto de los puestos en proporción al número de votos obtenidos).

ELECTO, TA adj. y s. Se dice de la persona elegida para un cargo, particularmente si aún no ha tomado posesión.

ELECTOR, RA adj. Relativo a la elección o a unas elecciones. || m. y f. Persona con derecho a elegir, y especialmente a votar en unas elecciones políticas.

ELECTRICIDAD f. Conjunto de fenómenos derivados del efecto producido por la separación o movimiento de los electrones, y que se manifiesta por las fuerzas de atracción o de repulsión entre cargas eléctricas (ley de Coulomb) o bien por fenómenos, derivados de una corriente de las mismas, mecánicos, caloríficos, químicos, etc. || Corriente eléctrica. || *atmosférica* Conjunto de fenómenos eléctricos que ocurren en la atmósfera.

ELÉCTRICO, CA adj. Relativo a la electricidad; que la tiene o la conduce. || m. fam. Electricista.

ELECTRIFICAR tr. Transformar en energía eléctrica otro tipo de energía. || Instalar la fuerza eléctrica en un país, industria, etcétera.

ELECTROCUTAR tr. y prnl. Producir la muerte mediante descargas eléctricas.

ELECTRODO m. Conductor a través del cual entra o sale una corriente eléctrica o de iones en un medio que puede ser sólido, disolución electrolítica, gas, etc. Los e. son el ánodo y el cátodo.

ELECTRÓLISIS f. Descomposición de una solución electrolítica o de un electrólito fundido, al paso de la corriente eléctrica continua.

ELECTRÓLITO (o **ELECTROLITO**) m. Sustancia que disuelta o fundida conduce la corriente eléctrica.

ELECTROMAGNETISMO m. Estudio de los fenómenos eléctricos y magnéticos. Su progresiva unificación parte de las relaciones observadas entre magnetismo y electricidad evidenciadas por Oersted (1819) y cuantificadas por Ampère y Faraday. El descubrimiento de la autoinducción (1831) despejó el camino a realizaciones técnicas de vastas consecuencias: el motor eléctrico y la generación de electricidad para uso público.

ELECTRÓN m. Partícula elemental estable que constituye uno de los componentes fundamentales del átomo. Posee la carga eléctrica elemental negativa ($1.602 \cdot 10^{-19}$ C) y una masa de $0.9109 \cdot 10^{-27}$ g. Compone la corteza de los átomos. Se considera que describe órbitas en torno al núcleo bajo la influencia de campos eléctricos y magnéticos. De él dependen las propiedades químicas de los elementos y a él se remiten los fenómenos eléctricos.

ELECTRÓNICA f. Parte de la física que estudia los fenómenos originados por el paso de partículas atómicas electrizadas a través de gases, sólidos y en el vacío, así como el control de dichos movimientos. La e. juega un papel esencial en la técnica de la radio, televisión, radar, calculadoras electrónicas, etc. Se divide en la electroacústica, radiotecnia, automática, informática, etc., según sus aplicaciones. || Técnica que aplica estos conocimientos a la industria.

ELECTROSTÁTICA f. Parte del electromagnetismo que estudia sus efectos producidos por cargas en reposo, tanto en el vacío como en la materia (campo eléctrico). Su ley fundamental es la de Coulomb.

ELEGANCIA f. Decoro y distinción en el vestir o en el porte. || Mesura y corrección del estilo.

ELEGANTE adj. Con elegancia. || adj. y com. Se dice de la persona que viste a la moda, y de la ropa, objetos, etc., conformes a ella. || De gusto sobrio y distinguido.

ELEGÍA f. Poema lírico que expresa pena o dolor. Dístico fúnebre de origen griego. Su temática se amplió a cualquier sentimiento de pesar.

ELEGIR tr. Seleccionar a una persona o cosa para algo. || Designar a alguien por medio de una elección para un puesto.

ELEMENTAL adj. Relativo al elemento. || Básico, esencial. || Que compendia los principios teóricos de una ciencia. || Palpable, obvio.

ELEMENTO m. Sustancia que no se puede descomponer en otras por métodos químicos, pues los átomos que la forman son de igual naturaleza. Hay 104 elementos de los que 15 son artificiales. Los e. que ceden electrones se llaman metales y los que los captan se llaman no metales. Los e. análogos en cuanto a propiedades químicas se agrupan en familias, de manera que los e. de los grupos I, II, III, IV, V, VI y VII del sistema periódico se llaman alcalinos, alcalinotérreos, térreos, carbonoideos, nitrogenoideos, calcógenos y halógenos respectivamente. || Cada uno de los objetos que integran un conjunto. || Cada uno de los tres componentes fundamentales de la corteza terrestre (tierra, mar y aire). || Parte básica de algo.

ELENCO m. Conjunto de actores que integran una compañía, o que aparecen en el reparto de una obra. || Personal de un local, empresa, etcétera.

ELEVACIÓN f. Acción y efecto de elevar. || Sitio más alto que lo rodea. || Ensalzamiento material o espiritual. || Éxtasis. || Ascenso a un cargo de gran responsabilidad o categoría. || Acción de alzar en la eucaristía el sacerdote.

ELEVAR tr. y prnl. Levantar algo. || tr. Engrandecer, dar dignidad. || Incitar a objetivos de gran empeño. || Dirigir un escrito, petición, recurso, etc., a una autoridad competente. || prnl. Extasiarse. || Pavonearse. || Multiplicar por sí misma la base de una potencia tantas veces como indica el exponente.

ELIMINAR tr. Excluir, desechar. || Dejar fuera o expulsar a una persona de un grupo, problema, negocio, competición, etc. || Matar. || Excretar. || Expulsar partes de un tejido necrotizado. || Hacer desaparecer, por medio de cálculo, una o más incógnitas de un sistema de ecuaciones.

ELIPSE f. Curva cerrada que describe un punto al moverse en un plano, de tal manera que la suma de sus distancias a dos puntos fijos, llamados focos, es constante. Los planetas describen órbitas elípticas alrededor del Sol, con este sistema en uno de los dos focos.

ELIPSIS f. Omisión de parte de una frase (o un texto) que no afecta a la gramaticalidad ni a la inteligibilidad de ésta.

ELISIÓN f. Pérdida de un elemento vocálico final de palabra ante la vocal inicial de otra palabra; común en la pronunciación. || Omisión de un verbo en una oración sin que por ello afecte la gramaticalidad o inteligibilidad de la misma.

ÉLITE f. Minoría que es o se considera particularmente destacada (por su riqueza, competencia, etc.) en un campo o actividad determinada. Su comportamiento está vinculado a la existencia o exigencia de una consideración social equiparable a su función, lo que tiende a constituirla en grupo cerrado, que dificulta el acceso a ella de nuevos miembros y genera intereses específicos. || Minoría selecta.

ELIXIR m. Piedra filosofal. || Brebaje a base de productos aromáticos y alcohol. || Remedio que todo lo cura.

ELOCUCIÓN f. Uso adecuado de las palabras para una correcta expresión. || Estructuración lógica de las partes de un discurso. || Explicación precisa y clara de algo.

ELOCUENCIA f. Arte de expresarse mediante palabras o por escrito, para agradar, convencer, impresionar, etc.; por extensión, poder expresivo de otras cosas. || Facultad para persuadir. || Oratoria.

ELOGIAR tr. Hacer elogios de algo o alguien.

ELUDIR tr. Esquivar, o sortear un problema, deber, etc. || Invalidar algo.

ELLA Pronombre personal de tercera persona en género femenino y número singular. Designa a la persona femenina o animal hembra de quien se habla. Actúa de sujeto, si va solo, o de complemento, si lo precede una preposición.

ELLE f. Nombre de la letra *ll*.

ELLO Pronombre personal de tercera persona en género neutro o epiceno. Sustituye a algo, a menudo abstracto, expresado anteriormente.

EMANAR intr. Originarse una cosa de otra. || intr. y tr. Exhalar ciertos cuerpos sustancias volátiles. || Desprender, especialmente aplicado a cosas inmateriales.

EMANCIPACIÓN f. Acto jurídico por el que se confiere a un menor de edad el gobierno de su persona y de sus bienes, equiparándolo al mayor de edad, si bien con algunas limitaciones. || Conjunto de los fenómenos culturales y políticos que en una colonia preludian la reclamación pacífica o violenta de su independencia.

EMANCIPAR tr. y prnl. Dar o conseguir la emancipación. || prnl. Liberarse de cualquier tipo de sujeción.

EMBADURNAR tr. y prnl. Untar, ensuciar.

EMBAJADA f. Misión que se delega en alguien, especialmente cerca de un jefe de gobierno. || Comunicación, mensaje delegado que se envía a alguien. || Cargo de embajador, residencia de éste, y empleados a ella adscritos.

EMBAJADOR, RA m. y f. Agente diplomático de máxima categoría, que dirige una embajada y representa a un Estado frente a otro. || Enviado, emisario.

EMBALAR, tr. Empaquetar y acondicionar una mercancía para su transporte.

EMBALSAMAMIENTO m. Conjunto de técnicas que evitan la descomposición de un cadáver mediante vaciado visceral e inyección de soluciones antisépticas.

EMBALSAMAR tr. Realizar un embalsamamiento. || tr. y prnl. Perfumar.

EMBALSAR, tr. Colocar algo en una balsa, embarcación. || tr. y prnl. Formar balsas o charcos.

EMBALSE m. Acción y efecto de embalsar. || Pantano artificial. || Agua almacenada en él.

EMBARAZAR tr. Entorpecer, dificultar. || tr. y prnl. Preñar a una mujer. || Poner en apuros, avergonzar. || Encontrarse molesto, encorsetado.

EMBARAZO m. Proceso y cambios orgánicos implicados por la anidación y gestación de un óvulo fecundado en el útero. En la mujer suele durar 280 días y termina con el parto o, patológicamente, con el aborto. || Estorbo, entorpecimiento. || Cortedad, timidez en el trato. || *ectópico o extrauterino* Aquel en el que la anidación del óvulo se efectúa en lugar distinto del útero, especialmente en la trompa de Falopio (e. *tubárico*).

EMBARCACIÓN f. Barco de mayor dimensión que la barca y menor que la nave o el buque. || Embarque, acción de embarcar. || Duración de una travesía.

EMBARCAR tr. y prnl. Dar entrada a personas, mercancías, etc., en un barco, avión o tren. || Involucrar a alguien en una empresa difícil.

EMBARGAR tr. Trabar, entorpecer. || Embelesar, extasiar. || Ocupar, absorber. || Retener una cosa merced a un mandato judicial y sujetarla al resultado de un juicio.

EMBARGO m. Retención o secuestro judicial, por autoridad competente, de bienes concretos del deudor, con la finalidad de llevar a término normal una ejecución procesal. || Situación de los bienes embargados. || Indigestión. || Freno, bloqueo en los suministros a un cliente. || *sin e.* conj. Pero, no obstante.

EMBARQUE m. Ingreso de mercancías y personas en un barco, avión o tren. || fam. Engaño, añagaza, encerrona.

EMBARULLAR tr. Liar, embrollar. || tr. y prnl. Actuar y decir alguna cosa sin ton ni son. || Hacer una cosa con prisa y con poco cuidado.

EMBAUCAR tr. Engatusar a un bobo o inocente.

EMBEBER tr. Difundirse un líquido en un sólido poroso por capilaridad. || Impregnar, calar algo un líquido. || Recoger, acortar un vestido. || Fruncir una tela. || Encajar, meter una cosa dentro de otra. || Incluir o añadir en un conjunto. || intr. Encogerse un tejido. || prnl. Abstraerse. || Estudiar a fondo algo.

EMBELESAR tr. Encandilar, pasmar, cautivar.

EMBELLECER tr. y prnl. Poner bello, adornar, acicalar.

EMBESTIDA f. Acción y efecto de embestir. || Acción de abordar intempestivamente a alguien.

EMBESTIR tr. Abalanzarse sobre algo o alguien. || Abordar intempestivamente a alguien. || intr. fam. Notarse mucho algo por ser desagradable a la vista.

EMBLEMA m. Figura u objeto que llevan un lema o una divisa. || Símbolo o atributo de algo. || En literatura, género que a partir del renacimiento, pretende plantear un enigma ideográficamente, al modo de los jeroglíficos egipcios.

EMBOBAR tr. Asombrar, admirar. || prnl. Quedarse boquiabierto.

EMBOCADURA f. Acción y efecto de embocar. || Tubo metálico, cónico, corto, ensanchado, de los instrumentos de viento de metal, sobre el que apoya los labios el instrumentista. || Bocado del freno. || Sabor de un vino. || Entrada de un canal o conducto. || Boca de un escenario.

EMBOCAR tr. Meter algo por la boca. || Encaminar hacia una parte estrecha y penetrar por ella. || Aplicar los labios a la boquilla de un instrumento musical de viento. || fam. Engullir. || Endilgar a alguien algo molesto. || Endosar a alguien una mentira. || Emprender una cosa.

EMBOLIA f. Oclusión vascular por un cuerpo extraño, generalmente un coágulo sanguíneo, que ha sido arrastrado por la sangre.

ÉMBOLO m. Pieza deslizante dentro de un cilindro cuyo vaivén genera, transmite o recibe la presión de un fluido. || Cuerpo extraño que puede ser arrastrado por la corriente circulatoria y ser causa de embolia. Pueden ser coágulos, masas tumorales, gotas de grasa, grupo de bacilos, parásitos, etcétera.

EMBOLSAR tr. Introducir algo en una bolsa. || tr. y prnl. Obtener dinero por un trabajo, negocio, etc. || Cobrar.

EMBORRACHAR tr. Producir embriaguez. || tr. y prnl. Marear, amodorrar. || Beber desmesuradamente bebidas alcohólicas, hasta perder la conciencia.

EMBORRONAR tr. Echar borrones en un papel. || Escribir muy de prisa y sin esmero. || tr. y prnl. Quedar borroso un escrito por correrse la tinta.

EMBOSCAR tr. y prnl. Situar gente en un lugar oculto para un ataque militar por sorpresa. || prnl. Esconderse entre la maleza o la espesura. || Escudarse en algo fácil para no realizar un trabajo arduo o pesado. || Introducirse en una organización para minarla desde dentro o para pasar desapercibido.

EMBOTAR tr. y prnl. Volver roma la punta de un arma o mellar el filo de un objeto cortante. || tr. Entorpecer o alterar algo. || Debilitar o enervar alguna cosa o persona los sentidos, la voluntad, etcétera.

EMBOTELLAMIENTO m. Acción y efecto de embotellar líquidos. || Aglomeración de vehículos que entorpecen la circulación.

EMBOTELLAR tr. Depositar un líquido en botellas. || Apiñar gente en un lugar. || Sitiar o acorralar a alguien. || Paralizar un negocio, circulación, etcétera.

EMBOZAR tr. y prnl. Taparse el rostro hasta los ojos. || tr. Colocar el bozal a los animales. || Camuflar, enmascarar una idea o proyecto.

EMBRAGAR tr. Sujetar una piedra, fardo, etc., con braga o abrazadera. || Accionar un embrague.

EMBRAGUE m. Acción de embragar. || Mecanismo de transmisión para el arrastre o liberación rápidos entre un eje propulsor y un órgano de utilización.

EMBRAVECER tr. y prnl. Enfadar, encolerizar. || intr. Vigorizarse las plantas.

EMBRIAGAR tr. y prnl. Causar o padecer embriaguez. || Amodorrar, entorpecer, extasiar.

EMBRIAGUEZ f. Turbación pasajera de las facultades psíquicas y somáticas por la excesiva ingestión de bebidas alcohólicas. || Embeleso.

EMBRIÓN m. Primeras fases del desarrollo de un organismo, después de la fecundación o a partir de una célula capaz de dividirse agámicamente. Generalmente implica la posibilidad de reconocer en él las estructuras adultas. || En las plantas, rudimento del esporofito una vez fecundada la ovocélula. || Asomo, principio de algo.

EMBROLLAR tr. y prnl. Embarullar, liar.

EMBROLLO m. Lío, barullo. || Trola, mentira. || Cosa complicada y de difícil solución.

EMBROMAR tr. Armar barullo. || Tomar el pelo a alguien. || Embaucar.

EMBRUJAR tr. Dominar a alguien por medio de la magia. || Fascinar.

EMBRUTECER tr. y prnl. Rebajar las calidades morales o intelectuales.

EMBUCHAR tr. Embutir en tripa . || Meter comida en el buche de un ave. || Engullir. || Embocar, disimular un enojo.

EMBUDO m. Útil de boca ancha, rematado por un tubo, para trasvasar líquidos. || Agujero de formas regulares producido por una explosión. || Paraje estrecho.

EMBUSTE m. Mentira disfrazada. || pl. Bisutería.

EMBUTIDO, DA adj. Que está metido a presión en algo. || m. Acción y efecto de embutir. || Vianda formada por carne de cerdo picada y especies, introducidas en una tripa. || Taracea.

EMBUTIR tr. Hacer embutidos. || Meter alguna cosa a presión dentro de otra. || Engastar piedras preciosas y otros materiales nobles en un objeto. || Moldear una chapa. || Condensar, resumir. || Intercalar grabados en una composición. || tr. y prnl. Engullir. || Hacer creer.

EME f. Nombre de la letra m.

EMERGENCIA f. Acción y efecto de emerger, o cosa emergida. || Asunto que requiere especial atención y urgencia.

EMERGER intr. Salir a la superficie de un líquido. || Surgir, brotar o destacarse de un conjunto. || Salir un astro de detrás de otro.

EMIGRACIÓN f. Abandono, por parte de un contingente numeroso de individuos, de su lugar normal de residencia, con consecuencias importantes y una cierta duración. Obedece a razones de tipo socioeconómico. || Migración.

EMIGRANTE adj. y com. Se dice de la persona que abandonó su lugar de origen, especialmente por razones económicas, para instalarse en otro; en general, referido a las clases populares.

EMIGRAR intr. Efectuar una emigración. || Trasladarse estacionalmente ciertas especies animales. || Desplazarse una célula libre en un organismo.

EMINENCIA f. Elevación, prominencia de una superficie. || Tratamiento que se da a los cardenales católicos. || Persona destacada en su profesión o por sus conocimientos teóricos (e. *gris*). || Elevación de las dotes morales o intelectuales.

EMISARIO, RIA m. y f. Persona comisionada para abrir unas negociaciones y trasladar las condiciones de éstas. || m. Río que se origina en un lago y que transporta el agua a otro lago, río o al mar. || Conducto para el vertido en profundidad, en el mar, de aguas residuales domésticas o industriales.

EMISIÓN f. Acción y efecto de emitir. || Conjunto de cosas emitidas en serie. || Producción y transmisión al espacio de ondas electromagnéticas (radio, tv, etc.) o de radiaciones (electrónica, radiactiva, etc.). || Duración de dicha transmisión. || Creación y puesta en circulación o venta pública de dinero o títulos y efectos públicos por parte del Estado, o de acciones u obligaciones por parte de las empresas.

EMISOR, RA adj. Que emite. || En lingüística, persona que emite un mensaje (información) destinada a un receptor. || m. Uno de los electrodos principales de un transistor. || Conjunto de aparatos e instalaciones destinados a emitir ondas electromagnéticas a través del espacio, para transmitir sonidos e imágenes. || f. Estación que emite ondas electromagnéticas (radio o TV).

EMITIR tr. Expeler, lanzar algo. || Poner en circulación sellos, valores, obligaciones, etc. || Exponer públicamente un criterio o una decisión. || tr. e intr. Transmitir imágenes o sonidos por medio de ondas electromagnéticas.

EMOCIÓN f. Estado de ánimo intenso y breve, con sensaciones tales como miedo, amor, ira, alegría, de origen más subjetivo que racional; a veces, con cambios fisiológicos, no siempre aparentes.

EMOCIONAR tr. y prnl. Provocar emoción.

EMOTIVO, VA adj. Relativo a la emoción o que la provoca. || Receptivo a las emociones.

EMPACAR tr. Hacer pacas o paquetes.

EMPACHO m. Indigestión, pesadez de estómago. || Embarazo, vergüenza.

EMPADRONAMIENTO m. Acción y efecto de empadronar o empadronarse; el e. *de población* se realiza por unidades de vivienda, no por individuos como el e. *de censo*, y con fines tributarios.

EMPADRONAR tr. y prnl. Inscribir en un censo o padrón.

EMPANTANAR tr. y prnl. Anegar un terreno. || Introducir a alguien o algo en un pantano. || fig. Atascar una situación.

EMPAÑAR tr. Poner pañales. || tr. y prnl. Volver ligeramente opaco. || Enturbiar por acción del vaho. || Deslustrar el buen nombre.

EMPAPAR tr. y prnl. Impregnar un líquido todos los poros de algo. || Tener un cuerpo la capacidad de absorber líquido en gran cantidad. || Caer encima una gran cantidad de agua. || prnl. Llegar a un profundo conocimiento de algo.

EMPAPELAR tr. Envolver algo en papel. || Recubrir de papel una superficie. || Procesar, expedientar o multar.

EMPAQUE m. Acción y efecto de empacar. || Material que forma la estructura de un paquete.

EMPAQUETAR tr. Hacer paquetes. || Guardar cosas en cajas para su transporte. || Meter en la cárcel. || Imponer un castigo, sanción o pena. || Apretujar mucha gente en un recinto pequeño.

EMPAREDADO m. Bocadillo de uno o varios pisos hecho con pan de molde o caja.

EMPAREDAR tr. y prnl. Incomunicar a alguien entre paredes. || Recluir de forma rigurosa. || tr. Esconder algo entre paredes. || Sujetar o apretar entre dos elementos.

EMPAREJAR tr. Formar parejas. || Poner dos cosas al mismo nivel. || Ajustar las puertas, ventanas, etc., sin cerrarlas. || intr. Hacer pareja una cosa con otra. || intr. y prnl. Ponerse dos personas o cosas a la misma altura o nivel. || Aparearse.

EMPARENTAR intr. Entrar en una familia por matrimonio. || Tener relación o afinidad. || tr. Mostrar vínculos de parentesco o de similitud.

EMPASTAR tr. Cubrir o rellenar de pasta. || Encuadernar en pasta. || Hacer un empaste dental. || En pintura, cubrir con pasta la superficie de un cuadro para tapar las líneas del dibujo, etcétera.

EMPATAR tr. y prnl. Igualar en puntos, votos, tantos, etc., dos o más contrincantes u opciones.

EMPEDERNIDO, DA adj. Implacable, insensible. || Que practica con rigor un vicio o costumbre.

EMPEDRADO m. Acción de empedrar. || Pavimento de piedra.

EMPELLÓN m. Empujón violento. || *a empellones* A empujones, sin miramientos.

EMPEÑAR tr. Dejar en prenda algo como aval de un préstamo. || tr. y prnl. Involucrar, comprometer en un asunto o mediación. || prnl. Endeudarse. || Obstinarse, poner todo el empeño. || Iniciar una pelea, batalla, etcétera.

EMPEÑO m. Acción y efecto de empeñar o empeñarse. || Rescate por una prenda empeñada. || Compromiso, autoexigencia. || Obstinación por algo, y objeto de dicha obstinación. || Firmeza, tenacidad.

EMPEORAR tr. Estropear aún más. || intr. y prnl. Irse malogrando progresivamente.

EMPEQUEÑECER tr. y prnl. Hacer más pequeño o darle menor importancia. || Achicar.

EMPERADOR, TRIZ m. y f. Soberano de un imperio (Roma, desde César; Bi-

zancio, imperios carolingio, romanogermánico, austrohúngaro, etcétera).
EMPEREJILAR tr. y prnl. Emperifollar.
EMPERIFOLLAR tr. y prnl. Acicalar, adornar con profusión
EMPERO conj. Pero. || Sin embargo.
EMPERRARSE prnl. fam. Empecinarse; por extensión, emberrincharse.
EMPEZAR tr. Comenzar, principiar, iniciar algo. || intr. Iniciarse una cosa. || *para e*. En primer lugar, primeramente. || *ya empezamos* Expresión para indicar la insistencia de alguien.
EMPINAR tr. Levantar algo, auparlo. || Poner vertical una cosa apoyándola en uno de sus extremos. || Alzar más la base de una vasija que su pitorro, para verter su contenido || intr. Tomar bebidas alcohólicas en abundancia.
EMPÍRICO, CA adj. Basado en la experiencia. || Relativo al empirismo. || adj. y s. Defensor del empirismo.
EMPIRISMO m. Actitud filosófica de atenerse a los hechos comprobables; método basado en la observación, experimentación e inducción.
EMPLASTO m. Preparado sólido de composición medicinal diversa, que generalmente se reblandece con el calor; es de uso externo. || Cosa pegajosa y desagradable.
EMPLAZAMIENTO m. Acción y efecto de emplazar. || Lugar en que está situado algo o alguien.
EMPLAZAR, 1 tr. Convocar a alguien en un plazo y lugar determinados. || Citar judicialmente.
EMPLAZAR, 2 tr. Colocar algo en el lugar que le corresponde. || Atribuir un emplazamiento a una ciudad, edificio, etcétera.
EMPLEADO, DA adj. Utilizado. || m. y f. Persona asalariada, especialmente la que desempeña un trabajo burocrático. || *público* Funcionario estatal.
EMPLEAR tr. Utilizar, servirse de algo o alguien. || Gastar, consumir, invertir. || tr. y prnl. Dar un empleo o dedicarse a algo.
EMPLEO m. Acción y efecto de emplear. || Ocupación remunerada. || Cada grado de la jerarquía militar. || Conjunto de las actividades económicas de una nación, sector o unidad productiva en relación con las personas en condiciones de trabajar.
EMPLOMAR tr. Cubrir, fijar o soldar algo con plomo. || Sellar con plomo los cajones, fardos, etc., al precintarlos.
EMPOBRECER tr. Hacer más pobre a alguien o hacer perder la calidad de algo. || intr. y prnl. Quedar reducido al estado de pobreza. || Malograrse, perder calidad algo.
EMPOLVAR tr. Echar polvo. || tr. y prnl. Esparcir polvos cosméticos sobre piel, cabellos, etc. || prnl. Cubrirse de polvo.
EMPOLLAR tr. y prnl. Dar calor las aves con sus cuerpos a los huevos para que nazcan las crías. || fam. Estudiar una materia o asunto, especialmente antes de un examen. || intr. Tener sus crías las abejas.
EMPONZOÑAR tr. y prnl. Dar ponzoña a uno o envenenar algo con ella. || Corromper, malformar.
EMPORIO m. Centro comercial importante. || Ciudad muy rica. || Centro de importancia cultural, científica, etcétera.
EMPOTRAR tr. Realizar obra para encajar y asegurar algo en la pared o en el suelo. || En apicultura, poner las colmenas en el potro. || prnl. Encajarse una cosa en otra, especialmente como consecuencia de un choque.
EMPRENDEDOR, RA adj. Decidido, que tiene ideas y voluntad para iniciar o desarrollar algo.
EMPRENDER tr. Iniciar una obra o empresa. || *emprenderla a golpes, palos* (etc.) Empezar a darlos. || *emprenderla (con uno)* Meterse con él.
EMPRESA f. Acción de emprender, y lo que se emprende; especialmente referido a actividades arriesgadas o difíciles. || Iniciativa, en especial la llevada a cabo colectivamente. || Sociedad mercantil o industrial. || Unidad económica dotada de capital (público, privado, mixto), en la forma ordenada y jerarquizada, en la producción o transformación de bienes, o en la organización de servicios.
EMPRESARIO, RIA m. y f. Propietario de una empresa o negocio. || Persona que invierte dinero en la promoción de un negocio. || Director de una empresa mercantil o industrial, responsable de su planificación y funcionamiento.

EMPRÉSTITO m. Salida de un Estado, institución o empresa al mercado de capitales para obtener un préstamo. El prestatario se compromete a pagar un interés fijo (expuesto en las condiciones de lanzamiento del e.) y a amortizarlo en la fecha señalada. || Conjunto de operaciones bancarias que se realizan en esa operación.

EMPUJAR tr. Impulsar con fuerza una cosa. || Arrojar a uno de su empleo, cargo, etc. || Presionar para conseguir algo.

EMPUJE m. Acción y efecto de empujar. || Presión que ejerce el peso de una obra sobre las paredes que la sostienen. || Resolución con la que se afronta algo. || Influencia, poder. || Fuerza opuesta al peso, como él aplicada en el centro de gravedad de la parte sumergida, que actúa sobre un cuerpo cuando está total o parcialmente sumergido en un fluido, y de intensidad igual al peso del fluido desalojado (principio de Arquímedes).

EMPUÑADURA f. Mango o guarnición de la espada, cuchillo, bastón, etc. || Inicio de una narración con una fórmula tradicional.

EMPUÑAR tr. Coger algo por el puño. || Coger con la mano, blandir. || Conseguir un cargo, prebenda, etcétera.

EMULAR tr. Tomar ejemplo de otro y actuar como él con afán de superación.

ÉMULO, LA adj. y s. Discípulo aventajado.

EMULSIÓN f. Dispersión coloidal estable líquido-líquido o un sólido-líquido. || *fotográfica* La formada por sales de plata y gelatina. Se usa en fotografía.

EN prep. Expresa generalmente la idea de limitación temporal o espacial, duración o permanencia. || Con determinados verbos de movimiento, indica el final de la acción. || Seguida de gerundio, señala la anterioridad temporal. || Seguida de infinitivo, equivale a *por*. || Precediendo a ciertos sust. y adj. crea modos adverbiales.

ENAJENACIÓN f. Acción y efecto de enajenar o enajenarse. || Embobamiento, despiste. || *mental* Trastorno psíquico, alienación.

ENAJENAR tr. Delegar en otro la propiedad o el uso de algo. || tr. y prnl. Privar a uno de razón, trastornarlo gravemente. || Embobar, encantar. || prnl. Dejar de tratarse con alguien. || Desprenderse de algo.

ENALTECER tr. y prnl. Exaltar, engrandecer.

ENAMORAR tr. y prnl. Despertar la pasión amorosa. || Piropear, decir lindezas. || prnl. Acostumbrarse o aficionarse a algo.

ENANO, NA adj. Muy pequeño, diminuto en su género. || m. y f. Persona de muy baja estatura. || Afectado de enanismo. || Personaje fantástico muy usado en la literatura popular, especialmente en los cuentos de hadas. || *como un e.* Mucho.

ENARBOLAR tr. Llevar en alto una enseña, bandera, etc. || fig. Hacer ostentación. || prnl. Encabritarse una caballería. || Enojarse, encolerizarse.

ENARDECER tr. y prnl. Incrementar un afecto, odio, etc. || prnl. Inflamar o congestionarse una parte del cuerpo. || Excitar sexualmente.

ENCABEZAMIENTO m. Acción de encabezar o censar. || Censo, padrón. || Fórmula con que empiezan ciertos escritos, o advertencia que se pone a los mismos.

ENCABEZAR tr. Censar, poner en lista. || Estar el primero o de los primeros en una lista o clasificación. || Disponer el encabezamiento de un texto.

ENCADENAR tr. Sujetar con cadenas. || Impedir el movimiento a alguien. || fig. Tiranizar, retener a alguien en un sitio. || tr. y prnl. Enlazar, relacionarse unas cosas con otras

ENCAJAR tr. Acoplar, introducir con justeza. || Meter algo a la fuerza en una conversación. || Dar, decir o hacer a uno algo que le causa un perjuicio. || Soportar un golpe. || Recuperarse de una adversidad. || Ser afines, estar de acuerdo.

ENCAJE m. Acción de encajar una cosa en otra. || Lugar, hueco en que se encaja algo. || Acoplamiento de dos piezas. || Tejido calado hecho con bolillos, ganchillo, etc., o máquina. || Labor de tareas o de embutido. || Hoja de papel que se coloca en el interior de un libro o periódico para repartirlo con él.

ENCAJONAR tr. Guardar en un cajón. || Hacer los cimientos en cajones, zanjas, etc. || Reforzar un muro con encajonados. || tr. y prnl. Introducir en un lugar estrecho.

|| prnl. Fluir una corriente de agua por un paso estrecho.
ENCALAR, tr. Dar cal para blanquear, generalmente una pared. || Meter en cal o rociar con ella.
ENCALLAR intr. Quedar una nave inmóvil, con el casco aprisionado en la arena o las rocas. || prnl. Paralizarse un asunto o empresa.
ENCALLECER intr. y prnl. Formarse callos. || prnl. Embrutecerse, habituarse al trabajo o al vicio.
ENCAMINAR tr. y prnl. Guiar a alguien o llevarlo a un lugar determinado. || Educar a uno en determinado sentido. || Trazar el camino para la consecución de algo.
ENCANDILAR tr. y prnl. Cegar la luz repentina. || Engañar con falsas apariencias; atraer, admirar. || Brillar los ojos por la pasión o la bebida. || Enamorar.
ENCANECER intr. Volverse cano. || Hacerse viejo alguien. || tr. Hacer salir canas. || intr. y prnl. Ponerse rancio.
ENCANIJAR tr. y prnl. Hacer débil y raquítica a una persona.
ENCANTADO, DA adj. Ausente, absorto. || Complacido, satisfecho. || Se aplica al lugar o edificio inquietante, mágico o fantasmal.
ENCANTAR tr. Tener poderes mágicos y obrar prodigios con ellos. || Seducir, hechizar. || prnl. Quedarse embobado, distraído, en actitud ausente.
ENCANTO m. Acción y efecto de encantar. || Persona o cosa que embelesa, atrae. || pl. Atractivos físicos de la mujer.
ENCAÑAR tr. Encauzar el agua por medio de encañados. || Drenar las tierras con encañados.
ENCAÑONAR tr. Introducir en un cañón. || Canalizar las aguas en tuberías. || Encanillar. || Dirigir hacia alguien o algo la boca de un arma de fuego. || Planchar formando pliegues. || Al encuadernar, encajar un pliego en otro. || intr. Salirles cañones a las aves. || tr. y prnl. Encajonar.
ENCAPOTAR tr. y prnl. Vestir el capote. || prnl. Poner mala cara. || Oscurecer el cielo por las nubes, amenazar tormenta.
ENCAPRICHARSE prnl. Empecinarse en un deseo poco habitual. || Enamorarse; es desprecio.
ENCARAMAR tr. y prnl. Elevar, subir apreciablemente. || Alabar mucho a alguien. || Trepar, conseguir un cargo o prebenda.
ENCARAR intr. y prnl. Colocarse frente por frente con alguien. || Enfrentarse, acometer una cuestión. || tr. Apuntar apoyando la mejilla en el encaro.
ENCARCELAR tr. Encerrar en prisión. || Afianzar un marco, reja, etc. || Prensar dos piezas de madera en la cárcel de carpintero.
ENCARECER tr., intr. y prnl. Aumentar el precio de una cosa. || tr. Elogiar, estimar mucho. || Rogar, recomendar con gran interés.
ENCARGADO, DA adj. El que tiene un encargo que cumplir. || m. y f. Persona que se cuida de un negocio, empresa, curso, etc., en representación del dueño o titular.
ENCARGAR tr. y prnl. Delegar, dejar algo a cargo de uno. || tr. Hacer un pedido o enviarlo. || Exigir, recomendar.
ENCARGO m. Acción y efecto de encargar. || Recado, encomienda. || Pedido. || Puesto, cargo.
ENCARIÑAR tr. y prnl. Sentir cariño por algo o alguien.
ENCARNADO, DA adj. y s. De color carne. || De color rojo. || m. Color rosáceo que en las esculturas imita el de la carne.
ENCARNIZADO, DA adj. Enrojecido, ensangrentado. || Cruel y sangriento.
ENCARNIZAR tr. Encarnar a un perro para la caza. || tr. y prnl. Incordiar, desquiciar a uno. || prnl. Cebarse, devorar ansiosamente la carne un animal hambriento. || Ensañarse. || Luchar con encono en cuerpo a cuerpo dos tropas.
ENCARRILAR tr. Enderezar una cosa hacia donde se desea. || Hacer marchar un vehículo sobre carriles o rieles. || Ir por el camino recto; conseguir sus propósitos.
ENCASILLAR tr. Disponer en casillas o guardar en ellas. || Catalogar personas o cosas, etiquetarlas. || Designar el gobierno su candidato a unas elecciones.
ENCAUSAR tr. Proceder judicialmente.
ENCAUZAR tr. Canalizar el agua por un cauce ya elegido. || Llevar a buen término un asunto.
ENCEFALITIS f. Inflamación del encéfalo, generalmente asociada a una meningoencefalitis.
ENCÉFALO m. Conjunto de órganos del sistema nervioso central contenidos

en la cavidad craneal (cerebro, cerebelo y tronco cerebral); está envuelto por las meninges, que lo protegen.

ENCELAR tr. Ocasionar celos. || prnl. Tener celos. || Estar en época de celo un animal.

ENCENDEDOR, RA adj. y s. Que enciende. || m. Aparato con que se inicia una combustión, especialmente el de bolsillo o de mesa, que sirve para encender cigarrillos, puros o pipas.

ENCENDER tr. Prender fuego a algo. || Producir ardor o acaloramiento. || Cerrar un circuito eléctrico. || tr. y prnl. Provocar, iniciar, especialmente situaciones turbulentas. || Excitar, desatar los ánimos, las pasiones, etc. || prnl. Arrebolarse.

ENCENDIDO, DA adj. De color rojo ígneo. || m. Acto de encender. || Conjunto de dispositivos para que salte la chispa eléctrica (mediante un sistema de baterías en los automóviles o generada por un magneto en motocicletas y tractores) en un motor de explosión. || Combustión de materias orgánicas sin adición de fuente de calor, producida por fermentación u oxidación, al contacto con el aire.

ENCERADO, DA adj. De color de cera. || m. Lienzo impregnado de cera o de una sustancia similar, para impermeabilizarlo. || Emplasto de cera y otras sustancias. || Mano de cera que se da a muebles y pavimentos para abrillantarlos.

ENCERAR tr. Aplicar cera a una cosa, especialmente los suelos. || Manchar de cera.

ENCERRAR tr. Guardar una cosa en un lugar cerrado. || Aislar a una persona en un sitio del que no puede salir. || Contener, resumir. || Incluir frases o cláusulas dentro de determinados signos ortográficos (guiones, paréntesis, etcétera).

ENCESTAR tr. Introducir en una cesta. || En baloncesto, meter el balón en la canasta.

ENCÍA f. Parte de la mucosa bucal que reviste las arcadas alveolares donde están implantados los dientes y que se adhiere al cuello de los mismos.

ENCICLOPEDIA f. Conjunto de todas las ciencias. || Obra en la que se expone gran número de saberes humanos. || Reunión de manuales de distintas ciencias o saberes. || Diccionario de una lengua en el que se explican las voces de forma científica y se añaden biografías y descripciones de países, localidades, etcétera.

ENCICLOPEDISMO m. Movimiento ilustrado que valora al máximo la ciencia y su extensión (a todos los temas y personas); ideología de *La Enciclopedia*, que proclama la superioridad de la razón sobre la autoridad, la tradición y los dogmas religiosos.

ENCIERRO m. Acción y efecto de encerrar. || Sitio donde se encierra. || Retiro, aislamiento. || Prisión angosta.

ENCIMA adv. Designa un sitio o posición superior con respecto a otro inferior. || Reposando sobre algo. || Cargando con una culpa, responsabilidad, etc. || Además. || *echarse e.* (de uno) Acosarle. || *echarse algo e.* Acontecer antes de lo previsto; faltar poco para que suceda. || Acumularse trabajos, obligaciones, etc. || *estar e.* Vigilar o cuidar con mucha atención. || *por e.* Sin profundizar. || *por e.* (de alguien) Contra su parecer. || *por e. de todo* Pese a quien pese.

ENCINTA adj. Embarazada, preñada.

ENCINTAR tr. Colocar cintas a una cosa. || Formar el encintado de una acera, andén, etcétera.

ENCLAUSTRAR tr. y prnl. Recluir en un claustro. || Ocultar, guardar en un lugar secreto. || Encerrarse voluntariamente por motivo de estudios, trabajo, etcétera.

ENCLAVE m. Territorio o grupo étnico, religioso o lingüístico, que se encuentra inserto en el interior de otro de distintas características.

ENCLENQUE adj. y s. Débil, raquítico.

ENCLÍTICO, CA adj. Se dice de la partícula o parte de la oración (generalmente un pronombre) que pierde su independencia fónica y ortográfica y se une con la palabra precedente, formando una sola voz.

ENCOGER tr. y prnl. Contraer el cuerpo o un miembro de éste. || Achicar, amedrentar. || Fruncir. || intr. Reducir el cuero, la madera, etc. su tamaño al secarse. || intr. y prnl. Hacerse más pequeña una tela al mojarse.

ENCOGIDO, DA adj. y s. Pusilánime, vergonzoso. || Abatido.

ENCOLAR tr. Unir con cola. || Preparar las superficies que se han de pintar al

temple con una capa de cola. || Clarificar los vinos. || tr. y prnl. Colar una cosa (p. ej., una pelota) en un sitio donde queda retenida.
ENCOLERIZAR tr. y prnl. Enojar, poner fuera de sí.
ENCOMENDAR tr. Delegar en una persona el cuidado o la custodia de algo o alguien. || Encargar. || Conceder encomienda, nombrar comendador. || prnl. Ponerse bajo la protección o el amparo de alguien.
ENCOMIAR tr. Ensalzar, celebrar.
ENCOMIENDA f. Acción y efecto de encomendar. || Encargo. || Privilegio que se concedía a los caballeros de ciertas órdenes militares. || Territorio o renta de este privilegio. || Cargo de comendador. || Cruz que lucían los caballeros de algunas órdenes militares en la capa o el vestido. || Recomendación, panegírico. || Protección, tutela.
ENCONAR tr. y prnl. Inflamarse una herida. || Encolerizar, desquiciar en una pelea. || Indisponer a dos personas a sabiendas y con mala voluntad. || Pesar en la conciencia un rencor. || prnl. Aprovecharse de algo, abusar. || Engañarse con algo o alguien. || Ensuciarse.
ENCONO m. Resentimiento, antipatía.
ENCONTRADO, DA adj. Situado enfrente. || Contrapuesto, antagónico.
ENCONTRAR tr. y prnl. Dar con algo o alguien. || Hallar, juzgar. || intr. Chocar o topar dos o más personas o cosas. || prnl. Disgustarse, enfadarse. || Ir a parar varias personas a un mismo sitio o lugar. || Hallarse. || Ser antagónicos. || Enemistarse. || *no encontrarse* Estar descentrado.
ENCONTRONAZO m. Choque accidental, topetazo. || Disputa, pelea.
ENCOPETADO, DA adj. Engreído, presumido. || Linajudo. || m. Cada uno de los pares de una armadura de cubierta.
ENCORVAR tr. y prnl. Curvar una cosa. || prnl. Inclinarse, decantarse. || Agachar bruscamente el caballo la cabeza para lanzar al jinete.
ENCRESPAR tr. y prnl. Ensortijar el pelo. || Engrifar el pelo, plumas, etc. || Enfadar, enojar. || Agitarse las olas con el viento. || prnl. Complicarse un asunto, problema, etc. || Desencadenarse las pasiones.

ENCRUCIJADA f. Sitio donde arrancan varios caminos o calles. || Apuro, conflicto. || Trampa, emboscada.
ENCUADERNACIÓN f. Acción y efecto de encuadernar. || Conjunto de las tapas de un libro. || Forma de encuadernar un libro. || Taller donde se efectúa la encuadernación.
ENCUADERNAR tr. Reunir, pegar y coser diversos pliegues u hojas, y colocarles tapas.
ENCUADRAR tr. Enmarcar una pintura, fotografía, etc. || Ajustar, acoplar. || Contener, ser el marco de alguna cosa. || Adscribir a alguien a un servicio, actividad, etc. || Centrar una imagen fotográfica.
ENCUBRIR tr. y prnl. Ocultar, esconder. || Evitar que una cosa se sepa. || Perpetrar un encubrimiento.
ENCUENTRO m. Choque entre dos o más cosas. || Acción de encontrarse. || Topetazo entre animales. || Contradicción, pugna. || Entrevista. || Confrontación deportiva. || Hallazgo. || Topada de tropas enemigas. || Pelea, disputa.
ENCUESTA f. Sondeo, averiguación. || Serie de preguntas que se formulan a un número determinado de personas para recoger los estados de opinión y reflejarlos mediante estadísticas.
ENCUMBRAR tr. y prnl. Elevar, subir. || Enaltecer, ascender a una dignidad. || Alcanzar la cumbre de un monte. || prnl. Vanagloriarse, engreírse.
ENCHARCAR tr. y prnl. Anegar un terreno, provocando charcos.
ENCHUFAR tr. e intr. Acoplar dos tubos o piezas similares. || Introducir la clavija de un enchufe en la pieza hembra.
ENCHUFE m. Acción y efecto de enchufar. || Trozo de un tubo o pieza similar que penetra en otro. || Dispositivo mediante el cual se conecta un aparato eléctrico a la red. || fam. Situación o cargo que se logra por medio de influencia. || Favor con que se obtiene algo.
ENDE, *por* fr. adv. Por tanto.
ENDEBLE adj. Enclenque. || De poco o ningún contenido.
ENDECÁGONO adj. y m. Se dice del polígono de once ángulos.
ENDECASÍLABO, BA adj. y m. Se dice del verso formado por once sílabas, que se acentúan en 2^a, 6^a y 10^a.

ENDECHA f. Canción de tono triste y dolorido. En métrica, el poema breve y elegiaco de versos de arte menor sueltos o en forma de redondilla o romancillo.

ENDEMONIADO, DA adj. y s. Se dice de la persona que se supone poseída por el demonio. || adj. Dañino, revoltoso. || Que enoja o no es bueno.

ENDEREZAR tr. y prnl. Hacer que lo torcido se ponga derecho. || Levantar verticalmente lo que está en posición horizontal o inclinada. || Encaminar, poner orden. || Rectificar, reformar. || Guiar hacia un sitio. || intr. y prnl. Dirigirse a un sitio. || prnl. Empezar a trazar un objetivo.

ENDEUDARSE prnl. Adquirir deudas. || Sentirse agradecido hacia alguien.

ENDIOSAR tr. Divinizar a alguien. || prnl. Vanagloriarse en exceso. || Ensimismarse.

ENDOCARDIO m. Endotelio que reviste las cavidades cardiacas.

ENDOCRINO, NA adj. Relativo a la secreción interna. || Se dice de las glándulas que carecen de conducto excretor, y por tanto su secreción pasa a la sangre.

ENDOCRINOLOGÍA f. Parte de la medicina que estudia la fisiología y patología de las glándulas endocrinas.

ENDOGAMIA f. Unión matrimonial, dentro del grupo, de miembros o individuos de una misma casta, tribu, linaje, etc. || Cruzamiento entre individuos pertenecientes a un mismo grupo, aislado del intercambio con otras poblaciones de la especie.

ENDOSAR tr. Transferir una letra, cheque, etc. a otro. || Trasladar un trabajo, tarea o carga a alguien.

ENDULZAR tr. y prnl. Volver dulce una cosa. || Atenuar un trabajo, carga, pena etcétera.

ENDURECER tr. y prnl. Volver duro algo. || Curtir, fortalecer. || Hacer insensible a alguien.

ENE f. Nombre de la letra n.

ENEÁGONO adj. y m. Se aplica al polígono de nueve lados.

ENEASÍLABO, BA adj. y m. De nueve sílabas.

ENEMA m. Inyección líquida en el recto, generalmente con función lavativa (de ayuda para evacuar); puede también ser medicamentosa o alimenticia. || Líquido que se introduce.

ENEMIGO, GA adj. Hostil, opuesto. || m. y f. Persona que odia o perjudica a otra. || El contendiente en una lucha. || f. Hostilidad, rencor.

ENEMISTAD f. Desavenencia entre dos o más personas.

ENEMISTAR tr. y prnl. Provocar enemistad.

ENERGÉTICO, CA adj. Relativo a la energía. || f. Parte de la física que se ocupa del estudio de la energía.

ENERGÍA f. Facultad o poder para realizar algo, o desencadenar un proceso. || Fuerza, vitalidad. || Constancia, tenacidad. || Toda causa capaz de producir trabajo. Las principales fuentes naturales son la e. *terrestre* (combustibles, e. eólica, e. maremotriz, e. geotérmica, etc.), e. *solar* (e. de radiación que los vegetales acumulan, etc.), la e. *química* (en las reacciones bioquímicas de los seres vivos) y la e. *nuclear* (transformaciones en los núcleos atómicos de los elementos, especialmente en estrellas y galaxias). || *cinética* La que tienen los cuerpos en movimiento.

ENERGÚMENO, NA m. y f. Persona endemoniada. || Persona colérica, que grita en demasía.

ENERO m. Primer mes del año (31 días).

ENERVAR tr. prnl. Debilitar. || Impropiamente, excitar, poner nervioso.

ENÉSIMO, MA adj. Se dice del número indeterminado de veces que se repite una cosa. || Se dice del término general del desarrollo de una serie, potencia, etcétera.

ENFADAR tr. y prnl. Ocasionar enojo, molestar. || prnl. Enemistarse.

ENFADO m. Impresión de molestia o desagrado. || Ira, enojo. || Trabajo, penalidad.

ENFANGAR tr. y prnl. Manchar o llenar de fango. || prnl. Liarse en malos negocios. || Pervertirse.

ENFARDAR tr. Formar fardos. || Embalar mercancías.

ÉNFASIS m. Cualquier sistema que se utilice para resaltar lo que se dice. || Afectación, expresión amanerada. || Figura retórica por la que se da a entender más de lo que realmente se ha dicho, especialmente por medio de la elevación del tono.

ENFERMAR intr. Adquirir una enfermedad. || tr. Provocar enfermedad. || Menoscabar, debilitar.

ENFERMEDAD f. Conjunto de fenómenos (signos y síntomas) que el organismo opone a toda acción morbosa que tienda a perturbar su estado fisiológico. El estudio de los mismos permite establecer un diagnóstico y un pronóstico, y elegir un tratamiento.

ENFERMERÍA f. Sala o dependencia para curar a los enfermos o heridos.

ENFERMIZO, ZA adj. De escasa salud, propenso a enfermar. || Que puede originar enfermedades. || Propio de enfermo.

ENFERVORIZAR tr. y prnl. Entusiasmar, enardecer.

ENFILAR tr. Formar una fila. || Dirigir la vista a un telescopio, un arma, etc., hacia un sitio determinado. || Llevar a algo o alguien la dirección de otra cosa o persona. || Dirigirse sin rodeos hacia un lugar.

ENFISEMA m. Infiltración gaseosa por accidente en un tejido, especialmente aire en el tejido celular subcutáneo. || *pulmonar* Distensión alveolar con atrofia de sus paredes, propia de las bronquitis crónicas.

ENFLAQUECER tr. Hacer que alguien se vuelva flaco. || Disminuir las fuerzas. || intr. y prnl. Adelgazar. || Acobardar, desanimar.

ENFOCAR tr. Mover un sistema óptico a lo largo de su eje, para conseguir que la imagen de un objeto se recoja con claridad en un plano u objeto determinado. || Concentrar en un punto, por medio de campos eléctricos y magnéticos, los electrones emitidos por un tubo de rayos catódicos. || Dirigir un foco de luz hacia cierto sitio u objeto. || Estudiar el desarrollo de un tema, problema, etc., para abordarlo o resolverlo de forma correcta.

ENFRASCAR tr. Meter algo en frascos. || prnl. Adentrarse en una espesura. || Afanarse en algo.

ENFRENTAR tr., intr. y prnl Poner una cosa o persona frente a otra. || Confrontar. || tr. y prnl. Arrostrar, oponer.

ENFRENTE adv. A la parte opuesta, delante. || Frente a, en contra.

ENFRIAMIENTO m. Acción y efecto de enfriar. || Constipado.

ENFRIAR tr., intr. y prnl. Hacer que algo se vuelva más frío. || Calmar, templar los deseos, pasiones.

ENFUNDAR tr. Meter en una funda.

ENFURECER tr. y prnl. Enojar, encolerizar. || prnl. Agitarse, encresparse.

ENFURRUÑARSE prnl. fam. Enfadarse.

ENGALANAR tr. y prnl. Adornar, poner adornos.

ENGANCHAR tr., intr. y prnl. Asir una cosa con un gancho o prenderla de él. || Pillar, atrapar algo peligroso, perjudicial, etc. || tr. e intr. Unir las caballerías a un carruaje. || tr. Captar con señuelos la voluntad de alguien.

ENGAÑABOBOS com. y fam. Persona que engatusa o tima. || Cosa falaz.

ENGAÑAR tr. Incitar a alguien a creer lo que no es cierto. || Ilusionar o desorientar con falsas apariencias. || Distraer, entretener. || Hacer más pasadero un alimento. || Aliviar momentáneamente la sensación de hambre o sed. || Embaucar. || Seducir con falsas promesas. || Cometer infidelidad entre la pareja. || prnl. Deformar expresamente la verdad. || Equivocarse.

ENGAÑO m. Acción y efecto de engañar o engañarse. || Falacia. || *llamarse a e.* Desdecirse lo pactado alegando que ha habido engaño.

ENGARZAR tr. Unir una cosa con otra de modo que formen cadena, mediante alambre, hilo, etc. || Engastar. || Rizar el pelo. || Ligar ideas, pensamientos, etcétera.

ENGATUSAR tr. Convencer a alguien con arrumacos y halagos, para obtener algo deseado, camelar.

ENGENDRAR tr. Fecundar, perpetuar la especie. || tr. y prnl. Originar, producirse.

ENGENDRO m. Feto. || Criatura que nace con alguna malformación. || Obra, pensamiento mal forjado. || Adefesio; algo o alguien feísimo; se aplica indistintamente a hombre o mujer.

ENGLOBAR tr. Abarcar un conjunto diversas cosas, incluir algo en él.

ENGOLOSINAR tr. Estimular el deseo de alguien con algún acicate. || prnl. Aficionarse, enviciarse.

ENGOMAR tr. Extender goma sobre algo. || Dar una capa de goma a los tejidos.

ENGORDAR tr. Cebar, volver gordo. || intr. y prnl. Rellenarse, echar carnes. || Enriquecerse.

ENGORRO m. Estorbo, incordio.

ENGRANAJE m. Efecto de engranar. || Pieza en forma de rueda, cilíndrica o cónica, provista de dientes para transmitir un movimiento entre dos ejes sin pérdida de potencia. Para ello debe engranar con otra pieza similar. || Transmisión de movimiento mediante órganos dentados. || Serie de hechos, pensamientos, etc., relacionados entre sí.
ENGRANAR intr. Introducir unos en otros los dientes de un mecanismo. || Trabar, unir ideas, frases, etcétera.
ENGRANDECER tr. y prnl. Acrecentar algo. || Adular con desmesura. || Elogiar, ennoblecer.
ENGRASAR tr. Untar de grasa. || Abonar los terrenos de cultivo. || Aceitar ciertas fibras textiles antes de hilarlas. || Sobornar, dar propina. || fig. Suavizar.
ENGREÍR tr. y prnl. Ensoberbecer, infatuar.
ENGROSAR tr. y prnl. Aumentar el grosor de algo. || Acrecentar en número o caudal. || Abonar las tierras. || intr. Engordar.
ENGRUDO m. Masa de harina o almidón cocidos que se usa como pegamento.
ENGULLIR tr. e intr. Tragar con avidez.
ENHEBRAR tr. Enfilar la hebra por el ojo de la aguja. || Ensartar cuentas, abalorios, etc. || fam. Hablar sin orden ni concierto.
ENHIESTO, TA adj. Erguido, alzado.
ENHORABUENA f. Parabién, plácemе. || adv. Con dicha o placer.
ENIGMA f. Adivinanza, acertijo. || Misterio, asunto de difícil comprensión.
ENIGMÁTICO, CA adj. Que contiene enigma. || Incomprensible, misterioso.
ENJABONAR tr. Jabonar. || fam. Dar jabón, lisonjear. || Reñir, castigar.
ENJALBEGAR tr. Encalar las paredes. || tr. y prnl. Dar maquillaje al rostro
ENJAMBRE m. Colonia de abejas con su reina. || Muchedumbre, abigarramiento de personas o cosas. || Cúmulo o conjunto de estrellas o galaxias.
ENJAULAR tr. Encerrar en una jaula a un animal. || Recluir en la prisión. || prnl. Recluirse en casa.
ENJUAGAR tr. y prnl. Limpiar la cavidad bucal con agua u otro líquido apropiado. || tr. Aclarar con agua las cosas previamente enjabonadas. || Lavar algo en agua.

ENJUGAR tr. Eliminar la humedad de algo, secarlo. || tr. y prnl. Limpiar los humores del cuerpo. || Saldar una deuda o liquidar un déficit. || prnl. Enflaquecerse.
ENJUICIAR tr. Someter una cuestión a discusión y juicio. || Instruir un proceso. || Dictaminar.
ENJUNDIA f. Grasa que ostentan las aves en la overa. || Manteca de cualquier parte de un animal. || Meollo de un asunto, libro, etc. || Fuerza, arrestos. || Conjunto de cualidades morales de una persona.
ENLACE m. Acción y efecto de enlazar o enlazarse. || Concatenación, nexo. || Empalme de trenes y otros medios de locomoción. || Nupcias. || Intermediario, mediador. || Interacción entre átomos de un mismo elemento o entre elementos diversos que origina un agregado suficientemente estable.
ENLATAR tr. Introducir algo en latas.
ENLAZAR tr. Sujetar con lazos. || Vincular, ligar cosas o ideas entre sí. || Atrapar un animal con lazo. || intr. Empalmar un medio de transporte colectivo con otro. || prnl. Entroncarse dos familias mediante un casamiento.
ENLODAR tr. y prnl. Manchar con lodo o cubrir algo de lodo. || Envilecer, mancillar. || Embarrar una tapia. || Rellenar con arcilla las grietas de un barreno.
ENLOQUECER tr. Trastornar el juicio a alguien. || intr. Perturbarse mentalmente. || Cesar los árboles de dar fruto. || fam. Gustar algo sin medida.
ENLUTAR tr. y prnl. Vestir de luto. || Oscurecer. || Apesadumbrar, consternar.
ENMADERAR tr. Revestir de madera paredes, suelos, etc. || Construir el maderamen de un edificio.
ENMARAÑAR tr. y prnl. Embrollar, enredar. || Complicar un asunto, negocio, etcétera.
ENMASCARAR tr. y prnl. Ocultar, tapar el rostro con máscara. || tr. Disfrazar, desfigurar los hechos, emociones, etcétera.
ENMENDAR tr. y prnl. Corregir, eliminar errores o defectos. || tr. Reparar, compensar un daño, perjuicio, etc. || Variar el rumbo o el fondeadero de una embarcación. || Alterar un tribunal superior una sentencia propia, atendiendo la súplica de alguna de las partes afectadas.

ENMIENDA f. Acción y efecto de enmendar. || Propuesta de variación en el texto de una ley, informe, etc. || pl. Productos que se mezclan con las tierras para enriquecerlas. || *no tener e.* Ser incorregible.

ENMOHECER tr. y prnl. Cubrir de moho. || prnl. fig. Perder capacidad algo por falta de uso, inutilizarse.

ENMUDECER tr. Hacer guardar silencio. || intr. Quedar sin habla. || Callar cuando se debería hablar.

ENNEGRECER tr. y prnl. Volver de color negro una cosa. || prnl. Ensombrecerse, nublarse.

ENOJAR tr. y prnl. Irritar, provocar enojo. || prnl. Molestarse, enfurecerse. || Encresparse el viento, el mar, etcétera.

ENOJO m. Enfado, animadversión. || Dificultad, molestia.

ENOLOGÍA f. Estudio del cultivo y crianza de vinos. La existencia real de tales conocimientos es negada por catadores y otros expertos no científicos, partidarios del paladar.

ENORGULLECER tr. y prnl. Henchir de orgullo.

ENORME adj. Desmesurado, exorbitante. || Maligno.

ENORMIDAD f. Abundancia. || Tamaño desmesurado. || Desatino, barbaridad. || Atrocidad, perversidad.

ENRAIZAR intr. y prnl. Arraigar.

ENRAMADO, DA adj. Entrelazado, entretejido. || f. Espesura de ramas. || Ornato de ramas.

ENRARECER tr. y prnl. Perder densidad un gas. || tr., intr. y prnl. Hacer rara o escasa una cosa. || prnl. Deteriorarse, aparecer suspicacias en una relación, ambiente, etcétera.

ENREDAR tr. Atrapar con red. || Disponer las redes para cazar. || Enmarañar, malquistar. || Involucrar a alguien, liarlo. || Hacer desaprovechar el tiempo. || tr. y prnl. Liar, revolver una cosa con otra. || intr. Retozar, no estar quieto. || prnl. Complicarse un asunto. || Enzarzarse en una disputa. || Trabarse, aturdirse. || Arrejuntarse.

ENREDO m. Confusión, revoltijo de hilos o cosas similares. || Chisme, cizaña. || Obstáculo, dificultad grave. || Negocio turbio. || Travesura. || Nudo argumental que precede al desenlace. || Lío amoroso.

ENREJADO, DA adj. Con rejas. || m. Conjunto de rejas de un edificio, parque, etc. || Labor de cañas o varillas entretejidas. || Emparrillado. || Bordado de hilos entrecruzados.

ENREVESADO, DA adj. Confuso, intrincado.

ENRIQUECER tr. y prnl. Hacer rico. || Ornar, ennoblecer. || intr. Llegar a ser rico. || Aumentar su fortuna una entidad, país, etcétera.

ENROJECER tr. y prnl. Poner roja una cosa mediante el calor. || Acalorarse, encenderse el rostro. || Pintar de rojo. || intr. Sonrojarse.

ENROLAR tr. y prnl. Asentar en el rol o lista de tripulantes de un buque mercante. || prnl. Alistarse en filas, en un partido, etcétera.

ENROLLAR tr. Arrollar, envolver. || fam. Involucrar. || Encantar, gustar. || prnl. Entusiasmarse hablando. || Meterse en algún asunto, negocio, etc. || Con los adv. *bien* o *mal*, conectar o no fácilmente con los demás.

ENROSCAR tr. y prnl. Retorcer, dar forma de rosca. || Entrar algo en un lugar a vuelta de rosca.

ENSALADA f. Revoltijo de vegetales, cortados y crudos, de composición variada, generalmente lechuga, cebolla, tomate, y aliñado con aceite, sal y vinagre. || Mezcla de cosas diversas. || Composición poética que usa distintos metros o aprovecha citas diversas. || Composición musical (siglo XVI) en que se mezclan temas, metros, etcétera.

ENSALZAR tr. Encumbrar, enaltecer. || tr. y prnl. Aclamar, alabar.

ENSANCHAR tr. y prnl. Ampliar una cosa, hacerla más ancha. || prnl. Disponerse las personas, sentadas o de pie, de manera que ocupen mucho espacio. || Engreírse, hincharse.

ENSANGRENTAR tr. y prnl. Manchar o empapar de sangre. || Ocasionar derramamiento de sangre. || prnl. Acalorarse mucho en una discusión o pugna.

ENSAÑAR tr. Enojar, encolerizar. || prnl. Encarnizarse, cebarse en alguien.

ENSARTAR tr. Pasar por un hilo o alambre perlas, cuentas, etc. || Enhebrar. || Atravesar con un arma o instrumento puntiagudo. || Hablar de manera inconexa.

ENSAYAR tr. Experimentar una cosa antes de utilizarla o aplicarla. || Adiestrar a alguien en una cosa. || Probar repetidas veces una representación teatral, concierto, etc., antes de ofrecerlo al público. || Reconocer la calidad de un mineral o la ley de un metal precioso. || Intentar, probar.

ENSAYO m. Acción y efecto de ensayar. || Género literario que consiste en una tesis defendida metódicamente a lo largo de una exposición racional pero sin pretensiones de ciencia. || Prueba para fijar las cualidades de un material o establecer sus aplicaciones técnicas.

ENSEÑA f. Bandera, insignia.

ENSEÑANZA f. Acción y efecto de enseñar. || Conjunto de normas y disciplinas que se imparten en una escuela. || Moraleja, consecuencia que se extrae de un hecho. || pl. Compendio de saberes y experiencias que uno posee y puede dar a conocer. || *activa* La que usa métodos que implican la participación activa del alumno en el proceso del aprendizaje.

ENSEÑAR tr. Adiestrar, hacer que uno aprenda los conocimientos esenciales de una materia, técnica, etc. || Reprender, escarmentar. || Señalar, indicar. || Poner a la vista de alguien una cosa para que la observe y aprecie. || Mostrar una cosa sin querer.

ENSERES m. pl. Efectos propios de una casa o profesión.

ENSILLAR tr. Colocar la silla a un caballo.

ENSIMISMARSE prnl. Estar totalmente absorbido por una actividad. || Vanagloriarse. || Despistarse.

ENSOBERBECER tr. y prnl. Hacer que alguien sienta soberbia || prnl. Encresparse el mar.

ENSOMBRECER tr. y prnl. Poner sombras. || Apenar, afligirse.

ENSORDECER tr. Volver sordo a alguien. || Atenuar un sonido. || Transformar una consonante sonora en sorda. || intr. Adquirir sordera. || Perder la audición temporalmente a causa de un estampido, ruido fuerte, etc. || Hacerse el sordo.

ENSORTIJAR tr. y prnl. Formar rizos o sortijas con el pelo, hilo, etc. || Colocar un anillo de hierro en la nariz de un animal.

ENSUCIAR tr. y prnl. Cubrir de manchas o suciedad una cosa. || Lastimar la fama, el honor, etc., de alguien. || intr. y prnl. Defecar encima.

ENTABLAR tr. Ceñir, revestir o sujetar con tablas. || Entablillar. || Iniciar (una pelea, discusión, etcétera).

ENTABLILLAR tr. Inmovilizar con tablillas y vendas un hueso fracturado.

ENTALLAR, 1 tr. Esculpir o grabar en diversos materiales. || Labrar en láminas, piedras, etc. || Practicar cortes en un pino para sacar la resina, o en la madera para encajarla. || Hacer entalladuras en una pieza de metal para que ajuste en otra.

ENTALLAR, 2 tr. intr. y prnl. Formar el talle. || intr. Ajustarse o no el vestido al talle.

ENTARIMADO m. Conjunto de tablas encajadas con que se pavimenta un suelo. || Este mismo pavimento.

ENTE m. En el lenguaje de la ontología clásica, *ser*, en su sentido más general puede ser real, ideal o de razón; actual o potencial, finito o infinito, etc. || Nombre de determinados organismos estatales. No tiene connotaciones jurídicas. || fam. Individuo ridículo, esperpéntico.

ENTECO, CA adj. Débil, enclenque.

ENTENDER tr. Asimilar las ideas; tenerlas precisas y claras. || Saber o dominar algo. || Conocer una lengua extranjera. || Comprender a otro. || Extraer consecuencias. || Estar predispuesto a. || Opinar, pensar. || Tener razones para actuar de una determinada manera.

ENTENDIDO, DA adj. y s. Versado, hábil, maestro en algo.

ENTENDIMIENTO m. Inteligencia o facultad de conocimiento intelectual. || Juicio, seso. || Relación de amistad y cooperación entre naciones o personas.

ENTERADO, DA adj. Entendido, docto. || adj. y s. Sabihondo.

ENTERAR tr. y prnl. Informar. || Adiestrar en un asunto o trabajo. || prnl. darse cuenta. || *para que te enteres* Expresión con que se refuerza una información, con ánimo de molestar.

ENTEREZA f. Integridad, plenitud. || Equidad, imparcialidad. || Energía, fortaleza. || Cumplimiento estricto de lo regulado.

ENTERNECER tr. y prnl. Volver tierno algo. || Ablandar, emocionar.

ENTERO, RA adj. Cumplido, acabado. || Se dice del animal sin castrar. || Fuerte, sano. || Íntegro, ecuánime. || Aplicado a una tela, recia, tupida. || adj. y m. Se dice del número racional no decimal. || Es una ampliación del conjunto de los números naturales. || m. Unidad en que se miden los cambios en el mercado de valores.

ENTERRAR tr. Meter en tierra. || Inhumar un cadáver. || Sobrevivir a los demás. || Ocultar una cosa. || Postergar al olvido. || prnl. Alejarse de la sociedad. || *enterrarse en vida* Apartarse de la gente y el mundo.

ENTIBIAR tr. y prnl. Hacer que un líquido se ponga tibio. || Enfriar una relación, amistad, pasión, etc. || tr. Calmar, atenuar.

ENTIDAD f. Esencia de algo. || Objeto concreto, ente. || Alcance o valor de algo. || Corporación, empresa. || *de e.* De importancia.

ENTIERRO m. Acción y efecto de enterrar. || Sepelio y su séquito.

ENTOLDADO m. Operación de entoldar. || Conjunto de toldos que libran un espacio del sol o los elementos. || Espacio cubierto con un toldo, para celebrar festejos.

ENTOMOLOGÍA f. Especialidad de la zoología dedicada al estudio de las insectos, tanto desde un enfoque fundamental como aplicado.

ENTONACIÓN f. Acción y efecto de entonar. || Cadencia de la voz. || Orgullo, engolamiento. || Modo de emitir las notas de la voz humana, afinando al máximo. || Característica melódica que se imprime a una frase. En algunas lenguas orientales es la altura tonal lo que determina los distintos significados de una palabra.

ENTONAR tr. e intr. Cantar o tocar una nota en su tono justo, sin desafinar. || Empezar a cantar una melodía para dar el tono en un coro. || tr. Emitir los sonidos con una determinada inflexión. || Combinar de manera acorde los tonos de las tintas o colores.

ENTONCES adv. En aquel momento u oportunidad. || En tal caso.

ENTORNAR tr. Dejar puertas, ventanas, ojos, etc., entreabiertos. || tr. y prnl. Inclinar, torcer.

ENTORNO m. Ambiente social, familiar, etcétera.

ENTORPECER tr. y prnl. Volver torpe. || Paralizar, enturbiar las facultades mentales. || Estorbar, impedir algo.

ENTRADA f. Acción de entrar. || Lugar por donde se entra. || Acogida, admisión. || Facultad para proponer o actuar. || Reunión de personas congregadas en un espectáculo. || Lo que se obtiene de una función. || Billete para asistir a un espectáculo, museo, etc. || Comienzo de una obra, especialmente libro, oración, etc. || Trato, relación.

ENTRAMBOS, BAS adj. pl. Ambos.

ENTRAMPAR tr. y prnl. Hacer caer en una trampa. || Engañar. || Embrollar. || Cargar de deudas.

ENTRAÑA f. Cada órgano de las cavidades torácica o abdominal. || Meollo, esencia de algo. || Núcleo. || Inclinación, afecto.

ENTRAÑABLE adj. Cordial, muy íntimo.

ENTRAÑAR tr. y prnl. Meter en lo más profundo. || Incluir, implicar. || prnl. Entablar sólidos lazos de amistad, afecto, etcétera.

ENTRAR intr. Ir o pasar de fuera adentro. || Pasar por un sitio para adentrarse en otro. || Introducir o encajar una cosa en otra. || Ir a parar. || Embestir, acometer. || Tener acceso. || Ingresar en una empresa, sociedad, etc. || Comenzar un período del año. || Iniciar una exposición oral, escrita, etcétera.

ENTRE prep. Expresa la situación en medio de dos cosas, acciones, personas, etc. || Expresa un estado que participa de dos extremos, que no es ni una cosa ni otra. || Con, en el conjunto de. || Como prefijo, limita el significado de la otra palabra a la que se une. || Refiriéndose a personas o animales, expresa solidaridad o ayuda mutua.

ENTREABRIR tr. Dejar a medio abrir una ventana, puerta, etcétera.

ENTREACTO m. Descanso en un espectáculo.

ENTRECEJO m. Espacio entre las dos cejas. || Ceño.

ENTRECERRAR tr. y prnl. Dejar a medio cerrar una ventana, puerta, etcétera.

ENTRECORTAR tr. Cortar algo sin seccionarlo del todo o con intermitencias. || prnl. Turbarse al hablar por timidez o temor.

ENTREDICHO, CHA adj. Que prohibe o pone en entredicho. || Duda sobre la honorabilidad o crédito de alguien. || *poner* algo *en e.* Considerarlo poco digno de credibilidad o confianza.

ENTREGA f. Acción y efecto de entregar. || Tanda de cosas que se ofrecen a un mismo tiempo. || Cada uno de los cuadernillos de un libro que se publica por fascículos. || Porción de un madero o sillar metida en la pared. || Devoción de una persona hacia otra.

ENTREGAR tr. Depositar en manos de otro. || Fijar una pieza de construcción. || Poner a alguien en manos de quien pretende apresarle. || prnl. Someterse a otro. || Enfrascarse en algo. || Dejarse arrastrar por una pasión. || Rendirse ante una dificultad. || Dedicarse a alguien desinteresadamente.

ENTRELAZAR tr. Entrecruzar, entremeter una cosa en otra.

ENTRELÍNEA f. Interlineado. || Lo escrito entre dos líneas.

ENTREMÉS m. Plato ligero y variado que se sirve al principio de las comidas. || Pieza escénica breve, jocosa, probablemente aparecida en el siglo XV, que se intercala entre los actos de una representación.

ENTREMETER tr. Meter o revolver una cosa entre otras. || prnl. Inmiscuirse o mezclarse en lo ajeno. || Colocarse en medio o entre otros.

ENTREMEZCLAR tr. Revolver varias cosas.

ENTRENADOR, RA adj. Que entrena. || m. y f. Persona que se dedica a preparar técnica y tácticamente a un deportista o equipo.

ENTRENAR tr. y prnl. Ejercitar a alguien en la práctica de un deporte.

ENTREPAÑO m. Porción de pared que se extiende entre dos huecos, columnas o pilastras. || Espacio comprendido entre tablero y tablero de una estantería o armario. || Cada uno de los cuarterones que se ponen entre los peinazos de las puertas y ventanas.

ENTREPIERNA f. Zona interior de los muslos. || vulg. Órganos genitales del hombre o de la mujer. || pl. Parches de refuerzo que se colocan en la entrepierna del pantalón.

ENTRESACAR tr. Extraer o seleccionar cosas de entre otras. || Aclarar un bosque o un sembrado. || Cortar el cabello de manera salteada para darle forma y quitarle espesor.

ENTRETANTO adv. Entre tanto. || Mientras. || m. Intervalo.

ENTRETENER tr. y prnl. Retener a alguien. || Hacer algo más soportable. || Solazar, divertir. || Demorar el curso de un asunto. || Conservar, sostener. || tr. Ocupar la atención de alguien. || prnl. Recrearse en el juego, la lectura, etcétera.

ENTRETENIDO, DA adj. Que entretiene. || Divertido, ameno. || f. Amante. || Prostituta.

ENTRETENIMIENTO m. Acción y efecto de entretener o entretenerse. || Cosa que sirve para entretener.

ENTREVER tr. Vislumbrar una cosa. || Sospechar, imaginar. || *dejar e.* Insinuar.

ENTREVISTA f. Encuentro de dos o más personas para tratar sobre algo. || Acción y efecto de entrevistar.

ENTREVISTAR tr. Mantener una conversación con alguien, a fin de hacer públicas sus opiniones. || prnl. Sostener una entrevista con una persona.

ENTRISTECER tr. Provocar tristeza. || Conferir aspecto triste. || prnl. Apenarse, afligirse.

ENTROMETER tr. y prnl. Entremeter.

ENTROMETIDO, DA adj. y s. Se aplica a la persona que se inmiscuye en lo que no le importa.

ENTRONCAR tr. Verificar la descendencia o linaje de una persona en relación con otra. || intr. Emparentar con alguien. || Empalmar dos cosas, especialmente dos medios o líneas de transporte.

ENTRONIZAR prnl. Poner en el trono. || tr. Exaltar a alguien a una dignidad. || prnl. Vanagloriarse.

ENTUMECER tr. y prnl. Dormir, agarrotar un miembro o nervio. || prnl. fig. Hincharse las aguas de los ríos, mares, etcétera.

ENTUMIRSE prnl. Entumecerse un miembro o músculo por mala postura.

ENTURBIAR tr. y prnl. Volver turbia una cosa. || Perturbar el orden.

ENTUSIASMAR tr. y prnl. Comunicar entusiasmo. || Agradar mucho algo o alguien.

ENTUSIASMO m. Estado de excitación espiritual. || Pasión, frenesí. || Adhesión total hacia una causa o partido.

ENUMERACIÓN f. Especificación sintética y ordenada de todos los aspectos de algo. || Relación numerada de las cosas. || Al final de una pieza oratoria, momento en que se recuerdan y agrupan las razones expuestas a lo largo del discurso. || Figura retórica en la que se señalan las distintas partes de algo, rápidamente y sin conjunciones.

ENUMERAR tr. Realizar una enumeración.

ENUNCIADO m. Acción y efecto de enunciar. || Palabras con las que se enuncia lo que va a exponerse. || Discurso, texto.

ENUNCIAR tr. Expresar algo de manera resumida y concreta. || Sistematizar los elementos que llevan a la resolución de un problema.

ENVALENTONAR tr. Hacer que alguien se crezca, comunicar arrogancia. || prnl. Crecerse o hacerse el valiente.

ENVASAR tr. Verter líquidos o graneles sólidos en recipientes aptos para su transporte.

ENVASE m. Acción y efecto de envasar. || Recipiente para la conservación de líquidos y graneles. || Envoltorio normalizado que se usa en comercio. || *no retornable* El que puede tirarse.

ENVEJECER tr. Volver vieja a una persona o cosa. || Conservar el vino en la bodega durante cierto tiempo, para que tome cuerpo. || intr. y prnl. Volverse viejo o pasado de moda. || intr. Perdurar.

ENVEJECIMIENTO m. Acción y efecto de envejecer. || Proceso de regresión fisiológica del organismo en el transcurso del tiempo. || Variación de las propiedades de las materias coloidales por acción en el tiempo de agentes externos.

ENVENENAR tr. y prnl. Intoxicar o matar con veneno. || Estar o ponerse en una situación degradada que se soporta difícilmente. || tr. Poner veneno en algo para que surta efecto. || Imbuir ideas o creencias perniciosas. || Emponzoñar.

ENVÉS m. Reverso. || Espalda.

ENVIAR tr. Mandar a alguien a algún sitio. || Comisionar. || Dirigir, remitir.

ENVICIAR tr. Contagiar a alguien un vicio o consentírselo. || intr. Echar las plantas muchas hojas y escaso fruto. || prnl. Entregarse totalmente a una afición.

ENVIDIA f. Desazón y malestar del bien ajeno. || Impulso de emulación.

ENVIDIAR tr. Tener envidia. || fig. Gustar, desear. || *no tener que e.* Poder parangonarse.

ENVILECER tr. y prnl. Degradar, degenerar.

ENVÍO m. Acción y efecto de enviar. || Dedicatoria.

ENVIUDAR intr. Quedar viudo.

ENVOLTORIO m. Lío, paquete. || Cubierta con que se envuelve algo. || Defecto en el paño por error en la mezcla de lanas.

ENVOLTURA f. Conjunto de prendas para envolver a los niños bebés. || Capa externa de algo.

ENVOLVER tr. Ceñir algo o a alguien con un material flexible. || Poner envolturas a los bebés. || Hacer una maniobra de cerco al enemigo, desbordando sus líneas. || Razonar en una discusión de manera que el otro se quede sin argumentos. || fig. Rodear. || tr. y prnl. Arrollar un hilo, cuerda, etc. || Liar o enredar a alguien. || prnl. Enzarzarse dos personas. || Confundirse, entremezclarse. || Abrigarse.

ENYESAR tr. Revestir o allanar con yeso. || Añadir yeso a algo. || Inmovilizar la fractura de un miembro con una venda endurecida con yeso.

ENZIMA amb. Cada uno de los biocatalizadores proteicos que intervienen en las reacciones del metabolismo celular; su peso molecular varía entre 13 000 y 840 000. Suelen estar formados por una parte proteica (apoenzima) y otra no proteica de bajo peso molecular (coenzima). Se suelen denominar según el sustrato sobre el que actúan, con la terminación *asa*.

EÑE f. Nombre de la letra ñ.

EOCENO adj. y m. Se dice del periodo medio de la era Terciaria inferior. Hubo entonces gran actividad orogénica (plegamiento alpino-himalayo); clima muy cálido y húmedo, con formación de grandes bosques; desarrollo de los mamíferos.

ÉPICA f. Se aplica a la poesía o literatura en la que se relatan hazañas o hechos heroicos.

EPICENO adj. y m. Género neutro. || Género neutro que sirve para designar tanto al macho como a la hembra.

EPICENTRO m. Zona de la superficie terrestre a la que llegan las ondas sísmicas procedentes del hipocentro, en un recorrido vertical; en el e. el fenómeno alcanza la máxima intensidad.

ÉPICO, CA adj. Relativo a la epopeya o a la poesía épica. || Grandioso por su dificultad. || adj. y s. Uno de los tres géneros tradicionales, junto con la lírica y la dramática; en el género narrativo, el propio de las gestas y de la prosa.

EPIDEMIA f. Aumento importante en un territorio y momento determinados del número de personas afectadas por una enfermedad infecciosa. || Por extensión, abundancia repentina de algo, especialmente negativo o perjudicial.

EPIDERMIS f. Capa más externa de la piel de los animales, en contacto con la dermis. Formada por tejido epitelial, sus células evolucionan hacia la queratinización y se renuevan constantemente. || Tejido que recubre las plantas; está formado por una sola capa de células, de paredes engrosadas y muy adheridas.

EPIGLOTIS f. Cartílago laríngeo de tipo laminar que cierra la laringe durante la deglución.

EPÍGRAFE m. Síntesis, a modo de índice, que precede a un capítulo, estudio, artículo, etc. || Inscripción breve sobre piedra o metal. || Rótulo, titular.

EPIGRAMA m. Inscripción, especialmente la funeraria. || Poema breve de tono mordaz. || Pensamiento breve de gran agudeza o muy satírico.

EPILEPSIA f. Enfermedad neurológica crónica en la que se presentan típicos ataques convulsivos. La crisis se anuncia por sensaciones especiales llamadas auras. Hay pérdida de conciencia, convulsiones generalizadas, salivación y, a veces, incontinencia de orina y heces.

EPÍLOGO m. Última parte de un discurso, novela o pieza teatral, en la cual se recapitula lo ya dicho o se concluye la acción principal con otra no determinante. || Cualquier añadido a lo que parece el fin natural de una acción o trama literaria. || Resumen o compendio de cualquier cosa.

EPISCOPADO m. Grado superior de las órdenes sagradas. || Dignidad de obispo. || Jurisdicción o duración de dicho cargo. || Asamblea de obispos.

EPISODIO m. Narración o escena de una obra literaria que no está directamente ligada a su núcleo. || Digresión. || Hecho que se relaciona con otros, con los cuales forma un todo. || Anécdota.

EPÍSTOLA f. Carta remitida a un ausente. || Carta, especialmente poética, cuyo fin es moralizar o satirizar.

EPITAFIO m. Inscripción en un sepulcro.

EPITALAMIO m. Composición poética breve loando unos esponsales.

EPITELIO m. Tejido de revestimiento formado por células yuxtapuestas y de disposición mono o pluriestratificada. Su función es recubrir todas las superficies corporales, tanto externa como internamente. Carece de vasos sanguíneos, pero recibe las terminaciones nerviosas. || Capa monocelular, de membrana muy delgada, que cubre algunos órganos de las plantas (pétalos, saco embrionario, etcétera).

EPÍTETO m. Adjetivo que resalta las cualidades inherentes de un sustantivo; por ello suele situarse delante del nombre al que acompaña y tiene alto valor poético.

EPÍTOME m. Resumen de lo fundamental de una obra. || Figura retórica en que, tras decir mucho, se repite lo primero para mayor comprensión.

ÉPOCA f. Período de tiempo caracterizado por una personalidad o acontecimiento, que se toma como referencia temporal. || Cada uno de los periodos geológicos correspondientes a los diferentes estratos designados con nombres particulares. || Cualquier espacio de tiempo, generalmente largo.

EPOPEYA f. Poema extenso que narra hazañas a la vez de un héroe y nacionales. Parece haber existido en todas las civilizaciones y aún hoy se discute si no es tan consustancial al hombre como la canción lírica; sin embargo, la e. exige mayor grado de atracción y numerosos recursos formales. En todas las e. abundan los elementos fantásticos y suelen componerse en un tipo de verso largo. Por extensión, también se llama e. a cualquier acción grandiosa o digna de ser cantada. || Conjunto de hechos históricos de notable grandeza. || Acción o empresa de realización muy dificultosa.

ÉPSILON f. La e breve del alfabeto griego. || En mat., cantidad positiva y muy pequeña que se hace tender a 0.

EQUIÁNGULO, LA adj. Se dice de las figuras y cuerpos cuyos ángulos son iguales entre sí.

EQUIDAD f. Ponderación, objetividad. || Inclinación a actuar en justicia según criterios morales y de forma matizada. || Correspondencia justa entre el precio de una cosa y su costo. || Criterio seguido en un juicio, en que faltando la norma a que atenerse, se toman en consideración otras circunstancias. || Cualidad de un trato en que ninguna de las partes sale perjudicada respecto a la otra.

EQUIDISTAR intr. Hallarse uno o más puntos o cosas a idéntica distancia de otro o entre sí.

EQUILÁTERO, RA adj. Se aplica a las figuras y cuerpos cuyos lados son iguales entre sí.

EQUILIBRADO, DA adj. Que está en equilibrio. || Sensato, ponderado, que no se deja dominar por las emociones. || Se dice del sistema eléctrico cuya carga está repartida, de forma que se mantiene en equilibrio respecto a otro sistema. || m. Reglaje de un órgano giratorio a fin de que su centro de gravedad coincida con el eje de rotación. || En piezas que generan movimiento alternativo, adición de contrapesos para compensar momentos de reacción.

EQUILIBRAR tr. y prnl. Poner en equilibrio. || Compensar. || tr. Mantener la correspondencia que existe entre dos o más cosas.

EQUILIBRIO m. Estado de un cuerpo en el que la suma de todas las fuerzas y momentos que actúan sobre él es cero, pues se contrarrestan. || Estado de una reacción química en la que no se progresa en ningún sentido aunque la reacción se desarrolle en los dos sentidos opuestos, pero formando igual número de moléculas de ambos. || Correlación armoniosa entre diversas cosas o entre las partes de un todo. || Mesura, cordura. || Salud mental. || Mantenimiento del cuerpo o de un objeto en una posición muy difícil o anormal.

EQUILIBRISTA adj. Hábil en mantenerse en equilibrio, a flote, etc. || com. Artista circense especializado en el equilibrio sobre barra, cuerda, etcétera.

EQUINO, NA adj. Relativo al caballo.

EQUINOCCIO m. Intersección de la eclíptica (trayectoria aparente del Sol) con el ecuador celeste. El e. de primavera o vernal es la intersección que cruza el Sol hacia el 21 de marzo; el e. otoñal indica el punto de cruce, hacia el 23 de septiembre.

EQUIPAJE m. Conjunto de bultos y maletas que se llevan en un viaje.

EQUIPAR tr. Proveer a una nave de tripulación, de lo necesario para su sustento y de lo preciso para cumplir sus fines. || tr. y prnl. Dotar a alguien de ropa y de todo lo necesario para su uso personal.

EQUIPARAR tr. Parangonar.

EQUIPO m. Acción y efecto de equipar. || Conjunto de ropas y enseres de uso personal. || Conjunto de ropas, instrumentos, etc., que se utilizan en un trabajo o en la práctica de un deporte. || Grupo de personas que solidariamente se encargan de un trabajo. || Grupo fijo de deportistas que compiten, bien para lograr la victoria conjunta, bien para conseguir la de uno de sus miembros.

EQUIS f. Nombre de la letra x, y del signo de la incógnita en matemática. || Se emplea para designar la forma de aspa. || Cantidad indeterminada o indiferente.

EQUITACIÓN f. Arte de montar a caballo; especialmente propio de pueblos guerreros. || Hípica.

EQUIVALENCIA f. Igualdad en el valor, potencia, eficacia, etc. || Igualdad en el valor de las distintas formas de energía. || Igualdad de las áreas o volúmenes de figuras distintas. || Confusión entre palabras, cuyos sonidos son semejantes. || Relación entre dos enunciados con valor de verdad.

EQUIVALENTE adj. y com Que equivale a otra cosa. || adj. Se aplica a las figuras o cuerpos que tienen el mismo volumen o igual área pero distinta forma. || Se dice de las ecuaciones que se satisfacen con las misma soluciones.

EQUIVALER intr. Ser igual una cosa a otra en el valor, potencial, eficacia, etc. || Deducirse una cosa de otra.

EQUIVOCAR tr. y prnl. Deducir algo erróneamente o interpretarlo de forma equivocada.

EQUÍVOCO, CA adj. Que puede interpretarse de forma incorrecta. || Se dice del comportamiento que puede inspirar sospecha sobre su honradez. || Ambiguo, sin definir. || m. Acción y efecto de equivocar o equivocarse. || Palabra de significado ambiguo. || Figura retórica consistente en emplear palabras de doble significado o términos confusos.

ERA f. Hecho, real o mítico, que se usa como partida para el cómputo de una sucesión de años. || Amplia etapa histórica caracterizada por la importancia de un hecho determinado. || Cada uno de los grandes periodos temporales en que se divide la historia de la Tierra en función de una serie de acontecimientos geológicos y paleontológicos. Se distinguen cinco grandes e.; precámbrica o arcaica, primaria o paleozoica, secundaria o mesozoica, terciaria o cenozoica y cuaternaria o antropozoica. || *atómica* Nombre que se da a la época actual, en función del uso de la energía nuclear; comenzaría en 1945 (bombas de Hiroshima y Nagasaki).

ERARIO m. Tesoro público y lugar donde se deposita.

ERECCIÓN f. Acción y efecto de levantar, ponerse rígido. || Fundación o construcción. || Situación de tensión, por tracción. || *del pene* o *del clítoris* Fenómeno vascular por el que se produce la repleción de sangre de los cuerpos cavernosos, que proporcionan, especialmente al miembro viril, la suficiente rigidez y turgencia para posibilitar el coito.

EREMITA m. Anacoreta.

ERGIO m. Unidad de trabajo en el sistema CGS. Es el trabajo que realiza la fuerza de 1 dina, cuando traslada su punto de aplicación 1 cm en la propia dirección de la fuerza. Equivale a 10^7 julios. Se simboliza por erg.

ERGUIR tr. Poner y mantener derecha, alzada, una cosa, especialmente la cabeza o el cuerpo. || prnl. Levantarse, ponerse en pie. || Imponerse, verse desde la lejanía. || Engreírse.

ERIAL adj. y m. Tierra no cultivada. || Por extensión, cualquier cosa estéril.

ERIGIR tr. Edificar, fundar, establecer. || Conferir a alguien o algo una entidad de la que carecía. || prnl. Elevarse a cierta condición o potestad que antes no se poseía.

ERIZAR tr. y prnl. Estirar y levantar, generalmente el pelo, como el erizo hace con sus púas. || tr. Sembrar un asunto de obstáculos y problemas. || prnl. Turbarse.

ERMITA f. Iglesia pequeña, generalmente alejada de una población.

ERMITAÑO, ÑA m. y f. Persona que tiene a su cargo una ermita. || Anacoreta; por extensión, solitario, aislado de la sociedad.

EROSIÓN f. Conjunto de fenómenos que disgregan y modifican las estructuras superficiales o relieve de la corteza terrestre. || Lesión de piel o mucosas causada por fricción que cuando cura no deja cicatriz. || Desgaste de un cuerpo por el roce con otros.

ERÓTICO, CA adj. Relativo al amor. || Que es excitante.

EROTISMO m. Cualidad de erótico. || Amor sensual. || Expresión de la sexualidad, especialmente relacionado con la excitación y la atracción sexual, no tanto en su dimensión genética o afectiva como instintiva, lúdica y cultural.

ERRADICAR tr. Extirpar de raíz.

ERRANTE adj. Nómada, que vagabundea. || adj. y com. Se dice del ave que cambia de un lugar a otro.

ERRAR tr. e intr. Fallar, no acertar. || tr. Incumplir la palabra dada o no hacer lo debido. || Pecar. || intr. Vagabundear. || Irse por las ramas.

ERRATA f. Error en la impresión de un texto o en la composición de un manuscrito.

ERRE f. Nombre de la letra *r* cuando su sonido es vibrante múltiple.

ERROR m. Equivocación o falsedad. || Acto desacertado o sin tino. || Inadvertencia, falta de atención. || Equívoco en un contrato o compromiso legal; vicia el valor de la parte que lo ha sufrido y puede llegar a anular las obligaciones que por ello ha contraído. || Cantidad en la que se diferencia del valor exacto el valor obtenido en una medición.

ERUCTAR intr. Liberar por la boca de forma ruidosa los gases del estómago.

ERUDICIÓN f. Cultura vasta y profunda en el campo del humanismo.

ERUDITO, TA adj. y s. Que posee erudición.

ERUPCIÓN f. Emisión, más o menos violenta, de materiales sólidos, líquidos y gaseosos a través de aberturas de la corteza terrestre que ponen en comunicación el magma con la superficie. || Expresión violenta y repentina de sentimientos. || Salida violenta de un lugar.

ESBELTO, TA adj. De figura alta y delgada.

ESBOZAR tr. Bosquejar.

ESBOZO m. Acción y efecto de esbozar. || Lo que está todavía sin desarrollar. || Esquema primero de una obra artística, base del diseño del boceto. || Brote embrionario de un tejido o aparato.

ESCABECHE m. Salsa hecha con vinagre, laurel, etc. para conservar ciertos alimentos, generalmente pescados. || El alimento puesto en esa salsa.

ESCABROSO, SA adj. Irregular, accidentado. Se aplica especialmente a un terreno. || Se dice del asunto difícil de resolver o de manejar. || Áspero, agrio. || Cercano a lo obsceno, inmoral.

ESCABULLIRSE prnl. Deslizarse algo de entre las manos. || Escaparse uno de un lugar o grupo, sin que los otros lo noten. || Evitarse un trabajo u obligación yéndose o excusándose.

ESCAFANDRA f. Dispositivo estanco que permite a los buzos respirar bajo el agua; conectado a la superficie o independiente de ella. || Traje protector que usan los astronautas para su salida al espacio.

ESCALA f. Escalera portátil. || Proporción. || Relación entre una longitud cualquiera de un objeto y su homónimo en una representación del mismo (p. ej., entre un terreno y su mapa, etc.). || Conjunto de subdivisiones numeradas de un instrumento de medida (regla de cálculo, termómetro, etc.). || Diagrama, generalmente numerado, que permite valorar y cuantificar una característica común a diversos objetos. || Ordenación de cargos, profesiones, situaciones económicas, etc., que permite jerarquizar y clasificar en categorías a los individuos de un colectivo (e. social, escalafón militar, etcétera).

ESCALAFÓN m. Clasificación de los miembros de un cuerpo, entidad, oficina, etc., según su rango y antigüedad.

ESCALAR, 1 tr. Alcanzar un lugar por medio de escalas. || Entrar en un lugar sin permiso, y generalmente forzando una puerta, ventana, etc. || Ascender, subir por una montaña hasta la cúspide.

ESCALAR, 2 adj. y m. Se dice de la magnitud fisicomatemática que sólo posee valor numérico (temperatura, masa, calor, etcétera).

ESCALERA f. Parte de un edificio, que, con una serie de escalones, permite la comunicación entre los distintos pisos o niveles. || Armazón de madera o metal, con travesaños, que soporta el peso de un hombre.

ESCALINATA f. Escalera exterior de un solo tramo.

ESCALOFRÍO m. Estremecimiento corporal involuntario y sensación de frío por cambios bruscos en la temperatura ambiente, inicio de un proceso febril o sensación psíquica muy intensa, especialmente de terror; suele usarse en plural.

ESCALÓN m. Peldaño. || Rango, lugar que se asciende en un empleo. || Acción que se espera nos permita avanzar en un propósito. || Fracciones en las que se divide la fuerza en un frente de combate. || *en escalones* Con notables irregularidades y defectos.

ESCALONAR tr. Distribuir algo en tiempos sucesivos. || tr. y prnl. Distribuir sucesivamente en un espacio.

ESCAMA f. Cada uno de los elementos que recubren el tegumento de peces y reptiles, producidos por la dermis o por la epidermis. || Laminilla desprendida espontáneamente de la piel y constituida por células epidérmicas.

ESCAMAR tr. Limpiar de escamas el pescado. || Labrar formando escamas. || tr. y prnl. Dar motivo a uno para que recele, sospeche.

ESCAMOTEAR tr. Practicar un juego de manos en el que desaparece algo que estaba a la vista. || Despojar a otro de algo con maña y ligereza. || Eludir arbitrariamente una dificultad.

ESCAMPAR tr. Despejar, desembarazar un lugar. || intr. Salir el sol, aclararse el día. || Desistir, renunciar a hacer algo.

ESCANDALIZAR tr. Causar escándalo. || intr. Armar barullo. || prnl. Alborotarse o perder la compostura ante agravios inexistentes o de escasa entidad.

ESCÁNDALO m. Comportamiento, creencia, dicho, etc., que, siendo éticamente inocuo, es motivo de indignación o rechazo por parte de ciertos sectores de la sociedad. || Jaleo, ruido de gritos, lloros, etc. || Alboroto multitudinario. || Pasmo, asombro. || Asunto político o económico deshonesto y de gran envergadura, que se descubre y provoca una fuerte polémica.

ESCANDALOSO, SA adj. Que provoca escándalo. || Inquieto, vocinglero, revoltoso.

ESCAPAR tr. Hacer que el caballo corra a todo galope. || Liberar a alguien de un trance desagradable. || intr. y prnl. Eludir por poco un peligro. || Huir, evadirse. || Mantenerse fuera de los límites abarcados por un poder o una facultad.

ESCAPARATE m. Armario con vidrieras en que las tiendas, almacenes, etc., exponen sus artículos al público. || Vitrina. || Alacena.

ESCAPE m. Acción de escapar. || Huida veloz. || Grieta o agujero en una cañería de gas, agua, etc. || Pieza intermedia de un mecanismo cuya actuación libera otra que sujetaba. || Salida de los gases del cilindro de un motor de cuatro tiempos (última fase). || a e. A toda prisa.

ESCARAMUZA f. Pelea de tanteo entre jinetes. || Conato de batalla entre las avanzadillas de dos ejércitos. || Riña de poca monta.

ESCARBAR tr. Rascar la tierra con las extremidades profundizando algo en ella. || Atizar las brasas con la badila. || Investigar lo oculto. || Tantear o limpiar una cavidad con los dedos o con un instrumento. || tr. y prnl. Limpiar los dientes, los oídos, etc., con un dedo o un palillo.

ESCARCEO m. Borboteo superficial del mar. || pl. Giros nerviosos naturales o forzados de los caballos. || Digresiones, circunloquios. || Tanteos, galanteos.

ESCARCHA f. Pequeños cristales de hielo que se forman en la superfie terrestre en noches frías por sublimación del vapor de agua atmosférico.

ESCARCHAR intr. Formarse escarcha. || tr. Confeccionar confituras o licores con azúcar escarchado. || Rociar una superficie con una sustancia semejante a la escarcha.

ESCARDAR (o ESCARDILLAR) tr. Extirpar de un sembrado los cardos y las malas hierbas. || fig. Separar lo malo de lo bueno.

ESCARLATA adj. y f. Se aplica al color carmesí menos intenso que el de la grana. || f. Tejido de dicho color. || Grana fina. || Escarlatina, enfermedad.

ESCARLATINA f. Enfermedad infecciosa aguda, generalmente infantil, causada por el estreptococo hemolítico. Da un cuadro febril, angina y característica erupción exantemática cutánea por todo el cuerpo (en la cara respeta los alrededores de la boca y mentón). Evoluciona en unos días y deja una intensa descamación. || Tejido de lana de color carmesí.

ESCARMENTAR tr. Aplicar un correctivo severo para evitar la reincidencia. || intr. y prnl. Aprender de la experiencia propia o ajena para evitar daños.

ESCARMIENTO m. Experiencia negativa o dolorosa que impide incurrir de nuevo en lo que la provocó. || Castigo.

ESCARNECER tr. Poner en evidencia a alguien para burlarse de él.

ESCASEAR tr. Dar poco o con dificultad. || Moderar el gasto o el uso. || Cortar oblicuamente un madero o sillar. || intr. Empezar a faltar, consumirse.

ESCASEZ f. Carencia parcial de lo necesario para un fin. || Parvedad, avaricia. || Limitación en la disponibilidad de un bien económico; es factor determinante de su valor.

ESCASO, SA adj. Corto de dimensión o cantidad. || Sin plenitud, parcial. || adj. y s. Tacaño.

ESCATIMAR tr. Recortar al mínimo necesario. || Tergiversar dichos o escritos.

ESCAYOLA f. Yeso espejuelo calcinado. Se usa para negativos de moldes, para inmovilizar fracturas, etc. || Estuco.

ESCENA f. Espacio en el que se representa una obra teatral. || Cada fragmento en que se divide un acto teatral, delimitado por cada entrada o salida de uno o varios actores. || Arte de declamar. || Literatura dramática. || Parte de la acción de una película que se desarrolla en un mismo lugar. || Suceso llamativo y teatral.

ESCENARIO m. Parte del teatro acondicionada para poder representar un espectáculo. || Lugar donde se desarrolla la acción de una película. || Ambiente que rodea a una persona o acontecimiento.

ESCENIFICAR tr. Adaptar un texto, un suceso, etc., para realizar su representación dramática, indicando los movimientos de los actores, los diálogos, etc. || Fingir, hacer teatro.

ESCENOGRAFÍA f. Técnica de montar o poner en escena una obra teatral. || Conjunto de elementos que configuran el ambiente de la acción dramática (decorados, iluminación, etc.). || Delineación en perspectiva de un objeto, con representación de todas las superficies que se pueden ver desde un determinado punto.

ESCEPTICISMO m. Posición filosófica que rechaza la posibilidad de alcanzar un conocimiento cierto. En el helenismo (Pirrón) y en el renacimiento (Montaigne) se combina con una actitud ética de tolerancia y serenidad, ataraxia, emanada de la misma abstención del juicio.

ESCÉPTICO, CA adj. y s. Partidario del escepticismo. || Se dice de quien duda de la existencia de cualquier verdad absoluta, o que expresa poca fe en los resultados positivos de algo.

ESCINDIR tr. y prnl. Separar, seccionar, romper en dos o más partes.

ESCISIÓN f. Acción y efecto de escindir. || Ruptura por desavenencia, especialmente en grupos. || Ablación de partes pequeñas. || Fisión nuclear.

ESCLARECER tr. Iluminar, dar brillo a algo. || Resolver, descubrir una trama, asunto, etc. || Aclarar o cultivar la inteligencia. || Dar fama o prestigio. || intr. Alborear.

ESCLARECIDO, DA adj. Insigne, singular.

ESCLAVITUD f. Régimen, generalmente jurídico, en que se encuentran aquellas personas que, por diversas razones (derrotas militares, deudas, captura y venta), son privadas de cualquier derecho sobre su existencia y sometidas al arbitrio de un dueño, que se beneficia en exclusiva de su trabajo. || Dominio que ejerce una persona, sentimiento, etc. sobre otra.

ESCLAVIZAR tr. Sujetar a esclavitud. || Mantener a alguien muy ocupado, avasallarlo.

ESCLAVO, VA adj. y s. Que está reducido a esclavitud. || Sometido a una pasión, vicio, etc. || Locamente enamorado.

|| Que actúa de forma servil. || f. Pulsera redonda y de una pieza.

ESCLEROSIS f. Endurecimiento tisular por inflamación crónica (especialmente arterial, hepática, renal y del sistema nervioso), que da aumento de la trama conectiva. || Rigidez, falta de capacidad de evolución de un movimiento social o de pensamiento.

ESCLERÓTICA f. Porción no transparente de la membrana más externa del ojo. Tiene forma esférica y aspecto blanquecino y opaco.

ESCLUSA f. Tramo de un canal, cerrado con compuertas, cuyo nivel, al entrar o salir el agua, aumenta o disminuye, permitiendo a las embarcaciones pasar de una a otra cota.

ESCOBA f. Haz de ramas flexibles o de filamentos plásticos, atado por un extremo o sujeto a un palo, que sirve para barrer. || Cualquier objeto hecho de filamentos, para distintos usos.

ESCOCER intr. Sentir o producir un dolor parecido a la quemazón. || intr. y prnl. Provocar o experimentar un resquemor doloroso. || prnl. Irritarse una zona del cuerpo por el sudor, el roce, etcétera.

ESCOCÉS, SA adj. y s. De Escocia. || adj. Se dice de las telas, similares a la de los *kilts* e., con cuadros de distintos colores. || fam. Copa de helado con café y whisky.

ESCOFINA f. Lima gruesa para desbastar.

ESCOGER tr. Tomar alguna cosa de entre otras. || Elegir.

ESCOLAR adj. Relativo al estudiante o a la escuela. || com. Estudiante de una escuela, especialmente de formación primaria.

ESCOLARIDAD f. Tiempo durante el cual un estudiante cursa sus estudios. || Asiduidad en la asistencia a la clase.

ESCOLTA f. Conjunto de efectivos militares dispuestos a ambos lados de una unidad, convoy, etc., para protegerlos de choques por sorpresa. || Acompañamiento que se hace a una persona relevante para protegerla, enaltecerla o adularla; por extensión, acompañamiento de una persona, en especial detenida, para vigilarla.

ESCOLTAR tr. Guardar una escolta una unidad o convoy militar, o a una persona. || Acompañar.

ESCOLLERA f. Acumulación artificial de piedras, bloques de cemento, etc., formando dique, para proteger una instalación portuaria de los embates del mar.

ESCOLLO m. Peñasco semisumergido o poco visible. || Peligro. || Obstáculo.

ESCOMBRAR tr. Quitar escombros de un lugar. || Limpiar y despejar.

ESCOMBRO, m. pl. Cascotes y desechos de un edificio derruido, o de una obra de albañilería.

ESCONDER tr. y prnl. Retirar algo de la vista con ánimo de ocultarlo. || tr. Contener en el interior. || Ocultar una cosa de otra. || No dejar entrever o traslucir.

ESCONDITE m. Escondrijo. || Refugio.

ESCONDRIJO m. Lugar donde se esconde algo o alguien, o adecuado para ello.

ESCOPETA f. Arma larga de fuego de uno o dos cañones montados en caja de madera y generalmente de tiro no automático.

ESCOPETAZO m. Tiro de escopeta y sus efectos. || Susto, hecho inesperado y desagradable.

ESCOPLO m. Útil de carpintería, con mango de madera y una lengua de hierro que termina en bisel. || Útil de cantería, de hierro, en forma de punzón grueso. || Instrumento quirúrgico empleado para cortar huesos.

ESCORIA f. Sustancia sobrenadante que contiene las impurezas metálicas en los procesos de fundición. || Fragmento irregular de lava porosa. || Materia que se desprende a martillazos del hierro recién salido de la fragua. || Lo rechazable o despreciable, también lo más bajo, lo peor.

ESCOTE m. Abertura holgada en la parte superior de un vestido, y porción de busto que descubre. || En una prenda de vestir, corte que forma el cuello o al que se acoplan las mangas. || Adorno de encajes en el cuello de un vestido.

ESCOTILLA f. Trampilla que comunica la cubierta con el interior de un buque.

ESCOZOR m. Picazón dolorosa parecida a la de quemadura. || Resquemor, resentimiento que deja una pena.

ESCRIBANÍA f. Oficio y despacho de escribano. || Mesa escritorio, especialmente la de maderas nobles. || Juego de escritorio, compuesto de pluma, tintero y secante.

ESCRIBANO, NA m. y f. Nombre de la persona que tenía por cargo dar fe, levantar actas o bien ejercía de escribiente.

ESCRIBIR tr. Representar el sonido de las palabras por medio de signos gráficos convencionales. || Plasmar ideas, sentimientos, etc., en grafismos. || Representar sonidos, melodías, etc., en notación musical. || Crear obras literarias o musicales. || Comunicar algo por escrito a alguien. || fig. Reflejar, marcar.

ESCRITO, TA adj. Con rayas o manchas que recuerdan una escritura. || m. Cualquier texto transcrito por un procedimiento gráfico convencional y sobre cualquier material. || Papel impreso, manuscrito o mecanografiado. || Obra científica o literaria. || Petición o alegato en una causa o pleito. || *estaba e.* Tenía que pasar, era inevitable.

ESCRITORIO m. Mueble con una tabla sobre la que se escribe y varios departamentos o cajones. || Mueble similar, más rico, que se usa para guardar joyas. || Oficina, despacho.

ESCRITURA f. Representación gráfica de un lenguaje oral. Medio de comunicación específicamente humano, nació hace unos 6 000 años. Tras una etapa sintética (pictogramas) se accede a otra analítica (ideogramas) y finalmente a la fase fonémica (sílabas y posteriormente fonemas). || Forma, modo de escribir.

ESCRITURAR tr. Formalizar un contrato, otorgamiento, etc., mediante escritura pública.

ESCROTO m. Envoltura cutánea exterior de los testículos. La piel que la forma es muy extensible y tiene muchas glándulas sebáceas.

ESCRÚPULO m. Sensación poco meditada de rechazo hacia algo por presumirlo inconveniente o falto de bondad. || Aprensión, especialmente hacia lo de aspecto sucio o desagradable. || Escrupulosidad. || Piedrecilla que se introduce en el calzado. || En astronomía, cada una de las sesenta partes en que se divide un grado. || *sin escrúpulos* Desalmado, sin conciencia.

ESCRUPULOSO, SA adj. y s. Propenso a tener escrúpulos, remilgado. || Meticu-

loso, serio en sus obligaciones. || adj. Que provoca escrúpulos.
ESCRUTAR tr. Investigar, analizar con cuidado. || Realizar un escrutinio.
ESCRUTINIO m. Indagación y examen exacto de algo. || Recuento y clasificación de los votos de unas elecciones o plebiscito. || Cómputo oficial de los resultados de una apuesta, especialmente quinielística.
ESCUADRA f. Útil en forma de triángulo rectángulo que ayuda al dibujo de líneas o ángulos rectos. || Pieza metálica en ángulo recto con que se aseguran los ensambles de las maderas. || Escuadría. || En la armada, flota de buques de guerra a las órdenes de un almirante. || En el ejército, unidad menor de tropa al mando de un cabo. || Grupo de obreros manuales encargados de algún trabajo.
ESCUADRAR tr. Trabajar una cosa a escuadra.
ESCUADRILLA f. Formación de buques de guerra menores. || Unidad administrativa o táctica (e. *de vuelo*) del ejército del aire, equivale a la compañía del de tierra; está compuesta por un número de seis a nueve aviones.
ESCUADRÓN m. Unidad de caballería al mando de un capitán, que equivale a la compañía de infantería. || Antigua formación militar. || Cada una de las unidades operativas mayores del ejército del aire.
ESCUÁLIDO, DA adj. Sucio, repugnante. || Flaco, desmedrado.
ESCUCHAR intr. Disponer el oído para oír. || tr. Atender a lo que se oye, prestar atención. || Seguir una orden, consejo, etc. || prnl. Regodearse en la propia dicción.
ESCUDAR tr. y prnl. Cubrir, proteger con el escudo. || Amparar a uno, defenderlo. || prnl. Refugiarse en una excusa, valerse de algo para evitar un peligro o no realizar determinada cosa.
ESCUDERO, RA adj. Relativo al escudo. || m. Mozo de armas de un caballero medieval. || Hidalgo. || Criado distinguido, acompañante. || El que hacía escudos. || Pariente menor de una casa noble.
ESCUDO m. Antigua arma defensiva que se llevaba en el brazo contrario al que manejaba la espada o la lanza. || Escudete de la cerradura. || Lámina metálica que protege a los servidores de una pieza artillera. || En un bote, tabla de respaldo del asiento de popa. || Blasón, emblema de una entidad.
ESCUDRIÑAR tr. Investigar, observar pormenorizadamente una cosa o asunto.
ESCUELA f. Establecimiento, público o privado, dedicado a la enseñanza. || Conocimientos que se imparten u obtienen. || Conjunto de profesores y alumnos de una misma materia. || Método o sistema de enseñanza. || Principios o doctrina de un autor. || Conjunto de los partidarios de un maestro, autor, estilo, corriente filosófica, etc. || Conjunto de los rasgos que caracterizan una tendencia, estilo, doctrina, etc. || Conjunto de enseñanzas o lecciones que se extraen de diversas experiencias (p. ej., e. de la vida).
ESCUETO, TA adj. Breve, preciso. || Sin ornatos ni rodeos, sin ambajes.
ESCULPIR tr. Tallar una piedra, madera o metal para conseguir una figura. || Grabar algo en una lámina de esos materiales.
ESCULTURA f. Arte de esculpir y modelar materiales duros o blandos, reproduciendo objetos o figuras. || Obra de escultor. || Vaciado. || Estatua.
ESCUPIDERA f. Recipiente de boca ancha a propósito para escupir en él. || Orinal.
ESCUPIR intr. Proyectar saliva desde la boca. || tr. Despedir por la boca cualquier sustancia. || Arrojar lejos de sí algo con desprecio. || Aparecer una erupción en la piel. || Rechazar un cuerpo a una sustancia, despedirla. || Insultar, hacer mofa. || tr. e intr. fam. Parir, alumbrar. || Confesar, declarar.
ESCURREPLATOS m. Utensilio en el que se colocan verticalmente los platos ya lavados para que escurran el agua.
ESCURRIDIZO, ZA adj. Que resbala, se escurre. || Que hace resbalar o escurrirse. || Hábil para no comprometerse o manifestarse.
ESCURRIDOR, RA m. y f. Escurreplatos o cualquier útil usado para escurrir.
ESCURRIR tr. Aprovechar los restos de un líquido que quedan en el recipiente. || tr. y prnl. Hacer que algo empapado desprenda el agua. || intr. Caer gota a gota un líquido. || intr. y prnl. Resbalar, correr una

cosa por encima de otra. || prnl. Escabullirse, escaparse. || Comportarse de forma imprudente o parlanchina.

ESDRÚJULO, LA adj. y s. Se dice de la voz cuya sílaba tónica es la antepenúltima.

ESE f. Denominación de la letra *s*. || Figura en forma de s. || *andar haciendo eses* Andar bebido.

ESE, SA Partícula deíctica (gén. masc. y fem.; pl., *esos, esas*) que funciona como adj. o como pron. dem. (en este último caso es portadora de acento). Señala a lo que se nombra como más próximo de la persona con quien se habla que de quien habla, o relativamente alejado de ambas. Pospuesta al nombre, le confiere valor despectivo (*el niño ese*).

ESENCIA f. Naturaleza de una cosa considerada independiente de su existencia; correlato de la definición, conjunto de las características necesarias que aparecen en la misma, a diferencia de los rasgos accidentales propios de cada caso individual. || Denominación genérica de una serie de compuestos líquidos formados por mezclas de hidrocarburos. Las e. son muy volátiles; suelen tener un olor penetrante y son producidas por plantas de muy diversas familias. || Lo más relevante de una cosa. || Cualidad en grado sumo de una persona o cosa.

ESENCIAL adj. Relativo a la esencia. || Principal, necesario. || Se dice de las enfermedades de causa desconocida y sin lesiones orgánicas.

ESFENOIDES m. Hueso de la base del cráneo. Situado centralmente entre el frontal y el etmoides por delante y el occipital por detrás.

ESFERA f. Cuerpo limitado por una superficie curva, cuyos puntos, $p = (x,y,z)$, equidistan de otro anterior, $O = (a,b,c)$, llamado centro, La distancia constante de todos los puntos al centro es el radio (r) de la e. || Ámbito en el que se realizan o notan los efectos de la actividad de algo o de alguien. || *celeste* La imaginaria, concéntrica con la terráquea, sobre la que aparentemente están situados y describen su movimiento los astros. || *terráquea* o *terrestre* Globo terráqueo. || *altas esferas* Personas y ámbitos que encarnan el poder político, económico y social.

ESFÉRICO, CA adj. Perteneciente a la esfera o que tiene su forma. || Cada una de las coordenadas esféricas. || m. Balón, pelota.

ESFINGE f. Ser fantástico con cabeza de mujer, cuerpo de león y alas de ave. || Persona reservada e impenetrable.

ESFÍNTER Músculo o fascículo de fibras musculares dispuestas circularmente alrededor de un orificio, cuya acción posibilita la apertura o cierre del mismo.

ESFORZADO, DA adj. Animoso, denodado.

ESFORZAR tr. Conferir fuerza. || Alentar, dar ánimos. || intr. Animarse. || prnl. Pugnar por la consecución de algo.

ESFUERZO m. Despliegue de fuerzas físicas para vencer un obstáculo o resistencia. || Vigor o ánimo para lograr algo. || Brío, denuedo, intrepidez. || Utilización de grandes medios para la consecución de alguna cosa. || Fuerza por unidad de superficie que se aplica a un cuerpo.

ESFUMAR tr. Difuminar los contornos del dibujo o pintura. || Realizar el sombreado de un dibujo a lápiz o carboncillo mediante un esfumino. || prnl. fam. Marcharse, largarse.

ESFUMINO m. Especie de lápiz de papel, especial para esfumar los trazos del dibujo.

ESGRIMA f. Deporte basado en el enfrentamiento entre dos personas armadas con florete, espada o sable.

ESGRIMIR tr. Empuñar un arma blanca u objeto similar en actitud de ataque. || Valerse de algo como medio para conseguir un fin.

ESGUINCE m. Quiebro del cuerpo para esquivar un golpe, una caída o una embestida. || Movimiento de disgusto o desdén que se hace con el cuerpo. || Lesión traumática de una articulación causada por distensión o torcedura, sin llegar a la luxación.

ESLABÓN m. Pieza metálica o de otros materiales que, unida a otras, forma una cadena. || Pedazo de acero con que se golpea el pedernal.

ESLOGAN m. Frase publicitaria concisa y directa.

ESLORA f. Longitud de una embarcación desde el codaste a la roda.

ESMALTAR tr. Extender esmalte sobre algo. || Adornar o embellecer de flores, colores, etc., una cosa.

ESMALTE m. Pasta obtenida al fundir vidrio coloreado por óxidos metálicos. Se aplica a la cerámica, porcelana y especialmente al metal. || Adorno u objeto recubierto de e. || Trabajo realizado con e. || Técnica de esmaltar. || Revestimiento duro de la corona de los dientes de los vertebrados; está en gran parte mineralizado con sales de calcio. || fig. Esplendor, ornato.

ESMERALDA f. Variedad de berilo. Verde por la mezcla de cromo, transparente; dureza relativamente baja, lo que ha permitido su talla desde antiguo. Se usa como piedra preciosa.

ESMERAR tr. Limpiar, bruñir. || prnl. Poner mucho esmero en lo que se hace.

ESMERIL m. Roca formada de corindón, espinela y magnetita, de color oscuro; muy dura, se usa como abrasivo.

ESMERO m. Cuidado especial con que se hace algo.

ESO pron. dem. n. No puede funcionar como adj.; no se acentúa. || Lo mismo. || *aún con e.* Pese a eso. || *en e.* Entonces. || *e. mismo* Exacto; igualmente. || *¡para e.!* Expresión de decepción ante algo que costó un esfuerzo desproporcionado. || *por e. (mismo)* Por esta razón.

ESÓFAGO m. Conducto del aparato digestivo que une la faringe con el estómago. Es un largo tubo situado entre la tráquea y la columna vertebral. Su pared es una capa muscular revestida en el interior por mucosa. Los movimientos peristálticos conducen el bolo alimenticio durante la deglución.

ESOTÉRICO, CA adj. Secreto, reservado; se dice especialmente de las doctrinas o lenguajes sólo conocidos por sus adeptos (pitagorismo, cábala); se opone a exotérico.

ESPACIAL adj. Relativo al espacio. || Que transcurre en el espacio.

ESPACIAR tr. Establecer separación espacial o temporal entre las cosas. || Extender, dilatar. || Separar las palabras, renglones, etc., mediante espacios o regletas. || tr. y prnl. Propagar, difundir. || prnl. Separarse, ampliarse. || Alargarse al escribir o al hablar.

ESPACIO m. Medio universal donde se sitúan todos los cuerpos físicos. || Parte de este medio ocupado por un cuerpo. || Extensión de un lugar, terreno, etc. || Distancia entre dos o más cosas. || Distancia recorrida por un móvil. || Periodo de tiempo. || Parte de la programación de radio o TV, programa. || Lentitud, demora. || En el pentagrama, separación entre las líneas. || En imprenta, pieza de metal que se usa para mantener los espacios entre las palabras y las letras. || *e.–tiempo* En la teoría de la relatividad restringida, e. métrico de cuatro dimensiones. Se contrapone al e. independiente del tiempo, propio de la física clásica, ya que posee tres dimensiones correspondientes al e. y una cuarta que corresponde al tiempo.

ESPACIOSO, SA adj. Extenso, vasto, holgado. || Lento, parsimonioso.

ESPADA f. Arma blanca, generalmente de metal, larga, afilada, recta y terminada en punta, con guarnición y empuñadura. || Espadachín.

ESPALDA f. Parte posterior del cuerpo comprendida entre los hombros y la cintura; en los animales, equivale al lomo. || Parte del vestido correspondiente a la e. || Estilo de natación en el que se nada boca arriba. || Parte posterior de algo. || Respaldo de la silla.

ESPALDARAZO m. Golpe dado de plano en la espalda con la espada o con la mano. Constituía el acto principal de la investidura de un caballero. || Ayuda que alguien recibe para lograr una posición social o profesional.

ESPANTAJO m. Muñeco u objeto que se coloca en un lugar para espantar a los pájaros, especialmente en los sembrados. || Persona o cosa que pretende producir temor sin lograrlo. || Mamarracho.

ESPANTAPÁJAROS m. Espantajo.

ESPANTAR tr. Provocar espanto. || Hacer que una persona o animal se aleje de un lugar. || prnl. Aterrarse, amedrentarse. || Asombrarse.

ESPANTO m. Pánico, susto. || Admiración, consternación. || Infundio con que se causa miedo. || Enfermedad producida por éste.

ESPANTOSO, SA adj. Que produce espanto. || Pasmoso.

ESPAÑOL, LA adj. y s. De España. || m. Nombre que recibe también la lengua castellana.

ESPARCIMIENTO m. Acción y efecto de esparcir. || Entretenimiento, ocio.

ESPARCIR tr. y prnl. Extender o diseminar lo que está junto o apilado. || Propagar un acontecimiento, novedad, etc. || Entretener, distraer.

ESPARTANO, NA adj. y s. De Esparta. || Austero, rígido.

ESPASMO m. Persistencia de la contracción involuntaria de un grupo muscular o de la fibra lisa de un órgano hueco. || Asombro, pasmo.

ESPATO m. Nombre que se da a minerales de fácil exfoliación, por la que se obtienen cristales de forma geométrica regular. || *amargo* Magnesita. || *de Bolonia* Barita. || *de Islandia* Variedad de calcita, transparente, en forma de grandes romboedros muy perfectos. Por su propiedad de la doble refracción se emplea en la fabricación de instrumentos ópticos (prisma nicol).

ESPÁTULA f. Utensilio formado por una lámina flexible y afilada, con o sin mango, usada por distintos artistas y profesionales para hacer ciertas mezclas.

ESPECIA f. Sustancia aromática (clavo, pimienta, anís, etc.) usada como condimento, y también en medicina, perfumería, etcétera.

ESPECIAL adj. Singular, individual. || Idóneo para algo. || *en e.* Especialmente. || *muy e.* Se dice de la persona extravagante o imprevisible.

ESPECIALIDAD f. Cualidad de especial. || Campo determinado de una ciencia, arte u oficio. || Actividad que uno realiza con maestría.

ESPECIALISTA adj. y com. Que se dedica a una determinada especialidad. || com. En cinematografía, persona, un doble, que lleva a cabo las escenas peligrosas o que requieren una especialización.

ESPECIALIZAR intr. y prnl. Dedicarse a una especialidad. || intr. Restringir el uso o fin de una cosa.

ESPECIE f. Grupo de cosas o personas que, por poseer las características esenciales comunes, permiten su unificación dentro de un conjunto. || Grupo de pobladores naturales de organismos que actual o potencialmente son interfecundos y que se reproducen aisladamente de otros grupos. El concepto biológico de e. intenta identificar la variedad existente entre los organismos; trata de establecer las diferencias no sólo morfológicas y externas, sino fisiológicas, estructuras celulares, constituyentes químicos, requerimientos ecológicos y comportamiento. || Unidad sistemática fundamental para la clasificación de los organismos. De acuerdo con la terminología instaurada por Carl von Linné, la e. se indica con un doble nombre latino (el 1°, género, el 2°, la e. propiamente dicha). || Grupo de compuestos de igual composición química.

ESPECIFICAR tr. Explicar singularmente, o precisar una cosa.

ESPECÍFICO, CA adj. Relativo a la especie. || Se dice de la enfermedad causada por un solo germen. || m. Medicamento.

ESPÉCIMEN m. Modelo, ejemplar.

ESPECTACULAR adj. Que posee notas de espectáculo público. || Efectista, aparatoso.

ESPECTÁCULO m. Representación o entretenimiento público. || Panorama capaz de atraer la atención. || Hecho que provoca escándalo o asombro.

ESPECTADOR, RA adj. Que observa. || adj. y s. Que concurre a un espectáculo.

ESPECTRO m. Imagen o visión fantasmagórica. || Persona endeble o apagada. || Número de especies bacterianas frente a las que un antibiótico resulta eficaz. || Imagen de una radiación luminosa, obtenida después de haber sido descompuesta en las diversas radiaciones simples que la integran. Si la radiación procede de cuerpos incandescentes se produce un e. *de emisión*.

ESPECULACIÓN f. Acción y efecto de especular. || Actividad intelectual pura o desinteresada, meramente teórica; en sentido vulgar y peyorativo, ideas no verificables. || Operación mercantil que busca obtener beneficios por la compra de bienes o títulos cuyo precio se prevé que aumentará.

ESPECULAR tr. Observar, mirar atentamente. || tr. e intr. Reflexionar, cavilar. || tr. y prnl. Formar opiniones o conjeturas. || intr. Efectuar una especulación mercantil.

ESPECULATIVO, VA adj. Relativo a la especulación. || Que posee dotes para especular. || Que se basa en la simple especulación. || Reflexivo. || f. Predisposición a la especulación.

ESPEJISMO m. Ilusión óptica, debida a la refracción de la luz en la atmósfera. Cuando existen masas de aire estratificadas horizontalmente a distintas temperaturas, se produce una reflexión de la luz con ángulo de incidencia muy grande. || Apariencia fascinante, pero falaz.

ESPEJO m. Superficie metálica pulimentada o superficie de vidrio, recubierta de un depósito metálico que refleja la luz con muy poca difusión. Los e. pueden ser planos o curvos (esféricos, parabólicos, etc.). Los curvos pueden ser convexos o cóncavos. Cuando un haz de rayos que procede de un punto se refleja en él hacia el centro de curvatura del e. es *convergente* y en caso contrario *divergente*. || Superficie donde se refleja algo. || Modelo que se imita. || Reflejo o imagen de una cosa.

ESPELEOLOGÍA f. Ciencia dedicada al estudio de las cavidades naturales de la superficie terrestre (grutas, cuevas, etc.), tanto desde el punto de vista físico como biológico.

ESPERA f. Acción y efecto de esperar. || Periodo de tiempo determinado por un juez para ejecutar una acción. || Aguante, reflexión para no actuar a la ligera. || Lugar donde se aposta el cazador en espera de la caza.

ESPERANTO m. Lengua artificial creada en 1887 por el polaco Zamenhof con la pretensión de que sirviera de lengua de unión universal.

ESPERANZA f. Seguridad que se tiene en que se realice una cosa deseada.

ESPERAR tr. Confiar en lograr lo que se anhela. || Desear que ocurra algo grato. || Aguardar a alguien o algo. || Parar o suspender una actividad. || Resultar ineludible algo. || Estar embarazada.

ESPERMATOZOIDE (o **ESPERMIO**) m. Gameto masculino. Los e. se forman en el testículo, se almacenan en la vesícula seminal y durante la eyaculación se incorporan en el semen. El número de cromosomas está reducido a la mitad y, al unirse con el óvulo, se restablece su número normal. La morfología del e. humano recuerda a un renacuajo: consta de una cabeza (con el acrosoma y el núcleo), dotada de cola (de 50 a 60 micras), con un flagelo que le da movilidad. || En las plantas, gameto masculino móvil presente en algunos grupos.

ESPERPENTO m. Persona fea y grotesca. || Despropósito, absurdidad. || Subgénero literario creado por Valle-Inclán en el que la realidad se deforma grotescamente para, por medio de la caricatura, retratarla mejor.

ESPESO, SA adj. Se aplica a la sustancia muy densa y condensada. || Se dice de las cosas que están muy apiñadas. || Macizo, recio. || Sucio, desaliñado. || Enmarañado, complejo. || Confuso, lento de ideas, especialmente por cansancio, resaca, etcétera.

ESPESOR m. Volumen de un sólido. || Densidad o condensación de una sustancia.

ESPESURA f. Calidad de espeso. || Terreno lleno de plantas y maleza. || Suciedad, desaliño. || Cabellera muy poblada.

ESPÍA com. Que se dedica a espiar. || Profesional del espionaje, sea por profesión o por convicciones. || *doble* El que trabaja simultáneamente para dos Estados contrapuestos.

ESPIAR tr. Atisbar, escuchar o vigilar con disimulo lo que otros hacen. || Intentar conseguir los secretos de Estado de un país.

ESPIGA f. Inflorescencia simple, en la que las flores sésiles se insertan directamente sobre el eje. La inflorescencia de las gramíneas es una e. compuesta de espículas. || Extremo rebajado de un útil o arma que se encaja en un mango, puño, etcétera.

ESPIGADO, DA adj. Se dice de ciertas plantas que crecen hasta madurar la semilla. || En forma de espiga. || Alto, esbelto.

ESPINA f. Formación vegetal, lignificada y aguda. Incluye tejido subyacente. || Pincho, astilla puntiaguda. || Cada uno de los elementos del armazón interior de un pez, unidos a la columna vertebral, de terminación aguda. Forman también los radios de algunas aletas. || Cada una de las apófisis óseas de morfología larga y delgada. || Pena profunda. || Obstáculo, inconveniente.

ESPINAZO m. Columna vertebral. || Nervio que une las claves de los arcos que sustentan una bóveda estrellada. || Clave de arco o bóveda. || *doblar el e.* Doblegarse. || Trabajar.

ESPINILLA f. Borde anterior de la tibia.

ESPINOSO, SA adj. Con espinas. || Difícil y comprometido; erizado de peligros y problemático.

ESPIONAJE m. Conjunto de actuaciones, llevadas a cabo por nacionales de un país o extranjeros, tendentes a recoger información (especialmente militar, o declarada secreta) para pasarla a otro país, que se beneficia de ella; su característica esencial es la clandestinidad; junto a ella, el uso de coberturas (generalmente diplomáticas, pero también empresariales o incluso académicas) y de agentes locales en los escalones inferiores. || *industrial* El que recaba información sobre estrategias o tecnologías de empresas.

ESPIRAL adj. De forma de espiral. || De forma helicoidal o compuesto de espiras. || f. Curva plana engendrada por un radio vector, que gira en torno a un punto fijo (polo), cuya longitud varía según una determinada ley.

ESPIRAR tr. Despedir olor. || tr. e. intr. Expulsar el aire aspirado. || intr. Tomar aliento.

ESPIRITISMO m. Doctrina que afirma la existencia eterna de espíritus y su pervivencia tras la muerte bajo una forma semimaterial (fluido), por medio de la cual pueden comunicarse con los vivos a través de un médium.

ESPÍRITU m. Para el espiritualismo, realidad opuesta a la materia y superior a ésta (Dios, ángel, alma humana); en Hegel, conciencia universal, racionalidad pura. En sentido más descriptivo, se llama mundo del e. al de las creaciones humanas y los valores ideales, arte, moral, religión. || Energía que impulsa a actuar. || Ánimo, valor, aliento.

ESPIRITUAL adj. Relativo al espíritu. || Se aplica a las personas de gustos, sentimientos o ideas elevados, desinteresados. || De carácter o sentido religioso.

ESPIRITUALISMO m. Doctrina que afirma la existencia de una realidad distinta y superior a la materia.

ESPLÉNDIDO, DA adj. Magnífico, maravilloso. || Resplandeciente. || Generoso.

ESPLENDOR m. Brillo. || Auge, culminación. || Nobleza, fama.

ESPLENIO m. Músculo de la región dorsal y nuca. Da movilidad a la cabeza.

ESPOLEAR tr. Azuzar con la espuela a la caballería. || Aguijonear, incitar a alguien.

ESPOLÓN m. Saliente óseo dispuesto en las extremidades de algunos animales y que tiene carácter defensivo.

ESPOLVOREAR tr. Despolvorear. || Desparramar polvo sobre algo.

ESPONJA f. Cuerpo que por su flexibilidad o porosidad se emplea como objeto de limpieza.

ESPONJAR tr. Volver porosa una cosa, ahuecarla. || prnl. Tomar alguien un aspecto saludable. || Hincharse, infatuarse.

ESPONJOSO, SA adj. Poroso, mullido.

ESPONSALES m. pl. Compromiso matrimonial que se hace público.

ESPONTANEIDAD f. Calidad de espontáneo. || Naturalidad, franqueza.

ESPONTÁNEO, A adj. Automático, sin control. || Silvestre. || m. y f. Persona que por propia iniciativa, interviene en una actividad, para la que no tiene aptitud reconocida.

ESPORA f. Célula o conjunto de células, que sin necesidad de fecundación, es capaz de producir un nuevo individuo.

ESPORÁDICO, CA adj. Que ocurre aislada y aleatoriamente, y por lo general desprovisto de significación. || Se dice de la enfermedad que se presenta sin carácter endémico o epidémico.

ESPOSO, SA m. y f. Persona que ha contraído matrimonio. || Persona que, con respecto a otra, está casada con ella.

ESPUELA f. Aro metálico con una espiga provista de una ruedecilla dentada, que se encaja en el talón del jinete y sirve para aguijonear a la caballería. || Incentivo, acicate.

ESPULGAR tr. y prnl. Quitar las pulgas, o los piojos. || Rebuscar, escudriñar.

ESPUMA f. Conjunto de burbujas más o menos apiñadas que aparece en una superficie líquida. || Impurezas que despiden ciertos líquidos al hervirlos. || Tela muy ligera y esponjosa. || Lo más apreciado, la crema.

ESPUMADERA f. Paleta con agujeros y algo cóncava, para espumar el caldo, sacar lo que se fríe en una sartén, etcétera.

ESPUMARAJO m. Saliva espumosa que sale por la boca. || *echar espumarajos* Estar fuera de sí.

ESPUMOSO, SA adj. Que posee o hace mucha espuma. || Que se transforma en ella. || Se aplica al vino que forma espuma al destapar la botella.

ESPURIO, RIA adj. Bastardo, ilegítimo. || Contrahecho, adulterado. || Se dice de los síntomas falsos o simulados. || Degenerado.

ESPUTO m. Materia que se expulsa durante la expectoración. Generalmente los e. son secreciones mucopurulentas de las vías respiratorias.

ESQUELA f. Carta de poca extensión. Aviso impreso en que se comunica, de manera privada o en los periódicos, la defunción de una persona. Suele incluir la invitación para el entierro, oficios, etcétera.

ESQUELETO m. Conjunto de huesos que sirven de armazón al cuerpo de los vertebrados. Además de la función sustentadora, el e. es importante en el movimiento de los animales, en relación con la formación de células sanguíneas y como depósito de minerales. || Armazón, bosquejo o esquema de algo. || Persona muy flaca. || En botánica, planta disecada.

ESQUEMA m. Representación gráfica de la estructura y características principales de algo. || Resumen de los puntos relevantes de un discurso, proyecto, etcétera.

ESQUEMATIZAR tr. Exponer o simplificar algo mediante esquemas.

ESQUÍ m. Tabla larga y plana que, a modo de patín, sirve para deslizarse por la nieve o el agua. || Primitivo medio de locomoción, por deslizamiento sobre nieve, propio de los países nórdicos y orientales de Asia, donde se conoció antes que la rueda. A fines del siglo XIX empezó a practicarse como deporte; olímpico desde 1900. Comprende dos modalidades: alpino (descenso, slalom especial y slalom gigante) y nórdico (fondo, salto, biathlón).

ESQUIAR intr. Practicar el esquí.

ESQUILA f. Cencerro pequeño. || Campana pequeña para congregar a los miembros de una comunidad.

ESQUILAR tr. Cortar el pelo o lana de los animales; por extensión, cortar el cabello a alguien.

ESQUILMAR tr. Recoger los frutos o las rentas de una heredad. || Empobrecer un terreno con cultivos muy seguidos. || fig. Secar o debilitar una fuente de riqueza por exceso de explotación.

ESQUIMAL adj. y com. Se dice del pueblo de raza mongoloide que habita las regiones árticas, disperso por los sectores más septentrionales de América del Norte y por el O de Groenlandia.

ESQUINA f. Arista formada por la convergencia de dos caras de una cosa, especialmente dos paredes de un edificio.

ESQUIRLA f. Pequeño fragmento de hueso originado por fractura o necrosis.

ESQUIVAR tr. Rehuir, soslayar. || prnl. Apartarse, retraerse.

ESQUIVO, VA adj. Arisco, hosco, retraído.

ESQUIZOFRENIA f. Nombre dado por E. Bleuler (1911) a un conjunto de enfermedades mentales del grupo de las psicosis, caracterizadas por una escisión de la personalidad (extrañeza, despersonalización, autismo), ideas delirantes, trastornos del pensamiento (lentitud, disgregación), del lenguaje (neologismos, incoherencias, ensalada de palabras) y sensoriales (alucinaciones).

ESTABILIDAD f. Calidad de lo estable. || Tendencia de algo a mantenerse en el estado en que se halla, o a recuperar la posición de equilibrio, o los valores normales, tras haber sido perturbados. || Duración, fijeza.

ESTABILIZAR tr. y prnl. Poner algo o a alguien en una posición (material, psicológica, etc.) que le permita mantenerse en equilibrio.

ESTABLE adj. Duradero, invariable, permanente.

ESTABLECER tr. Instalar, fundar. || Fijar, mandar. || Exponer las bases de un sistema, principio, etc. || prnl. Afincarse en un sitio. || Poner un negocio por cuenta propia, o empezar a trabajar en cierto lugar.

ESTABLECIMIENTO m. Acción y efecto de establecer o establecerse. || Estatuto, reglamento. || Organismo, institución. || Cosa instituida. || Local donde se desarrolla una actividad comercial, profesional.

ESTABLO m. Sitio techado para encerrar el ganado. || Lugar sucio.

ESTACA f. Palo puntiagudo por un extremo apto para ser clavado. || Clavo largo para fijar vigas y tablas. || Garrote.

ESTACADA f. Obra de defensa, protección, etc., hecha con estacas hincadas en el suelo. || Sitio fijado para un desafío o batalla. || Lugar erizado de estacas.

ESTACAZO m. Golpe propinado con una estaca. || Perjuicio, crítica.

ESTACIÓN f. Situación presente de algo. || Cada una de las cuatro divisiones del año (primavera, verano, otoño, invierno). || Tiempo, época. || Punto de descanso en un recorrido. || Lugar de parada del transporte público (ferrocarril, autobús, metro, etc.), e instalaciones pertinentes para venta de billetes, trasvase viario o de vehículos, etc. || Punto desde el que se realiza un muestreo para la determinación de parámetros químicos, físicos o biológicos, y conjunto de instalaciones usadas para ello. || Emisora de radio o TV.

ESTACIONAMIENTO m. Acción y efecto de estacionar o estacionarse. || Sitio para aparcar.

ESTACIONAR tr. y prnl. Dejar, colocar en un sitio un vehículo durante un tiempo. || prnl. Pararse, permanecer estancado.

ESTACIONARIO, RIA adj. Que permanece en el mismo estado, que no sufre alteraciones o variaciones. || Se aplica al astro que está aparentemente detenido durante cierto tiempo. || Se dice de las ondas electromagnéticas que en todos sus puntos están en concordancia o en oposición de fase.

ESTADIO m. Instalación deportiva de grandes dimensiones, con graderías para espectadores. || Medida equivalente a casi doscientos metros. || Med. Fase transitoria de un proceso evolutivo; por extensión, fase en que se encuentra cualquier actividad.

ESTADISTA com. Técnico en estadística. || Persona especializada en asuntos estatales y políticos.

ESTADÍSTICA f. Sucesión numérica de datos sobre un tema; censo. || Ciencia cuyo propósito es la recopilación y agrupamiento con arreglo a un orden de datos numéricos sobre fenómenos naturales o sociales, y método que usa.

ESTADO m. Circunstancia en que se desenvuelve la vida de alguien o la evolución de algo. || En la sociedad estamental, cada una de las jerarquías en que se dividía. || Estructura permanente de dominación de una sociedad, sobre la cual, y en el territorio que ocupa, ejerce su autoridad con exclusión de cualquier otra. Son sus principales características: la permanencia (a diferencia del gobierno), la hegemonía (o exclusividad) del poder político (a diferencia de la nación), la legalidad de su organización y funciones y la universalidad de su autoridad en su ámbito. || En termodinámica, el e. de un sistema está determinado por tres variables: volumen, presión y temperatura.

ESTAFA f. Engaño cometido a otro defraudándolo en sustancia, cantidad, calidad, peso, medida, o aparentando bienes, crédito, apoderamiento, nombre fingido, utilizando firma en blanco o cualquier otro abuso semejante. || Por extensión, cualquier figura similar que implica abuso, aunque no sea delictiva.

ESTAFAR tr. Hacer una estafa. || No pagar.

ESTAFETA f. Oficina de correos. || Correo, especialmente el diplomático. || Despacho donde se recogen cartas para llevarlas posteriormente a la oficina central de correos.

ESTALACTITA f. Concreción calcárea, generalmente cónica irregular, que se forma hacia abajo a partir de los techos de las cuevas naturales, como consecuencia de la deposición de las sales de calcio contenidas en las aguas que se infiltran.

ESTALAGMITA f. Concreción calcárea, generalmente cónica irregular, que se forma hacia arriba en el suelo de las cavidades naturales, por deposición de las sales de calcio contenidas en el agua infiltrada que cae del techo y se evapora.

ESTALLAR intr. Romperse algo con presión, produciendo ruido. || Originarse un gran ruido repentino. || Chascar el látigo. || Acontecer de improviso una cosa. || Dar rienda suelta a un estado de ánimo.

ESTALLIDO m. Acción y efecto de estallar. || Final brusco y calamitoso de algo.

ESTAMBRE m. Lana en bruto, de hebras largas. || Urdimbre. || Cada uno de los filamentos que están en el interior del cáliz de las flores. Producen el polen. || Órgano masculino de la flor.

ESTAMPA f. Hoja impresa de un grabado, especialmente de temática religiosa. || Impresión, imprenta. || Figura de cuerpo entero de una persona o animal. || Apariencia. || Representación de una cualidad o atributo.

ESTAMPAR tr. Efectuar una estampación. || Dejar rastro una cosa en otra. || Inculcar algo en la mente. || Lanzar violentamente algo, aplastándolo.

ESTAMPIDO m. Detonación, ruido seco.

ESTAMPILLA f. Sello, generalmente de goma, en que está impresa la firma de una persona. || Sello con rótulo. || Sello de correos.

ESTANCAR tr. y prnl. Suspender el iluir de una cosa, generalmente un líquido. || Paralizar la marcha de una cuestión, negocio, etc. || tr. Hacer que una mercancía sea de venta exclusiva del Estado o de una entidad.

ESTANCIA f. Permanencia y alojamiento en un lugar. || Habitación o sala de una vivienda. || Cada día que pasa un enfermo en el hospital y cantidad que paga por ello. || En una canción renacentista, cada una de las estrofas que la componen.

ESTÁNDAR adj. Se dice del producto fabricado en serie de forma masiva. || m. Patrón, pauta, modelo.

ESTANDARTE m. Pendón o bandera que lleva el distintivo propio de una corporación, orden, etcétera. || Idea o ideario que una persona o grupo asumen como guía.

ESTANQUE m. Depósito artificial de agua para el riego, reproducción de peces u ornamentación de jardines y parques.

ESTANTE m. Tabla horizontal sujeta a una pared, armario, etc., para colocar objetos. || Cada uno de los pies del armazón de un torno.

ESTAÑAR tr. Dar un baño de estaño. || Soldar con estaño.

ESTAÑO m. (Sn) Elemento químico del grupo IVa de la tabla periódica. La casiterita (SnO_2) es su principal mena. Es un metal sólido de color blanco plateado, dúctil y maleable. Estable al aire y a la humedad. Soluble en ácido sulfúrico diluido y caliente y en agua regia. Se usa para fabricar hojalata, para aleaciones de soldar, como protector de metales frente a la corrosión, conservante, etcétera.

ESTAR intr. y prnl. Existir, encontrarse en una situación o de cierta manera. || Corresponder. || Quedar o no algo a la medida; se usa especialmente con prendas de vestir. || Seguido de determinados adjetivos, poseer o experimentar lo que éstos expresan. || Adquiere diferentes valores según la preposición que lo acompañe: con a y una fecha indica el día en que se está; con a y algunos nombres, comprometerse a realizar lo que éstos significan; con a y una expresión temporal y cuantitativa, valorar lo que ésta indica (*las acciones están a 32 dólares hoy*); seguido de *con* y un nombre de persona, convivir o estar en su compañía; con *de*, estar haciendo algo o a punto de hacerlo (*estar de exámenes*), llevar a cabo una función (*estar de portero*); con *en* (se usa siempre en tercera persona), ser origen o motivo de algo; persistir en un pensamiento, asunto, idea; con *para* y ciertos infinitivos o sustantivos, estar próximo a ejecutar lo que éstos especifican; con *por*, tomar partido por alguien; con *por* y ciertos infinitivos, no haberse realizado todavía, haber desistido en una acción, o estar resuelto a llevarla a cabo; con *sobre*, tener bajo la responsabilidad; con *tras*, seguir algo o a alguien. || Seguido de *que* y un verbo, encontrarse como éste indica. || prnl. Permanecer o hacer tiempo. || Forma la pasiva de determinados verbos (*la obra ha estado interpretada por dos actores*). || Con el gerundio denota una acción continuada (*estoy escribiendo*). || Acompañado de un participio, añade a éste un matiz perfectivo.

ESTÁTICO, CA adj. Relativo a la estática. || Que permanece inmutable. || Que se queda pasmado o alelado. || f. Parte de la mecánica que estudia los sistemas en equilibrio. || Método de análisis económico que estudia las variables en situación de equilibrio.

ESTATUA f. Figura de persona, animal u objeto esculpida en bulto redondo, aislada. || Persona rígida y poco expresiva, alelada.

ESTATUIR tr. Instituir, mandar. || Probar, demostrar la veracidad de algo.

ESTATURA f. Medida de una persona de los pies a la cabeza.

ESTATUTO m. Norma, ley. || Régimen jurídico a que están sometidos los habitantes de un territorio o los que ejercen determinadas profesiones. || pl. Conjunto normativo de una institución.

ESTE, TA Partícula deíctica (gén. masc. y fem.; pl., estos, estas) que funciona como adj. o como pron. dem. (en este último caso lleva acento). Señala una persona o cosa próxima a quien habla, o algo que se acaba de mencionar. Pospuesta al nombre, le confiere valor despectivo (*el tío este*). || Referido a un tiempo determinado (año, día, mes), el presente. || Designa a una persona presente (*aquí ésta no quiere*). || En una carta, y en femenino, población desde donde se escribe. || A veces, en femenino, lleva implícito el significado de situación, vez, ocasión, etc. (*de ésta no salgo*). || en *éstas* Entretanto. || *ésta y no más* Con una vez basta.

ESTE m. Punto del horizonte sensible por donde sale el Sol en los equinoccios. || Mar. Levante, oriente.

ESTELA, 1 f. Vestigio o señal que deja algo que se mueve en el agua o en el aire. || Por extensión, rastro que deja cualquier cosa o persona.

ESTELA, 2 f. Monolito funerario o conmemorativo, grabado con inscripción o relieve.

ESTELAR adj. Relativo a las estrellas. || fig. De suma importancia.

ESTENOTIPIA f. Máquina para escribir a la velocidad de la palabra hablada, imprimiendo letras y signos que representan sonidos o sílabas mediante escaso número de teclas.

ESTENTÓREO, A adj. Se dice del sonido intenso y elevado.

ESTEPA f. Tipo de vegetación formada fundamentalmente por especies herbáceas (gramíneas) y también con árboles aislados. Existen e. en todos los continentes, bajo climas cálidos o fríos.

ESTERCOLERO, RA m. y f. Persona que se dedica a recoger el estiércol. || m. Sitio en que se acumula el estiércol. || Sitio muy sucio. || Lugar donde ocurren cosas inmorales o vergonzosas.

ESTÉREO m. Unidad para medir la leña que equivale a 1 m^3. || Aparato estereofónico.

ESTEREOTIPO m. Concepción simple y muy arraigada que se tiene, individual o colectivamente, de una persona, un hecho o un fenómeno. || Cliché de imprenta, de colada de plomo.

ESTÉRIL adj. Que padece esterilidad. || Árido, infecundo. || Se aplica al año de poca cosecha, y a la época de mucha necesidad. || Se dice de los medios exentos de microorganismos (salas hospitalarias, material quirúrgico, alimentos, bebidas, cultivos bacterianos, etc.). Para lograrlo se siguen los procesos de esterilización. || Se dice de las rocas que no contienen ningún mineral útil.

ESTERILIZAR tr. Provocar la esterilidad de algo o alguien mediante esterilización. || prnl. Hacerse esterilizar. || Volverse estéril.

ESTERNÓN m. Hueso impar y aplanado situado en la parte anterior del tórax. Se articula con ambas clavículas y con las costillas por medio de los cartílagos costales. Tiene tres segmentos; de arriba abajo: manubrio, cuerpo y apófisis xifoides. || El situado en el tórax de las aves y que sostiene a la quilla.

ESTERTOR m. Respiración ruidosa de los moribundos. || Sonido respiratorio patológico percibido por auscultación torácica.

ESTETA com. Versado en estética. || Persona de exquisito gusto artístico.

ESTÉTICO, CA adj. Relativo a la estética. || Que puede percibir o sentir la belleza. || Elegante, bello. || Se aplica a una rama de la cirugía que se ocupa de reparar defectos físicos, cicatrices, arrugas, etc. || En relación con la cirugía plástica. || m. y f. Esteta. || f. Disciplina filosófica que estudia la idea de lo bello en la naturaleza y en el arte.

ESTETOSCOPIO m. Instrumento de forma cilíndrica que permite la auscultación general torácica, y también de otras partes, p. ej., la auscultación fetal.

ESTIAJE m. Disminución del caudal de un río en una época determinada. || Periodo de duración de la misma.

ESTIBAR tr. Comprimir cosas para ahorrar espacio.

ESTIÉRCOL m. Excremento de los animales. || Abono para las tierras a base de excrementos.

ESTIGMA m. Indicio o huella en un cuerpo. || Huella persistente de una enfermedad, generalmente hereditaria. || Cada uno de los orificios respiratorios que a nivel del tegumento comunican el exterior con el sistema traqueal; presentes en insectos, arácnidos y miriápodos. || Órgano fotorreceptor, en forma de mancha roja por la presencia de carotenoides, presente en alguna especies de flagelados. || Infamia, deshonor.

ESTIGMATIZAR tr. Imprimir estigmas. || Descalificar, criticar públicamente.

ESTILAR tr., intr. y prnl. Usar, ser la moda. || tr. Redactar un documento en el estilo adecuado.

ESTILETE m. Punzón que se usaba para escribir. || Indicador de un reloj solar. || Púa. || Puñal muy agudo. || Pequeña sonda metálica. || Pieza bucal de los insectos, rígida y afilada, que las especies picadoras usan para perforar la piel.

ESTILISTA com. Orador o escritor que se caracteriza por lo distinguido y depurado de su lengua; por extensión, se usa para los toreros, boxeadores, futbolistas, etc. preocupados por la finura y elegancia de sus acciones.

ESTILIZAR tr. Resaltar las notas características de un objeto.

ESTILO m. Punzón usado antiguamente para escribir sobre superficies blandas. || Por extensión, serie de elementos técnicos e iconográficos que caracterizan la obra de un autor, una escuela, una región o un periodo histórico. || En literatura, peculiar manejo de la lengua de cada autor. || Moda, hábito. || Parte superior del ovario de la flor, terminado en uno o más estigmas; su longitud es variable en las distintas especies.

ESTILOGRÁFICO, CA adj. y f. Se dice de la pluma que se alimenta de la tinta contenida en un depósito interior, y de lo escrito con ella. || adj. y m. Por extensión, se aplica al lápiz con minas de recambio.

ESTIMA f. Valor y afecto que se deposita en una persona o cosa. || Aproximación con que calcula un marino la situación en que se encuentra su buque.

ESTIMACIÓN f. Precio en que se valora una cosa. || Estima, aprecio. || Cálculo aproximado.

ESTIMAR tr. Valuar, tasar. || Creer, opinar. || tr. y prnl. Considerar, valorar bien a una persona o cosa.

ESTIMULANTE adj. y com. Que estimula o anima. || adj. y m. Se dice de las sustancias, especialmente fármacos, que al actuar sobre el organismo causan una excitación de las diversas funciones fisiológicas.

ESTIMULAR tr. Pinchar, aguijar. || Incitar, animar.

ESTÍMULO m. Lo que sirve para excitar o animar. || Cualquier causa que al actuar sobre el organismo provoca una respuesta o reacción, especialmente refleja. || *específico* El adecuado para activar una determinada función fisiológica.

ESTÍO m. Verano.

ESTIPENDIO m. Remuneración, paga.

ESTIPULACIÓN f. Convenio verbal. || Cláusula que aparece en un contrato o en cualquier otro documento.

ESTIPULAR tr. Concertar, acordar, pactar. || Establecer un contrato.

ESTIRAR tr. y prnl. Hacer una cosa más larga tirando de sus extremos. || Alisar algo con la mano. || tr. Planchar la ropa por encima. || Hacer la cama descuidadamente, por encima. || Aprovechar bien el dinero. || Llevar una cosa hacia un lugar tirando de ella.

ESTIRÓN m. Acción de estirar violentamente. || Aumento de altura en poco tiempo.

ESTIRPE f. Línea genealógica de una familia de abolengo. || En una sucesión hereditaria, conjunto de personas que forman la descendencia de un sujeto.

ESTO pron. dem. n. (éste). No puede funcionar como adjetivo; no se acentúa. || Lo mismo. || *en e.* Entonces, en aquel momento. || En éstas. || *e. y lo otro y lo demás allá,* o *que si e. o lo otro* Expresión para enumerar una relación indeterminada de cosas o hechos.

ESTOCADA f. Golpe de punta con la espada o estoque. || Herida producida por dicho golpe.

ESTOFA f. Tejido con dibujos, generalmente de seda. || Condición, clase.

ESTOICISMO m. Una de las escuelas filosóficas griegas más duraderas y consistentes. Basada en la lógica formal y la filosofía del lenguaje (filosofía racional) y en un materialismo dinamicista (filosofía real), desarrolló la ética del consentimiento con el devenir universal, el dominio de las pasiones, la imperturbabilidad (*apatheia*), la fraternidad universal y el cosmopolitismo. || Autodominio.

ESTOICO, CA adj. Relativo al estoicismo. || adj. y s. Que sigue esta doctrina. || Imperturbable, que demuestra entereza.

ESTOMACAL adj. Gástrico. || adj. y m. Se aplica a los fármacos y licores que estimulan la secreción gástrica o facilitan la digestión.

ESTÓMAGO m. Órgano en forma de bolsa que constituye parte del tubo digestivo. Es continuación del esófago, con el que comunica por el orificio llamado cardias, e igualmente se continúa y comunica con el duodeno a través del píloro. Se halla debajo del diafragma, ocupando el epigastrio. Las paredes están formadas por cuatro túnicas o capas: mucosa, submucosa, muscular y serosa.

ESTOPA f. Restos de hilo o cáñamo que quedan enganchados en el rastrillo. || Tejido grueso hecho con la hilaza de la estopa. || Jarcia vieja que se utiliza para calafatear.

ESTOQUE m. Espada estrecha afilada sólo en la punta. || Espada insertada en un bastón.

ESTORBAR tr. Impedir la realización de algo. || Enfadar, incordiar.

ESTORBO m. Persona o cosa que estorba.

ESTORNUDAR intr. Realizar estornudos.

ESTORNUDO m. Expulsión violenta de aire por las fosas nasales que sigue a una inspiración profunda. Es un acto generalmente reflejo, cuya finalidad es mantener expeditas las vías aéreas altas.

ESTRABISMO m. Defecto de paralelismo de los ejes oculares, que determina la desviación de uno de los ojos respecto a su posición normal (bizquera).

ESTRADO m. Tarima para el trono o para la presentación de un acto importante. || Lugar de honor reservado para actos solemnes. || Enrejado de madera en que se colocan los panes amasados antes de introducirlos en el horno. || Recinto de la bolsa destinado a los agentes. || Conjunto de agentes de cambio especializados en un tipo de operaciones. || pl. Salas de los tribunales. || Lugar donde se fijan las citaciones y notificaciones de los jueces.

ESTRAFALARIO, RIA adj. y s. Extravagante en el vestir, desgarbado. || Extraño en el modo de actuar o de pensar.

ESTRAGAR tr. y prnl. Estropear, degradar. || tr. Producir estrago.

ESTRAGO m. Matanza, ruina; suele usarse en plural.

ESTRAMBOTE m. Verso o versos que se añaden al final de una composición poética que no tendría por qué incluirlos.

ESTRAMBÓTICO, CA adj. fam. Raro, excéntrico.

ESTRANGULAR tr. y prnl. Hacer presión sobre el cuello de una persona o animal, hasta ahogarlo. || tr. Ligar un miembro, para dificultar la circulación de la sangre por él. || Dificultar o interrumpir el flujo de un gas o un líquido por un conducto. || Reprimir bruscamente un proyecto o un movimiento social.

ESTRATAGEMA f. Celada, trampa en una guerra. || Fingimiento, treta.

ESTRATEGIA f. En técnica militar, formulación de los objetivos últimos de una operación y de los medios necesarios para su éxito. || Habilidad para conducir un asunto. || Impropiamente, táctica.

ESTRATIFICAR tr. Superponer cosas. || tr. y prnl. Formar capas o estratos.

ESTRATO m. Cada una de las capas, bandas, franjas, pieles, etc., en que se estructura algo.

ESTRATOSFERA f. Parte de la atmósfera, situada sobre la troposfera, que se extiende entre los 12 y los 40 km de altura media; los gases se hallan en reposo.

ESTRECHAR tr. Disminuir en anchura una cosa. || Constreñir, apurar. || Forzar a alguien a que lleve a cabo una acción. || Abrazar a alguien. || prnl. Recogerse, ceñirse. || Limitar los gastos. || prnl. y tr. Acrecentar el afecto, la amistad, etcétera.

ESTRECHEZ f. Falta de anchura. || Restricción del tiempo. || Efecto de estrechar. || Unión íntima de dos o más cosas. Relación afectiva muy sólida. || Situación apurada o muy extrema. || Sobriedad en la forma de vivir. || Penuria económica. || Estenosis. || *de criterios*, o *de miras* Escasez de juicios de referencia con los que valorar algo, y aplicación rígida de los mismos.

ESTRECHO, CHA adj. De escasa anchura. || Que comprime o ciñe. || Corto, mezquino. || Muy íntimo. || adj. y s. fam. Beato, carca. || Estricto, severo, chapado a la antigua. || Austero. || Apocado. || Tacaño. || Reprimido sexual, pudibundo. || m. Brazo de agua que comunica entre sí dos mares u océanos. || Cada una de las aberturas pélvicas.

ESTREGAR tr. y prnl. Restregar una cosa con otra para limpiarla, darle brillo, etcétera.

ESTRELLA f. Cuerpo celeste, casi esférico, compuesto de gases, y que brilla con luz propia; algunas aparecen en parejas o en grupos girando en torno a un centro común, otras en enjambres. La temperatura superficial oscila entre 3 000 y 20 000 °K; la del núcleo puede superar los 10^8 °K. El tamaño varía; las más pequeñas son apenas más grandes que la Tierra, mientras que las mayores son millones de veces más grandes que el Sol. Las e. se forman a partir de materia interestelar que se condensa por efecto de la fuerza gravitatoria.

ESTRELLAR tr. y prnl. Cubrir de estrellas. || Lanzar con fuerza algo contra un objeto. || tr. Freír huevos. || prnl. Chocar violentamente contra algo. || Salir malparado en un asunto, por encontrar impedimentos infranqueables. || Tener un encontronazo con alguien.

ESTREMECER tr. Producir una conmoción o temblor. || Alterar el ánimo un hecho inesperado. || prnl. Experimentar una sacudida por el frío, miedo, etc. || Sobresaltarse o conmoverse.

ESTRENAR tr. Utilizar una cosa por primera vez. || Dar la primicia de una obra artística. || prnl. Comenzar a ejercer un empleo o actividad artística. || Realizar la primera venta del día.

ESTRENO m. Acción y efecto de estrenar o estrenarse. || Primera representación de un espectáculo, especialmente cinematográfico, de teatro o de ópera.

ESTREÑIDO, DA adj. Que sufre estreñimiento. || Miserable, ruin.

ESTREÑIMIENTO m. Acción y efecto de estreñir o estreñirse. || Insuficiente evacuación del intestino grueso.

ESTRÉPITO m. Tumulto, fragor. || Pompa de que se reviste una acción.

ESTREPTOCOCO m. Variedad de cocos en cadena. || Nombre común a diversas bacterias, de la familia Lactobaciláceas. Generalmente inmóviles y no capsuladas; grampositivas.

ESTREPTOMICINA f. Antibiótico descubierto por Waksman en 1943 a partir de un cultivo de *Streptomices griseus*. Muy activo frente al bacilo tuberculoso.

ESTRÍA f. Acanaladura vertical del fuste de una columna. || Por extensión, hendidura de un cuerpo. || pl. Líneas de color violáceo (posteriormente adquieren tono blanquecino) que se forman en la piel, tras una distensión de los tejidos, especialmente durante el embarazo.

ESTRIAR tr. Formar estrías. || prnl. Originarse surcos en una cosa.

ESTRIBACIÓN f. Conjunto de montañas laterales, generalmente más bajas, de una cordillera.

ESTRIBAR intr. Reposar el peso sobre algo fijo y resistente. || Basarse, fundamentarse. || prnl. Caer un jinete, quedándose enganchado en el estribo.

ESTRIBILLO m. Verso o versos que en una composición poética suelen servir de introducción y se repiten total o parcialmente al final de una o más de las estrofas. || Muletilla, repetición.

ESTRIBO m. Pieza de la silla de montar, para apoyar el pie. || Parte de un vehículo donde se ponen los pies, para subir o bajar de él. || Pieza de una motocicleta para apoyar los pies. || Abrazadera metálica para afianzar ciertas piezas. || Contrafuerte (cadena montañosa). || Base, sostén. || Huesecillo del oído medio, articulado por su cabeza con el yunque; su base se halla insertada en la ventana oval.

ESTRIBOR m. Lado derecho de una nave, de popa a proa.

ESTRICNINA f. Alcaloide de la nuez vómica y de la haba de San Ignacio. Cristaliza en prismas insolubles en agua y solubles en cloroformo. Altamente tóxico; usado como veneno.

ESTRICTO, TA ad. Que se ciñe totalmente a una ley o necesidad. || Exacto, poco flexible.

ESTRIDENTE adj. Se dice del ruido molesto y penetrante. || Exagerado, chocante.

ESTROFA f. Cualquiera de las partes de una composición poética que consta de un determinado número de versos ordenados según un modelo que tiende a repetirse. Normalmente, la e. responde también a una cierta unidad sintáctica o de sentido.

ESTRÓGENO m. Cada una de las hormonas producidas por los ovarios, placenta, glándulas suprarrenales y testículos. Son esteroles y regulan el desarrollo de la actividad del aparato sexual femenino y los caracteres secundarios.

ESTRONCIO m. (Sr) Elemento químico del grupo IIa de la tabla periódica. Metal blanco argentino, dúctil, que en el aire se oxida. No es tóxico. Reacciona con el agua y se disuelve en los ácidos (desprendiendo hidrógeno) y en amoniaco (dando color azul). Las sales de estroncio dan coloración rojiza a la llama.

ESTROPEAR tr. y prnl. Lastimar, dañar. || Frustrar un negocio, idea, etc. || tr. Desgraciar, desvirtuar.

ESTROPICIO m. Desorden, rotura de cosas pequeñas que ocasionan mucho ruido. || Por extensión, bullicio, estrépito.

ESTRUCTURA f. Conjunto de elementos organizados e independientes; su análisis, pues, no puede limitarse al de los elementos que lo integran sino especialmente a las relaciones que los ligan y en función de las cuales adquieren significado. || Forma en que se organizan, distribuyen y traban los elementos, las partes o las características de un todo.

ESTRUENDO m. Ruido intenso. || Jaleo, bulla. || Ostentación, alharaca.

ESTRUJAR tr. Exprimir una cosa. || Oprimir o presionar hasta causar daño. || Extraer de algo todo lo que se pueda. || Desfigurar o estropear algo apretándolo.

ESTUARIO m. Zona de la desembocadura de un río, generalmente en forma de embudo. Tiene lugar una mezcla de agua dulce y salada, potenciada por la acción de las mareas. || Estero.

ESTUCAR tr. Aplicar una capa de estuco. || Disponer sobre una columna, muro, etc., las piezas de estuco.

ESTUCO m. Masa preparada con yeso blanco y agua de cola. || Pasta de cal apagada y polvo de mármol usada para cubrir muros, hacer molduras o decorar paredes con relieves.

ESTUCHE m. Caja o funda en que se guardan una o varias cosas; por extensión, cualquier envoltura que contiene algo.

ESTUDIANTE adj. y com. Que estudia. || Se aplica especialmente al que realiza estudios de bachillerato o universitarios.

ESTUDIAR tr. Desarrollar la comprensión para entender algo. || Memorizar una lección, o materia. || tr. e intr. Realizar estudios en un centro docente.

ESTUDIO m. Acción de estudiar. || Trabajo empleado para asimilar y poder desarrollar una ciencia, arte, etc. || Ensayo en que un autor plantea sus teorías acerca de un tema. || Lugar de trabajo de un artista o profesional. || Local acondicionado para realizar filmes, fotografías, emisiones radiofónicas o televisivas. || Composición musical escrita como medio didáctico para ejercitar el mecanismo o la voz y superar las dificultades técnicas. || Dibujo o pintura no muy detallados que se usan como análisis previo a la confección definitiva de una pintura o escultura. || pl. Conjunto de conocimientos que conforman una materia. || Cursos de un periodo docente o de una carrera.

ESTUDIOSO, SA adj. y s. Dedicado al estudio. || Especialista, erudito.

ESTUFA f. Aparato para calentar el ambiente de un recinto mediante irradiación o convección por calor generado con electricidad o combustibles. || Aparato para secar o mantener caliente algo.

ESTUPEFACCIÓN f. Asombro, estupor.

ESTUPEFACIENTE adj. y m. Se dice de los medicamentos narcóticos, generalmente opiáceos y derivados de la cocaína, usados para calmar el dolor y cuyo uso crea habituación.

ESTUPEFACTO, TA adj. Atónito, maravillado.

ESTUPENDO, DA adj. Magnífico, portentoso.

ESTÚPIDO, DA adj. y s. Corto de entendederas. || adj. Se aplica a los dichos o hechos propios de un estúpido.

ESTUPOR m. Estado de inconsciencia relativa, con inhibición psicomotriz y falta de respuesta a los estímulos. || Admiración, pasmo.

ESTUPRO m. Coito con una mujer de edad entre los 12 y 18 años, mediante engaño, abuso de confianza de quien ostenta autoridad sobre la víctima o aprovechamiento de imperiosa necesidad de la misma, pero sin mediar violencia.

ETAPA f. Alto en la marcha de una tropa, para hacer noche. || Espacio recorrido entre un alto y otro. || Ración de comida de la tropa. || En prueba ciclista o automovilística de carretera, tramo recorrido de una sola vez. Puede ser contrarreloj o en línea. || Estadio o fase en el decurso de una obra. || En aeronáutica, sector del cohete que se corresponde a una fase en la propulsión sucesiva. || Cada válvula electrónica o transistor agregados a sus circuitos de acoplamiento. || *por etapas* Realización sucesiva de algo con lógica interna.

ETCÉTERA m. Voz utilizada en una enumeración para indicar que se omite parte de ésta. Se representa con *etc.* o &.

ÉTER m. Hipotética sustancia fluida sin masa que se suponía llenaba todo el espacio; por extensión, el espacio. || Denominación genérica de una serie de compuestos orgánicos cuya molécula está formada por dos radicales hidrocarbonados unidos a un átomo de oxígeno. Solubles en acetona, alcohol y en hidrocarburos. Se usan como disolventes y como sustancias intermedias en muchas reacciones de síntesis orgánica. || *de petróleo* Mezcla de sustancias ligeras que resulta de la destilación de petróleo.

ETÉREO, A adj. Relativo al éter y al cielo. || Sutil, elevado.

ETERNIDAD f. Duración infinita; sin fin. || Sinónimo de intemporalidad cuando se aplica a la validez de un teorema matemático. || Por extensión, periodo muy largo. || Vida del espíritu tras la muerte corporal. || Cielo.

ETERNO, NA adj. Sin principio ni fin. || Repetitivo, duradero. || Que tiene una existencia válida y universal en cualquier época. || Divino.

ÉTICO, CA adj. Relativo a la ética. || m. y f. Teórico de la ética. || f. Parte de la filosofía que tiene por objeto "lo bueno moral", o la conducta humana en tanto que merecedora de un juicio de aprobación o desaprobación. Constituye el eje que vertebra la acción moral del hombre, al que impone una normativa en sus costumbres, pensamientos y actos. || Conjunto de principios morales que regulan el comportamiento y relaciones humanas.

ETIMOLOGÍA f. Ciencia cuyo objeto de estudio es el origen de las palabras de una lengua, buscando en cada caso su ascendencia y evolución concretas. || Derivación o procedencia de una palabra.

ETIQUETA f. Conjunto de normas propias de ciertos actos públicos o solemnes. || Por extensión, distinción en el trato. || Letrero que se pega o sujeta a algo para especificar su contenido. || En informática, caracteres que tienen la función de identificar o referenciar documentos, instrucciones y posiciones de memoria en un programa. || En los ficheros y cintas, identificador al principio y final de los mismos. || *de e.* Solemne. || *traje de e.* Chaqué, frac.

ÉTNICO, CA ad. Relativo a la raza. || Gentilicio.

ETNOGRAFÍA f. Ciencia que describe las costumbres y las tradiciones de los pueblos.

ETNOLOGÍA f. Ciencia que estudia las etnias, los pueblos y sus culturas.

ETOPEYA f. En literatura, retrato moral, descripción del carácter, hábitos, etc., de una persona.

ETRUSCO, CA adj. y s. Se dice del pueblo que habitaba en la región de Etruria desde los siglos VIII-I a. C., y que en el siglo III a. C. fue absorbido por los romanos.

EUCARISTÍA f. Sacramento que consiste en la transubstanciación del pan y del vino en cuerpo y sangre de Cristo, como signo de su permanencia entre sus fieles.

EUFEMISMO m. Cualquier palabra que se usa para evitar pronunciar otra mal vista socialmente o en determinado entorno. || Proceso lingüístico que provoca dicha sustitución.

EUFONÍA f. Musicalidad, buen sonido que posee una palabra, frase, etc., de la lengua.

EUFORIA f. Sensación de bienestar derivado de una buena salud, goce, etc., o bien por influencia de la droga. || Exteriorización de un estado anímico.

EUGENESIA f. Ciencia que estudia la mejora de las razas de plantas y animales desde un enfoque puramente biológico y en función de los caracteres hereditarios.

EUNUCO m. Hombre castrado. En las cortes de la antigüedad sirvieron para custodia de las mujeres y llegaron a ocupar importantes cargos de gobierno (Persia, imperio romano, Bizancio, China, Islam). En Europa (siglos XVII-XIX) actuaron como cantantes.

¡EUREKA! Exclamación, atribuida a Arquímedes, que denota sorpresa o alegría por haber encontrado algo buscado con ahínco.

EUROPEIZAR tr. y prnl. Propagar en otro pueblo la cultura y costumbres europeas.

EUTANASIA f. Muerte sin padecimiento físico; se refiere especialmente a la provocada.

EVACUAR tr. Vaciar o abandonar un lugar. || Expulsar los excrementos. || Llevar a cabo un negocio, asunto, trámite, etc. || Marchar la tropa de un lugar.

EVADIR tr. y prnl. Esquivar un peligro o situación difícil. || prnl. Fugarse, escabullirse.

EVALUACIÓN f. Acción y efecto de evaluar. || Estimación de los conocimientos adquiridos y las aptitudes desarrolladas por un alumno en un periodo determinado. || *continua* Aquella que se desarrolla a lo largo de todo el curso académico y no sólo en momentos puntuales (exámenes, trabajos, etc.). || *final* La que a final de curso valora todo el año docente. || *global* Determinación de la cuantía de bienes patrimoniales, a efectos fiscales.

EVALUAR tr., Apreciar, calcular el valor de algo. || Examinar.

EVANGÉLICO, CA adj. Relativo al evangelio. || Se dice de las iglesias surgidas de la Reforma (siglo XVI): luterana, calvinista, presbiteriana, metodista, baptista, etc., englobadas en el movimiento conocido como protestantismo. Tienen de común el retorno a las fuentes del evangelio y la simplificación de los ritos litúrgicos.

EVANGELIO m. Cada uno de los cuatro relatos del Nuevo Testamento sobre la vida y obras de Jesús, atribuidos a Mateo, Marcos, Lucas y Juan (e. *canónicos*). || Doctrina cristiana. || Parte de la misa en la que se leen fragmentos de los e. || Conjunto de creencias o ideología de una persona.

EVANGELISTA m. Cada uno de los cuatro autores a quienes se les atribuye los evangelios canónicos: Mateo, Marcos, Lucas y Juan. || Divulgador del evangelio, o lector o cantor del mismo en la misa.

EVANGELIZAR tr. Propagar el evangelio.

EVAPORACIÓN f. Paso de los líquidos a gases a una temperatura inferior a la de ebullición. La e. es gradual y se realiza en la superficie del líquido.

EVAPORAR tr. y prnl. Efectuar una evaporación. || Volatilizar. || Hacer desaparecer. || Prnl. fam. Marcharse, irse.

EVASIÓN f. Evasiva. || Fuga de la cárcel, escapada. || *de capitales* Exportación ilegal de dinero. Generalmente relacionada con razones políticas (crisis de poder, etc.), o económicas, tanto nacionales (perspectivas de devaluación, etc.) como exteriores (altas tasas de interés).

EVASIVO, VA adj. Que contiene o propicia una evasiva. || f. Pretexto para esquivar una situación, problema, etcétera.

EVENTO m. Hecho imprevisto. || Acontecimiento, suceso pasado; es anglicismo.

EVENTUAL adj. Ocasional, circunstancial. || Se dice del suplemento que se añade a un sueldo estipulado. || adj. y com. Se dice del trabajador que no está fijo en una empresa.

EVIDENCIA f. Carácter de lo que se impone a la inteligencia como manifiestamente verdadero, como dato inmediato de la experiencia (e. *empírica*) o como concerniente a los principios de la razón (e. *racional*).

EVIDENTE adj. Manifiesto, palpable, patente. || Expresión de conformidad por lo manifestado por alguien.

EVITAR tr. Sortear, detener un peligro, incomodidad, etc. || Rehuir a alguien. || prnl. Escaparse de algo molesto.

EVOCAR tr. Rememorar algo. || Recordar una cosa por similitud o concomitancia con otra. || Invocar a los espíritus y a los muertos mediante conjuros.

EVOLUCIÓN f. Acción y efecto de evolucionar. || Desarrollo que experimentan las cosas o los organismos. || Desplazamiento de tropas, buques de guerra, etc. || Modificación de la conducta, el pensamiento o la actitud de alguien. || Movimiento de una persona o cosa al girar. || Cambio progresivo de las ideas o teorías.

EVOLUCIONAR intr. Cambiar paulatinamente una persona o cosa. || Efectuar evoluciones. || Variar una persona su modo de vivir, principios, etcétera.

EXACCIÓN f. Acción y efecto de reclamar impuestos y tributos. || Cobro improcedente y forzado.

EXACERBAR tr. y prnl. Enfurecer, exasperar. || Agudizar una pasión, enfermedad, etcétera.

EXACTITUD f. Rigor y precisión en el cometido de algo.

EXACTO, TA adj. Preciso, puntual.

EXAGERACIÓN f. Acción y efecto de exagerar. || Cosa o hecho que excede de lo normal, equitativo, etcétera.

EXAGERAR tr. Aumentar, extremar las cosas, hacerlas traspasar su justo límite.

EXALTAR tr. Ensalzar a una persona o cosa. || Poner de relieve las virtudes o cualidades de alguien. || prnl. Enardecerse.

EXAMEN m. Observación y análisis detallado de las cualidades y circunstancias que conforman una cosa. || Prueba con que se evalúa la aptitud de alguien para un oficio, cargo, etc., o se comprueba el nivel de los alumnos.

EXAMINAR tr. Explorar, estudiar con minuciosidad una cosa. || Verificar la calidad de algo. || tr. y prnl. Sondear la aptitud de alguien para el ejercicio de un cargo, empleo, etc., o de los alumnos para aprobar un curso.

EXANGÜE adj. Desangrado, escaso de sangre. || Sin ánimos, abatido. || Muerto.

EXÁNTEMA m. Lesión eruptiva cutánea; puede ser de tipo eritematoso, maculopapuloso o vesicular. Se presenta en ciertas enfermedades infecciosas, en especial de la infancia, y en intoxicaciones.

EXASPERAR tr. y prnl. Agudizar el dolor. || Enojar en exceso.

EXCAVACIÓN f. Acción y efecto de excavar. || Estructura anatómica con forma de cavidad (e. pelviana). || *arqueológica* La que se realiza para sacar a la luz estructuras urbanas, edificios y otros restos de antiguas culturas.

EXCAVADOR, RA adj. y s. Que excava. || f. Máquina para realizar trabajos de excavación y desmonte. Consta de una cuchara o pala mecánica, montada sobre un vehículo.

EXCAVAR tr. Practicar un hoyo, zanja, galería, etc. || Separar la tierra que hay alrededor de una planta para airearla.

EXCEDENTE adj. Que sobrepasa, o que sobra. || adj. y m. Se dice del empleado que voluntariamente y con licencia deja su puesto de trabajo por un tiempo largo. || m. Diferencia contable entre recursos y desembolsos. || Diferencia entre el producto social y el coste de los factores empleados para obtenerlo.

EXCEDER tr. Aventajar o sobrepasar una persona o cosa a otra. || intr. y prnl. Extralimitarse.

EXCELENCIA f. Condición de excelente. || Perfección y virtud de una cosa. || Tratamiento honorífico de ciertos altos cargos civiles o militares. || *por e.* En muy alta estima. || Por antonomasia.

EXCELENTE ad. Que destaca en méritos, cualidades, condiciones, etcétera.

EXCELSO, SA adj. Muy elevado, prominente. || Aplicado como elogio expresa la especial superioridad de algo o alguien.

EXCENTRICIDAD f. Calidad de excéntrico. || Dicho o hecho raro o estrafalario. || Condición de lo que se considera fuera de su centro. || Relación constante entre la distancia de un punto de una cónica y uno de los focos y su distancia a la directriz correspondiente a dicho foco.

EXCÉNTRICO, CA adj. y s. Que es raro, estrafalario. || adj. Que se halla fuera del centro o posee un centro distinto. || m. y f. Persona que en el circo o las variedades actúa como gracioso. || f. Pieza de un mecanismo cuyo punto de giro queda fuera de su centro geométrico; usado para convertir un movimiento rotativo en otro rectilíneo alterno o viceversa.

EXCEPCIÓN f. Acción y efecto de exceptuar. || Persona o cosa que se aparta de la norma. || En un proceso, medio por el cual el demandado se defiende de las pretensiones hechas por el demandante, argumentando en contra razones formales, sin entrar en el fondo del pleito. || *de e.* Privilegiado. || Magnífico.

EXCEPTO adv. A excepción de, salvo.

EXCEPTUAR tr. y prnl. Apartar algo o a alguien de las normas establecidas.

EXCESO m. Lo que sobrepasa de aquello que es o debería ser normal. || Cantidad en que es mayor una cosa con respecto a otra. || Exageración. || Abuso. || pl. Comportamiento, diversión, etc., que va más allá de lo tolerable. || Brutalidad, violencia innecesaria. || *de equipaje*, o *de peso* En determinados medios de transporte, cantidad en que éstos sobrepasan el máximo autorizado por la compañía para cada pasajero.

EXCITACIÓN f. Acción y efecto de excitar o de excitarse. || Estado de notable tensión psíquica, generalmente por causas emocionales que determinan exaltación y agitación psicomotora del sujeto. || Fuerza magnetomotriz que produce flujo magnético en un electroimán. || Paso de un electrón, que pertenece a un átomo o molécula de un gas, de un nivel energético a otro más elevado.

EXCITAR tr. y prnl. Incitar, intensificar una pasión, sentimiento, actividad, etc. || prnl. Exaltarse por un sentimiento, acontecimiento, etcétera.

EXCLAMACIÓN f. Interjección o frase que denota un estado de ánimo. || Figura retórica con que se manifiesta de forma exclamativa una pasión, pensamiento, etc. || Signo ortográfico de admiración (¡!).

EXCLAMAR intr. Manifestar con vehemencia. || Lanzar exclamaciones.

EXCLAUSTRAR tr. y prnl. Conceder a un religioso que abandone a causa de algún motivo la vida monacal.

EXCLUIR tr. Separar o expulsar algo o a alguien del lugar al que pertenecía. || Eliminar la posibilidad de algo. || prnl. No ser conciliable con algo o alguien.

EXCLUSIVA f. Monopolio.

EXCLUSIVO, VA adj. Que excluye. || Único. || f. Concesión especial que autoriza a alguien a manipular o vender determinados productos.

EXCOMULGAR tr. Castigar con la excomunión. || Separar con virulencia a una persona del trato con otras.

EXCRECENCIA f. Cualquier tipo de tumoración que sobresale de una superficie, especialmente cutánea o mucosa. || Aspecto secundario, de carácter negativo, de un comportamiento, acto, etcétera.

EXCRECIÓN f. Eliminación fisiológica de las sustancias metabólicas de desecho.

EXCREMENTO m. Materia fecal. || Inmundicia, estiércol. || Porquería, basura.

EXCURSIÓN f. Viaje de corta duración con fines recreativos, culturales, etc. || Paseo, especialmente el campestre.

EXCURSIONISMO m. Práctica sistemática de las excursiones, con fines recreativos o educativos.

EXCUSA f. Acción y efecto de excusar o excusarse. || Evasiva, pretexto para eludir una obligación. || Descargo.

EXCUSAR tr. y prnl. Justificar y disculpar a alguien de una falta o delito que se le achaca. || Evitar hacer algo. || Dispensar de un pago o de una obligación. || tr. Impedir que se lleve a cabo algo dañino. || prnl. Alegar razones para justificarse.

EXECRAR tr. Censurar con rigor. || Detestar.

EXENCIÓN f. Efecto de eximir o eximirse. || Prerrogativa que exime de alguna obligación.

EXENTO, TA adj. Exceptuado, exonerado. || Se dice de lo que no está sometido a jurisdicción ordinaria. || Se dice del lugar o edificio que no está resguardado o adosado a otro.

EXEQUIAS f. pl. Honras fúnebres.

EXFOLIAR tr. y prnl. Seccionar en láminas o escamas.

EXHALACIÓN f. Acción y efecto de exhalar o exhalarse. || Rayo. || Estrella fugaz. || Vaho, emanación.

EXHALAR tr. y prnl. Emanar olores o gases. || Emitir lamentos, suspiros, etc. || prnl. Andar con precipitación, correr.

EXHAUSTO, TA adj. Agotado, sin fuerzas ni recursos.

EXHIBICIÓN f. Acción y efecto de exhibir o exhibirse. || Entrega al juez de las pruebas de un caso. || *de e.* Prueba o manifestación deportiva con fines no competitivos.

EXHIBIR tr. y prnl. Exponer en público. || Lucir. || tr. Presentar pruebas, documentos, etc., ante la autoridad competente.

EXHUMAR tr. Desenterrar algo, especialmente un cadáver. || Revivir, actualizar algo.

EXIGENCIA f. Acción y efecto de exigir. || pl. Demandas, arbitrarias o desproporcionadas.

EXIGIR tr. Reclamar una cosa por obligación o derecho. || Reclamar ciertos requisitos imprescindibles para conseguir o acabar algo. || Pedir de forma imperativa.

EXIGUO, GUA adj. Reducido, escaso.

EXILIAR tr. Desterrar a alguien. || prnl. Abandonar uno su patria, generalmente por razones políticas.

EXIMIO, MIA adj. Óptimo, superior.

EXIMIR tr. y prnl. Dispensar de obligaciones, cuidados, etcétera.

EXISTENCIA f. Condición de existir. || Vida humana. || En la filosofía tradicional, el hecho de ser, con independencia del ser conocido, la actualización de la esencia. || pl. Mercancías que un comerciante tiene a la venta.

EXISTENCIALISMO m. Corriente filosófica, surgida en el siglo xx, que toma la existencia humana como centro de su reflexión; ha afectado notablemente a la cultura contemporánea.

EXISTIR intr., Tener existencia, ser. || Vivir. || Estar, encontrarse en.

ÉXITO m. Feliz terminación de una empresa, actuación, etc. || Aprobación que se da a alguien o algo. || Logro.

ÉXODO m. Emigración de un grupo sociológico. || Salida; huida.

EXONERAR tr. y prnl. Descargar, eximir de algo. || tr. Privar de un cargo, empleo, etcétera.

EXORBITANTE adj. Exagerado, desproporcionado.

EXORCISMO m. Conjunto de ritos destinados a expulsar los demonios de las personas que se las supone posesas; suele usarse en plural.

EXORCIZAR tr. Realizar un exorcismo. || fig. Apartar los temores de la mente.

EXORDIO m. Introducción de un discurso u obra literatura || Preliminar de una conversación familiar.

EXÓTICO, CA adj. Se dice de lo que es originario de un país extranjero. || Extravagante, raro.

EXPANSIÓN f. Acción y efecto de expandir o expandirse. || Exteriorización calurosa de un sentimiento o idea. || Diversión, entretenimiento. || En los motores de cuatro tiempos, tercera fase, en la que el pistón desciende como consecuencia de la explosión de la mezcla. || Aumento de volumen de un fluido, acompañado de una disminución de la presión. || Etapa de una economía o de un ciclo económico en la que se produce un aumento rápido y sostenido de las diversas magnitudes. || Dilatación de un cuerpo debido a aumento de la temperatura o disminución de la presión.

EXPANSIVO, VA adj. Que tiende a propagarse. || Comunicativo, abierto, efusivo.

EXPECTACIÓN f. Curiosidad o ilusión con que se aguarda un suceso importante. || Tratamiento de una enfermedad por medio de la dietética.

EXPECTATIVA f. Esperanza de conseguir algo si se presenta la oportunidad para ello. || Derecho que se espera conseguir en un futuro. || En ciencias sociales, previsión de determinados fenómenos, que permite actuar sobre el momento presente.

EXPECTORAR tr. Expulsar, forzando la tos, las secreciones de las vías respiratorias.

EXPEDICIÓN f. Acción y efecto de expedir. || Facilidad, presteza en el decir o actuar. || Bula, documento, etc., de la curia romana. || Viaje para llevar a cabo un cometido. || Grupo de personas que lo efectúan. || Incursión militar, de carácter estratégico, a un lugar muy apartado de sus bases, de las que, además, la separan obstáculos naturales difíciles. || Fuerza que forma dicha incursión. Remesa de una mercancía enviada de una sola vez.

EXPEDIENTE m. Recurso del que alguien se sirve para solventar una dificultad. || Conjunto de actuaciones y trámites de tipo administrativo y judicial llevados a cabo para un asunto o negocio. || Procedimiento incoado para enjuiciar comportamientos no delictivos, pero sí dolosos, a un funcionario o empleado. || Presteza y capacidad en la tramitación de un asunto.

EXPEDIR tr. Cursar trámites burocráticos. || Despachar mercancías. || Enviar documentación.

EXPEDITIVO, VA adj. Que actúa o permite actuar con diligencia o de forma muy rigurosa.

EXPEDITO, TA adj. Presto a actuar, desembarazado.

EXPELER tr. Despedir, expulsar con fuerza lo contenido en el interior de algo.

EXPENDER tr. Gastar. || Vender cosas de otro por orden del propietario. || Vender al por menor.

EXPERIENCIA f. Condición o estado en que se da un conocimiento directo de algo (*tener e. de, tener una e.*); o conocimiento de familiaridad adquirido con el uso o la práctica (*tener e. en*).

EXPERIMENTACIÓN f. Acción y efecto de experimentar. || Método científico de investigación basado en la realización de experimentos.

EXPERIMENTAR tr. Estudiar, comprobar mediante la práctica las características o propiedades de algo. || Advertir de súbito una sensación o un estado de ánimo. || Recaer sobre las cosas una modificación o cambio.

EXPERIMENTO m. Acción y efecto de experimentar. || Provocación de un fenómeno con el fin de estudiarlo o estudiar sus consecuencias, como método científico de investigación.

EXPERTO, TA adj. Experimentado, entendido. || m. y f. Persona que, por formación y experiencia profesional, es idónea para cubrir un cargo o hacer determinadas diligencias.

EXPIAR tr. Purgar las culpas. || Cumplir un delincuente la pena impuesta por los tribunales. || Sufrir penalidades. || Purificar algo profanado.

EXPIRAR intr. Morir. || Acabar el tiempo o plazo de algo.

EXPLANADA f. Terreno allanado. || Parte más alta de la muralla, sobre la que se alzan las almenas.

EXPLANAR tr. Allanar un terreno. || Proporcionar a un terreno el nivel o el declive necesario mediante desmontes, terraplenes, etc. || Explicar con minuciosidad.

EXPLAYAR tr. y prnl. Esparcir, ensanchar. || prnl. Extenderse en el discurso o la escritura. || Expansionarse, confiando un secreto a alguien. || Solazarse.

EXPLICACIÓN f. Acción y efecto de explicar. || Satisfacción que se da para justificar que no ha habido intención de ofender o perjudicar; suele usarse en pl. || Hecho o dato que esclarece algo o da fe de su existencia.

EXPLICAR tr. Exponer un tema, materia, etc., haciéndolo comprensible. || Mostrar la razón o motivación de algo. || tr. y prnl. Comunicar lo que uno piensa. || Excusar dichos o hechos. || prnl. Comprender algo, extenderlo. || fam. Pagar una cuenta.

EXPLÍCITO, TA adj. Que expresa algo con claridad y exactitud.

EXPLORACIÓN f. Acción de explorar. || Acción bélica de avanzada y carácter limitado, que sólo pretende conocer las posiciones y fuerza del enemigo. || En informática, análisis de la documentación acumulada en un soporte. || Desplazamiento de un haz de líneas sobre la imagen televisiva que descompone ésta en puntos que, a su vez, se transforman en señales eléctricas que reconstruyen, en el receptor, la misma imagen. || *clínica* Cualquier acto que realiza el médico en busca de síntomas y signos que le permitan diagnosticar una enfermedad.

EXPLORADOR, RA adj. y s. Que explora. || m. y f. Joven que practica el escultismo. || m. Soldado que forma parte de una unidad de exploración.

EXPLORAR tr. Ahondar en el conocimiento de algo para ver cómo es o cómo está formado. || Realizar una exploración clínica. || Tantear o sondear una cosa antes de llevarla a cabo.

EXPLOSIÓN f. Acción y efecto de explotar (estallar). || Exteriorización repentina y violenta de ciertos estados anímicos. || Final de la articulación de una consonante explosiva. || Combustión rápida de un cuerpo con desprendimiento de calor, luz y gases. || *atómica* o *nuclear* Reacción de fusión nuclear, propia de las bombas atómicas; va acompañada de un gran desprendimiento de energía.

EXPLOSIVO, VA adj. Que hace o puede hacer explosión. || Hablando de noticias, o de cualidades físicas, muy llamativo. || adj. y s. Se aplica al conjunto de sustancias o mezcla de ellas que, cebadas, reaccionan de forma violenta o destructora.

EXPLOTAR tr. Sacar el mineral de una mina. || Extraer beneficio de una empresa o industria. || Abusar de alguien o de una circunstancia en provecho propio. || Estallar.

EXPOLIAR tr. Desposeer injustamente a alguien de lo suyo.

EXPONENTE adj. y com. Que expone. || m. Número o expresión algebraica, que indica cuántas veces ha de multiplicarse una magnitud (base) por sí misma. || Fundamento para juzgar algo.

EXPONER tr. Mostrar algo, especialmente de forma solemne o enfática. || Situar, o dejar abandonado, a algo o alguien a la acción, arbitrio, etc., de agentes externos. || Explicar de forma discursiva el pensamiento, ideología o proyectos. || tr., intr. y prnl. Arriesgar, comprometer.

EXPORTACIÓN f. Acción y efecto de exportar. || Total de la mercancía exportada. || Conjunto de los bienes producidos en un país que se venden en el extranjero.

EXPORTAR tr. Mandar mercancías de un país a otro; también se refiere a cosas inmateriales (culturas, ideologías).

EXPOSICIÓN f. Acción y efecto de exponer. || Petición escrita hecha a una autoridad. || Exhibición pública. || Situación con respecto a los puntos cardinales. || Tiempo durante el cual la luz llega a la emulsión sensible e impresiona en ella la imagen.

EXPOSITOR, RA adj. y s. Que expone o interpreta. || m. y f. Que participa en una exposición pública. || m. Mueble para exponer algo (libros, revistas, discos, regalos, etcétera).

EXPRESAR tr. Decir, escribir o manifestar con gestos lo que se piensa o siente. || Plasmar el artista en su obra, de forma perceptible, lo que quiere transmitir. || *expresarse bien*, o *mal* Decir alguien las cosas con mayor o menor claridad y coherencia.

EXPRESIÓN f. Modo de expresar o expresarse. || Gesto de la cara que manifiesta un sentimiento. || Dicción, locución. || Viveza que muestran algunas obras artísticas. || *algebraica* Conjunto de letras y números ligados entre sí por los signos de las operaciones algebraicas que es preciso efectuar para deducir la cantidad que representa. || *musical* Habilidad del músico para interpretar y exteriorizar los sentimientos subjetivos del autor. || *reducir a la mínima e.* Disminuir al máximo.

EXPRESIVO, VA adj. Que dice con elocuencia y vigor lo que siente o piensa. || Afectuoso.

EXPRESO, SA adj. Significativo, deliberado. || adj. y m. Tren expreso. || Correo extraordinario que lleva una noticia especial. || adv. Intencionadamente, ex profeso.

EXPRIMIR tr. Estrujar o retorcer una cosa para extraer el líquido que contiene. || Prensar. || Expoliar a una persona.

EXPROPIAR tr. Confiscar, desposeer legalmente de sus bienes a un propietario para fines de interés público, previo pago de una indemnización.

EXPUESTO, TA adj. Arriesgado.

EXPULSAR tr. Despedir, echar de un lugar.

EXPULSIÓN f. Acción y efecto de expeler o expulsar. || Salida de materiales a la superficie de la corteza terrestre como consecuencia de presiones laterales a los mismos. || Separación manual o automática entre la pieza estampada y su matriz. || Fase final del parto.

EXPURGAR tr. Depurar una cosa. || Suprimir de un libro o impreso lo que la autoridad competente considera erróneo u ofensivo.

EXQUISITO, TA adj. Fino, delicado, excelente.

ÉXTASIS m. Estado del espíritu dominado totalmente por un sentimiento de alegría, felicidad, admiración. || Estado de exaltación mística con aparente pérdida de sensibilidad y motricidad. || En medicina, paralización o disminución anormal de la circulación de la sangre.

EXTENDER tr. Esparcir lo que está apilado o junto. || Tender la ropa. || Pintar o barnizar. || Redactar un documento, recibo, etc., según la costumbre. || tr. y prnl. Dilatar una cosa. || Mostrar algo en toda su extensión. || Aplicado a conocimientos, autoridad, etc., hacerlos más vastos y asequibles. || prnl. Tenderse alguien en un sitio. || Durar cierto tiempo, o abarcar un determinado espacio. || Contar algo con prolijidad. || Ramificarse un pueblo. || Divulgarse una noticia. || Difundirse una ideología.

EXTENSIÓN f. Acción y efecto de extender. || Dimensión del espacio que ocupa un cuerpo. || Capacidad de los cuerpos para ocupar una parte del espacio. || Cada una de las líneas telefónicas de una centralita o conmutador de abonados. || Fenómeno lingüístico que se da por igual en distintos dominios. || Movimiento de ciertas articulaciones, por el que tiende a ponerse en el mismo plano el eje de los segmentos epifisarios que forman dicha articulación; es opuesto al movimiento de flexión.

EXTENSO, SA adj. Que se puede extender. || De mucha extensión. || por e. Con todo detalle.

EXTENUAR tr. y prnl. Cansar en extremo.

EXTERIOR adj. Situado en la parte de afuera. || Relativo al extranjero. || m. Aspecto de una persona. || pl. Escenario de rodaje de un filme ubicado fuera del estudio cinematográfico.

EXTERIORIZAR tr. y prnl. Manifestar, dar a conocer lo que uno siente o piensa.

EXTERMINAR tr. Aniquilar. || Asolar por medio de las armas.

EXTERNO, NA adj. Se aplica a lo que está u obra en el exterior. || adj. y s. Se dice del alumno que sólo permanece en el centro durante las horas lectivas.

EXTINGUIR tr. y prnl. Apagar el fuego o la luz. || Hacer que desaparezca gradualmente una cosa. || prnl. Caducar una obligación, plazo, etcétera.

EXTINTO, TA adj. Apagado. || m. y f. Difunto.

EXTINTOR, RA adj. Que extingue. || Aparato, generalmente manual, para apagar incendios.

EXTIRPAR tr. Arrancar de raíz algo dañino. || Erradicar por completo algo vicioso. || Seccionar quirúrgicamente órganos enfermos o que pueden ocasionar enfermedades.

EXTORSIÓN f. Delito que comete quien pretende conseguir algo de otro, por amenaza e intimidación, pero sin recurrir a la violencia física. || Perjuicio, daño que causa algo o alguien.

EXTRA adj. De magnífica calidad. || adj. y com. Se dice de todo aquello que se ofrece o puede obtener al margen de lo que estaba establecido. || com. Figurante de un filme.

EXTRACCIÓN f. Acción y efecto de extraer. || Linaje, cuna. || Operación matemática con la que se extrae la raíz de un número o de una expresión algebraica. || Proceso que consiste en separar mezclas sólidas o líquidas para transferir alguno de sus componentes a su disolvente. || Conjunto de operaciones técnicas para sacar los minerales de su lugar de origen y permitir su transformación. || Operación de retirar el cartucho vacío de la recámara de un arma de fuego. || Acto quirúrgico, instrumental o manual, para extirpar o extraer algún órgano, parte enferma o cuerpo extraño. || *sanguínea* Obtención de sangre por punción (generalmente venosa), para poder practicar determinaciones analíticas.

EXTRACTAR tr. Resumir o compendiar un libro o escrito.

EXTRACTO m. Compendio de un libro, escrito, etc. || Preparado farmacéutico que resulta de la evaporación de soluciones alcohólicas o acuosas y la disolución de los componentes activos de una droga. || Resumen de un expediente o pleito contencioso administrativo.

EXTRADICIÓN f. Acto por el cual un Estado devuelve a su país de origen a la persona inculpada o condenada en éste, y que se ha refugiado en aquel territorio.

EXTRAER tr. Sacar al exterior. || Realizar una extracción matemática, química, quirúrgica o minerológica. || Comprimir las semillas o frutos para obtener sustancias líquidas o semisólidas, tales como aceites y grasas.

EXTRALIMITARSE prnl. Propasarse en el empleo de las atribuciones o deberes. || Abusar de la confianza de alguien.

EXTRAMUROS adv. A las afueras de la ciudad.

EXTRANJERO, RA adj. y s. Se aplica a la persona o cosa originaria de otro país. || m. País o países distintos del propio.

EXTRAÑAR tr. y prnl. Exiliar a alguien. || Manifestar asombro, sorpresa ante algo. || Añorar algo o a alguien. || Enfriarse una relación en la que había cierta intimidad. || tr. Sentir incomodidad o reserva hacia algo que no se ha experimentado.

EXTRAÑEZA f. Asombro o sorpresa motivado por algo extraño o raro. || Cosa rara, inusitada. || Distanciamiento entre amigos. || Novedad.

EXTRAÑO, ÑA adj. y s. De familia, grupo social, círculo, etc., distintos del propio. || Raro, singular. || Excéntrico. || Que no guarda relación alguna con aquello de que forma parte. || Seguido de *a*, que no participa en lo que sigue a la preposición. || m. Movimiento repentino de asombro o temor.

EXTRAORDINARIO, RIA adj. Que se aparta de lo establecido. || Insólito, desacostumbrado. || m. Correo especial urgente. || Ejemplar de una publicación periódica que sale por algún motivo extraordinario. || Plato especial que se agrega a la comida cotidiana. || f. Paga que se cobra fuera del sueldo periódico.

EXTRASENSORIAL adj. Se dice de una forma de conocimiento que, en parapsicología, designa la capacidad espontánea de ciertas personas, con un particular psiquismo, para percibir fenómenos sin la mediación de los sentidos.

EXTRATERRESTRE adj. Que está fuera de la Tierra. || com. Habitante imaginario de otro planeta.

EXTRATERRITORIALIDAD f. Estatuto jurídico de ciertas personas o cosas según el cual no les son aplicables las leyes del país en que se encuentran, generalmente excepto en caso de flagrante delito, sino las de los que son nacionales (representaciones diplomáticas, naves y aeronaves, etcétera).

EXTRAVAGANTE adj. y com. Se dice de la persona que actúa fuera de lo corriente o dice cosas raras.

EXTRAVIAR tr. Perder. || Hacer vagar la vista. || tr. y prnl. Desviar del camino. || prnl. Desorientarse. || Estar algo fuera de su sitio, no localizarlo. || Llevar una conducta poco recta.

EXTREMAR tr. Adoptar una actitud extrema. || prnl. Esmerarse, desvelarse.

EXTREMAUNCIÓN f. Rito sacramental de la iglesia católica que consiste en la unción con aceite de los enfermos graves para aliviar sus penas y preparar el tránsito.

EXTREMIDAD f. Final o extremo de algo. || Grado máximo que puede alcanzar una cosa. || pl. Manos y pies del hombre, y cabeza, manos, patas y cola de los animales. || Brazos y piernas del hombre.

EXTREMO, MA adj. Último. || Se dice del grado máximo que alcanza una cosa o situación. || Se dice del término primero o último de una proporción. || Mucho, sumo. || Distante. || Dispar. || m. Principio o final de algo.

EXTREMOSO, SA adj. Se dice del individuo con falta de control en sus actos o sentimientos.

EXTRÍNSECO, CA adj. Externo, accidental.

EXUBERANTE adj. Abundante o rico en demasía.

EXULTAR intr. Manifestar mucha alegría.

EXVOTO m. Ofrenda de un objeto en acción de gracias por un favor obtenido de Dios, la Virgen o de algún santo.

EYACULAR tr. Expeler con ímpetu el contenido de un órgano o cavidad; especialmente el semen de los testículos.

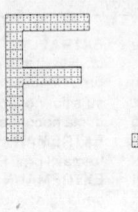

F Séptima letra del abecedario castellano (F, f); su nombre es *efe*. || En la notación musical alfabética, nota *fa*. || Abrev. de faradio (F). || Abrev. de fermi (f). || Abrev. de grado Fahrenheit (°F).

FA m. Cuarta nota de la escala modal diatónica de *do*. Da nombre a una clave musical.

FÁBRICA f. Local, o conjunto de ellos, provisto de las maquinarias apropiadas para elaborar un producto. || Edificio. || Construcción o parte de ella levantada con piedras, ladrillos y argamasa. || Invención, enredo o trama de sucesos, acontecimientos, mentiras, etcétera.

FABRICANTE adj. y com. El que elabora o manufactura un producto. || Dueño de un establecimiento industrial.

FABRICAR tr. Elaborar un producto mediante procedimientos mecánicos. || Construir un muro o edificio. || Crear o forjar algo no material.

FÁBULA f. Rumor, habladuría. || Relato inverosímil. || Objeto de escarnio. || Forma narrativa, a menudo en verso, que contiene una enseñanza moral y suele estar protagonizada por animales. || Mito, leyenda mitológica.

FABULOSO, SA adj. Maravilloso, inverosímil. || Exagerado, extraordinario.

FACA f. Cuchillo o navaja de hoja encorvada. || Cuchillo grande y puntiagudo que se lleva en la vaina.

FACCIÓN f. Conjunto de individuos que generalmente persiguen una finalidad política, pero carentes de una verdadera inspiración ideológica y de una estructura organizativa. || Banda de hombres amotinados o que actúan con violencia. || Acción bélica. || Cada actividad de armas del servicio militar. || pl. Rasgos de la cara o rostro de una persona.

FACCIOSO, SA adj. y s. Relativo a una facción, especialmente armada. || Revoltoso, que altera el orden público.

FACETA f. Cada cara de un cristal tallado. || Cada una de las formas que ofrece una personalidad, asunto, etcétera.

FACIAL adj. Relativo a la cara.

FÁCIL adj. Que no necesita trabajo para su realización o aprendizaje. || Probable, factible. || Manejable, dócil.

FACILIDAD f. Cualidad de fácil. || Aptitud favorable o habilidad para realizar algo sin esfuerzo. || Complacencia, liviandad. || Momento oportuno para llevar a cabo algo. || pl. Circunstancias, situaciones, etc., que posibilitan el logro de una cosa. || *facilidades de pago* Pago aplazado de una cantidad.

FACILITAR tr. Hacer asequible. || Dar, aportar. || Crear condiciones para que suceda algo.

FACINEROSO, SA adj. y s. Se aplica al delincuente profesional.

FACSÍMIL m. Reproducción fiel de un escrito, firma, dibujo, etc. || Máquina para reproducir fotografías, dibujos, etc., a través de ondas radioeléctricas o cable telefónico.

FACTIBLE adj. Que se puede realizar.

FÁCTICO, CA adj. Relativo a hechos. || Fundamentado en hechos.

FACTOR m. Lo que es causa de algo. || Persona que actúa como delegado de un comerciante. || Asistente del comisario de guerra para la distribución de víveres. || Empleado de ferrocarril que se ocupa de la facturación de mercancías y equipajes. || Elemento, circunstancia que determina algo. || Cada uno de los elementos que componen un producto. || *factores de producción* Conjunto de agentes y medios que permiten la producción: recursos naturales, capital y trabajo.

FACTORIZACIÓN f. Representación de una cantidad o de una expresión algebraica como producto de dos o más factores.

FACTURA f. Forma en que se ha hecho algo. || Documento expedido junto con la mercancía, por el vendedor al comprador, en el que constan datos sobre los actuantes y la mercancía. || Recibo en el que se detalla lo comprado, y en el que consta que se ha efectuado el pago. || *pasar f.* Presentar a un cliente la nota de su deuda. || Hacer pagar a uno las consecuencias de sus actos.

FACTURAR tr. Extender una factura, registrar lo comprado. || En aeropuertos, estaciones de ferrocarril, autobuses, etc., depositar mercancías o equipajes, para que sean enviados a su lugar de destino.

FACULTAD f. Autoridad, capacidad, aptitud o derecho que tiene una persona para realizar una acción. || Ciencia, arte, maestría. || Sección de una universidad o escuela superior que engloba estudios de una misma rama. || Edificio de dicha sección. || Referida a órganos fisiológicos, resistencia. || Atributos que tiene una persona para obrar, comprender, etc.; suele usarse en plural.

FACULTATIVO, VA adj. Relativo a la facultad. || Voluntario, optativo. || Que pertenece a una facultad universitaria. || Se dice del técnico del Estado. || m. Médico.

FACHA f. Aspecto, semblanza. || Adefesio, espantajo. || *ponerse en f.* Frenar una embarcación valiéndose de las velas. || Disponerse adecuadamente para algo.

FACHADO, DA adj. Con *bien* o *mal*, que tiene buena o mala presencia. || f. Parte exterior de un edificio. || Cara principal del exterior de una construcción. || Aspecto exterior del cuerpo humano. || Falsa apariencia de una persona.

FAENA f. Quehacer o esfuerzo físico o mental. || Servicio que se presta a alguien. || Jugarreta. || Cada uno de los pases, suertes, etc. que realiza el torero. || Tarea, ocupación; suele usarse en plural.

FAGOCITO m. Célula libre ameboide, que se encuentra en el medio interno de los organismos, y que forma parte del sistema de defensa mediante la fagocitosis.

FAGOCITOSIS f. Fenómeno celular gracias al cual las células, mediante la emisión de seudópodos, absorben partículas sólidas, gérmenes, etc., que posteriormente serán destruidos o neutralizados.

FAJA f. Banda de la tela que ciñe el cuerpo por la cintura. || Prenda interior que, por su elasticidad, comprime la parte inferior del tronco. || Franja de una cosa. || Tira de papel que rodea un libro con una frase publicitaria, o que en una revista o impreso, enviados por correo, sustituye al sobre. || Banda de seda que llevan algunos militares, civiles, eclesiásticos, etc., como insignia.

FAJO m. Conjunto de cosas atadas. || pl. Ropa de bebé.

FALACIA f. Acción de engañar a otra persona mediante fraude o mentira con el objeto de causarle daño. || Costumbre de recurrir a falsedades.

FALANGE f. Formación griega de infantería pesada, de unos 1 500 hombres. || Conjunto de tropas. || Grupo de personas que se congregan para un fin determinado. || Cada una de las unidades administrativas o cantones en que se dividiría el mundo futuro imaginado por Fourier. || Cualquiera de los huesos de los dedos del pie o de la mano. Tres por dedo, a excepción del pulgar que son dos.

FALAZ adj. Que comete falacia. || Que atrae por medio de engaños.

FALDA f. Prenda de vestir, especialmente femenina, que se ciñe a la cintura y cae hacia abajo. || En una prenda de vestir, parte que cuelga. || Porción de un mantel, tapete, etc., que cae del borde del objeto que cubre. || Carne de la res que cuelga de las agujas. || Parte inferior y de menos pendiente de los montes.

FALDERO, RA adj. Relativo a la falda. || adj. y s. Perro de compañía que, por su tamaño, cabe en el regazo. || adj. y m. Que anda siempre entre mujeres.

FALIBLE adj. Que puede engañar o engañarse. || Susceptible de fallar o faltar.
FALO m. Pene.
FALSEAR tr. Falsificar, adulterar. || intr. Perder algo su vigor o su consistencia.
FALSEDAD f. Engaño, disimulo. || Falta de consecuencia entre lo que se dice o piensa y lo que se hace. || Alteración de la verdad por palabras, escritos o hechos. Constituye un delito.
FALSETE m. Corcho con que se tapona el hueco de la espita en una cuba. || Puerta pequeña de comunicación entre dos habitaciones. || Registro de la voz masculina más alto de lo normal; se logra haciendo vibrar las cuerdas superiores de la laringe.
FALSIFICACIÓN f. Alteración o modificación voluntaria de la realidad, con el fin de infligir daño a otro o procurarse una ventaja. || *de arte* Obra hecha con el mismo estilo y técnica que la de otro autor, para hacerla pasar como suya. || *documental* Alteración de un documento.
FALSIFICAR tr. Efectuar una falsificación.
FALSO, SA adj. No conforme a la ley o a la verdad. || Con visos de realidad, pero sin poseerla. || Falaz, hipócrita. || Erróneo.
FALTA f. Ausencia, carencia de algo necesario, útil, o que debiera estar en su lugar. || Incumplimiento de un deber o una obligación. || Error, equivocación. || Defecto de peso en una moneda. || Tara, imperfección. || Infracción penal de carácter leve. || Acción contraria al reglamento de un deporte, y su castigo. || *hacer f.* Ser necesario. || *sin f.* Sin excusa. || Con toda seguridad.
FALTAR intr. No estar algo en su lugar habitual o en donde debiera. || No disponer de algo que se precisa en el momento. || Morir. || No cumplir, desilusionar. || Ausentarse injustificadamente de un lugar, o no comparecer. || Hacer una falta, cometerla. || Insultar a otro, no guardarle respeto. || Quedar algo todavía por hacer.
FALTO, TA adj. Necesitado, desprovisto de algo. || Parco, mezquino.
FALLA f. Tara, defecto que merma la calidad o la consistencia de una cosa. || Ruptura de una masa rocosa, a causa de fuerzas tectónicas, con desplazamiento de uno de los bloques en relación con el otro. || Detención o suspensión de un filón debido a una corriente de agua, terrenos sin mineral o efectos geológicos.
FALLAR, 1 tr. Sentenciar, decidir, pronunciar. || Determinar una sentencia.
FALLAR, 2 intr. Malograrse algo, no cumplirse lo que se esperaba. || Dejar de funcionar.
FALLECER intr. Morir, dejar de existir.
FALLIDO, DA adj. Que no consigue resultados o no tiene efecto. || adj. y s. En bancarrota. || Se dice de la cantidad de dinero o crédito que, después de cierto periodo de mora, se considera incobrable.
FALLO m. Sentencia dada por el juez; sigue a los resultados y considerandos.
FAMA f. Crédito, reputación. || Opinión pública. || Renombre, notoriedad, excelencia. || *es f.* Se conoce, se cuenta.
FAMÉLICO, CA adj. Hambriento.
FAMILIA f. Grupo de personas de una misma casa o linaje. || Conjunto de personas o grupo social, unido bajo el vínculo del parentesco, ya sea natural, de afinidad o civil. || Grupo de personas unidas por una característica o actividad común; tiene connotaciones retóricas. || Conjunto de elementos de propiedades semejantes. || En taxonomía, categoría que agrupa a géneros afines. En botánica, generalmente lleva la terminación *–ceas*, y en zoología, *–idos*. || Prole, descendencia. || En tipografía, caracteres que parten de uno inicial en común y se van diferenciando. || Mat. Conjunto de elementos que dependen de parámetros || Quím. Grupo de elementos con propiedades similares.
FAMILIAR adj. Relativo a la familia. || Que lo tiene muy por la mano, que le resulta muy conocido. || Se dice del trato sencillo y afectuoso. || Se aplica al lenguaje, tono, etc., sin afectación ni ampulosidad, corriente. || Se dice del rasgo, tara, etc., que viene dado por herencia. || com. Persona que vive con sus padres o sus hijos. || Cada uno de los miembros de una familia.
FAMILIARIDAD f. Franqueza y confianza en el trato. || Antiguo cargo de familiar del Santo Oficio. || pl. Confianzas, a veces excesivas, en el trato.
FAMILIARIZAR tr. Hacer algo familiar, corriente. || prnl. Tomarse paulatinamente confianzas con uno, hacer amistad. || Hacerse a una situación, adaptarse.

FAMOSO, SA adj. Que goza de fama y renombre. || Superior, excelente. || fam. Sonado, extravagante.

FÁMULO, LA m. y f. Criado.

FANÁTICO, CA adj. y s. Que defiende a ultranza sus opiniones y se enfrenta violentamente a las otras. || Hincha, entusiasta.

FANATISMO m. Apasionamiento que mueve al individuo a entregarse con absoluta dedicación a una determinada causa, creencia o partido.

FANERÓGAMAS f. pl. Grupo de vegetales que tienen los órganos sexuales visibles y se reproducen mediante semillas. Representan el mayor grado evolutivo alcanzado por el mundo vegetal.

FANFARRIA f. Fanfarronada, bravata. || Pieza instrumental para instrumentos de metal. || Solo de trompetas (u otros instrumentos que las imitan) con carácter de introducción.

FANFARRÓN, NA adj. y s. Pretencioso, fatuo, bravucón. || Se dice de lo muy ornamentado o de lo que sólo es fachada.

FANFARRONEAR intr. Realizar acciones propias de un fanfarrón.

FANGO m. Barro. || Deshonor, descrédito de alguien. || Situación desairada o denigrante.

FANTASEAR intr. Soñar despierto. || Divagar, imaginar.

FANTASÍA f. Sinónimo de imaginación (especialmente en la escolástica y en Descartes), capacidad de representación sin necesidad de la presencia física del objeto representado; en sentido más estricto, la imaginación creadora, que juega libremente para obtener productos originales. || Facultad de crear o evocar espontáneamente determinadas imágenes ideales. || Obra literaria o de pensamiento ingeniosa e imaginativa.

FANTASIOSO, SA adj. Presumido, ostentoso. || Soñador, de gran imaginación.

FANTASMA m. Aparición, trasgo, espectro. || Muerto que se aparece a los vivos. || Recuerdo obsesivo, imagen impresa en la fantasía. || Máscara, espantajo. || En psicoanálisis, proyección interior de una imagen inconsistente pero querida por el individuo en sustitución de un deseo inconsciente no satisfecho. Actúa como mecanismo de defensa en algunas neurosis. || adj. y com. Se dice de la persona vana y presuntuosa.

FANTÁSTICO, CA adj. Que sólo existe en la fantasía. || Pomposo, fanfarrón. || Espléndido, maravilloso.

FANTOCHE m. Títere, marioneta. || com. Persona de apariencia ridícula. || fam. Informal, farolero.

FAQUIR m. Santón de religión mahometana, vive de limosna en una situación de particular severidad con grandes ejercicios de mortificación. || Persona que se exhibe por dinero realizando actos de mortificación física. || En sentido peyorativo, asceta menor.

FARÁNDULA f. Actividad de los actores teatrales. || Grupo de comediantes ambulantes que en la edad media realizaban espectáculos, generalmente cómicos.

FARAÓN m. Nombre que recibía el rey en el antiguo Egipto, hasta el final del imperio medio.

FARDO m. Lío grande de ropa, paquete, bulto. || fam. Persona gorda o mal configurada. || *pasar el f.* Cargar a otra persona las responsabilidades de uno.

FARINÁCEO, A adj. Semejante a la harina.

FARINGE f. Conducto común al tubo digestivo y las vías respiratorias. Situado detrás de las fosas nasales y de la boca, las comunica con la laringe y esófago, respectivamente.

FARINGITIS f. Proceso inflamatorio agudo o crónico que interesa a la mucosa faríngea.

FARMACÉUTICO, CA adj. Relativo a la farmacia. || m. y f. Persona licenciada en farmacia.

FARMACIA f. Ciencia cuyo objetivo es el estudio de las propiedades y forma de elaboración de los medicamentos. || Profesión correspondiente. || Tienda o laboratorio farmacéutico.

FARO m. Torre en la costa, con una luz, fija o móvil, en su parte superior, que en la noche orienta a los navegantes. || Farol con reverbero de gran potencia. || Luz delantera e intensa de un automóvil. || Lo que ilumina u orienta. || pl. fam. Ojos. || *piloto* Luz posterior de un automóvil.

FAROL m. Caja de cristal u otro material transparente para preservar una luz. ||

Soporte metálico con una luz eléctrica o de gas en la parte superior, para alumbrado de las calles. || Cazoleta con aros de hierro para colocar las antorchas. || Fanfarronada, hecho o dicho petulante.

FAROLEAR intr. Fanfarronear.

FAROLERO, RA adj. y s. Jactancioso, fanfarrón. || m. y f. Persona que se dedica a hacer o vender faroles. || Persona que tiene a su cargo los faroles del alumbrado público. || *meterse* a f. Intervenir en lo que no le corresponde.

FARRA f. Diversión, festejo ruidoso. || *andar de* f. Bromear, divertirse.

FÁRRAGO m. Montón de cosas desordenadas o revueltas.

FARSA f. Obra teatral cómica y breve. Su intención es provocar la risa mediante situaciones grotescas y picantes. || Engaño, particularmente el que por lo increíble, resulta grotesco.

FARSANTE, TA m. y f. Persona que representa comedias o farsas. || adj. y s. Embaucador, hipócrita.

FASCÍCULO m. Entrega por partes o capítulos de un libro o publicación, y cada ejemplar de aquélla. || Conjunto de fibras de tipo muscular o nervioso.

FASCINANTE adj. Deslumbrante, impresionante.

FASCINAR tr. Embrujar. || Seducir, impresionar.

FASCISMO m. Régimen político italiano, de carácter dictatorial, en el poder en 1922-1945. || Organización e ideología de dicho régimen; nacionalista, corporativista, antiliberal y antimarxista, con demagogia social. || Cualquier régimen dictatorial, entre los derrotados en la Segunda Guerra Mundial (Alemania, Rumania, Hungría, Croacia) o simpatizante de éstos (España), con una ideología similar al régimen italiano. || Dictadura militar de carácter reaccionario, aunque su ideología no sea similar a la de los anteriores.

FASCISTA adj. Relativo al fascismo. || adj. y com. Que sigue estas ideas. || Reaccionario.

FASE f. Cada una de las diversas apariencias con que se puede ver la Luna y algunos planetas, en función de la iluminación solar. || Cada uno de los estadios o facetas de un fenómeno físico, teoría, asunto, etc. || En física, magnitud que caracteriza una función senoidal. || Sustancia homogénea que forma parte de un sistema heterogéneo y que está separada de las demás por límites físicos determinados. || Ángulo entre el vector intensidad de corriente y el vector tensión, en una corriente alterna. || Cada una de las partes en que se divide un programa de informática para su mejor almacenamiento y operatividad. || Parte de un ciclo económico.

FASTIDIAR tr. y prnl. Provocar fastidio a alguien. || tr. Cansar, disgustar. || Producir una pequeña molestia o impedimento.

FASTIDIO m. Malestar por un alimento mal digerido, o disgusto por un mal olor. || Hastío, molestia. || Desazón que produce un pequeño inconveniente.

FASTUOSO, SA adj. Pomposo, rumboso.

FATAL adj. Sujeto al hado o destino. || Aciago, infeliz. || Mortal, irremediable. || Se dice de la persona irresistible y conquistadora. || adj. y adv. Pésimo.

FATALIDAD f. Calidad de fatal. || Adversidad, infortunio. || Sino, hado.

FATALISMO m. Doctrina según la cual todos los acontecimientos, especialmente los de la vida humana, están predeterminados por una fuerza superior ineludible.

FATÍDICO, CA adj. Que presagia las cosas futuras, generalmente adversas.

FATIGA f. Sensación penosa, cansancio, que se experimenta después de un excesivo trabajo físico o mental. || Disnea. || Fenómeno que ocasiona la rotura de un material cuando es sometido a esfuerzos periódicos por debajo de su carga de rotura. || Náuseas; suele usarse en plural. || pl. Molestia, sufrimiento.

FATIGAR tr. y prnl. Provocar fatiga. || Aburrir.

FATUO, TUA adj. y s. Falto de seso. || Petulante, jactancioso.

FAUCES f. pl. En los mamíferos, zona de comunicación de la boca con la faringe; la delimitan los pilares posteriores de las amígdalas, úvula, velo del paladar y base lingual.

FAUNA f. Conjunto de animales que ocupan una región geográfica concreta o bien que han vivido en un determinado periodo geológico. Las especies que la forman muestran un conjunto de adaptaciones comunes al medio. || Obra que

enumera y describe el conjunto de animales de un ecosistema.
FAUSTO, 1 m. Boato, magnificencia.
FAUSTO, TA, 2 adj. Venturoso, memorable.
FAVOR m. Auxilio o servicio que se presta a alguien. || Privilegio, valimiento, influencia. || Privanza. || Manifestación de amor que otorgaba una dama a un caballero.
FAVORABLE adj. Que favorece. || Próspero, feliz.
FAVORECER tr. Amparar o asistir a alguien. || Otorgar un favor. || Sentar bien a alguien una cosa. || Sostener, secundar un proyecto, hazaña, etcétera.
FAVORITISMO m. Parcialidad en favorecer.
FAVORITO, TA adj. y s. Que es preferido a otro. || m. y f. Persona que ejerce gran influencia sobre un monarca o personaje ilustre. || f. Concubina.
FAZ f. Rostro, semblante. || Aspecto de una cosa. || Cara de una moneda o medalla.
FE f. Adhesión a una proposición, que no goza de evidencia ni puede ser demostrada. || Crédito que se deposita en una persona por su buen criterio o por la buena opinión que nos merece. || Confianza en la veracidad de una cosa. || Documento que avala la certeza de algo. || Lealtad.
FEALDAD f. Calidad de feo. || Desdoro, torpeza.
FEBRERO m. Segundo mes del año (28 días, o 29 los años bisiestos).
FEBRÍFUGO, GA adj. y m. Se dice de los fármacos que combaten la fiebre.
FEBRIL adj. Relativo a la fiebre. || Intranquilo, agitado.
FECAL adj. Relativo a las heces.
FÉCULA f. Sustancia de reserva de algunos tallos subterráneos de plantas, formada a base de almidón. El hombre la usa con fines alimentarios.
FECUNDACIÓN f. En la reproducción sexual, unión entre un gameto masculino y otro femenino, procedentes de un mismo individuo (autofecundación) o de individuos distintos de la misma especie.
FECUNDAR tr. Realizar una fecundación. || Hacer fértil o fecunda una cosa.
FECUNDIDAD f. Calidad de fecundo. || Capacidad reproductora de un ser viviente. || Reproducción abundante, con formación de muchos individuos viables.
FECUNDO, DA adj. Que tiene fecundación natural. || Prolífico, fértil.
FECHA f. Datación del tiempo y lugar en que se realiza algo. || Día preciso en que sucede o se lleva a cabo algo. || Cada día que ha pasado desde uno fijo. || Momento actual.
FECHAR tr. Colocar la fecha a un escrito. || Datar un documento, pintura, construcción, etcétera.
FECHORÍA f. Barbaridad, mala acción. || Travesura.
FEDERACIÓN f. Agrupación de colectivos humanos que mantiene la autonomía de decisión de cada uno de ellos. || Unión de estados autónomos en un Estado federal. || Agrupación de clubes de una misma modalidad deportiva. || Agrupación de sindicatos de un ramo o locales en uniones nacionales, estatales o internacionales.
FEDERAL adj. y com. Relativo a una federación. || Partidario del federalismo.
FEDERALISMO m. Sistema político en el que el poder se reparte entre un Estado central y sus diferentes partes federadas. || Ideario político que propugna un sistema político federal.
FEDERAR tr. y prnl. Unirse personas o países con fines determinados.
FEDERATIVO, VA adj. Federal.
FEHACIENTE adj. Que es fidedigno.
FELICIDAD f. Estado de satisfacción completa y ordenada que procede del disfrute de un bien apetecido. || Lo que induce a dicho estado. || Ventura, dicha.
FELICITACIÓN f. Acción de felicitar. || Tarjeta o nota con que se expresa.
FELICITAR tr. y prnl. Cumplimentar a alguien por algún suceso grato. || Desear felicidad a alguien.
FELIGRÉS, SA m. y f. Miembro de una parroquia.
FELINO, NA adj. Se dice de los mamíferos carnívoros de la familia Félidos. || Propio del gato o relacionado con él. || Con características de gato.
FELIZ adj. Que posee felicidad o que la motiva con pensamientos, dichos, frases, etc. || Atinado, eficaz.
FELONÍA f. Infidelidad, alevosía, infamia.
FELPA f. Tela con pelo en una de sus caras. || fam. Tunda, somanta. || Regañina.

FELPUDO, DA adj. Tela similar a la felpa. || m. Alfombrilla que se usa para quitarse el polvo y la humedad de los zapatos antes de entrar en una casa. || *tratar a alguien como a un f*. Maltratar a alguien.

FEMENINO, NA adj. Propio de la mujer. || Se dice del ser dotado de órganos de reproducción que pueden ser fecundados. || adj. y m. En la concepción tradicional de la gramática, género que se opone al masculino en lenguas de dos géneros y al masculino y al neutro en lenguas de tres.

FEMINISMO m. Movimiento social que pretende la igualación de las condiciones del hombre y de la mujer, a través de la emancipación de ésta.

FEMORAL adj. Relativo al fémur. || Se aplica a los grandes vasos sanguíneos y tronco nervioso del muslo. La arteria femoral es continuación de la iliaca y se continúa con la poplítea.

FÉMUR m. Hueso más largo del organismo, que forma el esqueleto del muslo. Se distingue un cuerpo o diáfisis y dos extremos o epífisis.

FENECER tr. e intr. Terminar una cosa. || intr. Morir.

FENICIO, CIA adj. y s. Se dice del antiguo pueblo de origen semita que habitaba en la costa de Siria central (Fenicia). || m. Lengua del grupo camítico-semítico habiada por los fenicios. Posee una escritura fonética que utiliza un alfabeto de 22 signos, el 1º consonántico conocido (hasta el siglo x a. C.), del que derivan todos los sistemas de escritura occidentales.

FÉNIX com. Persona excepcional.

FENOL m. Denominación genérica de los compuestos que derivan del benceno por sustitución de uno o más hidrógenos por radicales hidroxilo. || Derivado monohidroxilado del benceno que cristaliza en masas o prismas incoloros o blancos. Venenoso. Soluble en el alcohol, cloroformo y éter. Se usa como desinfectante, para fabricar resinas, etcétera.

FENOMENAL adj. Fenoménico. || Asombroso, colosal. || Extraordinario, magnífico.

FENÓMENO m. Lo que se manifiesta a los sentidos, o en general a la conciencia. || Cosa rara, que se sale de lo normal. || Persona fuera de serie. || fam. Monstruo.

FEO, A adj. Sin belleza. || Que desagrada. || Horroroso, grotesco. || De mal cariz. || En malas condiciones por putrefacción o enfermedad. || m. Desaire, afrenta. || *bailar con la más f.* Llevar siempre la peor parte.

FERAZ adj. De gran fertilidad.

FÉRETRO m. Ataúd.

FERIA f. En la antigua Roma, día en que estaba proscrito el trabajo, como homenaje a los dioses. || Institución pública para la exhibición de productos y promoción de los contactos entre productores y clientes. Por su ámbito, puede ser internacional, nacional o regional; por su contenido, puede ser general (*f. de muestras*) o especializada. || Conjunto de instalaciones estables o temporarias donde se realiza. || Reunión de vendedores y compradores en lugar y fecha establecidos, generalmente al aire libre. || Kermesse.

FERMENTACIÓN f. Oxidación anaerobia de compuestos orgánicos por acción enzimática. || *acética* Transformación del alcohol en ácido acético. || *alcohólica* Transformación de la glucosa en alcohol y dióxido de carbono. || *butírica* Transformación de almidón, glicerina, etc., en ácido butírico mediante las bacterias butíricas. || *láctica* Transformación de los azúcares en ácido láctico mediante las bacterias lácticas.

FERMENTAR intr. Experimentar una sustancia la fermentación. || Excitarse o enardecerse los ánimos. || tr. Hacer que algo fermente.

FERMENTO m. Sustancia de tipo catalítico que da origen a transformaciones químicas (fermentaciones). Es sinónimo de enzima. || Lo que descompone o levanta los ánimos.

FEROCIDAD f. Crueldad, saña.

FEROZ adj. Que actúa con ferocidad. || Que es muy grande o que provoca pánico.

FÉRREO, A adj. De hierro o con sus propiedades. || Firme, tenaz.

FERRETERÍA f. Ferrería. || Comercio en el que se venden herramientas, clavos, ollas, etcétera.

FERROCARRIL m. Vía de dos carriles paralelos para la circulación de trenes. || Tren que utiliza esta vía. || Conjunto de instalaciones, vehículos y equipos que conforman una entidad de tráfico sobre raíles.

FERROSO, SA adj. Relativo o perteneciente al hierro. || Se dice del compuesto de hierro en el que éste tiene una valencia o número de oxidación +2.

FERROVIARIO, RIA adj. Ferrovial. || m. y f. Empleado del ferrocarril.

FERRUGINOSO, SA adj. Se dice de las rocas o minerales que contienen hierro de modo visible. || Se dice de las aguas minerales con abundancia de sales de hierro.

FÉRTIL adj. Se dice de lo muy prolífico o muy productivo, especialmente de las tierras cultivables. || Se dice del ser vivo capaz de reproducirse.

FERTILIZANTE adj. Que fertiliza. || m. Abono.

FERTILIZAR tr. Abonar antes de la siembra. || Poner los medios para que una hembra quede embarazada.

FÉRULA f. Cañaheja. || Regla o palmeta con que se castigaba en la escuela. || Instrumento ortopédico que sirve para mantener inmovilizada una parte enferma, especialmente en fracturas y luxaciones de los miembros.

FERVOR m. Adoración apasionada de una persona o cosa. || Entusiasmo con que se hace una cosa.

FESTEJAR tr. Dar fiestas en honor de alguien. || Conmemorar algo de forma pública y brillante. || Hacer la corte, galantear. || prnl. Recrearse. || Correrse una juerga.

FESTEJO m. Acción y efecto de festejar. || Galanteo. || Fiesta, especialmente la popular; suele usarse en plural.

FESTÍN m. Banquete opíparo.

FESTIVAL m. Conjunto de manifestaciones artísticas o deportivas, generalmente monográficas.

FESTIVIDAD f. Día de fiesta. || Jornada en que se conmemora algo. || Día del calendario litúrgico colocado bajo una advocación. || Chispa, agudeza.

FESTIVO, VA adj. Relativo a la fiesta. || Ocurrente, alegre.

FETAL adj. Relativo al feto. || Se dice de la postura de protección con las piernas dobladas hacia la cabeza y los brazos a ambos lados de ésta.

FETICHE m. Objeto o animal que es venerado por los poderes mágicos que se le atribuyen. || Objeto o prenda en que alguien fija obsesivamente su estímulo erótico.

FÉTIDO, DA adj. De olor repugnante y pútrido.

FETO m. En el desarrollo de los vertebrados superiores, embrión que ya presenta las características morfológicas de la edad adulta. || fam. Adefesio, espantajo, persona muy fea.

FEUDAL adj. Relativo al feudo y a la época en que existió. || Que tiene talento o comportamiento autoritarios.

FEUDALISMO m. Modo de producción, caracterizado en lo económico por la hegemonía de la aristocracia, civil y religiosa, sobre un campesinado adscrito a la tierra, y en lo político, por la existencia de una red de dependencia (vasallaje) muy compleja, en cuya cúspide se encontraban la alta aristocracia y el rey. Propio de la edad media en Europa y de Japón hasta el siglo XIX. Revistió distintas formas.

FIADOR, RA m. y f. Que fía o que vende al fiado. || Persona que responde por otra, con la garantía de aquello a que ésta se halla obligada. || m. Cordón de seguridad de algunos objetos. || Barra o pieza con que se asegura algo.

FIAMBRE adj. y m. Se dice de la carne curada y preparada para su conservación, que puede comerse fría. || adj. Caduco, obsoleto. || m. Embutido. || fam. Cadáver, restos mortales. || Por extensión, algo que está acabado, que ha perdido todas las oportunidades.

FIAMBRERA f. Recipiente para fiambres. || Cazuela metálica, con tapa ajustada, para llevar comidas. || Juego de cacerolas que se acoplan sobre un hornillo para llevar la comida caliente. || fam. Funeraria. || Furgón del forense.

FIANZA f. Contrato en el que el fiador se compromete, asegurando al acreedor el pago de las deudas que ha contraído el deudor, en el caso de que éste incumpla sus obligaciones. || Bien, suma de dinero que se deja como garantía para asegurar el pago de una obligación o deuda. || Persona fiadora.

FIAR tr. Garantizar alguien que otro cumplirá un compromiso. || tr. y prnl. Confiar en uno. || Aplazar el cobro de lo que se vende. || Decir o prestar algo a título personal. || intr. Creer firmemente en los

buenos oficios de algo o alguien. || *ser de f.* Merecer confianza.
FIASCO m. Fracaso relativo; chasco.
FIBRA f. En los tejidos vegetales y animales, elemento anatómico formado por células en fila producidas por sucesivas divisiones transversales de un elemento inicial. || Cada uno de los filamentos alargados que componen la textura de algunos minerales. || fig. Nervio, garra.
FIBROMA m. Tumor benigno formado a expensas del tejido conjuntivo fibroso. Frecuente en el útero.
FICCIÓN f. Acción y efecto de fingir. || Ilusión, quimera. || *de f.* Se dice de la novela o del cuento; es anglicismo.
FICTICIO, CIA adj. Imaginado, irreal. || Supuesto, convencional.
FICHA f. Pieza pequeña de diversos materiales a la que se le da un valor convenido, para utilizarla en juegos (dominó, ajedrez, parchís, etc.), máquinas, teléfonos, etc. || Especie de tarjeta donde se anotan datos y se clasifican según un orden alfabético, temático, etcétera.
FICHAR tr. Anotar los datos de una persona en una ficha y colocarla en un fichero, especialmente policial. || En una cafetería, llevar el camarero la cuenta de lo servido por medio de fichas. || Marcar los obreros la hora de entrada y salida del trabajo. || fam. Recelar o sospechar de alguien. || Anotar los datos de un libro o el resumen de un tema en una ficha para ser archivada o como recordatorio. || intr. Comprometerse un deportista con un equipo.
FICHERO m. Conjunto de fichas clasificadas. || Cajón o mueble donde se guardan las fichas. || Conjunto de registros de información considerados como unidad.
FIDEDIGNO, NA adj. Que merece confianza o fe.
FIDEICOMISO m. Conjunto de bienes que el testador (fideicomitente) encomienda a otra persona (fiduciario) o para que los entregue a otra (fideicomisario) o para la realización de algún proyecto. || Territorio sin gobierno propio y que está sometido a la tutela de las Naciones Unidas.
FIDELIDAD f. Cualidad de fiel. || Exactitud o veracidad con que se lleva a cabo una cosa.

FIDEO m. Cierta pasta de sopa en forma de hilo grueso. || Persona flaca.
FIDUCIARIO, RIA adj. y s. Se dice del heredero de un fideicomiso, cuya misión es transmitir los bienes a una u otras personas (fideicomisarios) o para la realización de un fin lícito o determinada inversión.
FIEBRE f. Aumento de la temperatura del cuerpo que se presenta en muchos procesos patológicos, especialmente de tipo infeccioso o tóxico. || Gran actividad o excitación en un asunto.
FIEL adj. Que es constante en sus afectos, ideas, obligaciones, etc., y no defrauda la confianza en él depositada. || Verídico, puntual. || Que es adecuado para la función que se le asigna. || Que participa de los dogmas de una religión. || Partidario. || m. Elemento de la balanza dispuesto perpendicularmente en el centro de la cruz, cuyo desplazamiento indica, sobre una escala graduada, el peso de los cuerpos.
FIELTRO m. Paño fabricado con fibra animal o vegetal fuertemente prensada.
FIERA f. Animal salvaje, generalmente carnívoro. || Persona sanguinaria y despiadada. || Persona violenta que se irrita fácilmente.
FIEREZA f. Cualidad de fiero. || Crueldad, brutalidad.
FIERO, RA adj. Relativo a las fieras. || Cruel, inhumano. || Se aplica al animal que vive en estado salvaje. || Duro, insociable. || Descomedido, excesivo. || Terrible, horroroso.
FIERRO m. Hierro. || Instrumento con el que se marca el ganado.
FIESTA f. Entretenimiento, diversión. || Broma, guasa. || Día del año dedicado a conmemorar un acontecimiento religioso o civil, en el que no se trabaja. || Acto que se lleva a cabo en una celebración. || Reunión en una vivienda, para divertirse o celebrar algo. || Conjunto de actos culturales y recreativos que se organizan en una localidad para celebrar algo, especialmente la conmemoración anual de su patrón.
FIGURA f. Manera de presentarse un cuerpo que lo distingue de los demás. || Forma del cuerpo de una persona. || Rostro, faz. || Representación gráfica de una

persona, animal o cosa. || Naipe en que aparece representada una persona. || Signo gráfico de la escritura musical. Representa las notas, su valor y duración. || En danza, pasos y evoluciones de la misma. || Personaje de una obra de teatro y actor que lo encarna. || Persona ilustre o famosa. || Ilustración de un texto. || En geometría, espacio limitado por líneas o superficies. || Conjunto de líneas o representación de objetos que sirven para aclarar un texto. || Cualquier utilización no usual u ornamental del lenguaje que el escritor emplea, pero que también puede darse en la lengua coloquial normal.

FIGURADO, DA adj. Se dice del sentido que se aleja del propio o recto de una palabra o expresión.

FIGURANTE, TA m. y f. Comparsa teatral o cinematográfico.

FIGURAR tr. Componer la figura de algo. || Simular, aparentar. || intr. Participar o estar integrado en un asunto, grupo, etc. || Ser notorio. || prnl. Creerse o pensar cosas imaginarias.

FIGURÍN m. Modelo que representa las formas y detalles de una prenda de vestir. || Revista de modas. || Petimetre.

FIJADOR, RA adj. y s. Que fija. || m. Producto para fijar el cabello. || Líquido transparente que se usa en pintura para adherir los colores a la tela. || Sustancia para fijar una imagen fotográfica.

FIJAR tr. Afianzar, sujetar, hincar. || Pegar con engrudo. || Asignar el valor de algo, concretar una fecha, etc. || Concentrarse en un punto, mirar con atención.

FIJEZA f. Solidez en las ideas. || Estabilidad, constancia.

FIJO, JA adj. Sujeto, inamovible, asentado. || Invariable, inalterable.

FILA f. Hilera de personas o cosas. || Ringlera de soldados colocados hombro con hombro. || fam. Ojeriza, hincha. || pl. Asociación, bando.

FILAMENTO m. Cuerpo en forma de hilo. || Tricoma. || Parte estéril del estambre, que da soporte a la antera; su aspecto es muy variable. || Hilo muy fino, generalmente de tungsteno, de elevada resistencia, que se pone incandescente al paso de la corriente eléctrica. Se usa en las válvulas de radio.

FILÁNTROPO, PA m. y f. Persona que tiende a hacer el bien a la humanidad.

FILARMÓNICO, CA adj. y s. Amante de la música. || adj. y f. Se dice de algunos grupos, conjuntos, sociedades, etc., musicales.

FILATELIA f. Afición a coleccionar sellos, y conocimiento que se tiene de ellos.

FILETE m. Moldura estrecha de perfil cuadrangular que separa otras dos molduras más anchas. || Línea fina de uso decorativo. || Ribete a punto de ojal que se hace en algunas prendas de vestir. || Asador pequeño y estrecho. || Solomillo. || Trozo de carne sin hueso, o de pescado sin raspa. || Espiral que sobresale en una rosca. || Freno pequeño para habituar a los potros al bocado. || En imprenta, línea recta que sirve para separar textos, y pieza con que se imprime. || Lista dorada utilizada en encuadernación. || Saliente en la superficie de algo.

FILIACIÓN f. Acción y efecto de filiar. || Señas de identidad de una persona. || Documento en el que constan. || Resultado de estar afiliado a un partido o agrupación. || Registro militar de un nuevo soldado. || Lazo de parentesco que une a los hijos con los padres.

FILIAL adj. Relativo al hijo. || adj. y s. Se dice del organismo que está bajo la jurisdicción de otro, o de la empresa cuyo capital es de otra.

FILIGRANA f. Técnica de orfebrería que funde hilos o granos de oro y plata. || Marca o figura del papel que se hace al fabricarlo y se ve al trasluz. || Cosa delicada y primorosa.

FILIPINO, NA adj. y s. De Filipinas. || adj. De Felipe II, o de sus sucesores.

FILMAR tr. Hacer una película, cinematografiar.

FILME m. Obra cinematográfica.

FILMINA f. Diapositiva.

FILMOTECA f. Local donde se guardan, estudian y proyectan filmes. || Conjunto de filmes.

FILO m. Arista o corte de un instrumento. || Línea que corta un objeto en dos mitades.

FILOLOGÍA f. Estudio de una literatura o de una lengua a través de sus textos; por extensión, crítica textual, ecdótica.

FILÓN m. Relleno mineral o rocoso de otra roca preexistente, generalmente de forma tubular. || Persona o cosa susceptible de extraer un provecho.

FILOSOFAR intr. Expresarse o meditar sobre algo con filosofía. || fam. Cavilar.

FILOSOFÍA f. Reflexión sobre los fundamentos del saber y de la conducta, ya en general, ya en campos más o menos específicos (filosofía de la matemática, de la educación, etc.). || Facultad universitaria donde se imparten dichos conocimientos y esos mismos estudios. || Entereza, resignación ante las adversidades.

FILÓSOFO, FA adj. Relativo a la filosofía. || m. y f. Persona versada en filosofía. || Persona reflexiva y virtuosa.

FILTRACIÓN f. Acción o efecto de filtrar o filtrarse. || Hecho de dar a conocer una información reservada de forma anónima.

FILTRAR tr. Separar un líquido de sustancias sólidas mezcladas con él, mediante filtros. || intr. y prnl. Impregnar un líquido un cuerpo sólido. || Introducir sutilmente una idea, opinión, etc. || prnl. Faltar dinero o bienes por irregularidades.

FILTRO, 1 m. Útil con poros o agujeros para filtrar. || Aparato para depurar líquidos, merced a la retención de las partes sólidas que éstos contienen. En motores de explosión se emplean para aire, aceite y carburante, consistentes todos en una malla doblada en zigzag dentro de su cartucho. || Manantial de agua dulce en la orilla del mar. || Dispositivo transparente para rectificar la luz a través del objetivo fotográfico. || Elemento incorporado a un circuito para dejar paso a corrientes de determinada frecuencia.

FILTRO, 2 m. Brebaje con propiedades mágicas para despertar el amor de una persona. || Veneno.

FILUM m. En taxonomía, tipo.

FIN amb. Acabado, último toque de una cosa. || Final. || Finalidad, término, meta. || Muerte.

FINADO, DA m. y f. Persona muerta.

FINAL adj. Que termina, acaba o perfecciona una cosa. || Se dice de los periodos prepositivos y conjuntivos. || m. Fin, conclusión. || f. Fase o competición en la que se dirime el vencedor de un campeonato.

FINALIDAD f. Propósito. || Razón de ser.

FINALISTA adj. y com. Se dice de cada uno de los candidatos finales a un triunfo.

FINALIZAR tr. Acabar. || intr. Extinguirse, concluirse algo.

FINANCIAR tr. Poner el capital necesario para el desarrollo de una actividad, económica o no.

FINANCIERO, RA adj. Relativo a las finanzas. || m. y f. Estudioso de ellas, y dirigente empresarial en este campo. || f. Entidad pública o privada (principalmente bancos, cajas de ahorro y bolsas de valores) que transmite recursos monetarios de los ahorradores a las unidades que los necesitan.

FINANZAS f. pl. Dinero líquido que se posee. || Hacienda pública. || Actividades financieras. || *públicas* Rama de la política económica y aplicada que estudia la actividad impositiva y de gastos de las distintas administraciones de un Estado. || Conjunto de los recursos económicos de las distintas administraciones de un Estado.

FINAR intr. Morir.

FINCA f. Propiedad inmobiliaria, urbana o rústica.

FINCAR intr. y prnl. Comprar fincas. || tr. Impulsar una barca con una pértiga que se apoya en el fondo cuando las aguas son poco profundas.

FINÉS, SA adj. y s. Se dice del pueblo extendido por Finlandia, Livonia y otros países del N de Europa. Constituye un complejo étnico con elementos eslavos (bálticos), germánicos (suecos) y lapones sobre un antiguo sustrato uralo-altaico. || m. Lengua del grupo baltofinés que se habla en Finlandia. También se extiende por parte de Noruega y Suecia, y tiene más de 3 millones y medio de hablantes.

FINEZA f. Calidad de fino. || Expresión de afecto o de cortesía. || Obsequio delicado.

FINGIR tr. y prnl. Mostrar algo o alguien una apariencia que no se corresponde con la esencia, sentimientos, etc., reales.

FINIQUITAR tr. Liquidar una cuenta. || Terminar.

FINO, NA adj. Delicado, exquisito. || Delgado, sutil. || De postura elegante. || Atento, educado. || Hábil, astuto. || Meticuloso y limpio en su trabajo. || Afemina-

FINTA do. || Hablando de los sentidos, penetrante. || Suave al tacto.
FINTA f. Ademán, expresión, etc., con que se impulsa al contrario en una dirección con el fin de burlarle.
FINURA f. Delicadeza, exquisitez. || Educación, comedimiento.
FIRMA f. Nombre, generalmente acompañado de una rúbrica, de una persona al pie de un escrito o documento con el que aprueba o valida su contenido. || Conjunto de documentos que se presentan para ser firmados. || Acto de firmarlos. || Aquello que es característico de alguien o algo, que refleja su estilo.
FIRMAMENTO m. Bóveda celeste en la que se nos aparecen los astros.
FIRMAR tr. Estampar la firma. || prnl. Utilizar como firma un título, apodo, etc. || *f. en blanco* Hacerlo en un documento sin cumplimentar. || Dar carta blanca.
FIRME adj. Sólido, bien asentado. || Entero, que no se amilana ni desalienta. || m. Terreno seguro sobre el que se pueden elevar los cimientos. || adv. Con tesón, sin retroceder. || *de f.* Intensamente, con dedicación.
FIRMEZA f. Calidad de firme. || Solidez, perseverancia.
FISCAL adj. Relativo al fisco o al oficio de acusador público. || com. Funcionario de la administración de justicia, cuya misión es defender los intereses de la sociedad, en los juicios que le competen. || Persona rígida en sus juicios.
FISCALÍA f. Oficio del fiscal. || Despacho del fiscal.
FISCALIZAR tr. Ejercer de fiscal en los tribunales. || Controlar con rigor.
FISCO m. Parte del erario público proveniente de los impuestos recaudados.
FISGAR tr. Curiosear, meterse en la vida de los otros. || Mirar a escondidas las acciones o pertenencias de otros. || intr. y prnl. Burlarse.
FISGÓN, NA adj. y s. Entrometido, curioso. || Burlón.
FÍSICA f. Ciencia que estudia las propiedades de la materia, los agentes naturales que influyen sobre ella sin alterar su composición, los fenómenos originados por esta influencia y las leyes que las rigen.
FÍSICAMENTE adv. Corporalmente. || Materialmente.

FÍSICO, CA adj. Relativo a la física. || Relativo al cuerpo humano. || m. y f. Profesional de la física. || m. Planta, aspecto de alguien.
FISIOLOGÍA f. Ciencia que estudia las funciones de los seres vivos. Investiga las actividades específicas de los diversos tejidos, órganos y aparatos que constituyen un organismo y que están relacionados con el mantenimiento de la vida o su transmisión.
FISIÓN f. Proceso de escisión de un núcleo atómico de un elemento pesado, en dos partes casi iguales, emitiendo 2-3 neutrones y gran cantidad de energía. Es el fundamento de los sectores nucleares y bombas atómicas.
FISIOTERAPIA f. Uso terapéutico de las diferentes formas de energía, basado en las acciones biológicas que producen sobre el organismo. Desde la simple energía mecánica (masaje), se utiliza en medicina la energía térmica, eléctrica, radiante, etcétera.
FISONOMÍA f. Semblante peculiar de cada uno. || Apariencia de las cosas.
FISONOMISTA adj. y com. Que estudia la fisonomía. || Que tiene buena memoria para los rostros.
FÍSTULA f. Caño por donde se conduce un líquido. || Comunicación patológica congénita o adquirida entre una cavidad u órgano hueco, con otra víscera o con la superficie corporal. || Instrumento musical de viento, parecido a la flauta.
FISURA f. Grieta. || Contradicción en una persona o grupo. || Hendidura estrecha y alargada en una roca, en relación con su proceso de formación o con fuerzas tectónicas. || Hendidura o surco en algún órgano. || Defecto o solución de continuidad de alguna parte, aparecida por causas patológicas.
FLÁCCIDO, DA adj. Blando, flojo.
FLACO, CA adj. Delgado, esmirriado. || Débil, flojo. || Inconsistente. || m. Punto débil de alguien.
FLAGELACIÓN f. Acción y efecto de flagelar o flagelarse. || Pena consistente en castigar con un flagelo. || Medio de penitencia, usado por los ascetas.
FLAGELAR tr. y prnl. Azotar. || Criticar o reprender con insistencia. || Zaherir con burlas machaconas.

FLAGELO m. Látigo o disciplina. || Acontecimiento catastrófico. || Filamento citoplasmático, delgado y largo, que realiza movimientos ondulantes a modo de látigo..
FLAGRANTE adj. Que estaba realizándose en el momento de ser descubierto, especialmente un delito. || *en f*. En el mismo instante.
FLAMA f. Llama y su reverberación.
FLAMANTE adj. Deslumbrante. || De aspecto vistoso y cuidado. || Recién acabado o ingresado.
FLAMEAR intr. Despedir llamas. || Someter algo a la acción del fuego, para limpiarlo o esterilizarlo. || Quemar alcohol sobre la superficie de un manjar. || Ondear al viento.
FLAMENCO, CA adj. y s. De Flandes. || Chulo, arrogante. || Que tiene aspecto saludable. || Decidido. || m. Conjunto de hablas neerlandesas meridionales que se hablan en parte del N de Bélgica.
FLAMÍGERO, RA adj. Que lanza llamas o imita su aspecto.
FLAN m. Postre elaborado con leche, huevos y azúcar, cuajado al baño maría en un molde. || Guiso similar. || Cospel.
FLANCO m. Cada uno de los dos costados de un cuerpo visto de frente. || En un baluarte, cada uno de los dos muros que forman ángulo entrante con la cortina. || Parte de un sinclinal situado a cada lado de su eje. || Región lateral del cuerpo de los mamíferos. || Superficie terminal de las herramientas de corte.
FLANQUEAR tr. Estar situado en el flanco de una cosa. || Atacar un flanco, o protegerlo. || Bordear.
FLAQUEAR intr. Decaer las fuerzas, debilitarse. || Ceder un edificio, pared, etc. || Cejar, claudicar, abandonar.
FLAQUEZA f. Delgadez. || Mengua o fragilidad del carácter, la fuerza, etc. || Debilidad moral, resbalón.
FLASH m. Fuente luminosa, con destello breve o intenso, usada en fotografía cuando la luz es insuficiente. Los hay electrónicos y de lámpara magnésica. || Información breve que suele atender a las noticias de última hora.
FLATO m. Acúmulo doloroso de gases en el tubo digestivo.
FLAUTA f. Instrumento musical de viento, de madera (también metal, hueso, marfil), forma cilíndrica y con bisel. De origen muy antiguo (egipcios), y de diversas formas y tamaños. Las más importantes son la *dulce*, llamada también de pico o vertical, con 7 agujeros delante, para la sucesión diatónica y uno atrás para los armónicos, y la *travesera*, con 16 orificios y embocadura lateral. || Registro del órgano con el sonido de este instrumento.
FLAUTÍN m. Flauta pequeña, afinada una octava más aguda que la normal, llamada también *piccolo*. || Músico que la toca.
FLEBITIS f. Proceso inflamatorio que se asienta en las paredes venosas; casi inexorablemente determina la trombosis del vaso afectado.
FLECO m. Adorno de hilos, cordones, etc., colgantes y dispuestos unos al lado de otros en el borde de una tela. || Flequillo del cabello. || Borde de una tela raído por el uso.
FLECHA f. Venablo pequeño, con punta triangular y plumas en la parte opuesta que guían su trayectoria, que se dispara, generalmente con ayuda de un arco. || Signo visual u objeto con forma de punta de f. || Altura de un arco o bóveda, desde el arranque a la clave. || Aguja que cierra una torre. || Saeta. || *aeronáutica* Inclinación del borde de ataque de un plano aerodinámico.
FLECHAR tr. Tensar el arco y disponer la flecha para dispararla. || Asaetear a alguien. || tr. y prnl. Enamorar de repente. || Intr. Tener el arco presto para arrojar la flecha.
FLEMA f. Mucosidad. || En la antigua teoría de la patología humoral, uno de los humores. || fig. Calma, cachaza. || Dominio, seguridad. || Residuo acuoso que proviene de destilar productos alcohólicos.
FLEMÓN m. Proceso inflamatorio supurativo que afecta al tejido subcutáneo o al conjuntivo situado entre otros órganos o tejidos.
FLEQUILLO m. Cabello que cae sobre la frente.
FLETAR tr. Alquilar un buque o avión para el transporte de cosas o personas. || Subir a bordo mercancías o personas para su transporte.
FLETE m. Precio pagado por el naviero, el armador, para la utilización de una nave

o avión como medio de transporte. || Carga que transporta una nave.
FLEXIBLE adj. Que es fácil de doblar. || Que cede o se pliega fácilmente a la voluntad de otro. || Se dice del cordón de hilos finos de cobre, recubierto de una capa aisladora, que se usa para transmitir la energía eléctrica de pequeña intensidad.
FLEXIÓN f. Acción y efecto de doblar o doblarse. || En gimnasia, movimiento que consiste en una torsión parcial de la cintura (dorsal, ventral o lateral) o de un miembro articulado. || Cualquier cambio morfológico que experimenta una palabra para modificar o indicar su función en la operación, o bien para variar los accidentes gramaticales que también sitúan a la palabra en relación con el contexto. La parte inflexiva es la raíz o lexema, y los elementos flexivos no tienen significación por sí solos. || Movimiento de ciertas articulaciones, gracias al cual una parte distal de un miembro se dobla sobre la parte más proximal. || Curvatura, deformación que experimenta un sólido al ser sometido a un esfuerzo.
FLIRTEAR intr. Coquetear, galantear.
FLOJEAR intr. Disminuir en el rendimiento. || Flaquear.
FLOJO, JA adj. Inseguro, no ajustado. || Que carece de fuerzas o que no actúa. || adj. y s. Indolente, haragán.
FLOR f. Yema reproductora que caracteriza a las plantas Fanerógamas; la f. completa consta de 5 clases de piezas, que se han desarrollado a partir de hojas normales, de las que las dos internas funcionan como hojas fértiles. Externamente se disponen las brácteas, a continuación los sépalos (que forman el cáliz) y los pétalos, generalmente coloreados, que a su vez forman la corola. En el interior de este conjunto se encuentran las hojas masculinas (los estambres) y en el centro las femeninas (carpelos). || Lo más selecto de algo.
FLORA f. Conjunto de las especies vegetales que ocupan un determinado territorio. || Obra sobre el conjunto de las especies vegetales y su ecosistema.
FLORACIÓN f. Conjunto de fenómenos que produce el desarrollo de las yemas florales. En las zonas templadas generalmente se produce en primavera. || Surgimiento más o menos repentino de actividades en un campo.
FLORAL adj. Relativo a la flor.
FLOREAR tr. Ornar con flores. || Separar del resto la harina más fina. || Preparar los naipes para hacer trampas. || intr. Tocar 2 o 3 cuerdas de la guitarra sucesivamente, sin parar, y producir un sonido continuado, repitiendo una figura musical. || Ornamentar una frase musical con notas prescindibles. || fam. Galantear, requebrar. || Decorar.
FLORECER tr. e intr. Brotar o echar flor. || intr. Mejorar, progresar. || Destacar o estar activo algo o alguien en una determinada época.
FLOREO m. Cháchara, conversación insustancial. || Piropo, loa. || Vibración que se imprime a la punta de la espada. || En danza, especialmente, movimiento rápido de vaivén del pie que está en el aire, mientras el peso del cuerpo recae sobre el otro.
FLORERÍA f. Floristería.
FLORERO, RA adj. y s. Gracioso, chistoso, zalamero. || m. y f. Florista. || m. Recipiente, vasija para colocar flores. || Sitio donde se guardan flores. || Dibujo o cuadro en el que sólo figuran flores.
FLORESTA f. Lugar apacible poblado de árboles y flores. || Reunión de cosas selectas.
FLORETE m. Modalidad de la esgrima. || Arma blanca de estoque formada por una hoja de 4 aristas sin filo. El mango está protegido por una cazoleta y la punta por un botón. || Tejido delgado de algodón.
FLORICULTURA f. Rama de la agricultura que se dedica al mejoramiento de las características estéticas y funcionales de las plantas.
FLORIDO, DA adj. Con flores. || Se dice de lo más selecto de entre varias cosas. || Se aplica al lenguaje o estilo rico, artificioso.
FLORILEGIO m. Antología de textos literarios.
FLORISTA com. Persona que se dedica a la venta de flores y confección de ramos. || Persona que hace flores artificiales, especialmente de tela.
FLORISTERÍA f. Establecimiento donde se venden flores y plantas.

FLOTA f. Conjunto de los barcos de un Estado, armador, etc. || Conjunto de los barcos que se usan con un fin común. || *aérea* Conjunto de aviones de un Estado o compañía. || *de guerra* La que mantiene un Estado con fines bélicos. || *mercante* Conjunto de los barcos de este carácter de un país (excluidos los de guerra, los pesqueros y los deportivos).

FLOTADOR, RA adj. y s. Que flota. || m. Útil que ayuda a mantener a flote a una persona. || Aparato que, al flotar en un depósito, mide el nivel del líquido o la velocidad de la corriente.

FLOTAR intr. Mantenerse un cuerpo en la superficie de un líquido. || Hallarse en suspensión en un medio gaseoso. || Ondear en el aire. || Difundirse una sensación, malestar, sentimiento, etc., por el ambiente. || Andar distraído.

FLOTE m. Flotación. || *a f.* Sosteniéndose en el agua. || Superado el momento difícil, sin problemas.

FLOTILLA f. Flota de buques pequeños. || Flota reducida de aviones.

FLUCTUACIÓN f. Acción y efecto de fluctuar. || Titubeo, indeterminación. || Variación de una magnitud física alrededor de su valor medio. || *económica* Alteración en la actividad económica debido a tendencias seculares (ascenso o descenso de la vida económica en periodos largos de tiempo), estacionales (en combinación con las estaciones del año), cíclicas o irregulares (por tiempo y causas difíciles de prever).

FLUCTUAR intr. Oscilar libremente un cuerpo llevado por las aguas. || Dudar, titubear. || Estar al borde de la quiebra o del fracaso. || Variar alternativamente la cotización de algo.

FLUIDEZ f. Calidad de fluido. || Valor recíproco de la viscosidad dinámica de un fluido. Se mide en reyn, que es la inversa del poise. || Facilidad de circulación de los diferentes factores de la economía.

FLUIDO, DA adj. y s. Se dice de la sustancia cuyas moléculas se mueven libremente, debido a que las fuerzas de cohesión son pequeñas. Adoptan la forma del recipiente que las contiene. Los líquidos y los gases son fluidos y se diferencian en que la concentración de moléculas es más grande en los líquidos que en los gases. || adj. Se dice del lenguaje o estilo suelto y fácil. || Se dice de la capacidad de movilización de los diferentes factores económicos. || m. En parapsicología, sustancia energética universal, intermediaria entre lo espiritual y lo material. || *eléctrico* Electricidad.

FLUIR intr. Correr o salir un líquido o un gas. || fig. Brotar las palabras con facilidad y soltura.

FLUJO m. Acción y efecto de fluir. || Marea alta. || Corriente de recursos establecida entre sectores, agentes económicos o áreas geográficas; son reales cuando se trata de recursos físicos (bienes y servicios) y monetarios si se trata de activos líquidos. || Líquido o secreción que mana al exterior, especialmente las secreciones vaginales, cuando son muy abundantes. || Abundancia repentina de algo, al aparecer circunstancias favorables (*f. de ideas, de personas,* etcétera).

FLÚOR m. (F) Elemento químico situado en el grupo VIIb de la tabla periódica. Forma parte de la familia de los halógenos. Gas amarillo verdoso que posee gran reactividad, por lo que su fabricación es muy complicada. Es un gran oxidante y desplaza a los no metales de sus combinaciones. Es extremadamente corrosivo, y tóxico.

FLUORESCENCIA f. Propiedad de algunas sustancias que permite transformar la frecuencia de la radiación recibida en una frecuencia menor.

FLUVIAL adj. Se dice de los procesos geológicos en relación con los ríos.

FOBIA f. Miedo irracional, patológico, muy intenso, hacia personas, objetos o situaciones. || fam. Antipatía muy intensa.

FOCAL adj. Del foco de los espejos y lentes.

FOCO m. Punto en el que convergen los rayos luminosos que inciden sobre un sistema óptico, paralelos al eje principal (foco imagen); o punto del que parten los rayos y, tras atravesar el sistema, salen paralelos al eje principal (foco objeto). En las lentes divergentes y en los espejos convexos los rayos reflejados o refractados provienen de un f. negativo. || Punto donde se encuentran, en una curva plana, dos tangentes isótropas. || Punto del organismo a partir del cual se difunde un

proceso patológico, especialmente de tipo infeccioso. || Lámpara eléctrica potente; faro de un coche.
FOFO, FA adj. Blando, sin fortaleza.
FOGATA f. Fuego, generalmente alimentado con madera, que levanta llama. || Barreno de poca potencia.
FOGÓN m. En las cocinas, lugar a propósito para hacer fuego y guisar. || Oído de las armas de fuego pesadas. || Tertulia alrededor del mismo.
FOGONAZO m. Llamarada súbita que producen algunas materias altamente inflamables.
FOGONERO, RA m. y f. Persona encargada de un fogón, especialmente el de una locomotora de vapor.
FOGOSO, SA adj. De temperamento ardiente y apasionado.
FOGUEAR tr. Limpiar un arma disparándola con poca carga. || Habituar un animal o a una persona al fuego de combate. || Avezar a alguien a las dificultades o rigores de un trabajo. || En veterinaria, cauterizar.
FOLCLOR m. Conjunto de creencias, costumbres y tradiciones de un pueblo. || Conjunto de canciones y danzas populares, heredadas de la tradición, que se atribuyen al pueblo porque sus autores se han perdido en la antigüedad o en el anonimato. || fam. Jaleo, confusión.
FOLIACIÓN f. Acción de foliar. || Serie de folios numerados. || Desarrollo de las yemas foliares y aparición de las hojas en los árboles y arbustos caducifolios. || Propiedad de división de las rocas en planos más o menos paralelos, según direcciones de mínima cohesión.
FOLIAR, 1 tr. Numerar los folios de una publicación
FOLIAR, 2 adj. Relativo a la hoja, o de sus características.
FOLIO m. Hoja de un libro o cuaderno. || Titulillo y numeración que encabezan las páginas de un libro. || Tamaño de papel o libro que se obtiene al doblar el pliego una vez.
FOLLAJE m. Conjunto de ramas y hojas de árboles y plantas. || Adorno de hojas y ramas. || Ornamento recargado y de poco gusto. || Palabrería en un escrito, charla, etcétera.
FOLLETÍN m. Novela que se publicaba por entregas en los diarios y revistas del siglo xix. La mayoría eran de ínfima calidad y de una acción truculenta y enrevesada, que se suspendía siempre al final de la entrega. || Por extensión, y peyorativamente, cualquier novela que contenga rasgos de inverosimilitud o sentimentalismo propios del folletín.
FOLLETO m. Obra impresa de menor extensión que un libro, generalmente sin encuadernar. || Por extensión, hoja o conjunto de hojas impresas, con fines de propaganda.
FOLLÓN, NA adj. y s. Indolente, blando. || Bravucón, pusilánime y ruin. || Cohete que estalla sin ruido. || Jaleo, barullo. || Asunto complicado. || Ventosidad silenciosa.
FOMENTAR tr. Impulsar, propiciar una actividad.
FOMENTO m. Calor, protección. || Materia con que se nutre algo. || Auxilio, amparo. || Med. Cataplasma.
FONDA f. Local público donde se duerme y se sirven comidas, de menor categoría que el hotel.
FONDEAR tr. Examinar el fondo marino. || Registrar los inspectores una embarcación en busca de contrabando. || Quitar la carga de un buque para examinar el fondo. || Analizar algo, hasta remontarse a sus orígenes. || Verificar mediante pruebas los conocimientos de alguien. || intr. Echar el ancla. || Hacer alto en un puerto. || Embriagarse.
FONDO m. Parte más profunda de un objeto hueco. || Parte opuesta a la entrada. || Superficie sólida, de naturaleza muy variable, sobre la que se dispone una columna de agua (mar, lago, río, etc.). || Profundidad. || Parte de un buque cubierta por el agua. || Largura de un edificio. || Superficie de un tejido, pintura, etc., sobre la cual destacan adornos, colores, dibujos, etc. || Sonoridad apagada de la que sobresalen ruidos, sonidos, etc. || Condiciones, modo de vida, etc., que rodean a algo o alguien. || Lo fundamental de algo. || Dinero en común. || Conjunto de impresos, libros, revistas, etc., que posee una biblioteca, archivo, editorial, etc. || Serie de textos impresos o manuscritos que tienen una misma procedencia. || Cada una de las dos tapas de la cuba o tonel. || Prueba deportiva de larga distancia basada en la resistencia física.

FONEMA m. Cada uno de los abstractos que representan un sonido de la lengua, independientemente de su realización física real.

FONÉTICO, CA adj. Relativo a los sonidos del lenguaje, y al sonido en general. || Se dice de aquella escritura alfabética en la que se intenta que cada letra corresponda a un fonema (y uno solo). || f. Rama de la lingüística que estudia los sonidos del lenguaje en su realización física, es decir, en tanto que alófonos. Desdeña el estudio de la función lingüística de dicho sonido y lo estudia desde un punto de vista articulatorio.

FONÓGRAFO m. Aparato que se usa para reproducir el sonido. Consta de un cilindro en el que se registran las vibraciones de las ondas sonoras y un estilete sensible que lo recorre.

FONOLOGÍA f. Rama de la lingüística que, a diferencia de la fonética, estudia los fonemas no en su realización física, sino en tanto cumplen una función lingüística en la lengua.

FONTANERÍA f. Técnica del fontanero. || Serie de instalaciones que canalizan y distribuyen el agua.

FONTANERO, RA adj. Relativo a las fuentes. || m. y f. Persona que hace y arregla instalaciones de agua.

FORAJIDO, DA adj. y s. Bandolero, salteador de caminos.

FORÁNEO, A adj. Forastero, extranjero.

FORASTERO, RA adj. De fuera. || adj. y s. Se dice de la persona que no ha nacido en el lugar en que reside. || Extraño, ajeno.

FORCEJEAR intr. Hacer fuerza para conseguir dominar algo. || Hacer frente, oponerse.

FÓRCEPS m. Instrumento quirúrgico de tipo prensil de dos ramas usado especialmente en obstetricia.

FORENSE adj. Relativo al foro. || adj. y com. Se dice del médico que actúa como perito ante los tribunales de justicia. || f., *medicina* Conjunto de conocimientos médicos relacionados con la administración de la justicia, especialmente identificación personal, diagnóstico de causas de muerte, etcétera.

FORESTAL adj. Relativo a los bosques y a su rendimiento.

FORJA f. Fragua de platero. || Lugar donde se trabaja el hierro. || Acción y efecto de forjar. || Argamasa.

FORJAR tr. Hacer el forjado de un metal. || Fabricar el entramado de una construcción. || fam. Idear, proyectar.

FORMA f. Especial disposición de las partes de un cuerpo que lo hacen diferente a otro. || Modo de presentarse externamente la materia. || Modo de actuar o de resolver algo. || Molde, instrumento para dar un determinado cuerpo a una cosa. || Formato de un libro. || Técnica o estilo con que se plasman las ideas, pensamientos, etc. || Conjunto de rasgos gramaticales que configuran una unidad lingüística. || Cada uno de los tipos de letra de una persona, época, país, etc. || Molde tipográfico para la impresión de un pliego. || Conjunto de requisitos externos necesarios en los actos jurídicos. || Modo de actuar.

FORMACIÓN f. Acción y efecto de formar o formarse. || Forma, aspecto exterior de un cuerpo. || Colocación según un orden de un grupo de personas, especialmente militares. || Educación y conocimientos que uno posee. || Proceso por el cual se intenta desarrollar la personalidad globalmente y de forma integradora según las exigencias de la vida. || Disposición en un suelo de rocas y minerales según unas características geológicas comunes. || *profesional* La que capacita para ejercer un oficio.

FORMAL adj. Relativo a la forma. || Que actúa con formalidad. || Preciso, que cumple todos los requisitos.

FORMALIDAD f. Cualidad de formal. || Condición necesaria para llevar a cabo una cosa, requisito; suele usarse en pl. || Honestidad en el cumplimiento de los acuerdos y compromisos.

FORMALIZAR tr. Acabar una cosa, completarla. || Imprimir seriedad a algo. || Hacerse más prudente un niño.

FORMAR tr. Dotar a algo de la forma que le es propia. || Reunir, congregar. || Constituir varias personas o cosas un todo. || Alinear, ordenar una unidad militar. || tr. e intr. Dar ejemplo, educar. || intr. Ponerse en fila, formación, etc. || prnl. Fortalecerse física o moralmente.

FORMATO m. Disposición y medidas de una revista, libro, etc. ||, En cinematografía, indica el ancho de la película. Sus variantes están relacionadas con fines estéticos e industriales: 35 mm (su origen, el de la cinematografía y es de uso corriente), 55 y 70 mm (introducidos en los años 50-60 junto con las macropantallas), 16 y 8 mm (utilizados en el cine amateur, cortometrajes, etc.). || En informática, disposición prevista para los caracteres, los campos, las líneas, etc., en un documento.

FORMIDABLE adj. Se dice de lo que causa pasmo o admiración. || Muy grande, enorme. || Muy bueno, estupendo.

FORMOL m. Disolución acuosa al 40% de formaldehído en agua, con algo de metanol para prevenir la polimerización.

FORMÓN m. Herramienta de carpintero, con hoja ancha y filo frontal, para hacer rebajes. || Sacabocados de corte circular.

FÓRMULA f. Forma establecida para la presentación o la resolución de algo. || Prescripción, receta. || Regla o norma. || Ley matemática o resultado de un cálculo, cuya expresión, reducida a sus más simples términos, sirve de regla para resolución de todos los casos análogos. || Expresión de la composición de una sustancia química mediante letras y números. || Conjunto de características de cilindrada, peso, etc., que deben cumplir los automóviles en carreras de velocidad.

FORMULAR tr. Constreñir en una fórmula una proposición, solución, etc. || Expresar algo en un lenguaje no equívoco, en términos claros y precisos. || Recetar.

FORMULARIO, RIA adj. Relativo a las fórmulas. || Que se hace siguiendo una fórmula. || m. Libro que contiene fórmulas. || Impreso, con espacios en blanco, que debe completarse con los datos particulares del caso que se gestiona.

FORMULISMO m. Aprecio excesivo de las fórmulas. || Preferencia que se tiene por las formas, despreciando lo sustancial. || Formalidad, requisito de trámite.

FORNICAR intr. y tr. Mantener relaciones carnales ilícitas o fuera del matrimonio.

FORNIDO, DA adj. Robusto, macizo.

FORO m. En la antigua Roma, plaza que era el centro de la vida pública. || Lugar donde se administra justicia. || Por extensión, ejercicio de la abogacía, y todo lo referente a ella. || En un escenario, lugar opuesto a la embocadura. || Coloquio, debate. || Parlamento, cámara de representantes.

FORRAJE m. Yerba, verde o seca, que se da al ganado para su alimentación. || Acción de forrajear. || Fárrago.

FORRAR tr. Colocarle el forro a una cosa. || Revestir o resguardar con un forro. || prnl. Volverse rico.

FORRO m. Tela que protege el interior de una prenda de vestir o el exterior de un objeto. || Cubierta de un libro. || Conjunto de planchas y tablones con los que se reviste un buque. || Material de calafateado. || Tejido resistente al rozamiento que se aplica a las superficies de contacto en embrague y freno.

FORTALECER tr. y prnl. Hacer crecer en fuerza y vigor.

FORTALEZA f. Fuerza, solidez. || Una de las virtudes cardinales. || Estoicismo, resignación. || Protección natural de que goza un lugar. || Fortificación, castillo.

FORTIFICAR tr. Fortalecer, vivificar. || Entibar. || tr. y prnl. Construir fortificaciones militares.

FORTÍN m. Pequeña fortaleza, construida con materiales poco resistentes, para defensa de zonas de cierto valor estratégico o control de territorios poco poblados.

FORTUITO, TA adj. Que sucede por azar.

FORTUNA f. Suerte en los sucesos y avatares en los que se participa. || Riqueza. || Prosperidad. || Éxito. || Destino, devenir, estrella. || probar f. Intentar una cosa de éxito dudoso.

FORZADO, DA adj. Obligado por la fuerza. || Provocado, no espontáneo. || Forzoso. || m. Galeote.

FORZAR tr. Utilizar la violencia y la fuerza para conseguir algo. || Abusar sexualmente de alguien. || Tomar, entrar por la fuerza. || Exagerar algo o traerlo por los pelos. || Poner al límite de sus posibilidades una máquina, buque, automóvil, etc. || tr. y prnl. Obligar a actuar a uno contra su voluntad.

FORZOSO, SA adj. Ineludible, que no se puede excusar.

FORZUDO, DA adj. Muy fuerte, vigoroso.

FOSA f. Sepultura. || Excavación rectangular que en un taller mecánico facilita la reparación de automóviles. || Foso.

FOSFATO m. Sal o éster del ácido fosfórico. Se conocen tres tipos: los *monometálicos* (solubles en agua), *dimetálicos* (poco solubles en agua) y los *trimetálicos* (casi insolubles en agua). Son importantes en la actividad funcional de la planta, en la fotosíntesis. Se usan para obtener ácido fosfórico, abonos y superfosfatos.

FÓSFORO m. (P) Elemento químico situado en el grupo Vb de la tabla periódica. Forma parte del grupo de los nitrogenoides. Es una sustancia natural o artificial que presenta fluorescencia o fosforescencia. No se encuentra aislado, pero sí en forma de fosfatos. Se presenta en tres estados; blanco, negro y violeta. || Cerilla, cabeza de fósforo. || Lucero del alba.

FÓSIL adj. y m. Se dice del organismo, completo o fragmentario, y también traza de actividad, conservado después de su muerte en rocas ganeralmente sedimentarias a través de un proceso de fosilización. || fig. Viejo, caduco. || *característico* Aquel que se encuentra siempre en ciertos estratos geológicos y nunca en otros. || *viviente* Especie que es descendiente directa de otras ya extinguidas.

FOSO m. Hoyo. || Lugar en que se sitúa la orquesta, zona inferior de un escenario. || Fosa de un taller mecánico. || Acantilado artificial que rodea una fortaleza.

FOTO m. fam. Apócope por fotografía.

FOTOCOPIA f. Copia reproducida por revelado instantáneo de un negativo fotográfico.

FOTOELÉCTRICO, CA adj. Relativo o perteneciente a la fotoelectricidad. || Se dice de los aparatos empleados en dicho fenómeno. || *f.*, *efecto* Desprendimiento de electrones que se produce en algunos cuerpos, al ser alcanzados por ciertas radiaciones luminosas o por otras de menor longitud de onda.

FOTOGRABADO m. Proceso fotográfico consistente en impresionar la emulsión de una placa metálica para que sirva de plancha impresora. Una vez revelada, la imagen queda en relieve por el mordiente de un ácido. || Copia obtenida con esta matriz.

FOTOGRAFÍA f. Arte y técnica de obtener, fijar y reproducir imágenes recogidas en superficies sensibles colocadas en el fondo de una cámara oscura. La acción de la luz (o de otras radiaciones: ultravioleta, roentgen, térmicas, etc.) impresiona las imágenes al llegar a la placa, película o papel recubiertos de gelatinobromuro de plata, la superficie sensible. || Vista, imagen o reproducción obtenida mediante las operaciones fotográficas. || Estudio o laboratorio donde se realizan fotografías. || Representación o descripción hecha con sumo detalle.

FOTOGRAFIAR tr. Representar una imagen mediante una fotografía. || Describir con lujo de detalles a una persona, acontecimiento o cosa.

FOTÓGRAFO, FA m. y f. Quien tiene por profesión realizar fotografías.

FOTÓMETRO m. Instrumento que sirve para apreciar la intensidad de la luz; se usa en fotografía para indicar el tiempo de exposición.

FOTOMONTAJE m. Fotografía resultante de componer otras diversas con intención artística, publicitaria, etcétera.

FOTÓN m. Cuanto de radiación electromagnética emitido o absorbido por la materia. Su masa es nula, posee un spin igual a 1 y su energía es el producto de la frecuencia de la radiación por el cuanto de acción de Planck.

FOTONOVELA f. Historia dispuesta a base de viñetas fotográficas con texto; de tema generalmente amoroso desde una óptica melodramática.

FOTOSFERA f. Superficie visible del Sol; es una capa gaseosa de 150 a 300 km de espesor, su temperatura es de 6 000 °C. El estudio espectroscópico de la f. ha permitido determinar la composición química del Sol.

FOTOSÍNTESIS f. Síntesis a partir de la energía luminosa. Generalmente se aplica a la síntesis de hidratos de carbono que realizan las plantas verdes, en presencia de la luz solar, por medio de la clorofila.

FRAC m. Traje masculino de ceremonia, cuya chaqueta, más corta por delante, acaba por detrás en dos faldones largos.

FRACASAR intr. Salir mal un negocio, asunto, etc. || Destrozarse algo, hacerse pedazos, especialmente las embarcaciones contra la costa o las rocas. || Malograrse algo.

FRACASO m. Acción y efecto de fracasar. || Ruina comercial de una empresa o negocio. || fig. Hecho lamentable o aciago.
FRACCIÓN f. Cada una de las partes de un todo. || Cociente de 2 números enteros, *a* (numerador) y *b* (denominador), representado por la expresión a/b. || En un partido político, corriente organizada que aspira a controlarlo sin tener la mayoría; generalmente tiene sentido despectivo. || *reducir fracciones a común denominador* Transformarlas en otras equivalentes cuyos denominadores sean iguales.
FRACTURA f. Acción y efecto de fracturar o fracturarse. || Sitio por donde se rompe algo y marca o huella que deja. || Rotura de un hueso o cartílago, debido a un traumatismo o a una malformación ósea. || Rotura de un mineral o roca a lo largo de un plano. Cada mineral o roca posee su tipo de f. característico (concoide, astillosa, etcétera).
FRACTURAR tr. y prnl. Romper algo con violencia, especialmente un hueso.
FRAGANCIA f. Olor ligero y agradable. || Aroma característico de uvas y vinos.
FRAGANTE, 1 adj. Que despide un olor agradable. || Se dice del vino en el que sus componentes olorosos normales están acentuados.
FRAGANTE, 2 adj. Que arde, resplandeciente.
FRAGATA f. Nave de guerra de 3 palos, más ligero que el navío y mayor que la corbeta. Alcanzó auge en el siglo XVIII, como escolta de navíos o en misiones de descubierta y exploración. Hoy designa un navío menor que el destructor (entre 2 000-5 000 t), con misiones antisubmarinas y de escolta.
FRÁGIL adj. Que se rompe en pedazos con facilidad. || Delicado, de poca resistencia. || Poco voluntarioso o de moral ligera.
FRAGMENTAR tr. y prnl. Dividir, convertir en fragmentos.
FRAGMENTO m. Parte, pedazo de algo roto. || Resto conservado, publicado o citado de una obra, generalmente literaria. || Parte de una composición u obra literaria. || Vestigio de una edificación o escultura.
FRAGOR m. Estrépito, ruido continuo.

FRAGOSO, SA adj. Salvaje, áspero. || Estruendoso.
FRAGUA f. Fogón con aire forzado donde se calientan los metales para el forjado. || *sangrar la f.* Hacer que la escoria del hierro y del carbón fluya por una abertura ya dispuesta en la f. para este menester.
FRAGUAR tr. Forjar el metal. || tr. y prnl. Maquinar, trazar un plan. || intr. Cuajar, trabajar el yeso, cemento, etcétera.
FRAILE m. Denominación que engloba a ciertos religiosos, especialmente de órdenes mendicantes. || En los vestidos talares, doblez hacia fuera que aparece en el ruedo.
FRAMBUESA f. Fruto del frambueso; es una infrutescencia roja con numerosos aquenios. Posee valor alimenticio y además sirve para preparar un jarabe de propiedades medicinales.
FRANCÉS, SA adj. y s. Natural de Francia. || m. Lengua romance que surgió del dialecto hablado en París (Ile-de-France) y se extendió sobre todo a partir del siglo XV.
FRANCISCANO, NA adj. y s. Se dice de los miembros de la orden mendicante fundada por Francisco de Asís (hacia 1208). Subdivididos en tres órdenes: 1º, franciscanos, conventuales y capuchinos; 2º, clarisas y concepcionistas; 3º, terciarios.
FRANCO, CA adj. Generoso, liberal. || Abierto, sincero. || Accesible, llano. || Exento de contribución o pago. || Se dice del vino bien constituido, con gusto y olor normales. || adj. y s. Se dice del individuo perteneciente a un conjunto de pueblos germánicos, asentados en el N de la Galia (siglo III d. C.) y unificados por Clodoveo (siglos V-VI). || m. Unidad monetaria de Francia, Bélgica y Suiza, y de antiguas colonias francesas; su valor es diferente en cada uno de los países. || *de porte* Indica que los gastos han sido pagados a la salida de la mercancía.
FRANELA f. Tela de lana o algodón, con pelusa en una de sus caras.
FRANJA f. Banda que se pone como adorno. || Tira o cinta en general.
FRANQUEAR tr. Liberar al esclavo. || Exceptuar de un pago, tributo, etc. || Dar con creces. || Deshacer los obstáculos o dificultades. || Galicismo por atravesar. || Hacer efectivo en sellos el importe de una

cosa remitida por correo. || Iniciar una galería minera. || prnl. Confiarse a alguien.
FRANQUEZA f. Exención, libertad. || Generosidad, largueza. || Claridad, transparencia de carácter. || Llaneza, intimidad.
FRANQUICIA f. Exención en el pago de determinada tasa, tributo u obligación. || *postal* Gratuidad en el transporte de la correspondencia.
FRASCO m. Vaso, generalmente de vidrio, de cuello estrecho. || Contenido de dicho vaso. || Antiguo recipiente de cuerno para pólvora.
FRASE f. Conjunto de palabras dotado de significado completo, según la gramática tradicional. La ambigüedad de la definición de lugar a un fuerte debate entre los lingüistas, por lo que sólo parece claro un criterio gráficamente intuitivo: que la f. empieza con mayúscula y acaba con un punto. || Fragmento de una composición musical que expresa la idea melódica del tema. || pl. Conjunto de palabras dichas de manera convencional. || *adverbial* La que hace oficio de adverbio. || *hecha* La de sentido figurado y de uso vulgar, que no presupone ninguna sentencia. || *proverbial* La hecha, que incluye una sentencia.
FRATERNAL adj. Propio de hermanos.
FRATERNIDAD f. Avenencia entre hermanos o miembros de un grupo.
FRATERNIZAR intr. Llevarse como hermanos. || Tratarse, relacionarse.
FRAUDE (o FRAUDULENCIA) m. Engaño, abuso de confianza, inexactitud consciente. || Por extensión, cualquier comportamiento ilegal que induce a engaño, con el fin de procurarse un beneficio.
FRAUDULENTO, TA adj. Falaz, doloso.
FRAY m. Apócope de *fraile*; se emplea delante del nombre propio.
FRAZADA f. Cubrecama de pelo abundante.
FRECUENCIA f. Cualidad de frecuente. || Número de oscilaciones o vibraciones de un movimiento periódico por unidad de tiempo. Se unidad es el Hz, que equivale a un ciclo por segundo. || *acústica* Banda de f. sonoras que pueden ser captadas por el oído (entre 16 y 20 000 Hz). || *modulada* Modulación de frecuencia.
FRECUENTAR tr. Realizar el mismo hecho de manera repetida. || Asistir muy a menudo a un sitio. || Relacionarse con alguien de un modo habitual.
FREGADERO m. Sitio en que se friega. || Pila de fregar; también *fregadera*.
FREGAR tr. Frotar fuertemente dos cosas. || Limpiar algo frotando con un útil adecuado.
FREIDURÍA f. Establecimiento donde se fríen manjares, especialmente pescado, para su venta.
FREÍR tr. y prnl. Cocinar un manjar en aceite o grasa hirviendo. || Importunar, atormentar. || Abatir a alguien a tiros.
FRENAR tr. Enfrenar. || Reducir o detener con el freno la marcha de una máquina o vehículo. || fam. Atenuar el entusiasmo, interés, trabajo, etcétera.
FRENESÍ m. Locura, delirio exaltado. || Alteración violenta del ánimo.
FRENÉTICO, CA adj. Llevado de frenesí. || Exaltado, desquiciado.
FRENILLO m. Repliegue mucoso que se forma en algunos puntos del organismo para limitar la movilidad de algún órgano. Existe el frenillo *de la lengua, del labio superior* y *del prepucio*. || Cuerda o correa que se pone alrededor de la boca de un animal, para que no muerda.
FRENO m. Dispositivo para aplicar un esfuerzo de fricción a una pieza en movimiento, a fin de disminuir su velocidad o llevarla a un estado de reposo. || El frenado implica una transformación de la energía cinética de rozamiento en otra forma energética. Los sistemas de frenado pueden disminuir la velocidad, por frotamiento de sólidos (*de disco* y *de tambor*) o por funcionamiento generatriz del motor (en locomotoras). Los mecanismos de mando pueden ser por cables y varillas adecuadas (*mecánico*); por fluidos a presión que actúan sobre las mordazas (*hidráulicos*), y por la fuerza creada por un solenoide (*electromagnético*). || Pedal o palanca que acciona dicho mecanismo. || Pieza de hierro que se introduce en la boca de una caballería para frenarla. || Límite que se impone a alguien para atemperar sus actos.
FRENTE f. Región de la cara delimitada en la parte superior por el cuero cabelludo, en la inferior por las cejas y raíz nasal y lateralmente por las regiones temporales. || Parte delantera de una cosa, situada

entre sus lados. || Cabecera que se deja en blanco en un escrito. || Semblante, faz. || m. Unión entre asociaciones o grupos políticos. || Zona de combate en una guerra. || Superficie teórica que separa 2 masas de aire de distintas características, especialmente en su temperatura y humedad. || Fachada de un edificio; por extensión, lo que salta a la vista en una cosa. || Anverso. || adv. Enfrente.

FRESCO, CA adj. Poco frío. || De hace muy poco, acabado de hacer, suceder, etc. || Se dice de ciertos alimentos cuando se encuentran en perfectas condiciones y no han sido congelados ni tratados para su conservación. || Se dice de la sensación de frescor en un vino, con ácido carbónico. || De buen color, sano. || Flemático, impertérrito. || Renovado en sus fuerzas, descansado. || Descarado, sinvergüenza.

FRESCOR m. Fresco o frescura. || Pint. Tono rosado de la carne.

FRIALDAD f. Sensación que es provocada por el frío. || Frigidez. || Desamor, despego. || Descuido. || Sosería.

FRICCIÓN f. Acción y efecto de friccionar. || Resistencia con desplazamiento de calor cuando 2 superficies en contacto rozan entre sí. || fig. Roce, desacuerdo; suele usarse en plural.

FRICCIONAR tr. y prnl. Dar fricciones, restregar.

FRIEGA f. Fricción que se da a una parte del cuerpo por motivos higiénicos o médicos. || fam. Fastidio, molestia, inconveniencia.

FRIGIDEZ f. Frialdad. || Imposibilidad de experimentar el orgasmo durante el coito, especialmente en la mujer. Las causas pueden ser de índole orgánica o, más frecuentemente, de tipo psíquico.

FRIGORÍFICO, CA adj. Que produce o mantiene el frío artificialmente. || adj. y m. Se dice de la cámara para conservación de alimentos a baja temperatura. || m. Electrodoméstico que tiene las mismas funciones.

FRÍO, A adj. Se aplica al lugar, estación, objeto, etc., que tiene una temperatura bastante inferior a la normal del cuerpo humano. || Referido a tejidos o similares, los que no almacenan calor. || Se dice de los colores que sosiegan el ánimo: azul, verde, etc. || Frígido, imponente. || Desapegado, distante sentimentalmente. || De ambiente desagradable, poco acogedor. || Impasible, calmado. || Soso, sin ingenio. || m. Descenso de la temperatura de un cuerpo con respecto a la del ambiente, o viceversa. || Sensación provocada por la ausencia de calor o su descenso.

FRIOLERO, RA adj. y s. Muy sensible al frío o que le molesta. || f. Fruslería, bagatela. || fam. Gran cantidad, especialmente de dinero.

FRISO m. Franja horizontal que decora la parte inferior de las paredes. || En arquitectura, faja ornamental entre el arquitrabe y la cornisa.

FRITADA f. Revoltijo de cosas fritas.

FRITO, TA adj. Cansado, harto, nervioso. || m. Fritada. || Cualquier manjar frito. || *estar f.* Tener muchas obligaciones o quebraderos de cabeza. || Estar sexualmente excitadísimo.

FRÍVOLO, LA adj. Veleta, superficial. || Insustancial, sin interés.

FRONDOSO, SA adj. Se dice de la vegetación que es rica en hojas y ramas, o en árboles.

FRONTAL adj. Relativo a la frente. || Se dice de lo que es el frente de una cosa o está situado en él. || m. Parte delantera de un altar, generalmente con un revestimiento decorativo.

FRONTERA f. Límite entre dos Estados, donde termina o comienza la soberanía de cada uno. || Fachada, frontis. || Refuerzo en el fondo de un serón o similar. || Tablas con barrotes que sirven para sostener los tapiales al llegar a una esquina. || fig. Límite, freno, cualquier cosa que separa.

FRONTERIZO, ZA adj. De las tierras de la frontera o que está en ellas. || Situado enfrente, y, por extensión, colindante.

FRONTÓN m. Juego de la pelota vasca, y pared contra la que la pelota se proyecta en tal juego. || Local donde se juega a ello. || Parte escarpada de una cosa. || Muro de una mina en el que se avanza horizontalmente. || Remate triangular o curvo que corona una fachada, una puerta o una ventana.

FROTAR tr. y prnl. Restregar, friccionar.

FRUCTUOSO, SA adj. Que da frutos. || Que resulta provechoso, para uno mismo o los demás.

FRUGAL adj. Muy moderado en la comida y la bebida. || Se aplica a los alimentos y cosas propios de esa moderación.
FRUICIÓN f. Goce, complacencia.
FRUNCE m. Arruga pequeña o pliegue en una tela.
FRUNCIR tr. Formar arrugas en la frente y las cejas. || Encoger, hacer más estrecha una cosa. || Efectuar frunces en una tela. || prnl. Aparentar humildad.
FRUSLERÍA f. Bagatela, insignificancia. || Dicho o hecho de escasa enjundia.
FRUSTRAR tr. Impedir que alguien realice o consiga lo que desea. || tr. y prnl. Abortar algo, venirse abajo. || Invalidar un intento contra la voluntad del que trata de llevarlo a cabo.
FRUTA f. Fruto carnoso y maduro de ciertas plantas. || Obra o efecto de algo. || *del tiempo* La que se consume cuando está en sazón. || Suceso característico de un determinado tiempo. || *de sartén* Manjar realizado con masa de harina frita. || *prohibida* Todo lo que está vedado. || *seca* La confitada o desecada.
FRUTAL adj. y s. Se dice de la planta que da o produce fruta.
FRUTERO, RA adj. Que se utiliza para colocar o llevar fruta. || m. y f. Persona que se dedica a la venta de fruta. || m. Plato, con o sin pie, para servir la fruta. || Mantelillo para cubrir la fruta en la mesa. || Canastillo de frutas figuradas.
FRUTO m. Órgano procedente del desarrollo del ovario fecundado de la flor, y que contiene las semillas para a su vez provienen de la fecundación de los óvulos. El f. protege a las semillas hasta que alcanzan la madurez y contribuye a su diseminación. || Por extensión, el que lleva la mujer en sus entrañas. || Producto de la tierra. || Producto de la mente o del esfuerzo. || Validez, beneficio.
FUEGO m. Luz y calor que despide la combustión. || Materia en combustión. || Incendio. || Disparo de un arma de fuego. || Sensación de ardor o picor en una parte del cuerpo. || Exaltación o ímpetu de las pasiones. || Enardecimiento en una discusión o combate. || Lar de una casa. || *de San Telmo* Meteoro eléctrico que, en forma de penacho luminoso, suele verse en las arboladuras de los buques cuando la atmósfera está cargada de electricidad. || *fatuo* El que aparece como llamas débiles, de tonalidades azules, que se desprende de una materia orgánica en descomposición cuando el calor es fuerte. || *graneado* Descarga generalizada y desordenada. || *griego* Proyectil incendiario que los bizantinos arrojaban contra las naves enemigas.
FUELLE m. Aparato que produce un chorro de aire, obtenido por compresión. || Pliegue o conjunto de pliegues que permiten ampliar la capacidad de una cartera, bolso, maleta, etc. || Dispositivo accionado por pedales, manual o mecánicamente, que en algunos instrumentos musicales (órgano, armonio, acordeón) produce y gradúa la presión del aire y hace vibrar sus elementos sonoros. || Bolsa de la gaita. || Doblez del vestido. || Capota plegable de algunos carruajes. || En ciertos medios de transporte, como trenes, autobuses, etc., pasillo flexible que comunica dos compartimentos. || Nubes que anuncian viento. || Persona chivata. || fam. Resistencia, pulmones. || Bandoneón.
FUENTE f. Manantial de agua que brota del suelo, en el punto de intersección del nivel freático con la superficie. Se alimenta subterráneamente a partir de precipitaciones, por lo que su caudal puede ser más o menos variable. Generalmente se clasifican las f. por la temperatura de emisión y calidad mineral del agua. || Construcción con caños o chorros de agua que se instala en jardines, plazas públicas, etc. || Estructura arquitectónica, generalmente escultórica, que recibe y emana agua. || Pila bautismal.
FUERA adv. Denota que la persona o el objeto se encuentran en el exterior con respecto al elemento de referencia. || *estar f. de sí* Estar trastornado o alterado. || *¡fuera!* interj. Repetido varias veces, mostrar desaprobación con lo que se está viendo o escuchando. || *f. de* Ante un verbo, además de; ante un sustantivo, excepto ante ciertos nombres de actividad, denota la negación de la misma.
FUERO m. En los reinos de la península Ibérica durante la edad media, disposición otorgada por un soberano en la que se fijaba el estatuto jurídico (derecho consuetudinario y privilegios) de un territorio o localidad. || Compilación de los textos le-

gales. || Compilación de los derechos y privilegios de una localidad, territorio o estamento. || Autoridad, poder.

FUERTE adj. Que tiene fuerza. || Duradero, fornido, vigoroso. || Recio, macizo. || Esforzado, valiente. || Duro, trabajoso. || Parapetado, protegido. || Grave, enorme. || De mal genio. || Acentuado, vivo, llamativo. || Persuasivo, que convence. || De sólida preparación en una ciencia o arte. || Se dice del vino con cuerpo, generoso, etc. || Forma gramatical que, a pesar de sus variaciones, conserva el acento en el tema.

FUERZA f. Solidez, resistencia física. || Aptitud o capacidad para llevar a cabo algo. || Poder y efectividad de las cosas. || Acción de impeler a alguien a hacer algo. || Violencia o abuso sexual. || Grosor, parte más sólida de algo. || Situación pujante de una cosa. || Refuerzo que se coloca en el borde de una tela. || Tropa. || Causa capaz de producir una deformación o una aceleración. || *fuerzas, par de* Sistema formado por dos f. paralelas, iguales en intensidad y de sentido contrario. Su resultante es nula. El momento de un par es el producto de una de las f. por la distancia entre las mismas.

FUGA f. Escapada, huida. || Vigor, ímpetu. || Escape de un fluido o líquido de una cañería o un recipiente. || Derivación de corriente producida por un aislamiento defectuoso, polvo, humedad, etcétera.

FUGARSE prnl. Huir, evadirse.

FUGAZ adj. Que pasa rápidamente. || De duración efímera.

FUGITIVO, VA adj. y s. Que huye a escondidas. || adj. Que acontece de una manera fugaz. || Breve, pasajero.

FULANO, NA m. y f. Voz con que se alude a una persona que no se quiere nombrar o cuyo nombre se desconoce. || Referida a una persona concreta, adquiere un matiz despectivo.

FULGOR m. Brillo con luz propia.

FULGURAR intr. Despedir gran brillo o resplandor. || tr. Electrocutar el rayo a un ser vivo.

FULMINANTE adj. Que fulmina. || Se dice del proceso patológico que se presenta de forma súbita, con curso muy rápido y casi siempre letal. || Repentino, veloz. || adj. y m. Que hace explosión con ruido. || Se aplica a la sustancia combustiva que genera la explosión.

FULMINAR tr. Despedir rayos. || Matar o herir con rayos eléctricos. || Disparar proyectiles o armas. || Aplicar castigos, sentencias, etc. || Fundir metales. || Herir o mortificar la luz muy intensa. || Amenazar con cólera. || Conturbar con la mirada o con la voz.

FUMAR intr. Humear. || intr. y tr. Aspirar y lanzar el humo de lo que se fuma. || prnl. Malgastar. || Escabullirse de una obligación.

FUMAROLA f. Manifestación volcánica secundaria, caracterizada por la emisión de gases, a temperaturas entre 200 y 1 000 °C, a través de grietas y fisuras del suelo.

FUMIGAR tr. Desinfectar mediante gases, vapores, etc. || Eliminar plagas de insectos y gérmenes por estos procedimientos.

FUNCIÓN f. Actividad específica realizada por una célula viva, un órgano o un aparato. || Desempeño y cargo de un oficio o facultad. || Acontecimiento solemne, especialmente el religioso. || Representación de un espectáculo. || Ceremonia conmemorativa de un hecho histórico. || Papel que desempeña una palabra en una cadena lingüística. || Aplicación entre 2 conjuntos que asigna a cada miembro del 1º, un miembro del 2º. Se escribe $y = f(x)$, donde y es la variable dependiente y x la variable independiente. || *en f.,* o *en funciones* En el desempeño de su empleo. || En reemplazo del titular. || *en f. de* Dependiendo de.

FUNCIONAL adj. Relativo a las funciones, principalmente vitales. || Se dice de los trastornos patológicos en los que no hay lesión orgánica o anatómica. || Se dice de la construcción u objeto (especialmente muebles) cuyo diseño se corresponde con las necesidades o funciones que ha de desempeñar. || m. Función lineal.

FUNCIONAR intr. Desempeñar algo o alguien sus actividades específicas. || intr. Estar en plena forma.

FUNCIONARIO, RIA m. y f. Persona que tiene un empleo o cargo estatal.

FUNDA f. Envoltura con que se protege algo.

FUNDACIÓN f. Acción y efecto de fundar. || Creación, comienzo de una cosa. ||

Conjunto de bienes, destinados a un fin altruista (benéfico, religioso, cultural) al que la ley atribuye personalidad jurídica.

FUNDAMENTAR tr. Colocar los cimientos o fundamentos de una construcción. || Basar, afianzar algo.

FUNDAMENTO m. Apoyo, soporte y principio de una cosa. || Causa, razón. || Trama de una tela. || Seriedad, conocimiento. || pl. Cimientos de una construcción. || Principios de una ciencia o arte.

FUNDAR tr. Establecer o levantar una ciudad, edificio, etc. || Erigir, organizar sociedades, entidades, etc., asignándoles reglas y bienes para que se mantengan. || Crear, originar. || tr. y prnl. Poner las bases materiales de una cosa. || Aportar las razones y causas que refuerzan una cosa.

FUNDICIÓN f. Acción y efecto de fundir. || Sitio en que tiene lugar la f. de metales. || Serie de letras o moldes de una misma clase, utilizada en imprenta. || Procedimiento de fusión de metales y aleaciones.

FUNDIR tr., intr. y prnl. Transformar por medio de la fusión un sólido en líquido. || tr. Moldear el metal cuando está líquido; hacer fluida una materia por aplicación de calor. || tr. y prnl. Agrupar en un todo cosas diversas. || prnl. Conjuntarse ideas, aptitudes, partidos, etc., contrarios.

FÚNEBRE adj. Relativo a los difuntos. || Sombrío, tétrico.

FUNERAL adj. Relativo a las exequias o entierro de un difunto. || m. Ceremonia que acompaña al entierro. || Exequias; también se usa en plural.

FUNERARIO, RIA adj. Funeral. || f. Entidad que organiza las exequias.

FUNESTO, TA adj. Infausto, que causa dolor. || Pesaroso, desventurado.

FUNGIBLE adj. Que se gasta con el uso.

FURGÓN m. Carruaje o vagón cubierto para el traslado de municiones, pasajeros, etcétera.

FURIA f. Furor, frenesí. || Actividad trepidante. || Prisa, rapidez. || Apogeo de una moda o uso. || com. Persona muy exaltada e irritable.

FURIBUNDO, DA adj. Iracundo, inclinado a la furia. || Que manifiesta furor. || Hincha, entusiasta.

FURIOSO, SA adj. Lleno de furia. || Se dice del loco al que hay que dominar. || Intenso, muy fuerte. || Desmesurado.

FUROR m. Irritación, rabia. || Cólera o exaltación momentánea característica de personas alienadas. || Intensidad con que se manifiestan las cosas. || Diligencia, ímpetu. || Punto máximo de una moda o costumbre.

FURTIVO, VA adj. Que se hace de manera oculta, a hurtadillas. || adj. y s. Se dice de quien caza sin permiso o en vedado.

FUSELAJE adj. Estructura central de un avión, donde van los pasajeros y la carga.

FUSIBLE adj. Que puede fundirse. || m. Dispositivo que se intercala en un circuito y lo protege de un exceso de corriente. Se funde cuando la corriente supera un determinado valor.

FUSIL m. Arma de fuego portátil, de uso individual y cañón largo.

FUSILAMIENTO m. Acción y efecto de fusilar. || Ejecución de la pena de muerte aplicada a los militares y a los civiles juzgados por un tribunal militar.

FUSILAR tr. Matar a una persona con una descarga de fusiles. || fam. Plagiar o copiar las obras de otros.

FUSILERO, RA adj. Relativo al fusil. || m. Soldado de infantería provisto de fusil.

FUSIÓN f. Efecto de fundir. || Unificación de pensamientos, ideas, proyectos, etc. || Unión de dos instituciones o empresas para crear otra nueva, de modo que aquéllas pierden su carácter particular. || Paso de una sustancia sólida a la fase líquida. || Reacción nuclear exoenergética que consiste en la unión de dos núcleos atómicos para formar otro más pesado. Los núcleos iniciales requieren una energía muy elevada. Es la base de las bombas termonucleares o bombas H y es el origen de la energía emitida por el Sol y las estrellas. || *f., punto de* Temperatura a la que se produce la fusión.

FUSIONAR tr. y prnl. Llevar a cabo una fusión.

FUSLINA f. Lugar destinado a la fundición de minerales.

FUSTA f. Conjunto de ramas y sarmientos. || Látigo delgado y flexible, para estimular a las caballerías. || Antigua embar-

cación de remos, ligera y provista de uno o dos palos.
FUSTE m. Madera. || Vara, látigo. || Palo en que se inserta el palo de la lanza. || Cada una de las dos piezas de madera que constituyen el armazón de la silla de montar. || Esencia, enjundia. || Valor, categoría de una persona o cosa. || Elemento vertical de la columna, sobre la basa y bajo el capitel. || Conjunto de tallo y hojas.
FUSTIGAR tr. Azotar, pegar. || Reprender o criticar con severidad.

FÚTBOL m. Deporte que se juega entre 2 equipos de 11 jugadores cada uno. Se juega en un campo de entre 90-120 m de largo por entre 60-90 m de ancho y consiste en que cada equipo, impulsando un balón con todo el cuerpo, excepto los brazos, introduzca aquél en la meta (portería) del contrario.
FÚTIL adj. Baladí, trivial.
FUTURO, RA adj. Venidero, a punto de acontecer.

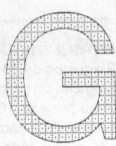
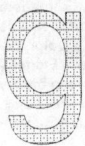

G f. Octava letra del abecedario castellano (G, g); su nombre es *ge*. || En la notación musical alfabética, nota *sol*. || Abrev. de gramo en el sistema CGS (g). || Abrev. de aceleración de la gravedad (g).

GABÁN m. Capote con mangas, y en ocasiones con capucha. || Abrigo.

GABARDINA f. Especie de abrigo de tela impermeable. || Tela de estambre o de algodón y urdimbre en diagonal. || Capa de harina o pan rallado que envuelve un alimento rebozado.

GABINETE m. Pieza pequeña y reservada de la vivienda destinada al estudio, a valiosas colecciones de arte o a recibir visitas de confianza. || Conjunto de los muebles que contiene. || Ant. Tocador. || Sala dotada del instrumental necesario para que un médico, especialmente dentista, trate a sus pacientes. || Conjunto de ministros de un gobierno.

GACETA f. Periódico especializado en temas literarios, artísticos, económicos, etcétera.

GACETILLA f. Parte de un periódico destinado a las noticias breves. || Cada una de dichas noticias

GACHA f. Masa blanda y acuosa. || pl. Comida elaborada con harina, agua, sal, leche, canela y otros ingredientes. || fam. Barro, fango.

GACHO, CHA adj. Que tiende o se inclina hacia abajo. || Se dice de las reses que tienen los cuernos encorvados.

GAFA f. Gancho utilizado para sujetar cosas, especialmente el que se usa en la nuez de la ballesta. || Grapa. || Especie de tenaza para levantar pesos en un buque. || pl. Útil para mejorar la visión, formado por una estructura metálica, plástica, de concha, etc., con cristales y patillas. || Ganchos para subir y bajar pesos, empleado en albañilería.

GAITA f. Instrumento popular de viento, con lengüeta y tubos; el aire, almacenado en un odre, sale por los tubos (dos o más), uno de los cuales hace la melodía y los otros (roncones) las notas graves.

GAJE m. Salario, paga (suele usarse en plural). || *gajes del oficio* Inconvenientes que se derivan de un cargo o profesión.

GAJO m. Rama de árbol arrancada del tronco. || Cada uno de los conjuntos de uvas que forma un racimo. || Racimo de frutas. || Cada una de las partes separables del interior de una fruta. || Parte externa de ciertos aperos agrícolas. || Serie de montes que sobresalen de una cordillera. || Mechón de cabello, especialmente rizado.

GALA f. Fiesta o ceremonia solemne, de carácter extraordinario y con asistencia pública de personas relevantes. || Lo más escogido y selecto de algo. || Salero y donaire en la manera de hablar y actuar. || pl. Vestidos, aderezo, etc., que se lucen.

GALÁCTICO, CA adj. Relativo a la Vía Láctea, o a otra galaxia.

GALÁN m. Hombre apuesto. || El que corteja a una mujer. || Actor que suele representar primeros papeles.

GALANTE adj. Muy amable con las mujeres. || Se dice de la mujer que le place

ser cortejada. || Se dice del estilo artístico amable y refinado, propio de la segunda mitad del siglo XVIII.
GALANTEAR tr. Piropear a una mujer. || Enamorarla. || Ganarse el favor de alguien con zalemas.
GALANTERÍA f. Cualidad de galante. || Salero, donaire. || Valentía, magnanimidad.
GALANURA f. Adorno de gala. || Gallardía, garbo. || Elegancia en el lenguaje o estilo.
GALARDÓN m. Premio honorífico.
GALAXIA f. Sistema estelar formado por gas y polvo interestelar y de dimensiones del orden de 100 000 años-luz. Están formadas por centenares de miles de millones de estrellas. || Vía Láctea. || Galactita.
GALENA f. Sulfuro de plomo, que forma cristales grises cúbicos, de brillo metálico intenso en las caras exfoliadas. Blanda, muy pesada, soluble en ácidos. Forma filones hidrotermales, a veces con impregnaciones de otros metales (p. ej., plata). Es el mineral más importante del plomo.
GALEÓN m. Navío de gran desplazamiento (600 a 1 000 t) dotado de 3 a 4 palos y velas de cruz, con uno o dos puentes artillados. Muy utilizado en los siglos XVI y XVII para el comercio oceánico.
GALERA f. Embarcación mercante o de guerra, de escaso calado, equipada con 2 o 3 velas latinas y remos. || Carruaje de 4 ruedas, cubierto. || Sala de hospital. || Garlopa grande. || Tabla en que se ponen las líneas de letras para formar las galeradas.
GALERÍA f. Sala alargada y amplia, generalmente con ventanas. || Pasillo descubierto o con cristales. || Colección de pinturas, esculturas, etc. || Conducto subterráneo que une diversas partes de una cueva, producto de una erosión kárstica, o bien practicado artificialmente en las minas. || Pasadizo subterráneo de una fortificación. || Gallinero de un teatro. || Gente que lo ocupa. || Estructura de madera que se coloca encima de ventanas y balcones, para colgar las cortinas. || Crujía de una embarcación. || Balcón de la popa de un navío antiguo.
GALGO, GA adj. y s. Se dice de una raza de perros, de bastante alzada, cabeza larga y estrecha, orejas caídas, pelo apretado, extremidades gráciles. Se usa como cazador, guardián y para competiciones.
GÁLIBO m. Arco metálico semejante a una U invertida con el que se comprueba si un vagón de ferrocarril podría pasar por un túnel, puente, etc. || Plantilla con la que se labran ciertas piezas del buque. || Patrón recortado para comprobar si un perfil es correcto. || Aspecto de una columna en dimensiones proporcionadas. || fig. Elegancia, distinción. || *de navegación* Espacio rectangular bajo un puente por el que la navegación no encuentra obstáculos.
GALICISMO m. Palabra de origen francés incorporada al léxico de otra lengua. En castellano se introduce en 2 periodos: durante la edad media (*paje, jardín, manjar*) y durante el siglo XVIII, debido a la influencia de la Ilustración francesa; a esta época pertenecen la mayor parte de los g. usados hoy (*hotel, bufete*).
GALIMATÍAS m. Lengua confusa y oscura. || Desorden, lío, alboroto.
GALO, LA adj. y s. Se dice de los pueblos celtas que habitaron la Galia. || m. Lengua celta que se extendía por la Galia, parte de Centroeuropa y el N de Italia. Quedan pocas inscripciones de ella.
GALÓN, 1 m. Tejido fuerte a modo de cinta, generalmente con hilos de oro o plata. || El que utilizan las clases militares para distinguirse unas de otras.
GALÓN, 2 Unidad de medida de capacidad; g. inglés: 4.546 l, g. estadounidense: 3.785 l.
GALOPE m. Marcha y movimiento más veloces de un caballo. || Alteración del ritmo cardiaco. || *a g.*, o *al g.*, o *a g. tendido* A toda velocidad.
GALVANIZAR tr. Recubrir un metal con una capa de otro metal. || Utilizar corrientes eléctricas continuas con fines diagnósticos o terapéuticos. || fig. Representar y dar nueva vida a los ideales o aspiraciones de un individuo, colectividad, etcétera.
GALLARDETE m. Bandera de forma triangular larga y estrecha utilizada como insignia, señal, etcétera.
GALLARDÍA f. Cualidad de gallardo. || Valor, empuje, bizarría.
GALLARDO, DA adj. Airoso, lozano, galán. || Animoso, valiente. || Excelente, grande. || f. Danza de movimiento muy

GALLEGO, GA adj. y s. De Galicia. || m. Lengua románica hablada en la actual Galicia, así como en parte de Asturias, León y Zamora.

GALLETA f. Pan sin levadura. || Pasta dulce con harina, azúcar e ingredientes variables, que se cuece al horno.

GALLINA f. Hembra del gallo doméstico y en general de otras especies de Galiformes. Presenta dimorfismo sexual respecto al macho, con menor tamaño, ausencia de espolones, timoneras más cortas, cresta menos desarrollada. || com. Persona o animal cobarde, asustadizo.

GALLINERO, RA adj. Se dice de las aves de presa que han sido cebadas con gallinas. || m. y f. Persona que comercia con gallinas o las cría. || m. Lugar techado donde las aves de corral se recogen a dormir o poner. || Lugar lleno de gente hablando en alta voz.

GAMBA f. fam. Pierna.

GAMBERRO, RRA adj. y s. Crápula, libertino. || Se dice de la persona que altera la vida pública y agrede a personas y propiedades de forma gratuita e incívica.

GAMBETA f. Salto con entrecruzado rápido de piernas que se hace en la danza. || Corveta.

GAMETO m. Cada una de las células masculinas y femeninas cuya unión durante la fecundación da origen al huevo o cigoto. El g. masculino (espermatozoide) suele ser pequeño y móvil; el femenino (óvulo), inmóvil y con abundante citoplasma.

GAMMA f. Tercera letra del alfabeto griego (Γ, γ). Equivale a una consonante oclusiva velar sonora que corresponde a la *g* española ante *a u o*. || Unidad internacional de peso equivalente a una millonésima de gramo.

GAMOPÉTALO, LA adj. Se dice de la flor o de la planta con los pétalos total o parcialmente soldados.

GAMUZA f. Rebeco, mamífero. || Piel de dicho animal que se emplea para diversos usos. || Tela a la que se confiere las características de esta piel.

GANA f. Apetencia, interés, afición hacia algo. || Hambre, deseo de comer. || *darle* a uno *la g.,* o *la real g.* Querer hacer algo por encima de todo. || *de buena g.* Con placer. || *de mala g.* Con asco o molestia. || *quedarse con las g.* Frustrarse una apetencia.

GANADERÍA f. Conjunto de ganado. || Crianza del ganado y aprovechamiento de sus productos. || Raza determinada de ganado. || Conjunto de toros de lidia que pertenecen a un mismo criador. || Renta o riqueza que proporciona a una organización la cría de ganado. En los países avanzados suele ser mayor que la de la agricultura.

GANADO m. Grupo de animales domésticos de una misma especie. || Abejas que forman una colmena. || fam. Muchedumbre.

GANANCIA f. Acción y efecto de ganar. || Beneficio económico; también se usa en plural. || Grado de amplificación de una señal proporcionada por un circuito.

GANAR tr. Obtener un beneficio comerciando. || Recibir una remuneración por un trabajo. || Lograr el triunfo o la victoria en un juego, asunto, etc. || Apoderarse de una fortaleza, plaza, ciudad, etc. || Tocar, alcanzar el punto fijado. || Hacerse con la voluntad de alguien. || Vencer, superar. || Con voces que denoten espacio o tiempo, adelantar, acercarse. || tr. e intr. En imprenta, estrechar el espaciado o el interlineado para que quepa una composición. || tr. y prnl. Ser digno de algo.

GANCHILLO m. Aguja de gancho. || Labor tejida con dicha aguja.

GANCHO m. Objeto con el extremo curvado y puntiagudo, para sostener, colgar o arrastrar algo. || Trozo de una rama quebrada que queda en el árbol. || Cayado. || Labor de ganchillo. || Persona que se sirve de otra para conseguir algo. || En boxeo, golpe dado de abajo arriba. || En baloncesto, tiro que se lanza doblando el brazo sobre la cabeza. || fam. Persona que, de acuerdo con un vendedor, es utilizada para atraer a la gente. || Rufián, chulo. || Garabato. || Poder de seducción.

GANDUL, LA adj. y s. Poltrón, vago.

GANGA f. Cosa de valor que se consigue por poco precio. || En las rocas y minerales de interés metalúrgico, parte que no es objeto de explotación.

GANGLIO m. Engrosamiento nodular que existe a lo largo de una vía linfática o del trayecto de un nervio.

GANGOSO, SA adj. y s. Que ganguea. || adj. Se aplica a esta forma de hablar.

GANGRENA f. Proceso patológico en el que existe muerte tisular o de algún órgano. Las causas pueden ser muy variadas: físicas, químicas, tóxicas, etc., pero quizás el origen más frecuente sean los trastornos circulatorios que dejan una zona sin irrigación y ello determina la muerte local o necrosis. || Daño moral que se propaga en un grupo, comunidad, etcétera.

GÁNGSTER com. Persona que forma parte de una banda delictiva. || Pillo, embaucador.

GANZÚA f. Alambre en forma de gancho, para abrir cerraduras cuando no se tiene llave. || Ladrón hábil. || Persona astuta que consigue que otro le diga lo que piensa.

GAÑÁN m. Labrador. || Hombre recio y rústico.

GAÑÓN (o GAÑOTE) m. Gargueo. || Cierta fruta de sartén. || de g. De gorra.

GAP m. En economía, exceso de distancia entre dos términos que están relacionados (p. ej., ingresos y gastos). || En informática, marca de separación de registros lógicos.

GARABATEAR intr. Lanzar los garabatos para agarrar un objeto. || Darle vueltas a una cosa, no ir al grano. || intr. y tr. Formar garabatos al escribir.

GARABATO m. Garfio para colgar o asir cosas, especialmente el que se usa en los pozos. || Almocafre. || Arado arrastrado con un solo caballo. || Palo de madera dura curvado por una punta. || Trazo irregular que se hace al escribir, especialmente el niño que no está aprendiendo.

GARAJE m. Lugar cubierto o cerrado donde se guardan automóviles. || Taller de reparaciones para dichos vehículos.

GARANTE adj. Que ofrece garantía. || com. Persona que se constituye o se ofrece como fiadora, responsabilizándose de observar lo prometido por otro en un pacto o pleito.

GARANTÍA f. Acción y efecto de asegurar o responder por una cosa. || Certeza dada de que algo ha de ocurrir. || Aval, fianza. || Hecho de dar seguridad contra algún perjuicio o necesidad. || Compromiso que adquiere durante cierto tiempo una casa comercial, de solucionar los posibles desperfectos de un objeto vendido.

GARANTIZAR tr. Dar garantía.

GARAÑÓN m. Asno destinado a la reproducción. || Camello padre.

GARAPIÑAR tr. Solidificar un líquido formando garapiña. || Cubrir golosinas o frutos con dicho líquido: también *garrapiñar*.

GARBO m. Donaire, apostura. || Toque especial que se da a algo. || Liberalidad, desprendimiento.

GARFIO m. Gancho puntiagudo para asir o sostener cosas.

GARGAJO m. Flema o esputo de cierta consistencia y tamaño.

GARGANTA f. Parte delantera del cuello. || Fauces. || Voz del cantante. || Desfiladero. || Parte donde se estrecha un objeto. || Ángulo constituido por el dental y la reja del arado y la cama. || Parte más estrecha de una columna. || Tronera utilizada por la artillería en una fortificación.

GARGANTILLA f. Collar que ciñe el cuello. || Cada una de las cuentas que forman un collar.

GÁRGARA f. Gargarismo (acción); suele usarse en plural.

GARGARISMO m. Acción de gargarizar. || Cualquier fármaco usado para realizar gárgaras.

GARGARIZAR intr. Agitar un líquido en la boca sin tragarlo, produciendo un ruido semejante al del agua en ebullición; se emplea especialmente con fines terapéuticos.

GÁRGOLA f. Desagüe de los tejados para que el agua no caiga por el muro; a veces esculpido con fantásticas formas humanas o animales.

GARITA f. Caseta, generalmente de madera, en que se cobijan los vigilantes o centinelas de una fortaleza, cuartel, fábrica, etc. || Habitación pequeña junto al portal de una finca.

GARITO m. Establecimiento dedicado al juego clandestino.

GARLOPA f. Cepillo de carpintero, con puño, para alisar la madera una vez cepillada.

GARRA f. Pata con uñas afiladas de ciertos animales. || Mano humana. || Gancho del arpeo. || Ornamento en forma de hoja enrollada en la base de las columnas medievales. || Fuerza, empuje, entusiasmo.

GARRAFA f. Vasija abombada y de cuello estrecho, generalmente de vidrio, revestida de mimbre, plástico, etcétera.

GARRAFAL adj. Se dice de cierta especie de guindas y cerezas grandes, más duras que las corrientes. || Se dice también del árbol que las produce. || Enorme, exagerado.

GARROCHA f. Vara larga.

GARROTE m. Palo recio. || Plantón, especialmente de olivo. || Ligadura apretada que se retuerce con un palo. || Instrumento para la ejecución de la pena capital, formado por un aro de hierro sujeto a un poste, que comprime el cuello del reo al ser estrechado. || Pena de muerte ejecutada con ese instrumento. || Falta de continuidad en la línea de un dibujo. || Alabeo de una pared o de cualquier otra superficie. || Palanca con que se aprieta un cabo alrededor de algo.

GARRUCHA f. Polea.

GARZO, ZA adj. De color azulado. || m. Agárico, hongo.

GAS m. Estado de la materia en que las moléculas que lo componen están poco ligadas entre ellas por las fuerzas de atracción recíprocas. El g. siempre ocupa el recipiente que lo contiene. || pl. Aire que se expele del estómago o de los intestinos.

GASA f. Tela ligera y transparente, generalmente de seda. || Tira de tela de algodón, de malla poco tupida, que tiene diversos usos en cirugía. || Banda negra de luto.

GASEOSO, SA adj. En estado de gas. || Que lleva gases. || f. Refresco de agua carbónica y azúcar.

GASODUCTO m. Conducto usado para el transporte a distancia de gases naturales.

GASÓLEO m. Producto de la destilación fraccionada del petróleo (de 190 °C a 370 °C). Se usa como combustible para la calefacción central, como carburante en los motores diesel y en los motores de explosión de aceites pesados.

GASOLINA f. Mezcla de hidrocarburos desde 4 hasta 12 carbonos. Se obtiene por destilación fraccionada del petróleo. Se usa como disolvente y como combustible en los motores de explosión.

GASOLINERA f. Embarcación con motor de gasolina. || Local donde se almacena y expende gasolina.

GASTAR tr. Utilizar el dinero para algo. || Estropear, inutilizar. || Acostumbrar, tener el hábito. || Usar, tener. || tr. y prnl. Desgastar, apurar. || *gastarlas* Actuar, conducirse.

GASTO m. Acción y efecto de gastar. || Cantidad de líquido o gas que pasa por un conducto en un tiempo determinado. || Dinero con el que se costea algún servicio recibido (juicios, otorgamiento de escrituras, herencias, etc.); suele usarse en pl. || Equivalente monetario de los bienes y servicios comprados por la empresa a terceros. Incluye los que no hayan representado una salida de dinero de caja, diferenciándose por ello del concepto pago.

GASTRALGIA f. Dolor localizado en el estómago; suele ser síntoma de úlcera o de trastornos nerviosos; en otras ocasiones es de carácter reflejo.

GÁSTRICO, CA adj. Relativo al estómago.

GASTRITIS f. Proceso inflamatorio que afecta las paredes gástricas, especialmente la capa mucosa.

GASTRONOMÍA f. Conjunto de conocimientos sobre todo lo referente a la alimentación humana; arte de elaborar un buen manjar. || Gusto por la buena comida.

GATEAR intr. Trepar como los gatos. || Andar a gatas, con pies y manos apoyados en el suelo.

GATILLO m. Disparador de las armas de fuego. || Gato de carpintero y de otros oficios. || Tenazas para extraer piezas dentarias. || Parte superior del cuello de ciertos cuadrúpedos, entre la cruz y la nuca.

GATO m. Máquina, generalmente accionada a mano, para levantar pesos no demasiado grandes a poca altura. || Mecanismo para levantar y transportar la madera. || Instrumento mecánico que permite elevar grandes pesos a poca altura. || Aparato de madera o de hierro formado por dos piezas atravesadas por un tornillo que hace que se junten o se separen de acuerdo con el grosor de la pieza que se coloca en medio.

GAUCHO, CHA adj. y s. Se dice del poblador del campo de Argentina, Uruguay y S de Brasil, experto en labores ganaderas; surgió en el siglo XVIII y comenzó a extinguirse a fines del XIX, al ser cercada la tierra y establecerse su explotación capitalista.

GAVETA f. Cajón corredizo de los escritorios. || Mueble con uno o varios de dichos cajones.

GAVILÁN m. Trazo con que se acaba una letra. || Cada una de las dos puntas de la pluma de escribir. || Cada uno de los dos hierros que componen la cruz de la espada. || Hierro afilado de la aguijada para limpiar el arado. || Persona que acosa a alguien para aprovecharse de él.

GAVILLA f. Fajo de sarmientos, ramas, etc. || Grupo de gente de baja estofa.

GAZAPO, 1 m. Cría de conejo. || Hombre ladino.

GAZAPO, 2 m. Gazapa. || Disparate oral o escrito.

GAZPACHO m. Sopa fría elaborada con agua, aceite, vinagre, sal, pan, pimiento, tomate, etc. || pl. Guiso cuya base es la torta cocida desmenuzada; propio de la cocina manchega.

GE f. Denominación de la letra *g*. || Símbolo químico del germanio (Ge).

GÉISER m. Emisión intermitente de agua y vapor, a temperaturas superiores a 90 °C, procedente de zonas volcánicas del interior de la corteza terrestre.

GEL m. Forma que se puede presentar un coloide, opuesta a la de sólido. En el g. hay un predominio de la fase sólida sobre la líquida y se llega a él a partir del sol por coagulación o floculación. || Jabón líquido para el baño.

GELATINA f. Proteína natural derivada del colágeno. Se obtiene por cocción de huesos, tendones, ligamentos, etc., con agua. Sustancia blanca, transparente, prácticamente inodora e insípida; soluble en agua caliente, glicerina y ácido acético. Se usa en la industria alimentaria, adhesivos, cementos, fabricación de películas, seda artificial, etcétera.

GÉLIDO, DA adj. Muy frío, helado.

GEMA f. Denominación genérica de minerales y rocas de distinto origen, apreciadas por su valor ornamental, y generalmente de elevado precio. Se atiende a la belleza, dureza, dispersión de la luz, transparencia, etc. || Tara de un madero conservada para que éste dé las dimensiones que se pretenden. || Yema de una palabra.

GEMELO, LA adj. y s. Se dice de cada uno de los hijos de una misma gestación. Según procedan de un mismo óvulo o de óvulos distintos son g. univitelinos o bivitelinos. Los primeros, con la misma dotación cromosómica, tienen rasgos físicos y psíquicos parecidos. Los segundos pueden ser de sexo diferente y su parecido es el de dos hermanos normales. || Se dice de las cosas que forman pareja. || Se dice del instrumento formado por la asociación de dos lentes que se emplea para observar o reconocer objetivos a distancia.

GEMIDO m. Acción y efecto de gemir. || Exclamación, sonido, etc., de pena o padecimiento.

GEMIR intr. Exteriorizar la pena o el dolor con sonidos lastimeros. || Producir algo un sonido similar.

GEN m. Cada unidad de material hereditario, presente en los cromosomas y formada por un segmento de ácido nucleico (generalmente ADN, aunque en algunos virus también ARN) autorreproducible. El lugar fijo que un g. ocupa dentro de la secuencia del cromosoma se denomina *locus*.

GENDARME com. Agente de policía de algunos países.

GENEALOGÍA f. Conjunto de los ascendientes de un individuo determinado. || Documento en el que consta. || Disciplina que estudia la ascendencia de alguien. Relacionada con la heráldica.

GENERACIÓN f. Acción y efecto de engendrar. || Conjunto de descendientes de un individuo determinado. || En genética, conjunto de individuos formados en una fecundación determinada.

GENERADOR, RA adj. y s. Que engendra. || adj. Se dice de la línea o figura que con su movimiento engendra una figura o sólido geométrico. || *eléctrico* Aparato que transforma la energía mecánica en energía eléctrica. Se aplica especialmente a máquinas dinamoeléctricas. Si la corriente generada es continua, se denomina dinamo; si es alterna, alternador.

GENERAL adj. Que es común a la totalidad o a un conjunto determinado. || Frecuente, universal, usual. || Impreciso, difuso. || m. El grado más alto del ejército.

GENERALIDAD f. Calidad de general. || La mayoría. || Superficialidad, imprecisión.

GENERALIZAR tr. y prnl. Convertir a la mayoría a una práctica, hacer común una cosa. || tr. Divagar, decir banalidades. || Sintetizar, extraer conclusiones.

GENERAR tr. Engendrar, originar.

GENÉRICO, CA adj. Propio de muchas clases, categorías, etc. || Relativo al género. || m. Lista, al comienzo de un filme, de los que han intervenido en él.

GÉNERO m. Grupo de individuos con características comunes. || Forma de obrar o de presentarse algo. || Clase, tipo. || Aquello con lo que se comerciaba, mercancía. || Cada una de las distintas clases de tela. || En taxonomía, categoría que incluye un conjunto de especies de características similares. || En lógica, todo concepto o término que engloba otros de menor extensión, que son sus especies. || En obras artísticas, cada una de las convenciones que se usan para clasificar sus distintos tipos. || Pintura o escultura costumbristas. || *gramatical* Marca o distinción de algún tipo (generalmente fonética o morfológica) que señala la pertenencia del objeto, animal o persona designados al sexo masculino o femenino, o bien al g. neutro o epiceno. || *literario* Relación de semejanza o distanciamiento que una obra literaria mantiene con las demás.

GENEROSO, SA adj. y s. Noble, altruista. || Espléndido, desprendido. || Muy bueno, notable. || De linaje ilustre. || Muy desarrollado, abundante.

GÉNESIS f. Inicio o causa de una cosa. || Conjunto de circunstancias y hechos que provocan algo.

GENÉTICO, CA adj. Relativo a la génesis. || Relativo a la genética. || f. Ciencia de la biología que estudia la naturaleza y los mecanismos de transmisión de los caracteres hereditarios de los organismos. En su base se sitúan las leyes de Mendel, enriquecidas posteriormente con el descubrimiento de las mutaciones, código g., mecanismos de síntesis proteica, regulación génica, etcétera.

GENIAL adj. Relativo al genio. || Propio del carácter de uno. || Ocurrente, agudo. || Con genio, con aptitud creadora. || fam. Muy bueno.

GENIO m. Talante, carácter propio de una persona. || Carácter fuerte o difícil. || Talento, capacidad para hacer algo. || Aptitud creadora, gran inteligencia. || Persona dotada de estas características. || Esencia, modo de ser de un país, época, etc. || Duende de los cuentos.

GENITAL adj. Relativo a los órganos y funciones de la reproducción. || m. pl. Se dice de los órganos sexuales. || *g., aparato* Parte del aparato genitourinario relacionado con la reproducción. Consta de unas glándulas o gónadas y unas vías dispuestas para facilitar el encuentro de los gametos elaborados por las gónadas.

GENITIVO, VA adj. Que puede generar, engendrar o producir algo. || m. En la flexión nominal indoeuropea, caso con el que se marca la propiedad o pertenencia.

GENITOR, RA adj. y s. Que engendra o genera.

GENOCIDIO m. Política deliberada de exterminio de un grupo social (étnico, religioso, político). Presente en todas las etapas de la historia; el término fue usado por primera vez en el proceso de Nuremberg. Tipificado jurídicamente en la convención de la ONU de 1948.

GENTE f. Grupo de personas. || Tropa de soldados o marinos. || Denominación de los diversos grupos de una sociedad. || Parientes, familia. || Personal de una empresa o inquilinos de una vivienda. || pl. Gentiles, paganos.

GENTIL adj. y com. Para los antiguos cristianos, pagano. || adj. Apuesto, garrido, hermoso. || Grande, considerable. || Educado, amable.

GENTILEZA f. Cualidad de gentil. || Donaire, desenvoltura. || Gallardía, bizarría. || Educación, urbanidad.

GENTILHOMBRE m. Noble que servía en la casa real cumpliendo funciones de criado, ayuda de cámara, acompañante de los príncipes, etcétera.

GENTILICIO, CIA adj. Relativo a las gentes o naciones. || Relativo al linaje. || adj. y s. Se dice del nombre que reciben los habitantes de un país, región, pueblo, etcétera.

GENTÍO m. Muchedumbre.

GENTUZA f. Gente ruin.

GENUFLEXIÓN f. Acción y efecto de doblar una rodilla como muestra de sumisión o reverencia.

GENUINO, NA adj. Auténtico, natural, legítimo.

GEODESIA f. Ciencia que estudia la forma y el tamaño de la Tierra.

GEOGRAFÍA f. Ciencia que trata de analizar la localización y la distribución en el espacio de los diferentes elementos de la superficie terrestre. Los griegos fueron los primeros en elevarla a nivel de ciencia.

GEOLOGÍA f. Ciencia que estudia la composición de la corteza terrestre y su transformación en el tiempo. Su objeto es la litosfera.

GEOMETRÍA f. Parte de las matemáticas que se ocupa de las propiedades, medidas y relaciones entre puntos, líneas, ángulos, superficies y cuerpos.

GERENTE com. Persona encargada de dirigir la actividad económica de una empresa o sociedad, en los estatutos de la cual se concretan sus poderes.

GERIATRÍA f. Especialidad médica que estudia los fenómenos fisiopatológicos que causan el envejecimiento y las medidas higiénicas y profilácticas adaptables a los ancianos.

GERMANIO m. (Ge) Elemento químico situado en el grupo IVb de la tabla periódica. Forma parte de la familia de los carbonoideos. Metal frágil, brillante, de color blanco grisáceo que cristaliza en octaedros. Se usa como semiconductor y para fabricar transistores.

GERMANO, NA adj. y s. Se dice de los pueblos indoeuropeos que habitaron antiguamente la Germania.

GERMEN m. Microorganismo, especialmente, bacteria. || Huevo que ha sido fecundado. || Inicio o punto de arranque de algo material o moral. || Pequeño cristal que introducido en una disolución sobresaturada ayuda a cristalizar rápidamente. || Partícula de plata constituyente de los núcleos, a partir de los cuales se forma la imagen latente en las emulsiones fotográficas.

GERMINAR intr. Empezar a brotar las semillas para dar lugar a una nueva planta. || fig. Iniciar su desarrollo algo moral o abstracto.

GERONTOLOGÍA f. Estudio de la vejez desde el punto de vista biológico, psicológico y social.

GERUNDIO m. Forma no personal de la conjugación verbal que en ocasiones puede tomar valor adverbial. La acción que indica suele tener carácter durativo. En castellano puede ser *simple* o *compuesto*. El g. simple (*amando*) tiene un aspecto imperfectivo, en tanto que el compuesto (*habiendo amado*) lo tiene perfectivo. El g. suele modificar el verbo funcionando como un término adverbial de modo. Si modifica o se refiere a un sujeto, toma un carácter explicativo.

GESTA f. Hazaña, hecho memorable o conjunto de los mismos.

GESTACIÓN f. Acción y efecto de gestar. || Embarazo.

GESTICULAR, 1 adj. Relativo al gesto.

GESTICULAR, 2 intr. Hacer gestos o muecas.

GESTIÓN f. Acción y efecto de gestionar. || Acción y efecto de administrar.

GESTIONAR tr. Tramitar las diligencias pertinentes para la consecución de un negocio o de cualquier otro asunto.

GESTO m. Movimiento o mueca del rostro. || Aspecto, cara. || Acto destacado de generosidad o afecto. || *hacer gestos* Desvalorizar una cosa, sentirse molesto con ella.

GESTOR, RA adj. y s. Que gestiona. || m. y f. El que hace diligencias con un fin determinado, por cuenta ajena. || *administrativo* Persona que posee mandato para gestionar documentos y trámites en oficinas públicas.

GIBA f. Joroba, chepa. || fam. Fastidio, incordio.

GIGANTE, TA adj. y s. Se dice de la persona o cosa cuyo tamaño es superior a los propios de su especie. || m. y f. Figura, generalmente antropomorfa, de gran tamaño que se exhibe en procesiones y fiestas populares (también *gigantón*). || Persona sobresaliente o con renombre.

GIGANTESCO, CA adj. Relativo a los gigantes. || fig. Grandioso, muy destacado.

GIMNASIA f. Conjunto de ejercicios físicos para dotar de un desarrollo armónico,

fortalecer y dar agilidad y flexibilidad al cuerpo. || Procedimiento con el que se intensifica alguna facultad. || Deporte basado en la realización metódica de una serie de ejercicios con ayuda de aparatos (*deportiva*) o sin ellos (*sueca*, *rítmica*). || *correctiva* La realizada como terapia; también *kinestesia*.

GIMNASIO m. Lugar donde se practica la gimnasia.

GIMNOSPERMAS f. pl. Subdivisión de plantas fanerógamas, caracterizadas por tener semillas primitivas, desnudas, sin formar un verdadero fruto. || Son especies leñosas, de tronco ramificado, hojas generalmente perennes y pequeñas (aciculares o en escama). Las flores por lo general son unisexuales y carecen de perianto.

GIMOTEAR intr. Gemir, lloriquear.

GINEBRA, 1 f. Instrumento de percusión formado por objetos ensartados (tablas o huesos) que se rozan con un palo.

GINEBRA, 2 f. Bebida alcohólica de bayas de enebro.

GINECEO m. Dependencia de la casa griega, destinada a habitación de las mujeres. || Pistilo.

GINECOLOGÍA f. Especialidad dedicada al estudio de la fisiología y patología del aparato genital femenino fuera del estado de gestación; también estudia la patología glandular mamaria.

GIRA f. Excursión de un día. || Serie de representaciones de una compañía dramática, actor, músico, etc., por distintos pueblos o ciudades.

GIRAR intr. Moverse alrededor o formando círculos. || Tratar, versar sobre un asunto determinado. || Cambiar de dirección. || intr. y tr. Remitir dinero mediante giro postal. || Librar un efecto u orden de pago a cargo de otra persona, sobre los fondos del que lo hace. || Imprimir movimiento circular a un cuerpo alrededor de una recta que hace de eje.

GIRO m. Acción y efecto de girar. || Vuelta, desplazamiento circular. || Cariz, curso de un asunto. || Estructura peculiar de una frase o manera particular de expresar un sentimiento, concepto, etc. || Transferencia de fondos o dinero por medio de letras de cambio, cheques u otros instrumentos de pago. Cuando la transferencia se realiza por correo, se llama *g. postal*; por telégrafo, *g. telegráfico*. || Cartera de clientes y cifra de negocios de una empresa.

GITANO, NA adj. y s. Se dice de la etnia de origen hindú y que por su carácter nómada se ha extendido por África del Norte y Europa central (Hungría) y meridional (España). || Zalamero, adulador. || Timador, tunante.

GLACIACIÓN f. Conjunto de fenómenos producidos a causa de un descenso acusado en la temperatura de la Tierra (unos 10 °C inferiores a las actuales, por término medio). Durante el Cuaternario se han descrito cuatro.

GLACIAL adj. Muy frío. || Que se convierte en hielo o lo forma. || Insensible, seco. || Inhóspito. || Se dice de las regiones ártica y antártica.

GLACIAR m. Acumulación de masas de hielo en zonas dentro del límite de las nieves perpetuas, donde las precipitaciones anuales superan a las cantidades de fusión. Actualmente los g. ocupan un 10% de la superficie de la Tierra.

GLADIADOR m. En la antigua Roma, el luchador profesional que combatía en los circos. Generalmente eran esclavos o presos de guerra condenados.

GLÁNDULA f. Estructura histológica u órgano de origen epitelial que posee funciones de secreción. El producto secretado puede pasar directamente a la sangre (*g. de secreción interna*) o puede verterse al exterior o en una cavidad a través de un conducto excretorio (*g. de secreción externa*). || *endocrina* La secreción interna; son las que producen las hormonas. || *exocrina* La de secreción externa.

GLAUCOMA m. Enfermedad del ojo, que se caracteriza por un aumento de la tensión intraocular. Puede conducir a la atrofia de la retina y del nervio óptico.

GLICERINA f. Alcohol propanotriol. Líquido siruposo, incoloro, higroscópico y de sabor dulce ardiente. Punto de ebullición, 290 °C; densidad, 1.26. Se obtiene de los aceites y grasas como subproducto en la fabricación de jabones y ácidos grasos. Sus ésteres son los derivados más importantes (dinamita, nitroglicerina, etc.). Miscible en agua y alcohol, se usa como disolvente, humectante y edulcorante.

GLOBO m. Esfera. || El planeta Tierra. || Ingenio aerostático formado por una cubierta impermeable, hinchada con aire caliente o gas, y una barquilla para la carga. || En algunas lámparas, bola traslúcida con la que se cubren las bombillas.

GLÓBULO m. Globo pequeño. || Corpúsculo celular, generalmente libre, como los sanguíneos.

GLORIA f. Fama, renombre que se alcanza, en especial la postrera. || Delicia, satisfacción plena. || G. eterna. || Lo que es digno de ser alabado o aquello que es el orgullo de un país, familia, etcétera.

GLORIETA f. Cenador, templete. || Jardín con cenador. || Encrucijada de paseos en un jardín. || Plaza urbana, circular y no muy grande.

GLORIFICAR tr. Dar timbre de gloria y fama a uno. || Honrar a uno, reconocer su gloria, especialmente la de Dios. || prnl. Gloriarse.

GLORIOSO, SA adj. Que merece la gloria, fama. || Vanidoso, engreído. || Se aplica a lo celestial.

GLOSA f. Ampliación o anotación de un texto. || Anotación en los libros de comercio. || Comentario o explicación que se hace de un pasaje oscuro o de difícil interpretación.

GLOSARIO m. Lista de voces desusadas o difíciles que requieren explicación. || Vocabulario, caudal léxico. || Conjunto de glosas, generalmente de un mismo escritor.

GLOTIS f. Parte intermedia de la laringe, entre el vestíbulo y la zona cónica de la base. Presenta una abertura entre las cuerdas vocales que comunica la laringe con la cavidad oral.

GLOTÓN, NA adj. y s. Comilón, tragaldabas.

GLUCOSA f. Monosacárido que constituye la principal fuente de energía de los organismos vivos. Se presenta libre en frutos, en la miel y en otras partes de vegetales; en la sangre humana normal hay un 0.1%. Tiene sabor dulce y es soluble en agua.

GLÚTEO, A adj. y m. Relativo a las nalgas. || *glúteo*, *región* Región anatómica que a nivel de la cadera la constituyen un grupo muscular de 9 músculos que pertenecen al miembro inferior.

GNOMO m. En la mitología nórdica, genio de las montañas, bosques, etc.; posteriormente se le supuso de minúscula estatura, larga vida y encargado de guardar minas y tesoros subterráneos.

GOBERNACIÓN f. Acción y efecto de gobernar.

GOBERNADOR, RA adj. Que gobierna. || m. y f. Máxima autoridad de un ente territorial inferior al Estado con poderes delegados de los de éste.

GOBERNAR tr. e intr. Orientar, regir la vida de una colectividad, especialmente de un país. || tr. Dominar a alguien, influir en él. || Guiar una embarcación y, por extensión, cualquier otra cosa. || intr. Responder el barco al timón. || prnl. Comportarse de acuerdo con ciertas normas, reglas, etcétera.

GOBIERNO m. Acción y efecto de gobernar. || Conjunto de las actuaciones de dirección y coordinación de una sociedad, llevadas a cabo por quien, por elección o designación, tiene poder para ello. || Conjunto de órganos que cumplen dicha función. || En sentido estricto, órgano colegiado que tiene el poder ejecutivo de un Estado. || Timón de una nave. || Docilidad de una nave al timón.

GOCE m. Placer, deleite.

GODO, DA adj. y s. Se dice del pueblo germánico que se estableció en el siglo I a. C. en la cuenca del bajo Vístula; posteriormente dividido en los grupos ostrogodo y visigodo.

GOL m. En ciertos juegos de pelota, tanto que se obtiene al conseguir traspasar el balón la meta.

GOLETA f. Barco velero de 2 o 3 palos, ligero, usado antiguamente en la marina militar para servicios de exploración.

GOLF m. Deporte consistente en recorrer 18 hoyos muy espaciados introduciendo en cada uno de ellos una pelota, de goma dura y algo más de 4 cm de diámetro, a la que se golpea con un palo o bastón.

GOLFO m. Entrante, más o menos amplio, del mar hacia el interior de un continente. || Parte del mar a mucha distancia de cualquier tierra y en la que no hay islas.

GOLFO, FA m. y f. Pillo, tunante, vago. || Persona de vida disipada. || f. Prostituta.

GOLOSINA f. Manjar apetitoso, generalmente dulce, poco nutritivo. || Chuchería.

GOLOSO, SA adj. y s. Que gusta de comer golosinas. || fig. Obsesionado por la consecución de algo. || adj. Apetitoso.

GOLPE m. Choque fuerte e inopinado de dos cuerpos. || Efecto de dicho choque. || Gran cantidad de algo. || Desgracia, revés que sobreviene de improviso. || Latido. || Pestillo que se cierra mediante un golpe. || Número de semillas o plantas que se siembra en un hoyo. || Robo, atraco.

GOLPEAR tr. e intr. Dar golpes continuos.

GOLLETE m. Parte de la garganta más próxima a la cabeza. || Cuello, estrechamiento de una vasija (especialmente una botella). || *beber a g.* Hacerlo directamente de la botella. || *estar hasta el g.* Estar cansado de padecimientos. || Estar muy endeudado. || Haber comido en exceso.

GOMA f. Exudado de algunas especies frutales a causa de incisiones o enfermedades criptogámicas. || Producto vegetal, glucídico, secretado por la planta y que da solución coloidal con el agua; generalmente posee propiedades adhesivas. || Caucho. || Anillo de caucho que se emplea para sujetar cosas. || La que se utiliza para borrar lo escrito o dibujado.

GÓNDOLA f. Embarcación característica de Venecia, con el fondo plano, estilizada y elegante, de color negro; es conducida por uno o dos remeros que van de pie. || Carruaje grande de pasajeros. || Hueco donde va el reactor en un avión. || Vehículo para el transporte de objetos de gran altura. || adj. Se dice de un tipo de teléfono.

GONGORISMO m. Culteranismo o cultismo.

GORDO, DA adj. Que le sobran carnes. || Recio, macizo. || Más grueso de lo que es normal. || Excepcional, fuera de lo corriente. || m. Unto, grasa de un animal, especialmente la comestible. || Premio mayor de la lotería.

GORDURA f. Exceso de grasa, anchura de carnes.

GORGORITO m. Juego de voz en tonos agudos: suele usarse en plural.

GORJEO m. Gorgorito, especialmente el de los pájaros. || Balbuceo de los niños al aprender a hablar.

GORRA f. Casquete circular de tela y con visera con el que se cubre la cabeza. || *de plato* La militar con visera acharolada, copa baja y amplia. || *de g.* Por cuenta de otro, por la cara.

GORRO m. Prenda similar a la gorra, generalmente sin visera, y de más abrigo. || Por extensión, capuchón, tapadera.

GOTA f. Porción minúscula de un líquido, que se desprende de él. || f. Enfermedad del metabolismo producida por exceso de ácido úrico en el organismo; se deposita en los tejidos, especialmente en las articulaciones. || pl. Medicamento líquido cuya dosificación se efectúa por el número de gotas administradas.

GOTEAR intr. Precipitarse un líquido gota a gota. || Lloviznar, chispear. || fig. Entregar o recibir algo muy lentamente.

GOTERA f. Filtración de agua a través de un techo o pared. || Lugar por donde entra el agua y mancha que produce. || Tipo de podredumbre de la madera de los árboles, caracterizada por ser de color no uniforme. || Banda de tela alrededor de un dosel. || pl. Achaques, males.

GÓTICO, CA adj. y s. De los godos. || Se dice del periodo artístico desarrollado en los siglos XII al XVI. El término procede del renacimiento, creado por Vasari como sinónimo de bárbaro, en oposición al orden clásico. || Se dice de una antigua lengua germánica del grupo oriental. Su forma particular de escritura (*letra gótica*) se usó en Alemania hasta muy entrado el siglo XX.

GOTOSO, SA adj. y s. Que sufre de gota.

GOZAR tr. e intr. Poseer algún bien. || Seguido de *de*, poseer en abundancia lo que se expresa. || Mantener relación sexual. || tr. y prnl. Recibir satisfacción de una cosa. || intr. Experimentar gozo, sentir placer. || prnl. Recrearse. || *gozarla* Pasárselo muy bien.

GOZO m. Satisfacción y júbilo que se experimenta por la contemplación de algo o su posesión sensorial. || En un fuego de leña, llamarada brusca. || pl. Composiciones poéticas de carácter hagiográfico, en las que se suele repetir un estribillo al final de cada copla.

GRABACIÓN f. Proceso de registro de corrientes o voltajes en diversos medios, por procedimientos magnéticos, mecánicos, gráficos o fotográficos.

GRABADO m. Arte de grabar. || Procedimiento para grabar. || Estampa obtenida con este procedimiento. || Plancha grabada para ser reproducida.

GRABAR tr. Labrar en hueco o en relieve, o hacer una incisión con un objeto punzante en una superficie de madera, metal o piedra. || Registrar sonidos en una cinta magnética o en un disco fonográfico, para que puedan posteriormente reproducirse. || tr. y prnl. Fijar intensamente en el ánimo un suceso, sentimiento o concepto.

GRACIA f. Don sobrenatural dado por Dios al hombre de forma totalmente gratuita. || Disposición natural que hace que una persona tenga encanto. || Atractivo y garbo propios de algunas personas. || Don, merced. || Cordialidad, benevolencia en el trato. || Arte, habilidad en la consecución de algo. || Buena voluntad y amistad de alguien. || Ocurrencia, chiste. || Facultad de hacer reír, y sensación que de ello se deriva. || Petición especial de clemencia concedida por el jefe de Estado; por extensión, indulto, absolución. || Nombre de cada uno, en lenguaje afectado. || pl. Divinidades romanas que, en número de 3, simbolizaban la belleza.

GRÁCIL adj. Tenue, sutil.

GRACIOSO, SA adj. Se dice de la persona o cosa de aspecto agradable. || Con gracia, ocurrente. || Que se concede de forma gratuita. || m. y f. Actor o actriz especializado en papeles jocosos. || m. Personaje humorístico de teatro del Siglo de Oro.

GRADA f. Peldaño. || Cada uno de los asientos escalonados de un teatro, estadio, plaza de toros, etc. || Peana de un altar. || Plano inclinado de un astillero, donde se construyen o reparan los barcos. || Banco en forma de escalón para la extracción de mineral en minas o canteras a cielo abierto. || pl. Escalinatas de acceso a un edificio.

GRADACIÓN f. Conjunto de cosas dispuestas gradualmente. || Realización de algo por pasos sucesivos. || Sucesión armónica gradual para expresar un matiz. || Figura literaria que consiste en ordenar de manera creciente o decreciente las palabras para conseguir mayor intensidad expresiva o significativa.

GRADO, 1 m. Peldaño. || Cada una de las generaciones que señala el parentesco. || Título que se concede al que se gradúa en una universidad. || Categoría, jerarquía que guardan las cosas entre sí. || Empleo, cada nivel de la jerarquía militar. || Cada categoría dentro de una institución. || En ciertas escuelas, especialmente de formación profesional, cada uno de los niveles en que se engloban los alumnos de acuerdo con su edad o sus conocimientos. || Unidad de medida del ángulo plano. || *centígrado* Cada una de las 100 partes en que se divide el intervalo de temperatura comprendido entre el punto de fusión del hielo (0 °C) y el de ebullición del agua (100 °C) a la presión de 760 Torr.

GRADO, 2 m. Voluntad, agrado. || *de*, o *de buen g.*, o *de mal g.* De buena o mala gana. || *mal de mi, tu,* etc., *g.* Contra el gusto o la voluntad de la persona aludida.

GRADUACIÓN f. Acción y efecto de graduar. || Proporción de alcohol que poseen los vinos y licores. || Grado, empleo militar.

GRADUAL adj. Progresivo, escalonado.

GRADUAR tr. Otorgar a una cosa el grado o calidad adecuados, o apreciar éstos. || Marcar los grados en que se divide algo. || Conceder un grado militar. || tr. y prnl. Dar una universidad el grado o título de acuerdo con los estudios realizados.

GRÁFICO, CA adj. Relativo a la escritura o a la imprenta. || Representado por medio de dibujos. || Se dice de la forma de hablar expresiva y clara. || adj. y s. Se aplica a las demostraciones, operaciones y descripciones que se representan por medio de signos o figuras. || m. y f. Representación de hechos y datos estadísticos por medio de un dibujo. || Representación de una relación matemática por una curva.

GRAFITO m. Carbono que forma cristales hexagonales, en masas foliáceas o en laminillas, gris oscuro, brillo poco intenso, untoso al tacto. Infusible, buen conductor eléctrico y del calor. Se usa en la fabricación de lápices, electrodos, lubricantes, ladrillos refractarios, etc. Puede fabricarse industrialmente. || Graffiti.

GRAFOLOGÍA f. Disciplina que pretende determinar rasgos psicológicos de una

GRAGEA f. Confite pequeño. || Preparado en forma de comprimido en el que el núcleo central medicamentoso está revestido de una capa protectora.

GRAMÁTICA f. Ciencia que estudia una lengua o la regula, especialmente en sus aspectos morfológicos y sintácticos. La g. *descriptiva* analiza la lengua en un determinado tiempo histórico, mientras que la g. *histórica* estudia la evolución del idioma considerado. || Obra en la que se enseña a formular correctamente el lenguaje hablado y escrito.

GRAMO m. En el sistema cegesimal, unidad de masa que equivale a una milésima parte del kg. Es igual a la masa de 1 cm^3 de agua destilada a 4 °C. También es la unidad de peso que equivale a una milésima parte del kg. || Pesa de 1 gramo.

GRAMÓFONO m. Aparato reproductor de vibraciones sonoras, grabadas en un disco plano apoyado en un plato que gira. La reproducción se realiza mediante una aguja que recorre los surcos del disco y transmite las vibraciones a un diafragma o membrana de mica, que las convierte en sonoras.

GRAN adj. Forma apocopada de *grande*. || Primero o principal.

GRANA f. Cochinilla, colorante. || Color rojo y tela fina de dicho color. || Excrecencia que forma el quermes en la coscoja que, al exprimirse, produce un colorante rojo.

GRANADA f. Fruto del granado, complejo; está coronado por el cáliz, persistente, tabicado; contiene numerosas semillas protegidas por una cubierta rojiza. || Proyectil hueco que contiene un explosivo o producto químico y dispone de una espoleta para hacerlo detonar. Puede lanzarse con la mano (g. *de mano*), con fusil (g. *de fusil*) o con una pieza de artillería ligera (g. *de mortero*, g. *anticarro*, etcétera).

GRANADO, DA adj. Experimentado, maduro. || Destacado, prominente.

GRANATE m. Nombre de un grupo de minerales formados por mezclas isomorfas de distintos silicatos de metales bi y trivalentes; forma cristales cúbicos, de distinto color, generalmente opacos, de gran dureza y elevado índice de refracción. Algunos g. se usan como gemas y otros encuentran empleo industrial. || Color rojo oscuro.

GRANDE adj. Que sobrepasa lo normal o regular. || com. Persona de alta nobleza o jerarquía. || *a lo*, o *en g*. En gran cantidad, globalmente. || Espléndidamente, con despilfarro.

GRANDEZA f. Cualidad de grande. || Dignidad de grande. || fig. Nobleza, altura de miras.

GRANDILOCUENCIA f. Elocuencia rica y profusa. || Estilo ampuloso y declamatorio.

GRANDIOSO, SA adj. Magnífico, imponente.

GRANEL, a Se dice de los géneros sin envase o embalaje, o de las cosas menudas sin orden ni medida.

GRANERO m. Local o almacén de granos. || Territorio que abastece de grano a otro. || Desván.

GRANITO m. Roca eruptiva intrusiva formada principalmente por cuarzo, feldespatos alcalinos y mica biotita, con una larga serie de minerales accesorios y accidentales. || Tejido parecido al raso con la superficie granulosa.

GRANIZADA f. Tormenta de granizo. || Cualquier sucesión de cosas que se presente rápida y violentamente.

GRANIZAR intr. Caer granizo. || intr. y tr. Lanzar gran cantidad de algo con rapidez y violencia.

GRANIZO m. Agua de lluvia que se congela en las alturas y se precipita en forma de grano helado. || Granizada. || Especie de velo de materia gruesa que se forma en el ojo.

GRANJA f. Casa de campo con huerto y ganado estabulado. || Criaderos industriales de aves de corral. || Lechería, tienda de productos lácteos.

GRANJERO, RA m. y f. Individuo que cuida una granja. || Por extensión, persona que explota una finca rústica.

GRANO m. Fruto de los cereales, especialmente de las gramíneas. || En algunas cosas, la parte más pequeña que las compone. || Lesión cutánea circunscrita, constituida por una pequeña vesícula pustulosa. || Cuarta parte de un quilate. || Cara pulida de una piel adobada. || Protuberancia apreciable en la superficie de algo. ||

Consistencia y textura de una tela. || Unidad de peso que usan los farmacéuticos; equivale a unos 5 cg. || pl. Cereales.

GRANUJA f. Uva desgranada. || Semilla de algunas frutas. || com. Persona insocial, gamberro.

GRANULADO adj. Que forma granos. || m. Medicamento presentado en forma de gránulos. || En orfebrería, técnica decorativa que consiste en soldar pequeños gránulos de oro o plata.

GRAPA f. Pieza metálica ligera y pequeña que cose papeles, madera, etc., cerrando sus dos extremos.

GRASA f. Éster glicérico de ácido graso que forma un compuesto neutro. || En enología, alteración de origen microbiano que ataca a los vinos blancos dulces y a la sidra. || Mugre, restos que el contacto con el cuerpo deja en la ropa. || Grasilla. || Sustancia que sirve para engrasar.

GRASIENTO, TA adj. Que tiene mucha grasa.

GRASO, SA adj. Seboso, que contiene grasa.

GRATIFICACIÓN f. Remuneración por un servicio. || Suplemento del salario. || Propina.

GRATIFICAR tr. Recompensar con una gratificación un servicio prestado. || Satisfacer, dar gusto.

GRATIS adj. Sin coste, de balde.

GRATITUD f. Reconocimiento y obligación ante un favor.

GRATO, TA adj. Placentero, agradable.

GRATUITO, TA adj. Que es gratis. || Sin base ni fundamento.

GRAVA f. Conjunto de materiales detríticos procedentes de la meteorización de minerales y rocas, de tamaño superior a 2 mm y escasamente modificados por el transporte. Su consolidación da origen a conglomerados. || Piedra machacada que sirve para cubrir o allanar caminos.

GRAVAMEN m. Obligación, impuesto. || Carga que recae sobre un inmueble, bien o caudal.

GRAVAR tr. Cargar tributariamente sobre una persona, lugar, etcétera.

GRAVE adj. Que tiene peso. || Importante, considerable. || Muy enfermo. || Imponente, adusto. || Espinoso, difícil. || Fastidioso, incordiante. || De estilo noble y elevado. || Se dice de la palabra con acento en la penúltima sílaba; sinónimo de llana. || adj. y m. Mús. Se dice del sonido de frecuencia baja.

GRAVEDAD f. Fuerza de atracción que se manifiesta entre la Tierra y los cuerpos que están sobre su superficie o próximos a ella. También se manifiesta en cualquier otro cuerpo celeste y en general en todos los cuerpos que cumplen la ley de gravitación universal. || Carácter de los sonidos graves. || Cualidad y estado de grave. || Afectación. || Cualidad de la persona que en público se muestra seria y solemne.

GRAVITACIÓN f. Acción y efecto de gravitar. || Fenómeno de atracción entre 2 puntos materiales de masas m_1 y m_2 que se atraen mutuamente con una fuerza cuya intensidad es directamente proporcional al producto de sus masas e inversamente proporcional al cuadrado de la distancia que los separa.

GRAVITAR intr. Obedecer un cuerpo a las leyes de la gravitación. || Pesar algo física o moralmente sobre algo o alguien. || Amenazar a alguien una desgracia.

GRAVOSO, SA adj. Inaguantable, pesado. || Costoso, caro.

GRAZNAR intr. Emitir graznidos algunas aves.

GRECOLATINO, NA adj. Relativo a los griegos y latinos, especialmente a su cultura.

GRECORROMANO, NA adj. Relativo a los griegos y romanos. || Se dice de una modalidad de lucha.

GREDA f. Arcilla arenosa con que se quitan manchas.

GREGARIO, RIA adj. Que está con otros iguales a él. || Que dócilmente acepta el pensamiento o las órdenes de otros. || Se dice de los animales con tendencia a vivir formando grupos con numerosos individuos de la misma especie (langostas migratorias, golondrinas, búfalos, etc.). Generalmente tiene un carácter defensivo.

GREGORIANO, NA adj. Se dice del calendario y del canto instaurados por Gregorio XIII.

GREMIO m. Corporación profesional que agrupaba a artesanos de un mismo oficio o de oficios relacionados (siglos XII-XIX) con fines de formación profesional, regulación del trabajo y los precios y asisten-

ciales. || Agrupación de personas con una misma profesión o estado social.
GREÑA f. Mechón de pelo o cabellera revueltos; suele usarse en pl. || Maraña de cosas.
GRESCA f. Ruido, algarabía. || Querella, disputa.
GREY f. Rebaño. || Agrupación de personas con vínculos comunes. || Conjunto de los fieles de un credo.
GRIEGO, GA adj. y s. De Grecia. || m. Lengua indoeuropea dividida en innumerables dialectos: aqueo, jónico, eólico, dórico, etc. Probablemente todos parten de una lengua inicialmente única. El griego común (*koiné*) se instaura en el siglo III a. C. El griego moderno es una lengua resultante de la anterior.
GRIETA f. Hendedura, fisura en la tierra o cualquier cuerpo sólido. || Hendidura lineal de la piel, que interesa a la epidermis y zona superior de la dermis. Suele ser muy dolorosa y afecta las zonas próximas a los orificios del cuerpo (boca, ano, etc.). || Resquebrajamiento, debilitación del afecto, la moral o el entusiasmo.
GRIFO, FA adj. Se dice del pelo rizado o enredado. || adj. y s. Ant. Se dice del mulato o del negro. || Enfadado. || Intoxicado con marihuana. || m. Llave para dar paso a un líquido. || Animal mitológico con cabeza y alas de águila y cuerpo de león o serpiente.
GRILLETE m. Aro de hierro provisto de un perno para inmovilizar los pies de un preso o para sujetarlo a cualquier otra parte. || Cada uno de los trozos de la cadena del ancla que se unen entre sí por eslabones.
GRILLO m. Nombre común de diversos insectos ortópteros de la familia Grillidos, de antenas filiformes y largas, librea oscura, patas posteriores adaptadas para el salto y órganos timpánicos para la estridulación en las anteriores de los machos. Perjudiciales para los cultivos.
GRIMA f. Desazón, irritación, horror que provoca algo.
GRINGO, GA adj. y s. fam. Extranjero, especialmente de lengua inglesa. || Lenguaje incomprensible.
GRIPE m. Enfermedad infectocontagiosa de naturaleza vírica. Periódicamente causa brotes epidémicos e, incluso, pandémicos. Produce malestar general, fiebre, cefalea y sintomatología catarral.
GRIS adj. y com. Se dice del color que se produce al mezclar el blanco y el negro. || adj. Triste, lánguido. || Mediocre, anodino. || Difuso, sin delimitar. || m. Variedad de ardillas siberianas, de piel muy estimada. || fam. Viento gélido. || *marengo* Gris oscuro. || *perla* Gris claro.
GRISÚ m. Mezcla explosiva a base de aire, metano y otros hidrocarburos, que se desprende ocasionalmente en las minas de carbón fósil.
GRITAR intr. Alzar la voz más de lo debido. || Emitir uno o varios gritos. || intr. y tr. Abuchear el público. || tr. Reprender con severidad o mandar con gritos.
GRITERÍO (o GRITERÍA) m. (o f.) Mezcla de voces altas y desabridas.
GRITO m. Efecto de gritar. || Expresión lanzada en tono muy alto. || Exteriorización violenta de un sentimiento. || Ruido agudo que hacen los hielos de los mares polares al resquebrajarse.
GROSELLA f. Fruto del grosellero, pequeña baya agridulce de color variable. Se usa para la fabricación de jarabes y mermeladas, y posee propiedades medicinales (tónicas). || adj. y m. Se dice del color de este fruto; rojo.
GROSERO, RA adj. Rudo, zafio, vulgar. || adj. y s. Descomedido, desatento.
GROSOR m. Espesor o grueso de un cuerpo.
GROSSO MODO Por aproximación, a bulto.
GROTESCO, CA adj. Chocante, ridículo. || Chabacano, ordinario, deforme.
GRÚA f. Máquina para levantar y trasladar pesos, consistente en una estructura de apoyo y un brazo con poleas, por donde corren los cables que sostienen la carga. || Automóvil dotado de dicha máquina, para remolcar a otro. || Máquina militar antigua para el ataque de fortalezas. || Brazo articulado en cuyo extremo se sitúa la cámara cinematográfica y permite conseguir una amplia combinación de tomas.
GRUESO, SA adj. Abultado, voluminoso. || Grande. || Poco perspicaz. || m. Grosor, corpulencia de algo. || Bloque o masa principal de un todo. || Una de las tres dimensiones. || Trazo ancho de una

letra. || f. Doce docenas. || *en g.* Al por mayor.
GRUMO m. Porción de un líquido que se coagula. || Montón de cosas apiñadas. || Yema de los árboles o cogollo de ciertas hortalizas. || Extremidad del alón de las aves.
GRUÑIDO m. Sonido que emite el cerdo. || Bufido de ciertos animales. || Sonido similar del individuo que está malhumorado o disgustado.
GRUÑIR intr. Emitir gruñidos. || Refunfuñar, mascullar amenazas.
GRUÑÓN, NA adj. De carácter malhumorado.
GRUPA f. Anca de una caballería.
GRUPO m. Conjunto coherente y diferenciado de personas o cosas. || Cada una de las columnas de la tabla periódica de los elementos. || En matemática, conjunto de una ley de composición interna en la que se cumplen, para los elementos de aquél, las propiedades de asociatividad, inversión y existencia de un elemento neutro (inversión). || *consonántico, vocálico* El constituido por dos o más consonantes o vocales juntas. || *de presión* Conjunto de individuos con intereses coincidentes que actúan sobre la opinión pública u órganos del Estado para hacer prevalecer dichos intereses. || *social* Conjunto de personas, caracterizadas dentro de una unidad superior por ciertos objetivos y valores comunes, conciencia comunitaria y cierto grado de interacción entre sus miembros.
GRUTA f. Cavidad neutral excavada en una formación rocosa, de tamaño y características variables, producida por procesos de erosión o de actividad de organismos (arrecifes). || Caverna. || Cueva.
GUADAÑA f. Útil para segar hierbas, formado por un palo largo, uno de cuyos extremos lleva adosada una hoja más larga y ancha, y de curva más abierta que la de la hoz. Junto con el reloj de arena es el símbolo tradicional de la muerte.
GUAGUA f. Bagatela, cosa baladí.
GUAJE m. Muchacho, niño. || Granuja, golfo.
GUAJOLOTE m. Pavo (ave). || vulg. Carpintero.
GUANTE m. Prenda que cubre la mano adaptándose a ella; algunos de usos específicos son de materiales y formas muy diversas: de goma (cirujanos), de amianto (bomberos y soldadores), gruesos y almohadillados (boxeadores). || *arrojar el g.* Retar, desafiar. || *colgar los g.* En boxeo, retirarse. || *como un g.* Perfectamente, que se ajusta bien. || *echar el g.* (a algo) Robarlo. || *echar el g.* (a uno) Atrapar a alguien, apresarlo.
GUAPO, PA adj. y s. Hermoso, de bella apariencia. || Valiente, bravucón. || Amanerado y relamido en la forma de vestir. || m. Fanfarrón, perdonavidas. || Donjuán, galán. || adj. fam. Bueno, estupendo.
GUARANÍ adj. y com. Se dice de un pueblo amerindio de América del Sur. Los g. viven en grupos aislados en Paraguay y Brasil, pero en la época del descubrimiento de América se extendían por la costa atlántica, y por el interior llegaban a los ríos Paraná, Uruguay y Paraguay. Actualmente, sus descendientes forman el 65% de la población de Paraguay. || m. Lengua sudamericana afín al grupo arawak. Está formada por dos dialectos, el tupí y el guaraní, que se hablan en diversos territorios (Paraguay, Brasil, Bolivia, etc.) debido a las migraciones de estas tribus amerindias. En la actualidad, el g. es, con el castellano, idioma oficial de Paraguay.
GUARDA com. Quien se encarga de la custodia de algo, especialmente para evitar su deterioro o intromisiones externas. || f. Acción de guardar, vigilar. || Custodia, tutela. || Hoja en blanco que se pone al principio y final de un libro. || Guarnición de la espada. || pl. Varillas largas de los abanicos. || Piezas metálicas de un cerrojo que engranan con los dientes de la llave. || *de vista* El que vigila a alguien teniéndolo siempre a la vista. || *forestal* Guardabosques.
GUARDABARRERA com. Vigilante del paso a nivel de un ferrocarril.
GUARDABARROS m. Pieza de metal o plástico que en un vehículo cubre las ruedas y protege las otras partes de las salpicaduras de barro.
GUARDABOSQUE (o GUARDABOSQUES) com. Vigilante de un bosque.
GUARDACOSTAS m. Buque de guerra pequeño y muy rápido, para la vigilancia de las aguas jurisdiccionales y la persecución del contrabando.

GUARDAESPALDAS com. Guarda personal de alguien importante.

GUARDAMETA com. Portero de un equipo de fútbol, balonmano, etcétera.

GUARDAPOLVO m. Funda, cosa que recubre algo y lo protege del polvo. || Cualquier tipo de delantal o bata de tela ligera para preservar de la suciedad la ropa de calle. || Cuero que resguarda el empeine de una bota de montar. || Voladizo que protege una ventana, balcón, etc. || Tapa interior de un reloj de bolsillo.

GUARDAR tr. Custodiar, salvaguardar algo o a alguien. || Cumplir y hacer cumplir las leyes. || Atender a algo, conservarlo; evitar que cambie o se pierda. || Mantener, observar. || Retener un recuerdo, una vivencia o un sentimiento. || tr. y prnl. Colocar algo en su sitio, funda, cajón, etc. || Reservar una cosa para alguien. || prnl. Andarse con ojo, precaverse ante un peligro. || Inhibirse, privarse. || guardársela Esperar para vengarse de alguien, alentar el propio rencor.

GUARDARROPA f. y m. En restaurantes, discotecas, etc., dependencia donde se guardan los abrigos y otros objetos de la clientela. || Armario ropero. || Por extensión, conjunto de las prendas de vestir que tiene una persona. || com. Persona que tiene a su cargo el guardarropa o la guardarropía.

GUARDERÍA f. Trabajo o empleo de guarda. || Lugar donde permanecen los niños menores de 4 años al cuidado de ciertas personas, generalmente mientras los padres trabajan.

GUARDIA f. Acción de guardar y vigilar. || Grupo de soldados o gente armada que vigila o protege a una persona o lugar. || Postura de defensa en algunos deportes, especialmente boxeo y esgrima. || Nombre que reciben ciertos grupos armados. || com. Persona que pertenece a dichos cuerpos. || fig. La de protección de una persona, merecedora de su confianza y en cuyas decisiones influye.

GUARDIÁN, NA m. y f. Persona que guarda o cuida algo. || m. Superior de un convento o comunidad religiosa. || Cable resistente con que se amarran los barcos pequeños cuando se avecina un temporal.

GUARECER tr. Preservar de un peligro o mal.-|| prnl. Cobijarse en un lugar para escapar de un daño, una tempestad, etcétera.

GUARIDA f. Cubil, madriguera. || Refugio de gente, generalmente de malhechores. || fig. Lugar donde se acude con frecuencia.

GUARISMO m. Signo o conjunto de signos que representan a un número.

GUARNECER tr. Colocar guarniciones a algo, adornarlo. || Abastecer, pertrechar. || Revocar una pared. || Poner el cascabel al ave de rapiña. || Dotar de fuerzas un cuerpo militar o estar de guarnición.

GUARNICIÓN f. Adorno que se coloca en colgaduras, vestidos, etc. || Engaste de metal en que se encajan las piedras preciosas. || Pieza de las espadas y otras armas blancas que preserva la mano. || Tropa que protege una plaza. || Complemento de hortalizas o legumbres que se sirve con la carne o el pescado. || Retén. || pl. Aparejo para las caballerías.

GUARRO, RRA adj. y s. Puerco.

GUASA f. Falta de agudeza, sosería. || Chanza, pitorreo.

GUASÓN, NA adj. y s. Persona que tiene guasa. || Burlón.

GUATA f. Lámina de algodón en rama, a veces engomada por una o ambas caras, que se emplea como relleno de muebles y también para acolchados.

GUAYABA f. Fruto del guayabo, aovado; comestible, posee también propiedades medicinales por los taninos que tiene.

GUAYABERA f. Chaqueta corta, suelta y ligera a imitación de la que usan los campesinos cubanos.

GUBERNAMENTAL adj. Relativo al gobierno. || Partidario de éste.

GUBIA f. Formón de mediacaña para labrar la madera en superficies curvas o acanaladas. || Instrumento quirúrgico para la resección de fragmentos óseos.

GUEDEJA f. Cabellera abundante. || Mechón, porción de pelo. || Melena de león.

GUERRA f. Lucha armada entre dos o más comunidades humanas, que se realiza con fuerzas sometidas a algún tipo de disciplina, con una visión estratégica y de modo más o menos prolongado en el tiempo.

GUERREAR intr. y tr. Llevar a cabo una guerra. || Oponerse, enfrentarse.

GUERRERO, RA adj. Relativo a la guerra. || Que gusta de la guerra. || fam. Bullicioso, inquieto. || adj. y s. Que guerrea, soldado. || f. Chaqueta militar.

GUERRILLA f. Patrulla que en una guerra se encarga de ciertas misiones especiales. || Línea de tiradores que van en vanguardia cubriendo los flancos o el frente. || Grupo de gente armada que, sin pertenecer a un ejército regular, ataca por sorpresa a un ejército invasor, o al del propio país, al cual se opone. || *urbana* La que se lleva a cabo en ciudades. Propia de organizaciones de izquierda radical o nacionalista. || *en g.* Táctica militar de división de una unidad en pequeños grupos que actúan (avances, hostigamiento del enemigo) en forma dispersa pero coordinada.

GUERRILLERO, RA m. y f. Individuo que actúa en una guerrilla.

GUÍA com. Persona que conduce o muestra el camino a otras. || Persona que se dedica a enseñar y explicar a los turistas las cosas más relevantes de un museo, palacio, ciudad, etc. || Miembro de una asociación juvenil de exploradores. || m. Soldado que se sitúa en la posición adecuada para alinear la tropa. || Manillar de la bicicleta. || f. Todo lo que sirve para dirigir o enderezar. || Mojón que indica a trechos la dirección de un camino de montaña. || Texto que lleva las instrucciones de cómo conducirse espiritualmente, o de cómo manejar una máquina, mecanismo, etc. || Catálogo o folleto con datos o explicaciones sobre materias diversas.

GUIAR tr. Conducir hacia un sitio. || Llevar un mecanismo o máquina hacia una determinada dirección. || Colocar guías a las plantas. || Conducir un vehículo. || Aconsejar u orientar en un asunto. || prnl. Seguir o regirse según directrices o normas.

GUIJARRO m. Piedra redondeada, canto rodado.

GUILLOTINA f. Lámina cortante guiada por dos montantes, que sirve para decapitar. || Instrumento usado en imprenta para cortar el papel.

GUINEO, A adj. y s. De Guinea.

GUIÑAPO m. Jirón de ropa, andrajo, trapo. || fig. El que viste con ropa en ese estado. || Sujeto vil, vicioso. || Persona enfermiza y pobre de espíritu.

GUIÑAR tr. Cerrar un ojo mientras el otro permanece abierto. || Hacer parpadear un ojo sólo a guisa de saludo, seña o insinuación.

GUIÑO m. Acción de guiñar. || Saludo o seña que así se hace.

GUIÑOL m. Espectáculo de títeres o muñecos grotescos que no van articulados con hilos, sino que se mueven manipulándolos con la mano. Se popularizó a partir del siglo XVIII.

GUION m. Estandarte que precede a un rey o caudillo, o cruz que anuncia a un prelado, procesión, etc. || El ave que guía una bandada. || Persona que dirige, manda o guía a otra. || Escrito que se sigue y amplía para dar una conferencia, charla, etc. || En los medios de expresión audiovisuales, y especialmente en el cine, texto que contiene el desarrollo del argumento o acción, su tratamiento en imágenes y las especificaciones técnicas convenientes, así como la relación del acompañamiento sonoro (música, sonidos, etc.). || Signo ortográfico (-) con distintas funciones; al final de una línea que acaba con una palabra partida, indica que ésta se continúa en la siguiente línea; al inicio de una frase, indica que ésta forma parte de un diálogo (que termina en punto y aparte); al principio y al final de una frase, sustituye al paréntesis; une los elementos de una palabra compuesta, o dos o más palabras que se quieren presentar como tal (*italo-franco-austriaco*).

GUIONISTA com. Persona que redacta guiones cinematográficos, televisivos y radiofónicos.

GUIRIGAY m. Lenguaje difícilmente inteligible. || Escándalo, griterío.

GUIRNALDA f. Especie de corona que se teje con flores o ramas. || Corona embreada que se arrojaba encendida desde una plaza sitiada para descubrir las obras nocturnas del enemigo.

GUISA f. Aspecto, forma. || *a g. de,* o *de tal g.* De esa manera, de tal modo.

GUISADO m. Guiso de carne o de pescado, generalmente cortados a pedazos, que se rehoga primero y después se cuece, y al que se suele añadir otros ingredientes.

GUISAR tr. Cocinar los alimentos y ponerlos al fuego. || Disponer, aderezar algo.

|| *guisárselo* uno algo y *comérselo* Pretender alguien hacer algo en todas sus fases y sin dejar intervenir a nadie en ellas.

GUISO m. Comida guisada.

GUITARRA f. Instrumento musical de cuerdas pinzadas; caja acústica ovalada de fondo plano, mango con 19 trastes correspondientes a la afinación cromática de sus 6 cuerdas, de grave a agudo *mi, la, re, sol, si, mi*.

GUITARRISTA com. Persona que toca la guitarra, especialmente el diestro en ello.

GULA f. Apetito desenfrenado, vicio de comer y beber.

GUSANO m. Nombre que se da a los invertebrados de cuerpo alargado y simetría bilateral, carentes de extremidades. || Larva de insecto que se desarrolla sobre alimentos en descomposición. || Oruga. || Lombriz. || Persona apocada y tímida. || Persona ruin y mezquina. || *de seda* Larva de la mariposa *Bombyx mori*; secreta un hilo fino que forma un capullo, en el que se encierra para la metamorfosis. Usado para la obtención de seda.

GUSTAR tr. Probar con el paladar el sabor de una cosa. || Conocer, experimentar. || intr. Complacer, parecer bien algo. || Agradar, sentir satisfacción en algo.

GUSTO m. Sentido corporal por el que se aprecia el sabor de las sustancias. El órgano receptor del estímulo químico que desencadena la percepción de la sensación gustativa son los corpúsculos del gusto. || Sabor de las cosas. || Agrado o satisfacción ante ciertas cosas. || Capricho, intención, voluntad. || Facultad de captar lo bello. || Características que hacen que una cosa sea hermosa o fea. || Estilo que configura una determinada obra artística o literaria según el periodo o tiempo en que se produce. || Modo personal de valorar las cosas. || Antojo, manía, deseo.

GUSTOSO, SA adj. Apetitoso. || Que tiene gusto para realizar las cosas. || Satisfactorio, agradable.

GUTURAL adj. Relativo a la garganta. || adj. y f. Se dice de los sonidos velares.

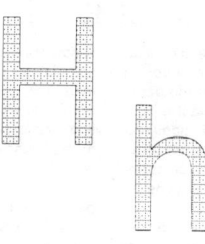

H f. Novena letra del abecedario castellano (H, h); su nombre es *hache*. || Abreviatura de hora (h). || En el sistema métrico decimal, prefijo de *hecto-*. || Símbolo de altura. || Símbolo de la intensidad del campo magnético. || Símbolo de la entalpía. || Símbolo del hidrógeno. || En la notación musical alfabética, nota *si*.

HABANERO, RA adj. y s. De La Habana.

HABANO, NA adj. Relativo a La Habana; por extensión, a Cuba. || Se dice del color de tabaco claro. || m. Cigarro puro hecho con hojas de tabaco cubano.

HABER, 1 m. Conjunto de bienes y derechos que una persona posee. || Parte derecha de una cuenta, donde se anotan los abonos; estas cantidades son origen de fondos de las operaciones en que interviene la cuenta. || Pago regular por un servicio prestado.

HABER, 2 Verbo auxiliar que sirve para formar los tiempos compuestos de los verbos (*lo ha visto*). || En la forma impersonal y siempre en singular significa existir, ocurrir, estar presente, celebrarse (*hoy hay una fiesta, había dos niños en casa*). Antiguamente funcionaba como transitivo y tenía el significado de "tener" (*hubo cinco hijos*).

HABICHUELA f. Judía. || Semilla de esta planta.

HÁBIL adj. Apto o competente para realizar algo.

HABILIDAD f. Cualidad de hábil. || Maestría, disposición para hacer algo. || Lo que se ha realizado de este modo. || Intriga, enredo.

HABILITADO, DA m. y f. Persona que se ocupa de los asuntos propios de un organismo o empresa. || Persona que paga a los funcionarios del Estado. || Auxiliar que puede sustituir a un secretario judicial.

HABILITAR tr. Volver hábil a una persona o cosa. || Capacitar jurídicamente. || Disponer fondos para una gestión. || tr. y prnl. Suministrar a alguien lo que precisa.

HABITACIÓN f. Acción y efecto de habitar. || Construcción destinada a morada del hombre. || Dormitorio. || Cualquier pieza de una casa, con excepción del cuarto de baño, el comedor y la cocina. || Zona donde abunda una especie animal o vegetal.

HABITANTE com. Persona o animal que vive en un determinado lugar.

HABITAR tr. e intr. Alojarse, tener la residencia en un sitio determinado.

HÁBITAT m. Término usado en las ciencias naturales para indicar el conjunto de las condiciones ambientales, climáticas o biológicas que favorecen la vida y el desarrollo de una determinada especie animal o vegetal. || Zona donde se dan estas condiciones.

HÁBITO m. Prenda de vestir que usan ciertas personas pertenecientes a un determinado estado, especialmente el religioso. || Práctica usual y repetitiva en la manera de actuar. || Desenvoltura que se adquiere por la constante realización de algo. || Insignia de ciertas órdenes militares. || Cada una de dichas órdenes. || Aspecto de un cristal determinado por la forma de desarrollo predominante. || En psicología tendencia estable, adquirida por la repetición, que engendra un mecanismo más o menos automático de acciones encadenadas. || pl. Vestimenta de los eclesiásticos.

HABITUAL adj. Común, frecuente.

HABITUAR tr. y prnl. Adquirir o hacer adquirir ciertos hábitos o costumbres.

HABLA f. Facultad de hablar. || Acción de hablar. || Forma peculiar de usar el lenguaje en una región o por un determinado grupo social (*el h. de los niños*). || En una comunicación telefónica, señala que se está presto para oír al interlocutor. || *quitar el h.* Quedarse atónito ante algo.

HABLADOR, RA adj. y s. Que habla mucho. || Charlatán, correveidile.

HABLADURÍA f. Chisme, murmuración. || Dicho impertinente y molesto que humilla u ofende.

HABLAR intr. Emitir sonidos articulados. || Reproducir las aves ciertos sonidos humanos. || Emplear las personas un mismo código lingüístico para comunicarse. || Conferenciar, platicar. || Utilizar ciertos signos, señas, etc., para entenderse. || Con *bien* o *mal*, expresarse correcta o incorrectamente; lanzar juicios positivos o negativos sobre alguien o algo. || Con *de*, comentar o analizar; escribir sobre algo. || Pronunciar unas palabras dirigiéndose a un auditorio. || Manifestar algo de cualquier modo. || Parecer real, reflejar fielmente la realidad. || intr. y prnl. Llegar a un acuerdo. || Considerar a alguien de la manera expresada. || tr. Usar una lengua o idioma. || Soltar, decir cosas.

HACENDOSO, SA adj. Que se preocupa de las labores domésticas y pone esmero en ellas.

HACER tr. Producir algo material o crear una teoría, idea, etc. || Fabricar un objeto o dar forma a algo. || Causar, producir. || Emprender y realizar una actividad, física o mental. || Caber, contener. || Arreglar, perfeccionar. || Convertir o volver una cosa al estado que expresan los nombres a que va unida. || Utilizar lo que los complementos indican. || Actuar, representar un papel; se usa generalmente con artículo más un nombre. || Formar un número o cantidad. || Tener un número determinado en una serie. || Con infinitivo o una oración subordinada, confiere un matiz de obligación. || Lograr, alcanzar, triunfar. || Tratar a alguien de cierta manera. || Modificar la disposición de las cosas para dejar sitio. || tr. e intr. Orinar, defecar. || intr. Proceder, importar. || Desempeñar un oficio de manera eventual. || Simular, aparentar. || Desarrollar ciertas partes del cuerpo mediante ejercicios físicos. || Haber pasado un periodo de tiempo.

HACIA prep. Expresa dirección, inclinación o tendencia. || Aproximadamente, alrededor de, cerca de.

HACIENDA f. Predio, finca agrícola. || Capital que uno posee. || Ministerio o secretaría de Hacienda. || Ganado de un latifundio. || Rama de la economía política que estudia las relaciones de la anterior con la economía general.

HACINAR tr. y prnl. Aglomerar, apilar.

HACHE f. Nombre de la letra *h*.

HADA f. Ser sobrenatural dotado de poderes mágicos que posee forma de mujer. Tradicionalmente actúa en favor de alguien o concede varios deseos.

HADO m. Destino, fatalidad, especialmente aquella que regía los destinos de un individuo, o incluso de un dios de la antigüedad. || Causalidad inexorable de ciertos sucesos.

¡HALA! Interjección con la que se llama la atención o se mete prisa a alguien.

HALAGAR tr. Expresar el amor o la admiración que se guarda a uno. || Dar a otro motivo para sentirse orgulloso. || Adular. || Gustar, agradar.

HALAGÜEÑO, ÑA adj. Que halaga. || Adulador, cobista. || Que es incitante, atractivo.

HÁLITO m. Aliento. || Vapor que se desprende de algo. || Céfiro, aire suave.

HALO m. Círculo luminoso que a veces rodea al Sol y a la Luna, debido a la refracción y reflexión de la luz a través de una nube formada de cristales de hielo. || Aureola de la imagen fotográfica de una fuente de luz. || Disco luminoso que la imaginería religiosa coloca tras la cabeza de los santos. || Fama.

HALÓGENOS m. pl. Elementos químicos que pertenecen al grupo VIIb de la tabla periódica. Tienen un comportamiento químico semejante.

HALL m. Recibidor, vestíbulo.

HALLAR tr. Encontrar algo o a alguien. || Descubrir, inventar. || Notar, investigar. || Averiguar la verdad, conocerla. || Inferir, deducir. || prnl. Estar, encontrarse en determinada condición, estado o lugar.

HALLAZGO m. Acción y efecto de hallar. || Lo que se halla. || Descubrimiento, encuentro casual de objetos ajenos abandonados o perdidos.

HAMACA f. Lona o red con cuerdas en los extremos que permiten tenderla en alto entre dos árboles, palos, etc., para tumbarse o balancearse. || Asiento plegable de lona con respaldo.

HAMBRE f. Apetito, deseo o necesidad de ingerir alimentos. || Situación endémica de deficiencia alimentaria, en una región, país o grupo humano. || fig. Deseo vehemente de algo.

HAMBRIENTO, TA adj. y s. Con mucha hambre. || Carente de algo que le es muy necesario. || fig. Deseoso, anhelante.

HAMBURGUESA f. Trozo de carne picada sazonada con ajo, cebolla, pimienta, etc., que se sirve frita o a la plancha.

HAMPA f. Conjunto de individuos que se dedican a actividades delictivas. || Tipo de vida propio de maleantes, ladrones, etcétera.

HANDICAP m. Modalidad de carrera, generalmente hípica, en la que se igualan teóricamente las posibilidades de los participantes (concesión de metros de ventaja, imposición de peso en la silla, etc.); también en vela, rallyes automovilísticos, etc. || fig. Desventaja, circunstancia en contra que debe superarse.

HANGAR m. Cobertizo, especialmente el que sirve de resguardo y protección a los aviones.

HARAGÁN, NA adj. y s. Vago, gandul.

HARAPIENTO, TA adj. Que viste harapos.

HARAPO m. Jirón de ropa vieja y desgastada. || Último aguardiente que sale del alambique. || *andar*, o *ir, hecho un h.* Ir desaseado en el vestir.

HARÉN (o HAREM) m. Entre los antiguos árabes, zona de la casa en la que vivían las mujeres.

HARINA f. El polvo que se consigue al moler los granos de trigo, centeno, etc. || Ese mismo polvo limpio y depurado, sin salvado. || Polvo semejante que se extrae de tubérculos y otros vegetales que no son cereales. || En general, cualquier materia sólida convertida en polvo.

HARNERO m. Criba, cernedor.

HARTAR tr., intr. y prnl. Satisfacer por completo el hambre o la sed. || tr. y prnl. Calmar el deseo de algo. || fig. Incordiar, cansar. || Con la preposición *de*, dar en profusión.

HARTAZGO m. Acción y efecto de hartar o hartarse. || Hinchazón, malestar que provoca el comer con desmesura.

HARTO, TA adj. y s. Lleno, saciado. || adv. Bastante.

HASTA prep. Indica el término al que se llega en el tiempo, en el espacio o en cantidades o acciones. || Se usa con valor enfático con la significación de *incluso*; con valor ponderativo, funciona como conjunción copulativa. || Acompañando a determinados adverbios y nombres se utiliza como fórmula de despedida: *h. luego, h. pronto, h. mañana, h. la vista*, etcétera.

HASTIAR tr. y prnl. Fastidiar.

HASTÍO m. Asco por la comida. || fig. Aburrimiento, fástidio.

HATAJO m. Hato de ganado. || Pequeña reunión de cosas o personas.

HATO m. Lío, paquete en el que se lleva lo de uso preciso y ordinario. || Hatería. || Grupo de ganado. || Sitio despoblado donde los pastores hacen noche con el ganado. || fig. Reunión de gentes ruines o malhechoras. || Cantidad grande, acopio. || Corrillo, reunión.

HAZ m. Grupo de ramas, mieses, etc., que se ata de una vez. || Agrupación de fibras nerviosas o musculares. || Corriente unidireccional de radiaciones o partículas. || pl. Fasces o haces. || *electrónico* Flujo de electrones que emite el cátodo de una válvula electrónica. || *hertziano* Ondas electromagnéticas que conectan dos puntos a fin de transmitir señales de TV o corrientes telefónicas. || *iónico* Flujo de iones. || *molecular* El de moléculas que se desplaza en el vacío.

HAZAÑA f. Gesta, proeza, hecho heroico.

HAZMERREÍR m. fam. Persona grotesca, risible, ridícula.

HE Forma impersonal de *haber* que forma frase adverbial con los adverbios *aquí*, *allí*, o con los pronombres *me, te, la*, etc., e indica una función deíctica: *he aquí tu padre*. || interj. Se usa para reclamar la atención.

HEBILLA f. Accesorio, generalmente metálico, que, unido al extremo de una cinta o correa, sujeta el otro extremo.

HEBRA f. Trozo de hilo que se introduce en la aguja de coser. || Fibra de la carne. || Cualquier filamento de un tejido semejante al hilo. || Picadura filamentosa del tabaco. || Fibra de la madera. || Filamento que forman determinadas sustancias viscosas. || Estigma de la flor de azafrán. || Filón de una mina. || Hilo de un discurso, conversación, etcétera.

HEBREO, A adj. y s. Se dice del pueblo semítico instalado en Palestina hacia el 1500 a. C., y extendido por Europa a partir del 70 d. C. || m. Lengua del grupo cananeo, hablada por dicho pueblo.

HECATOMBE f. Sacrificio pagano en el que se ofrecían 100 bueyes. || Por extensión, aquel en que se inmolan numerosas víctimas. || Matanza. || Catástrofe.

HECES f. pl. Residuos de las sustancias alimentarias una vez que éstas han sufrido el proceso digestivo y han sido sometidas por la flora bacteriana del intestino a procesos de fermentación y putrefacción.

HECHICERO, RA adj. y s. Brujo, que realiza hechizos, actos mágicos, basándose en poderes sobrenaturales u ocultos. || adj. Que seduce o hechiza.

HECHIZAR tr. Echar un maleficio a alguien con métodos supersticiosos. || Asombrar, fascinar.

HECHIZO, ZA adj. Simulado, ficticio. || m. Método o arte de que se valen los hechiceros. || Cosa empleada para ello. || Seducción, fascinación.

HECHO, CHA adj. Completo, terminado. || Con los adverbios *bien* o *mal*, que tiene o no perfección o armonía. || Precedido de una cantidad y el adverbio *bien*, expresa que dicha cantidad se sobrepasa. || Que no se hace en ese momento, que tiene ya un uso. || m. Acción u obra. || Hazaña. || Acontecimiento, suceso. || Asunto a que se hace referencia. || En derecho, caso en que se basa un litigio o causa.

HECHURA f. Acción y efecto de hacer, especialmente referido a la confección de un traje. || Una cosa respecto a su creador. || Complexión, forma del cuerpo; generalmente en plural. || Aspecto que se confiere a las cosas. || Escultura de madera, mármol, barro, etc. || Cantidad de dinero que cuesta una cosa. || Cualquier persona respecto de otra a quien se lo debe todo.

HEDER intr. Expeler un olor fétido. || Aburrir, molestar.

HEDIONDO, DA adj. Que echa hedor. || Repugnante, fétido. || Inaguantable, incordiante.

HEDONISMO m. Doctrina que considera el placer como fin último de la vida. || Utilitarismo.

HEDOR m. Olor repugnante.

HEGEMONÍA f. Predominio de una nación sobre otras. || Por extensión, superioridad de una persona o clase social sobre otras.

HELADO, DA adj. Glacial, muy frío. || Boquiabierto, turulato. || Seco, desdeñoso. || m. Golosina hecha de trufas, azúcar, huevo y otros ingredientes congelada. || Sorbete. || f. Congelación del agua contenida en la superficie del suelo al descender la temperatura ambiente por debajo de los 0 °C de una forma persistente. Produce el agostamiento de los cultivos.

HELADOR, RA adj. Que hiela.

HELAR tr., intr. y prnl. Congelar, transformar en hielo. || Asombrar, dejar atónito. || Amedrentar, desanimar. || prnl. Experimentar mucho frío una persona o cosa. || Morirse las plantas por exceso de frío. || impers. Reinar una temperatura por debajo de 0 °C.

HELÉNICO, CA adj. Relativo a Grecia.

HELENISMO Conjunto de influencias de la civilización griega que ha recibido la cultura universal. || Elemento lingüístico (palabra, giro, frase, etc.) tomado del griego. En español, penetraron a través del latín, del árabe o como neologismos (sobre todo en palabras técnicas: *teléfono*). || Uso de estos elementos que hace una lengua.

HELENISTA com. Persona que se dedica al estudio de la lengua y literatura griegas.

HELENO, NA adj. y s. Griego.

HELERO m. Glaciar. || Por extensión, cualquier superficie cubierta de nieve permanentemente.

HÉLICE f. Dispositivo formado por varias paletas que giran alrededor de un eje en un medio fluido; se usa en muchas máquinas como ventiladores, pero quizá su aplicación más importante es la propulsión de buques y aviones. || Hélix. || Curva situada sobre un cilindro (h. *cilíndrica*) o un cono (h. *cónica*) que corta las generatrices según un ángulo constante.

HELICÓPTERO m. Aeroplano sin alas, provisto de una gran hélice o rotor de eje vertical y movimiento lento, que funciona con motor, el cual le sirve tanto para sustentación como para propulsión.

HELIO m. (He) Elemento químico situado en el grupo VIIIa de la tabla periódica. Forma parte de los gases inertes o gases nobles. Después del hidrógeno, es el elemento más ligero. Gas inerte, inodoro, incoloro e insípido. Se emplea para producir bajas temperaturas, hinchar dirigibles y globos aerostáticos.

HELIOTROPO m. Dispositivo que refleja los rayos solares desde largas distancias.

HEMATOLOGÍA f. Especialidad médica que estudia la sangre y los órganos hemopoyéticos desde el punto de vista morfológico, fisiológico y patológico.

HEMATOMA m. Colección sanguínea formada en el espesor de un tejido. Se puede deber a un traumatismo o a trastornos de la coagulación sanguínea.

HEMBRA f. Animal perteneciente al sexo femenino. || En las especies dioicas, pies femeninos que producen fruto. || Pieza con un hueco en donde se encaja otra denominada *macho*. || Dicho hueco. || Molde. || Cola de caballo con poco pelo. || Mujer. || adj. Lacio, débil, fino.

HEMEROTECA f. Lugar en que se conservan periódicos y revistas que puede consultar el público. || Conjunto de dichas publicaciones.

HEMICICLO m. Semicírculo. || Sala de sesiones del congreso. || Gradas u objetos dispuestos en semicírculo. || Contorno de una bóveda semicircular.

HEMIPLEJIA f. Síndrome neurológico que se presenta en las lesiones de la vía piramidal, principalmente en los accidentes vasculares cerebrales, y se caracteriza por la parálisis de un lado del cuerpo, que afecta a las dos extremidades.

HEMISFERIO m. Cada una de las partes de la esfera terrestre separadas por el plano del ecuador. || Semiesfera. || *austral* El comprendido entre el ecuador y el polo Norte. || *boreal* El comprendido entre el ecuador y el polo Sur.

HEMISTIQUIO m. Cada una de las dos partes de un verso, iguales o no, que divide la cesura.

HEMOFILIA f. Hematopatía congénita debida a la deficiencia de un factor de la coagulación sanguínea, lo que retrasa el tiempo de ésta; causa gran tendencia a las hemorragias.

HEMOGLOBINA f. Pigmento rojo de la sangre contenido en los hematíes. Posee una gran afinidad por el oxígeno, lo que permite el transporte de este gas por la sangre.

HEMORRAGIA f. Salida de la sangre de los vasos sanguíneos. Puede ser hacia el exterior (*externa*) o bien en un órgano hueco o cavidad del organismo (*interna*).

HEMORROIDE f. Lesión varicosa de los vasos hemorroidales.

HENCHIR tr. Llenar. || fig. Dar en profusión favores o agravios. || prnl. Saciarse, hartarse de comida o bebida.

HENDEDURA f. Hendidura.

HENDER tr. y prnl. Practicar una hendidura. || tr. fig. Atravesar un líquido o fluido.

HENDIDURA f. Acción y efecto de hendir o hendirse. || Grieta, abertura en un sólido que no llega a dividirlo totalmente.

HEPATITIS f. Proceso inflamatorio agudo o crónico del hígado. Puede ser causada por diversos factores etiológicos, víricos, bacterianos, tóxicos, etcétera.

HEPTAEDRO m. Poliedro irregular de siete caras.

HEPTÁGONO, NA adj. y s. Se dice del polígono de siete lados.

HEPTASÍLABO, BA adj. y s. Que está compuesto por siete sílabas.

HERALDO m. Rey de armas, cargo medieval que organizaba torneos, llevaba el registro de nobles y era mensajero para asuntos graves o de importancia. || En la casa del rey, palaciego que anunciaba los sucesos o las ceremonias. || Quien anuncia algo, especialmente con ayuda de un clarín, cuerno, etcétera.

HERBÁCEO, A adj. Se dice de los órganos y plantas con aspecto de hierba, sin lignificar.

HERBARIO, RIA adj. Relativo a las hierbas. || m. Colección de plantas, desecadas y clasificadas, destinada al estudio. || Tratado botánico primitivo. || Herbolario. || Primera cavidad del estómago de los rumiantes.

HERBÍVORO, RA adj. y s. Se dice del animal que se alimenta de plantas.

HERBOLARIO, RIA m. y f. Persona que se dedica a la recolección y venta de plantas medicinales.

HERCÚLEO, A adj. Relativo a Hércules, o comparable a sus trabajos, digno de su fuerza.

HEREDAD f. Hacienda, tierra de labor que es de un solo dueño. || Patrimonio, bienes raíces.

HEREDAR tr. Hacerse cargo total o parcialmente por testamento o por ley de los bienes y obligaciones de una persona que no se extingan con la muerte. || Recibir los hijos el material genético de los progenitores, a través de los gametos.

HEREDERO, RA adj. y s. Se dice del dueño de una herencia. || Que sucede por ley o por testamento en el patrimonio hereditario de una persona difunta. || fig. Que se parece a sus padres por tener similares características. || Continuador de una tradición.

HEREDITARIO, RIA adj. Relativo a la herencia o adquirido por ella. || fig. Que pasa de padres a hijos.

HEREJE com. Quien practica una herejía. || fig. Amoral, rebelde, descarado.

HEREJÍA f. En el catolicismo, doctrina contraria a la fe, defendida individual o colectivamente sin ánimo de abandonar la comunidad religiosa. || Posición contraria a las comúnmente aceptadas en una ciencia o arte. || Desatino, desprovisto.

HERENCIA f. Derecho de heredar. || Conjunto de bienes, derechos y obligaciones que posee una persona hasta el momento de su muerte y que después pasan a otras personas que le sobreviven y suceden, ya sea por designación del testador o, en el caso de no haber testamento, por vía legal. || Lo que uno posee y que fue posesión de otro. || Transmisión de material genético de una generación a la sucesiva.

HERÉTICO, CA adj. Relativo a la herejía o al hereje.

HERIDA f. Lesión de causa mecánica en la que existe una disolución de continuidad del tegumento. || Golpe y lesión que causa un arma blanca. || fig. Insulto, agravio. || Pesar, dolor moral.

HERIR tr. Rasgar la piel o los tejidos del cuerpo por algún medio violento. || Golpear, chocar dos cuerpos entre sí repetidamente. || Rasguear, tocar un instrumento de cuerda. || Dar en algo la luz del sol. || Ser víctima alguien de una enfermedad. || Afectar a uno de los sentidos una sensación viva y desagradable. || Provocar la aparición de un sentimiento. || Insultar, agraviar. || Acertar, poner el dedo en la llaga.

HERMAFRODITA adj. y com. Se dice del individuo que parece tener los dos sexos, por anomalías anatómicas. || adj. Se dice de la planta y de la flor portadoras simultáneamente de estambres y pistilos, o del animal que elabora gametos masculinos y femeninos.

HERMANAR tr. y prnl. Hacer semejantes dos cosas, igualar. || Considerar a uno como miembro de la misma comunidad espiritual.

HERMANDAD f. Parentesco entre hermanos. || Relación íntima entre dos personas o cosas. || Nombre que se dan ciertos tipos de asociaciones de carácter voluntario. || En la edad media, asociación de vecinos de uno o varios municipios de Castilla, para la defensa de intereses comunes.

HERMANO, NA m. y f. Con respecto a otro, hijo de los mismos padres o que tienen en común al menos uno de ellos. || Lego o donado. || fig. Miembro de una orden religiosa, cofradía, sociedad, etc. El término señala generalmente vínculos ideológicos o espirituales. || Una cosa respecto de otra que es igual o semejante. || En ciertas órdenes de frailes y monjas, los que no han recibido el sacerdocio o los que no son superiores de la comunidad.

HERMENÉUTICA f. Ciencia y arte de la interpretación de textos antiguos, especialmente las escrituras sagradas.

HERMÉTICO, CA adj. Se aplica a los seguidores del filósofo Hermes ('el Oscuro') y a sus escritos; por extensión, impenetrable, oscuro, cerrado. || Que cierra totalmente, sin permitir la circulación de un fluido.

HERMOSEAR tr. y prnl. Volver o poner hermoso a algo o a alguien.

HERMOSO, SA adj. Que tiene hermosura. || Magnífico. || Tranquilo, despejado. || fam. Sano, vigoroso.

HERMOSURA f. Bella forma y apariencia. || Lo que es bello. || Cualidades, virtudes, armonía, etc., que presenta una cosa y que la hacen superior. || Persona hermosa.

HERNIA f. Tumoración causada por el desplazamiento de una víscera de la cavidad que la contiene. || *estrangulada* Aquella cuyo contenido es irreducible. Debe someterse a urgente operación quirúrgica.

HÉROE m. Varón célebre por sus proezas o méritos. || El que realiza una hazaña. || Semidiós. || Protagonista de una obra literaria, cinematográfica, etc. || Personaje de una epopeya, que destaca por la elevación de sus virtudes.

HEROICO, CA adj. Relativo al héroe, heroína, o sus acciones. || Se aplica al poema que ensalza hechos ilustres. || Se dice de la decisión o pauta que se adopta en un momento crítico.

HEROÍNA, 1 f. Mujer notable por sus proezas o méritos. || La que realiza una hazaña. || Protagonista de una obra literaria.

HEROÍNA, 2 f. Alcaloide derivado de la morfina contenida en el opio. Es la diacetilmorfina. Tiene una acción analgésica más potente que la morfina. Droga muy peligrosa.

HEROÍSMO m. Conjunto de acciones o cualidades propias de un héroe. || Valentía, audacia, especialmente aquella que es producto de una ideología o se ofrece al servicio de una causa.

HERPES (o **HERPE**) amb. Afección cutánea que se caracteriza por la formación de vesículas pequeñas en la zona de transición cutáneo-mucosa, como son los labios o genitales externos. Es de origen vírico.

HERRADURA f. Hierro de forma semicircular, con los extremos que tienden a unirse, que se le pone en los cascos a las caballerías. || Se dice de todo lo que adopta dicha forma. || Resguardo de cuero y cáñamo que se les pone a las caballerías para proteger los cascos.

HERRAJE m. Guarnición metálica para muebles, puertas, etc. || Conjunto de piezas y clavos con que se sujeta dicha guarnición.

HERRAMIENTA f. Útil, generalmente manual y de hierro, que emplean los artesanos en sus respectivas profesiones. || Conjunto de dichos útiles. || fam. Cornamenta. || Dentadura. || Cualquier arma blanca.

HERRAR tr. Colocar las herraduras a las caballerías. || Marcar con un fierro candente. || Revestir de hierro.

HERRERÍA f. Taller donde trabaja el herrero. || Profesión del herrero. || Fundición de hierro. || Lío, bullicio, desorden.

HERRERO, RA m. y f. Persona que trabaja el hierro.

HERRUMBRE f. Orín. || Gusto de hierro que adquieren ciertas cosas.

HERVIDO m. Cocido.

HERVIR intr. Bullir o agitarse un líquido a causa de la fermentación o de un aumento de temperatura. || Encresparse el mar. || Alterarse el ánimo a causa de una emoción. || Con la prep. *en* o *de*, abundar. || tr. Llevar un líquido al punto de ebullición, o tener algo en agua hirviendo.

HERVOR m. Acción y efecto de hervir. || Viveza, agitación.

HETERODOXIA f. Desacuerdo con el dogma católico. || Por extensión, diferencia con cualquier doctrina.

HETEROGÉNEO, A adj. Formado por partes diferentes entre sí. || Distinto, extraño.

HETEROSEXUAL adj. Se dice de la relación sexual entre miembros de distinto sexo. || adj. y com. Se dice de quien sostiene este tipo de relación.

HEXAEDRO m. Poliedro de seis caras. || *regular* Cubo. || Forma cristalográfica.

HEXÁGONO, NA adj. y m. Polígono de seis lados.

HEZ f. Precipitación o poso que ciertos líquidos forman en el fondo de las vasijas que los contienen; se usa generalmente en plural. || Escoria, chusma. || pl. Heces.

HIATO m. Pronunciación de dos vocales contiguas en sílabas distintas. || Cacofonía que provoca dicha pronunciación. || Denominación aplicada a algunos orificios, etc., de ciertas estructuras anatómicas.

HIBERNACIÓN f. Mecanismo de defensa de numerosas especies animales durante la estación desfavorable, basado en reducir al mínimo su metabolismo y temperatura corporal. || *artificial* Método de tratamiento que se basa en el uso de diversos fármacos y de un progresivo enfriamiento del organismo.

HIBERNAR intr. Estar en invierno. || Transcurrir el invierno. || Mantenerse en estado de hibernación durante el invierno.

HÍBRIDO, DA adj. y s. Se dice del animal o vegetal obtenido del cruzamiento de dos progenitores diferenciados en uno o más caracteres hereditarios. || Se dice de la palabra formada por elementos que no pertenecen al mismo sistema lingüístico. || Se dice de la roca originada por la mezcla de magmas de distinta calidad. || Se dice de un tipo de ordenador. || fig. Que tiene en su composición elementos de naturaleza dispar.

HIDALGO, GA m. y f. Persona de noble alcurnia. || adj. Relativo a un hidalgo. || Se aplica a la persona altruista y de nobleza de espíritu.

HIDRÁCIDO m. Compuesto químico formado por la unión directa de un no metal con hidrógeno.

HIDRATAR tr. Combinar una sustancia con agua, convirtiéndola en hidrato.

HIDRATO m. Sustancia que contiene moléculas de agua formando parte de su composición química. || *de carbono* Carbohidrato.

HIDRÁULICO, CA adj. Relativo a la hidráulica o a la hidrodinámica. || Que se mueve por medio del agua. || Que fragua y se endurece con el agua. || El que sabe o practica la hidráulica. || f. Técnica del aprovechamiento de las aguas naturales.

HIDROAVIÓN m. Aeroplano que despega y se posa en el agua, por medio de flotadores.

HIDROCARBURO m. Combinación química compuesta exclusivamente de carbono e hidrógeno. Es la combinación orgánica más sencilla. Los principales son el petróleo, gas natural, asfaltos y ceras minerales. Se originan por descomposición de grandes cantidades de materia orgánica de origen marino sepultada en los sedimentos. Son grandes fuentes de energía.

HIDRODINÁMICA f. Parte de la mecánica que estudia el movimiento de los líquidos; junto con la aerodinámica, forma la mecánica de fluidos.

HIDROFOBIA f. Aversión patológica al agua. || Rabia. || Propiedad de las sustancias de no unirse con el agua.

HIDRÓGENO m. (H) Elemento químico situado en el grupo I de la tabla periódica. El átomo de h. posee la estructura más simple de todos los átomos. Está constituido por un núcleo de carga 1 y un solo electrón extranuclear. Constituye el 11.2 de la masa de agua y el 10% aproximadamente del cuerpo humano. En estado libre es escaso, pero combinado es uno de los constituyentes más abundantes de los compuestos químicos. Se conocen compuestos de h. con todos los elementos, excepto los gases nobles. El más importante es el agua, pero los hidrocarburos, carbohidratos, amoniaco, ácido sulfúrico, etc., tienen también su importancia. El h. es incoloro, inodoro y prácticamente insoluble en agua.

HIDROGRAFÍA f. Estudio de las características físicas y químicas de las aguas, tanto continentales como marinas. || Conjunto de los cursos de agua y lagos de una región.

HIDROSTÁTICA f. Parte de la mecánica que estudia el comportamiento mecánico de los líquidos y de muchos gases, si están en equilibrio dentro de un campo de fuerzas.

HIEL f. Bilis. || Desabrimiento, amargura. || pl. Sinsabores, penas. || *echar la h.* Trabajar sin parar. || *estar* uno *hecho de h.* Estar colérico o rabioso. || *no tener h.* Tener buen carácter.

HIELO m. Agua solidificada por enfriamiento y cuyas moléculas se disponen en una red hexagonal. || Acción de helar o helarse. || Desapego afectivo. || Asombro,

pasmo. || *quedarse de h.* Quedarse atónito ante un hecho sorprendente o imprevisto. || *romper el h.* Deshacer la timidez, frialdad, desavenencia entre personas.
HIERÁTICO, CA adj. Relativo a lo sagrado o al estado sacerdotal. || Muy solemne, estirado, serio. || Se dice de la pintura o escultura solemne y rígida. || Se dice de la antigua escritura egipcia, síntesis de la jeroglífica.
HIERBA f. Planta no lignificada, o sólo parcialmente, de modo que todos sus órganos son de consistencia más o menos blanda. Generalmente son anuales o vivaces, y de pequeño tamaño. || Conjunto de hierbas que crecen en un paraje. || Veneno que se hace con hierbas. || Mancha de las esmeraldas. || fam. Marihuana. || pl. Pastos de las dehesas. || Infusión.
HIERRO m. (Fe) Elemento químico situado en el grupo VIII de la tabla periódica. Forma parte de los elementos de transición. Después del aluminio, el h. es el metal más abundante y el 4° elemento en abundancia en la corteza terrestre. El h. puro es un metal blanco, brillante, que funde a 1 528 °C. || Punta de algunas armas arrojadizas, o de ciertos instrumentos.
HÍGADO m. Glándula anexa del tubo digestivo que ocupa el hipocondrio derecho de la cavidad abdominal. Es una de las vísceras mayores del organismo, con un peso medio de 1 500 g; de coloración rojo oscuro. Tiene un importante papel en el metabolismo general, como órgano de depósito hidrocarbonado y por su intervención en la síntesis proteica. || pl. Arrojo, valor. || *echar los h.* Echar la hiel. || *querer comer a* uno *los h.* Tener deseos vengativos contra alguien.
HIGIENE f. Rama de la ciencia médica cuyo objetivo es el estudio del estado de salud individual o colectiva y de las técnicas adecuadas al mantenimiento del mismo. || Aseo en sentido general. || *mental* Disciplina que trata de prevenir los peligros que amenazan la salud mental.
HIGO m. Fruto de la higuera en forma de sicono. || Denominación dada a ciertas verrugas, generalmente de origen venéreo, formadas en los márgenes del ano. || Nimiedad, cosa que no tiene importancia.

HIJASTRO, TRA m. y f. En relación con uno de los cónyuges, hijo o hija de un matrimonio anterior.
HIJO, JA m. y f. Persona o animal respecto de sus progenitores. || Una persona respecto de su lugar de origen. || Invención, cosa creada. || Se usa para expresar afecto. || Religioso en relación con el fundador de su orden. || m. Lo que se origina en algo por procreación. || Sustancia esponjosa que tienen en su interior las astas de los animales. || m. pl. Prole.
HILA, 1 f. Hilera. || Tripa delgada. || Hebra.
HILA, 2 f. Acción de hilar.
HILACHA f. Trozo de hila que cuelga de un vestido. || Resto, porción sin valor que queda de algo. || *mostrar la h.* Descubrir las intenciones o cualidades ocultas, especialmente si son negativas.
HILADO m. Acción y efecto de hilar. || Cantidad de lino, seda, algodón, etc., convertida en hilo. || Hilatura.
HILADERÍA f. Técnica de hilar. || Industria de hilados.
HILAR tr. Convertir en hilo. || Hacer el gusano de seda la hebra para el capullo. || Producir hilos determinados insectos. || Pensar, deducir. || *h. muy fino,* o *delgado* Ser muy preciso y detallista.
HILARANTE adj. Que provoca la risa.
HILARIDAD f. Expresión relajada de regocijo. || Risa continua y alborotada.
HILAZA f. Hilado. || Hilo grueso e imperfecto para cualquier clase de tejido.
HILERA s. Serie de personas o cosas colocadas en línea. || Tipo de formación de pelotones, escuadras, etc. || Hilaza. || Instrumento para reducir a alambre las barras metálicas.
HILO m. Cuerpo largo, delgado y flexible, constituido por fibras textiles retorcidas. || Cualquier material que presente una forma similar. || Tela de lino o cáñamo. || Filo, borde. || Chorro delgado. || Curso o concatenación de una historia, película, etc. || Hebra que segregan algunos arácnidos e insectos.
HILVÁN m. Costura de puntadas largas para sujetar o preparar las piezas que se han de coser.
HILVANAR tr. Disponer las piezas con hilvanes. || Relacionar o enlazar ideas, pensamientos, etc. || fam. Forjar, tramar algo con rapidez.

HIMEN m. Membrana que, en la mujer virgen, cierra de forma incompleta la cavidad vaginal.

HIMENEO m. Boda, desposorio. || Epitalamio.

HIMNO m. Canto de piezas heterogéneas versificadas, en un principio de alabanza o invocación de una divinidad. Pueden tener también carácter patriótico (*h. nacional*), o para exaltar las acciones de un pueblo, comunidad, partido o individuo. || Composición poética de carácter exaltado cultivada sobre todo en los siglos XVIII y XIX.

HINCAPIÉ m. Acción de hincar el pie haciendo fuerza. || *hacer h.* Insistir en ello, mantenerse firme.

HINCAR tr. Entrar por fuerza una cosa en otra. || Apoyar algo con fuerza sobre una cosa. || prnl. Arrodillarse.

HINCHA f. Odio, tirria. || com. Seguidor fanático de un club deportivo. || Por extensión, adicto a alguna persona.

HINCHADO, DA adj. y fig. Hueco y pomposo, estilo afectado. || Presumido, vano. || f. fam. Conjunto de seguidores de un equipo deportivo, o un deportista.

HINCHAR tr. y prnl. Dilatar un cuerpo, aumentar su volumen, generalmente llenándolo de un fluido. || Exagerar una noticia, añadirle fabulaciones propias. || prnl. Abultarse anormalmente una parte del cuerpo por causa patológica o por traumatismo. || Creerse importante, envanecerse. || Comer o beber en exceso. || fam. Forrarse, enriquecerse.

HINCHAZÓN f. Efecto de hincharse. || fig. Presunción, pedantería. || Vicio de hablar o escribir pomposa y huecamente.

HINDÚ adj. y com. De la India o relativo a ella. Se dice especialmente de los indios que son budistas o de los que practican el brahmanismo, por oposición a los musulmanes.

HIPAR intr. Tener ataques de hipo. || Resollar los perros al seguir la presa. || Angustiarse o cansarse en exceso. || Sollozar, gimotear. || fig. Ansiar, anhelar.

HIPÉRBATON m. Alteración del orden sintáctico normal de las palabras.

HIPÉRBOLA f. Curva plana definida como el lugar geométrico de los puntos del plano, para los cuales la diferencia entre las distancias a dos puntos fijos, llamados focos, es constante.

HIPÉRBOLE f. Figura retórica que ocurre a la excesiva exageración.

HIPERTENSIÓN f. Aumento de la tensión de un líquido contenido en una cavidad, conducto u órgano; se dice especialmente del incremento de la presión sanguínea en el sistema vascular. || *arterial* Síndrome que se presenta cuando las cifras tensionales máxima (o sistólica) o mínima (diastólica) superan respectivamente los 15 o 9 mm de mercurio.

HIPERTROFIA f. Aumento importante del tamaño de algún órgano o del espesor de algún tejido, que se debe al aumento en el volumen de sus elementos celulares. || Proliferación excesiva de alguna cosa.

HÍPICO, CA adj. Del caballo, o el deporte con él relacionado. || f. Deporte que se practica a caballo, en pruebas de velocidad (carreras) o concursos de saltos.

HIPNOSIS f. Estado de sueño parcial provocado por medio de la sugestión.

HIPNÓTICO, CA adj. y s. Relativo al sueño. || adj. y m. Se dice del fármaco que induce al sueño. || fam. Se dice del que, o lo que, absorbe profundamente la atención.

HIPNOTISMO m. Conjunto de técnicas y aplicaciones de la hipnosis.

HIPNOTIZAR tr. Causar hipnosis en alguna persona. || fig. Impresionar, dejar prendado a alguien.

HIPO m. Contracción espasmódica del diafragma durante la inspiración y asociada a un cierre parcial de glotis, que determina la producción del característico ruido. || fig. Anhelo, ansia. || Ojeriza, tirria. || *quitar el h.* Dejar boquiabierto, sorprender.

HIPOCAMPO m. Eminencia encefálica situada en la pared externa de los ventrículos laterales del cerebro. || Caballito de mar.

HIPOCONDRÍA f. Preocupación obsesiva por la salud propia, o seria aprensión, infundada, de padecer una enfermedad.

HIPOCRESÍA f. Falsedad, doblez, manifestación de sentimientos o ideas distintos a los reales.

HIPÓCRITA adj. y com. Que actúa con hipocresía, de manera engañosa.

HIPODÉRMICO, CA adj. Relativo a la hipodermis. || adj. y f. Se dice de la inyección que introduce un fármaco en el espesor de la hipodermis, y de la aguja usada para ello.

HIPÓDROMO m. Pista e instalaciones en las que se corren las carreras de caballos, o de trotones con carro.

HIPÓFISIS f. Glándula endocrina, situada en la base del cráneo, que es órgano rector de todo el sistema endocrino.

HIPOGASTRIO m. Región abdominal entre las dos fosas ilíacas. Corresponde a la zona infraumbilical.

HIPOTECA f. Contrato, generalmente de préstamo, por el que el deudor ofrece como garantía de su cumplimiento un bien inmueble, que queda bajo su posesión. || Bien hipotecado; por lo general es inmueble, aunque también puede ser mueble. || fig. Obligación gravosa.

HIPOTENUSA f. Lado mayor de un triángulo rectángulo.

HIPÓTESIS f. Conjetura que se hace sobre algo para sacar una conclusión. || En matemáticas, conjunto de proposiciones que son el punto de partida de una demostración. || *de trabajo* La que sienta las bases de una posterior investigación. || *experimental* Explicación que se anticipa, pero que no es válida hasta que sea verificada.

HIRSUTO, TA adj. Se aplica al pelo erizado y duro y a las cosas compuestas de una manera similar. || Se aplica a la persona de carácter agrio.

HISPANIDAD f. Término surgido hacia 1930 para designar la comunidad cultural formada por España y sus antiguas colonias americanas. Es un concepto muy difuso, reaccionario, en vigencia durante el franquismo; no tuvo ningún fruto concreto. || Cualidad de hispánico.

HISPANISTA com. Persona versada o aficionada a la lengua, literatura y cultura hispánicas. Generalmente se dice de los no hispanohablantes.

HISPANO, NA adj. Relativo a Hispania. || adj. y s. Relativo a España, o Hispanoamérica. || Se dice en Estados Unidos de los hispanoamericanos (puertorriqueños, mexicanos, etc.) que viven allí.

HISPANOAMERICANO, NA adj. Relativo al español y americano conjuntamente. || adj. y s. Se dice de personas, países, etc., americanos de habla española.

HISPANOHABLANTE adj. y com. Que emplea el español como lengua materna.

HISTERIA f. Neurosis en la que se presentan trastornos psíquicos y somáticos. Su sintomatología puede ser de tipo excitativo (convulsiones) o deficitario (parálisis locales).

HISTÉRICO, CA adj. y s. Relativo a la histeria. || Que sufre histeria.

HISTOLOGÍA f. Rama de la anatomía que tiene por objetivo el estudio microscópico de la estructura de los tejidos y órganos.

HISTORIA f. Estudio de las relaciones que han establecido los hombres en las sociedades del pasado, la interacción entre dichas relaciones y los modos culturales que generan, y los acontecimientos con que se expresa el conjunto. || Narración de un hecho, el desarrollo de un asunto, una vivencia, etc. || Relato de algo pasado. || Obra literaria donde se relatan hechos históricos de una persona o colectividad. || La compuesta por un autor. || Relato o fábula ficticios. || Cuento, enredo; suele usarse en plural.

HISTORIADOR, RA m. y f. Especialista en historia.

HISTORIAL adj. Relativo a la historia. || m. Relación pormenorizada de desarrollo de un negocio, o de los antecedentes profesionales de alguien. || *clínico* Relación de la historia clínica de alguien.

HISTORIAR tr. Narrar historias. || Referir las dificultades o andanzas que ha experimentado alguien o algo. || Plasmar en pintura un tema histórico o mitológico.

HISTÓRICO, CA adj. Relativo a la historia. || Verificado, experimentado. || Relevante, que merece pasar a la historia.

HISTORIETA f. Narración corta, anécdota. || *gráfica* Cómic.

HISTRIÓN m. Actor clásico que actuaba disfrazado. || Actor teatral. || El que se comporta de modo teatral; suele ser despectivo.

HITO, TA m. Poste que señala los lindes de un terreno, o indica direcciones. || Hecho o periodo que por su importancia marca pautas. || Juego que consiste en acertar a un clavo puesto en el suelo lanzándole herraduras o tejos. || Objetivo, en tiro al blanco. || f. Clavillo sin cabeza. ||

dar en el h. Atinar, dar en el clavo. || *mirar de h. en h.* Mirar con fijeza.
HOBBY m. Actividad a la que uno se dedica por afición y entretenimiento en los ratos de ocio.
HOCICAR intr. Golpearse en los hocicos contra algo. || Topar con un problema de difícil solución. || Calar la proa un buque.
HOCICO m. Parte prominente de la cara de los animales, que comprende la nariz y la boca. || fam. Boca de una persona; generalmente en plural. || Cara. || Mueca de disgusto o enfado. || *de tenca* Denominación que se da al orificio vaginal de la matriz. || *meter el h. en todo* Meterse donde no le llaman. || *sobar el h.* Abofetear, sacudir.
HOCKEY m. Deporte de equipo que consiste en introducir una pequeña pelota, impulsada por un bastón curvo (*stick*) en la portería contraria; 3 modalidades. || *sobre hielo* Campo aproximadamente de 60 × 30 m, 3 tiempos de 20 minutos, equipos de 6 jugadores. || *sobre hierba* Campo de 91 × 55 m, 2 tiempos de 35 minutos, equipos de 11 jugadores. De origen asiático. || *sobre patines* Campo de 40 × 20 m, 2 tiempos de 20 minutos, equipos de 5 jugadores.
HOGAR m. Domicilio, vivienda. || Vida familiar. || Parte de un horno industrial o doméstico donde se quema combustible (sólido, líquido, gaseoso o sólido pulverizado). Aprovecha el calor, que se transforma en otra forma de energía, para calefacción u otros usos.
HOGAREÑO, ÑA adj. Que gusta de la vida familiar. || Relativo al hogar.
HOGAZA f. Pan grande, de más de un kilo. || Pan elaborado con parte de salvado.
HOGUERA f. Fuego que se hace al aire libre y produce grandes llamas.
HOJA f. Órgano que brota lateralmente de los tallos y ramas en Briófitos, Pteridófitos y Fanerógamas, de forma generalmente laminar y delgada. || Lámina muy fina de papel, metal, madera, etc. || Cada una de las partes iguales de papel en que se divide un pliego. || Cuchilla metálica o laminilla delgada de ciertas armas o útiles. || Capa delgada que se forma en ciertos dulces. || Terreno que se cultiva con periodos de descanso. || Parte movible de una puerta o ventana. || Folleto o periódico. || En la partición de un todo, cada una de las divisiones.
HOJALATA f. Lámina metálica y fina, cuyas caras están cubiertas de estaño. Usada para útiles de uso doméstico.
HOJALDRE amb. Dulce cuya masa mantecosa forma capas al cocerse al horno.
HOJARASCA f. Grupo de hojas que se desprenden de los árboles. || Abundancia de hojas de algunas plantas y árboles. || Cosas vacuas.
HOJEAR tr. Mirar o leer un libro superficialmente.
¡HOLA! interj. Saludo familiar. || Expresión de asombro o extrañeza.
HOLANDÉS, SA adj. y s. de Holanda. || adj. Relativo a Holanda. || f. Hoja de papel más pequeña que el folio. || *a la h.* Se aplica a la encuadernación de tela o papel, con el lomo de piel.
HOLGADO, DA adj. Ancho, desahogado. || Que no tiene nada que hacer, ocioso. || Acomodado, que vive sin problemas económicos.
HOLGANZA f. Reposo, quietud.
HOLGAR intr. No hacer nada, estar de brazos caídos. || Sobrar, no ser necesario. || intr. y prnl. Regocijarse. || prnl. Distraerse, pasárselo bien.
HOLGAZÁN, NA adj. y s. Perezoso, vago.
HOLGAZANEAR intr. Perder el tiempo voluntariamente.
HOLGURA f. Anchura, amplitud. || Hueco necesario para que encajen dos piezas. || Comodidad, vida desahogada.
HOLOCAUSTO m. Sacrificio de animales con fines religiosos que hacían los antiguos israelitas. || Abnegación, renuncia por un ideal o por amor. || Genocidio.
HOLLAR tr. Poner la planta del pie sobre algo. || fig. Violar, profanar, humillar.
HOLLEJO m. Piel muy delgada que cubre algunas frutas y legumbres; forma parte del pericarpo.
HOLLÍN m. Sustancia de color negro que el humo deposita en lo que tiene contacto asiduo con él.
HOMBRADA f. Hecho, viril, valiente. || Machada.
HOMBRE m. Ser humano; animal mamífero dotado de razón, lenguaje y memo-

ria conscientes. || Género humano. || Varón, sexo masculino, entre los humanos. || El varón que ha pasado la pubertad, adulto. || El caracterizado por los rasgos viriles de la cultura occidental: fuerte, valeroso, cabeza de familia, etcétera.
HOMBRERA f. Tira de tela que se coloca en los hombros, y que en los uniformes sirve para distinguir graduaciones. || Almohadillado que refuerza el hombro de un vestido. || Protección usada en algunos deportes.
HOMBRÍA f. Calidad de hombre. || *de bien* Honradez, afabilidad.
HOMBRO m. Región anatómica de unión del miembro superior al tronco. Corresponde a la articulación escapulohumeral. || Parte de una prenda que cubre el hombro. || Zona en blanco que rodea el ancho de la letra en un tipo de imprenta.
HOMENAJE m. Voto solemne de fidelidad que un vasallo daba a su señor. || Veneración, respeto hacia algo o alguien. || Acto o actos en honor de una persona. || Regalo, don.
HOMENAJEAR tr. Ofrecer un homenaje a alguien o a su recuerdo.
HOMEOPATÍA f. Sistema terapéutico basado en dos principios fundamentales: el de la similitud y el de la dosis mínima, que consiste en usar dosis mínimas de ciertos medicamentos que, de administrarse en dosis mayores, producirían síntomas semejantes a los de la enfermedad que se pretende curar.
HOMICIDA adj. y com. Que comete homicidio.
HOMICIDIO m. Muerte que causa una persona a otra, con voluntad de hacerlo.
HOMILÍA f. En la liturgia católica, sermón, explicación de la palabra de Dios que se hace durante la misa. || fam. Censura, amonestación.
HOMÍNIDOS m. pl. Familia del orden Primates que incluye especies de postura erguida (bipedismo), con la liberación de las extremidades anteriores, dentición especializada sin diastema, incremento notable de la capacidad craneana.
HOMINIZACIÓN f. Proceso evolutivo que ha llevado a la aparición del hombre a partir de formas primates.
HOMÓFONO, NA adj. Que tiene el mismo sonido.
HOMOGÉNEO, A adj. Se aplica a lo que es del mismo género o naturaleza. || fig. Muy tupido, espeso. || Se dice de la fórmula en la que los dos miembros tienen las mismas dimensiones.
HOMOLOGAR tr. Acreditar un ente público a determinado producto tras efectuar las pruebas que determinen su calidad e inocuidad. || Igualar dos cosas. || Confirmarle al juez los actos y convenios de las partes. || Dar firmeza al fallo arbitral por haber pasado el tiempo legal sin impugnarlo. || Aceptar oficialmente como válido el resultado de una prueba deportiva.
HOMÓLOGO, GA adj. Se aplica a todo aquello que responde a la misma estructura, norma, etc., que otra cosa. || Se aplica a las palabras sinónimas. || Se dice de los órganos de animales o plantas con idéntico origen embriológico, aunque su morfología o función finales puedan ser distintos. || adj. y s. Actualmente se aplica al cargo, especialmente público, con la misma jerarquía y función que otro de distinta institución o nacionalidad.
HOMÓNIMO, MA adj. Se dice de la palabra que tiene homonimia. || Tocayo.
HOMOSEXUAL adj. y s. Se aplica a la persona cuya sexualidad la inclina hacia los de su mismo sexo.
HOMOSEXUALIDAD f. Atracción sexual entre personas del mismo sexo.
HONDA f. Arma generalmente de piel y cuerda que al hacerla girar rápidamente consigue arrojar piedras a distancias considerables. || Braga, cuerda.
HONDO, DA adj. Que tienen hondura. || Se aplica al terreno que desciende o baja bruscamente con respecto a los que lo rodean. || fig. Escondido, profundo. || Aplicado a sentimientos, sensaciones, etc., apasionados. || Se dice de un estilo de cante flamenco. || m. Fondo de una cosa.
HONDONADA f. Lugar de terreno hondo.
HONDURA f. Profundidad, punto más bajo de algo. || *meterse en honduras* Tratar profundamente un tema. || Abarcar más de lo que se puede.
HONESTO, TA adj. Moral, decente. || Púdico. || Íntegro, honrado; es anglicismo.
HONGO m. Cualquier vegetal que forma parte del grupo de los hongos. || Sombrero no flexible de copa baja y redondea-

da y poca ala. || En un tubo de ventilación, protección con forma de h.
HONOR m. Estima que uno tiene de sí mismo, y consideración que los demás le guardan. || Honra, buena fama. || Celebridad, reconocimiento de los méritos de alguien. || Aquello íntimo o público que llena de orgullo. || Categoría, empleo, dignidad; suele usarse en plural. || pl. Derecho a recibir el título y dignidad de un cargo y ser tratado como tal. || Agasajos, ceremonias.
HONORABLE adj. Que merece honra y respeto. || Hablando de un trato, acuerdo, etc., que no es humillante.
HONORARIO, RIA adj. Que posee los honores de un cargo o dignidad, pero sin ejercerlo. || m. Gaje honorífico. || m. pl. Remuneración en una profesión liberal.
HONORIS CAUSA Frase latina que significa 'por causa de honor', a título honorífico; se aplica especialmente a determinados grados académicos.
HONRA f. Amor propio, consideración que uno se guarda a sí mismo. || Honestidad, honor. || Buen nombre y fama. || Muestra de aprecio y admiración. || En las mujeres, la honra era el sinónimo de la castidad y el recato. || *honras fúnebres* Exequias, oficios de un funeral. || *¡a mucha honra!* Expresión de orgullo.
HONRAR tr. Guardar respeto y consideración hacia alguien. || Favorecer, distinguir. || Dar fama y honra a alguien. || Tener como honor la visita, presencia, etc., de otras personas. || prnl. Presumir, tener a gala ser o hacer algo.
HONROSO, SA adj. Que proporciona honra y fama. || Honesto, decente. || Que no es humillante.
HORA f. Cada una de las 24 divisiones de un día solar. || Momento del día en que suele realizarse algo. || Momento del día; puede corresponder o no a una hora concreta. || Indicación horaria. || Legua, medida. || Experiencia, tablas, veteranía.
HORADAR tr. Perforar, taladrar.
HORARIO, RIA adj. Relativo a las horas. || m. Aguja pequeña del reloj, la que señala las horas. || Panel, diagrama en que se especifican diversas horas y actividades. || Distribución de la jornada laboral.
HORCA f. Patíbulo formado generalmente por dos palos en forma de *L* invertida y uno más en el ángulo de sostén, del que se colgaba a los que morían ahorcados. || Apero agrícola, de madera o metal, formado por una vara rematada por dos o más puntas. || Palo con dos puntas al que se atraviesa otro, que sujetaba la cabeza del condenado y hoy se usa para cerdos y perros. || Vara de forma similar utilizada como puntal para ciertas plantas y árboles. || Ristra de ajos, cebollas, etcétera.
HORCAJADA f. Horcajadura. || *a horcajadas* Pasando una pierna a cada lado.
HORCHATA f. Bebida refrescante elaborada con chufas, almendras, etc., azúcar y agua.
HORDA f. Tribu nómada, de escasa organización social. || Por extensión, conjunto de gente indisciplinada, de guerreros, malhechores, etcétera.
HORIZONTAL adj. Que está en el horizonte o paralelo a él.
HORIZONTE m. Línea más lejana que alcanza la vista, donde parece que se junta el cielo con la tierra. || Zona que ocupa esta línea. || Círculo máximo de la esfera celeste. || Abanico de medios que presenta un tema, negocio, etc. || Todo lo que puede abarcar el pensamiento. || Cada una de las capas que forman el perfil de un suelo, diferenciada por su espesor, color y características tanto biológicas como mineralógicas.
HORMA f. Útil para dar la forma deseada a un objeto, generalmente zapatos, guantes, etc. || Muro de piedra seca. || *encontrar uno la h. de su zapato* Dar con algo o alguien que le derrote, le ponga en evidencia.
HORMIGÓN m. Material de construcción hecho con cal o cemento hidráulico, arena y agua, más un agregado de piedra triturada, escoria y grava. || *armado* El que lleva un armazón de varillas de acero. || *pretensado* El vaciado alrededor de varillas de acero mantenidas a gran tensión, que se relaja al fraguar. Es el más resistente.
HORMIGONERA f. Máquina de hacer hormigón.
HORMIGUEAR intr. Sentir hormigueo. || Pulular una multitud de seres vivos. || Experimentar una comezón moral.
HORMIGUERO m. Construcción para albergar a una colonia de hormigas, gene-

ralmente subterránea. || Oso hormiguero. || Cerdo hormiguero. || Torcecuello (ave). || Sitio con gran agitación de gente. || Conjunto de hierbas que se queman para abonar un campo.

HORMONA f. Sustancia química segregada por las glándulas endocrinas y secretada directamente al torrente sanguíneo para ejercer un efecto específico sobre una parte distante del cuerpo. Su función es básica para el metabolismo.

HORNADA f. Cantidad de cosas cocidas a un tiempo. || Grupo de personas de una misma promoción o destino.

HORNEAR intr. Mantener algo en el horno hasta que se cueza o dore. || Realizar el trabajo de hornero.

HORNILLO m. Útil, generalmente portátil, para encender fuego. || Recámara de una mina para el explosivo. || Mina, bomba.

HORNO m. Obra de fábrica o aparato metálico que consiste esencialmente en un espacio cerrado en el que se produce con leña, carbón u otro combustible, una temperatura elevada. || Montón de materia para carbonizar, calcinar o cocer. || Electrodoméstico incorporado, o no, a la cocina para asar, calentar o dorar los alimentos.

HORÓSCOPO m. Gráfico usado en ciertas técnicas de vaticinio de futuro. Basado en una división convencional del espacio en 12 partes iguales, correspondientes a las 12 "casas" celestes. || Predicción a través de la posición de los astros; por extensión, cualquier tipo de predicción.

HORQUILLA f. Horca, puntal. || Palo largo con dos puntas en un extremo para colgar y descolgar cosas. || Cualquier objeto con aspecto de horca. || Pequeño objeto, con dos brazos metálicos unidos entre sí, que se usa para sujetar el pelo. || Accesorio metálico en forma de U para unir o suspender piezas.

HORRENDO, DA adj. Que provoca horror.

HORRIBLE adj. Horrendo.

HORRIPILAR tr. y prnl. Originar horror, aterrar. || Hacer que se erice el pelo.

HORROR m. Espanto, pánico que provoca paralización o estremecimiento. || Barbaridad, atrocidad. || fam. Miedo a algo que parece insuperable. || Asco, repulsión. || *de h.* Impresionante, formidable, exagerado, enorme. || *un h.* Mucho, gran cantidad.

HORRORIZAR tr. Provocar horror. || prnl. Tener pánico o miedo, aterrarse.

HORROROSO, SA adj. Que provoca horror. || fam. Feo, muy desagradable. || Muy malo, pésimo. || Enorme, grandioso.

HORTALIZA f. Planta herbácea que se cultiva en huerta para uso alimentario.

HORTELANO, NA adj. Relativo a la huerta. || m. y f. Persona que se dedica al cultivo de las huertas.

HORTEZA f. Cazuela de madera. || adj. y com. Se dice de la persona o cosa vulgar o de mal gusto. || com. Persona de baja condición social.

HORTICULTURA f. Cultivo técnico de las plantas de huerta. || Rama de la agricultura que versa sobre dicho cultivo.

HOSCO, CA adj. Se aplica al color moreno muy intenso. || Arisco, huraño. || Se dice del medio, tiempo, sitio, etc., inhóspitos o desagradables.

HOSPEDAJE m. Acción de hospedar. || Situación del que se hospeda. || Precio que se paga por estar hospedado.

HOSPEDAR tr. Albergar a alguien en calidad de huésped. || prnl. Alojarse como huésped.

HOSPICIO m. Casa en que se alojaban peregrinos, enfermos, etc. || Asilo para niños pobres u huérfanos.

HOSPITAL m. Centro asistencial público para el diagnóstico y tratamiento de los enfermos. En algunos h. se realizan también tareas de investigación y enseñanza. || Lugar pobre en que se daba cobijo a peregrinos y pobres. || *de la sangre* fig. Los familiares pobres. || *de sangre*, o *de primera sangre* Sitio donde se prestan los primeros auxilios a los heridos de guerra.

HOSPITALARIO, RIA adj. Relativo al hospital. || Se dice de la orden religiosa, fundada por el español san Juan de Dios (1537), que se dedica a la asistencia de enfermos. || Que recibe y trata con solicitud a sus huéspedes.

HOSPITALIDAD f. Cualidad o disposición de hospitalario. || Tiempo que está un enfermo en el hospital.

HOSPITALIZAR tr. Internar a un enfermo en una residencia sanitaria o en un hospital.

HOSTERÍA f. Establecimiento donde se da de comer y albergue por dinero.
HOSTIA f. Ofrenda hecha en sacrificio. || Oblea redonda y delgada que consagra el sacerdote en el sacrificio de la misa. || La más pequeña con que los fieles comulgan. || Oblea o barquillo comestible.
HOSTIGAR tr. Fustigar con el látigo o algo similar. || fig. Acosar, incordiar con mofa, chanza, etc. || Incitar a alguien para que lleve a cabo alguna cosa. || Acechar al enemigo con pequeños ataques militares.
HOSTIL adj. Antagonista, adversario.
HOSTILIDAD f. Cualidad de hostil. || Acción hostil. || Ataque armado de un ejército, Estado, tropa, etc., con que se declara una guerra. || *romper las hostilidades* Iniciar la guerra.
HOSTILIZAR tr. Agredir, atacar al enemigo.
HOT-DOG m. Perrito caliente.
HOTEL m. Establecimiento de hostelería mayor y de más categoría que la fonda o pensión. || Casa aislada, generalmente con jardín.
HOY adv. En el día presente. || En la actualidad. || *de h. a mañana* Que se realizará o tendrá lugar de inmediato. || *de h. en adelante* A partir de este día. || *h. en día* Actualmente. || *h. por h.* En el momento presente. || *por h.* Por ahora.
HOYA f. Hoyo. || Tumba. || Llano de gran extensión entre montañas. || Almáciga, semillero. || Depresión que forma la cuenca de un río.
HOYO m. Hueco o agujero en la tierra o en otras superficies. || Hoyo, tumba.
HOZ f. Útil para segar, provisto de un mango de madera en el que va insertada una hoja curva y afilada.
HOZAR tr. e intr. Remover la tierra con el hocico. || fam. Comer con pocos modales.
HUECO, CA adj. y s. Cóncavo, que no es macizo, que está vacío. || adj. Hinchado, presuntuoso. || Satisfecho, alegre. || Se aplica al sonido que retumba, cavernoso. || Se dice del lenguaje vacuo e hinchado. || Esponjoso, blando. || m. Espacio de tiempo o lugar. || fig. Empleo o plaza libre. || Oquedad de un muro. || Puesto o sitio no ocupado. || f. Ranura espiral de la parte más delgada del huso, en que se traba la hebra que se ha de hilar.

HUELGA f. Cese voluntario del trabajo, por parte de los trabajadores, con fines de protesta o reivindicación. || Tiempo que no se trabaja. || *de brazos caídos* Sin abandonar el puesto de trabajo. || *de celo* Con estricto cumplimiento de los reglamentos. || *de hambre* Abstención de comer (o comer y beber), con fines de protesta.
HUELLA f. Vestigio que deja en la tierra el pie del hombre, la pezuña de un animal, etc. || Acción de hollar. || Plano de un escalón. || fig. Señal, pista. || Señal que deja una forma de imprenta en el papel.
HUÉRFANO, NA adj. y s. Se aplica a la persona que ha perdido al padre o a la madre, o a ambos. || fig. Falto de amparo, protección, auxilio, etcétera.
HUERTA f. Región agrícola, o zona donde se cultivan hortalizas y árboles frutales. || Tierra de regadío.
HUERTO m. Trozo de terreno en que se crían verduras y frutales. || *llevar al h.* Engañar, burlar.
HUESO m. Cada una de las piezas duras que constituyen el esqueleto óseo. || Parte de la piedra de cal que queda sin cocer y que se elimina cerniéndola. || Parte dura que cubre la semilla de ciertos frutos carnosos.
HUÉSPED, DA m. y f. Persona que se alberga en casa como invitado, o en un hotel, pensión, etc. || Persona que aloja, especialmente por invitación. || m. Organismo sobre el que vive un parásito.
HUESTE f. Ejército o milicia en campaña; suele usarse en plural. || Seguidores de una causa o partido.
HUEVA f. Masa de huevos de peces.
HUEVERO, RA m. y f. Persona que comercia con huevos. || f. Recipiente de forma variada en que se sirven los huevos pasados por agua o cocidos. || Utensilio metálico, de cartón, plástico, etc., para guardar o llevar huevos. || m. Oviducto de las aves.
HUEVO m. Célula diploide procedente de la fecundación del gameto masculino (espermatozoide) con el femenino (óvulo). Contiene todas las potencialidades genéticas para el desarrollo de un nuevo individuo. || Por extensión, todo óvulo fecundado que desarrolla un nuevo individuo. || Pieza de madera con un hueco en el centro, que emplean los zapateros para

amoldar la suela. || pl. vulg. Testículos. || Valor, arrestos.

HUIDO, DA adj. Se aplica al que se esconde por miedo a algo o alguien. || f. Acción de huir. || Ensanchamiento que se hace en los agujeros en que se introducen vigas y maderos, para facilitar su entrada y salida. || Desviación que hace el caballo de la dirección marcada por el jinete. || fig. Evasiva.

HUIR intr. y prnl. Escaparse, escabullirse de un lugar, o de personas, animales o cosas, por temor a un peligro o perjuicio. || Acon.pañado de palabras con matiz temporal, acontecer con rapidez. || Distanciarse algo a toda prisa. || intr. y tr. Evitar.

HULE m. Caucho. || Tela flexible recubierta de una capa brillante e impermeable por una de sus caras.

HULLA f. Combustible fósil, con una riqueza de carbono entre 75 y 90%, negro, brillo vivo, arde difícilmente. Procede de la acumulación de vegetales que vivieron en el carbonífero. Se usa como combustible y para la obtención de gas. || *blanca* Energía producida en las centrales hidroeléctricas.

HUMANIDAD f. Reunión de todos los hombres. || Género o linaje humano. || Piedad e indulgencia hacia los demás. || Calidad de humano. || fam. Obesidad, corpulencia. || Aglomeración, multitud. || pl. Conjunto de materias que enriquecen el espíritu, especialmente la filosofía, la historia, las artes, etcétera.

HUMANISMO m. Estudio y conocimiento de las ciencias humanas, en especial el desarrollo durante el renacimiento. || Corriente filosófica que centra su análisis en el ser humano, entendido como existencia que se realiza en un sentido u otro.

HUMANITARIO, RIA adj. Que se preocupa por la humanidad. || Caritativo, compasivo.

HUMANIZAR tr. Volver más humano algo o a alguien. || prnl. Adoptar actitudes compasivas hacia los otros.

HUMANO, NA adj. Relativo al hombre. || Caritativo, indulgente. || m. Hombre en sentido genérico.

HUMAREDA f. Gran cantidad de humo.

HUMEAR intr. y prnl. Despedir humo. || intr. Desprender algo vapor.

HUMECTAR tr. Humedecer.

HUMEDAD f. Calidad de húmedo. || Cantidad de vapor de agua que contiene la atmósfera e impregna a los cuerpos. || *absoluta* Cantidad de vapor de agua en g/m^3. || *específica* Cantidad de vapor de agua en g/kg de aire. || *relativa* Proporción entre la h. absoluta y la h. ..áxima que se necesita para saturar el aire.

HUMEDECER tr. y prnl. Originar humedad algo. || intr. Con las preposiciones *con* y *en*, mojar someramente.

HÚMEDO, DA adj. Que tiene humedad. || Mojado superficialmente. || Se aplica al país, región, etc., en que predomina la humedad.

HÚMERO m. Hueso largo del brazo. Está formado por un cuerpo o diáfisis y dos epífisis: la proximal se articula con la escápula y la distal con los huesos del antebrazo.

HUMILDAD f. Virtud de asumir los defectos y errores propios.

HUMILDE adj. Que posee humildad. || Pobre, modesto.

HUMILLAR tr. y prnl. Agachar, doblegar alguna parte del cuerpo, especialmente la cabeza o la rodilla, como prueba de obediencia o acatamiento. || tr. Derrumbar el orgullo. || prnl. Postrarse, reconocer la inferioridad. || Empequeñecerse, envilecerse.

HUMO m. Producto gaseoso que se desprende de la combustión incompleta de los combustibles. || Vapor que expulsa una sustancia al fermentar. || fig. Orgullo, ínfulas.

HUMOR m. Estado de ánimo. || Denominación antigua de 'os líquidos del organismo. || fig. Genio, talante. || Gracia, agudeza. || Predisposición para hacer algo. || Aptitud del humorista. || *negro* El que pretende hacer gracia a base de situaciones trágicas o patéticas.

HUMORISMO m. Aptitud del humorista. || Estilo literario jocoso.

HUNDIR tr. y prnl. Sumergir, ahondar algo. || fig. Derrumbar, devastar. || tr. Desplomar, agobiar. || Derrotar con argumentos. || prnl. Desmoronarse un edificio o una parte de él. || Producirse bulla o jaleo en un lugar. || fig. Perderse algo en el olvido.

HÚNGARO, RA adj. Relativo o perteneciente a Hungría. || m. Lengua ugrofinesa hablada en Hungría. Se escribe con el alfabeto latino, más signos diacríticos, diagramas y un trigrama.

HURACÁN m. Ciclón tropical en el mar Caribe, en el que la velocidad del viento sobrepasa los 177 km/h. || Viento muy impetuoso. || Persona o cosa que ocasiona graves daños.

HURAÑO, ÑA adj. Arisco, esquivo.

HURGAR tr. y prnl. Escarbar algo con un instrumento o con los dedos. || tr. Palpar. || fig. Pinchar, excitar. || Inmiscuirse alguien donde no le llaman.

HURGÓN, NA adj. Que hurga. || m. Utensilio para avivar el fuego. || fam. Estoque.

HURÓN, NA adj. y s. Se dice del grupo de indios norteamericanos, miembros de la familia iroquesa. Organizado en tribus; endógamos, cazadores nómadas.

¡HURRA! Interjección que expresa regocijo, entusiasmo, asentimiento.

HURTADILLAS, a frase adverbial Subrepticiamente, de espaldas a alguien.

HURTAR tr. Robar, sisar. || Sustraer parte del peso o la medida justa. || fig. Arrancar parte del terreno el agua del mar o de los ríos. || Hacer alguien suyo lo que otro dice o escribe. || Desviar.

HURTO m. Acción y efecto de hurtar. || Delito contra la propiedad, sin que intervenga intimidación en las personas ni fuerza en las cosas.

HUSMEAR tr. Seguir el rastro de una cosa con el olfato. || fig. Huronear, fisgonear.

HUSO m. Útil de madera o metálico, alargado y cilíndrico, que se estrecha hacia los extremos, empleado para devanar el hilo, la seda, etc. || Objeto de forma similar. || Instrumento para torcer manualmente el hilo. || Cilindro de un torno de mano. || Pieza que lleva la bobina en las máquinas de hilar. || Esturión gigante. || *esférico* Parte de la superficie de un cuerpo redondo (esfera, cono, cilindro) delimitada por 2 semiplanos que pasan por el eje del sólido. || *horario* Cada una de las 24 divisiones geométricas convencionales, de 15° de amplitud, en que se divide la superficie de la tierra.

¡HUY! Interjección que expresa dolor intenso, sorpresa, extrañeza o remilgo.

I f. Décima letra del abecedario castellano y tercera de sus vocales. || En la numeración romana equivale a uno. || En lógica, proposición particular afirmativa. || *griega* Denominación de la letra *y*.

IBÉRICO, CA adj. y s. Relativo a Iberia. || Se dice de la raza porcina caracterizada por poseer frente estrecha y deprimida.

IBERO, RA adj. y s. Se dice de los pueblos que habitaron, principalmente, las zonas este y sur de la península Ibérica.

IBEROAMERICANO, NA adj. y s. Perteneciente o relativo a las antiguas colonias españolas y portuguesas en América. || Relativo a estas naciones y a España y Portugal.

IBÍDEM (o IBIDEM) adv. Voz latina que significa allí mismo o en el mismo lugar.

ICEBERG m. Masa de hielo flotante, procedente de glaciares continentales, que es arrastrada por las corrientes marinas.

ICONO m. Imagen sacra, pintada sobre tabla, propia del arte cristiano ortodoxo.

ICONOCLASTA adj. y com. Se dice del movimiento religioso contrario al culto a las imágenes que se desarrolló en el imperio bizantino durante los siglos VIII-IX. || Por extensión, se dice de la persona que no acepta maestros, normas sociales o autoridades generalmente admitidas.

ICONOGRAFÍA f. Ciencia que estudia la formación y desarrollo de los temas, signos y atributos de las artes figurativas. || Colección de imágenes o retratos de una persona o tema.

ICOSAEDRO m. Poliedro de veinte caras.

ICOSÁGONO m. Polígono de veinte lados.

ICTERICIA f. Enfermedad caracterizada por la aparición de una coloración amarilla en la piel y las mucosas, por exceso de pigmentos biliares.

ICTIOLOGÍA f. Especialidad de la zoología dedicada al estudio de los peces en sentido amplio (caracteres, fisiología, comportamiento, etcétera).

ÍD. Abrev. de *idem*.

IDA f. Acción de ir. || Arranque, pronto, hecho alocado. || Huellas que deja la caza. || En esgrima, ataque después de presentar la espada.

IDEA f. Representación mental de una cosa que no se debe a estimulación sensorial directa. || Acto del entendimiento por el que éste se aproxima al conocimiento de algo. || En filosofía, cualquiera de las conceptualizaciones de dicha actividad del entendimiento. || Proyecto, plan. || Centro, parte esencial alrededor de la cual gira una doctrina, asunto, exposición, etc. || Concepto y esquema de conocimiento que se tiene de algo. || Juicio que se tiene formado sobre una persona o cosa. || Disposición, inteligencia, inventiva.

IDEALISMO m. Cualquiera de las filosofías que defienden que las ideas (o su reflejo, el pensamiento) son el elemento que configura lo real, que, en mayor o menor grado, no tiene una existencia autónoma. || Actuación por ideas, prescindien-

do o desdeñando las necesidades materiales; por extensión, a veces, ingenuidad en los análisis.

IDEALIZAR tr. Creer que las cosas y las personas son mejores de lo que en realidad son.

IDEAR tr. Discurrir, concebir ideas sobre algo. || Ingeniar, proyectar algo realizable. || Tener intención de hacer algo.

ÍDEM Pronombre latino equivalente a lo mismo. Se emplea para no repetir algo ya escrito o dicho. || *í. de í.* En el lenguaje oral, exactamente lo mismo.

IDÉNTICO, CA adj. Totalmente igual. || Que presenta muchas semejanzas. || Aplicación que hace corresponder cada elemento a sí mismo.

IDENTIDAD f. Calidad de idéntico. || Circunstancia de ser una persona o cosa la misma que se supone o justifica. || Igualdad, entre dos expresiones algebraicas, que se verifica para cualquier valor que tome la variable.

IDENTIFICAR tr. y prnl. Mostrar claramente y probar la identidad de una persona o cosa. || Hacer idénticas o coincidentes dos cosas, personas o ideas. || prnl. Tomar partido por alguien.

IDEOGRAMA m. Símbolo que en la escritura de algunas lenguas representa el conjunto de una palabra o de una frase.

IDEOLOGÍA f. Corriente filosófica de Destutt de Tracy. || Conjunto de ideas, valores, aspiraciones, etc., elaboradas socialmente y asumidas individualmente a través de las cuales una persona, grupo social o corriente tienen una representación de la realidad social. || fam. Posición política.

IDILIO m. Tipo de composición en la que se idealiza la vida pastoril. || Aventura amorosa de carácter tierno y romántico.

IDIOCIA f. Grado profundo de oligofrenia que se puede producir en la primera infancia.

IDIOMA m. Lengua de una comunidad. Su concepto suele confundirse con el de *i. oficial* por criterios no lingüísticos. || Jerga, argot.

IDIOSINCRASIA f. Temperamento, manera de ser peculiar de cada uno.

IDIOTA adj. y com. Que padece idiocia. || Bobo, ignorante.

IDIOTEZ f. Idiocia. || Dicho o hecho propios de un idiota, tontería.

IDIOTISMO m. Idiocia. || Falta de cultura. || Locución o giro gramatical de una lengua (p. ej.: *no dar pie con bola*) que por su propio carácter no puede traducirse literalmente a otra lengua.

IDO, DA p.p. del verbo *ir*. || adj. Loco, que no está en sus cabales.

IDÓLATRA adj. y com. Que adora ídolos, especialmente los paganos. || Que ama o admira en exceso a una persona o cosa.

IDOLATRAR tr. Venerar ídolos, imágenes. || fig. Querer con total sumisión y entrega.

ÍDOLO m. Imagen que se venera de una deidad. || Persona que es admirada en exceso, idealizada de forma casi enfermiza.

IDÓNEO, A adj. Que reúne las condiciones precisas, que es adecuado o conveniente.

IGLESIA f. Conjunto de los fieles y el clero de una religión cristiana (i. católica, ortodoxa, anglicana, evangelista). || Por antonomasia, la católica, que se define a sí misma como sociedad perfecta. || Conjunto de las instituciones religiosas de una región, Estado o continente, especialmente las cristianas, o de una etapa histórica determinada. || Edificio destinado al culto en las religiones cristianas. || *oriental* La ortodoxa.

IGLÚ m. Vivienda esquimal hecha con bloques de hielo, en forma de cúpula y con una única abertura que se cubre generalmente con pieles de oso.

ÍGNEO, A adj. Relativo al fuego o con alguna de sus cualidades. || De color fuego. || Se dice de las rocas de origen magmático.

IGNICIÓN f. Acción y efecto de arder o incandescer un cuerpo. || Acción de arrancar un motor, provocando la explosión del combustible en el carburador.

IGNOMINIA f. Oprobio, deshonra, afrenta.

IGNORANCIA f. Carencia de instrucción y educación, y estado del que la padece. || Desconocimiento, falta de saber. || *crasa* La indiscutible, evidente. || *supina* La que se tiene por desconocimiento o falta de interés.

IGNORANTE adj. y com. Que desconoce o ignora algo. || Analfabeto, que no tiene instrucción.
IGNORAR tr. No tener información o noción de algo. || Hacer caso omiso (es anglicismo).
IGNOTO, TA adj. Desconocido, que permanece ignorado.
IGUAL adj. Que es lo mismo o el equivalente de algo, con sus mismas cualidades y propiedades. || En proporción a algo, en relación constante. || Llano, liso, sin saltos de nivel. || Sin cambios, invariable. || Indiferente. || Se dice de la figura geométrica idéntica a otra. || adj. y com. Del mismo rango, clase, especie, etc. || m. Signo matemático de la igualdad (=).
IGUALA f. Acción y efecto de igualar o igualarse. || Cuota, dinero que se paga por contrato, especialmente a una entidad de servicios médicos. || Madero llano con el que se comprueba la igualdad de una superficie. || Convenio y arreglo en un trato.
IGUALAR tr. y prnl. Eliminar las diferencias entre personas o entre cosas. || Contratar una iguala. || tr. Considerar de igual forma a dos o más personas. || Nivelar la superficie. || intr. y prnl. Semejarse dos cosas, ser iguales.
IGUALDAD f. Cualidad de igual. || Equivalencia que se da entre las partes iguales de un todo. || *de ánimo* Constancia de la personalidad en acontecimientos de diversa índole.
IGUALITARIO, RIA adj. Se aplica especialmente a lo que tiende a la igualdad social.
IJADA f. Cada uno de los espacios simétricos colocados entre las costillas falsas y los huesos de la cadera. || En los peces, zona anterior e inferior del cuerpo.
ILACIÓN f. Acción y efecto de inferir o deducir. || Coherencia en las ideas o exposición de un discurso. || Lóg. Nexo del consecuente con sus premisas.
ILEGAL adj. Que es contrario a la ley.
ILEGIBLE adj. Que resulta imposible de leer.
ILEGÍTIMO, MA adj. Se dice de aquellas actuaciones contrarias a la ley o a la costumbre.
ÍLEON m. Tercera zona en la que se considera dividido el intestino delgado.

ILESO, SA adj. Indemne, a salvo.
ILETRADO, DA adj. Analfabeto, sin instrucción.
ILÍACO, CA adj. Relativo a la cadera. || adj. y s. Se aplica especialmente a los vasos propios de esta región. || adj. y m. Se dice del hueso de la cadera o coxal.
ILÍCITO, TA adj. Que está fuera de la ley o de la moral.
ILIMITADO, DA adj. Que no tiene límites.
ILIÓN m. Hueso fetal que forma parte del hueso coxal o ilíaco del adulto, en la cadera.
ILÓGICO, CA adj. Falto de lógica.
ILUMINACIÓN f. Acción y efecto de iluminar. || Conjunto de luces fijas o dispuestas en un lugar. || Luz natural que tiene un lugar. || Juego de luces y sombras en un cuadro. || En cine, efecto de disponer la luz pertinente para una escena.
ILUMINAR tr. Alumbrar, bañar en luz. || Colocar luces, disponer con gusto la iluminación de un lugar. || Colorear las estampas o figuras de un libro, generalmente con tafetán de colores. || Explicar, instruir. || Ilustrar con miniaturas un libro manuscrito. || Sacar a la luz aguas subterráneas. || Conferir Dios luz sobrenatural y conocimiento a un creyente.
ILUSIÓN f. Deformación de la realidad que puede derivarse de un error de percepción o bien de una proyección externa de imágenes mentales subjetivas. || Anhelo, deseo que no tiene motivos racionales para cumplirse. || Regocijo, alegría que produce la contemplación o posesión de algo. || *óptica* Falsa interpretación en la percepción del color y las dimensiones de un objeto.
ILUSIONAR tr. y prnl. Crear ilusiones en alguien. || Hechizar, encantar.
ILUSIONISMO m. Espectáculo que consiste en lograr acciones aparentemente irrealizables mediante movimientos manuales rápidos o trucos; también se le denomina magia o prestidigitación.
ILUSIONISTA com. Prestidigitador, mago.
ILUSO, SA adj. y s. Vanamente esperanzado, engañado. || Cándido, soñador.
ILUSORIO, RIA adj. Que puede engañar. || Irreal, sin efectos.
ILUSTRACIÓN f. Acción y efecto de ilustrar o ilustrarse. || Instrucción. || Ima-

gen gráfica que acompaña a un texto. || Periodo cultural (siglo XVIII) caracterizado por el optimismo en el poder de la razón y en la posibilidad de reorganizar conforme a ésta a la sociedad.
ILUSTRAR tr. y prnl. Instruir, educar a uno. || Despertar el entendimiento de uno por medio de la cultura. || Poner las ilustraciones, grabados, estampas, etc., en un texto. || Aclarar una situación, mediante imágenes, palabras, etcétera.
ILUSTRE adj. Noble, de linaje insigne. || Famoso, célebre. || Título de dignidad de ciertos cargos.
ILUSTRÍSIMO, MA adj. Se dice del título y tratamiento que se da a ciertas dignidades, como la de obispo.
IMAGEN f. Representación pictórica o escultórica de una persona o cosa. || Figura que se tiene en la mente de una persona o cosa. || Descripción exacta, reproducción. || Tropo, metáfora. || Reproducción de un objeto formado por los rayos que proceden del mismo, y que inciden en un sistema óptico. || Representación plástica de una figura religiosa.
IMAGINACIÓN f. Acción y efecto de imaginar. || Fantasía, inventiva. || Facultad mental que permite la reproducción de imágenes y la combinación o recreación de éstas, o sea, la creación y la fantasía.
IMAGINAR tr. Formar imágenes mentales. || Ingeniar, crear. || Recelar, temer.
IMAGINARIO, RIA adj. Irreal, fruto de la imaginación. || adj. y m. Se dice del número complejo cuya parte real es nula. || f. Guardia que no efectúa rondas, pero se encuentra en un lugar fijo dispuesto a intervenir si fuera necesario. || m. Soldado que en un turno de dos horas hace guardia de noche en un cuartel.
IMANAR tr. y prnl. Volver magnético un cuerpo, darle las propiedades del imán.
IMBÉCIL adj. y com. Tonto, necio. || Que resulta un estorbo, un engorro.
IMBERBE adj. Que carece de barba. || Muy joven.
IMBUIR tr. y prnl. Influir, conducir a ideas o sentimientos determinados.
IMITACIÓN f. Acción y efecto de imitar. || Falsificación, sucedáneo que se parece lo más posible al original. || Mimesis. || En teatro, trabajo del actor que reproduce gestos, voz de otro (ya sea un político, cantante, actor, etc.) para ridiculizarlo con la finalidad cómica. || Parodia.
IMITAR tr. Falsificar algo, hacer que se parezca lo más posible a un original. || Dar la misma impresión una cosa que otra.
IMPACIENTAR tr. Agotar la paciencia de uno. || prnl. Desesperarse, perder la paciencia.
IMPACIENTE adj. y com. Que no tiene paciencia. || Se dice de la persona que tiene prisa en hacer algo o en que suceda. || Ansioso, esperanzado, anhelante.
IMPACTO m. Choque, incidencia de un proyectil en el blanco. || Señal que produce. || Por extensión, cualquier choque entre dos cuerpos. || Resonancia, difusión que alcanza un hecho, o impresión que deja.
IMPALPABLE adj. Intangible, incorpóreo. || Ligero, tenue.
IMPAR adj. Que no tiene par, sin igual. || adj. y com. Se dice del número que no es múltiplo de dos.
IMPARCIAL adj. y com. Se aplica a la persona ecuánime, y también a sus palabras, juicios, etc. || Impropiamente, neutral.
IMPARTIR tr. Repartir, conceder, comunicar.
IMPASIBLE adj. Incapaz de experimentar un dolor físico o moral. || Inmutable, impertérrito.
IMPÁVIDO, DA adj. Inalterable, impasible.
IMPECABLE adj. Incapaz de cometer pecado. || Intachable. || De apariencia perfecta.
IMPEDIDO, DA adj. y s. Que no puede valerse de sus miembros, tullido.
IMPEDIMENTO m. Estorbo, obstáculo, inconveniente. || Circunstancia que comporta la imposibilidad de contraer matrimonio. En derecho canónico se distingue entre i. *dirimente* (si se contrae el matrimonio deviene nulo) e i. *impediente* (el matrimonio es ilegítimo mientras subsista este impedimento).
IMPEDIR tr. Obstaculizar o entorpecer la realización o el funcionamiento de algo. || Embargar, paralizar.
IMPELER tr. Impulsar algo para que se desplace. || fig. Azuzar, instigar.
IMPENETRABLE adj. Que no se puede penetrar. || Incomprensible, insondable. ||

Que no deja ver lo que sabe, piensa, etcétera.

IMPENITENTE adj. y com. Que es contumaz en el pecado. || fam. Que se reafirma en lo que cree, piensa, etcétera.

IMPERAR intr. Actuar como emperador. || Mandar, regir, predominar.

IMPERATIVO, VA adj. y s. Que impera u ordena. || Se dice de cierto modo gramatical. || En filosofía, proposición que tiene la forma de una orden.

IMPERCEPTIBLE adj. Que no se puede percibir, indiscernible.

IMPERECEDERO, RA adj. Que no perece. || Sempiterno, inmortal.

IMPERFECCIÓN f. Carencia de perfección. || Fallo, deficiencia moral.

IMPERFECTO, TA adj. No perfecto. || Incompleto, inacabado. || Se aplica a los tiempos del pasado donde la acción verbal queda presentada sin terminación.

IMPERIAL adj. Relativo al emperador o al imperio. || f. Tejadillo o techo de las carrozas. || Piso superior de ciertos vehículos públicos (autobuses, tranvías, etc.). || Se dice del cigarro puro de muy buena calidad y de grandes dimensiones.

IMPERIALISMO m. Política de constitución de imperios por parte de una estructura estatal. || En sentido estricto, forma de dominación contemporánea, caracterizada por el predominio de los factores económicos (control de la economía, dominada a través de la exportación de capitales, el cuasimonopolio de la compra de productos y la imposición de una línea de importaciones) sobre los políticos. || Doctrina que justifica dicha política. || *cultural* Imposición de los gustos estéticos, modos de vida, tipo de información, valores, etc., por parte del país que ejerce un i. político-económico.

IMPERIO m. En derecho romano, poder del sumo magistrado. || Organización política, superior en dignidad al reino, formada por diversos pueblos y organizaciones estatales, bajo la hegemonía de una de ellas. || Dignidad de emperador y periodo de su mandato. || Etapa histórica en que un Estado tiene régimen imperial. || Ejercicio del mando con autoridad. || *colonial* Conjunto de las colonias de un Estado.

IMPERIOSO, SA adj. Que manda con severidad. || Que implica necesidad o exigencia.

IMPERMEABLE adj. Que no deja pasar el agua o cualquier otro fluido. || fig. Insensible a un sentimiento o emoción. || m. Especie de abrigo que impide que cale el agua de la lluvia.

IMPERSONAL adj. Que no se dirige a nadie personalmente. || Se dice del tratamiento de respeto en que se utiliza la tercera persona. || Carente de personalidad. || Se dice del verbo que sólo se conjuga en tercera persona del singular y en las formas no nominales.

IMPERTÉRRITO, TA adj. Que no se inmuta.

IMPERTINENCIA f. Cualidad de impertinente. || Acción, dicho o hecho inconveniente.

IMPERTINENTE adj. Que es improcedente. || adj. y s. Irrespetuoso, desagradable. || pl. Lentes provistos de un mango, hoy poco usados.

IMPERTURBABLE adj. Que no se perturba, impávido.

ÍMPETU m. Movimiento violento y resuelto. || fig. Brío, vehemencia.

IMPETUOSO, SA adj. Con ímpetu, que actúa con él. || adj. y s. Fogoso, arrebatado.

IMPÍO, A adj. Sin piedad. || Descreído.

IMPLACABLE adj. Incapaz de ser aplacado, inflexible. || Inexorable.

IMPLANTAR tr. y prnl. Instituir y poner en funcionamiento leyes, costumbres, modas, etc. || Efectuar una implantación.

IMPLICAR tr. y prnl. Involucrar, mezclar a alguien en algo. || Encerrar, llevar consigo, indicar. || intr. Impedir, ser óbice; se usa generalmente en frase negativa.

IMPLÍCITO, TA adj. Incluido, sobreentendido.

IMPLORAR tr. Rogar, suplicar con llanto o lamentos.

IMPONDERABLE adj. Imposible de pesar o medir. || Inestimable, inapreciable. || m. Situación o factor impensable.

IMPONENTE adj. y com. Que impone. || Enorme, formidable. || Que realiza un ingreso en un banco.

IMPONER tr. Gravar con cargas, impuestos, tareas, etc. || Asignar a alguien el nombre que ha de llevar. || tr. e intr.

Inspirar miedo, respeto, etc. || Colocar una cantidad en depósito o a rédito. || En imprenta, preparar para la tirada las planas de composición con el margen acordado. || tr. y prnl. Ejercitar a alguien en algo o informarle de una cosa. || prnl. Hacer predominar alguien su criterio o autoridad.

IMPOPULAR adj. Que no es aceptado por la mayoría, desprestigiado.

IMPORTACIÓN f. Acción de importar objetos, rasgos culturales, etc., de otro país. || Introducción de bienes y servicios del exterior a un país.

IMPORTANCIA f. Calidad de importante. || Condición e influencia social de una persona. || *darse i.* Vanagloriarse.

IMPORTANTE adj. Con importancia. || Que es significativo o valioso.

IMPORTAR intr. Interesar, significar. || Referido a precios, ascender a una determinada cantidad. || Introducir cosas en un país procedente de otro.

IMPORTE m. Coste de algo.

IMPORTUNAR tr. Incordiar o acosar a alguien con solicitudes, peticiones, etcétera.

IMPORTUNO, NA adj. Inoportuno. || Impertinente, fastidioso.

IMPOSIBILIDAD f. Cualidad de imposible o circunstancia que impide la realización de algo. || Enfermedad que produce la exclusión de realizar una función pública.

IMPOSIBILITAR tr. Impedir que algo sea posible. || prnl. Quedar impedido o baldado.

IMPOSIBLE adj. No posible. || Figura retórica de pensamiento. || Con *estar* o *ponerse*, inaguantable, insufrible. || adj. y m. Se dice de la cosa muy difícil de hacer o lograr.

IMPOSICIÓN f. Acción y efecto de imponer o imponerse. || Lo que se impone. || Ingreso de dinero en cuenta, en una institución financiera. || Tributos, generalmente impuestos y tasas, que recauda la Administración. || Falsa atribución. || En imprenta, composición de cuadrados que separan las páginas entre sí para formar los márgenes. || Obligación excesiva.

IMPOTENCIA f. Carencia de poder para hacer algo. || *funcional* Reducción o pérdida de la capacidad fisiológica de un órgano o especialmente de algún miembro. || *sexual* Pérdida de la potencia viril, que imposibilita la práctica del coito. Se debe a causas somáticas y en especial a trastornos psíquicos.

IMPRACTICABLE adj. Que no se puede practicar. || Se aplica a los caminos por donde el paso resulta difícil.

IMPREGNAR tr. Introducir entre las moléculas de un cuerpo las de otro, en cantidad perceptible sin que haya propiamente mezcla ni combinación. || Mojar, embeber.

IMPRENTA f. Técnica de imprimir. || Sitio donde se imprime. || Tipo de letra que se emplea para imprimir una obra. || Lo que se publica impreso.

IMPRESCINDIBLE adj. Esencial, indispensable.

IMPRESIÓN f. Acción y efecto de imprimir. || Procedimiento de la técnica de imprimir. || Huella que deja una cosa al apretarla contra otra. || Tipo de letra utilizada en la impresión de una obra. || Obra impresa. || Efecto que ocasiona en un cuerpo un agente externo. || fig. Sensación que una cosa produce en el ánimo o en los sentidos. || Opinión que se origina a causa de dicha sensación. || *dactilar*, o *digital* La que queda al apoyar la yema del dedo sobre algo.

IMPRESIONAR tr. y prnl. Grabar una cosa en el ánimo, proyectarla con intensidad. || Conturbar profundamente el ánimo. || tr. Imprimir o fijar una imagen en una película o placa fotográfica, mediante la luz.

IMPRESIONISMO m. Movimiento artístico francés, surgido a partir de 1870, que pretendía, más que reflejar la realidad, reproducirla en la mente del observador, a través de la reconstrucción en la retina de los componentes cromáticos (pintura), o en el oído de los sonoros (música), produciendo así una impresión subjetiva de lo que se muestra.

IMPRESO, SA adj. Que se ha fijado tipográficamente en el papel. || m. Obra impresa. || Formulario que se ha de cumplimentar.

IMPREVISTO, TA adj. No previsto. || m. pl. Gastos con los que no se contaba.

IMPRIMIR tr. Fijar en el papel u otra materia similar las letras o dibujos por medio de los procedimientos o técnicas adecuados. ¡| Llevar a cabo la impresión de una obra. || Estampar un sello, una figura, etc., por medio de la presión. || fig. Grabar o retener en el ánimo o en los sentidos el efecto o la sensación de algo. || Conferir unas determinadas características, estilo, etc., a algo.

ÍMPROBO, BA adj. Carente de probidad. || Referido al esfuerzo, abrumador y persistente.

IMPROCEDENTE adj. No conforme a derecho. || Desacertado, inoportuno.

IMPRODUCTIVO, VA adj. Que no produce, infecundo.

IMPROPERIO m. Insulto que se lanza a alguien.

IMPROPIEDAD f. Calidad de impropio. || Imprecisión en el lenguaje.

IMPROPIO, PIA adj. Sin las cualidades apropiadas para una situación dada. || Inadecuado, extemporáneo.

IMPROVISAR tr. Hacer o inventar algo repentinamente, sin haberlo preparado de antemano.

IMPROVISO, SA adj. Inesperado, impensado. || *al*, o *de i*. De repente.

IMPRUDENCIA f. Falta de prudencia. | Dicho o hecho imprudente. || *temeraria* Imprevisión o negligencia inexcusable que puede dar lugar a responsabilidad penal.

IMPÚBER, RA adj. y s. Que no ha alcanzado la pubertad.

IMPUESTO m. Entrega de dinero que las personas físicas o jurídicas realizan al Estado, de forma obligatoria y coactiva, para subvenir a las necesidades de éste.

IMPUGNAR tr. Rebatir, contradecir.

IMPULSAR tr. Empujar algo para que se desplace. || Dar un estímulo, suscitar.

IMPULSIVO, VA adj. Que impulsa. || Fogoso, irreflexivo.

IMPULSO m. Acción y efecto de impulsar o impeler. || Fuerza inherente de un cuerpo en movimiento, o crecimiento. || Estímulo, incentivo. || Tendencia a realizar ciertos actos de una forma intempestiva y automática. || La integral de una fuerza en un intervalo de tiempo. || *cardiaco* Latido del corazón.

IMPUNE adj. Sin castigo.

IMPUREZA f. Suciedad, sustancias extrañas que tienen un cuerpo. || Carencia de pureza o castidad. || En un semiconductor, imperfección de la red cristalina provocada por la introducción de un átomo trivalente o pentavalente.

IMPUTAR tr. Achacar a alguien la autoría de un delito o falla. || Asignar el destino que se da a una cantidad.

INALIENABLE adj. Se dice de aquello cuyo dominio no puede transmitirse a causa de alguna prohibición convencional o legal.

INALTERABLE adj. Que no puede ser alterado. || Impasible, que no se inmuta.

INANE adj. Vano, superfluo. || Que sufre inanición.

INANICIÓN f. Grave estado de desnutrición que se presenta cuando el organismo no ingiere crónicamente el mínimo indispensable de alimentos, o tiene dificultades para su absorción.

INANIMADO, DA adj. Que no tiene conciencia ni sensibilidad. || Sin movimiento, sin sentido.

INAPELABLE adj. Se dice de la resolución o sentencia ante la cual no se puede interponer ningún recurso. || Irremediable, inevitable, inexorable.

INAPRECIABLE adj. Que no puede ser apreciado. || Despreciable, mínimo. || De valor o interés incalculables.

INARRUGABLE adj. Se dice de lo que no se arruga después del uso, especialmente al hablar del tejido.

INAUDITO, TA adj. Jamás oído. || Reprobable, horrible.

INAUGURAR tr. Augurar. || Dar origen o iniciar algo revistiendo al acto con cierta solemnidad. || Abrir un local al público. || Festejar, conmemorar la presentación de un espectáculo u obra de arte. || Dar a conocer algo, hacerlo popular.

INCA adj. y com. Se dice del pueblo amerindio instalado en el valle de Cuzco (siglo XI d. C.), creador de un imperio que a principios del siglo XVI ocupaba buena parte de la fachada pacífica de América del Sur. || Imperio constituido bajo la hegemonía de dicho pueblo, que alcanzó su máxima expansión a principios del siglo XVI y fue destruido por Pizarro (1533).

INCALIFICABLE adj. Imposible de calificar. || Muy reprobable, horrible.

INCANSABLE adj. Que no se cansa.

INCAPACIDAD f. Falta de capacidad, impotencia. || Ineptitud, carencia de medios para hacer algo. || Situación en que se encuentra un individuo privado de la facultad de regir su persona y sus bienes. || Pérdida de la aptitud laboral como secuela de una enfermedad o de un accidente.

INCAPACITAR tr. Inhabilitar. || Declarar a una persona mayor de edad incapaz de ejercitar todos los determinados derechos civiles.

INCAPAZ adj. Que no tiene cabida. || No apto o apropiado para algo. || Bobo, tonto.

INCAUTO, TA adj. Falto de cautela. || Ingenuo, cándido.

INCENDIAR tr. y prnl. Prender fuego a algo que no debería quemarse.

INCENDIO m. Fuego voraz y grande que consume lo que no debería ser quemado. || fig. Invasión violenta de una pasión, ardor del ánimo.

INCENSAR tr. Usar el incensario para echar humo de incienso a algo o alguien. || fig. Engatusar, halagar.

INCENSARIO m. Especie de brasero con tapa perforada y suspendido de cadenas para poder ser balanceado, que sirve para quemar el incienso en las ceremonias religiosas.

INCENTIVO, VA adj. y m. Que sirve de estímulo para hacer algo.

INCERTIDUMBRE f. Inseguridad, duda.

INCESTO m. Relación sexual entre dos personas de la misma familia y en un grado que no les está permitido el matrimonio.

INCIDENCIA f. Acción de incidir. || Accidente, cosa que sucede en el transcurso de alguna acción. || Intersección entre dos elementos geométricos.

INCIDENTE adj. Que incide. || m. Suceso que interrumpe u obstaculiza el curso de otro con el que está relacionado. || Altercado entre personas o grupos sociales. || Cuestión diferente a la principal, que aparece en un proceso judicial.

INCIDIR intr. Caer en falta o error. || Alcanzar un proyectil, un rayo de luz, etc., a un cuerpo; por extensión, influir. || Practicar una incisión quirúrgica.

INCIENSO m. Látex amarillento o rojizo, formado de gomorresinas, que se extrae de las incisiones de los troncos de diversas especies de *Boswella*, familia Burseráceas. Es aromático y se usa en ceremonias religiosas.

INCIERTO, TA adj. Falso, no cierto. || Inseguro. || Ignoto, desconocido.

INCINERAR tr. Destruir totalmente, convertir en cenizas, especialmente un cadáver.

INCIPIENTE adj. Que empieza.

INCISIÓN f. Corte, hendidura superficial que se practica en un cuerpo. || En métrica, cesura. || Decoración de ciertos materiales, trazando líneas sobre su superficie.

INCISIVO, VA adj. Que puede cortar o penetrar. || Se dice de los dientes que están en la parte anterior de los maxilares. || fig. Agudo, ingenioso, mordaz.

INCISO, SA adj. Que lleva incisiones. || En literatura, estilo seco. || m. Oración con sentido parcial que se intercala en otra; generalmente va entre comas o paréntesis. || Aclaración o comentario al paso de lo que se habla.

INCITAR tr. Instigar, inducir a alguien a hacer algo.

INCLEMENCIA f. Carencia de clemencia. || fig. Extremos y rigores del tiempo, generalmente los invernales.

INCLINACIÓN f. Acción y efecto de inclinar o inclinarse. || Leve reverencia que se hace agachando la cabeza o el cuerpo. || Dirección que una línea o superficie tiene en relación con otra línea o una superficie. || Ángulo formado por el plano de la órbita de un astro del sistema solar con el plano de la eclíptica. || Buzamiento. || fig. Decantación, afición, amor. || *magnética* Ángulo formado por la dirección del campo magnético terrestre con el horizonte o plano horizontal en cualquier punto.

INCLINAR tr. y prnl. Hacer perder a una cosa su posición con respecto a un eje imaginario que supusiera la situación de mayor estabilidad y equilibrio. || tr. Convencer a uno de que se resuelva a hacer algo ante lo que dudaba. || intr. y prnl. Tener un aire, parecerse levemente. || prnl. Tender a algo.

ÍNCLITO, TA adj. Renombrado, célebre.

INCLUIR tr. Colocar una cosa dentro de otra, o figurar en ella. || Hacer que un elemento forme parte de un compuesto. || Estar una cosa implícita en otra. || Englobar, absorber. || Contener un número menor en otro mayor.

INCLUSIÓN f. Acción y efecto de incluir. || Elemento diferenciado del contenido del citoplasma. || Situación de un órgano o tejido destinado al estudio histológico en el seno de una sustancia que le proporciona la consistencia necesaria para los cortes finos y ultrafinos.

INCLUSIVE adv. Se aplica al término de una serie indicando que dicho término también está incluido en ella.

INCLUSO, SA adj. Incluido. || adv. Con inclusión de. || prep. y conj. Aun, hasta.

INCOAR tr. Iniciar un proceso administrativo, pleito, diligencia, etcétera.

INCÓGNITO, TA adj. y m. No conocido, ignoto. || f. Móvil o causa ocultos de aquello que se examina. || Cantidad que es preciso determinar en una ecuación, o en un problema para resolverlo, y que normalmente se expresa con las letras x, y, z. || *de* i. Queriendo no ser reconocido, pasando inadvertido.

INCOHERENCIA f. No coherencia. || Cosa o predicado que se relaciona con otra sin que haya un nexo lógico.

INCOLORO, RA adj. Sin color.

INCÓLUME adj. Ileso, indemne.

INCOMBUSTIBLE adj. Que no se puede quemar; se aplica especialmente a revestimientos y materiales de construcción. || fig. Que no se desalienta.

INCOMODAR tr. Incordiar, causar incomodo. || prnl. Irritarse, picarse.

INCÓMODO, DA adj. Que causa incomodidad, desazón o disgusto. || Que no es confortable. || Molesto, disgustado.

INCOMPATIBILIDAD f. Calidad de incompatible. || Imposibilidad legal de ejercer simultáneamente dos o más funciones o cargos determinados. || En genética, imposibilidad de fecundación entre dos gametos; generalmente se establece entre los productos sexuales de un mismo individuo; es un mecanismo que mantiene la variabilidad genética.

INCOMPATIBLE adj. Que no es compatible con otra cosa. || Se dice de las ecuaciones del sistema que no tienen solución.

INCOMPLETO, TA adj. Inacabado, fragmentario, no completo. || Se dice de la flor que carece de alguno de los verticilos típicos: cáliz, corola, androceo o gineceo.

INCOMPRESIBLE adj. Que no se puede comprimir o reducir a menor volumen al ser sometido a presión.

INCOMUNICACIÓN f. Acción y efecto de incomunicar o incomunicarse. || Aislamiento acordado por el juez de un detenido, así como de sus supuestos cómplices, generalmente para facilitar la labor policial.

INCOMUNICAR tr. Dejar sin comunicación, aislar. || prnl. Encerrarse en uno mismo, negarse a tener trato con nadie.

INCONCEBIBLE adj. Que no se puede concebir, que no entra en la cabeza.

INCONCLUSO, SA adj. Que no ha concluido.

INCONDICIONAL adj. Sin condiciones, pleno. || com. Fanático, adepto total.

INCONEXO, XA adj. Sin conexión, incongruente.

INCONMENSURABLE adj. Que no puede ser medido, no conmensurable. || Se dice de las magnitudes homogéneas cuya proporción no se puede expresar mediante un número racional (p. ej.: la diagonal y el lado de un cuadrado). || fig. y fam. Muy grande, enorme.

INCONSCIENTE adj. y com. No consciente. || Desmayado, sin conocimiento. || fig. Impetuoso, alocado. || m. Conjunto de procesos psicológicos que escapan a la síntesis consciente.

INCONSECUENCIA f. Falta de consecuencia. || Hecho o dicho inconsecuente, sin reflexión.

INCONSECUENTE adj. Que no se infiere, que no tiene su causa en algo. || adj. y com. Que se comporta sin consecuencia, de forma irreflexiva.

INCONSTANTE adj. Inestable, que no perdura. || Sin rigor ni persistencia en lo que emprende.

INCONTABLE adj. Que no puede contarse. || fig. Muy numeroso, difícil de contar.

INCONTINENCIA f. Sin continencia. || Expulsión involuntaria de heces u orina por trastorno de los esfínteres anal o vesical.

INCONVENIENCIA f. Cualidad de inconveniente. || Indiscreción, grosería.

INCONVENIENTE adj. No conveniente. || m. Traba, impedimento. || Molestia o daño que resulta de realizar algo.

INCORDIO m. Bubón. || Molestia, fastidio, cosa que enoja.

INCORPORAR tr. Juntar una cosa con otra u otras para que formen un todo, amalgamar. || tr. y prnl. Levantar el tronco o el cuerpo entero de alguien que estaba acostado. || Promover el destino de un militar o funcionario a la dependencia o lugar que se le asigne. || prnl. Añadirse a un cuerpo, sociedad, etc.; especialmente entrar en filas los reclutas de un reemplazo.

INCORRECCIÓN f. Calidad de no correcto. || Dicho o hecho impropio. || Incorrecto.

INCORREGIBLE adj. No corregible. || adj. y com. Se aplica a la persona díscola, rebelde.

INCORRUPTIBLE adj. Que no se corrompe. || fig. Que no se puede o es muy difícil de corromper.

INCORRUPTO, TA adj. Que permanece sin corromperse. || fig. Sin mácula, no pervertido.

INCRÉDULO, LA adj. y s. Descreído, ateo, sin fe. || Receloso, desconfiado.

INCREÍBLE adj. Imposible de creer. || fig. Difícil de creer, más que dudoso.

INCREMENTAR tr. y prnl. Aumentar, hacer crecer.

INCREMENTO m. Aumento. || La parte aumentada. || Se dice de la cantidad finita o infinitamente pequeña en que aumenta una variable.

INCREPAR tr. Regañar, reñir a uno con mucha dureza. || Insultar a una persona.

INCRUENTO, TA adj. No sangriento; sin víctimas.

INCRUSTAR tr. Revestir algo con una capa o costra. || Embutir adornos en la madera, mármol, metal, etc. || Engarzar en una tela bordados, puntillas, etc. || tr. y prnl. Arraigarse algo en la mente. || prnl. Clavarse un cuerpo en otro.

INCUBADORA f. Máquina que incuba los huevos de aves de corral. || Cámara dispuesta en condiciones óptimas de temperatura, humedad y esterilidad para permitir el desarrollo de los niños prematuros.

INCUBAR tr. Enclocar huevos. || tr. y prnl. Gestar algo en secreto. || Desarrollarse algo sin salir a la luz.

INCULCAR tr. y prnl. Presionar una cosa contra otra. || tr. Unir mucho los caracteres tipográficos al imprimir. || Hacer que alguien aprenda algo a fuerza de repetírselo. || Introducir ideas, deseos, etc., en el ánimo de alguien.

INCULPAR tr. Atribuir un delito o culpa a alguien.

INCULTO, TA adj. Yermo, que está sin cultivar. || Sin cultura, o sin modales. || Se dice del estilo basto y burdo.

INCUMBIR intr. Concernir.

INCURABLE adj. y com. Que no tiene curación. || Difícil de curarse. || Que no tiene solución.

INCURIA f. Dejadez, desidia.

INCURRIR intr. Cometer una falta o delito, o merecer lo que impone la ley. || Provocar odio, ira, etcétera.

INCURSIÓN f. Acción de incurrir. || Correría militar. || fig. Investigación sobre un tema o de un lugar no habituales.

INDAGAR tr. Buscar a través de conjeturas o indicios los orígenes o fundamentos de una cosa.

INDEBIDO, DA adj. Que no debe hacerse. || Ilícito.

INDECIBLE adj. Inefable.

INDECISIÓN f. Falta de decisión, dificultad que tiene alguno para decidir sobre algo. || Duda, irresolución.

INDECISO, SA adj. En espera de resolución. || Titubeante, dudoso.

INDECOROSO, SA adj. Que no tiene decoro. || Que va contra éste.

INDEFECTIBLE adj. Obligatorio, forzoso.

INDEFENSO, SA adj. Que no tiene defensa, o carece de medios para lograrla.

INDEFINIDO, DA adj. No definido. || Sin límites. || Se dice de una proposición lógica no determinada. || Se dice del artículo indeterminado. || adj. y s. Se aplica al adjetivo o al pronombre que indica imprecisión o generalidad *(cierto, algún, varios, nadie)*. || Se dice del tiempo verbal (también llamado pretérito perfecto absoluto) que indica una acción finalizada en un tiempo pasado.

INDELEBLE adj. Imposible de borrar o quitar.

INDEMNE adj. Sin daño.

INDEMNIZAR tr. y prnl. Compensar a alguien de un daño.

INDEPENDENCIA f. Calidad de independiente. || Proceso, y resultado del mismo, por el que un territorio dominado por un Estado rompe sus vínculos políticos de subordinación, constituye un gobierno distinto del metropolitano y es aceptado como tal por la comunidad internacional, en la que se integra con caracteres de igualdad.

INDEPENDIENTE adj. Libre de todo tipo de dependencia. || Autónomo, emancipado. || Íntegro, recto. || Individualista, que no se apoya en los demás. || Se dice de un elemento lingüístico que no está en relación de dependencia con otro. || adv. Con independencia.

INDESEABLE adj. y com. Que por sus cualidades morales no merece la amistad, confianza, trato, etc. || Que no es digno de deseo. || Se aplica al extranjero que por motivos sociopolíticos no es grato en un país.

INDETERMINADO, DA adj. Que no tiene determinación. || Dudoso, indeciso. || Se dice de un tipo de artículo. || Se dice de las ecuaciones o sistemas de ecuaciones de infinitas soluciones.

INDICACIÓN f. Acción y efecto de indicar. || Lo que sirve para indicar. || Consejos y tratamiento médico que se han de seguir.

INDICAR tr. Avisar o mostrar algo mediante señales o signos. || Marcar las pautas o el camino que ha de llevar un asunto. || Sugerir, asesorar. || Aplicar tratamiento médico.

INDICATIVO, VA adj. y m. Que indica y sirve para indicar. || Se dice del modo verbal que indica la realidad de forma objetiva, sin que intervenga la subjetividad del hablante. || m. Conjunto de letras y números que tiene asignado un radioaficionado.

ÍNDICE adj. y m. Se aplica al dedo situado entre el pulgar y el corazón. || m. Señal, vestigio de algo. || Conjunto ordenado de los títulos, de las partes o capítulos de un libro. || Relación alfabética o cronológica de autores, materiales, temas, etc., de un libro o biblioteca. || Catálogo de las piezas de una exposición o colección. || En una biblioteca, lugar en que están los índices. || En matemáticas, número o letra que se añade a un símbolo literal para la señalización de orden sucesivo o para distinguir la entidad que representa.

INDICIO m. Conjetura, signo, etc., que posibilita el conocimiento fundamentado de algo.

INDIFERENCIA f. Actitud de indiferente. || Estado de neutralidad afectiva en el que el sujeto no experimenta ya sensación alguna al entrar en contacto con el mundo exterior, ni parece reaccionar ante las diversas situaciones.

INDIFERENTE adj. Que no tiene inclinación predominante hacia una cosa. || Que es igual que se realice de una forma u otra. || adj. y com. Que no tiene afecto, inclinación o apego por algo o alguien. || Sin creencia religiosa.

INDÍGENA adj. y com. Natural del país que se menciona. || Que lleva viviendo mucho tiempo en un país.

INDIGENCIA f. Pobreza, carencia de medios.

INDIGENTE adj. y com. Carente de medios de subsistencia.

INDIGESTARSE prnl. Tener una indigestión. || Empacharse, sentar mal una comida. || fam. Caer gordo algo o alguien.

INDIGESTIÓN f. Trastorno generalmente transitorio de las funciones digestivas, causado por exceso de ingestión de alimentos, mala masticación, etcétera.

INDIGESTO, TA adj. De difícil digestión. || Sin digerir. || Caótico, confuso. || fam. Antipático, incordiante.

INDIGNACIÓN f. Cólera, enojo que provoca una situación, persona o hecho.

INDIGNAR tr. y prnl. Causar ira o enojo en alguien una acción vil.

INDIGNIDAD f. Calidad de indigno. || Supresión de una herencia hacia los beneficiarios debido a las acciones ilícitas cometidas por ellos contra el testador o sus parientes más próximos.

INDIGNO, NA adj. Que no es apropiado o digno de algo o alguien. || Que no es propio de la moral o el nivel social de una persona. || Deshonesto, vil.

INDIO, DIA adj. y s. Relativo a la India. || Relativo a los primitivos habitantes de América y a sus descendientes.

INDIO m. (In) Elemento químico situado en el grupo IIIa de la tabla periódica. Se encuentra en los minerales de cinc, plomo o estaño con un porcentaje inferior a 0.1%. Se obtiene generalmente por electrólisis de soluciones acuosas de sus sales. Es muy maleable y bastante dúctil.

INDIRECTO, TA adj. y s. Que da un rodeo, que no va al grano. || f. Manera de referirse a algo sin claridad, o de forma velada.

INDISCIPLINA f. Carencia de disciplina, rebeldía.

INDISCRECIÓN tr. Falta de discreción. || Dicho o hecho indiscreto.

INDISCRETO, TA adj. y s. Que actúa sin discreción, imprudente. || Que no lleva consigo discreción.

INDISCUTIBLE adj. Evidente, que no puede ser refutado ni discutido.

INDISOLUBLE adj. Imposible de disolver, inseparable.

INDISPENSABLE adj. Sin dispensa ni excusa. || Que suele ocurrir o es obligatorio que ocurra.

INDISPONER tr. y prnl. Causar o provocar desavenencia entre personas. || tr. Originar una indisposición. || prnl. Sufrirla.

INDISPOSICIÓN f. Carencia de disposición o aptitud para algo. || Enojo, irritación.

INDISTINTO, TA adj. Que no presenta distinción con respecto a otra cosa. || Confuso, de difícil percepción. || Indiferente, que vale por igual para uno u otro.

INDIVIDUAL adj. Relativo al individuo. || Particular, esencial.

INDIVIDUO, DUA adj. Individual o indivisible. || m. Cada uno de los elementos distintos que componen una especie. || En filosofía, ser único, que forma parte de un género y que no puede dividirse sin resultar distinto. || m. y f. Persona que forma parte de un organismo, sociedad, etc. || Se usa con un matiz despectivo para no mencionar el nombre de una persona. || fam. Se dice de la referencia exclusiva a una sola persona.

INDIVISIBLE adj. Que no puede ser dividido. || En derecho, y refiriéndose especialmente a la transmisión de bienes, se dice de lo que no admite partición sin perjuicio de su aptitud o función primordial.

INDOCTO, TA adj. y s. De escasa cultura, iletrado.

INDOCUMENTADO, DA adj. y s. Que no tiene, o no lleva, documento alguno que lo identifique. || Que tiene escaso conocimiento de una materia, o la ignora por completo.

INDOEUROPEO, A adj. y s. Se dice de los antiguos pueblos procedentes de las estepas asiáticas que por diversos motivos emigraron entre los siglos XIII-XI a. C. a Europa. || Lengua de dicha familia de pueblos, de carácter flexivo, de la que derivan numerosas lenguas (iranio, sánscrito, griega, céltica, itálica, etcétera).

ÍNDOLE f. Carácter, manera de ser de cada cual. || Esencia de las cosas.

INDOLENTE adj. Impasible, que no se conmueve. || Abúlico, negligente. || Perezoso, descuidado, flojo.

INDÓMITO, TA adj. Sin domar. || Que no admite doma. || Rebelde, montaraz.

INDUCIDO, DA adj. Que se produce por inducción. || m. Parte de una máquina acoplada magnéticamente al inductor donde, por inducción, se genera una fuerza electromotriz que puede dar origen a corrientes eléctricas.

INDUCIR tr. Incitar, mover a alguien a que lleve a cabo algo, a que cometa una infracción, delito, etcétera.

INDUDABLE adj. Cierto, innegable.

INDULGENCIA f. Disposición a perdonar o dispensar las culpas.

INDULGENTE adj. Que suele disculpar o disimular las faltas y errores ajenos.

INDULTO m. Acto de clemencia concedido por el jefe del Estado, cuyo efecto es la supresión total o parcial de una pena impuesta y su conmutación. || Privilegio personal que permite realizar lo irrealizable sin él.

INDUMENTARIO, RIA adj. Relativo al vestido. || f. Estudio del vestido a través de las distintas épocas. || Conjunto de prendas que se lucen o se tienen.

INDUSTRIA f. Habilidad u oficio para hacer algo. || Conjunto de actividades económicas que tienen por objeto la transformación de materias primas en productos semielaborados, o de éstos en acabados, por medio de un proceso mecánico, con división del trabajo y especialización. || Conjunto de las empresas que se localizan en una misma unidad geográfica o que se dedican a la misma línea de producción. || Fábrica, factoría.

INDUSTRIAL adj. Relativo a la industria. || com. Propietario de una industria, o el que recibe los beneficios de la misma.

INDUSTRIALIZAR tr. Hacer que algo de elaboración artesana entre en los mecanismos y ritmos de producción de la industria. || Beneficiar a las industrias en el proceso económico de desarrollo.

INÉDITO, TA adj. Se aplica a lo no impreso, que permanece sin publicar. || Nuevo.

INEFABLE adj. Inexplicable, inenarrable, que no se puede decir con palabras.

INEPTO, TA adj. Que no es apto o no es útil para determinada cosa. || adj. y s. Bobo, necio.

INEQUÍVOCO, CA adj. Seguro, que no da lugar a dudas.

INERCIA f. Debilidad, pereza.

INERTE adj. Sin movimiento, sin vida.

INESPERADO, DA adj. Que aparece o sucede de improviso.

INESTABLE adj. Falto de estabilidad, sin equilibrio. || Se aplica al carácter poco firme, nervioso. || Se dice del compuesto químico que se altera fácilmente.

INESTIMABLE adj. Que no puede llegar a ser estimado en todo su valor.

INEXCUSABLE adj. Que no puede ser excusado.

INEXISTENTE adj. Que no existe. || Se aplica a lo existente pero desdeñable, sin efecto.

INEXORABLE adj. Sin compasión, impermeable a ruegos y desdichas.

INEXPERTO, TA adj. Novato, sin experiencia.

INEXPRESIVO, VA adj. Sin expresión, soso.

INEXPUGNABLE adj. Hablando de enclaves militares, imposibles de tomar por asalto. || Difícil de derrotar o convencer.

INEXTINGUIBLE adj. No extinguible. || De vida muy prolongada en su especie.

INFALIBLE adj. Que no puede caer en el error o en el engaño. || Indefectible, cierto.

INFAME adj. y com. Desprestigiado, cubierto de ignominia. || Malvado, vil.

INFAMIA f. Deshonra pública, mala fama. || Perversidad, vileza.

INFANCIA f. Periodo de la vida humana hasta la pubertad. || Conjunto de los niños. || Primera edad de una cosa, institución, etcétera.

INFANTERÍA f. Conjunto de tropas que combaten a pie; es una de las partes fundamentales del ejército y en la actualidad está ampliamente motorizada. || *de línea* La que en una batalla soporta el peso de la misma. || *de marina* La que pertenece a la armada y es especialista en desembarcos y en custodiar los buques y arsenales. || *ligera* La que actúa en avanzadas y guerrillas. || *mecanizada* Aquella cuyo regimiento o agrupación dispone en su totalidad de vehículos ligeros para el transporte.

INFANTICIDIO m. Muerte dada a un niño. || Muerte dada a un recién nacido por su madre o ascendientes maternos para ocultar su deshonra.

INFANTIL adj. Relativo a la infancia. || Aniñado, candoroso, tierno.

INFARTO m. Proceso necrótico visceral que aparece por falta parcial o total del riego sanguíneo, con su consecuente falta de llegada de nutrientes al tejido del órgano. || *de miocardio* Infarto cardiaco que se produce por oclusión de un vaso coronario. || *de i.* Se dice de la competición muy reñida y de resultados inciertos.

INFATIGABLE adj. Que no se cansa o tarda mucho en hacerlo.

INFAUSTO, TA adj. Desdichado, desafortunado.

INFECCIÓN f. Acción y efecto de infectar. || Conjunto de manifestaciones producidas por el contagio del organismo por microorganismos patógenos, que pueden ser virus, bacterias, hongos o protozoos.

INFECCIOSO, SA adj. Que provoca infección. || Que tiene carácter de tal.

INFECTAR tr. y prnl. Contagiar, inficionar, transmitir algo vivo o no, gérmenes o enfermedades a un ser vivo. || Contaminar con malos ejemplos o doctrinas.

INFECTO, TA adj. Contaminado, contagiado; se dice también de los que poseen ideas subversivas o amorales. || Asqueroso, muy sucio. || Horrible, desagradable.

INFELIZ adj. y com. Desdichado, desgraciado. || fam. Ingenuo, bonachón.

INFERIOR adj. Lo que está situado debajo o por debajo de otra cosa con respecto a ella. || Que es de menor calidad o cantidad. || Se dice de zonas, países, etc., que están situados a nivel más bajo con respecto a la cuenca de un río o al conjunto de tierras del lugar. || adj. y com. Persona que obedece órdenes de otra, o que tiene menos categoría social que ésta.

INFERIR tr. Deducir, extraer una consecuencia. || Ser causa o llevar consigo. || Ocasionar una herida moral o física.

INFERNAL adj. Que pertenece al infierno o tiene relación con él. || Pésimo, desagradable.

INFESTAR tr. y prnl. Extender una epidemia, propagar una enfermedad. || tr. Hacer correrías en tierra enemiga. || Poblar un lugar o un ser vivo las plantas o animales dañinos. || Ocupar una multitud un lugar.

INFICIONAR tr. y prnl. Infectar. || Intoxicar, corromper, amargar.

INFIDELIDAD f. Falta de fidelidad, especialmente la conyugal.

INFIEL adj. Sin fidelidad, pérfido. || Generalmente hablando de un relato, película, etc., poco conforme a los hechos o a la verosimilitud. || adj. y com. No creyente en la doctrina católica o islámica.

INFIERNO m. En la mayoría de los sistemas mitológicos y religiosos, morada, generalmente subterránea, donde viven las almas de los muertos. Para el cristianismo, heredero de la tradición judaica, al infierno van las almas de los que mueren en pecado mortal. || La fosa en que se disponen la rueda y su máquina en una tahona. || Cisterna, lugar donde se recogen las aguas con las que se ha escaldado la pasta de la aceituna. || En el infernáculo, la casilla o división con tal nombre.

INFILTRAR tr. y prnl. Hacer pasar un líquido a través de los intersticios de un sólido. || Inculcar ideas o ideologías. || prnl. Colarse, conseguir entrar en territorio enemigo o en una entidad o grupo que se desea controlar.

ÍNFIMO, MA adj. Muy bajo o muy inferior, el último peldaño. || Lo peor o lo más despreciable.

INFINIDAD f. Calidad de infinito. || Multitud, muchedumbre.

INFINITIVO m. Forma verbal no personal que da nombre al verbo. Se usa como imperativo, aunque su uso no es aconsejado por la norma (*venir* por *venid*).

INFINITO, TA adj. Que no tiene fin. || Numerosísimo, muy grande. || m. Cantidad variable mayor, en valor absoluto, que cualquier otra cantidad prefijada. Se representa con el símbolo ∞. || En terminología de computadoras, número mayor que el más grande que es capaz de almacenar en cualquier registro. || adv. Muchísimo, con desmesura.

INFLACIÓN f. Acción y efecto de inflar. || Soberbia, engreimiento. || Abundancia de algo, por lo que su valor se deprecia. || Proceso ascendente y continuado del nivel de precios.

INFLAMABLE adj. Se dice de un material que entra en combustión con facilidad.

INFLAMACIÓN f. Acción o efecto de inflamar o inflamarse. || Conjunto de fenómenos locales que se manifiestan en el tejido conectivo de un órgano, tejido, etc., como reacción a la agresión de un agente patógeno. Los síntomas habituales son calor, dolor, rubor y tumefacción.

INFLAMAR tr. y prnl. Prender fuego a algo provocando llama. || Enardecer, avivar pasiones o sentimientos. || prnl. Producirse inflamación en una parte del cuerpo.

INFLAR tr. y prnl. Hinchar. || Abultar hechos o noticias. || prnl. Envanecerse, darse pisto.

INFLEXIBLE adj. Rígido, que no es posible doblarlo o tocarlo. || fig. Inexorable.

INFLEXIÓN f. Desviación, inclinación de algo que era plano o recto. || Atenuación o elevación de la voz.

INFLIGIR tr. Producir o imponer un castigo, pena, ofensa, etcétera.

INFLUENCIA f. Acción y efecto de influir. || Autoridad, presión moral que uno tiene sobre otro. || pl. Relaciones, contactos y amistades que uno posee y que le suponen poder.

INFLUIR tr. e intr. Provocar una cosa en otra ciertas acciones o efectos. || Ejercer una presión moral sobre alguien. || Valerse de influencias. || Realizar Dios un don de su gracia, inspirarlo.

INFLUJO m. Acción y efecto de influir. || Flujo de la marea.

INFORMACIÓN f. Acción y efecto de informar o informarse. || Noticias y datos que genera constantemente la actividad humana. || Investigación legal de un hecho o delito. || Pruebas sobre un sujeto para un cargo. || Inform. Cualquier señal procesada entre la entrada y salida de un automatismo.

INFORMAL adj. Que incumple las formas sociales. || adj. y com. Sin formalidad ni palabra, botarate.

INFORMAR tr. y prnl. Avisar, dar noticia o enterar de algo a alguien. || Realizar, construir una cosa. || intr. Dar su dictamen un cuerpo o perito consultados. || Pronunciar el discurso de preliminares o el de conclusiones los fiscales y abogados. || prnl. Buscarse fuentes de noticias.

INFORMÁTICA f. Conjunto de técnicas que permiten procesar unos datos dando unos resultados, proceso que se debe realizar mediante ordenadores o computadoras.

INFORMATIVO, VA adj. Que informa. || m. Espacio televisivo o radiofónico, que, generalmente sometido a un horario fijo y diario, ofrece las últimas noticias de origen local, nacional o internacional.

INFORME m. Acción y efecto de informar. || Datos o noticia que se dan de un suceso, negocio o cosa. || Discurso con pruebas sobre un tema o el estado de un asunto. || Discurso de conclusiones que hace el fiscal o el defensor ante el tribunal.

INFORTUNIO m. Hecho desdichado, mala suerte. || Mal momento, desgracia que uno atraviesa.

INFRACCIÓN f. Contravención de una ley, tratado o norma. || Acción u omisión que produce un mal al orden social y se sanciona con una pena.

INFRACTOR, RA adj. y s. Que comete una infracción.

INFRAESTRUCTURA f. En una construcción, los cimientos; en un buque, la parte que queda debajo de la última cubierta, y en aviación, el material e instalaciones de tierra. || Conjunto de bienes y servicios básicos para el desarrollo de la actividad industrial en una sociedad, generalmente gestionados y financiados por el sector público. Son los sistemas de comunicación, las redes de energía, etc. || Por extensión, lo fundamental, lo básico y necesario para algo.

IN FRAGANTI Frase latina adverbial que significa 'en flagrante delito', 'con las manos en la masa'.

INFRASCRITO, TA adj. y s. Firmante al término de un escrito. || Que está al final de un escrito o después de éste.

INFRINGIR tr. Incumplir una ley, convenio, etcétera.

INFRUCTUOSO, SA adj. Poco adecuado, de efectos nulos para un fin.

INFUNDADO, DA adj. Sin fundamento.

INFUNDIO m. Rumor, maledicencia, mentira tendenciosa.

INFUNDIR tr. Disolver un medicamento o sólido en agua o licor. || Originar un sentimiento, arranque emotivo, etcétera.

INFUSIÓN f. Acción y efecto de infundir. || Bebida o preparado que se consigue con la inmersión de ciertos vegetales que contienen principios activos en agua hirviendo. || Administración de líquidos por vía intravenosa.

INGENIAR tr. Discurrir, utilizar el ingenio para idear algo. || prnl. Componérselas, inventar trucos para salir del paso.

INGENIERÍA f. Conjunto de conocimientos por los que las propiedades de la materia y los recursos naturales de energía se hacen útiles al hombre mediante máquinas, estructuras, etc. || *genética* La relativa al mejoramiento de una especie.

INGENIERO, RA m. y f. Persona que tiene título de ingeniería en cualquiera de sus ramas.

INGENIO m. Facultad que permite la facilidad de creación o invención. || Persona que posee tal facultad. || Inteligencia creadora, especialmente la poética. || Habilidad, destreza para conseguir lo que se pretende. || Artefacto mecánico, en especial el bélico. || Finca o fábrica de caña de azúcar.

INGENIOSO, SA adj. Con ingenio.

INGÉNITO, TA adj. No engendrado. || Innato.

INGENTE adj. Desmesurado, muy grande.

INGENUIDAD f. Calidad de ingenuo. || Buena fe, candor, sinceridad con la que espontáneamente se habla u obra.

INGENUO, NUA adj. y s. Cándido, honesto.

INGERIR tr. Tragar comida, bebida, etcétera.

INGLE f. Región del cuerpo comprendida entre la parte anterior e inferior de la pared abdominal y el muslo.

INGLÉS, SA adj. y s. De Inglaterra. || Impropiamente, británico. || m. Lengua indoeuropea del grupo germánico occidental; es la lengua más hablada del mundo.

INGRATO, TA adj. Desagradecido, olvidadizo. || Agrio, desabrido. || Dificultoso, que no comporta satisfacciones.

INGRÁVIDO, DA adj. Liviano, de poco peso. || Que no está sometido a la fuerza gravitatoria de la Tierra. || fig. Tenue, suave.

INGREDIENTE m. Componente de un medicamento, comida, etcétera.

INGRESAR intr. Pasar adentro. || Asociarse, incorporarse a un organismo. || tr. e intr. Depositar algo en un sitio, generalmente dinero. || Cobrar un sueldo.

INGRESO m. Acción y efecto de ingresar. || Entrada. || Acción de entrar. || Cantidad de dinero que uno ingresa en su haber. || Prueba que hay que pasar para ingresar en un cuerpo docente. || *ingresos públicos* Los que obtiene el sector público para atender a sus servicios; los más importantes son los i. impositivos.

INHÁBIL adj. Sin habilidad, torpe. || Inepto, nulo. || Incompetente para un empleo u oficio. || Se aplica al día o a las horas en que ciertas oficinas permanecen cerradas al público. || Se dice del proceder inadecuado para alcanzar un fin.

INHABILITAR tr. Considerar a alguien incapacitado para desempeñar un cargo público y ejercer sus derechos civiles o políticos. || tr. y prnl. Impedir que algo se lleve a cabo.

INHERENTE adj. Consustancial, inseparable.

INHIBIR tr. Hacer que un juez deje de ocuparse de una causa. || tr. y prnl. Suspender o frenar la acción o función de un órgano por efectos patológicos o fisiológicos. || prnl. No querer actuar o influir.

INHUMANO, NA adj. Sin humanidad, bárbaro. || Se aplica al dolor, pena, situación, etc., muy intensos, insoportables.

INHUMAR tr. Dar sepultura a un cadáver.

INICIACIÓN f. Acción y efecto de iniciar o iniciarse. || Introducción de un individuo en el seno de una comunidad o de una iglesia por medio de rituales que indican su nuevo estado de vida.

INICIAL adj. Relativo al origen o comienzo de las cosas. || adj. y f. Se aplica a la primera letra de una palabra.

INICIAR tr. Dar entrada a alguien en los secretos de algo. || tr. y prnl. Impartir las primeras enseñanzas de una materia. || Empezar o incitar algo.

INICIATIVO, VA adj. Que comienza una cosa. || f. Facultad de proponer. || Acción de ejercerla. || Empuje, acción de ir por delante de los demás. || Actitud que lleva a dicha acción.

INICIO m. Origen, principio.

INICUO, CUA adj. Opuesto a la equidad. || Parcial, malvado.

INIQUIDAD f. Agravio, arbitrariedad.

INJERIR tr. Poner una cosa dentro de otra. || Insertar algo en un texto. || prnl. Inmiscuirse en un asunto.

INJERTAR tr. Unir una rama con yemas a una planta, para que brote.

INJERTO m. Sistema de reproducción vegetativa de las plantas, consistente en unir una parte de una planta provista de aparato radical (denominada patrón o portainjerto) con una o varias yemas de otra planta, con el fin de mantener las propiedades de la especie que se reproduce. || Acción de injertar. || Implantación de un tejido en una zona adecuada para recibirlo.

INJURIA f. Agravio, insulto al honor de alguien. || Acción injusta, ofensiva. || Delito cometido por quien profiere expresiones o ejecuta acciones que ofenden el honor de una persona, asociación o grupo, y causan su descrédito y el menosprecio de los demás. || Perjuicio que ocasiona algo.

INJURIAR tr. Hacer una injuria a alguien. || Ultrajar, dañar.

INJUSTICIA f. Acción que se opone a la justicia. || Carencia de justicia.

INJUSTO, TA adj. Arbitrario, sin justicia.

INMACULADO, DA adj. Sin mancha.

INMADUREZ f. Cualidad de inmaduro. || Desarrollo psíquico incompleto de una persona, ya sea general (i. infantil), o específico (i. afectiva, etcétera).

INMATERIAL adj. Se dice de lo desprovisto de materia, no relacionado con el cuerpo.

INMEDIACIÓN f. Calidad de inmediato. || pl. Afueras de un lugar.

INMEDIATO, TA adj. Contiguo, próximo. || Que ocurre sin demora. || *de i.* Inmediatamente.

INMEMORIAL adj. Remoto, antiquísimo.

INMENSIDAD f. Cualidad de inmenso. || Abundancia, vastedad.

INMENSO, SA adj. Ilimitado, incalculable. || Descomunal.

INMERSIÓN f. Acción de sumergir, o sumergirse.

INMIGRANTE adj. y com. Se dice de la persona que inmigra o lo ha hecho.

INMIGRAR intr. Llegar a un país o zona ajenos para vivir en él, especialmente por razones económicas.

INMINENTE adj. Cercano, que está al caer.

INMISCUIR tr. Mezclar. || prnl. Meterse uno donde no lo llaman.

INMOLAR tr. Ofrendar a los dioses un sacrificio. || tr. y prnl. Hacer entrega de la vida o los bienes en pro de algo o alguien.

INMORAL adj. Contrario a la moral o a las rectas costumbres.

INMORTAL adj. Que no puede morir, imperecedero. || fig. Inmemorial, que dura mucho. || f. Perpetua.

INMORTALIZAR tr. y prnl. Perpetuar en el recuerdo o en la memoria.

INMÓVIL adj. Que no se mueve. || Fijo, constante.

INMOVILIZAR tr. Paralizar, dejar algo inmóvil. || Despojar de libertad. || Colocar un dinero en algo que produce beneficios a largo plazo. || Restringir la libre enajenación de bienes. || prnl. Quedarse paralizado.

INMUEBLE adj. y m. Se dice de los bienes que no pueden transportarse. || Edificio, vivienda.

INMUNDICIA f. Mugre, suciedad. || fig. Deshonestidad, asunto poco ético.

INMUNDO, DA adj. Sucio y mugriento. || Impuro.

INMUNE adj. Exento, que no tiene que cumplir con ciertos cargos, obligaciones, etc. || Dotado de inmunidad.

INMUNIDAD f. Calidad o estado de inmune. || Resistencia congénita o adquirida (mediante vacunación o seroterapia) a padecer una determinada enfermedad. || Privilegio del que gozan algunas personas, objetos o lugares, de no estar sujetos al procedimiento ordinario (diplomáticos, eclesiásticos).

INMUNIZAR tr. Volver inmune.

INMUTABLE adj. Que no tiene cambio.

INMUTAR tr. Cambiar, variar. || prnl. Turbar el ánimo de alguien una impresión, sentimiento, etcétera.

INNATO, TA adj. Propio de un ser, congénito a él.

INNOVAR tr. Aportar cambios o novedades.

INNUMERABLE adj. Que es tan grande que no admite numeración o cálculo.

INOCENCIA f. Condición de inocente. || Descargo de culpa en un delito. || Pureza, sencillez.

INOCENTE adj. y com. Que no tiene culpa, exento de pecado. || Candoroso, ingenuo, que no lleva malicia. || Se dice de los niños. || adj. Que no comporta mal o daño.

INOCUO, CUA adj. Inofensivo. || Insulso.

INODORO, RA adj. Sin olor. || adj. y m. Retrete.

INOFENSIVO, VA adj. Que no puede o no sabe ofender. || Incapaz de producir daño o molestia.

INOPORTUNO, NA adj. Inadecuado, intempestivo. || Que resulta molesto o fuera de lugar.

INORGÁNICO, CA adj. No orgánico, sin vida. || Sin organización. || Se dice de los compuestos químicos que no contienen carbono (a excepción del dióxido de carbono y los carbonatos), en oposición a los compuestos carbonados u orgánicos.

INOXIDABLE adj. Que no puede oxidarse.

INQUEBRANTABLE adj. Que no se rompe o quebranta, tenaz.

INQUIETAR tr. y prnl. Perturbar el ánimo de alguien, desasosegar. || tr. Tratar de quitarle algo a alguien o intimidarle con ello.

INQUIETO, TA adj. Incapaz de estarse quieto. || Intranquilo, nervioso, con el ánimo perturbado.

INQUIETUD f. Intranquilidad, zozobra. || Bullicio, perturbación. || pl. Deseos o aspiraciones del espíritu.

INQUILINO, NA m. y f. Persona que habita una vivienda en alquiler. || Arrendatario de una finca urbana.

INQUINA f. Antipatía, odio.

INQUIRIR tr. Investigar, preguntar.

INQUISICIÓN f. Acción y efecto de inquirir. || Antiguo tribunal eclesiástico destinado a la persecución de la herejía (1231; en España, 1478-1834). || Lugar en que se celebraban las reuniones. || Cárcel para los reos de este tribunal.

INQUISIDOR, RA adj. y s. Que inquiere. || m. Juez de la Inquisición. || *general* El que tenía a su cargo el gobierno del Consejo de Inquisición.

INSACIABLE adj. Ávido, ambicioso, que no puede saciar sus deseos.

INSALUBRE adj. Malsano, nocivo.

INSCRIBIR tr. Esculpir palabras en piedra, metal, etc. || tr. y prnl. Anotar el nombre de alguien en un registro, lista, etc. || Apuntar datos en un registro, tomar declaraciones, etc. || Trazar una figura geométrica dentro de otra y con el mayor número posible de puntos de contacto. La figura interior se dice *inscrita* y la exterior *circunscrita*.

INSCRIPCIÓN f. Acción y efecto de inscribir o inscribirse. || Epígrafe, escrito breve, grabado en un metal o piedra. || Asiento, anotación de la deuda pública. || Título de dicha deuda, emitido por el Estado.

INSECTICIDA adj. y m. Sustancia química, de origen orgánico o inorgánico, empleada para destruir insectos nocivos alterando sus propiedades vitales.

INSECTÍVORO, RA adj. Se dice del animal cuya dieta está formada total o parcialmente por insectos. || Se dice de la planta que dispone de artificios para la captura pasiva de pequeños insectos. || m. pl. Orden de Mamíferos placentados, de caracteres primitivos: tamaño generalmente pequeño, hemisferios cerebrales lisos, dientes acuminados por lo general en número de 40, hocico saliente. Se alimentan de insectos.

INSECTO adj. y m. Se dice de cualquiera de los invertebrados de la especie insectos || pl. Clase de invertebrados artrópodos traqueados. De tamaño variable (entre 0.3 y 30 cm), cuerpo revestido por una cutícula y dividido en 3 regiones: cabeza, tórax y abdomen. En la cabeza se disponen los ojos (compuestos y ocelos en número variable), las antenas (siempre en número par, multiarticuladas y dispuestas entre los ojos) y las piezas bucales, que conforman distintos tipos de aparatos (masticador-lamedor, picador-chupador y chupador-lamedor, según el tipo de alimentación). El tórax se une a la cabeza por una región flexible, y está dividido en: protórax (con un par de patas), mesotórax y metatórax (con un par de patas y generalmente de alas en cada una). Las patas son articuladas y presentan diversas especializaciones (elementos de limpieza, órganos estridulantes, cestos para recoger el polen, etc.). Las alas son tegumentosas.

INSEGURO, RA adj. Carente de seguridad, incierto.

INSEMINACIÓN f. Entrada de semen del macho en el útero de la hembra con objeto de fecundar al óvulo. || *artificia.!* Conjunto de técnicas que favorecen la fecundación; en zootecnia se usa en la mejora de las razas y en el hombre para obviar algunas causas de esterilidad (bebés de probeta).

INSENSATO, TA adj. y s. Irreflexivo, que actúa sin sentido común.

INSENSIBLE adj. Que no tiene sensibilidad o sentido. || Frío, indiferente. || Imperceptible.

INSEPARABLE adj. Imposible o difícil de separar. || adj. y com. Se aplica a las personas que mantienen una relación íntima o familiar. || Se dice del elemento lingüístico que no tiene entidad desligado de la palabra de la que forma parte.

INSERCIÓN f. Acción y efecto de insertar. || Punto de unión de los músculos, ligamentos y tendones, especialmente en la superficie de los huesos.

INSERTAR tr. Intercalar, poner dentro; se aplica generalmente a los textos. || prnl. Adentrarse una cosa en otra.

INSIDIA f. Celada, maquinación.

INSIGNE adj. Preclaro, reputado.

INSIGNIA f. Divisa, enseña, bandera de una asociación. || Estandarte de una legión romana. || Bandera que en un buque señala la graduación del que lo dirige.

INSIGNIFICANTE adj. Fútil, exiguo, de poca monta.

INSINUACIÓN f. Acción y efecto de insinuar. || Sugestión, alusión.

INSINUAR tr. Sugerir, apuntar algo sin nombrarlo directamente. || prnl. Infiltrarse con astucia en el ánimo de alguien para ganar su voluntad. || Captar poco a poco el espíritu un afecto, sentimiento, etc. || Dar a entender disimuladamente algo que se quiere. || Comenzar algo de forma velada.

INSÍPIDO, DA adj. Soso, que no tiene el suficiente sabor. || Insulso, anodino.

INSISTIR intr. Hacer hincapié en algo, reiterarlo. || Persistir, actuar con constancia.

INSOCIABLE adj. Irascible, esquivo.

INSOLACIÓN f. Conjunto de manifestaciones patológicas causadas por una exposición prolongada a los rayos solares. || Radiación solar en un punto o periodo determinado. || Exposición a la luz de una preparación sensible a ella.

INSOLENTE adj. y com. Que no tiene educación o respeto hacia los demás. || adj. Se aplica a los dichos o hechos del que actúa de este modo.

INSÓLITO, TA adj. Desusado, excepcional.

INSOLUBLE adj. Imposible de disolver o diluir. || Que no puede resolverse.

INSOLVENTE adj. y com. Que carece de los medios para pagar algo, o llevar a cabo un trato.

INSOMNIO m. Incapacidad de dormirse, aun cuando se siente la necesidad de hacerlo.

INSONDABLE adj. Que no puede sondearse. || Impenetrable, que no puede indagarse.

INSOPORTABLE adj. Inaguantable, que no se puede soportar. || Enojoso, pesado.

INSOSTENIBLE adj. Muy difícil de sostener. || Indefendible, rebatible.

INSPECCIÓN f. Acción y efecto de inspeccionar. || Encomienda de vigilar algo. || Morada o despacho del inspector. || *ocular* Medio procesal por el cual el juez observa personalmente el contenido de una prueba presentada.

INSPECCIONAR tr. Vigilar atentamente el buen funcionamiento de algo.

INSPECTOR, RA adj. y s. Que inspecciona. || m. y f. Persona que se encarga de vigilar y controlar el cumplimiento de un trabajo o de unas normas.

INSPIRACIÓN f. Acción y efecto de inspirar. || Iluminación divina. || Musa, estado en que el artista logra una mayor fuerza creadora. || Cosa inspirada.

INSPIRAR tr. Aspirar el aire para llevarlo a los pulmones. || Despertar en el ánimo o en la mente ideas, sentimientos, razones, etc. || Suscitar ideas creadoras. || prnl. Basarse en algo como motivo de inspiración.

INSTALACIÓN f. Acción y efecto de instalar o instalarse. || Acondicionamiento de un edificio o finca para permitir su habitabilidad, dotándolo de electricidad, gas, agua, etcétera.

INSTALAR tr. y prnl. Colocar a alguien en el desempeño de un cargo, situación, etc. || Acomodar algo o a alguien en un sitio. || Disponer en un lugar los objetos y servicios necesarios para su funcionamiento. || prnl. Ir a vivir a un determinado sitio.

INSTANCIA f. Acción y efecto de instar. || Solicitud escrita en demanda de algo. || Cada uno de los grados jurisdiccionales o fase en que se encuentra un proceso. || En el uso, organización o corriente de pensamiento con gran capacidad de influir socialmente.

INSTANTÁNEO, A adj. Que dura un instante, u ocurre en este intervalo. || Se dice del preparado alimenticio, generalmente soluble, que no necesita cocción. || adj. y f. Se aplica a la placa obtenida rápidamente, y a la fotografía que se saca de ella.

INSTANTE m. Segundo. || Espacio de tiempo muy breve.

INSTAR tr. Rogar, apremiar una súplica. || intr. Reiterar una petición.

INSTAURAR tr. Establecer. || Reponer, renovar.

INSTIGAR tr. Azuzar, incitar a alguien.

INSTINTIVO, VA adj. Que es efecto del instinto.

INSTINTO m. Conjunto de actos ordenados, no aprendidos, determinados genéticamente y propios de una misma especie, que satisfacen unas necesidades y realizan una adaptación biológica sin necesidad de una reflexión consciente. || Tendencia innata a realizar determinadas conductas. || Por extensión, toda la actividad que se pone en marcha, adaptada a una finalidad, y que no está basada en lo aprendido.

INSTITUCIÓN f. Acción y efecto de instituir. || Establecimiento que lleva a cabo una labor social. || Concepto de ciencia social, introducido por la sociología positivista y la antropología funcionalista, que designa cualquier dispositivo (material, de organización, de intercambio), que, con carácter permanente, regula las relaciones de una sociedad en orden a atender las necesidades humanas. || Cuerpo u organismo de un Estado. || pl. Órganos constitucionales de un país.

INSTITUIR tr. Crear un establecimiento benéfico, unas ayudas, premios, etc., y fijar los medios para su pervivencia. || Restaurar, reponer.

INSTITUTO m. Reglamento que establece las normas de vida o de enseñanza de una comunidad, especialmente religiosa. || Organismo benéfico, científico, literario, etc. || Edificio en que está situado. || Centro estatal donde se imparten los estudios de bachillerato. || Denominación que toman algunos establecimientos comerciales. || *politécnico* El que imparte estudios técnicos de tipo profesional.

INSTITUTRIZ f. Mujer que instruye y educa a los niños de una familia.

INSTRUCCIÓN f. Acción y efecto de instruir o instruirse. || Suma de conocimientos que uno posee. || Conjunto de diligencias y trámites que constituyen el sumario de un proceso criminal. || Serie de ejercicios que practica la tropa. || Inform. Mínima información codificada que, introducida en un ordenador, provoca en él la ejecución de una o varias operaciones. || pl. Normas que hay que llevar a cabo para realizar una cosa o hacer que algo funcione.

INSTRUCTIVO, VA adj. Que puede instruir.

INSTRUCTORA, RA adj. y s. Que instruye. || Persona que ejerce la enseñanza física o deportiva. || m. El que dirige la instrucción militar.

INSTRUIDO, DA adj. Que posee abundantes conocimientos.

INSTRUIR tr. Formar a una persona, inculcarle conocimientos. || Llevar a cabo las formalidades de un expediente o proceso. || tr. y prnl. Informar sobre la situación de algo.

INSTRUMENTAL adj. Relativo a los instrumentos. || Der. Se dice de lo relativo a escrituras públicas. || m. Conjunto de instrumentos o utensilios propios de una profesión, especialidad, orquesta, etcétera.

INSTRUMENTO m. Nombre genérico de cualquier medio o utensilio necesario para llevar a cabo determinadas operaciones. || Máquina. || Objeto usado para producir sonidos musicales. Se clasifican, según la forma de ejecución, en cuerda, viento y percusión. || Cualquier cosa o persona que se utiliza para realizar algo. || Documento notarial para probar algo.

INSUBORDINAR tr. y prnl. No acatar la autoridad de alguien, indisciplinarse.

INSUFRIBLE adj. Que no se puede sufrir o soportar.

ÍNSULA f. Isla.

INSULAR adj. Relativo a una isla.

INSULINA f. Hormona del páncreas que es segregada por las células beta de los islotes de Langerhans. Su acción más importante es la reducción de la glucemia.

INSULSO, SA adj. Soso, carente de sabor. || Anodino, aburrido.

INSULTAR tr. Agraviar a alguien con dichos o hechos.

INSULTO m. Acción y efecto de insultar.

INSURGENTE adj. y com. Insurrecto.

INSURRECCIÓN f. Levantamiento popular contra una autoridad; o rebelión de un grupo social, generalmente armada, contra un poder legalmente constituido.

INSURRECTO, TA adj. y s. Sedicioso, sublevado.

INSUSTANCIAL adj. De escaso sabor o sustancia. || Insulso, desabrido.

INTACTO, TA adj. No tocado o palpado. || Inalterable, entero. || Que no lleva mezcla. || No comentado.

INTACHABLE adj. Sin tacha, irreprochable.

INTANGIBLE adj. Que no puede tocarse.

INTEGRACIÓN f. Acción y efecto de integrar. || Operación mediante la cual se determina la integral de una función o ecuación diferencial. || Cualquiera de los procesos sociales (i. cultural, racial...) que buscan homogeneizar en algún aspecto a los miembros de una comunidad.

INTEGRAL adj. Que contiene todas las partes o aspectos de la cosa tratada. || Se aplica al signo (∫) con que se indica la integración. || Se dice del resultado de integrar una expresión diferenciable.

INTEGRAR tr. Unir las partes que constituyen un todo. || Sacar una integral. || tr. y prnl. Agregarse.

ÍNTEGRO, GRA adj. Entero, cabal. || Se aplica a la persona honrada, de recto proceder.

INTELECTO m. Entendimiento.

INTELECTUAL adj. Relativo al entendimiento, o a los intelectuales. || adj. y com. Se aplica a la persona que realiza trabajos cuya base es el intelecto.

INTELIGENCIA f. Capacidad general de plantear y resolver problemas, de comprensión y de actuar con una finalidad concreta. || *i., coeficiente de* Cociente de la edad mental y la real de un individuo, multiplicado por 100.

INTELIGENTE adj. y com. Docto, culto. || Que tiene inteligencia.

INTELIGIBLE adj. Que puede entenderse. || Racional, que interviene el entendimiento y no los sentidos. || Fácil de oír.

INTEMPERANCIA f. Ausencia de templanza y comedimiento.

INTEMPERIE f. Falta de bonanza del tiempo, variabilidad. || *a la i.* Al aire libre.

INTEMPESTIVO, VA adj. A destiempo, no oportuno.

INTENCIÓN f. Decisión, propósito; dirección de la voluntad hacia determinado fin. || Prudencia o cálculo al hablar y obrar. || *primera i.* Modo de obrar sin premeditación, sin dobleces. || *segunda i.* Forma de obrar artera, con doblez y propósitos ocultos.

INTENCIONADO, DA adj. Con alguna intención. || A propósito.

INTENDENCIA f. Vigilancia y gobierno de algo. || Cargo, zona y oficina del intendente. || Cuerpo del ejército que se ocupa de las vitualllas y provisiones para las tropas. || División administrativa mayor de Colombia, con más autogobierno que la comisaría y menos que el departamento.

INTENSIDAD f. Cuantía de una magnitud. || En la expresión musical, mayor o menor grado de fuerza del sonido determinada por el matiz y el acento. || Apasionamiento, afán, ilusión por la vida.

INTENSIFICAR tr. y prnl. Aumentar la intensidad, hacer más intenso algo.

INTENSIVO, VA adj. Que intensifica. || Muy intenso.

INTENSO, SA adj. Con intensidad. || Con gran vehemencia y viveza.

INTENTO m. Lo que se intenta. || Fin, propósito. || *de i.* Adrede.

INTERACCIÓN f. Sinónimo de acción recíproca entre cuerpos, partículas o sistemas.

INTERCALAR, 1 adj. Colocado entre dos cosas.

INTERCALAR, 2 tr. Disponer algo entre otras cosas, interpolar.

INTERCAMBIAR tr. Cambiar recíprocamente con alguien planes, ideas, etcétera.

INTERCEDER intr. Ser uno valedor de otro, mediar por él.

INTERCEPTAR tr. Hacerse con algo o destruirlo antes de que cumpla su misión o llegue a su destino. || Obstruir una vía de comunicación, inutilizarla. || Estorbar el pase o la jugada al rival.

INTERÉS m. Beneficio, conveniencia. || Valor que una cosa posee en sí misma. || Pago que se realiza por el uso de un dinero prestado, en función del riesgo y la duración del préstamo. Se distingue el *i. simple*, que se aplica en cada periodo de tiempo, sobre el capital inicial, del i. *compuesto*, que lo hace además sobre los réditos de periodos anteriores. || Según la teoría de la distribución, renta del capital prestado. || Afición, inclinación que se siente por algo o alguien.

INTERESANTE adj. Que interesa. || Se dice generalmente de la persona atractiva. || *hacerse el i.* Adoptar actitudes para llamar la atención.

INTERESAR tr. Meter a uno en un negocio, empresa, etc. || Involucrar a uno en asuntos ajenos y hacérselos tomar como propios. || Emocionar, despertar interés. || Lesionar, afectar. || Situar dinero en la bolsa, un negocio, etc., para obtener beneficios. || intr. y prnl. Sentir interés por algo o alguien. || prnl. Preguntar por una persona o cosa.

INTERFERENCIA f. Interposición en el libre discurrir o actuar de algo. || Actitud de quien, teniendo algún tipo de poder, trata de imponer su voluntad frente a la libre decisión de otros más débiles; especialmente referido a relaciones entre instituciones o Estados. || Fenómeno que consiste en la adición o combinación de movimientos ondulatorios en una región del espacio.

INTERFERIR tr. e intr. Provocar interferencia. || tr. y prnl. Mezclar una acción o movimiento con otra, estorbándose mutuamente.

ÍNTERIN m. Espacio de tiempo existente entre dos acciones, o hasta la adjudicación definitiva de un cargo. || *en el í.* Mientras tanto.

INTERINO, NA adj. Provisional, que sustituye durante un tiempo a algo o alguien. || adj. y s. Que tiene un cargo o empleo de no-titularidad. || f. Criada de casa particular que no reside en ella.

INTERIOR adj. Que está en la parte de adentro. || Que está muy hacia dentro. || Se aplica a los pisos o cuartos sin ventanas ni vistas a la calle. || Muy propio de cada cual, íntimo. || Del propio país (o del país del que se habla) en oposición a los demás. || Que es cosa del ánimo o del corazón. || m. La parte de dentro de una cosa. || La zona central de una nación, por contraste con la costa o las fronteras. || Lo secreto y recóndito de cada cual, su fondo moral.

INTERJECCIÓN f. Palabra o expresión exclamativa que expresa por sí sola una oración (estado de ánimo, aviso, orden, etc.: ¡Uf!).

INTERLOCUTOR, RA m. y f. Cada una de las personas que participan en un diálogo.

INTERMEDIARIO, RIA adj. y s. Que media entre dos o más partes, especialmente para ajustar un asunto o almacenar y vender artículos que él no ha producido.

INTERMEDIO, DIA adj. Que se encuentra entre dos puntos extremos temporales o espaciales. || m. Pausa entre dos acciones o dos tiempos. || Danza o pieza breve de entretenimiento que se realiza entre los actos de una representación teatral. || Intervalo corto de tiempo en el que un espectáculo (cinematográfico, teatral, etc.) se interrumpe para proseguir después.

INTERMINABLE adj. Que no tiene término ni final. || fig. De muy larga vida o duración.

INTERMITENTE adj. Que alternativamente cesa y continúa en una oscilación reiterada y de frecuencia generalmente establecida. || Se aplica a la fiebre que aparece en crisis más o menos prolongadas. || m. Luz de intermitencia de un vehículo, con la que se señalan los cambios de dirección o de carril.

INTERNACIONAL adj. Relativo a dos o más naciones o al conjunto de todas ellas. || adj. y com. Se dice del deportista que representa a su país en competiciones entre Estados.

INTERNACIONALIZAR tr. Someter un Estado, mar, conflicto, etc., a la intervención y el arbitrio de varias naciones o de una organización mundial. || Abrir un territorio o zona marítima al comercio, tráfico, etc., internacionales. || Intervenir en un conflicto armado varias potencias, agravando la crisis y entrando indirectamente en guerra entre ellas.

INTERNADO, DA adj. y s. Se aplica al alumno interno en un colegio o al prisionero de un campo de concentración, manicomio, etc. || m. Establecimiento donde viven internos, especialmente los de un colegio. || Los alumnos internos. || Forma de vida de los internos.

INTERNAR tr. Enviar a uno o conducirlo tierra adentro. || Ingresar a alguien en un sanatorio, clínica, internado, etc. || intr. y prnl. Profundizar en un territorio, avanzar en determinada dirección. || prnl. Aumentar los conocimientos sobre una materia o el grado de intimidad y amistad con alguien.

INTERNO, NA adj. Interior. || adj. y s. Se aplica al alumno que vive en el mismo establecimiento de enseñanza. || Médico o estudiante que realiza sus prácticas en un hospital.

INTERPELAR tr. Pedir auxilio, solicitar protección de uno. || Exigir de uno explicaciones sobre determinado hecho o conducta. || Exigir un parlamentario explicaciones al gobierno.

INTERPOLAR, 1 tr. Disponer una cosa entre otras, interponer. || Introducir en una obra que no es propia escritos o modificaciones que amplíen el original. || Parar momentáneamente una acción.

INTERPOLAR, 2 adj. Que se encuentra entre dos polos de un circuito eléctrico.

INTERPONER tr. Introducir un nuevo elemento en un lugar no extremo de una serie, poner una cosa entre otras. || Poner como mediador a uno. || Formalizar algún recurso legal, mediante un pedimento.

INTERPRETACIÓN f. Acción y efecto de interpretar. || Análisis de un hecho, estudio, etc., para conocer su sentido. ||

Resultado de dicho análisis. || Actuación o ejecución, en ciertas artes.
INTERPRETAR tr. Aclarar el sentido de un texto, obra artística, gesto, etc. || Buscarle a algo un significado. || Sacar deducciones de un hecho. || Atribuir determinada causa o efecto a un hecho. || Llevar a cabo para el público una pieza musical, teatral, etc. || Traducir una lengua.
INTÉRPRETE com. Persona que interpreta una obra artística. || Traductor simultáneo. || fig. Cualquier cosa que dé a conocer pasiones y sentimientos de uno. || Inform. Rutina que traduce un programa, almacenado en un código arbitrario, al lenguaje del ordenador, y realiza las operaciones a medida que las traduce.
INTERROGACIÓN f. Pregunta. || Incógnita, carencia de respuesta adecuada. || Signo ortográfico (¿?) que se pone al principio y al final de una oración interrogativa.
INTERROGAR tr. Preguntar. || Hacer un interrogatorio a alguien.
INTERROGATIVO, VA adj. Se dice de lo que se utiliza para interrogar o que denota interrogación. || adj. y f. Se dice de un tipo de oración gramatical.
INTERROGATORIO m. Serie de preguntas con las que se pretende esclarecer un hecho, generalmente delictivo. || Acto de preguntar al que es interrogado. || Cuestionario o escrito donde se encuentran tales preguntas.
INTERRUMPIR tr. Paralizar, detener una acción. || Comenzar uno a hablar, impidiendo al que lo estaba haciendo que prosiga su intervención.
INTERRUPTOR, RA adj. y s. Que interrumpe. || m. Dispositivo que interrumpe periódicamente la circulación de una corriente continua para producir impulsos.
INTERSECCIÓN f. Conjunto formado por los elementos comunes a dos o más conjuntos. || *i., punto de* Punto donde una línea corta uno de los ejes de un sistema de coordenadas.
INTERSTICIO m. Distancia y espacio muy pequeños entre dos cuerpos o dos partes de un cuerpo. || Intervalo.
INTERVALO m. Espacio, duración que media entre dos tiempos, hechos o lugares. || Distancia entre dos sonidos.

INTERVENCIÓN f. Acción y efecto de intervenir. || Despacho, local del interventor. || Cuerpo de la administración militar que se encarga de realizar las inspecciones. || Operación quirúrgica.
INTERVENIR intr. Entrar en un negocio o asunto. || Hacer uso de la autoridad o influencia que se tienen para resolver un asunto. || Acontecer, suceder de repente. || tr. Investigar e inspeccionar los libros y cuentas de una persona o entidad; debe hacerse por orden o con permiso de la autoridad. || Ordenar, vigilar o suspender la autoridad determinada actividad. || Violentar la autoridad la correspondencia privada de alguien o controlar su teléfono. || Salir un tercero como fiador o pagador de una letra de cambio. || Controlar la hacienda pública unos bienes privados e impedir su libre utilización. || Med. Operar.
INTERVENTOR, RA adj. y s. Que interviene. || m. y f. Funcionario que controla ciertas operaciones y las autoriza legalmente. || Persona que controla una mesa electoral por cuenta de una candidatura.
INTESTADO, DA adj. y s. Que fallece sin haber realizado testamento legal. || m. Herencia que se recibe sin ser dispuesta por un testamento.
INTESTINO, NA adj. Interior, interno. || Íntimo, doméstico. || m. Parte del tubo digestivo comprendida entre los orificios pilórico y anal; se divide en delgado y grueso.
INTIMAR tr. Notificar algo, hacerlo saber, especialmente con fuerza o de forma coercitiva. || intr. y prnl. Hacerse íntimo de alguien. || prnl. Entrarse algo por los poros y huecos de un cuerpo.
INTIMIDAD f. Amistad íntima. || La parte más secreta y personal de los asuntos de uno o de su familia; se usa también en plural.
INTIMIDAR tr. y prnl. Provocar miedo, asustar.
ÍNTIMO, MA adj. Más interior, más interno. || Se aplica a lo sustancial, esencial de algo. || adj. y s. Se dice de la amistad muy profunda o que es amigo de mucha confianza.
INTOLERANCIA f. Falta de tolerancia. || Falta de adaptación o dificultad del organismo para soportar ciertas sustancias.

INTOXICACIÓN f. Acción y efecto de intoxicar. || Desarreglo patológico, causado por la presencia de sustancias tóxicas en el organismo.

INTOXICAR tr. y prnl. Emponzoñar, envenenar. || Distribuir información interesada.

INTRAMUROS adv. En el interior de un recinto amurallado, ciudad, convento, etcétera.

INTRAMUSCULAR adj. Situado dentro de un músculo; se dice especialmente de las inyecciones practicadas en el espesor del mismo.

INTRANSIGENTE adj. Que no transige. || Intolerante, poco dado a negociar.

INTRANSITIVO, VA adj. Se dice del verbo cuya acción no precisa de complemento directo, y de la oración formada por estos verbos.

INTRATABLE adj. Que no se puede tratar o manejar. || Áspero, de mal genio.

INTRAVENOSO, SA adj. Situado en la luz de una vena; se dice especialmente de la vía de administración de fármacos por inyección en la vena.

INTRÉPIDO, DA adj. Que afronta valientemente los peligros. || Que habla o actúa de forma incontrolada.

INTRIGA f. Maquinación para alcanzar un objetivo. || Trama, lío.

INTRIGAR tr. Suscitar, avivar el interés de alguien.

INTRÍNSECO, CA adj. Propio, que lo lleva consigo. || Se dice de la ecuación de una curva plana que expresa el radio de curvatura en función del arco.

INTRODUCCIÓN f. Acción y efecto de introducir. || Lo necesario para entrar de lleno en un asunto, los preliminares. || Prefacio de una obra o discurso. || Primer contacto en unas relaciones familiares o íntimas. || Fragmento musical lento que precede a otro más rápido.

INTRODUCIR tr. Meter una cosa en otra. || Comenzar a utilizar, poner de actualidad. || Dar cabida a un nuevo personaje en una obra literaria. || tr. y prnl. Hacer que alguien tenga acceso a un sitio. || Hacer pasar a un lugar. || Provocar, atraer.

INTROMISIÓN f. Acción y efecto de entrometer o entrometerse.

INTROSPECCIÓN f. Método de observación y análisis de los propios procesos de conciencia para determinar las leyes psicológicas.

INTROVERTIDO, DA adj. y s. Se dice de la persona que tiende a concentrarse en sí misma.

INTRUSO, SA adj. Que se introduce o se entromete sin ningún derecho. || adj. y s. Se dice del que posee algo o goza de ello indebidamente. || Que se codea con personas de nivel social más alto.

INTUICIÓN f. Percepción inmediata, y sin elaboración racional, de una idea u objeto.

INUNDACIÓN f. Acción y efecto de inundar o inundarse. || Abundancia, aglomeración.

INUNDAR tr. y prnl. Anegar un terreno o un lugar habitado. || Poblar un sitio de personas o cosas ajenas a él. || tr. Llenar de agua un receptáculo.

INUSITADO, DA adj. Inhabitual, raro.

INÚTIL adj. No útil. || adj. y com. Se dice de la persona que por incapacidad física no puede moverse, o no es apta para el trabajo.

INVADIR tr. Irrumpir con violencia en un lugar. || fig. Entrar en el terreno de otra persona. || Estar poseído por un determinado estado anímico.

INVALIDAR tr. Quitar la validez a algo, anular.

INVÁLIDO, DA adj. Carente de fuerza. || Desautorizado, ilegal. || De razón poco sólida, débil. || adj. y s. Se dice de la persona con algún defecto físico o mental que la incapacita para desempeñar ciertas funciones.

INVASIÓN f. Acción y efecto de invadir. || Estado en que se encuentra un país después de haber sido ocupado por el enemigo. || Penetración de gérmenes patógenos en un organismo.

INVENCIBLE adj. Que no puede vencerse. || Insuperable.

INVENCIÓN f. Acción y efecto de inventar. || Invento. || Descubrimiento. || Innovación. || Mentira, ficción.

INVENTAR tr. Concebir o encontrar algo desconocido. || Idear, componer una obra artística. || Fraguar mentiras.

INVENTARIO m. Catálogo de las posesiones de una persona, sociedad, etc. || Descripción del estado de una empresa en un momento dado. || Documento en

que se refleja. || Descripción de la composición específica de una comunidad, vegetal o animal, con indicación de su abundancia.
INVENTIVO, VA adj. Capaz de inventar. || f. Facultad y aptitud para inventar.
INVENTO m. Acción y efecto de inventar. || Lo que se inventa.
INVERNADERO m. Sitio idóneo para el invierno. || Zona donde pasta el ganado en la época invernal. || Contrucción destinada al cultivo y a la conservación de las plantas fuera de su ambiente natural.
INVERNAL adj. Relativo al invierno. || m. Establo en los invernaderos, donde se refugian las reses.
INVERNAR intr. Ir a pasar el invierno a un lugar apropiado. || Ser tiempo de invierno.
INVEROSÍMIL adj. Sin visos de verdad, improbable.
INVERSIÓN f. Acción y efecto de invertir. || Intercambio del lugar que ocupan o el papel que juegan dos elementos. || Cambio de posición de los genes de un fragmento de cromosoma en relación con la situación en el homólogo normal. || Metátesis. || Cambio del sentido de una corriente eléctrica. || Conjunto de bienes y servicios reales que se destinan a ser utilizados para la producción. || Valoración monetaria de estos recursos. Se distingue la i. *real*, realizada en la adquisición de bienes de producción, de la i. *financiera* hecha en activos financieros.
INVERTIR tr. y prnl. Trastocar las cosas, poniéndolas al contrario de como estaban. || tr. Hacer una inversión de dinero. || Gastar, pasar el tiempo en una determinada ocupación.
INVESTIDURA f. Acción y efecto de investir. || Índole que se adquiere al asumir un determinado cargo o dignidad. || En el régimen feudal, acto por el que el señor entregaba simbólicamente el feudo a un vasallo. || Votación parlamentaria para la designación del jefe de Estado o de gobierno.
INVESTIGAR tr. Realizar pesquisas, preguntar, indagar. || Profundizar en el estudio de una disciplina.
INVESTIR tr. Otorgar un privilegio, categoría, cargo, etcétera.
INVETERADO, DA adj. Enraizado, antiguo.

INVICTO, TA adj. Que nunca ha sufrido una derrota.
INVIDENTE adj. y com. Ciego, sin visión.
INVIERNO m. Última, y más fría, estación del año. En el hemisferio boreal, va desde el 22 de diciembre hasta el 21 de marzo; en el austral, del 22 de junio al 23 de septiembre.
INVIOLABLE adj. Que no se puede o es ilícito violar.
INVISIBLE adj. Que no se puede ver. || pl. Conjunto de transacciones no materiales realizadas por un país con el resto del mundo, tales como turismo, fletes, beneficios, etcétera.
INVITACIÓN f. Acción y efecto de invitar. || Tarjeta en que se hace constar.
INVITAR tr. Avisar a alguien para que asista a una fiesta, comida, acto público, etc. || Crear en el ánimo de alguien una disposición o deseo para que haga algo.
INVOCACIÓN f. Acción y efecto de invocar. || Frase con que se invoca. || Fórmula inicial de cartas y documentos que solicita la bendición divina. || Parte inicial del poema antiguo, en la que el poeta pide a los dioses o a las musas inspiración.
INVOCAR tr. Rogar, suplicar la protección de alguien. || Apelar a una norma, costumbre, etc., para apoyarse en ella.
INVOLUCRAR tr. Insertar en una cuestión, texto, etc., cosas que no tienen que ver con ellos. || Inmiscuir a alguien en algo, sin que esté precavido.
INVOLUNTARIO, RIA adj. No voluntario. || Se dice de actos motrices en los que no interviene la voluntad, o de acciones dolosas realizadas sin intención.
INVULNERABLE adj. Que no puede ser herido. || Que se muestra impasible, que no puede ser ofendido.
INYECCIÓN f. Acción y efecto de inyectar. || Administración de líquidos por medio de una jeringuilla. || Introducción de un combustible en un motor.
INYECTAR tr. Hacer que penetre un líquido en un cuerpo mediante presión. || Provocar en alguien cierto estado anímico.
ION m. Átomo o grupo de átomos que tienen carga eléctrica debido a la pérdida o ganancia de uno o más electrones. Pierden por tanto la neutralidad eléctrica.

IONIZACIÓN f. Fenómeno mediante el cual una molécula, átomo o ion, eléctricamente neutros, se ven privados de uno o más electrones mediante la acción de un campo eléctrico.

IONOSFERA f. Capa superior de la atmósfera, a partir de los 80 km de altura; los gases presentes están ionizados, por las radiaciones que reciben.

IPSO FACTO Frase latina que significa 'al punto', 'de inmediato'.

IPSO IURE Frase latina que significa 'según la ley'.

IR intr. y prnl. Desplazarse, trasladarse de un sitio a otro. || Distinguirse, manifestar diferencia dos cosas. || Encaminarse, llevar a una determinada dirección. || Abarcar, ocupar un espacio. || Conferir a las cosas un determinado fin, juzgarlas por un aspecto concreto. || Con el gerundio de ciertos verbos, expresa que la acción de lo que éstos significan se realiza en el mismo momento. || Acompañado de p.p. de verbos transitivos equivale a soportar la acción de dichos verbos; con el de los verbos pronominales, llevarla a cabo.

IRA f. Enojo violento, cólera.

IRACUNDO, DA adj. y s. Inclinado a la ira. || fig. Se aplica a los elementos desencadenados.

IRREGULARIDAD f. Calidad de irregular. || fig. y fam. Cohecho, corrupción en la administración pública o privada.

IRRESISTIBLE adj. Que no se puede resistir. || Se dice especialmente de la persona muy atractiva.

IRRESOLUTO, TA adj. y s. Indeciso, sin resolución.

IRRESPIRABLE adj. Que no es apto para la respiración. || Que tiene dificultad para ser respirado. || Se aplica al entorno contrario a uno.

IRRESPONSABLE adj. Que procede de un modo irreflexivo, sin cabeza. || Que está exento de responsabilidad.

IRREVERSIBLE adj. No reversible. || Se dice de la reacción química que transcurre en un solo sentido, por lo que no cabe la posibilidad de que los productos reaccionen entre ellos para dar los reactivos iniciales. || Se dice del proceso termodinámico que sigue una dirección determinada y que no puede seguir otra.

IRREVOCABLE adj. Imposible de revocar, o que no se desea revocar.

IRRIGACIÓN f. Acción y efecto de irrigar. || Canalización normal de la sangre que llega a un órgano.

IRRIGAR tr. Regar una tierra. || Rociar con un líquido una zona del cuerpo. || Realizar la irrigación sanguínea.

IRRISORIO, RIA adj. Que incita a la risa o al ridículo. || Diminuto, sin valor.

IRRITABILIDAD f. Propensión a conmoverse o enfurecerse con facilidad. || Condición de irritable.

IRRITAR tr. y prnl. Provocar ira o enojo. || Avivar ciertos sentimientos. || tr. Originarse quemazón o picor en una zona del cuerpo.

IRRUMPIR tr. Penetrar con fuerza en un lugar.

IRRUPCIÓN f. Incursión impetuosa y violenta en un sitio. || Lo imprevisto que se manifiesta con fuerza.

ISAGOGE f. Introducción, exordio.

ISLA f. Porción de tierra situada en un océano, mar, lago o río y rodeada de agua por todas partes. Cuando tiene dimensiones muy reducidas se llama *islote* o *escollo*. || Manzana de casas. || Grupo de árboles aislados y alejados de un río.

IRASCIBLE adj. Muy dado a encolerizarse.

IRIS m. Arco iris.

IRLANDÉS adj. y s. De Irlanda. || Lengua del grupo gaélico, cooficial en la república de Irlanda.

IRONÍA f. Manera satírica y velada de aludir a algo. || Figura retórica que consiste en referirse a una cosa diciendo lo contrario.

IRÓNICO, CA adj. Relativo a la ironía. || Que conlleva o muestra ironía.

IRRACIONAL adj. Privado de razón. || Contrario a la razón, que no la tiene. || adj. y m. Se aplica a los animales para distinguirlos del hombre. || Se dice del número real que no puede expresarse como cociente de 2 número enteros.

IRRADIAR tr. Emanar un cuerpo radiaciones. || Exponer un cuerpo al efecto de los rayos. || fig. Transmitir, difundir.

IRREAL adj. Se dice de lo carente de realidad o de lo no real.

IRRECONCILIABLE adj. Se dice del que no se aviene a reconciliarse con otro.

IRREFLEXIVO, VA adj. y s. Incapaz de reflexionar. || adj. Dicho o hecho sin reflexión.

IRREGULAR adj. Que no sigue una regla. || Que ocurre rara vez. || Se dice de los poliedros que no son regulares. || Se dice de las estructuras sintácticas que no siguen la normativa lingüística. || Se dice del verbo que se conjuga fuera del modelo que indicaría su raíz, alterando ésta, el tema o las desinencias.

ISLÁMICO, CA adj. Relativo al Islam. || Se dice de sus manifestaciones culturales, artísticas, etcétera.

ISLOTE m. Isla pequeña y desértica. || Roca de grandes dimensiones aislada en el mar.

ISOMORFO, FA adj. Se dice de los cuerpos de diferente composición química, con la misma forma cristalina e igual estructura molecular.

ISÓSCELES adj. Se dice de la figura que tiene dos lados iguales: triángulo, trapecio.

ISOTERMO, MA adj. Que tiene la misma temperatura. || Se dice de la línea dibujada en un mapa que une los puntos de igual temperatura.

ISÓTOPO adj. y m. Se dice de cada uno de los núcleos atómicos de un mismo elemento químico con el mismo número atómico, pero con diferente número másico.

ISRAELÍ adj. y com. Del Estado de Israel.

ISRAELITA adj. y com. Judío, hebreo. || Relativo al antiguo reino de Israel.

ISTMO m. Estrecha lengua de tierra que une dos áreas terrestres mayores, en otro tiempo separadas por el mar. || Zona de estrechamiento de algún órgano.

ITALIANISMO m. Voz o construcción sintáctica italiana introducida en otra lengua. En castellano, empiezan a incorporarse a partir del renacimiento hasta el siglo XVII. Muchas de ellas pertenecen al campo de las artes *(soneto, música, belleza)*.

ITALIANO, NA adj. y s. Relativo a Italia. || m. Lengua romance procedente del florentino culto.

ITERATIVO, VA adj. Que se repite. || Se dice del verbo que expresa una acción compuesta de momentos repetidos.

ITINERARIO, RIA adj. Relativo a los caminos. || m. Descripción y trazado de una ruta con paradas, etc. || Plano que lo representa o libro que lo explica.

IZAR tr. Subir algo jalando de una cuerda que pasa por un punto más alto que quien lo hace.

IZQUIERDO, DA adj. Inclinado, torcido. || Se aplica al lado del cuerpo humano en que se encuentra el corazón. || Que queda a ese lado. || En un río, se dice de lo que está al lado i. de quien mira hacia donde bajan las aguas. || Zurdo. || Conjunto de partidos y organizaciones que defienden transformaciones sociales progresistas y que favorezcan a las clases populares.

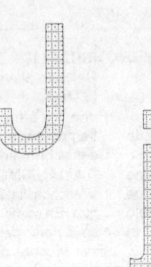

J f. Undécima letra del abecedario castellano (J, j). Su nombre es jota.
JABALINA f. Arma arrojadiza de tamaño inferior a la lanza. || j., lanzamiento de Prueba atlética consistente en arrojar una j., generalmente de fibra, de 2.60 o 2.20 m de longitud (hombres o mujeres, respectivamente).
JABÓN m. Pasta para lavar; químicamente es una sal metálica de ácido graso. Se prepara hirviendo un aceite vegetal o una grasa animal con un álcali fuerte, como sosa o potasa, reacción llamada saponificación. Los j. duros se hacen con sosa y los blandos con potasa; los flotantes están llenos de burbujas de aire; los transparentes contienen glicerina; el j. en polvo contiene carbonato de sodio; a los polvos de fregar se les agrega un abrasivo pulverizado, como piedra pómez; el j. de tocador se realiza a partir de una pasta sin productos insaponificados. Usado en la fabricación de ceras de pulir, emulsiones, cosméticos, pinturas, etc. || Cualquier cosa que presenta estas características.
JABONADO, DA m. y f. Acción y efecto de jabonar. || m. Ropa que se jabona.
JABONAR tr. Limpiar con agua y jabón. || Aplicar jabón a la barba para afeitarla.
JABONERO, RA adj. Relativo al jabón. || m. y f. Persona que vende o fabrica jabones. || f. Útil para poner el jabón.
JABONOSO, SA adj. Que tiene jabón o sus características.
JACTAR tr. Agitar, remover. || prnl. y tr. Ufanarşe, pavonearse.

JACULATORIO, RIA adj. Corto y piadoso. || f. Pequeña oración o invocación fervorosa.
JADE m. Variedad compacta de jadeíta, dura, traslúcida, untuosa, blanquecina o verdosa. Se usó en la fabricación de herramientas prehistóricas y también como ornamental. || Nefrita.
JADEAR intr. Resoplar a causa del calor, una enfermedad, la fatiga, etcétera.
JAEZ m. fig. Índole, laya.
JALAR tr. fam. Halar. || Comer con mucha gana. || intr. fig. Andar apresuradamente.
JALEA f. Especie de mermelada que se elabora con la pulpa, la piel y el zumo o jugo de ciertas frutas, y que es gelatinosa. || Cualquier medicamento de dichas características. || Cuerpo elástico formado por un sólido coloidal y un líquido que penetra en su interior. || real Alimento suministrado por las abejas obreras a las larvas de las futuras reinas; contiene abundantes vitaminas y condiciona el desarrollo sexual de las larvas.
JALEAR tr. Azuzar a los perros en la caza. || tr. y prnl. Enardecer con palmadas a los que bailan o cantan.
JALEO m. Acción y efecto de jalear. || Baile popular andaluz, en compás ternario. Ejecutado por un solo bailarín, con acompañamiento de castañuelas. || Música y letra de este baile. || fam. Jarana. || Vocerío.
JALÓN m. Estaca que se utiliza en topografía para señalar puntos fijos. || Acon-

tecimiento importante en la vida de alguien.
JAMÁS adv. Nunca. || Precedido de *nunca* o de *siempre*, refuerza la negación o afirmación. || *j. de los jamases* En ningún caso y bajo ninguna circunstancia.
JAMBA f. Elemento vertical que sostiene el dintel de una ventana o puerta.
JAMELGO m. fam. Caballo escuálido y sin porte.
JAMÓN m. Pierna de cerdo salada y curada. || La carne de dicha pieza.
JAPONÉS, SA adj. y s. Relativo o perteneciente a Japón. || m. Lengua hablada en Japón; aglutinante, de fonética sencilla y flexión verbal y nominal casi inexistente. En el siglo v se adoptó como sistema de escritura los ideogramas chinos.
JAQUE m. En ajedrez, lance en el que el rey está amenazado por una pieza contraria. || Amenaza, acción inquietante. || fam. Valentón, chulo. || *mate* En el ajedrez, cuando el j. no presenta escapatoria, con lo que la partida queda concluida.
JAQUECA f. Trastorno neurológico caracterizado por intenso dolor de cabeza que generalmente afecta sólo a la mitad de ésta y es de evolución periódica.
JARABE m. Forma de presentación farmacéutica en la que el excipiente es una solución concentrada de azúcar. || Baile popular mexicano, parecido a un zapateado, de ritmo vivo; también, j. *tapatío*, por alusión a Guadalajara. || fig. Bebida muy azucarada, dulce. || *de palo* Reprimenda, golpes que se dan como receta para enmendar a uno con el que no se puede por las buenas. || *de pico* Falsas promesas, doblez.
JARANA f. fam. Farra, juerga, fiesta de mucho ruido. || Riña, escándalo, pelea. || Timo, falsedad.
JARCIA f. Conjunto de los aparejos y cabos de un buque; se usa generalmente en plural. || Conjunto de las artes de pesca de un buque.
JARDÍN m. Zona privada o pública donde se cultivan y conservan flores y plantas, generalmente con fines decorativos. || Tara, pequeña mancha que desmerece una esmeralda. || *botánico* Conjunto de jardines, cuyas plantas están identificadas con fines de formación e investigación. || *de infancia* Centro pedagógico para niños en edad preescolar (3 a 5 años).
JARDINERÍA f. Arte de crear y cultivar plantas para el adorno.
JARDINERO, RA m. y f. Persona que cuida jardines. || f. Soporte o mueble en el que pueden colocarse plantas. || Carruaje de cuatro ruedas descapotado y muy ligero.
JARRA f. Recipiente provisto de un asa, boca ancha y terminada en pico. || Por extensión, el contenido de tal recipiente. || Lavareto. || *de jarras* o *en jarras* Con los brazos separados del cuerpo y ambas manos en la cintura.
JARRO m. Recipiente de boca ancha similar a la jarra. || Por extensión, el contenido de tal recipiente. || *echar un j. de agua fría* Desilusionar, dejar helado.
JARRÓN m. Ornamento arquitectónico en forma de jarro. || Vaso grande de adorno en el que se ponen flores.
JAULA f. Cualquier tipo de caja hecha con listones de madera, barrotes, mimbres, etc., que la cubren por todos sus lados y que sirve para transportar o guardar animales grandes o pequeños. || Cualquier tipo de envoltura o embalaje de protección que tenga esa forma. || Parque con el que se protege a los niños muy pequeños. || Ascensor en los pozos de las minas. || Celda, cárcel, prisión.
JAURÍA f. Grupo de perros que participan juntos en una cacería.
JAZZ m. Tipo de música popular norteamericana, nacida a finales del siglo XIX, como expresión de un grupo social marginado, los negros de Estados Unidos, a través de sus cantos colectivos de trabajo y de carácter religioso (negro espiritual).
JEFATURA f. Cargo y dignidad de jefe. || Sede de ciertas instituciones, generalmente relacionadas con la seguridad ciudadana o vial.
JEFE, FA m. y f. Persona que dirige o está al frente de un trabajo. || Líder, cabeza visible de algo. || Tratamiento informal de cortesía. || fam. Padre, o madre. || m. Grado militar que abarca a comandantes, tenientes coroneles y coroneles o a sus equivalentes en la armada. || *de Estado* Máxima autoridad de un Estado, a veces con funciones meramente representativas. || *de gobierno* Máxima autoridad ejecutiva de un Estado. || *de negocia-*

do Funcionario administrativo civil de categoría inmediata superior a la de oficial. || *en j.* Como superior más alto de un lugar o cuerpo.

JEQUE m. Para los musulmanes, jefe o gobernador de un lugar, comunidad, etcétera.

JERARQUÍA f. Orden existente entre los coros de los ángeles y entre los miembros de la Iglesia. || Escalafón, orden por importancia de personas o cosas. || Rango.

JEREZ m. Vino blanco, seco y fino que se produce en la zona comprendida en los términos municipales de Jerez de la Frontera, Puerto de Santa María, Chipiona, Sanlúcar de Barrameda, Rota y Puerto Real.

JERGA, 1 f. Tejido basto de lana gruesa. || Jergón.

JERGA, 2 f. Argot. || Jerigonza.

JERGÓN m. Colchón relleno de paja, hierba o esparto.

JERIGONZA m. Lenguaje de germanía. || Lenguaje complicado e ininteligible.

JERINGA f. Dispositivo adecuado para la práctica de inyecciones o para extraer líquidos orgánicos, especialmente sangre. Se fabrican de cristal y también de plástico de un solo uso. || Aparato usado para aspirar o introducir líquidos o sustancias blandas en cuerpos sólidos.

JERINGAR tr. y prnl. Utilizar la jeringa para impulsar un líquido. || fam. Chinchar, molestar, exasperar a uno.

JEROGLÍFICO, CA adj. Se dice del sistema de escritura basado en la representación por signos pictóricos de una idea u objeto. Fue usado por los antiguos egipcios. || m. Cada signo de este sistema de escritura. || Pasatiempo en el que una frase se expresa con signos y figuras. || Por extensión, escrito o imagen difícil de interpretar.

JERSEY m. Prenda cerrada de punto que cubre la parte superior del cuerpo.

JESUITA adj. y m. Se dice del miembro de la Compañía de Jesús. || fam. Hipócrita, falso. || pl. Nombre dado a la Compañía de Jesús. Fundada por Ignacio de Loyola y autorizada por Roma en 1540.

JET m. Motor de reacción. || Por extensión, avión que lleva este tipo de motor. || *society* (o *set*) Sector esnob de la alta sociedad, formado por personas populares o con voluntad de serlo, aparentemente dedicadas a una vida cosmopolita (el nombre viene de su frecuente uso del avión) y placentera.

JETA f. Boca excesivamente abultada o saliente de alguien. || Morro, hocico del cerdo. || fam. Cara humana. || Caradura, desvergüenza.

JINETA f. Manera de montar a caballo, con los estribos cortos y las piernas dobladas, aunque verticales a partir de la rodilla. || Lanza corta utilizada por los capitanes de infantería como distintivo. || Charretera de seda que lucían antiguamente los sargentos.

JINETE m. Soldado a caballo que utilizaba lanza y adarga. || El que cabalga con habilidad. || Caballo apropiado para montar a la jineta. || Caballo de buena estampa.

JIRA f. Tira que se rasga de un tejido.

JIRÓN m. Desgarrón de un vestido o de cualquier otra prenda. || Bandera o pendón que acaba en punta. || fig. Parte pequeña de un todo.

JOCKEY m. Jinete profesional de caballos de carreras. Por lo general no sobrepasan los 50 kilogramos.

JOFAINA f. Recipiente circular, apto para contener líquidos, hecho de metal, madera, barro u otros materiales, utilizado para la higiene corporal.

JORNADA f. Trecho que se recorre en un día. || Todo el trayecto que se hace. || Expedición militar. || Parte útil del día. || Estancia en un sitio, durante el verano, de un diplomático o ministro. || Duración de la vida humana. || En imprenta, tirada que se hace en un día. || Paso del alma a la otra vida. || En teatro, acto.

JORNAL m. Sueldo de un obrero por un día de trabajo. || Dicho trabajo. || *a j.* Percibiendo un salario convenido por día.

JOROBA f. Desviación torácica, por desviación de la columna, que generalmente afecta a la pared posterior. || Por extensión, cualquier protuberancia. || fam. Incordio.

JOROBAR tr. fam. Molestar, incordiar. || prnl. Resignarse, conformarse. || *¡no jorobes!* Exclamación de escepticismo, asombro o desconcierto.

JOTA f. Nombre de la letra *j*. || Suele usarse en frase negativa acompañada

LA TIERRA

- NUCLEOLO
- NÚCLEO
- MANTO
- CORTEZA TERRESTRE

LA TIERRA, tercer planeta del Sistema Solar, tiene un diámetro de 12 756 km; está cubierta por agua en dos terceras partes y gira alrededor del Sol en una órbita elíptica que recorre aproximadamente en 365 días, 24 horas y 22 minutos, a este movimiento se le llama de TRASLACIÓN (1) y da origen a las estaciones del año.
Además de girar alrededor del Sol, la Tierra gira sobre su propio eje, en un tiempo de 23 horas, 56 minutos y 4.091 segundos, a este movimiento se le llama de ROTACIÓN (2) y da lugar al día y la noche.

(1)

(2)

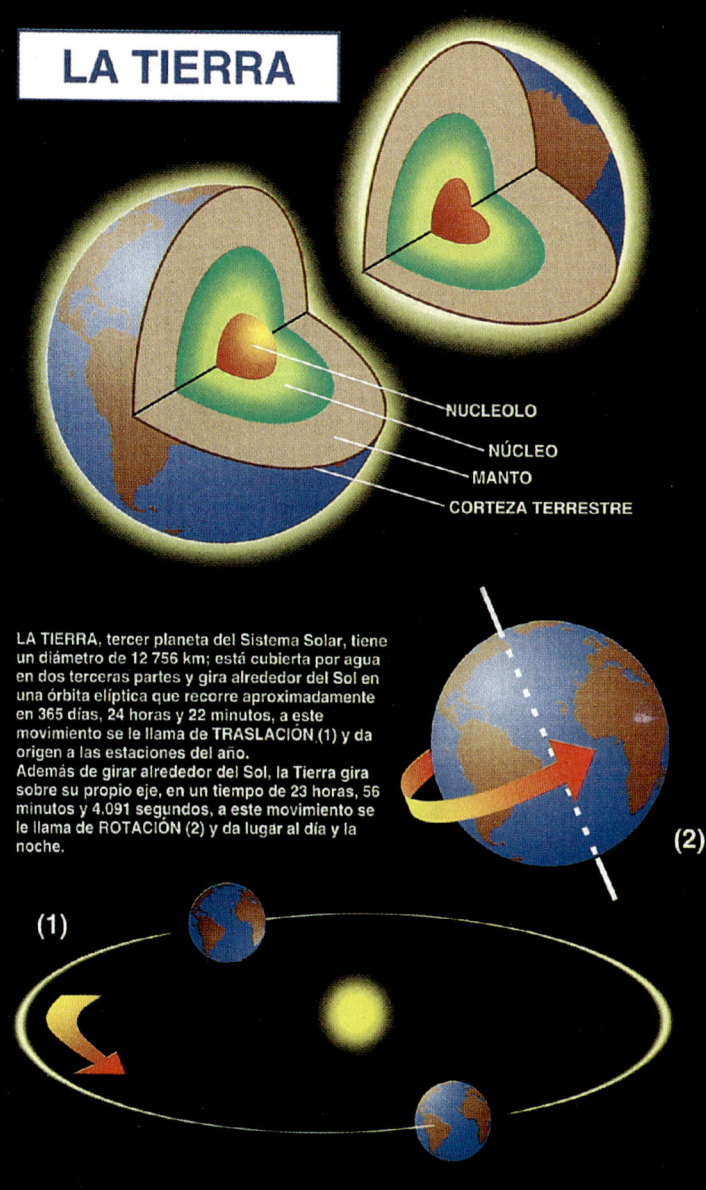

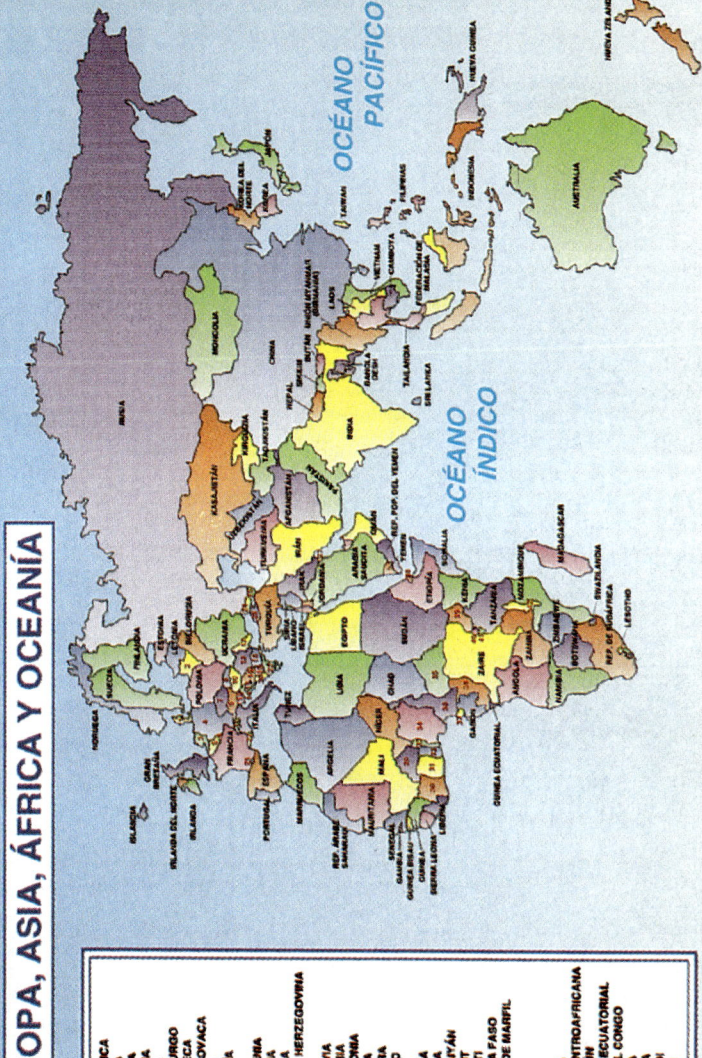

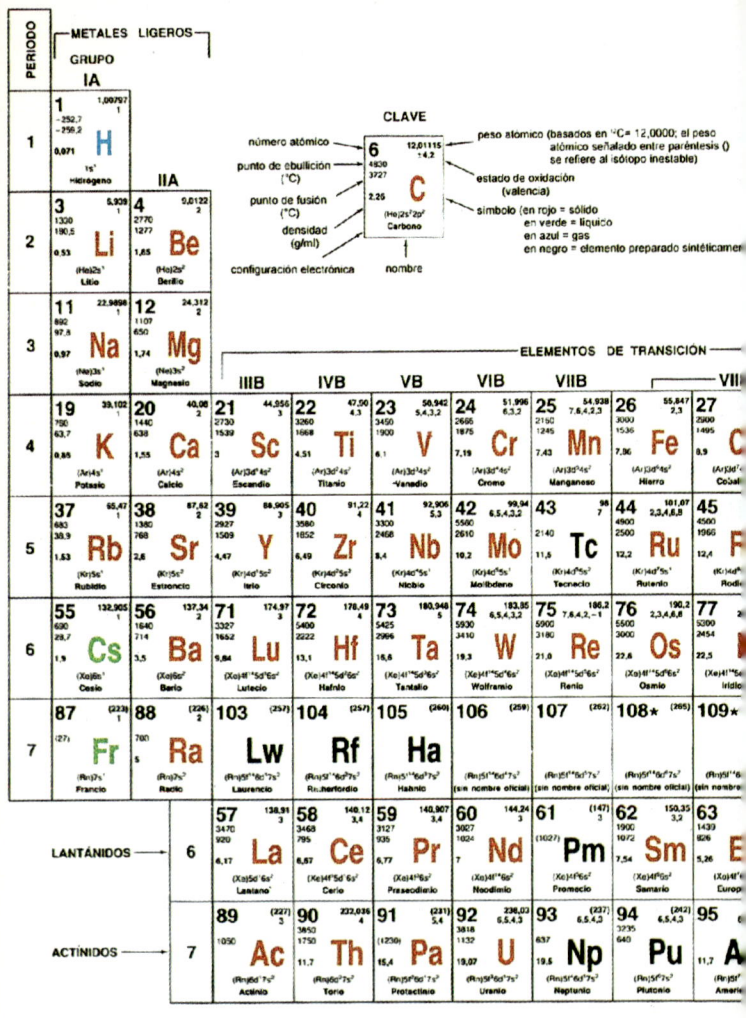

Tabla periódica de los elementos

Tabla periódica de los elementos; de cada uno se consignan su símbolo, nombre, número atómico, peso atómico, temperatura de fusión y temperatura de ebullición. La primera fue confeccionada por Mendeleiev en 1869 y mejorada en 1871 por él mismo y por L. Meyer.

GASES NOBLES

NO METALES

PRINCIPALES BANDERAS DEL MUNDO

CANADÁ

ESTADOS UNIDOS

MÉXICO

GUATEMALA

BELICE

EL SALVADOR

HONDURAS

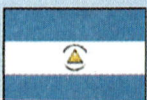
NICARAGUA

COSTA RICA

PANAMÁ

BAHAMAS

CUBA

JAMAICA

HAITÍ

REPÚBLICA DOMINICANA

DOMINICA

BARBADOS

GRANADA

JAMAICA

VENEZUELA

GUYANA

SURINAM

BRASIL

COLOMBIA

ECUADOR

PERÚ

BOLIVIA

PARAGUAY

EL CUERPO HUMANO

APARATOS RESPIRATORIO Y DIGESTIVO, Y CORAZÓN

- LARINGE
- LÓBULO SUPERIOR
- ARTERIA PULMONAR
- LÓBULO MEDIO
- LÓBULO INFERIOR
- DIAFRAGMA
- HÍGADO
- ESTÓMAGO
- VESÍCULA BILIAR
- INTESTINO GRUESO
- APÉNDICE
- INTESTINO DELGADO
- ESÓFAGO
- TRÁQUEA
- PULMONES
- CORAZÓN
- BAZO
- PÁNCREAS
- RECTO

APARATO LOCOMOTOR

- FRONTAL
- TEMPORAL
- CIGOMÁTICOS
- TRAPECIO
- DELTOIDES
- GRAN PECTORAL
- BÍCEPS BRAQUIAL
- OBLICUO MAYOR DEL ABDOMEN
- GRAN RECTO DEL ABDOMEN
- VASTO EXTERNO DEL MUSLO
- RECTO ANTERIOR DEL MUSLO
- VASTO INTERNO DEL MUSLO
- GEMELO INTERNO
- SÓLEO
- TIBIA (HUESO)
- LIGAMENTO ANULAR DEL TARSO
- CRÁNEO
- VÉRTEBRAS CERVICALES
- CLAVÍCULA
- OMOPLATO
- ESTERNÓN
- HÚMERO
- COSTILLAS
- CÓXIS
- PÉLVIS
- CÚBITO
- RADIO
- CARPO
- METACARPO
- FALANGES
- FALANGINAS
- FALANGETAS
- FÉMUR
- RÓTULA
- TIBIA
- PERONÉ
- TARSO
- METATARSO
- DEDOS

Aparato respiratorio
Conjunto de órganos encargados de la respiración (faringe, pulmones, bronquios y alveolos).

Aparato digestivo
Asimila los alimentos a partir de los jugos secretados por distintas glándulas y expulsa los no asimilables.

Aparato locomotor
El formado por el esqueleto, las articulaciones móviles y la musculatura de fibra estriada, que posibilitan la movilidad de los diferentes segmentos del cuerpo.

de *ni*, y significa muy poca cosa, lo mínimo.

JOVEN adj. y com. Que no ha llegado a la madurez o de corta edad. || adj. Que lleva poco tiempo de vida.

JOVIAL adj. Divertido, ameno, simpático.

JOYA f. Adorno personal realizado con metales preciosos, gemas, etc. || Brocamantón. || Persona o cosa muy estimada o de mucho valor. || Astrágalo, en arquitectura y artillería.

JOYERÍA f. Local donde se montan y venden joyas. || Comercio de joyas. || Conjunto de joyas. || Orfebrería.

JOYERO, RA m. y f. Persona que tiene por oficio fabricar, engarzar o vender joyas. || m. Estuche, caja para guardar joyas.

JUANETE m. Pómulo abultado. || Deformidad y desviación del dedo gordo del pie, causada por engrosamiento de la falange del primer metatarsiano. || Mar. Cada una de las vergas que se cruzan sobre las gavias.

JUBILACIÓN f. Acción y efecto de jubilar o jubilarse. || Estado de un jubilado. || Pensión que queda al jubilarse.

JUBILAR tr. Retirar a un trabajador o funcionario de su empleo por incapacidad física o por haber llegado a la edad límite laboral y darle una pensión de por vida. || fig. y fam. Excluir o dejar de usar algo por viejo o inútil. || prnl. Obtener la jubilación.

JUBILEO m. Fiesta hebrea, celebrada cada 50 años, en la que los esclavos eran liberados y se perdonaban las deudas. || En la iglesia católica, indulgencia plenaria concedida por el papa cada 25 años y que constituye el llamado "año santo".

JÚBILO m. Regocijo, gran alegría y algazara.

JUDAÍSMO m. Religión de los hebreos o judíos.

JUDERÍA f. En las ciudades medievales, barrio separado, habitado por comunidades judías.

JUDICIAL adj. Relativo a un juicio, o a la justicia, o a un juez. || Relativo al poder judicial.

JUDÍO, A adj. y s. Hebreo. || Que observa el rito judaico, que profesa tal religión. || De Judea. || fam. Usurero, tacaño.

JUEGO m. Acción y efecto de jugar. || Cualquier actividad, competitiva o no, que se realiza exclusivamente con fines recreativos. || En sentido genérico, el de azar, con apuestas de dinero. || Unión de 2 cosas que, pese a ello, mantienen movilidad. || Movimiento de las mismas. || Conjunto de cosas similares, que o bien sirven a un mismo fin (*juego de botones*) o bien pueden utilizarse alternativamente (*j. de llaves, de herramientas*). || Cada par de ruedas de un vehículo, con sus elementos accesorios. || Conjunto de efectos de valor estético que resultan de la combinación de algo. || En ciertos deportes (tenis, balonvolea), cada una de las partes en que se divide un partido. || Conjunto de naipes que se reparten a cada jugador. || Plan o intriga para conseguir algo. || Frivolidad, falta de seriedad.

JUERGA f. Jarana, farra, parranda.

JUEVES m. Quinto día de la semana.

JUEZ com. Funcionario con capacidad de juzgar y sentenciar, responsable de la aplicación de las leyes y la dirección de los juicios. || Persona que vigila y legitima el resultado de un certamen o competición. || Persona, elegida entre las partes, para resolver una diferencia o disputa.

JUGADA f. Acción de cada uno en un juego entre varios, turno. || Lance de juego. || Mala pasada, jugarreta.

JUGAR intr. Hacer algo para pasar el tiempo de forma activa y divertida. || Tomar parte en una competencia de habilidad o de azar para divertirse, ganar dinero, conseguir honores, etc. || Tomar parte en el juego cada vez que le llega a uno el turno. || Apostar jugando a las cartas.

JUGARRETA f. fam. Jugada pésima, mal hecha. || Mala pasada, treta, ardid.

JUGLAR m. Término que designaba en la edad media a los que tenían como oficio el canto, los juegos de manos, la interpretación musical o la recitación.

JUGO m. Secreción de líquido fisiológico. || Zumo de ciertas frutas. || Salsa de algunos guisos. || fig. El meollo, lo sabroso de un asunto.

JUGUETE m. Cosa pensada para diversión de los niños. || Pequeña pieza teatral o musical. || Persona o cosa sometida al capricho y dominio de algo o alguien.

JUGUETEAR intr. Hacer algo por diversión o por picardía, retozar.

JUICIO m. Facultad del entendimiento que permite discernir y valorar entre conjuntos de hechos o propuestas. || Criterio, opinión. || Sensatez, cordura. || En ciertas religiones, valoración que realiza la divinidad de la adecuación de la conducta moral del individuo tras la muerte de éste. || Procedimiento por el cual el tribunal llega a conocimiento de los hechos o delito que se le someten, para emitir así un fallo. || Sentencia, fallo.

JUICIOSO, SA adj. Que tiene buen juicio. || Hecho o dicho con juicio, buen sentido.

JULIO, 1 m. Séptimo mes del año; consta de 31 días.

JULIO, 2 m. (J) Unidad de trabajo en el sistema internacional. Es el trabajo que realiza la fuerza de un newton cuando traslada su punto de aplicación un metro en la propia dirección de la fuerza. Equivalente a 10^{-7} ergios y a 1/9.81 kilopondios.

JUMENTO, TA m. y f. Burro, borrico.

JUNCAL adj. Relativo al junco. || Se dice de la postura ágil y garbosa.

JUNGLA f. Formación vegetal que comprende principalmente árboles de hoja ancha y perenne, que se da en áreas cálidas y húmedas en torno al ecuador, con alta pluviosidad anual y escasa variación de temperaturas; es anglicismo.

JUNIO m. Sexto mes del año, de 30 días.

JUNIOR adj. y com. Más joven. || Se dice de la categoría deportiva para edades comprendidas entre 18 y 21 años.

JUNTA f. Reunión, especialmente la esporádica o de amplia periodicidad. || Contenido de dicha reunión. || Organismo colectivo de dirección de una sociedad. || Enlace, unión de cosas y conjunto que forman. || Juntura. || Espacios entre las piedras o ladrillos que forman una pared o muro. || Empalme, costura. || En el siglo xix español, organismo que de forma espontánea, en una localidad, asumía la dirección de un movimiento liberal. || *estanca* La que se coloca entre dos piezas de una tubería para impedir filtraciones.

JUNTAR tr. Unir, acoplar. || Atesorar, hacer acopio de cosas. || Cerrar las hojas de una puerta o ventana. || tr. y prnl. Congregar. || prnl. Aproximarse. || Tener amistad, o mantener relaciones. || Realizar el acto sexual.

JUNTO, TA adj. Próximo o pegado a otro. || Acompañado de. || adv. Seguido de la preposición *a*, próximo a. || Seguido de las preposiciones *a* o *con*, al tiempo, simultáneamente.

JUNTURA f. Zona en que se acoplan o articulan dos cosas.

JURADO m. Conjunto de personas cualificadas, a cuyo cargo corre el examen de los participantes en una competición y la designación del ganador. || Organo judicial formado por particulares, elegidos por sorteo, que en un juicio criminal determina la culpabilidad del acusado. || *escabinado* El compuesto a medias por juristas y particulares.

JURAMENTO m. Manifestación enfática o solemne de la veracidad de lo que se afirma. || Palabrota o blasfemia.

JURAR tr. Hacer un juramento. || Aceptar solemnemente la soberanía de un monarca. || Aceptar la supremacía sobre sí de una normativa. || intr. Blasfemar. || *jurárselas,* o *tenérselas juradas* (a alguien) Guardar rencor o ansias de venganza contra alguien.

JURÍDICO, CA adj. Relativo al derecho.

JURISCONSULTO, TA m. y f. Persona conocedora de las ciencias jurídicas. || Doctor en ciencias jurídicas dedicado esencialmente al estudio teórico de temas legales.

JURISDICCIÓN f. Poder o autoridad que se tiene para aplicar las leyes o sancionar su incumplimiento.

JURISPRUDENCIA f. Ciencia del derecho. || Principios jurídicos derivados de las reiteradas decisiones de los tribunales. || Conjunto de resoluciones judiciales dictadas por los tribunales superiores y que sientan precedente.

JURISTA com. Persona dedicada a las leyes, especialmente en su aspecto teórico. || Persona que posee un juro o derecho a algo.

JUSTA f. Durante la edad media, encuentro armado entre dos caballeros. || Por extensión, competición de otro tipo, especialmente literaria.

JUSTICIA f. Categoría social genérica que afirma el derecho de cada uno a que le sea reconocido lo suyo o las consecuencias de su comportamiento. || Virtud personal que obliga a reconocer dicha categoría. || Atributo divino que refleja dicha categoría. || Virtud cardinal que acata la voluntad de Dios. || Derecho, razón. || Proceder que lo sigue. || Condena pública. || Conjunto de instituciones del Estado que se encargan de dirimir los litigios y señalar el castigo a las infracciones, y poder de que emanan. || pl. Agentes de la ley.

JUSTICIERO, RA adj. Que ejerce la justicia con rigor. || Vengador.

JUSTIFICACIÓN f. Acción y efecto de justificar o justificarse. || Aceptación de lo justo. || Lo que hace al hombre digno ante Dios; para Lutero, la j. es la fe; la doctrina católica piensa que es la fe más las obras. || Pretexto o razón de algo. || Longitud que han de tener los renglones en el componedor de imprenta.

JUSTIFICAR tr. Dar Dios a alguien la virtud de la justicia. || Modificar algo para acomodarlo a la justicia. || En imprenta, igualar el largo de las líneas. || tr. y prnl. Aportar pruebas de un aserto, comportamiento o posesión. || Defender a un acusado.

JUSTO, TA adj. y s. Equitativo, que actúa en justicia. || Que ha merecido la gracia divina. || adj. De acuerdo con la justicia o la ley. || Exacto, puntual. || Ceñido, apretado. || adv. Justamente. || Apuradamente, por los pelos. || *pagar justos por pecadores* Condenar indiscriminadamente.

JUVENIL adj. Relativo a la juventud.

JUVENTUD f. Etapa de la vida entre la niñez y la madurez. || Cualidad de joven. || Conjunto de jóvenes. || Primeras etapas del desarrollo de algo. || Vigor, fuerza. || pl. Nombre genérico de las organizaciones juveniles de los partidos políticos.

JUZGADO m. Cada uno de los locales permanentes en que se administra justicia. || Conjunto de jueces que fallan una sentencia. || Organo judicial unipersonal. || Calidad de juez. || *de guardia* El de funcionamiento permanente, que atiende las primeras diligencias de un hecho delictivo.

JUZGAR tr. Decidir como juez entre razones contrapuestas. || Apreciar, creer. || Formar una opinión después de comparadas dos o más ideas. || *a j. por* Según las apariencias.

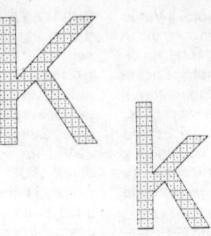

K f. Duodécima letra del abecedario castellano (K, k) y novena de sus consonantes; su nombre es *ka*. || Símbolo que expresa la capacidad de la memoria de un ordenador. Corresponde a 1 024 bits.

KA f. Denominación de la letra *k*.

KÁISER m. Título que se dio al soberano del sacro imperio romano germánico; a partir de 1804, se atribuyó al emperador de Austria, y desde 1871, al emperador de Alemania.

KAMIKAZE adj. y s. Se dice de los aviones japoneses cargados de explosivos durante la Segunda Guerra Mundial, especialmente desde 1944; también de sus pilotos y, en general, de las personas muy temerarias.

KARATE m. Lucha japonesa, practicada antiguamente por los samurais. El ataque y la defensa se realizan mediante golpes con manos, pies y codos; en su modalidad deportiva, la pelea es simulada.

KÉFIR m. Bebida que se obtiene de la fermentación láctica y alcohólica de la leche de vaca, cabra u oveja.

KERMÉS (o KERMESSE) f. Fiesta de carácter popular, típica de las ciudades de la antigua Flandes y de Bélgica. Con danzas, ferias, procesiones, etcétera.

KILO m. Abreviatura de *kilogramo*.

KILOCALORÍA f. Unidad de calor equivalente a 1 000 calorías. Se simboliza por kcal.

KILOGRÁMETRO m. Unidad de trabajo en el sistema técnico. Es el trabajo que desarrolla el kilogramo fuerza cuando traslada su punto de aplicación un metro en la propia dirección de la fuerza. Equivale a 9.81 julios y a $9.81 \cdot 10^7$ ergios. Su símbolo es kgfm.

KILOGRAMO m. Unidad de masa en el sistema internacional. Es la masa del prototipo internacional, de platino iridiado, adoptado por la Conferencia General de Pesas y Medidas y que está depositado en el pabellón de Breteuil, en Sèvres. Su símbolo es kg. || *peso* o *fuerza*. Unidad de fuerza que equivale a la fuerza con que la Tierra atrae a una masa de 1 kg en un lugar donde la aceleración de la gravedad sea 9.80665 m/seg^2. Es el kilopondio. Equivale a 9.81 newtons. Su símbolo es kp.

KILOLITRO m. Unidad de volumen equivalente a 1 000 litros o a un metro cúbico. Su símbolo es kl.

KILOMÉTRICO, CA adj. Relativo al kilómetro. || Muy extenso, de larga duración.

KILÓMETRO m. Unidad de longitud equivalente a 1 000 metros (símbolo km). || *cuadrado* Unidad de superficie equivalente a la superficie de un cuadrado de 1 km de lado. || *por hora* Medida de la velocidad de un vehículo.

KILOVATIO m. Unidad de potencia eléctrica equivalente a 1 000 vatios. Vale unos 1.36 CV o 102 kgfm/seg. Su símbolo es kW.

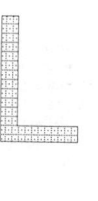

L f. Decimotercera letra del abecedario castellano y décima de sus consonantes (L, l). Su nombre es *ele*. || Símbolo del sistema de numeración romano, equivalente a 50 en el sistema internacional (L). || Con una raya horizontal encima ($\overline{L}$) equivale a 50 000. || Símbolo empleado para indicar la 2ª órbita de electrones que envuelve el núcleo de un átomo (L). || Abreviatura de litro (l).

LA, 1 Artículo determinado, del género femenino y número singular. || Acusativo del pronombre personal, 3ª persona, del género femenino. No admite preposición y puede usarse como sufijo. Debe evitarse su uso en dativo.

LA, 2 m. Sexta nota de la escala modal diatónica de *do*. En la notación musical alfabética es la letra A.

LABERINTO m. Palacio de Minos en Cnosos construido para albergar al Minotauro. || Lugar con caminos intrincados que dificultan el hallazgo de la salida. || Lío, asunto embrollado. || Conjunto de estructuras que forman el oído interno. Se distingue un l. óseo y un l. membranoso. || Junta empleada para depositar lubricantes en guías mecánicas.

LABIA f. Verbosidad, don de gentes, gracejo en el hablar.

LABIAL adj. Relativo a los labios. || adj. y f. Se dice del sonido del lenguaje en cuya articulación intervienen fundamentalmente los labios. || Se dice de la letra que representa un sonido de tales características.

LABIO m. Estructura musculomembranosa, con una parte superior y otra inferior, que delimita la abertura externa de la boca. || Borde que limita una hendidura (como los labios mayor y menor de la vulva, o las piezas que rodean la boca de los insectos).

LABIODENTAL adj. y f. Se dice del sonido del lenguaje cuya articulación se produce mediante una aproximación del labio inferior a los dientes incisivos superiores, como la *f* en castellano. || Se dice de la letra que representa tal sonido.

LABOR f. Trabajo. || Cualquier faena agrícola, en especial cada operación de cava, arado, bina, etc. || Adorno tejido o hecho a mano en una tela. || Trabajo en la mina. || Cada grupo de productos de una fábrica de tabaco. || Cada millar de tejas o ladrillos. || Semilla del gusano de seda. || pl. Trabajo doméstico.

LABORABLE adj. Se dice del día no festivo. || Cultivable.

LABORAL adj. Relativo al trabajo, especialmente en sus aspectos económico, social y jurídico. || Se dice de establecimientos destinados a trabajadores, sean asistenciales o culturales.

LABORAR intr. Trabajar; esforzarse por conseguir algo.

LABORATORIO m. Local preparado convenientemente para efectuar investigaciones científicas o técnicas, análisis clínicos, preparaciones farmacológicas, ensayos industriales, reproducciones gráficas, etc. || *de idiomas* Aula dotada de medios audiovisuales para la enseñanza de lenguas.

LABORIOSO, SA adj. Trabajador. || Complicado, que cuesta trabajo.

LABRADOR, RA adj. y s. Que se dedica a tareas agrícolas; especialmente se dice de quien posee y cultiva sus propias tierras.

LABRANZA f. Cultivo agrícola. || Finca rural.

LABRAR tr. Cultivar la tierra, propia o ajena; arar. || Trabajar un material para darle forma, relieve, etc. || Desempeñar un oficio. || Producir, originar. || Hacer una casa. || Coser, bordar. || intr. fig. Causar algo una impresión durable.

LABRIEGO, GA m. y f. Labrador.

LACA f. Sustancia resinosa y cérea, producida por diversos insectos de los géneros *Laccifer*, *Tachardía* y otros. Se usa en la fabricación de barnices y colorantes. || Barniz brillante o sólido de resinas vegetales. || Por extensión, barniz o esmalte semejante a la laca. || Objeto barnizado con laca. || Pigmento rojo extraído de la cochinilla, o del palo de Pernambuco. || Sustancia incolora para fijar el cabello; se aplica en aerosol.

LACAYO m. Soldado de infantería, armado de ballesta, que solía acompañar a los caballeros. || Criado de librea que acompañaba a su amo, generalmente junto al cochero. || Persona servil, aduladora.

LACEAR tr. Atar, ornar con lazos. || Atrapar con lazo.

LACERACIÓN f. Acción y efecto de lacerar o lacerarse. || Lesión traumática que origina desgarro de piel o mucosas.

LACIO, CIA adj. Ajado, mustio. || Débil, sin fuerzas. || Se dice del cabello liso, sin rizos.

LACÓN m. Pata delantera del cerdo, especialmente cuando está cocida.

LACÓNICO, CA adj. Relativo a Laconia. || Breve, escueto. || Parco en el hablar y escribir.

LACRA f. Estigma de alguna dolencia o achaque. || Defecto físico o moral.

LACRAR tr. Sellar con lacre.

LACRE m. Pasta sólida en barritas, de goma laca y trementina, que, derretida, sirve para cerrar envíos y documentos.

LACRIMAL adj. Relativo a las lágrimas.

LACRIMÓGENO, NA adj. Que provoca lágrimas. Se dice en especial de cierto tipo de gases. || Se dice de los filmes, novelas, etc., sensibleros.

LACRIMOSO, SA adj. Que tiene lágrimas o incita al llanto. || Que se aflige en demasía.

LACTANCIA f. Primeros meses de la vida de un ser, en los cuales se alimenta principalmente de leche. || Sistema de alimentación en dichos meses.

LÁCTEO adj. Relativo a la leche o semejante a ella.

LADEAR tr., intr. y prnl. Doblar algo hacia un lado. || intr. Recorrer una ladera. || Apartarse del camino recto. || prnl. Decantarse por algo. || fig. Nivelarse.

LADERA f. Vertiente de una montaña.

LADILLA f. Insecto parásito anopluro, de la familia Pedicúlidos, de unos 2 mm de longitud, semejante al piojo, pero más redondo, de color amarillo. Vive en el vello del pubis.

LADINO, NA adj. Se decía del castellano antiguo. || fig. Zorro, taimado. || Por extensión, se dice del miembro de las clases dominantes, de habla castellana, por oposición a los indígenas. || m. Lengua que hablan los judíos sefardíes, también llamada judeo-español, derivada del castellano, que se hablaba en los siglos XIV y XV. || Retorrománico o retorromance.

LADO m. Cada uno de los costados del tronco de una persona o de un animal. || Ambas mitades del cuerpo, dividido de pies a cabeza. || Derecha o izquierda de cualquier unidad. || Cada una de las partes que pueden diferenciarse de un conjunto, sea objeto, lugar o espacio. || Cada cara de un objeto. || Sitio, espacio. || Ruta que ha de seguirse. || Matiz bajo el cual puede ser considerada una persona, cosa o circunstancia. || Cada una de las dos semirrectas que determinan un ángulo. || Cada uno de los segmentos que limitan un polígono. || Segmento que une los dos vértices de los poliedros regulares. || Línea que genera la superficie lateral del cono y del cilindro.

LADRAR intr. Dar ladridos. || Injuriar, agredir de palabra. || Hablar dando gritos, de una manera desagradable.

LADRIDO m. Voz propia del perro. || Insulto, difamación.

LADRILLO m. Pieza de arcilla cocida, en forma de paralelepípedo rectangular, usada en albañilería, para paredes, pavimentos, etc. || Cualquier objeto que se le asemeja (chocolate, tejido, etc.). || Tabarra, lata, cosa aburrida; se dice especialmente del libro pesado o aburrido.

LADRÓN, NA adj. y s. Que roba. || m. Ladronera, portillo. || Mecanismo para la toma furtiva de un fluido, especialmente electricidad. || Enchufe adaptado al casquillo de una lámpara para tomar corriente, o a un enchufe individual para hacer varias tomas. || Pavesa desprendida de la mecha de una vela, y que pegada a ella la derrite. || Afectuosamente, granuja, pillo.

LAGAR m. Recipiente o recinto destinado a pisar uva, prensar aceituna o estrujar manzana para conseguir mosto, aceite o sidra. || Edificio donde se ubica. || Olivar provisto de lagar. || Almacén para guardar el pescado en salmuera.

LAGO m. Masa de agua que ocupa una depresión de la superficie terrestre; se alimenta a través de un río o glaciar y vierte sus aguas a través de un emisario.

LÁGRIMA f. Líquido segregado por las glándulas lacrimales. Su misión es la lubricación y protección de la córnea y conjuntiva. || Producto de la lacrimación de las plantas. || Pequeña cantidad de licor. || Adorno de vidrio en forma de l. en algunas lámparas. || pl. Tristeza, penas, contrariedades.

LAGUNA f. Lago de reducidas dimensiones. || Olvido o fallo en cualquier trabajo. || Despiste, amnesia parcial. || Hueco en el encadenamiento de una suma o serie. || Defecto puntual que se produce cuando un emplazamiento ocupado normalmente por un átomo o un ion se encuentra vacío.

LAICO, CA adj. y s. Que no es eclesiástico, lego. || adj. Independiente, que no pertenece a ninguna confesión o religión; se dice de escuelas, instituciones, etcétera.

LAÍSMO m. Vicio del habla por el que la forma pronominal átona *la* se usa como complemento indirecto (*la dije que no estabas*).

LAMA f. Fango oscuro en el fondo de mares, ríos o lugares largo tiempo encharcados. || Prado. || Lodo en el fondo de los canales de desagüe de los aparatos de trituración del mineral.

LAMENTABLE adj. Digno de ser lamentado. || Que causa mala impresión por inmoral o mal hecho.

LAMENTAR tr., intr. y prnl. Sentir pena con llanto o cualquier otra muestra de dolor. || Experimentar fastidio o contrariedad. || prnl. Quejarse, apenarse.

LAMENTO m. Manifestación de dolor ya sea físico o moral.

LAMER tr. y prnl. Pasar la lengua varias veces por algún sitio. || tr. Deslizarse un líquido con suavidad por algún lugar.

LÁMINA f. Superficie delgada y plana de cualquier material, especialmente metal. || Plancha de estampación de algún grabado. || Estampa, grabado. || Aspecto, porte de una persona o animal. || Parte más ancha de las hojas, pétalos o huesos.

LAMINAR, 1 adj. De forma de lámina. || Se dice del movimiento de un fluido, cuando éste se produce por desplazamiento en capas superpuestas.

LAMINAR, 2 tr. Reducir a láminas o recubrir con ellas. || fig. Aplastar, arrollar.

LÁMPARA f. Dispositivo que produce luz artificial. || Bombilla eléctrica. || Soporte instrumental de una o varias luces. || fig. Lamparón, mancha. || *de arco* La que produce la luz por un arco originado al pasar la corriente a través de un gas ionizado. || *de descarga gaseosa* La que utiliza la descarga eléctrica entre los electrodos de un gas que se encuentra a presión. || *de incandescencia* La que utiliza el calentamiento de un filamento metálico producido por el paso de una corriente eléctrica.

LAMPARÓN m. aum. de *lámpara*. || Mancha grande de aceite o grasa en la ropa. || Muermo, infección.

LAMPIÑO, ÑA adj. Sin barba, con poco pelo o vello. || En botánica, glabro.

LAMPREA f. Nombre común a varios ciclóstomos, de la familia Petromizóntidos, con la boca en ventosa provista de dientes córneos, de piel desnuda y sin aletas pares. Las hay de mar y de río.

LANA f. Pelo de la oveja y el carnero, que se hila y sirve para hacer paño y otros tejidos. || Por extensión, pelo de otros

animales. || Se dice del hilo y tejido elaborados con dicha materia.
LANAR adj. Relativo al ganado o res que tiene lana.
LANCE m. En la pesca, acción de echar las redes, y captura conseguida de una sola vez. || Apuro, situación difícil. || Acontecimiento importante. || Jugada, fase de un juego. || Pelea. || *de honor* Duelo, reto.
LANCERO m. Soldado armado con lanza. || Soldado de caballería, armado con lanza; cuerpo organizado en los ejércitos europeos a fines del siglo XVIII. || Lancera. || m. y f. Persona que hace o usa lanzas.
LANCHA f. Barca grande para servicios auxiliares en buques, puertos y lugares costeros. || Bote pequeño. || Embarcación militar pequeña y de alta velocidad, con misiones específicas (antisubmarina, lanzamisiles, torpedera). || *de desembarco* La concebida para dichas operaciones militares. Se utiliza tácticamente en los primeros momentos del asalto.
LANDA f. Vasta extensión de terreno donde crecen maleza, brezales, juncos, etc. Es propia de las regiones de clima oceánico.
LANDÓ m. Carruaje antiguo, guiado por caballos, con capota plegable delantera y trasera.
LÁNGUIDO, DA adj. Sin energía, carente de vigor físico o moral. || Displicente.
LANOLINA f. Grasa de lana del cordero con el 25 a 30% de agua. Es soluble en cloroformo y éter. Se usa en perfumería y farmacia.
LANZA f. Arma ofensiva consistente en una punta afilada de hierro al extremo de un asta. || Vara de madera unida por un extremo a la parte delantera de un carruaje para poder enganchar las caballerías. || Soldado que usa esta arma. || Guerrero, provisto de dos cabalgaduras, que servía en la guerra a su señor a la espera de privilegios. || Remate metálico de las mangueras de riego.
LANZADA f. Golpe con la lanza, o herida que provoca.
LANZAMIENTO m. Acción y efecto de lanzar. || Cada una de las pruebas atléticas que consisten en arrojar a determinada distancia un objeto (disco, bala, martillo, jabalina). || Acción de enviar un vehículo inercial (cohete, misil) al espacio por medio de sistemas e instalaciones adecuados. || Desalojo de un inquilino sobre el que pesa sentencia de deshaucio por resolución judicial.
LANZAR tr. y prnl. Arrojar algo con fuerza, hacer que recorra una cierta distancia. || Propulsar un cohete. || tr. Dejar libre. || Vomitar. || Brotar las plantas. || Despojar a alguien de algo que le pertenece legalmente. || Botar un barco. || Dar, emitir. || Proferir (*l. una exclamación*). || Introducir una moda. || prnl. Meterse en un asunto con decisión, sin temer lo que pueda pasar.
LAPA f. Lampazo, plasta. || Crecimiento superficial de criptógamas en un líquido, en forma de tenue capa. || fig. Persona pegajosa.
LAPICERO m. Utensilio que contiene una barrita de lápiz, usado para escribir y dibujar. || Lápiz.
LÁPIDA f. Losa con alguna inscripción.
LAPIDAR tr. Apedrear.
LAPIDARIO, RIA adj. Relativo a inscripciones en lápidas. || Relativo a piedras preciosas. || Se dice también de frases o escritos que perduran (se usa irónicamente). || m. y f. Persona que tiene por oficio grabar en lápidas. || Persona que trabaja piedras preciosas o comercia con ellas.
LAPISLÁZULI m. Aluminiosilicato de sodio y calcio, con azufre; cristaliza en el sistema cúbico y generalmente forma masas compactas azules. Dura y ligera. Se forma en calizas de contacto. Se usa como gema.
LÁPIZ m. Nombre común de algunos minerales que pueden usarse para dibujar. || Grafito introducido como eje en un pequeño cilindro de madera, utilizado para escribir o dibujar. || Dibujo hecho con tal instrumento. || Lapicero. || Barrita para maquillaje.
LAPO m. Latigazo, zurriagazo. || Bofetada. || Escupitajo. || fig. Trago.
LAPÓN, NA adj. y s. De Laponia. || m. pl. Pueblo de raza muy discutida y de lengua ugrofinesa, que vive en el extremo septentrional de Europa, al norte del Círculo Polar Ártico. Existen aproximadamente 40 000 individuos.
LAPSO m. Espacio de tiempo. || Lapsus.

LAPSUS m. Errata por despiste. || *cálami* Equivocación en la escritura. || *linguae* Incorrección en el habla.

LAR m. Hogar. || pl. Lugar de origen.

LARGAR tr. Soltar, aflojar despacio, dejar libre. || Mar. Desplegar (velas, banderas). || fam. Decir algo poco conveniente, o hablar en exceso. || Dar, propinar.

LARGO, GA adj. Se dice de la dirección más extensa de una superficie cualquiera. || Que supera la longitud normal. || Que se excede en el tiempo. || Que tiene más o menos largura. || Con cualquier división de tiempo (días, meses, etc.), expresa abundancia de éstos. || En las lenguas con cantidad vocálica, se dice de las vocales o sílabas que duran más que las breves. || Se dice del movimiento musical lento. || fig. Liberal, dadivoso. || Copioso, dilatado. || fam. Astuto, listo. || Se dice de la persona muy delgada y alta. || m. Longitud. || Composición musical escrita en movimiento largo. || adv. Lejos. || Con prodigalidad.

LARGOMETRAJE m. Filme que sobrepasa los 1 600 metros de longitud y 60 minutos de proyección.

LARGUEZA f. Liberalidad.

LARINGE f. Órgano del aparato respiratorio que desempeña un importante papel en la fonación. Situado en la parte media del cuello, comunica con la faringe y la tráquea. Es un órgano hueco formado por diversos cartílagos y músculos.

LARINGITIS f. Proceso inflamatorio de la laringe, cuyos síntomas típicos son: sequedad de garganta, tos irritativa, etcétera.

LARVA f. Estadio inmaduro que en los animales de desarrollo indirecto se sitúa entre la eclosión y el individuo adulto, apto ya para la reproducción.

LASCA f. Porción de piedra delgada y fina.

LASCIVIA f. Tendencia al disfrute de los placeres carnales.

LASCIVO, VA adj. y s. Se dice de la persona que muestra una sexualidad o comportamiento desenfrenados.

LÁSER m. Dispositivo que proporciona haces de luz coherente, de una determinada frecuencia y carente de dispersión, utilizando la energía interna de los átomos.

LÁSTIMA f. Sentimiento compasivo frente a las desgracias de alguien. || Causa que mueve a este sentimiento. || Cualquier motivo, aunque leve, que sea causa de desagrado.

LASTIMAR tr. y prnl. Herir o herirse físicamente o moralmente.

LASTIMOSO, SA adj. Que incita a lástima. || Digno de lástima. || Destrozado, inservible.

LASTRE m. Laja de mala calidad al inicio de una cantera, que sólo sirve para mampostería.

LATA f. Hojalata. || Bote de hojalata, lleno o vacío. || Plancha en los tejados donde poder amarrar las tejas. || Tablón de tamaño inferior al cuartón. || fam. Cosa molesta o aburrida. || Dinero. || Calderilla. || *dar la l.* Ponerse pesado.

LATENTE adj. Oculto, que no se muestra externamente.

LATERAL adj. Relativo a lado, o que está junto a algo. || En línea indirecta. || adj. y s. Se dice del sonido del lenguaje en cuya pronunciación la lengua obstruye el paso del aire por el centro de la boca, obligándolo a pasar por los lados. En castellano, *l y ll*. || m. Calzada separada de la parte central por un seto o acera.

LÁTEX m. Jugo de consistencia lechosa, generalmente blanco, formado por una emulsión acuosa de diversas sustancias (resinas, alcaloides, gomas, azúcares, etc.). Fluye de las heridas de diversas plantas.

LATIDO m. Cada uno de los movimientos rítmicos de sístole y diástole del corazón y las arterias. || Sensación de golpeteo que producen estos movimientos. || Ladrido del perro herido, o de cuando persigue o alcanza la caza.

LATIFUNDIO m. Propiedad rústica de grandes dimensiones (más de 100 ha). Común en el sur de Europa y gran parte de Latinoamérica, donde la abundancia de mano de obra, a la que se recurre en cortos periodos, ha dado lugar a una explotación generalmente deficiente y un alto paro estacional.

LATIGAZO m. Golpe de látigo. || Sonido que produce el latigazo. || Agravio imprevisto; reprimenda repentina. || fig. Golpe o dolor similar al producido por el látigo.

LÁTIGO m. Correa atada al extremo de una vara usada para azotar, castigar a las caballerías, etc. || Cordel para apretar la cincha. || Pluma de adorno en el ala del sombrero. || Atracción de feria que consiste en un circuito elíptico al que están enganchados cochecitos que giran violentamente en los polos de aquél.

LATÍN m. Lengua de la antigua Roma, originaria del Lacio; flexiva, con 6 casos y 5 declinaciones para los sustantivos. Posee 3 géneros (masculino, femenino y neutro) y 2 números (singular y plural), aunque conserva restos del dual. Estuvo fuertemente influido por el griego, dado su prestigio cultural. No hay artículos y posee pocas preposiciones. || *macarrónico* Utilización incorrecta del l. que no emplea las desinencias adecuadas. || *vulgar* El hablado por el pueblo, del que derivan las lenguas romances.

LATINO, NA adj. y s. Relativo o perteneciente al Lacio o a cualquiera de las regiones que fueron incorporándose al imperio romano. || Relativo o perteneciente a un país o región en el que se hablen lenguas romances derivadas del latín. || Hablante de una lengua romance derivada del latín (en Estados Unidos se dice especialmente de los latinoamericanos). || adj. Perteneciente o relativo al latín. || De la iglesia católica, frente a la de oriente.

LATINOAMERICANO, NA adj. y s. Se dice del habitante de América Latina en oposición al de América del Norte anglosajona y muy desarrollada.

LATIR intr. Dar latidos el corazón. || Por extensión, producir semejantes movimientos una herida u otra parte del cuerpo. || Ladrar. || Estar algo latente.

LATITUD f. Superficie de un territorio. || Ancho de una figura plana. || Distancia angular al norte y al sur de la eclíptica. || Medida de localización de un punto geográfico en función de su distancia al ecuador. Se toma sobre el meridiano del punto.

LATO, TA adj. Amplio, extenso. || Se dice de la palabra o concepto en su sentido amplio, no literal.

LATÓN m. Aleación de cobre y cinc (20 a 45% de cinc) de color amarillo pálido y susceptible de gran brillo y pulimento; a veces contiene pequeñas proporciones de aluminio, hierro, silicio, estaño o níquel; su color y propiedades varían con la composición.

LATOSO, SA adj. Aburrido, inoportuno, tedioso.

LATRÍA f. En el catolicismo, culto de adoración a Dios en cualquiera de sus personas o manifestaciones.

LATROCINIO m. Robo, fraude, estafa.

LAÚD m. Instrumento musical de cuerdas pulsadas. Tiene el cuerpo convexo, mango dividido en trastes, clavijero doblado en ángulo hacia atrás y 6 órdenes de cuerdas.

LAUDABLE adj. Digno de ser loado.

LÁUDANO m. Uno de los nombres del extracto de opio. El preparado más popular al que sirve de base es el de *Sydenham*, con azafrán, canela y vino. Utilizado como analgésico.

LAUDO m. Fallo, decisión o sentencia pronunciada por árbitros o amigables componedores.

LAUREAR tr. Recibir corona de laurel. || Enaltecer, galardonar.

LAVA f. Conjunto de materiales fundidos o incandescentes, vertidos por los volcanes en erupción, a temperaturas de hasta 1 200 °C. Según su mayor riqueza o pobreza en sílice, las l. se clasifican en ácidas o básicas.

LAVABLE adj. Que se puede lavar. || Se dice de las telas que al lavarlas no destiñen ni encogen.

LAVABO m. Mueble compuesto por jofaina y espejo que se usaba para el aseo personal. || Conjunto de pileta y grifería que se usa para lavarse las manos, cara, etc. || Lugar de la casa donde está instalado. || Por extensión, retrete de un establecimiento público.

LAVADERO m. Recipiente o lugar donde se lava. || Lugar donde se limpian y preparan minerales.

LAVADO m. Acción y efecto de lavar. || Pintura mezclada con agua, hecha de un solo color. || *de cerebro* Anulación de la personalidad de un individuo por el uso de técnicas psicológicas coercitivas. || *gástrico* Vaciado del contenido del estómago mediante un sondaje. Generalmente se practica para eliminar un tóxico.

LAVANDERÍA f. Establecimiento de lavado, secado y planchado de ropa.

LAVAPLATOS m. Máquina para lavar vajillas. || com. Persona cuyo oficio es

lavar la vajilla de un restaurante o comedor; también *friegaplatos*.
LAVAR tr. y prnl. Limpiar con agua u otro líquido. || Pasar un trapo mojado para ultimar el blanqueo. || Dar aguadas a un dibujo. || fig. Purificar, perdonar; vengar el honor. || prnl. Asearse.
LAVATIVA f. Operación de inyectar líquido en el recto, con el objeto de evacuarlo. || Utensilio para su aplicación.
LAXANTE adj. Que laxa. || adj. y m. Se dice del medicamento que facilita la evacuación intestinal.
LAXO, XA adj. Flojo, relajado. || De conducta o ideas poco firmes, según valores generales.
LAYA, 1 f. Pala de hierro, a veces con puntas, para remover la tierra.
LAYA, 2 f. Calidad, calaña.
LAZADA f. Nudo fácil de deshacer, tirando de uno de los cabos. || Lazo, nudo de corbata.
LAZARETO m. Lugar donde se tienen en observación personas que pudieran tener alguna enfermedad infecciosa. || Hospital de leprosos.
LAZARILLO m. Muchacho que acompaña a un invidente.
LAZO m. Nudo de adorno, con cinta o cordón, fácil de deshacer. || Cualquier objeto que tenga dicha forma. || Dibujo que se repite, formando un motivo decorativo, la lacería. || En la danza, movimiento de cruzar los pies. || Cualquier atadura para asegurar algo. || Cuerda con nudo corredizo al extremo para cazar o sujetar animales. || Rodeo con los caballos, en la caza mayor, para poner la res a tiro.
LE Dativo del pronombre de 3ª persona, género masculino o femenino, número singular. Puede usarse también en acusativo sólo en género masculino. No admite preposiciones y puede usarse como sufijo.
LEAL adj. y com. Se dice de la persona fiel, sin engaño ni falsedad. Se dice también de su comportamiento. Se aplica también a algunos animales (caballo, perro, etc.). || Incondicional de alguien o algo.
LEBREL m. Raza de perro, de unos 80 cm de alto, hocico generalmente puntiagudo, orejas caídas y manto de color variable. Se usa para la caza.

LECCIÓN f. Lectura. || Distinta comprensión de un texto, según el parecer de cada lector. || Exposición teórica o práctica de un tema cualquiera. || Unidad didáctica en que se divide una asignatura. || Materia que se estudia de una sola vez. || Clase. || Trozo de texto sagrado que se lee en la misa o en el oficio divino. || Cualquier palabra o actitud encomiables, y dignas de ser tenidas en cuenta. || Exposición de un tema, sacado a suerte y durante un tiempo limitado, en ciertas oposiciones. || Exposición pública de un tema por parte de un opositor a ciertos cargos públicos. || *dar una l.* (a uno) Amonestarle o ponerle en evidencia, de modo que le resulte aleccionador.
LECTIVO, VA adj. Se dice de la fecha que, en un calendario académico, está destinada a impartir clases.
LECTOR, RA adj. y s. Que lee (especialmente revistas, libros de un determinado autor, etc.). || Titular de un lectorado.
LECTURA f. Acción de leer. || Materia leída. || Lección impartida. || Cada una de las posibles interpretaciones que ofrece un texto, y estudio que se hace de ellas. || Realización de la lección de una oposición. || Instrucción recibida por una persona. || Cultura que posee. || En algunas órdenes religiosas, cargo del lector. || Interpretación de una melodía o de cualquier otro tipo de signos. || Control de los contadores de fluido doméstico o industrial.
LECHADA f. Mezcla de cal o yeso, a veces con arena, para blanquear, o argamasa para unir piedras o ladrillos. || Masa de trapo molido para hacer papel. || Líquido que posee cuerpos insolubles muy divididos.
LECHAL adj. y com. Se dice de la cría, generalmente de cordero, que todavía mama. || Se dice de las plantas o frutos cuyo jugo es de consistencia lechosa.
LECHE f. Líquido segregado por las glándulas mamarias de las hembras vivíparas después del parto. Composición variable según la especie; rico en sustancias proteicas (caseína), azúcares (lactosa) y grasas, todas contenidas en estado de fina emulsión; también contiene sales minerales y vitaminas. Ello la hace un alimento muy completo, especialmente en

los primeros meses de vida, en los que tiene carácter exclusivo. || Zumo blanquecino de algunos vegetales. || Látex. || Jugo de algunas semillas (de almendras, etcétera).

LECHERÍA f. Tienda donde se vende leche y sus derivados (nata, mantequilla, etcétera).

LECHO m. Cama preparada para reposar o dormir. || Especie de sofá donde solían reclinarse los romanos y orientales para comer. || Lugar de reposo del ganado. || Fondo de una carreta. || Madre de un río, u hondo de un lugar por donde corre o reposa el agua (arroyo, lago, mar, etc.). || Conjunto de materiales extendidos horizontalmente. || Estrato geológico. || Superficie plana preparada para asentar algo.

LECHÓN, NA m. y f. Cría de cerdo que aún mama. || Por extensión, cualquier cerdo macho. || adj. y s. fig. Persona sucia y maloliente.

LECHOSO, SA adj. Relativo a la leche, o que tiene cierta semejanza con ella. || Se dice de los vegetales que rezuman cierto líquido blanquecino. || m. Papayo, y su fruto.

LEER tr. Reproducir mentalmente o por medio de sonidos el contenido de un escrito. || Interpretar cualquier tipo de signos, texto, composición, etc. || Entender una lengua escrita extranjera. || Realizar la lectura de un tema en una oposición. || Descifrar, solfear o interpretar con un instrumento las notas de una melodía musical. || En lenguaje de ordenadores, obtener información, normalmente de alguna forma de almacenamiento. || fig. Adivinar, captar.

LEGACÍA (o LEGACIÓN) f. Genéricamente, representación diplomática, a cualquier nivel, de un país en otro. || Sede y personal de la anterior.

LEGADO m. Manda o disposición hecha por el testador a favor de una o varias personas, naturales o jurídicas, en su testamento. Frente a la herencia, tiene un carácter concreto y particular. || Por extensión, todo aquello, material o inmaterial, que se deja a los sucesores. || Máxima autoridad romana, en las provincias imperiales. || Jefe de una legión romana. || Asesor y consejero de un procónsul romano, a quien sustituía en caso de necesidad. || *pontificio* Nuncio. || Representante del papa en un concilio.

LEGAJO m. Fajo de documentos, generalmente sobre una misma materia. || Conjunto de documentos de un expediente judicial.

LEGAL adj. Establecido por la ley y de acuerdo con ella. || Fiel observador de las normas. || fam. Honrado, leal, de fiar.

LEGALIDAD f. Calidad de legal. || Régimen político establecido u ordenado por la ley fundamental del Estado. || *l., principio de* Obligación del Estado de actuar de conformidad con los preceptos establecidos por la ley.

LEGALIZAR tr. Dar eficacia legal a algo mediante el cumplimiento de ciertos requisitos formales. || Acreditar, dar fe de autenticidad de un documento.

LÉGAMO m. Fango viscoso.

LEGAÑA f. Masa desecada producto de la secreción de las glándulas de los párpados que se acumula en los ángulos del ojo y entre las pestañas.

LEGAR tr. Ceder algo en testamento. || Mandar a alguien en representación. || fig. Traspasar tradiciones, conocimientos, costumbres, etcétera.

LEGENDARIO, RIA adj. Contenido de una leyenda. || Por extensión, extraordinario, fantástico. || Se dice de las personas o cosas que han pasado a tener fama, muy conocidas. || m. Libro sobre vidas de santos. || Colección de leyendas

LEGIBLE adj. Que puede ser leido.

LEGIÓN f. Unidad de combate principal de los romanos. || Nombre dado modernamente a diversos cuerpos militares de élite formados por profesionales, en ocasiones de procedencia extranjera, que sirven como fuerza especial de choque. Suelen profesar un culto a la disciplina y el combate como forma de aumentar su eficacia guerrera. || fig. Gran cantidad de personas.

LEGIONARIO, RIA adj. Perteneciente a la legión. || m. Soldado que servía en la legión romana. || Soldado de algún cuerpo de ejército que reciba el nombre de legión. || *l., enfermedad del* Llamada así por manifestarse por 1ª vez en una convención de la Legión Americana en Filadelfia en 1976. Está causada por una bacteria, la *Legionella pneumophilia*.

LEGISLACIÓN f. Acción de legislar. || Conjunto de leyes por las que se rige un Estado, y que regulan su vida jurídica en las diversas manifestaciones. || *histórica* La vigente en tiempos pasados. || *internacional* La elaborada a través de pactos entre Estados o por organismos internacionales. Su vigencia en un Estado particular depende del refrendo por parte de éste.

LEGISLADOR, RA adj. y s. Se dice de la persona y, especialmente, el órgano que elabora las leyes (no el que las aprueba o refrenda).

LEGISLAR tr. Dictar, dar o establecer leyes.

LEGISLATIVO, VA adj. Que legisla. || Que ha sido refrendado por ley. || adj. y s. Relativo al órgano (parlamento o congreso) que aprueba las leyes.

LEGISLATURA f. Periodo de funcionamiento de un órgano legislativo, entre su constitución y su disolución. || Periodo de sesiones de las cortes, durante el que subsisten la mesa y las comisiones permanentes.

LEGITIMAR tr. Comprobar, verificar, por medios legales, la autenticidad o falsedad de una cosa, documento o el carácter con que actúa una persona respecto a las leyes. || Hacer legítimo el hijo que no lo era.

LEGÍTIMO, MA adj. Que se ajusta a las leyes. || Conforme a la equidad y la razón.

LEGO, GA adj. y s. No perteneciente al clero. || fig. No preparado en alguna materia. || m. Religioso que no accederá a las órdenes sagradas. || f. Religiosa dedicada a las faenas domésticas del convento.

LEGRADO m. Intervención quirúrgica que tiene por finalidad limpiar mediante raspado una cavidad, especialmente la uterina, con el fin de obtener material endocavitario (p. ej., restos placentarios), o para limpiar dicho órgano tras un aborto.

LEGUA f. Medida de longitud que en España es de 20 000 pies (5 555 m); en Argentina, de 5 199 m; en Colombia y Paraguay, de 5 000 m; en Guatemala, de 5 572 m y en México, de 4 190 m. || *a la l., a cien l.* Claramente; desde mucha distancia.

LEGUMBRE f. Fruto seco y dehiscente, monocarpelar, con sutura ventral y tamaño variable.

LEGUMINOSAS f. pl. Familia de plantas dicotiledóneas, del orden Rosales. Flor papilionada con 5 pétalos (estandarte, dos alas y quilla); incluye especies tanto herbáceas como arbóreas, de hojas esparcidas generalmente compuestas y estipuladas; flores en racimo. El fruto es una legumbre; polinización entomófila.

LEÍSMO m. Uso incorrecto de *le/les* en función de acusativo masculino, en lugar de *lo/los*. Muy extendido en los acusativos de persona.

LEJANÍA f. Cualidad de lejano. || Paisaje a lo lejos.

LEJÍA f. Solución de álcalis o sales alcalinas en agua, empleada para blanquear la ropa. Antiguamente se hacía cociendo ceniza. Hoy se trata de un producto comercial hecho generalmente con hipoclorito cálcico.

LEJOS adv. Distante en el espacio o en el tiempo. || *a lo l., de l., desde l.,* etc. En la lejanía, desde mucha distancia. || *sin ir más l.* Concretamente.

LELO, LA adj. y s. Embobado, atontado.

LEMA f. Frase que resume brevemente el contenido de una obra literaria. || Sentencia que compendia la norma de conducta de alguien. || Leyenda en un escudo o estandarte. || Argumento de un discurso. || Palabra o frase escogida por el autor, en oposiciones o concursos, para poder identificar luego su verdadero nombre. || Enunciado que hay que argumentar convenientemente antes de dictaminar un teorema.

LENCERÍA f. Conjunto de prendas interiores de mujer. || Ropa blanca (de cama, de mesa, etc.). || Confección de la misma, y trabajos realizados en ella. || Lugar donde se vende, o donde se guarda (en hospitales, colegios, etc.). || Conjunto de lienzos.

LENGUA f. Órgano muscular situado en la cavidad oral. || Está tapizada por una mucosa donde se hallan los receptores sensoriales del sentido del gusto. Dotada de gran movilidad, que permite la articulación de los sonidos. Realiza una importante acción en la masticación y deglución. || Por extensión, cualquier cosa que tenga esta forma. || Frente a lenguaje, que posee una significación más general, lengua es aquel conjunto establecido de sonidos articulados que sirve a una comunidad humana para comunicarse entre sí mensajes complejos. || *artificial* La creada por una comunidad al margen de la lengua general de su sociedad: jerga o argot. O bien la lengua creada como puente de comunicación entre diversas lenguas nacionales o para tratar una determinada materia. Así, los lenguajes científicos, pero también el *esperanto*. || *coloquial* La usada habitualmente, en oposición a *lengua culta*. || *de cultura* La que, por su prestigio, es usada o conocida por minorías selectas de otros países.

LENGUAJE m. Capacidad humana adquirida, por la que se comunican contenidos a través de la palabra, oral o escrita. Si se prescinde de ésta, se reduce a un proceso mental. (*l. interior*). || Cualquier sistema convencional de signos que usa un grupo humano para intercambiar mensajes. || Lengua, conjunto de sonidos. || Jerga de una profesión o grupo social. || Forma de expresarse, estilo. || En informática, conjunto de caracteres, reglas de combinación y significados que se usan para expresar y sistematizar la información aportada a los ordenadores. || *escrito* Sistema de comunicación que utiliza signos gráficos para transcribir los sonidos o conceptos de una lengua. || *figurado* El que usa figuras y retóricas.

LENGÜETA f. Epiglotis. || Fiel de la balanza, especialmente de la romana. || Lámina elástica de madera o metal que se encuentra en la embocadura del tubo de algunos instrumentos de viento, determinando con sus vibraciones la sonoridad. Puede ser batiente simple (clarinete), doble (oboe) y libre (acordeón). || Punta triangular de una flecha, lanza, etc. || Palito que mantiene abierta la trampa para cazar pájaros. || Moldura o útil de forma semejante a una lengua. || Cualquier objeto que posea esta forma. || Tira del zapato colocada debajo de los cordones del cierre para proteger el pie. || Compresa larga y estrecha utilizada en medicina. || En bóvedas y chimeneas, tabique de ladrillo que sirve de protección o separación. || Saliente efectuado en un elemento para encajarlo en la ranura de otro.

LENIDAD f. Debilidad, relajación a la hora de exigir; deber o enmendar una falta.

LENTE f. Sistema óptico transparente, de vidrio o plástico, formado por dos superficies refringentes, una de las cuales, por lo menos, es curva. Dichas superficies poseen un eje común llamado eje principal. Por la naturaleza de las superficies o dioptrios que las limitan, las lentes pueden ser: biconvexas, bicóncavas, planocóncavas, planoconvexas, meniscos convergentes, meniscos divergentes, etc. || m. pl. Anteojos, gafas.

LENTEJUELA f. Laminilla en forma de lenteja, muy brillante y de escaso valor, usada para adornar vestidos.

LENTO, TA adj. Calmoso en cualquier tipo de acción. || Blando, sin empuje. || Med. Glutinoso. || adv. Mús. Lentamente.

LEÑA f. Trozos de madera seca para encender fuego. || fam. Paliza, tunda, vapuleo. || *añadir*, o *echar l. al fuego* Dar nuevos motivos de enojo.

LEÑADOR, RA m. y f. Persona que se dedica a cortar y vender leña.

LEÑERO, RA m. y f. Persona que vende leña. || Persona encargada de comprarla. || f. Sitio para guardar leña.

LEÑO m. Conjunto de los elementos conductores lignificados, y en general todos aquellos tejidos vegetales producidos por el cámbium hacia el interior del vástago o raíces. || Tronco de un árbol, una vez cortado y separado de las ramas. || Madera. || Embarcación de vela y remo, usada en la edad media. || poét. Nao.

LEONERA f. Jaula o lugar donde están encerrados los leones. || fig. y fam. Casa de juego. || Habitación desordenada, aposento patas arriba.

LEPRA f. Enfermedad infecciosa crónica producida por el bacilo de Hansen. Se transmite por contagio directo y tiene carácter endémico en algunos países. Las principales manifestaciones clínicas son de índole cutánea y también afecta especialmente a los nervios.

LERDO, DA adj. y s. Lento en el andar, o torpe en comprender.

LESBIANISMO m. Homosexualidad femenina.

LESIÓN f. Alteración de las características anatomohistológicas de un tejido u órgano, con déficit funcional del mismo, producida por la acción de una causa patógena, un golpe o una herida. || En

derecho civil, daño o perjuicio que recibe una de las partes de un contrato, pactado en términos abusivos o desventajosos, o de su incumplimiento. || fig. Cualquier tipo de daño o perjuicio.
LESIONAR tr. y prnl. Causar lesión.
LETAL adj. Mortífero; se dice especialmente de gases tóxicos.
LETANÍA f. Serie de frases breves con invocaciones intercaladas que recitan alternativamente el oficiante y los asistentes a ciertas ceremonias religiosas. || Procesión en la que se reza dicha serie; se usa también en plural en ambos casos. || Por extensión, retahíla de palabras o frases.
LETARGO m. Estado de somnolencia profunda causado por diversos tipos de enfermedades.
LETRA f. Cada uno de los signos gráficos que componen un alfabeto, cada uno de los cuales teóricamente representa un fonema. Los signos alfabéticos españoles derivan de los latinos. El alfabeto español está formado por 28 letras; 5 vocales y 23 consonantes. Letras españolas sin equivalencia latina son la *ch*, *ll* y *ñ*. Las letras pueden ser mayúsculas o minúsculas, reservándose las primeras en la escritura habitual para el inicio de nombres propios o topónimos. || Cada uno de estos fonemas o articulaciones. || Cada uno de los modelos clásicos o sus formas personales de escritura. || Tipo de imprenta que imprime una letra o figura. || Conjunto de estos tipos.
LETRADO, DA adj. Culto, ilustrado, sabio. || Irónico, que presume de sabio. || m. y f. Abogado.
LETRERO m. Cartel o rótulo, no muy grandes, de advertencia al público.
LETRILLA f. Composición poética en versos cortos a la que se suele poner música. || Composición poética a modo de villancico en la que el asunto es burlesco o satírico.
LETRINA f. Recipiente o lugar destinado para las evacuaciones intestinales. || Sitio desaseado y repugnante.
LEUCEMIA f. Grave enfermedad de la sangre caracterizada por la proliferación maligna de un tipo de leucocitos en los órganos hematopoyéticos (médula ósea, ganglios linfáticos, etcétera).

LEUCOCITO m. Cada uno de los glóbulos blancos de la sangre. Los l. son células que tienen un carácter defensivo, antiinfeccioso, y su número normal oscila entre los 5 000 y los 10 000 por mm^3.
LEVADIZO, ZA adj. Que puede elevarse; especialmente se dice del puente que salvaba el foso de un castillo o del que, por desplazamiento vertical de sus dos mitades o uno de sus extremos, permite el paso de buques.
LEVADURA f. Cualquiera de los hongos unicelulares, generalmente ascomicetes, de células elípticas y que se multiplican por gemación. Tienen gran importancia económica por las fermentaciones industriales en que intervienen (vino, pan, cerveza, enzimas, alcohol, etc.). || Masa formada por dichos hongos, que, mezclada con una sustancia, la hace fermentar. || Parte sobrante al aserrar un tablón según una medida.
LEVANTAMIENTO m. Acción y efecto de levantar o levantarse. || Rebelión, pronunciamiento. || Conjunto de operaciones necesarias para hacer un plano o mapa de un terreno. || *de cadáver* Diligencia forense de examen de un cadáver, por orden judicial, en el lugar donde ha sido hallado. || *de pesas* Halterofilia.
LEVANTAR tr. y prnl. Mover hacia arriba. || Colocar algo en un sitio más elevado. || Poner de pie. || Alzar algo de donde reposa, o desprenderlo de donde está unido. || Amotinar. || Obligar a la caza a salir, para disparar sobre ella. || tr. Construir, edificar. || Dirigir la mirada hacia lo alto, o apuntar un instrumento en dicha dirección. || Recoger algo desplegado sobre una superficie. || Tratándose de un sitio o asedio, determinarlo. || Quitar algo de un sitio para favorecer la visibilidad.
LEVANTE m. Oriente, punto cardinal. || Viento que sopla de dicho punto. || Territorios del este del Mediterráneo.
LEVANTISCO, CA adj. Rebelde; se dice especialmente de grupos sociales o étnicos.
LEVAR tr. Recoger anclas. || intr. Zarpar.
LEVE adj. Ligero, de poco peso. || De escasa importancia; no grave.
LEVITA, 1 adj. y com. De la tribu de Leví. En especial, se dice de los varones

de esta tribu destinados al servicio del templo. || Diácono.

LEVITA, 2 f. Prenda masculina de etiqueta parecida al frac, con faldones cruzados por delante. || *tirar de la l.* Halagar para obtener beneficio.

LÉXICO, CA adj. Relativo al léxico o al vocabulario. || Relativo a la lexicografía. || Vocabulario, lengua propia de un país, autor, grupo social, etc. || Diccionario, relación de giros, modismos, argot, etc., de cualquier lengua.

LEY f. Regla de carácter general que se desprende del funcionamiento de las cosas. || Precepto de carácter normativo y observancia obligatoria dictado por el poder legislativo de un Estado. Su expresión más común en los Estados de tradición latina es la *l. escrita*, fruto del constitucionalismo y las codificaciones del siglo XIX; a ella deben someterse todas las normas de rango inferior (decretos, reglamentos, etc.) y a su vez depende de una *l. fundamental* (constitución). || Por extensión, reglamentos de un juego o deporte. || Cualquier norma ética, cuya obligatoriedad es aceptada.

LEYENDA f. Narración fantástica de hechos mágicos o asombrosos rica en contenidos simbólicos. || Inscripción en monedas o medallones. || Divisa escrita en escudos o estandartes. || Pequeña nota explicativa del significado de un cuadro, pintura, etc. || Narración fabulosa de un acontecimiento más o menos histórico.

LEZNA f. Instrumento compuesto de un vástago de acero con punta y un mango de madera que usan los zapateros y otros artesanos para agujerar, coser y pespuntear.

LIAR tr. Asegurar con cuerdas. || Envolver, sujetando. En especial, enrollar la picadura de tabaco con el papel de fumar. || Enrollar un hilo, cordón, alambre, etc. || tr. y prnl. Arropar, envolver. || Engañar, ilusionar. || prnl. Amancebarse. || Enrollarse, meterse en explicaciones innecesarias. || Reñir, pegarse. || Con la preposición a más un infinitivo, comenzar a hacer algo con gran interés (*l. a hablar, a estudiar*). || *liarla* Alborotar, armar jaleo. || *liarlas* Escapar, huir; morirse.

LIBAR tr. Sorber un jugo. || Catar un licor. || Beber ritualmente el sacerdote un líquido utilizado en el sacrificio. || Por extensión, ofrendar a una divinidad.

LIBELO m. Difamación, folleto denigratorio. || *de repudio* Escritura en la que, antiguamente, el marido repudiaba a la mujer y disolvía el matrimonio.

LIBÉLULA f. Caballito del diablo.

LIBERACIÓN f. Acción de liberar. || Cancelación, abolición de la carga que grava sobre un inmueble. || Recibo que se da a quien ha satisfecho una deuda.

LIBERAL adj. Generoso. || Abierto, tolerante. || Se dice de la profesión (abogado, médico, etc.) que puede ejercerse privadamente. || adj. y com. Partidario del liberalismo.

LIBERTAD f. Facultad del ser humano de optar, a partir de una conciencia de raíz objetiva, aunque no sea universal, entre distintos comportamientos, actuaciones concretas o posibilidades de pensamiento. || No esclavitud, o servidumbre. || Situación de no encontrarse detenido o preso. || Carencia de ataduras legales o sociales. || Cualidad genérica de los Estados que reconocen la soberanía popular y mantienen instituciones parlamentarias. || Comportamiento que elude la etiqueta, las conveniencias o, incluso, la corrección. || Soltura, agilidad. || pl. Conjunto de derechos, o de privilegios, que tiene una persona o grupo social.

LIBERTAR tr. y prnl. Dejar en libertad. || Relevar de un compromiso. || Preservar.

LIBERTINAJE m. Uso desenfrenado de la libertad, con menoscabo de la de los demás y al margen de toda ley o norma.

LIBERTINO, NA adj. y s. Que practica el libertinaje. || Liberto, o hijo de liberto.

LIBERTO, TA m. y f. Esclavo manumitido en la antigua Roma.

LIBIDO f. Término usado por Freud para designar el impulso de la sexualidad, la energía sexual. Especie de cualidad instintiva no limitada a la puramente genital.

LIBRA f. Medida antigua de peso, variable según distintas regiones (de 400 a 460 g). || Unidad de peso anglosajona (453.592 g). || En los molinos de aceite, peso que comprime la pasta. || Medida clásica utilizada para el chocolate, expedida en dos piezas o tabletas de 8 onzas cada una. || Medida de capacidad para líquidos. || Signo del Zodiaco (23 de septiembre-22 de octubre). || *esterlina* Moneda de Gran Bretaña, dividida en 100 peniques.

LIBRAMIENTO m. Acción y efecto de librar. || Orden de pago escrita.

LIBRANZA f. Orden de pago escrita que se da a una persona para que entregue cierta cantidad a otra. No es necesaria la aceptación.

LIBRAR tr. y prnl. Relevar a alguien de una obligación, dolencia o circunstancia desfavorable. || tr. Confiar en alguien o algo. || Unido a ciertos sustantivos (decreto, sentencia, carta, etc.), dar, comunicar, enviar. || Expedir cheques, letras de cambio, órdenes de pago, etc. || intr. Disfrutar de día libre. || Expulsar la placenta la parturienta.

LIBRE adj. Que goza de libertad. || Franco, expedito. || Soltero, independiente. || Se dice de un texto no traducido literalmente. || Vacante. || Se dice de un espacio no ocupado, de un tiempo de descanso, etc. || Se dice de cada uno de los versos que no riman en un poema. || *albedrío* Entre los escolásticos, capacidad de la voluntad para elegir.

LIBREA f. Tipo de uniforme con levita que utilizan los conserjes de ciertas entidades públicas o privadas (parlamentos, hoteles, etc.). || El que antiguamente usaban como distintivo los pajes y criados de la nobleza. || Conjunto de colores y dibujos que forman el pelo o plumaje de los animales. || *nupcial* Modificación del modelo normal de la l. durante la época de reproducción.

LIBRERÍA f. Mueble con estantes donde se guardan los libros. || Colección de libros. || Establecimiento de venta de los mismos. || Oficio de librero. || Inform. Lugar donde se almacenan los programas de servicios.

LIBRERO, RA m. y f. Persona que vende libros.

LIBRETA f. Cuaderno para apuntes y anotaciones. || *de ahorros* Documento acreditativo de un saldo a favor de su titular.

LIBRO m. Conjunto de hojas impresas o manuscritas, cosidas o encuadernadas, formando una unidad de lectura. || Obra literaria o científica de suficiente entidad como para constituir un volumen. || Cada una de las partes en que suele dividirse una obra muy extensa, sea literaria, científica, jurídica, etcétera.

LICENCIA f. Permiso para realizar algo y documento que lo sanciona (*l. deportiva, de importación, de caza,* etc.). || Libertinaje. || Contrato por el que una institución o empresa cede una patente de fabricación industrial a otra. || pl. Facultad de ejercer ciertas funciones clericales (predicación, sacramentos, etc.). || *absoluta* Documento que expresa el fin del periodo hábil para el servicio militar (suele ser a los 38 años). || *eclesiástica* Permiso del obispo para publicar una obra. || *fiscal* Documento legal que permite a una empresa o individuo no asalariado iniciar sus actividades lucrativas. || *poética* Aquella infracción de las reglas del lenguaje, estilo o métrica que un poeta puede cometer en sus versos por permitírselo la retórica o la tradición.

LICENCIADO, DA adj. y s. Dado libre de algún servicio. || m. y f. Persona que ha obtenido el grado universitario correspondiente. || Soldado que ha obtenido la licencia absoluta.

LICENCIAR tr. Dar permiso o licencia. || Despedir de un trabajo. || Dar el grado de licenciatura. || tr. y prnl. Obtener la licencia absoluta del servicio militar. || prnl. Conseguir la licenciatura.

LICENCIATURA f. Titulación otorgada por una universidad tras haber aprobado los cursos exigidos por una facultad. || Acto de recepción de dicho título. || Estudios realizados para conseguirlo.

LICENCIOSO, SA adj. Libertino, lujurioso.

LICEO m. Nombre de uno de los tres gimnasios donde enseñó Aristóteles. || Escuela aristotélica. || Centro de enseñanza media en Francia y algunos países hispanoamericanos. || Nombre que reciben algunas sociedades culturales o de recreo.

LICITAR tr. Participar en una subasta, fijando precio.

LÍCITO, TA adj. Legal, justo y razonable. || Conforme a la ley y a la moral.

LICOR m. Sustancia líquida. || Bebida alcohólica que contiene algunas sustancias aromáticas, generalmente hierbas en maceración. || Nombre de distintas soluciones químicas usadas en farmacia.

LICUAR tr. y prnl. Convertir en líquida una sustancia sólida o gaseosa. || Separar un metal de otros por la acción del calor.

LID f. Batalla, lucha, duelo. || Discusión, controversia. || *en buena l.* Con medios lícitos.

LÍDER m. Dirigente, especialmente el político; por extensión, persona que tiene autoridad sobre un grupo. || En una competición deportiva, cualquiera de los que durante su desarrollo encabezan la clasificación. || Se dice de la empresa o sector que por sus menores costes comparativos, capacidad de innovación, etc., determina la evolución de un sector o de la economía en general.

LIDIA f. Acción y efecto de lidiar. || Conjunto de faenas y suertes que tienen lugar en la plaza, desde que aparece el toro hasta su arrastre.

LIDIAR intr. Luchar, combatir. || Enfrentarse con alguien. || Aguantar a una persona arisca o pesada. || tr. Torear.

LIENDRE f. Huevo de ciertos parásitos, como los piojos, que se hallan fijados a los pelos.

LIENZO m. Tela de lino, algodón o cáñamo sobre la que se aplica la pintura. || Pintura realizada sobre dicho soporte. || Fragmento de muralla en línea recta.

LIGA f. Cinta elástica para asegurar los calcetines o las medias. || Venda o faja. || Unión o mezcla. || Materia viscosa producida por algunas plantas, principalmente el muérdago, usada en la caza de pájaros. || Aleación de metales. || Metal que, añadido a uno precioso, le da consistencia o rebaja su ley antes de la acuñación. || Concierto entre Estados u otras comunidades para un fin concreto. || Confederación o coalición. || Sistema de competición deportiva en que cada participante se enfrenta a todos los demás.

LIGADURA f. Acción y efecto de ligar. || Soga o cordel que sirven para amarrar. || Hilo quirúrgico para ligar vasos o conductos. || Impedimento, atadura moral. || Línea curva que, colocada entre dos notas consecutivas del mismo sonido, indica que debe ejecutarse con una sola emisión de sonido.

LIGAMENTO m. Acción y efecto de ligar. || Estructura de tejido conectivo muy resistente y de forma acintada que sirve para mantener unidos los extremos articulares de los huesos.

LIGAR tr. Atar. || Alear metales. || Liar, unir, amarrar. || Lograr que ciertas sustancias no se corten (natillas, salsas, etc.). || Asociar ideas. || Unir varias notas musicales al interpretarlas. || tr. y prnl. Enamorar, lograr el afecto de alguien. || Conseguir, agenciarse. || Lograr algo. || intr. En juegos de baraja, reunir las cartas convenientes para hacerse con un triunfo. || Congeniar, llevarse bien. || intr. y tr. Conseguir una relación sexual fugaz, conquistar. || prnl. Comprometerse, asociarse.

LIGAZÓN m. Atadura, engarce. || Cada una de las tablas que forman la cuaderna de una nave. || Liaison.

LIGEREZA f. Calidad de ligero. || Velocidad, prontitud. || Agilidad, futilidad. || Volubilidad, irreflexión.

LIGERO, RA adj. Rápido, veloz. || De escaso peso. || De poco trabajo o dificultad. || Se dice del alimento fácil de digerir. || Se dice del sueño poco profundo. || Voluble, sin fuerzas de voluntad. || Poco formal en las relaciones amorosas. || Frívolo.

LIGNITO m. Carbón mineral, con un contenido aproximado del 70% de carbono, negro o pardusco; su poder calorífico es de 7 000 cal/kg.

LIJA f. Pintarroja. || Piel seca de varias especies de selacios que se usa para pulir. || Tipo de papel usado para lijar.

LIJAR tr. Suavizar o pulir con lija.

LIMA f. Instrumento de acero en forma de barra y con dientes cortantes en su superficie, usado para alisar materiales duros. || Acción de limar. || fig. Acción de pulir, perfeccionar, especialmente un escrito.

LIMADURA f. Acción y efecto de limar. || pl. Virutas de metal que se desprenden al limar.

LIMAR tr. Raspar o alisar con la lima, especialmente la madera o el metal. || Retocar o pulir una obra. || Suavizar o corregir en sentido moral. || Disminuir, reducir.

LIMITAR tr. Señalar límites. || Precisar competencias. || tr. y prnl. Reducir dispendios, recortar atribuciones. || prnl. Cumplir con lo pactado, hacer lo justo. || intr. Lindar.

LÍMITE m. Línea divisoria, real o imaginaria, de superficies diferenciales (terrenos, regiones, países, etc.). || Punto de separación de realidades diferentes, materiales o no. || Término de cualquier actividad o esfuerzo.

LIMÍTROFE adj. Contiguo, colindante.

LIMO m. Barro. || Depósito sedimentario incoherente, formado por partículas de entre 0.1 y 0.002 mm de diámetro, de transporte fluvial o eólico.

LIMÓN m. Fruto del limonero; es un hespérido esférico u oblongo, amarillo, con una protuberancia distal. Pulpa amarillenta y ácida. La corteza contiene compuestos de propiedades antiescorbúticas, vitamínicas y astringentes.

LIMONADO, DA adj. De color del limón. || f. Zumo de limón con agua y azúcar.

LIMOSNA f. Dádiva ofrecida a una persona necesitada. || Miseria, cantidad insuficiente de algo.

LIMPIABOTAS com. Persona que se dedica a limpiar y lustrar el calzado.

LIMPIAPARABRISAS m. Mecanismo colocado en los cristales delantero y trasero de los coches para eliminar la suciedad o la lluvia.

LIMPIAR tr. y prnl. Eliminar la suciedad. || Purificar, perfeccionar. || tr. Cribar. || Desechar lo perjudicial o menos provechoso. || Podar. || Ahuyentar lo maligno. || fig. Robar.

LÍMPIDO, DA adj. Limpio, puro, sin tacha.

LIMPIEZA f. Calidad de limpio. || Acción y efecto de limpiar. || Honestidad, nobleza. || Pureza. || Habilidad, maña. || Respeto de las normas.

LIMPIO, PIA adj. Que no está manchado ni sucio. || Sin culpa, puro, casto. || Sin mescolanza de elementos espurios. || No adulterado. || Noble, honrado. || Arruinado, sin dinero, especialmente por el juego. || Profano en alguna materia. || Se usa para enfatizar ciertos nombres (a *grito l.*, a *puñetazo l.*, etc.). || f. Limpiabotas (con valor masculino). || adv. Limpiamente. || *en l.* Cantidad neta, libre de gastos y descuentos. || *poner en l.* Transcribir el borrador de un escrito. || Aclarar una cuestión.

LINAJE m. Genealogía. || Raza, calidad, especie. || pl. Personas pertenecientes a la nobleza. || *humano* Humanidad.

LINAZA f. Semilla elipsoidal y dura del lino. Con la linaza se prepara una harina de propiedades medicinales y un aceite secante usado en la industria de barnices y pinturas.

LINCE fam. Persona sagaz, avisada. || *ser (uno) un l.* Ser hábil o perspicaz.

LINDAR intr. Estar contiguas superficies o territorios. || fig. Rayar, estar al borde de.

LINDE amb. Límite. || Línea de separación de dos propiedades.

LINDERO, RA adj. Que linda o limita. || Borde de separación entre dos fincas, unidades vegetales, etcétera.

LINDEZA f. Calidad de lindo. || Ocurrencia graciosa, acción ingeniosa. || pl. irón. Injurias, insolencias.

LINDO, DA adj. Bonito, agradable a la vista. || Fino, delicado. || m. Afeminado. || *de lo l.* Mucho, en gran manera, a fondo.

LÍNEA f. Extensión considerada en una sola dimensión. || Recta o curva en el plano. || Sistema de conductores que permiten transportar o transferir potencia eléctrica o señales eléctricas de un punto a otro. || Medida de longitud equivalente a unos 2 milímetros. || Trazo. || Renglón de un escrito. || Raya imaginaria (*l. del horizonte*). || Vía de comunicación o de transporte. || Sucesión de individuos o materias, tanto en sentido vertical como horizontal. || Serie de personas de una misma descendencia. || Zona de combate. || Género, especie. || Límite, meta. || En un campo deportivo, cada una de las rayas que delimitan el espacio de juego o sus diferentes zonas. || Cada posición de la espada en esgrima. || Esbozo de una obra artística. || Perfil, silueta. || Estilo, moda. || Inclinación, disposición. || Camino, directriz, señal. || Dosis de droga en polvo, especialmente cocaína. || En una organización política, tendencia.

LINEAL adj. Relativo a la línea. || Se dice del dibujo formado sólo por líneas. || Se dice de una magnitud física que varía directamente en función de las coordenadas. || fig. Sin matices, rígido.

LINFA f. Líquido de características tisulares que circula por los vasos linfáticos. La parte líquida es semejante al plasma sanguíneo, aunque más escaso en proteína y la parte celular está constituida principalmente por linfocitos.

LINGOTE m. Pieza en bruto de metal fundido. || Cada una de las barras de hierro, generalmente en forma de paralelepípedos, que se emplean en los barcos para equilibrar la carga. || Combustible nuclear en forma de un cilindro o varilla corta.

LINGUAL adj. Relativo a la lengua. || Se dice de los sonidos apicales o apicados, que se pronuncian con el ápice de la lengua, y de la letra que los representa.

LINGÜÍSTICA f. Estudio científico del lenguaje. || *descriptiva* Aquella que estudia una lengua sin pretensiones normativas. || *diacrónica* o *histórica* La que estudia una lengua en su evolución temporal. || *estructural* La que contempla la lengua como un sistema de elementos interrelacionados entre sí. || *funcional* La estructuralista que hace hincapié en la función que cumple una unidad lingüística dentro del sistema; fue la primera en relacionar ampliamente lengua y sociedad. || *general* La que pretende estudiar problemas válidos para cualquier lengua, empeñada en buscar los llamados universales lingüísticos.

LINOTIPIA m. Máquina de componer que se maneja con teclado parecido al de la máquina de escribir; al oprimir cada tecla, cae de un almacén una matriz de latón; las matrices van formando una línea en el componedor, y cuando la línea está completa y justificada, se funde automáticamente con metal previamente derretido en un crisol eléctrico. || Arte de componer con dicha máquina.

LINTERNA f. Farol manual con una sola cara de vidrio. || Faro. || Utensilio portátil, provisto de pilas eléctricas, para alumbrar. || Rueda de engranaje formada por dos discos paralelos y unidos alrededor con barrotes cilíndricos. || Remate de una cúpula o torre de planta circular o poligonal, que ilumina el interior por ventanas laterales. || *mágica* Proyector de imágenes fijas. || *sorda* Aquella cuya luz puede ocultarse.

LÍO m. Fajo de ropa o de otras cosas envueltas conjuntamente. || Paquete. || Caos, embrollo, desorden. || Embuste, intriga, jaleo. || Relación amorosa irregular. || *armar*, o *armarse un l.* Enredarse. || *meterse en un l.* Caer en una intriga o dificultad. || *tener un l.* Tener un ligue.

LIQUEN m. División del reino vegetal que incluye individuos formados por la asociación simbiótica entre un alga (clorofícea o cianofícea) y un hongo (ascomicete o basidiomicete). Se reproducen asexualmente.

LIQUIDACIÓN f. Acción y efecto de liquidar. || Venta de bienes a muy bajo precio por reforma, traslado, cesión o quiebra de un comercio.

LIQUIDAR tr. y prnl. Licuar, pasar a líquido. || Malgastar un patrimonio. || tr. Ajustar cuentas. || Poner fin a algo; romper las relaciones con alguien. || Matar, desembarazarse de alguien. || Pagar una deuda. || En un establecimiento, hacer la liquidación de los géneros. || Convertir en dinero un bien inmueble.

LÍQUIDO, DA adj. y s. Se dice del estado particular de la materia intermedio entre el sólido y el gaseoso. || En contabilidad, saldo positivo de una cuenta. || Dinero, en moneda o fácilmente transformable en ésta, de que se dispone. || Cantidad neta. || Se dice de un activo financiero fácilmente transformable en dinero. || Se dice de aquellos fonemas laterales o vibrantes que tienen a la vez carácter vocal y consonántico. || Se dice también de la *s* inicial de palabra cuando va seguida de consonante (generalmente en palabras extranjeras o latinas). || Bebida, alimento que se puede beber o sorber.

LIRA, 1 f. Instrumento de cuerdas de la Grecia antigua. Consistía en una caja de resonancia, dos brazos en forma de yugo y de 4 a 10 cuerdas. || Instrumento de percusión de láminas metálicas afinadas sobre un marco semejante al de la lira de cuerdas. || Estrofa formada por tres versos heptasílabos y dos endecasílabos.

LIRA, 2 f. Unidad monetaria de Italia y Turquía.

LÍRICO, CA adj. Relativo a la lírica. || Se dice de las obras teatrales que son total o parcialmente cantadas. || Se dice del escrito, discurso u obra exaltado y entusiasta. || adj. y s. Se dice del poeta que cultiva este género. || f. Uno de los 3 géneros literarios mayores, en el que se engloban las poesías en las que el autor expresa sus ideas o sentimientos. Se opone, pues, a la épica, y también a la dramática. || Por extensión, poesía.

LISIADO, DA adj. y s. Que sufre alguna lesión duradera o está privado de algún miembro.

LISIAR tr. y prnl. Producir una lesión o hacer que alguien quede lisiado.

LISO, SA adj. Llano, raso, sin arrugas ni asperezas. || Sin relieves ni florituras. Se dice especialmente de telas y vestidos. || Se dice también del pelo lacio. || adj. y s. Se dice del vaso que tiene la misma anchura en el fondo que en la boca.

LISONJA f. Halago fingido, generalmente para captar el favor de alguien.

LISONJEAR tr. Adular. || tr. y prnl. Alegrar, envanecer. || intr. y prnl. Pavonear.

LISTA f. Pedazo estrecho y largo de un material cualquiera. || Franja de color, especialmente en tejidos. || Relación correlativa de personas o materias. || *de correos* o *telégrafos* Oficina de estas entidades donde recogen su correspondencia aquellos destinatarios de los que no consta el domicilio. || *de la lotería* Relación de los números premiados en ésta. || *negra* Índice de personas o entidades que se excluyen del trato o se vigilan con mayor atención por considerarlas peligrosas o indeseables. || *a listas* Listado. || *pasar l.* Leer en voz alta el nombre de personas para confirmar o no su presencia.

LISTO, TA adj. Inteligente, preparado. || Activo, diligente. || Astuto, sutil, agudo.

LISTÓN m. Tabla estrecha y alargada. || Cinta de seda estrecha. || Rasero, nivel que se toma para hacer algo.

LITERA f. Especie de vehículo en forma de caja para una o dos personas, con varas delante y detrás para ser transportada a hombros. || Cama.

LITERAL adj. Según el sentido estricto del contenido de un texto. || Se dice, especialmente, de la traducción que se ciñe por completo a la letra del original.

LITERATO, TA adj. y s. Se dice de la persona que se dedica a escribir o entiende de literatura.

LITERATURA f. En sus inicios, parece que la palabra designó a la escritura. Por extensión, ha pasado a designar el arte que crea belleza o emociones estéticas partiendo de la palabra, ya sea oral o escrita. || Conjunto de las producciones literarias de una época, género, lengua, nación, etc. || Estudio o escrito sobre literatura. || Conjunto de textos sobre una materia.

LITIGAR tr. Mantener un litigio. || intr. Pelear, disputar.

LITIGIO m. Pleito, contienda, disputa en juicio. || Pelea, discusión.

LITIO m. (Li) Elemento químico situado en el grupo Ia de la tabla periódica. Forma parte de la familia de los alcalinos. Es un metal blanco, más duro que el sodio, y el más ligero de todos los metales. Puede estirarse y laminarse. Cristaliza en el sistema cúbico centrado en las caras. Se usa para fabricar vidrios transparentes a los rayos ultravioleta, en esmaltes y en ciertas aleaciones de antifricción.

LITOGRAFÍA f. Arte de grabar o dibujar en piedra una imagen o escrito para reproducirlo después. La piedra que se utiliza es una caliza de grano muy fino, la superficie se pule y en ella se dibuja (al revés) con lápiz litográfico o con una tinta grasa que penetra en el grano y forma un jabón calcáreo insoluble. La tinta sólo se adhiere a los trozos de sustancia grasa, y las partes donde no hay trazos quedan limpias. || Estampa así obtenida. || Taller donde se lleva a cabo.

LITORAL adj. Relativo a la costa del mar. || Se dice de las comunidades de organismos que viven próximos a la orilla, en el mar o lago. || m. Franja de terreno, que toca el mar, de cualquier país o territorio.

LITOSFERA f. Capa sólida de la Tierra, formada por la corteza y parte del manto; su espesor oscila entre 70 y 150 km.

LITRO m. Unidad de medida de volumen. Es el volumen ocupado por 1 kg de agua destilada a 4 °C y a la presión de 760 mm de mercurio. Equivale a la capacidad de 1 dm^3. Su símbolo es l. || Lo que cabe en dicha medida.

LITUANO, NA adj. y s. De Lituania. || Lengua báltica hablada en este país.

LITURGIA f. Ritmo, forma y partes que deben seguirse para celebrar los oficios divinos, especialmente la misa, según las directrices de la iglesia católica.

LIVIANO, NA adj. Que pesa poco. || De poca categoría o calidad. || Infiel, inconstante. || Deshonesto, lujurioso.

LÍVIDO, DA adj. Amoratado. || Se dice impropiamente de una persona muy pálida.
LIZA F. Campo de lucha, de lides. || Batalla, lío. || *Entrar en l.* Competir.
LLAGA f. Herida abierta, úlcera, estigma. || Dolor, aflicción. || Línea de unión entre dos ladrillos.
LLAMA f. Masa gaseosa que se desprende de una materia en combustión, dando luz y calor. || Intensidad de un deseo ardiente. || *cierre a la ll.* Procedimiento por el cual se cierra una ampolla de manera hermética y estéril.
LLAMADA f. Acción y efecto de llamar. || Cualquier reclamo de atención. || Toque de formación militar o toma de armas. || Vocación, impulso interior. || Invitación para inmigrar, con envío de pasaje. || Inform. Instrucción de entrada a un subprograma.
LLAMADOR m. Que llama o sirve para llamar. || Aldaba, campanilla o timbre. || Aparato que recibe las señales telegráficas.
LLAMAR tr. Captar la atención de alguien con voces o gestos. || Nombrar. || Poner nombre. || Convocar a una reunión. || Cautivar, seducir. || Confiar un cargo, una empresa, etc. || Telefonear. || intr. Servirse de un elemento acústico (aldaba, campanilla, timbre, etc.). || Agradar, apetecer. || prnl. Tener nombre o apellidos.
LLAMARADA f. Llama súbita y rápidamente sofocada. || Rubor repentino. || Arrebato anímico.
LLAMATIVO, VA adj. Que causa impresión por salir fuera de lo normal.
LLAMEAR intr. Despedir llamas.
LLANA f. Pieza plana de metal pulido, unida a un asa, que usan los albañiles para enyesar o esparcir la argamasa. || Llanura.
LLANEZA f. Sencillez en la conducta, familiaridad en el trato recíproco. || Espontaneidad, disposición natural y franca para con los demás.
LLANO, NA adj. Plano, liso, sin arrugas, adornos ni protuberancias. || Tratable, franco, accesible. || Se dice de la palabra cuya penúltima sílaba es tónica. || Que no goza de privilegios (*pueblo llano*). || m. Superficie plana. || Descansillo de una escalera. || *a la llana* Sin ningún aparato ni ostentación.
LLANTA f. Aro metálico que reviste las ruedas de las carretas, para darles mayor solidez. || Aro metálico que sustenta el neumático de los coches y bicicletas.
LLANTO m. Derramamiento de lágrimas, entre sollozos y lamentaciones.
LLANURA f. Terreno plano y de cierta extensión, de escasa altura sobre el nivel del mar, originado por erosión, acumulación de aportes, bien fluviales (*ll. aluvial*), bien resultantes de la acción conjunta de los ríos y el mar (*ll. litoral*) o por afloramiento tabular.
LLAVE f. Instrumento metálico para abrir y cerrar una cerradura. || Herramienta para apretar o aflojar tuercas. || Utensilio que se usa para cerrar o dar salida a un fluido (electricidad, gas, líquido, etc.) por un conducto cualquiera. || Percutor de un arma de fuego portátil. || Pieza para dar cuerda a los relojes. || Grifo. || Equivalencia de signos secretos para la interpretación de un mensaje. || En lucha libre, movimiento para inmovilizar al contrario. || Porción de roca que sirve de apoyatura en las minas, para lo cual se la ha cortado en forma de bóveda. || Pieza metálica de ciertos instrumentos musicales de madera o metal que, al ser apretada, abre o cierra el paso de aire, y modifica la altura del sonido. || Corchete, signo gráfico. || Clave musical.
LLAVERO, RA m. y f. Persona encargada de guardar las llaves. || m. Anillo, cadena o utensilio para guardar llaves.
LLEGADA f. Acción y efecto de llegar. || En deporte, línea de meta.
LLEGAR intr. Alcanzar el final de un recorrido. || Durar hasta un momento o periodo determinado. || Lograr el objetivo propuesto. || Acontecer un suceso deseado. || Tener cierto valor, medida o altura. || Tener bastante dinero para determinado propósito. || Causar algo una emoción profunda. || tr. Reunir, agregar. || Acercar. || prnl. Acudir a un lugar próximo. || Presentarse. || Asociarse, ligarse.
LLENAR tr. y prnl. Ocupar un espacio totalmente, o casi. || tr. Ejercer un cargo diariamente. || Agradar, colmar. || Fecundar a la hembra. || prnl. Hartarse, irritarse.

LLENO, NA adj. Espacio ocupado totalmente, o casi. || Se dice de la persona un tanto gorda. || m. Plenilunio. || Gran asistencia en un recinto cualquiera. || Cantidad grande de algo. || Sonido o golpe sin fisura, pleno. || f. Desbordamiento de un río o arroyo. || *de ll*. Plenamente, de manera total.

LLEVADERO, RA adj. Sufrible, aguantable.

LLEVAR tr. Trasladar de lugar. || Conducir, guiar. || Ser causa. || Arrancar, cortar. || Convencer, incitar. || Vestir, traer encima. || Dirigir, administrar o cultivar. || Producir fruto. || Aguantar, soportar. || Haber permanecido cierto periodo en una actividad, empleo o lugar. || Saber adaptarse a alguien. || En las operaciones de suma o multiplicación, agregar las decenas precedentes al orden superior. || prnl. Quitar, hurtar. || Colocar las manos en alguna parte del cuerpo. || Estar de moda. || *dejarse ll*. Ser muy influenciable. || *ll. las de perder* Estar en situación de inferioridad. || *llevarse bien*, o *mal* Avenirse, o no.

LLORAR intr. y tr. Verter lágrimas. || Gotear. || tr. Lamentar, sentir profundamente.

LLORIQUEAR intr. Llorar sin convicción ni motivo.

LLORO m. Acción de llorar.

LLORÓN, NA adj. Relativo al llanto. || adj. y s. Que llora con facilidad y abundancia. || m. Penacho de plumas largas y caídas alrededor. || f. Plañidera.

LLOROSO, SA adj. Que muestra huellas de llanto. || Que está por llorar. || Que produce lloro o pena.

LLOVER intr. Desprender aguas las nubes. || fig. Ocurrir muchas cosas a la vez. || *como llovido del cielo* De manera inesperada, sin estar previsto || *ll. sobre mojado* Tener una desgracia tras otra.

LLOVIZNA f. Lluvia serena, uniforme y poco abundante.

LLUVIA f. Fenómeno atmosférico producido por la condensación de las nubes. || fig. Abundancia. || *ácida* Precipitación cuyo elevado contenido en ácido sulfúrico, a causa de las emisiones de combustibles fósiles en las centrales térmicas, altera las comunidades de organismos. || *de barro* Aquélla cargada de impurezas sólidas. || *de estrellas* Aparición de estrellas fugaces en un lugar del cielo. || *radiactiva* Retorno a las capas bajas de la atmósfera y a la superior del globo terrestre de las sustancias radiactivas inyectadas a gran altura.

LLUVIOSO, SA adj. Se dice de la condición de la época o de la zona abundante en lluvias.

LO Forma neutra del artículo determinado. || Pronombre personal de tercera persona en género masculino o neutro. Se utiliza como complemento directo.

LOA f. Acción y efecto de loar. || Alabanza o dedicatoria, generalmente en verso, que se ponía al comienzo de un escrito. || Poema breve para celebrar un suceso o alabar a una persona.

LOBATO m. Cachorro de lobo.

LÓBREGO, GA adj. Oscuro, sombrío, tétrico. || Triste, funesto, desagradable.

LÓBULO m. Parte cóncava saliente de un borde. || Cada una de las diversas partes de ciertos órganos, que vienen delimitadas por surcos o cisuras. Presentan lóbulos el hígado, pulmón, cerebro, tiroides, etc. || *de la oreja* Porción inferior no cartilaginosa del pabellón auricular.

LOCAL adj. Relativo al lugar, pueblo, etc. || Se dice de lo más próximo y particular (municipio, comarca, etc.) en oposición a lo general (país, Estado, etc.). || Se dice también de una sección limitada, de sólo una parte de una totalidad. || m. Espacio cerrado, especialmente si está cubierto. || *público* El destinado a uso de la gente (tienda, establecimiento, etc.) generalmente con carácter de ocio o recreo (bar, cine, etcétera).

LOCALIDAD f. Lugar, pueblo, ciudad. || Asiento en un local público. || Vale que da derecho a ocuparlo.

LOCALIZAR tr. Buscar dónde se encuentra alguien o algo. || tr. y prnl. Establecer límites, determinar el lugar exacto de algo.

LOCIÓN f. Lavadura, acción de lavar. || Masaje en alguna parte del cuerpo con un producto de higiene. || Líquido para dicho masaje.

LOCO, CA adj. y s. Que tiene las facultades mentales perturbadas. || Ofuscado, atolondrado, temerario. || adj. Extraordinario, excepcional. || Por extensión, se

LOCOMOCIÓN dice de los mecanismos que funcionan mal. || Refuerza los nombres a los que acompaña (*l. de rabia*, *l. de amor*).

LOCOMOCIÓN f. Acción de pasar de un lugar a otro. || Forma de deslizamiento de los organismos vivos; requiere la coordinación de diversos órganos.

LOCOMOTOR, RA adj. Relativo a la locomoción. || f. Máquina que arrastra sobre rieles los vagones de un tren. || *l., aparato* El formado por el esqueleto, las articulaciones móviles y la musculatura de fibra estriada, que posibilitan la locomoción y movilidad.

LOCUAZ adj. Que habla en exceso, expansivo.

LOCUCIÓN f. Proposición, frase, especialmente aquella que ha formado carácter de adagio o refrán o que figura estable en la conciencia colectiva de los hablantes.

LOCURA f. Expresión antigua que servía para designar todos los desórdenes de la mente. Es un estado permanente de alteración de las facultades mentales, de diversa variedad y con complicaciones somáticas. || Acto precipitado o arriesgado. || Aprecio excesivo, interés inusitado. || *con l.* Muchísimo. || *de l.* Extraordinario.

LOCUTOR, RA m. y f. En las empresas de radio o TV, persona de la plantilla que establece la continuidad entre programas, con informaciones y noticias.

LODAZAL m. Terreno lleno de barro.

LODO m. Mezcla de tierra y agua formada por la lluvia o como sedimento en un depósito de agua. || Mala reputación, descrédito.

LOGARITMO m. Función de valor real definida por la expresión $a^y = x$, siendo a^y una función exponencial y x un número por determinar. La parte entera de un l. se llama característica y la parte decimal mantisa. Si la base es 10, el l. se dice decimal, y neperiano o natural si la base es el número e.

LÓGICO, CA adj. De la lógica. || Que sigue el proceso apropiado en el desarrollo del pensamiento. || Común, natural, esperado. || adj. y s. Se dice de la persona entendida en lógica.

LOGOTIPO m. Grupo de letras o abreviaturas incluidas en una sola matriz tipográfica para facilitar la composición. || Símbolo de una sociedad o empresa.

LOGRAR tr. Alcanzar lo previsto o esperado. || prnl. Llevar a feliz término.

LOGRO m. Acción y efecto de lograr. || Lucro.

LOÍSMO m. Uso de las formas *lo/los* del pronombre personal de tercera persona en función de dativo.

LOMA f. Colina, pequeña elevación.

LOMO m. Parte de la espalda entre la cintura y el trasero; se usa especialmente en plural. || Parte superior de los cuadrúpedos entre la cruz y las ancas. || Carne de esta parte del animal (especialmente del cerdo) para el consumo. || Canto de un libro. || Lugar por donde se doblan los tejidos, pliegos de papel, etc. || Parte contraria al filo de un objeto cortante. || Montículo entre surco y surco. || Cualquier prominencia entre vertientes. || pl. Costillas.

LONA f. Tela muy resistente, de algodón o cáñamo, para hacer velas, toldos, etc. || Cuadrilátero para combate de boxeo o lucha libre.

LONGANIZA f. Nombre dado a varios embutidos estrechos y alargados. || fig. Cosa excesivamente larga.

LONGEVIDAD f. Cualidad de alcanzar una edad avanzada.

LONGITUD f. La mayor de las dos dimensiones que tienen las cosas o superficies planas; la menor se llama latitud. || Distancia de un lugar respecto a un meridiano, tomado como referencia (generalmente el de Greenwich), medida en grados sobre el ecuador. || *celeste* Arco de la eclíptica contando con occidente a oriente y comprendido entre el punto equinoccial de Aries y el círculo perpendicular a ella, que pasa por un punto de la esfera. || *de onda* Distancia entre puntos que tienen fases iguales en dos ciclos consecutivos de una periódica. La l. de onda en metros es aproximadamente igual a 300 dividido por la frecuencia en megahertz.

LONJA, 1 f. Pedazo fino, estrecho y alargado que se corta o se separa de algo. || Tira de cuero para sujetar el halcón. || Correa para unir el balancín pequeño al grande, en los carruajes.

LONJA, 2 f. Edificio público creado para efectuar transacciones comerciales. Antiguamente era mercado, casa de contrata-

ción e incluso bolsa de comercio. || Vestíbulo a la entrada de un edificio público. || Lugar de almacenamiento de la lana, tras el esquileo.
LONTANANZA f. Profundidad o fondo en una pintura. || *en l.* A lo lejos.
LOOR m. Elogio, alabanza.
LORD m. En el Reino Unido, tratamiento que se antepone al nombre de un miembro de la nobleza; es *de cortesía* cuando se da al heredero de una familia noble al que, por sucesión, no corresponde el título; también se da a los arzobispos y ciertos altos cargos.
LOS Forma del artículo determinado en masculino plural. || Pronombre personal de tercera persona en función de acusativo masculino plural.
LOSA f. Piedra lisa y grande, de poco grosor, usada para pavimentar. || Baldosa. || Piedra sepulcral; por extensión, sepulcro. || Artificio para coger pájaros o ratones, construido con losas pequeñas. || fig. Pesar, congoja. || *echar uno una l. encima* Prometer que guardará secreto. || *estar bajo la l.* Estar muerto.
LOTE m. Cada una de las partidas comprendidas en una partición. || Conjunto de unidades de un todo, agrupadas con un fin determinado: para la venta, subasta, sorteo, etc. || La porción que le corresponde a uno de un sorteo o premio. || Parcela edificable.
LOTERÍA f. Sorteo de diferentes premios. || Rifa de la administración pública, realizada periódicamente, en la que se premian diversos números de entre los puestos antes a la venta. || Oficina de venta de estos números. || Juego de salón, bingo. || fig. Circunstancia fruto del azar.
LOZA f. Objeto de tierra cocida, con manufactura fina, generalmente vidriado. || Conjunto de estos objetos.
LOZANÍA f. Vigor y frondosidad en las plantas. || Salud y fortaleza en las personas y animales. || Juventud. || Arrogancia, presunción.
LSD m. Droga compuesta de ácido lisérgico y dietilamina, alucinógeno debido al suizo Albert Hofmann.
LUBRICANTE adj. y m. Se dice de toda sustancia (aceites, grasas y varias materias químicas sintéticas) que se usa para reducir el rozamiento, y por consiguiente el desgaste y el calor, entre piezas de maquinaria en movimiento.
LUCERO m. Cualquier astro del firmamento; por antonomasia, el planeta Venus. || Postigo de una ventana. || Mancha blanca en la frente de un cuadrúpedo. || fig. Brillo, fama. || pl. poét. Ojos bellos de una persona. || *del alba, matutino, de la mañana y de la tarde, vespertino* Planeta Venus.
LUCIDO, DA adj. Que hace las cosas con perfección, que se luce. || Admirable, sobresaliente.
LÚCIDO, DA adj. Que luce. || Despierto de inteligencia, abierto, sagaz.
LUCIFER (del nombre dado desde la edad media al príncipe de los demonios) m. Hombre orgulloso y malévolo. || Lucero del alba.
LUCIR intr. Irradiar, brillar. || Ser patente el esfuerzo realizado en algo, obtener resultados. || intr. y prnl. Descollar, sobresalir. || tr. Dar luz, iluminar. || Enlucir. || Hacer ver el poder, los conocimientos, etc. || prnl. Vestirse pulcramente. || Triunfar, superar alguna prueba con brillantez. || Pavonearse, envanecerse. || irón. Quedar en ridículo.
LUCRO m. Logro, beneficio, rendimiento. || *cesante* Ganancia que podría haber producido una cierta cantidad de dinero, mientras ha estado en empréstito o mutua.
LUCTUOSO, SA adj. Triste, lamentable.
LUCUBRACIÓN f. Dedicación, especialmente nocturna, a trabajos intelectuales. || Meditación, sobre todo la poco realista.
LUCHA f. Acción y efecto de luchar. || Pelea, batalla. || Deporte basado en el combate cuerpo a cuerpo entre dos hombres desarmados. || En ecología, competencia. || Discusión, polémica. || Intranquilidad, turbación interna. || *biológica* Utilización de una especie depredadora a fin de eliminar o reducir drásticamente los efectivos de otra especie considerada como plaga. || *de clases* Concepto general que se refiere a la existencia de una divergencia de intereses, y por tanto, de conflictos, entre las clases sociales. || *grecorromana* La deportiva en la que se pretende mantener al adversario de espaldas contra el suelo durante unos se-

LUCHAR 386 **LUSITANO**

gundos, a base de presas de cintura para arriba y sin golpearlo. || *libre* En la que se autorizan ciertos golpes, así como las presas por debajo de la cintura; su versión *americana* o *catch* tiene carácter profesional.

LUCHAR intr. Enfrentarse cuerpo a cuerpo. || Combatir, reñir, disputar. || Poner oposición a algo. || Trabajar con ahínco.

LUEGO adv. Inmediatamente, a continuación. || Después, sin precisar tiempo o espacio. || conj. Indica que la frase que sigue es consecuencia de la anterior (*pienso, luego existo*). || *desde l.* Sin lugar a dudas. || *hasta l.* Frase de despedida. || *l. que* Una vez que.

LUGAR m. Trozo, no limitado, de espacio que está o puede ser ocupado. || Parte determinada de una superficie. || Sitio correspondiente en un contexto inmaterial (jerarquía, orden, profesión, etc.). || Puesto, situación, emplazamiento. || Pueblo, aldea. || Cita o pasaje de un texto. || Tiempo disponible, ocasión propicia. || Motivo, causa. || *geométrico* Conjunto de puntos del plano o del espacio que satisfacen una determinada propiedad geométrica.

LUGAREÑO, ÑA adj. y s. Peculiar de sitios o poblaciones pequeñas. || Natural de estos lugares.

LÚGUBRE adj. Luctuoso, fúnebre. || Se aplica también a hechos relacionados con muertos y fantasmas.

LUJO m. Opulencia, fastuosidad, ostentación. || Derroche de riqueza, tiempo, espacio o medios. || *l., impuesto de* El que grava artículos que el Estado considera suntuarios. || *ser un l.* Ser superfluo e innecesario.

LUJURIA f. Apetito desmesurado de los placeres sexuales. || Apetencia en exceso de algo.

LUMBAGO m. Dolor osteomuscular de la región lumbar. Puede tener un origen reumático o bien presentarse después de un esfuerzo. Con frecuencia se asocia a la ciática.

LUMBAR adj. Se dice de la región situada en el dorso entre las últimas costillas y la cresta ilíaca. || Se dice de los vasos y nervios de esta región.

LUMBRE f. Sustancia combustible encendida. || Luz. || Lo que sirve para encender algo. || Fuego, hogar. || Utensilio para alumbrar. || Hueco por donde se cuela la luz. || En las antiguas armas de fuego, parte del rastrillo que hace saltar la chispa del pedernal. || Parte delantera de una herradura. || Claridad, resplandor. || pl. Cerillas, fósforos. || *dar l.* Encender un cigarrillo a otro.

LUMBRERA f. Materia que alumbra o ilumina. || Lámpara. || Claraboya. || Escotilla de un barco. || Ranura de un cepillo o garlopa por donde se cuelan las virutas. || Genio, persona muy sabia. Se usa a veces con sentido irónico.

LUMINOSO, SA adj. Que despide luz. || Se dice de la frase o idea inteligentes y clarificadoras. || *l., flujo* Cantidad de energía emitida por un manantial luminoso.

LUMINOTECNIA f. Técnica de utilización de los efectos luminosos producidos artificialmente en la industria y en espectáculos artísticos.

LUNA f. Único satélite natural de la Tierra; dista de ésta por término medio 384 409 km; mide 3 476 km de diámetro. El periodo de revolución de 27 días 7 horas 43 minutos coincide con el de rotación, motivo por el cual siempre presenta la misma cara. Las fases de la l. son: *llena* (plenilunio), *menguante, nueva, creciente*. No tiene atmósfera y las temperaturas son extremas. || Por extensión, satélite de cualquier astro. || Espejo de un armario. || Cristal de un escaparate o vidriera. || fig. Efecto que producen en el organismo sus diferentes fases.

LUNAR, 1 adj. Relativo a la Luna.

LUNAR, 2 m. Mancha pequeña, de color, redondeada, que aparece sobre la piel. || Cada uno de los dibujos circulares de algunos tejidos; se usa también en plural. || Deshonra. || Defecto, imperfección.

LUNÁTICO, CA adj. y s. Caprichoso, raro, propenso al cambio de humor. || Loco.

LUNES m. Día de la semana, entre el domingo y el martes.

LUPA f. Instrumento óptico que consta esencialmente de una lente convergente. Tiene por objeto aumentar el ángulo subtendido por el ojo, y por tanto el efecto es acercar el objeto al ojo.

LUPANAR m. Prostíbulo, burdel.

LUSITANO, NA adj. y s. Se dice del antiguo pueblo ibérico. Originario de la cordillera Ibérica, las invasiones celtas (siglo VI a. C.), lo impulsaron a trasladarse hacia Lusitania.

LUSTRAR tr. Dar lustre o esplendor a algo. || En las religiones clásicas, hacer sacrificios a los dioses para lograr la purificación. || Peregrinar.

LUSTRE m. Resplandor que despide una cosa pulida. || Fama, honor, dignidad. || Crema de calzado.

LUSTRO m. Periodo de cinco años.

LUTERANISMO m. Iglesia y confesión cristianas basadas en las enseñanzas de Lutero.

LUTO m. Estado de aflicción tras la pérdida de un ser querido. || Manifestación externa de este sentimiento en indumentaria y ambientación. || Dolor, desconsuelo. || Ropajes negros y utensilios fúnebres en las ceremonias del sepelio; se usa también en plural. || fam. Suciedad de las uñas.

LUXACIÓN f. Dislocación del extremo articular de un hueso, generalmente de origen traumático.

LUZ f. Radiación electromagnética cuyas longitudes de onda pueden producir la sensación de visión, entre 4 000 angstrom (extremo violeta) y 7 700 angstrom (extremo rojo). Su velocidad es 299 793 km/seg. || Elemento que irradia esta energía (estrellas, fuego, bombillas, velas, etc.). || Objeto portador de estos elementos luminosos (lámparas, linternas, etc.). || Hueco por donde se cuela la luz. || Parte de una pintura de donde se supone que procede la iluminación del cuadro. || Interior de una tubería; espacio interior de un puente o estructura similar. || Interior de un órgano hueco o de un conducto vascular. || fig. Inteligencia. || Persona que guía, o circunstancia que puede aclarar un asunto. || Día, tiempo de luz solar.

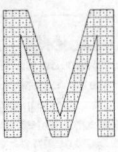 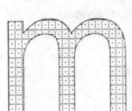

M f. Decimoquinta letra del abecedario castellano, y duodécima de sus consonantes (M, m); su nombre es *eme*. || En la numeración romana, equivale a *mil* (M). || Abreviatura de metro (m).

MACABRO, BRA adj. Se dice del aspecto negativo y desagradable de la muerte. || Horrible, espeluznante.

MACANA f. Mercadería pasada de moda o deteriorada, difícil de vender. || Variedad de manteleta o chal, generalmente de algodón, usada por las mestizas. || Especie de puñal indio. || Embuste, trola. || Porra grande.

MACANUDO, DA adj. Asombroso, excepcional. || Se dice de personas o cosas simpáticas y agradables.

MACARRÓN m. Pasta de cereales a modo de tubitos largos; suele usarse en plural. || Tubo estrecho de plástico para recubrir cables. || Mostachón.

MACEDONIO, NIA adj. y s. Natural de Macedonia. || m. Lengua eslava, hablada por 1.2 millones de personas. || f. Menestra a base de trocitos de diversas frutas o verduras.

MACERAR tr. Poner algo en remojo, exprimir o golpear a fin de reblandecerlo. || Poner una sustancia en un líquido para solidificar sus propiedades. || tr. y prnl. Castigar el cuerpo como penitencia.

MACETA f. Mango de algunas herramientas. || Especie de martillo grueso usado por albañiles, canteros y mineros.

MACILENTO, TA adj. Mustio, débil, delgado.

MACIZO, ZA adj. y m. Sólido, compacto, firme. || adj. fig. Bien argumentado, verdadero. || Fuerte, musculoso, robusto. || fam. Escultural, despampanante. || m. Prominencia rocosa en el terreno. || Bloque elevado formado por rocas antiguas, por acción de plegamientos recientes. || Formación mineral que, al menos, muestra tres caras descubiertas. || Grupo de edificios contiguos. || Pared entre dos vanos. || Muro de arbustos recortados que señalan divisiones en los jardines. || Cebo para la pesca, a base de cereales o masilla de pescado molido.

MACRAMÉ m. Tejido de hilos o cuerdas entrelazados con nudos más o menos complejos; se hace a mano. Se emplea en pasamanería y decoración.

MÁCULA f. Mancha. || Vicio, deshonor. || Mentira, farsa. || Mancha solar. || Mancha que aparece en la piel debido a una lesión elemental. || *lútea* Zona de visión más nítida. Área de forma ovalada, deprimida en su centro y de color amarillo; corresponde al polo posterior del globo ocular.

MACHACAR tr. Golpear con fuerza para triturar, deshacer o aplastar algo. || Insistir en un aprendizaje de alguna materia. || Vencer totalmente a alguien en una discusión, pelea, etc. || intr. Persistir hasta hacerse pesado.

MACHACÓN, NA adj. y s. Terco, impertinente, cargante.

MACHETE m. Puñal largo de un solo filo. || Navaja grande para desbrozar y cortar caña.

MACHO adj. y m. De sexo masculino. || Varonil, viril, robusto. || Cualquier tipo de pieza o artilugio que penetre dentro de otro. || Tronco de la cola de los cuadrúpedos. || Cada borla del traje de luces. || Especie vegetal más fuerte con respecto a otra. || Útil fileteado en rosca que sirve para practicar las perforaciones en que se introducirán tornillos. || Pilar central de un edificio. || Apelativo, a veces peyorativo, para dirigirse a un individuo del sexo masculino. || Intrépido, bravo, valiente. || Aplicado a cosas, fuerte, resistente.

MACHÓN m. Pilar de ladrillo o piedra en los ángulos de un edificio. || Pilar de las arcadas de un puente.

MACHUCAR tr. Golpear, magullar, aplastar. || Moler, partir.

MADE IN 'Fabricado en'.

MADEJA f. Hilo de cualquier material, enrollado sobre sí mismo en vueltas iguales, para poder ser liado fácilmente. || Mata de pelo. || Persona débil y descuidada. || *enredar(se) la m.* Complicar(se) una situación. || *hacer m.* Proceso por el cual se forman hilos en los licores por efecto de la coagulación.

MADERA f. Conjunto de los elementos lignificados de una planta, fibrosos y duros, que se disponen debajo de la corteza, particularmente la de los árboles. Dan sostén a la planta y conducen la savia bruta. || Trozo de m. trabajada. || Palo de golf con cabeza de m.; se usa para golpes potentes. || Materia que compone el casco de los caballos. || Aptitud, capacidad, habilidad. || pl. Nombre genérico de los instrumentos musicales de viento (no necesariamente de madera), de la orquesta, que se soplan directamente o por medio de una o dos lengüetas. || *tocar m.* Hacerlo para evitar un maleficio.

MADERO m. Tronco de árbol cortado y limpio de ramas. || Tablón de madera escuadrado. || Embarcación. || Zoquete.

MADRASTRA f. Cónyuge del propio padre tras un nuevo casamiento de éste. || Madre que descuida la atención de sus hijos.

MADRE f. Mujer que ha engendrado. || Hembra que ha parido. || Lo que es origen de cualquier cosa. || Monja. || Mujer mayor. || Matriz. || Aquello que ejerce cierta maternidad *(la m. patria)*. || Acequia o cloaca principal. || Poso de las tinas de vino o vinagre. || Viga principal de una construcción, o tablón eje de un armazón. || *de leche* Nodriza.

MADRIGAL m. Composición lírica breve de origen italiano de endecasílabos y heptasílabos libremente dispuestos y rimados. Expresa generalmente un elogio a una dama. || Composición polifónica contrapuntística sobre texto profano (siglos XV-XVII).

MADRIGUERA f. Escondrijo de animales. || Refugio de maleantes.

MADRINA f. Mujer que presenta y avala a alguien en la recepción de determinados sacramentos. || La que acompaña en la concesión de algún premio, o patrocina alguna fiesta o inauguración. || Bienhechora, tutora. || Puntal de madera. || Correa que une las bridas de dos caballerías para que marchen al unísono. || Yegua que dirige una manada.

MADRUGADA f. Alba, primeras horas del día. || Horas que siguen a la medianoche. || Acción de madrugar. || *de m.* Al amanecer.

MADRUGAR intr. Levantarse temprano por la mañana. || Anticiparse en un proyecto.

MADURAR tr. Hacer que un fruto consiga su grado óptimo de sabor. || Meditar los pros y los contras de un proyecto, idea. || intr. Lograr los frutos su mejor momento. || Crecer en sensatez. || Comenzar a supurar un tumor.

MADUREZ f. Punto de máximo sabor de un fruto. || Sensatez, cordura. || Cualidad o estado de maduro, que corresponde a la condición de la persona adulta que ha llegado al pleno desarrollo de capacidad intelectiva *(m. mental)* o de sus hábitos de convivencia con sus semejantes *(m. social)*.

MAESTRÍA f. Arte o capacidad en la enseñanza o ejecución de algo. || Oficio y título de maestro.

MAESTRO, TRA adj. Se dice de lo que ha sido hecho con gran perfección. || m. y f. Persona que ha adquirido una serie de conocimientos científicos o artesanales, y los enseña a otras. || Persona titulada para dar la primera enseñanza. || Entendido en alguna materia. || Persona que ejerce con autoridad algún arte u oficio. || Educador.

MAFIA f. Organización jerarquizada de sociedades secretas criminales, de origen siciliano, que imponen su propia ley por la violencia y aseguran su impunidad frente a la justicia oficial por medio de un silencio forzado. Las conexiones con los más altos niveles y su perfección organizativa obstaculizan su persecución legal. || Por extensión, cualquier asociación informal cuyos miembros se autoprotegen.

MAGAZINE m. Revista con ilustraciones. || Programa televisivo o radiofónico que incluye un poco de todo: entrevistas, música, reportajes, etcétera.

MAGIA f. Práctica religiosa que pretende intervenir en la acción de las fuerzas sobrenaturales por medio de ritos que las reproduzcan. || Destreza en realizar cosas que aparentan ser imposibles. || Fascinación, seducción. || *blanca* Aquella que por manipulaciones naturales logra efectos que parecen sobrenaturales. || *negra* La que pretende aliarse con fuerzas demoníacas.

MÁGICO, CA adj. Relativo a la magia. || Sorprendente, prodigioso. || m. y f. Mago. || f. Arte de hacer magia.

MAGÍN m. fam. Imaginación, fantasía, invención.

MAGISTERIO m. Oficio de las personas que se dedican a la enseñanza. || Título de maestro. || Agrupación de maestros. || Modo de hablar pomposo y afectado. || *eclesiástico* Poder de la Iglesia de adoctrinar bajo la asistencia divina.

MAGISTRADO m. Persona revestida de autoridad judicial. || Ponente miembro de un órgano judicial colegiado, designado para hacer relación y proponer resolución de una causa. || Empleo o cargo de juez o ministro de justicia.

MAGISTRAL adj. Relativo al maestro o magisterio. || Hecho con perfección. || Se dice del habla pomposa y afectada. || Se dice de los instrumentos de precisión, en oposición a los ordinarios. || m. Medicamento cuya preparación realiza el farmacéutico bajo receta específica del médico. || *m.*, *clase* La impartida en forma tradicional, con el alumnado en actitud pasiva.

MAGISTRATURA f. Dignidad o cargo de magistrado. || Duración de su ejercicio. || Actividad de los magistrados. || Conjunto, cuerpo de los magistrados de un país.

MAGMA f. Masa fundida, de composición silícea, con abundantes elementos metálicos, formada en las profundidades de la Tierra por la fusión de las rocas preexistentes. || Residuo que deja cualquier sustancia después de ser exprimida. || Mezcla de sustancias minerales u orgánicas en estado pastoso.

MAGNATE com. Persona que ocupa una elevada posición social, por su poder y su influencia en el campo empresarial y financiero. || m. En la edad media, miembro del estrato más alto de la nobleza.

MAGNESIA f. Óxido de magnesio que se usa para combatir el ardor de estómago y como purgante.

MAGNESIO m. (Mg) Elemento químico situado en el grupo IIa de la tabla periódica. Forma parte de la familia de los alcalino-térreos. Se encuentra en la magnesita, dolomita, carnalita y en otros minerales. Además se encuentra en el agua de mar, en la sangre y en la leche. Se usa en aleaciones ligeras y en síntesis orgánica (compuestos de Grignard).

MAGNETISMO m. Parte de la física que trata de las propiedades de los campos magnéticos y los cuerpos sometidos a su acción. || Atractivo, influjo que una persona tiene sobre otra. || *animal* En parapsicología, acción ejercida por un fluido orgánico universal cuya manipulación tiene supuestamente propiedades curativas. || *terrestre* Campo magnético creado por la Tierra y fenómenos derivados de él. La Tierra se comporta como un imán. Sus polos casi coinciden con los polos N y S geográficos.

MAGNETÓFONO (o **MAGNETOFÓN**) m. Aparato electromecánico que registra los sonidos en un medio magnético y los reproduce por un altavoz. || *de cinta* Dispositivo electromecánico destinado a registrar y reproducir la palabra, la música y otras audiofrecuencias, mediante su grabación en una cinta magnética.

MAGNICIDIO m. Homicidio de un personaje importante.

MAGNIFICENCIA f. Largueza, esplendidez, generosidad. || Audacia para grandes proyectos.

MAGNITUD f. Volumen de un cuerpo. || Trascendencia de un hecho. || En fís., cualidad de un cuerpo que, por asignación de una escala numérica, permite su medida. Las m. admiten una clasificación en *escalares*, las que quedan perfectamente definidas por el valor numérico que expresa su medida; y *vectoriales*, que necesitan para su determinación, además de su medida o módulo, una dirección y un sentido.

MAGO, GA adj. y s. Que practica o ejerce la magia. || Encantador. || m. Ministro de la religión de Zoroastro.

MAGRO, GRA adj. Flaco, sin grasa. || m. Carne de cerdo junto al lomo. || f. Tajada de jamón.

MAGUEY m. Pita (planta).

MAGULLAR tr. y prnl. Provocar contusiones en el cuerpo.

MAHOMETISMO m. Islamismo.

MAITINES m. pl. Primera hora del oficio litúrgico. Los m. se cantaban en el coro, de madrugada, divididos en tres partes llamadas nocturnos.

MAJADA f. Cobijo nocturno del ganado y sus pastores. || Excremento de animales.

MAJADERO, RA adj. y s. Memo, fastidioso. || m. Mano de mortero. || Bolillo de encaje.

MAJAR tr. Moler, aplastar, machacar.

MAJESTAD f. Magnificencia, esplendor de algo o alguien grande y noble. || Tratamiento reservado a la divinidad y a la realeza.

MAJO, JA adj. y s. Que es fino y delicado en el trato. || Elegante, lujoso. || Bonito, agraciado.

MAL adj. Apócope de *malo* (adopta solamente esta forma cuando se antepone al sexo masculino). || m. Lo opuesto al bien y a la virtud. || Lo que puede dañar física o moralmente. || Dolor, enfermedad. || Percance, adversidad. || Dificultad, inconveniencia.

MAL adv. Al revés de lo correcto o justo. || Contrario a lo deseado. || Difícilmente. || Poco. || Equivocadamente.

MALABARISTA com. Que ejecuta juegos malabares como espectáculo.

MALAQUITA f. Carbonato de cobre, que forma cristales monoclínicos, verdes. Generalmente se presenta en forma de pátinas sobre otros minerales de cobre, ya que se origina por su alteración. Frágil, muy exfoliable y funde fácilmente. Se explota industrialmente y se usa también como piedra ornamental.

MALARIA f. Paludismo.

MALBARATAR tr. Vender barato. || Derrochar, desperdiciar.

MALDAD f. Calidad de malo. || Acto perverso.

MALDECIR tr. Echar maldiciones. || Aborrecer. || intr. Hablar mal de alguien. || Murmurar, vituperar. || prnl. Quejarse de algo.

MALDICIENTE adj. y com. Que tiene la costumbre de hablar mal de otros o maldecir.

MALDICIÓN f. Expresión de enfado, animadversión o condena. || Anatema, blasfemia. || Deseo vehemente de que ocurra alguna desgracia a alguien.

MALDITO, TA adj. Perverso, ruin. || De mala calidad, pésimo. || adj. y s. Condenado al infierno. || *m. el*, o *m. la* Aplicado a un sustantivo refuerzan la negación y le dan matiz despectivo. || *¡maldita sea!* Exclamación de enfado o fastidio.

MALEABLE adj. Se dice de los metales que pueden batirse y extenderse en planchas o láminas.

MALEANTE adj. y com. Malhechor, criminal, perseguido por la justicia. || Mentiroso, inmoral.

MALEAR tr. y prnl. Estropear, perjudicar. || Viciar, corromper.

MALECÓN m. Muro para salvaguardar de la crecida de las aguas.

MALEDICENCIA f. Acción de maldecir (hablar mal de alguien).

MALEFICIO m. Mal producido por arte de brujería. || Hechizo que lo ha provocado.

MALÉFICO, CA adj. y s. Que daña a alguien con hechizos. || Que causa o puede causar perjuicio.

MALESTAR m. Desequilibrio físico o moral.

MALETA f. Caja grande de lona, piel, etc., con asas para facilitar su transporte, usada para llevar el equipaje.

MALETERO m. Persona que fabrica o vende maletas. || Empleado de estación que transporta equipajes. || Parte del coche destinada a llevar paquetes.

MALÉVOLO, LA adj. y s. Propenso a causar daño.

MALEZA f. Sobreabundancia de hierbajos en los sembrados. || Espesura de arbustos en un bosque a tal punto que lo hacen intransitable.

MALFORMACIÓN f. Trastorno congénito del desarrollo que causa anomalías orgánicas. Debido a infecciones (rubéola), ingestión de ciertos fármacos (talidomida) o exposición a radiaciones, durante la gestación.

MALGASTAR tr. Usar mal o con poco provecho (esfuerzo, tiempo, espacio, etc., y especialmente dinero).

MALHECHOR, RA adj. y s. Delincuente, criminal.

MALHUMORAR tr. y prnl. Poner de mal humor.

MALICIA f. Maldad. || Propensión a causar daño. || Interpretación capciosa. || Engaño, artimaña, astucia. || Suspicacia, desconfianza, temor.

MALICIAR tr. y prnl. No confiar. || tr. Malear, corromper.

MALIGNO, NA adj. Con tendencia a obrar o pensar mal. || Se dice de ciertas enfermedades que, por su rápida evolución o tendencia a la invasión generalizada, conducen a un desenlace adverso. || m. Satán.

MALNACIDO, DA adj. Miserable, despreciable.

MALO, LA adj. Que no es bueno u obra según su esencia o función. || Nocivo para la salud. || Que puede dañar, perjudicar u ofender física o moralmente. || Que es contrario a la ley o a las costumbres. || Difícil, penoso, molesto. || Estropeado, averiado. || adj. y s. Enfermo. || Perverso, malvado. || Pecador, vicioso. || Se dice de lo que anuncia males o daños, o que tiene funestas consecuencias. || fam. Revoltoso; astuto, vivaracho. || m. y f. Individuo que en una narración o película personifica los malos sentimientos o intenciones. || m. Satán. || *a, o por las malas* De forma violenta. || *estar de malas* Tener mala suerte.

MALOGRAR tr. Desperdiciar, echar a perder algo o una oportunidad. || prnl. Fracasar un deseo o un plan. || No conseguir un ser vivo su plena madurez.

MALPARADO, DA adj. Que ha sufrido serio revés, malherido.

MALSANO, NA adj. Nocivo para la salud. || Enfermizo.

MALSONANTE adj. De sonido desagradable. || Se dice de palabras o frases erróneas o soeces.

MALTA f. Cereales, generalmente cebada, germinados artificialmente y tostados, destinados a la elaboración de la cerveza. || Esos mismos cereales molidos para infusión. || La misma infusión.

MALTRATAR tr. y prnl. Tratar mal, pegar, insultar. || tr. Estropear, deteriorar.

MALTRECHO, CHA adj. Maltratado, estropeado física o moralmente.

MALVADO, DA adj. y s. Pésimo, perverso, criminal.

MALVERSAR tr. Distraer caudales públicos. || Emplear fondos públicos en forma distinta a la asignada.

MALLA f. Cada uno de los cuadros o anillos que enlazados entre sí forman la red o la cota. || Por extensión, la red o la cota, o cualquier tejido que se le asemeje. || Traje de ballet o gimnasia, muy ajustado, de tela elástica; suele usarse en plural.

MAMA f. Voz con que designan a la madre los pequeños, y, cariñosamente, los mayores. || Órgano glandular par, que en el varón permanece en estado atrófico y que en la mujer inicia a partir de la pubertad un gran desarrollo bajo la influencia hormonal y que es completo después del parto, al establecerse la secreción de leche.

MAMÁ f. Mama, madre.

MAMAR tr. Succionar leche de las mamas. || Beber, tragar. || Adquirir determinado comportamiento fruto de la educación o ambiente infantil. || tr. y prnl. Conseguir algo sin mucho esfuerzo. || Emborracharse.

MAMARRACHO m. Imagen ridícula o grotesca, o dibujo mal realizado. || Persona pedante o extravagante. || Majadero, mequetrefe.

MAMÍFEROS m. pl. Clase de vertebrados, que incluye especies tetrápodas caracterizadas por tener el cuerpo cubierto de pelos y disponer de glándulas mamarias para la alimentación de las crías. Son homeotermos. El esqueleto presenta caracteres propios: cavidad craneal muy desarrollada, la mandíbula consta de un solo hueso, posesión de huesecillos auditivos, las extremidades se adaptan al tipo de locomoción (aire, terrestre o agua), etc. El aparato respiratorio presenta pulmones alveolares y la circulación es doble com-

pleta. Los órganos sensoriales están muy desarrollados y el sistema nervioso es el más complejo de todos los animales. Son generalmente vivíparos, y el desarrollo del embrión tiene lugar en el cuerpo de la madre. Actualmente, incluyen unas 4 000 especies.
MAMOTRETO m. Libro de gran volumen. || Armatoste.
MAMPARA f. Pieza movible o funcional para delimitar compartimentos en un espacio grande.
MAMPORRO m. Cachete, golpe no muy fuerte.
MAMPOSTERÍA f. Construcción no sujeta a niveles o tamaños parecidos, a base de mampuestos, asentados sobre argamasa.
MAMUT m. Mamífero proboscídeo fósil; medía hasta 3.5 m, colmillos muy largos y curvados hacia arriba; todo el cuerpo estaba cubierto de largo pelo.
MANÁ f. Según el Antiguo Testamento, alimento milagroso con que se alimentaron los hebreos durante su estancia en el desierto, tras su salida de Egipto. || Líquido azucarado que fluye espontáneamente o por escisión de los órganos vegetativos de las plantas. En algunos casos posee propiedades medicinales.
MANADA f. Rebaño conducido por un pastor. || Reunión de animales de una misma especie. || Pandilla.
MANANTIAL adj. Se dice del agua que mana. || m. Afloramiento espontáneo de agua; se produce cuando el manto acuífero halla un terreno impermeable. || Comienzo, fundamento, causa.
MANAR intr. y tr. Fluir o emanar un líquido de alguna parte. || intr. Empapar.
MANCEBO, BA adj. y s. Muchacho, joven. || m. Soltero. || Aprendiz. || Dependiente. || f. Concubina.
MANCILLAR tr. y prnl. Deshonrar. || Deslustrar, afear.
MANCO, CA adj. y s. Que le ha sido amputado un brazo o una mano, o que no puede servirse de ellos. || adj. Imperfecto, mutilado.
MANCOMUNAR tr. y prnl. Asociar personas o intereses para un fin. || tr. Obligar a personas mancomunadas a pagar o ejecutar una cosa. || prnl. Agruparse, federarse.

MANCOMUNIDAD f. Acción y efecto de mancomunar. || Corporación constituida por la agrupación de municipios y provincias. || Relación jurídica en que existen dos o más acreedores o dos o más deudores, ligados por una sola obligación.
MANCHA f. Huella de suciedad. || Zona de diferente color al del entorno. || Parte de un terreno distinto del conjunto ya sea por la calidad del mismo o por la variedad de cultivo. || Sombra de un dibujo. || Impureza en una gema. || Mala reputación, deshonor. || Majal. || *solar* Zona negra de la fotosfera, cuyo número, forma y dimensiones varían según las épocas. Presenta generalmente una parte central negra llamada núcleo, cuyo contorno está formado por una media tinta o penumbra.
MANCHAR tr. y prnl. Ensuciar. || Difamar, deshonrar. || En pintura, distribuir las masas de color.
MANCHEGO, GA adj. y s. De la Mancha. || adj. y m. Variedad de queso de esta región; se caracteriza por ser salado y estar sin cocer.
MANDADO, DA m. y f. Persona que cumple un encargo o comisión. || m. Encargo, misión, recado. || Decreto, precepto. || fam. Golpe, guantazo.
MANDAMÁS com. Jefe, responsable.
MANDAMIENTO m. Norma a cumplir, precepto. || Cada uno de los preceptos del decálogo. || Despacho del juez, por escrito, ordenando la ejecución o cumplimentación de una cosa.
MANDAR tr. Ejercer la autoridad, ordenar, decretar. || Enviar a alguien en representación. || Dominar el caballo. || Prometer una cosa. || Remitir un objeto. || Guiar, conducir. || intr. y tr. Gobernar, regentar. || Dejar una manda a alguien. || intr. ¡a m.! Expresión irónica de acatamiento de una orden.
MANDARÍN, NA m. Término con que los occidentales designan a los altos funcionarios chinos. || Burócrata, persona influyente, cacique. || adj. y f. Dialecto chino.
MANDARINA f. Fruto del mandarino, globoso, en parte comprimido y piel delgada de fácil separación. De la corteza se obtiene un aceite esencial usado en perfumería.
MANDATARIO m. Persona que acepta la representación del mandante, para ges-

tionar algún negocio en el contrato de mandato. || Gobernante. || *primer m*. Presidente, primer ministro, etcétera.

MANDATO m. Ley, precepto, mandamiento. || Designación que alguien recibe de sus electores para ser su representante. || Ejercicio y duración de un cargo. || Contrato consensual, mediante el cual una persona (mandatario) se compromete a representar a otra (mandante) en algún acto jurídico o en la gestión de algún negocio.

MANDÍBULA f. Cada uno de los elementos óseos o cartilaginosos, que sirven para la implantación de los dientes y que conforman la cavidad bucal de los vertebrados. || Cada una de las piezas que en distintos grupos de animales sirven para los trabajos de corte y trituración de los alimentos. || Cada una de las piezas córneas del pico de las aves. || Especie de tenaza. || *reír a m. batiente* Reír a carcajadas.

MANDIL m. Delantal de artesanos, que suele ser de cuero o tela fuerte. || Delantal, prenda de vestir. || Emblema de los masones. || Trapo para limpieza de las caballerías. || Red de pesca de malla muy estrecha.

MANDO m. Autoridad, derecho del superior sobre sus súbditos. || Ejercicio y duración de dicho poder. || Persona que lo ostenta. || Dispositivo de control de instrumentos mecánicos o aparatos electrónicos.

MANDOLINA f. Instrumento musical de cuerdas pinzadas, de origen italiano. Consta de una caja de resonancia abombada, con cuatro cuerdas dobles y se toca con plectro.

MANDUCAR intr. y tr. fam. Comer, engullir.

MANECILLA f. Utensilio para accionar manualmente ciertos mecanismos. || Aguja de un reloj o brújula. || Broche. || Zarcillo.

MANEJAR tr. Usar de algo con las manos o transportarlo con ellas. || Por extensión, servirse de algo. || Guiar las caballerías. || Administrar un negocio. || Dominar a alguien. || Conducir un automóvil o cualquier vehículo de transporte. || prnl. Valerse por sí mismo.

MANEJO m. Acción y efecto de manejar. || Arte de dominar los caballos. || Administración de un negocio o empresa. || Enredo, intriga.

MANERA f. Característica específica de un ser, o forma especial de comportamiento o de uso. || Carácter de una persona. || Estilo de un artista. || pl. Comportamiento, modales. || *a la m. de* A semejanza de. || *a m.* Como, a modo de. || *de buenas, o malas maneras* Amigablemente, o no. || *de m. que* Locución conjuntiva que indica consecuencia.

MANGA f. Parte de una prenda de vestir que rodea el brazo en su totalidad o en su parte superior. || Trozo de tela que cuelga desde los hombros hasta casi los pies en algunas vestimentas eclesiásticas. || Trozo de tela ornamentada que rodea la parte superior de la cruz parroquial, debajo de la imagen del crucifijo. || Tubo de goma u otra materia flexible usado para el riego o para encauzar un líquido cualquiera. || Tubo que emerge al exterior de un recinto cerrado y que propicia su ventilación.

MANGANESO m. (Mn) Elemento químico situado en el grupo VIIb de la tabla periódica. Está íntimamente ligado a los elementos de transición. Es un metal frágil y brillante, de aspecto rosado. Se usa para fabricar vidrio, como despolarizante en las pilas, como mordiente en tintorería, para desecar barnices.

MANGO m. Parte por donde se agarra una herramienta o utensilio cualquiera. || Parte alargada de los instrumentos de cuerda, por donde se tienden las cuerdas, unido por un lado a la caja de resonancia, y por el otro al clavijero.

MANGONEAR intr. Meterse en medio de cualquier asunto. || Vagar sin hacer nada útil. || Manipular a alguien o algo en busca del propio interés. || Obtener beneficios turbios. || Ejercer sus atribuciones arbitrariamente.

MANGUERA f. Manga de riego. || Manga de ventilación. || Tubo alquitranado para aspirar el agua de los buques. || Tromba de agua.

MANÍ m. Cacahuate.

MANÍA f. Estado psicopatológico que se manifiesta en diversas formas de excitación: euforia, flujo de ideas, impulsividad, etc. || Tendencia imperiosa y obsesiva de realizar una conducta; se usa también como sufijo *(cleptomanía)*. || Inclinación excesiva por algo. || Animadversión, tirria. || *persecutoria* Idea delirante consistente en una preocupación de ser perseguido, perjudicado, etcétera.

MANIACO, CA (o MANÍACO, CA) adj. y s. Relativo a la manía. || Que padece manía.

MANIATAR tr. e intr. Atar las manos. || intr. fig. Impedido de actuar.

MANIÁTICO, CA adj. y s. Que tiene manías, lunático.

MANICOMIO m. Casa de salud para enfermos mentales. || Lugar de alboroto y confusión.

MANICURO, RA m. y f. Que ejerce la manicura. || f. Profesión que cuida del embellecimiento de las manos, especialmente las uñas.

MANIDO, DA adj. Usado, sobado, raído. || f. Mansión, estancia, refugio.

MANIFESTACIÓN f. Acción y efecto de manifestar o manifestarse. || Marcha compacta de personas, generalmente por un recorrido urbano, para expresar una opinión o reivindicación.

MANIFESTAR tr. y prnl. Hablar públicamente, declarar. || Exhibir, revelar. || tr. Participar en una manifestación.

MANIFIESTO, TA adj. Descubierto, patente, notorio. || Opinión acerca de alguna cuestión de interés común, dada a conocer públicamente por alguna persona, entidad, corriente de pensamiento o partido político. || Documentación que debe presentar el capitán de un buque, procedente del extranjero, a las autoridades aduaneras al llegar al primer puerto. || *poner de m.* Descubrir, proclamar.

MANILLAR m. Tubo transversal que sirve para llevar la dirección de bicicletas o motocicletas.

MANIOBRA f. Operación realizada con las manos. || Conjunto de movimientos que hay que realizar para dirigir un mecanismo cualquiera. || Serie de acciones llevadas a cabo con habilidad e incluso malicia para conseguir una finalidad cualquiera. || Destreza en el manejo de embarcaciones.

MANIPULAR tr. Trabajar con las manos. || Usar aparatos científicos, mecánicos o electrónicos. || Manejar su negocio o el ajeno de forma muy particular o poco honesta. || Influir en los demás en propio provecho.

MANIQUÍ m. Muñeco con anatomía humana usado para probar o exhibir trajes o vestidos. || Muñeco de las mismas características que sirve de modelo a pintores o escultores. || Persona que tiene por oficio exhibir la última moda en el vestir. || Individuo de poco carácter, fácil de manipular.

MANIRROTO, TA adj. y s. Despilfarrador, malgastador. || Generoso, dadivoso.

MANIVELA f. Manubrio. || Cigüeñal.

MANJAR m. Alimento, víveres en general. || Comida suculenta. || *blanco* Guiso compuesto por pechugas de gallina deshechas y azúcar, leche y harina de arroz. || Postre que se hace con leche, almendras y harina de arroz.

MANO f. Parte distal del miembro superior, formada por tres partes: carpo, metacarpo y dedos. Está dotada de una gran movilidad y posee una riquísima inervación sensitiva, que la convierte en el órgano sensorial del tacto. || Por extensión, cada una de las patas delanteras de los cuadrúpedos, especialmente la de aquellos que tienen el dedo pulgar opuesto a los demás, facilitando así la posibilidad de asir.

MANOJO m. Conjunto de cosas que pueden abarcarse con una mano. || Cantidad de objetos. || *ser un m. de nervios* Ser muy nervioso.

MANÓMETRO m. Aparato usado para indicar la presión de fluidos.

MANOPLA f. Guante sin dedos, excepto para el pulgar. || Pieza de arnés que cubría el dorso de la mano. || Fusta para atizar las caballerías.

MANOSEAR tr. Poner constantemente las manos sobre algo. || fig. Tratar o repetir excesivamente un tema, asunto, etc. || Sobar.

MANOTAZO (o MANOTADA) m. (o f.) Golpe con la mano.

MANOTEAR tr. Golpear con las manos. || intr. Mover mucho las manos al hablar.

MANSALVA, a Sin peligro, sobre seguro.

MANSEDUMBRE f. Calidad de manso. || Dulzura; domesticidad.

MANSIÓN f. Residencia, estancia. || Vivienda. || Casa lujosa.

MANSO, SA adj. Dulce, tranquilo, reposado. || Se dice del animal domesticado.

|| m. Animal que sirve de guía al ganado. || fam. Colchón. || adj. y m. vulg. Cornudo.

MANTA f. Lienzo grande, especialmente de algodón o lana, que sirve para abrigarse. Se usa como ropa de cama o como cobertura de caballerías. || Especie de mantón echado al hombro. || Tunda, paliza. || Tablero grueso para resguardarse de los disparos del enemigo. || com. Perezoso, gandul. || *a m.* Con abundancia. || *liarse la m. a la cabeza* Actuar desdeñando las consecuencias. || *tirar de la m.* Investigar, indagar sobre algo que se pretendía ocultar.

MANTEAR tr. Hacer saltar repetidas veces a una persona, pelele, etc., sobre una manta sostenida entre varios mediante el impulso combinado de éstos.

MANTECA f. Sustancia grasa sacada de la leche. || Parte grasa de las carnes de los animales, especialmente la del cerdo. || Por extensión, materia grasa y sólida obtenida de algunos frutos. || fam. Gordura de una persona.

MANTECADO m. Torta pequeña de harina, huevos, manteca de cerdo y azúcar. || Helado de una mezcla de huevos, leche y azúcar.

MANTEL m. Lienzo con que se resguarda la mesa en las comidas. || Tela que cubre el altar en las iglesias.

MANTELERÍA f. Conjunto de mantel y servilletas.

MANTENER tr. Aguantar una cosa para que no caiga, ni se tuerza, ni se extinga. || Conservarla en su esencia o condición. || Proseguir con un tema o acción. || Organizar concursos o certámenes. || Defender una opinión. || Apoyar a alguien. || Afirmar con insistencia. || tr. y prnl. Suministrar a alguien el sustento necesario. || Atenderle en sus necesidades. || prnl. Perseverar, ser constante o consecuente.

MANTEQUERÍA f. Lugar de elaboración de la mantequilla. || Establecimiento de venta de mantequilla y de otros productos lácteos.

MANTEQUILLA f. Manteca de vaca. || Sustancia sólida de grasa de leche batida con azúcar.

MANTILLA f. Pañolón femenino, para la cabeza y los hombros. || Prenda de encaje o tul usada para cubrirse las mujeres en los oficios religiosos. || Manta pequeña para cubrir el lomo de las caballerías. || Trozo de tela para revestir el cilindro de las máquinas tipográficas. || Ropas de niño pequeño; se usa especialmente en plural.

MANTILLO m. Humus. || Estiércol fermentado.

MANTO m. Tela grande que cubre desde la cabeza u hombros hasta los pies. Suelen llevarlo las imágenes de la Virgen. || Mantilla amplia sin ornamentación. || Manteo de religiosos. || Capa de ceremonia de soberanos o de caballeros de órdenes militares. || Parte frontal de la chimenea del hogar. || Lo que sirve de abrigo o refugio. || Capa grasa en la que nace envuelto un niño. || Formación epidérmica que rodea parte del cuerpo de algunos invertebrados y que segrega la concha. || Pelaje de los mamíferos. || Capa mineral de poco espesor de ordinario depositada horizontalmente en la superficie terrestre. || Capa de la Tierra situada entre la corteza y el núcleo.

MANTÓN m. Especie de chal, usado más bien como abrigo que como adorno. || *de Manila* El de origen chino, de seda y bordado con colores vistosos.

MANUAL adj. Que se hace con las manos. || De fabricación casera. || De fácil manejo. || Que no exige esfuerzo intelectual. || m. Libro que compendia los temas esenciales de una asignatura o conocimiento. || Cuaderno de anotaciones.

MANUBRIO m. Empuñadura o manivela con que se coge o se acciona un utensilio, un instrumento o un mecanismo cualquiera. || Organillo.

MANUFACTURA f. Proceso de fabricación, generalmente artesana, de producción en serie. Significa el tránsito entre la producción artesanal y la industrial mecanizada (siglos XVI-XVIII). Caracterizada por la escasa división del trabajo, la importancia del trabajo a domicilio y la introducción de principios de socialización en el proceso productivo. || Industria, especialmente a gran escala. || Bien producido en dicho proceso.

MANUSCRITO, TA adj. Escrito a mano. || m. Libro o texto escrito a mano, especialmente los de la antigüedad y los medievales. || Por extensión, texto a máquina. || Texto de gran valor documental, por

sí o por ser autógrafo de un personaje importante.
MANUTENCIÓN f. Acción y efecto de mantener. || Alimento necesario para sobrevivir. || Combustible preciso para funcionar. || Conservación. || Grupo de técnicas que tienen por objetivo solucionar el problema del desplazamiento de materiales en sus lugares de almacenamiento.
MANZANA f. Fruto del manzano, en pomo globoso y umbilicado. La tonalidad de la piel es variable. Comestible, posee también propiedades medicinales. || Isla de edificios comprendida entre cuatro calles. || Pomo de una espada. || Pomo de escaleras, balcones, camas, etc. || Bola de ornato en muebles.
MAÑA f. Habilidad, maestría. || Picardía, artimaña; suele usarse en plural. || Manojo.
MAÑANA f. Espacio de tiempo desde el amanecer al mediodía. || Periodo comprendido entre la medianoche y el mediodía. || m. Tiempo de un próximo futuro. || adv. Día siguiente al hoy. || Pronto, sin mucha tardanza. || *de m.* A las primeras luces. || *¡hasta m.!* Saludo de despedida. || *m. será otro día* Expresión con la que se deja para más adelante un asunto o trabajo
MAPA m. Representación gráfica plana de la superficie de la Tierra, o de una parte, según una escala y una proyección dadas. La elaboración de los m. es objeto de la cartografía. Los m. son *topográficos*, si representan la estructura físico-política de la Tierra, o *temáticos*, si sólo representan un aspecto monográfico (m. geológicos, tectónicos, morfológicos, botánicos, etc). En los m. *mudos*, falta algún elemento importante de la representación para facilitar su estudio o investigación. || *del tiempo* El que con signos convencionales (isobaras, frente, lluvias) muestra las condiciones de la atmósfera a una hora determinada. || *lingüístico* Representación cartográfica de las peculiaridades lingüísticas de una zona geográfica. || *borrar del m.* Matar, eliminar. || *poner la cara como un m.* Llenar la cara de alguien de contusiones o heridas, desfigurarle.
MAPAMUNDI m. Mapa que representa la superficie de la Tierra dividida en dos hemisferios.

MAQUETA f. Parte de un proyecto industrial o arquitectónico que muestra a escala reducida los volúmenes del mismo. || Modelo, generalmente en plástico y a escala reducida, de vehículos militares o de transporte, con fines recreativos. || Modelo a escala real del formato y paginación de un libro.
MAQUIAVELISMO m. Pensamiento de Maquiavelo y sus seguidores, que preconizan la razón de Estado. Impropiamente, por influencia de la crítica conservadora a las teorías laicas de su creador, comportamiento astuto, maniobrero y engañoso.
MAQUILLAR tr. y prnl. Acicalar, embellecer la cara mediante la aplicación de cosméticos. || Por extensión, pintar el rostro para caracterización cinematográfica o teatral.
MÁQUINA f. Artilugio con piezas de movimientos coordinados a fin de aprovechar una energía para convertirla en herramienta de trabajo o para obtener un efecto determinado. || Conjunto de elementos ordenados y encaminados a formar una unidad. || Locomotora. || Bicicleta, motocicleta, coche de carreras. || Mecanismo interno de un órgano o piano. || Tramoya de un teatro. || Organismo, estructura. || Proyecto, plan.
MAQUINAL adj. Relativo a los movimientos y efectos de una máquina. || Se dice de los movimientos automáticos y de las acciones inconscientes.
MAQUINAR tr. Conspirar secreta y arteramente. || Laborar en una pieza con una máquina.
MAQUINARIA f. Enseñanza en la construcción de máquinas. || Conjunto de máquinas destinadas a un fin común o similar. || Piezas de una máquina.
MAQUINISTA com. Persona que crea o construye máquinas. || La que las usa, dirige o atiende. || Conductor de una locomotora, especialmente de vapor.
MAR amb. Masa de agua salada que cubre una gran parte de la superficie de la Tierra (361 128 000 km^2, el 71% del total). || Extensión de agua salada considerada como una pequeña división del océano, más o menos cerrada por la masa continental. || Gran cantidad de alguna cosa. || Zozobra interior, descontento soplado. || *m., alta* Muy alejado de la costa. || *de*

fondo Oleaje producido por vientos lejanos, caracterizado por su regularidad y por su mayor lentitud, y que no concuerda con el viento observado en el mismo lugar. || Situación colectiva de descontento que no llega a expresarse públicamente. || *lunar* Gran llanura que se encuentra en la superficie de la Luna. || *a mares* Profusamente. || *hacerse a la m.* Zarpar, levar anclas.

MARACA f. Instrumento musical de percusión de origen sudamericano. Se construye con calabazas vaciadas, con mango (o sin él, *m. rumberas*), llenas de semillas; también se construyen de madera dura u otro material. Usada generalmente a pares, en las orquestas de música ligera o de jazz; suele usarse en plural.

MARAÑA f. Maleza. || Matorral. || Residuos producidos al realizar el hilado formado por hebras bastas. || Tejido confeccionado con ellas. || Lío de hilos; embrollo de cabellos. || Coscoja, árbol. || Ardid, enredo, patraña. || Asunto complicado.

MARAVILLA f. Cosa prodigiosa; acontecimiento extraordinario. || Admiración, asombro, estupefacción. || Caléndula (planta). || *a m.*, o *a las mil maravillas* Perfectamente. || *contar maravillas* (de alguien) Alabar. || *de m.*, o *de maravillas* Lograr un resultado excelente con medios muy escasos. || *ser una m.* Ser una persona extraordinaria en todos los sentidos.

MARAVILLAR tr. Ser causa de admiración. || tr. y prnl. Asombrar, desconcertar.

MARCA f. Región o territorio o fronterizo. || Circunscripción territorial de carácter militar; erigida en cada una de las zonas fronterizas del imperio carolingio. || Cualquier tipo de signo externo colocado a una persona, animal u objeto, a fin de diferenciarlos de los del mismo género, o para señalar origen, calidad o pertenencia. || Acción de marcar. || Instrumento para marcar. || Huella. || Medida justa que debe tener una cosa. || Utensilio para comprobar dicha medida. || En deportes, máxima puntuación o rendimiento conseguidos en una especialidad; récord. || Rayita en las hojas impresas para señalar por dónde hay que doblar el pliego. || Punto de mira en el litoral que sirve de orientación a las embarcaciones. || *de fábrica*, o *registrada* Signo externo que, con validez legal, certifica la procedencia de un producto. || *de m.*, o *de m. mayor* De calidad.

MARCADOR, RA adj. y s. Que marca o sirve para marcar. || m. Dechado para el aprendizaje de las labores de bordado. || Indicador del tanteo en juegos de cualquier tipo. || Contraste, tasador. || Encargado de introducir los pliegos en las máquinas de imprimir.

MARCAR tr. Señalar con una marca. || Herir, golpear dejando señal. || Poner las iniciales para determinar la pertenencia. || Indicar un instrumento el tiempo transcurrido, el espacio recorrido o demás variantes que se pretenda evaluar. || Anotar los párrafos más destacados de un escrito, o los tantos de una competición. || Pulsar las teclas o hacer girar el disco de un teléfono. || Influir en alguien de forma importante. || Controlar estrechamente a alguien; muy usado para deportes de equipo. || Señalar divisiones. || Anotar el precio en una mercancía. || Dar indicios. || Buscar la situación de un buque.

MARCIAL adj. Relativo a la guerra o al ejército. || Gallardo, airoso, apuesto. || Se aplica a los medicamentos en que entra el hierro como componente. || *marciales, artes* Nombre genérico de una serie de deportes de combate de origen oriental, especialmente japonés. Los más populares son el judo, el karate y el tae-kwondo.

MARCIANO, NA adj. Relativo al planeta Marte. || m. y f. Habitante hipotético de dicho planeta.

MARCO m. Unidad de peso para el oro y plata (230 g). || Patrón de pesas y medidas. || Moneda de curso legal de Alemania y Finlandia. || Medida establecida según la diversidad de clases de maderos. || Recuadro que rodea el contorno de un objeto. || Armazón que rodea el contorno de un objeto. || Armazón donde encajan las puertas y ventanas. || Cartabón de zapateros. || Utensilio para la señalización de los árboles. || Molde para la obtención de diversos materiales de la construcción. || En deportes, portería. || Entorno paisajístico o ambiental.

MARCHA f. Acción de marchar. || Intensidad de movimiento. || Movimiento de un ejército; por extensión, caminata de un grupo al unísono. || Funcionamiento de un mecanismo. || Desarrollo de una actividad o curso de un acontecimiento. ‖ En el cambio de velocidad, cualquiera de las posiciones motrices. ‖ Ruta a seguir. ‖ Destino emprendido. ‖ Música ritmada sobre el movimiento del paso del hombre, para dirigir o acompañar a la tropa militar o a un cortejo. ‖ Carrera deportiva a paso rápido. El atleta debe tener siempre apoyado un pie en el suelo.

MARCHANTE, TA m. y f. Comerciante, especialmente en obras de arte.

MARCHAR intr. y prnl. Caminar, andar de un lugar a otro. ‖ intr. Funcionar un mecanismo cualquiera. ‖ Seguir su curso una actividad o acontecimiento. ‖ Caminar la tropa con cierto orden y paso.

MARCHITAR tr. y prnl. Ajar, agostar, secar. ‖ Desvigorizar, enflaquecer.

MAREA f. Variación regular y cíclica del nivel de la superficie del mar por consecuencia del efecto combinado de las fuerzas de atracción ejercidas por la Luna y el Sol. ‖ Parte del litoral que inundan las aguas en la pleamar. ‖ Viento de escasa intensidad que sopla desde el mar; por extensión, el que sopla de las cuencas fluviales. ‖ Llovizna, rocío. ‖ *negra* Vertidos de hidrocarburos como consecuencia de accidentes en depósitos o buques de transporte.

MAREAR tr. Guiar una nave por el mar. ‖ Perturbar a alguien con continuas preguntas o explicaciones capciosas. ‖ Llevar de un sitio para otro sin rumbo fijo. ‖ Vender en un mercadillo público. ‖ intr. Hablar mucho y sin sentido. ‖ prnl. Dar vueltas la cabeza; sentir vómito. ‖ Corromperse la pesca. ‖ Estar algo bebido.

MAREJADA f. Gran agitación de las aguas del mar. ‖ Excitación interior y desasosiego que suelen provocar gran explosión externa.

MAREMAGNO, MARE MÁGNUM (o MAREMÁGNUM) m. Confusión, desorden, abundancia descontrolada. ‖ Gentío, aglomeración.

MAREMOTO m. Frente de olas de grandes dimensiones, generadas por movimientos sísmicos en la profundidad del mar.

MAREO m. Sensación de náusea que se presenta al someter el cuerpo a movimientos irregulares o por otras causas. ‖ Turbación, fastidio, enfado.

MARFIL m. Dentina, sustancia dura de los dientes de los vertebrados, especialmente los mamíferos, recubierta por el esmalte. Muy abundante en colmillos e incisivos de ciertos animales (elefante, hipopótamo, morsa). ‖ Color similar al del hueso. ‖ *vegetal* Producto de las semillas de palma, de singular dureza, usado en la fabricación de botones.

MARGARINA f. Grasa hidrogenada vegetal o animal comestible, con la misma apariencia de la mantequilla.

MARGEN amb. Borde de una cosa. ‖ Montículo de piedras alrededor de un cultivo. ‖ Espacio en blanco a los extremos de un papel escrito. ‖ Anotación marginal. ‖ Beneficio obtenido en una venta. ‖ Corta diferencia entre el resultado obtenido y el real. ‖ Parte de una teja que no es cubierta por la superior. ‖ Motivo, pretexto. ‖ *estar al m.* Desentenderse.

MARGINAL adj. Relativo al margen. ‖ A un lado. ‖ Se dice de aquello que no forma parte del meollo de la cuestión. ‖ Persona marginada. ‖ En economía, se dice del producto cuyo coste de producción es igual a su precio de venta y, por tanto, el beneficio obtenido es nulo. ‖ Se dice de determinadas actividades económicas (recogida y venta de desperdicios, venta callejera, etc.) que no se insertan en los circuitos económicos habituales.

MARGINAR tr. Hacer anotaciones al margen de un escrito. ‖ Dejar márgenes al escribir. ‖ Dejar a alguien de lado, excluir de una actividad o de determinado nivel de convivencia social.

MARICA f. Urraca. ‖ m. Homosexual, afeminado. ‖ Afectuosamente, mala persona.

MARIDO m. Hombre desposado, en relación a su esposa.

MARIHUANA (o MARIGUANA) f. Preparado de hojas de cáñamo índico, que se fuma mezclado con tabaco. Produce efectos euforizantes. Considerada droga blanda.

MARIMBA f. Instrumento de percusión de origen africano, variedad del xilófón; con tubos resonadores afinados debajo de cada una de sus placas, a diferencia de aquél, sólo se percute con baquetas blandas; produce un sonido muy suave.

MARINA f. Costa del mar. || Representación pictórica de un paisaje marino. || Conjunto de buques de una nación. || *de guerra* Instrumento del poder naval de un país (barcos y dotaciones, infantería de m.). || *mercante* Flota mercante.

MARINERO, RA adj. Relativo a la marina o a los marineros. || Se dice de la embarcación de fácil manejo. || m. Persona cuyo oficio es servir en un buque. || Persona experta en navegar. || f. Pieza del uniforme de un marino, a modo de blusa. Por extensión, indumentaria parecida que usan a veces los mujeres o los niños.

MARINO, NA adj. Relativo al mar. || Se dice de la roca sedimentaria formada a partir de los materiales depositados en el fondo del mar. || Se dice de cada uno de los animales fantásticos con formas de pez. || m. Marinero, hombre de mar; especialmente el oficial.

MARIONETA f. Muñeco u objeto al que se mueve mediante hilos casi imperceptibles. || Persona sin carácter, de muy poco criterio. || pl. Representación teatral con marionetas.

MARIPOSA Mecha en un corcho flotando sobre aceite, usada para iluminar imágenes religiosas. || Llama de esta mecha. || Cierto tipo de llave de cañería. || Válvula de disco usada para regular grandes volúmenes de fluido. || En el automóvil, válvula que regula la entrada de mezcla en el carburador. || Tuerca dotada de dos aletas, gracias a las cuales puede ser enroscada con los dedos. || Estilo y modalidad de la natación en que los brazos y hombros son proyectados ambos a la vez hacia adelante, descansando el pecho en el agua y dando casi simultáneamente un golpe a modo de latigazo con piernas y pies juntos.

MARIQUITA m. y f. Afeminado.

MARISCAL m. Nombre que originariamente designaba a los encargados de las caballerizas; importante cargo por el papel que desempeñaba la caballería. || *de campo* El más alto grado en determinados ejércitos: alemán, austriaco, soviético, británico y sueco. En Francia, grado superior a los demás mariscales, pero inferior al de mariscal de Francia.

MARISCO m. Cualquier invertebrado marino, generalmente crustáceos y moluscos comestibles.

MARISMA f. Terreno pantanoso a orillas del mar o de ríos.

MARITAL adj. Del marido, o relativo a la vida matrimonial.

MARMITA f. Olla de metal, con tapadera muy encajada. || Recipiente donde comen los soldados en campaña.

MÁRMOL m. Roca metamórfica procedente de la recristalización de la calcita. Generalmente tiene estructura cristalina, es blanquísimo o con diversas tonalidades. Se usa como elemento de construcción. || Por extensión, escultura de este material. || *ser uno de mármol* Ser frío e insensible.

MARMÓREO, A adj. Que es de mármol o parecido a él.

MAROMA f. Soga gruesa de cáñamo o esparto. || fig. Confusión, alboroto, cambio.

MARQUÉS, SA m. y f. Título nobiliario, de superior rango que el conde e inferior al duque.

MARQUESINA f. Porche, generalmente de cristal, en los andenes de estación, terrazas de café o entradas de un local público. || Cobertizo sobre la tienda de campaña para resguardarse mejor del agua de lluvia.

MARRANO, NA m. y f. Cerdo. || adj. y s. Se decía del judío o musulmán converso, pero que conservaba privadamente su religión. || Puerco, sucio, cochino. || Bellaco, innoble.

MARRAR intr. y tr. Errar, faltar. || intr. Alejarse de lo noble y correcto.

MARRÓN, 1 m. Piedra para jugar al marro.

MARRÓN, 2 adj. y m. De color castaño. || *glacé* (galicismo) Castaña confitada.

MARRULLERÍA f. Picardía en conseguir el favor de alguien dándole coba. || En una competición, malas artes invisibles, frente al contrario.

MARTES m. Tercer día de la semana, entre lunes y miércoles.

MARTILLAR (o MARTILLEAR) tr. Golpear con el martillo. || tr. y prnl. Afligir, torturar.

MARTILLO m. Herramienta que comprende una cabeza metálica y un mango de madera. || Herramienta con la que se templan instrumentos de cuerda. || Lugar de subasta pública, por el uso del martillo en el remate. || Persona que persigue o acosa. || En el piano, parte del mecanismo que golpea la cuerda y la pone en vibración. || Huesecillo de la caja del tímpano, articulado con el yunque. || *m., lanzamiento de* Deporte olímpico, consistente en lanzar una bola de hierro unida a un hilo de acero, desde un círculo en el que se encuentra el deportista.

MÁRTIR com. Persona que muere a causa de su fe cristiana. || Por extensión, persona que muere en defensa de su fe o de un ideal noble. || Persona que soporta grandes tribulaciones, especialmente si lo hace con resignación.

MARTIRIO m. Muerte o torturas padecidas en defensa de un credo o ideal. || Cualquier penalidad intensa y duradera.

MARTIRIZAR tr. Dar muerte a un mártir. || tr. y prnl. Torturar, apenar.

MARXISMO m. Corriente de pensamiento inspirada en las ideas y elaboraciones teóricas y científicas de Marx y Engels. En esencia, el m. consiste en un rechazo del idealismo filosófico y de todo supuesto saber filosófico por encima del científico y superior a él; es una concepción científica del mundo que trata de evitar los reduccionismos y acentúa siempre el punto de vista de la totalidad (materialismo dialéctico). Es también una visión global de la evolución social elaborada a partir de una crítica del capitalismo (materialismo histórico).

MARXISTA adj. y com. Se dice de la corriente de pensamiento derivada de la teoría de Karl Marx y de los que la siguen o practican. || Por extensión, comunista.

MARZO m. Tercer mes del año solar, de treinta y un días.

MAS conj. Pero.

MÁS adv. Indica mayor cantidad o intensidad. Supone, pues, un término de comparación, esté o no expreso. Si la comparación es expresa, suele ir seguido del término comparado y la conjunción *que*. En otros casos va seguido por la preposición *de* (caso de los numerales, p. ej.). || Signo de la suma (+). || *a lo m.* Expresión que indica el límite máximo al que se piensa llegar.

MASA f. Pasta conseguida al ablandar una materia sólida por medio de un líquido, o volumen obtenido al mezclar un líquido con una materia triturada. || Mescolanza de harina, levadura y agua, con la que se hace el pan. || Cualquier otra mezcla semejante, con más o menos ingredientes, para hacer repostería. || Conjunto, reunión, conglomerado, agrupación. || Muchedumbre. || Mayoría de individuos en oposición a una minoría. || Propiedad fundamental de la materia. Es la relación constante entre las diversas fuerzas aplicadas a un cuerpo determinado y las aceleraciones producidas en virtud de dichas fuerzas: $m = F/a$. || Cable de retorno o conjunto metálico que en los automóviles completa el circuito eléctrico. || Toma de tierra de una instalación eléctrica.

MASACRE f. Matanza; es galicismo.

MASADA f. Masía.

MASAJE m. Método de aprovechamiento terapéutico de la energía mecánica aplicada manual o instrumentalmente a una parte del organismo. || *cardiaco* El practicado sobre el corazón en caso de paro, para intentar la recuperación de la actividad contráctil del miocardio.

MASCAR tr. Masticar. || Mascullar. || Conseguir que alguien asimile algo sin que le cueste un esfuerzo. || prnl. Avecinarse un suceso o circunstancia. || Rozarse una cuerda de un barco.

MÁSCARA f. Trozo de cartón, tela, etc., con el que alguien se cubre la cara para evitar ser reconocido; particularmente la que, figurando una cara grotesca, se usa para disfrazarse, especialmente en carnaval. || Careta para protegerse de algo (abejas, gases tóxicos, etc.). || Vestimenta estrafalaria a modo de disfraz. || Apariencia, pretexto. || com. Persona con máscara o disfraz. || pl. Festejo o lugar donde concurren personas disfrazadas. || *de oxígeno* La que recubre nariz y boca y permite inhalar el oxígeno proveniente de una pequeña bombona. || *arrancar*, o *quitar la m.* Eliminar el disimulo, mostrar la realidad.

MASCARILLA f. Máscara que oculta los contornos de los ojos. || En medicina, tela con la que el personal de quirófano cubre la mitad inferior de la cara. || Molde de yeso de la cara de una persona, especialmente muerta. || Cosmético que se aplica encima de la cara para el cuidado de la piel.

MASCOTA f. Persona, animal u objeto al que se le atribuye algún poder benefactor.

MASCULINO, NA adj. Se dice de las personas, animales o plantas que ejercen el papel fecundante en la reproducción, y de todo lo relativo a ellos. || Se dice de todo aquello que tiene características propias del hombre, en oposición a las de la mujer. || adj. y m. Uno de los dos géneros gramaticales de la lengua española.

MASCULLAR tr. Masticar. || Murmurar.

MASILLA f. Mezcla de tiza y aceite de linaza que usan los vidrieros para sujetar los cristales a las ventanas. || Sustancia usada en metalurgia, para cubrir pequeñas cavidades en piezas de fundición.

MASÓN m. Especie de papilla, a base de harina y agua, para alimento de las aves.

MASÓN, NA m. y f. Miembro de la masonería.

MASONERÍA f. Sociedad secreta, con fines humanitarios, de ayuda mutua y de defensa de posturas laicas y liberal-democráticas. Se organizó en el siglo XVIII, tuvo un papel activo en las revoluciones del siglo XIX, y después perdió su influencia. Organizada en logias y grados (jerarquías).

MASOQUISMO m. Perversión sexual en la cual la satisfacción va ligada al sufrimiento o la humillación del individuo. || Por extensión, disfrute con el propio sufrimiento.

MÁSTER m. Registro considerado como patrón u original del cual posteriormente se efectuarán copias. || Maestro, grado universitario.

MASTICAR tr. Triturar los alimentos con los dientes. || Pensar, rumiar.

MÁSTIL m. Palo mayor de una embarcación. || Mastelero. || Puntual, asentado en el suelo, para sostener algo. || Tallo de una planta o tronco de un árbol. || Canutillo de una pluma de ave. || Mango de los instrumentos de cuerda pinzada o frotada.

MASTÍN adj. y s. Se dice de una raza de perros de gran envergadura, con funciones de guardia y defensa.

MASTURBACIÓN f. Provocación del orgasmo mediante manipulación de los órganos genitales.

MASTURBAR tr. y prnl. Realizar una masturbación.

MATADERO m. Lugar destinado al sacrificio de animales, principalmente los de consumo. || Tarea ardua y penosa. || *llevar al m.* Mandar a alguien a una acción peligrosa.

MATAMOSCAS m. Especie de paleta de mango alargado, usada para matar moscas. || Sustancia química para eliminarlas.

MATANZA f. Acción y efecto de matar. || Asesinato colectivo en un combate o atraco. || Mortandad de cualquier tipo, sea de personas o de animales. || Acción de matar uno o varios cerdos y adobar su carne para el consumo. || Periodo en que suele realizarse. || Jolgorio en torno a esta acción. || Conjunto de carnes que resultan de la m. del cerdo y que se comen adobadas, en embutidos, etcétera.

MATAR tr. y prnl. Privar de la vida. || Llagar la caballería por el roce de los aperos. || tr. Apagar, extinguir, destruir. || Amortiguar el brillo de los metales. || Debilitar la fuerza de la cal o el yeso mezclándoles agua. || Sellar con el matasellos. || Quitar las aristas o cantos de un objeto. || Reducir el tono. || Suavizar la intensidad de un color. || Producir intenso dolor físico o moral a una persona. || Molestar o fastidiar mucho. || Eliminar el hambre o la sed. || Pasar el tiempo. || Verse sorprendido por un hecho inesperado. || prnl. Suicidarse. || Trabajar intensa y duramente. || Afanarse en lograr algún propósito.

MATASELLOS m. Estampilla para marcar los sellos de correos. || Huella que produce esa estampilla.

MATE m. Jugada definitiva de ajedrez en que se deja al rey contrario sin posibilidad de defensa. || En algunos juegos de cartas, matador. || adj. Sin brillo.

MATEMÁTICO, CA adj. Relativo a las matemáticas. || Puntual, exacto, preciso. || m. y f. Persona que profesa las matemáticas, o tiene conocimiento de ellas. || f. Ciencia que estudia, mediante el uso de números y símbolos, las cantidades y formas, sus propiedades y relaciones; se usa especialmente en plural. Su método es estrictamente lógico; plantea explícitamente una serie de supuestos (axiomas y postulados), y de ellos deduce proposiciones que expresan una relación (teoremas).

MATERIA f. Sustancia primaria de que se componen los cuerpos simples, sujeta a la ley de gravitación universal. Tiene masa y, por consiguiente, peso e inercia, y las propiedades de elasticidad, compresibilidad, dureza, etc. || Material, sustancia. || Pus. || Tema de estudio, objeto de trabajo, argumento de escritura. || *orgánica* Conjunto de organismos total o parcialmente descompuestos por la acción de los microorganismos mineralizadores. || *materias primas* Productos naturales o escasamente transformados, usados como base en los procesos industriales. || *entrar en m.* Hablar de lo esencial de un tema.

MATERIAL adj. Relativo a la materia. || Corpóreo. || Opuesto a formal. || Muy apegado a los bienes terrenales. || Rastrero, sin gusto ni fantasía. || m. Ingrediente. || Elemento o componente necesario en la construcción o fabricación de algo; se usa principalmente en plural. || Conjunto de instrumentos, máquinas o herramientas necesarias para realizar un trabajo o ejercer una profesión. || Cuero curtido.

MATERIALISMO m. Conjunto de doctrinas que consideran que la materia es la única realidad causal, y que la conciencia es un reflejo de ella. || *dialéctico* Conjunto de formulaciones de Marx y Engels que vinculan a la definición general de materialismo su carácter dialéctico: la materia en sus distintos aspectos no es un principio unitario y estático, sino escindido (contradictorio: todo es ello mismo y su contrario) y dinámico (sujeto a una constante evolución, por sus contradicciones inherentes y externas). || *histórico* Indisociable con el anterior. Expresa la evolución general de las formaciones sociales. Parte de que la base material de una sociedad determina en última instancia las superestructuras políticas e ideológicas de ella.

MATERNIDAD f. Estado o calidad de madre. || Clínica para dar a luz y atender a los recién nacidos.

MATERNO, NA adj. Relativo a la madre. || adj. y f. Se dice de la lengua aprendida en la infancia, especialmente en el ámbito familiar, y que se supone dominante sobre cualquier otra que el individuo aprenda.

MATINAL adj. Matutino. || adj. y f. Se dice de la sesión de cine o teatro dada por la mañana.

MATIZ m. Mezcla de diferentes colores debidamente combinados. || Cada pequeña variedad de tono que puede percibirse en un mismo color. || Rasgo especial que distingue elementos de un mismo género. || Mayor o menor grado de intensidad con que deben ejecutarse las notas de un pasaje, frase o fragmento musicales. || Aspecto que presenta una cosa y la diferencia de las otras.

MATIZAR tr. Combinar colores con tonalidades proporcionadas. || Hacer que un color adquiera una tonalidad diferente del conjunto. || Hacer ver los distintos aspectos de una cuestión. || Expresarse o dar determinada entonación a las palabras para que tengan un sentido ligeramente distinto al recto.

MATÓN, NA m. y f. Persona insolente y bravucona.

MATORRAL m. Formación vegetal constituida por matas leñosas.

MATRACA f. Instrumento de madera a modo de rueda, con tablas como badajos entre sus ejes, usado en Semana Santa como sustituto de las campanas. || Carraca. || Insistencia machacona en el hablar o solicitar algo. || Burla, plancha, broma.

MATRAZ m. Frasco redondo de cristal, con cuello estrecho y alargado, usado en los laboratorios químicos. || *aforado* El que se usa para medidas volumétricas.

MATRERO, RA adj. Sagaz, avisado. || Desconfiado, malicioso.

MATRIARCADO m. Organización social en la que las mujeres tienen el poder político y económico. Tipo teórico creado por los evolucionistas. || Por extensión, poder de algún tipo que tienen las mujeres en una sociedad.

MATRÍCULA f. Relación de nombres de personas o de objetos que se registran para una actividad o finalidad determinada. || Conjunto de personas o cosas matriculadas. || Certificado que justifica la inscripción. || Placa con el número de registro de un vehículo.

MATRIMONIO m. Contrato bilateral por el cual se unen un hombre y una mujer con

MATRIZ f. Útero. || Especie de recibo que se conserva en el talonario al arrancar los talones. || Escrito donde consta la realización de un hecho jurídico. || Nombre de distintos tipos de molde, usados en procesos industriales (imprenta, gramofonía, etc.). || En electrónica, red rectangular constituida por 2 series de conductores paralelos (filas y columnas perpendiculares entre ellos) y provistas de los bornes correspondientes de entrada y salida. || En matemáticas, esquema rectangular de número a_{ik} (elementos de la m.) dispuesto en filas y columnas. || adj. fig. Fundamental, generadora. || *de la uña* Lecho ungueal.

MATRONA f. En la antigua Roma, madre de familia. || Comadrona. || Funcionaria de cárceles y aduanas, encargada de registrar a las mujeres. || Señora de edad intermedia, o abundante de carnes.

MATUTINO, NA adj. Relativo a las primeras horas del día. || Que acontece por la mañana. || adj. y m. Diario de la mañana.

MAULLIDO (o MAÚLLO) m. Voz del gato.

MAUSOLEO m. Tumba de carácter monumental y suntuoso.

MAXILAR adj. y m. Relativo a la mandíbula. || Se dice de los huesos de la cara situados en la mandíbula. || *inferior* El que integra el armazón del mentón. || *superior* Hueso par que se enlaza entre sí y que forma la bóveda del paladar y las fosas nasales.

MÁXIME adv. Principalmente.

MÁXIMO, MA adjetivo superlativo de *grande*. || Se dice del que está por encima de cualquiera de su especie. || m. Punto sumo al que se puede aspirar. || El mayor valor que toma una función matemática. || f. Sentencia que compendia una norma de conducta. || Cada uno de los preceptos fundamentales de una doctrina o ideología. || Axioma de una ciencia cualquiera. || *común divisor* (m.c.d.) El mayor de los divisores comunes a dos o más números dados.

MAYA adj. y com. Se dice del pueblo indoamericano que habita en la península de Yucatán, Belice, Guatemala y Honduras; agricultores, técnicas poco evolucionadas; católicos, con fuerte influencia de la religión prehispánica.

MAYO m. Quinto mes del año (31 días). || Árbol o poste engalanado, plantado en lugar público, alrededor del cual danzan y bailan los jóvenes durante dicho mes. || Persona alta y delgada.

MAYONESA f. Salsa que se consigue batiendo yema de huevo con aceite, sal y algunas especias.

MAYOR adjetivo comparativo de *grande*. De más altura, volumen, edad o calidad. || Que ha conseguido la mayoría de edad. || De edad avanzada, adulta, viejo. || m. Superior de una orden religiosa. || Jefe o responsable de un grupo o entidad. || En algunos ejércitos, cargo correspondiente a comandante. || Oficial primero de alguna sección militar. || Libro de contabilidad en que se registran las partidas importantes o globales. || Escala musical en tono mayor. || pl. Progenitores o, simplemente, antepasados. || *m. que* Signo matemático (>) que, colocado entre dos cantidades homogéneas, indica que la primera es mayor que la segunda: $a>b$ se lee *a mayor que b*.

MAYORAL m. Responsable de un rebaño. || Capataz de una ganadería caballar o bovina. || Jefe de una cuadrilla de segadores o trabajadores agrícolas temporeros. || Jefe, superior, administrador en ciertas profesiones u oficios.

MAYORDOMO, MA m. y f. Máximo responsable del servicio y administración de una mansión. || m. En algunas órdenes religiosas, administrador. || Miembro de ciertas cofradías religiosas.

MAYORÍA f. Calidad de mayor. || Calidad de mayor de edad. || Mayor cantidad. || Despacho del oficial mayor. || En una corporación o asamblea, mayor número de votantes conformes. Puede ser *absoluta*, si consigue más de la mitad de los votos emitidos válidamente, o *relativa*, si sólo logra alcanzar mayor número que los demás. || *de edad* Capacidad jurídica para obrar, que adquiere quien haya alcanzado la edad natural exigida por la ley. En la actualidad, suele ser a los 18 años. || *silenciosa* Conjunto de los sectores políticamente pasivos de un país.

MAYORISTA com. Comerciante que compra y vende al por mayor. || adj. Se dice de este tipo de comercio.

MAYÚSCULO, LA adj. Por encima de lo normal en su especie. || Extraordinario, colosal, fantástico. || adj. y f. Se dice de la letra de mayor tamaño y distinta grafía, con uso específico dentro de la escritura.

MAZA f. Especie de porra de hierro o de madera recubierta de hierro, usada antiguamente como arma. || Emblema de los maceros.

MAZACOTE m. Barrilla y cenizas de esta planta. || Hormigón. || Material apretujado, no suelto según debiera ser. || Obra arquitectónica, pesada y sin ninguna elegancia. || Persona plomiza y cargante.

MAZAPÁN m. Variedad de turrón a base de almendras y azúcar molidos finamente. A veces, se presenta en forma de figurillas.

MAZMORRA f. Calabozo subterráneo. || Aposento estrecho y lóbrego.

MAZO m. Martillo grande de madera. || Maza pequeña de mortero. || Fajo de cosas unidas, atadas o no. || Hombre cargoso e impertinente.

MAZORCA f. Husada. || Panoja. || Tipo de inflorescencia en espiga, de elementos muy densos y próximos. || Baya del cacao. || Parte más gruesa, con adornos, de algunas barandillas.

ME Pronombre personal en dativo o acusativo, de primera persona, género masculino y femenino, número singular. No admite preposición.

MEANDRO m. Curva o sinuosidad muy pronunciada de una corriente fluvial. Se caracteriza por la erosión del agua en la orilla cóncava y por el depósito de materiales erosionados en la orilla convexa.

MEAR intr. y prnl. Orinar. || *m. fuera del tiesto* Meter la pata. || *m. torcido* fam. Equivocarse, salirle a uno mal las cosas. || *mearse* fam. Tener miedo, pasar pavor.

¡MECACHIS! Interjección de fastidio o disgusto.

MECÁNICO, CA adj. Relativo a la máquina o a la mecánica. || Realizado por una máquina. || Que precisa de más esfuerzo manual que intelectual. || Inconsciente, hecho sin reflexión. || m. y f. Persona que construye, repara o conduce máquinas, especialmente la de un taller de automóviles. || Chofer. || f. Parte de la física que estudia el movimiento y las causas que lo producen (las fuerzas). Se clasifica en *estática* si estudia el estado de reposo de los cuerpos, y en *dinámica* y *cinemática*, según que estudie el movimiento relacionado con las fuerzas o independientemente de ellas. || *analítica* Parte de la m. racional que reduce al mínimo los postulados de la dinámica y que, gracias al cálculo diferencial e integral, formula unas ecuaciones en las que la energía cinética juega un papel principal. || *celeste* La que estudia el movimiento de los astros bajo los efectos de su atracción mutua. || *clásica* La que describe el movimiento de los cuerpos a nivel macroscópico. Se llama también m. newtoniana. || *cuántica* Parte de la física que estudia los procesos de movimiento en el dominio microfísico, caracterizado en la propiedad ondulatoria de los corpúsculos en movimiento. || *de los fluidos* Ciencia que estudia el equilibrio y el movimiento de los fluidos y de los cuerpos en ellos sumergidos, así como su relación con las fuerzas que los producen o que se oponen. Comprende la hidrostática, hidrodinámica, aerostática y aerodinámica. || *estadística* Parte de la física que, utilizando métodos estadísticos, describe propiedades macroscópicas de los sistemas físicos que están constituidos por un gran número de partículas. || *newtoniana* La que se basa en las leyes de Newton. || *ondulatoria* Formulación de la m. cuántica que se basa en la idea de las ondas de materia (teoría de De Broglie).

MECANISMO m. Conjunto de piezas o elementos, engarzados de tal forma entre sí que generan algún tipo de actividad. || Sistema de desarrollo de una función o suceso. || Sinopsis de una obra literaria. || *de defensa* El que tiende a reducir la tensión producida por conflictos psicológicos en función del principio de placer.

MECANIZAR tr. y prnl. Sustituir el esfuerzo humano por el de las máquinas. || Hacer de la persona humana un autómata. || Fabricar por medio de una máquina.

MECANOGRAFÍA f. Escritura a máquina.

MECEDOR, RA adj. Que se usa para mecer. || m. Palo para remover líquidos o sustancias solubles. || Columpio. || f. Sillón de brazos, de base curva, para poder mecerse.

MECENAS com. Persona o institución que protege y financia actividades intelectuales y culturales.

MECER tr. Remover un líquido para que se mezcle mejor. || tr. y prnl. Mover algo hacia adelante y hacia atrás con ritmo uniforme, de tal forma que retorne siempre al lugar de origen.

MECHA f. Trencilla de hilos, generalmente de algodón, colocada en medio de sustancias combustibles (aceite, cera, alcohol, petróleo, etc.), que sirve de soporte a la llama. || Fístula llena de pólvora por donde corre la llama que hace explotar minas o barrenos. || Relleno de una vianda.

MECHERA adj. y f. Se dice de la aguja de mechar. || f. Máquina empleada en hiladura para preparar las mechas para las máquinas de hilar, uniformándolas, torciéndolas y plegándolas en bobinas. || Mujer que oculta bajo sus ropas las cosas que hurta.

MECHERO m. Instrumento para dar lumbre, que contiene una mecha y piedra de pedernal. || Encendedor. || Hueco de un candelero donde se coloca la vela. || Boquilla de cualquier utensilio de alumbrar.

MECHÓN m. Haz de pelos, hebras o hilos, extraído del conjunto.

MEDALLA f. Pieza circular grabada, de carácter conmemorativo o simbólico. || Medallón. || Galardón concedido en un concurso o exposición. || Moneda antigua, sin curso legal.

MEDALLÓN m. Relieve figurativo con marco circular u oval, aplicado al muro. || Cajita en forma de medalla para guardar en ella alguna foto o recuerdo entrañable.

MÉDANO m. Pequeña duna costera, de carácter móvil y forma semicircular. || Acumulación de arena en zonas poco profundas del mar y que generalmente quedan a ras de la superficie.

MEDIA f. Prenda de vestir de punto (seda, nylon, etc.) que cubre la pierna; suele usarse en plural. || Cierta clase de punto de tejer.

MEDIANERO, RA adj. Que está entre dos cosas. || adj. y s. Que favorece a uno en la obtención de algo. || m. Amo de la casa o finca vecina. || Mediero. || Alcahueta.

MEDIANÍA (o MEDIANIDAD) f. Punto medio entre dos extremos. || Persona vulgar, poco inteligente.

MEDIANO, NA adj. De calidad o tamaño intermedio. || Más bien malo. || adj. y m. Se dice del nervio originado en el plexo branquial, encargado de la inervación de los músculos del antebrazo. || f. Se dice de la botella, especialmente de cerveza, más grande que el botellín.

MEDIANOCHE f. Hora en que el Sol está en el punto opuesto al mediodía en relación con un mismo lugar del planeta. || Instante que señala el término de un día y el inicio del siguiente. || Bocadillo pequeño.

MEDIANTE adj. Que media. || prep. Por medio de. || f. Tercer grado de la escala musical o de una tonalidad. Está entre la tónica y la dominante.

MEDIAR intr. Llegar a la mitad de algo, sea o no material. || Interceder, abogar. || Buscar la reconciliación de personas enemistadas. || Ocupar un lugar intermedio. || Correr el tiempo. || Acontecer algo entre tanto.

MEDICAMENTO m. Sustancia dotada de propiedades terapéuticas y que es usada para tal fin.

MEDICINA f. Ciencia que estudia la constitución fisiológica del hombre a fin de prever, diagnosticar y curar sus enfermedades. || Conjunto de los médicos y sus actividades. || Medicamento.

MÉDICO, CA adj. y s. Relativo a la medicina. || m. y f. Persona con capacidad legal para el ejercicio de la medicina. || f. Mutualidad de asistencia médica. || *de cabecera* El de medicina general que atiende regularmente a un enfermo. || *espiritual* Confesor, director espiritual. || *titular* El que uno tiene asignado por la asistencia pública de salud.

MEDIDA f. Acción y efecto de medir. || Cada una de las unidades usadas para medir longitud, superficie, volumen, etc. || Instrumento de medición, que tiene indicadas las medidas. || Número de sílabas de un verso. || Equivalencia, proporción. || esp. pl. Prevención, disposición. || Sensatez, moderación. || *medidas de seguridad* Conjunto de actuaciones de orden público o protección

civil, ante la eventualidad de perturbaciones sociales o naturales.
MEDIDOR, RA adj. y s. Que sirve para medir. || m. Encargado de medir o de vigilar el peso en establecimientos públicos.
MEDIEVAL adj. Relativo a la edad media.
MEDIEVALISMO m. Calidad de medieval. || Estudio de la evolución de la humanidad durante la edad media. || Afición por el conjunto de rasgos que definen los modos de vivir del mundo medieval.
MEDIO, DIA adj. Se dice de la mitad de algo. || Se dice de lo que está en el centro o entre dos extremos. || Se dice de la cantidad resultante de un promedio. || Se aplica al individuo de rasgos comunes. || Incompleto, deficiente. || m. Punto de división de dos mitades. || Lo que favorece, facilita o sirve para llevar a cabo una finalidad cualquiera. || Entorno en el que vive un organismo cualquiera; su naturaleza puede descomponerse en una serie de factores (luz, temperatura, calidad química, dinámica, etc.). || Médium. || Tercer dedo de la mano. || f. Valor intermedio que se obtiene de una distribución de un número mediante determinadas operaciones aritméticas. || Definición horaria que se usa cuando el reloj indica la mitad de una hora dada. || adv. No del todo, no enteramente (con verbo en infinitivo, va precedido de a: *a medio vestir*).
MEDIOCRE adj. Mediano. || De escasa calidad, incluso mala. || Vulgar, regular. || Torpe.
MEDIODÍA f. Paso del Sol por el meridiano superior de un lugar; corresponde a las 12 horas del día. || Hora en que el Sol está más alto sobre el horizonte. || Sur, punto cardinal.
MEDIR tr. Evaluar las veces que un todo está contenido dentro de una unidad previamente establecida. || Contar las sílabas de un verso para determinar su clase. || Cotejar una cosa con otra para señalar sus afinidades o diferencias. || Examinar las distintas facetas de una cuestión. || intr. Tener la longitud que se expresa. || prnl. Conocer las propias aptitudes o posibilidades. || Ser comedido en sus actos o palabras. || Competir. || Equipararse.
MEDITABUNDO, DA adj. Reflexivo, que cavila interiormente.

MEDITACIÓN f. Acción y efecto de meditar. || Reflexión sobre un tema moral o religioso || Oración mental.
MEDITAR tr. Aplicar con intensidad la mente en el análisis de una cuestión. || Pensar sobre algo.
MEDITERRÁNEO, A adj. Relativo al mar Mediterráneo y a los países costeros al mismo. || Se dice del clima suave, propio de estos países. || Se dice de los países o regiones sin salida al mar.
MEDRAR intr. Desarrollarse las plantas y los animales. || Ir escalando posiciones sociales.
MEDROSO, SA adj. y s. Miedoso, pusilánime. || Que atemoriza.
MÉDULA (o MEDULA) f. Sustancia blanca que llena las cavidades de los huesos largos y los espacios entre las trabéculas del tejido óseo esponjoso. || Elemento principal de algo inmaterial. || Parte central de los tallos y raíces de las plantas. || *espinal* La que forma parte del sistema nervioso central y que está contenida en el canal vertebral.
MEDUSA f. Fase pelágica y libre de diversas especies de cnidarios: presenta forma de umbrela, carece de esqueleto y en la parte central se dispone la boca.
MEGÁFONO m. Aparato usado para amplificar la voz humana, enviándola a distancia.
MEGALITO m. Monumento conmemorativo o funerario compuesto por enormes bloques de piedra: cromlech, dolmen, menhir, naveta, talayot, taula, tholos. Desarrollado en las edades del cobre y del bronce.
MEGALOMANÍA f. En psiquiatría, forma del delirio de grandeza por la que el sujeto (megalómano) sobreestima su propia condición física y, en especial, social.
MEJILLA f. Parte lateral blanda que forma la pared de la cavidad bucal. || Carrillo.
MEJOR adj. comparativo de *bueno*. Que le supera en calidad o virtud. || adv. comparativo de *bien*. Más de acuerdo con lo ideal. || Antes, en sentido de preferencia (*m. quiero esto que aquello*). || *a lo m.* Quizás, pero poco probable o deseado. || *es m.* Es preferible. || *m. que m.* Mucho mejor. || *tanto m.* Más preferible todavía.
MEJORA f. Acción y efecto de mejorar. || Crecimiento, beneficio, distinción. || Su-

peración de la última oferta en una subasta o venta. || Porción de una herencia destinada a incrementar la parte de alguno de los herederos legitimarios. || Conjunto de gastos útiles realizados por el arrendatario de un inmueble; suele usarse en plural.

MEJORAR tr. Hacer avanzar algo hacia el bien ideal, físico o espiritual. || Sanar. || Pujar. || Dejar en testamento una mejora a alguno de los herederos legitimarios. || intr. y prnl. Curarse, restablecerse. || Hacer un tiempo de más bonanza. || Prosperar socialmente. || *mejorando lo presente* Expresión de cortesía, en alabanza de alguien o algo.

MELANCOLÍA f. Fase depresiva de la psicosis maniacodepresiva, en la que el sujeto se halla sumido en una tristeza vaga e indefinida que le resta iniciativas y le priva de estímulos afectivos. || Tristeza, abatimiento.

MELAZA f. Jarabe denso, viscoso y dulce que proviene de la fabricación del azúcar. Es de color pardo, contiene un 85% de materias secas; de ellas un 50% es azúcar.

MELENA, 1 f. Cabellera larga y suelta. || En plural, cabello largo y descuidado. || Crin del león.

MELENA, 2 f. Emisión de heces de color negro debidas a presencia de sangre transformada por el proceso digestivo.

MELIFLUO, FLUA adj. Que contiene miel o tiene las propiedades de ésta. || Falsamente amable o cariñoso.

MELINDRE m. Masa frita de harina y miel. || Rosquilla de mazapán, cubierta de azúcar. || Nombre común a distintas golosinas. || Cinta de las más angostas. || pl. Remilgos.

MELOCOTÓN m. Fruto del melocotonero. Es comestible.

MELODÍA f. Delicadeza en la modulación de voz y suavidad en el uso del instrumento musical. || Idea musical simple, con independencia del acompañamiento; se forma por una sucesión de notas que componen un periodo completo y constituye el elemento vertical. || Parte de la teoría musical que la estudia.

MELODRAMA m. Pieza teatral que surgió a mediados del siglo XVIII, en la que el texto va unido a fondo musical. || Ópera italiana del siglos XVII. || Obra teatral o cinematográfica basada en emociones dramáticas y fatalistas que son desencadenantes de la acción. || fig. Acontecimiento salpicado de estremecimiento y tensión.

MELOSO, SA adj. Que tiene las cualidades de la miel. || Suave, dulzón, empalagoso.

MELLA f. Grieta o estría en el contorno de un objeto, especialmente en el filo de un cuchillo o herramienta. || Vacío dejado por algo que ocupaba este lugar. || Rotura, merma. || *hacer m.* Causar impresión.

MELLIZO, ZA adj. y s. Gemelo. || adj. Se dice de los órganos vegetales que son iguales.

MEMBRANA f. Tejido animal o vegetal, dispuesto en forma de estrato, capa o lámina y generalmente dotado de elasticidad, que envuelve ciertos órganos o separa ciertas cavidades. || Hoja muy delgada. || Superficie tensa de pergamino, piel de becerro o material plástico, que se hace vibrar por percusión (tambores percutidos), fricción (zambomba) o por corriente de aire (mirlitones). || Lámina cónica que propaga las vibraciones en los altavoces electrodinámicos.

MEMBRETE m. Pequeño epígrafe con las señas de uno, impreso en el papel de correspondencia.

MEMO, MA adj. Bobo, estúpido, mentecato.

MEMORABLE adj. Digno de ser recordado.

MEMORÁNDUM (o **MEMORANDO**) m. Resumen escrito, en el que se exponen brevemente cuestiones que deben tenerse en cuenta para la resolución de un asunto. || Agenda. || En los periódicos, sección de anuncios de servicios profesionales. || Resguardo bancario.

MEMORIA f. Facultad de recordar sucesos pasados y sensaciones. || Recuerdo que se tiene de una persona. || Facultad de poder repetir lo que antes se aprendió. || Monumento conmemorativo de una persona o acontecimiento histórico. || Institución pía fundada en recuerdo de un personaje. || Catálogo, inventario. || Escrito en el que se detallan los principios y desarrollo de un tema docente, de investigación, etc. || Relación que se hace cada determinado tiempo, en una sociedad anónima, para especificar la situación económica de la misma. || Mecanismo de los ordenadores, en el que se introduce o registra la información que ha de emplearse más tarde. || pl. Libro autobiográfico de un autor, o crónica de sucesos de los que él ha sido testigo. || *acústica* La que se propaga a impulsos a través de un medio conductor usando una línea de retardo acústico.

MEMORIAL m. Cuaderno de anotaciones. || Documento de solicitud de gracia alegando los motivos que la justifican. || Boletín oficial de algunas asociaciones.

MENA f. Roca metalífera a partir de la cual se extraen minerales de interés económico.

MENAJE m. Conjunto de utensilios y mobiliario de una casa. || Gobierno de la casa y de las faenas domésticas.

MENCIÓN f. Cita, referencia, evocación. || *honorífica* La que se concede en un certamen al participante que, sin merecer el premio, es digno de ser distinguido entre los no premiados.

MENCIONAR tr. Nombrar explícitamente a determinada persona. || Narrar algo, referir.

MENDAZ adj. y com. Que engaña con desfachatez.

MENDIGAR tr. Solicitar limosna. || Implorar humildemente ayuda.

MENDIGO, GA m. y f. Persona que vive de limosna.

MENDRUGO m. Cacho de pan duro. || Duro de mollera.

MENEAR tr. y prnl. Remover algo. || Gestionar un asunto. || prnl. Moverse. || *de no te menees* Impresionante, tremendo, formidable.

MENEO m. Acción y efecto de menear. || Paliza, sacudida.

MENESTER m. Necesidad de alguna cosa. || Trabajo, profesión, tarea. || pl. Instrumentos o herramientas necesarias para realizar algo. || Necesidades perentorias. || *ser m.* Ser necesario.

MENESTEROSO, SA adj. Necesitado, pobre.

MENESTRA f. Guisado a base de algunas hortalizas, principalmente patatas, y trocitos de carne rehogados en el jugo de aquéllas. || Legumbre seca; se usa en plural.

MENGANO, NA m. y f. Persona de nombre desconocido. Se usa generalmente junto con *fulano*.

MENGUADO, DA adj. y s. Apocado, tímido. || Simple, de pocas luces. || Tacaño. || Desgraciado. || m. Cada uno de los puntos que se menguan al hacer media o ganchillo.

MENGUANTE adj. || f. Penuria de agua en la corriente de ríos y arroyos a causa de la sequía. || Marea baja y duración de la misma. || Disminución, descenso. || *m., cuarto* Fase lunar durante la cual decrece la iluminación del satélite, visto desde la Tierra.

MENGUAR intr. Decrecer físicamente o debilitarse moralmente. || Reducir la cantidad de puntos por hilera en las labores de punto. || Decrecer la parte iluminada de la Luna.

MENINGE f. Cada una de las tres membranas (piamadre, aracnoides y duramadre) que, a modo de vaina, rodean la cavidad craneal protegiendo el encéfalo y la médula espinal.

MENINGITIS f. Inflamación de las meninges cerebrales o medulares, causada por agentes víricos, bacterianos o protozoarios. Sus síntomas son fiebre, vómitos, convulsiones, rigidez de nuca, etcétera.

MENISCO m. Lente que es cóncava por un lado y convexa por otro. || Superficie libre, convexa o cóncava, que por efecto capilar limita a los líquidos en los recipientes estrechos. || Cartílago semilunar que existe en algunas articulaciones. Cabe destacar el de la rodilla por la frecuencia de sus lesiones.

MENOPAUSIA f. Período de la vida de la mujer en la que cesa la actividad cíclica del ovario. Se presenta entre los 45-50 años.

MENOR adj. Inferior en cantidad o volumen. || adj. Se dice de una escala, un modo, un acorde, o un intervalo. || adj. y com. Menor de edad. || *al por m.*, o *por m.* Se dice de la venta en pequeñas cantidades. || *m. que* Símbolo matemático (<) que, colocado entre dos cantidades homogéneas, indica ser menor la primera que la segunda: $a < b$ se lee *a* menor que *b*.

MENOS adv. Expresa disminución en la acción, la cualidad o la cosa representada por el verbo, el adjetivo o el nombre al que se aplica. || Se usa para indicar una cantidad indeterminada inferior a una cifra concreta *(m. de cien)*. || Indica también lo contrario a lo deseado *(m. quiero vivir que perder)*. || Se usa como sustantivo en frases como: *el más* y *el m*. || m. Símbolo de la resta (–). || adv. A excepción de.

MENOSPRECIO m. Poca estima o consideración. || Desprecio.

MENSAJE m. Notificación oral o escrita enviada a alguien. || Alocución solemne que un soberano dirige a sus súbditos o un jefe religioso a sus fieles. || Escrito que un colectivo de personas dirige a la autoridad expresando sus aspiraciones. || Conjunto de señales o signos que constituyen la información comunicada a un aparato, sobre la cual opera éste. || Propósito o idea que se pretende transmitir mediante una obra literaria o artística. || En ling., conjunto de signos, ordenados de determinada manera y que, una vez codificados por el emisor, transmiten a un receptor una información, pregunta u orden. || Información genética codificada que el ARN mensajero transmite a partir del ADN para la síntesis de los polipéptidos.

MENSTRUACIÓN f. Pérdida hemorrágica genital de carácter fisiológico que sufre la mujer aproximadamente cada mes y que suele durar de tres a siete días. Es un fenómeno que pone de manifiesto la fase final del ciclo ovárico.

MENSUAL adj. Que ocurre cada mes. || Que perdura un mes.

MENSUALIDAD f. Salario correspondiente a un mes de trabajo. || Pago que se efectúa por los servicios de un mes (en colegios, sociedades recreativas, etcétera).

MENTALIDAD f. Ejercicio o poder de la mente. || Modo de enjuiciar los hechos según la cultura adquirida.

MENTAR tr. Citar, recordar.

MENTE f. Conjunto de las facultades intelectivas de alguien. || Por extensión, característica espiritual. || Intención, propósito. || *tener* (algo) *en m*. Tenerlo previsto.

MENTIR intr. Decir mentiras. || Errar. || Falsificar. || Encubrir la verdad. || No obrar de acuerdo con el pensamiento. || Desentonar una cosa con otra. || tr. No cumplir la promesa dada.

MENTIRA f. Manifestación contraria a la verdad real o imaginada. || Errata, desliz. || Manchita blanca en las uñas. || Fábula, falacia. || Ilusión. || *piadosa* La que se dice con intención de evitar un dolor innecesario. || *parece m*. Expresión enfática de sorpresa o fascinación.

MENTIROSO, SA adj. y s. Que tiene el vicio de mentir. || Farsante, embustero.

MENTÍS m. Acción de descubrir públicamente la falsedad de un juicio. || Declaración en la que se niega la veracidad de una acusación.

MENTOL m. Alcohol terpénico. Se obtiene de la hidrogenación del timol o a partir de la esencia de menta. Sólido, soluble en alcohol, cloroformo y éter. Posee un sabor característico a menta.

MENTÓN m. Parte media y prominente de la mandíbula inferior.

MENTOR m. fig. Preceptor o guía. || Ayo.

MENÚ m. Minuta de una comida. || Relación de platos que sirven en un restaurante. || En informática, índice de las posibilidades de trabajo que ofrece un programa.

MENUDEAR tr. Hacer algo repetidas veces. || Contar las cosas detalladamente. || Referir por escrito o de palabra cosas sin interés o importancia.

MENUDENCIA f. Cosa menuda. || Chuchería. || Escrupulosidad, minuciosidad. || pl. Trocitos de carne arrancados de la canal de los cerdos. || Embutidos de cerdo.

MENUDILLO m. En los cuadrúpedos, articulación entre la caña y la cuartilla. || Conjunto de menudos de las aves.

MENUDO, DA adj. De poco tamaño, grosor o estatura. || Sin interés, de poca monta. || Meticuloso. || Mezquino. || Apocado; tacaño. || adj. y m. Cambio, dinero. || Se dice del carbón mineral fragmentado en trozos inferiores a 12 mm. || m. pl. Vientre, patas y sangre de las reses sacrificadas. || Entrañas, patas, pescuezo, alones, etc., de las aves. || *a m*. Frecuentemente.

MEÑIQUE adj. y m. Se dice del dedo pequeño de la mano. || Muy pequeño.

MEOLLO m. Médula. || Cerebro. || Parte esencial de cualquier cosa. || Lo que va comprendido dentro de una envoltura, cáscara o corteza. || Cordura, sensatez.

MEQUETREFE com. Persona poco sensata e informal. || Individuo sin respetabilidad, despreciable.

MERCADER, RA m. y f. Comerciante; hoy desusado.

MERCADERÍA f. Mercancía.

MERCADO m. Conjunto de operaciones de compraventa, realizadas públicamente en lugar y días establecidos. || Local o recinto, estable o circunstancial, destinado a ellas. || Público que concurre a ellas. || Marco ideal en que se produce la interacción de la oferta y la demanda. || Cada una de las áreas social, geográfica, etc., a la que una economía nacional o empresa destina su producción. || Marco de interrelación oferta-demanda para un producto o línea de productos.

MERCANCÍA f. Acción de comprar y vender. || Cualquier cosa objeto de comercio.

MERCANTE adj. y m. Se dice del barco que transporta mercancías o de la compañía naviera que las comercia. || adj. Mercantil.

MERCED f. Favor obtenido. || Gracia o perdón concedido por un soberano. || Voluntad o arbitrio de alguien. || Antiguo tratamiento, equivalente al actual usted. || Renta o precio en el contrato de arrendamiento.

MERCENARIO, RIA adj. y s. Se dice de quien combate por dinero. El soldado m. se distingue del profesional en que su motivación es exclusivamente económica, desdeñando cualquier otra (patriotismo, fidelidad, etc.). || Se dice de los aventureros de raza blanca que lucharon contra los movimientos anticoloniales y en las guerras civiles africanas (Zaire, Nigeria, Angola); reclutados por grupos de presión, generalmente metropolitanos. || fam. Asalariado.

MERCERÍA f. Venta de cosas pequeñas y de escaso valor (cintas, botones, alfileres, etc.). || Dicho género, y tienda donde se vende.

MERCURIO m. (Hg) Elemento químico del grupo IIb de la tabla periódica. La principal mena del m. es el cinabrio (SHg). Es un metal líquido, móvil, blanco argentífero. A la temperatura ordinaria presenta una tensión de vapor baja. Se usa por su estado físico y densidad (13.596), en muchos aparatos científicos (barómetros, termómetros, etcétera).

MERECER tr. Ser digno de alabanza o reprimenda. || intr. Hacer méritos. || *estar en edad de m.* Llegar una muchacha a la edad en que puede ser considerada sexualmente.

MERENDAR intr. Tomar la merienda. || En algunas partes, almorzar. || Espiar lo que otro hace o copiar lo que escribe.

MERENGUE m. Dulce de clara montada y azúcar, cocido al horno. || Persona delicada. || Danza popular del Caribe.

MERIDIANO, NA adj. Relativo al mediodía. || Diáfano, muy luminoso. || m. Cualquiera de los círculos máximos de la Tierra que pasan por los polos. También cualquier semicírculo de la Tierra que va de polo a polo. || En geometría, línea de intersección de una superficie de revolución con un plano que pasa por su eje. || Vía del cuerpo humano por donde circula el *ki*, que en las técnicas de acupuntura sirve para localizar los lugares de puntura. || Siesta.

MERIDIONAL adj. y com. Relativo al mediodía o al sur.

MERIENDA f. Bocado que se toma a media tarde, entre el almuerzo y la cena. || En algunas partes, almuerzo.

MÉRITO m. Acción de la persona que la hace digna de elogio o de censura. || Resultado de un acto loable. || Lo que da valor a las cosas. || *méritos del proceso* Conjunto de pruebas que facilitan el fallo de una sentencia. || *de m.* Sobresaliente, de valor. || *hacer méritos* Obrar para conseguir algo o para granjearse el favor de alguien.

MERMAR intr. y prnl. Rebajar, reducir o consumirse el grosor o capacidad de algo. || tr. Sustraer a alguien lo que le pertenece. || Eliminar parte de un todo.

MERMELADA f. Confitura de frutas.

MERODEAR intr. Alejarse los soldados del grueso del pelotón para dedicarse al pillaje. || Vagabundear viviendo de rapiñas. || Dar rodeos en torno a un lugar para espiar, sisar, curiosear o buscar algo.

MES m. Espacio de tiempo que hay entre dos lunas nuevas. El periodo de duración del m. varía según la referencia. En la actualidad, el m. se basa en el movimiento de traslación de la Tierra y no coincide con la lunación. || Cada una de las doce divisiones del año solar. || Periodo comprendido entre una fecha cualquiera y el mismo día del mes siguiente. || Mensualidad. || Menstruación. || En el comercio, periodo de treinta días.

MESA f. Mueble consistente en una pieza horizontal, asentada sobre uno o varios soportes verticales, generalmente cuatro, donde se sirve la comida o se dispone el material con el que uno trabaja. || Mesa servida con lo necesario para comer. || Cualquier soporte horizontal para colocar cosas encima. || Alimento. || Conjunto de personas que dirigen una sociedad, presiden una asamblea, atienden las urnas electorales, etc. || Cada departamento, especializado en un tema o aspecto concreto, de una oficina o ministerio.

MESETA f. Elevación del terreno con una superficie más o menos plana, a veces limitada por uno o más escarpes y surcada por valles encajados y profundos. || Rellano de una escalera.

MESÍAS m. Según el Antiguo Testamento, enviado de Dios a la tierra; los cristianos lo identifican con Jesús. || Personaje real o ficticio de quien se espera el remedio a todos los males.

MESÓN m. Posada para viajeros. || Establecimiento similar a una taberna, decorado de manera tradicional, donde se sirven bebidas y ciertas comidas típicas.

MESOZOICO, CA adj. y m. Se dice de la segunda gran era geológica, comprendida entre el Paleozoico y el Cenozoico; se inicia hace aproximadamente 230 millones de años y dura unos 160 millones. Se divide en tres grandes periodos: Triásico, Jurásico y Cretácico.

MESTIZAJE m. Mezcla de razas. || Grupo de mestizos. || Hibridación.

MESTIZO, ZA adj. y s. Nacido de padres de diferente raza, especialmente indio y blanco. || Se dice también del animal o planta fruto de un cruce.

MESURA f. Discreción. || Moderación en el lenguaje, gestos, etcétera.

META f. Pilar cónico situado en ambos extremos de la espina del circo romano. || Final de carrera. || Portería deportiva. || Guardameta. || Finalidad de un trabajo o aspiración.

METABOLISMO m. Conjunto de los procesos fisicoquímicos que tienen lugar en los seres vivos.

METACARPO m. Parte del esqueleto de la mano interpuesta entre el carpo y las falanges de los dedos. Está formado por los huesos metacarpianos.

METAFÍSICO, CA adj. Relativo a la metafísica. || De difícil comprensión, abstracto. || m. y f. Persona que estudia la m. || f. Nombre dado a los escritos que seguían a la física en la edición de las obras de Aristóteles por Andrónico de Rodas (siglo I a. C.). Su objeto: el estudio de "el ser en tanto que ser", a diferencia del de sus aspectos particulares, objeto de las ciencias. En ese sentido equivale a ontología. || Razonamiento especulativo y profundo.

METÁFORA f. Figura estilística consistente en la sustitución del sentido propio de las palabras por otro figurado, basado en una comparación, que descubre la imaginación.

METAL m. Cada uno de los elementos químicos pertenecientes a un amplio grupo de cristales con átomos de capa electrónica externa débil, que forman cationes en disolución. Sólidos a temperatura ambiente (con la excepción del mercurio), y opacos, al pulirlos adquieren un brillo especial. Excelentes termo y electroconductores. Maleables y fáciles de alear. || pl. Nombre genérico de los instrumentos musicales de viento de la orquesta, de bronce u otro material, que se soplan a través de una boquilla.

METÁLICO, CA adj. De metal o relativo a él. || Relativo a las medallas. || Dinero en monedas. || Por extensión, dinero en general. || f. Metalurgia.

METALINGÜÍSTICO, CA adj. Relativo al metalenguaje o a la metalingüística. || f. Estudio de la lengua de un pueblo ateniéndose a factores culturales o sociales.

METALOIDE m. Denominación usada antiguamente para designar a los elementos que no pertenecían al grupo de los metales. Hoy se llaman no-metales.

METALURGIA f. Ciencia que estudia los minerales metálicos y la preparación de los metales para su utilización.

METAMORFISMO m. Proceso de modificación física y química que experimentan las rocas en el interior de la corteza terrestre a consecuencia de los factores ambientales.

METAMORFOSIS (o METAMÓRFOSIS) f. Modificación de una cosa en otra. || Conjunto de transformaciones experimentadas por un organismo a lo largo de su desarrollo.

METANO m. Gas que se forma en la putrefacción de la materia vegetal en los pantanos. Es incoloro e inodoro; poco soluble en agua y alcohol; inflamable. Es un importante componente del gas del alumbrado.

METÁSTASIS f. Transmisión de un agente causal de una enfermedad desde su foco primario a otros distantes.

METATARSO m. Parte del esqueleto del pie interpuesta entre el tarso y las falanges de los dedos. Está constituido por los cinco huesos metatarsianos.

METATE m. Piedra cuadrada para moler el maíz haciendo rodar sobre ella un cilindro.

METEORITO m. Cuerpo sólido, de tamaño variable, procedente del espacio exterior y que en su órbita alcanza la superficie de la Tierra.

METEORO (o METÉORO) m. Cualquier fenómeno atmosférico como el viento, la lluvia, el rayo, el arco iris, la aurora boreal, etc. || Por antonomasia, estrellas fugaces. || fig. Persona o cosa que brilla fugazmente.

METEOROLOGÍA f. Ciencia que estudia los fenómenos atmosféricos, sus causas y sus mecanismos. Su objeto es el control y predicción del clima.

METER tr. y prnl. Colocar, introducir o encerrar a alguien o algo en un sitio cualquiera. || Clavar. || Internar. || Apretujar. || Hacer comprender. || Participar en un negocio. || Apostar en el juego. || Divulgar. || Provocar (*m. miedo*). || Enredar, defraudar. || Facilitar una colocación o una prebenda. || Hacer costuras en un vestido. || Plegar las velas de una embarcación.

METICULOSO, SA adj. y s. Miedoso, pusilánime. || Esmerado, minucioso.

METIDO, DA adj. Abundoso, exuberante. || Que se entromete. || m. Puñetazo. || Trozo de tela que se esconde en la costura de un vestido. || Metedor de bebés. || Reprimenda dura. || f. Acción y efecto de meter. || Herida, navajazo. || Paliza. || m. y f. Empuje, ímpetu, envite.

METÓDICO, CA adj. Con método. || Ordenado.

MÉTODO m. Sistema de realizar las cosas ordenadamente. || Técnica empleada en la adquisición y elaboración del conocimiento (*m. heurístico*) o en su presentación y enseñanza (*m. ostensivo, didáctico*). || Libro de aprendizaje de cualquier técnica o disciplina. || *analítico* El que se sirve del análisis como procedimiento de investigación. || *deductivo* El que usa la deducción como proceso de razonamiento. || *experimental* El que utiliza la observación, la deducción matemática y los experimentos de confirmación.

METODOLOGÍA f. Análisis sistemático y organización de los procedimientos internos de una ciencia o de un grupo particular de problemas, según determinado método.

METONIMIA f. Figura retórica que consiste en denominar una palabra con otra con la cual mantiene una relación, que puede ser de diversos tipos: la causa por el efecto, la parte por el todo, el continente por el contenido (*he bebido un vaso*), etcétera.

METRALLA f. Trozos de metal, hierro, cobre, etc., con que se cargaban las piezas de artillería, y hoy determinados tipos de bomba. || Munición hecha pedazos tras la explosión. || Trocitos de hierro desprendidos del molde de los lingotes.

MÉTRICO, CA adj. Relativo al metro o a la medida. || Relativo a la medida del verso. || f. Arte poético que trata de la medida y forma de los versos, de la combinación de éstos en estrofas y de las diferentes clases de poemas o poesías que éstas pueden formar. || *m. decimal, sistema* Conjunto de medidas que tienen el metro como unidad fundamental.

METRO, 1 m. Medida de un verso. || (m) Unidad de medida de longitud. || Utensilio que tiene impresas las divisiones del metro, a fin de poder evaluar la longitud de las cosas. || Porción de materia que tiene la largura de un metro. || Norma o modelo. || *cuadrado* (m^2) Unidad de medida de área. || *cúbico* (m^3) Unidad de medi-

da de volumen. || *patrón* Distancia media entre dos marcas paralelas trazadas sobre un prototipo de platino iridiado que se encuentra a una temperatura de 0 °C, depositado en la Oficina Internacional de Pesas y Medidas de Sèvres, cerca de París.

METRO, 2 m. Abreviatura de metropolitano (ferrocarril o tren subterráneo).

METRÓPOLI (o METRÓPOLIS) f. En Grecia se denominó así a la ciudad que había fundado colonias; en Roma a la capital administrativa de una provincia. || Capital de provincia o estado. || Iglesia arzobispal de la que dependen varias diócesis. || La madre patria con respecto a sus colonias.

METROPOLITANO, NA adj. Relativo a la metrópoli. || Arzobispal. || m. Arzobispo. || Ferrocarril subterráneo o aéreo que sirve de enlace entre las diferentes zonas o barrios de la ciudad.

MEXICA adj. y com. Azteca.

MEZCLA f. Acción y efecto de mezclar. || Sustancia resultante de la combinación de varias. || Tela de hilos de distinta clase y colorido. || Argamasa. || Agrupación de dos o más sustancias de composición variable y separables por procedimientos físicos. En una m., los componentes guardan sus propiedades. || Técnica de acoplar y grabar la música y otros efectos sonoros (ruidos, etc.) en la banda sonora de un filme. || *frigorífica* La de dos o más sustancias que, debido a la disolución, absorben calor, descendiendo, por tanto, la temperatura de las sustancias puestas en contacto.

MEZCLAR tr. y prnl. Incorporar o diluir una sustancia dentro de otra. || Juntar o reunir varios elementos. || tr. Trastocar un orden, desarreglar, confundir. || Inmiscuir a alguien en algo no conocido ni deseado. || prnl. Relacionarse con personas de ambiente social distinto. || Meterse en medio de la gente. || Emparentarse.

MEZCOLANZA (o MESCOLANZA) f. Mezcla rara y confusa de elementos dispares.

MEZQUINO, NA adj. Roñoso, agarrado, avaro. || Exiguo, raquítico, menguado.

MEZQUITA f. Edificio de culto islámico. Las m. están orientadas hacia La Meca; es típico el alminar desde el cual el almuecín llama a la oración.

MI m. Tercera nota musical de la escala modal diatónica de *do*. En la notación alfabética es la E.

MI, MIS Adj. pos., apócope de *mío*, o *mía*, *míos* o *mías*, usado sólo cuando va antepuesto al nombre.

MÍ Forma tónica que adopta el pronombre personal de primera persona singular en los casos gramaticales que necesitan preposición. || *a m. qué* Expresión de indiferencia o desprecio ante lo que se está diciendo. || *para mí* En mi opinión. || *por m. como si*, o *que* A mí qué.

MIASMA m. Hedor de los animales o de sustancias putrefactas. || pl. Supuestas emanaciones o efluvios que, antes de la era bacteriana, se pensaba causaban las enfermedades infecciosas, especialmente las epidémicas.

MIAU Onomatopeya del maullido del gato. || *¡miau!* Expresión de desconfianza, incredulidad, duda o negativa.

MICA f. Filosilicato de aluminio con cantidades variables de metales alcalinos, hierro, magnesio, etc. Cristaliza en el sistema monoclínico, de fácil exfoliación laminar en hojas muy delgadas y flexibles. Aplicaciones industriales.

MICCIÓN f. Acto fisiológico de emisión de orina.

MICO, CA m. y f. Mono de larga cola. || Feo. || Presumido. || Payaso. || m. Hombre libidinoso. || *dar el m.* Faltar a un compromiso. || *volverse m.* No poder abarcar toda la tarea.

MICRA f. (μ) Medida de longitud equivalente a la milésima de milímetro.

MICROBIO m. Microorganismo. || fam. Chaval pequeño, enano.

MICROBIOLOGÍA f. Ciencia que estudia a los diversos microorganismos (bacterias, virus, etcétera).

MICROBÚS m. Autobús para un reducido número de pasajeros.

MICROCOSMO (o MICROCOSMOS) m. En el renacimiento, designación del hombre como imagen-síntesis del universo.

MICROFILME m. Película muy reducida, donde se graban documentos (libros, informes, manuscritos). Las copias se hacen sobre grano fino y de tamaños 16 y 35 mm, para facilitar su almacenamiento.

MICRÓFONO m. Transductor electroacústico que transforma las ondas acústicas en ondas eléctricas, y a la inversa.

MICROORGANISMO m. Organismo de tamaño inferior al poder de discriminación del ojo (0.1 mm) y cuya observación requiere el uso de técnicas microscópicas.

MICROSCÓPICO, CA adj. Relativo al microscopio. || Lo que es visible con su ayuda. || Por extensión, pequeñísimo.

MICROSCOPIO m. Instrumento óptico que permite observar de cerca objetos no visibles a simple vista. Es un sistema óptico compuesto esencialmente de un objetivo y de un ocular. El objetivo está formado por un sistema de lentes para corregir las aberraciones. || *de reflexión* El que sirve para la observación de superficies opacas con luz incidente. Se usa en mineralogía y metalografía. || *electrónico* Instrumento para la obtención de imágenes muy amplificadas de objetos por medio de electrones, enfocados por lentes electrónicas. || *simple* Lupa.

MICROSURCO adj. y m. Se dice del disco fonográfico cuyas estrías, de anchura inferior a 0.1 mm, permiten registrar, en el mismo espacio que los discos antiguos, una cantidad mayor de sonido.

MIEDO m. Emoción desagradable, de intensidad diversa, debida a un peligro (físico o psicológico) actual o futuro. Se traduce en manifestaciones de defensa, a menos que no asuma caracteres patológicos (fobias). || Sospecha de que vaya a ocurrir algo no deseado. || pl. Ansiedades, recelos, angustias. || *cerval* Angustia terrible. || *insuperable* Circunstancia a la que se encuentra sometida una persona que, bajo amenazas, delinque en contra de su voluntad. Es circunstancia eximente de la responsabilidad criminal.

MIEDOSO, SA adj. y s. Inclinado a tener miedo, asustadizo.

MIEL f. Sustancia amarillenta, densa y dulce elaborada por diversos insectos (en especial abejas) a partir de la transformación del néctar de las flores. Encuentra empleo en pastelería y también en medicina. || Sustancia extraída de la caña de azúcar tras la segunda cocción. || pl. fam. Situaciones agradables o de las que se saca un provecho.

MIEMBRO m. Cada una de las extremidades dispuestas simétricamente a cada lado del tronco y con el que están articuladas. Se distingue un miembro superior y otro inferior. || Organo de procreación. || Integrante de una sociedad o corporación. || Parte de un conjunto, unida o separada de él. || Cualquiera de las dos expresiones algebraicas separadas por los signos =, >, <. || *fantasma* Falsa sensación de presencia de un miembro amputado. || *viril* Pene.

MIENTRAS adv. Entre tanto. Se usa también ante la conjunción *que*, indicando simultaneidad entre la oración principal y la subordinada. || *más*, o *menos* Cuanto más, o menos.

MIÉRCOLES m. Día de la semana, entre martes y jueves. || *de ceniza* Comienzo de la cuaresma; llamado así por la ceremonia litúrgica de imposición de ceniza.

MIES f. Planta madura de trigo destinada a la fabricación del pan. || Periodo de cosecha del grano. || pl. Cereal sembrado.

MIGA f. Migaja. || La parte blanda del pan, comprendida dentro de la corteza. || Meollo de la cuestión. || Intención oculta de una acción. || pl. Especie de sopa de pan desmenuzado, frito luego con ajo y pimentón. || *hacer buenas*, o *malas, migas* Tener buenas, o malas relaciones con alguien. || *hacer migas* Destruir.

MIGAJA f. Trocito muy pequeño de algo. || pl. Trocitos desprendidos de la corteza del pan al cortarlo. || Restos o despojos de alguna cosa material o no. || Casi nada.

MIGRACIÓN f. Desplazamiento de grupos humanos a un nuevo hábitat. Causada generalmente por problemas demográficos y de recursos productivos. || Movimiento efectuado por hidrocarburos líquidos o gaseosos desde su punto de origen o roca-madre hasta la roca-almacén, donde se acumulan formando un yacimiento. || Movimiento de las partículas cargadas hacia los electrodos que están sumergidos en una solución de un electrolito, si sometemos dicha solución a un campo eléctrico.

MIGRAÑA f. Jaqueca.

MIL adj. Diez veces cien unidades. || Milésimo. || Se dice de una cantidad importante sin determinar. || m. Signo gráfico

(1 000) de dicho número. || Millar. || *rayas* Textura de un tejido en donde sobre un fondo claro aparecen multitud de rayas finas y muy juntas. || *de m. amores* Encantado.

MILAGRO m. Hecho que excede las fuerzas naturales, realizado por intervención sobrenatural, de origen divino. || Fenómeno portentoso o extraordinario. || Exvoto. || Obra teatral breve de origen medieval basada en la vida o hechos "prodigiosos" de santos. || *de m.* Por poco. || *hacer milagros* Lograr el máximo con poco. || *vivir de m.* Vivir con escasos recursos. || Haber salido indemne de una calamidad.

MILAGROSO, SA adj. Que supera las fuerzas naturales. || Que hace milagros. || Portentoso, sobrehumano.

MILENARIO, RIA adj. Relativo al número 1 000 o al millar. || adj. y s. Milenarista. || m. Periodo de 1 000 años. || Milésimo aniversario.

MILENIO m. Espacio de tiempo de 1 000 años.

MILÉSIMO, MA adj. y s. Se dice de cada uno de los 1 000 fragmentos en que se ha dividido una unidad. || adj. Se dice del lugar número 1 000 en una serie ordenada.

MILICIA f. Práctica o profesión cuyo objeto es la actividad militar. || Servicio militar. || Formación militar o paramilitar diferenciada del ejército permanente, con carácter local e integrada por ciudadanos adiestrados en el servicio de armas.

MILITAR, 1 adj. Relativo a la milicia o a la guerra. || com. Miembro del ejército.

MILITAR, 2 intr. Servir en la milicia. || Estar inscrito y comprometerse en las actividades de un partido u organización.

MILITARIZAR f. Infundir el espíritu y conducta militar. || Imponer el servicio militar a una colectividad civil.

MILONGA f. Canción popular bailable, del folclor sudamericano (precursora del tango argentino), de ritmo binario, lenta y con acompañamiento de guitarra, parecida a la habanera.

MILLA f. Medida itineraria romana equivalente a unos 1 000 pasos (1481 m). || Medida terrestre vigente en Gran Bretaña y países de la Commonwealth (1 609.3426 m), y EUA (1 609.3472 m). || Medida internacional de navegación equivalente a 1 852 m; en Gran Bretaña y países de la Commonwealth, 1 853.1824 m. || *atlética* Carrera de medio fondo con un recorrido de 1 608.40 metros.

MILLAR m. Reunión de 1 000 unidades. || Signo gráfico que lo representa (D). || Cantidad importante, sin determinar; suele usarse en plural. || Cierta cantidad de cacao: 3 libras o algo más.

MILLÓN m. Mil millares. || Cantidad muy importante.

MILLONARIO, RIA adj. y s. Que tiene millones . || Ricacho, potentado.

MIMAR tr. Hacer mimos, acariciar. || Tratar con afabilidad.

MIMBRE amb. Mimbrera. || Listón de mimbrera, empleado en cestería.

MIMEÓGRAFO m. Aparato rotativo para obtener copias estarcidas mediante un cisquero.

MIMETISMO m. Adaptación antidepredadora desarrollada por algunos animales y que se basa en adaptar aspectos, colores y formas de movimiento que hacen que pasen más desapercibidos frente a sus potenciales enemigos. || Cualidad que detentan algunas plantas de parecerse en color y forma a objetos y seres de su ambiente. || Imitación mecánica de los gestos o actitudes de otra persona.

MÍMICO, CA adj. Relativo al mimo o a la mímica. || Imitativo. || f. Conjunto de modificaciones fisonómicas, de gestos y de actitudes corporales con que se manifiestan los estados de ánimo y se acompaña el lenguaje hablado.

MIMO m. Forma dramática del teatro griego y latino de carácter satírico que derivó hacia el grotesco. Se basaba en la improvisación y la imitación. Sus elementos fueron recogidos por el teatro popular. || Espectáculo sin palabras (pantomima). || Actor especializado en la imitación por gestos. || Caricia, agasajo. || Trato excesivamente cariñoso; suele usarse en plural.

MINA f. Yacimiento de minerales o rocas útiles. || Explotación de minerales o rocas, a cielo abierto o bien mediante la abertura de pozos y galerías. || Algo de gran valor, o de lo que puede obtenerse beneficio importante. || Galería subterránea artificial, realizada para canalizar conducciones de agua, gas, etc. || Barra de grafito que se encuentra en el interior del lápiz. || Artefacto activado por espoleta, que se camufla en tierra o se coloca bajo la superficie marina, destinado a explosionar al paso del enemigo.

MINAR tr. Excavar túneles bajo tierra. || Colocar o lanzar minas. || Debilitar, consumir física o moralmente. || Maquinar ocultamente para lograr algo.

MINERAL adj. Relativo a las sustancias inorgánicas. || m. Cada una de las sustancias naturales sólidas, que forman una parte importante de la Tierra; se caracterizan por la posesión de propiedades físicas homogéneas, por una composición química característica y por una disposición atómica fija (retículo cristalino). Se agrupan en tres grandes categorías: metálicos, no metálicos y energéticos. || Parte aprovechable de una explotación minera. || *pesado* El que tiene una densidad superior a 2.9 y procede de la alteración y disgregación de rocas cristalinas. || *radiactivo* El que contiene uranio o torio.

MINERALOGÍA f. Parte de la geología que trata del conocimiento de los minerales. Se divide en tres grandes ramas: cristalografía (estudia las formas cristalinas de las distintas especies), mineralogía física (estudia las propiedades físicas) y química (las químicas).

MINERÍA f. Industria de la prospección, extracción y beneficio de los minerales útiles, como la mayoría de los metales, piedras preciosas, materiales de construcción o materias primas para la industria química. || Conjunto de las minas de una nación o comarca, y de sus repercusiones económicas.

MINERO, RA adj. Relativo a la minería. || m. y f. Obrero que trabaja en una mina. || Persona que la explota. || m. Mina (yacimiento y explotación).

MINGITORIO, RIA adj. Relativo al acto de orinar. || m. Urinario público.

MINIATURA f. Pintura sobre pergamino o papel realizada en pequeño tamaño. || Ornamentación y floritura de las letras capitales de los antiguos manuscritos. || Por extensión, cualquier objeto artístico de pequeñas dimensiones primorosamente trabajado. || Persona fina y delicada. || Cosa muy pequeña.

MINIMIZAR tr. Rebajar el tamaño. || Restar importancia o desvalorizar algo.

MÍNIMO, MA adj. superlativo de *pequeño*. || Se dice de lo que no tiene otro inferior en su especie. || Minucioso. || adj. y s. Se dice del religioso de la orden fundada por san Francisco de Paula. || m. y f. Máxima división que puede conseguirse. || m. El valor más pequeño que toma una función matemática. || f. Nota musical equivalente a la mitad de una semibreve. || *común múltiplo* (m.c.m.) El menor de los múltiplos comunes a dos o más números dados. || *como m.* Por lo menos. || *lo más m.* Refuerza las frases negativas con la significación de nada.

MININO, NA m. y f. Gato (animal).

MINIO m. Ortoplumbato plúmbico. Se obtiene por oxidación del plomo fundido en una corriente de aire. Polvo rojo, insoluble en agua, soluble en ácido acético. Se usa como pigmento y anticorrosivo.

MINISTERIO m. Cuerpo de ministros de un Estado, dirigido por el presidente del consejo o primer ministro; también *gabinete*. || Cada uno de los departamentos en que se divide la gobernación de un Estado. || Cargo que ejerce un ministro. || Tiempo que dura el ejercicio del cargo de un ministro. || Sede que alberga los servicios y oficinas de cada departamento. || Cargo, oficio, profesión, especialmente sacerdocio. || *fiscal* o *público* Representación de la ley y defensa del bien público, atribuida al fiscal ante los tribunales de justicia.

MINISTRO, TRA m. y f. Persona responsable de cada uno de los departamentos de la gobernación del Estado. || Juez, funcionario policial que administra justicia. || En el campo religioso, ciertos responsables de las funciones pastorales, litúrgicas, administrativas o de gobierno de algunas comunidades religiosas.

MINORÍA f. Parte más reducida en la división desigual de una colectividad y que no constituye mayoría. || Fracción de una comunidad humana con diferencias específicas de raza, lengua, religión, etc. || Grupo reducido de personas con ideas u opiniones diferentes al conjunto del partido, sociedad o Estado. || Estado del menor de edad.

MINORISTA adj. Se dice del comercio al por menor. || com. Persona que compra o vende al por menor, en especial el tendero.

MINUCIA f. Cosa pequeña o sin importancia, menudencia. || pl. Antiguo diezmo eclesiástico sobre productos de huerta (frutas, hortalizas, etcétera).

MINUCIOSO, SA adj. Que cuida los detalles, esmerado, meticuloso.

MINUENDO m. Cantidad de la que ha de restarse otra.

MINÚSCULO, LA adj. De muy pequeño tamaño o de muy poca entidad. || adj. y f. Se dice de las letras ordinarias de un idioma, que se distinguen de las mayúsculas por su figura y menor tamaño.

MINUSVÁLIDO, DA adj. y s. Se dice de la persona que tiene limitada su capacidad física o psíquica.

MINUTA f. Nota recordatoria. || Borrador o copia para archivo de una carta, escritura, contrato u orden. || Lista de empleados. || Menú de una comida. || Cuenta que presentan los curiales, letrados, etc., a sus clientes, especificando los gastos y honorarios que deben satisfacer. || Factura de gastos de representación a cargo de la empresa.

MINUTERA (o **MINUTERO**) f. (o m.) Manecilla del reloj que indica los minutos.

MINUTO m. Unidad de tiempo, correspondiente a la sexagésima parte de una hora. || En matemáticas, medida del ángulo (grado). || *por minutos* Muy rápidamente, de manera acelerada.

MÍO, A, MÍOS, AS Pronombre posesivo de primera persona, en masculino y femenino y número singular y plural. || Con *lo*, indica lo característico o adecuado a una persona. || m. pl. Familiares, compatriotas, correligionarios o personas allegadas a uno.

MIOCARDIO m. Tejido muscular específico del corazón; de tipo estriado, pero de contracción involuntaria.

MIOPE adj. y com. Se dice del ojo o del individuo que sufre miopía. || fig. Sin sagacidad ni ingenio.

MIOPÍA f. Defecto de refracción ocular causado por presentar el ojo una mayor longitud de su eje anteroposterior respecto al ojo normal. Los rayos luminosos se concentran por delante de la retina y únicamente los que inciden en forma divergente logran enfocarse sobre la misma, por lo que se usan lentes divergentes para la corrección óptica.

MIRA f. Pieza, instrumento o ángulo que sirve para fijar la mirada con el fin de observar, medir o afinar la puntería. || Ángulo superior de la adarga. || Regla usada en topografía para mirar el desnivel de un terreno. || Mirador, balcón. || Propósito, proyecto, finalidad.

MIRADA f. Acción y efecto de mirar. || Forma de mirar.

MIRADO, DA adj. Atento, cuidadoso, prudente; se usa con los adverbios *muy, tan, más, menos*. || Digno de un juicio positivo o negativo sobre su persona; se usa con los adverbios *bien, mal, mejor, peor*.

MIRADOR, RA Que mira. || m. Sitio elevado en un edificio, o lugar natural privilegiado, desde el que se puede contemplar una vista exterior o paisaje. || Balcón totalmente cubierto y acristalado. || En fortificaciones y puestos artilleros, mira.

MIRAMIENTO m. Acción de mirar, observar o examinar algo. || Esmero en el trabajo o respeto en el trato; suele usarse en plural.

MIRAR tr. y prnl. Dirigir atentamente la vista hacia alguien o algo. || tr. Observar, ojear. || Buscar, indagar. || Tener una finalidad. || Procurar, proveer. || Atender, cuidar, proteger. || Respetar, considerar, estimar. || Meditar, examinar, sopesar. || Estar ubicado. || En imperativo, se usa para llamar la atención.

MIRIÁPODOS m. pl. Grupo de artrópodos, actualmente sin categoría taxonómica, que incluye especies con el cuerpo segmentado (con uno o dos pares de patas en cada elemento), antenados y mandibulados, con respiración traqueal.

MIRILLA f. Agujero en una pared o en la puerta de entrada para observar a quien llama. || Rejilla de la puerta. || Pequeña ventanilla en máquinas fotográficas o en instrumentos topográficos para visualizar el objetivo.

MIRÓN, NA adj. y s. Que mira mucho, curioso. || Se dice de quien observa cómo los otros trabajan o juegan; desocupado. || m. Individuo que disfruta observando el goce sexual de otros.

MIRRA f. Gomorresina exudada por diversos árboles tropicales, de la familia Burseráceas. Roja, aromática, frágil y de gusto amargo; se usa en perfumería y medicina.

MISA f. Rito esencial del culto cristiano, en el que se conmemora la muerte y resurrección de Cristo. Consta de dos partes principales: liturgia de la palabra (lectura de los textos bíblicos) y eucaristía. || Composición musical sobre textos de la misma.

MISAL m. Libro que contiene los textos de las misas de un año litúrgico.

MISÁNTROPO, PA m. y f. Persona que aborrece relacionarse con los demás.

MISCELÁNEO, A adj. Mezclado, compuesto. || f. Mixtura de cosas distintas. || Volumen que contiene escritos sobre diversas materias, o sección de un periódico que abarca temas muy dispares.

MISCIBLE adj. Mezclable; referido en especial a líquidos que son mutuamente solubles.

MISERABLE adj. Mísero, desgraciado, abatido. || Menesteroso, indigente. || adj. y com. Ruin, tacaño, perverso.

MISERIA f. Carencia de lo imprescindible, escasez extrema. || Desdicha, desventura. || Mezquindad, cicatería. || Plaga de piojos por mugre y desaliño. || Cantidad insignificante.

MISERICORDIA f. Virtud que mueve a compadecerse de las penas del prójimo, a perdonarlo y ayudarlo. || Compasión, piedad. || Descansillo en los asientos del coro de las catedrales para reposar disimuladamente, aun estando de pie.

MÍSERO, RA adj. Muy pobre, desgraciado. || Avaro. || Canalla. || De escaso valor.

MISIL m. Proyectil formado por una cabeza explosiva y un sistema de guía que lo orienta hacia el objetivo.

MISIÓN f. Acción de enviar. || Atribución que se da a alguien para ejercer un cargo o acción. || Acción encomendada. || Expedición encargada por un gobierno a un diplomático. || Acción u obra realizada por una persona o colectividad, que se sienten obligados a llevarla a cabo. || Adoctrinamiento que hacen las iglesias en un país donde la mayoría de la población no comparte sus creencias. || Grupo de personas que ejercen dicha labor. || Iglesia o casa donde residen. || Lugar de evangelización; suele usarse en plural. || Periodo corto e intenso de predicación en una parroquia. || Ejercicio de la profesión o cumplimiento de los deberes del propio estado. || Comisión científica para investigar o explorar lugares, hechos o cosas.

MISIONERO, RA adj. Relativo a las misiones. || m. y f. Persona, especialmente la perteneciente a la estructura regular de una confesión, que se dedica al adoctrinamiento y proselitismo; también con funciones sociales y culturales.

MISIVO, VA adj. Se dice de cualquier escrito remitido a alguien. || f. Carta.

MISMO, MA Adj. y pron. demostrativo que indica igualdad respecto de lo que se menciona. || Idéntico, semejante. || Por pleonasmo se utiliza con adverbios y pronombres personales, generalmente para enfatizarlos. || *así m.* De esta manera. || *dar, o ser lo m.* Dar igual, no importar. || *estar en las m.* No haber avanzado o cambiado algo. || *por lo m.* Por esta razón.

MISÓGINO, NA adj. y s. Que siente animadversión hacia las mujeres.

MISS f. Tratamiento inglés equivalente a señorita. || Ganadora de un concurso de belleza.

MÍSTER m. Tratamiento inglés equivalente a señor. || Ganador de un concurso de belleza masculino. || Entrenador de un equipo deportivo. || Agente de un deportista individual.

MISTERIO m. Rito religioso sólo para iniciados. || En el catolicismo, verdad sólo asequible por la fe. || Cada parte del rosario constituida por la conmemoración de un misterio de la Virgen. || Cosa inexplicable. || Trama oculta. || Espectáculo teatral de origen medieval y temática religiosa: escenas de la vida de Cristo, la Virgen, etcétera.

MISTERIOSO, SA adj. Rodeado de misterio. || Que ve intenciones ocultas sin motivo.

MÍSTICO, CA adj. Relativo a la mística. || adj. y s. Se dice de la persona que vive la mística. || Se aplica a lo que envuelve misterio o una razón oculta. || fam. Se dice de la persona que parece despreocupada de los placeres mundanos y entregada a los espirituales o culturales. || f. Conjunto de doctrinas que sostienen la posibilidad de una experiencia espiritual, inmediata e inexpresable, de contigüidad o unión con la suprema divinidad. || fam. Contenido genérico, inexpresable y de carácter dogmático, que algunas personas confieren a una ideología o corriente de pensamiento.

MITAD f. Cada una de las dos secciones de una unidad partida por el justo medio. || Punto equidistante de ambos extremos. || *cara m.* Cada uno de los esposos. || *en m. de* En medio de. || *m. y m., por mitades* En partes iguales.

MITIGAR tr. y prnl. Suavizar, calmar, temperar un dolor físico o moral.

MITIN m. Asamblea donde se hacen discursos o arengas de carácter político o social. || *dar un m.* Hablar en una reunión con tono demagógico y histriónico.

MITO m. Relato fabulado que contiene información sobre algún aspecto trascendental de una comunidad. Sus características esenciales son: la elaboración intelectual (no espontánea), el ser una historia verdadera (en cuanto que es colectivamente aceptada como tal), su valor como elemento cultural cohesionante de una sociedad y su contenido simbólico. || Fábula. || Personaje histórico, al que se asigna una imagen arquetípica.

MITOLOGÍA f. Conjunto de mitos propios de un pueblo o cultura determinados. || Ciencia que estudia los mitos.

MITOMANÍA f. Afición a relatar hechos fantásticos o falaces para ensalzar la propia vanidad.

MITÓN m. Guante de punto, sin dedos, que cubre la mano y el antebrazo.

MITOSIS f. Proceso normal de división del núcleo celular; se produce una duplicación exacta de los cromosomas, con lo que cada núcleo hijo posee una copia de la dotación paterna.

MITOTE m. Antigua danza de los aztecas que giraban enlazados por las manos, alrededor de una vasija con licor, de la cual iban bebiendo. || Remilgo, dengue. || Lío, jaleo.

MITRA f. Turbante de origen persa. || Especie de gorro puntiagudo usado por los prelados (obispos, abades) en las ceremonias litúrgicas. || Título episcopal o arzobispal. || Diócesis bajo su sufragio. || Propiedades que le competen.

MIXTO, TA adj. Mezclado, unido a algo. || Mestizo, animal o vegetal. || adj. y m. Que contiene o está formado por elementos de distinta naturaleza. || m. Fósforo.

MIXTURA f. Mezcla. || Pan de cereales distintos. || Producto farmacéutico realizado con diversidad de ingredientes.

MKS Sistema absoluto de unidades físicas que se basa en tres unidades fundamentales: el metro, el kilogramo y el segundo. Se llama también sistema Giorgi.

MNEMOTECNIA (o **MNEMETÉCNICA**) f. Método para aumentar la capacidad de la memoria. || Sistema para crear una memoria artificial.

MOBILIARIO, RIA adj. Mueble. Se dice de los efectos públicos negociables en bolsa. || m. Conjunto de muebles de una vivienda.

MOCA m. Café de excelente calidad, procedente de la ciudad yemaní de *al-Mokha*. || Infusión de café de este tipo. || Crema de café, mantequilla, vainilla y azúcar para rellenar o adornar pasteles.

MOCEDAD f. Periodo entre la pubertad y la madurez.

MOCETÓN, NA m. y f. Joven alto y robusto.

MOCIÓN f. Acción y efecto de moverse o ser movido. || Propuesta que se hace en una asamblea o reunión. || Signo vocálico de las lenguas semíticas. || Modo de construir el femenino de un nombre mediante la adición de un sufijo. || *de censura* La que la oposición realiza contra el gobierno; si resulta vencedora, el gobierno debe dimitir, o disolver el parlamento, y convocar nuevas elecciones.

MOCO m. Líquido viscoso que segregan las glándulas mucosas, constituido por mucina, agua, sales inorgánicas, células epiteliales y leucocitos. || Sustancia viscosa y glutinosa. || Cera derretida que se desliza por los lados de una vela. || Punta incandescente de un pabilo. || Conjunto de desperdicios del hierro candente al ser martilleado en la fragua.

MOCOSO, SA adj. Que tiene mocos en abundancia. || adj. y s. Se dice del niño o muchacho que quiere comportarse como persona mayor.

MOCHILA f. Especie de bolsa o saco pequeño, con tirantes para ir colgada de los hombros, que suelen utilizar los excursionistas y los soldados en campaña. || Zurrón.

MOCHO, CHA adj. Que carece de la parte superior, truncado. || Rapado o con cabello corto. || Melancólico. || m. Extremo más ancho de un utensilio alargado. || Especie de escoba para fregar el suelo.

MOCHUELO De costumbres nocturnas. || fam. Tarea molesta e intrincada. || Desliz o errata de impresión. || *cargar uno con el m*. Tocarle a alguien el asunto más difícil y espinoso.

MODA f. Fenómeno social moderno consistente en la renovación permanente y arbitraria de signos distintivos, simultáneamente en los planos social (status) y temporal (ciclos). Es un hecho cultural total que afecta tanto a los objetos (vestido) como a los símbolos (ideas). || Lo que predomina o tiene un uso generalizado durante un determinado tiempo. || *estar*, o *ponerse, de m*. Estar al día, ser actual. || *ir a la m*. Ir a la última, llevar lo que más se usa en ese momento. || *pasado de m*. Viejo, anticuado.

MODAL adj. Relativo a los modos, especialmente gramaticales. || m. pl. Formas de comportamiento de una persona.

MODALIDAD f. Característica específica de algo.

MODELAR tr. Realizar una figura con material dúctil. || Pintar con precisión el relieve de algo. || tr. y prnl. Educar, pulir los modales, acoplar a un modelo.

MODELO m. Lo que se toma como punto de referencia para imitar o reproducir. || Efigie moldeada en material dúctil (cera, barro, escayola, etc.) que servirá de molde para su ejecución en madera, mármol, cobre, etc. || Copia reducida de un edificio o una figura. || Diseño de nueva creación debidamente patentado. || Prenda de vestir de moda. || Ejemplar digno de ser imitado por su perfección física o moral. || Sistema lingüístico que se considera perfecto y al que se intentan adecuar otros sistemas gramaticales reales. || com. Persona u objeto que el artista toma para reproducir plásticamente. || Persona que hace de maniquí para la exhibición de prendas u objetos de moda. || adj. Perfecto. || *económico* El que representa la realidad económica mediante formulación matemática.

MODERADO, DA adj. Que rechaza los excesos. || Equilibrado, razonable. || Se dice del partido político que, con mayor o menor énfasis, defiende la estructura socioeconómica vigente y rechaza su transformación en profundidad.

MODERADOR, RA adj. y s. Que modera. || m. y f. Persona que regula las intervenciones en una rueda de prensa, asamblea, debate, etc. || m. Sustancia (grafito o agua pesada) usada en los reactores nucleares, para frenar los neutrones y así aumentar el rendimiento de la fisión nuclear.

MODERAR tr. y prnl. Equilibrar, apaciguar, atemperar.

MODERNISMO m. Calidad de moderno. || Inclinación hacia todo lo nuevo. || Costumbre nueva que rompe con las hasta ahora establecidas. || Corriente que intenta racionalizar los dogmas de la iglesia católica, con una exégesis más crítica de los textos bíblicos. || Período literario de fines del siglo XIX y principios del XX que busca una nueva retórica y poética, de carácter esteticista.

MODERNIZAR tr. y prnl. Poner al día, dar aspecto más actual.

MODERNO, NA adj. Nuevo, actual, reciente. || m. y f. Persona que sigue las modas más actuales y extravagantes. || Recién llegado, novel. || m. pl. Personas de la edad moderna, o de épocas recientes.

MODESTIA f. Virtud que hace que las personas tengan un juicio sereno y equilibrado sobre sus auténticos valores y capacidades. || Decencia, recato. || Estrechez, penuria. || Por extensión, cosa o hecho de poco valor.

MODESTO, TA adj. y s. Que tiene modestia. || adj. Simple, ordinario, común. || Económicamente débil.

MÓDICO, CA adj. Escaso, reducido, temperado.

MODIFICACIÓN f. Acción y efecto de modificar. || Alternancia en el fenotipo de un individuo, inducida por el medio y no heredable.

MODIFICAR tr. y prnl. Alterar de algún modo las características secundarias de alguien o algo. || Transformar una sustancia por cambio de sus accidentes.

MODISMO m. Locución característica de una lengua, compuesta por dos o más palabras cuya significación particular sólo se obtiene por el conjunto que forman los significados.

MODISTO, TA m. y f. Persona que hace prendas de vestir de mujer. || Creador y diseñador de modas.

MODO m. En la escolástica, determinación del sujeto a alguna condición limitada. En el racionalismo, cada determinación de los atributos de la sustancia. || Forma especial de realizar algo. || Cortesía, afabilidad, corrección; suele usarse en plural. || Cuidado. || Cada una de las modalidades o categorías gramaticales que admite la conjugación del verbo para indicar diversos matices (indicativo, imperativo, infinitivo, potencial y subjuntivo). || Disposición de los sonidos de una escala musical, cuya tercera nota sólo se diferencia en tono y medio de la primera. || Estado de un sistema vibrante, al cual corresponde una de las frecuencias de resonancia posibles. || *adverbial* El que funciona como un adverbio (consta de dos o más palabras: *de improviso*). || *de vida* Conjunto de los aspectos materiales y culturales con que organizan su existencia los componentes de un grupo social.

MODORRO, RRA adj. Que sufre modorra. || Que se mustia. || adj. y s. Se dice del minero que sufre las consecuencias del azogue. || Torpe, zote. || Acurrucado. || f. Letargo, sueño profundo y pesado.

MODOSO, SA adj. Que tiene urbanidad o recato.

MODULACIÓN f. Acción y efecto de modular. || En lingüística, entonación. || Paso de un tono a otro en el interior de una composición musical. || Proceso de variación de una de las características (amplitud, fase o frecuencia) de una onda, en función del valor instantáneo de la amplitud de otra. || *de frecuencia* (FM) Aquella en la que la frecuencia instantánea de la onda modulada difiere de la frecuencia de la onda portadora en una cantidad proporcional a la amplitud de la segunda. Usada en emisiones radiofónicas que exigen alta calidad de sonido.

MODULAR, 1 intr. Variar de tonalidad dentro de un mismo fragmento musical. || Cambiar de tono de voz en el habla o en el canto.

MODULAR, 2 adj. Relativo al módulo.

MÓDULO m. Unidad que se utiliza para establecer la relación o proporción entre las diversas partes de algo. || Modelo, patrón. || Llave para regular el caudal de una corriente. || Diámetro de un medallón o moneda. || Pabellón de un edificio en relación con el conjunto. || Cada una de las piezas de un mismo estilo y función de un mobiliario, especialmente las que pueden utilizarse individualmente o formando una estructura superior. || Medida de referencia en arquitectura y escultura que relaciona proporcionalmente las partes de la obra de arte. || Unidad normalizada de un esquema de equipo electrónico. || Factor de conversión de un sistema de logaritmos en otro. || En álgebra, anillo conmutativo con elemento unidad. || Unidad integral de un vehículo espacial, que también puede funcionar independientemente, como el proyectado para la exploración lunar del vehículo *Apolo*.

MODUS VIVENDI Locución latina. Manera de vivir, forma de comportamiento, acuerdo interino.

MOFLETE m. Carrillo tan grueso y carnoso que parece hinchado.

MOHÍN m. Mueca, gesto, especialmente cuando expresa disgusto.

MOHÍNO, NA adj. Disgustado, melancólico. || Se dice del animal nacido de caballo y burra. || Se dice del caballo o vacuno de pelaje u hocico muy negros. || m. Rabilargo, pájaro. || En el juego, jugador contra quien compiten todos los demás. || f. Melancolía, disgusto. || Ira, furor.

MOHO m. Nombre genérico a un conjunto de hongos, del género *Penicillium* y otros, cuyo cuerpo vegetativo está formado por una estructura citoplasmática plurinucleada. Crecen sobre sustancias orgánicas, en manchas algodonosas o fieltrosas.

MOJAR tr. y prnl. Humedecer, empapar, sumergir en un líquido. || tr. Apuñalar. || fig. Intervenir decididamente en un asunto. || fam. Celebrar un acontecimiento con bebida y jolgorio.

MOJIGANGA f. Danza espectáculo con elementos de pantomima y de canto. || Diversión, jaleo. || Burla, mofa.

MOJIGATO, TA adj. y s. Que aparenta sumisión o timidez. || Se dice de la persona beata; santurrón, fácilmente escandalizable.

MOJÓN m. Hito que señala los límites de una propiedad o territorio, o la dirección de un camino. || Señal en lugar despoblado que sirve de orientación. || Chito, juego. || Montón. || *kilométrico* Piedra o bloque de hormigón situado en las cunetas de las carreteras para indicar las distancias en km.

MOLAR adj. Relativo a la muela. || Capaz de moler. || adj. y m. Se dice de los dientes situados al final de la arcada dental.

MOLDE m. Pieza de la que ha sido vaciado el volumen de una figura que se pretende reproducir mediante la solidificación del material derretido que se vertirá en ella. || Cualquier utensilio que sirva para estampar, imprimir, dar cuerpo o forma a algo. || Huella. || Grupo de letras preparadas para imprimir. || Espacio que dejan los fósiles en las rocas que los contienen cuando desaparecen por disgregación. || Aguja de hacer punto. || Persona modelo. || fig. Se dice de lo que sirve como norma o esquema. || *de molde* Se dice de lo impreso para diferenciarlo de lo manuscrito. || Muy adecuadamente.

MOLDEAR tr. Moldurar. || Vaciar una masa para obtener un molde. || Verter material derretido en un molde para lograr la figura en él contenida. || Peinar el cabello dándole una determinada forma, generalmente ondas o rizos. || Educar, pulir el carácter o los modales de alguien.

MOLDURA f. Elemento corrido que decora a modo de resalte una superficie.

MOLE f. Cosa gigantesca.

MOLÉCULA f. Partícula más pequeña de una sustancia, eléctricamente neutra, formada de uno o más átomos y con las características esenciales del elemento, o compuesto químico. || *m.-gramo* Mol.

MOLER tr. Triturar hasta convertir en polvo. || Agotar, extenuar. || Aniquilar, devastar. || Aburrir, fastidiar.

MOLESTAR tr. y prnl. Ocasionar molestia. || tr. Causar ofensa leve, fastidiar. || Causar dolor poco intenso.

MOLESTIA f. Cualquier circunstancia o acción que perturbe el estado físico o anímico. || Desagrado, enojo.

MOLESTO, TA adj. Que causa o sufre molestia.

MOLIBDENO m. (Mo) Elemento químico del grupo Vb de la tabla periódica. Es un metal que se presenta en forma de polvo negro, de brillo metálico. Se usa en la fabricación de resistencias para hornos.

MOLICIE f. Blandura, calidad de blando. || Propensión a una vida excesivamente cómoda.

MOLINERO, RA adj. Relativo al molino o a su industria. || m. y f. Persona que regenta o trabaja en un molino.

MOLINETE m. En esgrima, movimiento defensivo que se efectúa girando el arma por encima de la cabeza. || En gimnasia, ejercicio consistente en dar una vuelta alrededor de una barra fija o trapecio. || Torno transversal para soltar y levar anclas o cabos. || Puerta giratoria o dispositivo regulador en edificios públicos, establecimientos comerciales, líneas de metro, etcétera.

MOLINILLO m. Aparato manual para moler. || Electrodoméstico para moler o batir. || Utensilio de madera con la cabeza cilíndrica y con muescas laterales que se emplea para remover. || Corona de filamentos que rodea algunas semillas. || fam. Persona inquieta.

MOLINO m. Máquina para moler, quebrantar, laminar o estrujar; en su forma original está compuesto de una muela móvil llamada volandera, una solera fija y los mecanismos necesarios para transmitir y regularizar el movimiento producido por una fuerza motriz. || Lugar donde está instalada. || *de viento* El de aspas de madera y lona extendida sobre ellas, que es movido por el viento. || pl. Enemigos ficticios (por el episodio del *Quijote*).

MOLUSCOS m. pl. Tipo de animales metazoos celomados, de simetría bilateral. Su organización comprende: pie (órgano muscular de locomoción), cabeza (en los Lamelibranquios no está diferenciada; contiene los principales ganglios nerviosos y una cavidad faríngea con la rádula), masa visceral (aparatos digestivo, circulatorio, excretor y genital) y manto (formación epidérmica que reviste a la anterior y que segrega la concha).

MOLLA f. Pulpa de carne.

MOLLAR adj. Blando, quebradizo. || Se dice de las frutas muy carnosas. || Se dice de lo que es muy aprovechable, sin que

MOLLEJO ofrezca un gran esfuerzo. || Dúctil, fácil de convencer.

MOLLEJO, JA adj. Suave, blando. || m. Trozo de algo blando. || f. Estómago muscular de las aves, muy desarrollado en las especies granívoras. || Bulto carnoso, generalmente por hinchazón de las glándulas. || *criar uno molleja* Engordar por darse buena vida.

MOLLERA f. Parte más elevada del cráneo. || Seso, cacumen. || Parte blanda del cráneo todavía sin osificar. || *ser duro de m.* Ser torpe o testarudo.

MOMENTÁNEO, A adj. Que dura un momento. || Que se realiza con rapidez. || Provisional, no duradero.

MOMENTO m. Instante en el tiempo. || Espacio muy corto de tiempo. || Período o situación concreta. || Coyuntura favorable. || Por extensión, valor, categoría. || Tiempo presente, actualidad. || Importancia o trascendencia. || Magnitud del producto vectorial de un vector por la longitud de una perpendicular que va de la línea de acción del vector a su punto de origen. || *al m.* Ahora mismo. || *de m.* Por de pronto. || *de un m. a otro* Pronto. || *en buen, o mal m.* Oportuna o inoportunamente.

MOMIA f. Cadáver disecado tras los oportunos preparativos para evitar la putrefacción. || Persona flaca y de tez oscura. || Persona atontada. || Viejo.

MOMIFICAR tr. y prnl. Transformar en momia un cuerpo muerto. || prnl. Aferrarse uno al pasado.

MONACAL adj. Relativo a la vida monástica.

MONADA f. Acción propia del mono. || Postura o expresión amanerada. || Objeto pequeño, pero bonito y fino. || Caricia, agasajo. || Acción impropia de una persona sensata. || fam. Mujer agraciada, bombón. || *¡de eso nada, monada!* Negativa tajante, rechazo.

MONAGUILLO, LLA m. y f. Asistente del sacerdote en las funciones litúrgicas.

MONARCA m. Soberano de una monarquía.

MONARQUÍA f. Régimen político en el que la jefatura del Estado es ejercida por una sola persona, a título hereditario o por elección. Actualmente, ésta ha perdido su papel político directo y es mero símbolo del Estado. || Etapa histórica que dura y Estado con dicho régimen. || *m. absoluta* Aquella en la que el monarca ejerce el poder sin dar cuenta a nadie de sus actos. || *constitucional* Aquella en la que existe una ley fundamental del Estado y otros poderes a los que el monarca debe sujetarse.

MONASTERIO m. Lugar de residencia de una comunidad monástica. || Por extensión, convento de religiosos.

MONDA f. Acción y efecto de mondar. || Temporada de poda. || Mondadura. || Exhumación de los despojos humanos en el período oportuno para trasladarlos al osario. || *ser la m.* Ser extravagante, raro.

MONDADURA f. Acción y efecto de mondar. || Corteza o despojo de las cosas que se mondan; suele usarse en plural.

MONDAR tr. Eliminar lo superfluo. || Podar. || Quitar la piel, la cáscara, la corteza o la vaina de los frutos. || Limpiar el cauce de una corriente. || Rapar. || Robar. || *mondarse de risa* Reírse muchísimo.

MONDONGO m. Conjunto de las entrañas de una res, especialmente del cerdo. || Por extensión, conjunto de los intestinos humanos.

MONEDA f. Pieza metálica, de distintos tamaños y formas, según su valor intrínseco, o el que se le asigne, acuñada por el que tiene la prerrogativa de fabricarla, cuya finalidad es dar valor a las cosas, facilitando las transacciones. || Conjunto de signos que representan el dinero que circula en un país. || Dinero, capital, riqueza.

MONEDERO m. Fabricante de moneda. || Bolsita o cartera para guardar dinero, especialmente en monedas.

MONERÍA f. Monada. || Gracia de un pequeño. || Acción estúpida.

MONETARIO, RIA adj. Relativo a la moneda y, por extensión, al dinero. || m. Colección de monedas o medallas. || Armario o estante donde están ordenadas. || Lugar donde están guardadas. || *m., sistema* Conjunto de instituciones, y relaciones entre ellas, que usan un signo monetario común y controlan el flujo de dinero de una economía (Tesoro público, banco central y entidades de crédito).

MONGOLISMO m. Anomalía congénita causada por la existencia de un cromosoma de más en el núm. 21 (trisomía). Se caracteriza por una deficiencia en el desarrollo intelectual (oligofrenia), ligada a multitud de alteraciones somáticas.

MONGOLOIDE adj. y com. Se dice genéricamente de la raza amarilla, caracterizada por el color amarillento de la piel, cráneo braquicéfalo y cabellos lacios; distribuida por Asia (mongoles), Oceanía (polinesios) y América (amerindios).

MONIGOTE m. Lego de un convento. || Persona boba y manejable. || Muñeco, títere. || Dibujo o escultura pésimos.

MONITOR m. Equipo de amplificación destinado a verificar el proceso de grabación, de forma que el sonido que acaba de ser grabado se pueda observar ininterrumpidamente, adecuándolo al medio utilizado para el registro. || Pequeña pantalla que sirve para comprobar la grabación o emisión de imágenes. || Tratándose de radiaciones, cualquier aparato que revela su presencia o da una idea más o menos precisa de su intensidad. || En informática, programa.

MONJE, JA m. y f. Individuo de una orden religiosa que vive en un monasterio. || Miembro de una orden monacal, a la que le unen sus votos solemnes. || Se aplica a personas que llevan una vida solitaria y retirada. || f. pl. Partículas todavía incandescentes de un papel quemado.

MONO, NA adj. Gracioso, bonito, lindo. Se dice principalmente de los niños y cosas menudas. || Persona que hace monerías. || Persona fea. || m. Esbozo de una figura humana o de animal, dibujada o modelada, generalmente de forma caricaturesca.

MONOCOTILEDÓNEAS f. pl. Clase de plantas angiospermas caracterizadas por poseer el embrión un solo cotiledón, la raíz fibrosa, formada por numerosas raicillas, tallo sin crecimiento secundario por lo que adoptan un aspecto herbáceo, elementos conductores cerrados, hojas generalmente largas y paralelinervias, flores trímeras, fruto en aquenio o cápsula.

MONÓCULO m. Lente para un solo ojo. || Parche para un solo ojo.

MONOFÁSICO, CA adj. Se dice de la corriente alterna de una sola fase.

MONÓGAMO, MA adj. y s. Que sólo tiene una esposa. || Que sólo ha contraído matrimonio una vez. || Se dice de los animales en que el macho sólo se aparea con una hembra.

MONOGRAFÍA f. Estudio o ensayo particular que versa sobre un determinado tema.

MONOGRAMA m. Dibujo formado con las iniciales del nombre y apellido de alguien o de una entidad.

MONOLITO m. Monumento compuesto por un bloque de piedra.

MONÓLOGO m. Soliloquio. || Obra dramática, o parte de ella, en que la acción y la expresión se basan en un personaje. || *interior* Técnica narrativa en primera persona donde el narrador ofrece los pensamientos del personaje.

MONOMANÍA f. En psiquiatría, influjo más o menos intenso de una determinada idea fija, de la que el paciente no logra liberarse. || Pasión desenfrenada por algo, chifladura, obsesión.

MONOPOLIO m. Estructura de mercado en la que un solo vendedor, empresa, etc., controla la oferta de un producto sin sustitutos próximos. El monopolista obtiene la cantidad de producto que le maximiza beneficios y fija el precio por el cual los consumidores comprarán dicha cantidad. || Acuerdo generalmente defensivo de empresas competidoras, en el que regulan sus precios. || Acumulación, acaparamiento. || Dominio exclusivo en algo. || *bilateral* Cuando existe m. tanto por el lado de la oferta como por el de la demanda.

MONOPOLIZAR tr. Tener la exclusiva de la explotación de un negocio; por extensión, de cualquier cosa.

MONOSÍLABO, BA adj. y s. Se dice de la palabra formada por una sola sílaba.

MONOTEÍSMO m. Creencia en un Dios único, con exclusión de cualquier otro tipo de divinidades.

MONOTIPO m. Máquina de composición que funde los caracteres gráficos de uno en uno. || Única estampa grabada sobre plancha de vidrio, metal u otro material.

MONOTONÍA f. Carencia de altibajos en la tonalidad de la voz o en los sonidos musicales. || Rutina, falta de novedad o variedad.

MONSEÑOR m. Tratamiento dado a ciertas dignidades nobiliarias o clericales.

MONSERGA f. Habla embrollada de difícil comprensión. || Razones poco convincentes, petición fastidiosa; suele usarse en plural.

MONSTRUO m. Viviente anormal en su especie. || Cosa grande y prodigiosa. || Personaje imaginario de fábulas y leyendas. || Persona, animal o cosa fea o deforme. || Criminal, malvado. || Genio en alguna materia, divo, ídolo.

MONSTRUOSO, SA adj. Contrario a la naturaleza. || Enorme, fabuloso. || Feísimo, horroroso. || Muy cruel o perverso.

MONTA f. Acción y efecto de montar. || Lugar o tiempo en que los caballos o asnos montan a las hembras. || Compendio de diferentes partidas o cantidades. || Categoría o calidad de algo. || Toque de corneta para que monte la caballería. || *de poca m.* Sin importancia, de medio pelo.

MONTACARGAS m. Ascensor para levantar pesos.

MONTADOR, RA m. y f. Jinete. || Persona especializada en el montaje de algo (máquinas, herramientas, aparatos, etc.). || Técnico que realiza el montaje de un filme cinematográfico. || m. Montadero. || En informática, programa.

MONTAJE m. Acción y efecto de montar (piezas de una máquina, piezas teatrales, etc.). || Técnica cinematográfica que consiste en la selección de las distintas secuencias obtenidas en el rodaje, para posteriormente empalmarlas con la intención de dar al filme ritmo y coherencia narrativa. || pl. Cureñas, armazones de ajuste de piezas de artillería. || *teatral* Estructuración de la puesta en escena de una obra o espectáculo.

MONTAÑA f. Elevación natural del terreno. Las m. se forman principalmente por efectos orogénicos y tectónicos, plegamientos, fallas y vulcanismos. Una vez formadas, las m. son rápidamente atacadas por agentes erosivos que tienden implacablemente a su erosión. || Conjunto de elevaciones correlativas. || Apelotonamiento, gran cantidad de cosas amontonadas. || Obstáculo, estorbo.

MONTAÑERO, RA adj. Relativo a la montaña. || m. y f. Alpinista.

MONTAÑÉS, SA adj. y s. Natural de un país montañoso.

MONTAR intr. y prnl. Subir encima de algo. || tr., intr. y prnl. Subir en una cabalgadura o vehículo. || tr. e intr. Cabalgar, ir sobre un vehículo. || intr. Tener categoría. || tr. Armar las piezas de una maquinaria. || Engarzar piedras preciosas en una joya. || Preparar un espectáculo. || Hacer el montaje de una película. || Compaginar un libro o revista. || Disponer lo necesario para la apertura de un establecimiento o negocio. || Ascender a una cantidad una factura, deuda, perjuicio, etcétera.

MONTARAZ adj. Que se ha criado o está habituado a la vida en el monte. || Se dice del comportamiento que se supone propio del hombre rústico. || m. Guardián de bosques o dehesas.

MONTE m. Montaña. || Campo sin cultivar, poblado de arbustos y matorrales. || Obstáculo importante. || Conjunto de cartas o fichas que no se reparten, empleadas para que los jugadores se sirvan (roben) cuando fallan. || *alto* o *bajo* Según esté poblado de árboles grandes, o de simples arbustos y matorrales.

MONTEPÍO m. Caja de previsión para poder atender futuras necesidades. || Establecimiento dedicado a este fin. || Subsidio recibido de esta institución.

MONTERA f. Pequeña manta para resguardar la cabeza. || Gorro taurino. || Cristalera que cierra una galería sobre un patio. || Tapa de la caldera de un alambique.

MONTERÍA f. Batida de caza mayor. || Maestría y habilidad en la caza.

MONTÍCULO m. Monte de escasa elevación.

MONTO m. Monta, suma o total.

MONTÓN m. Apelotonamiento de cosas sin orden ni concierto. || Abundancia de cosas. || *a m.* Indistintamente, sin especificación. || *ser del m.* Ser vulgar y ordinario.

MONTONERO, RA m. y f. Persona que por falta de valor sólo provoca la pelea cuando está rodeada de los suyos. || Se dice del movimiento guerrillero argentino surgido de una escisión radical del peronismo. Ideología populista y antiimperialista.

MONTURA f. Animal sobre el que se puede cabalgar. || Conjunto de guarniciones de la caballería, especialmente silla de montar. || Montaje. || Trípode o base de un telescopio y de otros aparatos de observación. || Armadura que sostiene las partes de algo, como la de las gafas.

MONUMENTAL adj. Relativo al monumento. || Grandioso, excelente en su género.

MONUMENTO m. Obra arquitectónica o escultura de carácter conmemorativo. || Cualquier tipo de construcción de valor histórico, artístico o arqueológico. || Obra de gran valor literario o científico. || Documento histórico. || Persona de gran belleza. || *funerario* El construido para guardar los despojos de alguien y para enaltecer su memoria. || *nacional* Construcción artística declarada patrimonio del Estado.

MOÑA, 1 f. Muñeca, maniquí.

MOÑA, 2 f. Lazo de adorno en el cabello de las mujeres. || Divisa de los toros, que indica su ganadería. || Lazo en la coleta del torero.

MOÑO m. Especie de ovillo que se hace con el cabello para tenerlo recogido o como adorno. || Lazo de cintas. || Penacho de algunas aves. || pl. Adornos ridículos.

MOQUETA f. Especie de alfombra que se adhiere en el suelo o en los tabiques de una habitación.

MORA, 1 f. Retraso en el cumplimiento de una obligación. Si se trata de deuda metálica, origina normalmente la obligación de pagar interés.

MORA, 2 f. Fruto del moral, ovalado y de unos dos cm de longitud, formado por un agregado de globulillos carnosos. || Fruto de la morera, parecido al anterior. || Frambuesa.

MORADA f. Casa, vivienda. || Lugar de residencia.

MORADO, DA adj. y m. De color violeta. || m. Moradura.

MORAL adj. De las costumbres o formas de comportamiento. || Subjetivo, interno. || De acuerdo con los dictados de la conciencia. || f. En filosofía, ética. || Moralidad, adecuación de la conducta a pautas socialmente aceptadas o a la conciencia individual. || Estado de ánimo. || fam. Entusiasmo, optimismo, especialmente en la adversidad.

MORALEJA f. Sentencia didáctica que se extrae del contenido de un cuento, narración o fábula.

MORALIDAD f. Correspondencia de los actos de una persona con sus creencias o principios. || Moraleja.

MORALIZAR tr. y prnl. Hacer morales los actos y hábitos de las personas. || intr. Dar consejos morales.

MORAR intr. Habitar permanentemente en un lugar.

MORATORIA f. Tiempo de prórroga del plazo ya vencido de una deuda, para que sea saldada. || *fiscal* La concebida por el Estado para el pago de los tributos.

MÓRBIDO, DA adj. Que padece enfermedad o la ocasiona. || Blando, delicado.

MORBILIDAD f. Estudio estadístico de los casos de una enfermedad en relación con la tasa de población y un determinado periodo de tiempo.

MORBO m. Proceso patológico, enfermedad. || *tener m.* Gozar con escenas truculentas.

MORBOSO, SA adj. Relativo o perteneciente a la enfermedad. || Que es indicio o efecto de una enfermedad. || Que se complace en lo nocivo. || Que manifiesta inclinación por lo nocivo.

MORDAZ adj. Corrosivo. || Agrio, picante. || Que zahiere con acritud. || Que critica maliciosamente.

MORDAZA f. Instrumento que sella los labios e impide el hablar. || Aparato que amortigua el retroceso de las piezas de artillería. || Dispositivo colocado en la gatera de una nave e impide que se escurra totalmente la cadena del ancla. || Dispositivo para sujetar mecánicamente los cables de transporte.

MORDEDURA f. Acción y efecto de morder.

MORDER tr. y prnl. Asir con firmeza con los dientes. || tr. Mordiscar. || Agarrar con fuerza. || Rebajar poco a poco el grosor de algo con una lima o instrumento cortante. || Atacar un metal con un ácido. || Criticar, ironizar agriamente. || Cortar un instrumento mellado. || Hincar el ancla en el fondo del mar. || En imprenta, evitar que imprima una parte del molde.

MORDISCAR tr. Clavar paulatinamente los dientes en algo e ir desgastándolo poco a poco. || Morder.

MORDISCO m. Acción y efecto de mordiscar. || Mordedura leve. || Trozo arrancado de algo con esta acción. || Beneficio obtenido de un sorteo, negocio o juego de azar.

MORENO, NA adj. De color más bien oscuro. || adj. y s. Se dice de la persona de la raza llamada blanca que tiene la piel comparativamente más oscura o los cabellos castaños o negros. || Se dice de la variedad más oscura dentro de las de su especie. || Mulato o negro.

MORFEMA m. Unidad base de la morfología. Se le considera la mínima unidad fónica con significado (por ello, en ocasiones coincide con la palabra).

MORFINA f. Es el primer alcaloide conocido del opio. Polvo cristalino, blanco y de sabor amargo; soluble en alcohol. Se usa en farmacia como calmante de dolores. Es tóxico y produce hábito.

MORFOLOGÍA f. Disciplina de la biología que estudia la estructura externa y describe los órganos de plantas y animales. || Parte de la geología que estudia las formas externas del relieve terrestre, su origen y formación. || Parte de la lingüística que se ocupa del estudio de la palabra, entendida como unidad fonética y de significado.

MORFOSINTAXIS f. Parte de la lingüística que se ocupa del estudio conjunto de los fenómenos morfológicos (accidentes gramaticales, composición y derivación de palabras) y sintácticos, dada la dificultad de establecer una frontera clara entre ambos.

MORGUE f. Depósito de cadáveres; es galicismo.

MORIBUNDO, DA adj. y s. Que está a punto de morir.

MORIR intr. y prnl. Llegar la vida a su fin. || Acabar o finalizar algo, sea o no material. || Apagar, consumir, extinguir. || Con *de*, notar con intensidad los efectos de algo (*m. de sed*). || intr. Cesar, desaparecer. || Dar por terminado un juego o una partida. || Perder en algunos juegos. || prnl. Quedar insensibilizado un miembro del cuerpo. || *morirse por* (alguien o algo) Desearlo intensamente.

MORMÓN, NA adj. y s. Se dice del miembro y de la religión de la Iglesia de Jesucristo y de los Santos del Último Día, fundada por Joseph Smith en 1830, a partir de la supuesta revelación del *Libro de Mormón*, que en tono bíblico narra la historia de un pueblo elegido por Dios en América del Norte, milenarista y nacionalista, de costumbres puritanas.

MORO, RA adj. y s. De la antigua provincia romana de Mauritania. || Relativo a los habitantes musulmanes de Al-Andalus. || Por extensión, musulmán. || Árabe, especialmente el de Mogreb (tiene connotaciones despectivas). || Se dice de la población musulmana de la isla de Mindanao (Filipinas). || Se dice del vino sin aguar. || Se dice de la caballería negra y calzada, con un lunar blanco en la frente. También del caballo tordo.

MOROSIDAD f. Lentitud, pereza, gandulería. || Demora, tardanza en el pago.

MOROSO, SA adj. Que actúa con morosidad. || m. y f. Persona retrasada en el pago de deudas o impuestos.

MORRAL m. Talego que se cuelga del cuello de una caballería para darle de comer. || Macuto colgado al hombro, donde suelen llevar la comida los pastores, y la captura los cazadores y pescadores.

MORRALLA f. Boliche, pescado. || Montón de cosas menudas y baratas. || Cosa inútil o de relleno.

MORRILLO m. Testuz de las reses. || Nuca abultada. || Canto rodado.

MORRO m. Hocico de los animales. || Cada uno de los labios muy salientes de una persona. || Cualquier cosa que sobresalga a modo de hocico. || Montículo redondo y aislado, que sirve de punto de referencia. || Canto redondo. || Punta de un dique o malecón. || fam. Cara dura, desvergüenza.

MORROCOTUDO, DA adj. Extraordinario, magnífico, excelente.

MORTADELA f. Embutido grueso hecho de mezcla de carne de cerdo y de vaca.

MORTAJA, 1 f. Lienzo con que se envuelve un cadáver. || Hoja de papel de fumar.

MORTAJA, 2 f. Vacío hecho en un objeto para poder encajar algo.

MORTAL adj. y com. Que no puede librarse de la muerte. || adj. Que produce o puede provocar la muerte. || En la religión católica, pecado que produce la muerte del alma. || Se dice del deseo ardiente que aspira a la muerte del contrario. || Penoso, muy agotador. || Decisivo, capital.

MORTALIDAD f. Calidad de mortal. || Porcentaje de defunciones en un lugar y tiempo determinados.
MORTANDAD f. Abundancia de muertes causadas por la guerra, una epidemia o cualquier otro cataclismo.
MORTECINO, NA adj. Débil, apagado, sin energía.
MORTERO m. Recipiente de metal, piedra o material duro, utilizado para triturar o machacar sustancias (semillas, especias, drogas, etc.). || Pieza de artillería de gran calibre, pero de corto alcance. || Utensilio parecido al anterior, con que se disparan algunos artificios de pirotecnia. || Base de piedra sobre la cual ruedan las muelas de molino. || Argamasa de albañilería.
MORTÍFERO, RA adj. Letal, que puede provocar la muerte.
MORTIFICAR tr. y prnl. Reducir la vitalidad de algún miembro del cuerpo. || Castigar el cuerpo para hacerlo dócil a la voluntad. || Molestar, atormentar, vejar. || tr. Herir de gravedad un tejido orgánico.
MORTUORIO, RIA adj. Relativo al muerto o a las honras fúnebres. || m. Se dice de cada uno de los trabajos o ceremonias con motivo de una defunción.
MORUECO m. Carnero padre.
MOSAICO, CA adj. y m. Se dice de la decoración consistente en incrustar sobre muros o pavimentos pequeñas piezas, llamadas teselas, formando motivos figurativos o geométricos.
MOSCA f. Nombre dado a varios insectos dípteros. || Vello entre el labio inferior y la barbilla. || Tilde, mota, mancha pequeña. || Dinero.
MOSCATEL adj. y com. Variedad de uva muy dulce de grano aovado. || adj. Se dice del viñedo con este tipo de uva y también del vino sacado de su jugo.
MOSCÓN m. Díptero parecido a la mosca doméstica, pero de mayor tamaño. || Moscarda. || Hombre molesto e importuno, especialmente con las mujeres.
MOSQUETE m. Arma de fuego antigua, parecida al fusil, aunque de mayor calibre, que se disparaba apuntalándola sobre una horquilla.
MOSQUETERO m. Soldado armado con mosquete. || En los antiguos teatros al aire libre, espectador de pie al fondo del patio.
MOSQUITERO m. Cortinaje de gasa, alrededor de una cama, para evitar picaduras de mosquitos. || Tela metálica colocada en puertas y ventanas para impedir la entrada de insectos.
MOSTACHO m. Bigote. || Borrón o mancha en la cara. || En la marina, nombre que se da a los cabos gruesos.
MOSTAZA f. Nombre común a varias especies de plantas herbáceas, de la familia Crucíferas, de propiedades estimulantes. || Salsa picante y fuerte que se hace con semillas de dichas plantas, y que se utiliza para condimentar. || pl. Cuentas o abalorios pequeños empleados como adorno, especialmente en vestidos.
MOSTO m. Zumo de uva sin fermentar. || Por extensión, vino. || Zumo de la malta hervida para fabricar cerveza.
MOSTRADOR, RA adj. y s. Que muestra. || m. Aparador para exponer los géneros que se van a vender o a consumir.
MOSTRAR tr. Presentar a la vista. || Explicar el manejo de algo. || Descubrir un sentimiento o pasión. || Convencer de la veracidad de un aserto. || Enseñar, hacer patente. || prnl. Obrar según su parecer o condición. || Manifestarse uno tal cual es.
MOTA f. Defecto en un tejido. || Hilo o partícula semejante adherida a una superficie cualquiera, especialmente a un vestido. || Mancha o defecto de poca entidad. || Partícula de polvo. || Montoncito de tierra que cierra o desvía el paso del agua de una corriente. || Prominencia en una superficie llana. || Imperfección material o inmaterial. || Dibujo pequeño y redondo, lunar.
MOTE Frase o sentencia que contiene un sentido oculto. || Sobrenombre, especialmente cuando es irónico o mordaz.
MOTEL m. Hotel al lado de una carretera.
MOTETE m. Breve composición para cantar en las iglesias, compuesta por lo general sobre un texto de las escrituras.
MOTÍN m. Levantamiento tumultuario de carácter popular, muy localizado temporal y espacialmente. De protesta contra un agravio, real o supuesto, de la autoridad, y dirigido contra ésta, carece de presupuestos políticos generales.
MOTIVACIÓN f. Acción y efecto de motivar. || Causa que justifica. || Conjunto de

motivos de un acto voluntario, o mecanismo de funcionamiento de tales motivos. || En economía empresarial, conjunto de razones por las que un asalariado trabaja. Junto a las necesidades materiales o psicológicas del trabajador, se encuentran las inducidas por la empresa.

MOTIVAR tr. Dar motivo u ocasión para algo. || Exponer las razones de una acción.

MOTIVO, VA ad. Que tiene poder o capacidad de mover. || m. Causa, razón, fundamento, finalidad. || Argumento de una charla o escrito. || Melodía principal de una composición musical. || Adorno que se repite en una decoración. || Valor consciente o inconsciente que determina cualquier comportamiento de un individuo.

MOTO f. Abreviatura de motocicleta. || *estar como una m.* fam. Estar optimista, entusiasta y activo.

MOTOCICLETA f. Bicicleta automóvil, con motor de gasolina que impulsa la rueda trasera por transmisión de cadena a un juego de piñones, tiene un sillín y a veces dos en tándem; usa motores de dos, tres o cuatro tiempos.

MOTOCICLISTA adj. Relativo a la motocicleta. || com. Conductor de una motocicleta.

MOTONÁUTICO, CA adj. Relativo a la motonáutica. || f. Deporte consistente en carreras de lanchas a motor.

MOTOR, RA adj. y s. Que genera movimiento. || m. Máquina en la cual se emplea energía para realizar un trabajo por la conversión de varias formas de energía en fuerza y movimiento. || f. Nave pequeña con motor. || *de arranque* El eléctrico de automóvil que engrana con el m. principal para el arranque. || *de combustión externa* Aquel en el que la generación de calor se efectúa en un horno o reactor en el exterior del cilindro del motor. || *de combustión interna* Aquel en el que la combustión se produce dentro del m. y sus productos sirven como fluidos termodinámicos (p. ej., el m. de gasolina y diesel). || *de explosión* Aquel en el que la inflamación del fluido que contiene el cilindro comprime el émbolo al explotar. || *de reacción* El que desarrolla empuje por su reacción a una sustancia expelida desde él. || *eléctrico* El que transforma la energía eléctrica en mecánica. || *térmico* El que convierte el calor en trabajo. || *el primer m.* Dios, causa del universo.

MOTORIZAR tr. y prnl. Proveer de mecanismos autopropulsores. || prnl. Comprarse un automóvil o motocicleta.

MOTRIZ adj. y f. Que mueve o genera movimiento.

MOTU PROPRIO De modo espontáneo, por propia voluntad. || m. Documento papal que se inicia con esta locución. Tiene carácter de decreto privado.

MOVEDIZO, ZA adj. Que se mueve con facilidad. || Poco firme o asentado. || Inquieto, inestable, voluble.

MOVER tr. y prnl. Trasladar de un lugar a otro. || tr. Menear, remover, agitar. || Inducir a hacer algo. || Causar. || Mudar, cambiar. || intr. Brotar los vegetales. || intr. y prnl. Echar a andar, largarse. || Hacer trámites para solucionar un asunto. || prnl. Darse maña. || Comportarse.

MÓVIL adj. Movible. || Que no ofrece estabilidad. || adj. y m. Se dice del timbre o sello no estampado, que es preciso pegar en un documento. || m. Causa, fundamento o motivo de una acción. || Artilugio, colgado del techo, consistente en dos trocitos de madera en forma de cruz, de cuyos brazos penden unos hilos con pequeños adornos que se balancean con facilidad. || Tipo de imprenta suelto y fundido por separado, que en conjunto con otros forma un molde. || Objeto artístico tridimensional no estable, con capacidad de movimiento y normalmente accionado por el viento. || *m., unidad* Equipo de radio o televisión que se traslada al lugar de la noticia para ofrecer una información de primera mano.

MOVILIZAR tr. Poner en acción a un determinado grupo humano. || Llamar a filas o poner en disposición de incorporarse al servicio en cualquier momento. || Poner en pie de guerra. || Hacer rendir el dinero. || tr. y prnl. Preparar para cualquier fin.

MOVIMIENTO m. Acción y efecto de mover o moverse. || Traslado de lugar en el espacio. || Alteración en una cuenta bancaria o en cualquier otro tipo de relación numérica. || Recorrido de un mecanismo. || Oscilación en los instrumentos de medición o graduación. || Recorrido de los astros. || Agitación de masas. || Impulso interior. || Alteración demográfica o sociológica. || Balanceo de una embarcación. || Cada nueva corriente en una actividad artística y literaria, especialmente la que implica una voluntad estilística común y una actitud beligerante hacia los estilos anteriores y personas que lo forman. || Corriente sociopolítica, de carácter amplio, y escasamente organizada, formada por aquellos que parten de similares presupuestos ideológicos; especialmente cuando actúan políticamente. || Cada posición de ejercicios gimnásticos, rítmicos y deportivos. || Cambio en la posición de un elemento constructivo, debido a la compresión de materiales sobre los que se asienta, por deslizamiento de éstos, etc. || En dibujo, efecto de la combinación de líneas, luces y sombras. || Velocidad para determinar el valor absoluto de la unidad de compás, y por consiguiente del de las figuras de las notas. || *acelerado* Aquel en el que aumenta el módulo del vector velocidad en función del tiempo.

MOZO, ZA adj. y s. Joven. || Soltero. || m. y f. Empleado en oficios modestos. || Camarero. || m. Joven en periodo de servicio militar, desde el alistamiento hasta la entrada en caja. || Puntal. || Perchero. || Mujeriego. || Horquilla de las trébedes para asentar el mango de la sartén. || Manceba, amante.

MUCOSIDAD f. Moco. || Sustancia pegajosa semejante al moco.

MUCOSO, SA adj. Parecido al moco. || Que contiene o segrega mucosidad. || Se dice de la capa de tejido epitelial que tapiza los conductos y cavidades que comunican directa o indirectamente con el exterior.

MUCHACHO, CHA m. y f. Niño o niña antes de alcanzar la pubertad. || Criado o empleado joven. || adj. y s. Persona que no ha llegado a la mayoría de edad.

MUCHEDUMBRE f. Gran cantidad de personas o cosas.

MUCHO, CHA adj. Abundante, numeroso, que supera lo normal o necesario. || adv. En gran cantidad, peso o medida; de gran valor. || Ante otros adverbios, indica comparación (*m. antes, m. más*). || Junto al verbo ser seguido de *que*, y también en frases interrogativas o exclamativas, indica sorpresa o contratiempo. || fam. Sí, seguro. || *como m.* A lo sumo. || *muy m.* Locución enfática de mucho.

MUDA f. Acción de mudar. || Ropa, especialmente interior, que se cambia de una vez. || Cambio de voz en la adolescencia. || Eliminación periódica de algunos elementos epiteliales en los animales (pelos, plumas, tegumentos, etcétera).

MUDANZA f. Acción y efecto de mudar. || Traslado de mobiliario de una vivienda o habitación a otra. || Cambio de movimiento en los bailes de acuerdo con el compás. || Volubilidad en criterios o conductas.

MUDAR tr. Transformar la naturaleza, estado o apariencia de una persona o cosa. || Dejar una cosa por otra. || Trasladar de lugar. || Cambiar de empleo. || Cambiar el timbre de voz el adolescente. || Variar, modificar. || prnl. Cambiar de vestido, especialmente si es nuevo o más limpio. || Trasladarse de vivienda. || Variar de comportamiento o de trato. || fam. Evacuar el vientre.

MUDO, DA adj. y s. Carente de la facultad del habla. || adj. Que habla muy poco, reservado, taciturno.

MUEBLE adj. y s. Se dice de los objetos que pueden ser cambiados de lugar. || m. Cada uno de los elementos del mobiliario de una vivienda.

MUECA f. Contracción de los labios, generalmente en tono burlesco.

MUELA f. Rodillo de piedra que, al dar vueltas sobre una base sólida, muele y estruja lo que se le echa en medio. || Piedra de afilar. || Diente molar. || Cerro abrupto de cima achatada. || Cerro artificial. || Corriente de agua capaz de hacer rodar una piedra de molino. Sirve de unidad de medida del caudal de una corriente (unos 260 l/seg).

MUELLE m. Construcción junto al mar, río o lago para refugio y amarre de las embarcaciones. || Andén de carga y descarga en puertos y estaciones de ferrocarril.

MUERA f. Sal común.

MUERTE f. Fin de la vida. En medicina, su indicación más cierta es la cesación de actividad del sistema nervioso central (encefalograma plano continuo). || Homicidio. || Figura simbólica de ella, en forma de esqueleto con guadaña. || Destrucción, exterminio, aniquilación.

MUERTO, TA adj. y s. Sin vida. || adj. Se dice del yeso o la cal apagados. || Sofocado, extinguido, amortiguado, marchito. || m. fam. Persona apocadísima, parada. || Individuo aburrido, pesado. || Tarea fastidiosa, ingrata o molesta.

MUESCA f. Hueco o entalladura que se hace en algún objeto para poder encajar algo. || Corte en la oreja del ganado vacuno para poder identificarlo.

MUESTRA f. Pequeña cantidad de un producto o mercancía para dar a conocer sus propiedades o su calidad. || Pequeña porción extraída o seccionada de una sustancia cualquiera, a fin de poder examinar sus características. || Modelo para copiar o imitar. || Señal, prueba, demostración. || Primer fruto que aparece en una planta. || Rótulo o señal de identificación en establecimientos comerciales para explicar su naturaleza.

MUESTRARIO m. Relación ordenada de muestras de productos comerciales.

MUESTREO m. Selección de muestras representativas para examinar las características o propiedades de un conjunto. || Método empleado para esta selección.

MUGIDO m. Voz del ganado bovino.

MUGIR intr. Emitir mugidos. || Bramar el viento o el mar. || Protestar airadamente.

MUGRE f. Suciedad grasa, roña superficial.

MUJER f. Persona de sexo femenino. || La que ha alcanzado la pubertad. || Esposa. || *de rompe y rasga* La enérgica y de carácter fuerte.

MUJERIEGO, GA adv. Se dice del hombre lujurioso, que va tras las mujeres. || m. Mujerío.

MULADAR m. Sitio donde se amontona el estiércol o los desperdicios en una vivienda campestre. || Lo que mancha o ensucia física o moralmente.

MULATO, TA adj. y s. Mestizo de las razas blanca y negra. || adj. De color oscuro.

MULETA f. Aparato ortopédico compuesto por un palo cuyo extremo se apoya en el codo o en el sobaco, usado por quienes tienen deficiencias importantes en el andar. || Sostén, apoyo.

MULETILLA f. Palabra o frase que se intercala por vicio con gran asiduidad en la conversación o en un escrito.

MULO, LA m. y f. Animal resultante del cruzamiento entre caballo y asno. || Persona robusta. || Persona torpe y testaruda.

MULTA f. Pena de contenido pecuniario. || Sanción originada por una infracción penal o administrativa; puede ser impuesta por los órganos de la administración o por los tribunales.

MULTAR tr. Imponer a alguien una multa, sancionar pecuniariamente.

MULTIFORME adj. De muchas formas o matices.

MULTIMILLONARIO, RIA adj. y s. Inmensamente rico, potentado.

MÚLTIPLE adj. Que no es simple; vario, diverso. || Se dice del punto por el que pasan varias ramas de una misma curva. || adj. y m. Serigrafía, relieve o escuela que ha sido concebido y realizado en un número determinado de ejemplares.

MULTIPLICACIÓN f. Acción y efecto de multiplicar. || Operación por la cual se suma reiteradamente un número, llamado *multiplicando*, tantas veces como lo indica otro, llamado *multiplicador*. Los dos términos de la m. se denominan factores y el resultado, *producto* (símbolo, x).

MULTIPLICADOR, RA adj. y s. Que multiplica. || m. Uno de los factores de la multiplicación. || Tubo electrónico que amplifica una corriente electrónica inicial. || En economía, coeficiente que expresa el crecimiento de una magnitud al aumentar un aspecto sectorial de la misma, o de otra magnitud relacionada; especialmente estudiado en los casos del empleo y de la inversión. || *de frecuencia* Dispositivo en el que la frecuencia de la señal de salida es un múltiplo de la de entrada.

MULTIPLICANDO m. Uno de los factores de la multiplicación.

MULTIPLICAR tr. y prnl. Añadir a una cantidad repetidas veces su contenido. || Efectuar la multiplicación de dos o más factores. || intr. y prnl. Engendrar. || Afanarse, esforzarse.

MÚLTIPLO, PLA adj. Se dice de un número que contiene a otro un número exacto de veces.

MULTITUD f. Cifra muy elevada, cantidad muy grande. || Gentío, vulgo, chusma.

|| Gran número de individuos que, al impulso de estímulos semejantes, se reúnen en un determinado lugar y, gracias al influjo que mutuamente se ejercen, refuerzan la conducta recíproca.
MUNDANO, NA adj. Relativo al mundo. || Se dice de la persona que hace una activa vida social.
MUNDIAL adj. Relativo a todo el mundo.
MUNDO m. Universo. || La Tierra, y la esfera que la representa. || Cada porción de estos mundos que tiene en sí algún tipo de cohesión, incluso de orden intelectual o espiritual. || Género humano, considerado en su totalidad o en parte, en el momento actual o en cualquier otro momento determinado de su historia, o incluso de su futuro. || Vida y actividad humanas. || Vida seglar, en contraste con la monástica. || Vida mundana que se supone llena de vicios y placeres carnales.
MUNICIÓN f. Material necesario para que un ejército pueda llevar adelante una guerra; suele usarse en plural. || Carga de las armas de fuego. || Conjunto de perdigones para la caza menor.
MUNICIPAL adj. Relativo al municipio. || com. Guardia municipal.
MUNICIPIO m. Entidad administrativa menor de un Estado. || Conjunto de habitantes de la misma, regidos por un ayuntamiento. || Ayuntamiento.
MUNIFICENCIA f. Prodigalidad, generosidad. || Liberalidad.
MUÑECA f. Región comprendida entre el antebrazo y la mano, cuyo esqueleto lo forman las apófisis distales del radio y cúbito y los ocho huesos del carpo. || Juguete en forma de figura de mujer, con que suelen divertirse los niños. || Maniquí para exposición de trajes femeninos. || Ovillo de trapos empleado para barnizar o humedecer algo.
MUÑECO m. Juguete en forma de figura de hombre. || Hombre de poco carácter, fácil de ser manipulado. || Joven presumido, afeminado.
MUÑÓN m. Porción que queda después de la amputación de algún miembro u órgano. || Cada uno de los brazos que asientan el cañón en la cureña y posibilitan el balanceo vertical. || Eje de rotación de maquinarias.

MURAL adj. Relativo al muro. || Adosado a un muro. || Pintura aplicada o fijada a un muro.
MURALLA f. Construcción para amparo y defensa que rodea un fuerte, ciudad o territorio. || Cubierta calcárea que rodea el cáliz de los corales.
MURGA f. Orquesta callejera y desafinada. || Cosa molesta y latosa. || *dar la m.* Fastidiar, molestar.
MURMULLO m. Sonido apenas perceptible de una o varias personas. || Susurro. || Voz tenue del agua que corre o del viento que sopla. || Murmurio.
MURMURACIÓN f. Crítica negativa y sin fundamento de una persona ausente.
MURMURAR intr. Hacer murmullo el agua o el viento. || intr. y tr. Susurrar como muestra de enfado. || Criticar la conducta de alguien que está ausente.
MURO m. Elemento arquitectónico compacto y vertical que cierra espacios y sostiene otra estructura. || Muralla. || Yacimiento de un mineral. || *de calor* Velocidad máxima de un avión a causa de la frotación del aire. || *de contención* El que impide que el agua de una presa, río, etc., inunde un lugar.
MUSA f. Inspiración poética, o talento peculiar de cada poeta. || Poesía. || pl. Artes y ciencias humanísticas. || *soplar* a uno *la m.* Estar inspirado.
MUSCULATURA f. Estructura del cuerpo. || Vigor de los músculos.
MÚSCULO m. Cada órgano contráctil formado por haces de fibras musculares, que se inserta en el esqueleto por medio de tendones y que, por contracción o extensión, realiza esfuerzos de movimiento, presión e impulsos automáticos de las vísceras del organismo. || Tejido formado por células que contienen fibras contráctiles. || pl. Musculatura.
MUSCULOSO, SA adj. Se dice del miembro con muchos músculos. || De músculos vigorosos y visibles.
MUSELINA f. Tela de algodón, seda, etc., muy fina y transparente.
MUSEO m. Lugar destinado a la conservación y exposición de objetos artísticos, técnicos o científicos. || Por extensión, sitio lleno de obras artísticas.
MUSGO, GA adj. De color marrón oscuro.

MUSICAL adj. Relativo a la música. || adj. y m. Comedia musical.

MÚSICO, CA adj. Relativo a la música. || com. Persona que compone, toca o entiende de música. || f. Arte de combinar los sonidos musicales. || Obra musical. || Serie de sonidos agradables o desagradables. || Postre que consiste en frutos secos acompañados de un vino.

MUSITAR intr. Hablar quedo, susurrar.

MUSLO m. Segmento de la extremidad inferior comprendido entre la cadera y la rodilla. El esqueleto está formado por el fémur.

MUSTIO, TIA adj. Marchito, lacio, lánguido. || Melancólico, apenado.

MUSULMÁN, NA adj. y s. Se dice de la nación o etnia árabe. Usado para personas, tomadas individual o colectivamente.

MUTACIÓN f. Acción y efecto de mudar. || Variación en la escenografía al pasar de una escena teatral a otra. || Cambio meteorológico importante. || Modificación súbita en el material genético de un ser vivo. || En lingüística, cambio fonético.

MUTILAR tr. y prnl. Seccionar un miembro total o parcialmente. || Separar una parte de cualquier cosa.

MUTIS m. Palabra usada en teatro para advertir al actor que debe retirarse de escena. || Por extensión, retirada de cualquier lugar. || Exclamación con que se pide silencio. || *hacer m.* Callar. || *hacer m. por el foro* Esfumarse, irse sin llamar la atención.

MUTISMO m. Mudez. || Silencio deliberado o exigido. || Renuncia a la comunicación oral, observable en individuos que han sufrido fuertes emociones o afectos de formas de histerismo.

MUTUALIDAD f. Calidad de mutuo. || Asociación voluntaria u obligatoria, en la que los asociados se hacen cargo conjuntamente, de una vez o por cuotas, de la materia que le da fin, especialmente la previsión.

MUTUO, TUA adj. y s. Se dice de la relación recíproca entre dos o más seres. || Contrato civil, variedad del contrato de préstamo, por el cual una persona entrega a otra alguna cosa fungible, obligándose quien la recibe a restituir en fecha determinada otro tanto de la misma especie y calidad. || f. Mutualidad.

MUY adv. Se antepone a adjetivo y adverbio para conseguir el superlativo. Es apócope de *mucho*. || *m. de* (alguien o algo) Característico de una persona o cosa.

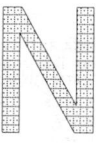

N f. Decimosexta letra del abecedario castellano (N, n); su nombre es *ene*. || En mayúscula, puede suplir a un nombre propio de persona. || Abreviatura de norte (N). || Símbolo del conjunto de números naturales (N). || Símbolo de un número indefinido (n).

NÁCAR m. Parte interna de la concha de algunos moluscos, dura y blanquecina, formada por la alternancia de capas de conquiolina y carbonato cálcico.

NACARADO, DA adj. Semejante al nácar. || Adornado con nácar.

NACER intr. Venir al mundo. || Salir del seno materno, o de un huevo fecundado. || Brotar una simiente. || Ser de determinada familia o linaje. || Surgir el vello o, en las aves, la pluma. || Aflorar, surgir, emerger. || Ser la base o inspiración de un movimiento, teoría, etc. || Formar parte de un medio social o humano, cuya influencia posterior se descubre. || Seguido de *para*, parecer destinado, por inclinación o posición, a un fin determinado.

NACIMIENTO m. Acción y efecto de nacer. || Lugar de origen o procedencia. || Fuente, manantial. || Principio de algo, o periodo en que se inicia. || Linaje, ascendencia. || Por antonomasia, el de Jesús, y sus representaciones iconográficas, especialmente las que se realizan con pequeñas tallas. || *de n.* Se dice de cualquier cualidad o tara, física o moral, de carácter hereditario.

NACIÓN f. Comunidad histórica, formada por quienes tienen una cultura (lengua, costumbres, etc.) y un territorio comunes, y poseen en mayor o menor grado conciencia de pertenecer a ella. Se distingue de patria (concepto sentimental) o Estado (juridicopolítico). || Por extensión, territorio de la anterior. || Por extensión, Estado, organización política.

NACIONAL adj. Relativo a la nación. || adj. y com. Se dice de quien es natural de ella. || Se dice del bando franquista durante la Guerra Civil española. || Se dice del miembro de la guardia nacional (siglo XIX).

NACIONALIDAD f. Condición de pertenencia a una nación. || Estatuto jurídico de quien forma parte de un Estado, y tiene los derechos y obligaciones que corresponden al mismo.

NACIONALISMO m. Movimiento sociopolítico de quienes, teniendo conciencia de pertenecer a una nación, luchan para que ésta se constituya en Estado de independencia o pueda actuar conforme a sus intereses.

NACIONALIZAR tr. Aceptar, admitir en un país, como nacional, a un extranjero. || Traspasar a manos del Estado bienes y propiedades que pertenecían a la empresa privada. || Traspasar a los naturales de un país bienes o títulos de deuda del Estado o de empresas particulares, que se encontraban en poder de extranjeros.

NADA f. No ser absoluto, vacío (también en el sentido de la muerte). || Cualquier cosa que carece de importancia. || pron. indef. Denota carencia absoluta o total ausencia de algo, sea en términos

absolutos (*no sabe n*.) o relativos (*no sabe n. de literatura*). || Poca cosa, escasa en cantidad, calidad, tiempo o espacio. || adv. indef. En modo alguno.

NADADOR, RA adj. Que nada.

NADAR intr. Avanzar o mantenerse sobre o en el seno de una masa de agua por medio de movimientos rítmicos del cuerpo. || Flotar en una superficie líquida. || Tener abundancia de algo. || Venirle muy ancho u holgado.

NADIE pron. Ninguna persona. || m. Persona de muy poca calidad humana; se usa generalmente con *don*.

NADIR m. Punto de la esfera celeste diametralmente opuesto al cenit.

NAFTA f. Mezcla, en diversas proporciones, de hidrocarburos líquidos volátiles. Son generalmente del tipo C_4H_{2n+2} y se obtienen del alquitrán de hulla y del petróleo. Poseen un promedio de edad bajo. Se usan como combustibles, barnices, etcétera.

NAFTALINA f. Naftaleno.

NAHUA adj. y com. Se dice del grupo étnico mexica del tronco uto-azteca, que habita fundamentalmente en la meseta de Anáhuac; agricultura, artesanía textil; religión católica, muy influida por la antigua. Descendiente de los antiguos aztecas. || Lengua hablada por dicho grupo. Tres dialectos: náhuatl, nahuat y nahual. Más de un millón de hablantes.

NÁHUATL m. Dialecto más importante del nahua.

NAIPE m. Cada una de las cartulinas que forman la baraja, con valores correspondientes a uno de los 4 palos. Hay dos tipos fundamentales: el francés y el español.

NALGA f. Cada una de las prominencias musculares, más o menos redondeadas, que constituyen la región glútea; se usa mucho en plural.

NANA f. Canción de cuna, de carácter pausado y relajante. || Abuela. || Especie de saco para bebés, generalmente con cierre de cremallera.

NAO f. Nave.

NARANJA f. Fruto del naranjo; es un hesperidio generalmente esférico, de tamaño y corteza variable, dividido en una serie de gajos que contienen las semillas, blancas y ovoidales. Comestible; su corteza contiene principios activos medicinales. || adj. y m. Del color de esta fruta.

NARCISISMO m. Fascinación por la belleza o cualidades de uno mismo. Es etapa normal en el desarrollo infantil; en la edad adulta, complemento del egocentrismo.

NARCÓTICO, CA adj. Relativo a la narcosis. || adj. y m. Se dice del fármaco que induce artificialmente al sueño, p. ej.: el opio y especialmente su derivado, la morfina.

NARCOTIZAR tr. Proporcionar narcóticos. || tr. y prnl. Provocar adicción.

NARDO m. Planta herbácea de la familia Amarilidáceas, de tallo recto; hojas radicales lineares y los caulinares son escamiformes, flores blancas muy olorosas en espiga. Se cultiva como ornamental y se usa en perfumería.

NARIZ f. Parte prominente de la cara, entre las órbitas y la boca. Forma la parte inicial de las vías respiratorias y es el órgano sensorial del olfato. || Olfato. || Fragancia de un buen vino. || Gancho en el que se introduce el pestillo de una puerta o ventana. || Cañón del porrón o alambique. || Cualquier tipo de extremidad puntiaguda en la parte delantera de una construcción.

NARRACIÓN f. Acción y efecto de narrar. || Parte del discurso retórico en que se refieren los hechos de que trata. || Por extensión, cualquier relato o relación de un suceso, especialmente literario y en prosa.

NARRAR tr. Relatar, describir, reseñar.

NARRATIVO, VA adj. Relativo a la narración. || f. Género literario en prosa (novela y cuento). || Destreza en narrar algo.

NASA f. Arte de pesca consistente en una especie de campana de mimbre, junco, etc., con su base en forma de embudo dirigido hacia dentro y, al otro extremo, una tapadera que permite su vaciado. || Arte similar formado por una manga de red ahuecada por aros de madera o alambre. || Cesta de boca angosta en la que los pescadores echan la pesca. || Cesto a modo de tinaja en el que se guarda el pan, la harina, etcétera.

NASAL adj. Relativo a la nariz. || Se dice del sonido cuya emisión de aire sale total o parcialmente por la nariz al espirar. || adj.

y f. Se dice de la consonante pronunciada de ese modo: *m, n, ñ*, y de la letra que la representa.

NATA f. Grasa concentrada en la superficie de la leche en reposo. Batida, produce la manteca. Se usa en pastelería batida con azúcar. || Natillas. || Sustancia espesa que se forma en algunos licores. || Lo más selecto y estimado. || Crema.

NATACIÓN f. Acción y efecto de nadar. || Deporte que se practica nadando, generalmente en carreras de velocidad. Estilos: crawl (libre), braza, mariposa y espalda, todos en distintas distancias, y en la categoría olímpica en piscina de 50 × 21 m. También se practican la n. *de fondo* (grandes distancias) y la *sincronizada* (figuras, individuales o de grupo), e incluye los saltos de trampolín y palanca y el waterpolo.

NATAL adj. Relativo al nacimiento de uno, o al país de origen. || m. Nacimiento.

NATALICIO, CIA adj. y m. Relativo a la fecha de nacimiento.

NATALIDAD f. Parámetro estadístico que establece el número de nacimientos de una población en un intervalo de tiempo. || *n., control de* Contracepción.

NATILLAS f. pl. Mezcla pastosa de huevos, leche y azúcar, cuajada a fuego lento.

NATIVIDAD f. Cualquiera de las fiestas que recuerdan el nacimiento de Jesús (25/12), de María (8/9) y de Juan Bautista (24/6), según la liturgia católica.

NATIVO, VA adj. Se dice del país de origen y de todo lo relacionado con él. || Innato. || Se dice de un elemento que se encuentra como tal en la naturaleza. || adj. y s. Natural, nacido. || Se dice de los metales que se encuentran en una mena sin combinarse con otros elementos.

NATO, TA adj. Se dice de las cualidades o defectos que se poseen de nacimiento. || Se dice de las atribuciones anejas a determinado cargo.

NATURAL adj. Relativo a la naturaleza o de acuerdo con sus propiedades. || Original, sin manipulación. || Franco, sincero. || Llano, sencillo. || Conforme a las leyes de la naturaleza. || Se dice de la nota musical que no está alterada, ni por sostenido ni por bemol. || adj. y com. Nativo de un determinado país. || m. Modo de ser, temperamento. || En pintura y escultura, modelo tomado directamente de la realidad. || Pase taurino en el que el torero da salida al toro por el lado en que tiene la muleta. || *al n.* Tal cual es. || *del n.* Según el modelo vivo.

NATURALEZA f. Esencia íntima de un ser. || En filosofía, concepto genérico que hace referencia al conjunto de todo lo que existe al margen de la voluntad del hombre y que no ha sido afectado por su acción. || Características y propiedades de los mismos. || Universo. || Constitución física del hombre o del animal. || Sexo, especialmente femenino. || Estado físico del hombre en oposición al espiritual. || Fuerzas naturales, en contraste con las sobrenaturales. || Carácter, temperamento. || Instinto, inclinación. || Lugar de origen, o ciudadanía otorgada. || Circunstancia que da derecho a ser aceptado como natural de un pueblo, a efectos civiles. || Privilegio, dispensa que otorga el Estado a los extranjeros, para que gocen de los mismos derechos que poseen los naturales. || *muerta* Composición pictórica que representa objetos o seres inanimados. || *por n.* Por esencia.

NATURALIDAD f. Calidad de natural. || Franqueza, sencillez en la conducta. || Armonía de las leyes físicas. || Legitimidad de los nacidos en un determinado país.

NATURALISMO f. Corriente que considera a la naturaleza como principio de todo, incluido el espíritu humano; se caracteriza por el predominio de la actividad cognitiva sobre la sensibilidad y la voluntad. || En artes plásticas, cualquiera de las tendencias que tratan de reflejar la realidad sin idealización ni dramatización. || Movimiento literario surgido a partir del realismo y el positivismo (siglo XIX).

NATURALIZAR tr. y prnl. Dar a una persona, o lograr ésta, los mismos derechos de ciudadanía que tienen los naturales de un país. || Adecuar a un país, hábitos, costumbres o modas extranjeras. || Aclimatar una especie animal o vegetal. || prnl. Acomodarse a las formas de comportamiento de los naturales.

NAUFRAGAR intr. Hundirse una embarcación. || Sufrir este accidente quienes van en ella. || Fracasar un proyecto.

NAUFRAGIO m. Acción y efecto de naufragar. || Se excluyen los hundimientos en combate. || fig. Gran pérdida, desastre.

NÁUFRAGO, GA adj. y s. Persona que ha sufrido un naufragio. || m. Tiburón.

NÁUSEA f. Sensación desagradable, que se localiza en la región epigástrica y acompañada de sudor frío, salivación, etc., suele preceder al vómito. || pl. Aversión, repugnancia.

NAUSEABUNDO, DA adj. Que provoca náuseas.

NÁUTICO, CA adj. Relativo a la navegación. || f. Arte de la navegación.

NAVAJA f. Cuchillo de bolsillo, cuya hoja se guarda entre las cachas del mango. || Molusco lamelibranquio, de la familia Solénidos, concha de hasta 15 cm de longitud, entreabierta en ambos extremos. Vive enterrada en fondos blandos. || Colmillo de jabalí. || Aguijón de algunos insectos. || fig. Lengua viperina. || *barbera* o *de afeitar* La larga y de filo fino usada para afeitar. || *cabritera* La usada para despellejar reses.

NAVAJADA (o **NAVAJAZO**) f. Incisión con una navaja. || Herida producida por una navaja.

NAVAL adj. Relativo a las naves o al arte de navegar.

NAVE f. Barco, buque. || Por extensión, vehículo que surca el espacio. || En un edificio, cada uno de los espacios delimitados, separados longitudinalmente por muros o hiladas de columnas. || Construcción amplia, de un solo piso y sin divisiones interiores, usada con fines industriales o de almacenamiento. || *principal* La que ocupa el centro del templo, desde la puerta hasta el crucero.

NAVEGACIÓN f. Acción y efecto de navegar. || Proceso de conducir una nave desde su punto de partida hasta su destino, guiándose por marcas o lugares visibles (sol, luna, estrellas, posición relativa de los astros, estimación, etc.). || *aérea* La que se realiza en aeronaves. Puede realizarse visualmente o por estimación. La n. aérea tiene un considerable papel en el transporte especialmente de pasajeros a media y larga distancia, a cargo de compañías de carácter monopolístico (compañías *de bandera*) u oligopolístico. || *astronómica* La que se guía por la posición relativa de los astros; instrumentos: sextante, goniómetro. || *de estima* La que usa como guía la brújula u otros sistemas de exactitud aproximada. || *fluvial* La que utiliza ríos o canales. || *marítima* La que se realiza por mar. Fundamentalmente, transporte de mercancías (en auge el turismo). Puede ser *de altura* (por alta mar) o *de cabotaje* (en las proximidades de la costa).

NAVEGAR intr. Ir de un lugar a otro en un vehículo marítimo o espacial. || Trasladarse dicho vehículo. || Guiarlo. || No entender mucho de un asunto.

NAVIDAD f. Fiesta que celebra el nacimiento de Jesucristo (25 de diciembre); instituida en el siglo III, en las fechas de las antiguas saturnales. || Periodo alrededor de dicha fiesta.

NAVIERO, RA adj. Naval. || m. y f. Persona o entidad propietaria de buques o navíos capaces de navegar en alta mar. || Persona que provee de vituallas a un buque mercante, ya sea como propietario, gestor o gerente de la empresa propietaria.

NAVÍO m. En el siglo XVI, nave de grandes dimensiones (más de 500 toneladas); posteriormente, buque de guerra que poseía 2 baterías, más de 60 cañones de grueso calibre y 2 o 3 puentes con gran capacidad para transportar armamento. || Por extensión, barco. || *de línea* El que por su fortaleza y porte podía formar en la línea de batalla.

NAZARENO, NA adj. y s. De Nazareth. Por antonomasia, Jesús, por haber vivido allí, según cuenta el Nuevo Testamento. || Entre los judíos, consagrado al culto divino. || m. Apelativo dado a los primeros cristianos. || Penitente, vestido con túnica y capirote, en las procesiones de semana santa.

NEBLINA f. Niebla densa y baja. || Atmósfera cargada por la acumulación de humos o gases. || Lo que dificulta la claridad de visión.

NEBULOSO, SA adj. Cubierto de nubes o niebla. || Oscuro, confuso. || Carente de lucidez. || De difícil comprensión. || f. Masa de materia cósmica (gases y partículas de polvo) que aparece en forma de grandes nubes ya oscuras, ya luminosas.

NECESARIO, RIA adj. Que tiene que ser o acontecer. || Insustituible para lograr algo. || Indispensable, imprescindible. || Hecho por obligación o coacción, sin libertad y albedrío.

NECESIDAD f. Cualidad de necesario. || Lo que no se puede evitar, o aquello de lo cual no se puede prescindir. || Carencia de lo elemental para vivir. || Situación que precisa de la colaboración ajena. || En filosofía, lo que no puede pasar de otra manera que como es o que, si pasara, transgrediría las leyes lógicas o físicas. || Especialmente plural, deposición intestinal. || *de primera n.* Imprescindible, insustituible. || *por n.* Por fuerza.

NECESITADO, DA adj. Pobre, indigente, que precisa ayuda.

NECESITAR tr. e intr. Precisar la colaboración de alguien o algo. || tr. Forzar a realizar algo.

NECIO, CIA adj. y s. Ignorante. || Estúpido, simple. || Imbécil, terco. || adj. Se dice también de las cosas o acciones realizadas sin suficiente atención o juicio.

NECROLOGÍA f. Reseña biográfica de una persona fallecida. || Relación de personas fallecidas.

NECRÓPOLIS f. Lugar dispuesto para enterramientos sepulcrales, anterior a la era cristiana.

NECROPSIA f. Autopsia.

NÉCTAR m. Jugo con elevado contenido en azúcar (hasta un 25%) que es segregado por los nectarios de las plantas, situados o no en los órganos florales. Las abejas lo liban y sirve de base para la fabricación de la miel. || Bebida de dioses. || Licor delicado y selecto.

NEERLANDÉS, SA adj. y s. Holandés. || Lengua germánica occidental que se habla en los Países Bajos, la Bélgica flamenca y puntos del norte de Francia.

NEFANDO, DA adj. Infame, abominable.

NEFASTO, TA adj. Entre los romanos, día festivo, en el que no estaba permitido hacer negocios. || Desgraciado, funesto, aciago.

NEFRÍTICO, CA adj. Relativo a los riñones. || adj. y s. Que sufre nefritis. || m. Jade.

NEFRITIS f. Proceso inflamatorio, agudo o crónico, que afecta al riñón. Sus principales síntomas son: hipertensión arterial, edemas, hematuria, etcétera.

NEGACIÓN f. Acción y efecto de negar. || Carencia absoluta de algo. || Voz o frase con la que se niega. || En psicoanálisis, mecanismo de defensa por el cual se rechaza la realidad adversa y se modifica ésta.

NEGADO, DA adj. y s. Incapacitado, torpe.

NEGAR tr. Declarar no verídico o inexacto lo que se afirma o comenta. || Dar respuesta negativa a una solicitud. || Prohibir, vetar. || No ser consecuente en las propias convicciones o afectos. || prnl. Eludir una acción. || *negarse a sí mismo* Reprimir los propios deseos o aspiraciones.

NEGATIVO, VA adj. Que incluye o expresa negación o disconformidad. || Relativo a la negación. || Dícese del reo o testigo que después de ser interrogado jurídicamente no confiesa, y niega todo lo que se le pregunta. || Se dice del análisis clínico que no da indicios de enfermedad. || adj. Se dice del número menor que cero. || adj. y m. Se dice de la emulsión sensible (placa, película, etc.) que, una vez revelada, presenta invertidos los tonos de las imágenes que impresionó.

NEGLIGENTE adj. y s. Descuidado. || Desaplicado.

NEGOCIADO m. Cada una de las secciones en que se divide un organismo de gobierno o de administración.

NEGOCIAR intr. Comprar y vender, hacer transacciones comerciales. || tr. e intr. Tramitar letras de cambio o acciones de bolsa. || Intentar hacer coincidir criterios dispares, pactar. || Buscar el mejor provecho. || Discutir por vía diplomática pactos, alianzas o tratados.

NEGOCIO m. Cualquier ocupación, empleo o trabajo. || Toda operación económica cuyo objetivo principal es el lucro. || Beneficio conseguido por una transacción económica. || Local comercial. || *jurídico* Conjunto de hechos o declaraciones que manifiestan una o más voluntades, y a los que la ley concede efectos jurídicos. || *redondo* El muy provechoso. || *sucio* El ilegal. || *buen*, o *mal n.* Con beneficios, o sin ellos.

NEGRERO, RA adj. Se dice del tráfico de esclavos negros a América. || adj. y s.

Tratante de esclavos negros. || Se dice del superior severo e inhumano.

NEGRO, GRA adj. y s. Se dice de la persona de raza melánida o negroide, propia del África subsahariana y, por migración forzada, minoritaria en América del Norte y Central, así como de su cultura. || adj. De tez oscura, o bronceada. || Triste, sombrío, taciturno. || Desdichado, angustiado. || Se dice del color de los cuerpos que no emiten ninguna radiación luminosa visible.

NEGRUZCO adj. Moreno, tirando a negro.

NENE, NA m. y f. Niño pequeño, bebé. || Se usa también en sentido cariñoso, para personas mayores. || m. irón. Hombre despiadado.

NEOCLASICISMO m. Movimiento artístico surgido a mediados del siglo XVIII. Estricta sujeción a las normas clásicas, frialdad y perfección formal. || Corriente del pensamiento económico que, procedente del clásico, introduce elementos de microeconomía (fines siglo XIX-1930).

NEÓFITO, TA m. y f. En el cristianismo primitivo, persona recién convertida o bautizada. || Por extensión, persona recientemente admitida al estado eclesiástico. || Novato en cualquier actividad. || Persona recién afiliada a un partido, asociación o culto religioso.

NEOLÍTICO, CA adj. y m. Se dice del periodo de la prehistoria entre el IX y el III milenio a. C., definido por la implantación de la agricultura y la ganadería que sustituyen a la anterior economía de caza-recolección. Se desarrolló en varios focos: Oriente Medio (trigo), China (arroz), México (maíz). Aparecieron las primeras ciudades (Jericó), cultos religiosos de la fertilidad y primitivas formas comerciales.

NEOLOGISMO m. Palabra o giro no patrimoniales, de reciente introducción en una lengua. Pueden proceder de lenguas clásicas o extranjeras.

NEÓN m. (Ne) Elemento químico situado en el grupo VIIIa de la tabla periódica. Forma parte de los gases inertes o nobles. Se encuentra en la atmósfera terrestre. Es un gas inodoro e insípido. Sometido a baja presión, en un tubo, produce una luz rojoamarillenta, utilizada generalmente en anuncios publicitarios.

NEPOTISMO m. Política de sistemático favorecimiento por parte de algunos papas (especialmente en el tránsito de las edades media y moderna) hacia sus familiares, en cuanto a cargos, privilegios y honores. || Por extensión, cualquier práctica similar por parte de alguien dotado de poder, especialmente político.

NERVIO m. Conjunto de fibras nerviosas reunidas en uno o varios fascículos que, a modo de cordones, relacionan los centros nerviosos con los órganos periféricos. || Cada uno de los haces vasculares que sirven para el transporte de la savia y que se disponen en las láminas de las hojas o en cualquier otro órgano foliar. || Lo que recuerda su forma. || Cordón que aparece en el lomo de un libro encuadernado y que une diversos cuadernillos. || Elemento constructivo o decorativo que forma una moldura corrida en el intradós de una bóveda. || Vigor, energía, empuje.

NERVIOSO, SA adj. Relativo a los nervios. || Que tiene nervios. || Fácilmente irritable. || Intranquilo, bullicioso. || Enérgico, vigoroso. || n., *sistema* Conjunto de órganos relacionados con la sensibilidad que posibilita la vida de relación y la regulación de las funciones vegetativas. Comprende el sistema n. *central,* formado por el neuroeje cerebroespinal y los nervios craneales y raquídeos, y el sistema n. *vegetativo* o *del gran simpático,* formado por dos largos cordones con numerosos ganglios y diversos plexos.

NETO, TA adj. Aseado, limpio. || Preciso, claro. || Se dice del peso de algo deducida la tara, o del valor monetario de un bien o servicio, una vez hechas las deducciones y gastos. || m. Cuerpo central de un pedestal, entre las molduras de base y el cimacio. || *en n.* En limpio.

NEUMÁTICO adj. Relativo al aire o a los cuerpos gaseosos. || Aplicable a los aparatos destinados a operar con el aire u otros gases. || Se dice de la notación musical con neumas. || m. Tubo de caucho, con aire en su interior, con el que se recubre la rueda de un vehículo a fin de amortiguar las irregularidades del terreno. || f. Parte de la física que estudia las propiedades de los gases.

NEUMONÍA f. Proceso inflamatorio agudo de un lóbulo pulmonar de origen

generalmente bacteriano. Produce fiebre, dolor de costado, disnea, tos y expectoración. || **atípica** Bronconeumonía de causa desconocida, posiblemente vírica. || **doble** La que se da en ambos pulmones.
NEURALGIA f. Sensación dolorosa intensa referida a lo largo del trayecto de un nervio o sus ramas.
NEURASTENIA f. Estado neurótico cuyos síntomas principales son astenia, debilidad nerviosa y fatigabilidad. || fam. Predisposición a la tristeza.
NEURITIS f. Proceso inflamatorio o degenerativo de un tronco nervioso o varios (polineuritis).
NEUROLOGÍA f. Rama de la medicina interna especializada en el estudio del sistema nervioso.
NEURONA f. Célula que produce y transmite el impulso nervioso. El cuerpo celular tiene múltiples expansiones arborescentes (dendritas) y una prolongación muy larga que constituye la fibra nerviosa (cilindroeje o axón).
NEUROSIS f. Término genérico que designa un extenso grupo de enfermedades mentales caracterizadas por la ansiedad y la percepción clara del conflicto subyacente, que se desarrolla por un mecanismo de defensa. A diferencia de la psicosis, el enfermo conoce la enfermedad y no existe una lesión orgánica subyacente.
NEUTRAL adj. y com. Que no se decanta hacia ningún partido o bando. || Se dice del Estado que tiene un estatuto de neutralidad.
NEUTRALIZAR tr. y prnl. Volver neutral, o neutro. || Anular o contrarrestar la acción o influencia de una cosa por la oposición de otra. || Impedir o controlar la acción del enemigo o el contrario en un sector o momento determinados.
NEUTRO, TRA adj. Se dice de aquello que no participa de uno u otro de dos caracteres contrarios. || Impreciso, no determinado. || Indiferente en la intención o el afecto. || Imparcial en política, o que no participa en ella. || En matemáticas, se dice del elemento de un conjunto que, al formar parte de una operación, no afecta al resultado de ésta. || Se dice del compuesto químico que no es ácido ni básico. || Se dice del animal sin sexo o naturalmente estéril. || adj. y m. Se dice del género gramatical (que no es ni masculino ni femenino) de ciertos pronombres demostrativos (*esto, eso, aquello*), del pronombre *ello* y del artículo determinado *lo*, el cual se antepone al adjetivo para sustantivarlo. || adj. y s. Se dice de las palabras que tienen dicho género.
NEUTRÓN m. Partícula elemental de la familia de los bariones, de carga eléctrica nula, spin 1/2, momento magnético atómico 1.913148 y masa $1.67482 \cdot 10^{-27}$. Constituye, junto con el protón, el núcleo de los distintos átomos (sólo el de hidrógeno no contiene n.).
NEVADO, DA adj. Con nieve. || fig. Del color de la nieve, blanco.
NEVAR impers. intr. Caer nieve. || tr. fig. Volver blanco como la nieve.
NEVERA f. Armario o caja portátil, de materia aislante, para enfriar o conservar alimentos por acción del hielo que se introduce en ella. || fig. Habitación muy fría.
NEWTON m. Unidad de fuerza en el sistema internacional. Es la fuerza que aplicada a un kilogramo masa le comunica una aceleración constante de un metro por segundo. Equivale a 10^5 dinas y a 1/9.81 kilopondios. Se simboliza por N.
NEXO m. Enlace, unión.
NI Conjunción copulativa que une palabras o frases y que, al repetirse o ponerla en relación con una negación, toma a su vez valor negativo con respecto a la frase o palabra que preceda. Si la frase empieza por un verbo precedido de *no* y en ellas se niegan dos o más términos, puede omitirse o no delante del primer término negado. Por el contrario, si el verbo va al final de la frase, es obligado anteponer *ni* tanto a la primera como a las demás negaciones. || En ocasiones, toma valor de conjunción disyuntiva y equivale a *o*. || adv. Y no. || *ni que* Se usa para introducir frases exclamativas o hiperbólicas; equivale a *como si* (*¡ni que fuera tonto!*).
NICOTINA f. Alcaloide del tabaco. Líquido oleoso, incoloro o amarillento, muy higroscópico, soluble en agua, alcohol y éter. Es venenoso y se usa como insecticida.
NICHO m. Hornacina. || En los cementerios, concavidad donde se depositan los ataúdes o las cenizas de un difunto. ||

ecológico Posición que ocupa una especie en un ecosistema dado.

NIDAL m. Ponedero de las aves domésticas. || Huevo que sirve de señuelo para que las gallinas pongan. || fig. Lugar que suele frecuentar una persona. || Causa o razón de que algo ocurra o continúe.

NIDO m. Abrigo en el que los animales depositan sus huevos (si son ovíparos) y en el que cuidan de las crías. || Nidal. || fig. Morada, patria. || Sitio en que se reúne gente de mal vivir. || Semillero de problemas, disgustos, etc. || *de ametralladora* Emplazamiento protegido de dicha arma.

NIEBLA f. Nube estratificada que se encuentra en contacto con la superficie terrestre, casi siempre en tiempo de calma, constituida por gotitas de agua líquidas, de un diámetro medio de 20µ. Es de color blanquecino o gris, según la cantidad de partículas que contenga. || Embrollo o falta de claridad en alguna cuestión.

NIETO, TA m. y f. Con respecto a una persona, hijo o hija de su hijo o de su hija. || Por extensión, descendiente de una línea desde la tercera generación.

NIEVE f. Precipitación atmosférica sólida en pequeños cristales de hielo de forma hexagonal o estrellada, que se reúne en grupos formando copos. Aparecen en torno a partículas de polvo cuando la temperatura de una nube baja de 0 °C. || Temporal de dicha precipitación. || Blancura de algo.

NIHILISMO m. En filosofía, cualquier de las posturas que rechazan la validez o existencia de todos o algún campo de su actividad. || Doctrina política, que considera previa la destrucción del orden social existente a cualquier construcción social revolucionaria; presente en Bakunin y el anarquismo.

NIMBO m. Aureola. || Nube lluviosa, baja, cerrada y de color gris oscuro. Desde 1932 el término ha sido reemplazado por *nimboestrato*.

NIMIO, MIA adj. Meticuloso, prolijo. || Excesivo, exagerado. || Impropiamente, mínimo.

NINFA f. Divinidad menor grecorromana que, bajo forma de doncella, simboliza la fecundidad y gracia de la naturaleza. || En los insectos con metamorfosis completa, estado intermedio entre la larva y el imago. || Labio menor de la vulva. || fig. Mujer hermosa; a veces, con sentido peyorativo.

NINGÚN adj. Apócope de *ninguno* que se antepone a masculino.

NINGUNO, NA adj. Ni siquiera uno. || pron. Refuerza una frase negativa. || Nadie.

NIÑA f. Pupila del ojo. || *cuidar*, o *querer, como a las n. de los ojos* Querer mucho a algo o alguien.

NIÑERO, RA adj. Aficionado a los niños y a las niñerías. || f. Empleada doméstica que se ocupa de los niños.

NIÑEZ f. Etapa de la vida entre la infancia y la pubertad. || Niñería. || Inicio de algo.

NIÑO, ÑA adj. y s. Que está en la niñez. || Por extensión, de poca edad. || Irreflexivo, vehemente. || En lenguaje afectivo, se aplica también a personas adultas.

NIPÓN, NA adj. y s. Japonés.

NÍQUEL m. (Ni) Elemento químico situado en el grupo VIII de la tabla periódica. Es un metal de color blanco brillante que resiste la corrosión alcalina y es soluble en ácidos diluidos. Se usa en recubrimiento galvánico (niquelado), como catalizador para la hidrogenación de aceites, en aleaciones, electrodos, etc. || Moneda fraccionaria de este metal.

NIQUELAR tr. Efectuar un niquelado.

NIRVANA m. En el budismo, término de la transmigración, estado supremo del alma.

NÍTIDO, DA adj. Límpido, transparente. || Claro, bien delimitado.

NITRATO m. Sal de ácido nítrico (NO_3Me), siendo Me un metal o radical monovalente. Al aplicárseles calor a estas sales, se descomponen en alcalinos, usados como abono y metales pesados. || *de Chile* Nitrato sódico, trigonal, en masas de color claro. || *de plata* El usado en medicina para quemar la piel.

NÍTRICO, CA adj. Relativo al nitrógeno. || *n., ácido* Es un ácido fuerte. Se obtiene por oxidación catalítica del amoniaco. Es un líquido incoloro y fumante que por efecto de la luz se vuelve amarillento. Actúa sobre los metales desprendiendo humos pardos, pero no con los nobles. Sé usa para fabricar fertilizantes, tintes, esmaltes.

NITRÓGENO m. (N) Elemento químico situado en el grupo Va de la tabla periódica. Forma parte de la familia de los nitrogenoideos. Es el principal componente de la atmósfera (77.5% en peso y 78.06% en volumen). El n. se encuentra formando parte de las aminas, amidas, proteínas, nitratos, nitrilos, el amoniaco, y muchos otros compuestos orgánicos. Es un gas inodoro, incoloro e insípido y poco soluble en agua y alcohol. Posee una molécula biatómica. Reacciona con el oxígeno e hidrógeno para dar óxido nítrico y amoniaco. Reacciona fácilmente con el litio. Se usa para fabricar amoniaco, nitratos y ácido nítrico. || *n., ciclo del* Aquel por el que el n. entra a formar parte de distintos compuestos al ser absorbido por plantas y animales.

NITROGLICERINA f. Trinitrato de glicerina. Líquido oleoso, inodoro y amarillo que se prepara nitrando la glicerina con una mezcla sulfonítrica. Es muy explosiva. Se usa para fabricar dinamita y en medicina como vasodilatador de corta duración.

NIVEL m. Instrumento para determinar la horizontalidad de una superficie, o su diferencia de altura con respecto a otras. || Altura que alcanza la superficie de un líquido. || Por extensión, altura a que llega cualquier otra cosa. || Paso a nivel. || Cualidad de horizontal. || Piso o planta de una construcción. || Categoría social o cultural. || Diferencia entre una cantidad y otra, arbitrariamente elegida como referencia, expresada usualmente como el logaritmo de la relación de ambas cantidades. || Posición especificada sobre una escala de amplitudes aplicadas a una forma de onda de señal, tal como el n. de referencia blanco y el n. de referencia negro en una señal estándar de televisión. || Valor de carga que puede ser almacenado en un elemento memorizador dado, de un tubo de almacenamiento por carga, y distinguirlo en la salida de otros valores de carga. || Volumen de un sonido. || Grupo único de contactos, como un relé de avance. || En lingüística, cada una de las divisiones teóricas que pueden practicarse en una lengua, cada una de ellas con su unidad propia englobable en el nivel superior. Los n. más aceptados son: fonético o fonológico, morfológico, sintáctico (aunque estos dos últimos suelen reunirse, en la práctica, en el morfosintáctico) y semántico.

NIVELAR tr. Apreciar la horizontalidad de algo con el nivel. || Poner horizontal una superficie. || Hallar la altura de un desnivel. || Igualar la altura de dos cosas. || tr. y prnl. Homogeneizar dos cosas entre sí, especialmente de carácter social.

NO adv. de negación. Antepuesto al verbo, expresa falta de acción. || En las interrogaciones, expresa extrañeza o impaciencia (*¿no sales?*). || Como respuesta, niega el enunciado de la pregunta. || Modernamente, precediendo a nombres abstractos, indica carencia (*no asistencia*). || En política, precediendo a un nombre que expresa un comportamiento, indica oposición o neutralidad: no alineado, no violento, no intervención.

NOBILIARIO, RIA adj. Relativo a la nobleza. || adj. y s. Se dice del libro que trata de la nobleza y su linaje.

NOBLE adj. y com. Relativo o perteneciente a la nobleza. || adj. Extraordinario, sobresaliente. || Famoso, ilustre. || De altos sentimientos. || Se dice de los metales que no se oxidan, como el oro y platino. || Se dice de los gases raros del aire, como el helio, argón, criptón, xenón y radón. || Se dice de los materiales de alta calidad.

NOBLEZA f. Cualidad de noble. || Grupo social jurídicamente superior al resto de súbditos o ciudadanos. Propio del antiguo régimen.

NOCIÓN f. Idea abstracta de algo. || Rudimento, conocimiento elemental de una materia; se usa especialmente en plural.

NOCIVO, VA adj. Perjudicial, dañino.

NOCTÁMBULO, LA adj. y s. Se dice de la persona aficionada a la vida nocturna.

NOCTURNO, NA adj. Relativo a la noche o que sucede en ella. || Solitario, triste, melancólico. || Se dice de los animales cuya actividad principal o exclusiva se realiza por la noche. || Se dice de las plantas cuyas flores sólo abren los pétalos por la noche. || En la liturgia católica, parte del oficio de maitines, compuesto de antífonas, salmos y lecciones. || Composición, instrumental o vocal, de forma libre,

NOCHE aparecida en el siglo XVIII como variante de la serenata.

NOCHE f. Tiempo comprendido entre la puesta y la salida del Sol. || Clima nocturno. || Oscuridad derivada de la confusión o de los pocos conocimientos.

NOCHEBUENA f. La del 24 al 25 de diciembre. Conmemora el nacimiento de Cristo.

NODRIZA f. Mujer que amamanta y cuida a un niño que no es suyo. || adj. Se aplica al vehículo que abastece de combustible a otros de su género.

NÓDULO m. Grano, pequeña concreción material. || Nombre genérico que se da a las concreciones minerales de composición distinta a la roca en que se incluyen. || Estructura normal o patológica en forma de eminencia, nudosidad o corpúsculo.

NÓMADA adj. y com. Que practica el nomadismo.

NOMBRAMIENTO m. Acción y efecto de nombrar. || Despacho o documento en que se designa a alguien para un cargo.

NOMBRAR tr. Expresar el nombre de algo o alguien. || Destacar, hacer sobresalir. || Designar para un cargo.

NOMBRE m. Palabra con la que se designa a un ser animado o inanimado o a un conjunto de los mismos. || Conjunto formado por el n. de pila y los apellidos de alguien o, en especial, el mismo n. de pila. || Fama, reputación. || Mote, alias. || Autoridad a la que se remite al hacer algo o en delegación de la cual se actúa. || Título de una obra de creación. || En general, la lingüística prefiere el término sintagma nominal; y ha sustituido el uso de la voz n. por el de *sustantivo*. Los gramáticos tradicionales consideraban el n. una categoría indivisa que se oponía al verbo. Actualmente, el n. se define por su posición habitual como núcleo de un sintagma nominal. || *abstracto* El que designa algo inconcreto, sólo perceptible en su esencia.

NOMENCLATURA f. Relación de voces técnicas de una especialidad.

NÓMINA f. Lista de nombres. || Relación de las personas que perciben un sueldo fijo en una empresa. || Dicho sueldo, que excluye cantidades extraordinarias, y documentos en que consta.

NOMINACIÓN f. Nombramiento.

NOMINAL adj. Del nombre. || Que tiene una existencia formal, que lógicamente debería ser, aunque no suceda. || Relativo al nominalismo. || Se dice del cheque, documento, pase, etc., expedido a favor de una persona concreta. || Se dice del valor de una acción que se corresponde a la parte alícuota de la propiedad de una empresa, y no a sus resultados o a lo que se ha pagado por ella. || Se dice de la magnitud que figura en la especificación de una máquina o aparato.

NOMINATIVO, VA adj. Nominal. || m. En las lenguas flexivas, primer caso de la declinación; indica la función de sujeto.

NON adj. y m. Impar. || m. pl. Negación repetida o muy marcada.

NONADA f. Bagatela, menudencia.

NONATO, TA adj. Que no ha nacido naturalmente, sino por medio de cesárea. || Se aplica a lo que todavía no existe o no ha llegado.

NORDESTE m. Noreste.

NÓRDICO, CA adj. y s. De los países del norte de Europa. || m. Grupo de lenguas de la familia germánico-septentrional. En el siglo XI contaba con varios dialectos: sueco, noruego, danés, islandés y el de las islas Feroë, que procedían del primitivo nórdico hablado hasta el siglo VIII. || adj. y f. Se dice de la etnia racial caucasoide distribuida por el noreste de Europa.

NORIA f. Máquina primitiva para sacar agua de un pozo, compuesta de una rueda horizontal, movida por tracción y otra vertical, que engrana con la anterior y mueve una cadena sin fin con arcaduces. || Cisterna donde se instala la rueda de una noria. || En los parques de atracciones, gran rueda vertical con cabinas en las que viajan personas. || fam. Labor dura, excesiva o penosa.

NORMA f. Escuadra con la que se ajustan convenientemente maderos u otras cosas. || Pauta, regla que determina cómo debe hacerse una cosa, qué características debe tener y qué conducta debe seguir. || *lingüística* Conjunto de reglas y caracteres lingüísticos que definen el uso "correcto" o gramatical de una lengua y evitan la dispersión y cambio continuo (fonológico, sintáctico, léxico, etc.) en la misma. || *jurídica* Regla o mandato que

NORMAL establece la forma en que debe ordenarse un determinado grupo social.

NORMAL adj. Habitual. || Corriente. || Que marca la pauta o la norma. || Que se ajusta a las normas, regla. || Perpendicular. || Se dice de los compuestos orgánicos con átomos de carbono dispuestos en cadenas abiertas no ramificadas. || f. Escuela Normal.

NORMALIZAR tr. y prnl. Convertir algo en normal. || Someter a regla, poner en orden. || tr. Dar normas, fijar reglas. || Multiplicar todas las cantidades por una constante a fin de que queden incluidas en zonas operativas de un ordenador.

NOROESTE m. Punto del horizonte equidistante del N y el O. || adj. y m. Se dice del viento procedente de tal parte.

NORTE m. Uno de los puntos cardinales, situado enfrente de un observador que tenga a su derecha la salida del sol; en él se encuentra la estrella polar. || Ártico, polo Norte. || Cualquier lugar en esa dirección. || fig. Líder, guía. || Aspiración, meta, máximo ideal.

NORTEAMERICANO, NA adj. y s. De América del Norte. Se aplica indebidamente por estadounidense.

NOS Pronombre personal dativo y acusativo de primera persona, masculino y femenino, número plural. || En nominativo y escrito con mayúscula, es usado como signo de su alta jerarquía, por el obispo, el rey, etcétera.

NOSOCOMIO m. Hospital.

NOSOTROS, TRAS Pronombre de primera persona del plural, caso nominativo, sin preposición. Puede usarse también con preposición en otros casos.

NOSTALGIA f. Pesar que produce el alejamiento de los lugares o seres queridos. || Dolor que provoca el recuerdo de un bien ya perdido.

NOTA f. Indicación, señal que se hace en algo. || Llamada, advertencia que en el cuerpo principal de un escrito o impreso remite a un espacio al margen o a un apéndice. || El texto mismo al que se remite, generalmente una glosa, comentario, etc., o bien el origen bibliográfico de una cita. || Breve escrito en el que se recuerda algo, o el que sirve de guía para una clase, conferencia, etc. || Calificación, puntuación que alcanza un alumno en una materia, y opinión que le merece al maestro. || Breve información que aparece en un periódico, revista, etc., en general de última hora o de escasa importancia. || Mensaje breve, que se entrega en mano, sin intervención del servicio postal. || Minuta, factura o cuenta. || Honra, fama, prestigio. || Aspecto, detalle característico. || En la escritura musical, signo que representa un sonido; con su posición en el pentagrama indica la altura y con su forma la duración. || Esbozo o apunte muy sucinto que se hace sobre los recursos de casación civil, por infracción penal.

NOTABLE adj. Digno de atención, sobresaliente. || Muy grande, enorme. || Destacado, que se hace notar. || Calificación escolar inmediatamente inferior al sobresaliente; equivale a una puntuación de 7 u 8 sobre 10. || m. pl. Personas importantes de un lugar.

NOTACIÓN f. Anotación. || Conjunto de signos gráficos que componen un sistema de escritura musical. || Conjunto de símbolos utilizados en la lógica moderna para representar las constantes y las variables proposicionales, las clases y sus miembros y sus relaciones. || *química* Sistema reglado de representación de las sustancias por símbolos y fórmulas. La utilizada actualmente se basa en el modelo formulado por Berzelius (1815).

NOTAR tr. Hacer una señal, indicar. || Advertir, caer en la cuenta, apreciar. || Hacer un apunte que sirve de recordatorio, o de guía para una conferencia, o como reparo o comentario a un texto, etc. || prnl. Manifestarse algo, mostrarse claramente. || *hacerse n*. Llamar la atención.

NOTARÍA f. Profesión y empleo de notario. || Despacho donde ejerce su profesión.

NOTARIO, RIA m. y f. Fedatario público cuya principal función, y para la que está autorizado, es dar fe de contratos, testamentos y otros actos extrajudiciales.

NOTICIA f. Idea elemental, conocimiento que se tiene de algo. || Suceso, hecho reciente que se divulga. || *bomba* La de mucho impacto o gran resonancia. || *atrasado de noticias* Falto de información.

NOTICIARIO m. Filme de carácter informativo y corta duración (de 7 a 10 min). ||

Programa de radio o televisión que transmite noticias. || Páginas o apartado de un periódico donde se dan noticias breves y puntuales.

NOTICIERO, RA adj. Que da noticias. || m. y f. Persona que redacta noticias, especialmente para un periódico. || m. Noticiario de un periódico.

NOTIFICACIÓN f. Acción y efecto de notificar. || Acto por el cual se comunica, generalmente por escrito, un trámite o decisión legal a los interesados.

NOTIFICAR tr. Dar una notificación judicial o legislativa. || Por extensión, transmitir una noticia.

NOTORIEDAD f. Calidad de notorio. || Fama, conocimiento público que se tiene de uno.

NOTORIO, RIA adj. Sobradamente conocido, sabido de todos. || Fácil de observar, evidente.

NOVATADA f. Broma pesada que los ya veteranos hacen a un novato. || Percance o torpeza que se sufre por carecer de experiencia en algo.

NOVATO, TA adj. y s. Principiante, inexperto en una actividad, materia, etcétera.

NOVECIENTOS, TAS adj. Nueve veces ciento. || En noningentésimo lugar. || m. Guarismo de tal número. || El siglo xx.

NOVEDAD f. Calidad de nuevo. || Suceso o cosa muy recientes. || Cambio inesperado de una cosa. || Alteración de la salud. || pl. Últimos géneros o productos en consonancia con la moda.

NOVEL adj. Novato, inexperto.

NOVELA f. Obra de ficción en prosa en la que se narra una acción y aparecen unos personajes. || Novelística. || fig. Fábula, mentira, ficción. || Sucesión de hechos de la vida real, tan fantásticos que parecen de ficción.

NOVELESCO, CA adj. Relativo a la novela. || Que parece de novela por lo asombroso o disparatado.

NOVELISTA com. Persona que escribe novelas.

NOVELÍSTICO, CA adj. Relativo a la novela. || f. Tratado o ensayo sobre la novela. || Conjunto de la producción de novelas de un país, cultura, tema o etapa.

NOVENO, NA adj. Ordinal y partitivo de nueve. || m. Renta de la novena parte de la cosecha que se paga como arrendamiento. || f. Intervalo entre dos notas separadas por nueve grados de la escala diatónica. || Práctica de la liturgia católica dedicada a la Virgen o a un santo durante 9 días, y libro que lo contiene.

NOVENTA adj. Nueve veces diez. || En nonagésimo lugar. || m. Guarismo de tal número.

NOVIAZGO m. Estado de novio o novia. || Tiempo que dura tal estado.

NOVICIADO m. Tiempo de reflexión y prueba obligatoria a los religiosos antes de profesar. || Conjunto de los novicios, residencia en la que viven y disciplina a la que se someten. || Tiempo que dura un aprendizaje.

NOVICIO, CIA m. y f. Aspirante a ingresar en una orden religiosa, que aún no ha profesado. || adj. y s. Novato, principiante.

NOVIEMBRE m. Undécimo mes del año (30 días).

NOVILLADA f. Conjunto de novillos. || Corrida en la que se lidian novillos.

NOVILLO, LLA m. y f. Res vacuna entre dos y tres años. || m. fam. Cornudo, calzonazos.

NOVIO, VIA m. y f. Persona recién casada. || Persona comprometida para casarse o próxima a hacerlo. || m. Novato, especialmente el que mata a una res por vez primera.

NUBARRÓN m. Nube solitaria muy grande y oscura. || pl. fig. Problemas o graves dificultades que se presagian.

NUBE f. Agregado de pequeñas partículas de hielo o de gotas de agua suspendidas en el aire. Se forman por condensación del exceso de vapor de agua en torno a los núcleos de condensación (partículas higroscópicas). || Lluvia de corta duración. || Nubécula. || Grupo numeroso de cosas (insectos, humo, etc.) que es capaz de oscurecer el sol. || Gran cantidad, abundancia. || Lo que ofusca la inteligencia. || Cosa que disimula o encubre a otra. || Mancha que oscurece parcialmente las piedras preciosas. || *electrónica* Conjunto de electrones que giran alrededor de un átomo, describiendo órbitas distintas. || *radiactiva* La formada por la mezcla de gases calientes, humo, polvo y otras partículas de materia, que son proyectadas hacia arriba con la bola de fuego producida en la detonación de una bomba nuclear.

NUBLADO, DA adj. Se aplica al cielo cubierto de nubes. || m. Nube tormentosa que amenaza lluvia. || Tormenta muy aparatosa. || Situación preocupante o amenazante o cosa que perturba.

NUBLAR tr. y prnl. Anublar. || Perturbar, confundir. || Enturbiar la vista.

NUCA f. Región anatómica que comprende las partes blandas situadas debajo de la porción cervical de la columna vertebral.

NUCLEAR, 1 adj. Relativo al núcleo o perteneciente a él. || Relativo al núcleo atómico o a las operaciones relacionadas con él.

NUCLEAR, 2 tr., intr. y prnl. Agrupar, reunir, aglutinar.

NÚCLEO m. Parte mollar de los frutos, que como la nuez tienen la cáscara dura. || Hueso de una fruta. || Parte de una cosa que junto con otras la constituye. || Elemento fundamental, parte central de una cosa. || Orgánulo fundamental de la célula viva; de forma circular o esferoidal. Contiene los cromosomas, base de la información hereditaria. || Parte central del átomo donde se concentra casi toda la masa y toda la carga eléctrica positiva. Está constituido por protones y neutrones. Su diámetro es de 10^{-12} cm (unas 10 000 veces inferior al diámetro del átomo). || Cada una de las estructuras moleculares que caracterizan algunos grupos de compuestos (bencenos, pirroles y pirridimidas). Poseen una gran estabilidad térmica y son resistentes a la oxidación.

NUDILLO m. Cada una de las articulaciones interfalángicas de los dedos de la mano. || Cada uno de los puntos que configuran la costura de las medias.

NUDISMO m. Práctica de la desnudez al aire libre como forma de higiene psicofísica.

NUDO m. Fuerte traba o unión que se hace en una cuerda o similar o entre dos de ellas. || Punto situado en el tallo de las plantas del que emergen las hojas, ramificaciones y demás órganos. || Parte más dura o sobresaliente en la superficie de un sólido. || Intersección de dos o más carreteras, sistemas montañosos, vías férreas, etc. || Distancia recorrida que se mide mediante tales divisiones. || Unidad marítima de velocidad que equivale a una milla marina por hora. || Desarrollo, punto crucial de una obra. || Enlace, trabazón, vínculo.

NUERA f. Respecto a los padres, la mujer del hijo.

NUESTRO, TRA, TROS, TRAS Pronombre posesivo de primera persona en género masculino y femenino y número singular y plural. Se usa cuando los poseedores son varios y entre ellos se incluye el hablante. Concuerda en género y número con la cosa o cosas poseídas. También puede usarse tanto como pronombre posesivo mayestático como de modestia.

NUEVA f. Noticia inesperada, novedosa. || *hacerse de nuevas* Fingir que se desconoce una noticia ya sabida.

NUEVO, VA adj. Reciente, acabado de hacer, fabricar, etc. || Inédito, que aún no se había visto ni oído. || Que se vuelve a hacer para mejorarlo. || Que se aparta de lo que se conocía o de aquello a lo que se estaba acostumbrado. || En una serie o conjunto, el último elemento en incorporarse. || En buen estado, sin mucho uso. || adj. y s. Recién llegado. || Novato, bisoño. || *de n.* Otra vez, con reiteración.

NULIDAD f. Calidad de nulo. || Falta de capacidad o de competencia. || Abolición, cancelación. || Acto jurídico, declarado ineficaz, debido a que falta algún requisito para que pueda ser considerado válido. || Persona inepta, inútil.

NULO, LA adj. Sin validez. || Inepto, torpe, ineficaz.

NUMEN m. Cada uno de los dioses paganos. || Musa, inspiración.

NUMERACIÓN f. Acción y efecto de numerar. || *n., sistema de* Conjunto de reglas que permiten la representación de todos los números mediante signos o palabras. Sistemas de n. muy conocidos son el *arábigo* o *decimal* (base 10) y el *romano*.

NUMERADOR, RA adj. y s. Que numera. || m. Término de la fracción, situado sobre la línea divisoria, que indica un número determinado de partes del total en que se ha dividido la unidad.

NUMERAL adj. y com. Relativo al número. || Se dice de la categoría lingüística que indica cantidad numérica. Puede ser cardinal, colectivo, ordinal, partitivo, etcétera.

NUMERAR tr. Ordenar mediante números sucesivos. || Contar un conjunto siguiendo el orden de los números. || Indicar numéricamente una cantidad.

NUMÉRICO, CA adj. Perteneciente o relativo a los números. || Que se realiza o compone con ellos. || Se dice de la función que sólo está definida para valores enteros de la variable.

NÚMERO m. Expresión de la relación que se establece entre una cantidad y una unidad determinadas. || Guarismo que la indica. || Cantidad no determinada. || Especie, grupo, clase. || Miembro de la Guardia Civil cuya categoría es la menor y básica de dicho cuerpo. || Billete de lotería, o cada uno de los boletos de un sorteo. || Cada una de las partes del programa de un espectáculo. || En un periódico, revista, etc., cada una de las ediciones realizadas con diferente fecha y contenido.

NUMEROSO, SA adj. Abundante, con muchas cosas.

NUMISMÁTICA f. Ciencia que estudia la moneda (su historia, tipos, leyendas, aleaciones, etc.). || Coleccionismo de monedas.

NUNCA adv. Jamás, ninguna vez, en ningún tiempo. || *n. jamás*, o *más* Expresión que enfatiza al adverbio.

NUPCIAS f. pl. Boda, casamiento.

NUTRICIÓN f. Acción y efecto de nutrir o nutrirse. || Conjunto de procesos fisiológicos que aseguran el aporte a todas las células del organismo de los materiales indispensables para llevar a cabo sus funciones vitales.

NUTRIR tr. y prnl. Buscar un organismo vivo aquello que le es necesario para alimentarse, crecer o subsistir. || fig. Fortalecer. || Satisfacer plenamente. || Abastecer.

NUTRITIVO, VA adj. Que puede nutrir, alimentar.

NYLON m. Fibra sintética obtenida por polimerización de amidas de cadena larga. Caracterizada por su resistencia y elasticidad. Descubierta en 1927 y fabricada industrialmente a partir de 1938.

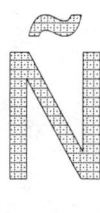
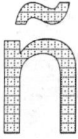

Ñ f. Decimoséptima letra del abecedario castellano (Ñ, ñ); su nombre es *eñe*.
ÑOCLO m. Dulce hecho en el horno a base de harina, huevos, manteca, vino, azúcar y anís.

ÑOÑERÍA f. Dicho o hecho propio de gente ñoña.
ÑOÑO, ÑA adj. y s. Corto, quejica, blandengue. || Cosa insulsa, sin gracia, boba.

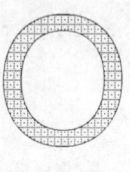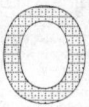

O f. Decimoctava letra del abecedario castellano (O, o) y cuarta de sus vocales.
OASIS m. Lugar del desierto con agua y vegetación, frecuentemente ocupado por población sedentaria, que lo cultiva, y de economía autosuficiente. || Pausa, descanso, retiro feliz.
OBCECAR tr. y prnl. No ver claro, empecinarse en algo.
OBEDECER tr. Acatar las decisiones de un superior, o las normas y leyes de una sociedad. || Seguir un animal, especialmente una caballería, las órdenes de su dueño o conductor. || No resistir una cosa inanimada a una fuerza que opera sobre ella. || intr. Proceder, dimanar.
OBEDIENCIA f. Acción de obedecer. || Actitud o cualidad de obediente. || Uno de los tres votos que se hacen al entrar en la vida religiosa. || *ciega* La que no se cuestiona las posibles consecuencias y motivos de la orden, y se limita a obedecerla. || *debida* o *legítima* La que por ley se debe al superior.
OBELISCO m. Monumento conmemorativo o decorativo de origen egipcio. Consiste en un gran monolito de base cuadrada y forma piramidal. || Signo de imprenta (†) que se pone ante el nombre de una persona fallecida, o ante la fecha de su fallecimiento.
OBERTURA f. Pieza instrumental introductoria de la ópera, oratorio o suite.
OBESIDAD f. Síndrome caracterizado por un aumento excesivo del peso corporal debido a la acumulación de tejido adiposo.
OBESO, SA adj. Muy grueso, excesivamente gordo.
ÓBICE m. Dificultad, impedimento.
OBISPO m. Prelado que posee la plenitud del sacerdocio y gobierna la iglesia local. || Morcilla grande y gruesa. || *auxiliar* El que no tiene diócesis propia y ayuda como coadjutor a otro que la posee. || *metropolitano* Arzobispo.
OBJECIÓN f. Motivo razonable por el que uno se opone a algo. || Impedimento, reparo. || *de conciencia* Negativa de un ciudadano a aceptar leyes u ordenanzas estatales que vayan en contra de sus convicciones. La forma más frecuente es el rechazo al servicio militar.
OBJETAR tr. Poner objeciones.
OBJETIVO, VA adj. Se dice de lo que existe fuera del sujeto, y puede por ello fundamentar el acuerdo intersubjetivo y ser verificado empíricamente. || Que no se deja llevar por la pasión o el sentimiento. || m. Meta, fin que se desea alcanzar. || Espejo, lente convergente o asociación de lentes que se coloca en el extremo de un instrumento óptico (microscopio, telescopio, cámara fotográfica, etc.), de manera que recibe la luz de los objetos y la distribuye en imágenes reales que se recogen en una superficie lenticular situado en el otro extremo del aparato óptico (ocular). || Zona que la artillería o la aviación pretenden destruir con sus bombardeos, o que otras tropas han de ocupar.

OBJETO m. Cualquier cosa que centra la atención y que existe al margen de la conciencia. || Lo que se pretende conseguir. || Contenido de una ciencia. || *al, o con, o. de* Para.

OBLEA f. Lámina hecha con harina y agua, y cocida en molde, para hacer hostias o envolver medicamentos, y que también se usó para cerrar sobres, pliegos, etc. || Cada una de las formas que se sacan de estas láminas. || fig. y fam. Persona o animal extremadamente delgados.

OBLICUO, CUA adj. Inclinado. || Se dice de los planos o líneas que forman entre ellos ángulos no rectos. || Nombre de seis músculos pares situados en el abdomen, la nuca y el ojo.

OBLIGACIÓN f. Acción y efecto de obligar. || Necesidad de obrar en una dirección determinada, sea por imperativo moral, por compulsión física o por exigencias pragmáticas. || Agradecimiento, justa correspondencia a un favor. || En derecho, relación entre dos o más personas, una de las cuales, el deudor, debe realizar a favor del acreedor determinadas prestaciones. || Título de crédito, amortizable a medio o largo plazo, que emite una empresa o institución y que significa cada una de las partes en que se divide el monto total de un préstamo. || pl. Deberes familiares, en cuanto que son la razón de un trabajo intenso. || Conjunto de las tareas diarias.

OBLIGAR tr. Forzar a alguien a actuar de determinada forma una autoridad, deber moral, etc. || Actuar sobre una cosa para producir el efecto que se desea. || Tentar, hacerse con la voluntad de uno con halagos o regalos. || Sujetar unos bienes al pago o cumplimiento de algo. || prnl. Hacerse el propósito de cumplir algo.

OBLIGATORIO, RIA adj. Que ha de cumplirse. || m. y f. Tenedor, fideicomisario de una obligación contraída por otro.

OBLONGO, GA adj. Más largo que ancho.

OBNUBILACIÓN f. Confusión, terquedad. || Estado de semiinconciencia.

ÓBOLO m. Unidad monetaria y de peso de la Grecia antigua, que corresponde a la sexta parte del dracma. || Pequeño donativo, limosna.

OBRA f. Todo aquello creado por alguien, individual o genéricamente. || Cualquier manifestación artística como un libro, cuadro, partitura musical, película, etc. || Conjunto de cosas que un autor ha creado. || Pieza teatral. || Trabajo que realiza un artesano. || Lugar donde se trabaja en la construcción de un edificio, presa, etc. || Labor de albañilería. || Esfuerzo empleado en hacer o conseguir algo. || Gracia, medio, poder. || En un alto horno, la parte estrecha situada inmediatamente encima del crisol.

OBRAR tr. Llevar a cabo algo, una acción. || Edificar, construir. || Realizar algo maravillas o cosas inesperadas. || tr. e intr. Producir efecto una cosa. || intr. Defecar, ir de vientre. || Hallarse una cosa con quien se indica o donde se indica. || Actuar, hacer las cosas en determinada forma o por ciertos motivos.

OBRERO, RA adj. y s. Que trabaja. || En los insectos sociales, se dice de los individuos no reproductores y que intervienen en las tareas de abastecimiento del nido. || adj. Relativo al trabajador. || m. y f. Trabajador manual que actúa por cuenta y a beneficio de otro. || *o., movimiento* Conjunto de las luchas llevadas por la clase obrera, sea para mejorar sus condiciones de vida o para traducir políticamente su hegemonía social.

OBSCENO, NA adj. Sexualmente grosero, torpe, indecente.

OBSEQUIAR tr. Atender a uno ofreciéndole servicios, cumplimientos o regalos.

OBSEQUIO m. Dádiva, regalo con que se intenta alegrar a uno. || Galanteo.

OBSERVACIÓN f. Acción y efecto de observar. || Objeción, pega, reparo. || Glosa, nota explicatoria en un texto.

OBSERVAR tr. Seguir con atención un proceso, o examinar cuidadosamente algo, analizar. || Caer en la cuenta, advertir. || Cumplir exactamente y hacer cumplir una ley, mandato, etc. || Atisbar.

OBSERVATORIO m. Lugar destinado a hacer observaciones, especialmente científicas. || Edificio dotado de instrumentos para observaciones astronómicas; los que tienen servicios de magnetismo y sismología se llaman *o. astrofísico*. || *meteorológico* Estación meteorológica. || *orbital*

Satélite puesto en órbita alrededor de la Tierra con la primordial finalidad de efectuar mediciones astronómicas.

OBSESIÓN f. Idea fija, pensamiento que el sujeto no puede apartar de la mente por mucho que lo desee.

OBSESIONAR tr. y prnl. Causar obsesión.

OBSIDIANA f. Roca volcánica, formada principalmente por vidrio volcánico, negro brillante, fractura conoide. Procede de un enfriamiento rápido de la lava. Se usó para la fabricación de utensilios.

OBSOLETO, TA adj. Caduco, anticuado, desusado.

OBSTACULIZAR tr. Intentar impedir algo, poner obstáculos.

OBSTÁCULO m. Estorbo, oposición, dificultad. || Valla o cualquier otra dificultad que se coloca en ciertas carreras de a pie, a caballo, en motocicleta, etc., y que los concursantes deben salvar.

OBSTAR intr. Dificultar, estorbar. || unipers. Oponerse, mostrarse disconforme o contrario.

OBSTINADO, DA adj. Terco empecinado.

OBSTINARSE prnl. Aferrarse a una idea, actitud, etc., y empeñarse en ello pese a amenazas o razonamientos.

OBSTRUCCIÓN f. Acción y efecto de obstruir u obstruirse. || Práctica parlamentaria dirigida a retrasar o impedir la aprobación de un proyecto, forzando para ello el uso de posibilidades que da el reglamento. || En deporte, acción de estorbar la movilidad o jugada del contrario. || Obliteración.

OBSTRUIR tr. Interceptar un paso, cerrar un conducto o camino. || Evitar la realización de algo, impedirlo. || prnl. Atascarse un canal, conducción, etcétera.

OBTENER tr. Conseguir algo que se desea. || Producir una materia o producto actuando sobre otras sustancias.

OBTUSO, SA adj. Romo, que carece de punta. || Lento de ideas.

OBÚS m. Pieza artillera de mayor envergadura y alcance que un mortero pero menor que un cañón de campaña. || Proyectil que tal pieza dispara, similar a la granada. || Pequeña pieza con la que se cierra la válvula de un neumático.

OBVIAR tr. Ignorar, eludir dificultades u obstáculos, superarlos.

OBVIO, VIA adj. Que puede verse, tangible. || Patente, evidente.

OCA f. Ganso.

OCASIÓN f. Situación o lugar favorables para realizar determinada cosa, oportunidad. || Causa o motivo de algo. || Dificultad, peligro. || *de o.* Se dice del artículo rebajado, o de segunda mano.

OCASIONAR tr. Ser origen o causa de algo, producirlo o provocarlo.

OCASO m. Puesta del Sol o de otro astro. || Occidente. || Declive, decadencia.

OCCIDENTAL adj. Relativo o perteneciente al occidente. || De cultura y sistema político propios de occidente, por oposición a los países del este. || Se aplica al planeta que se pone con posterioridad al Sol.

OCCIDENTE m. Punto cardinal del horizonte, por donde se pone el Sol. || Lugar por donde se pone el Sol. || Antiguo nombre dado al conjunto de estados europeos unidos por la fe cristiana y opuestos al dominio turco.

OCCIPITAL adj. Relativo al occipucio. || Se dice del hueso impar y medio que contribuye a formar la parte posterior e inferior del cráneo.

OCCIPUCIO m. Parte posterior del cráneo.

OCCISO, SA adj. y s. Que ha sido muerto de forma violenta.

OCÉANO m. Cada una de las cinco grandes masas de agua de las que emergen los continentes: Pacífico, Índico, Atlántico, Glacial Ártico y Glacial Antártico (éste, hoy considerado parte de los tres primeros). || fig. Gran cantidad de algo; usado ponderativamente en el mismo sentido que mar.

OCEANOGRAFÍA f. Ciencia que estudia los mares y océanos, sus elementos (aguas, fondos, organismos vivos) y la dinámica del sistema.

OCIO m. Inacción, ausencia de trabajo. || Tiempo de libre disposición de una persona después de realizar un trabajo económicamente productivo, especialmente el diario o semanal. || pl. Actividad que se realiza en el tiempo libre.

OCIOSIDAD f. Inactividad viciosa, pereza, gandulería. || Cosa en la que se emplean los ratos de ocio. || pl. Dichos o hechos inútiles, ociosos.

OCIOSO, SA   adj. y s. Que está inactivo, sin trabajo. || Desocupado. || Gandul. || Infructuoso, innecesario.

OCLUIR   tr. y prnl. Obstruir, clausurar o taponar un conducto del organismo.

OCRE   m. Mezcla de arcilla con limonita terrosa. Se usa como pigmento. || Producto de alteración de los minerales de hierro, de coloración variable. || Color amarillento.

OCTAEDRO   m. Poliedro de ocho caras. Si es regular, sus caras son triángulos equiláteros.

OCTÁGONO, NA   adj. y m. Se dice del polígono de ocho lados. Si es regular, cada uno de sus ángulos interiores mide 135°.

OCTAVILLA   f. Octava parte de un pliego de papel. || Estrofa formada por ocho versos de arte menor. || Impreso de propaganda política o de denuncia social.

OCTAVO, VA   adj. y s. Que está entre el séptimo y el noveno. || Se aplica a cada una de las ocho partes iguales en que se divide algo. || *en o.* Tamaño de página que es la octava parte de un pliego.

OCTOGENARIO, RIA   adj. y s. Que ha cumplido 80 años y aún no llega a los noventa.

OCTOSÍLABO, BA   adj. y m. De ocho sílabas. || Verso de ocho sílabas. Es el más empleado en la lírica castellana tradicional.

OCTUBRE   m. Décimo mes del año; tiene 31 días.

OCULAR   adj. Relativo o perteneciente a los ojos. || m. Lente o sistema de lentes de un instrumento óptico, situado donde el observador aplica el ojo, cuya finalidad es aumentar y facilitar la visión de la imagen producida por el objetivo.

OCULISTA   com. Médico especializado en el tratamiento de las enfermedades de los ojos.

OCULTAR   tr. y prnl. Solapar, encubrir, disimular. || No dar a conocer lo que debería ser de dominio público, tergiversar o disfrazar la verdad. || prnl. Ponerse el Sol o la Luna.

OCULTO, TA   adj. Que permanece en la sombra, sin dejarse ver. || Ignoto, arcano, extraño.

OCUPACIÓN   f. Acción y efecto de ocupar. || Quehacer. || Nivel de empleo de una sociedad. || Cargo, oficio, profesión. || Modo originario de adquirir una propiedad que carece de dueño. || Presencia temporal de tropas extranjeras en un país, de modo que éste, aun conservando su organización, se encuentra bajo el control de aquéllas. || Instalación de emigrantes en un territorio vacante, o así considerado desde un punto de vista eurocéntrico.

OCUPAR   tr. Tomar para sí, apoderarse de algo. || Dar trabajo. || Conseguir trabajo. || Ejercer un cargo, oficio, etc. || Llenar un espacio o un tiempo, habitarlo. || Vivir en una casa. || Molestar, importunar. || Dar que hablar o en qué pensar. || prnl. Emplearse en algo. || Someter a estudio un asunto.

OCURRENCIA   f. Salida ingeniosa, agudeza.

OCURRIR   intr. Acudir a un tribunal, recurrir a un juez. || Celebrarse en un mismo día dos fiestas eclesiásticas. || unipers. Suceder, acontecer algo. || prnl. unipers. Acudir algo a la mente, nacer una idea.

OCHENTA   adj. Ocho veces diez. || adj. y com. Octogésimo. || m. Guarismo de tal número.

OCHO   adj. Siete más uno. || adj. y com. Octavo. || m. Guarismo de tal número. || Naipe con ese mismo número. || *dar lo mismo o. que ochenta* Ser algo irrelevante.

ODA   f. Poema lírico, generalmente de tono elevado y vivo, que puede revestir multitud de formas y motivos.

ODALISCA   f. Esclava al servicio de las mujeres de un harén. || Cada una de las mujeres del harén.

ODIAR   tr. Tener odio, aborrecer en grado sumo.

ODIO   m. Sentimiento de aversión, extrema y destructiva, hacia alguien o algo.

ODIOSO, SA   adj. Que provoca odio o es acreedor de él. || Repugnante, despreciable, execrable.

ODISEA   f. Por analogía con el poema homérico, esfuerzos y penalidades por los que uno pasa, especialmente en un viaje o excursión.

ODONTOLOGÍA   f. Rama de la medicina que estudia la fisiología y patología dental.

ODRE   m. Pellejo, cuero que cosido y empegado se usa para guardar vino, agua, etc. || fam. Borracho.

OESTE m. Uno de los cuatro puntos cardinales; corresponde al punto del horizonte en el que el Sol se pone en los días de los equinoccios. || Viento que sopla de tal parte.

OFENDER tr. Insultar, dañar la propia estima de uno. || Provocar algo una sensación desagradable. || prnl. Amoscarse o enfadarse por alguna cosa.

OFENSA f. Acción y efecto de ofender. || Insulto, agravio.

OFENSIVO, VA adj. Que ofende o puede ofender. || f. Acción de atacar, especialmente la de una tropa que intenta sorprender y arrollar al enemigo. || Estrategia (militar, deportiva, etc.) basada en el avance sistemático hacia el contrincante, buscando el choque con él. || *tomar la o*. Pasar al ataque.

OFERTA f. Ofrecimiento que se hace de algo o alguien. || Palabra que da uno de dar o hacer cierta cosa. || Producto que se vende a precio inferior al normal. || Obsequio, regalo. || Propuesta para realizar un contrato. || Cantidad de bienes y servicios puestos en el mercado, en un momento y a un precio determinados. || *monetaria* Parte de la masa monetaria en manos de particulares o cuentas a la vista.

OFF m. Mecanismo que desconecta una máquina o circuito en funcionamientos. || *o., en* loc. adv. En teatro y cinematografía, voz o acciones que se producen fuera de la escena.

OFFSET m. Procedimiento de impresión planográfica derivado de la litografía; a diferencia de ésta, se utilizan planchas metálicas positivas, que no tocan el papel, sino que imprimen sobre un cilindro de caucho que, a su vez, traslada la impresión al papel. Permite imprimir en 2 o más colores a la vez.

OFICIAL adj. Que procede del poder constituido. || Válido, refrendado por la autoridad competente. || Persona que trabaja en un oficio, especialmente el que es grado intermedio entre el aprendiz y el maestro. || Entre funcionarios, persona que está entre auxiliar y jefe. || Pasante o escribano de abogados, etc. || Juez, provisor. †| Grado o categoría de oficial. || Militar cuyo grado es de alférez, teniente o capitán.

OFICIAR tr. Celebrar la misa o ayudar a ello. || Transmitir una decisión oficial por escrito. || Con la preposición *de*, actuar como se indica.

OFICINA f. Lugar de trabajo o de elaboración de algo. || Despacho, secretaría.

OFICINISTA com. Persona que trabaja en una oficina.

OFICIO m. Trabajo u ocupación habituales, de cuya remuneración se vive. || Empleo, cargo. || Especialización profesional, principalmente la que no se obtiene en instituciones académicas medias o superiores. || Función de cualquier cosa. || Dicho o hecho en favor o en contra de alguien. || Destreza lograda por la experiencia en la práctica de una actividad; en general se opone a creatividad. || Comunicación escrita que media entre funcionarios sobre asuntos de servicio. || Rezo diario de los sacerdotes. || Ceremonia litúrgica, especialmente las de difuntos o semana santa; se usa también en plural.

OFICIOSO, SA adj. Entrometido, inoportuno. || Que su fuente es un organismo o persona oficial, pero que actuaron sin tal carácter.

OFIDIOS m. pl. Suborden de reptiles, del orden Escamosos; comprende especies de cuerpo alargado con muchas vértebras y generalmente ápodo; está cubierto de escamas, por lo que el crecimiento se hace a través de sucesivas mudas. Cráneo con mandíbulas muy móviles, con dientes macizos o acanalados. Lengua bífida y muy ágil; poseen cloaca con hendidura transversal. Unas 3 000 especies, que viven en todos los hábitats.

OFRECER tr. Donar, regalar. || Dedicar un homenaje, dar una fiesta en honor de alguien. || Ofrendar una obra piadosa o un dolor a Dios. || Sacrificar una víctima a los dioses; consagrar un sacerdote el cáliz y la hostia. || Dar limosna en el interior de una iglesia. || Indicar la cantidad de dinero que se quiere dar por algo, o aquello que se entregue en trueque. || Poner o dar facilidades. || tr. y prnl. Dar palabra, empeñarse uno en determinada acción. || Enseñar, mostrar al público. || intr. Presentar algo ciertas características visibles.

OFRENDA f. Lo que se ofrece o dedica a Dios o a sus santos. || Dádivas que los fieles llevaban a la iglesia, generalmente

como sufragio de difuntos. || Obra, servicio que se hace por agradecimiento o amor.
OFTALMOLOGÍA f. Rama de la medicina especializada en el estudio de la fisiología y patología de los ojos.
OFUSCAR tr. y prnl. Cegar la vista el exceso de luz, turbar. || Confundir, oscurecer la razón de uno. || Engañar a uno la apariencia de algo.
OGRO m. Mezcla de gigante y fiera que en la literatura fantástica se alimentaba de carne humana, especialmente la de niños y doncellas. || Ladrón de cementerios, masticacadáveres. || Persona muy fea. || Persona sangrienta y atroz. || Individuo hosco, insociable.
¡OH! Interjección que denota sorpresa, dolor, emoción intensa.
OHMIO m. Unidad de resistencia eléctrica y de impedancia en el sistema internacional. Equivale a la resistencia de un circuito eléctrico cuando al aplicarle la diferencia de potencial de 1 voltio circula la corriente con la intensidad de 1 amperio. Su símbolo es Ω.
OÍDO m. Sentido por el que se oye. || Órgano por el que se percibe el sonido y también regula el equilibrio corporal. Dividido en *externo* (oreja), *medio* (tímpano) e *interno* (laberintos óseo y membranoso). || Facilidad para distinguir las notas y captar la calidad, timbre y altura de los sonidos musicales. || Agujero en la recámara de algunas armas de fuego que comunica con la carga. || Orificio en un barreno en el que se coloca la mecha o el detonante.
OÍR tr. Recibir, advertir sonidos por medio del oído. || Escuchar, hacer caso de las peticiones o advertencias de uno. || Enterarse de lo que le dicen. || Admitir el juez pruebas, testimonios, etc., de las partes antes de fallar. || *como quien oye llover* Sin hacer caso, como si no fuera con uno. || *¡oiga!*, *¡oye!* Exclamación para llamar la atención o interpelar a alguien.
OJAL m. Abertura reforzada por la que se pasa un botón y que lo traba. || Orificio que traspasa ciertas cosas. || En una mina, lazada que se hace en una cuerda para subir o bajar apoyando en ella la pierna y con ayuda de un torno.
¡OJALÁ! Interjección que expresa el deseo de que suceda lo que se dice.

OJEADA f. Vistazo, mirada rápida o superficial.
OJEAR tr. Enfocar la mirada hacia determinado lugar. || Echar un vistazo.
OJERA f. Coloración más oscura alrededor de los ojos, especialmente en los párpados inferiores de ciertos enfermos o en sujetos con cansancio; se usa en plural.
OJERIZA f. Tirria, rabia que se le guarda a uno.
OJETE m. Ojal pequeño, redondo, reforzado con una arandela metálica por el que pasa una cinta o cordón para ceñir ciertas prendas. || Adorno de tal forma en bordados.
OJIVA f. Forma surgida del cruce en ángulo agudo de dos porciones de circunferencia, de modo que presentan sus concavidades contrapuestas. || Arco ojival. || *nuclear* Cabeza de proyectil de esta forma que contiene material escindible o bien escindible-fusionable.
OJO m. Cada uno de los dos globos que constituyen los órganos periféricos del sentido de la vista. Ocupa la parte anterior de la órbita y por su polo posterior penetra el nervio óptico. || La parte de tal órgano que resulta visible en la cara. || Vista, mirada. || Orificio que atraviesa ciertas cosas, como el de la aguja, el túnel, la llave, la cerradura, un puente, la balanza, etc. || Corriente de agua que aflora en un llano. || Gota de un líquido menos pesado que el agua y que flota en ella. || Mancha circular de diversos colores que adorna la cola del pavo real, o las alas de ciertas mariposas, etc. || Cada uno de los huecos de ciertos alimentos o materias esponjosas. || Hueco que queda entre los pilares de un puente. || Grueso de los caracteres de imprenta. || Relieve de un tipo de imprenta, parte del tipo que se entinta e imprime. || Malla de una red. || Prevención, cuidado que se pone en alguna cosa. || Nota al margen de un texto para advertir o señalar algo. || Habilidad, tino, maestría.
OKEY Expresión que indica conformidad o acuerdo. Se escribe OK.
OLA f. Ondulación que produce el viento en la superficie de una masa de agua. || Cualquier fenómeno meteorológico que produce una transformación en la tempe-

ratura de un lugar (o. *de calor, de frío*). || Repentina abundancia de algo.
OLEADA   f. Ola grande. || Movimiento, empuje y golpe de la misma. || fig. Gran afluencia tumultuosa de cosas o personas.
OLEAJE   m. Mar revuelta, olas en sucesión.
ÓLEO   m. Técnica pictórica que consiste en disolver los colores en aceite. || Pintura al óleo. || Acción de suministrar los óleos a un moribundo. || pl. Aceite litúrgico o sacramental.
OLEODUCTO   m. Tubería para la conducción del petróleo a grandes distancias.
OLER   tr. Advertir, notar los olores gracias al olfato. || Recelar, tener la sospecha de que algo ocurre. || Indagar, meter las narices en un asunto. || intr. Despedir olor. || Tener aspecto de algo, generalmente malo. || *o. mal* (algo) Dudar o tener suspicacias sobre un asunto.
OLFATEAR   tr. Oler repetida e insistentemente algo. || Buscar la procedencia de un olor. || fam. Husmear, investigar.
OLFATO   m. Sentido que permite percibir los olores. El órgano sensorial periférico es la mucosa nasal llamada pituitaria. || fam. Intuición.
OLIGARQUÍA   f. Régimen político en el que el poder es ejercido por un número reducido de personas, en función de su posición social, por pertenencia a una familia poderosa (Esparta, Cartago, Venecia). || Minoría dirigente, de carácter cerrado. || Grupo dominante de la economía, o de un sector económico, de un país.
OLIGOFRENIA   f. Insuficiencia en el desarrollo mental, puede deberse a trastornos cromosómicos, alteraciones endocrinas, etc. El individuo oligofrénico jamás alcanza la edad mental de 12 años.
OLIMPÍADA (u **OLIMPIADA**)   f. Periodo de 4 años, usado por los griegos como unidad de tiempo en el cómputo histórico. Creado por Timeo (siglos IV-III a. C.), a partir de las listas de ganadores de los juegos olímpicos, y usado hasta el siglo IV d. C. || Impropiamente, juegos olímpicos.
OLÍMPICO, CA   adj. Relativo al Olimpo, a Olimpia o la olimpiada. || Se dice de la actitud de máxima altivez o desprecio. || *olímpicos, juegos* Los que, en la antigua Grecia, se celebraban cada 4 años en Olimpia, en honor de Zeus. || Los que, con la misma periodicidad, se celebran desde 1896, que constituyen la mayor manifestación deportiva del mundo. En 1996 constan de 272 pruebas.
OLISCAR   tr. Olfatear. || intr. Comenzar a desprender mal olor algo que se pudre.
OLIVA   f. Aceituna.
OLIVAR, 1   m. Lugar poblado de olivos.
OLIVAR, 2   tr. Quitar las ramas inferiores de un árbol a semejanza de los olivos.
OLÓGRAFO, FA   adj. Autógrafo. || Se dice del testamento o memoria testamentaria escritos de puño y letra del propio testador.
OLOR   m. Aquello que es o puede ser percibido por el olfato. || Impresión que produce en tal sentido. || Lo que es causa de duda o recelo. || Honor, fama.
OLOROSO, SA   adj. Que tiene buen olor. || m. Vino de Jerez muy aromático y de color más oscuro.
OLVIDADIZO, ZA   adj. Que olvida fácilmente, por despiste o por ingratitud.
OLVIDAR   tr. y prnl. Dejar de conservar en la memoria algo. || Perder el cariño que se guardaba a una persona o cosa. || Perdonar, no dar importancia a un agravio.
OLVIDO   m. Ausencia de capacidad retentiva o pérdida de algo que hasta hace poco se recordaba. || Suspensión de un cariño, desafecto. || Despiste, negligencia. || *dar o echar en o.* Olvidar a propósito.
OLLA   f. Recipiente, generalmente con asas, donde se cocina o calienta algo; suele ser alto y de forma cilíndrica o semiesférica. || Lo que contiene. || Guiso de carne y hortalizas cocidas.
OMBLIGO   m. Cicatriz circular formada en el centro del abdomen después de la caída del cordón umbilical. || El meollo de algo, el centro.
OMEGA   f. Letra final del alfabeto griego (Ω, ω); se transcribe *o*. Indicaba *o* larga abierta por oposición a la ómicron (o breve cerrada). || Símbolo del ohmio (Ω). || En minúscula, símbolo literal de un valor igual a 6.28 veces la frecuencia ($\omega = \pi f$). || fig. Final de una cosa.
OMISIÓN   f. Acción y efecto de omitir. || Falta en que incurre quien, por no haber hecho algo, provoca un daño. || Negligencia en el cumplimiento de las obligaciones.

OMITIR tr. No hacer algo. || tr. y prnl. Silenciar algo.
ÓMNIBUS m. Autobús. || Cierto tipo de convoy ferroviario.
OMNIPOTENTE adj. Todopoderoso. || fig. Dotado de gran poder e influencia.
OMNIPRESENTE adj. Que tiene presencia universal. || Que se le ve por todas partes.
OMNISCIENTE adj. Que todo lo sabe. || De vastos conocimientos.
OMNÍVORO, RA adj. Se dice del animal que se alimenta indistintamente de vegetales y animales.
OMOPLATO (u OMÓPLATO) m. Hueso plano y triangular, situado en la parte trasera del tórax; en él se articulan el húmero y la clavícula.
ONCE adj. Diez más uno. || adj. y com. Undécimo. || m. Guarismo que lo representa. || Equipo de fútbol.
ONCOLOGÍA f. Rama de la medicina que estudia la génesis y el tratamiento de los tumores.
ONDA f. Cada elevación o depresión que provoca en una superficie líquida un impacto, la acción del viento, etc. || Ondulación. || Adorno semicircular de ciertas materias como el cabello, prendas, etc. || Forma de propagación espaciotemporal de una perturbación en un medio o en el vacío. Se producen al provocar en una partícula de un medio elástico un movimiento vibratorio, por propagación de dicho movimiento de unas partículas a otras, o por el cambio periódico de alguna magnitud física (temperatura, intensidad de campo electromagnético, presión).
ONDEAR intr. Formarse ondas en el agua, cabello, etc. || Mecerse al compás del aire algo que está sujeto por uno de sus extremos. || prnl. Columpiarse.
ONDULACIÓN f. Acción y efecto de ondular. || Forma curvada que se hace o produce en algunas superficies. || Movimiento que se propaga entre las moléculas de un fluido (especialmente en la superficie de un líquido) o en un medio elástico sin que éstas se trasladen en la dirección de la propagación. || Componente alterna en la salida de una fuente de alimentación de corriente continua.
ONDULAR tr. Hacer ondas en el pelo. || intr. Moverse adoptando formas redondeadas, similares a olas sucesivas. || Moldear materiales en forma de rizos, como el pelo, cintas, etc. || Transformar una corriente continua en alterna.
ONEROSO, SA adj. Pesado, fastidioso, caro. || Que incluye prestaciones recíprocas, en oposición a lo que se obtiene a título lucrativo.
ÓNICE m. Variedad de ágata, caracterizada por el contraste en bandas negras y blancas. Se usa como ornamental.
ONOMÁSTICO, CA adj. Relativo a los nombres propios. || f. Parte de la lingüística dedicada al estudio del sentido, etimología y evolución de los nombres propios. || Día en que una persona celebra su santo.
ONOMATOPEYA f. Imitación, mediante el lenguaje, de sonidos de la vida real. || Palabra que los imita (*borbotón*). || Figura retórica basada en el uso de este procedimiento.
ONZA f. Nombre de distintas unidades de peso, equivalente aproximadamente a 30 g. || *troy* Unidad de peso anglosajona, 31.31 g. Usada internacionalmente en las transacciones de oro.
OPACO, CA adj. Se dice del cuerpo o materia que no permite que la luz la atraviese. || Que está en sombras o es de color oscuro. || Melancólico, desvaído. || Secreto, clandestino.
ÓPALO m. Óxido de silicio hidratado, en masas compactas, nunca cristalino. Duro, ligero y frágil; se forma como depósito químico en aguas minerales y por acúmulos de caparazones de plantas y animales. Algunas variedades se usan como gemas.
OPCIÓN f. Libre albedrío, facultad de elegir. || El acto mismo de elegir y lo que es elegido. || Capacidad y derecho que se tienen para ocupar un cargo, oficio, etc. || Contrato en el que una de las partes otorga a la otra la decisión respecto a la firma de un contrato principal.
ÓPERA f. Obra dramática cantada, con acompañamiento e ilustraciones orquestales y escenas de ballet. || Letra o música de dicha obra. || Teatro destinado a representarla. || *bufa* La de carácter cómico y personajes populares que gozó de gran éxito en Nápoles durante el siglo XVIII (Veneziani, Vinci, Battista). || *cómica* Género

lírico francés, con canto y recitado; popular durante el siglo XVIII (Monsigny, Philidor). || *prima* Primera obra de entidad que un artista da a conocer.
OPERACIÓN f. Acción y efecto de operar. || Realización de algo. || *algebraica* Designación de la adición, la multiplicación, la potenciación y sus inversas: sustracción, división, radicación y logaritmación. || *aritmética* Cada una de las reglas que permiten interaccionar dos cantidades. Las clásicas son: suma, resta, multiplicación y división.
OPERAR tr. Llevar a cabo una intervención quirúrgica. || Cometer actos delictivos. || intr. Causar el efecto deseado, actuar efectivamente. || Negociar sobre mercancías o contratarlas; especular, realizar actividades comerciales. || Realizar acciones de guerra una tropa. || Actuar sobre algo. || prnl. Hacerse intervenir quirúrgicamente.
OPERATORIO, RIA m. y f. Obrero; en desuso.
OPERETA f. Espectáculo teatral que incluye diálogo, música y baile. Se apoya en temáticas románticas o frívolas.
OPIMO, MA adj. Copioso, fértil, abundante.
OPINAR intr. Tener opinión o formarla. || Formularla de palabra o por escrito.
OPINIÓN f. Juicio, idea o concepto que se tienen o forman sobre una persona o cosa. || Sentir, fama en que se tiene a algo o alguien. || Conocimiento subjetivo no dialéctico. || *pública* Juicio que la mayoría de la sociedad tiene sobre una cosa.
OPIO m. Sustancia sólida que se obtiene al desecar al aire el jugo leñoso que exudan las cápsulas de adormidera por sus incisiones. Los principales alcaloides que contiene son: morfina, narcotina, tebaína, paverina, codeína y narceína. Se usa en medicina y como estupefaciente.
OPÍPARO, RA adj. Hablando de comida, abundante, magnífico.
OPONENTE adj. y com. Que opina o piensa de forma distinta a otro.
OPONER tr. y prnl. Colocar una cosa frente a otra para impedir o limitar su acción. || Manifestar un criterio contrario al expuesto por otro. || prnl. Enfrentarse, contrarrestarse.

OPORTUNIDAD f. Calidad de oportuno. || Circunstancia favorable, acción propicia.
OPORTUNO, NA adj. Conveniente, favorable. || Se dice de la opinión ajustada y pertinente.
OPOSICIÓN f. Acción y efecto de oponerse. || Desacuerdo, resistencia, enfrentamiento. || Colocación de una cosa frente a otra. || Conjunto de las fuerzas sociales que rechazan la actuación de un régimen o gobierno y luchan contra éste, generalmente de forma no violenta. || En un parlamento, conjunto de diputados que no pertenecen a los partidos en el poder, critican las actuaciones de éste y proponen alternativas. || Diferencia de fase de 180° o radianes entre dos magnitudes ondulatorias de igual periodo.
OPOSITOR, RA m. y f. Que se opone o enfrenta. || Que está en la oposición política o la apoya.
OPRESIÓN f. Acción y efecto de oprimir. || Angustia, ahogo.
OPRIMIR tr. Apretar, estrujar, constreñir. || Ejercer un dominio tiránico, esclavizar.
OPROBIO m. Afrenta, deshonor, infamia.
OPTAR tr. e intr. Elegir entre varias oportunidades. || tr. Pretender o desear algo.
OPTATIVO, VA adj. Que admite opción o puede ser deseado. || Se dice del conjunto de formas verbales que expresan deseo.
ÓPTICO, CA adj. Relativo a la visión o a la óptica. || Se dice del par de nervios craneales; se origina en el quiasma y penetra en el ojo por su parte posterior. || m. Fabricante o comerciante de instrumentos de óptica. || f. Rama de la física que trata de los fenómenos de la luz y la visión, incluidos los de la parte del espectro electromagnético entre las microondas y los rayos X. || Establecimiento de venta de aparatos de óptica. || Matiz, bajo el cual puede ser juzgado un asunto. || *electrónica* Rama de la electrónica que trata del control de los haces electrónicos en el vacío por medio de lentes electrónicos utilizando campos eléctricos o magnéticos, o bien ambos a la vez. || *física* Rama de la o. que considera a la luz como una forma de transmisión ondulatoria, en la

cual la energía de la luz se propaga como frentes de onda en vez de rayos.
OPTIMISMO m. Inclinación a un juicio positivo de los acontecimientos.
ÓPTIMO, MA adjetivo superlativo de *bueno*. || Lo mejor.
OPUESTO, TA adj. Enfrentado, adversario, contrario. || Se dice de dos cantidades de igual valor absoluto y signo contrario. || Se dice de las magnitudes vectoriales que tienen igual dirección y sentido contrario. || Se dice de la hojas que se disponen en cada nudo a pares y enfrentadas entre sí.
OPULENCIA f. Riqueza, sobreabundancia.
OPÚSCULO m. Obra impresa de corta extensión.
OQUEDAD f. Hueco en el interior de una masa sólida. || Superficialidad de un discurso o escrito.
ORA Conjunción distributiva; implica alternancia entre los elementos que relaciona.
ORACIÓN f. Alocución, perorata, discurso. || Plegaria o súplica a Dios o a los santos. || Tiempo de plegaria. || Toque de campanas que lo anuncia. || Unidad sintáctica básica, integrada por unidades lingüísticas menores (palabras, morfemas, fonemas), pero no integrable en unidades superiores a ella misma. Su definición sigue siendo problemática.
ORÁCULO m. Respuesta de los dioses, en la antigüedad, por medio de sacerdotes o pitonistas. || Efigie o templo de la divinidad consultada. || fig. Persona digna de crédito por su autoridad y sabiduría.
ORADOR, RA m. y f. Persona que habla en público. || Predicador.
ORAL adj. De palabra, verbalmente. || Se dice del fonema que es emitido expulsando únicamente el aire a través de la cavidad bucal (por oposición al nasal).
ORAR intr. Elevar la mente a Dios. || Pronunciar un discurso. || tr. Rezar.
ORATE com. Persona que ha perdido la razón. || Poco juicioso, imprudente.
ORATORIO, RIA adj. Relativo a la oratoria. || f. Arte de hablar en público, de modo que, por la palabra, la voz y el gesto, se pueda persuadir o emocionar al auditorio.
ORBE m. Círculo, esfera. || Universo.

ÓRBITA f. Trayectoria descrita por un cuerpo con masa como consecuencia de las interacciones gravitatorias con otros cuerpos. || Trayectoria cerrada que describe una partícula en un acelerador circular. || Trayectoria de un electrón alrededor del núcleo. || Curva cerrada y constante (o. circular) en que se ha situado un satélite para que, al estar localizado, sea posible su uso. || Cada una de las cavidades situadas debajo de la frente y que albergan los ojos con todas sus estructuras anexas. || Zona de influencia de un elemento cualquiera; por extensión, de una persona, institución, etcétera.
ORDEN m. Distribución armónica y simétrica de un conjunto de personas u objetos. || Serie sucesiva de elementos según sus afinidades. || Tranquilidad social. || Norma que debe seguirse en la consecución de un determinado fin. || Sacramento por el que se ejercen los misterios eclesiásticos. || Estamento. || Cada una de las formaciones que debe adoptar la tropa de acuerdo con las circunstancias en que se encuentre. Puede ser aproximación de batalla, de parada, etc. || En taxonomía biológica y zoológica, unidad sistemática inferior a la clase y que agrupa familias que comparten unas mismas características principales. || Disposición jerárquica (en tanto que obligada) de los elementos o unidades de una determinada lengua, para formar sílabas, morfemas, palabras, oraciones, etc. || f. Mandato que hay que acatar. || Instituto civil o militar creado para conceder distinciones honoríficas. || Señal que inicia un tipo predeterminado de operación de ordenador, definida por una instrucción.
ORDENADO, DA adj. Que tiene orden. || f. Coordenada perpendicular al eje de abscisas.
ORDENADOR, RA adj. y s. Que ordena. || m. y f. Jefe de una oficina de ordenación. || m. Máquina que ejecuta en un tiempo muy corto operaciones aritméticas y lógicas sencillas, a las cuales es necesario reducir todos los problemas, sean científicos o de gestión. || *personal* El pequeño, que puede utilizar como pantalla un televisor y almacenar sus datos y programas en cassettes, lo que permite una

utilización variada y a precio reducido. || Computadora.

ORDENANZA m. Soldado al servicio de un oficial. || Mozo de recados o subalterno de oficina. || f. esp. pl. Serie de disposiciones para la reglamentación de un determinado servicio público o castrense. || Orden, concierto impuesto a lo que se ejecuta.

ORDENAR tr. Distribuir los elementos según criterios armónicos. || Mandar la realización de algo. || Disponer las cosas convenientemente para la consecución de una finalidad. || tr. y prnl. Administrar o recibir las órdenes sagradas. || *ordeno y mando* Frase con la que se hace alusión al despotismo de quien manda.

ORDEÑAR tr. Extraer la leche de las hembras mediante la acción manual de exprimir las mamas o con aparatos mecánicos de succión y presión. || Recoger la aceituna o arrancar hojas de árboles con una acción similar a la de extracción manual de la leche. || Sacar el máximo provecho de una situación.

ORDINAL adj. Relativo al orden. || adj. y m. Se dice del número que señala un orden o relaciona una serie sucesiva. || Se dice del conjunto cuyos elementos siguen un orden establecido.

ORDINARIO, RIA adj. Común, usual. || Plebeyo. || Vulgar, sin calidad ni estilo. || adj. y s. Se dice del funcionario no eventual. || Se dice del obispo que gobierna una diócesis. || Se dice del juez o tribunal civil, frente a los especiales. || Se dice del procedimiento usado en los juicios declarativos. || *de o.* Comúnmente, frecuentemente.

OREAR tr. Airear. || prnl. Salir a tomar el aire.

OREJA f. Parte más externa del oído, constituida por el pabellón auricular. || Parte superior del calzado, abierta a ambos lados, que sirve para ajustarlo al pie mediante cordones o hebillas. || Lateral superior a ambos lados de un sofá, butaca, etc., en el que se apoya la cabeza. || Se aplica a todo aquello que tiene cierta semejanza con la oreja, como el asa de una vasija, etc. || Apéndice en la punta o en la boca de armas o herramientas.

ORFANATO m. Residencia benéfica para huérfanos.

ORFANDAD f. Situación de la persona huérfana. || Pensión que suele recibir. || Carencia de protección.

ORFEBRE com. Persona que labra piezas artísticas de oro o de cualquier otro metal precioso.

ORFEBRERÍA f. Conjunto de técnicas del trabajo sobre metales preciosos: grabado a buril, repujado, cincelado, fundición, damasquinado, nielado, filigrana, granulado. || Obra así realizada.

ORFEÓN m. Grupo de personas que cantan en coro.

ORGÁNICO, CA adj. Relativo a los órganos o al organismo. || Se dice de los seres vivientes. || Conjuntado, armonioso. || Se dice de lo relacionado a la constitución de entidades públicas o a sus funciones. || Se dice de la alteración patológica de órganos y tejidos.

ORGANIGRAMA m. Representación gráfica de los elementos de la estructura de una organización y de sus relaciones respectivas.

ORGANILLO m. Piano portátil que se hace sonar en lugares públicos mediante un manubrio que acciona un cilindro con púas que incide sobre las cuerdas.

ORGANISMO m. Ser vivo, unicelular o pluricelular, de estructura procariota o eucariota, formado por una serie de partes organizadas y coordinadas para la realización de las actividades propias del metabolismo. || Asociación de personas por propia voluntad o por encargo público para el ejercicio de una función de interés general. || Estructura social de dicha entidad.

ORGANIZACIÓN f. Acción y efecto de organizar. || Distribución interna de los órganos de un animal o vegetal, en orden a su funcionalidad. || Conjunto de los componentes de una asociación. || Grupo social de derecho público, cuyos fines y métodos de funcionamiento son decididos por sus fundadores y que tiene una actividad estable. || Orden, método, distribución. || En política, partido, y especialmente agrupación de masas con fines determinados (sectoriales, humanitarios, etc.). || Conjunto de los aparatos de dirección de dichas asociaciones.

ORGANIZAR tr. y prnl. Preparar adecuadamente los elementos necesarios para llevar a término un cometido. || Poner fin al desorden.

ÓRGANO m. Parte constitutiva de un organismo vivo que tiene unas funciones específicas. || Cualquier instrumento, o parte de una asociación, que tiene una función específica dentro de un conjunto. || Instrumento musical de tubos que suenan mediante un complejo sistema de provisión de aire. La selección de tubos y sus combinaciones se realiza desde la consola o sistema de mandos, situada sobre los teclados (hasta 5), más un sistema de pedales. || Medio de prensa que sirve de portavoz de las ideas de un partido u organización. || Porción o subconjunto de un ordenador que constituye el medio de realizar alguna función u operación. || vulg. Pene.

ORGASMO m. Punto máximo de la excitación sexual, a partir de la cual ésta decae bruscamente en el hombre o lentamente (incluso con repuntes) en la mujer. || fam. Placer muy intenso, ya sea físico o intelectual.

ORGÍA f. Banquete con abundante comida y bebida en el que se cometen excesos de todo tipo. || Desenfreno lujurioso.

ORGULLO m. Excesivo aprecio o consideración de uno mismo. || Presunción, vanidad. || Autoestima de las propias cualidades.

ORIENTACIÓN f. Acción y efecto de orientar. || Determinación de la posición respecto a los puntos cardinales; se puede realizar mediante instrumentos (brújula, alidada, sextante) o mediante la observación de los astros (Sol o estrella polar) u otros fenómenos naturales. || Indicación en un mapa de la situación del N geográfico. || En psicología, reconocimiento de los datos sobre la propia situación, tanto en el ambiente como sobre uno mismo. || fig. Línea de comportamiento. || *o., sentido de la* Facultad intuitiva que permite al hombre o a los animales saber en qué lugar se encuentran y, por tanto, la ruta que deben seguir. || *escolar* Conjunto de técnicas que analizan el comportamiento de un alumno en orden a mejorar su adaptación o rendimiento.

ORIENTAL adj. y com. Del oriente. || Asiático.

ORIENTAR tr. Situar en relación con los puntos cardinales. || Disponer algo en determinada dirección. || Fijar la posición de un objeto respecto a algo. || Maniobrar las velas de un buque para que aprovechen el viento. || tr. y prnl. Dar instrucciones a uno sobre un asunto o negocio para que sepa desenvolverse en él. || Conducir algo a determinado fin.

ORIENTE m. Punto del horizonte por donde aparece el Sol en los equinoccios. || Región de la Tierra que se encuentra en dicha dirección desde la posición del observador. || Levante, viento. || Brillo particular que tienen las piedras preciosas.

ORIFICIO m. Oquedad, agujero. || Cada una de las cavidades, protegidas por mucosas, que relacionan los órganos inferiores con el exterior.

ORIGEN m. Inicio, causa o nacimiento de algo. || Lugar de procedencia de algo o alguien, en especial de una familia. || La familia, progenitores y antepasados. || Motivo, causas no físicas de algo. || En un sistema de coordenadas, punto de intersección de los ejes, o posición para el cero.

ORIGINAL adj. Relativo al origen. || Se dice de la lengua en la que se realizó una novela, película, etc., antes de ser traducida o doblada. || Se aplica al autor u obra que no es producto de la copia ni de la imitación, especialmente a lo que es más nuevo o distinto a lo precedente. || Fuera de norma, que se sale de lo corriente. || adj. y com. Que no se deriva de ninguna otra cosa, que no es copia, imitación o traducción. || m. Escrito que se envía a la imprenta para realizar su impresión. || Lo retratado, respecto del retrato. || Texto mecanografiado directamente, en oposición a la copia de papel carbón o tinta.

ORIGINAR tr. Ser causa u origen de algo. || prnl. Proceder, tener su origen una cosa en otra.

ORIGINARIO, RIA adj. Que da origen, que es causa. || Oriundo, que procede de un lugar determinado.

ORILLA f. Término, línea exterior última de una superficie. || Borde o remate de una tela, vestido, etc. || Línea de tierra en contacto con las aguas de un mar, lago, río, etc. || En calles sin calzada peatonal, camino que bordea las casas. || Frontera o fin de algo no material.

ORILLAR intr. Dejar orillo en una tela. || Rematar el borde de una tela para que no se deshilache. || Esquivar, evitar una dificultad. || intr. y prnl. Aproximarse a una orilla.

ORÍN, 1 m. Herrumbre, manchas rojizas que la humedad forma en el hierro por oxidación.

ORÍN, 2 m. Orina; se usa en plural.

ORINA f. Líquido excretado por el riñón procedente de la depuración de la sangre; se elimina por la uretra.

ORINAR intr. Vaciar la vejiga urinaria en el acto de la micción. || tr. Expulsar cualquier otro líquido corporal por la misma vía.

ORIUNDO, DA adj. y s. Que proviene de determinado lugar o ascendencia.

ORLA f. Remate, orilla de una tela que se distingue claramente y sirve de adorno. || Ornato similar alrededor de una ilustración, letra, retrato, etc. || Cuadro en el que se disponen los retratos de los componentes de una promoción y el fin del claustro.

ORNAMENTO m. Adorno. || Buenas cualidades de alguien. || Elemento de una ornamentación. || Conjunto de notas añadidas a una melodía sin alterar ésta fundamentalmente. || pl. Ropas sagradas de un sacerdote y adornos del altar.

ORNATO m. Adorno.

ORNITOLOGÍA f. Disciplina de la zoología especializada en el estudio (morfológico, etológico, etc.) de las aves.

ORO m. (Au) Elemento químico situado en el grupo Ib de la tabla periódica, junto al cobre y a la plata. Es un metal noble, amarillo, dúctil y maleable. Es soluble en agua regia e inatacable por los ácidos. || Pieza monetaria de este metal o conjunto de ellas. || Joyas u otros objetos de oro. || Lo que es excelente entre sus semejantes. || Caudal, riquezas. || Dinero. || Cierto color amarillo que tal metal posee.

OROGRAFÍA f. Parte de la geografía física que estudia el relieve de una región y su representación cartográfica.

ORONDO, DA adj. Se dice de los recipientes de mucho fondo y hueco. || fam. Gordo. || Vanidoso.

OROPEL m. Lámina muy fina de latón que semeja oro. || Lo que tiene mucha fachada y escaso valor; suele usarse en plural.

ORQUESTA f. En el teatro griego, espacio circular, entre la escena y las gradas, donde interpretaba el coro. || Conjunto de instrumentistas que interpretan concertadamente una obra musical. || Foso del teatro en que se sitúa. || *de cámara* Formación más reducida que la sinfónica (hasta unos 40 miembros), que sigue el esquema de la clásica del siglo XVIII.

ORTO m. Salida de un astro, especialmente el Sol, por el horizonte.

ORTODOXO, XA adj. y s. De acuerdo con los dogmas de la religión católica. || Por extensión, que se atiene a una doctrina, línea de pensamiento o de actuación, según la define en su momento el grupo dominante. || adj. y f. pl. Se dice del conjunto de iglesias de rito cristiano bizantino, separadas de la de Roma en el cisma de Oriente (1054). Las diferencias teológicas se reducen al primado del papa y la procedencia del Espíritu Santo, junto con algunos de los más recientes dogmas católicos.

ORTOGRAFÍA f. Parte de la gramática normativa dedicada a regular la forma correcta de escribir (afecta también a la puntuación). || Dibujo del alzado de un objeto.

ORTOLOGÍA f. Conjunto de reglas para la correcta pronunciación de una lengua. || En general, arte de hablar con propiedad.

ORTOPEDIA f. Rama de la medicina que se ocupa de prevenir y corregir las anomalías anatómicas mediante la colocación de prótesis para solventar déficits funcionales del aparato locomotor.

ORZUELO m. Pequeño forúnculo localizado en el borde del párpado, debido a una infección estafilocócica de una glándula sebácea palpebral.

OS Pronombre personal de la segunda persona del plural que puede usarse para cualquiera de ambos géneros, con función de acusativo o dativo. No admite preposición y puede ser enclítico (veros).

OSADÍA f. Arrojo, temeridad, audacia. || Desfachatez, falta de recato.

OSAMENTA f. Esqueleto de un hombre o de un animal. || Huesos que lo componen.

OSAR, 1 m. Osario.

OSAR, 2 intr. y tr. Arriesgarse, iniciar algo decididamente y con coraje.

OSARIO m. Depósito de huesos extraídos de antiguas sepulturas. || Sitio en el que se encuentran huesos.

OSCILACIÓN f. Acción y efecto de oscilar. || Fenómeno que caracteriza a un sistema en el que una magnitud física (intensidad, fuerza, etc.) es función periódica del tiempo. || Cambio momentáneo de la tensión o de la intensidad de corriente en un circuito eléctrico. || *amortiguada* Aquella en la que la amplitud de la magnitud oscilante decrece con el tiempo. || *climatológica* Variación de las curvas de temperatura y pluviosidad. || *de una función* En un intervalo, diferencia de sus extremos superior e inferior.

OSCILAR intr. Moverse un cuerpo alternativamente de un grado de inclinación a otro. || Fluctuar levemente ciertas magnitudes o manifestaciones físicas. || Dudar, mostrar inseguridad. || fig. Alterarse valores, precios, etc., sin una tendencia clara.

ÓSCULO m. Beso. || Orificio de expulsión del agua circulante por el cuerpo de los Poríferos.

OSCURECER tr. Hacer disminuir la luz o privar de ella. || Hacer perder honra, estima, etc. || Perder el sentido de lo real, ofuscar la mente. || Enrevesar y complicar la expresión de una idea. || Pint. Sombrear una parte de la tela para que el resto resalte. || intr. Caer la tarde, ir anocheciendo. || prnl. Dicho del cielo, que se nubla. || Desaparecer algo o alguien.

OSCURO, RA adj. Que no posee la luz suficiente. || Entre una misma clase de colores, se aplica al que se aproxima más al negro. || Referido al cielo o a la luz ambiente, que anochece o está nublado. || Enrevesado, ininteligible. || fig. Casi desconocido, de escasa importancia; se dice especialmente de los linajes o familias. || Incierto. || m. En pintura, parte en sombra. || En el teatro o en el cine, apagón de las luces que indica el inicio o la reanudación del espectáculo. || *a oscuras* Sin luz. || Sin información sobre lo que sucede.

ÓSEO, A adj. Relativo al hueso o al tejido que lo forma. || *o., sistema* Esqueleto. || *o., tejido* Variedad de tejido de sostén de sustancia intercelular rica en sales minerales, que por ello muy dura.

OSTENSIBLE adj. Evidente, manifiesto. || Que puede ser mostrado o manifestarse.

OSTENTACIÓN f. Acción y efecto de ostentar. || Alarde, pompa, presunción. || Boato, fastuosidad.

OSTENTAR tr. Poner de manifiesto, hacer patente algo. || Alardear, hacer gala de gran lujo y pompa. || Ocupar un cargo o empleo en el que se disfruta de poder u otras ventajas.

OSTRACISMO m. En la antigua Atenas, destierro político. El o. no comportaba pérdida o confiscación de bienes y tenía una duración de 10 años. || Silencio y falta de actividades públicas que uno mantiene voluntariamente o por haber sido forzado a ello.

OTEAR tr. Observar, mirar desde lo alto hasta lo bajo. || Registrar cuidadosamente, fisgar.

OTERO m. Colina o cerro aislado en un llano.

OTITIS f. Proceso inflamatorio que afecta al oído. Según el sector afectado, puede ser *externa, media* e *interna*. Las más frecuentes son las o. *medias,* en las que se halla afectada la caja timpánica.

OTOÑAL adj. Relativo al otoño o propio de él. || adj. y com. Se aplica a las personas en edad madura.

OTOÑO m. Una de las cuatro estaciones del año, comprendida entre el verano y el invierno; se inicia en el equinoccio de o. y acaba en el solsticio de invierno, y en el hemisferio boreal comprende los meses de septiembre, octubre y noviembre. || Yerba que brota en esta estación. || En el ser humano, principio de la vejez.

OTORGAR tr. Acceder a un ruego o demanda, consentir en ello. || Estipular algo ante notario.

OTORRINOLARINGOLOGÍA f. Especialidad médica dedicada al estudio de la fisiología y patología de la garganta, nariz y oído.

OTRO, TRA adj. y s. Se dice de la persona o cosa diferente de la que se está hablando. || Distinto, pero semejante (*el otro yo*). || Pasado (*el otro día*). || *¡otro que tal!* Exclamación de enojo por una intervención inoportuna o molesta. || *ésa es otra* Expresión que indica que ha surgido una nueva dificultad. || *por o. parte* adv. Además.

OVACIÓN f. En la antigua Roma, honor tributado a los generales victoriosos, inferior al triunfo. || Aplauso.

OVAL (u OVALADO, DA) adj. De forma de huevo. || De figura de óvalo.

OVARIO m. Glándula par del aparato genital femenino encargado de producir los óvulos y de segregar diversas hormonas sexuales. Los o. están situados en la pelvis menor y unidos al útero por medio de ligamentos y también por las trompas de Falopio. || Recipiente constituido por una o varias hojas carpelares; forma las partes basales del pistilo de las flores y contiene los rudimentos seminales. Después de la fecundación se convierte en el fruto.

OVILLO m. Pelota que se forma al liar hilo, lana, cordel, alambre, etc. || Lío, enredo, confusión. || *hacerse* uno *un ovillo* Contraerse, acurrucarse lo más posible. || Confundirse, embrollarse.

OVINO, NA Se dice del ganado formado por ovejas y moruecos, junto a las crías. || pl. Grupo de mamíferos artiodáctilos, sin categoría sistemática, que incluye las formas domésticas y salvajes de ovejas y cabras.

OVÍPARO, RA adj. Se dice de los animales en los que el embrión completa su desarrollo en el interior de huevos puestos por las hembras.

OVNI (*Objeto Volante No Identificado*) m. Denominación de las supuestas naves espaciales que visitan la Tierra.

OVULACIÓN f. Proceso biológico por el que el óvulo maduro se desprende de la pared del ovario. Su frecuencia puede ser muy variada, según las especies. En la mujer, es aproximadamente mensual.

OVULAR adj. Relativo al óvulo.

OVULAR tr. Tener lugar la ovulación.

ÓVULO m. Gameto sexual femenino que cuando es fecundado por el espermio se convierte en el huevo, que da origen a un nuevo ser. || Gameto sexual femenino de las plantas que en las gimnospermas está cubierto por escamas y en las angiospermas por el ovario. || Rudimento seminal.

OXIDACIÓN f. Acción y efecto de oxidar u oxidarse. || Proceso químico mediante el cual a una sustancia se le adiciona oxígeno, disminuye la cantidad de hidrógeno o pierde electrones para cederlos a otro compuesto.

ÓXIDO m. Compuesto químico binario en el que se encuentra oxígeno y otro elemento. Según se combine el ó. con un metal o un no metal, dará respectivamente ó. *metálicos* u ó. *no metálicos*, llamados también anhídridos. Reacciona con casi todos los elementos.

OXÍGENO m. (O) Elemento químico situado en el grupo VIa de la tabla periódica. Forma parte de la familia de los anfígenos o calcógenos. Se encuentra en abundancia en la corteza terrestre (49.5% en peso), en la atmósfera y océanos, en forma de silicatos, óxidos y agua respectivamente. Es un gas incoloro, inodoro e insípido. Es soluble en agua y alcohol. Menos con los gases nobles, se combina con todos los elementos con mayor o menor lentitud. Se usa para la soldadura de metales, en procesos de síntesis, en medicina para trastornos respiratorios, etcétera.

OXÍTONO, NA adj. Se dice de las palabras cuya sílaba tónica es la última (aguda).

OYENTE adj. y com. Que oye. || com. Alumno que asiste a clase sin estar matriculado.

OZONO m. (O_3). Forma alotrópica del oxígeno. Se encuentra en algunas regiones de la atmósfera en diversas proporciones. Es un gas de color azulado y de olor agradable. Es tóxico.

OZONOSFERA f. Capa de la atmósfera de la Tierra comprendida entre 15 y 40-50 km, con un alto contenido en ozono. Protectora de la Tierra, pues absorbe las radiaciones ultravioletas que llegan del Sol.

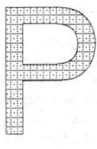
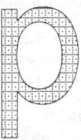

P Decimonona letra del abecedario castellano y decimoquinta de sus consonantes (P, p).

PABELLÓN m. Tienda de campaña, generalmente de considerable tamaño, de forma cónica y un solo palo central. || Bandera nacional. || Dosel, colgadura que protege y adorna una cama, altar, etc. || Grupo de fusiles que se apoyan mutuamente por el cañón y descansan la culata en tierra. || Pirámide truncada que forman las facetas del tallado de las piedras preciosas. || Parte ancha del embudo, que recibe el líquido. || En ciertos instrumentos de viento, ensanchamiento cónico en que terminan. || Edificio aparte que forma una dependencia de otro mayor y que se halla próximo a éste. || Cada una de las edificaciones independientes que forman un hospital, cuartel, etc. || En un cuartel, cada una de las dependencias de los oficiales. || Cuerpo saliente en una fachada cubierta por un frontispicio.

PABILO (o **PÁBILO**) m. Mecha de una vela. || La parte de ella que se hace arder.

PÁBULO m. Aliento, estímulo. || *dar p.* Potenciar una acción o creer algo.

PACER intr. y tr. Pastar. || tr. Apacentar.

PACIENCIA f. Resistencia moral ante los sufrimientos o adversidades. || Temple, aguante. || Buena disposición para el trabajo muy detallado o minucioso. || Virtud cristiana contraria a la ira. || Calma en la espera de la consecución de un deseo. || Tranquilidad, lentitud al obrar.

PACIENTE adj. Que posee paciencia. || Consentido, cornudo. || adj. y m. Se dice del sujeto gramatical de una acción pasiva. || com. Enfermo que está bajo tratamiento.

PACIFICAR tr. Imponer la paz en una zona en guerra. || Reconciliar, avenir dos bandos enfrentados. || intr. Buscar la paz, negociarla. || prnl. Calmarse, aquietarse, especialmente los fenómenos físicos.

PACÍFICO, CA adj. Calmo, tranquilo, nada violento ni extremado. || Que permanece sin alteración o que nada se le opone.

PACIFISMO m. Toma de posición activa, individual o colectivamente, a favor de la paz y en contra de la guerra y los factores que la posibilitan.

PACOTILLA f. Conjunto de mercancías que la tripulación y oficialidad de un buque pueden llevar sin pagar flete. || *de p.* De calidad inferior, de poca monta.

PACTAR tr. Llegar a un acuerdo, convenir en algo. || Consentir, realizar determinadas concesiones.

PACTO m. Concierto, convenio entre dos o más partes, obligándose mutuamente a cumplir lo estipulado. || Lo estatuido por tal convenio. || Cada cláusula adicional de un contrato que aclara algún aspecto de éste. || Alianza explícita con el demonio para conseguir algo. || *de reserva de dominio* El que, en ventas de pago aplazado, estatuye que la propiedad de la cosa vendida queda propiedad del vendedor hasta que el comprador haya satisfecho el total de su precio. || *social* Contrato social. || Acuerdo entre el gobierno, representantes patronales y sindicales para establecer una política económica concertada.

PACHORRA f. fam. Gandulería, apatía, lentitud.

PADECER tr. Sufrir un dolor o daño. || Incurrir o caer en un engaño, desilusión, etc. || Resistir, aguantar. || fig. Tener que soportar un daño físico las cosas. || intr. Sentir un sufrimiento, dolor, etcétera.

PADECIMIENTO m. Acción de padecer un daño. || Dolencia, malestar propio de una enfermedad.

PADRASTRO m. Respecto a los hijos anteriores, el actual marido de la madre. || fig. Padre desnaturalizado. || Estorbo, obstáculo. || Pequeño repliege cutáneo que se levanta en las zonas periungueales de los dedos y que produce molestia.

PADRE m. Respecto de sus crías, animal macho que las ha engendrado. || Macho seleccionado para la reproducción. || Cabeza de familia, o principal de una tribu, pueblo, etc. || Nombre que se da a los religiosos y sacerdotes. || fig. Artífice de algo. || Motivo, causa de algo. || La primera persona de la Santísima Trinidad. || pl. El padre y la madre. || Antepasados, especialmente los ilustres. || adj. fam. Enorme o muy importante.

PADRINO m. El que en ciertos actos y sacramentos presenta o se responsabiliza de quien los recibe o realiza. || El que inicia a otro en algo. || El acompañante que vela por su apadrinado en desafíos, concursos literarios, etc. || fig. Apoyos, influencias.

PADRÓN m. Relación nominal o lista de los habitantes de una misma población o distrito, especificando algunas de sus características, al objeto de mantener el control estadístico. || Norma, patrón. || Columna que conmemora algo memorable. || Marca de deshonra, baldón.

PAELLA f. Plato nacional valenciano, a base de arroz seco, azafrán, legumbres, carnes, mariscos, etcétera.

PAGA f. Acción de pagar. || Nómina, sueldo. || *y señal* Dinero que se da como entrada o primer pago al hacer una compra o un encargo.

PAGAR tr. Dar a alguien lo que se le debe o le pertenece. || Hacerse cargo de los gastos que comporta algo, costearlo. || Corresponder a una actitud, efecto, etc., de otro. || Cumplir condena, satisfacer la pena que conlleva un delito, falta o error. || Adeudar derechos los géneros que se introducen en un país. || Cumplir con una carga tributaria.

PAGARÉ m. Documento por el cual una persona se obliga a pagar una cantidad de dinero en un tiempo determinado. Existen varias clases de p. *no determinado* (al portador), *determinado* (p. nominativo) y *a la orden* (transmisible por endoso).

PÁGINA f. Cada una de las partes, anverso y reverso, de cada hoja de un libro o cuaderno. || Lo escrito o impreso en ella. || Acontecimiento, lance de la vida de alguien. || Cada una de las caras de una hoja vegetal. || Cada una de las partes en que se divide la memoria de un ordenador. || *en o de primera p.* En periodismo, noticia de gran entidad y digna de la mayor relevancia.

PAGINAR tr. Numerar las páginas de un libro o escrito.

PAGO adj. Se aplica a quien ya le han pagado. || m. Entrega de una cantidad de dinero o cosa que se adeudaba. || Cantidad o cosa que se adeuda. || Galardón, beneficio, recompensa. || Salida de numerario u otro activo, que se registra en el libro de caja.

PAGODA f. Construcción religiosa oriental con forma de torre de pisos superpuestos, separados por cornisas o tejados en varias vertientes; propio del budismo en todas sus corrientes.

PAÍS m. Territorio en cuanto unidad geográfica o cultural (como asiento de una nación). || Estado independiente. || En un abanico, porción de tela o piel sujetos por las varillas. || *del p.* Se dice del producto elaborado en una comarca determinada y que es tradicional en ella.

PAISAJE m. Espacio o territorio sobre el que se relacionan diferentes elementos geográficos (físicos, biológicos y humanos), formando un conjunto diferenciado. || Terreno que se divisa desde un lugar, especialmente cuando se considera en su dimensión estética. || Reproducción pictórica de un exterior natural.

PAISANO, NA adj. y s. Se dice de la persona que es del mismo origen que otra.

|| m. y f. Campesino. || Entre los militares, civil.
PAJA f. Tallo de las gramíneas, seco y sin grano. || Conjunto que forman. || Por extensión, brizna seca de hierba. || Canuto muy fino para sorber líquidos. || Menudencia. || Lo superfluo e innecesario, especialmente en una conversación, escrito, relato, etcétera.
PAJARERÍA f. Multitud de pájaros. || Comercio de pájaros.
PAJARITA f. Figura de papel plegado. || Lazo que se pone al cuello sobre la camisa.
PAJARRACO, CA m. y f. Persona malvada. || m. Pájaro feo y desagradable.
PAJE m. Adolescente que acompañaba a un caballero y le servía personalmente. || Muchacho embarcado que realiza trabajos sencillos y que aspira a grumete. || Especie de mueble de tocador.
PAJIZO, ZA adj. Del color de la paja. || Hecho o cubierto de paja.
PALA f. Utensilio manual consistente en una especie de cuchara grande y plana, con mango generalmente de madera, de tamaño muy variado según la diversidad de sus usos, relacionados siempre con el traslado de lugar de una materia cualquiera. || Instrumento semejante para golpear, batir o sacudir (la pelota al jugar, la ropa al lavar, el polvo al limpiar, etcétera). || Parte más ancha y delgada de diversos objetos (azada, hacha, remo, hélice, timón, llave de un instrumento musical, diente, etcétera).
PALABRA f. Cada una de las unidades aislables de la cadena escrita, que se escriben separadas unas de otras. || Facultad del ser de comunicar su pensamiento por medio del lenguaje fonético. || Capacidad oratoria. || Constancia de la veracidad de lo expuesto o de la fidelidad a lo prometido. || Verbo, segunda persona de la Santísima Trinidad. || Acto de hablar en una reunión o asamblea. || Promesa. || Fidelidad de una persona a sus promesas. || pl. Cita de un autor. || Fórmulas sacramentales. || Conjunto ordenado de caracteres que se trata, almacena y transporta por los circuitos de un ordenador, como una unidad. || *clave* En sistemas de localización de la información, lo significativo que describe el título de un documento. || *compuesta* La formada por dos (o, en algunas ocasiones, tres) elementos de una lengua que también pueden presentarse como palabras independientes. Al formar su plural, sólo la segunda palabra formante debe recibir el morfema de plural (así, p. ej., de *metomentodo, metomentodos*; o de *azulgrana, azulgranas*).
PALABRERÍA f. Profusión de palabras inútiles y vacías.
PALABROTA f. Vocablo grosero o blasfemo.
PALACETE m. Palacio de pequeñas dimensiones.
PALACIO m. Edificio de grandes dimensiones y generalmente suntuoso, con función residencial, pública o administrativa.
PALADAR m. Parte superior de la cavidad bucal, en la que se distingue una zona anterior formada por los huesos palatinos (p. *duro*) y una zona posterior (p. *blando*). || Sensibilidad de captar el sabor de los alimentos y bebidas. || Capacidad de valorar las vivencias personales.
PALADEAR tr. y prnl. Saborear despacio. || tr. Recrearse con fruición. || Limpiar el paladar del animal que ha perdido el apetito. || Introducir algo dulce en la boca del bebé, que estimule su deseo de mamar. || Aficionar a una cosa o quitar el deseo de ella por medio de otra que da gusto y entretiene. || intr. Hacer el pequeño movimiento con los labios buscando el pecho de la madre.
PALADÍN m. Caballero valiente en el campo de batalla. || Defensor de causas nobles.
PALAFITO m. Cabaña primitiva asentada sobre estacas en un lugar cubierto de agua.
PALANCA f. Máquina simple que consiste en una barra y un punto de apoyo, y sirve para transmitir la fuerza. || Estaca para distribuir entre dos una carga pesada. || Empalizada de estacas y tierra. || fig. Protección, apoyo. || Mar. Palanquín. || *de mando* En aeronáutica, la que gobierna la estabilidad del aparato. || *con p.* Recomendado.
PALANGANA f. Jofaina.
PALATAL adj. Relativo o perteneciente al paladar. || Se dice de cualquier sonido del lenguaje en cuya articulación la lengua

(generalmente el dorso) se aproxima o toma contacto con el paladar.
PALCO m. Compartimento de un teatro para varias personas, con apertura hacia el escenario a modo de balcón. || Entablado elevado para presenciar algún espectáculo. || *escénico* Escenario.
PALENQUE m. Valla para cercado y protección en un espacio destinado a la celebración de alguna fiesta o para cualquier otro fin. || Espacio vallado de este modo.
PALEOGEOGRAFÍA f. Disciplina de la geología que trata de las condiciones geográficas de épocas geológicas pasadas.
PALEOGRAFÍA f. Ciencia que estudia el conocimiento e interpretación de escrituras antiguas con soporte en un material blando (cera, pergamino, papiro, etc.), sus orígenes y evolución.
PALEOLÍTICO, CA adj. y m. Se dice del periodo evolutivo en que el hombre empleaba útiles de piedra sin pulimentar. Dividido en inferior, medio y superior, de acuerdo con la perfección de los restos encontrados. Son culturas cazadoras-recolectoras.
PALEONTOLOGÍA f. Ciencia que estudia a los organismos de épocas pasadas o las muestras de su actividad localizadas, como fósiles, a fin de reconstruir sus formas de vida.
PALEOZOICO, CA adj. y m. Se dice de la primera era geológica, que duró unos 400 millones de años.
PALESTRA f. Lugar en el que antiguamente se celebraban justas y torneos. || fig. El mismo combate. || *salir a la p.* Darse a conocer, exponerse ante el público.
PALETA f. dim. de *pala*. || Herramienta de albañil empleada para remover y extender la argamasa, consistente en una placa triangular, unida a una mango perpendicular a ella pero encorvado en su parte superior. || Utensilio de pintor, consistente en una lámina de madera con un agujero donde introducir el dedo pulgar para su mejor sostén, usada para combinar y mezclar los colores. || Cualquier útil similar a la pala, de forma achatada y plana con mango (espátula, raqueta, espumadera, etc.). || Pala pequeña para usos muy diversos (recoger basura, remover la ceniza del brasero, etc.). || Cada una de las piezas metálicas que giran en los ventiladores y hélices. || Plancha que en la rueda hidráulica recibe la acción del agua.
PALETILLA f. Escápula. || Ternilla en que acaba el esternón. || Palmatoria, candelero.
PALETO, TA adj. y s. Rústico, palurdo. || m. Gamo.
PALIAR tr. Encubrir, disculpar. || Atenuar un dolor físico o moral.
PALIDECER intr. Volverse pálido. || Aminorar, atenuar el brillo de algo, o restar importancia, esplendor a un suceso.
PALIDEZ f. Calidad de pálido. || En las plantas, forma atenuada de clorosis.
PÁLIDO, DA adj. Que ha perdido su color natural. || Se dice del color poco intenso. || Amarillo, desvaído, macilento. || Apagado, falto de vigor y energía.
PALILLERO, RA m. y f. Persona que hace o vende palillos mondadientes. || m. Objeto, a veces artístico, en forma de vasito donde se guardan éstos. || Mango que sostiene la plumilla de escribir o dibujar.
PALILLO m. Mondadientes. || Cada uno de los bastones para batir el tambor. || Palo de madera dura empleado por los escultores para modelar. || Varilla redonda, ahuecada en su parte superior, para poder introducir la aguja fija de hacer media.
PALIMPSESTO m. Códice o documento en pergamino reescrito, en el que se aprecian huellas de una escritura anterior. Antigua tablilla de cera en la que se podía borrar lo escrito para usarla de nuevo.
PALIO m. Manto de origen griego, de forma cuadrada o rectangular, usado sobre la túnica. || Tela preciosa concedida como premio a los vencedores olímpicos. || Especie de estola blanca, con cruces bordadas, que usan los arzobispos metropolitanos como símbolo de su autoridad. || Dosel, sostenido por varas largas, bajo el cual va el Santísimo, imágenes religiosas o personalidades importantes, en las procesiones. || Capa o manteo. || *recibir con, o bajo p.* Otorgar los máximos honores.
PALIQUE m. fam. Charla insulsa. || *estar de p.* Charlar, comentar cosas intrascendentes.
PALIZA f. Tunda de palos, azotes o golpes, dados a una persona. || Esfuerzo por encima de lo normal. || Derrota importante.

PALMA f. Palmera. || Hoja de palmera, especialmente la de color amarillo, por haber sido atada, y que se usa en la festividad del domingo de ramos; también tiene otros usos, sirve para hacer escobas, capazos, etc. || Parte interna de la mano. || Por extensión, mano. || Símbolo del martirio cristiano. || Victoria, triunfo. || Parte inferior del casco de las caballerías. || pl. Aplausos.
PALMADA f. Golpe con la mano abierta. || Ruido producido al batir ambas manos, aplauso.
PALMARIO, RIA adj. Patente, claro, evidente.
PALMATORIA f. Soporte de una vela, generalmente en forma de plato. || Palmeta.
PALMÍPEDO, DA adj. Se dice de las aves con los dedos palmeados.
PALMO m. Medida de longitud equivalente a unos 21 cm. || *de tierra* Poco terreno. || *menor* Medida equivalente a la unión de todos los dedos de la mano excepto el pulgar.
PALMOTEAR intr. Aplaudir. || tr. Dar palmadas a alguien o algo.
PALO m. Trozo alargado de madera de forma cilíndrica y manejable. || Golpe dado con él. || Madera de árbol. || Ejecución capital en un instrumento de madera. || Cada uno de los maderos verticales de una embarcación, a los que están sujetos los masteleros que arbolan las velas. || Eje del escudo de armas. || Madera. || Asta, astil. || Trozo saliente en algunas letras.
PALOMA f. Nombre común a más de 100 especies de aves columbiformes, de la familia Colúmbidos, de tamaño variable, pico hinchado en la base, alas redondeadas pero que facilitan un vuelo rápido, plumaje generalmente apagado. Viven en todo el mundo excepto en las zonas polares. || Bebida a base de un anisado y agua. || Persona cándida y bondadosa. || pl. Palomillas.
PALOMAR m. Construcción para palomas.
PALOMITA f. Grano de maíz que, al tostarlo, se abre en forma de flor. || Paloma de anís.
PALOTE m. Palo pequeño. || Cada uno de los primeros trazos en la iniciación a la escritura.

PALPABLE adj. Que puede ser tocado con las manos, tangible. || Patente, manifiesto.
PALPAR tr. Tentar con las manos una superficie para reconocerla. || Andar a ciegas, adelantando los brazos para no tropezar. || Mostrarse algo con mucho realismo. || Experimentar de manera efectiva las consecuencias de algo.
PALPITACIÓN f. Acción y efecto de palpitar. || Percepción subjetiva y molesta del latido cardiaco debida generalmente a un trastorno del ritmo. || Serie de sacudidas internas e involuntarias que sufre un órgano corporal.
PALPITAR intr. Contraerse y dilatarse rítmicamente el corazón. || Tener palpitaciones por un esfuerzo o emoción. || Sentir la misma sensación en una vena. || Traslucirse una emoción.
PALÚDICO, CA adj. Palustre. || Relativo al terreno pantanoso. || Relativo al paludismo. || adj. y s. Persona que lo padece.
PALUDISMO m. Enfermedad parasitaria, causada por protozoos de diversas especies del género *Plasmodium*, que se transmite por la picadura de la hembra del mosquito anofeles. Se caracteriza por la presentación de accesos febriles intermitentes.
PALURDO, DA adj. y s. Rudo, tosco; se usa despectivamente para los campesinos.
PAMELA f. Sombrero femenino de copa baja y alas anchas y flexibles.
PAMPA f. Llanura desarbolada de gran extensión; por antonomasia, la argentina. || adj. y s. Se dice de varias tribus indígenas (ranqueles, araucanos) que ocupaban la región pampeana.
PAMPLINA f. Conjunto de murajes. || Tontería melindrosa.
PAN m. Alimento básico constituido por una masa de harina y agua, fermentada con levadura y cocida al horno. || Pieza de tal masa ya cocida, especialmente la redonda y grande. || Masa muy fina y trabajada, en la que se emplea aceite o manteca, y que se usa para repostería, empanadas, etc. || Amasado de otras sustancias cuya cocción semeja un pan. || Hoja de harina que se cuece entre dos láminas de metal y con la que se hacen hostias, obleas, etc. || Formación geológica cónica, generalmente granítica, produ-

cida por erosión diferencial. || Lámina muy delgada de oro, plata, etc. que se emplea para dorar o platear. || En general, cualquier alimento. || fig. Trigo. || fam. Cosa muy buena, alimento muy sabroso.
PANA f. Tejido grueso, de tacto similar al terciopelo, que forma acanaladuras de ancho variable. || En el suelo de una embarcación pequeña, cada una de las tablas que pueden ser levantadas con facilidad. || Galicismo por avería automovilística.
PANACEA f. Solución o remedio que sirve para todo o para muchas enfermedades. || fig. Remedio general para cualquier tipo de cosas. || *universal* Pócima o medicamento con el que los alquimistas ansiaban curar cualquier dolencia.
PANADERÍA f. Oficio del panadero. || Despacho u horno de pan.
PANAL m. Conjunto de celdillas hexagonales contenidas en la colmena y fabricadas por las abejas obreras; son de distinto tamaño según su destino en la estructura social. || Azucarillo. || Rejilla de los túneles aerodinámicos que sirve para orientar la corriente de aire.
PANAMERICANISMO m. Movimiento que defiende el estrechamiento de lazos entre los países americanos.
PANCARTA f. Cartel, confeccionado generalmente de tela, en el que se pintan frases, consignas, etc., y que se usa en manifestaciones, huelgas, protestas, etcétera.
PÁNCREAS m. Glándula anexa del aparato digestivo, situada en la cavidad abdominal por detrás del peritoneo. El páncreas tiene carácter endocrino, y por medio de las estructuras celulares llamadas islotes de Langerhans, segrega la insulina y el glucagón.
PANDERETA f. Instrumento de percusión semejante al pandero y de menor tamaño.
PANDERO m. Instrumento de percusión formado por un aro de madero tapado en uno de sus lados por una piel tensada y dotado de sonajas o cascabeles fijados en unas hendiduras practicadas en el aro. || fam. Persona charlatana y desatinada.
PANDILLA f. Unión, agrupación. || La que unos forman con algún mal fin. || Grupo habitual de amigos.
PANEGÍRICO, CA adj. Elogioso, encomiástico. || m. Discurso oratorio o poema en alabanza de una persona, corporación, gremio, etcétera.
PANEL m. Cada cuadrado o cualquier otra figura, bordeado por una moldura, en que, con carácter ornamental, se divide una superficie (puerta, contraventana, pared). || Plancha prefabricada, usada en construcción para separar ambientes. || Tablero vertical, de grandes dimensiones, usado como soporte de propaganda exterior. || Cada tabla levadiza de las que forman el suelo de las embarcaciones pequeñas. || Parte externa de la carrocería de un vehículo. || Método de encuesta basado en la presentación de un mismo cuestionario a un grupo de personas en distintas fechas, para conocer las transformaciones producidas en los hábitos sociales. || Dicho grupo de personas. || Soporte aislante donde se ubican los aparatos indicadores de un circuito eléctrico. || *acústico* Tablero usado en los estudios de grabación o reproducción del sonido para mejorar la calidad. || *de conexiones* Tablero de clavijas al cual se hacen llegar las terminales de diferentes circuitos con el fin de realizar las interconexiones provisionales que se precisen. || *de control* Dispositivo de interconexión, normalmente desmontable, que utiliza conexiones desconectables para controlar el funcionamiento de las máquinas de tarjetas perforadas, y en los ordenadores para llevar a cabo funciones que están bajo control del operador.
PANERO, RA adj. Se dice de la persona que come mucho pan. || m. Cesto o canasta redonda donde se echa el pan recién sacado del horno. || Estera pequeña y redonda. || f. Lugar donde se guarda y conserva el pan, los cereales o la harina. || Cesta grande en la que se transporta el pan. || Cestillo en el que se sirve el pan ya cortado en las comidas. || Nasa, cesto.
PANFLETO m. Libelo, folleto generalmente subversivo y muy virulento. Se usa peyorativamente para referirse a cierto discurso político o a la literatura de tesis.
PÁNICO, CA adj. y m. Se dice del terror, generalmente colectivo, sin causa justificada.
PANOCHA f. Panoja.
PANOJA f. Mazorca de maíz, panizo o mijo. || Panícula. || Ristra de uvas u otros

frutos. || Pescado pequeño frito, unido por sus colas.
PANOPLIA f. Armadura con todas sus piezas. || Colección de armas. || Sección de la arqueología que trata sobre las armas y armaduras antiguas. || Conjunto de piezas de una armadura distribuidas ordenadamente en una pared a modo de escudo.
PANORAMA m. Composición pictórica realizada en una gran superficie interior cilíndrica que el espectador puede apreciar situándose en su interior. || Por extensión, amplia vista de un exterior natural. || Apariencia global de un tema, cuestión, situación, etcétera.
PANTALÓN m. esp. pl. Prenda de vestir de la cintura para abajo, que cubre ambas piernas por separado. || *llevar bien puestos los p.* Imponer la autoridad.
PANTALLA f. Mampara utilizada para orientar o dirigir los rayos luminosos de un foco o de cualquier otro tipo de radiaciones u ondas. || Plancha metálica colocada junto a la lumbre para evitar el calor directo. || Lienzo vertical para la proyección de películas. || Presa hidráulica, o cualquier obra similar. || Una de las rejillas auxiliares utilizada en las válvulas de más de tres electrodos para reducir la capacidad entre la rejilla de control y el ánodo o placa. || fig. Todo lo que hace sombra o dificulta la visión de algo. || *electrostática* La metálica, conectada a tierra, situada alrededor de un dispositivo para evitar la extensión de campos eléctricos a través suyo. || *magnética* Superficie de material ferromagnético que protege los instrumentos eléctricos de campos eléctricos o magnéticos exteriores.
PANTANO m. Terreno con agua estancada, de poca profundidad, y fondo cenagoso. || Embalse artificial para la recogida de aguas.
PANTEÓN m. Templo clásico dedicado a todos los dioses. || Monumento funerario para la inhumación de varias personas.
PANTERA f. Leopardo. || Mujer fatal.
PANTOMIMA f. Espectáculo teatral mudo, muy relacionado con el mimo y la farsa, basado exclusivamente en el gesto y la expresividad corporal. || Farsa, ficción, hipocresía.

PANTORRILLA f. Parte posterior de la pierna formada por la masa muscular del tríceps.
PANTUFLA (o **PANTUFLO**) f. (o m.) Zapatilla sin talón, para andar cómodamente por casa.
PANZA f. Vientre voluminoso. || Parte abultada de vasijas u otros objetos. || Primera y más voluminosa de las cuatro cámaras que forman el estómago de los Rumiantes. En ella tiene lugar la hidrólisis de la celulosa por acción bacteriana y de protozoos.
PANZADA f. Golpe con la panza. || fam. Comilona. || Por extensión, exceso en alguna actividad.
PAÑAL m. Pedazo de tela cuadrada con que se cubre la parte inferior del cuerpo del bebé. || pl. Conjunto de las ropas del recién nacido. || *en pañales* Hablando de un asunto, sin desarrollar, en sus comienzos. || *estar uno en p.* No tener conocimientos de algo.
PAÑO m. Tejido de lana tupido y raso. || Pedazo de tela para usos muy diversos (quitar el polvo, enjugar la vajilla, limpiar una herida, etc.). || Cada trozo de tela cosido a una prenda para completar su ancho. || Tapiz. || Tabique. || Blanqueado de una pared. || Lunar en la piel, especialmente en el rostro. || Defecto que empaña el brillo o claridad de un cristal o espejo. || Mota en la córnea del ojo. || Ropaje. || *de lágrimas* Persona propensa a consolar a los demás.
PAÑOLETA f. Mantilla triangular que se echan sobre los hombros las mujeres. || Corbata de torero.
PAÑUELO m. Trozo de tela cuadrangular, usada para sonarse las narices, limpiarse el sudor, etc. || Cualquier trozo de tela de forma semejante, aunque de mayor dimensión, empleada como prenda de abrigo o complemento del vestido. || *de mano*, o *de bolsillo* El de uso personal, especialmente para limpiarse la nariz.
PAPA, 1 m. Máxima autoridad de la jerarquía católica, cabeza visible de dicha religión, jefe del Estado de la Ciudad del Vaticano y obispo de Roma.
PAPA, 2 f. Patata. || pl. Patatas fritas en rodajas finas.
PAPÁ m. fam. Padre. || pl. Padre y madre.

PAPADA f. Carnosidad por debajo de la barbilla. || Pliegue de la piel que sobresale del cuello de ciertos animales, especialmente vacunos.

PAPANATAS com. fam. Persona simplona.

PAPEL m. Hoja delgada hecha con pasta de trapos molidos, blanqueados y desleídos en agua, secada y endurecida después por procedimientos especiales; también puede prepararse con pulpa de cáñamo, esparto, paja de arroz y maderas de todas clases. || Conjunto de este material en resmas, cuadernos o pliegos. || Hoja de papel manuscrita o impresa. || Cualquier tipo de documento, carnet o carta. || Billete bancario, pagaré o letra comercial. || Artículo periodístico. || Diario. || Texto teatral, cinematográfico, etc., que interpreta un actor. || Personaje que interpreta. || Lugar que ocupa uno en la vida o trabajo que realiza. || En psicología, rol. || Sobre pequeño que contiene polvos medicinales. || Conjunto de valores que se negocian en bolsa. || pl. Documentos acreditativos de una persona o sus cualidades. || fam. Periódico, diario.

PAPELERÍA f. Tienda de cuadernos y demás utensilios para escribir o dibujar. || Montón de papeles tirados, por rotos e inservibles.

PAPELETA f. Tarjeta donde se acreditan ciertos derechos u obligaciones, o se consignan datos (número de una rifa, resultado de un sorteo, propuesta de voto, calificación de un examen, etc.). || Cuestión de difícil solución. || Cucurucho de papel.

PAPELÓN, NA adj. y s. Jactancioso, presumido. || m. Escrito que se tira por haber perdido interés. || Cartón delgado. || fig. Conducta ridícula.

PAPERA f. Bocio. || Catarro purulento en la mucosa nasal de caballos jóvenes, que se transmite por contagio.

PAPILLA f. Comida triturada para bebés y personas enfermas, a base de cereales o féculas hervidos en agua o leche. || Halago, adulación. || Masa opaca a los rayos X que, al ser ingerida, permite estudiar radiológicamente el aparato digestivo. || *echar la primera p.* Vomitar todo lo consumido. || *estar hecho p.* Encontrarse cansado o abatido. || *hacer p. a* (alguien) Destrozarle física o moralmente.

PAQUETE m. Objeto u objetos debidamente ordenados, envueltos generalmente en papel, cartón o tela, y atados convenientemente para facilitar su transporte. || *de acciones* Cantidad de ellas pertenecientes a un mismo socio. || *de discos* Juego de discos magnéticos que puede ser separado de un almacenamiento, y constituye una unidad. || *de ondas* Superposición de ondas de distinta frecuencia que se propagan en la misma dirección y ocupan una región finita del espacio. || *postal* El enviado por correo.

PAQUIDERMO, MA adj. y s. Se dice de los animales de piel dura, gruesa y casi desnuda.

PAR adj. Igual, equivalente. || Se dice del número que es divisible por dos. || m. Conjunto de elementos de la misma especie. || Pareja. || Durante la edad media, título o dignidad que recibían algunos señores feudales que, entre sus privilegios más extendidos, contaban con el de sólo poder ser juzgados por sus iguales o "pares". || Valor de un título bursátil cuando coinciden el de emisión y el nominal. || Conjunto de dos cuerpos heterogéneos que, en determinadas condiciones, producen una corriente eléctrica. || f. pl. Placenta del útero.

PARA prep. Denota, en esencia, idea de finalidad, aunque puede expresar multitud de relaciones: así, es, junto a la preposición *a*, la preposición introductora del complemento indirecto u objeto indirecto; el uso de una u otra puede venir obligado por el contexto o a fin de resolver ambigüedades. || Indica dirección del movimiento, y equivale a *hacia*. || Indica el término de un transcurrir temporal; en este caso en omisión no suele alterar el significado de la frase en la que se inscribe. || Señala la relación desproporcionada entre una cosa y otra; ejerce, pues, funciones de nexo de comparación adversativa, en ocasiones con un matiz causal (*te quejas mucho para lo que trabajas*). || Aptitud, utilidad o finalidad de algo o alguien. || Causa o motivo. || Por, a fin de que. || Unida a ciertas palabras o locuciones (*colmo, mayor desgracia,* etc.) indica una circunstancia desgraciada para el hablante que culmina una serie ya enumerada de desdichas anteriores. || Por, a punto de. ||

Al introducir una oración final puede hacerlo expresándose ésta mediante un infinitivo o bien mediante una forma personal en la que el verbo va en modo subjuntivo y la oración está sustantivada por la partícula *que*.

PARABIÉN m. Enhorabuena, felicitación.

PARÁBOLA f. Narración alegórica que encierra una enseñanza moral. Explica un argumento de comprensión difícil en estrecha relación con la vida real. Usada constantemente por Jesucristo. || Curva abierta. Es el lugar geométrico de los puntos del plano que equidistan de un punto fijo, llamado *foco*, y de una recta fija, llamada *directriz*. || *hablar en p.* Utilizar circunloquios y metáforas oscuras.

PARABÓLICO, CA adj. De figura de parábola. || Se dice del movimiento de un punto que describe una parábola.

PARABRISAS m. Cristal y armazón metálico que, situados encima del tablero de un automóvil, resguardan del aire a los viajeros.

PARACAÍDAS m. instrumento que se usa para moderar la caída de algo o alguien desde una altura considerable (especialmente un avión). Consta de un casquete, semiesférico o rectangular, formado por segmentos de seda, nylon u otro material, el cordaje y un arnés. || Dispositivo de seguridad de los ascensores para moderar la velocidad de caída en caso de ruptura de los cables. || Por extensión, lo que sirve para amortiguar una caída.

PARACHOQUES m. Pieza o aparato que llevan en la parte delantera los automóviles para amortiguar los efectos de un choque. || Cada uno de los topes situados en una obra fija en las terminales ferroviarias para detener vehículos en movimiento.

PARADA f. Acción de parar o pararse. || Zona destinada al estacionamiento de vehículos de transporte público a lo largo de su recorrido. || Detención, fin de un movimiento, especialmente de la carrera. || En la música, pausa. || En esgrima, quite. || Lugar en el que se junta o recoge el ganado. || Sitio en el que están los sementales del ganado mayor. || En el juego, cantidad de dinero que se expone a una sola suerte.|| Formación de tropas que entra de guardia, sale a desfilar, etc., y a las que se pasa revista. || Lugar donde forman. || Desfile. || Interrupción brusca de un proceso o curso.

PARADERO m. Sitio donde se para o se va a parar. || Meta, fin o término de algo. || Parada de autobús.

PARADIGMA m. Modelo, canon de una norma. || En las gramáticas tradicionales, el término designa el conjunto ordenado y finito de flexiones de una misma palabra o raíz. Así, el p. sería, por extensión, el conjunto de formas que sirven de modelo en los distintos tipos de flexión.

PARADISIACO, CA (o **PARADISÍACO, CA**) adj. Relativo al paraíso. || Delicioso, muy agradable.

PARADO, DA adj. Que está inmóvil. || Tímido, apocado. || Con el verbo *quedar* (prnl.), pasmarse, perder el habla, estar sorprendido, confuso. || En posición vertical. || adj. y s. Que carece de ocupación, desempleado.

PARADOJA f. Idea u opinión distinta de la común que se tiene por verdadera. || Absurdo que se presenta con visos de verdad. || Figura retórica en la que se relacionan dos ideas que, en principio, se dirían opuestas o contradictorias. || Formulación lógica de conceptos aparentemente contradictorios. || *hidrostática* La que se basa en el hecho de que cantidades distintas de un líquido en recipientes distintos producen la misma presión sobre el fondo de los recipientes.

PARADOR, RA adj. Que para o se para. || Se aplica a la caballería que para con docilidad y elegancia.

PARAESTATAL adj. Se aplica al organismo, institución, etc., que colabora con el Estado o ejerce labores propias del mismo sin formar parte de la administración pública.

PARÁFRASIS f. Explicación de un texto siguiéndolo paso a paso en su desarrollo lógico, amplificación, glosa. || Versión libre en verso de un texto en prosa. || Relación entre oraciones del mismo sentido semántico, aunque de distinta construcción; definida por la gramática transformacional.

PARAGUAS m. Bastón que en su extremo posee un varillaje que sostiene una tela impermeable para protegerse de la lluvia; el varillaje puede abrirse o cerrarse recogiendo o no la tela. || *plegable* Aquel cuyo mango, también extensible, le permite reducir considerablemente su tamaño.

PARAGÜERO, RA m. y f. Persona que fabrica, repara o vende paraguas. || m. Mueble o cesto alargado en el que se depositan los paraguas, bastones, etcétera.

PARAÍSO m. En sentido propio, el terrenal. || Cielo, lugar de bienaventuranza. || Gallinero, piso más alto de un teatro. || Paraje agradable, calmo.

PARAJE m. Zona, lugar alejado.

PARALELEPÍPEDO m. Prisma cuyas bases son paralelogramos.

PARALELO, LA adj. y s. Se dice de la recta o plano que corta a otra recta o plano con el mismo ángulo. || adj. Similar, o equivalente. || Se dice de la operación informática en que todos los bits son tratados al tiempo. || m. Cada círculo de la esfera terrestre cuyo plano equidista en todos sus puntos del que forma el ecuador. || Comparación que se establece entre personas o cosas. || *celeste* El de la esfera celeste, resultante de la intersección de ésta con el plano de un p. de la Tierra. || *en p.* En un circuito eléctrico, se dice de la conexión de varios elementos a los que se aplica la misma diferencia de potencial.

PARÁLISIS f. Inhibición de la actividad motora de un músculo o grupo muscular. || Por extensión, acción y efecto de paralizarse una institución, persona, etc. || *agitante* Enfermedad de Parkinson. || *completa* Pérdida conjunta de la movilidad, funcionamiento normal y sensibilidad de un órgano. || *general progresiva* Forma de demencia paralítica causada por la sífilis tardía. || *infantil* Poliomielitis.

PARALÍTICO, CA adj. y s. Aquejado de parálisis.

PARALIZAR tr. y prnl. Provocar parálisis de una parte del cuerpo. || fig. Detener una actividad, impedir una acción.

PARÁMETRO m. Constancia que aparece en una ecuación y que puede ser fijada a voluntad. || Variable auxiliar (t) que aparece en una expresión paramétrica. || Vocablo incorporado a la terminología musical actual para designar las diferentes propiedades del sonido (intensidad, frecuencia, tiempo, etc.). || Conjunto de datos que permanecen fijos en el planteamiento de cualquier cuestión y que la caracterizan.

PARANGÓN m. Comparación o semejanza.

PARANOIA f. Enfermedad mental crónica cuya principal característica son los delirios sistematizados de construcción lógica y coherente.

PARAPETO m. Fortificación que protege a los soldados hasta la altura del pecho; suele ser un terraplén. || Baranda, pretil o antepecho.

PARAPLEJIA (o PARAPLEJÍA) f. Afección paralítica que interesa a los dos miembros inferiores.

PARAR intr. y prnl. Dejar de producirse un movimiento o actividad. || intr. Arribar a término, alcanzar una meta. || Llegar una cosa a ser propiedad de uno después de pasar por otras manos. || Resultar una cosa algo distinto de lo esperado, transformarse. || Residir, alojarse. || tr. Interrumpir un movimiento o una acción. || Caer en la cuenta, precaver. || Apostar a una suerte en un juego. || Señalar el perro a la caza. || En esgrima, evitar con la espada el golpe del contrario. || prnl. Seguido de *a* y un infinitivo, hacer lo que se indica con calma o con suma atención.

PARARRAYOS m. Dispositivo de protección contra descargas eléctricas atmosféricas, que se sitúa en lo alto de una estructura y que comprende, en general, varillas o puntas, conductores eléctricos y un receptor de la descarga (tierra húmeda, agua, etc.). || Mecanismo protector de antenas o líneas de transmisión, contra sobrecargas o rayos.

PARÁSITO, TA adj. y m. Se aplica a los organismos que practican el parasitismo. || Se dice del fonema que aparece en ciertas palabras para facilitar su pronunciación. Puede consolidarse y pasar a la ortografía de esa palabra. || Se dice de la perturbación electromagnética accidental que dificulta la recepción de las señales radioeléctricas. || fig. Gorrón, persona que vive a costa de otros o de los vicios de la sociedad.

PARCA f. poét. La Muerte.

PARCELA f. Porción de terreno que se separa de éste por compra, expropiación, etc. || En el registro de la propiedad, cada una de las tierras de distinto dueño que forman un término legal. || Pedazo pequeño de algo.

PARCELAR tr. Dividir un terreno en parcelas. || Determinar y medir las parcelas y su propiedad para el catastro.

PARCIAL adj. Que pertenece a un todo. || Aún no acabado, incompleto. || Que presenta parcialidad o actúa con ella. || adj. y s. Secuaz, partidario.

PARCIALIDAD f. Coalición, liga de los que, por algún fin, se separan de la mayoría. || Facción, conjunto de rebeldes.

PARCO, CA adj. Mesurado, templado, moderado. || Insuficiente, escaso.

PARCHE m. Trozo de tela, goma, papel, etc., que se adhiere a un cuerpo para diversos usos. || Pedazo de tela u otro material con un bálsamo o ungüento y que se aplica sobre una parte del cuerpo dolorida, herida o enferma. || Cada una de las pieles del tambor y otros instrumentos musicales. || fig. Tambor, instrumento. || Remiendo, pegote, retoque notorio. || Mejoría provisional de alguien. || *pegar un p.* Sacar dinero a uno o burlarse de él.

PARDO, DA adj. Se aplica al color resultante de la mezca de negro y rojo con algo de amarillo o naranja. || De color pardo. || Encapotado, oscuro. || Se aplica a la voz sorda y poco clara. || m. Leopardo.

PARDUSCO, CA adj. De color similar al pardo.

PAREADO m. Estrofa formada por dos versos de arte mayor que riman entre sí en consonante.

PARECER, 1 m. Juicio, opinión. || Proporción y armonía de las facciones o del cuerpo.

PARECER, 2 intr. Dar lugar a pensar, o creer determinada cosa. || Mostrarse, aparecer. || Hallarse lo perdido. || Tener determinada apariencia. || prnl. Guardar semejanza con respecto a algo o alguien.

PARECIDO, DA adj. Que se parece a otro. || Precedido de *bien* o *mal*, con buena o mala forma y facciones, o ser bien o mal visto. || m. Semejanza, similitud.

PARED f. Obra de fábrica que separa las distintas piezas de un edificio y sostiene la techumbre. || Tabique, muro que no es de sostén. || Cualquier lámina o placa de forma regular que acota un espacio o separa y forma algo. || Cara o superficie lateral de un cuerpo. || Superficie lateral de una excavación, sea o no inclinada. || Porción de roca vertical y de considerable altitud.

PAREJA f. Conjunto de dos seres animados o inanimados que guardan alguna relación o semejanza. || Cada uno de ambos seres en relación con el otro. || Matrimonio, personas que mantienen una relación amorosa estable. || Conjunto de dos guardias civiles o de otros miembros del orden. || Compañero o compañera de baile.

PARENTELA f. Familia, en sentido amplio; todos los parientes próximos o lejanos.

PARENTESCO m. Relación entre dos o más personas que poseen determinados vínculos, especialmente los de consanguinidad. Las estructuras de p. fueron la primera base organizativa de las sociedades humanas. || Liga, unión de las cosas entre sí. || Relación existente entre dos lenguas; puede ser de filiación, por tener un origen común, o por presentar características tipológicas comunes (en este caso se trata de una simple afinidad).

PARÉNTESIS m. Inciso que se produce dentro de una oración; posee una entonación diferente y va precedido y concluido por una pausa que, en la escritura, puede presentarse por comas, guiones o el signo ortográfico ( ), que es el que recibe propiamente el nombre de paréntesis. || Pausa, periodo de tregua o de ausencia de una actividad previa. || Signo ( ) de agrupación y de orden en las operaciones matemáticas.

PARIA adj. y com. Se dice de las personas pertenecientes a la casta más baja de los hindúes. || Persona de inferior condición, discriminada.

PARIDAD f. Paralelismo, confrontación, comparación. || Gran semejanza o igualdad de las cosas entre sí. || Relación de valor existente entre monedas de varios países generalmente expresada en términos del dólar de EUA o del oro. || Propiedad de simetría espacial (carácter simétrico) de las funciones propias, especialmente de las funciones de onda en la mecánica ondulatoria. || Inform. Técnica del empleo de código (par-impar) para el control de la información transmitida.

PARIENTE, TA adj. y s. Persona que establece una relación con otra, por consanguinidad o por vínculos legales. || m. y f. fam. El esposo respecto de la esposa y viceversa.

PARIR intr. y tr. Expulsar una hembra al feto que ya ha cumplido un tiempo suficiente de concepción como para poder subsistir fuera de su madre. || intr. Poner huevos. || tr. fig. Originar, crear. || Descubrirse algo secreto o ignorado.

PARLAMENTAR intr. Dialogar, hablar unos con otros. || Entrar en negociaciones diplomáticas.

PARLAMENTARIO, RIA adj. Relativo al parlamento. || m. y f. Miembro de un parlamento. || Persona responsable de unas negociaciones.

PARLAMENTO m. Acción de parlamentar. || Institución política, compuesta por una o dos cámaras, formadas por representantes elegidos (en la cámara alta, a veces hereditarios o designados). Entre sus funciones, la discusión y aprobación de leyes, el control del gobierno, declaración de la guerra y aprobación de tratados internacionales, reforma de la constitución, etc. || Monólogo extenso de un actor. || Conversación, charla.

PARLANCHÍN, NA adj. y s. Muy hablador. || Que no es capaz de guardar un secreto.

PARNASO m. Conjunto de todos los poetas de la antigüedad, o de los de una lengua o tiempo. || Antología poética de varios autores.

PARO m. Cesación, o término, de la jornada laboral. || Situación de aquella persona que, queriendo trabajar y estando capacitada para ello, no puede hacerlo por falta de demanda. || Conjunto de los que se hallan en la anterior situación. || Huelga.

PARODIA f. Cualquier texto que surja a imitación de una obra literario seria o de renombre y que pretenda ridiculizarla o tenga intención burlesca. || Por extensión, imitación burlesca de cualquier asunto, tema o cosa seria.

PARÓNIMO, MA adj. Se dice de cada uno de dos o más vocablos que guardan similitud gráfica o fonológica entre sí.

PAROXISMO m. Fase de una enfermedad o de un acceso en la que se produce la máxima intensidad de su sintomatología. || Inflamación, exacerbación de las pasiones y sentimientos. || Periodo de máxima intensidad en un fenómeno sísmico u orogénico.

PARPADEAR intr. Abrir y cerrar repetidamente los párpados. || Dar destellos intermitentes una luz, o perder y ganar intensidad en secuencias rápidas y alternadas.

PÁRPADO m. Repliegue cutáneo que en número de dos, superior e inferior, están dispuestos a modo de velo móvil sobre el globo ocular.

PARQUE m. Zona cercada con árboles, plantas, etc., ajardinada o bien con caminos practicables, y que se usa para diversos fines recreativos. || Todos los útiles, máquinas y materiales destinados a un servicio público. || Lugar donde se almacenan las municiones, víveres y armas de cada servicio militar. || Armazón metálico plegable, con pequeños barrotes o mallas y barandillas y suelo generalmente de lona en el que se sitúa a los niños pequeños para protegerlos mientras juegan.

PARQUÉ (o **PARQUET**) m. Revestimiento de madera del suelo. || En la bolsa de valores, espacio donde se realizan las operaciones.

PARQUEDAD f. Sobriedad, economía. || Circunspección, parsimonia.

PARRA f. Variedad de vid en la que se fomenta un mayor desarrollo en altura.

PÁRRAFO m. Cada una de las partes de un escrito que terminan en punto y aparte. || Signo ortográfico (§) con el que se señala —en citas o en otras ocasiones— cada una de esas partes. || *echar un p.* Charlar, conversar. || *p. aparte* Expresión usada para cambiar de conversación.

PARRAL m. Parra, o conjunto de ellas, sostenida por un armazón. || Lugar donde abundan. || Viña que tiene muchos vástagos.

PARRANDA f. Juerga, fiesta, farra.

PARRICIDIO m. Delito que comete quien mata a su padre, madre, o hijo, o a los que son tenidos por tales; y según la legislación vigente, a cualquier otro de sus ascendientes o descendientes, legítimos o ilegítimos, o a su cónyuge.

PARRILLA f. Útil de cocina en forma de reja con mango y pies para asar directamente sobre el fuego. || Rejilla del horno de una máquina a vapor, de reverbero, etc. || Restaurante en el que la carne se asa a la vista del público.

PÁRROCO adj. y m. Sacerdote que administra una parroquia.

PARROQUIA f. Territorio administrado por un párroco. || Feligresía a su cargo. || Iglesia donde se reúnen para las ceremonias litúrgicas. || Conjunto de personas que acostumbran a ir a una misma tienda, a una consulta médica, a un establecimiento, etcétera.

PARROQUIANO, NA adj. y s. Que pertenece a una parroquia. || m. y f. Persona que suele ir de compras a una misma tienda, o usar los servicios de determinado establecimiento o profesional.

PARSIMONIA f. Prudencia, moderación. || Lentitud.

PARTE f. Fragmento de algo. || Porción correspondiente en un reparto. || Cantidad imprecisa de un total. || Lugar, paraje, punto determinado. || Cada una de las divisiones amplias de una obra científica o literaria. || Cada uno de los contendientes en una discusión, certamen, competición o litigio. || En toda relación jurídica, el elemento personal o subjetivo. || En derecho procesal, que litiga, ya sea como demandado o demandante. || Cada matiz que puede tomar un asunto. || Papel que le corresponde a cada actor teatral. || pl. Órganos genitales. || Bando, facción.

PARTICIÓN f. Acción y efecto de repartir, o partir. || Operación por la que se divide una herencia. || División por zonas de la memoria, en las técnicas de multiprogramación. || *de un conjunto* Clasificación de los elementos de un conjunto E en subconjuntos disjuntos, tales que todo elemento de E esté clasificado.

PARTICIPACIÓN f. Acción y efecto de participar. || Notificación, informe, comunicación. || Parte pertinente a cada uno de los asociados en algún negocio o empresa. || Cantidad apostada en un número de lotería, y billete acreditativo. || *obrera* (o *participacionismo*) Doctrina económica y política que busca interesar a los obreros en la marcha de la empresa mediante una participación de éstos en sus beneficios.

PARTICIPAR intr. Tomar parte en algo. || Con *de*, indica tener algo en común, compartir. || tr. Notificar, dar aviso.

PARTÍCIPE adj. y com. Que participa. || *hacer* a alguien *p. de* (algo) Comunicarle una noticia. || Compartir algo con él.

PARTICIPIO m. Forma no personal del verbo, que puede presentar carácter verbal o adjetival, según su función dentro de la frase. En funciones de adjetivo puede llegar a estar sustantivado, utilizado con carácter verbal puede expresar tiempo y voz, y participa en la formación de tiempos compuestos y de perífrasis verbales. || *absoluto* Ablativo absoluto.

PARTÍCULA f. Parte muy diminuta. || Elemento gramatical que carece de flexión y es generalmente un elemento de relación o modificación invariable; como los prefijos y sufijos, conjunciones, preposiciones, adverbios de negación, etc. || Cuerpo material de dimensiones muy reducidas que fundamentalmente constituye la materia. Antiguamente se pensaba que el mundo material se construía a partir de unas p. *elementales*, llamadas maones, que se creían indivisibles. Recientemente se ha puesto de manifiesto que podían estar formadas por otras p. más pequeñas llamadas *quark*.

PARTICULAR adj. Que le pertenece en exclusiva. || Individual, personal, singular. || Extraordinario, excepcional, único en su género. || Privado, en oposición a público. || adj. y com. Persona individual sin representación de entidad alguna. || En la sociedad civil, se dice de aquellos de sus miembros que no gozan de distinción especial. || m. Asunto sobre el que se discute.

PARTICULARIDAD f. Faceta singular que hace que alguien o algo se distinga del resto. || Idiosincrasia, originalidad, personalidad. || Forma especial de tratamiento o de demostración de afecto. || Cada aspecto, matiz o característica de algo.

PARTICULARIZAR tr. Concretar en los más mínimos detalles. || Llevar al terreno individual un hecho de carácter general. || Dar un matiz específico a algo, para diferenciarlo de sus semejantes. || Favorecer en el trato. || prnl. Diferenciarse, sobresalir.

PARTIDA f. Acción de partir o marchar. || Marcha, salida. || Acta de inscripción en la parroquia o en el registro civil del nacimiento, bautismo, confirmación, casamiento o defunción. || Documento certificado de las mismas. || Cada asiento o suma parcial de una contabilidad. || Cada uno de los diferentes géneros comerciales. || Cuadrilla de individuos armados. || Grupo de personas reunidas con un mismo propósito (excursión, cacería, juego, etc.). || Serie de jugadas o manos, o cada una de las mismas (*set*, en tenis), que determinan quién gana o pierde en una competición. || Cantidad de dinero que se cursa en un juego. || Parte, división territorial.

PARTIDARIO, RIA adj. y s. Simpatizante o afiliado a un partido o agrupación. || Seguidor de determinada persona, o defensor de un ideario concreto. || m. Guerrillero.

PARTIDO, DA adj. Dividido, fraccionado. || Dadivoso, desinteresado. || Se dice del escudo o emblema cortado perpendicularmente en dos mitades. || m. Agrupación de personas movidas por un mismo ideario sociopolítico. || Conjunto de partidarios de una causa determinada. || Grupo de jugadores de un mismo equipo. || Competición deportiva. || Partida de juego. || Ganancia, beneficio. || Pacto, convenio. || Resolución que se adopta. || Influencia favorable. || División territorial.

PARTIR tr. Hacer partes de un todo. || Repartir algo entre varios. || Cortar un trozo de una masa compacta. || Romper, quebrantar. || Destrozar física o moralmente. || Compartir con otro algo propio. || Clasificar. || Mat. Dividir. || intr. Empezar a andar. || Tomar algo como inicio de un trabajo o investigación. || Arrancar desde determinado supuesto. || Tomar una determinación. || prnl. Dividirse, quebrantarse.

PARTITURA f. Transcripción en notación musical de una composición.

PARTO m. Proceso fisiológico de salida al exterior del feto y sus anejos al cumplirse el tiempo de la gestación. || fig. Creación de la mente humana. || *distócico* Parto patológico. || *prematuro* Parto que se presenta antes de cumplir el tiempo de embarazo. || *sin dolor* Conjunto de técnicas gimnásticas y psicológicas que preparan a la madre y facilitan el trance del p. || *el p. de los montes* Elaboración fatigosa de un acontecimiento o cosa insignificante.

PARVA f. Mies esparcida en la era para ser trillada. || Montón o gran cantidad de algo.

PARVADA f. Cantidad de parvas. || Pollada. || Montón de algo.

PÁRVULO, LA adj. y s. Niño en periodo preescolar. || Inocente, cándido.

PASA, 1 f. Uva desecada natural o artificialmente.

PASA, 2 f. Canal entre bajos por donde pueden navegar barcos. || fam. Epidemia.

PASADERO, RA adj. Que puede pasar fácilmente. || No desdeñable en su género. || Mediano, regular. || Que goza de salud o apariencia mediana. || f. Cada una de las rocas o troncos, colocados en una corriente, para poder pasar sin mojarse. || Meollar.

PASADIZO m. Pasillo. || Callejón angosto.

PASADO, DA adj. Anterior al momento presente. || Putrefacto. || adj. y m. Ling. Pretérito. || m. Periodo anterior, o hechos acaecidos durante el mismo.

PASAJE m. Acción de pasar. || Lugar por donde se pasa. || Corredor amplio entre dos calles. || Peaje que se satisface por derecho de tránsito. || Billete de avión o barco. || Conjunto de viajeros que van en ellos. || Estrecho de mar. || Párrafo de un texto literario o fragmento musical.

PASAJERO, RA adj. Se dice del lugar muy transitado. || Se dice de las aves migratorias. || Momentáneo, temporal, perecedero. || adj. y s. Se dice del que viaja en un vehículo sin ser su conductor o propietario.

PASAMANO m. Tipo de confección consistente en trencillas, cordones, flequillos, realizados trenzando hilos de oro, plata, seda, etc., que sirven de complemento y adorno de vestidos o ropajes.

PASANTE adj. Que pasa. || com. Aprendiz de abogado, que ayuda en trabajos auxiliares. || m. Antiguo auxiliar en otras profesiones (profesorado, oratoria, medicina, etcétera).

PASAPORTE m. Documento de identificación, que da licencia de paso entre fronteras. || Salvoconducto. || Documento dado a los militares, que acredita su condición de tales, a fin de poder solicitar hospedaje y asistencia. || fig. Permiso, licencia. || *dar p. a* (alguien) Despedirlo, cesarlo en el empleo. || Matarlo.

PASAR intr. Cambiar de lugar o situación. || Entrar, penetrar. || Ocurrir, suceder. || Ocupar el tiempo. || Con *a*, más infinitivo, iniciar algo. || Con *de*, resultar absolutamente indiferente. || Con *por*, ser reputado. || No necesitar más. || Durar, ser útil en el periodo considerado. || Finalizar, cesar una cosa. || Morir. || En juegos de salón, no tener carta o ficha para poner. || Olvidarse. || Dejar de existir. || Estropearse, pudrirse. || Excederse sobre lo permitido. || Filtrarse. || No encajar en el molde previsto. || tr. Llevar algo de un lugar a otro. || Enviar, transmitir. || Recorrer, transitar. || Introducir ilegalmente o a través de algo. || Superar algo o aventajar a alguien.

PASARELA f. Puente estrecho, generalmente provisional o de uso peatonal. || Tablado alargado por donde pasan los modelos en los desfiles de modas.

PASATIEMPO m. Entretenimiento para el tiempo libre.

PASCUA f. Fiesta que conmemora la resurrección de Jesucristo. Se celebra el primer domingo después del plenilunio del equinoccio de primavera. || Fiesta hebrea que conmemora la liberación del pueblo hebreo de la cautividad de Egipto. || pl. Nombre de las fiestas que se celebran con motivo de Navidad, Pascua y Pentecostés. || Tiempo que va de la Navidad a la Epifanía.

PASE, 1 m. Acción y efecto de pasar.

PASE, 2 m. Autorización o documento con el que se adquieren ciertos privilegios de libre circulación, acceso o comercio. || Cada movimiento de manos que un magnetizador hace al hipnotizar o un mago antes de realizar su truco. || Acción y efecto de pasar un balón, carta, etc., a un compañero de equipo en un juego o deporte.

PASEAR intr., tr. y prnl. Andar sin ninguna obligación, por salud o entretenimiento. || intr. y prnl. Hacerlo con un vehículo, por diversión. || intr. Ir el caballo al paso. || tr. Dar a alguien un paseo. || fig. Mostrar una cosa en varios sitios, o llevar de aquí para allá. || prnl. Estudiar algo o hablar de ello con poco rigor. || Flotar en el ambiente o en uno mismo cosas no materiales. || Estar sin ocupación.

PASEO m. Acción y efecto de pasear o pasearse. || Zona pública acondicionada para tal fin. || Recorrido breve que se hace casi sin sentir. || Paseíllo.

PASILLO m. En una vivienda o edificio, pieza sólo de paso, generalmente larga y estrecha. || Puntada larga, como la que sirve luego para hacer los ojales o un bordado. || Paso, pieza teatral corta.

PASIÓN f. Acción de padecer. || Por antonomasia, conjunto de padecimientos de Jesucristo antes de su muerte en la cruz. || Estado paciente de un sujeto o cosa respecto a la acción que se realiza. || Exaltación de un sentimiento o ánimo. || Afición, inclinación intensa hacia algo o alguien. || Composición musical semejante al oratorio inspirada en la narración evangélica de la P. de Cristo. || *de ánimo* Melancolía, abatimiento.

PASIVO, VA adj. Se dice del sujeto que recibe el efecto de una acción que él no ha realizado. || Se aplica a quien se aprovecha de la actividad o ideas de otros, sin cooperar en nada. || Se dice de las pensiones, jubilaciones, etc. || Se dice del circuito o elemento que no comprende ninguna fuente de energía. || adj. y f. Se dice de las oraciones o construcciones verbales en las que actúa como sujeto el objeto de la acción verbal, por lo que éste está tematizado. La voz pasiva se forma con el verbo auxiliar *ser* y el participio de pasado del verbo que se conjuga.

PASMAR tr. y prnl. Dejar helado a uno de frío. || Malograr la helada las plantas. || Provocar un desvanecimiento o desmayo. || fig. Dejar con la boca abierta, asombrar. || prnl. Contraer un pasmo. || Enturbiarse los colores o barnices de un cuadro.

PASMO m. Síntomas de malestar que preceden a algunas enfermedades, especialmente la gripe y el enfriamiento. || Rigidez muscular convulsiva. || Tétanos. || fig. Aturdimiento del ánimo por asombro, sorpresa, etc. || Lo que lo ocasiona.

PASO m. Cada uno de los movimientos que se realizan con los pies al andar. || Trecho recorrido en estos movimientos. || Forma de caminar. || Ritmo que se lleva al andar. || Cada una de las variaciones o mudanzas de un baile, y postura que se toma en ellas. || Manera de desplazarse un cuadrúpedo, moviendo alternativamente sus extremidades. || Huella que marca el pie al andar. || Acción de pasar. || Lugar accesible, por el que se puede pasar. || Migración de las aves por el cambio de estación. || Estrecho de mar. || Puerto de montaña. || En un monte, camino que frecuenta la caza. || Licencia o pase que permite el libre acceso a algo. || Facultad que uno tiene para ceder a otro un empleo, cargo, etc. || Avance en el estado o desarrollo de cualquier cosa. || Solicitud o trámite previo para la realización de algo. || Momento crítico en la vida de alguien. || Acontecimiento notable. || Peldaño. || Distancia de dos vueltas de la espiral de un tornillo o tuerca. || Momento en que un astro atraviesa el meridiano del punto de observación.

PASODOBLE m. Música y danza española en compás binario y tiempo moderado. Puede ser cantada.

PASQUÍN m. Texto anónimo de carácter satírico o acusatorio que se coloca en un lugar público, en el que se desacredita la actuación de un personaje, del gobierno, etcétera.

PASTA f. Masa obtenida con la mezcla de una sustancia y un líquido, o cualquier materia que reúna estas características. || Masa utilizada en repostería, a base de azúcar, huevo, manteca, aceite, etc. || Preparado de harina de trigo o de sémola, que se presenta con diversa forma: canelones, fideos, macarrones, etc. || Pieza pequeña de dulce o pastelería, a la que se añade chocolate, almendras, etc. || Masa dispuesta para fabricar papel. || Cartón que se elabora con papel macerado. || Cada uno de los tipos de encuadernación de libros. || En imprenta, mezcla viscosa que se añade a la tinta para que ésta seque con mayor facilidad. || Metal fundido que no ha sido labrado. || En pintura, empaste.

PASTAR tr. Apacentar el ganado. || Comer la hierba el ganado.

PASTEL m. Masa que se rellena de crema o confitura, y también de carne, pescado, etc., y se cuece al horno. || Cualquier manjar que se prepara en un molde. || Pasta de color, en forma de lápiz, a base de pigmento en polvo, agua y otras sustancias. || Técnica pictórica que emplea lápiz p. sobre una superficie rugosa y áspera.

PASTELERÍA f. Lugar o establecimiento donde se hacen o venden pasteles, dulces, golosinas, etc. || Arte de hacerlos. || Conjunto de pastas, pasteles, confituras, etcétera.

PASTEURIZACIÓN f. Técnica de inactivación ideada por Pasteur, basada en el efecto de la temperatura (80-90 °C) sobre enzimas y microorganismos durante un periodo más o menos largo. Suele utilizarse para el tratamiento de bebidas (leche, vino, etc.), ya que no se alteran sus componentes.

PASTILLA f. Pedazo de pasta de diversas materias (jabón, chocolate, etc.). || Sustancia medicamentosa o aromática, de consistencia firme, obtenida mediante molde o corte de una masa mayor. || Por antonomasia, la anticonceptiva. || Nombre que reciben diversas piezas metálicas o no, planas y de poco tamaño.

PASTIZAL m. Lugar rico en pastos.

PASTO m. Acción de pastar. || Lugar en que pasta el ganado. || Hierba que come el ganado en los campos donde pace. || Cualquier producto que sirva de alimento al ganado. || Cantidad de comida que se da de una vez a las aves. || fig. Materia que fomenta la actividad de una cosa. || Dicho o hecho que alienta o vigoriza algo.

PASTOR, RA m. y f. Persona que cuida el ganado. || m. Sacerdote que tiene a su cargo feligreses. || Clérigo protestante.

PASTORAL adj. Pastoril. || Relativo a los prelados. || Se dice de toda composición musical o literaria que tiene por escenario un ambiente bucólico. || f. Carta que dirige un prelado a sus feligreses.

PASTORELA f. Pieza literaria, generalmente en verso, en la que se narra el encuentro casual de un caballero y una pastora y la consiguiente declaración amorosa del caballero. || Canto sencillo y alegre, al modo del que se atribuye a los pastores.

PASTOSO, SA adj. Se aplica a lo que es blando y dúctil, como la masa. || Se dice de la voz o tono agradable, meloso. || fam. Que tiene pasta, dinero. || Pint. Se dice de la obra, o parte de ella, en la que se ha usado el color en abundancia.

PATA f. Pie y pierna de los animales. || Cada uno de los pies de un útil o mueble. || Hembra del pato. || Pieza que, en algunas ropas, cubre una abertura. || fam. Pierna de ser humano.

PATADA f. Golpe que se propina con el pie o con la pata. || pl. Paso, gestión. || *a patadas* En gran cantidad. || Sin consideración. || *darle a uno cien p.* (una persona o cosa) Resultarle molesto e insufrible. || *dar la p.* Echar a alguien del cargo que ocupa. || *echar a alguien a patadas* (de un sitio) Echarlo violentamente, insultándole.

PATALEAR intr. Mover vivamente y con fuerza las piernas para causar daño o por padecer un dolor. || Dar patadas rápidas en el suelo por rabia o enfado. || fig. Rabiar.

PATALEO m. Acción de patalear. || Ruido que se hace golpeando el suelo con los pies y que en el teatro es signo de disgusto del público. || *derecho al p.* Ante lo inevitable, la queja como último consuelo.

PATALETA f. Demostración exagerada o fuera de lugar de rabia o nerviosismo.

PATÁN adj. y m. fam. Burdo, tosco, rústico.

PATATÚS m. fam. Desvanecimiento, crisis nerviosa. || Susto.

PATEAR tr. Golpear repetidamente con los pies. || Humillar, tratar a alguien sin consideración. || Dar el público repetidos golpes en el suelo de la sala con los pies para mostrar su enojo. || Visitar un lugar a conciencia. || intr. fam. Patalear, dar muestras de rabia o enfado. || Ir de un lado para otro resolviendo trámites.

PATENA f. En la misa, plato de metal noble en el que se deposita la hostia antes y después de su consagración. || Medallón que llevaban las labradoras en el pecho como adorno. || *limpio como una p.* Muy limpio.

PATENTAR tr. Expedir una patente u obtenerla.

PATENTE adj. Evidente, obvio, manifiesto. || f. Privilegio o título que emite un soberano o gobierno a favor de alguien. || Título que acredita la facultad para ejercer un empleo, profesión o privilegio. || Documento que, mediante el pago de los derechos exigidos por la ley, expide la hacienda pública para el ejercicio de algunas profesiones o industrias. || Aquello que acredita una virtud o mérito. || Título que certifica la prioridad en el registro de un invento, y que da a su tenedor la exclusiva en la explotación de aquél.

PATERNAL adj. Propio de un padre o de su cariño para con los hijos.

PATERNIDAD f. Calidad de padre. || Tratamiento que ciertos religiosos dan a otros superiores, o los seglares a los religiosos.

PATERNO, NA adj. Relativo al padre.

PATÉTICO, CA adj. Que puede impresionar el ánimo, conmover, especialmente por su grandeza en la tragedia. || Impropiamente, muy triste, desgarrador. || Se dice del cuarto par craneal y también del músculo oblicuo superior del ojo.

PATÍBULO m. Armazón elevado o lugar en el que se ejecuta a un condenado. || Horca.

PATILLA f. Porción de pelo que crece por delante de las orejas y puede prolongarse con la barba. || Mechón de pelo o vello que crece en un carrillo o en tal parte. || Gozne de las hebillas. || Cada una de las dos piezas del armazón de una gafa que se apoyan en las orejas. || Parte de un madero que sobresale para encajarlo en otro. || Hierro que, clavado, une dos piezas de madera. || En un buque, la brújula.

PATÍN, 1 m. Petrel.

PATÍN, 2 m. Calzado o aparato adaptable al mismo, que en su parte inferior posee una cuchilla, que es para deslizarse sobre el hielo, o cuatro pequeñas ruedas, si es para hacerlo por una superficie dura y llana. || Patinete.

PATINAR intr. Deslizarse con los patines. || Deslizarse las ruedas de un vehículo sin rodar pero sin que el conductor pueda frenarlas, o bien rodar las mismas pero no conseguir hacer avanzar al vehículo. || Resbalar o deslizarse una pieza mecánica sobre otra (o sobre una superficie) de forma inadecuada para el correcto funcionamiento de la máquina. || fig. y fam. Sufrir un desliz, cometer una equivocación o una indiscreción.

PATIO m. Espacio despejado en el interior de la casa, rodeado de arcos o galerías y cerrado por paredes, que suele estar descubierto y con plantas. || Platea, planta baja de un teatro que ocupan las butacas. || Espacio que va de las líneas de árboles al término o fin de un campo. || *de luces* En una vivienda comunal, aquel por el que entra la luz a la escalera y al que dan las galerías de los pisos.

PATITIESO, SA adj. fam. Se aplica a la persona que pierde la sensibilidad o el movimiento de los pies o las piernas. || Asombrado en extremo, muy sorprendido. || Que camina muy estirado, por orgullo o presunción.

PATIZAMBO, BA adj. y s. Que junta las rodillas y tuerce las piernas hacia afuera al andar.

PATÓGENO, NA adj. Capaz de producir enfermedad, se dice especialmente de las bacterias o virus.

PATOLOGÍA f. Rama de la medicina que estudia todo lo referente a la enfermedad, en especial desde el punto de vista clínico. || *vegetal* Fitopatología.

PATOLÓGICO, CA adj. Relativo a la patología, se dice especialmente de los procesos orgánicos que se apartan de lo fisiológico.

PATOSO, SA adj. Que quiere hacer gracia y no lo consigue. || Torpe, sin maña.

PATRAÑA f. Cuento, mentira que intenta pasarse por verdadera.

PATRIA f. Estado o nación en su acepción sentimental. || *potestad* Conjunto de derechos y deberes que poseen los padres sobre los bienes y las personas de sus hijos.

PATRIARCA m. Nombre que designa en la Biblia a los progenitores del pueblo hebreo y de cada una de sus tribus. || Título con que designan a sus obispos las iglesias ortodoxas de Antioquía, Alejandría, Constantinopla y Jerusalén. || fig. Persona de edad que ejerce una autoridad moral sobre una familia o colectividad. || *como un p.* Con todas las comodidades, rodeado de atenciones.

PATRICIO, CIA adj. Relativo a los patricios. || adj. y s. Se dice del descendiente de las antiguas familias que, se supone, participaron en la fundación de Roma y que constituían el sector noble y privilegiado de la sociedad. || Noble, por encima de la mayoría.

PATRIMONIO m. Conjunto de bienes, derechos y obligaciones que posee una persona o entidad. || Conjunto de bienes heredados de los padres o abuelos, o adquiridos por cualquier título.

PATRIOTA com. Persona que ama a su patria. Suele confundirse con el que defiende ciertos valores tradicionales de la misma.

PATRIOTISMO m. Amor a la patria, calidad de patriota. || Conjunto de sentimientos y actitudes propias del patriota.

PATROCINAR tr. Proteger, amparar. || Sufragar una persona o entidad un programa o espectáculo.

PATRÓN, NA m. y f. Amparador, protector. || Miembro de un patronato. || Santo bajo cuya advocación está un templo, comunidad, obra, etc. || Santo del que uno ha tomado el nombre. || Propietario de la vivienda donde uno se hospeda. || m. El que manda y dirige un buque menor de cabotaje. || Modelo, pauta por la que se hace algo. || Patrono, dueño de un negocio que ha contratado obreros. || Modelo físico exacto de una unidad de medida.

PATRONATO m. Facultad, poder del patrono. || Patronal, grupo. || Asociación con fines caritativos o benéficos. || Consejo rector de tal obra pía.

PATRONÍMICO, CA adj. y m. Entre los antiguos griegos y romanos, se decía del nombre de persona que, con un sufijo, decía de quién era hijo cada cual. Tal sistema dio origen a los apellidos españoles (*Fernández*, hijo de *Fernando*).

PATRULLA f. Grupo reducido de soldados, policías, buques o aviones de guerra, que desempeña generalmente funciones de vigilancia o reconocimiento, o una misión ocasional. || fig. Cuadrilla, banda.

PAULATINO, NA adj. Que actúa poco a poco, con lentitud.

PAUPÉRRIMO, MA adj. Muy pobre.

PAUSA f. Alto, parada momentánea de una actividad. || Calma, lentitud. || Fracción de tiempo en que se deja de tocar o cantar y signo que lo indica. || En lingüística, silencio de duración variable que delimita un grupo fónico, una oración o un verso.

PAUSADO, DA adj. Lento, calmoso. || Que sucede o se hace con lentitud.

PAUTA f. Instrumento con el que se raya el papel que luego utilizan los escolares. || Raya o grupo de ellas hechas con tal útil. || fig. Modelo, norma que se sigue para realizar algo.

PAVESA f. Porción muy pequeña y ligera de una materia en combustión, que se

reduce a ceniza. || *estar hecho una p.* Estar en las últimas.
PAVIMENTAR tr. Poner algún tipo de pavimento al suelo.
PAVIMENTO m. Suelo, piso artificial.
PAVOR m. Gran miedo, sobresalto.
PAYASO m. Cómico que para hacer reír recurre a acrobacias o caídas espectaculares y se acompaña generalmente de un instrumento musical. Va maquillado y vestido extravagantemente. || fig. Individuo poco serio o bromista; tiene connotación peyorativa.
PAYO, YA adj. y s. Campesino. || Rústico, tosco. || Entre los gitanos, persona que no es de su raza.
PAZ f. Calma, sosiego, virtud que apaga las pasiones del ánimo. || Condición en la que se encuentran los Estados que tienen entre sí goce pleno de los derechos recíprocos (independencia política, inviolabilidad del territorio, etc.). || Tranquilidad y convivencia pacífica entre los ciudadanos de un país. || Avenencia, armonía entre dos o más personas. || Carácter tranquilo y pacífico. || Tratado que pone fin a las hostilidades entre dos o más naciones. || Parte de la misa en la que los feligreses se dan la mano o se besan unos a otros.
PE f. Nombre de la letra *p*. || *de pe a pa* Desde el inicio hasta el final. || Con todos los detalles.
PEAJE f. Tributo por derecho de tránsito. || Por extensión, lugar donde se recauda dicho tributo.
PEATÓN, NA m. y f. Quien se desplaza a pie. || m. Cartero rural que recorre varios pueblos.
PECA f. Lunar. || Efélide.
PECADO m. Transgresión de la ley divina. La teología cristiana imputa el desorden y el mal al apartamiento humano de los designios de Dios. || Acción injusta, contraria a la moral. || Yerro, infracción. || Derroche, malversación. || fig. Diablo. || *capital* Pecado mortal. || *contra natura* Sodomía, bestialidad.
PECADOR, RA adj. y s. Que peca o que está inclinado al mal. || f. Mujer de mala vida, prostituta.
PECAMINOSO, SA adj. Relativo al pecado o al pecador. || Reprobable, deshonesto.

PECAR intr. Faltar a la ley divina. || Dejar de cumplir una obligación. || Excederse en algo. || Errar. || Por extensión, dejarse llevar de una inclinación o hábito.
PECERA f. Recipiente de cristal, lleno de agua, donde viven los peces en cautividad.
PECIOLO (o **PECÍOLO**) m. Rabillo de unión entre el limbo foliar y el tallo, por el que circulan los vasos conductores. El p. falta en las hojas sésiles.
PECOSO, SA adj. Abundante en pecas.
PECTORAL adj. Relativo al pecho. || adj. y m. Se dice de dos músculos, *mayor* y *menor*, de la pared anterosuperior del tórax. || Se dice de lo que es beneficioso para el pecho, especialmente para sus afecciones. || Cruz, colgada de una cadena, que llevan los prelados sobre el pecho.
PECUARIO, RIA adj. Relativo al ganado.
PECULIAR adj. Exclusivo de uno, característico.
PECULIO m. Conjunto de los bienes personales.
PECUNIARIO, RIA adj. Monetario.
PECHERA f. Parte superior delantera de la camisa, que queda al descubierto incluso con el chaleco abotonado. || Chorrera. || Parte del vestido o pieza superpuesta que cubre el pecho. || Correa ancha o almohadilla que se coloca en el pecho de las caballerías, para el enganche del carruaje. || Parte externa del pecho. || fam. Pechos de mujer, en especial si son generosos.
PECHO m. Cada una de las dos mamas de la mujer, o las dos conjuntamente. || Tórax. || En los cuadrúpedos, parte comprendida entre el cuello y las patas delanteras. || Corazón, en su simbolismo de sede de sentimientos. || Coraje, empuje. || Potencia de voz. || *dar el p.* Amamantar, dar de mamar.
PECHUGA f. Pecho de un ave. || Cada uno de los dos trozos en que se parte para el consumo humano. || Por extensión, pecho de la mujer, especialmente de la parte que asoma por el escote. || fig. Repecho, declive.
PEDAGOGÍA f. Ciencia de la educación. || *no directiva* La antiautoritoria que se basa en técnicas de no directividad.
PEDAGOGO, GA m. y f. Persona dedicada a la enseñanza y educación de los

jóvenes. || Maestro, tutor. || Guía, consejero.
PEDAL m. Palanca de un mecanismo, que se oprime con el pie. || Dispositivo que al paso de las ruedas de la locomotora por los raíles, desbloquea un circuito que dispara una señal. || En armonía, nota prolongada sobre la que se suceden diferentes acordes. || Mecanismo de palanca que se acciona con el pie en el piano y en el arpa. || En el órgano, teclado accionado con los pies. || *de aceleración* El que actúa sobre la mariposa del carburador o el control de inyección de combustible en vehículos de motor.
PEDALEAR intr. Mover los pedales.
PEDANTE adj. y com. Se dice de quien hace alarde de su inteligencia, y de las actitudes que adopta.
PEDANTERÍA f. Comportamiento del pedante. || Acción pedante.
PEDAZO m. Trozo de una unidad. || Fragmento separado de su conjunto.
PEDERNAL m. Variedad de sílex procedente de restos esqueléticos de animales. Se usó para hacer fuego a través de las chispas provocadas por frotamiento. || Dureza material o moral.
PEDESTAL m. Cuerpo que sirve de basamento a una columna, estatua u otro elemento arquitectónico. || Persona o circunstancia que propician el encumbramiento de alguien. || *en un p.* En buena posición u opinión ajena.
PEDESTRE adj. De a pie. || Se dice del ejercicio deportivo que se ejecuta andando o corriendo. || Llano, ordinario, vulgar.
PEDIATRÍA f. Rama de la medicina dedicada al estudio del crecimiento del niño y de sus enfermedades.
PEDIDO, DA m. y f. Petición. || m. Encargo hecho a la persona o empresa abastecedora. || f. Formulismo de petición de mano.
PEDIGÜEÑO, ÑA adj. y s. Que pide de forma insistente e inoportuna.
PEDIR tr. Decir a alguien que dé algo a uno mismo, le facilite una información o le conceda un favor. || Por antonomasia, pedir limosna. || Reclamar sus derechos. || Exigir. || Demandar a alguien. || Tener necesidad. || Anhelar, desear. || Señalar el precio de una mercancía. || Solicitar compromiso de boda (*p. la mano*).

PEDO m. Ventosidad intestinal expulsada por el ano. || vulg. Borrachera.
PEDRADA f. Acción de tirar con fuerza una piedra. || Choque que provoca, y huella que deja. || Palabra mordaz, dirigida a alguien. || *venir* algo *como p. en ojo de boticario* Ser muy pertinente.
PEDREGAL m. Terreno lleno de piedras.
PEDRISCO m. Granizo abundante y grueso. || Gran cantidad de piedras sueltas o lanzadas.
PEDRUSCO m. fam. Piedra sin labrar.
PEGAJOSO, SA adj. Que fácilmente se pega, se contagia. || Empalagoso, amable en exceso. || fig. fam. Pesado, sobón. || Se dice de la costumbre o vicio muy atractivos. || Se dice del cargo o empleo que puede prestarse al abuso y el enriquecimiento.
PEGAMENTO m. Sustancia adherente.
PEGAR tr. y prnl. Aglutinar, adherir una cosa a otra. || Contagiar una enfermedad, costumbre, vicio, etc. || fig. Dar, propinar. || tr. Unir una cosa con otra por el medio que sea. || Adosar dos cosas, dejar el menor espacio posible entre ellas. || Con ciertos nombres que lo acompañan, realizar lo que significan. || fig. Golpear, castigar con golpes. || Armonizar dos cosas. || intr. Prender, afianzarse. || Hacer mella algo, impresionar el ánimo. || Venir al pelo algo, ser oportuno. || Estar una cosa al lado de otra, contigua. || Tropezar con lo que se expresa. || Adherirse, juntarse sin mediar ningún proceso volitivo una cosa con otra. || prnl. Quemarse una comida por cocerse durante mucho tiempo y quedarse adherida al recipiente. || Convertirse en acompañante asiduo de una persona; especialmente si es para sacar provecho de ello. || fig. Entremeterse. || Quedarse en la memoria una canción, frase, etcétera.
PEGOTE m. Cataplasma de alguna sustancia pegajosa. || fam. Parche, chapuza. || Grumo, cosa blanda y pegajosa. || Persona que sigue a alguien de una manera empalagosa. || Añadido o componenda que desluce del resto. || *darse* o *tirarse un p.* Fanfarronear.
PEINAR tr. y prnl. Alisar, desenredar y ordenar el cabello en determinada forma. || tr. Limpiar, desenredar cualquier clase

de pelo o lana. || En textil, llevar a cabo el peinado de fibras. || fig. Escarpar una montaña despojándola de parte de tierra o roca. || Rozar ligeramente una cosa con otra. || Realizar un peinado la policía o el ejército en una zona determinada.

PEINE m. Útil de madera, hueso, metal, etc., formado por una o dos series de púas o dientes con el que se desenreda y ordena el cabello. || Cualquier objeto de características similares. || Carda para la lana u otras materias. || Enrejado con poleas del que se cuelgan los decorados de un teatro. || Cargador en el que se contiene un número variable de proyectiles, especialmente para fusil.

PEINETA f. Peine alto y convexo, de pocas y grandes púas, que sujeta el peinado o la mantilla, o se lleva por adorno. || Borrén trasero de la silla de montar vaquera.

PELAFUSTÁN, NA m. y f. fam. Persona holgazana e insignificante.

PELAJE m. Calidad o características propias del pelo de un animal. || fam. Calidad o apariencia de una persona o cosa.

PELAR tr. y prnl. Rapar, arrancar, cortar el pelo. || tr. Desplumar un ave, arrancar la piel a un animal o quitar la corteza, vaina, etc., a una fruta o vegetal. || Despojar a otro de sus bienes. || Dejar a uno sin nada, especialmente ganarle en el juego lo que llevaba. || Hablar mal de alguien, criticarlo. || prnl. Caerse el pelo, perderlo. || Quemarse la epidermis por efecto del sol o de una rozadura.

PELDAÑO m. En un tramo de escalera, cada uno de los lugares situados a distinta altura en los que se va apoyando el pie al dar el paso.

PELEA f. Contienda, disputa, especialmente aquella en la que no se usan armas. || Lucha entre animales. || Voluntad y fuerza que uno hace para vencer sus vicios o pasiones. || Trabajo, afán por conseguir algo.

PELEAR intr. y prnl. Luchar, contender, en especial si se hace sin armas. || Discutir, disputar. || Combatir entre sí los animales. || Rechazar una cosa a otra, oponerse entre ellos los elementos. || fig. Empecinarse en vencer un vicio, pasión, etc. || Trabajar denodadamente por conseguir algo. || prnl. Enfadarse, enemistarse dos o más personas, con o sin enfrentamiento físico.

PELELE m. Muñeco de paja o trapos en forma de hombre. || Especie de pijama de una pieza y de punto que se pone a los niños. || fam. Persona simple, que la llevan por donde quieren.

PELETERÍA f. Oficio y establecimiento del peletero. || Comercio de pieles finas y conjunto de ellas.

PELIAGUDO, DA adj. Se aplica al animal de pelo largo y fino. || Se aplica al asunto o materia difíciles de resolver, comprender, etc. || fam. Que es dispuesto y se da maña.

PELÍCULA f. Piel muy fina y delicada, cubierta membranosa. || Capa débil y ligera que cubre o se forma sobre algo. || Hollejo de la uva u otras frutas y legumbres. || Cutícula vegetal. || Cinta de celuloide que contiene una emulsión para impresionar imágenes fotográficas o cinematográficas y consta de perforaciones que permiten su arrastre en la cámara. || Filme impresionado. Su formato es variable: 8 mm, 16 mm, 70 mm, etc. || fam. Historia, relato, versión de algo. || *de p.* Que no parece real, especialmente por su fastuosidad.

PELIGRAR intr. Correr algún riesgo, estar en peligro.

PELIGRO m. Probabilidad inminente de que se sufra algo malo. || Momento, situación, camino en que aumenta tal probabilidad. || Padecerlo, ser inminente. || *correr p.*

PELIGROSO, SA adj. Que conlleva un riesgo o peligro. || Se aplica a la persona de genio vivo y propensa a cometer actos violentos y delictivos.

PELIRROJO, JA adj. Que tiene el pelo rojizo o de color como el de la zanahoria.

PELMA com. Pelmazo.

PELMAZO, ZA m. y f. Persona pesada y latosa o lenta y torpe. || Bola de comida que uno nota en el estómago y que le cuesta digerir.

PELO m. Producción epidérmica característica de los Mamíferos, filiforme, con una parte denominada raíz, implantada en la piel y con varios órganos anejos. Existen diversos tipos de p.: pestañas, vibrisas, cejas, borra, etc. || Cabello. || Plumón de aves. || Formación uni o pluricelular, alargada, que cubre diversos órganos vegetales. || Filamento de lana, seda, etc. || Seda en crudo. || Parte externa de un tejido que sobresale en el haz y cubre el hilo. || Pelusa, arenilla, etc., que se forma o agarra en la punta de una pluma de escribir e impide que la letra salga nítida. || Parte fibrosa de la madera, que se desprende del resto al cortarla. || Línea de sombra en las piedras preciosas que les hace perder valor. || Capa, color. || Enfermedad que padecen en los pechos las mujeres que están criando, si se les obstruyen los conductos por los que mana la leche.

PELÓN, NA adj. y s. Sin pelo o con escasa cantidad. || fam. Pobre, sin recursos.

PELOTA f. Útil que se usa para practicar diversos deportes; puede ser una bola de trapos, papeles u otra materia que pueda apretarse con una cuerda, o de goma, plástico, etc., pero las más usadas y prescritas por los reglamentos deportivos constan de una cámara de aire cubierta por capas de goma, cuero o similar, con forma redonda u ovoide. || Juego en que se usa. || Bola de una materia fácil de amasar. || Proyectil de piedra o metal de diverso tamaño, que disparaban las antiguas armas de fuego.

PELOTERA f. fam. Riña, disgusto.

PELOTÓN, 1 m. Conjunto de pelos unidos o enredados entre sí formando una pelota. || Grupo de personas, corredores, automóviles, etc., apiñados y en tropel.

PELOTÓN, 2 m. Grupo de soldados menor que una sección, comandados generalmente por un cabo o sargento. || *de los torpes* Entre un grupo más numeroso, el que forman los menos diestros o aplicados.

PELUCA f. Cabellera postiza. || fam. Bronca o regañina muy severa.

PELUDO, DA adj. Con mucho pelo. || m. Ruedo.

PELUQUERÍA f. Oficio o establecimiento del peluquero.

PELUQUERO, RA m. y f. Persona cuyo oficio es peinar, cortar el cabello o bien hacer o vender pelucas y postizos.

PELUSA f. Vello menudo que aparece en la cara o es característico de ciertas frutas o telas. || Pequeña reunión de polvo y otras materias aglomeradas que se encuentra debajo de los muebles.

PELVIS f. Espacio anatómico delimitado por los huesos coxales, el sacro y el cóccix.

PELLEJO m. Piel, especialmente la ya arrancada de un animal. || Odre. || Piel de algunas frutas. || fam. Borracho. || Vida, existencia de una persona. || *jugarse el p.* Exponer mucho, incluso la vida.

PELLIZCAR tr. y prnl. Coger entre el pulgar y otro dedo una pequeña porción de carne y apretar para causar dolor. || Coger de una cosa una pequeña porción entre los dedos. || Asir o herir levemente algo. || prnl. Impacientarse esperando algo.

PENA f. Privación por parte del Estado de bienes, vida, libertad, propiedad, integridad corporal, etc., en el caso de haber realizado un delito o falta con premeditación, deliberación y malicia. || Por extensión, cualquier castigo o sanción. || Angustia o dolor interiores, morales. || Tristeza. || Cosa que produce estos sentimientos. || Lástima de que se malogre o desperdicie algo. || Dolor físico. || Esfuerzo, trabajo que cuesta algo.

PENACHO m. Grupo de plumas dispuesto en la cabeza de algunas aves. || Ornamento de plumas que se pone en cascos, sombreros, tocados, etc. || fig. Lo que recuerda tal forma. || fam. Soberbia, vanidad.

PENADO, DA adj. Lleno de penas, penoso. || adj. y f. Vasija que se usaba para beber, de boca estrecha. || m. y f. Persona que ha sido condenada a una pena, especialmente el forzado o presidiario.

PENAL adj. Relativo a la pena o que la conlleva. || Criminal, referido a todo aquello que se legisla sobre el crimen. || m. Prisión que se destina a condenados con penas superiores a las de arresto mayor.

PENALIZAR tr. Sancionar, castigar.

PENALTY m. En fútbol, balonmano, hockey, etc., penalización por cometer una falta grave dentro del área de propia defensa. Se castiga con un tiro libre a corta distancia con la única defensa del portero.

PENAR tr. Condenar a uno a determinada pena. || Establecer la ley el castigo para determinado acto delictivo. || intr. Sufrir, soportar una pena o aflicción. || Tardar en morir un desahuciado, prolongarse su agonía. || prnl. Apenarse, entristecerse. || p. por (algo) Desearlo ardientemente.

PENDENCIERO, RA adj. y s. Camorrista, matón.

PENDER intr. Estar una cosa en suspenso, inclinada o colgante. || Estar por concluirse un asunto.

PENDIENTE adj. Que está por concluir o resolverse. || Que pende. || m. Adorno o joya que se coloca en los lóbulos inferiores de las orejas, o bien en la nariz. || Pinjante, joya. || Alero, plano inclinado que forma un tejado para facilitar el desagüe. || Talud. || f. Cuesta, inclinación de un terreno.

PÉNDULO m. Cuerpo rígido montado en un eje horizontal fijo, alrededor del cual puede girar libremente bajo la influencia de la gravedad. || Varilla metálica, generalmente con un adorno o contrapeso en su parte inferior, que con su oscilación regula la marcha de un reloj de pared o sobremesa. || *de torsión* El que usa un sistema constituido por sólidos suspendidos de un hilo muy fino, en general metálico, que gira alrededor del eje constituido por el hilo a causa de su torsión. || *eléctrico* Electroscopio compuesto de una esterilla de médula de saúco suspendida de un hilo de seda colgado de un pie aislador, y que sirve para estudiar si un cuerpo está electrizado.

PENE m. Órgano sexual del varón, que posibilita las funciones urinarias y de copulación. Su forma es cilíndrica y se halla situado delante de la sínfisis pubiana.

PENETRAR tr. Entrar una materia en otra por sus huecos o poros. || Hacerse notar muy reciamente el frío, un sonido, etc. || Herir o conmover intensamente un sentimiento, pasión, etc. || Entrar profundamente, o hacerlo en un lugar de difícil acceso. || tr., intr. y prnl. Adivinar las intenciones de uno o entender la realidad de un hecho.

PENICILINA f. Antibiótico obtenido a partir de hongos del género *Penicillium*. Uso terapéutico.

PENICILLIUM Nombre genérico de varios hongos ascomicetes, de la familia Aspergiliáceas, con los conodióforos ramificados en el extremo. Algunas especies se usan en procesos industriales y otras son productoras de antibióticos.

PENÍNSULA f. Territorio rodeado de agua y unido al continente por una sola parte, llamada *istmo*.

PENINSULAR adj. y com. Nativo de una península o relativo a ella.

PENITENCIA f. Sacramento que imparte el sacerdote, quien perdona los pecados en nombre de Cristo. || Pena que impone el confesor para que el penitente expíe sus pecados. || Arrepentimiento. || Conjunto de disciplinas y ejercicios con los que uno se mortifica. || fam. Fatiga, penalidad por la que uno debe pasar.

PENITENCIARÍA f. Cargo y autoridad de penitenciario. || Prisión, cárcel.

PENITENTE adj. y com. Relativo a la penitencia. || Que la tiene o la hace. || com. Persona que se confiesa con un sacerdote. || En las procesiones, persona que viste túnica en muestra pública de penitencia.

PENOSO, SA adj. Que provoca pena. || Dificultoso, que cuesta trabajo.

PENSADOR, RA adj. y s. Que piensa. || Que acostumbra meditar largamente. || m. y f. Persona dedicada a estudios muy complejos y profundos.

PENSAMIENTO m. Acción y efecto de pensar. || Facultad de pensar, intelecto. || Lo que se piensa. || Ideología de uno o dominante en una sociedad. || Sospecha, recelo. || Voluntad o intención.

PENSAR tr. Crear conceptos, formar ideas o relacionarlas. || Deliberar, cavilar sobre una cosa o asunto. || Inventar, tramar, discurrir. || Opinar. || tr. e intr. Tener la voluntad de realizar algo, proponérselo. || Venir a la mente. || Aspirar a determinada cosa. || *dar* una cosa *que p.* o *en qué p.* Dar motivo de preocupación o de interés.

PENSATIVO, VA adj. Que está ensimismado y ausente en sus reflexiones.

PENSIÓN f. Renta que se impone sobre una finca. || Renta temporal o perpetua, que percibe una persona por parte del Estado o un particular. Puede ser: alimenticia, censal, remuneratoria, laboral o militar. || Casa particular donde se reciben huéspedes, u hotel de baja categoría. || Precio que se paga por tal hospedaje. || Asignación, beca de estudios.

PENSIONADO, DA adj. y s. Que disfruta una pensión, asignación. || m. Colegio en el que se admiten alumnos internos.

PENSIONISTA com. Persona que se beneficia de una pensión. || Persona que paga una pensión en una casa de huéspedes, colegio, etcétera.

PENTÁGONO, NA adj. y m. Se dice del polígono de cinco lados.

PENTAGRAMA m. Pauta musical constituida por cinco líneas paralelas horizontales (que forman cuatro espacios), donde se escriben las notas musicales.

PENTATHLÓN m. Modalidad atlética olímpica compuesta por cinco pruebas. El p. masculino consta de carreras de 200 y 1 200 m, lanzamientos de jabalina y disco y salto de longitud; el femenino, de 200 m lisos, carrera de vallas, salto de altura y longitud y lanzamiento de peso. || *moderno* Comprende pruebas de equitación, esgrima, tiro, natación y carrera a campo a través.

PENÚLTIMO, MA adj. y s. Que ocupa el lugar inmediatamente anterior al último de una serie.

PENUMBRA f. Oscuridad, ausencia de una luz clara y evidente. || En pintura, zona en que se confunden luz y sombra. || Sombra parcial que se produce en los eclipses.

PENURIA f. Carencia, escasez, necesidad.

PEÑA f. Roca desprendida o aislada de otras. || Monte o elevación en el que abundan tales rocas. || Asociación de amigos que se reúnen en un mismo lugar habitualmente; círculo de recreo. || *viva* Roca compacta.

PEÑASCO m. Peña grande. || Parte del hueso temporal que tiene diversas excavaciones, donde se albergan la parte sensorial del aparato auditivo y del sentido del equilibrio.

PEÓN, 1 m. Soldado de infantería. || Obrero no especializado, trabajador manual sin oficio. || Peatón. || Peonza. || Pieza en el juego de damas y en otros de tablero.

PEÓN, 2 m. Pie de la poesía griega y latina formado por 4 sílabas, una de ellas larga y las demás breves.

PEONADA f. Labor que realiza un peón en un día. || Grupo de peones que trabajan juntos.

PEOR adj. Que es más malo que aquello con lo que se le compara; grado comparativo de superioridad de *malo*. || adv. Más malo que aquello con lo que se le compara. || *p. que p.*, o *tanto p.* Expresan que la acción que se comenta sólo sirve para agravar un estado previo que ya era malo.

PEPITA f. Simiente de ciertas frutas como la pera, melón, manzana, etc. || Fragmento rodado de metal, especialmente de oro.

PEQUEÑEZ f. Calidad de pequeño. || Asunto sin importancia. || Vileza, tacañería. || Niñez.

PEQUEÑO, ÑA adj. De poca altura, tamaño, extensión o edad. || De poca categoría, bajo de miras. || m. y f. Niño. || *en p.* En miniatura. || De menor importancia.

PERA f. Fruto del peral; variedad de pomo con el extremo distal ensanchado. || Frasco de goma, en forma de p., apto para la impulsión de líquidos, aire o polvo. || Conmutador de luz, o timbre, en forma de p. || Bombilla. || Perilla de la barba.

PERCAL m. Tejido estampado de algodón, de ligamento tafetán, usado para vestidos de escaso precio. || También tela blanca del mismo género. || fam. Asunto, negocio. || *conocer el p.* Tener experiencia, conocer bien una actividad, tema, asunto o persona.

PERCANCE m. Contrariedad, revés, avería.

PER CÁPITA Se dice del promedio de una variable económica respecto a los habitantes de un país; a los trabajadores de una empresa, etcétera.

PERCATAR intr. y prnl. Observar, advertir.

PERCEPCIÓN f. Acción y efecto de percibir. || Representación mental de lo captado por los sentidos. || Idea, conocimiento, sensación interna.

PERCIBIR tr. Captar, recibir, cobrar. || Captar con los sentidos los estímulos externos. || Entender, conocer, discernir. || Recibir una cantidad a título de retribución.

PERCUSIÓN f. Acción y efecto de percutir. || Grupo de instrumentos en que el sonido se produce golpeando con baquetas, mazas, manos, etc., o mediante el choque de partes duras entre sí. || Técnica clásica de exploración clínica, que aprecia los cambios de la sonoridad obtenida al golpear, generalmente con los dedos, una parte del organismo.

PERCHA f. Estaca alargada para colgar o sostener algo. || Pieza de mobiliario, colgada a la pared o en lo alto de un trípode, con ganchos para colgar vestidos, sombreros, bolsos, etc. || Cada colgante de dicho mobiliario. || Acción y efecto de perchar el paño. || Lazo para cazar aves, especialmente perdices. || Palo donde cuelgan los cazadores sus presas. || Alcándara. || Brazal de una nave. || Tronco apto para labrar piezas de la arboladura de una embarcación. || fam. Tipo, silueta.

PERCHERO m. Grupo de perchas o sitio donde hay varias. || Percha (mobiliario).

PERDER tr. Dejar de poseer algo propio, sea un bien material o inmaterial. || Sufrir la separación de un ser querido, por la muerte de éste. || Desperdiciar. || No alcanzar un objetivo ansiado. || No salir airoso de un certamen o pleito. || Olvidar los conocimientos adquiridos. || Estropear. || Ser vencido. || Faltar al deber. || intr. Disminuir en peso, capacidad mental o consideración moral. || Descolorarse un tejido. || Tener agujeros un recipiente. || prnl. Equivocarse de orientación. || Tener un lapsus de memoria. || Debilitarse. || No superar un percance. || Dejarse vencer por el vicio. || Desaprovechar la virtud de algo. || Apasionarse ciegamente por algo o alguien. || Ocultarse, desaparecer. || Naufragar. || Plantear dificultades.

PERDICIÓN f. Acción y efecto de perder. || Grave detrimento material o moral. || Sujeto o circunstancia que lo provoca. || Concupiscencia. || Maldición eterna. || Desenfreno, vicio.

PÉRDIDA f. Privación de lo propio. || Merma de un bien físico o moral. || Cosa o cualidad perdida. || Escape de un fluido. || Resultado económico negativo. || Cualquier emanación o flujo, especialmente sanguíneo, por vía genital.

PERDIDO, DA adj. Extraviado, sin rumbo ni destino. || m. y f. Persona libertina y viciosa. || m. Cantidad sobrante de hojas impresas, para suplir los pliegos defectuosos. || *estar p. por* (alguien o algo) Amarlo, o desearlo en exceso.

PERDIGÓN, 1 m. Pollo de perdiz. || Perdiz joven. || Perdiz macho usada como reclamo de caza. || Cada una de las bolitas de plomo que contiene el cartucho de caza.

PERDIGÓN, 2 m. fam. Estudiante que suspende, o jugador que pierde. || Joven que malgasta su patrimonio.

PERDIZ f. Ave galiforme, de la familia Faisánidos, de unos 32 cm, con plumaje pardo amarillo, cuello con manchas negras.

PERDÓN m. Acción y efecto de perdonar. || Indulgencia, remisión de los pecados. || Gota de cera, aceite, etc., que se desprende todavía encendida. || pl. Recordatorios o golosinas de una romería. || *con p.* Frase para disculparse de la molestia que se pueda causar.

PERDONAR tr. Suspender la aplicación de un castigo; dejar de exigir una deuda; olvidar una ofensa. || Eximir del cumplimiento de un deber. || *no p. medio, ocasión* o *esfuerzo* Poner todo el empeño.

PERDURABLE adj. Perpetuo, eterno. || Que dura mucho.

PERDURAR intr. Durar mucho, continuar, seguir.

PERECEDERO, RA adj. Que ha de perecer, que tiene fin. || De poca duración.

PERECER intr. Dejar de existir, finalizar, morir. || Romperse, quebrarse. || Desaparecer. || Hundirse moralmente. || Condenarse. || prnl. Con la prep. *de*, sentir con fuerza y vehemencia. || Con la prep. *por*, desear ardientemente.

PEREGRINACIÓN (o **PEREGRINAJE**) f. (o m.) Acción de peregrinar. || Romería. || Vida terrenal, como tránsito hacia otra vida.

PEREGRINO, NA adj. y s. Se dice de la persona devota o penitente, que viaja hacia lugar sagrado. || adj. Que recorre un país que no es el suyo. || Se dice de las aves migratorias. || Singular, insólito, infrecuente. || Absurdo, descabellado.

PERENNE (o **PERENNAL**) adj. Se dice de las plantas que viven más de dos años. || Continuo, inacabable.

PERENTORIO, RIA adj. Apremiante, apurado. || Concluyente, decisivo, determinante. || Se dice del último plazo que se concede, o de la resolución final.

PEREZA f. Carencia de vigor para actuar. || Lasitud de movimientos. || Flaqueza de ánimo. || *sacudir la p.* Esforzarse en actuar.

PEREZOSO, SA adj. y s. Dominado por la pereza. || Tardo, vago, holgazán. || Dormilón.

PERFECCIÓN f. Acción y efecto de perfeccionar o perfeccionarse. || Calidad de perfecto. || Cosa perfecta. || En los actos jurídicos, momento en que, al concluir la exposición de los requisitos, nacen los derechos y obligaciones. || *a la p.* De modo perfecto.

PERFECCIONAR tr. y prnl. Hacer que algo se parezca al máximo a su ideal. || Mejorar en calidad. || Completar, añadir todos los requisitos necesarios para que un acto tenga plena eficacia jurídica.

PERFECTO, TA adj. Que se parece al máximo a su prototipo. || Óptimo, excelente. || Acabado, completo. || Que tiene plena eficacia jurídica. || adj. y m. Se dice de los tiempos verbales que indican un estado resultante de una acción ya acabada.

PERFIDIA f. Actitud del pérfido. || Acción por él realizada.

PERFIL m. Contorno que señala el límite de las personas o cosas. || Silueta lateral del cuerpo humano; por extensión, de cualquier cosa. || Trazo sutil de la pluma, al escribir. || Elaboración mental que formula los principales rasgos de algo, para caracterizarlo. || Barra metálica obtenida por laminación, forja, estampación o estriado, cuya sección transversal tiene diversas formas simples. || Características generales. || pl. Retoques finales de una obra. || Rasgos característicos de la misma. || *p., medio* Punto de vista en el que el objeto forma un ángulo de aproximadamente 135° respecto al observador. || *aerodinámico* Curva cerrada que define la sección de una superficie adaptada al viento. || *topográfico* Corte que se forma en la intersección del plano de una sección vertical con la superficie del suelo. || *de p.* Transversalmente.

PERFILAR tr. Precisar los perfiles de algo. || Pulir los últimos detalles de una obra. || prnl. Aparecer el perfil de algo. || Adivinarse su forma definitiva. || fig. y fam. Acicalarse.

PERFORACIÓN f. Acción y efecto de perforar. || Aumento de la corriente eléctrica, en presencia de un pequeño aumento de la tensión. || Agujero producido en una operación de taladrado.

PERFORAR tr. Agujerear.

PERFUMAR tr. y prnl. Quemar sustancias aromáticas para crear un ambiente agradable. || Esparcir perfume sobre los objetos. || intr. Desprender olor.

PERFUME m. Sustancia volátil que desprende olor agradable. Se compone principalmente de esencias aromáticas y alcohol etílico. || Olor que desprenden las sustancias aromáticas. || Sustancia aromática. || irón. Mal olor.

PERFUMERÍA f. Industria, tienda o conjunto de materias aromáticas.

PERGAMINO m. Piel de res convenientemente tratada para poder escribir en ella. || Documento escrito sobre pergamino. || pl. Títulos nobiliarios. || *en p.* Tipo de encuadernación con cubiertas de este material.

PERICARPIO (o **PERICARPO**) m. Cubierta externa del fruto, formada por tres capas (epi, meso y endocarpio) de grosor y naturaleza varia según los casos. Procede de la hoja carpelar de la flor.

PERICIA f. Habilidad, destreza, conocimiento y maestría.

PERICO m. Loro de gran tamaño. || Pericón (abanico). || Orinal. || Espárrago muy grande. || Mujer de vida desordenada y escandalosa.

PERIFERIA f. Circunferencia. || Contorno de un círculo. || Extrarradio de una ciudad.

PERÍFRASIS f. Expresión de un concepto único mediante un rodeo, circunloquio. Puede estar motivada por motivos sociales (tabú), literarios, o incluso gramaticales, como las llamadas *verbales*, que están formadas por un verbo auxiliar más una forma no personal del verbo principal que se conectan indirectamente mediante un *que* o bien una preposición.

PERIGEO m. Punto en que la Luna, o un satélite artificial de la Tierra, está más cerca de ésta.

PERIHELIO m. Punto de la órbita de un planeta o cometa, en que éste se encuentra más cerca del Sol.

PERILLA f. Adorno en figura de pera. || Barba que se deja crecer en la barbilla. || Parte superior del arco que por delante forman los fustes de la silla de montar. || Extremo del puro en contacto con la boca.

PERÍMETRO m. Longitud del entorno de una figura geométrica cerrada plana.

PERIÓDICO, CA adj. Que ocurre con determinada frecuencia. || Se dice de una función f, para la que existe un número real p tal que $f(x + p) = f(x)$ para cualquier x. Si p es el menor número positivo con esta propiedad se llama *periodo*. || Se dice del fenómeno cuyas características se repiten a intervalos de tiempo determinados. || adj. y m. Se aplica a la publicación que aparece regularmente de acuerdo con unas fechas, especialmente la que es de noticias o información.

PERIODISMO m. Conjunto de empresas y actividades que atienden a la recogida de noticias, su redacción y difusión, así como de comentarios u opiniones anexos a las mismas. Al p. tradicional, escrito, se han unido el de radio y TV, con un idioma específico, basado en la inmediatez y el análisis de urgencia. || Oficio y estudios del periodista. || *amarillo* El que usa de la información de manera llamativa y exagerada, selecciona sus temas por el impacto popular y practica el ataque personal, a veces con pruebas débiles. || *gráfico* El especializado en reportajes fotográficos. || *literario* El de colaboración habitual, con comentarios, entrevistas o críticas de la actualidad, de alta preocupación formal.

PERIODISTA com. Redactor de un medio informativo.

PERIODO (o **PERÍODO**) m. Tiempo que transcurre entre los dos momentos culminantes de una fase. || Tiempo completo en que se desarrolla un fenómeno, suceso, etc. || Conjunto de años que se relacionan y agrupan convencionalmente o por algún motivo. || Menstruación de la mujer o de ciertas hembras. || Cada una de las divisiones de una era geológica. || Cifra o grupo de cifras que se repiten indefinidamente en una fracción decimal. || Cada una de las siete filas horizontales de la tabla periódica de los elementos. || Frase compleja; conjunto de varias oraciones relacionadas entre sí por coordinación o por subordinación.

PERIPECIA f. En una obra de ficción, cada uno de los sucesos o cambios inesperados de situación por el lector o espectador. || Sucesión de imprevistos y sobresaltos; también se usa en plural.

PERISTILO m. Patio inferior rodeado de columnas, propio de la casa griega y helenística. || Galería columnada en torno a un edificio.

PERITAJE m. Trabajo de perito o estudios que realiza. || Informe de un experto sobre una cuestión material en litigio.

PERITO, TA adj. y s. Se aplica al que es experto en alguna rama del saber. || m. y f. Ingeniero técnico. || Persona cualificada, por sus conocimientos prácticos y teóricos, y que bajo juramento, debe informar al magistrado sobre los puntos litigiosos, en cuanto se hallan relacionados con su especialidad.

PERJUDICAR tr. y prnl. Dañar a una persona o cosa. || tr. Desfavorecer.

PERJUICIO m. Efecto de perjudicar. || En derecho, daño físico, económico o moral producido por acción u omisión culposa de otro. || *sin p. de* Dejando aparte.

PERJURIO m. Juramento en falso. || Delito de jurar en falso, y el mismo juramento así prestado. || Incumplimiento de lo prometido bajo juramento. || Falso testimonio en un proceso.

PERJURO, RA adj. y s. Que jura en falso. || m. Perjurio.

PERLA f. Concreción calcárea, generalmente esférica y clara, producida por la secreción de determinados moluscos bivalvos al penetrar al interior de la concha un cuerpo extraño. || Cualquier cuerpo de aspecto similar. || Cápsula medicinal, píldora alimenticia o vitamínica. || Gota muy pura de un líquido. || fig. Cosa o persona excelente. || Carácter de letra de cuatro puntos tipográficos.

PERMANECER intr. Quedarse en la misma situación, estado, etc., sin experimentar cambios.

PERMANENTE adj. Que permanece. || adj. y s. Se dice del miembro estable de una institución, y en los partidos políticos, de quien forma parte de su aparato burocrático. || adj. y f. fam. Se dice de los rizos u ondas artificiales que en la peluquería dan al cabello.

PERMISO m. Autorización dada a uno para hacer o decir algo. || Excedencia temporal que se concede de un trabajo, servicio u obligación. || Diferencia permitida en el peso o ley de las monedas.

PERMITIR tr. y prnl. Acceder, consentir en que alguien haga o deje de hacer una cosa. || Tolerar, aceptar algo que podía prohibirse. || tr. En teología, no interferir Dios en el libre albedrío, tolerando el pe-

cado y lo malo. || Poner los medios para realizar algo. || Hacer posible alguna cosa. || prnl. Concederse uno el poder o la libertad para hacer algo.
PERMUTA f. Acción y efecto de permutar. || Contrato bilateral, consensual y conmutativo, en el que cada una de las partes se obliga a dar una cosa o un derecho para recibir otra cosa o derecho a cambio.
PERNICIOSO, SA adj. Dañino, nocivo. || Se dice de las enfermedades de muy grave pronóstico; especialmente se aplica a ciertas formas de anemia.
PERNIL m. Anca y muslo de un animal, especialmente del cerdo. || Pernera.
PERNOCTAR intr. Hacer noche, pasarla en determinado lugar.
PERO conj. Situada al inicio de un enunciado, expresa la oposición o contradicción de éste a otro enunciado previo. En ocasiones tiene valor concesivo y también puede significar una restricción a lo enunciado anteriormente. Si inicia una cláusula de forma absoluta, es decir, sin que haya un enunciado previo al que se refiere, suele tener un valor enfático en la objeción o el disgusto. || m. fam. Dificultad, inconveniente, tara, defecto.
PERONÉ m. Hueso largo y delgado, que junto con la tibia, con la cual se articula, forma el esqueleto de la pierna.
PERORACIÓN f. Acción y efecto de perorar. || Última parte del discurso, en la que se enumeran las pruebas que refrenden la exposición.
PERORAR intr. Hablar en público. || Hablar uno siempre con la solemnidad y ademanes de un discurso. || Suplicar.
PERORATA f. Discurso excesivo, inoportuno o molesto.
PERPENDICULAR adj. Se dice de las rectas o planos ortogonales. || f. Línea perpendicular.
PERPETRAR tr. Llevar a cabo un delito o una acción deshonesta grave.
PERPETUAR tr. y prnl. Inmortalizar algo, hacerlo perdurable. || Continuar, propagar.
PERPETUO, TUA adj. Que dura siempre o mucho tiempo. || Se dice de aquello que es para toda la vida, especialmente cargos, beneficios o penas. || f. Licencia absoluta del servicio militar.
PERPLEJO, JA adj. Indeciso, confuso.

PERRERA f. Sitio en el que se guardan o encierran perros. || Trabajo duro y mal pagado. || fam. Moroso, deudor. || Rabieta, perra. || Casa ruidosa y desordenada.
PERSA adj. y s. Relativo a Persia. || m. Conjunto de lenguas y dialectos del grupo iranio. Se divide en persa antiguo, medio y moderno.
PER SE Frase latina que significa 'por sí' o 'por sí mismo'.
PERSECUCIÓN f. Acción de perseguir. El término designa históricamente las acciones, legales o extralegales, continuadas y violentas ejercidas por Estados o grupos sociales contra otros grupos religiosos, nacionales, ideológicos, etcétera.
PERSEGUIR tr. Ir tras el que huye con intención de alcanzarlo. || Seguir a uno a todas partes sin que el otro lo desee, importunándolo. || Hacer daño a uno, procurarle padecimientos por crueldad. || Pretender algo de forma insistente o molesta.
PERSEVERAR intr. Persistir, mantener una idea, actitud, etc. || Permanecer, durar mucho tiempo.
PERSIANA f. Protección contra la luz del sol pero que deja pasar el aire que se coloca en una ventana y está formada por listones de madera o plástico, arrollables, extensibles, etc. || Tela de seda en la que se dibujan grandes flores. || *enrollarse más que una p.* Hablar incansablemente.
PERSIGNAR tr. y prnl. Santiguar, hacerse la señal de la cruz en la frente y pecho. || prnl. fam. Hacerse cruces para demostrar uno su pasmo, admiración o asombro.
PERSISTIR intr. Perseverar, insistir. || Perdurar, permanecer.
PERSONA f. Cada uno de los miembros de la especie humana. || Ser humano cuyo nombre se desconoce o no se dice. || En una obra literaria, cinematográfica, etc., personaje. || Individuo recto y moral. || Cada uno de los tres componentes de la Santísima Trinidad. || Accidente gramatical que consiste en los mecanismos de flexión que poseen el verbo y los pronombres para indicar si el sujeto de la oración es el mismo hablante (*primera p.*), la persona a la que se habla (*segunda p.*) o la persona de la que se habla (*tercera p.*). Las tres personas constan de singular y

plural. || Nombre sustantivo relacionado con la acción verbal.

PERSONAJE m. Persona afamada o destacada, importante. || Cada uno de los entes humanos, sobrenaturales, alegóricos o fabulosos que toman parte en la acción de una obra literatura, cinematográfica, etcétera.

PERSONAL adj. Relativo a la persona o particular o exclusivo de ella. || Se aplica a cada uno de los pronombres que nos indican a cada una de las tres personas gramaticales, en singular (*yo, tú, él, ella*) o en plural (*nosotros-as, vosotros-as, ellos-as*). || m. Grupo de empleados de una fábrica, oficina, empresa, asociación, etc. || fam. La gente.

PERSONALIDAD f. Complejo de aspectos biológicos, psicológicos y de formación que caracterizan y definen a una persona. || Persona sobresaliente en determinado círculo o en la sociedad. || Conjunto de cualidades que se le suponen a una persona supuestamente inteligente o notable. || Aptitud legal que posee un individuo para intervenir en un negocio o comparecer en un juicio.

PERSONIFICAR tr. Fingir vida o cualidades propias de personas en los animales o cosas que no las poseen. || Encarnar una persona una cualidad, suceso, época, etc. || Dibujar o representar claramente en un escrito a una persona determinada, generalmente por sátira.

PERSPECTIVA f. Parte de la geometría descriptiva que elabora les reglas gráficas por las que se representa un objeto tridimensional en una superficie plana. || Lo que se estudia o dibuja con tales reglas. || Reunión de cosas o seres que aparecen ante la vista del espectador desde un punto determinado, especialmente si están lejanos o dan sensación de profundidad. || fig. Expectativa, en especial la que se realiza de forma más o menos intuitiva; generalmente se usa en plural. || Alejamiento, distancia con que se observa algo para evitar apreciaciones inexactas o subjetivas.

PERSPICAZ adj. Se aplica a la vista que alcanza hasta muy lejos. || fig. Se dice de la mente aguda y despierta o de quien la tiene.

PERSUADIR tr. y prnl. Vencer la voluntad de uno con argumentos y razones.

PERSUASIVO, VA (o **PERSUASORIO, RIA**) adj. Que persuade. || f. Facultad o eficacia para hacerlo.

PERTENECER intr. Ser algo propiedad de uno. || Ser una cosa propia del cargo, beneficio, obligación, etc., que uno ejerce. || Relacionarse una cosa con otra, especialmente si una forma parte de otra. || Ser miembro de alguna sociedad o corporación.

PÉRTIGA f. Vara larga, de madera, usada para distintos menesteres (reforzar un salto, alcanzar un objeto poco accesible, etc.). || Vara de 4-5 m de longitud, generalmente de fibra de vidrio, que se utiliza en una prueba olímpica atlética de salto.

PERTINENTE adj. Relativo a una cosa o que le concierne. || Oportuno, conveniente.

PERTRECHO m. Cada uno de los aprovisionamientos, municiones, vehículos, etc., que necesita o lleva un ejército o flota; se usa especialmente en plural. || Por extensión, lo necesario para cualquier realización.

PERTURBACIÓN f. Acción y efecto de perturbar o perturbarse. || Interferencia que afecta a una señal de radiofrecuencias. || *atmosférica* Alteración del estado de la atmósfera al paso de una depresión.

PERTURBAR tr. y prnl. Alterar, trastocar el orden de las cosas. || Turbar, subvertir la paz o el juicio de las personas. || Impedir al orador mantener la claridad o el orden en su discurso.

PERVERSO, SA adj. y s. Que indica perversidad. || Que actúa por maldad o con depravación.

PERVERTIR tr. y prnl. Perturbar los hábitos, aficiones, etc., con malas doctrinas o ejemplos; viciar, depravar.

PESA f. Pieza de peso conocido que sirve para comparar y medir el peso de otras cosas. || Pieza que, colgada de una cuerda o cadena, mueve ciertos relojes, o sirve de contrapeso. || Barra con cilindros metálicos en sus extremos, usada en gimnasia y en el deporte de levantamiento de peso.

PESADEZ f. Calidad de pesado. || Gordura, obesidad. || Fuerza de la gravedad. || Importunidad, tabarra. || Esfuerzo, exceso, molestia. || Malestar, generalmente localizado en la cabeza o el estómago.

PESADILLA f. Dificultad respiratoria u opresión que se padece durante el sueño. || Mal sueño, visión angustiosa y persistente. || Preocupación constante y muy profunda. || fam. Lata, enojo.

PESADO, DA adj. Que tiene mucho peso. || Gordo, obeso. || Se dice del sueño profundo e intenso. || Muy hinchado, lleno de humores, vapores, etc. || Calmoso, lento. || Latoso, enojoso, impertinente. || Que ofende o causa sentimiento. || Áspero, duro, violento. || Que se hace con detalle y precisa gran maña o atención. || Se dice de aquello que es de digestión lenta y trabajosa. || f. Cantidad que se pesa de una sola vez. || Determinación de la masa de un cuerpo, mediante la ayuda de una balanza y una serie de pesos graduados.

PESADUMBRE f. Calidad de pesado. || Fuerza de la gravedad. || Daño, desazón física o moral. || Motivo que lo causa.

PÉSAME m. Expresión de condolencia que se ofrece a uno, especialmente con motivo del fallecimiento de algún allegado.

PESAR, 1 m. Disgusto o tristeza que afligen a uno. || Lo que es causa de tal aflicción. || Arrepentimiento o dolor por lo hecho o dicho.

PESAR, 2 intr. Tener peso, tenerlo en determinada medida o tenerlo en gran cantidad, mucho. || Hacer presión en la voluntad la razón o el motivo de una cosa. || Provocar pesar, apesadumbrar.

PESCA f. Acción y efecto de pescar. || Arte de pescar u oficio de pescador. || La captura, lo pescado. || Conjunto de técnicas y actividades, deportivas o encaminadas a la obtención de recursos económicos, por las que el hombre intenta capturar seres vivos de las aguas.

PESCADILLA f. Cría de la merluza. || Pez semejante a la merluza pero de menor tamaño.

PESCADO m. Pez comestible capturado y fuera del agua. || Carne de un pez ya preparada.

PESCAR tr. Capturar y extraer del agua peces, crustáceos, etc., mediante cualquier sistema o en cualquier cantidad. || Sacar otra cosa cualquiera del fondo de un mar, río, etc., o que se halle sumergida en un líquido. || Tomar o coger cualquier cosa. || Alcanzar una pretensión, especialmente utilizando la astucia. || fam. Atrapar a uno en falta o error, sorprenderlo. || Conseguir cónyuge.

PESCUEZO m. En un animal, parte que va de la nuca hasta el tronco. || fam. Cuello, cogote humano.

PESEBRE m. Especie de cajón, sea o no de obra, que se usa para dar de comer a los animales. || Establo o lugar donde está el pesebre. || Belén, nacimiento.

PESETA f. Unidad monetaria de España.

PESIMISMO m. Propensión a juzgar las cosas de un modo poco favorable.

PÉSIMO, MA adj. Muy malo, de lo peor.

PESO m. Valor de la gravedad para un cuerpo determinado, es decir, la fuerza con que la Tierra lo atrae. || El que se debe tener algo por ley. || Pesa, o lo que se utiliza como patrón de masa o peso. || Cosa pesada. || Lastre, u objeto con el que se equilibra una carga. || Balanza o lo que sirve como tal. || Unidad monetaria de Bolivia, Colombia, Cuba, Filipinas, México, República Dominicana y Uruguay. || En ciertos deportes (boxeo, judo, etc.), categoría y nivel de competición que se establece según el p. del deportista.

PESQUERO, RA adj. Relativo a la pesca. || m. Buque de pesca. || f. Sitio en el que se acostumbra pescar. || Pequeña obra de contención en un río, arroyo, etcétera.

PESTAÑA f. Pelo implantado en el borde libre del párpado. Tiene función protectora frente a los cuerpos extraños. || Parte estrecha y saliente en el borde de una cosa. || Borde de una tela que sobresale fuera de la costura. || Cada una de ciertas piezas similares a una bisagra y que cierran algo. || En cubiertas de libros no rígidas, parte de la misma que se dobla sobre la cara inferior de las tapas; solapa.

PESTAÑEAR intr. Parpadear. || Tener vida. || *no*, o *sin p.* Sin distraerse o sin acobardarse.

PESTE f. Enfermedad infecciosa causada por el bacilo pestoso. Es propia de los roedores, que la transmiten al hombre o a otros animales principalmente por picadura de las pulgas y también por vía aérea. Cursa en forma de enfermedad febril. || Cualquier otra epidemia o mal que

causa numerosas muertes. || Cualquier otra cosa que es mala o lo es entre sus semejantes, o puede causar mal. || Mal olor.
PESTILENCIA f. Se aplica a cualquier enfermedad infecciosa que sea muy contagiosa y virulenta. || f. Peste (olor).
PESTILLO m. Especie de pasador con el que se asegura una puerta. || Pieza metálica prismática que, impulsada por la llave o por un resorte, sale de la cerradura y entra en el cerradero.
PETACA f. Estuche de metal, cuero, etc., apropiado para llevar y conservar el tabaco o los cigarros.
PÉTALO m. Cada uno de los elementos de la corola de la flor, de forma y color variables; los p. pueden soldarse total o parcialmente entre sí.
PETARDO m. Cualquier objeto de forma cilíndrica que, lleno de pólvora y bien atado, estalla con gran ruido. || fam. Sablazo, estafa. || Persona o cosa inútil o muy fea.
PETATE m. Estera de palma sobre la que se duerme en climas cálidos. || Bulto que forma la ropa de cama y la personal de un soldado, marino, etc. || fam. Equipaje. || Don nadie o estafador. || *liar el p.* Mudar de domicilio o marchar de un empleo.
PETICIÓN f. Acción de pedir. || Rogatorio, suplicatorio. || *de principio* Vicio del razonamiento por el que se pone por antecedente de algo lo mismo que se quiere demostrar.
PETO m. Pieza de la armadura que protege el pecho. || Prenda de vestir o atavío que va sobre el pecho. || Babero. || Prolongación superior del delantal o parte delantera del mono. || En las herramientas de mango (azadón, hacha, podadera, etc.), parte opuesta al filo o corte. || Protección que se coloca en el pecho y costado del caballo del picador para evitar las embestidas del toro.
PETRIFICAR tr. y prnl. Transformar en piedra, adquirir su solidez. || tr. Dejar a alguien tieso de estupor o admiración.
PETRÓLEO m. Mezcla natural de distintos hidrocarburos sólidos, líquidos y gaseosos; contiene también nitrógeno y azufre; color generalmente amarillo-negro. Procede de la acumulación de materia orgánica en cuencas marinas, donde se ha transformado por actividad bacteriana en ambiente de anoxia; una vez formado migra hasta terrenos "trampa" completamente impermeables a los líquidos. El p. se ha convertido en una de las principales fuentes de energía y de materias primas.
PETROLERO, RA adj. Relativo al petróleo. || adj y s. Incendiario, subversivo. || m. Buque-cisterna para transporte del petróleo. || m. y f. Persona que despacha ese líquido al por menor, para uso doméstico.
PETROLÍFERO, RA adj. Que produce o encierra petróleo.
PETULANTE adj. y s. Que tiene petulancia. || Vanidoso, fatuo.
PEYORATIVO, VA adj. Se dice especialmente de la opinión negativa que merece la conducta de alguien.
PEZ m. Cada uno de los vertebrados que forman el conjunto de los Peces. || pl. Conjunto de vertebrados, sistemáticamente divididos en varias clases (Ciclóstomos, Condroictios y Osteictios) que incluye especies de cuerpo fusiforme adaptado a la vida acuática, de respiración branquial, circulación simple y completa, poiquilotermos, cuerpo cubierto generalmente de escamas. Poseen aletas pares e impares para el desplazamiento en el seno del agua. Se conocen unas 30 000 especies, que ocupan todos los medios acuáticos, aunque la mayoría son marinas.
PEZÓN m. Extremidad cónica y prominente de la mama, situada en el centro de la areola y donde abocan los conductos galactóforos. || Peciolo de las flores. || Pedúnculo de los frutos. || Se aplica a todo tipo de protuberancias en tal forma (saliente del eje de una carreta, extremo de un limón, cabo de tierra, punta de árbol en las fábricas de papel, etcétera).
PEZUÑA f. Uña de los Ungulados, formada por una placa córnea dura que cubre la última falange de los dedos. || fam. Mano usada torpemente.
PI f. Decimosexta letra del alfabeto griego (Π, π). En castellano se transcribe como *p*. || Número de Lodolf (=3.1415926536); número irracional transcendente, cuyo símbolo es π, razón constante entre la longitud de una circunferencia y su diámetro.

PIADOSO, SA adj. Bondadoso, caritativo. || Pío, devoto. || Que conmueve o causa devoción.
PIANISTA com. Ejecutante de piano. || Fabricante de pianos.
PIANO m. Instrumento de teclado de cuerdas golpeadas por martillos, y capaz de matización dinámica. || adv. y m. Término de expresión musical de matiz; indica menor intensidad sonora. Abreviatura, *p*. || adv. Suavemente. || fam. Despacio, tranquilo. || *de cola* El que tiene la caja de resonancia colocada horizontalmente. || *de manubrio* Organillo.
PIAR intr. En relación con la onomatopeya *pío, pío*, emitir las crías de ciertas aves (especialmente pájaros y pollos) su voz característica. || Solicitar algo sin desmayo. || *piarla* Fanfarronear.
PIARA f. Manada de cerdos. || Por extensión, de otros animales.
PICA f. Lanza larga rematada en un hierro muy agudo que usaban los soldados de infantería. || Soldado que usaba tal arma. || Vara larga similar, con la que se pican los toros en una corrida.
PICACHO m. Cima o pico escarpado de algunos montes, riscos, etcétera.
PICADERO m. Lugar donde se amaestran y enseñan los caballos o se los monta. || Hueco en tierra que los gamos en celo escarban con las manos. || Cada uno de los maderos cortos sobre los que descansa la quilla de un buque en carena o en dique seco. || Madero corto con una muesca en el que los carpinteros dejan las piezas que labran con la azuela. || fam. Lugar en el que mantienen relaciones dos amantes.
PICADILLO m. Guiso a base de carne picada, tocino, ajo, verduras y huevos batidos. || Lomo de cerdo adobado y picado para embutidos. || *hacer, o quedar hecho p.* (alguien) Herir, resultar herido o muerto, con gran saña y destrozos físicos.
PICADOR, RA m. y f. Persona que doma y adiestra caballos. || En los toros, el que con la pica tiene la función de herir al toro antes de que el matador comience la faena. || En las minas, el que extrae el mineral directamente con el pico. || m. Tajo de cocina. || f. Electrodoméstico para trocear alimentos.
PICADURA f. Acción y efecto de picar. || Sensación dolorosa y pinchazo que provocan un aguijón, aguja, parásito, etc., y señal que deja en la piel. || Principio de caries. || Tabaco picado que se usa especialmente para liar cigarrillos. || Agujero sutil, o grupo de ellos, en una superficie.
PICANTE adj. Que pica. || Se dice de lo que es mordaz o licencioso, pero que no deja de tener su gracia. || m. Sabor acerbo y fuerte de algunas cosas. || Ironía o acritud al hablar.
PICAPORTE m. Pieza que ayuda a cerrar de golpe una puerta o ventana. || En una puerta, la aldaba. || *de resbalón* El que cierra mediante una cuña empujada por un resorte.
PICAR tr. e intr. Herir ligeramente con algo punzante. || Morder o perforar la piel ciertas aves, insectos o reptiles. || Estimular el gusto ciertas cosas de sabor fuerte o acerbo. || Tomar una porción ligera de comida, especialmente comer la fruta grano a grano sobre todo entre horas. || fig. Enojar, azuzar, inquietar o provocar a otro. || Actuar como un bobo, dejarse engañar. || tr. Herir el picador al toro con la garrocha. || Caer un pez en el anzuelo, morder el cebo. || Desmenuzar, especialmente la carne. || Hacer agujeros en papel o tela para formar dibujos o adornos.
PICARDÍA f. Astucia, malicia. || Ruindad, bajeza. || Acción o intención astuta, bellaca. || Travesura. || Dicho o hecho impúdico o licencioso. || Cierta pieza de lencería femenina. || pl. Insultos, agravios.
PICARESCO, CA adj. De los pícaros. || f. Vida propia de un pícaro. || Reunión o cofradía de pícaros. || adj. y f. Se dice de un género novelesco aparecido en España en los siglos XVI y XVII caracterizado por la incorporación de un pícaro (antihéroe) como personaje central de la obra, supuestamente autobiográfica.
PÍCARO, RA adj. y s. Bribón, astuto y aprovechado. || adj. Que causa daño o es malicioso. || m. y f. Tipo de truhán desgraciado y de mal vivir, protagonista arquetípico del género picaresco.
PICAZÓN m. Desazón que causa un picor en alguna parte del cuerpo. || Enojo, disgusto.
PICO m. Apéndice bucal de las aves formado por varias piezas córneas que recubren los huesos de las mandíbulas. Su forma es muy variable y está en rela-

ción con el régimen alimentario de cada especie. Generalmente se usa también como arma de defensa. || Nombre común a unas 200 especies de aves de la familia Pícidos, de pico largo y potente para excavar la madera, lengua protráctil, patas cortas y armadas de garras, alas poco adaptadas para el vuelo. || Parte puntiaguda que sobresale en la superficie o el borde de alguna cosa. || En algunas vasijas, acanaladura por la que se vierte el líquido que contiene. || Herramienta con un mango largo de madera y un hierro curvo y aguzado por ambos extremos. || Cualquier herramienta similar, en especial la que usan los canteros.

PICOR m. Malestar, ardor del paladar por haber ingerido algo picante. || Comezón, prurito.

PICOTAZO (o PICOTADA) m. (o f.) Herida que causan las aves con el pico o algunos insectos con su aguijón o con el aparato bucal. || Inflamación o señal que provoca.

PICOTEAR tr. Herir o golpear las aves con el pico. || Comer a base de ir picando. || intr. Dar cabezadas una caballería de arriba a abajo. || Parlotear, hablar por hablar. || prnl. Pelearse y discutir dos mujeres.

PICTOGRAFÍA f. Género de escritura en el que los conceptos se representan mediante dibujos de los objetos, siendo muy difícil hacer representaciones de pensamientos abstractos.

PICTÓRICO, CA adj. Relativo a la pintura. || Que es tema apropiado para ser pintado.

PICUDO, DA adj. Que tiene pico. || Hocicudo. || fam. Que no para de hablar. || m. Asador, espetón. || f. Barracuda (pez).

PICHÓN, NA m. y f. Mote cariñoso. || m. Cría de la paloma doméstica.

PIE m. Parte distal del miembro inferior que sustenta al cuerpo y posibilita andar. Su esqueleto comprende 28 huesos dispuestos en tres grupos: tarso, metatarso y falanges. || Extremo de la pata de los vertebrados. || Parte que cubre el p. en los calcetines, medias, botas, etc. || Base de una cosa, lugar donde se apoya. || Parte inferior de un mueble, que lo sustenta. || Tronco de un árbol o tallo de una planta. || Medida de longitud anglosajona, equivalente a 0.304 m. Usada internacionalmente en aviación. || Parte última de un escrito y margen en blanco que queda tras finalizar éste. || Breve nota o comentario que se pone bajo un grabado, fotografía, etc. || Parte final de un escrito que es independiente del contenido del mismo y en la que se instala la firma, razón del destinatario, etc. || Motivo o momento propicio para hacerse cierta cosa.

PIEDAD f. Compasión, sentimiento que inspira el sufrimiento ajeno. || Respeto y devoción ante las cosas sagradas o los padres. || Representación escultórica, pictórica, etc. de María con Jesús muerto en los brazos.

PIEDRA f. Fragmento de roca. || Aleación de hierro y cerio usada para producir chispa. || Sillar. || Roca labrada, o losa en la que figura alguna inscripción. || Pedrisco, granizo. || En las armas de fuego antiguas, pedernal. || Muela de molino. || En ciertos juegos, tanto que se gana en cada mano. || Masa de mineral, abrasivo o muy resistente, utilizada para moler. || Cálculo producido por acumulación de sales en un órgano. || fig. Gran resistencia o fuerza de algo. || Falta de sensibilidad o de emociones.

PIEL f. Tegumento externo del organismo que lo aísla del medio ambiente y que a nivel de los orificios naturales se continúa con las mucosas. Está formada por la dermis y la epidermis, separadas por una membrana basal y de los tejidos más profundos por el panículo adiposo. || Cuero curtido, especialmente si conserva su pelo natural. || Pellejo, cubierta exterior de ciertas frutas.

PIÉLAGO m. Mar que se halla muy distante de tierra. || Profusión, abundancia de algo.

PIENSO m. Alimento seco que se da al ganado.

PIERNA f. Parte del miembro inferior comprendida entre las articulaciones de la rodilla y del tobillo. Su esqueleto lo forman la tibia y el peroné. || Por extensión, la totalidad de cada una de las extremidades inferiores. || Muslo de las aves y mamíferos. || Cada una de las dos piezas similares que, unidas, forman el compás.

PIEZA f. Cada elemento de una maquinaria o parte de un conjunto, considerada por separado. || Cada individualidad de un determinado género o especie. || Cada unidad de una colección, o cada ficha de algunos juegos. || Moneda. || Composición musical u obra teatral. || Rollo de papel o tela, tal como sale de la fábrica. || Objeto indeterminado.

PÍFANO m. Silbato. || Flautín de tesitura muy aguda usado en las bandas militares. || Músico que toca este instrumento.

PIFIA f. Golpe fallido dado con el taco a una bola de billar. || Fallo, error, descuido.

PIGMENTO m. Término genérico que designa a las sustancias presentes en las células responsables de su coloración. || Polvo de color característico que suspendido en un líquido apropiado se usa como pintura. || *fotosintético* Clorofila.

PIGMEO, A adj. y s. Se dice del conjunto de pueblos distribuidos por África Central y sureste de Asia. Las características comunes son la baja estatura (de 1.30 a 1.50 m) y la economía cazadora-recolectora. || adj. y s. Individuo muy pequeño; también despectivo, insignificante.

PIJAMA m. Ropa de dormir, consistente en chaqueta y pantalón de tela fina. || fam. Copa de helados de dos o tres clases; combinados con fruta en almíbar, flan, nata, etcétera.

PILA, 1 f. Montón de cosas superpuestas. || Gran cantidad de cosas.

PILA, 2 f. Recipiente o cuenco grande; generalmente de piedra o material semejante, para contener o verter agua (p. de una fuente, p. bautismal, p. de agua bendita, etc.). || Unidad individual de una batería primaria o secundaria, que convierte la energía química en eléctrica. || Unidad individual de un dispositivo que transforma la energía radiante en energía eléctrica. || *atómica* Reactor nuclear. || *eléctrica, galvánica* o *voltaica* Generador electroquímico que transforma la energía producida por una reacción química en energía eléctrica. Se compone de un electrolito, dos electrodos (positivo y negativo) y el despolarizador. || *seca* Aquella en la que el electrolito se encuentra en un medio poroso o en forma de gelatina. Se aplica a linternas y receptores de radio portátiles. || *reversible* Acumulador.

PILAR m. Mojón que señala la dirección o delimita un espacio. || Cualquier elemento, más o menos alto, colocado verticalmente. || En arquitectura, elemento de soporte vertical no adosado, de sección poligonal o circular. || Nombre que se aplica a ciertas estructuras fibrosas, musculares, etc., que realizan función de sostenimiento o prestan inserción. || fig. Soporte, defensa, amparo. || *tectónico* Bloque de rocas, relativamente saliente, limitado por ambos lados por fallas o fracturas.

PILASTRA f. Pilar adosado al muro.

PÍLDORA f. Forma de presentación farmacéutica destinada al uso oral en que las sustancias medicamentosas, gracias a un excipiente adecuado, forman una masa esférica. || fig. Noticia desagradable. || *anticonceptiva* Anovulatorio. || *dorar la p.* Intentar hacer menos dolorosa una noticia o disgusto que se da a uno. || *tragarse la p.* Creerse una mentira muy evidente.

PILETA f. Pila de agua bendita pequeña y que se tiene en las casas. || En una mina, lugar donde se acumulan y vierten las aguas. || Piscina.

PÍLORO m. Orificio inferior del estómago por el que éste se comunica con el duodeno.

PILOTAR tr. Gobernar, maniobrar un buque. || Dirigir cualquier otro vehículo, en especial un avión o coche de carreras.

PILOTO com. Timonel, persona que gobierna una embarcación y dirige su rumbo. || Conductor de automóviles de carreras o persona que dirige un avión, etc. || Segundo a bordo de un buque mercante. || m. En un vehículo, luz de posición. || Pequeño indicador luminoso que señala la puesta en marcha de algún aparato. || Lo que sirve de muestra o referencia. || Guía, director de algo. || *automático* Dispositivo que mantiene la altitud y rumbo de una aeronave sin necesidad de intervención humana. || En un buque, sistema electromagnético que actúa sobre el timón y hace seguir al buque un rumbo fijado previamente. || *de pruebas* El que se encarga de experimentar en la práctica prototipos de aviones, coches, etcétera.

PILTRAFA f. Carne muy magra, que casi sólo es pellejo. || Por extensión, menudencia, cosa de poco o ningún provecho. || fam. Persona que es una ruina física o moral.

PILLAJE m. Rapiña, robo. || Botín de guerra, o saqueo en el que se consigue.

PILLAR tr. Robar, hurtar. || Asir, coger. || Arrollar, atropellar. || Atrapar, pescar. || tr. e intr. Quedar a determinada distancia, estar en cierto lugar.

PILLO, LLA adj. y s. Pícaro, travieso o gamberro. || fam. Despierto, vivo, sagaz.

PIMENTÓN m. Polvo que se consigue al moler el pimiento colorado seco. || En ciertos lugares, pimiento (fruto).

PIMIENTA f. Fruto de la planta de la pimienta, en forma de bayas casi esféricas, de pericarpio delgado; de color rojo en la madurez.

PIMPOLLO m. Renuevo de pino. || Árbol nuevo. || Vástago nuevo de las plantas. || Capullo de rosa. || fig. y fam. Persona joven atractiva o muy arreglada. || Persona que se conserva muy bien, que permanece joven.

PINACOTECA f. Edificio destinado a la conservación y exposición de pinturas.

PINÁCULO m. Final apuntado de una construcción. || En la arquitectura gótica, remate puntiagudo en forma piramidal o cónica, de un contrafuerte o arbotante. || fig. Momento más destacado de una ciencia, arte, etcétera.

PINAR m. Asociación vegetal en la que predominan los pinos.

PINCEL m. Útil formado por un mango largo y delgado con pelos fijos en el extremo y que se usa para pintar. || fig. Modo, estilo de pintar. || Persona que pinta. || Obra pintada.

PINCELADA f. Toque, trazo que se hace con el pincel. || Forma breve en que se condensa una idea o rasgo. || *dar la última p.* Perfeccionar una obra o negocio.

PINCHAR tr. y prnl. Punzar, herir con un objeto agudo. || fig. Picar, mover a uno a obrar. || Molestar, dar la tabarra. || Poner inyecciones. || Incitar, azuzar.

PINCHAZO m. Herida o desgarro que se produce al pinchar, especialmente el que causa la pérdida de aire de un neumático. || fig. Puya o mortificación con que se incita a alguien.

PINCHE com. Ayudante de cocina.

PINCHO, CHA adj. Satisfecho de sí mismo. || Muy arreglado o compuesto. || m. Aguijón o punta aguda. || Varilla con la que se inspeccionan ciertas cargas.

PINNÍPEDOS m. pl. Suborden de mamíferos carnívoros, que incluye especies de cuerpo fusiforme adaptadas a la vida acuática, con los pies modificados en aletas, cola corta. Todo el cuerpo está cubierto por una capa de grasa; pueden permanecer sumergidos de modo prolongado. Viven en todos los mares.

PINO m. Nombre común a varias gimnospermas, de la familia Pináceas, con estos caracteres comunes: generalmente son árboles de gran desarrollo, con hojas aciculares agrupadas en hacecillos, monoicos, con flores unisexuales en estróbilo, las piñas al llegar a la madurez no se desintegran. || Madera de dicho árbol.

PINTA f. Mota o mancha de pequeñas dimensiones en la superficie de algo o en una piel, plumaje, etc. || Adorno similar. || Apariencia de algo o alguien.

PINTADO, DA adj. Con pintas. || Cubierto de pintura. || Que presenta por naturaleza muchos colores. || f. Frase o consigna, especialmente de carácter político, que se escribe sobre un muro.

PINTAR tr. Cubrir algo con una capa de pintura. || Plasmar en una superficie una figura, paisaje, idea o sentimiento, mediante el uso de los colores. || Usar la pintadera. || Dibujar. || Describir vivamente o con todo detalle una situación, persona, etc. || Ponderar con exageración. || Escribir una letra o signo. || intr. y prnl. Presentar aspecto de maduras ciertas frutas. || prnl. Maquillarse, usar afeites en el rostro. || *pintarse solo para* (determinada cosa) Hacerlo muy bien, ser diestro en ello.

PINTARRAJAR (o **PINTARRAJEAR**) tr. y prnl. Pintar sin arte o de mala manera. || Hacer garabatos. || Abusar del maquillaje.

PINTOR, RA m. y f. Persona cuyo oficio es pintar paredes, puertas, etc. || Persona que pinta cuadros, frescos, etc. || *de brocha gorda* El de paredes, puertas, etc., o el artista que es malo.

PINTORESCO, CA adj. Que merece ser retratado por agradable o por chocante. || Se dice del lenguaje, hábito, etc., interesante o curioso, por no ser habitual.

PINTURA f. Arte y técnica de representación sobre una superficie plana, fundamentalmente mediante líneas y colores. || Obra realizada de dicho modo. || *no ver ni en p.* Odiar, rechazar vivamente.

PINZA f. Apéndice prensil de los crustáceos. || Doblez que se cose en una tela como adorno o para estrecharla. || Cualquier utensilio formado por dos apéndices que pueden abrirse o cerrarse para agarrar algo mediante la presión de los dedos; se usa también en plural.

PIÑA f. Estróbilo. || Masa esponjosa de plata que se forma en los moldes en el proceso de fusión de minerales argentíferos. || Grupo compacto de personas o cosas. || Mazorca sin farfolla. || Nudo que se hace en los extremos descolchados de un cabo. || Bofetada, puñetazo.

PIÑÓN m. Semilla de la piña. || Parte comestible de la misma. || El último burro de la recua. || Último huesecillo del ala de un ave. || En un arma de fuego, pieza en que se apoya la patilla de la llave, antes del disparo.

PÍO m. Onomatopeya que remeda la voz de los pollos de ciertas aves. || fam. Afán, deseo vivo. || *no decir ni p.* No decir ni palabra.

PÍO, A adj. Piadoso, beato.

PIONERO, RA m. y f. Persona que da los primeros pasos en una tierra o estudios desconocidos, y prepara el camino a los demás. || Término que se aplicó principalmente en Estados Unidos a los exploradores y colonizadores del Oeste.

PIPA f. Utensilio en el que se fuma tabaco en hojas o picado y que consta de un pequeño recipiente y una boquilla. || Cantidad de tabaco que se utiliza.

PIPETA f. Tubo de cristal ensanchado en su parte media, que sirve para trasladar pequeñas porciones de líquido de un vaso a otro. || Tubo de varias formas cuyo orificio superior se tapa a fin de que la presión atmosférica impida la salida del líquido.

PIQUETA f. Zapapico. || En albañilería, útil corto de mango que tiene una punta plana y otra afilada. || *la p.* fig. Derribo de un edificio; tiene connotación negativa.

PIQUETE m. Orificio pequeño. || Pelotón o pequeño grupo de gente de armas que se destina a un servicio extraordinario, o grupo de huelguistas que intenta evitar la presencia de rompehuelgas.

PIRA f. Hoguera, especialmente aquella en la que los antiguos realizaban ofrendas y sacrificios. || *funeraria* Construcción a modo de lecho en la que ciertos pueblos incineran a sus muertos.

PIRAGUA f. Embarcación de madera, larga y estrecha, utilizada por los indígenas de América y Oceanía. || Canoa ligera.

PIRÁMIDE f. Poliedro que tiene por base un polígono y por caras laterales triángulos que se juntan en un punto llamado vértice y forman un ángulo poliedro. || Monumento funerario egipcio en forma de p. En las culturas precolombinas y la India tuvo una función cósmica y simbólica.

PIRATA adj. Relativo a la piratería. || com. Corsario o persona que vive de la piratería. || Ladrón, especialmente de ideas o trabajos ajenos. || Persona cruel. || adj. y s. fig. Se dice de la copia no autorizada que se hace de una película, canción, libro, video, etcétera.

PIRITA f. Sulfuro de hierro; cristaliza en el sistema cúbico, en cristales amarillos, generalmente octaédricos, a veces maclados, también forma masas granulares. Dura, muy pesada, brillo metálico, fractura concoidea. Se usa para la fabricación de ácido sulfúrico y para la obtención de metales acompañantes.

PIROMANÍA f. Impulso psicopatológico a provocar incendios.

PIROPO m. Variedad de granate, a base de silicato de magnesio y aluminio, de color rojo. || fam. Lisonja, sea o no galante, dirigida especialmente a las mujeres.

PIROTECNIA f. Arte que trata de los artificios de fuego, a base de pólvora, que se emplean en máquinas militares o en diversiones y festejos.

PIRUETA f. Brinco, salto o voltereta. || Giro completo que el caballo realiza estando levantado de manos. || fam. Cualquier maniobra que permite salvar una situación comprometida.

PISADA f. Acción de pisar. || Huella que se deja al caminar. || Marca que se traspasa al reverso de la hoja impresa por exceso de tinta o presión. || *seguir las p.* (de alguien) Seguir sus pasos, tomarle como ejemplo.

PISAPAPELES m. Objeto pesado que, puesto sobre papeles, evita que se muevan.

PISAR tr. Poner el pie sobre algo. || Aplastar, apretar algo con los pies, el pisón o la maza. || Cubrir parcialmente una cosa a otra. || Apretar con los dedos la tecla o cuerda de un instrumento musical. || Maltratar, humillar. || Conculcar, transgredir una ley. || fam. Adelantarse a otro en obtener cierto beneficio.

PISCICULTURA f. Conjunto de técnicas para lograr la producción de especies comerciales de peces en condiciones controladas.

PISCINA f. Estanque de jardín en el que se tienen peces. || Especie de balsa de dimensiones variables en la que pueden nadar o bañarse varias personas.

PISO m. Suelo, especialmente el pavimento. || Cada una de las plantas o niveles de un edificio. || Cada una de las viviendas separadas y distintas que forman un edificio. || Capa, estrato. || Suela del zapato. || En las minas, conjunto de excavaciones u otras labores que se hallan a la misma profundidad.

PISOTEAR tr. Pisar algo varias veces y con saña. || Maltratar, hacer de menos. || Transgredir una ley, incumplirla.

PISTA f. Conjunto de señales que deja a su paso por un lugar una persona o un animal, huellas. || Cada uno de los indicios que conducen al esclarecimiento de un hecho. || Lugar acondicionado para la práctica del baile o de ciertos deportes como la hípica, el tenis, etc. || Arena central de un circo o similar. || Circuito automovilístico o lugar en que se prueban vehículos. || Carretera, especialmente la que está sin asfaltar o es provisional. || Cualquier pavimento diseñado y preparado para el aterrizaje y despegue de aviones. || *seguir la p.* Espiar, investigar un rastro, perseguir.

PISTILO m. Conjunto de los órganos florales femeninos, formado por una parte basal dilatada (ovario), una zona filamentosa (estilo) y coronado por el estigma.

PISTOLA f. Arma corta de fuego, que se amartilla y dispara con una sola mano. || Aparato con el que se pinta o barniza expulsando el líquido pulverizado y con gran fuerza. || *ametralladora* La de mayor tamaño, rapidez y número de disparos que las corrientes. || *automática* Aquella que utiliza los gases que genera el disparo para expulsar la vaina y montar de nuevo el arma.

PISTOLERO, RA m. y f. Delincuente que a menudo hace uso de su pistola o es experto en su manejo.

PISTÓN m. Cilindro pequeño de cobre, colocado en el centro de la base de una cápsula, que contiene el fulminante. || Cilindro deslizante con movimiento alternativo dentro de un alojamiento tubular. || Mecanismo de los instrumentos musicales, de viento, de metal, que sirve, por medio de los dedos del ejecutante, para conectar y desconectar tramos de prolongación del tubo, modificando la altura del sonido y la afinación del instrumento.

PITAGORISMO (o **PITAGOREÍSMO**) m. Conjunto de doctrinas filosófico-religiosas, matemáticas y morales de Pitágoras y sus primeros seguidores (siglos vi-v a. C.). Su tesis central, "las cosas son números", es una intelectualización que aleja el pensamiento del mundo sensible, de acuerdo a la purificación liberadora de lo sensual que predicaban.

PITAR intr. Hacer sonar un pito o silbato. || fam. Marchar, funcionar correctamente alguien o algo. || tr. Desaprobar algo mediante silbidos. || fig. y fam. Encontrarse en una posición de autoridad. || tr. e intr. Señalar falta un árbitro en deporte.

PITECÁNTROPO m. Prehomínido fósil cuyos primeros ejemplares se descubrieron en Java en 1891. Vivió aproximadamente un millón de años en zonas templadas.

PITIDO m. Silbido de los pájaros o sonido de un pito, silbato, etcétera.

PITILLERA f. Petaca de cigarrillos. || Cigarrera que hace pitillos.

PITILLO m. Cigarrillo.

PITO m. Pequeño instrumento que al soplar en él produce un sonido agudo. || Cualquier cosa que produzca el mismo efecto por acción del aire. || Claxon, bocina. || Chinche hematófago. || Castañeta. || Cigarrillo. || vulg. Pene.

PITÓN, 1 m. Especie de ofidios de la familia de los Boidos. Pueden alcanzar algunas familias más de 9 m, aunque otras no llegan a los 100 cm. Las más grandes son arborícolas y capturan mamíferos mediante asfixia prensil. Inofensivas para el hombre si no se las ataca.

PITÓN, 2 m. Cuerno incipiente en los animales que los poseen. || Extremo del cuerno del toro. || Pitorro. || Brote nuevo en el árbol. || Pitaco.

PITONISA f. Adivinadora, especialmente del porvenir.

PITORREARSE prnl. fam. Tomar el pelo a alguien.

PITORRO m. Orificio saliente y más estrecho de una vasija por el que se regula la salida del líquido. || Por extensión, cualquier caño o tubo pequeños que regulen la entrada o salida de fluidos.

PIZARRA f. Roca metamórfica, formada fundamentalmente de mica aunque contiene también otros componentes. Se origina a partir de rocas sedimentarias limosas o arcillosas; se divide fácilmente en láminas paralelas. || Fragmento de esta piedra con el que se cubren tejados, o que permite escribir sobre ella con yeso o lápiz blanco. || Por extensión, cualquier plafón, placa de material, etc., generalmente oscura, sobre la que se puede escribir.

PIZCA f. fam. Pellizco, parte muy pequeña de algo.

PIZZA f. Masa de harina de trigo en forma de torta, cocida al horno, que se sirve caliente y aderezada con diversos ingredientes, como queso, tomate, anchoas, etcétera.

PLACA f. Cualquier porción delgada y plana, de material duro. || Insignia de policía que acredita a su portador como tal. || Cartel, generalmente metálico, que informa de la entidad o persona que reside en una vivienda, piso o despacho, y de su ocupación. || Lámina o película que se dispone sobre algo. || Disco de gramófono. || Chapa metálica con el número de matrícula de un vehículo, que se coloca en el exterior de éste. || *sensible* La de vidrio o metal sobre la que se extendía una emulsión sensible a la luz en los sistemas más antiguos de fotografía.

PLACENTA f. Órgano de conexión entre el feto y la madre. Tiene forma discoidal, con una cara materna adherida a la pared uterina y una cara fetal tapizada por el amnios y en cuyo centro se origina el cordón umbilical.

PLACENTERO, RA adj. Ameno, agradable.

PLACER, 1 m. Banco de arena o piedra en el lecho marino, extenso y llano. || Depósito sedimentario de arenas y cantos rodados en el que se acumulan materiales y minerales valiosos (oro, platino, etc.).

PLACER, 2 m. Satisfacción, goce que se alcanza con la posesión o contemplación de algo. || Sensación agradable. || Lo que divierte, sosiega o distrae. || Consentimiento o gusto con que se hace algo. || *a p.* Sin trabas, con satisfacción plena.

PLACER, 3 tr. Complacer, agradar.

PLÁCIDO, DA adj. Calmo, tranquilo. || Agradable.

PLAGA f. Desastre que aflige a alguien o a una comunidad. || Cualquier pesar o desgracia. || Profusión o abundancia de algo nocivo. || Nombre genérico que se da a las enfermedades producidas en las plantas por agentes víricos, bacterianos o fúngicos. || Destrozo masivo causado por animales en plantas.

PLAGAR tr. y prnl. Llenar un lugar, persona o comunidad de algo, generalmente molesto o dañino.

PLAGIAR tr. Servirse de la sustancia o ideas de la obra de otro para crear una que se pretende propia.

PLAN m. Altura o nivel. || Intención y proyecto que se tiene de realizar algo. || Proyecto que, a partir del conocimiento de las magnitudes de una economía, pretende establecer determinados objetivos (crecimiento de aquéllas, prioridades). Los p. pueden ser a corto (1 año, generalmente para efectuar ajustes o correcciones), a medio (4-7 años) y a largo (10-15 años) plazo. || Documento en que consta dicho proyecto. || Serie de materias o trabajos en los que se divide una actividad. || Cosas que pretende uno hacer y forma en que piensa llevarlas a cabo. || Plano, mapa.

PLANA f. Cada una de ambas caras de una hoja de papel. || Dicha cara escrita o impresa. || Parte llana extensa de un país. || Ejercicio que hacen los niños en un papel al aprender a escribir. || En imprenta, líneas ajustadas que componen la página. || *mayor* Conjunto de jefes y oficiales que, con otros individuos, no pertenecen a ningún buque o compañía pero están adscritos a la flota, regimiento, etc., como mando superior.

PLANCHA f. Lámina de metal. || Útil con el que se plancha la ropa, formado por un hierro liso y de forma triangular con un mango. || Acción y efecto de planchar la ropa. || Conjunto de ropa para planchar o planchada. || Ejercicio gimnástico consistente en, permaneciendo boca abajo en el suelo, elevar el cuerpo rígidamente, con la fuerza de los brazos. || Reproducción estereotípica o galvanoplástica preparada para la impresión. || Cualquier tabla o plataforma de madera, especialmente la horizontal, como la del trampolín, el andamio al costado de un buque, etcétera.

PLANCHAR tr. Usar la plancha caliente para alisar la ropa y desarrugarla.

PLANEADOR m. Aeroplano sin motor que es remolcado por otro con motor al despegar y luego se sostiene por sí mismo gracias a la acción del aire en sus alas.

PLANEAR tr. Forjar un plan o proyecto para la consecución o realización de algo. || En general, hacer planes. || intr. Descender lentamente con ayuda de la acción del aire y las corrientes un avión sin motor o que lo tiene parado. || Sostenerse un ave en el aire con las alas extendidas e inmóviles.

PLANETA m. Cuerpo sólido celeste que gira alrededor de una estrella, describiendo una órbita elíptica y que se hace visible por la luz que refleja; en particular, los que giran alrededor del Sol. Se conocen nueve: Mercurio, Venus, la Tierra, Marte, Júpiter, Saturno, Urano, Neptuno y Plutón. Se diferencian de los cometas porque son mucho más densos y no tienen cola y de los meteoritos por su mayor tamaño. || Satélite.

PLANICIE f. Llanura, especialmente la extensa.

PLANIFICACIÓN f. Acción y efecto de planificar. || Elaboración de un plan económico, general o sectorial, y cumplimiento del mismo. || *familiar* Conjunto de medidas y conocimientos encaminados a evitar embarazos no deseados y enseñar a cuidar correctamente a los hijos.

PLANILLA f. Formulario impreso de la administración pública para presentar solicitudes o declaraciones. || Nómina de una empresa. || Cualquier estado de cuentas o relación de operaciones financieras de una empresa o entidad.

PLANISFERIO m. Mapa en el que se representa la esfera terrestre o celeste.

PLANO, NA adj. Liso, llano. || Sin dificultades ni estorbos. || m. Superficie tal que cualquier recta que pase por dos de sus puntos está contenida totalmente en ella. || Representación gráfica a escala y sobre una superficie de la planta, alzado o perfil de un terreno, edificio, etc. || Representación gráfica en una superficie plana y mediante procedimientos técnicos de un terreno, edificio, máquina, etc. || Unidad de medida de un filme formada por los fotogramas de una toma o parte de ella. || Parte o superficie imaginaria que los objetos, figuras, etc., ocupan en un cuadro o fotografía. || m. Nivel, especialmente el de orden no físico estrictamente, como el nivel social, cultural, etcétera.

PLANTA f. Parte del pie con la que se pisa. || Plantío, terreno. || Representación gráfica de la sección horizontal de un objeto, edificio o terreno. || Maqueta, diseño para la realización de algo. || Proyecto o medidas que se hacen para llevar algo a cabo. || Plantilla laboral. || Cada uno de los niveles o pisos de un edificio. || Central productora de energía, o complejo industrial. || Cada una de las posiciones de los pies que se utilizan al caminar, bailar, etc. || En perspectiva, pie de la perpendicular bajada desde un punto al plano horizontal. || Apariencia, aspecto de alguien.

PLANTACIÓN f. Acción de plantar. || Lo plantado. || Cultivo extensivo de una planta, gran explotación o propiedad agrícola; especialmente, la de productos tropicales.

PLANTAR, 1 adj. Relativo a la planta del pie.

PLANTAR, 2 tr. Introducir en tierra una semilla, esqueje, planta, etc., para que arraigue. || Poblar de plantas o árboles un lugar. || Colocar algo derecho o erguido.

PLANTEAR tr. Estudiar y planear la realización de algo. || Exponer un tema, problema, etcétera.

PLANTEL m. Vivero, lugar donde se crían plantas. || Lugar en el que se forman especialistas de alguna rama del saber o de la técnica. || Conjunto de dichos especialistas.

PLANTÍGRADO, DA adj. Se dice de los animales que apoyan, al andar, la totalidad de la planta de los pies.

PLANTILLA f. Suela sobre la que se arma el calzado. || Pieza de distintos materiales, que se coloca en el interior del calzado, sobre la planta. || Remiendo en la parte inferior de medias y calcetines. || Pieza que sirve de sostén a algo o sobre la que se arma alguna cosa. || Patrón sobre el que se dibuja o recortan ciertas cosas. || Modelo de comprobación en el control de calidad. || Escrito en donde se describe la organización de una oficina, establecimiento, etcétera.

PLANTÍO, A adj. Se dice del terreno plantado o que puede serlo. || m. Acción de plantar. || Lugar en el que recientemente se han plantado vegetales. || Los vegetales plantados.

PLANTÓN m. Pimpollo que ha de trasplantarse. || Rama que se planta para que arraigue. || Soldado a quien se impone como castigo una guardia de duración extraordinaria. || Portero o vigilante exterior de un edificio.

PLAÑIDERO, RA adj. Que provoca lástima o llanto. || f. Mujer que se contrataba en los entierros para llorar al difunto.

PLAQUETA f. Elemento corpuscular de la sangre, que realiza una función de gran importancia en la coagulación y hemostasia. Su número normal oscila entre 200 000 y 300 000 por mm^3.

PLASMA m. Parte líquida de la sangre, que aproximadamente constituye el 60% de la misma. Está constituida por una solución de proteínas que contiene numerosas sustancias: electrolitos, lípidos, glícidos, enzimas, anticuerpos, etcétera.

PLASMAR tr. Dar forma a algo, especialmente en barro. || Concretar materialmente una idea, ilusión, etcétera.

PLÁSTICO, CA adj. Que se puede moldear, dúctil. || Relativo a la plástica. || Se dice de la frase, estilo, etc., claros y expresivos. || adj. y m. Se dice de la sustancia orgánica macromolecular de origen natural o sintético, que se caracteriza por su elevado peso molecular, bajo peso específico y por ser fácilmente moldeable. Es inerte a la corrosión, fácilmente moldeable, ligero y barato; actualmente tiene multitud de aplicaciones.

PLATA f. (Ag) Elemento químico situado en el grupo Ib de la tabla periódica. Es un metal blanco, dúctil y maleable, buen conductor del calor y la electricidad. Usada en monedas, aleaciones dentales, medicina y joyería. || Moneda que se acuña utilizando tal metal. || Lo que puede ser útil sin que su posesión requiera un esfuerzo.

PLATAFORMA f. Cualquier construcción artificial, generalmente eventual, que está descubierta y elevada sobre el suelo. || Vagón descubierto y con bordes de escasa altura. || Parte próxima a la puerta de un autobús, tranvía, etc., en la que van pasajeros de pie. || Especie de azotea de casamatas, torres, etc. || Ideal o causa que uno defiende por motivos egoístas. || Programa de un partido o personalidad política. || Programa básico común en torno al cual se agrupan organizaciones políticas; generalmente tiene carácter reivindicativo.

PLATEA f. En un cine o teatro, el patio de butacas.

PLATEADO, DA adj. Bañado en plata. || Que se le semeja o recuerda. || m. Acción de platear.

PLATEAR tr. Bañar en plata o recubrir con ella.

PLATERÍA f. Arte y oficio de platero. || Lugar en el que trabaja o tienda en la que se venden los objetos por él trabajados. || Plata labrada.

PLATERO, RA m. y f. Persona que labra la plata u otro metal noble. || Quien trabaja vendiendo joyas o piezas labradas de plata y oro. || adj. y s. Se dice del burro pequeño y manso o del color plateado.

PLÁTICA f. Diálogo entre varios. || Sermón breve dado en un tono familiar.

PLATICAR tr. e intr. Charlar, dialogar, especialmente para cerrar un trato.

PLATILLO m. Pieza similar a un plato, especialmente si es de pequeño tamaño. || Cada una de las dos piezas, generalmente circulares, que se equilibran con igual peso en los extremos de una balanza. || Guiso con carne y verduras picadas. || Comida extraordinaria en ciertas comunidades religiosas. || Asunto sobre el que se murmura. || pl. Instrumento de percusión formado por dos discos metálicos que se golpean uno con otro, o mediante baquetas. || *volante* Ovni.

PLATINO m. (Pt) Elemento químico situado en el grupo VIII de la tabla periódica. Es un metal noble, blanco, dúctil, maleable y soluble en agua regia. Es insoluble en los ácidos y lo atacan los álcalis fundidos. Se usa para formar aleaciones, como catalizador, en equipos de fusión, joyería, odontología, etcétera.

PLATO m. Recipiente, de forma circular, de poco fondo y con borde plano, en el que se depositan los alimentos y sobre el que se come. || Cualquier objeto de dicha forma. || Platillo de la balanza. || Alimento que se sirve a punto de ser comido. || Comida del día o gasto que se hace en ella. || Asunto sobre el que se murmura. || Designa algunas piezas de maquinaria, especialmente de engranajes, como el piñón mayor de una bicicleta.

PLATÓ m. Espacio de un estudio de cine o de televisión debidamente preparado para el rodaje.

PLATÓNICO, CA adj. y s. Que sigue la filosofía de Platón en algún aspecto. || adj. Relativo a tal escuela de pensamiento. || Abnegado, altruista. || Irreal o ideal.

PLAUSIBLE adj. Merecedor de aplauso. || Aceptable, admisible.

PLAYA f. Extensión de arena, grava o guijarros, situada en la orilla de un mar, lago o río y de superficie casi plana.

PLAY-BACK m. Técnica cinematográfica o de televisión que consiste en la sincronización de imágenes sobre un fondo sonoro previamente grabado.

PLAZA f. Espacio amplio sin edificar, ajardinado o con un monumento, en el que se encuentran varias calles de una ciudad. || Lugar extenso y despejado en el que se celebran ferias y mercados. || Lugar fortificado. || Sitio en el que acampa un ejército, o ciudad en la que en tiempo de guerra se halla gran parte de la intendencia. || Posición, espacio, lugar. || Sitio que debe ocupar una persona o cosa. || Empleo, puesto. || Reunión de comerciantes, o conjunto de ellos que posee una población. || Mercado diario con puestos fijos de venta; por extensión, compra que se realiza en él.

PLAZO m. Tiempo en que debe hacerse algo. || Fecha en que termina ese tiempo. || Cada una de las cuotas, de vencimiento periódico, en que se divide una cantidad que debe pagarse.

PLAZOLETA f. Plaza pequeña, especialmente la que se encuentra en el interior de un jardín o de una alameda.

PLEAMAR f. Punto más alto que alcanza la marea. || Tiempo que dura la marea creciente.

PLEBE f. En la antigua Roma, la multitud, para diferenciarla de senadores y caballeros. || Grupo social que carece de posesiones económicas o culturales. || Vulgo, populacho.

PLEBEYO, YA adj. y s. Relativo a la plebe. || Innoble, basto, soez. || Antes, no noble.

PLEBISCITO m. Ley que la plebe establecía en la antigua Roma, a través de sus tribunos. || Referéndum, particularmente el promovido por un poder totalitario para, de forma manipulada, confirmar alguna de sus iniciativas.

PLEGAR tr. y prnl. Practicar pliegues en una cosa. || tr. Doblar los pliegos del libro que va a ser encuadernado. || Enrollar la urdimbre en el plegador. || prnl. Rendirse, someterse.

PLEGARIA f. Oración o súplica humilde y fervorosa en la que se pide algo. || Tañido de campanas con el que, hacia el mediodía, se invita a los católicos a la oración.

PLEITESÍA f. Cortesía, respeto u homenaje que se rinde a alguien.

PLEITO m. Disputa, litigio, querella. || Proceso de carácter contencioso entablado ante la jurisdicción civil. || Disputa, contienda, especialmente la que se dirime por las armas.

PLENARIO, RIA adj. Completo, absoluto; suele referirse a indulgencia o bien a reunión, sesión, etcétera.

PLENILUNIO m. Luna llena.

PLENITUD f. Calidad de pleno o absoluto. || Apogeo, punto culminante de un proceso.

PLENO, NA adj. Completo, entero, lleno. || En ocasiones se utiliza con un valor enfático, significando el mismo, la misma. || m. Reunión general de una junta, cámara, sociedad, grupo, etc. || *plenos poderes* Autorización por la que se confiere al representante libertad completa de actuación y decisión en nombre del representado. || En política, adopción por el ejecutivo del máximo de atribuciones y competencias, usualmente para resolver una crisis.

PLEONASMO m. Figura que consiste en el uso de palabras o expresiones inne-

cesarias para la comprensión de la frase, pero que le dan más fuerza expresiva. || Por extensión, forma de hablar rebuscada y prolija.

PLÉTORA f. Congestión causada por exceso de líquidos, especialmente sangre. || Abundancia de algo.

PLEURA f. Membrana serosa formada por dos hojas: *visceral*, que reviste el pulmón, y *parietal*, que tapiza internamente la pared torácica. Entre ambas existe una cavidad virtual llamada cavidad pleural.

PLIEGO m. Hoja de papel que se imprime sin ser doblada, y que luego se dobla según la impresión y el formato del libro en 16, 8, 4 o 2 dobleces. || Número de hojas que resulta de doblar un pliego. || Hoja de papel que se vende o usa sin doblar. || Cualquier tipo de documento que se envía cerrado. || Conjunto de papeles que contiene una carpeta o sobre.

PLIEGUE m. Arruga o doblez que queda en una superficie flexible si ésta deja de estar lisa. || Deformación de estratos de rocas sedimentarias de la corteza terrestre.

PLOMADA f. Lápiz o pequeña barra de plomo que en ciertos oficios se usa para señalar o reglar. || Sonda para barcos. || Pesa de metal que los albañiles atan al extremo de una cuerda para fijar la línea vertical. || Conjunto de plomos que se ponen a la red de pescar.

PLOMERÍA f. Material de plomo que se coloca en un edificio. || Almacén de plomo. || Oficio o taller del plomero.

PLOMO m. (Pb) Elemento químico situado en el grupo IVa de la tabla periódica. Es un metal blando, brillante, blanco azulado, maleable y soluble a los ácidos. Se oxida con facilidad y es tóxico. Se usa para fabricar tuberías y recubrimientos de cables, como antidetonante en los motores de explosión, en procesos técnicos, etc. || Bala de un arma de fuego ligera.

PLUMA f. Formación epidérmica característica de las aves y que recubre su cuerpo. Morfológicamente consta de un eje y de barbas dispuestas a ambos lados, que sucesivamente se dividen en elementos más pequeños. Su función es el aislamiento térmico y facilitar el vuelo. || Plumaje de un ave. || La de ave que sirve de adorno, o bien la que cortada convenientemente se usaba para escribir. || Pequeño útil de metal que montado en un mango, y con o sin depósito de tinta, se usa también para escribir. || Cualquier útil de escritura con forma de pluma. || Escritor. || Oficio de escritor. || Estilo literario. || Técnica artística basada en el dibujo a pluma. || Mástil de una grúa. || *estilográfica* Estilográfica.

PLUMAJE m. Conjunto de plumas que cubren a un ave. || Penacho de plumas que se pone en morriones, cascos, etc. || fam. Pinta, catadura.

PLUMERO m. Conjunto de plumas atadas y generalmente con mango que se usa para quitar el polvo. || Estuche de lápices, plumas, etc. || Penacho de plumas.

PLURAL adj. y m. Se dice del número gramatical que expresa una cantidad cualquiera superior a la unidad, aunque en algunos sistemas lingüísticos expresa unidades superiores a dos o, incluso, a tres (lenguas con número gramatical dual, p. ej.). || Múltiple. || *de modestia* Utilización de la primera persona plural del pronombre personal por una sola persona. Suele usarse en textos científicos o políticos, y no debe ser confundido con el *p. mayestático*, en el que al mismo recurso estilístico sirve para remarcar la importancia de la persona que habla o escribe (el rey, el papa, etcétera).

PLURALIDAD f. Multitud o gran número de algunas cosas. || Calidad de ser más de uno.

PLURALIZAR tr. Dar número plural a palabras que no suelen tenerlo. || Extender lo que es peculiar de un solo individuo a dos o más sujetos.

PLUS m. Remuneración o sobresueldo que se da por diversos motivos: hijos, productividad, etcétera.

PLUS ULTRA Locución latina que significa 'más allá'.

PLUSVALÍA f. Aumento de valor que experimenta una cosa sin que se produzcan cambios en ella. || Diferencia de valor entre dos fases de la reproducción de un capital. || Impuesto que recae sobre una finca (especialmente urbana) por su revalorización a lo largo del tiempo.

PLUTOCRACIA f. Régimen político en el que el poder es ejercido o directamente controlado por el sector económicamente más poderoso. || Conjunto de dicho sector.

PLUTONIO m. (Pu) Elemento químico situado en el grupo VIII de la tabla periódica. Forma parte de la serie de los actínidos. Se obtiene a partir del uranio por bombardeo de neutrones. Es un metal de color blanco plateado; se usa como combustible nuclear.

PLUVIAL adj. Relativo a la lluvia. || Se dice del periodo del Cuaternario muy húmedo y frío en áreas subtropicales actualmente secas.

P. M. Abreviatura del latín: *post meridiem*, 'tras el mediodía'.

POBLACIÓN f. Acción y efecto de poblar. || Conjunto de los habitantes del mundo o cualquier área geográfica inferior. || Conjunto de seres vivos de una misma especie en un área determinada. || Ciudad o cualquier otro núcleo inferior. || Conjunto de los elementos de un paisaje urbano.

POBLADO m. Población, lugar habitado.

POBLAR tr. e intr. Fundar una villa o más. || tr. Destinar un lugar al establecimiento de personas, árboles o animales. || Habitar. || Llenar, ocupar. || intr. Procrear con abundancia o rapidez. || prnl. Recibirse o estar en gran cantidad en un lugar.

POBRE adj y s. Que está falto de lo imprescindible para vivir. || En derecho, aquel que es acreedor al ejercicio gratuito de la acción judicial. || adj. Escaso, sin acabar de realizar o completar. || De poco valor, humilde. || Triste, pesaroso. || com. Mendigo. || *de espíritu* Apocado. || El que reúne las cualidades de la humildad cristiana

POBREZA f. Condición de pobre, necesitado. || Calidad de escaso, limitado. || Carencia de generosidad, nobleza, etc. || Miseria y atraso generalizado en una nación, comarca, etc. || En derecho, condición de pobre que goza del ejercicio gratuito de la acción judicial. || Uno de los votos que se pronuncia al adoptar el sacramento o el orden eclesiástico. || Renuncia a los bienes materiales según el espíritu del Evangelio.

POCILGA f. Establo para cerdos, chiquero. || Lugar inmundo, sucio.

PÓCIMA f. Bebedizo que se hace con diversas materias, especialmente vegetales. || Cualquier bebida medicinal. || Cocimiento extraño o bebida de sabor desagradable.

POCIÓN f. Cualquier bebida. || Forma antigua de preparación farmacéutica líquida que se prepara en el momento de su uso y se administra a cucharadas.

POCO, CA adj. Pobre, escaso en cantidad o calidad. || m. Generalmente precedido de *un* y con oficio de partitivo significa cantidad corta o reducida. || adv. Menos de lo necesario, en reducido número, con escasez, etc. || Con verbos de tiempo, rápidamente, con brevedad. || Antepuesto a otros adverbios da idea de comparación.

PODA f. Acción y efecto de podar. || Época del año en que se suele realizar.

PODAR tr. Eliminar ramas de un árbol, vid, etc., para que den más fruto o crezcan más fuertes.

PODER m. Facultad, capacidad que se tiene para realizar o mandar realizar algo. || Eficacia. || Fuerza o dominio sobre otros. || Facultad que tiene el Estado de imponer su autoridad mediante la coerción. || Conjunto de los órganos que aseguran dicha facultad (especialmente el gobierno, el ejército y la policía). || Declaración legal con la que una persona cede a otra su representación en un negocio o litigio. || Por extensión, autorización que alguien da a un tercero para que lo represente. || Fuerza, vigor. || pl. Conjunto de capacidades o autorizaciones que uno tiene para resolver un asunto, con plena autoridad en cuanto a los medios que puedan usarse.

PODER tr. Tener la facultad, experiencia, medios, etc., para hacer algo. || Vencer, tener más fuerza que otra persona. || Contar con el tiempo, oportunidad, etc., para hacer algo. || impers. Ser posible o contingente que suceda algo.

PODERÍO m. Facultad de hacer o no permitir algo. || Vigor, gran fuerza. || Riqueza, conjunto de bienes. || Imperio o dominio que se tiene sobre algo o alguien. || Poder legal o político.

PODEROSO, SA adj. y s. Que tiene poder. || Que cuenta con grandes riquezas o recursos. || adj. Enérgico, eficiente.

PODIO m. Basamento de un elemento o construcción. || En el tiempo romano, plataforma elevada bajo el edificio. || En el teatro, circo y anfiteatro clásicos, muro alrededor de la escena o arena sobre el que se situaban las gradas. || Tribuna del emperador o sus dignatarios. || Tribuna del orador. || Tarima o pequeña plataforma. || Pedestal al que asciende el triunfador de una prueba deportiva, o los tres primeros clasificados.

PODREDUMBRE f. Estado de putrefacción de algo. || Lo que se halla en tal estado. || Pus. || Perversión moral. || Enfermedad bacteriana o fúngica de las plantas que se manifiesta con la descomposición de los órganos carnosos.

PODRIDO, A adj. Corrupto, putrefacto.

POEMA m. Texto compuesto en verso; también, texto en prosa con intenciones de estilo o temática próximas a los de la poesía. || fam. Espectáculo raro o curioso, generalmente por lo ridículo; suceso extravagante. || *sinfónico* Composición orquestal de forma libre, de carácter rapsódico y sujeta a un programa, o tema, casi siempre de origen literario.

POESÍA f. En sentido extenso, cualquier expresión artística oral o escrita que se someta a las reglas del verso. Con todo, la frontera entre la llamada prosa rítmica y la poesía escrita en verso libre es difícil de establecer por otro criterio que no sea el meramente tipográfico (continuidad o no de los renglones). || Arte de componer versos u obras en verso. || Género literario definido imprecisamente por su intención de crear belleza. || Cada uno de los géneros poéticos tradicionales: épica, lírica, dramática, heroica, bucólica, profana, religiosa. || Conjunto que forman los poetas y la actividad poética. || Poema lírico, especialmente el de cierta extensión. || Cualidad de las cosas, y de la misma poesía, por la que provocan una impresión estética y afectiva en el espectador.

POETA com. Quien escribe versos o reúne el talento y las condiciones necesarios para hacerlo.

POÉTICO CA adj. De la poesía o propio de ella. || f. Modo de componer poesías. || Complejo de reglas y de constantes lingüístico-formales que definen la poesía para una determinada época o escuela.

POETISA f. Mujer que es poeta.

POLACO, CA adj. y s. Relativo a Polonia. || m. Lengua eslava del grupo occidental hablada actualmente en Polonia.

POLAINA f. Refuerzo, generalmente de cuero, que protege la pierna desde el tobillo hasta la rodilla.

POLAR adj. Relativo a los polos. || *polares, regiones* Las comprendidas entre los círculos polares de la Tierra.

POLARIDAD f. Propiedad de un imán o cuerpo imanado, de orientarse en un campo magnético en un sentido determinado. || Propiedad que permite distinguir el polo positivo del negativo de un generador eléctrico. || Tendencia de una molécula a ser atraída o repelida por cargas eléctricas.

POLEA f. Rueda que gira sobre un eje y que tiene una correa para transmitir movimiento. || *combinada* La que forma parte de un sistema de p. || *fija* La que gira sobre un eje sin cambio de posición.

POLÉMICA f. Técnica que enseña la forma de atacar o defender una plaza. || Controversia pública, especialmente la que se hace por escrito. || Discusión, pelea. || Teología dogmática.

POLEMIZAR intr. Entablar una controversia, discutir.

POLEN m. Polvillo contenido en las anteras de los estambres, formado por granos de tamaño variable, entre 2.5 y 250 μ, y forma generalmente redondeada. Cada grano está protegido por 2 membranas; son las células fecundadoras masculinas.

POLICÍA f. Normativa u orden público que asegura el desenvolvimiento y la tranquilidad social previstos para una comunidad. || Institución encargada de hacer cumplir esta normativa. || Cada uno de los agentes de estas instituciones. || Trato cortés o conveniente entre personas. || Limpieza o aseo.

POLICIACO, CA (o **POLICÍACO, CA**) adj. Relativo a la policía. || *p., género* El literario o cinematográfico, basado en la comisión de crímenes y su esclarecimiento.

POLICROMO, MA (o **POLÍCROMO, MA**) adj. De varios colores.

POLICHINELA m. Figura grotesca e intrigante de la *commedia dell'arte*, nariguda y con doble joroba. || Espectáculo de títe-

res o marionetas. || Cada uno de estos títeres o marionetas.
POLIEDRO m. Cuerpo geométrico limitado por polígonos planos llamados caras; los lados de estos polígonos son sus aristas.
POLIFACÉTICO, CA adj. Que presenta varias facetas o que desarrolla distintas habilidades.
POLIFONÍA f. Sistema de composición en el que se combinan diversas líneas melódicas independientes.
POLIGAMIA f. Forma matrimonial en la que uno u otro cónyuge está casado con varios consortes.
POLÍGLOTO, TA (o POLIGLOTO, TA) adj. Escrito en varias lenguas. || adj. y s. Que domina varias lenguas.
POLÍGONO, NA adj. Poligonal. || m. Figura geométrica plana limitada por una línea poligonal cerrada que no se corta a sí misma. || Sector urbano destinado a una función específica. || *de tiro* Zona en la que se realizan prácticas de tiro, generalmente militares.
POLILLA f. Nombre común a varios insectos lepidópteros pertenecientes a las familia Tineidos, Pirálidos y otras, caracterizadas por los tubos o galerías que construyen las larvas, provocan destrozos en tejidos y sustancias vegetales.
POLINOMIO m. Expresión algebraica formada por la suma de cualquier número finito de monomios.
POLIOMIELITIS f. Proceso inflamatorio localizado en la sustancia gris de las astas anteriores de la médula espinal. Constituye una enfermedad contagiosa de naturaleza vírica y que afecta en especial a la infancia. Clínicamente causa parálisis de los miembros inferiores.
POLISÍLABO, BA adj. y s. Se dice de la palabra que posee más de una sílaba.
POLISÍNDETON m. Figura retórica que consiste en repetir innecesariamente una conjunción, o en abusar del uso de las mismas.
POLITÉCNICO, CA adj. y m. Que se ocupa de varias ramas de la industria, la ciencia o el arte. Especialmente se aplica a centros de enseñanza con estas características.
POLITEÍSMO m. Concepción religiosa que admite la existencia de diversos dioses. Se basa en la personificación de manifestaciones naturales o atributos de la divinidad, en un sistema ordenado y, a menudo, jerárquico.
POLÍTICO, CA adj. y s. De la política. || Se dice del profesional de dicha actividad. || Cortés. || Hábil, contemporizador. || Se dice de los familiares que lo son por afinidad y no por consanguinidad. || f. Ciencia que trata del fundamento y desarrollo de la organización y conducción de sociedades humanas, particularmente del Estado o instancias superiores a éste. Tiene un carácter interdisciplinario (filosofía, economía, historia, derecho, sociología, antropología). || Práctica que, conforme a dicha ciencia, se orienta a la consecución o mantenimiento del poder político en alguno de sus niveles. || Forma que se planea para llevar un asunto.
PÓLIZA f. Sello de la administración estatal que acredita el pago impositivo correspondiente a ciertos documentos. || Documento extendido al realizar un contrato de seguro. || Guía que acredita ser legítimos, y no de contrabando, los géneros que se transportan. || Lista realizada por el fundidor del conjunto de tipos que componen la caja, indicando las cantidades de cada uno de ellos. || *flotante* Aquella en la que el asegurador se compromete a cubrir todos los riesgos que aparezcan.
POLIZÓN m. Persona que se embarca oculta y clandestinamente. || Hombre ocioso y desocupado.
POLO, 1 m. Cada uno de los dos extremos del eje de rotación de una esfera o cuerpo similar. || Los extremos N y S del globo terrestre. || Extremidad de un círculo. || Borne de un generador. || Aquello en que radica una cosa o sirve de fundamento a algo. || Punto desde el cual se trazan los radios vectores en coordenadas polares. || Punto de discontinuidad de funciones racionales. || *magnético* Cada uno de los dos puntos de las regiones polares adonde se dirige naturalmente la aguja imanada. || *de p. a p.* Frase con que se subraya la gran distancia o alejamiento que existe entre dos cosas.
POLO, 2 m. Deporte de origen asiático que se practica montando a caballo y consiste en hacer goles golpeando una pelota de madera (8 cm de diámetro y

121-135 g de peso) con un mazo de madera de mango largo y flexible que se maneja con una sola mano.

POLTRÓN, NA adj. y s. Vago, holgazán. || f. Butacón muy cómodo. || fam. Cargo importante al que no se quiere renunciar.

POLVAREDA f. Nube de polvo que se levanta de la tierra. || Agitación y tumulto que causa en las gentes una noticia, hecho, etcétera.

POLVO m. Conjunto de partículas de tierra muy fragmentada que el aire transporta con facilidad. || Cualquier sustancia sólida reducida a partículas muy menudas. || Porción de una sustancia así reducida. || pl. Los cosméticos que se aplican sobre el cutis.

PÓLVORA f. Mezcla de salitre, azufre y carbón, que se inflama fácilmente, desprendiendo con rapidez gran cantidad de gases, y en recipientes cerrados es explosiva.

POLVOREAR tr. Esparcir polvo.

POLVORIENTO, TA adj. Lleno o cubierto de polvo.

POLVORÍN m. Pólvora de grano muy fino con la que se ceban las armas de fuego. || Estuche en el que se llevaba. || Edificio o lugar en el que se guardan explosivos, municiones, etcétera. || fig. Lugar, situación, etc., a punto de estallar.

POLVORÓN m. Dulce de harina, manteca y azúcar que se deshace en polvo con facilidad.

POLLERO, RA m. y f. Persona que cría o vende pollos. ¡| Lugar en que se crían los pollos. || f. Cesto de red o mimbre en el que se guardan o crían pollos.

POLLINO, NA m. y f. Asno joven, especialmente el que está por domesticar. || Cualquier borrico. || adj. y s. Se dice de la persona ignorante, tosca o testaruda.

POLLO m. Cría que nace de cada huevo. || Ave que aún no ha mudado la pluma. || Gallo joven. || fam. Joven.

POMADA f. Forma de presentación farmacéutica de uso tópico, en la que los principios activos se incorporan a un excipiente graso.

POMO m. Fruto carnoso e indehiscente, de forma generalmente esférica y con la parte central compartimentada. || Poma, bola odorífera. || Pequeño frasco o recipiente en el que se conserva un perfume

POMPA f. Esplendor y solemnidad que acompañan a ciertas ceremonias. || Ostentación, vanidad, grandeza. || Hueco que forma la ropa al ser hinchada por el aire. || Por extensión, ahuecamiento formado por cualquier cosa. || Giro que hace el pavo real mientras muestra la cola.

POMPOSO, SA adj. Hecho con pompa, ostentación. || Excesivamente adornado, lujoso, etc. || Se dice del lenguaje hueco y pretencioso.

PÓMULO m. Hueso par de la cara que contribuye a formar la parte inferior y externa de la órbita. || Parte de la cara redondeada y prominente que corresponde al hueso malar o pómulo.

PONCHE m. Bebida caliente a base de ron u otro licor con agua, limón y azúcar. || *de huevo* El que se compone de leche, azúcar, ron y huevos.

PONDERAR tr. Pesar. || Equilibrar dos pesos. || Alabar, ensalzar. || Ajuste de medidas.

PONENCIA f. Estudio o propuesta de resolución sobre un tema, que se presenta a una asamblea, congreso, etc. || Grupo o persona que la realiza.

PONENTE adj. y com. Se dice de la persona o grupo a los que se encomienda resolver y presentar una ponencia. || Quien presenta algo a debate en una asamblea.

PONER tr. y prnl. Colocar en determinado lugar a una persona o cosa. || Disponer algo en determinada posición. || Destinar a alguien a determinada tarea o profesión. || Seguido de la preposición a y un infinitivo, iniciar la acción que éste indica. || Con ciertos adjetivos o frases calificativos, adquirir la condición o estado que se indica. || tr. Expulsar el huevo ya formado las aves. || Abastecer a algo o prepararlo para cumplir un propósito determinado. || Medir una distancia en un tiempo. || Dar por sentado algo o no entrar a discutirlo. || Contribuir. || Empujar u obligar a uno a la realización de algo. || Delegar una decisión en el criterio de otro. || Apostar. || Pagar a escote, poner cada cual la cantidad asignada. || Cursar un oficio, carta, querella, telegrama, etc. || Proyectarse una película o representarse una obra teatral. || Empe-

ñar una virtud, valor, etc., en el cumplimiento de algo. || Exponer, arriesgar. || Situar algo de modo que sea afectado por un agente natural. || Dar nombre o apodo. || Insultar, vituperar. || Vejar. || Equipar a alguien con determinada prenda o ropa. || Escribir algo en un papel. || Añadir algo a lo ya escrito. || Abrir un negocio o establecer una entidad pública. || Conectar o arreglar un mecanismo. || Perseguir la realización de determinado asunto. || Sancionar.

PONIENTE m. Occidente, punto cardinal. || Viento que de allí sopla.

PONTIFICADO m. Dignidad, ejercicio y periodo de duración del cargo de pontífice.

PONTÍFICE m. Prelado supremo de la iglesia católica; generalmente precedido de los términos "sumo" o "romano".

PONTÓN m. Barco romo, usado para servicios auxiliares (dragado de puertos, construcción de puentes, cruce de un río, etc.). || Barco fuera de servicio, anclado en el puerto, usado como almacén, enfermería, calabozo, etc. || Puente de tablas. || *flotante* Puente de madera entre dos embarcaciones.

PONZOÑA f. Poción venenosa o dañina. || Persona, mentalidad o hábito nocivo.

POP adj. En la música de jazz, se dice de la melodía popular usada como tema. || adj. y m. Se dice de la música ligera de consumo masivo.

POPA f. Parte trasera de una embarcación.

POPULACHO m. Despectivo de pueblo, vulgo.

POPULAR adj. Relativo al pueblo. || Se dice de todo aquello que tiene gran predicamento entre la gente. || Persona que tiene muchos simpatizantes, admiradores, etcétera.

POPULARIDAD f. Fama, prestigio, especialmente el que se tiene entre los sectores menos favorecidos.

POPULARIZAR tr. y prnl. Hacer llegar al gran público el conocimiento de alguien o de algo. || Expresar algo de forma simple o popular.

POPULOSO, SA adj. Muy poblado, en especial de gente humilde.

POPURRÍ m. Composición formada por una serie de fragmentos de diferentes obras unidas mediante unos compases de enlace.

POR prep. Indica muy diversas relaciones. || La persona agente en las oraciones de pasiva. || Lugar a través del que se transita. || Lugar o tiempo aproximados. || Lugar concreto, determinado. || En ocasiones indica la causa de algo. || Medio por el que se envía o ejecuta algo. || Modo como se ejecuta. || Señala precio o valor. || También puede indicar intercambio, trueque. || Indica multiplicación matemática de dos o más factores. || Distribución entre varios. || Proporción. || Comparación entre dos términos idénticos. || Con el infinitivo de varios verbos, para. || Finalidad. || Elección o parcialidad del hablante hacia algo que se expresa. || Separación entre varios elementos de una serie.

PORCELANA f. Cerámica fina y traslúcida de origen chino. La pasta se compone de caolín y feldespato. Sobre ella se aplica un esmalte a base de óxidos metálicos. || Pieza de este material. || Por extensión, otras pastas a base de silicatos usadas en la industria electrónica.

PORCENTAJE m. Tanto por ciento, medida de comparación de una cantidad respecto a otra, evaluada sobre la centena.

PORCINO, NA adi Relativo al puerco. || m. Puerco joven.

PORCIÓN f. Parte de un todo. || Cantidad inconcreta, más bien elevada. || Trozo correspondiente de una unidad fragmentada. || Comida destinada a cada individuo de un grupo o comunidad.

PORCHE m. Pasaje con arcadas alrededor de una calle o plaza. || Atrio de un edificio.

PORDIOSERO, RA adj. y s. Mendigo, mangante.

PORFÍA f. Acción de porfiar. || *a p.* En competencia.

PORFIAR intr. Insistir con constancia y terquedad. || Trabajar con tenacidad contra viento y marea.

PÓRFIDO m. Roca magmática eruptiva, de composición variable (cuarcífera, granítica, etc.), caracterizada por grandes cristales en el seno de una masa generalmente vítrea. Se emplea en construcción.

PORMENOR m. Aspecto parcial, detalle o circunstancia peculiar de una cuestión o suceso; se usa especialmente en plural.

PORMENORIZAR tr. Describir con todos los detalles o aspectos secundarios.

PORNOGRAFÍA f. Libro que trata de la prostitución o de la vida de las personas que la ejercen. || Carácter obsceno de ciertas obras literarias o artísticas. || La obra misma que posee tal carácter. || Obscenidad.

PORO m. Orificio muy pequeño situado en la superficie del cuerpo de animales y plantas.

POROSIDAD f. Propiedad de los cuerpos sólidos que presentan unos espacios vacíos entre las moléculas, llamados poros, de dimensiones mayores que éstas. En virtud de la p., los sólidos pueden ser atravesados por los fluidos. || Defecto que presentan ciertas piezas de fundición debido a oclusiones gaseosas.

PORQUE conj. Explica la causa o motivo de algo. || También la finalidad (para que).

PORQUÉ m. Razón o causa de algo.

PORQUERÍA f. Basura, suciedad. || Cosa inmunda o acción indecente. || Vileza. || Cosa inútil o vieja, trasto. || Golosina o comida apetitosa, pero de escaso valor nutritivo.

PORRA f. Cachiporra. || Cilindro de caucho, usado por los cuerpos policiales como arma personal. || Martillo de bocas iguales, con mango largo y flexible. || Persona molesta y pesada. || Entre los chicos, el último en el juego. || Pedantería, petulancia.

PORRAZO m. Golpe de porra o de cualquier otro objeto contundente. || Golpe recibido. || Testarazo.

PORRÓN m. Especie de jarrón de cuello estrecho, con un pitón que le sale de la barriga para poder saborear el vino a chorro. || Botijo.

PORTAAVIONES m. Navío de guerra, dotado de hangares y pista de despegue, que le permite usar aviones como armamento ofensivo.

PORTADA f. Fachada de un edificio. || Conjunto arquitectónico que la embellece. || Página de una obra impresa donde consta el autor, título y casa editora. || Frontispicio. || Unidad de cuenta de los hilos de la urdimbre. || *p., falsa* En imprenta, portadilla. || *en p.* En la primera página de un periódico o revista.

PORTADOR, RA adj. y s. Que lleva o traslada algo. || m y f. Tenedor de efectos y valores no nominativos, pagaderos mediante su simple presentación. || Persona o animal que tras padecer una infección, o incluso sin haberla padecido, alberga el germen patógeno responsable y lo difunde. || m. Tabla redonda, usada como bandeja. || f. Onda de radio generada por un transmisor cuando no existe señal de modulación, o cualquier otra onda, o corriente continua capaz de ser modulada.

PORTAEQUIPAJE m. Maletero de un vehículo; se usa generalmente en plural.

PORTAFOLIOS m. Carpeta o cartera para llevar o guardar documentos.

PORTAL, 1 m. Atrio o vestíbulo de un edificio. || Puerta principal de una vivienda. || Soportal, se usa generalmente en plural. || Atrio.

PORTAL, 2 adj. Relativo a la vena porta y a la circulación de la sangre en ella.

PORTALÁMPARA m. Parte metálica en la que se inserta el casquillo de una lámpara de incandescencia y permite su conexión con el circuito eléctrico.

PORTAMONEDAS m. Bolsita o cartera para llevar dinero, especialmente calderilla.

PORTAR tr. Transportar. || Traer el perro la caza. || intr. Recibir las velas viento favorable. || prnl. Obrar o comportarse según el adverbio o locución que le acompaña (*p. mal; p. como un canalla*).

PORTARRETRATO m. Cuadro donde se enmarca una fotografía.

PORTÁTIL adj. Movible; de fácil manejo.

PORTAVOZ m. Bocina, a modo de altavoz, para dar órdenes desde lejos (se usa principalmente en ejercicios tácticos militares). || Persona que habla en nombre de un grupo.

PORTAZO m. Golpe duro al cerrar una puerta. || Golpe recibido al dar contra ella. || Acción violenta de cerrar con golpazo una puerta en señal de enojo.

PORTE m. Acción de portear. || Tasa que se cobra por el transporte de alguna mercancía. || Forma de comportamiento o de conducta. || Aspecto o apariencia externa que muestra una persona. || Tama-

ño o capacidad de un inmueble o vehículo, en especial de un barco.
PORTENTO m. Cosa o acontecimiento extraordinario, motivo de admiración o de asombro.
PORTERÍA f. Oficio de portero. || Recinto a él reservado en el vestíbulo de un inmueble. || Vivienda del mismo. || En el fútbol, hockey y otros juegos de equipo, meta señalada por los postes de madera clavados en el suelo distanciados entre sí y unidos en su parte superior por un travesaño. Cada vez que se introduce la pelota por ella, se marca un gol o tanto. || Conjunto de portas de una nave.
PORTERO, RA adj. y s. Se dice del ladrillo poco cocido. || m. y f. Guardián de un edificio, que atiende los diversos servicios comunes de los residentes. || Guardameta.
PÓRTICO m. Construcción cubierta y columnada, adosada a un edificio. || Galería sustentada por columnas siguiendo la longitud de una fachada o patio. || Estructura, adintelada o no, por la que se entra a un edificio.
PORTUARIO, RIA adj. Relativo al puerto, de mar o de río.
PORTUGUÉS, SA adj. y s. De Portugal. || m. Lengua romance hablada en Portugal, Brasil y las antiguas colonias portuguesas. En una primera etapa estuvo unida al gallego (gallego-portugués).
PORVENIR m. Futuro, tiempo que ha de venir. || *tener p.* (alguien) Tener buenas expectativas profesionales.
POS prep. Detrás o después de. || *en p. de* Tras de.
POSADA f. Casa de refrigerio y descanso para los caminantes. || Hostería.
POSAR tr. Soltar la carga. || Con *vista, mirada, ojos*, fijarlos en algo, mirar, observar. || Colocar sobre una superficie. || intr. Morar, habitar. || Parar, descansar. || Hacer de modelo para un artista (pintor, escultor, fotógrafo). || intr. y prnl. Detenerse en tierra firme tras el vuelo (pájaro, avión, hoja, etc.). || prnl. Depositarse las partículas en el fondo de un líquido, o las motas de polvo sobre los objetos.
POSDATA f. Añadido en una carta, una vez firmada.
POSE f. Postura afectada, especialmente ante una cámara fotográfica. || Conducta efectista.

POSEER tr. Tener en propiedad. || Conocer en profundidad. || Tener relación carnal con una mujer. || prnl. Ser dueño de uno mismo, dominarse.
POSESIÓN f. Acción de poseer o poseerse. || Tenencia o disfrute, amparados por la ley, de un bien. || Cosa poseída. || Delirio por el cual el individuo se cree poseído por un espíritu o demonio. || pl. Bienes materiales (riquezas, fincas, inmuebles, etc.). || Colonias, territorios conquistados. || *tomar p.* Pasar del derecho al hecho en la propiedad de una cosa.
POSESIONAR tr. Dar posesión de algo. || prnl. Apoderarse de algo.
POSESIVO, VA adj. Que indica o muestra posesión. || adj. y m. Se dice de la partícula lingüística (pronombre o adjetivo) que, al tiempo que establece una relación pronominal, también indica posesión o pertenencia del término al que determina respecto de una de las tres personas gramaticales. Las partículas posesivas pueden ser divididas en adjetivos y pronombres, según se presenten contiguas a un nombre o no. Los posesivos suelen anteponerse, aunque si van acompañados de un artículo u otro determinante, se posponen al término al que acompañan.
POSGUERRA f. Período que sigue a un conflicto bélico y en el que son patentes las consecuencias del mismo.
POSIBILIDAD f. Potencialidad, capacidad de ser o de existir. || Medios de subsistencia; se usa generalmente en plural.
POSIBLE adj. Que puede ser o acontecer. || Realizable. || m. especialmente pl. Facultad, disponibilidad. || pl. Medios de vida, bienes. || *hacer lo p.,* o *todo lo p.* Poner todo el empeño.
POSICIÓN f. Acción de poner. || Colocación, emplazamiento. || Postura frente a algo. || Categoría social o económica. || Lugar estratégico para el ataque. || En derecho, situación en que quedan las partes tras ejercer las acciones y presentar las alegaciones oportunas. || Referencia a uno de los dígitos según el punto en una fracción decimal. || Mil. Sitio guarnecido con pequeñas fuerzas. || Término técnico musical relacionado con la manera de realizar la digitación de la mano derecha en instrumentos de arco. || *aparente* La

que un astro parece ocupar en el firmamento.

POSITIVISMO m. Corriente filosófica del siglo XIX creada por A. Comte que defiende la reducción de lo cognoscible a la experiencia inmediata de la realidad; dicha experiencia es objetiva, y fruto de un proceso evolutivo que culmina en la etapa positiva, en la que la ciencia, desprendida de adherencias especulativas, podrá conocer la realidad y prever su evolución futura. || Doctrina jurídica que defiende la autonomía moral del derecho, el cual se basa exclusivamente en las normas positivas (Jellinek, Kelsen). || Actitud de ir a lo positivo o lo útil. || Materialismo, realismo.

POSITIVO, VA adj. Cierto, real, evidente. || Afirmativo, en oposición a negativo. || Efectivo, práctico. || Se dice del derecho o ley que ha sido promulgado, en contraposición con el derecho o ley natural. || Se dice del polo, electrodo, etc., de una máquina o generador de una máquina continua que se encuentra a un mayor potencial. Convencionalmente de él sale la corriente. || Se dice de la electricidad producida en un vidrio, mica, etc., al electrizarlos por frotamiento. || adj. y m. En la gramática clásica, se dice del grado de significación del adjetivo o del adverbio que se limita a enunciar la cualidad o modalidad que expresa, sin indicar grado superior ni inferior de la misma ni establecer una comparación. || Se dice de todo número mayor que cero. || m. Copia o prueba fotográfica sacada de un negativo en blanco y negro o para color.

POSMODERNISMO m. Tendencia arquitectónica que apareció a finales de los sesenta. Frente a la simplificación anterior opone el detalle, la originalidad y el entorno histórico y ambiental del edificio.

POSO m. Sedimento de las partículas que estaban en suspensión en un líquido, tras el reposo del mismo. || Sosiego, tranquilidad. || Huella interna tras un sufrimiento o calamidad.

POSPONER tr. Poner detrás. || Retrasar. || Dejar para más adelante un asunto cualquiera. || Mostrar menor estima a alguien.

POSTA f. Conjunto de caballerías apostadas a intervalos en el recorrido de una diligencia, para servir de refresco. || Cuadra donde se guardaban. || Recorrido entre una y otra p. || Silla de posta. || Porción de comida. || Bala pequeña de plomo. || Tarjetón con un letrero conmemorativo. || Apuesta en los juegos. || En frisos y bandas, motivo a base de líneas curvas en forma de volutas, ondas o eses. || *a p.* Adrede, con intención.

POSTAL adj. Relativo a correos. || adj. y f. Se dice de la tarjeta postal.

POSTE m. Puntal de madera, hierro o piedra que sirve de indicador o que sostiene algo.

PÓSTER m. Cartel, lámina decorativa.

POSTERGAR tr. Colocar en una categoría inferior a la que le corresponde. || Dejar para luego un trabajo o un asunto.

POSTERIDAD f. Generación venidera de la que se está hablando. || Futuro.

POSTERIOR adj. Que viene después en el tiempo o en el espacio. || Se dice de los sonidos que se articulan en la parte profunda de la cavidad bucal (velares, uvulares, glotales y palatales).

POSTÍN m. Jactancia, pisto, presunción. || Vida regalada. || *darse p.* Darse importancia.

POSTIZO, ZA adj. No natural ni propio, sino superpuesto. || Fingido, artificial. || m. Porción de pelo que se añade a un peinado o que cubre una parte de la cabeza desprovista de pelo.

POSTOR m. Pujador de una subasta. || El que señala el punto donde debe colocarse cada tirador en una partida de caza.

POSTRAR tr. y prnl. Desanimar, desalentar. || Derribar o inclinar hasta el suelo una cosa. || Debilitar, abatir. || prnl. Arrodillarse, como signo de súplica o de reverencia.

POSTRE m. Apéndice de una comida (fruta, queso, pastel, etc.). || *a la, o al p.* Al final, por último.

POSTRERO, RA adj. y s. Último. || Siguiente.

POSTRIMERÍA f. Último periodo de existencia; se usa principalmente en plural.

POSTULADO m. Proposición indemostrable que se toma como principio de un sistema deductivo. || En la gnoseología clásica, principio indemostrable, pero necesario de un sistema.

POSTULAR tr. Pedir, en especial limosna para fines benéficos. || Solicitar formalmente una medida de interés común.

PÓSTUMO, MA adj. Nacido tras la muerte del progenitor. || Aparecido tras la muerte del autor. || Se dice del homenaje ofrecido a alguien ya muerto.

POSTURA f. Modo de estar colocado. || Actitud adoptada frente a una situación, problema o pensamiento. || Cantidad apostada en el juego, u ofrecida en una subasta. || Precio estipulado. || Acción de poner huevos. || Acción de plantar.

POTABLE adj. Se dice del agua que puede ser tomada sin peligro. || Tolerable, admisible.

POTAJE m. Caldo de cocido. || Guisado de legumbres secas con verduras o arroz (judías con espinacas, lentejas con arroz, etc.), y otros ingredientes. || Batiburrillo.

POTASIO m. (K) Elemento químico situado en el grupo la de la tabla periódica. Forma parte de la familia de los alcalinos. Se encuentra en forma de silicato en la naturaleza. Es un metal blando, blanco y brillante. Se usa en síntesis orgánica y su presencia es indispensable para la vida de animales y plantas.

POTENCIA f. Poder para realizar algo. || Persona o elemento capaz de dominar. || Estado o país independiente. || Cada una de las facultades del espíritu (memoria, entendimiento y voluntad). || Capacidad de ser o hacer. || Producto de una cantidad por sí misma un número determinado de veces. || *en p.* Que está en germen, y es posible su realización en el futuro.

POTENCIAL adj. Que posee potencia, o relativo a ella. || Que tiene capacidad de ser o existir. || m. Poderío. || Modo verbal castellano que expresa la posibilidad condicionada de que se realice una acción. También es llamado condicional. || Energía que adquiere la unidad positiva de carga, cuando se la coloca en un punto determinado de un campo eléctrico. || Cociente del calor producido en la deflagración de un explosivo dividido por la masa del mismo.

POTENCIAR tr. Dar potencia a algo, o aumentar la que posee.

POTENTADO, DA m. y f. Persona que posee riquezas o poder abundantes.

POTENTE adj. Que tiene el poder, que puede obrar determinada cosa. || Se dice de la persona que es capaz de procrear. || Robusto o muy fuerte. || Se dice de la máquina de grandes dimensiones o potencia.

POTESTAD f. Autoridad, dominio, jurisdicción. || Situación jurídica en que se hallan los particulares y el Estado, en virtud de la cual pueden originar obligaciones. Es previa a la relación jurídica.

POTRANCO, CA m. y f. Caballo o yegua menor de tres años.

POTRERO, RA m. y f. Persona que está al cuidado de los potros. || m. Sitio destinado para el pasto del ganado caballar. || Baldío suburbano.

POTRO, TRA m. y f. Caballo o yegua de aproximadamente 4 o 5 años de edad. || m. Aparato de gimnasia olímpico formado por un cilindro de madera forrado de crin y piel y sostenido por cuatro patas. || Aparato de tortura con el que se desgarraban los miembros de los reos. || Aparato de madera que obliga a las caballerías a estarse quietas mientras las curan o hierran.

POZO m. Excavación vertical del terreno, generalmente de sección circular, para hacer aflorar aguas subterráneas. || Zona más honda de un río. || Cualquier agujero profundo y amplio, contenga o no agua. || Valle o depresión del fondo marino. || Excavación para bajar a las minas. || Lugar donde se conservan vivos los peces en un buque pesquero.

POZOLE m. Guiso caldoso de maíz, carne de cerdo y chiles.

PRÁCTICA f. Realización física que puede conseguirse previo conocimiento de una teoría. || Maestría que se adquiere con la repetición de ello. || Hábito de algo, o forma en que se hace. || Forma de obrar que cada cual tiene. || Conjunto de pruebas o examen en los que se valoran los conocimientos teóricos y su aplicación real. || pl. Inicios de una actividad profesional, en los que se aplican unos conocimientos adquiridos. || *en la p.* Realmente, de hecho.

PRACTICANTE adj. Que practica. || com. Persona con título de auxiliar médico menor y que sólo pone inyecciones. || Auxiliar de una farmacia.

PRACTICAR tr. Poner en marcha, realizar o concretar una teoría. || Tener el hábito de algo o ejercitarlo muy a menudo. || Abrir camino o dejarlo expedito. || Iniciar el ejercicio profesional con alguien experimentado. || Dar sus primeras clases un futuro profesor bajo la supervisión de otro.

PRÁCTICO, CA adj. Relativo a la práctica. || Que en seguida manifiesta resultados o beneficios. || Se dice de aquel conocimiento que, por repetición, enseña el modo de hacer algo. || adj. y s. Que tiene maestría en algo o es experimentado en ello.

PRADERA f. Terreno amplio y llano formado por prados. || Conjunto de prados. || Prado extenso. || Formación vegetal compuesta en gran parte de gramíneas, sin estrato arbustivo.

PRADO m. Formación vegetal compuesta de gramíneas y otras plantas herbáceas; tiene interés para la alimentación del ganado, y puede ser natural o artificial. || Lugar agradable, especialmente el que en algunos poblados sirve de paseo.

PRAGMATISMO m. Corriente filosófica de origen estadounidense, según la cual el significado de un concepto se constituye por sus consecuencias prácticas, y la suma de éstas da su significado total. || Pensamiento que sólo acepta las cosas por su valor práctico. || Posición política de aceptar el recorte de las ideas o la estrategia para evitar tensiones o rupturas con fuerzas opuestas.

PREÁMBULO m. Prefacio, discurso que antecede al principal. || Prólogo cansino o rodeo con el que se evita entrar en materia.

PREBENDA f. Renta que conllevan algunos oficios eclesiásticos. || Beca o dote. || fam. Chollo, beneficio que cuesta poco esfuerzo.

PRECARIO, RIA adj. Inestable, poco duradero. || Se dice de aquello que se posee sin título, con préstamo voluntario o por inadvertencia de su dueño.

PRECAUCIÓN f. Prudencia, cautela con la que se pretende evitar algún mal.

PRECAVER tr. y prnl. Obrar en previsión de un posible peligro o daño con ánimo de evitarlo.

PRECAVIDO, DA adj. Prudente, cauteloso.

PRECEDENTE adj. Que precede. || m. Antecedente. || Resolución o práctica que sirve de modelo.

PRECEDER tr. e intr. Anteceder en orden, tiempo o lugar. || Tener dominio o primacía sobre algo o alguien.

PRECEPTIVO, VA adj. Que constituye un precepto, algo de obligado cumplimiento. || Que incluye preceptos. || f. Conjunto de normas aplicable a determinado tema o escrito. || *literaria* Tratado didáctico que pretende dar las normas y preceptos para la elaboración de una obra literaria.

PRECEPTO m. Orden o regla que procede de una autoridad superior. || Ley o norma que rige determinado ejercicio. || Cada una de las normas de comportamiento a las que obliga la iglesia católica. || Cada uno de los mandamientos de la ley de Dios en la teología cristiana.

PRECEPTOR, RA m. y f. Persona que se encarga privadamente de la formación de un niño.

PRECIO m. Expresión de valor de una mercancía en unidad monetaria. || Estima en que se tiene algo. || Sacrificio o dolor con que se consigue algo. || Valor o mérito de una persona. || *político* El inferior a los costes o al p. de competencia, que se fija por razones sociales. || *prohibitivo* El que resulta tan elevado que los consumidores deben desistir de la adquisición. || *al p. de* Con el coste que se indica. || *no tener p.* Que no puede cuantificar su valor por lo elevado de éste.

PRECIOSO, SA adj. Digno de estima por sus cualidades, belleza o utilidad. || Muy caro. || fig. Hermoso. || m. y f. Pisaverde, petimetre.

PRECIPICIO m. Derrumbadero, caída abrupta de un terreno. || Ruina, brusca degradación moral o material. || fig. Peligro.

PRECIPITACIÓN f. Acción y efecto de precipitar o precipitarse. || Prisa irreflexiva. || Lluvia o nevada, y cantidad de agua o nieve caídas. || Operación que transforma una sustancia soluble en insoluble, por la acción de un reactivo o por otros procedimientos.

PRECIPITAR tr. y prnl. Tirar desde lo alto. || tr. Acelerar el desarrollo o realización de algo. || Efectuar una precipitación química. || Inducir al vicio. || prnl. Obrar sin reflexión. || Acudir con rapidez.

PRECISAR tr. Determinar de forma precisa. || Necesitar. || Forzar, obligar. || intr. Ser indispensable o necesario.

PRECISIÓN f. Cualidad de preciso. || Concisión, exactitud, justeza. || Necesidad imperiosa. || *de p.* Se dice de los instrumentos diseñados para medir u operar sobre magnitudes muy pequeñas.

PRECISO, SA adj. Exacto, puntual. || Justo, ecuánime. || Conciso. || Indispensable.

PRECITADO, DA adj. Citado con anterioridad.

PRECLARO, RA adj. Célebre, ínclito, insigne.

PRECOLOMBINO, NA adj. Se aplica a la América anterior al descubrimiento de Cristóbal Colón y a todo lo relacionado con ella.

PRECONIZAR tr. Elogiar públicamente. || Ponderar, recomendar la bondad de una persona o proyecto.

PRECOZ adj. Que se produce o desarrolla anticipadamente. || Se dice del niño cuyo desarrollo físico, psíquico, etc., es más avanzado que el de los niños de su misma edad. || Se dice de los órganos vegetales de producción anticipada.

PRECURSOR, RA adj. y s. Que va delante. || Que preconiza o promueve un acontecimiento futuro, especialmente en el campo ideológico o científico.

PREDECESOR, RA m. y f. Persona que precede en edad, situación o dignidad. || Antecesor, antepasado.

PREDECIR tr. Adivinar el futuro.

PRÉDICA f. Sermón o sarta de consejos morales. || Arenga apasionada.

PREDICADO m. Lo que se afirma o se niega del sujeto en una proposición. || Miembro de la oración ligado funcionalmente al sujeto. El predicado, también llamado sintagma verbal, configura, junto al sujeto, la oración. || *nominal* El formado por un adjetivo o sustantivo que se liga con el sujeto por medio de un verbo copulativo. || *verbal* El formado por un verbo solo o por un sintagma verbal complejo.

PREDICAR tr. Anunciar, publicar con claridad una cosa. || Hacer un sermón. || Dar a conocer las verdades de determinado credo. || Aconsejar, amonestar. || Decir algo de un sujeto.

PREDICCIÓN f. Acción y efecto de predecir. || Palabras con las que se predice.

PREDILECCIÓN f. Favoritismo que uno siente hacia alguien o algo.

PREDIO m. Finca, propiedad o bien inmueble. || *rústico* El que está dedicado a uso agrícola. || *urbano* Aquel en el que hay un edificio para habitar o solar destinado a este uso.

PREDISPONER tr. y prnl. Preparar con antelación, || Disponer el ánimo para un acontecimiento futuro o hacia una persona.

PREDOMINAR tr. e intr. Estar por encima en cantidad, grado o poder. || Prevalecer, sobresalir.

PREDOMINIO m. Poder, preeminencia.

PREFACIO (o PREFACIÓN) m. Introducción, prólogo. || Canto de acción de gracias que introduce a la misa.

PREFECTO m. Título funcional en la antigua Roma. || En Francia, gobernador civil de un departamento. || Superior de una comunidad u orden religiosa. || Responsable de ciertos cargos o funciones, especialmente las vinculadas con la disciplina.

PREFECTURA f. Dignidad o territorio que abarca la jurisdicción de un prefecto. || Su lugar de residencia. || Edificio y despacho ocupados por el prefecto y su administración. || División administrativa mayor de algunas ex colonias francesas.

PREFERENCIA f. Primacía o ventaja que uno tiene sobre otros. || Predilección. || Asiento preferente de un espectáculo público.

PREFERIR tr. y prnl. Mostrar preferencia, gustar más. || Anteponer. || prnl. Presumir, vanagloriarse.

PREFIGURAR tr. y prnl. Describir o presentar una cosa de antemano.

PREFIJO, JA adj. y m. Se dice de cada una de las partículas lingüísticas que, colocadas al comienzo de algunas palabras, modifican su significado originario. || m. Clave territorial que se antepone a un número telefónico.

PREGÓN m. Anuncio público de algo que afecta a un conjunto de ciudadanos. || Proclama que abre la celebración de fiestas o certámenes.

PREGONAR tr. Anunciar públicamente. || Manifestar lo que debería conservarse en secreto. || Elogiar a alguien abiertamente. || Proscribir a un reo.

PREGUNTA f. Interrogación en busca de una respuesta. || pl. Cuestionario. || *estar a la cuarta p.* Ir escaso de dinero.

PREGUNTAR tr. y prnl. Hacer preguntas. || Examinar.

PREHISPÁNICO, CA adj. De la América anterior a la colonización hispana y de todo lo relativo a ella.

PREHISTORIA f. Periodo de la historia que abarca desde los orígenes del hombre hasta la aparición de los primeros documentos escritos.

PREJUICIO m. Juicio prematuro sin conocer suficientemente los hechos. || Miramiento en la conducta por prevención del entorno social.

PREJUZGAR tr. Sentenciar sin conocimiento de causa, o sin suficiente reflexión.

PRELADO, DA m. y f. Superior de una comunidad de religiosos. || Dignidad eclesiástica, con jurisdicción u honorífica. || *consistorial* El superior religioso designado por el consistorio pontificio. || *doméstico* Cargo honorífico por el que uno es considerado familiar del papa.

PRELIMINAR adj. y s. Que antecede o introduce una materia cualquiera. || Que sirve de preámbulo o proemio a una acción. || Cada uno de los artículos que sirve de base para el tratado de paz; se usa generalmente en plural.

PRELUDIAR tr. Iniciar, anunciar algo. || tr. e intr. Hacer ejercicios de mecánica (escalas, arpegios) antes de empezar a tocar un instrumento o cantar.

PRELUDIO m. Lo que antecede o inicia algo. || Introducción instrumental que precede a la representación de una ópera, fuga u obra especial. || Composición de forma libre e independiente.

PREMATURO, RA adj. No maduro todavía. || Realizado antes de tiempo. || Se dice del recién nacido cuyo parto ha tenido lugar antes de tiempo o que, por su peso inferior a 2 500 g, debe ser colocado en una incubadora.

PREMEDITACIÓN f. Acción y efecto de premeditar. || Circunstancia agravante de responsabilidad criminal, con base en la intención previa de cometer el delito.

PREMEDITAR tr. Tomar disposiciones previas a la ejecución de un delito. || Reflexionar antes de emprender algo.

PREMIAR tr. Dar premio.

PREMIO m. Distinción por méritos obtenidos, especialmente en el campo cultural o deportivo o gratificación por servicios prestados, y persona que la obtiene. || Paga por encima de lo convenido, como recompensa o acicate. || Dinero u objeto sorteado en una lotería, rifa o tómbola.

PREMISO, SA adj. Prevenido o mandado con antelación. || Der. Que procede. || f. En la lógica clásica, cada una de las proposiciones del silogismo, de las que se infiere la conclusión. || Por extensión, base de cualquier argumentación.

PREMONITORIO, RIA adj. Que presagia algo. || Se dice de los síntomas iniciales de una enfermedad.

PREMURA f. Agobio, apuro. || Prisa, urgencia.

PRENDA f. Bien mueble que se ofrece como fianza de un compromiso contraído. || Objeto dejado como garantía en una casa de empeños. || Cualquier regalo ofrecido como muestra de amistad. || Pieza de ropa. || Mote cariñoso para un ser querido. || Cualidad o virtud que posee un individuo.

PRENDAR tr. y prnl. Enamorar, seducir. || Tomar u ofrecer prenda.

PRENDER tr. Sujetar, asir. || Enganchar, coser. || Apresar, privar de libertad. || tr. e intr. Encender, iluminar. || intr. Arraigar una planta. || Propagarse un ideario o moda. || Cubrir el macho a la hembra. || prnl. Engalanarse una mujer.

PRENSA f. Máquina por la cual se aplica presión a una pieza. || Imprenta. || Conjunto de diarios, periódicos y revistas. || Estamento periodístico. || *hidráulica* Combinación de dos cilindros conectados por un tubo lleno de fluido, de modo que la presión del fluido crea una pequeña fuerza que actúa sobre el pistón del cilindro pequeño, dando como resultado una gran fuerza en el pistón grande.

PRENSAR tr. Comprimir algo en la prensa. || Por extensión, hacer compacto algo, apretujar.

PRENSIL adj. Que sirve para agarrar o sujetar.

PREÑADO, DA adj. Se dice de la mujer o hembra que espera un hijo. || Lleno, cargado. || Abombado, gordo. || m. Preñez y duración de la misma. || Feto.

PREOCUPACIÓN f. Acción y efecto de preocupar o preocuparse. || Prevención de ánimo. || Desasosiego, inquietud, desvelo.

PREOCUPAR tr. y prnl. Prevenir a alguien de modo que frene su decisión. || Tener en la mente algo que llena de temor o ansiedad. || prnl. Cuidar de alguien, desvelarse por él. || Encargarse. || Dedicar atención a algo. || Meterse de lleno en un asunto. || Tener prejuicio a favor o en contra de alguien o algo.

PREPARAR tr. Ordenar o disponer algo con alguna finalidad. || Estudiar. || Enseñar, dar clases antes de una prueba. || Elaborar un producto farmacéutico. || Predisponer el ánimo de alguien para un acontecimiento futuro. || prnl. Disponerse, prevenirse. || Haber síntomas de un hecho cercano.

PREPARATORIO, RIA adj. Que prepara para algo. || adj. y m. Se dice del curso introductorio, generalmente a estudios superiores.

PREPONDERAR intr. Tener mayor peso. || Prevalecer una opinión sobre las demás.

PREPOSICIÓN f. Clase de palabras que relacionan un elemento sintáctico con su complemento dentro de una oración. Las del español son: a, ante, bajo, cabe, con, contra, de, desde, en, entre, hacia, hasta, para, por, según, sin, so, sobre, tras.

PREPUCIO m. Pliegue cutaneomucoso que recubre el glande.

PRERROGATIVA f. Privilegio o exención por motivos de edad, categoría social o gracia. || Ascendencia, autoridad moral. || Poder peculiar de que goza algún órgano estatal respecto de un asunto.

PRESA f. Acción y efecto de prender, agarrar o arrebatar. || Captura de caza o pesca; botín de guerra. || Trozo de carne u otro manjar. || Colmillo o pezuña de animal de rapiña. || Llave de judo o lucha libre. || Acequia, zanja, canal. || Muro grueso que se construye para detener la corriente de una cuenca natural y formar un lago artificial.

PRESAGIAR tr. Pronosticar el futuro mediante presagios.

PRESAGIO m. Signo externo o estado anímico que vaticina algo. || Augurio, presentimiento.

PRESBICIA f. Pérdida de la capacidad de acomodación del cristalino que se presenta con la edad.

PRESBITERIO m. Lugar del templo desde donde preside el presbítero. || Zona donde está el altar mayor. || Asamblea de presbíteros junto al obispo. || Consejo de presbíteros y fieles de la iglesia presbiteriana.

PRESBÍTERO m. Clérigo, enviado por el obispo, para adoctrinar y administrar los sacramentos a una comunidad de fieles. || Sacerdote protestante.

PRESCINDIR intr. Omitir, dejar de utilizar. || Olvidar, no mencionar.

PRESCRIBIR tr. Disponer, fijar, ordenar. || Concluir o extinguirse un derecho o carga, debido a la finalización del plazo determinado por la ley. || Caducar una deuda u obligación por el transcurso del tiempo.

PRESENCIA f. Circunstancia de estar presente en el lugar de los hechos. || Porte, apariencia externa. || Boato, fastuosidad. || *de ánimo* Valor, sangre fría.

PRESENCIAR tr. Asistir, ver un acontecimiento, actuación, etcétera.

PRESENTACIÓN f. Acción y efecto de presentar o presentarse. || En técnica teatral, montaje. || Manera en que el feto se coloca en el estrecho superior de la pelvis materna a la hora del parto. || *hacer* alguien *su p.* Presentarse por vez primera, de forma oficial.

PRESENTAR tr. y prnl. Hacer presente, mostrar, manifestar. || tr. Hacer un presente o regalo. || Hacer patentes sus características. || Proponer para un cargo u oficio. || Dar a conocer a alguien o algo públicamente. || Introducir a alguien en un ambiente social. || Notificar los actos programados en un festival o concurso. || Llevar a término una acción. || Ofrecer. || prnl. Llegar de improviso. || Comparecer ante el juez. || Ofrecerse voluntario.

PRESENTE adj. Que está al lado de uno, o en el lugar de los hechos relatados. || adj. y m. Se dice del tiempo verbal que indica que la acción expresada por el verbo se realiza actualmente, con simultaneidad al acto del habla. || adj. y s. Se dice del escrito que uno está redactando. || m. Don, regalo. || *al p.* Actualmente. || *hacer p.* (algo a alguien) Recordarle. || *por el p.* De momento. || *¡presente!* Voz que da constancia de la presencia de uno, al pasar lista. || *tener p.* (algo) Tenerlo en la memoria.

PRESENTIMIENTO m. Sospecha difusa de lo que va a suceder. || Lo que se presiente.

PRESENTIR tr. Intuir un hecho futuro, por indicios externos o sentimientos íntimos.

PRESERVAR tr. y prnl. Apartar a alguien o algo de un mal o deterioro posible.

PRESERVATIVO, VA adj. y m. Que tiene poder de preservar. || m. Anticonceptivo masculino en forma de dedo de guante que se coloca en el pene para el coito y que impide al semen alcanzar la cavidad uterina. También se usa como profiláctico de las enfermedades venéreas.

PRESIDENCIA f. Puesto y dignidad de presidente. || Acción de presidir. || Lugar donde habita y trabaja el presidente, y el reservado para él en las reuniones. || Tiempo de mandato de un presidente.

PRESIDENTE, TA m. y f. Persona que preside. || En los regímenes republicanos, jefe del Estado. || Dirigente de algunos grupos religiosos congregacionalistas o presbiterianos.

PRESIDIARIO, RIA m. y f. Recluso, persona condenada a pena de prisión.

PRESIDIO m. Tropa de soldados para defensa y guarda de una fortaleza. || Lugar donde cumplen condena los penados por cometer delito. || Pena de privación de libertad que deben cumplir los penados por la ley.

PRESIDIR tr. Ocupar el primer lugar de una entidad, corporación, asamblea, etc. || Mandar, gobernar, dirigir. || Ejercer mayor influencia. || Ocupar la presidencia honorífica más destacada en un acto cultural.

PRESIÓN f. Acción y efecto de presionar o comprimir. || Fuerza que se ejerce perpendicularmente sobre una superficie, por la unidad de área de la misma. Su unidad es el pascal. || Coacción. || *atmosférica* Peso que la atmósfera ejerce sobre todos los puntos de la superficie terrestre. Varía con la altura. || *de vapor* La del vapor de un líquido confinado en un recinto, con equilibrio de las partículas que cambian de estado. || *estática* La que existiría en un punto de un medio en ausencia de ondas sonoras. En acústica la unidad común mente utilizada es el microbar. || *magnética* Fuerza magnética utilizada para confinar un combustible gaseoso ionizado, tal como un plasma, en una botella magnética. Se define generalmente como proporcional al cuadrado de la intensidad del campo magnético, en gauss.

PRESO, SA adj. y s. Que está en prisión. || Cautivo, recluso. || fig. Dominado por un sentimiento.

PRESTACIÓN f. Acción y efecto de prestar. || Servicio por contrato. || Paga de arrendamiento. || Rendimiento de un mecanismo, especialmente un automóvil, es anglicismo. || *personal* Colaboración para un trabajo de utilidad pública, exigido por la autoridad competente.

PRESTAMISTA com. Persona que ofrece dinero a interés.

PRÉSTAMO m. Acción y efecto de prestar o tomar prestado. || Empréstito. || Elemento lingüístico que adopta una lengua de otra.

PRESTANCIA f. Distinción, elegancia.

PRESTAR tr. Dejar algo, especialmente dinero, a alguien, con obligación por parte de éste de devolverlo. || Ofrecer ayuda o colaboración.

PRESTATARIO, RIA adj. y s. Que toma dinero en préstamo.

PRESTEZA f. Agilidad, diligencia, disponibilidad.

PRESTIDIGITADOR, RA m. y f. Persona que ejerce la prestidigitación o ilusionismo.

PRESTIGIO m. Crédito, estimación, buena fama, autoridad moral.

PRESTO, TA adj. Rápido, ágil, raudo. || Listo, preparado, dispuesto. || adv. Al momento, ahora mismo. || Mús. Indicación de tiempo, más rápida que *allegro*.

PRESUMIR tr. Tener suficientes motivos para suponer algo. || intr. Tenerse en gran concepto, alardear. || Acicalarse en exceso.

PRESUNCIÓN f. Acción y efecto de presumir. || Suposición o conjetura, basada en ciertos indicios, que es aceptada como válida por el ministerio de la ley. || Sospecha.

PRESUNTO, TA adj. Supuesto, aunque no demostrado. || Se dice del príncipe heredero.

PRESUNTUOSO, SA adj. y s. Vanidoso, engreído.

PRESUPONER tr. Considerar supuesto o conocido un asunto, evitando entre-

tenerse más en él. || Ser necesaria una condición previa.
PRESUPUESTO, TA adj. Supuesto con anterioridad. || m. Causa, razón, fundamento por el que se hace algo. || Previsión de gastos e ingresos para un periodo determinado. || Estimación del dinero disponible antes de efectuar un gasto. || *nacional* Cálculo de ingresos y gastos del Estado (de funcionamiento y de inversión), realizados por el gobierno y aprobados por el órgano legislativo.
PRETENDER tr. Desear la obtención de algo. || Esforzarse por conseguirlo. || Ir tras un cargo o empleo. || Cortejar a una mujer. || Afirmar alguien algo que resulta dudoso.
PRETENDIENTE, TA adj. y s. Que pretende. || El que desea conseguir promesa de matrimonio. || Persona que reivindica un trono, sobre el que alega derechos.
PRETENSIÓN f. Acción y efecto de pretender. || Empeño, aspiración. || Derecho que uno juzga poseer. || Petulancia, arrogancia.
PRETÉRITO, TA adj. Se dice del tiempo pasado, y de lo acontecido en él. || adj. y m. Se dice de las formas verbales que presentan la acción o cualidad expresada por el verbo como realizada en el pasado. En la conjugación verbal castellana se distinguen varios pretéritos. Entre los tiempos compuestos: el *p. perfecto* de indicativo, que expresa un hecho realizado en un periodo de tiempo que todavía no ha concluido; el *perfecto* de subjuntivo aparece en oraciones subordinadas; el *pluscuamperfecto* de indicativo y de subjuntivo, y el *anterior* son pretéritos que expresan un hecho realizado anteriormente a una acción o tiempo también pasados. Entre los p. simples: el *indefinido* tiene aspecto puntual, y expresa un hecho totalmente finalizado en el momento en que se habla; el *imperfecto* de indicativo y de subjuntivo señala un tiempo pasado de aspecto durativo.
PRETEXTO m. Causa o circunstancia, más ficticia que real, aducida para obrar o dejar de hacerlo.
PRETIL m. Antepecho o baranda en puertas u otros lugares peligrosos para preservarse de caídas. || Por extensión, sendero junto a él.

PRETOR m. Magistrado de la antigua Roma encargado de administrar justicia en Roma o en las provincias.
PREVALECER intr. Estar por encima, descollar. || Imponerse, salir airoso de un contratiempo, dominar. || Arraigar una planta, crecer, desarrollarse.
PREVALER intr. Prevalecer. || prnl. Aprovecharse de una circunstancia.
PREVENCIÓN f. Acción y efecto de prevenir o prevenirse. || Conjunto de precauciones y medidas tomadas para evitar un riesgo. || Recato contra alguien o algo, sin prueba evidente. || Puesto de policía, donde se lleva preventivamente a quien ha cometido un delito. || Denominación utilizada para denotar que un juez está al corriente de la causa, por haberse anticipado a otros, igualmente competentes.
PREVENIR tr. Disponer de antemano lo necesario para un determinado fin. || Facilitar a alguien determinada cosa. || Prever una posible eventualidad. || Advertir, avisar, especialmente de un mal o peligro. || Imbuir a otros ideas preconcebidas. || Afrontar situaciones desfavorables. || Instruir las primeras diligencias para asegurar los bienes y las resultas de un juicio. || Ejecutar un juzgado los trámites previos a un juicio. || prnl. Prepararse con antelación. || Precaverse.
PREVER tr. Pronosticar, especialmente cuando no se tiene intención de influir sobre los acontecimientos o aprovecharse de ellos.
PREVIO, VIA adj. Adelantado, preliminar. || m. Grabación del sonido, anterior a la de la imagen, *play-back*.
PREVISIÓN f. Acción y efecto de prever, prevenir o precaver. || Cálculo anticipado, pronóstico. || pl. Fondos de una empresa destinados a cubrir posibles pérdidas en el activo.
PREVISOR, RA adj. y s. Que prevé o previene.
PRIMA f. Primera de las cuatro divisiones romanas del día artificial. || Una de las siete horas canónicas, que se canta después de laudes. || En los instrumentos de cuerda pinzadas, la primera y más aguda de éstas. || Cantidad que cuesta contratar un seguro. || Cantidad suplementaria que se añade a un pago. || Dinero adicional que recibe un deportista en caso de victoria.

PRIMACÍA f. Grado superior que posee una persona o cosa sobre sus semejantes. || Empleo o dignidad de primado.

PRIMADO, DA adj. Relativo al primado. || m. Un miembro de mayor jerarquía del orden episcopal. || Primacía.

PRIMARIO, RIA adj. El primero de una serie o el más importante. || Que es base o fundamento necesario para otra cosa. || adj. y s. Tosco o primitivo. || adj. y m. Se dice del circuito de entrada de un transformador o de un motor de inducción, por el que circula una corriente eléctrica. || adj. y f. Se dice de la primera enseñanza. || Paleozoico.

PRIMATE m. Personalidad u hombre muy distinguido. || pl. Orden de mamíferos euterios, caracterizados por ser cuadrúpedos y pentadáctilos, con un dedo oponible, cerebro lobular y muy complejo, vista frontal y dentadura poco diferenciada. Su estructura física deriva de su primitivo carácter arborícola. Existen unas 200 especies.

PRIMAVERA f. Estación del año que, en el hemisferio boreal, comprende del equinoccio de p. (21 de marzo) al solsticio de verano (21 de junio); para el hemisferio austral, coincide con el periodo correspondiente al otoño en el hemisferio boreal. || Cualquier tiempo en el que una cosa hermosa se desarrolla o muestra indicios de llegar a serlo.

PRIMER adj. Apócope de *primero* ante un sustantivo masculino singular.

PRIMERO, RA adj. y s. Que antecede al resto de los componentes de una serie. || adj. Que destaca o sobrepasa a los demás. || Anterior, y que ya se había conseguido o poseído. || Se dice de lo más importante o urgente. || adj. y f. Se dice de la marcha o velocidad más corta y desmultiplicada que se aplica a un motor. || adv. Primeramente. || *de primera* Excelente, muy bueno.

PRIMICIA f. Fruto primero que da algo. || Donación de frutos y ganado que se hacía a la Iglesia. || pl. Primeros frutos que rinde algo no material.

PRIMITIVO, VA adj. Originario o primero en su línea. || Se dice del pueblo cuya cultura es poco desarrollada o neolítica, y de los individuos que la componen. || Rústico, rudimentario, primario. || Se dice de la palabra que no se deriva de otra. || adj. y s. Se dice de las formas, artistas u obras anteriores al periodo clásico de un estilo. || adj. y f. Se dice que una función F(x) es una p. de otra función f(x), definida en [a, b], si para cualquier valor de [a, b] es f(x) su derivada. || *primitivos, colores* Los del arco iris.

PRIMO, MA adj. Primero. || Se dice del número entero que no admite más divisores que él mismo y la unidad. || adj. y s. Se dice de la persona fácil de engañar, incauta. || m. y f. Respecto de alguien, hijo de su tío o tía.

PRIMOGÉNITO, TA adj. y s. Se dice del primer hijo de una pareja.

PRIMOR m. Cuidado, esmero o habilidad con la que se resuelve algo. || Belleza o perfección de lo así realizado.

PRIMORDIAL adj. Esencial, fundamental o primero.

PRIMOROSO, SA adj. Hecho con primor, excelente. || Experto, hábil.

PRINCESA f. Miembro femenino de una dinastía real. || Mujer del príncipe. || Soberana de un principado.

PRINCIPADO m. Dignidad o título de príncipe. || Territorio bajo su tutela. || pl. Ángeles que forman el séptimo coro celestial.

PRINCIPAL adj. Que tiene más importancia o se prefiere a cualquier cosa o persona. || De noble cuna o ilustre. || Básico, primero, esencial. || Se dice de las ediciones príncipe. || adj. y m. Se dice del piso inmediatamente superior a la planta baja. || Se dice del acento de mayor intensidad que recae sobre una sílaba en relación con las demás de una palabra o grupo fónico. || adj. y f. Se dice de aquella oración que, sin depender sintácticamente de ninguna otra, rige sintácticamente a una o más oraciones subordinadas. || m. Jefe o capataz. || Capital de una deuda, en oposición a canon o rédito. || Persona que da poder (poderdante) a su apoderado, con el fin de que lo represente y haga sus veces en algún negocio.

PRÍNCIPE adj. Se dice de la primera edición de una obra. || m. El más destacado o excelente en algo. || Primer hijo varón de un rey, heredero de la corona. || Soberano de algunos Estados. || Miembro de ciertas familias reales o imperiales. || Al-

PRINCIPIANTE, TA adj. Que principia o comienza. || adj. y s. Aprendiz, que de los primeros pasos en un oficio, estudio, arte, etcétera.

PRINCIPIO m. Acción de principiar. || Momento primero en el existir de algo. || Base, fundamento o causa, especialmente aquel en que se apoya un estudio o conocimiento. || Causa primera de algo u origen de una cosa. || Primer elemento de una serie. || Etapa preliminar o primera de una acción o fenómeno. || Ley general de los fenómenos físicos, establecida empíricamente, que se justifica por la exactitud de sus consecuencias. || pl. Bases o dogmas de una ciencia. || En imprenta, todo lo que precede al texto de un libro. || Conjunto de valores morales de un sujeto. || *activo* Sustancia causante de las características definitorias de un compuesto químico. || *al p.* Al iniciarse algo. || *a principios de mes, año*, etc. En los primeros días. || *en p.* En esencia, y a la espera de posibles modificaciones. || *tener principios* Sostener convicciones sobre algo.

PRIOR, RA adj. Que antecede a algo. || m. y f. Superior del convento, en algunas órdenes religiosas. En otras, segundo prelado, después del cargo de abad.

PRIORIDAD f. Precedencia en el tiempo o en el orden de un cosa sobre otra. || Primacía, preeminencia. || *de paso* Preferencia de paso que tiene un vehículo respecto a otro en determinadas circunstancias.

PRISA f. Rapidez y diligencia con la que se hace algo. || Inquietud o necesidad de hacer algo.

PRISIÓN f. Acción de prender, asir o retener. || Pena de privación de libertad, superior a la de un arresto e inferior a la de reclusión. || Cárcel o edificio en los que se encierra a los presos. || Condición del que está preso. || Presa que hace el halcón cuando vuela a baja altura. || Atadura que retiene a las aves de caza. || Cualquier cosa que suponga un obstáculo físico o moral.

PRISMA m. Poliedro formado por dos polígonos iguales y paralelos (*bases*), y por tantos paralelogramos (*caras laterales*) como lados tienen las bases. Según que las caras laterales sean o no perpendiculares a las bases, el p. se llama *recto* u *oblicuo*. || Medio transparente limitado por caras planas no paralelas de manera que, si la luz lo atraviesa, el rayo luminoso experimenta un cambio de dirección al penetrar en el p. y un nuevo cambio de dirección al salir de él (doble refracción).

PRISMÁTICO, CA adj. De figura de prisma. || adj. y m. pl. Se dice de un tipo de anteojos para mirar a distancia.

PRIVACIÓN f. Acción y efecto de privar. || Carencia de algo en sujeto capaz de tenerlo. || Pena que consiste en desposeer a uno de su empleo, cargo o dignidad. || Falta de aquello que se desea vehementemente. || Renuncia a algo por devoción, propósito, etc. || pl. Trabajos y fatigas que pasa uno.

PRIVADO, DA adj. Íntimo, que se realiza en estricta familiaridad. || Personal o particular de cada cual. || m. El que tiene privanza; valido, favorito.

PRIVAR tr. Arrebatar a uno algo que poseía o gozaba. || Prohibir, vedar. || Cesar de un empleo, cargo, etc. || Encantar, complacer en sumo grado. || intr. Tener privanza. || Tener gran aceptación una persona o cosa. || intr. y prnl. fam. Beber mucho, emborracharse. || prnl. Quitarse uno mismo algo que gusta o satisface. || fam. Perder el sentido, desmayarse.

PRIVATIVO, VA adj. Que produce o conlleva privación. || Característico, peculiar de una persona o cosa.

PRIVATIZACIÓN f. Uso exclusivo de una propiedad pública por particulares. || Paso a manos privadas de un bien o derecho estatal.

PRIVILEGIAR tr. Otorgar privilegio.

PRIVILEGIO m. Trato de favor o ventaja que se concede a una persona o comunidad. || Documento en que consta la concesión de éste. || Don natural.

PROA f. Parte delantera del casco de la nave, generalmente más aguzada, con la que corta las aguas. || *poner a p.* Poner de frente. || *poner p.* (a algo) Dirigirse a determinado sitio. || Intentar conseguir cierto deseo.

PROBABILIDAD f. Calidad de probable. || Verosimilitud. || Relación del número de veces que ocurre un suceso con el número de pruebas en las que puede aparecer.

PROBABLE adj. Creíble, que presenta visos de verdad. || Que puede probarse, demostrable. || Viable, que puede suceder con facilidad.

PROBAR tr. Investigar y experimentar las cualidades de personas o cosas, juzgarlas. || Considerar las proporciones y medidas de determinada cosa como correctas o no. || Catar, saborear una pequeña parte de comida o de bebida. || Demostrar la verdad o certeza de algo. || Tantear, intentar. || intr. Con la preposición *a* más un infinitivo, ensayar, hacer prueba de algo. || Ser adecuada o no una cosa, sentar bien o mal.

PROBETA f. Cilindro de pie ancho, graduado exteriormente, con el que se puede medir volúmenes. || Manómetro de mercurio, de poco tamaño, utilizado para medir el grado de enrarecimiento del aire en la máquina automática. || Vasija cuadrilonga de poco fondo usada en fotografía. || Muestra de cualquier sustancia o material para probar su elasticidad, resistencia, etc. || *graduada* La que tiene señales grabadas para medir el volumen de lo contenido.

PROBLEMA m. Controversia o duda que se intenta resolver. || Conjunto de causas que evitan o dificultan la consecución de algo; trabas. || Cuestión que ha de resolverse científicamente previo conocimiento de ciertos datos. || Tema delicado o para el que no se tiene una respuesta única. || Enigma. || Pena o dificultad. || *determinado* Aquel que tiene un número fijo de soluciones.

PROBLEMÁTICO, CA adj. Que plantea problemas, dudoso. || f. Conjunto de cuestiones afines a una ciencia o disciplina.

PROBO, BA adj. Íntegro y cumplidor, especialmente en el trabajo.

PROCAZ adj. Insolente, deslenguado.

PROCEDENCIA f. Nacimiento, origen, punto de partida de una persona o cosa. || Fundamento legal, oportunidad de una demanda o recurso.

PROCEDENTE adj. Que procede de otra persona o cosa. || Que sigue a la prudencia, la razón o aquello que se desea. || Conforme a derecho, o procesalmente correcto.

PROCEDER m. Conducta, maneras que uno sigue al obrar.

PROCEDIMIENTO m. Acción de proceder. || Forma canónica en que debe realizarse algo. || Conjunto de trámites administrativos y judiciales que se siguen durante el desarrollo de un proceso. || Pleito. || *ejecutivo* El que se sigue contra un deudor moroso, a instancias de su acreedor, con el fin de que pague su deuda.

PRÓCER adj. Sublime o elevado. || m. Personalidad pública y reputada.

PROCESAR tr. Encausar, enjuiciar. || Declarar y conducirse con una persona como presunto reo de delito. || Provocar un proceso de cambio y transformación. || Generar un proceso de tratamiento de una información, del que se obtienen unos resultados.

PROCESIÓN f. Desfile lento y solemne, especialmente el que tiene carácter religioso y que acompaña a imágenes santas. || fam. Una o más filas en movimiento lento de personas, animales, vehículos, etcétera.

PROCESO m. Sucesión de las distintas etapas de un fenómeno o acontecimiento. || Método o forma de obrar que debe seguirse. || Transcurrir del tiempo. || Curso de los acontecimientos. || Causa, pleito, sumario. || Conjunto de actos de enjuiciamiento, declaración y ejecución de una causa civil o criminal. || Causa criminal. || *de datos* En informática, cambio de forma, significado, apariencia, locación u otras características de los datos. Incluye la manipulación y reducción de los mismos. || *irreversible* El termodinámico cuyo curso no se puede invertir sin que se produzca algún tipo de cambio. || *reversible* El termodinámico cuyo curso es susceptible de desarrollarse en ambos sentidos sin que se produzca ningún cambio en los alrededores.

PROCLAMA f. Anuncio público y oficial que se hace de algo. || Llamamiento a la opinión pública de carácter extraordinario y político o militar. || pl. Amonestaciones.

PROCLAMAR tr. Notificar públicamente algo, en especial con cierta solemnidad. || Iniciar con toda pompa un nuevo periodo legislativo. || Dar claras muestras de un sentimiento, afecto, etc. || Sacar a la luz, poner en evidencia algo. || Aclamar. || prnl. Otorgarse determinados cargos, privilegios, etc., uno mismo.

PROCLIVE adj. Inclinado a algo, que siente debilidad por ello.

PROCREAR tr. Generar, especialmente perpetuar la especie.

PROCURADOR, RA m. y f. Persona que, en virtud del poder que le concede otra, actúa en su nombre. || Persona legalmente autorizada, ante los tribunales, para representar a otra en un juicio civil o criminal.

PROCURAR tr. Poner el interés y los medios necesarios para conseguir algo. || Ejercer el cargo o el oficio de procurador. || Trabajar, esforzarse en beneficio de alguien. || tr. y prnl. Facilitar determinada cosa a alguien, hacérsela llegar.

PRODIGAR tr. Malgastar, desperdiciar. || Dar con generosidad extremada. || Regalar de forma continua a uno con privilegios, favores, etc. || prnl. Mostrarse animoso, esforzarse.

PRODIGIO m. Fenómeno sobrenatural. || Milagro. || Maravilla, rareza, primor. || Persona que destaca en determinada disciplina, especialmente desde tierna edad.

PRODIGIOSO, SA adj. Asombroso, portentoso. || Admirable, exquisito, extraordinario.

PRÓDIGO, GA adj. y s. Manirroto, despilfarrador. || Generoso, espléndido. || Rico, muy fértil.

PRODUCCIÓN f. Acción y efecto de producir. || Bien producido. || Forma en que se produce algo. || Volumen total del bien producido. || Proceso social por el que un producto natural se transforma en un bien mediata o inmediatamente útil para los seres humanos. || En cine y otras industrias de carácter cultural (teatro, espectáculo, editorial), conjunto de actividades que atienden a la realización material de la obra (financiación, elaboración de presupuestos, contratos, etc.). || *p., modo de* Sistema de organización de un grupo humano en orden a la p. de aquello que es necesario para su supervivencia y reproducción. || *p., relaciones de* Las que establecen los hombres en el proceso de p. social; se refieren en esencia a la propiedad de los medios de p. y la relación entre sus propietarios y la fuerza de trabajo.

PRODUCIR tr. Procrear, engendrar. || Elaborar obras de creación. || Rendir fruto algo. || Dar algo determinado beneficio o renta. || Fabricar. || Causar, motivar. || Manufacturar, elaborar materias primas. || prnl. Acaecer, suceder. || Mostrar pruebas en un juicio.

PRODUCTIVO, VA adj. Que puede producir. || Que tiene gran rendimiento.

PRODUCTO m. Cosa producida. || Beneficio que se obtiene de algo, ganancia. || Resultado de la multiplicación. || *cartesiano* Dados dos conjuntos, A y B, el p. c. es el conjunto simbolizado por A x B de los pares ordenados del tipo (*a, b*) con a ∈ A y b ∈ C. Se considera que el par (*a,b*) es diferente del par (*b,a*) que pertenece al producto B x A. || *nacional bruto* (*PNB*) Conjunto de bienes y servicios producidos en un país durante un tiempo (generalmente un año) determinado, medido al precio del mercado; incluye la suma del consumo privado y estatal, la inversión bruta y las exportaciones, menos importaciones y pagos al exterior.

PRODUCTOR, RA adj. y s. Que produce. || m. y f. Empleado que interviene en el proceso industrial de producción. || Eufemismo por obrero. || Persona o entidad que financia una película, programa televisivo, etc., y organiza o supervisa la realización de la misma.

PROEMIO m. Prólogo, preámbulo.

PROEZA f. Heroicidad, acción arriesgada (se usa, a veces, en sentido irónico, para expresar lo contrario).

PROFANAR tr. Tratar como profano algo sagrado. || No respetar, deshonrar.

PROFANO, NA adj. No sagrado, ni usado para fines sagrados. || Irreverente con lo sagrado. || Ignorante, no entendido en algo.

PROFECÍA f. Don sobrenatural que posee el profeta para interpretar el futuro y la palabra divina. || Predicción que hace. || Por extensión, pronóstico, adivinación.

PROFERIR tr. Decir palabras, especialmente de disgusto o enojo.

PROFESAR intr. Emitir los votos solemnes en una orden religiosa o monástica. || tr. Afiliarse a alguna doctrina o ideología. || Experimentar un sentimiento, afecto, etc., hacia alguien. || Enseñar. || Ejercer una profesión u oficio.

PROFESIÓN f. Acción y efecto de profesar. || Tarea, cargo u oficio que uno ejerce. || Ceremonia religiosa en la que se emiten los votos. || *liberal* La que se ejerce o puede ejercerse privadamente. || *de p.* De oficio.

PROFESIONAL adj. Relativo a la profesión u oficio. || adj. y com. Se dice del que ejerce una profesión o deporte, recibiendo por ello retribución, no por simple afición.

PROFESOR, RA m y f. Persona que enseña determinada ciencia, arte u oficio.

PROFETA m. Persona que anuncia el futuro, por inspiración divina. || Adivino.

PROFETISA f. Mujer profeta. || Adivina.

PROFETIZAR tr. Hablar sobre lo venidero por inspiración divina. || Pronosticar lo que sucederá.

PROFILÁCTICO, CA adj. Que sirve o produce efectos de profilaxis. || Condón, preservativo.

PROFILAXIS f. Conjunto de medidas de carácter higiénico que se adoptan para prevenir una enfermedad, especialmente de carácter infeccioso.

PRÓFUGO, GA adj. y s. Fugitivo, fuera de la legalidad. || m. Joven que se evade del servicio militar.

PROFUNDIDAD f. Calidad de profundo. || Superficie inferior profunda. || Medida perpendicular de un cuerpo, desde donde se contempla hasta su base. || *de campo* Máxima distancia, sobre el eje central del campo óptico, a la que las imágenes se captan con nitidez.

PROFUNDIZAR tr. Hacer más profundo. || Alcanzar el interior, la entraña o el meollo de algo. || tr. e intr. Analizar o examinar detenidamente una cuestión.

PROFUNDO, DA adj. Que tiene mucha distancia entre su borde u orificio y el fondo. || Que se introduce mucho en el interior. || Que llega muy abajo. || Que es más hondo de lo normal. || Que afecta íntimamente. || Analizado con rigor, acoplando reflexiones y conocimientos. || Grande, intenso, amplio. || Difícil, recóndito, insondable.

PROFUSIÓN f. Abundancia. || Despilfarro.

PROGENIE f. Ascendencia familiar de un individuo. || fam. Descendencia, prole.

PROGENITOR, RA m. y f. Ascendiente en línea directa. || m. pl. Padre y madre.

PROGRAMA m. Plan y orden de actuación. || Lista del contenido de materias didácticas. || Relación de actos de una fiesta o espectáculo. || Folleto en que se especifican éstos. || Cada una de las ocasiones en que se emite o presenta un espectáculo. || Espacio de radio o TV. || Tema de una obra o disertación. || Organización del trabajo dentro de un plan general de producción y en unos plazos determinados. || Secuencia precisa de instrucciones codificadas en un ordenador para resolver un problema. Un p. completo incluye planes para la transcripción de datos y la utilización efectiva de los resultados. || *de aplicación* El principal de tratamiento de datos. || *de control* El que provoca el encadenamiento automático de programas independientes unos de los otros. || *político* Proyecto que un partido o grupo ofrece a la sociedad y que contiene sus propuestas de gobierno para cuando ocupe el poder.

PROGRESAR intr. Hacer progresos. || Prosperar.

PROGRESIÓN f. Acción de progresar. || Avance ininterrumpido. || Sucesión de sonidos según una ley de simetría determinada. || *aritmética* Sucesión de números (a_n), tal que la diferencia (d) entre cada término y el anterior es constante: $a_{n+1}-a_n=d$, para todo n ∈ N. || *geométrica* Sucesión de términos tales que el cociente entre cada término y el anterior es constante: $a_{n+1}/a_n=r$ (razón).

PROGRESISTA adj. y com. Se dice del individuo o de la sociedad no aferrados al pasado, que tienen una actitud positiva hacia los aspectos más abiertos o innovadores en todos los campos.

PROGRESO m. Acción y efecto de avanzar, crecer o mejorar; en sentido genérico, referido a la evolución de la sociedad humana. || Prosperidad, perfeccionamiento.

PROHIBIR tr. Negar el uso o impedir la realización de algo.

PRÓJIMO m. Cualquier persona, como miembro de la comunidad humana, en relación a otra. || Los otros. || Despectivo, sujeto, tipo.

PROLE f. Descendencia, sucesión.

PROLEGÓMENO m. Prólogo, introducción, base sobre la que se asienta una teoría; se usa generalmente en plural. || fig. Preparación, introducción excesiva o innecesaria a algo.

PROLETARIO, RIA adj. y s. Del proletariado. || m. y f. Plebeyo, paria. || En la antigua Roma, ciudadano sin propiedades del que se decía que sólo podía servir al Estado con su familia (*prole*).

PROLÍFICO, CA (o PROLÍFERO, RA) adj. Que tiene capacidad de engendrar, multiplicarse o producir.

PROLIJO, JA adj. Largo, extenso. || Difuso, farragoso, molesto. || Cuidadoso en exceso.

PRÓLOGO m. Texto, generalmente en prosa, que precede al cuerpo de una obra. Puede ser o no del mismo autor. || Introducción, preámbulo. || Cualquier cosa que sirva para iniciar, presentar o preparar a otra.

PROLONGAR tr. y prnl. Ampliar la longitud o duración de algo.

PROMEDIO m. Punto de división equidistante, o casi equidistante, de los extremos. || Media aritmética.

PROMESA f. Acción y efecto de prometer o prometerse. || Ofrecimiento al servicio divino, inferior al voto. || Pronóstico favorable, señal de buen agüero. || Proposición u ofrecimiento solemne, equivalente al juramento aunque sin fórmula religiosa, de cumplir bien los deberes que conlleva un cargo oficial que va a ejercerse.

PROMETER tr. Obligarse al cumplimiento de algo. || Garantizar la veracidad de algo. || Dar señales de buen augurio. || intr. Ofrecer buenas perspectivas. || En los sistema políticos laicos, comprometer el propio honor en el correcto desempeño de un cargo. || prnl. Tener fundadas esperanzas de conseguir algo. || Darse entre sí los novios palabra de casamiento.

PROMETIDO, DA m. y f. Novio o novia que han dado palabra de casamiento. || *lo p.* Promesa.

PROMINENTE adj. Que se eleva o está por encima de lo contiguo. || Se dice de la persona importante.

PROMISCUIDAD f. Confusión, mezcolanza. || Sistema de relaciones sexuales consistente en su práctica indiferenciada entre los miembros de un grupo social.

PROMISCUO, CUA adj. Mezclado sin orden ni concierto, confuso. || Ambivalente, ambiguo.

PROMOCIÓN f. Acción de promover o promocionar. || Grupo de estudiantes titulados el mismo año, o de individuos que accedieron a un cargo u oficio conjuntamente. || Mejora en el nivel económico, laboral, social o cultural. || *de ventas* Conjunto de prácticas empresariales, que guían la producción y distribución de un producto en función de su valor de mercado.

PROMONTORIO m. Monte de considerable altura. || Peñasco, especialmente frente al mar. || Fardo de gran volumen que molesta o incomoda.

PROMOTOR, RA adj. y s. Que promueve a alguien o algo, o gestiona un asunto. || m. y f. Empresario que organiza una actividad económica, corre con su financiación y nombra a las personas encargadas de su realización.

PROMOVER tr. Gestionar un asunto. || Dar nuevo empuje a algo que se había estancado. || Hacer subir de categoría en un empleo o cargo.

PROMULGAR tr. Anunciar de modo público y solemne. || Difundir, propagar, publicar una ley o disposición con el fin de que sea cumplida y se haga cumplir.

PRONOMBRE m. Clase de palabras de carácter deíctico, con capacidad para funcionar como sustantivo, adjetivo o adverbio. La mayoría poseen, en castellano, flexión nominal (personales, demostrativos, posesivos y adverbios pronominales de lugar), y su significado es ocasional, dependiendo de su situación en el texto y del contexto. Otros sólo poseen, como accidentes gramaticales, género y número y otros son invariables. Tradicionalmente se les ha considerado como una de las partes de la oración.

PRONOMINAL adj. Perteneciente al pronombre o de su misma naturaleza. || Se dice del verbo que se conjuga con un pronombre reflexivo personal de la misma persona que el sujeto verbal.

PRONOSTICAR tr. Hacer pronósticos.

PRONÓSTICO m. Predicción de acontecimientos futuros a partir de ciertas señales o indicios. Se aplica especialmente en meteorología. || Calendario donde se describen los fenómenos atmosféricos que tendrán lugar en determinado periodo. || Juicio formulado por el médico sobre la gravedad y probable evolución de una enfermedad. || *reservado* el de un proceso en que los síntomas no son suficientes para realizar una previsión segura.

PRONTITUD f. Rapidez o diligencia en la realización de algo. || Agudeza mental.

PRONTO, TA adj. Presto, rápido. || Preparado, dispuesto. || m. Reacción impulsiva y visceral frente a cualquier acontecimiento. || adv. Con celeridad, en seguida, cuanto antes. || Temprano; antes de lo esperado. || *pago* Descuento que hace el vendedor al comprador que no rebasa los plazos fijados para el abono. || *al p.* De momento. || A primera vista.

PRONUNCIAMIENTO m. Rebelión militar contra el poder político establecido en un país. || Cada una de las declaraciones, condenas o mandatos del juzgador.

PRONUNCIAR tr. Emitir con la boca sonidos articulados para dar a conocer el contenido de la mente. || Dar el veredicto de una sentencia. || prnl. Manifestar la opinión sobre algo. || Por extensión, escoger una cosa. || Rebelarse, sublevarse.

PROPAGACIÓN f. Acción y efecto de propagar. || Transmisión de la energía, en un medio dado, bajo forma de calor, vibración elástica o radiación electromagnética.

PROPAGANDA f. Genéricamente, esfuerzo por dar a conocer algo, por extensión, a uno mismo. || Conjunto de actuaciones que pretenden conseguir el conocimiento de un producto en el mercado; su elemento más importante es la publicidad. || Actividad política destinada a extender el conocimiento de una opción, sea para recabar apoyos para tomar o conservar el poder o para justificar la acción de éste. || Cualquier medio usado para dicha actividad. || Publicidad.

PROPAGAR tr. y prnl. Producir nuevos vástagos. || Divulgar una noticia. || Difundir un ideario religioso, político o social. || Diseminar, esparcir.

PROPALAR tr. Dar a conocer algo oculto.

PROPANO m. Dimetilmetano. Hidrocarburo parafínico de cadena lineal que se encuentra en el petróleo. Gas incoloro e inodoro poco soluble en agua y muy soluble en alcohol y éter. Se usa como disolvente, líquido de refrigeración y, mezclado con butano, se usa como combustible.

PROPASAR tr. y prnl. Ir más lejos de lo programado. || prnl. Extralimitarse. || Faltar al respeto debido.

PROPEDÉUTICO, CA adj. Relativo a la propedéutica. || f. Introducción al estudio de cualquier ciencia.

PROPENSIÓN f. Predisposición, inclinación, afición. || Tendencia.

PROPICIO, CIA adj. Propenso a ayudar o favorecer. || Bueno, benévolo, especialmente referido al tiempo.

PROPIEDAD f. Calidad de propio. || Dominio, potestad o derecho que se tiene sobre un bien, para disponer de él libremente y reclamarlo en el caso de que se encuentre en posesión de otros. || Cosa poseída, especialmente la inmueble. || Característica esencial de un ente. || Cualidad de una expresión o frase de significar exactamente lo que pretende. || Adecuada similitud de una reproducción o descripción con el original.

PROPIETARIO, RIA adj. y s. Que es dueño de algo, especialmente bienes inmuebles. || adj. Que posee un cargo en propiedad.

PROPINA f. Cantidad que excede el precio estipulado. || Gratificación monetaria por un servicio prestado. || Interpretación fuera de programa que ofrece un artista como agradecimiento a los aplausos. || *de p.* Por añadidura.

PROPINAR tr. Recetar o dar una pócima. || Ofrecer propina. || Decir o dar a alguien lo que no desea (advertencia, tunda, etcétera).

PROPIO, PIA adj. Que pertenece en exclusiva. || Característico, peculiar. || Adecuado, pertinente. || En sentido enfático, mismo. || Natural, no ficticio. || Se dice del significado literal, no figurativo, de los vocablos. || Se aplica a la obra de arte de gran similitud con el original. || En gramática, se dice de una clase de nombre. || m. Mensajero que alguien envía en propio nombre. || especialmente pl. Propiedades comunales, los beneficios de cuya explotación se aplican a atender los gastos públicos.

PROPONER tr. Manifestar a otro un plan o proyecto a fin de conseguir su adhesión. || Presentar a alguien como aspirante a un cargo o galardón. || Hacer una proposición, o una propuesta. || tr. y prnl. Tomar una resolución.

PROPORCIÓN f. Armonía de las partes entre sí o en relación con el todo; se usa especialmente en plural. || Correspondencia entre cosas distintas. || Tamaño, dimensión; importancia; se usa especialmente en plural. || Circunstancia favorable, oportunidad. || *geométrica* Igualdad entre el cociente de dos números respecto al cociente de otros dos. || *a p.* Según medida.

PROPORCIONAL adj. Relativo a la proporción. || Se dice del adjetivo numeral que implica multiplicación o división de un número (*octavo, cuádruple*). || Se dice de una cantidad variable respecto de otra, $y=ax$, cuyo factor de proporcionalidad *a* es constante.

PROPORCIONAR tr. y prnl. Facilitar a alguien lo necesario para determinado fin. || tr. Dar proporción, equilibrio o armonía.

PROPOSICIÓN f. Acción y efecto de proponer. || Enunciación de una verdad demostrada o que se trata de demostrar. || Unidad lingüística de estructura oracional (sujeto y predicado) que se une a otra u otras como ella por coordinación o subordinación, para formar una oración compuesta. || En retórica, parte del discurso en la que se expone aquello de lo que se desea persuadir a la audiencia.

PROPÓSITO m. Deseo, aspiración de realizar algo. || Móvil, objeto, fin. || pl. Conducta que debe seguirse. || *a p.* Adecuado, oportuno. || *a p. de* En relación con. || Con toda intención.

PROPUESTA f. Proposición. || Plan a realizar. || Consulta. || Presentación de un aspirante a un cargo, empleo o galardón.

PROPUGNAR tr. Apoyar o proponer algo con afán.

PROPULSAR tr. Impulsar.

PROPULSOR m. Motor que produce la fuerza de empuje por medio de la propulsión.

PRÓRROGA f. Aplazamiento, prosecución de algo durante un tiempo determinado. || En el servicio militar, aplazamiento en la incorporación a filas. || Tiempo que se alarga un encuentro deportivo para deshacer un empate.

PRORROGAR tr. Alargar el periodo que se había establecido para una acción concreta. || Demorar, dejar para más adelante.

PRORRUMPIR intr. Surgir con fuerza. || Producir repentinamente un sonido, llanto, risas, etcétera.

PROSA f. Forma estructural propia de la lengua escrita "natural", es decir, no sujeta a medidas rítmicas estrictas como las del verso. La p., sin embargo, se define en realidad por oposición a la poesía. Para distinguirla, suele decirse que la p. es la forma propia de la narración de un hecho, frente al recitado, forma propia de la poesía. || Verborrea excesiva, sin mucho contenido. || Cariz vulgar de una cosa.

PROSAICO, CA adj. Relativo a la prosa, o al prosaísmo. || Se dice de las obras poéticas sin inspiración o falta de musicalidad. || fig. Carente de emoción, vulgar, poco espiritual.

PROSCENIO m. Espacio avanzado del escenario, delante del telón de boca. || En el teatro griego y romano, zona entre la escena y la orquesta.

PROSCRIBIR tr. Antiguamente, anunciar públicamente la búsqueda y captura de alguien considerado como malhechor. || Expulsar del país a un opositor político. || Prohibir, vetar.

PROSEGUIR tr. e intr. Continuar con lo que se tiene entre manos.

PROSÉLITO m. Pagano o hereje convertido al catolicismo. || Persona captada para determinada causa (religiosa, ideológica, política, etc.); suele tener connotación peyorativa.

PROSODIA f. Complendio de normas relativas a las vocales (cantidad, intensidad, elevación y duración del sonido) en lo que se refiere a la versificación. || Parte de la lingüística que se ocupa de la recta pronunciación y acentuación de las palabras.

PROSOPOPEYA f. Figura retórica que consiste en atribuir cualidades humanas, sentimientos, etc. a los animales. || fam. Estiramiento, afectación en el hablar.

PROSPECCIÓN f. Exploración de la corteza terrestre, por métodos geológicos o geofísicos. || Cálculo de base estadística que permite hacer planes y llevar a cabo objetivos.

PROSPECTO m. Folleto, pequeña hoja de propaganda de un espectáculo, producto, etc. || Pequeña hoja informativa que acompaña a ciertos productos, especialmente los de farmacia.

PROSPERAR tr. Ofrecer a uno ocasión de mejorar económicamente. || intr. Disfrutar de prosperidad, tenerla. || Triunfar una ideología, teoría, etcétera.

PROSPERIDAD f. Éxito, buena fortuna. || Fase expansiva de la economía, caracterizada por tendencias monetarias alcistas, utilización creciente del aparato productivo y aumento de las inversiones.

PRÓSPERO, RA adj. Propicio, feliz, favorable. || Que prospera.

PRÓSTATA f. Glándula aneja del aparato genital masculino. Se halla situada debajo de la vejiga de la orina y su secreción contribuye a formar el semen, proporcionando el medio líquido al esperma.

PROSTITUIR tr. y prnl. Hacer mantener trato sexual a una persona a cambio de remuneración. || Renunciar a principios, valores o dignidad intentando obtener un beneficio. || Ser venal en un empleo. || Degradar, degenerar.

PROSTITUTO, TA m. y f. Persona que ejerce habitualmente la prostitución.

PROTAGONISTA com. Personaje o personajes más importantes de una película, novela, obra dramática, etc. || Cualquier persona que tenga parte principal en un asunto o suceso.

PROTAGONIZAR tr. Intervenir en una ficción como protagonista. || Ser personaje principal en cualquier acontecimiento.

PROTECCIÓN f. Acción y efecto de proteger. || Auxilio, amparo que se presta a alguien. || Cosa que protege. || Entre soldados, acción de resguardarse del fuego enemigo. || Forma de extorsión en la que se paga a un criminal en prevención de los daños que él mismo podría causar a una empresa, comercio, etc. || Sistema de desconexión automática en caso de avería o variaciones de intensidad en una instalación. || *civil* Estructura de defensa pasiva proveída por las autoridades para casos de catástrofe.

PROTECCIONISMO m. Doctrina, contraria al librecambismo, que propugna el establecimiento de mecanismos de defensa de la producción nacional frente a la competencia extranjera.

PROTECTOR, RA adj. y s. Que protege. || Valedor, padrino. || Que vela por los intereses de una comunidad. || Chantajista que ejerce la protección.

PROTEGER tr. y prnl. Resguardar, amparar y respaldar una persona, teoría, etc. || tr. Cubrir una cosa, intentando evitar un posible daño. || prnl. Ponerse a cubierto.

PROTEÍNA f. Compuesto polimérico de elevado peso molecular, integrado por una variedad de aminoácidos unidos entre sí por enlaces péptidos. Los seres vivos las elaboran y reelaboran según su código de ADN, mediante enzimas que liberan los aminoácidos. Son fundamentales para la constitución del tejido muscular y la fibra vegetal.

PRÓTESIS f. Intervención quirúrgica por la que se sustituye un órgano por un dispositivo artificial. || Pieza o dispositivo que queda implantado.

PROTESTA f. Acción y efecto de protestar. || Promesa de realizar algo. || Manifestación, documento, etc., en el que se muestra disconformidad con algo.

PROTESTANTE adj. Que protesta. || Relativo al protestantismo y a los que lo profesan. || adj. y com. Que es seguidor del protestantismo.

PROTESTAR tr. Declarar uno el propósito de realizar algo, o confesar públicamente determinada fe religiosa. || Hacer protesto de una letra de cambio. || intr. Seguido de las preposiciones *de*, *contra*, *por*, mostrar vehemente disgusto o disconformidad.

PROTOCOLO m. Serie de escrituras y documentos que autoriza y guarda un notario. || Acta, o serie de ellas, que aclara o completa un acuerdo internacional. || Conjunto de reglas de cortesía de un Estado, tanto en cuanto a ceremonial y jerarquías dentro de él como en lo relativo a visitantes oficiales del extranjero. || Organismo que las codifica y se encarga de su cumplimiento.

PROTÓN m. Partícula elemental estable de carga igual a la del electrón, pero que es de signo contrario ($1.602 \cdot 10^{-19}$C). Junto al neutrón, es el componente fundamental del núcleo atómico.

PROTOPLASMA f. Conjunto de materia que forma la célula, integrado por el núcleo y el citoplasma.

PROTOTIPO m. Primer ejemplar de algo, con el que se experimenta antes de la producción de más unidades. || Modelo perfecto y acabado de una virtud, vicio, etc. || impr. Útil usado para calibrar y regular la fundición de tipos.

PROTUBERANCIA f. Abultamiento, por lo general de forma redondeada. || Parte del tronco cerebral que conexiona el cerebelo y la médula espinal. || *solar* Nube de gas que se eleva por encima de la superficie del Sol.

PROVECTO, TA adj. Antiguo, caduco. || Se aplica a la persona de edad avanzada.

PROVECHO m. Beneficio o utilidad de algo. || Ventaja o utilidad que se proporciona. || Buen efecto que causa una ingestión. || Avance o rendimiento en algo. || Remuneración o beneficio extrasalarial. || *buen p.* Fórmula cortés para desear ventajas de algo, especialmente de una comida o bebida.

PROVEER tr. y prnl. Prevenir y disponer lo necesario para algo. || Suministrar lo necesario para un fin. || tr. Dictar una resolución judicial. || Dar un cargo, empleo, etc. || Tramitar un asunto.

PROVENIR intr. Dimanar, proceder una cosa de otra.

PROVERBIAL adj. Relativo al proverbio o que lo incluye. || Evidente, notorio, sabido de todos.

PROVERBIO m. Refrán, dicho o sentencia popular. || Obra dramática que pretende poner en acción y explicitar un proverbio.

PROVIDENCIA f. Precaución o disposición anticipada con la que se pretende lograr determinado fin. || Decisión que se toma para componer un hecho o remediar el daño que pueda resultar. || Previsión divina de todo lo creado a intervención en el plan salvífico. || Resolución judicial que resuelve cuestiones de mera tramitación en un procedimiento principal.

PROVINCIA f. División administrativa de algunos Estados.

PROVINCIAL adj. Relativo a una provincia. || m. Superior de una orden religiosa que dirige una provincia.

PROVINCIANO, NA adj. Se dice del habitante de la provincia por oposición al de la capital. || Que peca de provincianismo.

PROVISIÓN f. Acción y efecto de proveer. || Previsión de cosas necesarias para un fin. || Precaución. || pl. Víveres y cosas más esenciales que se llevan en un viaje o se almacenan por precaución. || *de boca* Alimentos, víveres. || *de fondos* Conjunto de valores con que el librado atiende el pago de una letra vencida. || Cantidad solicitada por el procurador de los tribunales para atender los gastos de un procedimiento judicial.

PROVISIONAL adj. Que no es permanente ni definitivo, o debe ser confirmado por un superior.

PROVOCAR tr. Incitar a alguien a que realice determinada acción, generalmente contra su voluntad inicial. || Exasperar, irritar a uno. || Despertar determinado sentimiento en alguien, y moverlo a la acción o a que lo manifieste. || Incitar, despertar deseo sexual.

PROXIMIDAD f. Calidad de próximo, especialmente referida a distancias espaciales; cercanías, aledaños.

PRÓXIMO, MA adj. Cercano en el espacio o en el tiempo. || Inmediatamente vecino en una de tales magnitudes.

PROYECCIÓN f. Acción y efecto de proyectar. || Cosa que es proyectada. || Acción de proyectar una película. || Transformación en el plano o en el espacio, que a cada punto *p* le hace corresponder otro punto *p*, obtenido al unir por una recta, llamada *proyectante*, el punto *p* con una recta o un plano dados, respectivamente, según se trate de una transformación en el plano o en el espacio. || Mecanismo de defensa mediante el cual se atribuyen a otras personas o cosas los contenidos mentales reprimidos. || Avance de los resultados de algo (una elección o una previsión económica), inferido de datos parciales o incompletos. || fig. Resonancia, éxito.

PROYECTAR tr. Arrojar, expulsar algo con violencia y hacia delante, lanzarlo. || Discurrir el plan y los medios necesarios para determinado fin. || Establecer el diseño básico y calcular los costos para la construcción de un edificio. || Reflejar con la ayuda de un rayo de luz, y generalmente sobre una pantalla, una imagen fotográfica, película, etc. || En matemáticas, efectuar una proyección. || tr. y prnl. Hacer patente la sombra o la figura de algo sobre un plano.

PROYECTIL m. Objeto que es lanzado, propulsado o proyectado a través del aire o del agua hacia el objetivo. A pesar de que un p. se utiliza normalmente para dañar un blanco, puede también servir para reconocimientos fotográficos, detección, mediciones meteorográficas y otras finalidades.

PROYECTO, TA adj. Representado en perspectiva. || m. Propósito de realizar algo y plan que se ha trazado para ello. || Primera redacción de un estudio, ley, etc. || Estudio de medios, costos, etc., necesarios para una determinada obra de construcción.

PROYECTOR, RA adj. Que sirve para proyectar. || m. Bocina diseñada para proyectar el sonido de un altavoz en una dirección. || Máquina que proyecta las imágenes de una película sobre una pantalla.

PRUDENCIA f. Sensatez, buen juicio. || Cautela, prevención. || Moderación, templanza.

PRUDENTE adj. y com. Que obra con sensatez, prudencia. || Discreto, que no es excesivo o que es razonable.

PRUEBA f. Acción y efecto de probar. || Demostración, hecho patente que acredita la verdad o falsedad de algo. || Experiencia, ensayo que se hace de algo. || Huella o pista de la que se infiere algo. || Pequeña muestra de un género que se hace al público. || Operación matemática con la que se comprueba el resultado de otra. || Competición de carácter deportivo. || Generalmente en plural, primera impresión de un texto sobre la que se hacen las correcciones tipográficas. || Por extensión, muestra del grabado y de la fotografía. || Acto, indicio, documento o demostración que se aporta durante el curso de un juicio para demostrar un hecho y reforzar el convencimiento del juez.

PRURITO m. Picor, comezón. || Pasión, deseo excesivo, especialmente el de perfeccionismo.

PSICOANÁLISIS m. Método de tratamiento de los desórdenes mentales y doctrina psicológica basada en la exploración de los procesos mentales inconscientes. Elaborado por diferentes psicoanalistas, el más conocido de los cuales, fundador y a su vez creador del término de p., es S. Freud.

PSICOLOGÍA f. Ciencia que estudia el comportamiento del hombre (la motivación, el pensamiento, la personalidad, el aprendizaje, etc.). La p. se divide fundamentalmente en dos sectores: p. *pura* —que comprende la p. general (estudio de la vida psíquica del adulto en su totalidad)—; la p. *evolutiva* (estudia el desarrollo de las estructuras y funciones psíquicas desde el nacimiento). || Pensamiento particular y propio de un individuo, nación, etc. || Diplomacia, perspicacia. || *experimental* La que parte de la formulación de una hipótesis. || *genética* La que estudia la transformación psicológica desde la infancia hasta la vejez. || *profunda* Orientación psicológica que se basa en el estudio del inconsciente.

PSICÓPATA com. Persona que sufre trastornos mentales, especialmente de carácter criminal.

PSICOSIS f. Enfermedad mental que altera profundamente la vida psíquica normal. Sintomatología: pérdida del sentido de la vida psíquica en forma de delirios crónicos o agudos (aparición de experiencias psíquicas ilógicas, independientes, vividas como ajenas). Las formas más graves son la *esquizofrenia* (escisión de la personalidad, absurdidad, extrañeza) y la p. *maniaco-depresiva*, en la que se presentan en el mismo sujeto fases maniacas y fases depresivas, en forma cíclica. || fam. Manía, idea fija.

PSIQUIATRÍA f. Disciplina médica que se ocupa del diagnóstico, la terapia y la prevención de las enfermedades mentales.

PÚA f. Objeto puntiagudo muy plano y rígido. || Cada uno de los dientes de un peine. || Cada uno de los ganchos o dientes de la carda. || Cada espina o aguijón de un erizo, puerco espín, etc. || Lámina triangular, generalmente de carey, con el que se rasguean ciertos instrumentos de cuerda. || Injerto, vástago que se introduce en un árbol, tronco, etc. || Hierro sobre el que gira la peonza.

PUBERTAD f. Fase del desarrollo en la que un conjunto de cambios endocrinos conducen a la madurez sexual. Suele iniciarse a los 12-13 años, según factores raciales, climáticos, etcétera.

PUBIS m. Hueso par y simétrico, que en el adulto forma parte del coxal o hueso iliaco. || Región anatómica de la parte inferior del abdomen que corresponde a la sínfisis pubiana. En el adulto se halla recubierto de vello, de distribución característica en cada sexo.

PUBLICACIÓN f. Acción y efecto de publicar. || Lo publicado, especialmente en un volumen.

PUBLICAR tr. Manifestar al público cierta noticia, asunto, etc. || Imprimir y sacar a los puestos de venta un diario, libro, etc. || Incluir una opinión, artículo, etc., en algún medio de difusión escrita. || Hacer notorio lo oculto, especialmente lo que se conservaba en secreto. || fam. Vocear, asegurar cierta cosa de dudosa realidad.

PUBLICIDAD f. Cantidad de público. || Cualquier medio que se utilice en la difusión de un mensaje, noticia, etc., determinado. || Forma de comunicación social que, por medios muy diversos, intenta convencer al público de la bondad de un producto, habitualmente de consumo, con el fin de promover su conocimiento e incitar a su adquisición.

PUBLICISTA com. Escritor que orienta su trabajo al gran público, especialmente el que escribe columnas de opinión en periódicos, revistas, etc. || Creador de anuncios comerciales.

PÚBLICO, CA adj. Conocido por todos o que resulta notorio, evidente. || Por oposición a privado, se dice de la jurisdicción, potestad, etc., del conjunto de la sociedad, en especial las ejercidas por instituciones del Estado. || Se dice de la actividad que se desarrolla fuera del marco íntimo. || m. Conjunto de espectadores de una sala, estadio, etc., o bien la afición a algo en general. || Cualquier colectivo de personas no matizado. || Grupo que tiene unas mismas aficiones o acude con frecuencia a un mismo lugar. || *dar al p.* o *sacar al p.* Dar a luz, publicar un escrito. || *en p.* A la vista de todos, sin secreto.

PUCHERO m. Vasija de panza abultada y cuello ancho, con una sola asa junto a la boca y que sirve para cocer en ella la comida. || Olla, guiso. || fam. Alimento que se toma cada día. || Mueca y gesticulación que precede al llanto. || *hacer pucheros* Hacer muecas, llorar por capricho o melindre.

PUDIBUNDO, DA adj. Extremadamente pudoroso, mojigato.

PÚDICO, CA adj. y s. Pudoroso, casto.

PUDIENTE adj. y com. Potentado, poderoso, rico.

PUDOR m. Recato, vergüenza, especialmente hacia el sexo o el propio cuerpo. || Honestidad, conciencia. || Ocultación que se hace de lo que afea, y vergüenza que produce.

PUDRIR tr. y prnl. Corromper o dañar una materia orgánica, convertida en podredumbre. || Exasperar, consumir a uno. || intr. Haber fallecido, estar enterrado.

PUEBLO m. Villa o población, especialmente la que no es considerada ni por sus habitantes como ciudad. || Conjunto de habitantes de una población, comarca, país, etc. || Gente común y humilde de un lugar. || Grupo que forma el conjunto de los miembros de un país, con exclusión de las clases dominantes.

PUENTE m. Estructura horizontal que permite salvar una depresión del terreno o, por elevación, un obstáculo. Consiste esencialmente en una superestructura, zona horizontal y una infraestructura, elemento de sostén (pilas, estribos, etc.) de aquélla. || En los instrumentos de arco y algunas guitarras, pieza de madera colocada perpendicularmente sobre la tapa y que mantiene separadas las cuerdas. || Fragmento que enlaza los dos temas de la sonata. || Especie de pasillo descubierto y con baranda desde el que, elevado a cierta altura sobre la cubierta, el oficial de guardia da sus órdenes a los distintos puntos del buque.

PUERICULTURA f. Conjunto de cuidados que se han de tener en los primeros años del desarrollo de un niño y estudio que se ocupa de ello.

PUERIL adj. Relativo a la puericia. || Por extensión, propio del niño y de su edad. || Infundado, tonto o ingenuo.

PUERPERIO m. Período entre la finalización del parto y la primera menstruación posparto.

PUERTA f. Hueco abierto en una pared, valla, verja, etc., de forma regular y con altura y anchura suficientes para entrar y salir por él sin esfuerzo. || Cualquier abertura o agujero por el que se puede entrar o salir, especialmente en cuevas. || Armazón de madera, metal, etc., que engoznada o puesta en quicio y asegurada me-

diante cerrojo, llave, etc., sirve para impedir la entrada y salida por la oquedad que cubre. || En deportes como fútbol, balonmano y otros, portería. || Medio, ocasión o forma de lograr determinada cosa.

PUERTO m. Lugar de la costa o la ribera que, artificial o naturalmente, está a refugio de los vientos y el oleaje y acondicionado para el embarque de pasajeros o la carga y descarga de mercancías. || Ciudad o barrio construidos en torno a él. || Garganta o paso estrecho entre montañas. || Punto elevado de un macizo montañoso, que señala el cambio de pendiente entre dos vertientes. || Carretera que asciende o desciende a tal punto. || Refugio, amparo.

PUES conj. Su primer valor es el de causal o consecutiva, aunque adquiere también matiz condicional, unitivo, etc., según los casos. || fam. Con interrogación y en solitario equivale a ¿cómo? o ¿por qué? || Enfatiza lo que dice una frase colocada al principio de la misma. || Toma valor de respuesta afirmativa en exclamaciones. || Da matiz dubitativo al encabezar ciertas respuestas. || *bien* Al inicio de la frase y seguida de pausa, tiene valor de conjunción continuativa. || *que* Puesto que. || *¿y p.?* fam. ¿Pues? ¿Cómo?

PUESTA f. Acción de ocultarse un astro tras el horizonte. || Lo que se apuesta en una mano de un juego de naipes. || Acción de poner huevos las aves. || Conjunto de huevos que se ponen de una vez. || *en escena* Escenificación de un texto teatral o guión cinematográfico.

PUESTO, TA adj. Con *bien* o *mal*, arreglado, limpio, o al contrario. || m. Lugar que ocupa o debería ocupar una persona o cosa. || Lugar dispuesto para la realización de algo. || En un mercado, lugar que se asigna como fijo a un comerciante. || Pequeña tienda, generalmente ambulante, con la que se instala un vendedor en la calle. || Cargo, oficio o dignidad. || Sitio en el que se oculta y aguarda la caza un cazador. || Lugar ocupado por tropas o policías de forma oficial. || Destacamento permanente de guardias civiles al mando de un suboficial. || Acaballadero.

PÚGIL m. Gladiador que luchaba a puñetazos. || Boxeador.

PUGNA f. Disputa, lucha, material o espiritual.

PUGNAR intr. Reñir, luchar. || Perseverar en una solicitud, empeñarse en conseguir algo.

PUJA f. Acción de pujar, hacer fuerza.

PUJAR tr. Hacer fuerza, empeñarse en conseguir algo.

PULCRITUD f. Limpieza, aseo. || Celo, cuidado que se pone en una cosa.

PULCRO, CRA adj. Limpio, aseado. || Meticuloso en el vestir. || Que obra con pulcritud.

PULGADA f. Medida de longitud, duodécima parte del pie, equivale a unos 23 mm; en Inglaterra equivalente a 25.4 mm.

PULGAR adj. y m. Se dice del dedo de la mano más corto y grueso, con solo dos falanges y separado de los demás. || Por extensión, se dice del dedo más grueso del pie.

PULIDO, DA adj. Acabado o arreglado bellamente y con sumo esmero. || m. Acción y efecto de pulir.

PULIDOR, RA adj. y s. Que pule o sirve para hacerlo. || m. Útil con el que se pule. || Trapo o cuero que protege los dedos mientras se devana. || f. Máquina que pule.

PULIMENTAR tr. Pulir, alisar.

PULIR tr. Dar lustre, alisar la superficie de algo. || Dar el último acabado a algo. || tr. y prnl. Malgastar, derrochar. || Acicalar, engalanar, componer. || Dar barniz de civilización a uno, educarlo.

PULMÓN m. Órgano par del aparato respiratorio en el que tiene lugar la oxigenación de la sangre (hematosis). Los p. se hallan situados en el tórax y están divididos en lóbulos. || *artificial* o *de acero* Dispositivo que provoca la respiración de un enfermo que es introducido dentro de él.

PULMONÍA f. Neumonía.

PULPA f. Carne pura, sin huesos ni grasa. || Carne de la fruta. || Médula de las plantas leñosas. || *dentaria* Tejido conjuntivo muy rico en vasos y nervios contenido en la cavidad de los dientes.

PÚLPITO m. En las iglesias, plataforma que, a cierta altura, permite al sacerdote predicar siendo escuchado en todo el templo.

PULQUE m. Bebida alcohólica procedente de la fermentación de aguamiel de

maguey. || *blanco* El que no ha sido mezclado.

PULSACIÓN f. Acción de pulsar. || Fluctuación periódica de la intensidad que se produce al superponerse dos ondas de frecuencias algo distintas.

PULSAR tr. Accionar un pulsador. || Tocar o tañer un instrumento de teclado o de cuerda, si se hace con los dedos o una púa. || Medir el pulso de un enfermo. || Indagar sobre el resultado de una gestión o la opinión que merece algo.

PULSERA f. Aro con que se adorna la muñeca de una persona. || Aro o correa con que se lleva el reloj en la muñeca. || Venda con que se sujeta un medicamento al pulso.

PULSO m. Latido rítmico producido por la contracción del corazón que se propaga a lo largo del árbol arterial. || Parte del cuerpo en la que se perciben dichas sensaciones, especialmente en la muñeca. || Apostura y firmeza de la mano para realizar algo. || Temple, tiento, seguridad al ejecutar algo. || *a p.* Sin apoyar el brazo en parte alguna, levantar algo sólo con la fuerza de la muñeca y la mano. || Hablando de logros, sin ninguna ayuda.

PULULAR intr. Brotar y echar vástagos una planta. || Poblarse un sitio de gran cantidad de insectos, bichos, etc. || Proliferar, invadir determinado espacio personas, animales o cosas.

PULVERIZADOR, RA m. y f. Mecanismo con el que se pulveriza un líquido al expanderlo.

PULVERIZAR tr. y prnl. Convertir en polvo algo sólido. || Expander un líquido en gotas muy pequeñas, a modo de polvo. || Asolar, aniquilar.

PULLA f. Dicho grosero, que se utiliza para maltratar verbalmente a alguien. || Dicho agudo e ingenioso.

PUMA m. Mamífero carnívoro, de la familia félidos, de hasta 1.8 m de longitud, pelaje amarillento. Solitario y territorial, se alimenta de mamíferos.

PUNCIÓN f. Introducción de un instrumento punzante adecuado (aguja, trocar, etc.) en alguna cavidad, órgano o conducto para obtener muestras del contenido.

PUNDONOR m. Autoestima, amor propio, sentido de la dignidad.

PÚNICO, CA adj. y s. De Cartago. || m. Dialecto fenicio que se hablaba en Cartago.

PUNITIVO, VA adj. Relativo al castigo, especialmente cuando es aplicado por alguna autoridad o fuerza organizada.

PUNTA f. Extremo aguzado de un objeto, especialmente el que en un arma como cuchillo, lanza, etc., se destina a herir. || Púa, clavo pequeño. || Parte extrema de una cosa. || Extremo del madero opuesto al que es raigal. || Colilla. || Asta del toro. || Pico, saliente de algo. || Afluente en la cabecera de un río. || Fuentes y manantiales que dan origen a un río. || Técnica de baile que consiste en que la bailarina se alce sobre las puntas de los pies y efectúe pasos sin apoyar ninguna otra parte del pie en el suelo.

PUNTADA f. Cada agujero que se hace al coser, y el espacio que queda entre dos de ellos. || Trozo de hilo que va entre dos de estos agujeros. || Punzada, dolor. || Insinuación, indirecta.

PUNTAL m. Madero que, clavado en tierra, sirve de sostén a algo. || Punta, elevación que forma el terreno. || Parte más delgada de una caña de pescar. || Altura de un buque desde el plan hasta la cubierta superior. || Base en que se apoya algo. || Lo esencial o fundamental de una cosa.

PUNTAPIÉ m. Patada que se propina con la punta del pie.

PUNTEAR tr. Marcar con señales o puntos un escrito. || Dibujar o señalar puntos en alguna superficie. || Pulsar una cuerda de un instrumento musical con un dedo. || Coser o dar puntadas a una prenda. || Comprobar una cuenta partida por partida, o una lista nombre por nombre. || Repetir varias veces un toro embestidas cortas. || tr. e intr. Ir orzando con una nave para aprovechar el poco viento.

PUNTERA f. Parte de un zapato, calcetín, media, etc., que cubre la punta del pie, especialmente si dicha parte es un remiendo o está reforzada. || fam. Puntapié.

PUNTERÍA f. Acción de apuntar con un arma de fuego o una arrojadiza. || Dirección que sigue dicha arma. || Tino, habilidad de un tirador para hacer blanco.

PUNTERO, RA adj. Que tiene buena puntería, tino. || adj. y s. Que destaca en algo. || m. Vara delgada y larga que se usa para señalar. || Pequeña caña con la que se unge en la extremaunción y en la confirmación. || Escoplo o punzón de acero que se usa para abrir agujeros. || Cincel que usan los canteros para las piedras muy duras. || Aguja del reloj.

PUNTIAGUDO, DA adj. De punta aguda o afilada.

PUNTILLA f. Encaje ondulado que se pone en el borde de ciertas prendas de vestir, o en mantelerías, sábanas, etc. || Útil con que los carpinteros trazan marcas o señales en la madera. || Daga corta que se usa para rematar animales, especialmente los toros de lidia.

PUNTO m. Cualquier señal de forma más o menos redondeada y escasas dimensiones que se hace en una superficie. || Signo gráfico de muy pequeñas dimensiones. || Señal ortográfica que se pone sobre la *i* y la *j*. || Signo de puntuación (.). || Cada tipo de puntada de las que se dan al coser. || Cada uno de los nudos que configuran la urdimbre de un tejido. || Rotura en prendas de vestir por soltarse un nudo, especialmente en las medias. || Cada orificio practicado en ciertos objetos como cinturón, arado, etc., y que permite asegurarlos a una distancia u otra. || Sitio, lugar. || Señalización en un mapa, enclave. || Unidad de calificación y tanteo en ciertos juegos y deportes, o bien en exámenes, oposiciones, etc. || Grado de una escala, especialmente el grado en concreto en el que tiene lugar un fenómeno determinado. || Muy breve extensión de una cosa, a la que se considera prácticamente sin longitud, anchura o profundidad. || Instante, fracción de tiempo muy breve. || Cada uno de los distintos temas o lecciones de un programa. || Aspectos que aborda un libro, artículo, etc. || Cada uno de los distintos asuntos o cuestiones de los que se trata un discurso o texto. || Cada una de las partes o problemas de una ciencia. || Lo fundamental y más importante de algo. || Estado de la cuestión. || Signo musical que indica alteraciones de la notación. || Uno de los signos de multiplicar. || Configuración geométrica fundamental, a la que es posible asignar una posición, pero no tiene extensión. || Elemento del espacio al que sólo se le puede atribuir una posición. || Momento preciso en que ocurre o debe realizarse determinada cosa.

PUNTUACIÓN f. Acción y efecto de puntuar. || Conjunto de signos y reglas que sirven para puntuar un escrito, y forma en que se usan.

PUNTUAL adj. Diligente, pronto en hacer las cosas. || Se dice de lo que se cumple o llega a la hora o plazo convenidos. || Cierto, indudable. || Que resulta apropiado o conveniente. || Que es circunstancial, propio del momento o de la situación. || Transitorio, provisional.

PUNTUALIDAD f. Calidad de puntual. || Precisión, certidumbre en lo que se trata o hace. || Virtud del que comparece en el momento prefijado.

PUNTUALIZAR tr. Narrar algo o describirlo concretando todos los detalles o características. || Grabar algo en la memoria.

PUNTUAR tr. Poner, al escribir, los signos de puntuación que indican la lectura correcta (prosódica y lógica) del texto. || Obtener puntos en algunos juegos o deportes. || intr. Entrar algo en el cómputo global de puntos de una prueba, oposición, etc., calificar.

PUNZADA f. Puntura, pinchazo. || Dolor muy agudo y repentino, localizado y que suele repetirse de tiempo en tiempo. || Aflicción, tristeza que causa algo.

PUNZAR tr. Pinchar, herir levemente con una punta. || intr. Reproducirse un dolor, avivarse. || Sentir una aflicción o pesar profundos.

PUNZÓN m. Útil de hierro o acero que remata en punta y se usa para labrar o practicar agujeros. || Buril para grabar. || Instrumento de acero muy duro que graba una figura de realce en las monedas, generalmente por presión; también se usa en la fabricación de botones metálicos, medallas, etc. || Pitón, cuerno.

PUÑADO m. Lo que cabe en un puño. || Poca cantidad de algo de lo que debería o suele haber mucho. || *a puñados* En profusión, con abundancia.

PUÑAL m. Arma corta y ofensiva, de acero, que sólo hiere de punta.

PUÑALADA f. Golpe que se propina de punta con el puñal, daga, etc. || Herida que así se produce. || Pesar muy grande que se da de improviso y es inesperado. || *trapera*

La dada a traición; se puede tomar en sentido moral.

PUÑETAZO m. Golpe que se propina con el puño, generalmente con los nudillos.

PUÑO m. Mano cerrada. || Lo que en ella cabe. || Puñado. || En las prendas de vestir, parte de la manga que rodea la muñeca. || Adorno que se pone en la bocamanga. || Mango de ciertas armas blancas.

PUPA f. Cualquier erupción o llaga en los labios. || Señal que deja un grano, herida, etc., al secarse. || Ninfa (estadio). || Exclamación infantil por dolor o daño.

PUPILA f. Orificio central del iris, cuyo diámetro es variable en función de la intensidad de la luz. || Círculo que limita el haz de rayos luminosos que atraviesa un sistema óptico y penetra en el ojo.

PUPILO, LA m. y f. Niño o joven que está bajo la responsabilidad de un tutor, respecto de éste. || Huérfano al cuidado de alguien. || Huésped de una pensión, casa particular, etc. || Alumno o alumna interno o mediopensionista en un colegio.

PUPITRE m. Mueble escolar muy sencillo, con tapa que forma plano inclinado, sobre la que se escribe.

PURÉ m. Pasta que se consigue cociendo legumbres o tubérculos previamente molidos o bien pasándolos por un colador tras cocerlos. || Sopa muy espesa o papilla que se hace con tal pasta.

PUREZA f. Calidad de puro. || Virginidad. || Inocencia en materia sexual o en el uso del lenguaje o los hábitos sociales.

PURGA f. Acción y efecto de purgar. || Fármaco dotado de acción purgante. || Conjunto de residuos de ciertas operaciones industriales. || Depuración llevada a cabo por la dirección de un partido o por un gobierno dictatorial entre sus propios simpatizantes. || *de mar* Crecimiento extraordinario de plancton en condiciones de gran estabilidad y abundancia de nutrientes.

PURGAR tr. Limpiar o purificar algo extrayendo o desechando todo aquello que no le resulte benéfico. || Satisfacer con una pena el delito cometido. || Desvanecer los indicios, sospechas o cargos que hay contra una persona. || Expiar, pagar, especialmente el alma, las penas del purgatorio. || Sufrir, padecer. || Acrisolar algo no material. || tr. y prnl. Administrar un fármaco para exonerar el vientre. || Evacuar el vientre.

PURGATORIO, RIA adj. y m. Purgante. || m. En la teología cristiana, proceso por el que los justos se liberan del pecado original y sus culpas pasadas, lo que les permite gozar plenamente de la presencia de Dios. || Lugar en el que se vive con trabajo y penalidades.

PURIFICAR tr. y prnl. Quitar de una cosa aquello que le es extraño o que evita su perfección. || Limpiar una cosa no material de toda imperfección. || prnl. Cumplirse o suprimirse la restricción o condición de la que dependía una derecho.

PURITANO, NA adj. y s. Adepto al puritanismo. || Rígido, austero, se dice del que hace gala de profesar con rigor las virtudes públicas o privadas.

PURO, RA adj. Exento de cualquier mezcla. || Casto. || Libre de imperfecciones, especialmente morales. || Que procede rectamente y sin intereses en la administración de justicia, desempeño de un cargo, etc. || Que no traiciona jamás sus principios y combate los que le son contrarios. || Mero, solo, sin compañía de otra cosa. || Se dice del lenguaje o estilo correctos, exentos de barbarismos, y de la persona que así habla o escribe. || adj. y m. Cigarro puro.

PÚRPURA f. Cañadilla. || Nombre común a varias especies de moluscos gasterópodos marinos, utilizados antaño para la obtención de colorantes naturales. || Colorante natural que los antiguos preparaban con la tinta de tales moluscos. || Color rojo subido, que tiende ya a violado. || Cualquier tela o vestimenta de tal color. || Dignidad imperial, cardenalicia, real o consular, por ser tal color propio de sus vestimentas y símbolo de su cargo. || Poéticamente, sangre.

PURPURINO, NA adj. Purpúreo. || f. Colorante antraquinónito. Se encuentra en la raíz de la rubia. Sólido de color naranja soluble en agua caliente, alcohol y éter. Se usa para tintes y como reactivo. || Polvo de metal empleado para recubrir objetos de madera, bronce y otros materiales.

PURULENTO, TA adj. Que tiene pus, o se asemeja a él.

PUS m. Líquido de aspecto cremoso que se forma en el curso de un proceso supurado.
PUSILÁNIME adj. y com. Medroso, cobarde, carente de ánimo o espíritu.
PÚSTULA f. Lesión cutánea elemental consistente en una ampolla cuyo contenido es purulento. || *maligna* Ántrax.
PUTA f. Ramera, prostituta. || Sota, naipe.

PUTREFACCIÓN f. Acción y efecto de pudrir o pudrirse. || Descomposición de sustancias orgánicas complejas, procedentes de la actividad de organismos o de los propios organismos una vez muertos, en compuestos más simples por acción generalmente de las bacterias.
PUTREFACTO, TA adj. Corrupto, podrido.
PUYA f. Punta acerada o aguda que tienen las varas y garrochas con las que se estimula o castiga a las reses.

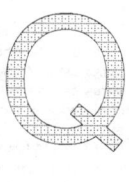
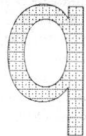

Q f. Vigésima letra del abecedario y decimosexta de las consonantes, llamada *cu*. Constituye junto a una *u* muda el dígrafo *qu*, que sólo se usa ante *e* o *i*, para representar el sonido velar oclusivo sordo, equivalente a la letra *k* o a *c* ante *a, o, u*. || Símbolo del quintal métrico (q = 100 kg). || Símbolo que indica la cantidad de electricidad (q).

QUE Partícula lingüística que, en general, funciona como elemento de relación, pero que tiene múltiples funciones. En ocasiones ejerce una función gramatical dentro de la oración en la que se inserta y en ocasiones no. Tampoco en todos los casos ejerce funciones de relacionante. Con todo, pueden distinguirse: pronombre relativo en masculino, femenino y neutro (singular y plural). Precedida del artículo, posee variación de género y número y puede construirse en concordancia con el antecedente. || En ocasiones sustituye a otro pronombre precedido de preposición. || Con acento prosódico y ortográfico (*qué*) y precediendo o no a un sustantivo, pregunta la naturaleza, calidad, precio, etc., de algo, o la pondera. || Con acento prosódico y ortográfico y precediendo a un sustantivo (o a un sintagma preposicional formado por la preposición *de* y un sustantivo), pondera la naturaleza, precio, belleza, etc., de algo. || Con acento prosódico y ortográfico y precediendo a adjetivos, adverbios y locuciones adverbiales, encarece la calidad, cantidad o intensidad. || En oraciones a la vez interrogativas y exclamativas (sean o no afirmativas), desempeña diversas funciones extremando, en general, el sentido contrario al que se enuncia aparentemente: *¡qué ha de venir!*, es decir, *no va a venir*. || Como conjunción copulativa, enlaza un verbo con otro, o bien enlaza con el verbo otras partes de la oración. || Forma parte de numerosas frases adverbiales, muchas de ellas con un matiz condicional, restrictivo o comparativo. || Se puede emplear como conjunción comparativa. || Puede usarse como conjunción causal. || Puede usarse en sustitución de la conjunción copulativa *y*, indicando un sentido adversativo y situado al frente, generalmente, de frases negativas. || Se puede usar como conjunción disyuntiva. || Se puede usar como conjunción final. || Con acento prosódico y ortográfico, y usada como interjección, expresa asombro o pesar por lo dicho. Igualmente, puede indicar al interlocutor que el hablante no ha entendido lo que se le acaba de decir o preguntar.

QUEBRADO, DA adj. Debilitado, de salud quebrantada. || adj. y s. Que ha hecho quiebra o suspensión de pagos. || Que sufre de hernia, quebradura. || Se dice del terreno, camino, etc., abrupto y tortuoso. || adj. y m. En matemáticas, fracción. || adj. y f. Se dice de una línea segmentada, en su extensión, a intervalos regulares.

QUEBRANTAR tr. Separar con violencia las partes de un todo, romper. || Machacar, moler algo sin llegar a pulverizarlo. || Violar un lugar sagrado, territorio neutral, etc. || Violar una ley, palabra, etc.; transgredir. || Romper, traspasar los impedimentos que embarazan la libertad de uno. || Templar el exceso de una cosa, especialmente atemperarse el calor o el frío. || Mover a compasión, causar piedad. || Ablandar la ira o el carácter de uno, persuadirlo. || Anular un testamento. || tr. y prnl. Cascar una cosa, originarle grietas. || prnl. Sufrir dolor e incomodidad por la edad, el trabajo, los disgustos, etcétera.

QUEBRANTO m. Acción y efecto de quebrantar o quebrantarse. || Desaliento, decaimiento físico o del ánimo. || Piedad, lástima. || Dolor o pena muy agudos. || Daño o pérdida muy graves.

QUEBRAR tr. Quebrantar, romper o violar. || Transgredir una ley, obligación, etc. || Impedir o estorbar la continuidad de algo no material. || Disminuir el rigor o el exceso de algo. || Vencer una dificultad, superar una opresión. || tr. y prnl. Doblar o torcer. || Ajar el color natural del rostro, deslucir. || intr. Romper el trato con uno, disminuir o perder la amistad. || Cerrar un negocio o empresa por no poder hacer frente a sus pagos y obligaciones contraídas o ser el pasivo superior al activo. || Romperse la continuidad de algo, especialmente de una superficie, sistema montañoso, etcétera.

QUEDA f. Hora de la tarde o de la noche en que la población debe recogerse en sus casas y está prohibido el tránsito; es medida característica del tiempo de guerra o del estado de excepción.

QUEDAR intr. y prnl. Detenerse, permanecer o estar en determinado lugar, condición, estado, etc. || Detenerse explícitamente en un lugar, no partir. || Hospedarse, hacer noche. || Permanecer en un aspecto, posición o forma determinados. || Cambiar de un estado a otro menos estable. || Rematarse a favor de uno algo que se subasta o se vende. || intr. Seguido de *por*, alcanzar uno algo de lo que se expresa, o conseguir una dignidad, derecho u obligación que no se poseía. || Terminar una actividad a propósito; convenir. || prnl. Retener alguna cosa, bien sea propia o ajena. || Engañar a uno, abusar de su credulidad. || Faltar un tiempo o determinada acción. || Calmarse la fuerza del viento o de las olas. || tr., intr. y prnl. Seguido de participio, da significado perfectivo. || *a deber* Dejar como deuda. || *atrás* Retrasarse en una carrera, competición, etc., con respecto a otro. || No porfiar en un empeño.

QUEDO, DA adj. Quieto, calmo. || adv. En susurros, con voz apenas audible. || Con tiento. || Poco a poco. || f. Toque de queda.

QUEHACER m. Trabajo, faena, ocupación.

QUEJA f. Expresión de dolor, pena, disgusto o desazón. || Resentimiento. || Querella.

QUEJARSE prnl. Expresar mediante voces o gritos el dolor, pena, etc., que uno siente. || Manifestar disgusto, resentimiento, etc., contra algo o alguien.

QUEJIDO m. Voz o exclamación lastimosa que motiva un dolor o aflicción.

QUEJOSO, SA adj. Que tiene queja de alguien o algo.

QUEJUMBRAR intr. Quejarse con gran frecuencia y por nimiedades.

QUEMA f. Acción y efecto de quemar o quemarse. || Fuego, incendio o cualquier tipo de combustión. || *huir de la q.* Huir de un peligro o compromiso.

QUEMADURA f. Lesión que se produce en los tejidos; puede ser debida a diversos agentes (calor, corriente eléctrica, sustancia química, etc.). || Señal o llaga que deja. || Efecto perjudicial producido en las plantas por falta de agua, exceso de calor o acción bacteriana.

QUEMAR tr. Consumir mediante el fuego. || Calentar con virulencia excesiva. || Abrasar el exceso de calor a una planta. || Causar algo una sensación ardiente y dolorosa por ser corrosiva, urticante, o estar muy caliente. || Producir ampolla o llaga. || Destilar vinos. || Malvender algo, darlo por menos de su precio. || Tirar el dinero, derrochar. || tr. y prnl. Desazonar, exasperar. || intr. Estar algo muy caliente. || intr. y prnl. Empeñar todos los esfuerzos y energías en el logro de algo que, sin embargo, no se consigue. || Dar por terminado un asunto. || prnl. Sentir mucho calor. || Sufrirlo. || Padecer la exacerbación de una pasión, acrecentarse un sentimiento. || Hallarse próximo a descubrir algo o acertar con ello.

QUEMAZÓN f. Temperatura muy elevada, insoportable. || Molestia, comezón

QUERELLA 541 **QUILATE**

que causa la no consecución de un deseo. || El sonrojo o el sentimiento que causa.

QUERELLA f. Queja. || Disputa, pelea, riña. || Escrito presentado en los tribunales que forma parte contra un presunto hecho delictivo.

QUERENCIA f. Acción de querer, amar. || Hábito humano, sea natural o adquirido, que también es propio de otros animales, de volver al lugar en que uno nació o se crió o a aquel sitio al que se tiene costumbre ue acudir. || Ese mismo lugar. || Tendencia de un ser animado hacia determinada cosa o comportamiento.

QUERER, 1 m. Amor, afecto, cariño.

QUERER, 2 tr. Poner la voluntad en la obtención de algo, desear, codiciar para uno. || Amar, tener inclinación o sentir afecto por una persona o cosa. || Resolver, tener voluntad de hacer determinada cosa. || Resignarse al intento de otro, aceptar su parecer. || Requerir una cosa a otra, serle conveniente. || Procurar, intentar o pretender. || Comenzar lentamente a realizarse algo o dar señales de que va a hacerlo.

QUERIDO, DA m. y f. Amante. || fam. El amante que es mantenido y cuyos lazos son menos afectivos que económicos.

QUEROSENO m. Fracción del petróleo obtenida por destilación a temperatura comprendida entre 180 °C y 280 °C. Es un líquido oleoso, movible, amarillo claro. Es tóxico. Se usa como carburante, en insecticidas y para limpiar y desengrasar.

QUERUBÍN m. Ángel de los que forman el segundo coro, con tronos y serafines. || fig. Niño o persona joven de belleza delicada o angelical.

QUESO m. Producto alimenticio que se obtiene de la leche cuajada, que se exprime para que deje el suero y a la que se le echa sal para su mejor conservación. Se le mezclan a veces otras sustancias y en su forma y sabor influye no sólo el tipo de leche, sino el clima, tratamiento, etc. Sus variedades son muy numerosas.

QUICIO m. En las puertas y ventanas, parte en la que se afirma el quicial. || Ángulo que forma la puerta al abrirse con el muro y dicha parte, y espacio medio que delimita tal ángulo. || *fuera de q.* Fuera de orden o lejos de su estado habitual. || *sacar de q.* Exasperar, irritar. || Exagerar algo, extraerlo de su contexto.

QUID m. Razón, esencia, porqué de una cosa.

QUÍDAM com. fam. Sujeto indeterminado, cualquier persona de la que se omite el nombre, un don nadie.

QUIEBRA f. Rotura que sufre una cosa. || Hendedura, abertura, especialmente la de tierras o montes, o la que en los valles causa el exceso de lluvias. || Pérdida o menoscabo. || Suspensión de pagos, cierre de una empresa o comercio por superar el pasivo al activo. || Juicio dirigido a la liquidación del patrimonio del deudor y a su distribución entre los acreedores. || Riesgo, posibilidad de fracaso.

QUIEBRO m. Finta que se hace con el cuerpo, doblándolo por la cintura hacia un lado y con los pies juntos. || Nota o conjunto de notas de adorno que acompañan a otra principal.

QUIEN Pronombre relativo; no posee variación de género, pero sí de número (*quienes*). Se suele usar referido a personas, aunque también puede ser usado relacionado con animales, instituciones o cosas personificadas. En ocasiones puede referirse en singular a un antecedente en plural. Si no tiene antecedente expreso o evidente, equivale a "la persona que" o "aquel que". También puede ser entendido como "cualquiera que" o, en dependencia respecto de un verbo de negación, "nadie que". || Con acento prosódico u ortográfico, hace funciones de pronombre interrogativo o exclamativo. || *no ser, uno, q.* No ser el apropiado por afinidad, jerarquía o conocimientos.

QUIENQUIERA pron. Sujeto indeterminado, alguno o alguien. Antepuesto al verbo, se acompaña del relativo *que.*

QUIETO, TA adj. Que carece de capacidad para moverse o no lo hace. || Calmo, pacífico, difícil de alterar. || Que no es dado a los vicios, especialmente a la lujuria.

QUIETUD f. Falta de movimiento. || Calma, sosiego, reposo.

QUIJADA f. Cada una de las dos mandíbulas de un vertebrado en las que se encajan los dientes y muelas.

QUIJOTE com. Por alusión a Don Quijote de la Mancha, el personaje de Cervantes, persona excesivamente soñadora e idealista, o bien la seria y enjuta.

QUILATE m. Unidad de peso para las piedras preciosas; equivale a unos 205 mg. || Pesa de esta magnitud. || Cada una de las partes de peso de oro puro que contiene una aleación con tal metal; dicho oro tiene 24 q. || Perfección y pureza que alcanza una cosa no material; se usa especialmente en plural.

QUILÓPODOS m. pl. Clase de artrópodos miriápodos, de cabeza diferenciada provista de un par de antenas y un número variable de ocelos, tronco con un número variable de segmentos (hasta 181), con un par de patas. Son de respiración traqueal, carnívoros y de costumbres nocturnas. Se conocen unas 1 800 especies de repartición cosmopolita.

QUILOVATIO m. Kilovatio.

QUILLA f. Pieza generalmente con una curvatura, que va de proa a popa del barco por su parte inferior y forma así su base y sostiene el armazón. || Lámina ósea situada en la parte central del esternón de las aves, que permite la inserción de los músculos del ala.

QUIMERA f. Aquello que se presenta ante la imaginación como real y posible, no siendo más que una ilusión vana. || Disputa, pendencia.

QUIMÉRICO, CA adj. Imaginado sin base ni fundamento, fabuloso.

QUÍMICO, CA adj. Relativo a la química. || Que concierne a la composición de los cuerpos. || m. y f. Persona que estudia química o que realiza trabajos relacionados con ella. || f. Rama de las ciencias naturales exactas que estudia las propiedades, transformaciones y aplicaciones de las sustancias materiales. En cuanto a las transformaciones, sus intereses se centran en las proporciones, velocidad (cinética) y energía (termodinámica) de las reacciones, así como su equilibrio posterior. El conocimiento de la naturaleza atómica de la materia ha estrechado su tradicional relación con la física. || fam. Cualquier método, por inocuo que sea, que haga sospechoso a un alimento de no ser natural en su totalidad. || *analítica* La que estudia los métodos para reconocer y determinar tanto cualitativa como cuantitativamente los componentes de una mezcla o combinación. || *experimental* La que se basa en experimentos como base de sus estudios. || *farmacéutica* La que prepara y analiza los productos farmacéuticos. || *física* La que da las bases físicas teóricas para resolver los problemas químicos. || *industrial* La que estudia los problemas derivados de la industria química. Constituye un factor básico del crecimiento económico. || *inorgánica* La que estudia compuestos químicos que no poseen carbono en sus moléculas. || *orgánica* La que estudia los compuestos que contienen carbono en sus moléculas.

QUIMIOTERAPIA f. Tratamiento de las enfermedades mediante sustancias químicas.

QUIMO m. Masa líquida, espesa, homogénea y de color grisáceo en que se convierten los alimentos en la última fase de la digestión gástrica y primera de la intestinal.

QUIMONO m. Túnica originaria de Japón de mangas largas y anchas, muy holgada, y que se cruza por delante y se ciñe al talle. || Conjunto de chaqueta y pantalón, de lona y sin botones, que se usa para practicar el judo y otras artes marciales.

QUINA f. Corteza del quino; contiene quinina y otros alcaloides con acción terapéutica frente a la malaria. || Vino quinado.

QUINCE adj. Diez y cinco. || adj. y com. Decimoquinto, ordinal. || m. Guarismo de tal número (15).

QUINCENA f. Espacio de quince días. || Paga que se cobra de quince en quince días. || Detención gubernativa que dura tal tiempo.

QUINCUAGÉSIMO, MA adj. Ordinal y partitivo de cincuenta. || f. Domingo que precedía al primero de cuaresma en el año litúrgico.

QUINIENTOS, TAS adj. Cinco veces ciento. || adj. y s. Quingentésimo, ordinal. || m. Guarismo de tal número (500).

QUININA f. Alcaloide principal de los muchos que contiene la corteza de la quina. Es una sustancia blanca, amorfa, inodora y muy amarga. Utilizada como agente antipalúdico.

QUINQUÉ m. Lámpara, generalmente alimentada con petróleo, que consta de depósito, mecha, tubo de cristal y, a menudo, también pantalla; la llama y su luz pueden graduarse subiendo o bajando la mecha.

QUINQUENAL adj. Que se repite cada quinquenio. || Que dura un quinquenio.

QUINQUENIO m. Periodo de tiempo de cinco años. || Incremento salarial que se produce cada 5 años.

QUINTA f. Finca de recreo en el campo. || Acción y efecto de quintar. || Reemplazo anual de hombres que ingresan en el servicio militar. || pl. Trámites burocráticos del reclutamiento.

QUINTAESENCIA f. Última esencia de algo. || La forma más pura de algo, su cualidad más intensa.

QUINTAL m. Peso que en Castilla equivalía a cien libras, o sea, cuatro arrobas, o 46 kg. || *métrico* Peso de 100 kg.

QUINTETO m. Grupo de cinco. || Estrofa, de origen italiano, de 5 versos de arte mayor, en la que no suelen quedar 3 versos seguidos en rima, ni acabar con pareado, ni dejar versos libres sin rima. || Composición para cinco instrumentos o voces, y conjunto que la interpreta.

QUINTO, TA adj. y s. Entre el cuarto y el sexto. || Cada una de las cinco partes iguales que se hacen de una cosa. || m. Recluta, miembro del ejército que aún no ha jurado bandera. || Derecho o tributo que supone la quinta parte (20%) de algo.

QUÍNTUPLO, PLA adj. y s. Que contiene un número exactamente cinco veces.

QUIOSCO m. Templete, generalmente de aire oriental y abierto por sus lados, que se sitúa especialmente en jardines, parques, etc., con diversos usos. || Caseta, pabellón en la calle o en plazas en el que se venden flores, refrescos, y en especial periódicos y revistas.

QUIRÓFANO m. Local dotado de las condiciones y el utillaje necesarios para poder realizar intervenciones quirúrgicas.

QUIRÚRGICO, CA adj. Relativo a la cirugía.

QUISQUILLA f. Bobería, insignificancia, menudencia. || Camarón (crustáceo).

QUISQUILLOSO, SA adj. y s. Que repara en quisquillas, que a todo da importancia. || Empalagoso, excesivamente delicado en el trato. || Susceptible, sensible.

QUISTE m. Tumoración formada por un saco cerrado provisto de membrana que puede desarrollarse en distintas regiones del cuerpo y contiene una sustancia líquida o semilíquida. || Fase de vida latente o de resistencia de algunos organismos unicelulares, que implica la producción previa de una cubierta protectora. || *adventicio* El formado alrededor de un cuerpo extraño o de un líquido o exudado patológico. || *hidatídico* Formado por el desarrollo de la larva de la tenia del perro (*Taenia echinococus*), que, introducida por vía oral en el estómago, es transportada a distintos órganos (hígado, cerebro, pulmón, etc.). Puede alcanzar un tamaño considerable y producir, por tanto, trastornos compresivos. || *sebáceo* El producido por la retención de grasa en una glándula sebácea.

QUITAMANCHAS m. Producto que limpia las manchas de la ropa sin necesidad de lavado.

QUITAR tr. Apartar una cosa del sitio en que se hallaba, separar. || Robar, hurtar. || Actuar como obstáculo, impedir. || Prohibir. || Eliminar un empleo, cargo u oficio. || Despojar o dejar sin determinada cosa o circunstancia. || Desempeñar una cosa. || En esgrima, evitar el golpe o la estocada del contrario. || prnl. Abandonar algo, dejarlo de lado. || Alejarse de un lugar. || *de quita y pon* Fácil de instalar y desmontar. || Se dice de cada una de las dos prendas que tienen que usarse alternativamente en el vestuario. || *quitando* A excepción de. || *quita ya* o *quita de ahí* Denota rechazo o disgusto. || *quitarse de encima* Desembarazarse de una persona molesta, preocupación, etc. || *quitarse de en medio* Irse de un lugar. || No inmiscuirse en algo.

QUITASOL m. Especie de sombrilla o paraguas grande para resguardarse del sol.

QUIZÁ (o **QUIZÁS**) adv. Denota duda o la posibilidad de realización de aquello a lo que se refiera.

QUÓRUM m. Número mínimo imprescindible de individuos presentes en una asamblea o similar para que sus acuerdos sean válidos. || Cantidad o proporción de votos a favor que requiere un acuerdo.

R Vigésima primera letra del alfabeto castellano, y decimoséptima de sus consonantes (r, R); su nombre es *erre*; tiene dos sonidos (simple y múltiple) con diferente valor fonético. || Abreviatura de röntgen (R). || Símbolo de la resistencia eléctrica (R). || Símbolo de los números reales (R).
RABADILLA f. Extremo distal de la columna vertebral, formado por el cóccix y la última parte del hueso sacro. || Extremidad móvil del cuerpo de las aves en que se asientan las plumas de la cola.
RABIA f. Enfermedad infecciosa propia de ciertos animales (perro, lobo, gato, etc.) transmitida al hombre generalmente por mordedura y debida a un virus con afinidad por el sistema nervioso central. || Roya. || Cólera, furor, enojo. || Enfado que surge ante una contrariedad. || Violencia o fiereza manifestada al acometer una empresa.
RABIAR intr. Estar aquejado de rabia. || Sufrir un dolor intenso. || Encolerizarse, enfadarse. || Anhelar algo con intensidad. || Traspasar los límites habituales. || *a r.* Vehementemente, con fuerza. || *estar a r. con* (alguien) Mantener relaciones enojosas. || *hacer r. a* (alguien) Exasperar, sacar de sus casillas.
RABIETA f. Pataleta, enfado sin causa importante. || pl. Cascarrabias.
RABINO m. Maestro hebreo que se encarga de transmitir la religiosidad y la ley judía con su interpretación tradicional.
RABIOSO, SA adj. y s. Enfermo de rabia. || adj. Enfadado, colérico. || Vehemente en exceso. || Se dice de los alimentos excesivamente picantes.
RABO m. Extremidad posterior de los cuadrúpedos. || Rabillo de las plantas. || fam. Objeto de forma similar al r. del animal. || Maza. || Rabera. || vulg. Pene. || *asir o coger por el r.* Expresión indicativa de la dificultad de alcanzar algo. || *con el r. entre las piernas* Corrido, avergonzado.
RABÓN, NA adj. Que no tiene rabo o lo tiene corto. || *hacer rabona* Hacer novillos.
RACIAL adj. Relativo a la raza. || Irónicamente, que actúa conforme a los rasgos más tópicos y burdos que se suponen propios de un pueblo.
RACIMO m. Grupo de granos de uva unidos al sarmiento por un mismo tallo. || Conjunto de pequeñas cosas agrupadas de este modo. || Grupo apretado de cosas o personas. || Tipo de inflorescencia indefinida con un eje central en el que se asientan, a intervalos regulares, las distintas flores sostenidas por un pedúnculo de longitud variable.
RACIOCINIO m. Acción y efecto de raciocinar. || Pensamiento y expresión verbal del acto de razonar.
RACIÓN f. Cantidad de alimento suministrada en cada comida, o a lo largo del días, y que se considera suficiente para la manutención del individuo. || Guiso o cualquier otro alimento en cantidad intermedia entre la tapa y el plato, que suele tomarse como aperitivo. || Cada una de las porciones de algo, que se vende de forma unitaria. || Copa, medida de capacidad.

RACIONAL adj. Relativo a la razón. || adj. y com. Con razón o que se atiene a ella. || Se dice de la función que puede obtenerse efectuando sobre la variable solamente operaciones racionales (suma, resta, multiplicación y división). || Se dice de la ecuación en la que las variables no aparecen bajo un signo de raíz; en caso contrario se dice irracional. || Se dice de una clase de número.

RACIONALIZAR tr. Formular en conceptos racionales. || Organizar la producción de acuerdo con la máxima efectividad y el mínimo costo. || Organizar algo en forma teórica con base en cálculos lógicos.

RACIONAR tr. y prnl. Distribuir en raciones, especialmente si éstas son pequeñas, en razón de la escasez del producto o por propia voluntad.

RACISMO m. Doctrina que afirma la superioridad de una raza sobre las demás.

RACHA f. Golpe súbito de viento. || Lapso afortunado o desventurado. || Afluencia repentina de numerosas cosas de la misma clase, materiales o inmateriales.

RADA f. Ensenada donde pueden guarecerse las naves.

RADAR m. Aparato que usa microondas radioeléctricas de alta frecuencia para localizar e identificar un objeto no visible, servir de guía en la navegación naval y aérea, etc. Consiste en un emisor de gran potencia generador de ondas radioeléctricas, que al ser detectadas por un receptor o al encontrar un obstáculo, se reflejan en dirección contraria a la de la incidencia, y son recogidas por la emisora.

RADIACIÓN f. Acción y efecto de irradiar. || Propagación de la energía en el espacio a partir de un centro de emisión. Pueden ser atómicas o electromagnéticas. || *de fondo* La del medio ambiente natural del hombre, incluida la procedente de los rayos cósmicos, la de los elementos radiactivos naturales de la Tierra y la originada en el propio cuerpo humano. || *térmica* La emitida en forma de calor por todos los cuerpos que no se hallan a la temperatura del cero absoluto.

RADIACTIVIDAD f. Propiedad que presentan ciertas sustancias, consistente en la emisión de partículas alfa, electrones, positrones y radiación electromagnética, que proceden de la desintegración espontánea de determinados núcleos que la forman.

RADIADOR m. Aparato de calefacción compuesto de un tubo en forma de serpentín o de una serie de tubos, a través de los cuales pasa una corriente de agua o vapor a elevada temperatura. || Serie de tubos por los cuales circula el agua destinada a refrigerar los cilindros de algunos motores de combustión interna. || Cualquier superficie o dispositivo que emite calor.

RADIANTE adj. Se dice de lo que es irradiado. || Resplandeciente, brillante, luminoso. || Esplendoroso, que manifiesta externamente su satisfacción. || m. Punto del cielo en el que aparentemente divergen las trayectorias de los meteoros del mismo grupo.

RADIAR tr. Emitir por radiofonía. || Irradiar. || Utilizar rayos X con fines terapéuticos.

RADICAL adj. De la raíz. || Primigenio. || adj. y com. Se dice de la persona intransigente en la defensa de algo. || Partidario del radicalismo en política. || Parte que queda de una palabra variable si se le suprimen las desinencias. || Grupo de átomos con valencias libres que les permiten reaccionar como los elementos. || *inorgánico* Parte de una molécula de un compuesto inorgánico obtenida al eliminar uno o más átomos de hidrógeno. || *libre* Cada uno de los compuestos activos no saturados, de vida corta, propensos a dimerizarse. || *orgánico* Parte de una molécula de un compuesto orgánico obtenida por eliminación de uno o más átomos de hidrógeno.

RADICAR intr. y prnl. Echar raíces. || Instalarse en un lugar permanentemente. || intr. Hallarse algo en un lugar determinado. || Constituirse algo en la base o esencia de una cuestión.

RADIO, 1 m. En la circunferencia, segmento que une cualquiera de sus puntos con el centro. || Cualquier elemento longitudinal que cumple dicha función en piezas circulares de un mecanismo. || Hueso largo, par y simétrico, que con el cúbito forma el antebrazo. || *de curvatura* Aplicado a una curva en un punto, es el r. de la circunferencia que tiene igual curvatura que la curva en dicho punto.

RADIO, 2 m. (Ra) Elemento químico situado en el grupo IIa de la tabla periódica. Forma parte de la familia de los alcalinotérreos. Se encuentra en los minerales de uranio. Es un metal pesado, radiactivo y de color blanco brillante. Se usa en medicina para tratar el cáncer, fabricar pinturas luminiscentes; en biología, para producir mutaciones artificiales, producir reacciones nucleares, etcétera.

RADIO, 3 m. Aparato receptor de radiodifusión. || f. Conjunto de emisoras de radiodifusión y técnica que utilizan. || Emisora de radiodifusión.

RADIODIFUSIÓN f. Conjunto de técnicas e instituciones dedicadas a transmitir música, mensajes y programas por medio de ondas radiofónicas.

RADIOGRAFÍA f. Método utilizado para obtener imágenes del interior de un cuerpo aprovechando la diferencia de densidades que ofrecen los tejidos al paso de los rayos X. Es ampliamente utilizado en medicina como método diagnóstico. || Fotografía realizada por este método.

RADIOLOGÍA f. Disciplina científica que estudia las radiaciones, especialmente los rayos X, en sus aspectos diagnósticos y terapéuticos.

RADIOTELEFONÍA f. Sistema de comunicación telefónica entre dos interlocutores mediante ondas radioeléctricas.

RADIOTERAPIA f. Disciplina médica que se ocupa del tratamiento de las enfermedades mediante determinados tipos de radiaciones.

RADIOTRANSMISOR m. Aparato destinado a emitir ondas que transportan sonidos o imágenes. Se emplea en radiotelegrafía y radiotelefonía.

RADIOYENTE com. Persona que escucha un programa o mensaje radiofónicos.

RAER tr. Raspar una superficie con un instrumento adecuado hasta quitar todo lo que sobresale de ella. || Rasar, igualar. || Eliminar completamente algo, especialmente no material.

RÁFAGA f. Golpe de viento. || Cualquier nube que aparece cuando hay o va a haber cambios de tiempo. || Haz de luz que aparece y desaparece súbitamente. || Secuencia de disparos del arma automática. || Oleada, aparición súbita de personas o cosas.

RAÍDO, DA adj. Muy gastado. Se dice especialmente de los tejidos muy usados. || Caradura. || Sin pelo, raso.

RAIGAMBRE f. Conjunto de raíces. || Conjunto de tradiciones, hábitos adquiridos, etc., que condicionan el pensamiento y actuación de algo o alguien. || Ascendencia.

RAÍL m. Cada una de las guías de una vía férrea, formadas por vigas de acero yuxtapuestas, y que se unen a otra paralela mediante traviesas, sobre las que discurren los vehículos de la línea. || Por extensión, toda guía sobre la que se desplaza un móvil.

RAÍZ f. Organo de fijación de las plantas superiores (Pteridófitos y Fanerógamas) y que sirve para absorber del sustrato (suelo u otro medio distinto) los elementos necesarios para el desarrollo del individuo. Generalmente tiene geotropismo positivo y carece de clorofila; morfológicamente consta de: ápice vegetativo, con el meristema de crecimiento apical coronado por la caliptra; zona pilífera que está especializada en la absorción; y zona suberosa superior en la que tiene lugar la transición con el tallo. || Origen, causa de una cosa. || Parte inferior, base sobre la que se sustenta algo. || Parte oculta de algo que da origen o sustenta a la parte visible, como sucede en los dientes. || Cada uno de los valores que satisfacen una ecuación. || Cantidad que se ha de multiplicar por sí misma una o más veces para obtener un número determinado (radicación). || En lingüística, radical de una palabra. || Tramo del diente encastrado en los alveolos. || Bien inmueble; propiedad, finca. || *a r. de* Como consecuencia de. || Cercano, próximo a. || *de r.* Desde su primera causa, desde el principio o desde que aparezca. || *echar raíces* Establecerse en un lugar, fijar en él la residencia.

RAJA f. Cada una de las porciones largas de leño que se forman al cortar un tronco paralelamente a su eje vertical. || Abertura, quiebra o resquebrajadura de una cosa. || Sección que se corta a lo largo de un melón, sandía, etcétera.

RAJÁ m. Soberano indio. || Príncipe vasallo del imperio mongol. || Feudatario musulmán de la India.

RAJAR tr. Partir algo en rajas. || Cortar rajas. || tr. y prnl. Partir o resquebrajar algo.

RAJATABLA, a Frase adverbial que significa 'de forma tajante', 'con todo rigor'.

RALEA f. Género, condición, calidad. || Raza, linaje, casta; en los dos casos, suele tener carácter negativo (*baja*, o *mala*, *ralea*).

RALO, LA adj. Se dice de las cosas cuyas partes o elementos se hallan más separados entre sí de lo que debieran; suele aplicarse a la vegetación, pilosidad, etcétera.

RALLAR tr Desmenuzar algo con el rallador. || fig. Incordiar, importunar.

RAMA f. Cada uno de los desarrollos secundarios del tronco o tallo de una planta. || Conjunto de personas que tienen su origen en un mismo tronco familiar. || Especialización, división o parte secundaria de algo, especialmente de una disciplina, arte, etc. || Parte de una curva abierta que se aleja hasta el infinito. || *andarse uno por las r.* Divagar, dar rodeos innecesarios o no querer contestar a lo que se pregunta. || *de r. en r.* Sin tener un objeto fijo de estudio o atención; variando constantemente de objetivos. || *en r.* Se dice de algunos productos industriales que todavía no han sido manufacturados, como el algodón o la canela. || Se dice de una obra impresa sin encuadernar.

RAMAJE m. Conjunto de ramas o ramos.

RAMAL m. Cada uno de los cabos que forman una cuerda, soga, trenza, etc. || Carretera secundaria que arranca de una principal, o prolongación menor de una cordillera, mina, camino, etc. || Cada uno de los tramos de una escalera que, en un edificio, confluyen en un mismo rellano. || Ronzal. || División que resulta de una cosa, rama.

RAMERA f. Prostituta.

RAMIFICACIÓN f. Acción y efecto de ramificarse. || Consecuencia necesaria de algún hecho. || En una planta, producción de ramas a partir del eje primario. || Distribución en ramas de distintas direcciones a partir de un origen común; utilizada con frecuencia por arterias, nervios o venas. || Derivación, subdivisión.

RAMIFICARSE prnl. Extenderse o dividirse en ramas una cosa. || Propagarse las consecuencias de un hecho, reproducirse.

RAMILLETE m. Ramo pequeño de flores formado artificialmente. || Bandeja o plato formado por varios dulces diversos. || Colección de exquisiteces o de cosas hermosas. || Inflorescencia que forma una cima o copa contraída.

RAMO m. Rama de segundo orden, que nace de la principal. || Rama cortada del árbol. || Conjunto natural o artificial de varias flores, ramas o hierbas. || Ristra de ajos o cebollas. || Cada una de las partes en las que se divide una disciplina, ciencia, etc. || Agrupación sindical obrera que engloba trabajadores del mismo sector o actividad productiva. || Enfermedad que se está incubando o aún no se ha diagnosticado.

RAMPA f. Superficie inclinada que facilita la subida o bajada a un lugar. || Por extensión, pendiente (terreno).

RAMPLÓN, NA adj. Ordinario, de mal gusto. || m. Especie de cuña que se pone a las caballerías en las herraduras para nivelar los cascos.

RANA f. Nombre común a los anfibios anuros de piel lisa. || Juego que consiste en acertar, lanzando monedas o chapas desde una cierta distancia, a la boca de una rana figurada u otras ranuras convenientemente dispuestas.

RANCIO, CIA adj. Se dice del vino y de algunos alimentos como el aceite, el tocino, etc., que con el paso del tiempo adquieren un peculiar sabor o se estropean. || Se dice de familias, formas de vidas, etc., antiguas, de gran abolengo. || Desfasado, que no está a la moda. || m. Ranciedad.

RANCHERO, RA adj. Relativo al rancho. || m. y f. Persona que cocina el rancho. || Persona que administra o trabaja en un rancho. || f. Canción popular mexicana de carácter rural. || Tipo de automóvil cuyo espacio interior está diseñado para aumentar la capacidad, de personas o carga.

RANCHO m. Guiso comunitario de un cuartel, cárcel, etc. || Guiso mal cocinado, incomible. || Lugar en las afueras de una población donde se asientan grupos de personas de forma transitoria. || Choza, chabola.

RANGO m. Clase, índole. || Abolengo, categoría social. || Valor de un elemento lingüístico respecto a otros y en relación de oposición o dependencia con ellos.

RANURA f. Hendidura estrecha y de longitud variable que se hace en algunos objetos.

RAPAR tr. y prnl. Afeitar la barba. || Cortar el pelo a ras. || Arrebatar, robar.

RAPAZ adj. Aficionado al robo. || adj. y f. Se dice de las aves provistas de pico ganchudo y garras bien desarrolladas para la captura de presas vivas. || *rapaces diurnas* Falconiformes.

RAPAZ, ZA m. y f. Chico, muchacho.

RAPÉ adj. y m. Se dice del tabaco en polvo que se toma por la nariz.

RAPIDEZ f. Calidad de rápido. || Ligereza, velocidad.

RÁPIDO, DA adj. Que emplea poco tiempo en desplazarse de un sitio a otro. || De escasa duración. || Que se hace en poco tiempo. || Hecho con apresuramiento, a la ligera. || Veloz, que necesita poco tiempo para realizar un trabajo, etc. || m. Tramo del curso de un río en el que las aguas circulan a gran velocidad debido a la existencia de una fuerte pendiente.

RAPIÑA f. Apropiamiento o robo que se hace con astucia, aprovechándose de la debilidad o descuido de otra persona. || *de r.* Se dice del ave rapaz.

RAPOSO, SA m. y f. Zorro. || Persona astuta.

RAPSODIA f. Fragmento épico que se recitaba seguido. || Género musical de forma libre e inspiración popular.

RAPTAR tr. Hacer un rapto.

RAPTO m. Delito que consiste en arrebatar a una persona de su domicilio, por violencia o engaño. || Figura antropológica por la que un hombre se hace con una mujer, con o sin consentimiento de sus allegados. || Arrebato. || Accidente que anula las facultades de la persona. || En el misticismo, estado de arrobamiento del alma que está en contacto con la divinidad.

RAQUETA f. Instrumento con mango y superficie plana, de madera y red, que se utiliza para golpear la pelota en ciertos juegos. || Red sujeta a un bastidor que, puesta bajo el calzado, sirve para andar por la nieve. || Rastrillo de madera usado en las casas de juego para mover las fichas de los apostantes. || Jaramago. || Desvío semicircular en una carretera, para facilitar los giros laterales de los vehículos.

RAQUÍTICO, CA adj. Que sufre raquitismo. || Poco desarrollado en su crecimiento. || Escaso, exiguo, mezquino.

RAQUITISMO m. Enfermedad propia de la infancia, generalmente derivada de un déficit de vitamina D (producido por carencia vitamínica o solar, o como consecuencia de un trastorno metabólico). Provoca retraso en el desarrollo óseo.

RAREZA f. Cualidad de raro. || Objeto poco común. || Manía peculiar de alguien.

RAS m. Nivel uniforme de las cosas. || *a,* o *al r.* A la altura del borde. || Con una trayectoria muy próxima.

RASANTE adj. Se dice de lo que se mueve por encima y en la proximidad de una superficie. || Inclinación de un camino con respecto a la horizontal. || *r., cambio de* En una calzada, horizonte que marca un cambio de pendiente.

RASAR tr. Igualar con el rasero. || Pasar rozando. || prnl. Eliminarse la rugosidad o manchas de algo.

RASCACIELOS m. Edificio de pisos que sobrepasa en mucho la altura habitual.

RASCAR tr. y prnl. Pasar con fuerza y repetidamente un objeto o las uñas por una zona de la piel, especialmente para aliviar la comezón. || Arañar. || Raer, raspar. || Ejecutar de mala manera un instrumento. || Investigar. || fam. Conseguir, lograr. || tr. Vencer un gallo.

RASGAR tr. y prnl. Desgarrar materiales poco consistentes. || Rasguear.

RASGO m. Trazo en el escrito o dibujo, especialmente si es ornamental. || Peculiaridad de algo o alguien. || Acción significativa en cualquier sentido. || pl. Conjunto de las líneas generales que definen las facciones de una persona. || Caracteres distintivos de la letra de cada cual. || *a grandes r.* De forma genérica.

RASGUÑAR tr. Rascar con las uñas, arañar. || Bosquejar dibujos.

RASGUÑO m. Pequeño corte en la superficie de la piel. || Resultado de rasguñar en pintura.

RASO, SA adj. Llano. || Se dice del asiento sin respaldo. || Sin grado o jerarquía. || Se dice del cielo despejado. || Que pasa o se mueve a poca altura del suelo. || A rebosar. || m. Cierto tejido de seda o fibra artificial, una de cuyas superficies es brillante. || *al r.* Al aire libre.

RASPA f. Filamento que bordea el grano de cereal. || Espina de pescado. || Lo que queda de un racimo, ramo o espiga después de quitar las flores o frutos. || Cierto baile jocoso y muy popular.

RASPAJO m. Raspa de la uva.

RASPAR tr. Eliminar, voluntariamente o no, la capa superficial de algo, con las uñas o algún objeto. || Provocar el vino, o algún licor, picor en el paladar. || Sustraer algo. || Pasar rozando. || tr. e intr. Provocar aspereza o rozamiento molesto.

RASTREAR tr. Buscar algo o a alguien por el rastro que deja.

RASTRERO, RA adj. Que repta o es arrastrado. || Que vuela a ras de suelo. || Se dice de la planta que crece horizontalmente, con raicillas a todo lo largo de su tallo. || Hombre empleado en el matadero. || fig. Ruin, mezquino.

RASTRO m. Instrumento compuesto por un mango y un travesaño con púas, perpendicular a éste. || Instrumento similar al anterior, pero más resistente y estrecho, usado para allanar piedras, etc. || Huella o señal que manifiesta la presencia anterior de algo o alguien. || Mugrón de la vid.

RASTROJO m. Tallo de cereal que queda en el campo después de la siega. || Terreno poblado del mismo. || fig. Resto de algo.

RASURAR tr. y prnl. Afeitar el pelo o la barba.

RATERO, RA adj. y s. Se dice del ladrón de poca monta, que actúa habilidosamente.

RATIFICACIÓN f. Nueva afirmación de algo. || Acto jurídico consistente en aceptar por válida una actuación de trascendencia jurídica realizada por un tercero sin tener carácter de representante. || En derecho internacional, acto solemne por el que un Estado se obliga a cumplir los tratados firmados con otro.

RATING m. Índice obtenido por una división normalizada de distintos factores; usado en economía de empresa y navegación deportiva.

RATO m. Lapso indeterminado pero corto. || *a ratos* De cuando en cuando.

RATONERO, RA adj. Del ratón. || f. Trampa para ratones. || Agujero que hacen los ratones para entrar y salir. || Madriguera de ratones.

RAUDAL m. Parte del curso de un río donde las aguas son más turbulentas debido a la fuerte pendiente del lecho principal. || Avalancha repentina de algo. || *a raudales* Con gran abundancia.

RAUDO, DA adj. Rápido.

RAYA f. Línea que se dibuja o marca sobre la superficie de algo. || Muga, frontera. || Surco trazado en el cabello al peinarlo. || Límite o término de algo. || Especie de guión más largo, que en un escrito señala cada una de las partes del diálogo o que se usa para introducir un inciso. || Rayuela.

RAYANO, NA adj. Que limita con algo. || Próximo.

RAYAR tr. Hacer rayas. || Tachar parte de un escrito con rayas. || Subrayar. || Hendir con líneas una superficie lisa. || intr. Limitar.

RAYO m. Dirección en que avanza una determinada forma de energía que se propaga en una onda luminosa o en cualquier onda electromagnética. || Cada línea de luz que pasa entre las aberturas de un obstáculo. || Descarga eléctrica muy intensa que se produce desde una nube a la tierra. || Cualquier cosa de efecto fulminante. || Radio de la rueda de un carro. || *convergente* El que pertenece a un haz de radiaciones que convergen en un punto.

RAZA f. Grupo humano definido por caracteres físicos hereditarios. El término, actualmente, no tiene ningún valor antropológico o cultural. || Calidad de algo, especialmente de origen. || Cada uno de los grupos en que se dividen ciertas especies animales, en relación con su aspecto externo. || Por antonomasia, entre los chicanos, conjunto de su grupo étnico; tiene connotaciones reivindicativas. || *de r.* Se dice del animal (especialmente perro o caballo) cuyos ascendientes no han sufrido ningún mestizaje.

RAZÓN f. Facultad de pensar o de discurrir. || Conjunto de palabras o frases con que se expresa un pensamiento o se explica un comportamiento, actitud, etc. || Causa, motivo. || Conforme a la lógica, la justicia o el sentido común. || Orden y método en algo. || Cociente entre dos números, que se realiza con el propósito de compararlos. || En una progresión geométrica, cociente de dividir cada número por el consecutivo.

RAZONAR tr. Explicar. || intr. Argumentar. || Ponderar o analizar con la razón.

RE m. Segunda nota de la escala modal diatónica de *do*. En la notación alfabética es la letra *D*.

REACCIÓN f. Acción y efecto de reaccionar. || Comportamiento más o menos complejo (reflejos, actos voluntarios, etc.) ante un estímulo. || Acción mutua entre dos o más sustancias en la que se obtienen productos diferentes. || En un sistema físico, fuerza de igual magnitud, sentido opuesto y con la misma línea de acción con que un cuerpo responde a la acción de otro. || Sistema de propulsión aeronáutica, en el que el movimiento es producido por la eyección de un gas a gran presión y en la dirección opuesta a la marcha. || En política, conjunto de fuerzas políticas y sociales que se oponen a un proceso de transformación de carácter progresista. || Provocación de fenómenos biológicos específicos para conseguir un diagnóstico. || *alérgica* Reacción del organismo, que puede ser local o general, y aparece al poner en contacto el cuerpo con una sustancia a la que es hipersensible. || *nuclear* La que provoca un cambio en el núcleo atómico de un elemento. || *termonuclear* La que se produce por fusión de dos átomos de elementos ligeros.

REACCIONAR intr. Responder a un estímulo. || Salir de un aletargamiento o parálisis. || Volver a un correcto funcionamiento las funciones vitales alteradas, mejorar el estado de salud. || Defender, contraatacar. || Manifestar oposición. || Producir una fuerza opuesta o igual a la del estímulo. || Modificar la postura sostenida cuando se presentan otras razones.

REACIO, CIA adj. Desobediente, remolón. || Que rechaza o se opone a hacer algo o a recibir una influencia, acción, etcétera.

REACTIVO, VA adj. y m. Que provoca reacción. || Se dice de la sustancia química que produce reacciones características con otras para así poderlas identificar.

REACTOR m. Motor de reacción. || Avión a reacción. || Instrumento en que se lleva a cabo una reacción química. || *nuclear* Dispositivo en el interior del cual se produce o se mantiene una reacción nuclear en cadena con objeto de producir energía térmica o radiante.

READAPTAR tr. y prnl. Volver a adaptar o a adaptarse a una nueva vida, un nuevo trabajo, etcétera.

REAFIRMAR tr. y prnl. Volver a afirmar. || prnl. Mantenerse en una posición, adquirir seguridad.

REAGRUPAR tr. y prnl. Reorganizar en grupos algo de forma distinta a la que tenían en el pasado.

REAJUSTAR tr. Ajustar de nuevo. || Acomodar una magnitud económica como salarios, precios, etc., a un conjunto de variables.

REAL, 1 adj. Que existe, auténtico.

REAL, 2 adj. Relativo al rey o a la realeza. || fig. Fastuoso, magnífico.

REALCE m. Resalte, adorno que sobresale de algo. || En pintura, parte de un dibujo o cuadro en el que la luz es más intensa. || fig. Importancia, grandeza, estima.

REALEZA f. Dignidad o poder propios del monarca. || Por extensión, el rey y toda su familia. || Aristocracia, gentes emparentadas con monarcas.

REALIDAD f. Calidad de lo que tiene una existencia real, es decir, física o mesurable. || Cosa real. || Cosa o hecho que resulte de valor práctico o genere determinadas consecuencias. || En filosofía, término que señala la independencia de algo, frente a la apariencia o ilusión. Verdad. || en *r*. Efectivamente.

REALISMO m. Doctrina filosófica que afirma la existencia de una realidad previa e independiente del conocimiento, el cual lo será en tanto que interprete o desvele dicha realidad. || Movimiento artístico, de fronteras indefinidas, que busca la representación de la realidad como es, sin idealizarla. || En literatura, tendencia estética que se asimila al afán de verosimilitud, y consiste en la plasmación en la obra literaria de alguna realidad histórica, social, etc. representativa o veraz. || Movimiento literario surgido en la segunda mitad del siglo XIX, caracterizado por el esplendor de la novela, por la eclosión de la conciencia burguesa y los personajes no heroicos. || *mágico* Término con que la crítica definió el movimiento novelístico latinoamericano caracterizado por la introducción de elementos fantásticos (tomados como parte de la visión autóctona de la realidad) dentro de estructuras realistas.

REALIZADOR, RA adj. y s. Que realiza algo. || m. y f. Persona que dirige la puesta en escena de un guión cinematográfico o televisivo. || Por extensión, director de cine o televisión.

REALIZAR tr. y prnl. Dar consistencia física a algo, hacerlo efectivo. || Llevar a cabo una acción. || Vender, conseguir dinero a cambio de algún bien o mercancía, especialmente si es a bajo precio. || Llevar a cabo la realización de una película, serie televisiva, etc. || prnl. Desarrollarse culturalmente una persona, ampliar su horizonte de conocimientos. || Verse convertido uno en lo que deseaba.

REALZAR tr. y prnl. Elevar la altura de una cosa, levantarla. || tr. Bordar de realce. || Engrandecer, destacar a alguien o algo. || Iluminar parte de un cuadro al pintarlo, figurar luz sobre algo.

REANIMAR tr. y prnl. Devolver el vigor, confortar. || Alentar, dar ánimos a uno. || Efectuar una reanimación a alguien.

REANUDAR tr. y prnl. Reemprender algo tras una interrupción.

REAPARECER intr. Volver a aparecer algo que había desaparecido, se había retirado o hacía tiempo que no había sido visto.

REATA f. Cuerda, correa, faja, etc., que sirve para sujetar algunas cosas. || Cuerda o correa que liga dos o más caballerías para que marchen en fila una detrás de la otra. || Fila que forman unas caballerías atadas con una reata. || Conjunto de vueltas que se dan a un mástil, cable, etc., formando espirales.

REBABA f. Porción de materia, generalmente líquida o semisólida, que sobresale en la superficie de una cosa o en una juntura, como el cemento entre ladrillos cuando éstos se unen.

REBAJA f. Disminución que sufre algo, especialmente un precio. || pl. Liquidación de existencias mediante disminución de precios en un establecimiento. || Periodo de tiempo en el que numerosos establecimientos liquidan sus existencias a bajo precio.

REBAJAR tr. Disminuir la altura o nivel de una cosa. || Reducir el precio de determinada cosa. || Hacer perder altura a un arco de medio punto o bóveda. || Disminuir la intensidad, brillantez o claridad de un color. || Añadir a una mezcla mayor cantidad de una sustancia neutra o de la menos activa de las que la componen. || tr. y prnl. Humillar, hacer de menos.

REBANADA f. Porción delgada, generalmente de pan, que se corta en toda la extensión del ancho de una cosa.

REBANAR tr. Cortar algo en rebanadas. || Cortar algo en toda su extensión, de una parte a otra.

REBAÑAR tr. Recoger los restos de comida de un plato, olla, etc., sin dejar nada. || Recoger totalmente alguna materia disgregada. || fig. Llevarse de un sitio todo lo que hay de alguna cosa, apoderarse de ello.

REBAÑO m. Grupo de ganado doméstico, especialmente lanar. || fig. Conjunto de los fieles católicos respecto de los sacerdotes y demás jerarquías de su Iglesia.

REBASAR tr. Exceder de cierta señal o límite. || En una carrera, progresión, etc., dejar atrás a alguien o algo. || tr. e intr. Pasar, navegando, un estorbo o peligro.

REBATIR tr. Rechazar la fuerza o violencia de uno. || Desbaratar los argumentos de un contrario. || Volver a batir o batir mucho. || Rechazar una tentación, sugerencia, proposición, etc. || En esgrima, contrarrestar el ataque haciendo bajar la punta de la espada o sable al contrario.

REBELDE adj. y com. Que se rebela o alza en contra de algo. || Desobediente. || Que se resiste a algo o no ceja en su idea o empeño. || Se dice del reo, encausado, etc., que es declarado en rebeldía. || adj. Se dice de ciertas dolencias o enfermedades de cura difícil y muy prolongada.

REBELIÓN f. Acción y efecto de rebelarse. || Delito contra el orden público y la seguridad, cometido mediante el alzamiento público contra los poderes del Estado, con el fin de derrocarlos y sustituirlos por otros, o para obligarlos a realizar actos contrarios a su voluntad o impedirles el libre ejercicio de sus funciones.

REBLANDECER tr. y prnl. Ablandar algo, enternecerlo.

REBORDE m. Faja, cornisa estrecha y saliente que corre a lo largo del borde de alguna cosa.

REBOSAR intr. y prnl. Derramarse, verterse un líquido por los bordes de un recipiente que carece de capacidad suficiente para contenerlo; se dice también del recipiente que no puede contener dicho líquido. || intr. y prnl. Abundar algo en demasía. || Manifestar vivamente algún sentimiento.

REBOTAR intr. Botar repetidamente un cuerpo elástico sobre el terreno, pared, etc. || Botar la pelota en una pared después de haberlo hecho en el suelo. || En baloncesto, golpear la pelota contra el aro o el tablero volviendo de nuevo hacia el terreno de juego. || tr. Doblar o suprimir la punta aguzada de una cosa, como un clavo, púa, etc. || Rechazar un cuerpo a otro, forzándolo a retroceder. || tr. y prnl. Cambiar el color o la calidad de algo. || Turbar en extremo a alguien.

REBOZAR tr. y prnl. Cubrir el rostro hasta la altura de los ojos con el manto o la capa. || Bañar un alimento en huevo batido, miel, etcétera.

REBULLIR intr. y prnl. Comenzar a agitarse o moverse algo o alguien.

REBUSCADO, DA adj. Amanerado, afectado. || Tan complicado que pierde efectividad.

REBUSCAR tr. Buscar algo minuciosamente o varias veces, repetidamente. || Recoger el fruto abandonado en los campos tras la recolección.

REBUZNO m. Voz del asno.

RECABAR tr. Conseguir lo que se desea, especialmente mediante instancias o súplicas. || Reclamar algo que se tiene por derecho legítimo.

RECADERO, RA m. y f. Persona cuyo oficio consiste en llevar paquetes o recados.

RECADO m. Mensaje de palabra que se da o se envía a otro. || Provisión que se compra a diario para el consumo de una casa, hotel, restaurante, etc. || Regalo,
obsequio. || Conjunto de objetos necesarios para determinada acción. || Encargo, compra, trámite, etc., que uno ha de hacer. || Documento que justifica las partidas de una cuenta. || En imprenta, conjunto de tipos, signos, etc., que se aprovechan de un pliego para otro. || pl. Recuerdos.

RECAER intr. Volver a caer. || Agravarse o reproducirse la dolencia de un enfermo. || Reincidir en un vicio, falta, manía, etc. || Serle adjudicado a alguien un cargo, misión, premio o gravamen.

RECALAR tr. y prnl. Empapar un líquido un cuerpo seco penetrando por sus poros. || intr. Llegar un buque a la vista de la costa en la que se encuentra su puerto de destino o de escala. || Llegar la mar y el viento a un punto determinado. || Bucear. || Aparecer una persona por algún lugar, dejarse ver.

RECALCAR tr. Apretar mucho una cosa sobre otra o con ella. || Llenar completamente un recipiente. || Decir algo con exagerada seriedad o con gran lentitud, para ser más explícito o para dejar bien claro lo que se pretende. || prnl. Repetir varias veces lo dicho, insistir en ello. || Acomodarse, ensancharse uno en un asiento.

RECALCITRANTE adj. Terco, rebelde y obstinado.

RECALENTAR tr. Calentar de nuevo o hacerlo en exceso. || tr. y prnl. fig. y fam. Enardecer sexualmente a alguien. || prnl. Malograrse algunos frutos como el trigo, aceitunas, uva, etc., por el excesivo calor. || Hincharse, deformarse la madera por la descomposición de la savia. || Aumentar la temperatura un motor, horno, etc., hasta niveles que hacen peligrar su correcto funcionamiento.

RECÁMARA f. Cuarto trasero de la cámara, destinado a guardar vestidos o joyas. || En el interior de una mina, almacén de explosivos. || Hornillo de la mina de guerra. || En las armas de fuego, extremo del ánima del cañón opuesto a su boca, en el que se dispone el cartucho que va a ser percutido. || Prudencia o segunda intención con la que se obra.

RECAMBIO m. Acción y efecto de recambiar. || Pieza o componente seriado que reemplaza en caso necesario a otro igual en una máquina o aparato.

RECAPACITAR tr. e intr. Repasar de memoria los diversos aspectos de un asunto, reflexionar sobre ellos.

RECAPITULAR tr. Sintetizar breve y ordenadamente lo que acaba de ser expuesto.

RECARGAR tr. Volver a cargar. || Cargar en demasía o aumentar la carga. || Hacer nuevo cargo a un acusado o aumentar la pena impuesta por un delito. || Poner mucho de cualquier cosa en algún sitio. || Añadir un recargo a alguna deuda o cantidad de dinero. || tr. y prnl. Excederse en el adorno.

RECARGO m. Carga nueva, o aumento de la misma. || Nuevo cargo que se hace a un acusado. || Aumento de la fiebre. || Cantidad o tanto por ciento que se añade a una deuda, generalmente por haberse retrasado un pago.

RECATAR, 1 tr. y prnl. Disminuir u ocultar algo, especialmente por vergüenza o pudor. || prnl. Dudar, mostrarse prudente antes de tomar una resolución.

RECATAR, 2 tr. Catar por segunda vez algo.

RECATO m. Prudencia, reserva. || Modestia, honestidad, miramiento. || *sin r.* Ostensible o descaradamente.

RECAUDACIÓN f. Acción de recaudar. || Cantidad recaudada. || Oficina destinada a la entrega de pagos o caudales públicos.

RECAUDAR tr. Cobrar, especialmente cantidades o títulos de cuota o participación. || Lograr determinada cifra de ventas. || Guardar, poner o tener en custodia.

RECAUDO m. Acción de recaudar. || Cuidado, atención, vigilancia. || Documento que justifica una partida de una cuenta. || Fianza. || *a buen r.* o *a r.* A salvo, en lugar seguro o custodiado.

RECELAR tr. y prnl. Sospechar, desconfiar. || tr. Poner el caballo frente a la yegua a fin de que ésta tolere la cópula con el burro garañón.

RECEPCIÓN f. Acción y efecto de recibir. || Admisión en un empleo, cargo, asociación, etc. || Fiesta palatina en la que delante de las personas reales aparecían los representantes de los gremios o clases. Actualmente, la ceremonia se reserva para la presentación de credenciales de los embajadores extranjeros. || Fiesta de bienvenida o de cumplido que se da a alguien por alguna autoridad oficial. || Fiesta de etiqueta en una casa. || En un hotel o similar, oficina donde se recibe a los huéspedes y se depositan las llaves de las habitaciones.

RECEPTÁCULO m. Cavidad en la que se contiene o puede ser contenido algo. || En una flor, eje en el que se disponen los diversos verticilos. || En una inflorescencia en capítulo, parte engrosada del pedúnculo en la que se asientan las flores.

RECEPTOR, RA m. y f. Persona o cosa cuya función es recibir algo o que la recibe. || Destinatario de un mensaje lingüístico. || Persona que recibe la sangre de una transfusión, el órgano en un trasplante, etc. || Funcionario designado por un tribunal para hacer cobros, recibir pruebas u otros actos judiciales.

RECESIÓN f. Acción de retirarse. || Periodo posterior a una fase de auge, en la que hay una disminución de la actividad económica. || Desplazamiento de las galaxias, que produce un alejamiento de éstas respecto a un hipotético centro del universo.

RECESO m. Desvío, separación. || Intermedio, pausa en un espectáculo. || Descanso momentáneo que uno se toma.

RECETA f. Nota escrita por un médico en la que se prescribe un fármaco o grupo de fármacos y su forma de administración. || Fórmula o patrón preparado. || Nota en la que se indica la composición y forma de realización de algún plato de cocina. || Procedimiento adecuado para hacer algo. || fig. Lista de encargos.

RECETAR tr. Prescribir un facultativo determinado medicamento con expresión de su dosis, uso, etc. || fig. Pedir algo verbalmente o por escrito.

RECIBIMIENTO m. Acción y efecto de recibir. || Acogida que se le hace a un recién llegado. || Visita que hacen los amigos, familiares, etc., de una persona con algún motivo de cumplido, como un pésame, boda, bautizo, etc. || Vestíbulo, recibidor.

RECIBIR tr. Aceptar uno lo que le dan o le envían. || Percibir una cantidad. || Hacerse cargo de algo o de alguien. || Padecer uno cierto daño. || Admitir una cosa dentro de sí a otra. || Admitir uno o varios a otro dentro de una comunidad. || Admitir visitas una persona, generalmente en un día determinado. || Aprobar una cosa, aceptarla. || Salir al encuentro de uno que viene de fuera. || Esperar resueltamente al enemigo o a algún peligro. || Sustentar un cuerpo a otro, soportar. || En radiodifusión, captar las diversas frecuencias u ondas. || Asegurar con cemento un tubo, marco, etc., al hueco que, para ponerlo, se ha abierto en una pared.

RECIBO m. Acción y efecto de recibir. || Resguardo o documento por el que una persona certifica haber recibido cierta cantidad de dinero u otra cosa que se exprese. || Recepción, visita, recibimiento. || *acusar* r. Comunicar al remitente de un documento o efecto postal que éstos han llegado. || *no ser* (algo) *de r.* No ser digno de tomarse en cuenta.

RECICLAJE m. Proceso de reutilización de materiales desechados, dentro del ciclo productivo o después de su consumo. || Conjunto de enseñanzas que actualizan la formación de los profesionales.

RECIÉN adv. Recientemente. Se suele usar antepuesto a participios pasivos, especialmente en América, donde también acompaña a formas verbales personales (*recién llegué*).

RECIENTE adj. Recién hecho, novedoso o fresco. || Que acaba de acontecer.

RECINTO m. Espacio delimitado por ciertas marcas, especialmente por una pared o valla.

RECIO, CIA adj. Vigoroso, fuerte. || De constitución corpulenta y maciza. || Grueso, gordo. || De genio áspero y difícil. || Se dice del terreno fértil y rico en tierra suelta. || Penoso. || Se dice del clima o tiempo riguroso, extremado. || Se dice del vino con cuerpo. || adv. Velozmente. || Fuertemente, con vigor o con violencia.

RECIPIENTE m. Cavidad o vaso en que puede contenerse alguna cosa. || Vasija donde se recoge el líquido destilado por un alambique. || Campana de la máquina neumática que cierra el espacio en que se hace el vacío. || *protector* En las instalaciones de energía atómica, el que sirve para almacenar o acarrear materiales radiactivos.

RECIPROCIDAD f. Correspondencia mutua entre dos personas o cosas. || En derecho internacional, trato concedido a los ciudadanos de otro Estado, de acuerdo con el trato recibido por los ciudadanos de este Estado en aquél.

RECÍPROCO, CA adj. Que se corresponde exactamente entre una cosa y otra. || Igual o semejante, de la misma calidad o intensidad. || Se dice de la proposición donde se ha invertido el orden de los elementos. || adj. y m. Se dice del verbo que señala reciprocidad o intercambio mutuo de la acción expresada entre dos o más sujetos. || adj. y f. Se dice de la oración gramatical formada por un verbo r. y varios sujetos que poseen una marca pronominal que los sustituye como complemento verbal. || Se dice de dicho pronombre en las oraciones expresadas.

RECITAL m. Concierto a cargo de un solo intérprete. || Concierto de un cantante o grupo musical, acompañados por instrumentos o incluso orquesta. || fig. En una competencia, maestría y dominio de la situación por parte de uno de los contendientes.

RECITAR tr. Decir en voz alta un fragmento literario, especialmente en verso. || Pronunciar en voz alta y de memoria un discurso, plegaria, etcétera.

RECLAMAR intr. Quejarse de algo, oponerse a ello de palabra o por escrito. || tr. Llamar a uno insistentemente. || Pedir o exigir algo a lo que se cree uno con derecho. || Elevar una instancia de protesta formal. || En la caza, llamar a las aves con el reclamo. || Exigir el juez la presencia de un prófugo, o que le sea remitido un caso que le corresponde en el que otro juez entiende indebidamente. || tr. y prnl. Llamarse unas a otras las aves.

RECLAMO m. Ave que se lleva en la caza para que con su canto atraiga a otras de su especie. || Instrumento que imita la voz de un ave determinada y sirve para atraerla. || Sonido que produce ese utensilio. || Grito o llamada que se le hace a uno. || En un escrito, llamada. || Cualquier cosa que atraiga o llame la atención. || Cartel, cosa que sirve como anuncio o aviso. || Reclamación contra lo que se tiene por injusto.

RECLINAR tr. y prnl. Inclinar el cuerpo o parte de él, apoyándose en alguna cosa.

|| Apoyar una cosa en otra inclinándola sobre ella.
RECLUIR tr. y prnl. Poner en reclusión, encerrar.
RECLUSIÓN f. Encierro en el que uno permanece voluntariamente o al que está condenado. || Lugar en el que transcurre el encierro. || Restricción de libertad como pena impuesta legalmente por delitos graves.
RECLUSO, SA adj. y s. Preso.
RECLUTA f. Reclutamiento. || m. El que se alista como soldado voluntariamente. || Por extensión, mozo alistado por sorteo para el servicio militar obligatorio. || Soldado novato o bisoño.
RECLUTAR tr. Alistar reclutas. || Por extensión, conseguir adeptos para determinada causa o propósito.
RECOBRAR tr. Volver a tener, o tomar lo que antes se poseía o tenía. || prnl. Rehacerse física o moralmente de un daño sufrido. || Desquitarse, recuperarse de lo perdido. || Volver en sí tras un desmayo, un ataque de locura o una enfermedad larga.
RECODO m. Revuelta que forman las calles, los ríos, etc., en su transcurso. || Lance en el billar por el que la bola tacada rebota sobre dos bandas contiguas.
RECOGER tr. Volver a coger. || Alzar del suelo algo que se ha caído. || Coger la cosecha, hacer la recolección. || Coger una cosa y ponerla a salvo, en seguro o en custodia. || Juntar o reunir personas o cosas dispersas. || Ir ahorrando en pequeñas cantidades. || Dar asilo, acoger a uno. || Secuestrar las autoridades un número de una publicación periódica o la edición de un libro. || Suspender el uso o curso de otra cosa (monedas, letras, etc.). || Darse por enterado de algo, tomarlo en consideración. || Volver a plegar, a enrollar o ceñir algo. || Guardar, retener o almacenar. || Encerrar a uno por enajenado o loco. || Remangarse o sujetarse, subirse, etc., las prendas que puedan mancharse, estén cerca del suelo o estorben para una labor. || Retirarse de la vida pública o de las salidas nocturnas. || Entregarse a la meditación. || Abstraerse.
RECOLECCIÓN f. Acción y efecto de recolectar. || Resumen, recopilación. || Cosecha de los frutos. || Recaudación de frutos o de tributos. || En algunas órdenes, observancia muy rigurosa de las reglas. || Casa de religiosos en la que se vive según estrictas reglas. || Recogimiento, meditación y oración. || Casa particular en la que se vive modesta o ejemplarmente.
RECOLECTAR tr. Recoger la cosecha. || Reunir, escoger.
RECOMENDABLE adj. Digno de ser recomendado o apreciado. || Que resulta conveniente o adecuado.
RECOMENDACIÓN f. Acción y efecto de recomendar o recomendarse. || Encargo que se le hace a otro o favor que se le solicita. || Consejo. || Carta de presentación que se libra a uno. || Elogio que se hace de uno para interceder en su favor. || Calidad, autoridad por la que algo se hace más digno de respeto.
RECOMENDAR tr. Aconsejar a uno, indicarle algo por su bien. || Elogiar a uno a un tercero, o encargarle que se ocupe de él, lo atienda, etc. || Dar orden a uno de que se haga cargo de una cosa, negocio, etc. || tr. y prnl. Hacer recomendable a uno.
RECOMENZAR tr. Volver a comenzar algo.
RECOMPENSA f. Acción y efecto de recompensar. || Premio, gratificación.
RECOMPENSAR tr. Compensar. || Premiar, gratificar. || Pagar o remunerar determinado servicio.
RECOMPONER tr. Componer de nuevo, arreglar. || prnl. Acicalarse.
RECONCENTRAR tr. y prnl. Introducir una cosa en otra, internarla en ella. || Reunir en un punto o lugar personas o cosas que se habían esparcido. || Aumentar la concentración de un compuesto o materia. || Disimular la fuerza de un sentimiento o afecto. || prnl. Ensimismarse, abstraerse.
RECONCILIAR tr. y prnl. Renovar la amistad y el afecto entre los que estaban desunidos. || Restituir al seno de la iglesia católica a uno que se había apartado de su doctrina. || Bendecir un lugar sagrado que ha sido profanado.
RECÓNDITO, TA adj. Oculto, reservado, muy apartado o muy escondido.
RECONFORTAR tr. Confortar física o espiritualmente de nuevo o hacerlo de forma enérgica y eficaz.

RECONOCER tr. Identificar, caer en la cuenta de que una persona, cosa o lugar eran ya conocidos. || Examinar cuidadosamente a una persona o cosa para establecer su identidad, completar el juicio que sobre ella se había formado, etc. || Caer en la cuenta de que determinado personaje famoso está ante la vista de uno. || Registrar el contenido de un baúl, maleta, coche, etc., como se hace en una aduana. || Examinar de cerca un terreno o posición, especialmente si se hace con fines militares. || Contemplar, caer en la cuenta, considerar. || Aceptar la verdad de lo que otro dice. || Declarar una deuda de gratitud. || Confesar uno que es legítima una obligación o contrato tomados en su nombre.

RECONOCIDO, DA adj. Agradecido, en deuda con otro.

RECONOCIMIENTO m. Acción y efecto de reconocer o reconocerse. || Agradecimiento, endeudamiento moral. || Medición de radiación en las inmediaciones de un reactor nuclear u otra fuente. || *judicial* Medio de prueba, consistente en la inspección personal del juez del hecho debatido.

RECONQUISTA f. Acción y efecto de reconquistar. || Término convencional con el que se designa la historia de la península Ibérica durante la edad media, especialmente el periodo de la constitución y expansión de los reinos cristianos (711-1492).

RECONQUISTAR tr. Volver a conquistar un territorio o plaza. || Recuperar el honor, la hacienda o el afecto.

RECONSTITUYENTE m. Remedio o medicamento que tiene la virtud de devolver las fuerzas y revitalizar el organismo.

RECONSTRUIR tr. Volver a construir, especialmente a partir de restos previos. || Rehabilitar, recuperar. || Recrear en la memoria todas las circunstancias de un hecho para su mejor comprensión.

RECONVENIR tr. Censurar o reñir a alguien, arguyéndole con sus propios hechos o palabras. || Plantear el demandado un auto de reconvención.

RECONVERSIÓN f. Transformación de la actividad económica, especialmente la productiva, desarrollada por un país, un sector económico o una empresa, por un cambio de la demanda, las necesidades estratégicas o pérdida de competitividad. || *industrial* Adaptación del aparato industrial a las condiciones del mercado. En ocasiones se trata más de una racionalización económica de las empresas y los sistemas de trabajo que de un cambio en la orientación productiva.

RECOPILACIÓN f. Resumen, compendio breve de una obra, discurso, etc. || Antología de varios géneros o colección de escritos diversos. || Cuerpo legal sistemáticamente ordenado, formado por leyes de origen heterogéneo.

RECOPILAR tr. Reunir en un compendio o en una selección, especialmente si se trata de realizar una antología.

RÉCORD m. Marca o hazaña deportiva que sobrepasa a todas las existentes hasta entonces en su género o especialidad. || Por extensión, cualquier hecho que sobrepase todo lo registrado hasta entonces, referente a determinado aspecto.

RECORDAR tr. Traer algo a la memoria. || Por extensión, ayudar o exigir a uno que tenga presente determinada cosa. || Retener algo en la mente, almacenar inconscientemente un conocimiento.

RECORDATORIO m. Advertencia, aviso o señal que sirve para recordar o hacer recordar alguna cosa. || Tarjeta con la que se señala o conmemora algún acontecimiento, como una boda, bautizo, fallecimiento.

RECORRER tr. Atravesar un lugar por completo, de parte a parte. || Reconocer un lugar, explorarlo o registrarlo cuidadosamente. || Leer por encima algo, o repasar lo ya leído. || Reparar algo que estaba descompuesto. || En imprenta, justificar la composición pasando letras de una línea a otra, o líneas de una plana a otra.

RECORRIDO m. Acción y efecto de recorrer. || Espacio que recorre, ha recorrido o ha de recorrer una persona, animal o cosa. || Itinerario, ruta a seguir. || Riña, reprimenda. || En imprenta, acción y efecto de recorrer la composición, y parte de ésta que se recorre. || Diferencia entre el valor mayor y el menor en una distribución.

RECORTAR tr. Cortar lo que sobra de una cosa o excede las medidas que se pretendían. || Cortar papel u otra cosa formando figuras diversas. || En pintura, perfilar una figura. || Hacer de menos, empequeñecer. || prnl. Dibujarse la sombra o el perfil de una cosa sobre otra.

RECORTE m. Acción y efecto de recortar. || Regate con el que el torero esquiva la acometida del toro. || Noticia breve de un periódico. || Cualquier noticia o suelto impreso que se recorta por ser de interés para uno. || Recortable. || pl. Porciones que sobran de cualquier cosa que se recorte.

RECOSTAR tr. y prnl. Reclinar el que está de pie o sentado la cabeza o la parte superior del cuerpo en algo o en un respaldo. || Inclinar algo sobre otra cosa.

RECOVECO m. Vuelta y revuelta que da una calle, pasillo, río, etc. || Disimulación y rodeos que uno usa para conseguir sus propósitos. || Lugar oculto o apartado, escondrijo.

RECREAR tr. Generar o producir de nuevo alguna cosa. || tr. y prnl. Divertir, deleitar, distraer. || prnl. Disfrutar haciendo algo, o hacerlo demasiado lentamente.

RECREO m. Diversión, esparcimiento. || Periodo breve de tiempo que en una jornada escolar se concede a los niños para que practiquen sus juegos o descansen de las clases. || Lugar de diversión. || fig. Persona, lugar o cosa hermosos o apetecibles.

RECRIMINAR tr. Contestar a una acusación formulando otras más graves contra el acusador. || Echar en cara, reprender. || prnl. Echarse en cara los defectos o vicios de uno dos o más personas.

RECRUDECER intr. y prnl. Crecer la gravedad, incrementarse un daño físico o moral, enfermedad, etcétera.

RECTA f. Conjunto de puntos, en la misma dirección, que divide el plano en dos semiplanos. || *paralelas* Las que no tienen ningún punto en común y equidistan una de otra en un determinado valor.

RECTAL adj. Relativo al intestino recto.

RECTANGULAR adj. Perteneciente o relativo al ángulo recto o al rectángulo. || Que tiene uno o más ángulos rectos o que contiene uno o más rectángulos.

RECTÁNGULO, LA adj. Rectangular; se aplica especialmente al triángulo y al paralelepípedo. || m. Paralelogramo que tiene los cuatro ángulos rectos.

RECTIFICAR tr. Enmendar algo para que sea más preciso o exacto. || Explicar uno públicamente el significado de hechos o dichos que se le atribuyen. || Corregir un hecho o dicho anterior, subsanar un error. || Negar una verdad o exactitud de lo que dice otro. || Purificar el vapor producido por una mezcla líquida durante la destilación fraccionada. || Transformar la energía eléctrica alterna en continua pulsante. || Corregir las deformaciones o las desviaciones no estándares de una pieza mecánica. || Determinar la longitud de un arco de curva por el cálculo integral. || tr. y prnl. Retractarse públicamente de una opinión, actitud, etcétera.

RECTILÍNEO, A adj. Constituido por líneas rectas o que se extiende en línea recta. || fig. Se dice de las personas excesivamente morales y rectas.

RECTITUD f. Calidad de recto. || fig. Calidad de recto, moral o justo. || Razón moral o de justicia, o conocimiento de causa, con el que uno obra.

RECTO, TA adj. Que no se desvía ni inclina, sin curvas ni ángulos. || Que une dos puntos por la línea o trayecto más corto posible entre ambos. || Moralista, ecuánime, riguroso. || Honesto, de una pieza. || Se dice del sentido propio y primitivo (etimológicamente) de las palabras, a diferencia del figurado o del traslaticio. || Se dice del folio o plana de un libro o cuaderno que, al abrirlo, queda a la derecha del que lee. || m. Porción terminal del intestino grueso que se extiende desde la S ilíaca hasta el ano.

RECTOR, RA adj. y s. Que rige o gobierna, especialmente una institución académica (universidad, colegio, etc.) o religiosa. || m. Cura párroco.

RECUA f. Conjunto de animales de carga que se usan para un determinado transporte. || fig. Muchedumbre, multitud de personas o de cosas que se siguen unas a las otras.

RECUADRO m. División en forma de cuadro, especialmente la que se hace en un muro o superficie similar. || En un periódico, revista, etc., espacio encerrado por líneas gruesas que se usa para resaltar o separar de las demás una noticia.

RECUENTO m. Segunda enumeración o cuenta que se hace de algo. || Escrutinio.

RECUERDO m. Acción y efecto de recordar. || Reconstrucción del pasado en la conciencia que vive en el presente, aunque es reconocido como una actividad pasada. || Regalo que se compra o se ofrece para conmemorar algo. || pl. Saludos cordiales que se envían a alguien. || Memorias, biografía.

RECULAR intr. Retroceder, dar marcha atrás.

RECUPERACIÓN f. Acción y efecto de recuperar o recuperarse. || Ejercicio o examen al que se somete un alumno para aprobar una asignatura o parte de ella previamente suspendida y sin necesidad de perder el curso académico. || Reaprovechamiento de materiales o productos desechados en el proceso de producción o el control de calidad. || Tratamiento de fisioterapia para devolver a un miembro su funcionamiento normal.

RECUPERAR tr. y prnl. Volver a adquirir, recobrar. || Reciclar, generalmente vidrio y papel. || prnl. Rehacerse tras un desvanecimiento, pérdida del juicio, enfermedad, la serenidad, etcétera.

RECURRIR intr. Acudir a un juez o autoridad con determinada pretensión o ruego. || Entablar recurso contra una resolución. || Buscar el amparo o favor de alguien o algo. || Retornar una cosa a su punto de origen.

RECURSO m. Acción y efecto de recurrir. || Medio, institución o persona con los que se puede contar en caso de apuro. || Habilidad o virtud que se le suponen a uno. || Petición que se hace por escrito. || Acción establecida por la ley a favor de la parte que se considera perjudicada por una resolución judicial o administrativa. || pl. Bienes, medios de fortuna. || Riquezas físicas o morales propias de una colectividad y que se supone aparecen en los momentos de graves dificultades. || Conjunto de cualidades que hacen de uno alguien capaz de salir airoso de cualquier empresa. || *recursos naturales* Bienes que se extraen de la naturaleza para su aprovechamiento económico.

RECUSAR tr. Rechazar justificadamente una cosa. || Alegar contra la participación en una causa de un juez, jurado, testigo o cualquier otra persona implicada.

RECHAZAR tr. Repeler un cuerpo a otro, resistir impidiéndole su avance o movimiento. || Resistir un ataque enemigo. || Girarle la cara a uno, alejarse de él. || No aceptar la propuesta de uno o contradecirlo en su opinión. || Denegar una solicitud, súplica o instancia.

RECHAZO m. Acción y efecto de rechazar. || Retroceso que hace un cuerpo por encontrar alguna resistencia en su avance o movimiento. || Reacción inmunitaria de defensa que presentan los organismos frente a sustancias, tejidos u órganos extraños, consistente en la producción de anticuerpos. || Hostilidad. || *de r.* De rebote, de manera incidental.

RECHIFLAR tr. Silbar insistentemente para mostrar disconformidad o disgusto. || prnl. Burlarse, mofarse de algo o alguien.

RECHINAR intr. Provocar una cosa un ruido molesto y agudo al rozar con otra. || Crujir los dientes al frotar los de una mandíbula con los de la otra, generalmente como expresión de ira, dolor, etc. || fig. Estar furioso. || Hacer algo con disgusto y a desgana.

RECHONCHO, CHA adj. fam. Se dice de la persona gorda y de poca altura.

RED f. Aparejo formado por una trama de hilos, cuerdas o alambres dispuestos a modo de malla y que se usa para pescar, cazar, cercar, etc. || Labor o tejido de malla. || Redecilla para el pelo. || Treta, ardid. || Conjunto de calles, carreteras, afluentes, canales, etc., que concurren en un mismo punto. || Conjunto organizado de cañerías, cables de electricidad o teléfonos, vías de comunicación, etc., o de agencias, sucursales y servicios, que se destinan a un fin común. || Cadena de causas y efectos, o serie de cosas que obran a favor o en contra de determinado fin o deseo. || Verja o reja. || Conjunto de conductores conectados entre sí, que suministran energía eléctrica. || *aislante* La inserta en un circuito o línea de transmisión para prevenir interacciones. || *cristalina* Disposición regular y tridimensional de los ejes y planos de simetría en un cristal.

REDACCIÓN f. Acción y efecto de redactar. || Sala u oficina en la que se redacta. || Cuerpo de redactores de una revista, periódico, casa editorial, etcétera. || Escrito o ejercicio redactado.

REDACTAR tr. Poner por escrito una idea; exponer ordenadamente y por escri-

to unos hechos o una cosa pensada o acordada anteriormente.
REDACTOR, RA adj. y s. Que redacta. || Que forma parte de una redacción, especialmente si es empleado en nómina de una publicación periódica.
REDADA f. Acción de lanzar la red. || Conjunto de peces, personas o cosas que se capturan o cogen de una vez. || Operación policial en la que se detiene a toda persona indocumentada o sospechosa que se encuentre en una zona determinada.
REDENCIÓN f. Acción y efecto de redimir o redimirse. || Acción de liberar una cosa o título poseído tras haber satisfecho las obligaciones que lo gravaban. || Devolución del capital prestado que imponía una carga o rédito, especialmente en la antigua forma de censos. || Concepto cristiano, que engloba tanto la liberación que Dios hace al hombre del pecado original como el sacrificio de Jesucristo para ello.
REDENTOR, RA adj. y s. Que redime. || m. Por antonomasia, Jesucristo. || *meterse a r.* Intervenir en un conflicto sin que nadie lo pida.
REDIL m. Terreno vallado y habilitado como corral para el ganado. || *volver al r.* Recobrar el juicio o el sentido común, comportarse según se esperaba.
REDIMIR tr. y prnl. Rescatar a un cautivo o esclavo pagando su rescate o precio. || Librar de un deber u obligación, o extinguirlo. || Librar a alguien de un peligro, pena o daño en que se encontrase. || tr. Adquirir de nuevo una cosa que se había vendido o poseído con anterioridad. || Dejar libre una cosa hipotecada, empeñada, etc. || Obtener la liberación de algo que estaba empeñado, etcétera.
RÉDITO m. Renta, utilidad o beneficio que rinde algún capital inmovilizado.
REDITUAR tr. Rendir o producir una cosa un beneficio periódico o constante.
REDOBLAR tr. y prnl. Hacer doble algo. || tr. Aumentar la intensidad. || Plegar una cosa sobre sí misma. || Repetir, insistir sobre algo. || Intensificar el esfuerzo o el interés. || intr. Hacer redobles con el tambor.
REDOBLE m. Sonido continuo que se obtiene en el tambor al hacer rebotar rápidamente los palillos sobre la piel.

REDOMADO, DA adj. Taimado, sagaz. Se emplea con valor ponderativo.
REDONDEAR tr. y prnl. Dar forma redonda o circular a algo. || tr. Completar. || Eliminar o añadir restos menores a una cantidad hasta lograr una unidad más simple o exacta. || tr. y prnl. Librar de toda deuda o cargo un conjunto de bienes. || prnl. Hacerse rico, conseguir bienestar material.
REDONDEL m. fam. Círculo, circunferencia. || Ruedo taurino.
REDONDILLA f. Forma estrófica de la poesía castellana, que consta de 4 versos de arte menor que riman: 1º con 4º y 2º con 3º. || adj. y f. Se dice de un tipo de letra.
REDONDO, DA adj. De forma circular o esférica. || Se dice del pastizal privado. || Se dice de lo perfecto, acabado. || Se dice de la cantidad matemática a la que se ha eliminado o añadido unidades menores. || Rotundo, en estado puro. || En enología, vino equilibrado y amplio. || m. Cuerpo de perfil recto y sección circular. || Determinado corte de carne de vacuno. || fig. y fam. Moneda común. || f. Nota musical que ocupa un compás. || Letra redondilla. || *en r.* Con verbos de movimiento, dar un giro completo. || Del todo.
REDUCIR tr. Devolver a su estado primigenio. || Menguar, hacer más pequeño. || Cambiar por algo equivalente y más simple o uniforme. || Realizar una transformación de difícil retorno (usado con la preposición *a*). || Convertir una persona, en el juicio de alguien, una cosa en otra de menos valor. || Limitar. || Sintetizar, simplificar. || Hacer cambiar de estado una sustancia. || Doblegar, retornar a la obediencia. || Convencer. || Disminuir la potencia de un motor, generalmente en referencia a las marchas del automóvil. || Operar una cantidad cambiando el sistema de unidades en que se expresa. || Descomponer una sustancia en sus elementos químicos. || Fragmentar en partes más pequeñas. || Reproducir a menor escala. || Reponer una parte del cuerpo desplazada, generalmente hueso o hernia, en su lugar original. || tr. y prnl. Incluir dentro de una cantidad o conjunto. || Aceptar o someterse a un modo de vida. || Hacer algo bajo presión.

REDUCTO m. Fortificación o zona defensiva en la que se parapeta una tropa. || fig. Lugar, persona o grupo de ellas, etc., que guardan celosamente una costumbre, ideología, etcétera.

REDUNDANCIA f. Exceso innecesario. || Complicación sintáctica, digresión innecesaria para la expresión de un mensaje. || Reiteración. || Cualquier duplicación o duplicación parcial deliberada, de un circuito o información, para disminuir la probabilidad de un fallo en el sistema o la comunicación.

REDUNDAR intr. Exceder. || Resultar una cosa beneficiosa o dañina para alguien.

REEMBOLSAR tr. y prnl. Devolver una cantidad a quien la había abonado.

REEMPLAZAR tr. Poner algo en lugar de otra cosa. || Relevar en un puesto o empleo.

REEMPLAZO m. Acción y efecto de reemplazar. || Cada uno de los contingentes de tropa llamados a filas en una fecha dada.

REENCARNACIÓN f. Creencia religiosa, filosófica o espiritista, según la cual el alma humana se traslada a otro cuerpo tras la muerte del anterior.

REENCARNAR intr. y prnl. Encarnar de nuevo.

REFACCIÓN f. Tentempié, comida ligera. || fam. Premio que añade el vendedor después de una compra. || Reparación de un daño.

REFAJO m. Falda interior que las mujeres usaban para abrigarse.

REFERENCIA f. Acción de referirse o aludir a algo. || Relato. || Relación que une una cosa a otra. || Reseña o indicación que se da sobre algo. || Nota de remisión. || Conjunto de antecedentes que se poseen de algo o alguien. || Clave de identificación de un documento comercial. || Información indirecta que se tiene de algo o alguien. || *con r. a* Relativo a lo expresado.

REFERÉNDUM m. Mecanismo político de consulta popular. Consiste en someter al cuerpo electoral, sin mediación alguna, una cuestión, a la que sólo se puede responder *sí* o *no*.

REFERIR tr. Explicar un suceso. || Remitir. || Dar la equivalencia de una cantidad en otro tipo de unidades o de monedas. || tr y prnl. Relacionar, enlazar. || Guiar hacia un objetivo. || Asignar a un origen precedente. || prnl. Ceñirse a un antecedente. || Aludir implícita o explícitamente a algo.

REFILÓN, *de* Locución adverbial. Tangencialmente, rozando. || fig. De pasada.

REFINAMIENTO m. Pulcritud y esmero en una empresa. || Delicadeza. || Ensañamiento cruel y alevoso.

REFINAR tr. Purificar. || Ajustar a un objetivo, perfeccionar. || prnl. Eliminar la rudeza y vulgaridad en los modales.

REFINERÍA f. Complejo petroquímico donde se obtienen derivados del petróleo. || Ingenio azucarero.

REFLECTOR, RA adj. y s. Se dice de todo lo que refleja. || m. Aparato reflectante. || Sistema radiante utilizado en una antena para aumentar su directividad. || Pantalla metálica usada para dirigir un haz de microondas, luz o calor que incidan sobre él.

REFLEJAR intr. y prnl. Variar la dirección de algo, especialmente una corriente de energía, mediante su proyección sobre la superficie. || tr. fig. Mostrar, poner al descubierto. || prnl. Aparecer algo en otra cosa.

REFLEJO, JA adj. Reflejado. || fig. Se dice de la referencia parcial que se tiene o se afirma de algo. || m. Rayo de luz reflejada. || Apariencia de algo que se tiene a través de otra cosa. || Respuesta motriz o glandular, involuntaria, inmediata y necesaria, provocada por un estímulo. || *condicionado* Aquel en que se ha sustituido el estímulo específico por otro que no lo es.

REFLEXIÓN f. Acción y efecto de reflejarse. || Acción y efecto de reflexionar. || Razonamiento con que se pone a otro al corriente de algo. || Conocimiento que la mente tiene de sí misma y de sus operaciones. || Cambio de dirección que experimenta una partícula o una onda al chocar con un objeto opaco.

REFLEXIONAR int. y prnl. Meditar atentamente algo.

REFLEXIVO, VA adj. Que refleja o reflecta. || Caviloso, pensativo. || Se dice de una relación, R, que para cualquier elemento x, del conjunto en que R está definida, se tiene xRx. || adj. y m. Se dice del verbo pronominal en el que la acción desarrollada por el sujeto recae directa o indirectamente en él mismo. || adj. y f. Se dice de la oración caracterizada por la presencia de un sujeto que, a la vez, es complemento del verbo, y porque la acción verbal recae sobre el sujeto actor.

REFLUJO m. Descenso de la marea. || Movimiento de retorno de un fluido. || Circulación de la sangre en sentido inverso debido a un defecto funcional de las válvulas del corazón. || fig. Retroceso.

REFORESTAR tr. Replantar una zona boscosa que había sido destruida.

REFORMA f. Acción y efecto de reformar o reformarse. || Cambio de algo, en función de los intereses del agente.

REFORMAR tr. Dar nueva forma, rehacer. || Por extensión, reparar, restaurar, etc. || Poner en orden las costumbres, la vida, etc. || Restituir una orden religiosa o cuerpo a su primitiva disciplina y sentido. || Extinguir un cuerpo, deshacer una institución, etc. || Privar del ejercicio de un empleo o del disfrute de un cargo o prebenda. || Quitar, rebajar en número o cantidad una cosa. || prnl. Enmendarse en las costumbres, maneras, etc. || Contenerse, moderarse.

REFORMATORIO, RIA adj. Que reforma o arregla. || m. Centro penitenciario para menores de edad.

REFORZAR tr. Añadir un refuerzo a una cosa o hacerla más fuerte o sólida. || Reparar, habilitar de nuevo lo que amenaza ruina. || Suministrar una doble capa de material sensible, para aumentar el contraste en las imágenes. || fig. Dar fuerza moral.

REFRACCIÓN f. Cambio de dirección que experimenta la luz, y en general cualquier onda, al pasar de un medio transparente a otro transparente también, pero en el cual la luz u onda se propaga con velocidad distinta. En el caso de la luz y en general de cualquier onda se cumple: a) el rayo incidente, el refractado y la normal están en un mismo plano; b) el cociente que resulta de dividir el seno del ángulo de incidencia por el seno del ángulo de refracción tiene un valor constante, que coincide con el índice de refracción del segundo medio respecto al primero.

REFRACTARIO, RIA adj. Se dice de la persona que rechaza cumplir una promesa o compromiso contraído anteriormente. || Rebelde, contrario a una costumbre, ley, etc. || Se dice de ciertos materiales, p. ej., la arcilla r., que resisten la acción del fuego a elevadas temperaturas, sin quemarse ni fundirse. || Resistente a la acción de un fenómeno, o a una enfermedad. || Que le cuesta aprender o entender algo.

REFRÁN m. Dicho o sentencia de uso común cuya autoría se desconoce o se ignora.

REFREGAR tr. y prnl. Fregar o estregar una cosa con otra. || fig. Reprochar a uno algo insistentemente o echarle en cara algo que lo ofende o avergüenza.

REFRENAR tr. Dominar y retener el trote del caballo con el freno. || tr. y prnl. fig. Contener, corregir o aminorar la pasión o violencia de algo.

REFRENDAR tr. Dar validez a un acta, despacho, etc., mediante la firma de quien tiene autoridad para ello. || Revisar un pasaporte y poner en él un visado, sello de entrada o de salida del país, etc. || Afirmar algo o corroborarlo.

REFRESCAR tr. y prnl. Rebajar o disminuir el calor de algo o alguien. || tr. fig. Renovar, hacer de nuevo algo. || Hacer que vuelva a la memoria o se tome conciencia de algo olvidado. || intr. En el mar, aumentar la fuerza del viento. || intr. y prnl. Enfriarse el día, perder su calor. || Tomar una bebida, especialmente si es un refresco frío.

REFRESCO m. Bebida fría carente de alcohol. || Refrigerio, tentempié. || Pequeña reunión en la que se ofrecen bebidas, canapés, etcétera.

REFRIEGA f. Combate menor, batalla de poca importancia.

REFRIGERAR tr. Enfriar la temperatura ambiente de una habitación o vivienda. || Conservar en frío alimentos y bebidas mediante métodos químicos o mecánicos. || tr. y prnl. Reponer las fuerzas con un refrigerio.

REFRIGERIO m. Sensación de alivio que produce una cosa fresca si se está acalorado o sediento. || Tentempié, pequeño alimento que se toma para reponer fuerzas. || fig. Alivio, consuelo, en una situación penosa, problemática, etcétera.

REFUERZO m. Mayor volumen o grosor que se da en su totalidad o en una parte a algo para hacerlo más resistente, como a los cañones de las armas de fuego, cilindros de compresión, etc. || Apuntalamiento o reparación que se hace de algo que amenaza ruina, especialmente si es un edificio o construcción. || Socorro que se presta en ocasión necesaria. || Psic. Recompensa. || pl. Tropas que se guardan en reserva o se suman a otras para aumentar su fuerza.

REFUGIADO, DA adj. y s. Que a causa de guerras, revueltas o disidencias políticas se ve obligado a dejar su país y a establecerse en otro.

REFUGIAR tr. y prnl. Cobijar o amparar a uno, servirle de guarda y protección.

REFUGIO m. Asilo, amparo. || Casa o albergue situado en la montaña. || Construcción, generalmente subterránea, que sirve como protección en caso de terremoto, bombardeo, etc. || Lugar o enclave en el que los ciudadanos de un país pueden escapar a una persecución policial, especialmente la de tipo político. || fig. Respecto de una persona, otra en la que encuentra ayuda o consuelo.

REFUNDIR tr. Fundir de nuevo los metales. || Dar nueva forma y estructura a una obra literaria o de ingenio. || tr. y prnl. Comprender o incluir algo anterior en una obra o proyecto nuevo.

REFUNFUÑAR intr. Murmurar incoherencias o voces apenas audibles en señal de disgusto y desagrado.

REFUTAR tr. Rechazar o contradecir con argumentos o razones lo que otros afirman o dicen.

REGADERA f. Recipiente portátil dotado de un asa y un largo tubo que sirve para regar. || Acequia, reguera.

REGADÍO, A adj. y m. Se dice del terreno de cultivo que se puede regar con provecho de las plantas del mismo, o que debe ser regado frecuentemente. || m. Terreno de cultivo que se fertiliza mediante el riego.

REGALAR tr. Dar algo a uno por propia voluntad y como muestra de estima, consideración o afecto. || Acariciar, hacer a uno gestos o expresiones que denoten afecto. || tr. y prnl. Agasajar, deleitar.

REGALÍA f. Privilegio o prerrogativa de carácter privativo que tiene un soberano en su reino. || Royalty. || fig. Provecho que además de su sueldo perciben los empleados de algunas oficinas. || Privilegio particular que se disfruta.

REGALO m. Cosa que se ofrece a alguien por propia voluntad y como muestra de afecto o estima. || Gusto o complacencia que de algo se obtiene. || Comodidad o satisfacción que uno se procura. || Comida o bebida muy apreciables, exquisitas.

REGAÑADIENTES, a Locución adverbial. De mala gana, a disgusto, con pesar.

REGAÑAR intr. Mostrar el perro su saña gruñendo sordamente y enseñando los dientes sin llegar a ladrar. || Mostrar una persona su rabia o disgusto con palabras y gestos. || Contender, disputar. || Abrirse la cáscara o piel de algunas frutas al madurar. || Reñir, reprender.

REGAR tr. Proporcionar agua suficiente a una planta para que crezca, o a un terreno para que sea fértil. || Esparcir agua sobre una superficie, especialmente para limpiarla o refrescarla. || Atravesar un río o canal una región, finca o territorio. || Humedecer las abejas los vasos donde está el polen. || fig. Derramar o esparcir alguna cosa.

REGATA, 1 f. Acequia o reguera pequeña en un huerto o jardín.

REGATA, 2 f. Competición entre embarcaciones. Puede incluir embarcaciones de todo tipo (de vela, de remo, de piragüismo y de motor) con recorrido variable, o solamente olímpicas, en triángulo señalado por boyas.

REGATEAR, 1 tr. Intentar convencer el comprador al vendedor de que rebaje el precio de la venta. || Ahorrar, escatimar, evitar dar una ayuda o cumplir con un trabajo.

REGATEAR, 2 intr. Hacer regatas dos o más embarcaciones.

REGAZO m. Hueco que forma la tela de una falda entre la cintura y las rodillas cuando una mujer está sentada. || Hueco similar que se forma recogiendo el borde de la falda y acercándolo a la cintura. || Parte del cuerpo que, aproximadamente, queda cubierta por ese hueco. || fig. Persona, lugar o cosa que sirve de refugio, amparo, consuelo, etcétera.

REGENERAR tr. y prnl. Reimplantar o renovar algo, o devolverlo a su pasado esplendor o eficacia. || Corregir los vicios o malos hábitos de alguien.

REGENTE adj. Que rige o gobierna. || com. Persona que desempeña una regencia, gobierno transitorio. || m. Magistrado que presidía una audiencia territorial. || En las órdenes religiosas, el religioso que rige los estudios.

RÉGIMEN m. Conjunto de normas e instituciones que definen el gobierno y organización de algo. || Modo habitual de ocurrir o producirse algo. || Conjunto de condiciones estables o duraderas que determinan o acompañan determinado fenómeno. || Funcionamiento de un motor en condiciones óptimas de rendimiento. || Número de revoluciones por minuto que se consideran ideales para el rendimiento máximo de un motor, en un momento dado. || Relación de dependencia que se establecen entre sí las palabras que forman una oración. || En física y en mecánica, estado de movimiento de un sistema. || Combinación adecuada de alimentos, fármacos o disposiciones sanitarias que tienen por objeto conservar o restablecer la salud. || fam. Dieta hipocalórica, especialmente para adelgazar. || *abierto* El carcelario, en el que el penado puede salir por el día de la cárcel. || *político* Formalización del conjunto de instituciones políticas de un Estado y relaciones que rigen entre ellas. || Impropiamente, forma de gobierno.

REGIMIENTO m. Acción y efecto de regir o regirse. || Unidad militar de una misma arma con carácter estable y homogéneo al mando de un coronel. || Conjunto de regidores de una población.

REGIO, GIA adj. Relativo al rey o a la monarquía. || fig. Lujoso, esplendido.

REGIÓN f. Extensión de territorio definida por características comunes (físicas, climáticas, étnicas, históricas, etc.). || Circunscripción administrativa o estadística. || En algunos Estados, división administrativa mayor, que puede gozar de un régimen autónomo o especial. || Espacio del cuerpo determinado por límites naturales o arbitrarios. || fig. Cualquier división espacial que se supone muy amplia.

REGIONALISMO m. Tendencia a valorar altamente lo específico de la propia región. || Movimiento que pretende que una estructura estatal reconozca la existencia de regímenes con características propias en su ámbito territorial, y que plasme dicho reconocimiento en la concesión de determinados niveles de autogobierno. || Palabra o expresión propias de una región.

REGIR tr. y prnl. Gobernar, administrar. || Dirigir, conducir. || tr. Requerir un verbo de régimen una preposición determinada ante su complemento. || Exigir una preposición un caso de la declinación. || intr. Estar en vigor. || Funcionar adecuadamente.

REGISTRAR tr. Inspeccionar cuidadosamente algo. || Tomar nota. || Inscribir para que produzca los efectos pertinentes. || Transcribir en los libros de un registro público las resoluciones de la autoridad o los actos jurídicos de los particulares. || Incluir en una serie o catálogo cada elemento que debe figurar en ellos. || Fijar sonidos o imágenes sobre un soporte material (disco, película, etc.). || Señalar un instrumento las magnitudes que recoge. || prnl. Inscribirse. || *¡a mí que me registren!* Frase con la que se indica que uno no tiene nada que ver con un asunto.

REGISTRO m. Acción de registrar o registrarse. || Libro o cuaderno donde se registra. || Nota que queda en dichos libros. || Lugar u oficina pública donde se anotan y controlan determinados hechos que afectan a la vida jurídica. || Relación de personas inscritas como habitantes o naturales de un lugar. || Pieza de un mecanismo que regula su funcionamiento. || Abertura para inspeccionar y reparar instalaciones subterráneas o empotradas. || Unidad de almacenamiento de un ordenador, normalmente con capacidad para una palabra, y para la retención temporal de datos. || Cada uno de los diferentes juegos de un órgano. || Mecanismo de madera del órgano, por medio del cual se abre o se cierra el paso de aire a los diferentes juegos. || División cualitativa de un ámbito sonoro determinado; puede ser grave, medio o agudo. || Señal intercalada en las páginas de un libro. || *civil* Aquel en que constan las circunstancias relativas al estado civil de la persona: nacimiento, matrimonio, etc. || *de control* En el proceso de una operación normal de un ordenador, el que retiene la identificación de la instrucción que debe ser ejecutada seguidamente. || *de datos* Proceso para registrar rápidamente y de forma automática la información proveniente de diversas fuentes. || *de la propiedad* El que se refiere a los bienes inmuebles y a los derechos reales impuestos sobre ellos.

REGLA f. Instrumento de forma rectangular (frecuentemente con subdivisiones métricas), que sirve principalmente para trazar líneas rectas. || Norma máxima de una orden religiosa. || Forma de ejecución. || Conjunto de leyes básicas y universales de una ciencia o arte. || Pauta natural de las cosas, expresable mediante una ley o fórmula. || fam. Menstruación.

REGLAMENTO m. Norma jurídica que desarrolla el contenido de otra norma jurídica de rango superior. || Conjunto estructurado de normas y reglas que regulan las actividades profesionales, deportivas, etc., o que normativizan las actuaciones de la administración.

REGOCIJAR tr. Causar alegría o regocijo. || prnl. Deleitarse en algo.

REGOCIJO m. Alborozo. || Acto en que se muestra esta alegría. || Complacencia maliciosa.

REGRESAR intr. Volver al punto de partida.

REGRESIÓN f. Retroceso. || Vuelta de un individuo a un estadio anterior, de menor maduración. || En el proceso de sucesión, alteración irregular que conduce a una etapa previa ya superada.

REGRESO m. Acción y efecto de regresar.

REGUERO m. Curso mínimo de agua u otro líquido que aparece cuando se derraman. || Línea que va quedando de cualquier cosa cuando se vierte. || Reguera. || *como un r. de pólvora* Que se extiende con celeridad.

REGULADOR, RA adj. Que regula. || m. Mecanismo para normalizar el movimiento de una máquina o de alguno de los órganos o piezas de ella. || Signo musical en forma de ángulo, que indica variaciones de intensidad crecientes o decrecientes.

REGULAR, 1 adj. Sujeto a regla. || Constante, sin alteraciones o cambios notables. || Mediano, ni grande ni pequeño. || Mediocre. || Se dice del polígono cuyos lados y ángulos son iguales entre sí, y del poliedro cuyas caras y ángulos son también iguales. || Se dice de la palabra derivada o la conjugación verbal que siguen el modelo habitual entre las demás palabras de su clase o los demás verbos de su conjugación. || adv. Pasable, ni bueno, ni malo. || *por lo r.* Normalmente, de forma habitual.

REGULAR, 2 tr. Acomodar a un orden algo. || Establecer las reglas o pautas que deben seguirse.

REGULARIZAR tr. y prnl. Regular, ordenar.

REHABILITAR tr. y prnl. Devolver a alguien a su situación anterior. || Reivindicar.

REHACER tr. Hacer de nuevo. || Reelaborar, reformar. || tr. y prnl. Arreglar, subsanar lo estropeado o mal hecho. || prnl. Reanimarse, tomar fuerzas. || Sobreponerse, tranquilizarse.

REHÉN com. Persona retenida por alguien para forzar el cumplimiento de determinadas exigencias. || Todo aquello que permanece como garantía o seguro.

REHUIR tr., int. y prnl. Esquivar o retraerse ante determinada situación conflictiva o peligrosa. || Eludir el contacto o relación con alguien. || intr. En la caza, escapar una res siguiendo su propio rastro.

REHUSAR tr. No admitir, rechazar algo. || No prestarse a hacer o dar algo.

REIMPRIMIR tr. Imprimir de nuevo una edición sin modificaciones.

REINA f. En una monarquía, mujer con funciones de jefe de Estado. || Mujer del rey. || Pieza del ajedrez. || La que destaca o presenta las mejores cualidades entre las de una misma clase. || Abeja reina. || fam. Denominación de afecto o cariño.

REINADO m. Periodo que dura el gobierno de un rey o reina. || Por extensión, época en que tiene su apogeo algo.

REINAR intr. Gobernar o administrar un rey o reina un Estado. || Imperar alguien o algo sobre una persona o cosa. || Permanecer o durar una cosa.

REINCIDIR intr. Recaer en un vicio, error, etcétera.

REINCORPORAR tr. y prnl. Reestablecer o incorporar de nuevo una parte de algo que se había quitado anteriormente. || Hacer que una persona ocupe un puesto, cargo, etc., tras un periodo de tiempo inactivo.

REINO m. Estado constituido en monarquía. || Cada uno de los grandes grupos (generalmente vegetal y animal) en que se divide a los seres vivos, por compartir una serie de caracteres fundamentales comunes. || Ámbito, definido o convencional, donde actúa algo de forma predominante o continuada.

REINTEGRAR tr. Devolver totalmente algo. || Pagar a alguien lo que te había prestado anteriormente. || Sellar o timbrar un documento oficial según lo determina la ley. || tr. y prnl. Reincorporarse. || prnl. Recuperarse de pérdidas, resarcirse.

REINTEGRO m. Acción y efecto de reintegrar. || Pago de una cantidad debida. || Póliza o sellos oficiales. || En lotería, devolución de la cantidad jugada.

REÍR intr. y prnl. Exteriorizar felicidad, alegría, etc., mediante la expresión del rostro y emisión de sonidos. || tr., intr. y prnl. Mofarse, chancearse de alguien. || Mostrar una cosa apariencias agradables o felices. || tr. Festejar con risas.

REITERAR tr. y prnl. Repetir, insistir en hacer o decir una cosa.

REIVINDICAR tr. Reclamar uno lo que por alguna razón cree le pertenece. || Exigir, reclamar uno aquello a lo que tiene derecho. || Recuperar la fama u honra de un personaje, pensamiento, época, etcétera.

REJA, 1 f. Pieza de metal en forma de cuña que en el arado remueve la tierra. || Vuelta que se da a la tierra con el arado.

REJA, 2 f. Conjunto de barrotes de diversas formas y espesores que, paralelos o entrecruzados, se emplean para proteger y cubrir o adornar huecos de la ventana, arcos de puerta, etc. || *entre rejas* En la cárcel.

REJILLA f. Tabla calada, malla de alambre o rejas, etc., similar a la que existe en las ventanillas de los confesionarios y que se puede poner en múltiples lugares como adorno o protección. || Cualquier abertura cubierta por una celosía de este tipo. || Enrejado que deja muy poco espacio entre sus barrotes y que se usa para filtrar aguas, evitar que caigan objetos a un hueco, etc. || Tejido claro hecho con tiras delgadas de los tallos duros y flexibles de ciertas plantas; suele usarse como respaldo para sillas. || Tejido en forma de red o malla en el que en algunos trenes, vehículos de transporte, etc., se colocan los equipajes de mano. || Electrodo auxiliar o de control, situado entre el ánodo y el cátodo de un tubo electrónico, que controla el campo eléctrico creado entre ellos.

REJÓN m. Barra de hierro o barrón cortante que remata en punta. || Especie de puñal. || Púa del trompo.

REJUVENECER tr., intr. y prnl. Dar a uno un aspecto, fortaleza, ideales, etc., propios de la juventud. || tr. Reactualizar, poner de nuevo de moda o en activo.

RELACIÓN f. Acción y efecto de referir, relatar un hecho, o de referirse, dirigirse a determinado fin. || Lista de personas o de cosas. || Conexión, implicación o correspondencia de una cosa con otra. || Conexión, trato o amistad de una persona con otra. || Breve informe por escrito que se presenta ante una autoridad. || Resumen, breve informe sobre algo, especialmente una sucesión de hechos o un incidente. || Trozo largo que dice un personaje en un poema dramático. || pl. Las amorosas, generalmente con intención de matrimonio; noviazgo. || Propiedad que permite comparar los elementos de un conjunto, como la igualdad, la desigualdad, el paralelismo, etc. || *relaciones públicas* Técnica publicitaria que, con la ayuda de la lingüística y la psicología, difunde y promueve la imagen pública de una persona o institución. || Profesional de dicha técnica.

RELACIONAR tr. Referir o relatar un hecho. || Poner en la relación, conectar, varias personas, cosas o acciones. || Poner en una lista varias personas o cosas. || prnl. Hacer amistad con alguien o establecer una relación amorosa. || Situarse próximo a los círculos del poder, tener buenas amistades para determinado fin.

RELAJAR tr. y prnl. Aflojar, ablandar, debilitar. || Entretener la mente, distraer las preocupaciones, especialmente con algún descanso. || Hacer menos severa y rígida la observancia de una ley, disciplina, estatuto, etc. || tr. Aliviar o rebajar a

RELAJO uno la pena o el castigo que le habían sido impuestos. || Relevar de un voto, obligación o contrato. || prnl. Dilatarse, ablandarse una parte del cuerpo de un animal o persona por debilidad o por algún esfuerzo excesivo. || Herniarse. || Viciarse, perder las buenas costumbres. || Aflojarse la tensión anímica mediante la pérdida voluntaria de actividad corporal. || Inmovilizarse y aflojar los músculos del cuerpo.

RELAJO m. Barullo, desorden. || Falta de cumplimiento estricto de unas normas, disciplina, etc. || Degradación de las costumbres de un individuo, grupo o sociedad.

RELAMER tr. Volver a lamer. || prnl. Pasarse la lengua por los labios una o más veces. || Acicalarse en exceso o maquillarse de forma estridente. || Pavonearse, darse importancia. || Prever la satisfacción que va a causar una cosa.

RELAMIDO, DA adj. Se dice de la persona que va excesivamente afeitada o maquillada. || adj. y s. Excesivamente pulcro y atildado. || Amanerado.

RELÁMPAGO m. Resplandor vivísimo y fugaz que se produce entre dos nubes o entre una nube y el suelo por una descarga eléctrica de gran intensidad. || Cualquier suceso repentino, o persona que es veloz en sus decisiones o hechos. || Nube que se forma en los ojos de las caballerías.

RELATAR tr. Referir, narrar un hecho o serie de hechos. || Hacer relación de un proceso o pleito.

RELATIVIDAD f. Calidad de relativo. || Conjunto de las teorías formuladas por Albert Einstein en 1905-1906 sobre la estructura del tiempo y del espacio. Se basa en la imposibilidad de encontrar un sistema de referencia absoluto, por lo que todo movimiento es relativo.

RELATIVO, VA adj. Que hace relación a alguien o algo. || Que no es absoluto, que depende de factores ajenos a él mismo. || En poca cantidad, con poca intensidad, parcial. || Se dice de la relación entre dos tonalidades, una mayor y otra menor, pero con la misma armadura. || adj. y s. Se dice del elemento lingüístico que no posee autonomía fonética, capacidad de significado, etc., por sí mismo. Se opone a absoluto.

RELATO m. Acción de relatar o referir. || Cuento, narración breve.

RELAX m. Relajación corporal a través de prácticas físicas o psicológicas. || fig. Situación de bienestar.

RELEGAR tr. Desterrar, expulsar, exiliar. || tr. y prnl. fig. Dejar de lado, hacer de menos, marginar.

RELENTE m. Frescor, humedad que en noches serenas se nota en el aire. || fam. Desparpajo, frescura.

RELEVANTE adj. Excelente, destacado. || Significativo, de importancia.

RELEVAR tr. Dar relieve, hacer sobresalir algo. || Absolver, disculpar o eximir. || Cambiar el centinela que está de guardia o un cuerpo de tropa destinado en determinado puesto. || Por extensión, reemplazar, sustituir a alguien de un cargo, empleo, etc. || Dibujar o pintar algo de forma que engañe a la vista y parezca dotado de volumen y bulto. || tr. y prnl. Exonerar de un peso o tributo o de un empleo, dignidad o cargo. || intr. Esculpir en relieve, hacer resaltar una figura en un plano.

RELEVO m. Acción y efecto de relevar o reemplazar, cambiar la guardia. || Soldado o cuerpo de tropa que sustituye a otro en la guardia o puesto en el que se encontraba. || Competición deportiva por equipos, generalmente formados por dos o cuatro deportistas, en la que éstos se relevan cada cierta distancia, traspasando cada corredor al siguiente la posición relativa en que se encuentra. Practicada en atletismo, natación y ciclismo en pista.

RELIEVE m. Figura, volumen o labor que resalta sobre el plano. || Escultura no exenta. || Configuración de formas complejas de la superficie terrestre. || fig. Renombre, importancia, mérito. || *poner de r.* Destacar, hacer fijar la atención en algo.

RELIGIÓN f. Conjunto de creencias, íntimas o sociales, de contenido espiritual, que se expresan mediante el culto a una (monoteísta) o varias divinidades (politeísta). || *revelada* La que basa su mensaje en la experiencia de un fundador, por el que la divinidad se manifiesta a los hombres.

RELIGIOSO, SA adj. Relativo a la religión o a los que la profesan. || Que posee una religión o que cree en ella firmemente y la profesa con esmero. || Fiel y exacto en el cumplimiento de un deber o compro-

miso. || adj. y s. Que ha tomado los hábitos en una orden regular.
RELINCHAR intr. Emitir su voz el caballo.
RELIQUIA f. Resto o residuo que queda de un todo. || En la religión católica, recuerdo material de un santo. || Conjunto de organismos, población residual de otros numéricamente más importantes que existieron en el pasado. || fig. Vestigio de alguna cosa. || Achaque o secuela que queda de una enfermedad o accidente. || Prenda u objeto al que se le concede gran valor sentimental.
RELOJ m. Aparato para medir el tiempo o dividir el día en horas, minutos y segundos. || *de agua* Aparato para medir el tiempo observando lo que tarda el agua en pasar de un vaso a otro. || *de arena* Artificio con dos ampolletas unidas en el que pasa la arena de una a otra en un tiempo determinado. || *de cuarzo* El que lleva un oscilador de cuarzo como patrón de frecuencia, mediante el cual se obtiene la uniformidad de los intervalos. || *de sol* Artificio para marcar las horas según la sombra que proyecta un gnomon sobre una superficie. || *digital* El electrónico que indica el tiempo mediante cifras en una pantalla de cristal líquido.
RELUCIR intr. Resplandecer, desprender luz una cosa. || Destacar uno por alguna virtud encomiable o cualidad excelente. || *salir* o *sacar a r.* Mentar o alegar inesperadamente algo, mostrarlo a la luz.
RELUMBRAR intr. Dar luz, resplandecer en exceso.
RELUMBRÓN m. Golpe de luz intenso y repentino. || Apariencia y lustre, oropel. || *de r.* De buena apariencia y menor calidad. || Público, notorio y conocido pese a sus pocos méritos.
RELLANO m. Llanura que separa dos tramos de escalera. || Cada uno de los intervalos horizontales de una pendiente.
RELLENAR tr. y prnl. Llenar de nuevo algo que se había quedado vacío. || Llenar por completo. || Hartar de comer. || tr. Embutir, especialmente en alimentación. || Cumplimentar un impreso.
RELLENO, NA adj. Con gran cantidad, o repleto. || m. Acción y efecto de rellenar, o sustancia usada para ello. || Picadillo usado para embutir o que se presenta dentro de otro alimento. || Conjunto de los elementos innecesarios de un texto.
REMACHAR tr. Insistir sobre un clavo ya clavado para afianzarlo. || Cambiar a golpes la parte sobresaliente de un clavo para que sujete. || Hacer a golpes cabeza en la punta de un roblón. || Afirmar con remaches. || Confirmar la veracidad de algo. || Apuntalar una victoria.
REMANENTE adj. y m. Se dice del resto que queda de algo tras la acción que lo ha posibilitado.
REMANGAR tr. y prnl. Arremangar, recoger hacia arriba las mangas u otra parte de una prenda de vestir. || Decidir con energía.
REMANSO m. Lugar en que, por accidentes naturales, parece detenerse un curso de agua. || Paraje que inspira quietud. || Tranquilizar al hacer las cosas.
REMAR intr. Hacer avanzar una embarcación moviendo los remos.
REMATAR tr. Acelerar la muerte de un ser vivo agonizante. || Abatir, el cazador, al primer disparo. || Terminar algo por completo. || Asegurar una costura con un nudo en la hebra. || En fútbol, culminar una jugada disparando a puerta. || Ejecutar judicialmente los bienes objeto de demanda. || Liquidar desordenadamente lo que queda de un bien. || Adjudicar un lote en una subasta. || intr. Morir, acabar. || prnl. Liquidar a bajo precio el resto de las existencias.
REMATE m. Acción y efecto de rematar. || Extremo o fin de algo. || En arquitectura, adorno que recubre el extremo de un elemento estructural. || Adjudicación de una cosa subastada, con que se pone fin a la puja. || Oferta que obtiene la adjudicación. || Liquidación de existencias a mínimo precio. || *de remate* Incurable.
REMEDAR tr. Imitar algo o a alguien. || Parodiar gestos o actos de otro.
REMEDIAR tr. Evitar un peligro. || Corregir un desaguisado. || tr. y prnl. Ayudar en una situación difícil.
REMEDIO m. Lo que se usa para remediar. || Reparación. || Apoyo o cobijo. || Preparado farmacéutico para curar una enfermedad. || Recurso de apelación.
REMEDO m. Imitación caricaturesca o falta de calidad de algo.
REMEMBRANZA f. Memoria de algo pasado.

REMENDAR tr. Coser remiendos sobre los rotos de un vestido. || Aplicar soluciones de urgencia.

REMESA f. Género que se envía, y el mismo envío.

REMIENDO m. Pedazo de tela que se cose sobre un roto para ocultarlo o impedir que se agrande. || Reparación de urgencia. || Mancha de la piel de un animal. || Cosa de poca monta que mejora algo. || Obra de remendería.

REMILGO m. Gesto o comportamiento afectados.

REMINISCENCIA f. Recuerdo difuso. || Capacidad para recordar difusamente. || pl. Influencias que una obra o autor tiene de otros.

REMISIÓN f. Acción y efecto de remitir. || Condonación de una deuda. || Signo o frase con que en un escrito se envía al lector a otra parte del mismo. || Pat. Disminución o cese de los síntomas.

REMISO, SA m. y f. Renuente a hacer algo. || En física, poco activo.

REMITENTE adj. y com. Que remite. || Que envía una carta, paquete o documento de crédito.

REMITIR tr. Enviar algo a persona y lugar concretos. || Condonar una pena u obligación. || Aplazar o suspender. || Entrar una enfermedad en fase de remisión. || Disminuir en intensidad. || Hacer una remisión en un escrito. || tr. y prnl. Apoyarse en algo expresado anteriormente por uno mismo u otra persona. || Dejar en manos de otro una resolución.

REMO m. Útil formado por un mango largo (caña) y una superficie plana en uno de sus extremos (pala) que, sujeto a la borda de una embarcación, sirve para impulsarla. || Deporte que consiste en competir con embarcaciones impulsadas por dicho útil. Existen múltiples modalidades según el recorrido, el tipo de embarcación y el número de tripulantes. || Extremidad de los cuadrúpedos. || Ala de ave.

REMOJAR tr. y prnl. Bañar breve e intensamente algo.

REMOJÓN m. Empapamiento inesperado. || Trozo de pan empapado en algún líquido, especialmente leche, vino, etcétera.

REMOLCAR tr. Trasladar un objeto flotante, sin medios propios de propulsión, tirando de él. || Por extensión, hacer lo mismo en tierra con un vehículo sin motor o averiado. || Arrastrar a alguien a hacer algo que no desea.

REMOLINO m. Movimiento giratorio de los fluidos. || Revuelo desordenado de personas.

REMOLQUE m. Acción y efecto de remolcar. || Cosa remolcada. || Cabo usado para dicha operación.

REMONTAR tr. Ocultarse las piezas ahuyentadas por una cacería. || Proveer de caballos. || Hacer la remonta de una silla. || Sustituir la suela del calzado. || Ascender por una pendiente. || Subir hacia lo alto aviones o aves. || Navegar aguas arriba. || Hacer volar una cometa. || Avanzar hacia los orígenes de algo. || Superar un obstáculo. || Ganar puestos en una clasificación. || tr. y prnl. Ascender a un estado superior. || Subir, ganar altura. || Enfadarse. || Echarse al monte. || Ascender una cantidad. || Llegar retrospectivamente a la época que se expresa.

REMORDIMIENTO m. Pesar que queda tras haber cometido algo que se cree reprobable.

REMOTO, TA adj. Lejano, distante en el tiempo o el espacio. || No verosímil o que es improbable.

REMOVER tr. y prnl. Trasladar una cosa, cambiarla de sitio o lugar. || Revolver o enturbiar alguna cosa o asunto. || tr. Apartar un obstáculo, suprimir un inconveniente. || Destituir a uno de su empleo o cargo. || Activar un asunto que estaba detenido o abandonado.

REMOZAR tr. y prnl. Devolver el aspecto de nuevo a algo que ya no lo es. || Modernizar algo.

REMUNERACIÓN f. Acción y efecto de remunerar.

REMUNERAR tr. Pagar de alguna forma un servicio, favor, etc., con dinero.

RENACER intr. Volver a nacer. || Recobrar uno las fuerzas o mejorar sus hábitos, salud, etc. || Adquirir mediante el bautismo la vida de la gracia.

RENACIMIENTO m. Acción y efecto de renacer. || Movimiento cultural de fines del siglo xv y principios del xvi, surgido en Italia y que se extendió por toda Europa. Impuso una visión propia de carácter moderno (laicismo, humanismo, una nueva

escala de valores sociales, etc.) intentando, al mismo tiempo, resucitar los valores formales y espirituales de la antigüedad grecorromana.
RENAL adj. Relativo al riñón o los riñones.
RENCILLA f. Disputa o pelea de la que queda algún encono; suele usarse en plural.
RENCO, CA adj. y s. Que cojea por una lesión de cadera. || adj. Se dice del animal que posee un solo testículo.
RENCOR m. Encono que se guarda a uno. || Resentimiento.
RENDICIÓN f. Acción y efecto de rendir o rendirse. || Tratado formal que pone fin a la resistencia de una plaza, tropa, ejército, etc. || Cantidad de moneda acuñada que aún no ha obtenido del gobierno la autorización para su circulación. || *incondicional* La de una tropa o Estado que queda a merced del vencedor y depone las armas sin condiciones.
RENDIDO, DA adj. Galante, sumiso, complaciente. || Muy cansado, fatigado en extremo.
RENDIJA f. Grieta, hendidura que se produce de forma natural en un cuerpo sólido. || Abertura que queda entre dos cosas muy próximas o entre dos partes de una misma cosa separadas por un corte.
RENDIMIENTO m. Debilidad, fatiga. || Humildad, sumisión. || Expresión de acatamiento obsequiosa. || Beneficio, producto o utilidad que rinde o produce algo. || Trabajo útil, capacidad. || Cociente entre el trabajo producido por una máquina y la energía necesaria para su funcionamiento.
RENDIR tr. Someter, vencer y derrotar a una tropa, plaza, etc., enemiga. || Entregar a uno el beneficio o parte que le toca, o restituirle aquello de lo que se le había desposeído. || Dar fruto o beneficio una persona o cosa, ser útil. || Junto con algunos nombres (como pleitesía, culto, gracias, etc.) toma la significación del que se le añade. || Dar, entregar. || Llegar a término un viaje, especialmente el marítimo. || Entregar una misión, tropa, guardia, etc., al cuidado de otro. || Hacer con ciertas cosas, como el arma o la bandera, actos de sumisión o respeto ante una autoridad superior. || tr. y prnl. Sujetar, poner una cosa bajo el dominio de uno. || Fatigar, cansar. || prnl. Romperse o henderse un cabo, mastelero o verga.
RENEGADO, DA adj. y s. Se dice de la persona que cambia su religión primera por otra. || Se dice de la persona de mal carácter o de malos modos.
RENEGAR tr. Negar con insistencia algo. || Rechazar abruptamente, detestar. || intr. Abandonar una religión o creencia por otra. || Blasfemar, decir injurias. || Gruñir, refunfuñar.
RENGLÓN m. Cada una de las líneas formadas por grupos de palabras que se siguen unas a otras en forma paralela, en un impreso o escrito. || Porción de gasto, renta, beneficio, etc., que uno tiene o hace. || pl. fig. Cualquier texto escrito o impreso. || *a r. seguido* fam. Inmediatamente, sin demora. || *dejar* una cosa *entre renglones* Olvidarla o descuidarla. || *leer entre renglones* Entender el mensaje de un escrito más allá de lo explícitamente expresado.
RENGO, A adj. y s. Cojo, generalmente por lesión de cadera.
RENOMBRADO, DA adj. y s. Famoso.
RENOMBRE m. Apellido o apodo propio de alguien. || Sobrenombre que se da a alguien por la grandeza de sus actos. || Notoriedad, fama.
RENOVAR tr. y prnl. Remozar, hacer que una cosa parezca nueva. || Dar inicio la naturaleza un nuevo ciclo. || Reanudar una relación o actividad que se había descuidado. || tr. Sustituir una cosa vieja por otra nueva. || Afirmar de nuevo un sentimiento o creencia.
RENTA f. Utilidad o beneficio que produce periódicamente un bien; lo que se cobra por la cesión de su uso a otra persona. || Cantidad fija que paga un arrendatario al propietario de la tierra u otro bien. || fig. Beneficio adicional que produce el prestigio, dignidad, etc. || *disponible* Conjunto de los ingresos de los habitantes de un país en un periodo determinado. || *nacional* Conjunto de los ingresos, rentas o beneficios que obtienen particulares o empresas por su participación en el proceso productivo. La *r. per cápita* procede de dividir la renta nacional por el número de habitantes de un país.
RENTAR tr. Dar beneficio, producir renta algo. || Anglicismo por alquilar.

RENTISTA com. Persona que vive de sus rentas. || Especialista en hacienda pública. || Suscriptor de deuda pública.

RENUNCIA f. Acción y efecto de renunciar. || Documento que la contiene. || Dejación de un derecho por parte de su titular en la forma prevista en las leyes.

RENUNCIAR tr. Ceder voluntariamente algo que es propio o a lo que se tiene derecho. || Abandonar un proyecto por voluntad o fuerza mayor. || Rechazar algo. || Irónicamente, desdeñar. || Dimitir de un cargo o privarse de una dignidad.

REÑIDO, DA adj. Peleado, enemistado con otro. || Muy disputado o competido.

REÑIR intr. Contender, pelear. || Combatir. || Enemistarse. || tr. Regañar, amenazar. || Llevar a cabo un encuentro deportivo, desafío, etcétera.

REO, A m. y f. Acusado o demandado en un juicio. || Condenado en un proceso penal. || adj. Acusado o convicto en sentencia.

REOJO, *mirar de* fr. Mirar u observar con disimulo. || Mirar a uno con malas intenciones.

REORGANIZAR tr. y prnl. Volver a organizar o cambiar la organización de una cosa.

REPARACIÓN f. Acción y efecto de reparar, arreglar, componer. || Satisfacción que se da por una ofensa o perjuicio.

REPARAR tr. Componer, arreglar lo averiado. || Satisfacer un agravio. || Advertir, caer en la cuenta. || Reflexionar. || Restaurar las fuerzas.

REPARAR tr. Ejecutar una defensa contra un golpe. || intr. y prnl. Detenerse a causa de algún obstáculo o inconveniente. || Contenerse, moderarse.

REPARO m. Reaparición. || Conjunto de trabajos de reconstrucción o rehabilitación de un edificio. || Objeción o matización sobre algo. || Falta de disposición a hacer algo por apocamiento o escrúpulo. || Cosa que se pone por defensa o salvaguarda. || Pequeña señal en el párpado o el ojo. || En esgrima, parada o quite.

REPARTICIÓN f. Acción de repartir. || Sección de la administración pública.

REPARTIR tr. Hacer partes de una cosa para distribuirla entre varias personas o lugares. || Ordenar, clasificar. || Depositar el producto o cosa que se distribuye en manos del destinatario. || Extender algo homogéneamente sobre una superficie. || Hacer un repartimiento de contribuciones. || Dar a cada actor el papel que va a representar en una obra de teatro, película, espectáculo, etcétera.

REPARTO m. Acción y efecto de repartir. || Relación de actores y papeles que representan en una obra teatral, cinematográfica, etcétera.

REPASAR tr. e intr. Pasar de nuevo por un sitio. || tr. Comprobar desde el principio la correcta realización de un proceso ya acabado. || Dar los últimos toques a algo para acabar de perfeccionarlo. || Leer rápidamente lo que ya se conoce para refrescar la memoria o que se acabe de fijar en la misma. || Dar de nuevo una lección. || Comprobar superficialmente la correcta redacción de un escrito. || Remendar, zurcir la ropa.

REPASO m. Acción y efecto de repasar. || fam. Regañina, reprimenda. || *dar un r.* Dar una demostración abrumadora de superioridad.

REPATRIAR tr. y prnl. Hacer que uno regrese a su patria por grado o por fuerza.

REPECHO m. Cuesta corta y pronunciada.

REPELENTE adj. Que repele. || Asqueroso, repugnante. || Sabihondo, petulante.

REPELER tr. Rechazar o echar de sí con fuerza una cosa. || No aceptar una idea, proposición, etc., oponerse fuertemente a ella. || fig. No aceptar una cosa dentro de sí a otra ni mezclarse con ella. || Producir asco o aversión.

REPENTE m. Movimiento repentino y brusco de personas o animales. || *de r.* De improviso, súbitamente, sin pensarlo o discurrirlo.

REPENTINO, NA adj. No previsto ni pensado, súbito.

REPERCUSIÓN f. Acción y efecto de repercutir. || Resonancia y fama que consigue algo o alguien.

REPERCUTIR intr. Salir despedido o cambiar su trayectoria un cuerpo al chocar con otro. || Reflejarse, rebotar el sonido. || Tener trascendencia, causar algo un efecto, especialmente si es indirecto.

REPERTORIO m. Libro en el que se mencionan o anotan cosas notables que aparecen por extenso en otros lugares a los que se remite. || Conjunto de canciones, obras dramáticas, etc., que una persona, compañía o empresa tiene preparadas y dispuestas para incluir en una temporada o representarlas. || Conjunto de noticias o textos reunidos de una misma clase.

REPETICIÓN f. Acción y efecto de repetir o repetirse. || Cualquier mecanismo o aparato que, una vez iniciada su actividad, repite una acción mecánicamente. || Figura de dicción que consiste en comenzar todas las cláusulas de una oración con una misma palabra, o en repetirla frecuentemente en el interior de un párrafo. || *de r.* Se dice de cualquier aparato dotado de un mecanismo que repite una acción automáticamente. || Se dice de las armas de fuego que sólo han de ser montadas o cargadas una vez, y que pueden hacer varios disparos sin necesidad de ser recargadas.

REPETIDOR, RA adj. Que repite. || adj. y s. Se dice del alumno que repite un curso o una asignatura por no haberlo aprobado. || m. y f. Persona que repasa a otro la lección que le dio el maestro. || m. Amplificador que recibe señales débiles y suministra señales más fuertes. || *de televisión* El que transmite señales de televisión desde un punto a otro utilizando ondas de radio en el libre espacio como medio, cuya transmisión está destinada a la recepción directa por el público.

REPETIR tr. y prnl. Volver a hacer o decir algo que ya se había hecho o dicho. || tr. e intr. Volver a servirse un mismo manjar o plato en una comida. || intr. Venir a la boca el sabor de lo que se ha comido o bebido. || prnl. Usar siempre un artista en sus obras unas mismas actitudes, grupos, etc. || Ocurrir una misma cosa diversas veces.

REPICAR tr. Picar una cosa mucho, desmenuzarla. || Volver a picar, pinchar. || tr. e intr. Sonar acompasada y repetidamente las campanas de un lugar como señal de fiesta; también, otros instrumentos de percusión.

REPIQUE m. Acción y efecto de repicar o repicarse. || fig. Riña, pelea de poca importancia.

REPIQUETEAR tr. Repicar vivamente las campanas u otros instrumentos de percusión. || Hacer ruido golpeando repetidamente sobre algo. || prnl. Insultarse mutuamente una o dos personas en una riña.

REPISA f. Elemento arquitectónico, que sostiene algo o sirve de piso a un balcón. || Estante, anaquel.

REPLANTEAR tr. y prnl. Plantear algo de nuevo, matizar la opinión sobre algo. || tr. Trazar de nuevo en el suelo o sobre el plano de cimientos una obra ya proyectada.

REPLAY m. En televisión, repetición de secuencias en la misma emisión. || Por extensión, aparato que lo realiza, moviola.

REPLEGAR tr. Plegar o doblar muchas veces. || tr. y prnl. Retirarse una tropa, volver a posiciones más atrasadas.

REPLETO, TA adj. Muy lleno, referido especialmente a las personas muy hartas de comer.

RÉPLICA f. Acción de replicar. || Argumento o discurso que se replica. || En el proceso civil o en el laboral, contestación a las alegaciones del demandado. || *r., derecho de* El que tienen los particulares de difundir gratuitamente aclaraciones o contestaciones por el mismo medio en el que se han expresado noticias u opiniones referidas a ellos.

REPLICAR intr. Elevar a instancia o argüir contra la respuesta o argumento.

REPLIEGUE m. Pliegue doble. || Acción y efecto de replegar o replegarse las tropas.

REPOBLAR tr. y prnl. Volver a poblar. || Plantar árboles.

REPOLLO m. Variedad de col, de hojas gruesas y apretadas entre sí. Se cultiva en Europa y América del Norte.

REPONER tr. Volver a poner a una persona o cosa en el cargo, lugar o estado que antes tenía. || Por extensión, completar lo que falta o lo que se había sacado de alguna parte, o reemplazarlo. || Replicar o responder (sólo tiene este significado en los tiempos de pretérito indefinido e imperfecto de subjuntivo). || Repetir en una temporada un espectáculo que ya se había estrenado en otra temporada anterior. || Resituar una causa en su estado primero. || Reformar una resolución de la autoridad o la judicatura mediante recurso de reposición. || prnl. Rehacerse de una

REPORTAJE m. Labor periodística de carácter informativo, que supone un trabajo previo de investigación y que generalmente hace referencia a un personaje, suceso o estado de un país.

REPORTAR tr. y prnl. Calmar, refrenar una pasión o al que la tiene. || tr. Lograr, obtener algún beneficio. || Traer como consecuencia.

REPORTERO, RA adj. y s. Se dice del periodista que se dedica a los reportajes o noticias. || Se dice del periodista enviado por un canal de televisión a cubrir determinada información, generalmente con equipo muy manejable y al extranjero. || *gráfico* Aquel que en un reportaje hace las fotografías o filma las imágenes.

REPOSAR intr. y prnl. Descansar, hacer una pausa en alguna actividad. || Echar la siesta. || Iniciar la digestión desocupado y tranquilo. || Estar sosegado y en paz alguien. || Posarse un líquido. || intr. Estar uno muerto y enterrado.

REPOSICIÓN f. Acción y efecto de reponer o reponerse, especialmente si se habla de espectáculos.

REPOSO m. Acción y efecto de reposar o reposarse. || Estado cinemático de un sistema físico cuyas coordenadas son constantes en el transcurso del tiempo.

REPOSTAR tr. y prnl. Reponer combustible, provisiones, etcétera.

REPOSTERO, RA m. y f. Persona que tiene por oficio hacer dulces, pasteles, caramelos, etc. || m. El que tenía a su cargo, en palacio y en algunas casas nobles, el orden y custodia de los utensilios pertenecientes a un ramo del servicio, como el de cama, cocina, etcétera. || Tapiz, generalmente con escudo de armas, que se cuelga de un balcón en ocasiones solemnes.

REPRENDER (o **REPREHENDER**) tr. Amonestar, regañar a uno por lo que ha hecho o dicho.

REPRESA f. Obra de embalse de aguas corrientes hecha para fines de riego, producción de energía eléctrica, etc.; propiamente, la r. es el lago artificial así formado, y el muro que contiene las aguas es la presa.

REPRESALIA f. Derecho que se toma cada contendiente para responder con un daño igual o mayor a los actos hostiles o violentos que contra él ejecuta su contrario. || Venganza por el daño real, tomada por el perjudicado.

REPRESENTACIÓN f. Acción y efecto de representar o representarse. || Denominación que se aplicaba a la obra dramática. || Dignidad o carácter de la persona. || Figura, imagen o idea que sustituye a la realidad. || Súplica razonada y argumentada que se dirige a una autoridad. || Conjunto de personas que son delegación de un grupo más amplio, sociedad, etc. || Facultad del procurador, o tercera persona, de actuar en nombre del representado ante los tribunales u otras instancias públicas.

REPRESENTANTE com. Persona que actúa en representación de un ausente, comunidad, etc. || Viajante de comercio, vendedor a comisión. || Actor o actriz de teatro. || Delegado comercial de una empresa para determinada zona.

REPRESENTAR tr. y prnl. Hacer presente a una persona o cosa en la imaginación, mediante palabras o figuras que la evoquen o signifiquen. || tr. Realizar en público, ejecutar, una pieza escénica u obra dramática. || Actuar, formar parte del reparto de una obra teatral, película, etc. || Hacer las veces de uno, sustituirlo. || Ser imagen o símbolo de una cosa o imitarla perfectamente. || Aparentar cierta edad. || Relatar, informar. || Patentizar, mostrar. || Significar, suponer. || Importar mucho o poco una cosa. || Tener aspecto una cosa de valer más o menos.

REPRESIÓN f. Acción o efecto de reprimir o reprimirse. || Acción y efecto de represar o represarse. || Conjunto de actos con los que un Estado u otra institución social pretende acallar o neutralizar los comportamientos, individuales o colectivos, contrarios a ellos. || En el psicoanálisis, mecanismo de defensa que impide la realización de las pulsiones y se manifiesta por una inhibición o la negativa de afrontar lo molesto, traumático o no integrado.

REPRIMENDA f. Regañina vehemente y extensa.

REPRIMIR tr. y prnl. Contener un deseo, impulso, pasión, etc. || Ejercer una represión.

REPROBAR tr. No aprobar a una persona o cosa, darla por mala, ineficaz, suspensa, etcétera.
REPROCHAR tr. y prnl. Echar en cara, desaprobar.
REPRODUCCIÓN f. Acción y efecto de reproducir o reproducirse. || Cosa reproducida. || Proceso propio de los seres vivos según el cual, una vez alcanzada la madurez, se logra la persistencia de la especie a través de la producción de individuos de características semejantes. || En economía, proceso por el que un modo de producción genera las condiciones (económicas, sociales, etc.) que permiten su mantenimiento (r. simple) o expansión (r. ampliada). || *asexual* La que se realiza sin intervención de células haploides especializadas. || *sexual* La que exige la intervención de gametos.
REPRODUCIR tr. y prnl. Volver a producir o producir de nuevo. || tr. Imitar, sacar copia. || Repetir lo que ya se había dicho o alegado. || prnl. Propagarse o procrear una especie.
REPTAR intr. Arrastrar el cuerpo sobre alguna superficie, avanzando mediante un movimiento ondulatorio del mismo. || Arrastrarse, avanzar un reptil. || fig. Ondular o cometer bajezas para conseguir algún tipo de poder.
REPTIL adj. y m. Se dice de los miembros de la clase reptiles. || fig. Se dice de la persona rastrera y de vil condición. || pl. Clase de animales vertebrados; comprende unas 6 000 especies actuales distribuidas en cuatro órdenes (Quelonios, Crocodilios, Rincocéfalos y Escamosos). El cuerpo es generalmente alargado, con patas cortas, aunque la evolución ha producido formas ápodas y otras rechonchas; siempre está cubierto de escamas córneas. Las extremidades suelen ser pentámeras. Tamaño muy variable. La circulación es incompleta y no poseen capacidad para regular la temperatura corporal. La respiración es pulmonar.
REPÚBLICA f. Forma de gobierno en la que la jefatura del Estado es ocupada por alguien elegido directa o indirectamente por el cuerpo electoral. En el caso de elección directa (votación popular o compromisarios) suele dar origen a las r. presidencialistas; en el caso de elección indirecta (parlamentarios) da origen a r. parlamentarias.
REPUDIAR tr. Rechazar la vigencia o valor de algo. || Manifestar aversión a lo que se considera ética o estéticamente rechazable. || Explicitar el rechazo del propio cónyuge.
REPUESTO, TA adj. Apartado, retirado, escondido. || m. Reserva de subsistencias. || Recambio, especialmente de aparatos mecánicos. || Mueble donde se disponen los utensilios y alimentos que luego se harán servir en la comida, y habitación en que se encuentra.
REPUGNANCIA f. Incompatibilidad entre dos cosas. || Asco, sensación física. || Firme rechazo a actuar en una dirección determinada. || Incompatibilidad lógica entre dos atributos.
REPUGNAR tr. y prnl. Ser incompatibles dos cosas. || tr. Rechazar, negar. || Manifestar oposición o renuncia a hacer algo. || Inspirar asco una persona o cosa.
REPUJAR tr. Hacer relieves en una chapa de metal, cuero, etc., con torno y una especie de cincel.
REPULSA f. Acción y efecto de repulsar. || Fuerte regañina. || Firme rechazo de algo.
REPULSIÓN f. Acción y efecto de repeler o de repulsar. || Rechazo por incompatibilidad o repugnancia. || Esfuerzo mecánico que tiende a separar los cuerpos que tienen cargas eléctricas o polaridades magnéticas iguales, o en el caso de conductores adyacentes cuyas corrientes fluyen en direcciones opuestas.
REPUTACIÓN f. Opinión pública sobre algo o alguien, especialmente sobre sus virtudes o defectos.
REQUERIR tr. Exigir o intimar a algo con documento público. || Ser preciso. || Solicitar, especialmente en caso de ayuda o de relaciones con una mujer. || Impulsar a algo. || Necesitar algo unas condiciones determinadas.
REQUESÓN m. Masa cuajada de leche, después de escurrida y antes de ser secada o prensada.
REQUIEBRO m. Acción y efecto de requebrar. || Piropo. || Mineral reducido a textura de grava.
REQUISA f. Supervisión del funcionamiento de un departamento o las perso-

nas que lo componen. || Incautación por motivos de guerra o necesidad pública.

REQUISITO m. Cualquier cosa necesaria para otra.

REQUISITORIO, RIA adj. y f. Se dice del despacho de búsqueda y captura o de citación dado por un juez y publicado, contra un presunto delincuente en ignorado paradero, detallando sus señas, el delito imputado y el término de comparecencia.

RES f. Ejemplar de cuadrúpedo, doméstico o salvaje.

RESABIO m. Impresión de desagrado que deja algo. || Acción que parece inoportuna y proviene de experiencias anteriores.

RESACA f. Movimiento del agua tras romper la ola. || Sensación de náuseas, sequedad y dolor de cabeza, provocada por el tanino de los alcoholes, que se tiene al día siguiente de haber bebido en exceso. || *r., letra de* La de cambio que el tenedor de otra que ha sido protestada gira a cargo del librador, o de uno de los endosantes, para reembolsarse su importe y gastos.

RESALTAR intr. Destacar algo en un conjunto. || Alcanzar relevancia una cosa sobre otras. || Desprenderse algo que estaba adherido a una superficie.

RESARCIR tr. Dar satisfacción a una deuda o agravio.

RESBALADIZO, ZA adj. Que resbala o se escurre. || Se dice de una zona donde es fácil resbalarse. || Que por sus condiciones favorece la comisión de errores o malentendidos.

RESBALAR intr. y prnl. Deslizarse los pies sobre una superficie al no poder afirmarlos a causa del escaso frotamiento de ésta. || Bajar rozando por una superficie inclinada. || intr. fam. Equivocarse, meter la pata. || prnl. Sentirse indiferente o no afectar algo a alguien.

RESBALÓN m. Acción y efecto de resbalar. || Pestillo que se encaja por mediación de un resorte.

RESCATAR tr. Recuperar algo. || Reconquistar al enemigo. || Redimir de una situación envilecedora o servil. || Obtener oro a cambio de mercancías.

RESCATE m. Acción y efecto de rescatar. || Dinero o precio que se paga por ello.

RESCINDIR tr. Anular la validez de un contrato u obligación antes de su total cumplimiento.

RESCOLDO m. Resto de brasa que queda bajo la ceniza. || Resabio o malestar por algo ya pasado. || Sentimiento difuso de afecto u odio hacia algo pretérito.

RESECCIÓN f. Intervención quirúrgica que consiste en la escisión de un órgano o parte de él.

RESECO, CA adj. Seco en exceso. || Flaco, enteco. || m. Parte muerta de una planta. || Sequedad bucal por falta de salivación. || Por extensión, cualquier sensación de aspereza en la boca.

RESENTIMIENTO m. Acción y efecto de resentirse. || Sensación de rechazo hacia algo o alguien por sentirse perjudicado.

RESEÑA f. Nota que se hace para recordar los rasgos más significativos de algo o alguien. || Comentario breve sobre una noticia en un medio periodístico. || Artículo de crítica literaria, artística o científica, en la prensa. || Descripción en autos del entorno material de un delito.

RESERVA f. No consumo de una cosa, que se guarda para cuando sea necesario. || Discreción. || Cuidado en ocultar una cosa determinada. || Plaza de hostelería, medio de transporte, etc., que se guarda a quien lo ha solicitado previamente, y acción de pedir ésta. || Condición u objeción que se impone para aceptar algo. || Conjunto de tropas que no entran en combate y que se mantienen para sustituir a los combatientes o empeñarlas en un momento determinado. || Conjunto de bastimentos que se conservan a retaguardia. || Etapa del servicio militar entre el servicio en filas y la baja definitiva, y fuerzas que lo componen. || Beneficio no distribuido de una empresa. || Recurso propio que no es capital. || En equipos deportivos, jugador no titular.

RESERVADO, DA adj. Precavido, cauteloso, que no manifiesta sus sentimientos o emociones. || Discreto, comedido, sobrio. || Que se reserva o ha de ser reservado. || m. Compartimento de un coche de ferrocarril, o especie de gabinete en un restaurante, bar, etc., que se destina a unas personas determinadas o bien a usos que precisen discreción.

RESERVAR tr. Guardar una cosa para cuando pueda necesitarse. || Hacer la reserva de billetes, localidad o plaza en un avión, teatro, hotel, etc. || Destinar una cosa o lugar a determinada persona, en exclusividad o para cierto uso. || Silenciar, ocultar. || Exceptuar a uno de una ley común. || tr. y prnl. Separar uno algo de lo que se reparte y guardarlo para sí o para otro.

RESERVISTA adj. y com. Se aplica al militar que está en la reserva.

RESFRIADO m. Enfermedad viral, favorecida por la exposición al frío o a la humedad, que provoca una inflamación de las mucosas de las vías aéreas superiores. Cursa con síntomas diversos como dolor de cabeza, flujo nasal, etcétera.

RESFRIAR tr. Enfriar. || tr. y prnl. fig. Disminuir la intensidad de una pasión, afecto, etc. || prnl. Contraer resfriado.

RESGUARDAR tr. Proteger o defender algo. || prnl. Guardarse, prevenirse de algún posible daño.

RESGUARDO m. Seguridad que se pone en algo, especialmente la que por escrito se hace en deudas y contratos. || Recibo o documento que la acredita. || Justificante o contraseña que sirve para recuperar algo que se dejó depositado. || Vigilancia que se hace de un lugar para impedir el contrabando.

RESIDENCIA f. Acción y efecto de residir. || Lugar en el que se reside. || Casa en la que se vive, especialmente si se trata de un edificio completo. || Edificio sede de una corporación, autoridad, etc. || Casa en la que, según sus reglas internas, conviven personas de la misma ocupación, edad, sexo, etc. || Pensión, casa de huéspedes. || Asilo. || Casa en la que conviven jesuitas no profesos. || Casa de ciertas comunidades religiosas. || Tiempo que debe residir el eclesiástico en el lugar de su beneficio.

RESIDENCIAL adj. Se dice del edificio, conjunto de ellos o de calles en los que residen las capas más elevadas de la población. || Por oposición al centro o al distrito de negocios o servicios de una ciudad, se dice de la zona en la que se reside.

RESIDENTE adj. y com. Que reside. || Se dice del médico, funcionario, etc., que debe vivir en el mismo lugar en que tiene su cargo, empleo u oficina.

RESIDIR intr. Vivir habitualmente en determinado lugar. || Encontrarse uno en persona en determinado lugar por razón de su oficio, cargo, dignidad, etc. || fig. Hallarse en una persona una facultad, poder, cualidad, etc. || Encontrarse lo esencial o definitorio de un asunto en determinado aspecto de él.

RESIDUAL adj. Perteneciente o relativo al residuo. || adj. Se dice del mineral procedente de una roca disgregada y que ha resistido la alteración.

RESIDUO m. Parte o porción que queda de un todo. || Lo que resulta de la destrucción o descomposición de algo. || Resultado de una operación de sustracción. || pl. Basuras, desechos. || *residuos radiactivos* Productos que quedan después de la fisión nuclear. Son peligrosos para la vida según las cantidades que se depositen en la atmósfera, tierra o mar.

RESIGNACIÓN f. Acción y efecto de resignar o resignarse. || Entrega que uno hace voluntariamente de sí mismo, poniéndose en las manos de otro. || Resigna. || Paciencia, conformidad ante las adversidades.

RESIGNAR tr. Renunciar a un beneficio eclesiástico en favor de determinada persona. || Renunciar a un cargo o prebenda. || Entregar una autoridad su mando a otra en circunstancias excepcionales. || prnl. Someterse, conformarse. || Hacerse a la idea, aceptar algo.

RESINA f. Sustancia orgánica sólida o semifluida, dura, transparente, frágil, de fractura concoidea y estructura amorfa. Proviene de la oxidación o polimerización de los terpenos. La producen principalmente las coníferas. Se usa en la preparación de barnices, lacas, tintas, etcétera.

RESISTENCIA f. Acción y efecto de resistir o resistirse. || Capacidad para resistir. || Fuerza que se opone al movimiento de una máquina y tiene que ser superada por la potencia. || Oposición que presenta un conductor al paso de la corriente eléctrica. Es directamente proporcional a la longitud del conductor e inversamente proporcional a su sección. Depende del material de que está compuesto y de su geometría. Se simboliza por Ω. || Capacidad de los materiales para soportar tracciones, compresiones, flexiones, etc. || *bacteriana* Cualidad de ciertas bacterias, por la que adoptan inmunidad frente a fármacos a los que eran sensibles. || La que ejercen los habitantes de un territorio ocupado por medio de acciones no violentas y evitando el enfrentamiento con el ocupante.

RESISTENTE adj. Que resiste o se resiste. || com. Combatiente, miembro de la resistencia.

RESISTIR intr. y prnl. Oponerse un cuerpo o una fuerza a la acción de otra. || intr. Rechazar, repeler. || Contradecir, contrariar. || tr. Soportar, tolerar. || Durar, sobrevivir. || tr. y prnl. Combatir un deseo, pasión, apetito, etc. || No estar dispuesto a hacer una cosa. || prnl. Oponerse física y violentamente.

RESOLUCIÓN f. Acción y efecto de resolver o resolverse. || Valor, presencia de ánimo. || Decisión que se toma para subsanar algo, solución que se da a algo. || Plan o proyecto que se acuerda. || Extinción de un contrato válido, por voluntad de alguna de las partes. || Decreto, providencia, auto o sentencia de una autoridad gubernativa o judicial. || Manera obligada de enlazar un acorde disonante con el siguiente.

RESOLVER tr. Tomar una determinación, adoptar una resolución. || Encontrar la solución de un problema. || Dirimir una duda, superar una dificultad. || Culminar, despachar un asunto, trato, negocio, etc. || Recapitular, resumir. || Analizar, descomponer física o mentalmente un compuesto. || Deshacer, destruir. || tr y prnl. Disipar o hacer desaparecer algo. || prnl. Decidirse, tomar ánimos para hacer algo. || Reducirse, convertirse una cosa en otra. || Terminarse una enfermedad o bajarse una inflamación.

RESOLLAR intr. Respirar, especialmente si se hace con algún ruido. || fig. Dar señales de vida un ausente, o hablar el que ha permanecido callado.

RESONANCIA f. Sonido prolongado que disminuye gradualmente. || Sonido producido por repercusión de otro. || Fenómeno que se manifiesta en un sistema o cuerpo elástico al aplicarle una fuerza periódica de frecuencia igual o parecida a la del cuerpo o sistema, de manera que provoca un aumento de las vibraciones, al comportarse como un resonador. || fig. Repercusión que adquiere un suceso o persona.

RESONAR intr. y tr. Sonar por repercusión o hacerlo con fuerza. || Ser muy sonoro, retumbar. || fig. Reproducirse un sonido insistentemente en la memoria.

RESOPLIDO (o RESOPLO) m. Resuello fuerte. || fig. Salida de tono, respuesta malhumorada.

RESORTE m. Muelle elástico que resiste la fuerza de tracción. || Fuerza elástica de una cosa. || fig. Medio de que uno se vale.

RESPALDAR, 1 m. Respaldo de un asiento.

RESPALDAR, 2 tr. Anotar algo en el dorso de un escrito. || Derramar savia un árbol. || tr. y prnl. Reforzar, dar apoyo. || prnl. Inclinarse de espaldas o apoyarse en el respaldo de un asiento.

RESPALDO m. En un banco, silla, parte perpendicular al asiento en el que descansa la espalda. || Pared en la que se apoyan las plantas o que las protege. || Dorso de un papel o escrito en el que se anota algo. || Lo que allí se anota. || fig. Apoyo, amparo.

RESPECTIVO, VA adj. Que atañe o incumbe a determinada persona o cosa.

RESPECTO m. Proporción o relación que existe entre dos cosas. || *al r.* Relacionado con la cosa de que se trata. || *r. a, r. de* o *con r. a* Por lo que se refiere o corresponde a.

RESPETABLE adj. Que merece ser respetado. || De tamaño, profundidad, extensión, etc., considerable. || adj. y m. El público, especialmente el que asiste a un espectáculo.

RESPETAR tr. Tener respeto. || intr. Respectar.

RESPETO m. Consideración que se guarda a alguien o a algo. || Deferencia y atención que se tienen en el trato. || fig. y fam. Miedo. || pl. Fórmula de cortesía que se usa para indicar el acatamiento o reverencia que se hace a alguien.

RESPETUOSO, SA adj. Digno de respeto o veneración. || Que obra con respeto y consideración.

RESPINGO m. Acción y efecto de respingar. || Sacudida violenta que da el cuerpo, generalmente por un susto o sobresalto. || Dicho o hecho con el que uno muestra el disgusto que le produce hacer cierta cosa.

RESPIRACIÓN f. Acción y efecto de respirar. || Aire que se respira. || Ventilación, renovación del aire en un lugar cerrado. || Compleja función biológica que tiene por objeto el aporte de oxígeno desde el ambiente hasta los tejidos y la posterior eliminación del anhídrido carbónico desde los tejidos al medio ambiente. En el hombre se distinguen tres fases: pulmonar, hemática (sanguínea) y tisular. || *artificial* La provocada con la finalidad de mantener la r. en ausencia de los movimientos respiratorios espontáneos. || *asistida* La que necesita de la ayuda de aparatos mecánicos. || *cutánea* La que se produce mediante la piel; es característica de los invertebrados. || *sin r.* Estupefacto, muy sorprendido.

RESPIRADERO m. Lugar por donde entra y sale el aire de un sitio cerrado. || Ventosa de una cañería. || Tronera, lumbrera. || Pozo de ventilación por el que se extraen los gases nocivos de un túnel, garaje, industria, etc. || fig. Movimiento de reposo, descanso. || fam. Órgano o conducto de la respiración.

RESPIRAR intr. Absorber y expeler el aire un ser vivo para mantener sus funciones vitales. || Tomar aliento, exhalar. || Despedir de sí un olor. || Tener contacto con el exterior un fluido que está encerrado. || Descansar, aliviarse del calor, excesivo trabajo, etcétera.

RESPIRO m. Acción y efecto de respirar. || fig. Durante el trabajo, momento de descanso. || Desahogo, alivio. || Prórroga que consigue el deudor.

RESPLANDECER intr. Lucir o despedir rayos de luz una cosa. || fig. Destacar, sobresalir. || Manifestar alegría o satisfacción el rostro de alguien.

RESPLANDOR m. Luz que despide un cuerpo luminoso. || Brillo que poseen algunas cosas. || fig. Lustre, esplendor.

RESPONDER tr. Dar contestación. || Atender a la llamada. || Contestar una carta o misiva. || Emitir sonidos o hacer señales un animal tras recibir el reclamo de otro. || Dar explicaciones, aclarar la información requerida. || Interpretar, en un canto o poema dialogado, una de las partes como réplica a la intervención de la otra. || Manifestar agradecimiento. || Proporcionar una cosa el fruto esperado. || Dar la réplica. || Tener la obligación de reparar las consecuencias de un acto, y cumplirlo. || Dar contestación a una acción con otra. || Mantener una relación de proporcionalidad con algo. || Estar orientado hacia algún sitio. || Acomodarse a lo anteriormente sabido o esperado. || Ser responsable de la ejecución o funcionamiento de algo. || Tener por nombre.

RESPONDÓN, NA adj. y s. fam. Que, habitualmente, contesta en forma irrespetuosa cualquier orden o consejo.

RESPONSABILIDAD f. Obligación de responder de los actos propios o de otro. || Cuidado que se tiene de una cosa. || *civil* Obligación de indemnizar por un perjuicio. || *penal* La que se deriva de un delito o falta.

RESPONSABLE adj. y com. Que es garante de algo o alguien. || Que tiene a su cuidado el funcionamiento o ejecución de algo. || Que tiene la culpa de algo. || Que asume y responde de sus obligaciones.

RESPONSO m. Oración por los difuntos. || fam. Regaño prolongado y lleno de advertencias.

RESPUESTA f. Acción y efecto de responder. || Contestación que se da a lo que se solicita. || Argumentación con la que se matiza o refuta una anterior. || Acto que es réplica de otro. || Acción de escribir una carta o misiva para contestar otra recibida. || Alteración producida en un organismo como consecuencia de un estímulo.

RESQUEBRAJAR tr. y prnl. Agrietar, hacer fisuras en un material duro. || prnl. fig. Deteriorarse la moral o la firmeza.

RESQUEMOR m. Sensación íntima de resentimiento o desasosiego.

RESQUICIO m. Espacio que queda entre la jamba y el cuerpo de la puerta. || Por extensión, rendija, hueco estrecho. || Posibilidad que se presenta para hacer una cosa o escapar de un problema. || Atisbo de algo.

RESTA f. Suma de una cantidad con el negativo de otra. Dado un sistema de dos números con una operación aditiva, consiste en encontrar otro número que sumado al menor de ellos dé como resultado el mayor.

RESTABLECER tr. Volver a establecer o devolver el estado anterior a algo o alguien. || prnl. Reponerse de una enfermedad o contratiempo.

RESTALLAR intr. Provocar con la punta del látigo un sonido explosivo en el aire. || Hacer cualquier chasquido, crujido u otro ruido seco y repentino.

RESTANTE adj. Que resta. || m. Lo que queda tras un reparto o sustracción.

RESTAÑAR tr., intr. y prnl. Detener un líquido que fluye, especialmente aplicado a la sangre.

RESTAR tr. Extraer una parte de un todo. || Empequeñecer, debilitar. || En juegos de pelota, contestar el saque. || Efectuar una resta aritmética. || intr. Faltar aún. || Subsistir, quedar una parte de algo.

RESTAURACIÓN f. Acción y efecto de restaurar. || Restablecimiento de un régimen político, especialmente la monarquía, o del estado de cosas existente antes de un cambio. || Tiempo inmediatamente posterior a éste. || Acción de conservar y restituir a una obra de arte su aspecto original.

RESTAURANTE m. Local en que se sirven comidas, con servicio de camareros en las mesas.

RESTAURAR tr. Restablecer, devolver a algo su situación anterior. || Reparar lo roto o dañado, especialmente una obra de arte.

RESTITUCIÓN f. Acción y efecto de restituir. || En derecho, devolución legítima. || Anulación de actos jurídicos, que retrotrae a la situación anterior. || Reconstitución de tejidos u órganos dañados en un vegetal. || Plasmación de los accidentes de un terreno mediante fotografías. || Colocación de un recubrimiento transparente de bajo índice de refracción en las lentes y prismas, para disminuir la reflexión.

RESTITUIR tr. Devolver. || Reponer una cosa en su estado anterior. || prnl. Regresar al lugar de origen.

RESTO m. Sobrante de algo. || Cantidad que resulta de la resta. || Residuo que queda en una división cuando no se obtiene un cociente exacto del dividendo. || En juegos de apuestas, cantidad máxima estipulada en una partida. || Remanente que le queda a un jugador a lo largo del juego. || Jugador que resta la pelota, lugar desde donde se hace y la misma acción. || pl. Cadáver. || Huellas arqueológicas. || Desechos, residuos.

RESTREGAR tr. y prnl. Frotar fuertemente un cuerpo con otro.

RESTRICCIÓN f. Reducción limitativa en el uso o ejercicio de algo. || Modificación efectuada en una ley o contrata para recortar la extensión de sus efectos. || *mental* Reserva subjetiva ante una obligación impuesta.

RESTRINGIR tr. Poner límites, ceñir. || Astringir.

RESUCITAR tr. Dar vida a algo. || fig. Devolver vigencia a algo obsoleto. || Levantar el ánimo de alguien. || intr. Alcanzar vida sobrenatural tras la muerte. || Restablecer la función de los órganos vitales de sujetos que presentan estado de muerte aparente con frecuencia como consecuencia del paro de alguno de estos órganos (paro cardiaco, etcétera).

RESUELTO, TA adj. Valiente, intrépido. || Presto, rápido en el hacer.

RESUELLO m. Respiración fuerte y entrecortada. || *cortarle* o *meterle* a uno el *r. en el cuerpo* Provocar miedo o ansiedad.

RESULTA f. Resultado. || Conclusión de un debate. || Plaza que queda disponible en un empleo. || pl. Apartados de un presupuesto que pasan a otro ejercicio por no haberse librado las cantidades previstas para ellos. || *de resultas* Como consecuencia.

RESULTADO m. Lo que acaece a causa de algo. || Elemento obtenido al efectuar una operación matemática.

RESULTANTE adj. Que resulta. || Se dice del vector suma de varios vectores. || Se dice de la ecuación obtenida al eliminar una incógnita entre dos ecuaciones dadas.

RESULTAR intr. Venir a ser como consecuencia de algo. || Verificar o manifestarse la naturaleza de algo. || Devenir. || Tener efecto benéfico o perjudicial para algún fin. || fam. Agradar, adecuarse. || unipers. Acaecer, acontecer repentinamente.

RESUMEN m. Acción y efecto de resumir o resumirse. || Síntesis de un tema o asunto. || *en r.* Resumiendo, abreviando.

RESUMIR tr. y prnl. Reducir a lo esencial o fundamental algo. || prnl. Transformarse, cambiarse una cosa en otra.
RESURGIR intr. Volver a surgir, recobrar la pasada grandeza y esplendor. || Volver a la vida.
RESURRECCIÓN f. Acción de resucitar. || Por antonomasia, la de Jesucristo. || Pascua de resurrección de Jesucristo.
RETABLO m. Pieza de madera, piedra o metal que reproduce una estructura arquitectónica, decorada con pintura o escultura; cubre el muro tras el altar. || Grupo de figuras, pintadas o talladas, que representan diversas escenas de la vida de un personaje o están relacionadas entre ellas. || Teatrillo de títeres.
RETAGUARDIA f. Parte última de un ejército en marcha, que protege el avance de éste. || Conjunto de los servicios de intendencia, hospitales, etc., que quedan lejos del frente. || Zona de un país en guerra en la que no se combate directamente con el enemigo. || fam. Parte última o final de algo. || a r. o en la r., lejos del frente. || Rezago, generalmente por prevención o cautela.
RETAHÍLA f. Sucesión monótona y arbitraria de muchas cosas.
RETAR tr. Incitar a uno a tomar parte en un combate, competición, duelo, etc.; desafiar.
RETARDAR tr. y prnl. Estorbar, dilatar, retrasar.
RETARDO m. Retraso, demora. || Tiempo de retraso de una señal. || Tiempo requerido por una señal para transmitirse entre dos puntos de un circuito, o por una onda para su propagación entre dos puntos en el espacio. || En armonía musical, prolongación de la nota de un acorde sobre el acorde siguiente.
RETAZO m. Fragmento de una obra escrita o discurso.
RETENCIÓN f. Acción y efecto de retener o retenerse. || Parte o proporción que se retiene de un sueldo, ingreso, etc. || Acumulación y detención en el organismo de alguna sustancia o líquido que normalmente se debería excretar. || Atasco de tráfico en una carretera.
RETENER tr. Guardar para sí, conservar. || Mantener algo en la memoria. || Tomar parte del sueldo de uno, especialmente hacerlo el Estado al contribuyente como anticipo de sus impuestos. || Arrestar a alguien, tenerlo cierto tiempo en dependencias policiales, pase o no a disposición del juez. || tr. y prnl. Contener, refrenar una necesidad, pasión, afecto.
RETENTIVO, VA adj. y s. Que puede retener. || f. Memoria, capacidad de recordar.
RETICENCIA f. Sospecha que uno tiene de que otro no habla con claridad y francamente de determinado asunto. || Prevención, reserva que se hace al hablar sobre determinado tema.
RETÍCULA f. Red que se coloca en un instrumento óptico de precisión para ajustar la visual.
RETÍCULO m. Tejido en forma de red. || Redecilla. || *cristalino* Ordenación espacial y periódica de los átomos, iones o moléculas que forman un cristal. Existen 14 tipos distintos reticulares.
RETINA f. Membrana más interna de las tres que componen el globo ocular, constituida por diez capas simétricas de elementos nerviosos. Su función es recoger las impresiones visuales y transmitirlas a través de los nervios ópticos al cerebro, donde se transforman en sensaciones visuales.
RETINTÍN m. Sonido agudo y prolongado como el de la campana, triángulo, etc. || fig. Entonación irónica y maliciosa que se pone al decir algo.
RETIRADO, DA adj. Lejano, distante. || adj. y s. Se dice del militar, funcionario, etc., que deja oficialmente de prestar servicio aunque conserva algunos derechos. || Por extensión, persona en estado de jubilación. || f. Acción y efecto de retirarse. || Retroceso ordenado que hacen las tropas ante el empuje del enemigo. || Retreta, toque militar. || Lugar que sirve de protección o seguro. || Cauce antiguo de un río que queda seco al cambiar éste su curso.
RETIRAR tr. y prnl. Quitar o apartar a una persona o cosa de determinado lugar. || tr. Ocultar algo. || Obligar a uno a que cese en determinado servicio o empleo. || Cambiar lo que se había dicho, retractarse o desdecirse. || Sacar dinero de una libreta, cuenta corriente, etc. || prnl. Distanciarse del trato con una persona. || Darse de

baja en una actividad, profesión, asociación, etc. || Irse a dormir. || Irse a casa.
RETIRO m. Acción y efecto de retirarse. || Estado del funcionario o militar retirado. || Pensión que cobra. || Estado y pensión del jubilado. || Lugar recoleto, solitario. || Aislamiento, recogimiento. || Meditación y oración que se prolongan durante varios días en soledad.
RETO m. Acción y efecto de retar. || Amenaza, bravata o desafío.
RETOCAR tr. Volver a tocar o hacerlo repetidamente. || En un dibujo, óleo, fotografía, etc., darle ciertos toques de pincel para mejorarlo o quitarle imperfecciones. || Restaurar una pintura en deterioro. || Dar la última mano a algo, culminarlo, concluirlo. || tr. y prnl. Aplicar de nuevo maquillaje o afeites para perfeccionar el que ya estaba puesto.
RETOÑAR (o RETOÑECER) intr. Volver a echar vástagos o nuevos brotes la planta. || fig. Reproducirse determinado fenómeno, reiniciarse un proceso.
RETOÑO m. Vástago secundario que crece en la base de numerosas especies arbóreas. || fig. Hijo, especialmente si es de corta edad.
RETOQUE m. Última mano que se le da a algo, o acción que se realiza, para mejorarlo o perfeccionarlo.
RETORCER tr. y prnl. Torcer mucho una cosa, hacer girar sus extremos en sentido contrario o uno de ellos mientras se sujeta el otro. || tr. Volver el argumento de uno contra él mismo. || Malinterpretar algo. || prnl. Moverse imprimiendo una especie de ondulación o sacudida al cuerpo; suele ser movimiento involuntario o provocado por un dolor, hilaridad, etcétera.
RETÓRICO, CA adj. Relativo a la retórica. || adj. y s. Que la domina o practica. || Se dice de las palabras o escritos excesivamente floridos y que suenan a artificiales. || f. Teoría y preceptiva del arte de la oratoria y, por extensión, de la elaboración de la obra literaria. || Tratado de esta disciplina.
RETORNAR tr. Devolver, restituir. || Torcer de nuevo algo. || Hacer que una cosa recule o retroceda. || intr. y prnl. Regresar al lugar o a la situación por los que ya se pasó anteriormente.

RETORNO m. Acción y efecto de retornar. || Satisfacción, paga que se da a uno, especialmente por haber realizado algún beneficio. || Permuta, trueque. || Vehículo de transporte que regresa al sitio del que salió. || Motón colocado en determinado lugar para variar la dirección en que trabaja un cabo de labor.
RETORTA f. Recipiente de laboratorio, de base ancha y redondeada y que termina en un cuello estrecho que se prolonga en un tubo inclinado muy delgado. || Tejido de hilo, con la trama y urdimbre muy torcidas.
RETORTIJÓN m. Ensortijamiento de una cosa. || Excesivo torcimiento de ella. || Dolor no continuo de tipo cólico que tiene su causa más frecuente en contracciones espasmódicas de órganos huecos, como el intestino.
RETOZAR intr. Trotar, dar pequeños saltos o brincos, generalmente como expresión de alegría. || Andar inquietos y revoltosos niños, animales, etc. || fig. Avivarse ciertas pasiones o deseos. || tr. e intr. Besarse y acariciarse dos personas como práctica amorosa.
RETOZÓN, NA adj. De carácter inquieto o travieso, o que le gusta retozar.
RETRACCIÓN f. Acción y efecto de retraer. || Estado de deformidad que resulta del encogimiento o reducción de un tejido u órgano.
RETRACTAR tr. y prnl. Rechazar explícitamente una opinión que se había dado.
RETRÁCTIL adj. Se dice de los órganos de los animales que temporalmente pueden quedar ocultos.
RETRAER tr. Volver a traer. || Ejercer el derecho de retracto. || Echar en cara, reprochar. || Hacer un retrato, dibujo o descripción. || tr. y prnl. Convencer a uno de que desista de determinado intento. || Recoger un órgano o miembro hacia el propio cuerpo. || prnl. Guarecerse, protegerse. || Retirarse, retroceder. || Abstraerse, retirarse de las gentes y del mundo. || Mostrarse menos activo un partido político, grupo, etcétera.
RETRAÍDO, DA adj. y s. Solitario, que no gusta de la compañía de los demás. || Apocado, introvertido.
RETRANSMITIR tr. Volver a transmitir. || Transmitir desde una emisora de radio-

difusión lo que ésta ha recibido en una transmisión anterior. || Transmitir la emisión televisiva de un centro principal a varias estaciones de transmisión secundaria. || fam. Narrar en directo un acontecimiento, encuentro deportivo, etc., un equipo de radio o de televisión.
RETRASAR tr. y prnl. Demorar, diferir la realización de una cosa. || Regular el mecanismo de un reloj para que marche más despacio o señale un tiempo ya pasado. || intr. y prnl. Ir hacia atrás, mostrarse contrario al progreso en cualquier materia. || Andar más lento de lo debido. || prnl. Quedar atrás, y sin cumplir un plazo de pago o entrega de algo.
RETRATAR tr. y prnl. Hacer el retrato de algo o alguien. || Describir física o moralmente a alguien. || Imitar, parecerse. || prnl. fam. Pagar la cuenta, abonar las consumiciones o el gasto que se haya hecho.
RETRATO m. Representación plástica de la efigie de una persona. || Fotografía que se hace de alguien, especialmente la que se toma en un estudio. || Descripción minuciosa del físico o personalidad de alguien. || fig. Persona o cosa que se parece mucho a otra. || *robot* o *hablado* Sistema policial por el que se pretende establecer un dibujo lo más aproximado posible de la cara de un sospechoso o criminal al que se busca, basándose en la descripción de los testigos que lo hubieran visto.
RETRETA f. Toque de corneta con que se indica a la tropa que debe retirarse del campo de batalla o bien que debe recogerse en el cuartel.
RETRETE m. Cuarto dotado de los elementos necesarios para evacuar en él la orina o el vientre y que está destinado a tal fin. || Por extensión, taza del váter.
RETRIBUCIÓN f. Acción y efecto de retribuir. || Parte de la plusvalía que se aplica a la reproducción de cada uno de los factores de la producción.
RETRIBUIR tr. Pagar o recompensar algo. || Corresponder a un favor o gentileza.
RETROACCIÓN f. Regresión.
RETROACTIVIDAD f. Propiedad de algunas normas jurídicas de surtir efectos sobre hechos acaecidos con anterioridad a su promulgación.

RETROACTIVO, VA adj. Que actúa u opera sobre un tiempo ya pasado.
RETROCEDER intr. Volver hacia atrás. || Desistir, ceder en un empeño o intención.
RETROCESO m. Acción y efecto de retroceder. || Golpe hacia atrás o hacia arriba que da un arma de fuego al ser disparada. || Recrudecimiento de una enfermedad en la que se empezaba a notar mejoría.
RETRÓGRADO, DA adj. Que retrograda. || adj. y s. Reaccionario, de ideología muy conservadora. || m. En la música contrapuntística, artificio mediante el cual se presentan los sonidos del tema en orden inverso al de su exposición.
RETROSPECCIÓN f. Mirada o examen retrospectivo.
RETROSPECTIVO, VA adj. Que se refiere a un tiempo pasado.
RETROVISOR m. Espejo retrovisor.
RETRUÉCANO m. Figura retórica que consiste en la inversión de los términos de una frase en la siguiente, para que el sentido de ambas quede más contrastado y patente. || Juego de palabras.
RETUMBAR intr. Sonar algo con estrépito o resonar mucho.
REUMA (o REÚMA) m. Reumatismo. || Flujo o secreción catarral.
REUMÁTICO, CA adj. y s. Que padece reuma. || adj. Relativo al reuma.
REUMATISMO m. Nombre genérico en el que se incluyen diferentes enfermedades que tienen en común la afectación del tejido conectivo y la presencia de algunos síntomas como el dolor (en articulaciones, huesos, músculos, tendones, tejido celular subcutáneo, etc.) o la rigidez de alguna porción del aparato locomotor. Actualmente se tiende a estudiar cada una de estas enfermedades como entidades clínicas específicas.
REUNIÓN f. Acción y efecto de reunir o reunirse. || Grupo de personas que están reunidas. || Por extensión, grupo de animales o cosas. || En teoría de conjuntos, el conjunto formado por todos los elementos de A y de B o de ambos a la vez; se simboliza A∪B.
REUNIR tr. y prnl. Volver a unir. || Agrupar, juntar, apiñar. || tr. Tener determinadas virtudes o cualidades que se le exigen.

REVALIDAR tr. Renovar la confianza, valor o firmeza que se tiene o se da a algo o a alguien.

REVALORIZAR tr. y prnl. Aumentar el valor económico de una cosa. || Devolver a una cosa la estimación o aprecio que había perdido.

REVANCHA f. Venganza, represalia.

REVELACIÓN f. Acción y efecto de revelar. || Aparición ante el conocimiento público de algo secreto o escondido. || Manifestación a los hombres de la esencia, la voluntad o los planes divinos. En las religiones reveladas, las más extendidas, la divinidad se comunica directamente a través de profetas o enviados.

REVELADO m. Conjunto de operaciones que, en fotografía, han de realizarse para que en la emulsión sensible aparezca la imagen impresionada.

REVELADOR, RA adj. y s. Que revela o sirve para revelar. || m. Reactivo que revela fotografías.

REVELAR tr. y prnl. Manifestar lo oculto, secreto o ignoto. || Fot. Hacer visible, mediante determinados tratamientos (químicos, generalmente), la imagen latente impresa en una emulsión sensible: placa, película, etcétera.

REVENDER intr. Vender de nuevo, especialmente lo que uno ya compró con ese propósito. Es práctica frecuente, aunque ilegal, en mercancías tales como entradas a un espectáculo, encuentro deportivo, etcétera.

REVENTA f. Acción y efecto de revender. || Despacho de localidades oficialmente autorizado para venderlas con un recargo sobre su precio original. || Mercado ilegal que se hace de localidades por parte de particulares.

REVENTAR tr., intr. y prnl. Abrirse una cosa por una fuerza o impulso interior. || tr. Sofocar, aplastar o desbaratar algo, en especial si se hace violentamente. || Liquidar existencias o promocionar un producto comercial, bajando mucho los precios. || Romper o destruir algo por haberlo usado mucho o por exigir cualidades o prestaciones que no puede alcanzar.

REVENTÓN adj. Se dice de ciertas cosas tan llenas o repletas que parece van a reventar. || m. Acción y efecto de reventar o reventarse una cosa. || Estallido brusco de un neumático al rajarse o chocar violentamente contra algo que rasga su cubierta. || Pendiente muy pronunciada y de difícil ascenso. || Apuro, dificultad o peligro graves en que uno se halla. || Fatiga que se da o se toma por realizar algo necesario y muy urgente.

REVERBERACIÓN f. Acción y efecto de reverberar. || Calcinación en un horno de reverbero. || Persistencia de un sonido tras apagarse la fuente que lo emite, debido a la reflexión de las ondas sobre las paredes u obstáculos.

REVERBERAR intr. Producir reflexión las ondas en una superficie.

REVERDECER intr. y tr. Cobrar nuevo verdor y rigor las plantas, campos, etc. || fig. Recuperar el antiguo valor, fortalecerse.

REVERENCIA f. Respeto que guarda una persona a otra. || Muestra que se hace de respeto inclinando el cuerpo hacia delante. || Tratamiento que se da a los religiosos que tienen título de reverendo.

REVERENCIAR tr. Mostrar veneración por alguna divinidad o cosa sagrada, o por algo o alguien al que se respeta sobremanera.

REVERENDO, DA adj. Que merece reverencia. || Serio y reservado en exceso. || fam. Muy grande. || adj. y s. Se aplica a ciertas dignidades eclesiásticas y a prelados y graduados de las órdenes religiosas.

REVERSIBLE adj. Que puede recuperar su anterior estado o condición. || Se dice de la prenda de vestir, colcha, etc., que puede utilizarse indistintamente por el derecho o por el revés. || Se dice de la propiedad o derecho susceptible de devolución. || Se dice de la alteración de un órgano o de una actividad metabólica cuando es factible recuperar la condición inicial. || Se dice del proceso que al sufrir un cambio en las condiciones en que se produce invierte su sentido. || *r., máquina* La que puede iniciar su movimiento aplicando una fuerza sobre cualquiera de sus piezas.

REVERSO m. Dorso, revés. || Parte opuesta al anverso de una medalla, moneda, etc. || *el r. de la moneda* Frase que indica que algo o alguien son la antítesis de aquello o aquel con lo que se les compara.

REVERTIR intr. Retornar una cosa a manos de su antiguo propietario. || Volver algo a un estado o condición anteriores. || Venir a parar una cosa en otra.

REVÉS m. Dorso, espalda de una cosa. || Especie de bofetada que se da a otro con el dorso de la mano. || En tenis o pelota, golpe dado horizontalmente, y que se inicia desde el lado opuesto al brazo con que se golpea. || fig. Desgracia, percance. || Cambio repentino en el carácter, trato o genio de uno. || Derrota. || *al r.* Hablando de una sucesión de elementos o unidades, disponerla en serie inversa a la que presenta. || Cabeza abajo. || Contrario a la lógica o al orden habitual de algo. || En dirección o sentido contrarios a los que debía tomar.

REVESTIMIENTO m. Acción y efecto de revestir. || Material que preserva o proporciona cualidad específica (refractario, aislante, antioxidante, etc.) a lo que se recubre. En arquitectura se usa como ornamento. || Parte superior de una calzada, en contacto con los vehículos.

REVESTIR tr. y prnl. Vestir una ropa sobre otra, como el sacerdote al ir a decir misa. || tr. Cubrir con un revestimiento. || Adornar una cosa, disimular sus taras o faltas. || Escribir o hablar usando de artificios retóricos y disquisiciones ociosas. || Presentar algo determinado aspecto, cariz, cualidad, etc. || Fingir con la expresión del rostro un afecto o sentimiento que no es real. || Aislar un hilo conductor de electricidad mediante alguna materia no conductora que le recubra. || prnl. Sacar fuerzas o valor extraordinarios ante una dificultad grave. || Aprestarse a hacer algo, cobrar el ánimo necesario. || Dejarse llevar por una pasión, fuerza, etc. || Ufanarse por el desempeño de algún cargo o dignidad.

REVISAR tr. Hacer un segundo examen de una cosa, generalmente para corregirla. || Ver algo con detenimiento y cuidado.

REVISIÓN f. Acción de revisar. || En cada año de los que siguen al respectivo reemplazo, comprobación de las posibles excepciones o exenciones del servicio militar obligatorio. || Inspección técnica de algún aparato mecánico, que se hace cada vez que supera determinados parámetros de desgaste y funcionamiento. || *médica* Chequeo.

REVISOR, RA adj. y s. Que revisa o examina algo, especialmente el empleado encargado de comprobar que los viajeros están dotados del correspondiente billete o pase en trenes, autobuses, etcétera.

REVISTA f. Segunda vista, examen minucioso de algo. || Formación de las tropas para que el monarca o un general o jefe las inspeccione. || Inspección que hace algún jefe de las personas o cosas a su cuidado. || Publicación periódica (suele oscilar entre la periodicidad semanal y la anual), generalmente en forma de cuaderno, que presenta diversos artículos sobre una o varias materias que se acompañan de ilustraciones. || Espectáculo de variedades compuesto por diversos cuadros sueltos en los que se combinan canciones, humor y un cierto erotismo. || Reseña que se hace por escrito y se publica de una obra literaria, representación teatral, etc. || Nuevo juicio que se hace en una causa criminal.

REVIVIR intr. Resucitar, volver a la vida. || Recobrar el sentido el que se había desmayado. || Volver a ocurrir o producirse algo.

REVOCACIÓN f. Acción y efecto de revocar. || Acto jurídico que deja sin efecto otro anterior, por voluntad del otorgante.

REVOCAR tr. Anular una autoridad superior una orden o fallo anterior. || Disuadir a uno de su propósito. || Enlucir o pintar de nuevo la fachada o paredes exteriores de un edificio. || Enlucir cualquier superficie. || tr. e intr. Hacer retroceder ciertas cosas.

REVOLCAR tr. Derribar a uno por el suelo haciéndole dar vueltas. || Vencer a un adversario. || Suspender un examen. || Humillar a alguien en sus pretensiones. || prnl. Arrojarse sobre algo restregándose en ello. || Empecinarse en una opinión o idea.

REVOLOTEAR intr. Revolear. || Venir algo por el aire dando vueltas sobre sí mismo.

REVOLTIJO m. Conjunto desordenado de cosas diversas. || fig. Lío, confusión.

REVOLTOSO, SA adj. y s. Turbulento, alborotador. || Travieso, que no se está quieto.

REVOLUCIÓN f. Proceso histórico por el que una clase o grupo social desplaza a otros del poder político y realiza un proyecto socioeconómico que afirme, tanto la reproducción de dicho proyecto como la hegemonía de clase necesaria para imponerlo. || Insurrección, levantamiento contra el poder constituido. || Bullicio, caos. || Cambio en la esencia o marcha habitual de las cosas. || Movimiento de un astro a lo largo de su órbita. || Giro de 360°. || *burguesa* Conjunto de los acontecimientos que permitieron la instauración mundial del modo de producción capitalista. || *industrial* Conjunto de fenómenos (último cuarto del siglo XVIII) que supusieron un cambio en los métodos de producción (maquinismo) y permitieron la aceleración del desarrollo económico, con base en la industria manufacturera.

REVOLUCIONARIO, RIA adj. Relativo a la revolución. || adj. y s. Partidario de una revolución política. || Innovador en su campo, o de una estética muy avanzada. || Se dice de lo que causa un gran impacto en el comercio, las costumbres, etc. || Alborotador, travieso. || Rebelde, obstinado.

REVOLVER tr. Agitar una cosa, darle vueltas o moverla de un lado a otro. || Registrar o mirar algo, desordenándolo y moviendo los distintos objetos que se encuentran. || Buscar algo de forma apresurada y violenta. || Alterar algún tipo de ordenación previa. || Mover a la sedición o el desorden. || Inquietar, perturbar el ánimo o las ideas de uno. || Producir náuseas. || Irritar o indignar a uno. || Meter a uno en una pelea, pleito, etc. || Reflexionar sobre varias cosas relacionadas o no.

REVÓLVER m. Pistola cuyos proyectiles se alojan en un tambor giratorio provisto de varias recámaras, que, accionado por el gatillo, sitúa los proyectiles uno a uno en posición de disparo.

REVUELO m. Segundo vuelo que da un ave. || Vuelo que se hace circularmente. || Vuelo rápido y alborotado de varias aves y otras cosas. || Barullo, excitación que produce en un grupo un hecho, suceso, etc. || *de r*. De pasada, a la ligera.

REVUELTO, TA adj. Se dice del caballo capaz de girar y volverse en poco espacio. || Alborotador, travieso. || Complejo, intrincado. || Se dice del tiempo borrascoso o de la mar cuando está picada. || Se dice del líquido enturbiado o de la corriente que arrastra sedimentos sólidos de su fondo. || f. Disturbio, desorden. || Riña tumultuosa.

REY m. Jefe de Estado de una monarquía. La mayoría de las constituciones monárquicas consagran su figura como representante máximo del Estado, sin funciones políticas, y sujeto a irresponsabilidad en sus actos públicos. || Primero o más importante en su profesión. || Pieza del ajedrez.

REYERTA f. Disputa, pelea, altercado.

REZAGAR tr. y prnl. Dejar o quedarse atrás. || tr. Suspender o aplazar un proyecto.

REZAR tr. e intr. Impetrar mentalmente o de palabra la atención o intercesión divina o de algún santo. || Participar en las oraciones de la misa recitándolas y no cantándolas. || Afirmar un escrito una cuestión determinada.

REZO m. Acción y efecto de rezar. || Conjunto de oraciones cotidianas del eclesiástico. || Liturgia particular de cada fiesta.

REZONGAR (o **REZONGLAR**) intr. Renegar de algo en voz baja, refunfuñar.

REZUMAR tr. y prnl. Dejar una vasija o cualquier sólido que salga al exterior el líquido que contiene, por transpiración o a través de sus hendiduras. || tr. Poseer un defecto o cualidad en forma superlativa. || intr. y prnl. Transpirar o salir un líquido por las hendiduras de un cuerpo. || prnl. Correrse la voz de algo.

RÍA f. Entrante marítimo debido a la anegación, por parte de las aguas marinas, de la zona baja de algunos valles fluviales. || Ensenada amplia.

RIACHUELO m. Río pequeño, poco caudaloso.

RIBERA f. Orilla del mar o río y tierra adyacente. || Huerto vallado en la margen del río. || Ribero.

RIBETE m. Reborde ornamental de una prenda o calzado. || Añadido ornamental. || En un relato, matiz que le da un tono determinado. || Interés pactado para un préstamo en el juego. || pl. Indicios.

RICACHO, CHA (o **RICACHÓN, NA**) m. y f. Muy rico, especialmente el que hace gala de su riqueza.

RICO, CA adj. y s. Que posee riqueza. || adj. Próspero, abundante. || Sabroso al paladar. || Hablando de terreno, el muy

productivo. || De gran calidad o precio. || Expresión cariñosa aplicada a niños. || Dicho con arrogancia, expresión despectiva para adultos. || *r., nuevo* Quien, procedente de clases inferiores, se enriquece de forma rápida y no abandona sus modales.
RICTUS m. Contracción de ciertos músculos faciales que estira los labios y confiere al rostro un aspecto de risa forzada. || *sardónico* El que produce dicho aspecto, en los afectados por el tétanos.
RICURA f. Calidad de rico o sabroso. || fig. y fam. Preciosidad, encanto, aplicado especialmente a los niños.
RIDICULEZ f. Dicho o hecho grotesco o estúpido. || Cosa mínima en dimensiones o valor.
RIDICULIZAR tr. y prnl. Destacar el aspecto ridículo de algo o alguien, mofarse.
RIDÍCULO, LA adj. Que provoca chanza o desprecio por lo necio e inusual. || Mínimo, escaso. || Que se tiene en poco valor. || Remilgado, escrupuloso en exceso. || Situación en la que se provoca irrisión.
RIEGO m. Acción y efecto de regar. || Agua de que se dispone para ello. || *sanguíneo* Cantidad de sangre que llega a un órgano del cuerpo.
RIEL m. Barra pequeña de metal en bruto. || Raíl.
RIENDA f. Cada correa que se une por ambos extremos a las anillas del bocado para guiar la caballería; generalmente usado en plural. || fig. Templanza, contención. || Dominio o autoridad sobre algo.
RIESGO m. Posibilidad o proximidad de un peligro o contratiempo. || Cada uno de los hechos desafortunados que puede cubrir un seguro. || Conjunto de circunstancias que pueden disminuir el beneficio empresarial. Para hacerles frente se utilizan pólizas de seguros y fondos de garantía.
RIFA f. Sorteo en el que cada participante compra un billete numerado o cédula emitidos por el organizador a un precio tal que la suma de los valores vendidos es prácticamente igual al del premio que se ofrece.
RIFAR tr. Hacer una rifa. || Pelar. || prnl. Rasgarse una vela. || Ser una cosa objeto de disputas.
RIFLE m. Fusil de ánima rayada.

RIGIDEZ f. Calidad de rígido. || Firmeza intolerante en las ideas o actos. || Capacidad de resistencia de un cuerpo a cambiar de forma al aparecer fuerzas exteriores que actúan sobre una superficie.
RÍGIDO, DA adj. Sin flexibilidad. || fig. Intolerante, sin capacidad de adaptarse. || Se dice de las facciones impasibles.
RIGOR m. Severidad extrema en el juicio. || Carácter agrio e intolerante. || Máximo, extremo de penuria a que puede llegar una situación. || Extremosidad en la temperatura. || Precisión, cuidado. || Frío que es síntoma de una enfermedad. || Rigidez muscular.
RIGUROSO, SA adj. Con rigor.
RIMA f. Consonancia; entre dos versos, igualdad de la última sílaba de cada verso. || Asonancia; entre dos versos, igualdad de las vocales que aparecen en la última sílaba de cada verso. || Composición en verso, poema; se suele usar en plural. || Acción de rimar. || Conjunto de los consonantes y asonantes de un poema o de los consonantes de una tradición literaria.
RIMAR intr. Versificar en rima. || Formar rima dos palabras o versos. || fig. Estar una cosa en relación con otra. || tr. Hacer una rima.
RIMBOMBANTE adj. Retumbante. || Grandilocuente y efectista.
RIMERO m. Apilamiento de cosas.
RINCÓN m. Interior del ángulo formado por dos superficies, especialmente dos paredes. || Sitio apartado. || Cuchitril. || Terreno de poca extensión. || Resto semioculto de algo. || Ángulo del ring en que descansa el boxeador entre dos asaltos.
RINCONERA f. Mueble adaptado al ángulo de las paredes. || Porción de muro entre la esquina y el vano más próximo a ella.
RING m. Cuadrilátero formado por tres filas de cuerdas superpuestas y suelo recubierto de lona, donde se disputan combates de boxeo o lucha. Mide 6 por 4.35 m.
RINOCERONTE m. Nombre común a varias especies de mamíferos perisodáctilos, de la familia Rinocerótidos, de gran tamaño y aspecto pesado, piel gruesa con poco pelo y con cuernos de implantación nasal. Son principalmente de costumbres nocturnas y se conocen cinco especies que viven en el sureste asiático y en África; son vegetarianos.

RIÑA f. Acción y efecto de reñir. || Pelea, pendencia.

RIÑÓN m. Órgano par situado en el abdomen, a cada lado de la columna lumbar, detrás del peritoneo. De forma oval; su función es regular la composición y el volumen de los líquidos y electrolitos del organismo mediante la formación de orina. || m. Fragmento de un mineral, generalmente redondeado, incluido en el seno de otro mineral de masa mayor.

RÍO m. Corriente superficial de agua, con caudal permanente y relativamente abundante. Se origina por afloramiento de aguas subterráneas, captación de otros cursos o desagüe de lagos o estanques. || Circulación abundante de personas o cosas. || *pescar en r. revuelto* Beneficiarse de una situación de desorden.

RIPIO m. Resto de algo. || Cascajo de ladrillos desechados en la obra, que pueden usarse como relleno. || Palabra innecesaria que se coloca para conseguir la rima en un verso. || Palabrería superflua.

RIQUEZA f. Posesión de gran número de cosas o bienes, y lo poseído. || Cualidad de rico. || Boato, lujo. || Conjunto de cualidades que se tienen en grado excepcional.

RISA f. Expresión de alegría manifestada en una serie de espiraciones espasmódicas, en parte involuntarias, con contracciones de los músculos faciales. || *de conejo* La fingida o cruel. || *sardónica* Expresión facial que simula la risa y que se observa en los periodos de contractura del tétanos. || fig. La amarga o sarcástica. || *caerse, estallar, mearse, mondarse, morirse uno de r.* Reír con estrépito y prolongadamente. || *morirse*, o *estar muerto* algo *de r.* Estar desatendido. || *tomar* algo o alguien *a r.* Negarle valor o veracidad.

RISCO m. Peña abrupta. || Dulce de piezas de harina frita untadas con miel.

RISOTADA f. Carcajada estrepitosa.

RISTRA f. Tira de ajos o cebollas trenzados por sus tallos. || Sarta o hilera de cualquier cosa.

RISUEÑO, ÑA adj. Que manifiesta una expresión sonriente. || Proclive a la risa. || Que aparece como placentero. || Propicio, benéfico.

RÍTMICO, CA adj. Relativo al ritmo o sometido a él.

RITMO m. Alternancia periódica de los elementos de una composición y proceso. || Orden en que se articulan los sonidos musicales en el tiempo, mediante la sucesión periódica y alternativa de sonidos fuertes y débiles, largos y cortos, etc. || Cadencia armónica del discurso o verso. || Modificación periódica y cíclica de una comunidad biótica, que afecta a la actividad y la distribución de los individuos pero no al número total. || *cardiaco* Sonido rítmico, repetido a intervalos y producido por las válvulas cardiacas al abrirse y cerrarse por el paso de la sangre. || *de trabajo* Conjunto de unidades elementales en que se divide la labor estandarizada de un operario, agrupadas para racionalizar la producción y aumentar el beneficio.

RITO m. Acto ceremonial de un culto religioso establecido por norma. || Ritual. || Por extensión, hecho habitual, costumbre. || *latino* Forma litúrgica más extendida de la iglesia católica.

RITUAL adj. Relativo al rito. || m. Liturgia establecida para un culto religioso. || Libro que la contiene.

RIVAL com. Persona que pugna con otra para la consecución de una misma cosa.

RIVALIDAD f. Relación de competencia que se establece entre rivales.

RIZAR tr. Hacer rizos. || tr. y prnl. Hacer ondas en el pelo o el aire en el agua.

RIZO, ZA adj. y m. Se dice de una clase de terciopelo que forma caracolillos. || m. Mechón ensortijado de pelo. || Tipo de tela, suave y absorbente, en la que parte del hilo sobresale de la trama formando anillas. Especialmente usado para toallas. || Giro acrobático vertical de 360° realizado por el avión.

ROBALO m. Lubina.

ROBAR tr. Apropiarse de algo ajeno. || Secuestrar a una persona. || Arrastrar la tierra una corriente de agua en su curso. || Sustraer algo no material. || Embelesar una persona a otra con sus encantos. || tr. e intr. Aplicar un precio excesivo.

ROBO m. Acción y efecto de robar. || Lo robado. || Delito contra la propiedad consistente en la apropiación de bienes muebles ajenos, con violencia o intimidación en las personas o fuerza en las cosas.

ROBOT m. Máquina automática, que se programa para realizar determinados trabajos manuales. Elementos principales: pinza, mecanismos de accionamiento de ésta, control, programación y sensores. || Autómata.

ROBUSTECER tr. y prnl. Dar robustez o fortaleza.

ROBUSTO, TA adj. Recio, fuerte, vigoroso. || Que posee una constitución atlética y buena salud.

ROCA f. Material solidificado de la superficie terrestre, compuesto de uno o varios minerales y también de sustancias amorfas no cristalinas, que forma masas de notables dimensiones y geológicamente independientes. Se clasifican en magmáticas, metamórficas y sedimentarias, en función de su proceso de génesis. || fig. Persona o cosa de gran solidez en su físico o en sus convicciones morales. || Persona insensible, difícil de conmover.

ROCE m. Acción y efecto de rozar o rozarse. || Marca que queda en alguna cosa por contacto o agresión de otra. || fam. Conocimiento y trato de varias personas entre sí. || Disputa de poca importancia.

ROCIADO, DA adj. Humedecido por el rocío. || Que ha sido humedecido por un líquido esparcido de forma similar al rocío. || f. Acción y efecto de rociar. || Rocío. || Caída o venida de muchas cosas menudas. || Hierba de la que aún no se ha evaporado el rocío que se da a las caballerías como medicina.

ROCIAR unipers. Caer el rocío sobre la tierra. || tr. Repartir en pequeñas gotas un líquido sobre una superficie o cosa. || Lanzar cosas de forma que se esparzan o diseminen. || Verter una salsa, caldo, etc., sobre determinado alimento que se cocina. || Regar, acompañar una comida con determinada bebida, especialmente si se trata de vino.

ROCÍN m. Caballo de poca alzada y mal aspecto. || Caballo de tiro, por oposición al de monta. || fam. Persona vulgar, zafia.

ROCÍO m. Condensación acuosa cercana al suelo producida por descenso brusco de la temperatura, debido al enfriamiento de la radiación nocturna. || Gotas de agua u otro líquido muy menudas. || Lluvia breve y poco intensa. || Gotas de un líquido que se esparcen sobre algo para humedecerlo.

ROCOCÓ adj. y com. Movimiento artístico de la segunda mitad del siglo XVIII, derivado del barroco y caracterizado por un decorativismo refinado. || Se dice de lo que es recargado y superfluo.

RODADO, DA adj. Se dice del vehículo provisto de ruedas y del transporte o tráfico que con él se efectúa. || Se dice de las piedras que han adquirido una forma lisa y redondeada por el desgaste de una corriente de agua. || Se dice de la caballería que presenta manchas de color más oscuro que el resto de su pelaje. || Se dice del texto, periodo o frase bien construido, fluido y fácil. || adj. y s. Se dice de los minerales desprendidos de la veta de forma natural y que caen o ruedan por el suelo.

RODAJA f. Disco, pieza circular de madera, plástico, etc. || Tajada, corte fino y en redondo que se hace de algo, especialmente de un comestible. || Estrella de la espuela.

RODAJE m. Acción de rodar. || Conjunto de ruedas. || Funcionamiento en régimen moderado y sin brusquedades de un motor, caja de cambios, etc., de un vehículo a fin de conseguir un ligero desgaste de las piezas metálicas que facilite el rendimiento máximo posterior. || Tiempo que dura tal régimen de funcionamiento. || Por extensión, tiempo que uno tarda en dominar su profesión u oficio. || Acción de filmar una película cinematográfica.

RODAPIÉ m. Cubierta de madera u otro material que resguarda los pies de las camas, mesas, etc. || Zócalo de una pared. || Enrejado, celosía o cosa semejante que se pone en la parte más baja de un balcón, generalmente poco elevado.

RODAR intr. Dar vueltas un cuerpo alrededor de su eje. || Desplazarse una cosa por una superficie dando vueltas sobre sí misma. || Caer algo dando vueltas por una pendiente, declive, etc. || Desplazarse una cosa con ruedas mediante las mismas. || fig. Carecer un objeto de lugar fijo o señalado. || No tener una persona lugar fijo de residencia, ir de un lado para otro, viajar mucho. || Entre ciclistas, correr por un relieve llano, especialmente si se hace sin demasiado esfuerzo. || tr. Hacer que una cosa capacitada para ello dé vueltas sobre sí misma, en especial si se habla de neumáticos, rodamientos, ruedas, etc. || En cine, impresionar una película, o actuar o trabajar en ella. || Hacer el rodaje de un automóvil, vehículo o motor.

RODEAR intr. Andar alrededor. || Dar un rodeo para llegar a alguna parte. || Emplear dilaciones o circunloquios al hablar. || tr. Cercar una cosa con otras. || Hacer dar vueltas a una cosa. || Abrazar estrechamente a una persona; especialmente pasarle un brazo por los hombros. || Acompañarse una persona de determinado ambiente, colaboradores, cosas, etcétera.

RODEO m. Acción de rodear. || Camino más largo que el corriente, u otro más corto, para llegar a determinado lugar. || Vuelta o regate que se da para confundir a uno que persigue. || Lugar donde se agrupa al ganado para pasar la noche, contarlo, etc. || Conjunto de ganado agrupado. || Deporte basado en los trabajos típicos del vaquero estadounidense; jaripeo. || Circunloquio, dilación con la que se demora determinado discurso o acción. || Excusa, pretexto con el que se pretende eludir un peligro o castigo.

RODETE m. Figura circular que se hace con las trenzas del pelo. || Aro de lienzo que se pone sobre la cabeza para protegerla cuando se transporta algo sobre ella. || Parte de la cerradura donde se ajustan las guardas de la llave. || Tornillo giratorio por donde pasan las correas sin fin de diferentes máquinas herramientas. || Rueda hidráulica de paletas.

RODILLA f. Zona del cuerpo humano, cuyos límites están determinados artificialmente, situada en la extremidad inferior y considerada principalmente como la cara anterior de la articulación del fémur con la tibia. || En los cuadrúpedos, unión del antebrazo con la caña. || Rodete, aro de lienzo. || Lienzo de tafetán usado en la limpieza doméstica.

RODILLO m. Cualquier pieza cilíndrica y giratoria de determinado mecanismo. || Cilindro que en la imprenta sirve para tirar las pruebas o galeradas, una vez empapado de tinta. || Útil formado por un mango y un cilindro giratorio, de tela o esponja, usado para pintar grandes superficies. || Cilindro de madera con un pequeño mango en cada uno de sus extremos, que se usa en la cocina para estirar la masa. || Cilindro de transporte, utilizado para llevar grandes pesos. || Gran cilindro pesado utilizado en la construcción de carreteras para aplanar y alisar el suelo.

ROEDOR, RA adj. Que roe. || Que conturba o reconcome el espíritu.

ROER tr. Cortar y desmenuzar con los dientes una cosa dura mediante mordiscos rápidos y superficiales. || Dejar mondo un hueso con los dientes. || Comerse las abejas las realeras una vez cerradas. || Desgastar superficialmente y poco a poco algo. || Reconcomer, atormentar interiormente.

ROGAR tr. Pedir una cosa, solicitar una gracia o merced. || Suplicar algo en forma insistente. || intr. Rezar, elevar súplicas a Dios por algo o alguien.

ROGATIVO, VA adj. Que supone un ruego. || f. pl. Procesión y rezos que se realizan para impetrar ayuda divina ante una calamidad.

ROJIZO, ZA adj. De color que semeja el rojo.

ROJO, JA adj. y m. Se dice del color similar al de la sangre; es color básico y el primero del espectro solar. || adj. De tal color. || adj. y s. fig. Se dice de la persona de ideología política izquierdista, especialmente la próxima al socialismo o al comunismo.

ROL m. Rollo de papel. || Lista o nómina. || Lista en la que consta oficialmente la dotación que lleva un buque. || Papel que un actor representa. || Cometido o función que uno tiene o desempeña. || Conducta que se espera de una persona cuya posición específica en una estructura social es conocida.

ROLDANA f. Pieza circular y plana por la que corre la cuerda de un pozo, garrucha, etcétera.

ROLLIZO, ZA adj. En figura de rollo. || Grueso.

ROLLO m. Objeto plano al que se le da forma cilíndrica haciéndolo rodar o dar vueltas. || Canto rodado que semeja a un cilindro. || Tela, papel, o cosa similar que se dispone dando vueltas uniformemente alrededor de una barra, palo, etc., que le sirve de eje. || Cualquier cosa enrollada en forma cilíndrica, como el carrete de una película fotográfica o cinematográfica o los antiguos manuscritos, papiros, etc., que así se disponían para su conservación. || Columna de piedra que señalaba el término de una jurisdicción o se usaba de picota. || fam. Conferencia, disertación o charla inaguantable por su pesadez. || Charlatanería, verborrea. || Patraña, trola. || Mundo, ambiente, círculo. || Asunto, tema, que uno domina o ejerce.

ROMANA f. Balanza de un solo brazo, cuyo punto de apoyo, que hace de fiel, se halla suspendido y dispuesto en posición asimétrica; de su extremo más corto pende del objeto que debe pesarse, mientras que por el más largo, con ranuras a modo de graduación, se hace correr un peso hasta lograr el equilibrio del conjunto.

ROMANCE adj. y s. Se dice de cada una de las lenguas vulgares que derivaron en la edad media del latín vulgar. || m. Composición poética castellana, de origen medieval, anónimo y popular, formada por estrofas, dos versos de 16 sílabas en rima asonante, divididos en dos hemistiquios. || fig. Aventura amorosa. || Idioma español. || pl. Monsergas, trolas.

ROMANCERO, RA m. y f. Persona que canta romances. || m. Colección de romances. Las colecciones impresas clásicas datan de principios del siglo XVI a mediados del XVII.

ROMÁNICO, CA adj. y s. Se dice del periodo artístico desarrollado en la Europa cristiana durante los siglos X al XIII. El término, propuesto en el siglo XIX en Francia, intentaba definir el proceso creativo paralelo a la formación de las lenguas romances. Supone la primera manifestación estética con carácter unificador en el occidente europeo, fundiendo elementos romanos, germánicos, árabes y bizantinos.

ROMANO, NA adj. y s. De Roma, actual ciudad o antiguo imperio. || Se dice del latín. || Se dice de la religión católica. || Se dice de un tipo de letra creado por Bodoni a fines del siglo XVIII. || *r., derecho* El elaborado en Roma, que sirvió de base jurídica a los Estados modernos, especialmente a los latinos.

ROMANTICISMO m. Movimiento espiritual y artístico que prevaleció en la cultura occidental entre fines del siglo XVIII y mediados del XIX. Estilísticamente supone una reacción frente al racionalismo y el clasicismo; filosóficamente supone una nueva y total valoración de la conciencia subjetiva, en la que el sentimiento alcanza una jerarquía especial.

ROMÁNTICO, CA adj. y s. Del romanticismo. || Se dice de la persona que privilegia el valor de las ideas o sentimientos sobre las realidades. || Sensiblero, dado a ficciones amorosas.

ROMBO m. Paralelogramo de lados iguales y ángulos opuestos iguales.

ROMERÍA f. Peregrinación a una ermita o santuario aislado. || Fiesta que se celebra en los aledaños de una ermita con motivo del día del patrón de la misma. || fig. Afluencia multitudinaria a un lugar.

ROMO, MA adj. Sin punta o aristas. || Chato.

ROMPECABEZAS m. Juego consistente en recomponer una figura dibujada sobre cartón, madera o plástico que se ha dividido en numerosas partes. || Arma medieval consistente en dos bolas metálicas sujetas a un mango por medio de una cadena. || Cosa o asunto de difícil solución.

ROMPEHIELOS m. Buque de forma y resistencia adecuadas para navegar por mares glaciales.

ROMPEOLAS m. Dique externo que protege un puerto de los embates del mar. || Protección de la cubierta de proa de un barco.

ROMPER tr. y prnl. Dividir por fractura algo en pedazos informes. || Estropear una maquinaria, dispositivo o sistema. || Desgastar o inutilizar algo por su uso continuado o negligente. || Hacer una abertura o provocar una herida. || Roturar o arar una tierra. || Quebrantar un límite o prohibición, sea material o espiritual. || Avanzar con rapidez a través de un fluido, especialmente aire o agua. || Interrumpir una continuidad.

ROMPIENTE adj. Que rompe. || amb. Obstáculo físico a ras de agua que interrumpe el curso de la corriente o las olas y hace que éstos se eleven.

ROMPIMIENTO m. Acción y efecto de romper o romperse. || Orificio o fractura en una masa. || En teatro, telón abierto ante otros para dar sensación de perspectiva.

|| Abertura pintada en un cuadro por la que se ve algo más lejano. || Galería que une dos excavaciones. || Ruptura de relaciones entre personas.

RON m. Licor antillano destilado de la melaza de caña de azúcar.

RONCAR intr. Producir la garganta sonidos broncos al respirar durante el sueño. || Hacer un sonido similar el mar o el viento embravecidos. || Llamar el gamo encelado a la hembra. || Echar bravatas.

RONCO, CA adj. Que sufre de ronquera. || Se dice del sonido bronco y cavernoso.

RONCHA f. Lesión dérmica sobreelevada, pruriginosa, circunscrita y casi siempre pasajera que con frecuencia es debida a picaduras de insectos o urticaria. || Cardenal (hematoma). || Dinero perdido a consecuencia de una estafa o engaño.

RONDA f. Acción y efecto de rondar. || Grupo de personas que lo hacen. || Paseo festivo y nocturno de jóvenes que cantan y tañen instrumentos. || Grupo que lo ejecuta. || Recorrido en grupo por los bares de una zona consumiendo algo en cada uno de los que se entra. || Cada una de las consumiciones de dicho grupo. || Invitación que se hace a un grupo de bebida, tabaco, etc. || Patrulla móvil de vigilancia militar o policial. || Conjunto de los componentes de dicha patrulla. || Circuito interno de las murallas. || Avenida o paseo abiertos sobre el emplazamiento de una antigua muralla. || Carrera ciclista por etapas.

RONDAR intr. Recorrer una población en misión de vigilancia. || Recorrer los puestos de vigilancia de un campamento para inspeccionarlos. || Pasear por la noche. || Andar de noche cantando y tañendo en honor de las muchachas. || tr. Girar o revolotear en torno a algo. || Andar alguien en torno a una persona por obsequiosidad o en demanda de algo. || Tener en la cabeza una idea poco perfilada. || Cortejar a una mujer. || Percibir los síntomas de algo ominoso.

RONDÓN, *entrar* o *colarse de* frase adverbial. Hacerlo sin esperar licencia para ello o sin llamar la atención.

RONQUERA f. Timbre de la voz poco sonoro y bronco provocado por afección de la laringe y generalmente asociado a afección faríngea.

RONQUIDO m. Cada sonido que se produce al roncar. || Cualquier sonido bronco.

RONRONEAR intr. Roncar con suavidad los gatos en signo de satisfacción. || fig. Sonar un motor de manera suave y constante. || Producir desazón en alguien un pensamiento persistente.

RONZAL m. Cuerda pasada por el cuello de una cabalgadura para guiarla.

ROÑA f. Sarna del ganado lanar. || Costra de suciedad adherida con firmeza. || Tacañería, mezquindad. || Animadversión. || com. Persona tacaña.

ROÑOSO, SA adj. Que padece roña. || Sucio. || Oxidado, cubierto de robín. || adj. y s. Ruin, tacaño.

ROPA f. Cualquier tejido, ya cortado y confeccionado, apto para vestir o adornar; también usado en plural. || Vestimenta distintiva de ciertos cargos públicos de importancia.

ROPAJE m. Ropa exterior. || Ropa talar que manifiesta prestigio e importancia. || Conjunto de prendas de vestir. || Estilo con que se habla o se escribe.

ROPERO, RA m. y f. Comerciante de ropa confeccionada. || Encargado de la ropería de una corporación. || m. Armario o habitación pequeña donde se guardan las ropas de una familia. || Institución filantrópica que distribuye ropa a los necesitados.

RORRO m. fam. Niño de pecho.

ROS m. Gorro militar, de pequeñas dimensiones, con visera y elevado en su parte anterior.

ROSA f. Flor del rosal. || Lazo, nudo, etc., que se forma a la semejanza de dicha flor. || Cosa que se talla, fabrica o dispone de forma que semeje una rosa. || Mancha redonda de color rojizo o rosáceo que puede salir en la piel del cuerpo. || Diamante rosa. || Rosetón, elemento arquitectónico. || m. Color rosa. || adj. Se dice de lo que es de color levemente encarnado, como la r. ordinaria. || Se dice de lo que presenta aspecto fragante o hermoso.

ROSÁCEO, A adj. Que tiene un color que se semeja al de la rosa.

ROSADO, DA adj. Se dice del color de la rosa. || Que en su composición intervienen rosas. || adj. y m. Se dice del vino de uva negra, vivificado en blanco.

ROSARIO m. Rezo católico, en honor de la Virgen María. Consta de 15 "misterios" (gozosos, dolorosos y gloriosos, en grupos de 5), cada uno de ellos formado por la enunciación, un padrenuestro, 10 avemarías y el gloria; al final se recita una letanía.

ROSCA f. Instrumento de forma curva que proporciona un apoyo en una estructura; se compone de tuerca y tornillo. || Cada una de las vueltas de una espiral o el conjunto de ellas. || Cualquier cosa redonda y con volumen que, al cerrarse, forma un círculo, óvalo o elipse, dejando en medio un espacio vacío. || Cualquier cierre que deba girar sobre sí mismo varias veces antes de encajar en el orificio que cubre. || Pan o bollo que tiene forma de r. (un círculo cerrado con un espacio vacío interior). || Capa de grasa o carne que, en las personas gruesas, forma una especie de almohadillas y pliegues en torno al cuello, muñecas, vientre, etc. || Faja de material que forma un arco o bóveda.

ROSCÓN m. Bollo o bizcocho que se hace en forma de rosca grande.

RÓSEO, A adj. De color rosa.

ROSETA f. Arrebol, mancha rosada que aparece en las mejillas. || En los procesos de afino, costra rosada de cobre puro formada al añadir agua fría sobre el metal fundido. || Alcachofa de la regadera. || Pendiente, sortija, etc., en el que hay una piedra preciosa de regular tamaño rodeada de otras más pequeñas. || pl. Palomitas de maíz.

ROSETÓN m. Ventana circular de decoración calada, cerrada generalmente con vidrieras, propia del románico y gótico. || Flor ornamental del capitel corintio y compuesto. || Relieve circular que se hace en un techo. || Cualquier adorno grande y redondo.

ROSQUILLA f. Dulce de masa muy fina, que se hace en figura de roscas pequeñas. || Larva de insecto que se enrosca ante cualquier cambio en su entorno.

ROSTRO m. Pico del ave. || Cara, cabeza de una persona. || Espolón, remate en punta de algo. || *tener r.* Tener cara dura.

ROTACIÓN f. Acción y efecto de rodar o rotar. || Movimiento de un cuerpo en el que todos sus puntos describen circunferencias cuyos centros están en una misma línea, llamada eje de rotación. || *de cultivos* Sucesión alternativa de plantas diferentes en una misma parcela a fin de evitar el empobrecimiento del suelo o la presencia continuada de parásitos.

ROTATIVO, VA adj. Que da vueltas. || f. Máquina de imprimir, cuyos cilindros giratorios permiten gran velocidad de tirada. Usada en la prensa.

ROTATORIO, RIA adj. Que tiene movimiento circular.

ROTO, TA adj. y s. Andrajoso, harapiento. || adj. Se dice de la persona licenciosa y casquivana y de su tipo de vida y costumbres. || m. Rasgadura.

ROTONDA f. Edificio de planta circular, en general cubierto con cúpula. || Plaza circular. || Departamento último de algunas diligencias.

ROTOR m. Parte giratoria de una máquina eléctrica. || Elemento rotativo de una turbina aeronáutica.

RÓTULA f. Hueso sesamoideo triangular de la cara anterior de la rodilla situado en el espesor del tendón del músculo cuadriceps femoral. || Articulación entre dos piezas mecánicas que permite el movimiento rotatorio de ellas.

ROTULAR, 1 tr. Poner un rótulo a algo o en algún lugar.

ROTULAR, 2 adj. Relativo a la rótula.

RÓTULO m. Título o titular que encabeza un escrito o parte del mismo. || Cualquier inscripción que indique el contenido, destino o propiedad de determinada cosa. || Cartel público de carácter comercial, que señala el nombre de una tienda o su dedicación. || Etiqueta del fabricante, en un producto manufacturado.

ROTUNDO, DA adj. Redondo. || fig. Se dice del lenguaje sonoro y ampuloso. || Tajante, preciso.

ROTURA f. Acción y efecto de romper o de romperse. || Resquebrajadura, grieta o quiebra de un cuerpo sólido.

ROTURAR tr. Arar por primera vez un terreno virgen o agreste para ponerlo en cultivo.

ROZADURA f. Acción y efecto de rozar. || Lesión superficial de la piel, con erosión o escoriación, producida por el roce. || Enfermedad de los árboles que se manifiesta por una fácil descomposición de la madera.

ROZAMIENTO m. Roce. || Fuerza que se opone al movimiento de rotación o deslizamiento de una superficie sobre otra.

ROZAR tr. Limpiar un terreno de hierbas como preparación a la labra. || Cortar hierbas, matojos y ramaje para aprovecharlos en algún uso. || Segar el pasto los animales con los dientes. || Rascar la superficie de algo. || Abrir una hendidura o conducción en un paramento. || tr. e intr. Pasar una cosa muy próxima de otra, o tocándola con frotamiento. || prnl. Padecer una rozadura. || Estropearse por el roce. || Lesionarse un pie por el roce con el otro. || Relacionarse con frecuencia y familiaridad dos o más personas. || Tartamudear, tener dificultad al hablar. || Estar relacionadas dos o más cosas.

RUBÉOLA f. Enfermedad infectocontagiosa aguda de origen vírico, frecuente en niños, que se caracteriza por la presencia de fiebre, exantemas, y un aumento del tamaño de los ganglios cervicales, occipitales, mastoideos, y es de curso generalmente benigno.

RUBÍ m. Variedad de corindón, de color rojo pero con diversos difuminados; muy duro, pesado, sin exfoliación. Se encuentra en depósitos sedimentarios de arenas fluviales. Se usa como gema y en relojería.

RUBIO, A adj. y s. De color oro o trigueño. || De color amarillento rojizo. || Se dice especialmente del cabello que presenta estas tonalidades y de quien lo posee. || adj. Se dice de las variedades de tabaco de color claro, sabor suave y alto contenido en nicotina. || adj. y m. Se dice del cigarrillo de este tabaco.

RUBOR m. Encarnado intenso. || Color rojo que aparece en el rostro por afluencia de sangre debido a un sentimiento de vergüenza. || fig. Vergüenza.

RÚBRICA f. Rasgo distintivo que se añade al nombre en la firma. || Encabezamiento de un capítulo o apartado, y cada uno de éstos en una lista, catálogo o inventario de cosas.

RUBRICAR tr. Dibujar la rúbrica en la firma. || Firmar un documento con sello y distintivo propios o de aquel en cuyo nombre se actúa. || fig. Reafirmar un testimonio presentado.

RUBRO, BRA adj. Rojo. || Cada apartado especial de un libro de contabilidad o una estadística.

RUDO, DA adj. Sin pulir, grosero. || De trato difícil, brusco. || Que no se ajusta a las reglas del arte. || Que aprende con dificultad. || Fuerte, costoso, arduo.

RUECA f. Antiguo útil para hilar, compuesto por una vara pequeña con un rocadero donde se ponía el copo.

RUEDA f. Pieza circular, de poco grueso respecto a su radio, que puede girar sobre un eje. || Círculo que forman los bailarines en algunas danzas populares. || Por extensión, todo círculo de personas o cosas. || Disposición en círculo de las pilas de los pliegos de una obra impresa para formar ordenadamente volúmenes. || Dispositivo circular en los castillos de fuegos de artificio. || *de la fortuna* Símbolo de la inestabilidad y alternancia en los avatares de la fortuna. || *de prensa* Conversación que mantiene una personalidad con los informadores para responder a las preguntas de éstos.

RUEDO m. Círculo o corro en torno a algo. || Borde redondo de una cosa. || Esterilla circular. || Terreno circular de la plaza de toros, donde se realiza la lidia.

RUEGO m. Acción y efecto de rogar, especialmente en demanda de algo. || *ruegos y preguntas* Etapa final de una asamblea, en la que los participantes se dirigen libremente a la presidencia para pedir aclaraciones o presentar sugerencias.

RUGIDO m. Sonido profundo y áspero que emiten los felinos salvajes. || fig. Expresión furibunda. || Ruido potente y estruendoso. || Sonido de las tripas cuando se tiene hambre.

RUGIR intr. Emitir rugidos un felino. || Prorrumpir en gritos coléricos. || Sonar con fuerza algunos fenómenos naturales (mar, aire, tormentas, etc.). || Salir algo oculto a la luz pública.

RUGOSO, SA adj. Arrugado, con pliegues.

RUIDO m. Sonido inarticulado y desagradable. || fig. Alboroto, disputa, batahola. || Grandilocuencia con que se revis-

ten cosas insignificantes. || Atención que se despierta en torno a algo.
RUIN adj. Despreciable, vil. || Que tiene malos hábitos o abriga malas intenciones. || Se dice también de las mismas malas costumbres o intenciones. || Tacaño, mezquino. || m. Extremo de la cola de los gatos.
RUINA f. Acción de caer o destruirse algo. || fig. Bancarrota, quiebra económica, pérdida de una fortuna. || Ocaso, decadencia o quebranto de una persona, grupo, familia, etc. || Lo que motiva una decadencia o quebranto, tanto físico como moral. || fam. Persona desgraciada o falta de capacidad para hacer bien determinada cosa, comportarse adecuadamente, etc. || pl. Restos de un edificio, ciudad, etcétera.
RULETA f. Juego de azar que consiste en apostar a 37 números divididos en dos colores (el cero es neutro) y a las combinaciones que pueden hacerse según la distribución de éstos en el tablero. || Instrumento compuesto por un plato giratorio con agujeros numerados donde se echa una bola de marfil a fin de que ésta se introduzca al azar en uno de sus 37 compartimentos. || *rusa* Juego suicida que se practica con un revólver cuyo tambor sólo tiene una recámara cargada; lo disparan apuntándose uno o más jugadores hasta que, por la rotación del tambor, uno de ellos recibe el tiro.
RUMANO, NA adj. Relativo a Rumania. || adj. y s. Natural de Rumania. || m. Lengua románica hablada en Rumania, y en ciertas partes de la ex URSS, Hungría, ex Yugoslavia, Bulgaria y Albania. Entre sus rasgos fonéticos, 2 fonemas vocálicos extraños î/â, los sonidos ț y ș, la posición enclítica del artículo, el masculino en -*i* (-*s* en la Rumania occidental), etcétera.
RUMBA f. Baile antillano, de origen africano, en compás binario de ritmo complejo en el que abundan los contratiempos y las síncopas.
RUMBO m. Dirección horizontal que sigue un avión o barco, expresada por el ángulo que forman una línea de referencia, usualmente la N-S, y la que define el movimiento del vehículo, medido en el sentido de las agujas del reloj a partir de la primera. || Cualquiera de las direcciones comprendidas en la rosa de los vientos. || Plan o vía que uno se propone seguir para el cumplimiento de determinados propósitos. || Abertura que se hace en el casco de la nave.
RUMBOSO, SA adj. fam. Generoso, desprendido. || fam. Aparatoso, suntuoso.
RUMIAR tr. Volver a la boca y masticar un rumiante el alimento parcialmente digerido en su estómago. || fig. Pensar una cosa detenida y espaciosamente. || Refunfuñar, gruñir por debajo.
RUMOR m. Noticia no confirmada que circula de boca en boca entre el público. || Murmullo continuo y confuso de voces. || Sonido vago y constante.
RUNRÚN m. Voz onomatopéyica equivalente a rumor, murmullo de varias voces o ruido leve, bronco y continuado. || Bulo, noticia que corre de boca en boca.
RUPESTRE adj. Relativo a la roca. || Se dice de la pintura sobre roca; propia del arte paleolítico y mesolítico.
RUPTURA f. Acción y efecto de romper. || Riña, desacuerdo o discusión que supone la suspensión de una negociación, amistad o relación amorosa.
RURAL adj. Propio del campo o sus trabajos o relativo a ellos. || fig. Basto, silvestre, sin pulir.
RÚSTICO, CA adj. Relativo al campo o propio del mismo. || fig. Basto, tosco, sin pulir ni educar. || m. y f. Persona nacida en una zona rural y que sigue residiendo en ella. || *en rústica* Encuadernado con cubierta de papel grueso o cartulina.
RUTA f. Rumbo, dirección que sigue un viaje, destino al que se dirige. || Itinerario que se sigue en un viaje. || Camino, derrotero, carretera. || fig. Dirección, camino que se toma para cumplir determinado propósito.
RUTENIO m. (Ru) Elemento químico situado en el grupo VIII de la tabla periódica. Forma parte de los metales de transición. Es un metal blanco, duro e insoluble en ácidos y agua regia. Se usa en joyería, aleaciones, etcétera.
RUTINA f. Hábito, costumbre que se adquiere de hacer algo maquinalmente, sin pensarlo ni vivirlo como algo enriquecedor o creativo. || Habilidad producto de la práctica asidua. || Conjunto de instrucciones dispuestas en secuencias adecuadas, para lograr que una computadora ejecute una operación determinada.

S f. Vigésima segunda letra del alfabeto castellano (S, s) y decimoctava de sus consonantes. Su nombre es *ese*. || Símbolo que expresa el espacio recorrido por un cuerpo. || Símbolo del siemens. || Símbolo de la superficie o sección.

S. A. Siglas mercantiles que significan 'sociedad anónima'.

SÁBADO m. Día de la semana tras el viernes y anterior al domingo; tradicionalmente es tenido por el último día de la semana. || *de gloria* El de la semana santa. || *hacer s.* Hacer limpieza doméstica, especialmente la semanal que se hace a fondo.

SABANA f. Formación vegetal en la que dominan las plantas herbáceas, propia de zonas tropicales en cuyo clima hay una estación seca. Contienen también algunos elementos arbóreos, en algunos casos de notable tamaño.

SÁBANA adj. Se dice de un tipo de formato de periódico. || f. Cada una de las dos piezas de lienzo o tela que se usan como ropa de cama, de tamaño suficiente para cubrirla, y que sirve para colocar el cuerpo entre ambas; actualmente los tejidos más empleados en la confección de sábanas son el algodón, etcétera.

SABANDIJA f. Cualquier reptil pequeño, insecto, etc., que repugna. || fig. Persona insignificante o vil.

SABER, 1 m. Sabiduría, cultura, erudición.

SABER, 2 tr. Conocer una cosa. || Ser experto o entendido en alguna materia. || Estar capacitado para determinada cosa, tener la habilidad necesaria. || tr. e intr. Estar al tanto de la existencia, paradero o andanzas de una persona o cosa. || Comportarse de la manera que se expresa.

SABIDURÍA f. Conjunto de conocimientos amplios y profundos. || Acierto para conducir uno su vida o sus asuntos. || Prudencia. || Cualidad de sabio.

SABIENDAS, *a* Deliberada e intencionadamente. || Con toda seguridad, sin duda alguna.

SABIO, BIA adj. y s. Se dice de quien posee sabiduría. || Sensato, prudente. || Irónicamente, sabiondo. || adj. Se dice de los animales muy bien adiestrados.

SABIONDO, DA adj. Se dice de quien alardea de más conocimientos de los que en realidad tiene.

SABLE m. Arma blanca de origen oriental similar a la espada pero de hoja más fina y ligeramente curva con un solo corte, usado antiguamente por el arma de caballería.

SABOR m. Sensación percibida por el órgano del gusto. || Efecto que una cosa produce en el ánimo. || Parecido de una cosa con otra, a la que recuerda en algo. || Especia o condimento.

SABOREAR tr. y prnl. Notar, reconocer con deleite y pausadamente el sabor de una cosa. || Disfrutar de una cosa placentera. || tr. Sazonar. || prnl. Comer o beber con delectación. || Recrearse con un pensamiento.

SABOTAJE m. Acción deliberada por la que se deteriora temporal o definitivamente alguna propiedad, instalación, máquina, etc., que representa o pertenece al Estado, ejército, partido político, etc., al que se pretende combatir. || Por extensión, obstrucción o entorpecimiento.

SABOTEAR tr. Hacer un sabotaje.

SABROSO, SA adj. Que resulta grato al paladar. || Por extensión, agradable. || Enjundioso. || fam. Con un exceso ligero de sal o de sazón.

SABUESO, SA adj. y s. Se dice de la variedad de perro podenco, de talle superior a la de éste y dotado de un olfato y oído muy fino; se usa para el rastreo en la caza. || fig. Pesquisidor. || fam. Policía, especialmente el que viste de paisano o realiza tareas de investigación (suele tener matiz despectivo).

SACACORCHOS m. Utensilio con una espiral metálica y un mango o palanca que sirve para sacar los tapones de corcho.

SACAPUNTAS m. Utensilio para sacar y afilar la punta de los lápices.

SACAR tr. Quitar una cosa del sitio que habitualmente ocupa, o extraerla del interior de otra. || Apartar a una persona del lugar, empleo, condición, etc., en que se halla. || Averiguar algo. || Descubrir, hallar por ciertas señales o indicios. || Hacer que uno conceda o dé algo contra lo que era su voluntad primera. || Separar de una cosa alguna de las partes o componentes que la forman. || Ocupar determinado cargo una persona tras realizarse una votación o un sorteo.

SACARINO, NA adj. Que tiene azúcar. || Semejante al azúcar. || f. Polvo cristalino de color blanco dotado de un gran poder edulcorante. Soluble en agua, alcohol y bicarbonato sódico. Se usa como sustitutivo de la sacarosa.

SACERDOCIO m. Estado, dignidad y profesión del sacerdote. || Conjunto de sacerdotes. || fig. Dedicación total a una actividad, servicio, etcétera.

SACERDOTE m. Persona encargada de dirigir los actos litúrgicos y la vida religiosa de la comunidad. Usualmente revestido de un ritual de sacralización personal, que lo eleva por encima del resto de creyentes y tiende a conferirle el papel de intermediario exclusivo en el culto.

SACERDOTISA f. Mujer que en ciertos cultos antiguos ofrecía sacrificios a los dioses y cuidaba el templo.

SACIAR tr. y prnl. Satisfacer totalmente el hambre o la sed de alguien. || Satisfacer deseos o necesidades no materiales.

SACIEDAD f. Estado de saciado o harto. || *hasta la s.* Plenamente, hasta no poder más.

SACO m. Especie de bolsa de forma rectangular o cilíndrica abierta por arriba. || Su contenido. || Vestidura tosca de tela burda o sayal. || Especie de abrigo holgado. || Cualquier cosa que contiene en sí otras muchas. || Saqueo, acción de entrar a saco. || Estructura orgánica en forma de saco.

SACRAMENTO m. Cada uno de los signos visibles y eficaces de la gracia divina, aceptados por la liturgia de las distintas iglesias cristianas. Desde el siglo XIII, y confirmado en el concilio de Trento, son siete para la iglesia católica: bautismo, confirmación, penitencia, eucaristía, matrimonio, orden sacerdotal y unción de enfermos.

SACRIFICAR tr. Inmolar, hacer sacrificios a la divinidad. || Matar las reses para consumir la carne. || Poner a una persona o cosa en algún riesgo en beneficio de un fin que se considera superior. || Renunciar a cierta cosa para conseguir otra que se cree de mayor provecho o interés. || prnl. Consagrarse enteramente a Dios. || Privarse voluntariamente de una cosa o renunciar a ella. || Someterse pacientemente a una cosa violenta o repugnante.

SACRIFICIO m. Rito religioso de extensión universal por el que se pretende conectar con la divinidad, generalmente con fines propiciatorios, mediante la muerte de un ser vivo, al tiempo que, a través del banquete sacrificial, se refuerza la unión de la comunidad. En la liturgia cristiana, el sacrificio queda reducido a lo espiritual. || Acto mediante el cual el sacerdote ofrece en la misa el cuerpo de Jesucristo bajo las especies de pan y vino en honor a Dios. || Peligro o daño graves a que alguien se expone en beneficio propio, y más específicamente de otro. || Acto de abnegación o altruismo inspirados por un ideal o afecto.

SACRILEGIO m. Violación o profanación de lugar, persona o cosa sagrados. || Por extensión, cualquier falta de respeto.

SACRISTÁN, NA m. y f. Persona encargada de ayudar al sacerdote en el altar, del cuidado de los ornamentos y de la limpieza de la iglesia y sacristía.
SACRISTÍA f. Dependencia de las iglesias donde se guardan los ornamentos y objetos del culto y en la que se revisten los sacerdotes. || Cargo de sacristán.
SACRO, CRA adj. Sagrado. || adj. Del hueso sacro o de la región donde está situado. || adj. y m. Hueso corto, plano, impar y medio, compuesto de cinco vértebras soldadas. Tiene forma piramidal con la base hacia arriba.
SACUDIDO, DA adj. Desabrido, arisco, de mal carácter. || fig. Resuelto, decidido.
SACUDIR tr. Agitar o golpear una cosa en el aire para quitarle el polvo o airearla. || Pegar, golpear, dar una paliza. || fig. Emocionar, perturbar, impresionar. || Pagar, entregar dinero. || tr. y prnl. Mover bruscamente una cosa de una parte para otra. || Apartar o arrojar violentamente de sí una cosa. || prnl. Rechazar con violencia o astucia una persona, una molestia, un trabajo, etcétera.
SÁDICO, CA adj. y s. Perteneciente o relativo al sadismo, o que lo practica. || Por extensión, cruel, perverso.
SADISMO m. Perversión sexual consistente en provocarse placer haciendo daño físico o moral a otras personas. || Por extensión, crueldad refinada o insistente con la que se trata a uno o se aborda algo
SAETA f. Flecha, arma arrojadiza que se dispara con arco, consistente en un asta delgada y ligera con punta afilada, generalmente de hierro. || Manecilla de reloj. || Brújula, aguja. || Canto del repertorio flamenco, sin acompañamiento, propio de la semana santa.
SAGACIDAD f. Calidad de sagaz.
SAGAZ adj. Vivo, astuto, perspicaz. || Se dice del perro diestro en levantar la caza.
SAGRADO, DA adj. Que está dedicado a Dios y a su culto según el rito. || Que inspira veneración por su vinculación con lo divino. || Digno de respeto o veneración. || Refugio para delincuentes. || Sitio seguro contra cualquier peligro.
SAINETE m. Obra teatral breve, de carácter jocoso y tono popular. || Por extensión, situación absurda. || Aquello, especialmente adorno o salsa, que refuerza las cualidades de la materia sobre la que se aplica. || Golosina.
SAJAR tr. Cortar en la carne.
SAL f. Nombre usual del cloruro de sodio. || Compuesto químico derivado de la reacción entre un ácido y una base. Forman sólidos cristalinos. En el agua se comportan como electrolitos. A menudo tienen carácter iónico. Por su fácil solubilidad están presentes en todos los compuestos orgánicos, a los que permiten retener líquidos. Algunas sales se fabrican artificialmente para necesidades industriales. || Ingenio, gracia.
SALA f. Habitación de una vivienda en la que se reciben las visitas y que suele ser la de mayor tamaño. Habitación de grandes dimensiones. || Mobiliario propio de estas habitaciones. || Pieza amplia, pabellón de un hospital en el que se encuentran las camas y dormitorios de los enfermos. || Espacio amplio de una caverna. || Local destinado a un espectáculo o servicio público. || Local en el que un tribunal de justicia celebra audiencia. || Por extensión, el mismo tribunal de justicia. || Local en el que se hallan los aparatos y operarios propios de una de las fases de manipulación de un producto de las que se encarga una empresa.
SALADO, DA adj. Que tiene sal. || Se dice del terreno incultivable por exceso de sal. || Se dice del agua de mar, a diferencia del agua dulce de ríos y lagos. || Se dice de los alimentos condimentados con exceso de sal. || fig. Ocurrente, chistoso, gracioso.
SALAR tr. Poner en sal carnes, pescados u otros alimentos para conservarlos. || Condimentar con sal. || Poner demasiada sal en la comida.
SALARIO m. Retribución, monetaria o en especie, que recibe un trabajador de quien lo emplea, por el trabajo que realiza. || *base* El que sirve legalmente para calcular los subsidios familiares. || *mínimo* El fijado legalmente, de modo que cualquier remuneración inferior es ilegal. || *nominal* Cantidad monetaria que percibe un trabajador; es mayor que el salario base (por primas, antigüedad, etc.). || *real* El mensurable por los bienes y servicios a que da acceso.

SALCHICHA f. Embutido en tripa delgada de carne, que se sazona con sal, pimienta y otras especias. || fig. Dirigible, globo.

SALCHICHÓN m. Embutido de jamón, tocino y pimienta en grano, hecho en tripa gruesa, prensado y curado, que se come en crudo.

SALDAR tr. Liquidar una cuenta, pagando o cobrando la diferencia en contra o a favor. || Vender con gran rebaja un producto del que interesa deshacerse. || Terminar, liquidar, poner fin a una cosa o asunto.

SALDO m. Acción y efecto de saldar, liquidar una deuda. || Diferencia que hay al cierre de una cuenta entre el debe y el haber. || Resultado final a favor o en contra en un asunto. || Sobrante de mercancías que se venden a precio muy rebajado para desprenderse pronto de él. || Cualquier cosa que se considera de poco valor.

SALERO m. Recipiente donde se pone la sal para uso de la cocina o de la mesa. || Lugar donde se guarda la sal. || Lugar del campo donde se da sal al ganado. || fig. Ingenio, gracia.

SALIDA f. Acción y efecto de salir o salirse. || Sitio por donde se sale. || Parte que sobresale de una cosa. || Venta de géneros. || Velocidad con que navega un barco, en especial la remanente que queda al parar las máquinas. || Ataque repentino de las fuerzas sitiadas contra los sitiadores. || Misión de combate de un avión militar. || Paseo, excursión. || Punto desde el que da comienzo una carrera. || Campo a las afueras de una población donde sale la gente a pasear. || Energía útil suministrada por un circuito o dispositivo. || Información proporcionada por una computadora a un dispositivo externo.

SALIDO, DA adj. Que sobresale más de lo habitual. || Se dice de algunas especies animales cuando están en celo. || fam. Rijoso, lujurioso.

SALIENTE adj. Que sale. || m. Parte que sobresale en la superficie de una cosa. || Levante.

SALINA f. Mina o yacimiento de sal.

SALIR intr. y prnl. Pasar de la parte de dentro de algo a la de afuera. || Dimitir, abandonar un oficio, cargo, etc. || Con la prep. *de* y ciertos sustantivos, apartarse de lo que éstos significan. || intr. Marcharse de un sitio a otro. || Desembarazarse de algo que resulta molesto o trabajoso. || Librarse de algún mal paso, lugar estrecho, situación incómoda, etc. || Mostrarse, descubrirse, manifestarse. || Publicarse algo periódicamente. || Brotar, nacer. || Quitarse o borrarse las manchas al limpiarlas. || Descubrir uno su índole, carácter, utilidad, etc. || Sobresalir, estar una cosa más alta o más afuera que otra.

SALITRE m. Nitrato potásico. || Sustancia salina que aflora en suelos y paredes.

SALITROSO, SA adj. Que tiene salitre.

SALIVA f. Líquido filante, claro y alcalino secretado por las glándulas salivales cuya función es humedecer la mucosa bucal y facilitar los procesos de masticación, deglución y digestión. || *gastar s. en balde* Hablar en vano. || *tragar s.* Tener que callarse ante lo que ofende, disgusta o perjudica.

SALMO m. Composición musical hebrea que se ejecutaba con acompañamiento de cuerda. Actualmente sólo se conserva la letra de los poemas religiosos recogidos en el Antiguo Testamento.

SALÓN m. En una casa, pieza de grandes dimensiones usada para comer, fiestas, visitas, etc. || Mobiliario de un salón. || Habitación de grandes dimensiones en la que se reúne alguna junta directiva. || Casa de una dama de sociedad que ofrecía frecuentes fiestas o reuniones en las que se encontraban habitualmente intelectuales, artistas famosos, etc. Alcanzaron gran importancia política y cultural, especialmente en Francia, en los siglos XVII-XVIII. || Por extensión, la alta sociedad, el gran mundo. || Comedor de gala en hoteles, restaurantes, etc. || Casas o locales donde se proporcionan ciertos servicios al público: *s. de té, s. de belleza*. || Galicismo por exposición de obras de arte (especialmente los celebrados en París, en el siglo XIX) o productos industriales. || fam. Burdel, casa de citas.

SALPICADURA f. Acción y efecto de salpicar. || pl. Conjunto de manchas con que está salpicada alguna cosa. || Consecuencias indirectas de algún suceso.

SALPICAR tr. e intr. Hacer saltar un líquido, barro, pintura, etc., en pequeñas gotas al golpearlo o arrojarlo. || tr. Esparcir

una cosa. || Pasar de unas cosas a otras sin orden ni continuidad. || tr. y prnl. Ensuciar o mojar con las gotas que se desprenden de algún líquido o sustancia pastosa.
SALPULLIDO m. Urticaria. || Huellas que dejan en la piel las picaduras de las pulgas.
SALSA f. Sustancia más o menos fluida compuesta de varios ingredientes, que sirve para aderezar o condimentar la comida. || Cualquier cosa que estimula el gusto. || Gracia, sal. || Ritmo musical afrolatino surgido entre los inmigrantes caribeños de Nueva York. || Manifestación seudovolcánica caracterizada por la emisión de gases, agua salada y barro.
SALSERA f. Recipiente en el que se sirve la salsa. || Salserilla.
SALTADOR, RA adj. Que salta, especialmente el que lo hace con habilidad. || m. y f. Acróbata o deportista especializado en saltos. || m. Comba, cuerda que se usa para jugar a saltar.
SALTAR intr. Elevarse del suelo con un impulso de las piernas para caer en el mismo lugar en que se estaba, o desplazarse de lugar. || Vencer un desnivel, arrojándose desde la parte superior del mismo hasta la situada debajo y cayendo de pie. || Levantarse una cosa de donde estaba, trasladándose con violencia de una parte a otra. || Desprenderse una cosa de donde estaba unida y fija. || Surgir hacia arriba y con fuerza un líquido. || Romperse una cosa violentamente, disgregarse o desmenuzarse. || Levantarse de la cama con prontitud. || Estallar o explotar una cosa. || Presentarse algo repentinamente a la imaginación o la memoria.
SALTEADOR, RA m. y f. Bandido que asaltaba a carruajes y viajeros por los caminos.
SALTEAR tr. Robar a alguien en despoblado, especialmente a un viajero. || Asaltar, agredir. || Hacer una cosa de forma discontinua, dejando sin hacer parte de ella o haciéndola sin orden. || Tomar algo anticipándose a otro que también lo pretendía. || fig. Sorprender vivamente, impresionar. || Llegar o suceder de repente. || Sofreír un alimento a fuego vivo en manteca o aceite.
SALTO m. Acción y efecto de saltar. || Lugar que sólo puede atravesarse saltando. || Precipicio o despeñadero muy profundo. || Salto de agua. || Espacio que se salta. || Palpitación violenta del corazón por efecto de alguna emoción. || Asalto, acometimiento. || Paso o cambio brusco de una cosa a otra sin pasar por los estadios intermedios. || Supresión voluntaria o no de una parte de un escrito al leerlo, copiarlo o componerlo. || Paso de un puesto a otro superior sin seguir los pasos habituales. || Prueba deportiva consistente en salvar una distancia, en sentido vertical u horizontal, o una altura (paracaidismo), con ayuda de una pértiga o trampolín (natación, esquí) o sin ella. También se practica el salto en equitación, o utilizando un vehículo cualquiera (moto, coche) o siendo arrastrado por él (esquí náutico). En atletismo se practican el s. de altura, el de longitud y el s. con pértiga. En el de longitud, se incluye el triple salto.
SALUD f. Estado físico y psíquico del ser orgánico que no se encuentra afectado por ninguna enfermedad y puede ejercer todas sus funciones. || fig. Bienestar social, bien público. || Libertad pública o particular de una sociedad o persona. || En religión, estado de gracia de un alma. || Salvación del alma. || Usada como interjección, constituye una fórmula de saludo o de brindis. || s., *casa de* Centro psiquiátrico privado, en el que se tratan enfermedades mentales leves, crisis nerviosas, etcétera.
SALUDABLE adj. Bueno para conservar o restablecer la salud. || Sano.
SALUDAR tr. Dirigir a una persona, al encontrarla o despedirse de ella, palabras, gestos o fórmulas habituales de cortesía, interesándose generalmente por su salud. || Mandar saludos. || Mostrar a otro el respeto que se le debe o tiene mediante el uso de determinadas fórmulas. || En el ejército, manifestar acatamiento mediante ciertos movimientos del arma, descargas honoríficas de artillería o fusilería, etc., o bien llevándose la mano, con los dedos juntos, extendida hacia la visera de la gorra, en determinado ángulo y posición. || Aclamar. || Usar el curandero ciertas fórmulas supersticiosas.
SALUDO m. Acción y efecto de saludar. || Palabras o gestos usados para saludar. || pl. Recuerdos.

SALUTACIÓN f. Saludo. || Fórmula de saludo al destinatario colocada al principio o final de algunos documentos.

SALVACIÓN f. Acción y efecto de salvar o salvarse. || Logro de la bienaventuranza y gloria eternas.

SALVADOR, RA adj. y s. Que salva. || Por antonomasia, Jesucristo.

SALVAGUARDIA (o SALVAGUARDA) m. Guarda que custodiaba los propios de las ciudades, villas, lugares y dehesas. || f. Salvoconducto, permiso para circular libremente. || Amparo, custodia, garantía.

SALVAJE adj. Se dice del animal indómito. || Se dice de las plantas no cultivadas. || Se dice del terreno abrupto e inculto. || adj. y com. Se dice de los pueblos que permanecen en estado primitivo. || Muy inculto o ignorante. || Bárbaro, sumamente violento.

SALVAMENTO m. Acción y efecto de salvar o salvarse, especialmente la operación organizada para rescatar a las víctimas de cualquier catástrofe.

SALVAR tr. y prnl. Poner fuera de peligro. || tr. Librar Dios a alguien de condenarse en la otra vida. || Evitar, eludir o soslayar dificultades, impedimentos o riesgos. || Superar un obstáculo pasando por encima o a través.

SALVAVIDAS m. Cuerpo flotante, generalmente en forma de rueda, dispuesto para el salvamento de náufragos o de personas que caen al agua sin saber nadar. || adj. Se dice de cualquier otro objeto, como chaleco, bote, etc., que sirve para el mismo fin.

SALVEDAD f. Advertencia que se usa como limitación o cortapisa de lo que se dice o va a decir. || Nota para dar validez a una enmienda en un documento.

SALVO, VA adj. Indemne, ileso. || Exceptuado, excluido, omitido. || adv. Fuera de, con excepción de, excepto.

SALVOCONDUCTO m. Documento que concede una autoridad a determinada persona para que pueda circular libremente por la zona de su jurisdicción. || Libertad para hacer algo sin ser castigado por ello.

SAN adj. Apócope de santo.

SANAR tr. Curar, devolver a alguien la salud perdida. || intr. Curarse, recobrar un enfermo la salud.

SANATORIO m. Establecimiento sanitario donde se ingresa a un determinado grupo de enfermos, por lo general que padecen el mismo tipo de enfermedad, para ser sometidos a un tratamiento.

SANCIÓN f. Ley o estatuto. || Acción de dar validez a una ley el jefe del Estado. || Recargo o multa. || Pena que determina la ley. || Aprobación que se da a un acto, uso o costumbre. || Recompensa o pena que dimanan de una acción.

SANCIONAR tr. Dar fuerza de ley a una disposición. || Aprobar cualquier acto, uso o costumbre. || Aplicar un castigo.

SANDALIA f. Calzado compuesto simplemente de una suela sujeta al pie con correas o cintas. || Calzado veraniego que deja al descubierto gran parte del pie.

SANDEZ f. Calidad de sandio. || Tontería, necedad.

SANDIO, DIA adj. y s. Tonto, bobo, necio.

SANEAR tr. Asegurar o garantizar el reparo del daño que puede sobrevenir. || Remediar o compensar el daño producido a una cosa. || Dar condiciones salubres o higiénicas a una vivienda, terreno, etc. || Abonar los daños causados por una cosa vendida (a causa de defecto material o disputas en la propiedad). || Librar de cargas el activo de una empresa distribuyendo las obligaciones creadas en un ejercicio entre varios, aplicando a los costos los activos fijos empleados en la producción o realizando operaciones que proporcionen beneficios.

SANGRAR tr. Practicar una incisión a un enfermo para extraer sangre. || fig. Desaguar artificialmente un estancamiento de líquido abriendo un conducto por donde corra. || Extraer resina, caucho, etc. || Sacar aire o líquido de un dispositivo, como turbinas, sistemas hidráulicos de frenado, etc. || Comenzar una línea en un escrito, generalmente por ser principio de párrafo, dejando unos espacios entre el margen y la primera letra. || fam. Sisar, hurtar pequeñas cantidades de algo. || intr. Arrojar o brotar sangre.

SANGRE f. Sustancia viscosa roja espesa, presente en el sistema circulatorio (arterias, arteriolas, capilares y venas), constituida por una parte líquida o plasma y una parte de elementos celulares (hematíes, leucocitos y plaquetas). || Linaje o parentesco. || adj. y s. Color rojo vivo.

SANGRÍA f. Evacuación artificial de una determinada cantidad de sangre fuera del organismo mediante una incisión en la vena. Técnica prácticamente en desuso. || Sangradura, articulación. || Sangradura, desagüe. || Tajo o incisión que se hace en el tronco de un árbol para que fluya la resina, caucho, etcétera.

SANGRIENTO, TA adj. Que echa sangre. || Manchado de sangre. || Mezclado con sangre. || Sanguinario. || Que produce derramamiento de sangre. || Que agravia o hiere mucho. || De color parecido a la sangre.

SANGUIJUELA f. Nombre común a varias especies de anélidos de la clase Hirudíneos, de cuerpo blando y extensible, s.n sedas, con una ventosa en cada extremidad. La boca está armada de tres potentes mandíbulas que sirven para perforar la piel del huésped. Son hematófagas y almacenan la sangre en divertículos. || fig. Persona que poco a poco va despojando a otra de su dinero o de sus bienes.

SANGUINARIO, RIA adj. Cruel, feroz, despiadado.

SANGUÍNEO, A adj. Relativo a la sangre o propio de ella. || Que contiene sangre o es rico en ella. || De color de sangre. || adj. y m. Se dice del temperamento que, según la antigua teoría médica de los humores, se caracterizaba por la tez rojiza y la propensión a la ira.

SANIDAD f. Calidad de sano. || Salubridad. || Conjunto de servicios encargados de proteger la salud pública de un país, región, etcétera.

SANITARIO, RIA adj. De la sanidad. || Se dice de los distintos recipientes del cuarto de baño, como la bañera, el lavabo, etc. || m. Individuo perteneciente a un cuerpo de sanidad. || Váter, urinario.

SANO, NA adj. y s. Que tiene buena salud, que no está enfermo. || Saludable, bueno para la salud. || fig. Se dice de los vegetales buenos, no dañados ni podridos. || De buenas cualidades morales. || fam. Entero, no roto ni estropeado.

SANTIAMÉN, *en un* En un instante.

SANTIDAD f. Cualidad de santo. || Tratamiento dado al obispo de Roma.

SANTIGUAR tr. y prnl. Hacer la señal de la cruz llevando la mano derecha desde la frente al pecho y desde el hombro izquierdo al derecho, al tiempo que se invoca a la Santísima Trinidad. || tr. Hacer cruces sobre alguien, como práctica supersticiosa. || Abofetear, golpear, pegar. || prnl. Pasmarse ante algo, sorprenderse por ello.

SANTO, TA adj. Puro, sin mácula ni pecado. || Inviolable por su carácter sagrado. || Abnegado, buenazo. || Se dice de aquellas cosas que producen un efecto beneficioso. || m. y f. Personaje histórico que, por su vida ejemplar, ha sido canonizado y se hace merecedor a que los fieles le rindan culto de dulía. || m. Día situado bajo la advocación de un santo, que la persona que lleva su mismo nombre celebra de modo especial. || Grabado, ilustración de un libro.

SANTORAL m. Libro en que se narra la vida y obras de los santos. || Relación de santos cuya festividad se conmemora en cada uno de los días del año. || Libro de coro en el que figuran los introitos y antífonas de los oficios de los santos.

SANTUARIO m. Templo, especialmente de grandes proporciones y situado en las afueras de una población, en que se conservan las reliquias de algún santo o se venera su imagen; generalmente constituye un lugar de peregrinación. || En las religiones clásicas, templo y conjunto de instalaciones dedicadas al culto de algún dios relevante. || Parte anterior del tabernáculo. || Lugar en que una persona o grupo puede refugiarse para preservar su intimidad o por motivos de seguridad.

SAÑA f. Insistencia cruel en el daño.

SAPIENCIA f. Sabiduría.

SAPIENS, *Homo* m. Especie del género *Homo*, con la que se inicia el hombre moderno, caracterizada por el desarrollo de la sociedad y de la capacidad simbólica con una capacidad craneana media de 1 350 cm^3.

SAQUEAR tr. Robar los soldados todo lo que desean en una población vencida. || Desvalijar, robar el total o la mayor parte de algo.

SARAMPIÓN m. Enfermedad infecciosa producida por un virus y caracterizada por la aparición de una erupción rojiza peculiar que es precedida por un cuadro catarral.

SARCASMO m. Ironía cáustica y cruel con la que se intenta ridiculizar u ofender a una persona o cosa determinada.

SARCÓFAGO m. Sepulcro, generalmente de piedra, construido sobre el suelo para enterrar el cadáver o cosa terminada.

SARGENTO m. Grado inferior en la categoría de suboficiales, generalmente al mando de un pelotón, y que cuida del orden, administración y disciplina de una compañía o de parte de ella. || fig. Persona autoritaria en sus modales.

SARNA f. Conjunto de lesiones cutáneas caracterizadas por gran prurito, especialmente nocturno, y por la presencia de unos surcos de longitud variable presentes en las muñecas, axilas, zonas interdigitales, etcétera.

SARPULLIDO m. Urticaria.

SARRO m. Sedimento que se adhiere al fondo y a las paredes de un recipiente o conducto donde hay un líquido que lleva sustancias disueltas o en suspensión. || Roya (hongo de los cereales). || Saburra de la lengua. || Placa calcárea y amarillenta que se deposita en los dientes; favorece la aparición de caries dental y otros procesos infecciosos.

SARTA f. Serie de cosas unidas unas con otras por un hilo, cuerda, etc. || Fila de personas o cosas puestas unas tras otras. || Sucesión de hechos o cosas no materiales de la misma o semejante naturaleza.

SARTÉN f. Utensilio de cocina metálico, circular, más ancho que hondo, de fondo plano y con mango largo, usado para freír, tostar o guisar. || Lo que se fríe de una vez en la sartén. || *tener* uno *la s. por el mango* Estar en situación de poder decidir o mandar sobre otros.

SASTRE, TRA m. y f. Persona que se dedica a confeccionar trajes a medida.

SATÁNICO, CA adj. Diabólico, demoniaco. || Extremadamente perverso. || Con inteligencia y disposición para el mal.

SATÉLITE m. Cuerpo celeste opaco que gira alrededor de algunos de los planetas del sistema solar. Se conocen hasta ahora 34: uno de la Tierra (la Luna), 2 de Marte, 13 de Júpiter, 11 de Saturno, 5 de Urano y 2 de Neptuno. || fig. Persona que depende totalmente de otra, o está sometida a ella. || Oficial menor de justicia, funcionario de escasa importancia. || Rueda dentada que transmite el movimiento de otra. || *artificial* Objeto que, con fines científicos o militares, y dotado del adecuado instrumental, se sitúa en la orbita de un astro.

SATINAR tr. Dar tersura y lustre al papel o la tela usando la presión. || Abrillantar las placas fotográficas.

SÁTIRA f. Composición poética en la que se ridiculiza o critica a algo o alguien. || Cualquier cosa que se diga con similar finalidad.

SATIRIZAR tr. e intr. Usar sátiras al hablar o escribir. || tr. Mofarse de uno, zaherir.

SÁTIRO m. Semidiós de la mitología griega que solía representarse como un fauno. || fig. Hombre lujurioso.

SATISFACCIÓN f. Acción y efecto de satisfacer o satisfacerse. || Placer, cumplimiento del deseo o del gusto. || Reparación de un daño u ofensa; respuesta cabal a una pregunta, queja o razón contraria. || *de sí mismo* Vanidad, presunción. || *a s.* Con total aprobación. || *tomar s.* Vengarse o exigir al ofensor el desagravio.

SATISFACER tr. Abonar lo que se debe. || Expiar la culpa o hacer algo que merezca el perdón. || Realizar las aspiraciones, deseos, etc. || Aplacar las pasiones. || Saciar un apetito o pasión. || Resolver una dificultad, dar respuesta cabal a una pregunta o duda. || Desagraviar, dar explicaciones o pedir perdón por algo. || Ser una cosa conforme a ciertas reglas o condiciones. || Premiar alguna actitud, hecho, etc. || Dar placer a uno. || intr. y prnl. Gustar o estar conforme con alguien o algo. || prnl. Vengarse de una ofensa o exigir del ofensor el desagravio.

SATISFACTORIO, RIA adj. Que satisface o agrada. || Que es suficientemente bueno. || Que puede resolver una duda o eliminar un agravio. || Que puede abonar o pagar lo que adeuda.

SATISFECHO, CHA adj. Contento, feliz. || Orgulloso o ufano de sí mismo. || Saciado, lleno, harto.

SATURAR tr. Hartar, saciar, colmar de comida o bebida. || Poner el máximo posible de una cosa. || En química, combinar varios elementos en su proporción máxima. || Realizar una saturación.

SAVIA f. Líquido circulante en los tejidos conductores de las plantas: la *ascendente* se dirige desde las raíces a los órganos fotosintéticos, contiene agua y sales minerales absorbidas del suelo. La *descendente* o elaborada circula por los vasos liberianos y contiene los productos de síntesis de los órganos foliares (glúcidos), además de agua y sales. || Cualquier cosa que proporciona vitalidad.

SAXO (SAXOFÓN o SAXÓFCNO) m. Instrumento musical de viento, compuesto por una boquilla de clarinete con un tubo de latón parabólico más un sistema de llaves. || com. Músico que toca tal instrumento.

SAYA f. Falda o enaguas. || Especie de túnica que usaban antiguamente los hombres.

SAZÓN f. Punto en que las cosas adquieren su perfección o madurez. || Coyuntura, tiempo oportuno. || Gusto y sabor que se percibe en los manjares. || Estado conveniente de humedad de la tierra, propicio para sembrar. || *a la s.* Entonces, en aquel tiempo u ocasión. || *en s.* Oportunamente, a tiempo. || *fuera de s.* Inoportunamente.

SAZONAR tr. Dar sazón a un manjar, condimentarlo. || tr. y prnl. Poner las cosas en sazón o en el grado de madurez que deben tener.

SCANNER m. Aparato usado en artes gráficas que selecciona automáticamente los colores y reproduce en película uno o cuatro positivos o negativos.

SCRIPT m. Relación detallada de las tareas diarias de rodaje durante una filmación cinematográfica, con el guión como base. || com. Persona que lleva dicha relación.

SE, 1 Forma reflexiva del pronombre personal de tercera persona. Puede ser usado en ambos géneros y números y con función de dativo o de acusativo. No admite preposición y puede usarse antes o detrás del verbo; si es enclítico se escribe junto con el verbo al que acompaña. También se utiliza para formar oraciones de pasiva refleja o impersonales.

SE, 2 Forma dativa del pronombre personal de tercera persona en cualquier género o número; se usa siempre en combinación con el acusativo (*lo, la,* etc.) y puede adoptar posición enclítica o proclítica.

SEBO m. Producto de secreción de las glándulas sebáceas de los animales herbívoros. Se usa industrialmente en la fabricación de jabón y de velas. || fig. Mugre, suciedad pringosa y grasienta. || fam. Gordura.

SECA f. Sequía, tiempo que dura. || Periodo en el cual se secan las pústulas en ciertas dermatosis. || Banco de arena apenas cubierto por las aguas, o islote árido próximo a la costa.

SECADERO, RA adj. Se dice de las frutas y del tabaco aptos para conservarse en seco. || m. Lugar destinado para poner a secar una cosa.

SECADOR, RA adj. Que seca. || m. y f. Nombre de diversos aparatos mecánicos o eléctricos destinados a secar el cabello, las manos, la ropa, etcétera.

SECANO m. Tierra de cultivo que carece de riego. || Bajío, banco de arena a flor de agua o islote junto a la costa. || Cosa muy seca.

SECANTE, 1 adj. Que seca. || adj. y s. Se dice del papel poroso que se utiliza para secar lo escrito con pluma. || Se dice del producto que se mezcla con la pintura para producir un secado más rápido.

SECANTE, 2 adj. y f. Se dice de las líneas o superficies que cortan a otras en dos o más puntos. || Se dice de una función trigonométrica, inversa del coseno: $\sec x = 1/\cos x$.

SECAR tr. Secar la humedad de un sólido, dejarlo seco. || Consumir el jugo de un cuerpo. || tr. y prnl. Limpiar o enjugar las lágrimas, la sangre, el sudor, etc. || Fastidiar, exasperar, aburrir. || Perder la sensibilidad de espíritu o embotarse el entendimiento. || prnl. Evaporarse la humedad de un cuerpo. || Quedarse sin agua una fuente, un pozo, río, etc. || Marchitarse o morirse una planta. || Extenuarse una persona o animal. || prnl. e intr. Estar muy sediento. || fig. Referido al corazón, espíritu, etc., embotarse, perder sus virtudes o buenas cualidades. || Cicatrizar una herida.

SECCIÓN f. Porción que se toma de un cuerpo sólido mediante un instrumento cortante. || Cada una de las porciones o partes en que se divide algo o que son apreciables en un conjunto de cosas. || Cada una de las partes que se hace en una organización o conjunto de personas. || Cada una de las divisiones, generalmente temáticas, que definen los apartados habituales de una publicación. || Categoría que se introduce en una clasificación cualquiera. || Cada uno de los grupos en que se divide una compañía, a cuyo mando suele estar un teniente o un alférez. || Figura que resulta de la intersección de una superficie o un sólido con otra superficie. || Representación gráfica del aspecto de un cuerpo cortado según un plano, generalmente vertical.

SECCIONAR tr. Partir, dividir una cosa en secciones.

SECO, CA adj. Que no está mojado ni húmedo. || Se dice de los manantiales, arroyos, ríos, etc., que carecen de agua. || Se dice de los guisos sin caldo. || Se dice del tiempo o del clima no lluvioso. || Se dice de los frutos de cáscara dura y de los que se dejan secar para conservarlos. || Se dice de las plantas marchitas o muertas. || Árido, falto de amenidad o de gracia. || Se dice del vino o aguardiente que no tiene sabor dulce.

SECRECIÓN f. Acción y efecto de secretar. || Función o proceso fisiológico en virtud del cual algunos tejidos, glándulas u órganos producen sustancias nuevas al tomar los elementos constituyentes de la sangre.

SECRETAR tr. Verter al exterior de la glándula o tejido el producto de la misma.

SECRETARÍA f. Empleo o cargo de secretario. || Oficina o despacho en los que trabaja. || En ciertos países, ministerio. || En una empresa, sección administrativa que auxilia al equipo ejecutivo y lo releva de alguno de sus trabajos.

SECRETARIO, RIA m. y f. Persona que atiende la correspondencia, redacta actas y documentos de trámite, ayuda al trabajo de los ejecutivos y, en general, se encarga de las tareas administrativas de una empresa u organización. || Quien realiza trabajos de la misma índole para una persona particular (también s. *particular*). || Escribiente. || Máxima autoridad ejecutiva de ciertos partidos políticos.

SECRETO, TA adj. Oculto, ignorado por los demás. || Reservado, callado. || m. Lo que se guarda oculto, fuera del conocimiento de los demás. || Silencio o reserva sobre algo dicho en confianza. || Conocimiento que alguien mantiene oculto sobre las virtudes de una cosa, de una técnica, etc. || Misterio, cosa incomprensible.

SECTA f. Agrupación, generalmente reducida, de personas que se oponen a una relación dominante, frente a la que se afirma criticando las deformaciones de ésta y exigiendo para sí una mayor pureza y fidelidad a sus raíces. || Conjunto de seguidores de una doctrina o religión convencionalmente consideradas erróneas. || Asociación secreta, especialmente la de carácter político; por extensión, partido político pequeño y dogmático.

SECTOR m. Superficie limitada por dos segmentos y un arco de curva. || Cada una de las fracciones, con características propias, en que se considera dividida una clase, agrupación o colectividad. || Cada una de las partes de un complejo o conjunto importante. || Subdivisión de una ciudad o de una empresa u organización, junto con sus habitantes, trabajadores o componentes. || Conjunto de escaños ocupados por los parlamentarios de un mismo partido político. || Zona de acción de una unidad militar (naval, aérea, etc.). || Cada una de las partes o zonas interconectadas en que se puede dividir una red de distribución de energía eléctrica.

SECUAZ adj. y com. Adicto al partido, ideología o creencias de alguien; generalmente con sentido peyorativo.

SECUELA f. Resultado que se deriva de un hecho. || Lesión o afección consecuencia de otra; suele usarse en plural.

SECUENCIA f. Sucesión ordenada e ininterrumpida. || Conjunto de cosas que se suceden unas a otras y guardan relación entre sí. || En un filme, conjunto de planos correlativos incluidos en una misma unidad de espacio y de tiempo.

SECUESTRAR tr. Retener por la fuerza y contra su voluntad a una o más personas, generalmente para exigir dinero o determinadas condiciones para su rescate. || Depositar un bien en poder de un tercero hasta saber a quién de los dos litigantes pertenece.

SECUESTRO m. Acción y efecto de secuestrar; en su aspecto delictivo, el secuestro más habitual es el realizado por móviles económicos. || Embargo.

SECULAR adj. Laico, profano. || Que acontece cada siglo. || Que existe desde hace un siglo o más; por extensión, remoto. || adj. y s. Se dice del clero o sacerdote que no está en un convento o sujeto a una regla.

SECUNDAR tr. Cooperar, apoyar.

SECUNDARIO, RIA adj. Que ocupa un lugar no fundamental ni destacado. || Se dice de la corriente inducida. || adj. y m. Mesozoico.

SED f. Deseo y necesidad de beber. || Necesidad de agua que tienen las plantas y las tierras cuando pasa mucho tiempo sin llover o sin regarlas. || Deseo vehemente de una cosa, especialmente inmaterial. || *apagar* o *matar la s.* Saciarla.

SEDA f. Conjunto de pelos tegumentarios de los Artrópodos, generalmente de carácter sensitivo. || Fibra proteica animal, segregada por la oruga de algunas especies de lepidópteros para la fabricación del capullo en el que completan la metamorfosis. || Hilo fabricado con dichas fibras, utilizado para coser o tejer telas finas, suaves y lustrosas. || Tela fabricada con estos hilos.

SEDAL m. Hilo fino y muy resistente, generalmente de nylon, del que pende el anzuelo en la caña de pescar. || Gasa o cinta plástica que se introduce por un trayecto subcutáneo y se deja *in situ* para mantener una vía de salida de las secreciones.

SEDANTE adj. Que seda. || adj. y m. Se dice de la sustancia o fármaco que posee la acción de disminuir la tensión o excitación nerviosa.

SEDE f. Lugar donde tiene su residencia principal una entidad, organismo, sociedad, etc. || Diócesis y capital de la misma. || Asiento de ceremonia de un prelado. || *apostólica* o *Santa S.* Jurisdicción y potestad del papa. || El Vaticano.

SEDENTARIO, RIA adj. Se dice del trabajo, actividad, tipo de vida, etc., tranquilo y poco bullicioso o que exige poco desgaste de energía física. || Se dice del grupo humano asentado de forma estable y permanente en un lugar. || Se dice de los animales que a lo largo de su ciclo biológico no se desplazan del lugar de nacimiento.

SEDICIÓN f. Alzamiento colectivo y violento contra la autoridad, el orden público o la disciplina militar.

SEDIENTO, TA adj. y s. Que tiene sed. || Se dice de los campos y plantas que necesitan agua. || Que desea vehementemente una cosa.

SEDIMENTO m. Materia que, habiendo estado en suspensión en un líquido, se deposita por gravedad en el fondo. || Depósito detrítico, químico u orgánico procedente de la alteración de rocas anteriores, de la precipitación de sales o de la acumulación de materia orgánica. || Lo que va dejando una cosa a través del paso por distintos estados o situaciones. || fig. Resto de un sentimiento, conocimiento, hábito, etc., que queda en el comportamiento, creencia, etc., de un individuo. || *urinario* Depósito de las materias sólidas existentes en la orina.

SEDOSO, SA adj. Semejante a la seda, especialmente en la suavidad.

SEDUCIR tr. Persuadir con engaños o halagos a hacer una cosa, generalmente mala. || Conseguir con medios reprobables la relación sexual. || Cautivar con su atractivo una persona o cosa.

SEDUCTOR, RA adj. y s. Que seduce.

SEGAR tr. Cortar la hierba o los cereales con hoz, guadaña o máquina segadora. || Cortar con cualquier medio las partes más sobresalientes de un conjunto. || Interrumpir violentamente esperanzas, sueños, deseos, ilusiones, etcétera.

SEGLAR adj. y com. Que participa de las actividades de su tiempo. || En la iglesia católica, individuo no sometido a regla, laico o eclesiástico.

SEGMENTO m. Cada una de las partes o divisiones que se hacen de una cosa. || Cada una de las partes que se repiten en algunos animales de simetría bilateral. || Parte de una recta limitada por dos puntos (extremos) de la misma. || Superficie limitada por un arco de curva y la cuerda que lo subtiende se llama también s. *circular*). || Parte de una rutina de un ordenador digital lo bastante corta para ser completamente almacenada en la memoria interna, y que contiene el código necesario para seleccionar e introducir automáticamente otros s. de la rutina. || Anillo metálico situado en la periferia del pistón, que lo ajusta al cilindro.

SEGREGAR tr. Apartar o separar una cosa de otra u otras; se usa especialmente refiriéndose a personas o grupos. || Desprender las glándulas de animales y plantas ciertas sustancias como sudor, saliva, etcétera.

SEGUIDO, DA adj. En serie, continuo, sucesivo. || Que sucede linealmente, sin interrupción temporal. || En línea recta. || adv. De seguida, inmediatamente.

SEGUIR tr. e intr. Ir a continuación de uno, detrás suyo. || tr. Dirigir la vista hacia un objeto en movimiento y mantener su visión. || Proseguir una actuación ya iniciada, continuar la obra comenzada. || Perseguir, acosar. || Ir en compañía de determinada persona. || Ser partidario de las ideas o el parecer de alguien. || Actuar según las enseñanzas, ejemplo o modo de obrar de otros. || Dirigir una cosa según el procedimiento más adecuado. || Llevar un negocio o asunto a buen término, hacer las diligencias necesarias. || Ir una persona por determinado camino. || Ejercer una determinada carrera, ciencia, arte, etc. || prnl. Ser una cosa continuación de otra u ocurrir después de ella. || Derivarse una cosa de otra o ser consecuencia de ella.

SEGÚN prep. De conformidad o con arreglo a. || Con valor adverbial, denota relaciones de conformidad, semejanza, posibilidad, modo, condición, etc. || Precediendo a nombres o pronombres personales significa de acuerdo o con arreglo al parecer u opinión de la persona que se expresa. || Expresa también contingencia.

SEGUNDERO, RA adj. Se dice del segundo fruto que da una planta dentro del mismo año. || En un reloj, manecilla que marca los segundos.

SEGUNDO, DA adj. Que sigue inmediatamente en orden al o a lo que está en primer lugar. || m. y f. Persona que sigue en importancia a la principal de un cargo. || m. Cada una de las sesenta partes iguales en que se divide el minuto de tiempo o el círculo. Su abreviatura es s. || Por extensión, periodo muy breve de tiempo. || Unidad de ángulo plano igual a 1/60 minutos o a 1/3 600 de grado. Se indica con el símbolo ". || Cada una de las 100 partes iguales en que se divide el minuto centesimal.

SEGURIDAD f. Calidad de seguro. || Garantía o conjunto de ellas que se da a alguien sobre el cumplimiento de un acuerdo; usado también en plural. || Conjunto de fuerzas de orden público.

SEGURO, RA adj. A cubierto de cualquier peligro, riesgo o daño. || Cierto, que no admite duda. || Firme, sujeto, sólido, estable. || Fiel, leal, de toda confianza. || m. Seguridad, certeza. || Sitio exento de cualquier peligro. || Permiso especial, salvoconducto. || Mecanismo que evita que un arma de fuego se dispare sola, que una portezuela de automóvil se abra accidentalmente o que cualquier otro artefacto funcione a destiempo. || Contrato por el que una de las partes, asegurador, se obliga a pagar a la otra, asegurado, o a un tercero, una indemnización si ocurre algún perjuicio a la persona o cosa que se asegura, a cambio de una prima, por una cantidad en función del bien asegurado. Puede ser *mutuo*, si el importe asegurado se reparte entre los asociados, que son a la vez asegurados y aseguradores, o de *prima fija*, por cuota. || fam. Afiliación al régimen de la seguridad social.

SEIS adj. Cinco y uno. || adj. y com. Sexto. || m. Guarismo con que se representa el número 6.

SEISCIENTOS, TAS adj. Seis veces cien. || adj. y s. Sexcentésimo. || m. Guarismo del número 600.

SELECCIÓN f. Elección de las personas o cosas que se consideran mejores entre otras. || Conjunto de personas o cosas elegidas. || *artificial* Elección de reproductores idóneos para la introducción de determinadas mejoras genéticas. || *nacional* Conjunto de deportistas que representan a un país en una competición. || *natural* Mecanismo de evolución propuesto por Darwin, basado en que las condiciones del medio favorecen la supervivencia de determinados caracteres.

SELECCIONAR tr. Escoger o elegir de un conjunto las personas o cosas que se consideran mejores para determinado fin.

SELECTO, TA adj. Se dice de lo que se considera mejor entre otras cosas de la misma clase.

SELVA f. Formación vegetal con gran densidad de vegetación arbórea, propia de climas cálidos y fluviosos. || fig. Asunto intrincado. || Reunión y confusión de muchas cosas diversas.

SELLAR tr. Poner el sello en un impreso o documento. || Dejar una cosa huella en otra o imprimirle determinado carácter. || fig. Poner fin a una cosa, dejarla terminada. || Cerrar, cubrir, tapar.

SELLO m. Instrumento en el que se hallan grabados, en hueco o en relieve, dibujos, palabras, cifras, etc., que se estampan generalmente sobre papel. || Lo que queda estampado, impreso o marcado con el sello. || Disco metálico o de cera que llevaba un sello estampado y aprisionaba los hilos o cintas con los que se ataba un documento de importancia. || Trozo pequeño de papel, con alguna señal impresa o grabada, que se pega a ciertos documentos oficiales, o a las cartas o paquetes postales. || Oficina donde se estampan y sellan algunos documentos para autorizarlos.

SEMÁFORO m. Aparato para hacer señales, telégrafo óptico. || Aparato eléctrico de señales luminosas para regular la circulación de automóviles. Su código significativo es el siguiente: color rojo equivale a alto, verde a paso y ámbar a situación de cambio entre los colores anteriores. || pl. fam. Ojos.

SEMANA f. Periodo de siete días naturales consecutivos que empieza con el domingo y concluye con el sábado, aunque actualmente puede tomarse de lunes a domingo. || Por extensión, cualquier espacio de tiempo formado por siete días naturales consecutivos.

SEMANAL adj. Se dice de lo que dura una semana o se repite, sucede o aparece cada semana.

SEMANARIO, RIA adj. Que sucede o se repite cada semana. || m. Publicación que aparece semanalmente. || Conjunto de siete cosas relacionadas entre sí y que sirven para el mismo fin, como un juego de siete hojas de afeitar, etcétera.

SEMÁNTICO, CA adj. Relativo al significado de las palabras. || f. Estudio del significado de los vocablos.

SEMBLANTE m. Rostro humano como expresión de los distintos estados físicos o anímicos. || Esta misma expresión. || fig. Aspecto que presentan las cosas. || *alterar, demudar* o *mudar el s.* Expresar susto, desconcierto, miedo, etc., en el rostro.

SEMBLANZA f. Apunte biográfico, retrato literario que se hace de uno.

SEMBRAR tr. Arrojar o depositar las simientes en la tierra preparada para que germinen. || fig. Esparcir. || Actuar para dar origen o principio a una cosa. || Preparar algunas cosas para lograr más adelante provecho de ellas. || Diseminar desordenadamente algunas cosas para adornar otra. || Hacer circular una noticia para que se divulgue.

SEMEJANTE adj. y com. Parecido, similar. || adj. Se emplea en frases negativas con valor ponderativo. || Empleado con carácter demostrativo equivale a *tal*. || Se dice de la figura geométrica que posee homología con respecto a otra. || com. Cualquier persona en relación con las demás. || Imitación, semejanza. || m. pl. Conjunto de los seres humanos.

SEMEJANZA f. Calidad de semejante. || Figura retórica por la que se comparan dos personas o cosas para destacar sus cualidades o defectos. || Relación geométrica entre dos figuras cuando están relacionadas punto a punto, recta a recta y plano a plano, de tal modo que los ángulos homólogos sean iguales y la razón de s. entre segmentos homólogos constante.

SEMEN m. Líquido seminal, esperma. Fluido espeso, de color blanco-amarillento, que contiene espermatozoides. || Bot. Semilla.

SEMENTAL adj. De la siembra o de la simiente. || adj. y m. Se dice del animal macho que se destina a la reproducción, especialmente si es para mejorar la raza.

SEMENTERA f. Siembra que se hace en un terreno. || Campo sembrado. || Lo que se siembra. || Tiempo en que suele sembrarse. || fig. Principio, causa u origen de muchas cosas.

SEMESTRAL adj. Se dice de lo que dura un semestre o se repite, sucede o aparece cada semestre.

SEMESTRE m. Periodo de seis meses. || Colección de ejemplares de una publicación aparecidos durante un semestre. || Lo que se cobra o paga periódicamente al final de cada semestre.

SEMICÍRCULO m. Cada una de las dos mitades del círculo separadas por un diámetro. || *graduado* Instrumento de dibujo, de forma semicircular, con una escala angular para medir y transportar ángulos planos.

SEMICORCHEA f. Figura de nota musical.

SEMIDIÓS, SA m. y f. En la mitología griega y romana, personaje, hijo de dios y humano; compartía las características humanas, aunque potenciadas, y gozaba de prerrogativas reservadas a los dioses (inmortalidad, proximidad a éstos, ciertas facultades sobrehumanas).

SEMIFINAL f. Cada uno de los dos penúltimos partidos o encuentros en los que se deciden los dos jugadores o equipos que jugarán la final. Se ganan por eliminación y no por puntos.

SEMILLA f. En las fanerógamas, órgano embrional en estado de latencia, procedente del rudimento seminal una vez fecundado el óvulo; puede estar al descubierto (Gimnospermas) o bien encerrado dentro del fruto (Angiospermas). || fig. Lo que es causa o principio de algo. || pl. Granos que se siembran, exceptuando los del trigo y la cebada. || Por extensión, partes de un vegetal cubiertas de yemas, como las de tubérculos, bulbos, etc., que pueden dar lugar a una nueva planta.

SEMILLERO m. Sitio donde se siembran las plantas que luego han de trasplantarse. || Sitio donde se guardan colecciones de diversas semillas para su estudio. || fig. Suceso, situación, etc., que es causa u origen de muchas cosas, especialmente de comportamientos.

SEMINARIO, RIA adj. De la semilla. || m. Semillero de plantas. || Establecimiento docente destinado a la formación de quienes desean tomar el estado sacerdotal. || En las universidades, curso anexo a una cátedra en el que se realizan trabajos de investigación y local donde se efectúan. || Origen y principio del que se propagan algunas cosas.

SEMITA adj. y com. Se dice de cada uno de los miembros de un conjunto de pueblos asentados en el Próximo Oriente y Mesopotamia, definidos en función de unas lenguas de origen común y que tienen paralelismos en sus sistemas religiosos. || adj. y m. Semítico (lengua).

SEMITONO m. Intervalo musical más pequeño entre dos notas; corresponde a la mitad de un tono.

SÉMOLA f. Trigo candeal descortezado. || Pasta granulada para sopa hecha de trigo u otro cereal.

SEMPITERNO, NA adj. Que dura siempre; se dice de lo que ha tenido principio pero no tendrá fin. || f. Siempreviva, planta. || Cierta tela de lana, ordinaria y muy tupida.

SENADO m. En la antigua Roma, máximo organismo del Estado, responsable de la política interna y externa. || En los países de parlamento bicameral, cámara alta. Miembros elegidos por representación paritaria de base territorial (estatal, federal, provincial) y criterios mayoritarios. || Edificio en el que celebran sus sesiones los senadores. || Reunión de personas serias y respetables que deliberan sobre cualquier asunto.

SENADOR, RA m. y f. Miembro del senado; en Roma y en los senados italianos de la edad media, pertenecía a la nobleza; actualmente al ser elegido por mayoría y nominalmente (no por listas), suele ser persona de prestigio en su circunscripción.

SENCILLO, LLA adj. Simple, no compuesto. || Natural, sin composición. || Fácil, exento de complicación. || De menos espesor o cuerpo que otras cosas del mismo género. || Que carece de adornos, lujo o refinamiento. || Se dice del estilo literario que carece de galas retóricas y expresa las ideas de forma natural y comprensible. || fig. Sincero, que dice lo que siente sin engaño ni doblez. || Cándido, incauto, que se deja engañar fácilmente. || Llano en el trato.

SENDA f. Camino más angosto que la vereda formado generalmente por el paso de personas y ganado. || fig. Camino o procedimiento que se sigue para lograr algún fin, o como sistema de vida.

SENDOS, DAS adj. pl. Se dice de ciertas cosas de las que corresponde uno o una para cada cual de dos o más personas o cosas.

SENECTUD f. Ancianidad, último periodo de la vida del hombre, que suele considerarse a partir de los 60 años.

SENIL adj. Relativo a la vejez o a los viejos. || Caduco, decrépito, que chochea.

SENO m. Mama de mujer; es galicismo. || Hueco entre el pecho y el vestido. || Hueco o concavidad en cualquier sitio, especialmente en el interior del cuerpo de un animal. || Matriz de una hembra. || Razón trigonométrica de un ángulo, que se caracteriza por ser la diferencia entre la unidad y el coseno del ángulo. || Ensenada o pequeña bahía entre dos puntos o cabos. || Curvatura que toma una vela o cuerda cuando no está tensa. || Curva del anzuelo. || Espacio que queda entre dos arcos o bóvedas contiguas. || fig. Regazo, abrigo, protección.

SENSACIÓN f. Componente fundamental de la percepción, es el registro operado en la corteza cerebral de un estímulo enviado por un nervio sensitivo. || Emoción, impresión producida en el ánimo por algún acontecimiento o noticia de importancia. || Acción de sentirse de una manera determinada. || *causar s*. Despertar la admiración o la atención de muchas personas.

SENSACIONAL adj. Impresionante, que produce una sensación muy fuerte. || Muy bueno o interesante.

SENSATO, TA adj. Dotado de sentido común, prudente.

SENSIBILIDAD f. Facultad de sentir, percibir. || Actividad nerviosa que se encarga de llevar los estímulos sensoriales desde los receptores periféricos hasta el sistema nervioso central. || Inclinación hacia los sentimientos humanitarios. || Tendencia a captar los aspectos más bellos y delicados de las cosas. || Susceptibilidad, propensión a ser herido o afectado por las cosas. || Cualidad de las cosas sensibles. || Conjunto de las funciones sensoriales. || Capacidad de un instrumento de precisión para medir unidades muy pequeñas. || Nivel de reacción de un explosivo. || Capacidad de respuesta de un órgano anatómico, instrumento, etc., ante determinados estímulos. || Fot. Cualidad que tienen las emulsiones sensibles de quedar impresionadas por el impacto de la luz. Se mide en grados (ASA O DIN) y es uno de los factores que fijan el tiempo de exposición.

SENSIBILIZAR tr. Aumentar la sensibilidad de una persona, o hacer más sensible una cosa a los agentes exteriores.

SENSIBLE adj. Que puede experimentar sensaciones, o que las experimenta con suma facilidad. || Que tiene existencia física perceptible por los sentidos. || Lo que puede ser objeto de sensación o percepción. || Que conmueve o perturba el ánimo. || Que resulta claro y explícito. || Que es fácil de conmover o perturbar. || Que responde fácilmente a ciertos estímulos exteriores. || Frágil, erosionable. || Se dice de los instrumentos de precisión capaces de registrar fenómenos muy pequeños o leves diferencias.

SENSITIVO, VA adj. De los sentidos corporales. || Capaz de tener sensibilidad. || Que estimula la sensibilidad. || adj. y s. Se dice de la persona extraordinariamente receptiva, sensible.

SENSUAL adj. Sensitivo, de las sensaciones. || Se dice de las cosas que al ser percibidas por los sentidos causan placer, de los placeres producidos por ellas, y de las personas muy sensibles a los placeres. || Del deseo o apetito sexual. || Se dice de las personas de gran atractivo físico.

SENTADO, DA adj. Cuerdo, prudente, juicioso. || Se dice del pan algo correoso. || Se dice de las hojas, flores y frutos que carecen de pedúnculo. || f. Tiempo que se permanece sentado, sin levantarse. || Manifestación de protesta o reivindicación, consistente en permanecer sentadas en el suelo las personas que la ejercitan. || *de una sentada* De un tirón.

SENTAR tr. y prnl. Apoyar las nalgas y la cara interior de los muslos sobre una superficie sólida, dejando reposar el peso del cuerpo en ellas. || tr. Poner las bases o medios necesarios para una cosa, razonamiento, teorema, etc. || Tener algo por obvio o evidente. || Asentar algo. || intr. Caer bien o mal al cuerpo un alimento, bebida o cualquier otra cosa, digerirlo bien. || Quedar bien o mal una prenda de vestir. || Resultar conveniente o apropiada una cosa a otra o a una persona.

SENTENCIA f. Juicio, parecer razonado y estructurado que uno da sobre determinada cosa. || Frase breve que contiene un consejo o enseñanza moral, generalmente de carácter popular. || Opinión religiosa o filosófica que pretende tener valor de dogma. || Opinión que da el árbitro de una querella y que la zanja o resuelve. ||

Resolución judicial que pone fin a un procedimiento. || **firme** La que por estar confirmada, no ser apelable o haberla consentido las partes, es ejecutoria.

SENTENCIAR tr. Pronunciar sentencia. || Condenar. || Emitir el dictamen, parecer o juicio a favor de una de las partes contendientes. || Asignar una cosa a un fin determinado.

SENTENCIOSO, SA adj. Que contiene máxima o sentencia. || Se dice del tono afectadamente grave.

SENTIDO, DA adj. Que implica o expresa un sentimiento. || Se dice de la persona muy sensible a las ofensas, reproches, reprimendas, etc. || m. Facultad de recibir estímulos externos (olores, calor, etc.) e internos (equilibrio, coordinación de los movimientos, etc.) mediante los aparatos receptores que transmiten dichos estímulos al sistema nevioso central. Tradicionalmente, se ha considerado que los s. son cinco: vista, oído, gusto, olfato y tacto. || Inteligencia, entendimiento. || Facultad propia del ser humano que permite juzgar o interpretar una cosa por medio de la razón. || Modo particular en que uno entiende o juzga algo. || Propósito, finalidad. || Conjunto de representaciones o relaciones con la realidad que tiene una palabra. || Cada una de las distintas interpretaciones que pueden darse a lo expresado por escrito o de palabra. || Cada uno de los dos modos opuestos de apreciar una dirección desde un punto a otro. || Orientación, causa a la que uno consagra su vida.

SENTIMENTAL adj. Que expresa o produce sentimientos de compasión y ternura. || adj. y com. Se dice de la persona propensa a este tipo de sentimientos. || Que afecta una sensibilidad exagerada o absurda.

SENTIMIENTO m. Acción y efecto de sentir o sentirse. || Origen de las emociones, de carácter subjetivo y no ligado a estímulos específicos. || Estado afectivo producido en el ánimo por alguna impresión exterior. || Aflicción, pesar.

SENTIR, 1 m. Sentimiento. || Juicio, parecer, opinión, dictamen que se da de una cosa.

SENTIR, 2 tr. Percibir por los sentidos, y especialmente por el oído. || Experimentar una impresión física o anímica. || Tener aflicción, lamentar. || Formar opinión o juicio de una cosa.

SEÑA f. Marca, nota, detalle o señal en una cosa por la que se conoce o da a entender. || Lo que se conviene o concierta entre dos o más personas para entenderse. || Señal, signo o vestigio que queda de una cosa.

SEÑAL f. Marca que tiene o se pone a una cosa para darla a conocer o distinguirla de otras. || Mojón o hito para marcar un límite o sendero. || Cualquier signo que sirve para recordar una cosa. || Nota que califica alguna cosa. || Signo, imagen o representación de una cosa. || Huella o vestigio que queda de una cosa y que permite conocerla. || Insignia. || Cicatriz que deja una herida. || Prodigio o cosa extraordinaria. || Aviso o llamada para acudir a un lugar o ejecutar una determinada acción. || Sonido que emiten algunos aparatos para avisar de algo, o comunicar determinada información. || Seña o signo convenido que sirve de aviso para algo. || Signo físico convencional que se usa para transmitir determinada información. || Síntoma del que se deduce el estado de un enfermo.

SEÑALADO, DA adj. Célebre, famoso, notable. || *dejar señalado* (a alguien) Causarle una lesión que le deje señal, especialmente en el rostro.

SEÑALAR tr. Hacer marca o señal en una cosa para darla a conocer, distinguirla de otra o para recordar algo. || Rubricar, firmar. || Hacer una herida o señal, especialmente en el rostro. || Apuntar o indicar con la mano o de cualquier otro modo a una persona o cosa. || Amagar o hacer como que se fuera a ejecutar una cosa. || Determinar la persona, fecha, lugar, etc., para un determinado propósito. || Fijar la cantidad que debe pagarse por un trabajo, servicio, etc. || Indicar ciertos datos algunos aparatos, como el reloj. || Hacer la señal convenida para comunicar la existencia de algo.

SEÑOR, RA adj. y s. Persona que tiene dominio y propiedad sobre una cosa. || Por antonomasia, Dios. || adj. Que posee señorío y distinción. || Antepuesto a ciertos nombres, encarece el significado de los mismos. || Tratamiento de cortesía que se aplica a cualquier hombre o mujer,

especialmente cuando es de superior categoría social, cuando no hay intimidad con ella, o es de más edad. Suele anteponerse al nombre, apellido o cargo.
SEÑORÍA f. Tratamiento de cortesía que corresponde a ciertas personas por su dignidad, en especial jueces y parlamentarios. || Persona a quien corresponde este tratamiento. || Dominio, gobierno o señorío sobre una cosa. || Forma de gobierno de diversas ciudades italianas (siglos XIII-XVI), en las que el poder comunal debido a una situación de conflicto era absorbido o entregado a un personaje poderoso y a su linaje.
SEÑORÍO m. Potestad o dominio sobre una cosa. || Dignidad del señor de un territorio. || Circunspección en el porte o en el modo de actuar. || Dominio sobre sí mismo, especialmente sobre las propias pasiones. || Conjunto de señores o de personas distinguidas.
SEÑORITO, TA m. y f. Hijo o hija de un señor o de persona distinguida. || Tratamiento que dan los criados al amo o a los hijos del amo. || Persona joven de familia acomodada que lleva una vida frívola y holgazana. || f. Tratamiento corriente aplicado a la mujer soltera. || fam. Tratamiento que se da a las maestras y a las profesoras de enseñanza media.
SEÑUELO m. Ave o figura de ave usada como señuelo para cazar. || Por extensión, cualquier artificio que sirve para atraer otras aves. || fig. Cebo, gancho, cosa que sirve para atraer o seducir con engaño.
SÉPALO m. Cada uno de los elementos del cáliz de una flor; proceden de la modificación de hojas primitivas y tienen acción protectora.
SEPARACIÓN f. Acción y efecto de separar o separarse. || Espacio que media entre cosas que están separadas. || Interrupción de la vida conyugal por decisión de los cónyuges o por fallo judicial, sin que se extinga el vínculo matrimonial. || *de bienes* Régimen económico matrimonial por el cual cada cónyuge conserva la propiedad y la administración de sus bienes. || *de poderes* Doctrina política formulada por Montesquieu según la cual el buen funcionamiento de la democracia radica en la independencia mutua de los poderes legislativo, ejecutivo y judicial.

SEPARAR tr. y prnl. Apartar a una persona o cosa del contacto o proximidad con otra. || tr. Distinguir unas cosas de otras, considerarlas aparte. || Apartar a una persona del empleo o cargo que ejercía. || Apartar a dos contendientes. || prnl. Dejar un empleo, oficio u ocupación. || Dejar de convivir los esposos. || Terminar las relaciones con una persona o grupo. || Apartarse dos personas, animales o vehículos que marchaban juntos. || Independizarse una nación, región, etc., del Estado al que hasta entonces pertenecía.
SEPELIO m. Entierro, con las ceremonias civiles o religiosas correspondientes.
SEPIA f. Jibia. || Colorante pardo oscuro, producto del animal así llamado. || adj. y m. Se dice del color ocre.
SEPTENTRIÓN m. Constelación de la Osa Mayor. || Norte (punto cardinal). || Viento que sopla del norte.
SEPTENTRIONAL adj. Del septentrión, del norte, o que está al norte.
SEPTIEMBRE m. Noveno mes del año, según el calendario juliano y gregoriano. En el egipcio era el segundo, en el griego el tercero y en el latino el séptimo, de donde procede el nombre.
SÉPTIMO, MA adj. y s. Que sigue inmediatamente al sexto. || Se dice de cada una de las siete partes iguales en que se divide un todo. || f. Intervalo melódico o armónico que incluye siete sonidos sucesivos de la escala musical; puede ser mayor, menor, aumentada o disminuida según el número de tonos y semitonos que tenga. || *arte* La cinematografía.
SEPULCRO m. Obra funeraria levantada sobre el suelo para dar sepultura a un cadáver. || Urna o andas cerradas con una representación de Jesucristo yacente, que se expone a la adoración de los fieles en semana santa. || Hueco del altar, cubierto y sellado, donde están depositadas las reliquias. || *ser un s.* Se dice del que guarda con fidelidad un secreto.
SEPULTAR tr. Poner en la sepultura a un difunto; enterrarlo. || Cubrir completamente a una persona o cosa la tierra, nieve, etc., desprendida de algún lugar o los escombros. || tr. y prnl. Ocultar alguna cosa no material. || Hundir el ánimo, abatir profundamente o sufrir con pasión un sentimiento.

SEPULTURA f. Acción y efecto de sepultar. || Hoyo en la tierra, nicho o cualquier otro lugar donde se entierra un cadáver. || *dar s.* Enterrar, inhumar un cuerpo.

SEPULTURERO, RA m. y f. Persona que por oficio entierra cadáveres y abre las sepulturas.

SEQUEDAD f. Cualidad de seco. || Aspereza en el trato.

SEQUÍA f. Tiempo seco y sin lluvias de duración prolongada.

SÉQUITO m. Conjunto de gente que forma el acompañamiento de otra importante, especialmente si es un jefe de Estado, ministro, etcétera.

SER Verbo copulativo cuya función consiste en atribuir al sujeto lo expresado por el atributo. || Verbo auxiliar usado para formar la pasiva. || intr. Haber, existir. || Suceder, pasar, acontecer. || Servir o no para lo que se indica. || Estar en lugar o situación. || Constar, tener determinado precio. || Ser propiedad de uno, pertenecerle. || Atañer, corresponder. || Formar parte de una comunidad, grupo, etc. || Hablando de países, ciudades, etc., ser originario o natural del que se expresa. || Junto con sustantivos, adjetivos o participios, tener la dignidad, cargo, empleo, cualidad, propiedad, etc., que tales palabras indican. || Se usa para expresar el día de la semana o la fecha.

SERAFÍN m. Según el Antiguo Testamento, ángel perteneciente al coro más alto de la jerarquía angélica. || fig. Persona de extraordinaria belleza.

SERENAR tr., intr. y prnl. Tratándose del mar, el tiempo, etc., calmar, sosegar, mejorar. || tr. y prnl. Refrescar el agua al sereno. || Sentar o aclarar un licor que está turbio. || fig. Apaciguar los ánimos. || Calmar la ira o el enojo, tranquilizar.

SERENATA f. Composición musical o poética destinada a ser interpretada nocturnamente y en honor de alguien.

SERENIDAD f. Tranquilidad, sosiego. || Tratamiento honorífico que se daba a ciertos príncipes.

SERENO m. Frialdad húmeda durante la noche. || Guardia que en ciertos lugares ronda las calles durante la noche velando por la seguridad del vecindario. || *al s.* A la intemperie de la noche.

SERENO, NA adj. Despejado de nubes o nieblas. || fig. Tranquilo, apacible, sosegado.

SERIE f. Conjunto de cosas que guardan relación entre sí y van, están u ocurren una después de otra. || Conjunto de elementos relacionados que guardan entre ellos un orden indeterminado. || En radio y TV, conjunto de episodios con tema común que se emiten separadamente. || En química, conjunto de sustancias que se relacionan en cuanto a su composición. || *en s.* Se dice de la producción de muchos objetos iguales entre sí, de acuerdo con el mismo patrón, y por lo general con procedimientos industriales. || *fuera de s.* Se dice de lo que resulta muy destacado entre las cosas de su misma clase.

SERIGRAFÍA f. Técnica de grabado donde la tinta se tamiza por una pieza de seda. Las partes del tejido que no deben filtrar se recubren con un barniz impermeable.

SERIO, RIA adj. Se dice de la persona grave y circunspecta en sus acciones y maneras. || Se dice de la persona de aspecto severo, que no ríe o ríe poco. || Formal, cumplidor. || Cierto, sin engaño ni disimulo. || Trascendente, digno de consideración. || Contrario a gracioso, chistoso o festivo. || Sobrio en el colorido y los adornos.

SERMÓN m. Discurso de asunto religioso o moral pronunciado en público por un sacerdote. || Reprimenda o amonestación pesada y larga.

SERPENTEAR intr. Deslizarse o extenderse formando vueltas y ondulaciones.

SERPENTINO, NA adj. De la serpiente. || Que serpentea, sinuoso. || f. Cinta arrollada de papel que se arroja en las fiestas sujetándola por un extremo. || Roca metamórfica ultrabásica formada por serpentina y otros componentes accesorios; posee estructura compacta, color verde y procede de la transformación del olivino. Se usa para la obtención industrial del talco. || Silicato de magnesio, procedente de la hidratación de otros silicatos.

SERPIENTE f. Cualquiera de los reptiles ofidios del orden Escamosos; incluye unas 2 300 especies de cuerpo alargado, sin extremidades (aunque a veces las posteriores están esbozadas) y cuerpo cubierto de un grueso estrato córneo. || El demonio, que adoptó tal figura para tentar a Eva, según la Biblia.

SERRÍN f. Polvo y partículas que se desprenden de la madera u otras materias vegetales cuando se sierran.

SERRUCHO m. Sierra de hoja ancha, con dientes en un borde, y generalmente con un solo mango.

SERVICIAL adj. Que siempre está dispuesto a prestar servicios o hacer favores. || Que sirve con esmero y prontitud. || m. Ayuda, lavativa.

SERVICIO m. Acción y efecto de servir. || Conjunto organizado de personas que atienden necesidades planteadas en entidades públicas o privadas, y labor que éstas realizan. || Prestación o favor que se hace a alguien. || Merecimiento de que se hace acreedor el que sirve al Estado o a otra entidad. || S. militar. || Servidumbre, criados. || Beneficio que alguien obtiene de lo que otro hace en su favor. || Lavativa. || Conjunto de útiles empleados para comer. || Conjunto de vajilla con que se sirve en la mesa una comida o refrigerio. || Tributo, contribución.

SERVIDOR, RA m. y f. Criado. || Tratamiento de cumplido que se da una persona a sí misma respecto a otra. || El que está destinado al funcionamiento de un arma, maquinaria, etcétera.

SERVIDUMBRE f. Conjunto de criados que sirven en una casa. || Condición de siervo. || Trabajo prestado por un siervo. || Obligación ineludible de hacer una cosa. || Sumisión a las pasiones o vicios, que limita la libertad. || Derecho real de disfrute, por el cual una propiedad, predio, etc., queda sometida a otra, dominante, y permanece obligada a ceder ciertos derechos. Las más corrientes son las de paso, de aguas, de apoyo de muro, de vistas, etc. Las fincas deben pertenecer a dueños distintos. La s. prescribe si no se usa.

SERVIL adj. De los siervos y criados. || Bajo, de vil condición. || Que actúa con servilismo. || adj. y s. Nombre dado durante el reinado de Fernando VII al partidario del absolutismo.

SERVILLETA f. Pieza de tela o papel que usa cada comensal para limpiarse durante la comida.

SEVILLETERO m. Aro en que se recoge la servilleta. || Lugar donde se deposita ésta en los centros comunitarios.

SERVIR intr. y tr. Estar al servicio de alguien o sometido a él. || Desempeñar un oficio o responsabilidad. || intr. Valer, ser útil o apto. || Ser a propósito un instrumento, máquina o cosa semejante para el fin al que se destina. || Estar empleado, por mandato de otro, en la ejecución de una cosa. || Estar sujeto a otro, depender de él por cualquier motivo. || Sustituir a otro en un trabajo u ocupación. || Hacer el servicio militar.

SESENTA adj. Seis veces diez. || adj. y com. Sexagésimo. || m. Guarismo de tal número.

SESEO m. Fenómeno fonético que consiste en transformar la c o z en s.

SESERA f. Zona de la cavidad craneal que contiene los sesos. || Seso (parte del encéfalo). || fam. Inteligencia, entendimiento.

SESGAR tr. Cortar oblicuamente. || Torcer una cosa a un lado, o cruzarla oblicuamente.

SESGO, GA adj. Torcido, cruzado o cortado oblicuamente. || Con gesto de desagrado, enojo u hostilidad. || m. Oblicuidad o torcimiento de una cosa en el corte, posición o dirección. || Orientación que toma un asunto. || f. Nesga. || *al s.* Oblicuamente, al bies.

SESIÓN f. Cada una de las reuniones celebradas por un consejo, asamblea, etc. || Actividad, acto, proyección, etc., que dura un tiempo determinado y suele repetirse, especialmente en espectáculos. || Reunión consultiva o conferencia para tratar de algún asunto. || *continua* Proyección ininterrumpida de películas en la que se repite el mismo programa. || *privada* Exhibición de un espectáculo a un grupo limitado de espectadores antes de presentarla al público. || *abrir la s.* Empezarla. || *levantar la s.* Terminarla.

SESO m. Cerebro o encéfalo. || Prudencia, cordura, sensatez. || pl. Usado especialmente cuando se trata del encéfalo de un animal destinado a alimento.

SESTEAR intr. Hacer la siesta. || Recogerse el ganado para descansar al abrigo del sol.

SETECIENTOS, TAS adj. Siete veces cien. || adj. y s. Septingentésimo (ordinal). || m. Guarismo de tal número.

SETENTA adj. Siete veces diez. || adj. y com. Septuagésimo, ordinal. || Guarismo de tal número.

SETO m. Cercado con ramas o palos entrecruzados. || *vivo* El que se hace con arbustos vivos.

SEUDÓNIMO, MA adj. Se dice del escritor o artista que firma con nombre falso, y de su obra. || m. Nombre que usa un escritor o artista en lugar del suyo propio.

SEVERO, RA adj. Duro, riguroso, inexorable. || Muy exigente y rígido en el cumplimiento de una ley, regla u obligación. || Serio, circunspecto. || Se dice del clima riguroso, duro de soportar.

SEXAGENARIO, RIA adj. y s. Se dice de la persona que ha cumplido los sesenta años, sin llegar a los setenta.

SEXAGÉSIMO, MA adj. y s. Que sigue inmediatamente en orden a lo que ocupa el lugar 59. || Se dice de cada una de las 60 partes iguales en que se divide un todo.

SEXENIO m. Periodo de seis años. || Duración de un gobierno en México.

SEXO m. Conjunto de caracteres genéticos, morfológicos y funcionales que distinguen a los individuos machos de las hembras en el seno de cada especie. El s. queda determinado generalmente por el contenido cromosómico: los individuos heterogaméticos suelen ser machos y los homogaméticos, hembras. El s. está ligado a la reproducción y transmisión de los caracteres hereditarios, con una especialización para la producción de gametos masculinos (espermatozoides) y femeninos (óvulos). || Sexualidad. || Conjunto de seres humanos que pertenecen al mismo sexo. || Aparato genital masculino y femenino.

SEXOLOGÍA f. Ciencia que estudia los fenómenos de la esfera sexual, tanto desde el punto de vista biológico y fisiológico, como del psicológico y patológico.

SEXTETO m. Composición vocal o instrumental para seis intérpretes, y conjunto que lo ejecuta. || Estrofa poética formada por seis versos de arte mayor.

SEXTO, TA adj. y s. Que sigue inmediatamente en orden al quinto. || Se dice de cada una de las seis partes iguales en que se divide una cosa. || m. Libro que contiene algunas constituciones y decretos canónicos. || fam. Sexto mandamiento del Decálogo.

SEXUAL adj. Del sexo.

SEXUALIDAD f. Conjunto de características físicas de cada sexo. || Conjunto de impulsos y comportamientos que buscan tanto la obtención de placer sexual (no necesariamente genital) como la satisfacción de la necesidad sexual (orgasmo). Puede realizarse individualmente (masturbación), con seres del mismo sexo (homosexualidad) o distinto (heterosexualidad), e incluso de formas más infrecuentes (zoofilia, coprofilia). || Fenómeno reproductivo que se caracteriza por el encuentro entre un gameto masculino y otro femenino; en el caso del reino vegetal los caracteres sexuales se encuentran en los filamentos.

SHOCK m. Choque.

SI Conjunción con la que se introduce la condición o suposición necesaria para que se cumpla o verifique algo. || Puede formar expresiones ponderativas, generalmente con valor de *donde, cuanto* o *como*. || Se usa también en exclamaciones de sorpresa a principio de la frase; en la misma posición, puede reforzar la expresión de duda, deseo o afirmación. || En ciertos casos introduce una aseveración terminante, generalmente ante una oración hipotética precedida de *como* o *que*. || En enumeraciones progresivas o en frases yuxtapuestas, se emplea a menudo con elipsis de un verbo enunciado anteriormente. || Precedido de *como* o de *que*, encabeza una oración comparativa. || Repetido al principio de cláusulas que se contraponen entre sí, toma carácter de conjunción distributiva.

SÍ Adverbio con el que se afirma en respuesta a una pregunta. || En ocasiones, enfatiza una aseveración o pondera algo en extremo. || m. Permiso, consentimiento.

SIBARITA adj. y com. Se dice de quien es dado a placeres refinados.

SIC adv. Usado en castellano, entre paréntesis, para indicar que lo transcrito es textual por sorprendente o incorrecto que parezca.

SICARIO, RIA m. y f. Asesino a sueldo.

SIDA (Siglas de *Síndrome de Inmunodeficiencia Adquirida*) Enfermedad detectada en 1981 y transmitida por contacto sexual (semen) o intravenoso (sangre). Afecta a los linfocitos inmunizantes del sistema periférico y propicia la aparición de infecciones diversas. Carece de terapia.

SIDERAL adj. De las estrellas o de los astros.

SIDERURGIA f. Parte de la metalurgia dedicada a la transformación del mineral de hierro y la obtención de productos derivados (arrabio, acero y, por aleación, aceros especiales). Entre los procesos característicos, destaca el de la fundición del mineral en el alto horno; posteriormente, en la s. *integral* se realizan procesos de laminado y acabado.

SIDRA f. Bebida de baja graduación alcohólica obtenida por fermentación del zumo de manzana.

SIEGA f. Acción y efecto de segar. || Temporada de la siega. || Conjunto de mieses segadas.

SIEMBRA f. Acción y efecto de sembrar. || Temporada en que se siembra. || Sembrado.

SIEMPRE adj. En todo o en cualquier tiempo. || Para toda la eternidad. || Cuando menos, de cualquier forma o en todo caso. || Cada vez que se repite una situación que se expresa. || De todas todas, desde luego, con todo. || *de* o *desde s.* Desde que se recuerda o se tienen noticias; de toda la vida, tradicional. || *¡hasta s.!* Fórmula de despedida cordial. || *para* o *por s.* Para toda la vida o por un largo periodo de tiempo indefinido. || *s. que,* o *s. y cuando* Con tal que, en el caso de que. || Cada vez que.

SIEN f. Zona lateral de la cabeza comprendida entre la parte superior del arco cigomático y la parte anterior de la región temporal.

SIERRA f. Herramienta consistente en una hoja delgada de acero, con una sucesión continua de dientes en el borde. || Unidad de relieve montañoso, de dimensiones inferiores a las de una cordillera, en general de forma más alargada que ancha. Suele constituir un ramal o estribación de un sistema mayor. || *de mano* La de hoja estrecha y puntiaguda, para hacer calados y otras labores delicadas. || *mecánica* o *eléctrica* La que incorpora un motor y no exige esfuerzo humano.

SIERVO, VA m. y f. Esclavo. || Persona que está totalmente sometida al arbitrio o voluntad de otra. || Nombre que una persona se da a sí misma como fórmula de cortesía hacia otro. || Persona profesa en ciertas órdenes religiosas. || Persona, generalmente campesino, que trabajaba en tierras señoriales con un estatuto personal que imponía grandes restricciones a sus actividades (limitación de la libertad de movimiento, de comerciar, de testar, control sobre el matrimonio, etc.) y lo adscribía a la tierra de manera hereditaria. Su definición jurídica era variable, así como la nomenclatura (s. de la gleba, hombre propio, solariego, collazo, vasallo, etcétera).

SIESTA f. Tiempo entre el mediodía y el principio de la tarde que suele ser el más caluroso de la jornada. || Tiempo, tras la comida, que se destina a dormir o descansar. || Sueño de breve duración que se hace a principio de la tarde, generalmente tras la comida.

SIETE adj. Seis y uno. || adj. y com. Séptimo, ordinal. || m. Guarismo de tal número. || Naipe con s. señales. || Barrilete, instrumento de carpintería. || Rasgadura en ángulo de la tela, tapizado, etcétera.

SIETEMESINO, NA adj. y s. Se dice del niño nacido a los siete meses de engendrado. || fam. Se dice de la persona joven que presume de adulta. || Esmirriado, raquítico.

SÍFILIS f. Enfermedad infecciosa causada por el *Treponema pallidum*, de curso crónico si no es tratada; se transmite generalmente por contacto sexual directo, o por vía transplacentaria en el caso del feto hijo de madre enferma.

SIFÓN m. Tubo encorvado cuya extremidad de salida está más baja que la de entrada; se utiliza para vaciar recipientes. || Botella para agua gaseosa, tiene una tapa hermética por la que pasa un s., cuyo tubo tiene una llave para abrir o cerrar el paso del agua cargada de ácido carbónico que aquélla contiene. || Por extensión, el agua carbónica contenida en dicha botella. || Tubo acodado en forma de S, que se mantiene lleno de agua para impedir que escapen al exterior los gases de una cañería.

SIGILO m. Sello o tampón para estampar. || Lo que queda sellado. || Secreto o silencio que se guarda de una cosa. || Disimulo o cuidado para no ser descubierto. || *sacramental* Secreto de confesión.

SIGLA f. Letra inicial usada como abreviatura de una palabra (los nombres en plural suelen representarse por su letra inicial repetida. || Nombre o denominación que se forma con varias siglas (INRI, ONU); se usa también en plural. En español hay varias formas mixtas en las que las iniciales se combinan en grupos de letras (*Mercomún*). || Cualquier signo que sirve para ahorrar letras o espacio en la escritura.

SIGLO m. Lapso que dura cien años, especialmente el comprendido entre el año 1 y 100 de cada centuria (el siglo XIX, p. ej., abarca de 1801 a 1900). || fig. Periodo muy dilatado de tiempo. || Vida común y civil de una sociedad, por oposición de la religiosa. || Seguido de la preposición *de*, el tiempo de la persona, suceso o cosa que se expresa.

SIGMA f. Decimoctava letra del alfabeto griego (Σ, σ); corresponde a la *ese*. || En mat., símbolo que representa la suma de un número finito o infinito de sumandos.

SIGNAR tr. Estampar el signo o el sello en una cosa. || Firmar algo. || Notar, señalar. || tr. y prnl. Hacer la señal de la cruz. || Hacer con la mano la señal de la cruz.

SIGNIFICACIÓN f. Acción y efecto de significar. || Cosa significada. || En lingüística, contenido que adquiere una palabra u oración en virtud de sus relaciones sintácticas, semánticas o estilísticas, y que mueven al oyente a una interpretación determinada, añadida al significado original, y diferente de otras con que se designa el mismo sujeto. || fig. Relevancia, trascendencia.

SIGNIFICADO, DA adj. Destacado, conocido. || m. Parte del signo lingüístico que aporta el aspecto conceptual, semántico.

SIGNIFICAR tr. Representar un signo o símbolo un sentido determinado. || Ser una palabra o frase expresión sonora o escrita de una idea o cosa. || Decir o hacer saber algo. || intr. Tener significación o relevancia. || prnl. Mostrar las ideas de uno. || Destacarse, distinguirse, llamar la atención.

SIGNO m. Cualquier cosa que, con carácter convencional, represente, sugiera o signifique otra. || Cada una de las letras o símbolos gráficos que se usan al escribir o imprimir. || Señal utilizada en determinadas operaciones matemáticas para indicar la naturaleza de ellas. || Nombre de cualquiera de los caracteres gráficos utilizados en la notación musical. || Fenómeno, manifestación o síntoma objetivable de una enfermedad o estado que, reconocido o provocado por el médico, ayuda a establecer un diagnóstico. || Rúbrica notarial. || Destino de alguien, según pretenden los astrólogos. || Cada casa de las que componen el Zodiaco. || *lingüístico* Término usado por Saussure para indicar que toda palabra es la unión arbitraria de dos componentes: el significado (parte semántica) y el significante (parte fonológica o gráfica).

SIGUIENTE adj. Que sigue. || Posterior a algo.

SÍLABA f. Elemento mínimo de articulación, carente de significado, que constituye un núcleo fónico entre las depresiones sucesivas a la emisión de una palabra. Para la gramática tradicional, golpe de voz, grupo fónico que se pronuncia de una vez. || *átona* Aquella o aquellas sobre las que no recae el acento prosódico de una palabra. || En músical, cada uno de los dos o tres nombres de notas que se añaden a las siete primeras letras del alfabeto para formar los nombres de los modos musicales. || *libre* La que acaba en fonema vocálico. || *postónica* La que en una palabra viene tras la s. tónica. || *protónica* La que antecede a la s. tónica. || *tónica* Aquella sobre la que recae el acento prosódico de una palabra. || *trabada* La que acaba en sonido consonántico.

SILBAR intr. Prodúcir silbidos. || Producir el aire un sonido semejante al silbido al pasar con fuerza por un lugar estrecho o rozar una cosa. || intr. y prnl. Hacer una silba, manifestar desagrado.

SILBATO m. Forma elemental de flauta que emite un solo sonido. || Grieta que permite el paso del aire o de un líquido.

SILBIDO m. Sonido agudo y sostenido producido al hacer pasar una fuerza de aire por la boca con los labios o los dedos convenientemente dispuestos. || Sonido

SILENCIAR penetrante producido por el viento al pasar por una abertura o rozar con fuerza algunos cuerpos. || Sonido que se consigue al soplar en un silbato u otro cuerpo hueco. || Voz aguda de algunos animales, como la de la serpiente. || Ruido casual en la zona de audiofrecuencias, semejante a un sonido silbante prolongado.

SILENCIAR tr. Guardar deliberadamente silencio sobre algo. || Hacer cesar el fuego en un combate.

SILENCIO m. Estado de la persona que no habla. || Falta de ruido o sonido. || Interrupción de la comunicación escrita. || En música, pausa. || *en s.* Calladamente o sin hacer ruido. || Sin quejarse ni protestar. || *guardar s.* (sobre algo) Mantenerlo en secreto. || *Imponer s.* Hacer callar. || *romper el s.* Reanudar el hablar o escribir sobre algo después de mucho tiempo sin hacerlo.

SILENCIOSO, SA adj. Que permanece en silencio, sin hablar o sin hacer ruido. || Callado, muy reservado. || Se dice del sitio o del momento apacible y sin ruido.

SÍLEX m. Roca silícica sedimentaria, formada fundamentalmente por cuarzo microscópico, textura fina, generalmente blanco o rojo. Muy dura, aparece por diagénesis de sedimentos organógenos de radiolarios. Se usó en la prehistoria para fabricar utensilios.

SÍLICE f. Dióxido de silicio. Cristales o polvo blanco que se encuentra en muchos minerales y es insoluble en agua y ácidos. Es muy estable y se usa para fabricar vidrios, cerámicas, esmaltes, etcétera.

SILICIO m. (Si) Elemento químico situado en el grupo IVa de la tabla periódica. Forma parte de la familia de los carbonoideos. Es un no metal de color gris oscuro, brillo metálico, gran dureza y conduce la corriente eléctrica. Se usa para preparar siliconas, en la industria de la cerámica, para fabricar detectores, transistores, chips y rectificadores; aumenta la resistencia a la corrosión del acero.

SILO m. Construcción para el almacenamiento y conservación de graneles sólidos, de carácter agrícola (especialmente cereales) o industrial (productos químicos, cementos). || Espacio cilíndrico, bajo tierra o en el interior de un navío, donde se emplaza un cohete estratégico. || fig. Cualquier lugar subterráneo, profundo y oscuro.

SILOGISMO m. Razonamiento deductivo formado por tres proposiciones: premisas mayor y menor, y conclusión. Se construye con tres términos: *mayor* (contenido en la premisa mayor y en la conclusión), *medio* (en las dos premisas) y *menor* (en la premisa menor y en la conclusión). Entre sus leyes, de dos premisas negativas o particulares no se extrae ninguna conclusión; si una premisa es negativa o particular, la conclusión lo será también.

SILUETA f. Perfil de una figura. || Dibujo que reproduce el contorno de una figura u objeto. || Objeto pintado más oscuro que el fondo.

SILVESTRE adj. Que vive espontáneamente en los campos, sin cultivo. || Agreste, rústico.

SILVICULTURA f. Conjunto de técnicas para lograr el mejor aprovechamiento de la producción forestal de los bosques.

SILLA f. Asiento individual con respaldo, y generalmente con cuatro patas y sin brazos. || Aparato para montar a caballo, por lo general de cuero relleno de crin o pelote. || Sede.

SILLÍN m. Asiento de moto o bicicleta. || Silla para montar a mujeriegas, cómoda y lujosa. || Silla de montar sencilla y ligera.

SILLÓN m. Asiento con respaldo y brazos, cómodo, amplio y generalmente mullido. || Silla de montar en la que una mujer puede ir sentada como en una silla común.

SIMA f. Cavidad grande y profunda, originada generalmente por fenómenos kársticos. || Capa inferior de la corteza terrestre, con una densidad media de 2.9 y formada por rocas en las que predominan minerales y sílice y magnesio.

SIMBIOSIS f. Asociación biológica, temporal o permanente, entre dos especies distintas con la obtención de beneficios mutuos. La s. se establece entre vegetales, animales, vegetales y animales y también con bacterias. || Interdependencia o ayuda mutua.

SIMBÓLICO, CA adj. Del símbolo o representado por él. || Se dice de aquello que, siendo mensurable, no se realiza en plenitud, sino que refleja una toma de posición (*precio, resistencia*, etc., simbólicos).

SÍMBOLO m. Señal o representación de algo, en especial si representa convencionalmente una idea, cualidad, sentimiento, partido, etc. || Dicho moral o sentencioso. || Abreviatura que designa a cada uno de los elementos químicos. || Letra o figura que representa un número variable. || Abreviatura usada para designar una unidad de medida. || *algebraico* Signo o letra que representa una variable en una ecuación.

SIMETRÍA f. Proporción conveniente entre las partes de un todo, entre sí y con el conjunto. || Correspondencia de posición, forma y dimensiones de las partes de un cuerpo o figura a uno y otro lado de un plano o línea transversal. || fig. Armonía, buena disposición de un texto. || Paralelismo entre dos o más situaciones. || Una función $y=f(x)$ se dice simétrica respecto a un eje de ordenadas si se verifica $f(x) = f(-x)$. || *axial* La que deja invariante los puntos de un eje. || *bilateral* La que presentan aquellos cuerpos que pueden ser divididos por un plano en dos partes iguales. || *radial* La que presentan los organismos que pueden dividirse en dos o más planos equivalentes, dispuestos alrededor de un eje.

SÍMIL m. Comparación, semejanza o paralelismo entre dos cosas. || Figura retórica basada en la comparación entre dos elementos.

SIMILAR adj. Semejante, parecido o análogo.

SIMILITUD f. Semejanza, parecido, afinidad.

SIMIO, MIA m. y f. Mono, mamífero. || pl. Antropoides.

SIMPATÍA f. Inclinación amistosa de una persona hacia otra por coincidencia de sentimientos, aficiones, modo de pensar, etc. || Manera de ser de una persona que la hace agradable a los demás. || Fenómeno de reacción refleja en un órgano corporal, sustancia química, aparato, etc., por el que se reiteran los efectos producidos por otro.

SIMPÁTICO, CA adj. Se dice de la persona que provoca simpatía. || En música, se dice de la cuerda que vibra cuando se pulsa otra. || Se dice del sistema, parte del nervioso, constituido por dos cordones, a lo largo de la columna vertebral. Regula los procesos vegetativos.

SIMPATIZAR intr. Experimentar simpatía hacia alguien.

SIMPLE adj. Sin mezcla, sin composición. || Sencillo, sin duplicación. || Fácil, sin complicación. || Se dice de la copia de un documento sin firma ni autorización. || En gramática, se aplica a la palabra que no está formada por otras de la misma lengua. || adj. y com. Incauto, cándido. || Tonto, bobo, necio. || Insípido. || m. Sustancia que por sí sola, o en composición con otras, sirve de medicamento.

SIMPLIFICACIÓN f. Acción y efecto de simplificar. || Reducción de una expresión matemática a una forma más simple. En el caso de una fracción, transformación de la misma a una fracción irreducible.

SIMPLIFICAR tr. Reducir la complicación o mezcla de una cosa.

SIMPOSIO (o SIMPOSIUM) m. Reunión de expertos en la que se exponen y tratan cuestiones referentes a un determinado tema.

SIMULACRO m. Imagen que representa una persona o cosa. || Fantasma, visión. || Ficción bélica preparada para el adiestramiento de la tropa y la prueba de equipos. || Reconstrucción, en condiciones de laboratorio, de una situación real para su estudio.

SIMULAR tr. Fingir, aparentar, dar a entender lo que no es.

SIMULTÁNEO, A adj. Que sucede o se realiza en el mismo tiempo que otra cosa.

SIN Preposición que indica carencia o falta de alguna cosa. || Además de, aparte de. || Seguida de un infinitivo indica la negación de un hecho anterior o simultáneo al verbo principal. || Precedida de *no*, equivale a una afirmación atenuada.

SINAGOGA f. Asamblea religiosa de los judíos, y lugar donde se efectúa. Los rezos y cultos en la s. son presididos por el rabino.

SINALEFA f. Fusión en una única sílaba de la vocal final de una palabra con la vocal inicial de la palabra siguiente.

SINCERO, RA adj. Que dice lo que realmente piensa o siente.

SÍNCOPA f. Eliminación de uno o más elementos fonológicos en el interior de una palabra. || Desplazamiento del acento musical por prolongación de un tiempo débil sobre uno fuerte.

SÍNCOPE m. Desfallecimiento, desmayo, lipotimia o pérdida brusca del conocimiento, generalmente debido a una disminución súbita de la irrigación sanguínea de los centros vitales, a causa del calor, síndrome vasovagal, infarto de miocardio, etc. || Síncopa gramatical.

SINCRONISMO m. Simultaneidad, calidad de sincrónico. || Identidad de frecuencia o fase entre dos fenómenos periódicos.

SINDICAL adj. Del sindicato. || Del síndico.

SINDICALISMO m. Manifestación de la actividad del movimiento obrero, cuando éste tiende a organizarse en sindicatos para la defensa de sus intereses, sea desde una perspectiva reivindicativa (mejora de las condiciones de vida) o política (presión sobre el Estado o control del mismo).

SINDICATO m. Organización estable de trabajadores para defensa de sus intereses; un s. puede agrupar a trabajadores del mismo ramo de la producción, de la misma actividad económica (s. agrario) o de la misma categoría profesional (s. de cuadros); el ámbito de su actividad puede limitarse a dichos aspectos, o bien tener carácter territorial (regional o nacional), en este caso, organizados en forma federal o confederal.

SÍNDROME m. Conjunto de síntomas y signos que definen un proceso patológico por presentarse generalmente asociados en el tiempo. || *de abstinencia* El que aparece cuando se deja de suministrar una droga a un adicto a ella.

SINÉCDOQUE f. Figura retórica que establece una relación de proximidad o que sustituye el todo por la parte entre dos términos. P. ej.: 'la mesa', por la comida que se toma en ella.

SINFÍN m. Multitud, infinidad. || Continuo, sin final.

SINFONÍA f. Conjunto de sonidos o voces que se escuchan de forma acorde y simultánea. || Composición para orquesta, sin parte solista, dividida en varios movimientos (generalmente cuatro), los rápidos en forma de sonata. || fig. Armonía de colores.

SINGLAR intr. Navegar con rumbo fijo.

SINGULAR adj. Solo, único. || Excepcional, por su calidad o extrañeza. || adj. y m. Número gramatical que indica una unidad. || Se dice de los puntos de retroceso, puntos dobles, vértices y puntos de inflexión de curvas.

SINGULARIDAD f. Cualidad de singular. || Particularidad, individualidad. || Conjunto de características climáticas propias de una región que mantienen constantes anuales por influencia de la humedad, el régimen de vientos, etcétera.

SINIESTRO, TRA adj. Situado a la izquierda. || Infausto, funesto, aciago. || Avieso, maligno, perverso. || m. Incendio, naufragio, choque o desgracia semejante, en especial la producida por una fuerza natural. || Inclinación al mal. || f. La mano izquierda.

SINNÚMERO m. Sinfín.

SINO, 1 Destino, fatalidad, especialmente el dictado por los astros o las fuerzas sobrehumanas.

SINO, 2 Conjunción adversativa que contrapone lo negativo con lo positivo, y permite la elisión de elementos de la oración. || En determinadas construcciones equivale a salvo, excepto. || Precedida de negación y seguida de la conjunción *que*, equivale a solamente.

SINÓNIMO, MA adj. y s. Se dice de los vocablos o expresiones que coinciden semánticamente en todo o parte de su campo *(grueso, obeso)*.

SINOPSIS f. Exposición de una ciencia o materia de forma sistemática y global, por medio de esquemas o resúmenes que facilitan su comprensión a primera vista.

SINÓPTICO adj. Presentado en forma de sinopsis. || Se dice de la parte de la meteorología que se ocupa del aspecto más general de los fenómenos atmosféricos.

SINRAZÓN f. Desafuero, acción injusta o contra lo razonable, especialmente si hay abuso de poder.

SINSABOR m. Insipidez de lo que se come. || fig. Disgusto, pesar.

SINTAGMÁTICO, CA adj. Perteneciente o relativo al sintagma. || Que existe o forma parte de un enunciado. Así, al hablar de relaciones sintagmáticas, en oposición a paradigmáticas, se habla, de he-

SINTAXIS cho, de relaciones sintácticas de dependencia, calificación, etcétera.

SINTAXIS f. Parte de la gramática que estudia los mecanismos de combinación de palabras en unidades mayores y, en general, la estructura de la oración, los elementos que la componen y su distribución en unidades.

SÍNTESIS f. Conjunto orgánico formado por la reunión de sus partes. || Suma y compendio de algo. || Resultado obtenido de una información. || Compuesto formado por sus elementos. || En oposición a análisis, proceso deductivo que va de lo simple a lo complejo y de lo general a lo particular. || Producción artificial de un compuesto químico por la reunión de sus elementos. || Reunión de partes separadas.

SINTÉTICO, CA adj. De la síntesis. || Que procede por síntesis, o se obtiene mediante ella. || Se dice de los productos manufacturados realizados por síntesis química, y que imitan a ciertas sustancias orgánicas.

SINTETIZAR tr. Hacer síntesis. || Resumir.

SÍNTOMA m. Apreciación subjetiva por parte del sujeto de una alteración funcional u orgánica provocada por algún proceso patológico. || Indicio de algo que sucede o va a suceder.

SINTONÍA f. Término usado para indicar la igualdad de frecuencia entre dos fenómenos periódicos de igual naturaleza. || Circunstancia de tener una frecuencia de resonancia común en varios circuitos. || Adaptación de un radiorreceptor a una determinada emisora. || Melodía o música que se emite en radio y televisión generalmente antes y después de un programa.

SINTONIZAR tr. Igualar la frecuencia de dos fenómenos periódicos, dos generadores eléctricos, etc. || Hacer que un circuito o un aparato receptor se ponga en sintonía con la señal de la emisora que se desea captar, y obtener así una buena recepción. || Tener afinidad de ideas o de caracteres de dos o más personas.

SINUOSO, SA adj. Ondulado, con recodos. || Se dice de la persona o de la acción que oculta o disimula su propósito.

SINVERGÜENZA adj. y com. Se dice de la persona descarada y de mal proceder.

SIQUIERA Conj. adversativa equivalente a *aunque*. || Conjunción disyuntiva, en ocasiones toma el valor de *tal vez*. || Adverbio equivalente a *tan sólo* o *por lo menos*.

SIRENA f. En la mitología griega, ninfa de las aguas marinas con cuerpo de ave y cabeza y pecho de mujer. Desde la edad media se difundió la imagen de la s. con cuerpo de mujer y cola de pez. || f. Aparato que produce sonidos de gran intensidad, mediante la irrupción periódica de un chorro de aire o de vapor, producida por la rotación de uno o más discos provistos de agujeros. Usada para indicar el horario en las fábricas, como alarma, etcétera.

SIRVIENTE, TA adj. y s. Se dice de la persona que sirve a otra, especialmente como criado.

SISA f. Hurto pequeño en la compra diaria. || Corte hecho en las prendas de vestir, en especial el correspondiente a las axilas. || Impuesto sobre comestibles que se cobraba en especies.

SÍSMICO, CA adj. Del terremoto o de los temblores de tierra.

SISMÓGRAFO m. Instrumento utilizado para registrar distintos parámetros de los movimientos sísmicos.

SISTEMA m. Conjunto ordenado y coherente de reglas, normas o principios sobre una determinada materia. || Clasificación metódica que se hace de algo. || Conjunto organizado de cosas, ideas, medios, etc., que contribuyen a un mismo objetivo. || Procedimiento que se sigue para hacer algo, forma en que se resuelve. || Conjunto de partes u órganos compuestos por un mismo tejido y que ejercen funciones similares. || Nombre dado al tipo de ordenación de una obra musical. || Unidad estratigráfica formada por series que abarcan importantes ciclos sedimentarios. || *cegesimal* Sistema físico de medida que combina como unidades el centímetro, el gramo y el segundo.

SISTEMÁTICO, CA adj. Que se ajusta a un sistema. || Se dice de la persona que procede metódicamente con arreglo a un plan o sistema prefijado. || f. Taxonomía.

SITIAR tr. Asediar, cercar una posición enemiga. || Acorralar a alguien para obligarlo a rendirse o a ceder.

SITIO, 1 m. Lugar, espacio que es o puede ser ocupado por una persona o

cosa. || Puesto, cargo. || Paraje o terreno a propósito para una cosa. || Residencia campestre señorial.
SITIO, 2 m. Asedio, cerco.
SITIO, TA adj. Situado o fundado en un sitio.
SITUACIÓN f. Acción y efecto de situar o situarse. || Posición. || Sueldo o renta. || Estado en que se halla una persona o cosa en cualquier aspecto. || Categoría o posición social o económica de una persona. || Coyuntura, momento o circunstancia determinada.
SITUAR tr. y prnl. Colocar a una persona o cosa en determinado sitio o situación. || tr. Destinar o depositar fondos para una determinada operación económica. || prnl. Estar situado profesional, económica o socialmente.
SKETCH m. Escena breve, generalmente humorística o satírica, sin relación alguna con el resto del espectáculo y con estructura autónoma.
SMOG m. Forma especialmente nociva de contaminación que se forma en las grandes urbes al unirse a la niebla los humos de fábricas y motores.
SOBACO f. vulg. Axila. || Enjuta (arquitectura y diseño).
SOBAR tr. Manipular, oprimir repetidamente una cosa, generalmente para que se ablande. || fam. Palpar, manosear a alguien. || Golpear, dar una paliza o tunda a alguien. || Importunar, molestar a alguien.
SOBERANÍA f. Cualidad de soberano. || Principio, derivado de los mecanismos de legitimación del poder político, que constituye la base para el ejercicio de éste. Puede interpretarse en un doble sentido: como *s. nacional* (potestad del Estado por la que éste ejerce la autoridad suprema, sin sujeción a ninguna otra) o como *s. popular* (la que corresponde al pueblo, de quien emanan todos los poderes del Estado). || Cualidad no superada en cualquier orden inmaterial.
SOBERANO, NA adj. y s. Que tiene el máximo poder. || Que ostenta o ejerce la autoridad suprema en un Estado, especialmente de régimen monárquico. || adj. fam. Enorme, muy grande.
SOBERBIA f. Estimación excesiva de uno mismo con menosprecio de los demás. || Afán desmedido de sobresalir o destacar. || Exceso de ostentación o suntuosidad. || Manifestación iracunda o colérica.
SOBERBIO, BIA adj. Dominado por la soberbia. || Orgulloso, arrogante. || Grandioso, magnífico, excelente. || Muy alto, fuerte o hermoso.
SOBORNAR tr. Entregar dinero o hacer regalos a alguien, de forma reservada, para conseguir de él un beneficio.
SOBRA f. Exceso, parte sobrante o no conveniente para una cosa. || Injuria, ofensa. || pl. Restos de la comida que quedan en el plato o sobre la mesa. || Por extensión, lo que sobra de cualquier cosa, desperdicios. || Parte de la paga del soldado que se le entrega en metálico. || *de s.* o *sobras* En mayor abundancia de la necesaria. || Sin necesidad, fuera de lugar.
SOBRADO, DA adj. Excesivo, que sobra. || Se dice del que se halla en buena situación económica. || Atrevido y vicioso.
SOBRAR intr. Exceder de lo que se necesita. || Quedar, restar. || Estar de más o de sobra, estorbar.
SOBRE, 1 prep. Encima, en la parte superior o más alta de algo. || Cerca de otra cosa y con más altura que ella. || Con superioridad, por encima de. || Ante una cifra, hora, etc., denota aproximación. || Acerca de, en torno a. || En prenda de la cosa que se expresa. || Además de, por añadidura. || Junto a un nombre de persona o de lugar, indica en ciertos documentos comerciales la persona contra quien se gira una cantidad o la plaza donde ha de hacerse efectiva. || Precedida y seguida de un mismo sustantivo, reitera o aumenta la cualidad o impresión que éste expresa.
SOBRE, 2 m. Papel doblado en determinada forma, generalmente forrado en su interior y con una parte engomada que permite cerrarlo, en el que se incluyen las cartas y documentos que han de enviarse por correo, archivarse, etcétera.
SOBREALIMENTAR tr. y prnl. Alimentar en exceso. || tr. Incrementar la presión del combustible en un motor de explosión para aumentar su potencia.
SOBRECARGA f. Lo que se añade a una carga regular. || Cuerda o soga que se pone por encima de la carga para

asegurarla. || Impresión tipográfica que se estampa oficialmente sobre un sello para alterar su valor, modificar su empleo, conmemorar un acontecimiento, etc. || Carga superior a la asignada para el funcionamiento de un dispositivo. || fig. Nuevo motivo de sufrimiento, preocupación, etcétera.

SOBRECARGAR tr. Cargar demasiado. || Coser por segunda vez una costura.

SOBRECOGER tr. Asir de repente y por sorpresa. || tr. y prnl. Sorprenderse, asustarse, espantarse.

SOBRECUBIERTA f. Segunda cubierta que se pone a una cosa para resguardarla mejor. || Forro externo e independiente de la cubierta de un libro, con funciones de protección de éste y decorativas. || En un barco, cubierta que se encuentra sobre la principal.

SOBREDOSIS f. Dosis excesiva de un medicamento o de una droga. Puede producirse por ingestión de una cantidad superior del producto, o por tomarlo en estado puro.

SOBREHUMANO, NA adj. Por encima de la capacidad humana. || Formidable, que exige un esfuerzo o capacidad inauditos.

SOBRELLEVAR tr. Colaborar con otro en el acarreo de algo para aliviarlo de un peso. || fig. Tener una solidaridad afectiva con las desgracias de otro. || Estar sumido en una desgracia, mal, etc., y sufrirlo con resignación.

SOBREMANERA adv. Con exceso, mucho.

SOBREMESA f. Tiempo después de haber comido en el que los comensales siguen reunidos. || Postre. || Tapete con que se cubre una mesa. || *de s.* Se dice de los objetos a propósito para una mesa o mueble semejante. || De tertulia después de haber comido.

SOBRENATURAL adj. Que escapa a las realidades materiales. || Perteneciente al mundo de lo divino o de los fenómenos espirituales. || Fantástico, aterrador.

SOBRENOMBRE m. Cualquier nombre que acompaña al nombre propio o apellido de una persona, generalmente haciendo referencia a alguna cualidad, defecto o circunstancia de ella. || Cualquier nombre, excepto los hipocorísticos, que sustituye en el uso al legal de una persona.

SOBRENTENDER tr. y prnl. Saber una cosa que no se dice de manera explícita, a través de alusiones o del contexto mismo de lo que se dice.

SOBREPASAR tr. y prnl. Rebasar un límite, exceder de cierta cosa o cantidad. || tr. Adelantar, aventajar, superar.

SOBREPESO m. Sobrecarga o exceso de peso.

SOBREPRODUCCIÓN f. Exceso de producción que provoca una oferta mucho mayor que la demanda.

SOBRESALIENTE adj. y s. Que sobresale. || m. Calificación máxima en un examen, superior al notable. || *cum laude* Con alabanza especial del tribunal que examina.

SOBRESALIR intr. Formar un saliente, resaltar o abultar en relación con un plano. || Destacar una persona o cosa de otra en altura, tamaño, etc. || fig. Destacar, descollar, aventajar a otros.

SOBRESALTAR tr. y prnl. Alarmar, asustar, causar sobresalto. || intr. Resaltar.

SOBRESALTO m. Sorpresa y turbación que produce un acontecimiento imprevisto. || Susto o temor ocasionado por un suceso repentino.

SOBRESUELDO m. Cantidad que uno obtiene por un trabajo distinto del principal.

SOBRETODO m. Prenda de abrigo larga, ligera y con mangas.

SOBREVENIR tr. Suceder de improviso. || Acaecer una cosa después de otra. || Venir al tiempo de.

SOBREVIVIR intr. Prolongar uno su existencia respecto a la de otro u otros. || Salir con vida de un acontecimiento, accidente, catástrofe, etcétera.

SOBRINO, NA m. y f. Respecto a una persona, hijo o hija de su hermano o hermana *(s. carnal)* o de su primo o prima *(s. segundo, tercero,* etc., según el parentesco).

SOBRIO, BRIA adj. Se dice de la persona moderada, especialmente en la comida y bebida. || Se dice del estilo conciso, en oposición al redundante, ampuloso, etc. || Desprovisto de adornos innecesarios.

SOCARRÓN, NA adj. y s. Hábil para burlarse con palabras aparentemente ingenuas.

SOCAVAR tr. Excavar alguna cosa por debajo dejándola sin apoyo. || Quebrantar la unidad o firmeza de una actitud, mentalidad, ideología, etcétera.

SOCIABLE adj. De natural extrovertido y franco, inclinado al trato con la gente.

SOCIAL adj. De la sociedad humana, de las clases que la componen, y de las relaciones entre ellas. || De una sociedad o compañía, y de los miembros que la forman. || Se dice de los animales que viven en colonias organizadas o en grupos. || Se dice de la actitud, pensamiento o institución que se preocupa de los sectores más pobres.

SOCIALISMO m. Doctrina política que propugna la propiedad colectiva de los medios de producción, en un Estado cuya clase hegemónica sea el proletariado.

SOCIALIZACIÓN f. Acción y efecto de socializar. || Proceso por el que los bienes de producción y su distribución pasan de ser propiedad individual a ser propiedad colectiva; implica una transformación de las relaciones de producción. || Proceso automático por el que un individuo adquiere e interioriza la capacidad de relacionarse socialmente.

SOCIEDAD f. Conjunto de seres humanos que conviven y se relacionan dentro de un mismo ámbito cultural, del grado que sea. || Asociación de personas o animales que, mediante la cooperación, tratan de cumplir con todos o algunos de los fines de su existencia. || Agrupación de personas con fines recreativos, culturales, deportivos, etc. || Entidad voluntaria, creada por contrato, cuyos miembros aportan capital, trabajo o ambos factores para obtener beneficios económicos en la aplicación de dichos factores; también s. mercantil. || Cada uno de los estadios, caracterizados por algún rasgo de su modo de organización (s. patriarcal) o de producción económica (s. agraria, industrial), que define e individualiza la historia de la humanidad.

SOCIO, CIA m. y f. Persona que forma sociedad con otra u otras para algún propósito determinado. || Miembro de una entidad o agrupación, especialmente si satisface algún tipo de cuotas económicas. || fam. Compinche, camarada, colega.

SOCIOLOGÍA f. Ciencia que estudia los fenómenos sociales.

SOCORRER tr. Auxiliar o ayudar a alguien en un peligro o necesidad apremiante. || Dar a uno parte de lo que se le adeuda o le corresponde.

SOCORRO m. Acción y efecto de socorrer. || Conjunto de alimentos, ropas, dinero, etc., con que se socorre. || Provisión de víveres o munición que se hace llegar al cuerpo, pieza, etc., que lo precisa. || Tropa de refuerzo que acude en un apoyo o auxilio de otra. || Conjunto de medios humanos y materiales que son enviados en auxilio de una persona o grupo. || ¡s.! Interjección con la que se solicita ayuda urgente a otros.

SODA f. Sosa. || Bebida refrescante que contiene agua, ácido carbónico y algo de bicarbonato sódico, que se usa especialmente para mezclar con otras bebidas.

SODIO m. (Na) Elemento químico situado en el grupo la de la tabla periódica. Forma parte de la familia de los alcalinos. Es un metal blanco de plata, de corte brillante, que se oscurece al contacto con el aire; muy activo. Reacciona con casi todos los elementos y descompone el agua de forma violenta. Sus sales más importantes son el cloruro sódico, nitrato sódico, sulfato sódico, etc. Se usa para fabricar compuestos sódicos, en síntesis orgánica, etcétera.

SODOMÍA f. Práctica sexual que consiste en el coito anal. || Bestialismo.

SOEZ adj. Basto, indecente, grosero.

SOFÁ m. Asiento corrido, con respaldo y generalmente con brazos, mullido y tapizado, en el que pueden sentarse varias personas con comodidad. || cama El que puede convertirse en cama.

SOFISMA m. Argumento sólo valedero en apariencia. || fam. Cualquier razonamiento o argumento falaz con el que se pretende confundir a uno.

SOFOCAR tr. y prnl. Ahogar, hacer perder la respiración. || Avergonzar, abochornar. || tr. Dominar, extinguir. || Acosar, importunar. || prnl. Acalorarse, excitarse por algo.

SOFOCÓN m. Vergüenza violenta que se siente por una inconveniencia propia o ajena. || Disgusto, enfado.

SOFRENAR tr. Frenar a la caballería tirando violentamente de las riendas.

SOFTWARE m. Parte lógica de la información, conjunto de programas internos del ordenador que permiten realizar las tareas asignadas por el programa del usuario.

SOGA f. Cuerda gruesa de esparto trenzada o retorcida. || Cara visible del sillar de un paramento, cuando es la mayor. || Moldura labrada que reproduce el dibujo de una cuerda. || Medida de longitud de ocho varas y media. || Se dice del modo de construir un muro en el que los ladrillos o sillares se disponen haciendo coincidir sus caras más largas.

SOJUZGAR tr. Oprimir, avasallar, someter con violencia.

SOL, 1 m. Estrella formada principalmente de hidrógeno, alrededor de la cual giran la Tierra y los demás planetas. Fuente de luz, de calor y de toda la vida conocida. || Luz y calor de este astro. || fig. Cosa que brilla mucho.

SOL, 2 m. Quinta nota de la escala modal diatónica de *do*. Da nombre a una clave. En la notación musical alfabética es la letra G.

SOLAMENTE adv. Únicamente, nada más. || Expresamente. || *s. que* Con la única condición de que.

SOLAPA f. Parte del vestido junto al cuello que se dobla hacia afuera. || Pieza de tela que cubre la abertura del bolsillo. || Parte lateral de la sobrecubierta de un libro que se dobla hacia adentro y que a veces lleva texto. || Parte del sobre correspondiente a la abertura que sirve para cerrarlo. || Pretexto o ficción para disimular algo.

SOLAPADO, DA adj. Ladino, taimado, que oculta maliciosa y cautelosamente sus pensamientos.

SOLAPAR tr. Poner solapas a los vestidos. || tr. y prnl. Montar total o parcialmente una cosa sobre otra. || fig. Ocultar ladinamente la verdad o la intención de algo. || intr. Estar doblada una parte del vestido sobre otra.

SOLAR adj. Del Sol, relativo al mismo o apropiado para su uso al sol (que protege de sus rayos).

SOLAZ m. Esparcimiento, descanso del cuerpo o del espíritu. || *a s.* Con placer, a gusto.

SOLDADO m. Militar. || Militar sin graduación. || Partidario, militante. || *de cuota* El que por haber pagado una cuota sólo cumplía una parte del servicio militar. || *raso* Militar sin graduación. || *voluntario* El que libremente se alista para el servicio.

SOLDADURA f. Acción y efecto de soldar. || Proceso de unión de metales por aplicación de calor, presión o ambos a la vez. || Aleación que puede fundirse a temperatura relativamente baja, para ser utilizada en la unión de metales de puntos de fusión mucho más elevados. || Lugar de unión de dos cosas soldadas. || fig. Reparación o compostura de una cosa.

SOLDAR tr. y prnl. Unir entre sí partes o piezas de una cosa, generalmente por medio de un metal fundido. || tr. Corregir un desacierto.

SOLEAR tr. y prnl. Exponer al sol.

SOLECISMO m. Empleo incorrecto de una expresión o mala construcción de una frase.

SOLEDAD f. Falta de compañía. || Sentimiento de tristeza ante una muerte, pérdida o ausencia. || Lugar solitario o inhabitado; se usa generalmente en plural.

SOLEMNE adj. Se dice de los actos, fiestas, etc., celebrados con gran pompa o ceremonia. || Serio, formal. || Importante, interesante. || Grave, impresionante. || Se aplica a lo que se hace o celebra una vez al año.

SOLEMNIDAD f. Cualidad de solemne. || Ceremonia o hecho solemne. || Festividad religiosa. || Formalidad que se hace en un acto solemne. || Der. Conjunto de requisitos legales necesarios para otorgar validez a un instrumento público.

SOLER intr. Acostumbrar, ser frecuente (se usa sólo en el presente y pretérito imperfecto de indicativo y subjuntivo, y en el pretérito perfecto de indicativo).

SOLFEAR tr. Entonar una partitura, diciendo las notas y marcando el compás. || fig. Dar una zurra o paliza. || Reprender insistentemente.

SOLFEO m. Acción y efecto de solfear. || Mecanismo de aprendizaje para leer correctamente un texto musical. || fig. Paliza, zurra.

SOLICITAR tr. Pedir con cortesía algo de lo que se carece. || Pretender algo, haciendo las gestiones obligadas para su consecución. || Hacer gestiones por cuenta de uno mismo o de otros. || Galantear o requerir de amores. || Pedir un favor a alguien. || Llamar o atraer la atención, el interés, etc. || Atraer una o más fuerzas a un cuerpo, especialmente cuando lo hacen en distintos sentidos.

SOLÍCITO, TA adj. Complaciente, dispuesto a hacer lo que se le manda o pide.

SOLICITUD f. Acción de pedir. || Diligencia y amabilidad con que se intenta servir a alguien. || Documento oficial con que se solicita alguna cosa.

SOLIDARIDAD f. Figura jurídica por la que cada uno de los deudores se obliga a responder de la totalidad de la deuda ante uno de los acreedores, pudiendo luego reclamar la parte correspondiente a los demás. || Manifestación emotiva de la sociabilidad, por la cual una persona se siente vinculada al resto de la humanidad. || Adhesión a la causa, sentimiento o actuación de otro u otros. || Modo de ser solidario.

SOLIDARIO, RIA adj. Se dice de ciertas obligaciones legales. || Que participa de los deberes o intereses de otro.

SÓLIDO, DA adj. Fuerte, seguro. || Se dice de la cosa que no se estropea con facilidad. || Cierto, probado con razones fundamentales. || adj. y m. Se dice del estado de la materia que se caracteriza por tener forma y volumen determinados, una gran densidad y una elevada cohesión entre sus partículas, de forma que sólo pueden tener movimientos de traslación. || Objeto material de tres dimensiones. || s., *física del estado* Parte de la física que estudia la naturaleza y propiedades de los s. así como el movimiento de las cargas eléctricas en ellos, de manera que permita distinguir entre conductor, semiconductor o aislante.

SOLILOQUIO m. Monólogo, acción de hablar alguien para sí mismo. || Discurso que se pronuncia.

SOLISTA com. Músico que ejecuta un solo de una pieza vocal o instrumental.

SOLITARIO, RIA adj. Desierto, no habitado ni transitado. || Sin compañía. || adj. y s. Que vive solo o ama la soledad. || m. Diamante grande engarzado aisladamente en una joya. || Juego, generalmente de naipes, que ejecuta una sola persona. || Ermitaño, crustáceo. || En zoología, tenia.

SOLO, LA adj. Sin compañía. || Aislado. || Abandonado, sin protección. || Único, sin otro de su misma especie. || m. Pasaje instrumental escrito para una sola voz o instrumento. || En la música de jazz, parte en la que un músico improvisa. || Paso de danza hecho sin pareja.

SÓLO adv. Únicamente, solamente; se escribe con acento para evitar la anfibología con el adjetivo homónimo.

SOLSTICIO m. Cualquiera de dos puntos de la eclíptica en que el Sol aparece a una máxima distancia del ecuador, o sea sobre el trópico de Cáncer (21 a 22 de junio), y sobre el trópico de Capricornio (21 a 22 de diciembre). El primero se llama s. de verano o vernal, en el hemisferio norte, y de invierno o hiemal en el hemisferio sur.

SOLTAR tr. y prnl. Liberar o desatar lo que estaba ceñido o atrapado. || Dejar salir lo que estaba encerrado o detenido. || Poner en libertad a un prisionero. || Dar libre expresión a un sentimiento o actividad fisiológica. || Asestar, pegar un golpe, tiro, etc. || Laxar. || Resolver o contestar una objeción, dificultad, etc. || Decir o hacer francamente lo que estaba reservado u oculto. || Perdonar a uno las deudas y obligaciones. || prnl. fig. Conseguir destreza en la realización de algo. || Perder la timidez en el trato. || Dar principio a una actividad o capacidad personal. || Decir o hacer una cosa intempestiva.

SOLTERO, RA adj. y s. Se dice de la persona que aún no ha contraído matrimonio. || adj. Libre, independiente.

SOLTURA f. Acción y efecto de soltar. || Desenvoltura o facilidad con que se ejecuta una cosa. || Facilidad en el hablar. || Inmoralidad, libertinaje.

SOLUBLE adj. Apto para disolverse. || Susceptible de ser resuelto.

SOLUCIÓN f. Acción y efecto de disolver. || Acción y efecto de resolver algo. || Mezca homogénea líquida, sólida o gaseosa formada por dos o más componentes que no pueden separarse mecánicamente. || Resultado de una duda, dificultad, problema, proceso, etc. || Cada una de las cantidades que satisfacen las condiciones de un problema o de una ecuación. || Desenlace de una obra literaria, dramática o cinematográfica.

SOLUCIONAR tr. Resolver o hallar la solución a un asunto, o problema.

SOLVENCIA f. Calidad de solvente. || Capacidad de satisfacer la deudas.

SOLVENTAR tr. Dar solución a una dificultad o asunto complicado. || Liquidar, pagar una deuda o cuenta.

SOLVENTE adj. Que resuelve una duda o halla la solución de un problema. || Libre de deudas. || Capaz de satisfacer lo que debe, o de cumplir una obligación a la que se compromete. || adj. y m. Líquido capaz de disolver una o más sustancias sólidas, líquidas o gaseosas, llamadas solutos.

SOLLOZAR intr. Respirar entrecortada y ruidosamente en medio de un llanto convulsivo.

SOMÁTICO, CA adj. Relativo al cuerpo, orgánico, especialmente en oposición a psíquico o funcional.

SOMBRA f. Tinieblas, falta de claridad que dificulta distinguir las cosas. || Proyección de un cuerpo opaco en relación con los rayos de luz de cada foco que sobre él inciden. || Figura que aparece sobre una superficie por interposición de un cuerpo opaco entre ella y la fuente de luz, y espacio comprendido dentro de sus límites. || Lugar al que, por interposición de un obstáculo, no llegan las señales difundidas por una emisora. || Fantasma, aparición de un difunto. || En dibujo o pintura, falta de luz y color, conseguida cuando se aplican tonos oscuros. || fig. Similitud o forma evocadora de una cosa: || Marcha, defecto, imperfección.

SOMBREAR tr. Dar sombra a una cosa. || Hacer los claroscuros en una pintura o dibujo. || tr. y prnl. Dar sombra a los párpados con maquillaje.

SOMBRERO m. Prenda para cubrir la cabeza, compuesta generalmente de copa y ala. || Cubierta sobre el púlpito para evitar que resuene en el techo la voz del predicador. || Cualquier cosa de forma semejante al sombrero que sirve de remate.

SOMBRILLA f. Utensilio en forma de paraguas para resguardarse del sol.

SOMBRÍO, A adj. Se dice del sitio donde casi siempre hay sombra. || En pintura, zona de sombra. || Taciturno, siniestro. || f. Umbría.

SOMERO, RA adj. Cercano a la superficie. || Ligero, de forma rudimentaria o superficial.

SOMETER tr. y prnl. Obligar una persona o comunidad a la voluntad de otra. || Imponer alguien su voluntad por las armas o por la fuerza. || Conformar la decisión, el afecto o el propio parecer al de otros. || tr. Exponer a la consideración de otro las opiniones, razones o reflexiones propias. || Confiar a otro la decisión o juicio sobre un determinado asunto o desacuerdo. || Exponer una cosa a la acción de otra.

SOMNÍFERO, RA adj. y m. Se dice de la sustancia, preparado o acción que produce sueño.

SOMNOLENCIA f. Estado entre el sueño y la vigilia. || Sueño, deseo de dormir. || Pereza, vagancia.

SON m. Sonido agradable, especialmente el musical. || Rumor público. || Motivo, pretexto. || Manera, tenor. || Unidad de medida de la sensación sonora. Es la intensidad de un sonido de 1 000 Hz, con un nivel de presión sonora de 40 dB sobre el nivel de audibilidad.

SONADO, DA adj. Popular, famoso. || Divulgado de modo ostentoso. || *hacer algo s.* Hacer algo notorio por sus consecuencias.

SONAJERO m. Juguete musical compuesto por un mango y sonajas o un recipiente con cuentas, que suena al agitarlo y se entrega a los niños muy pequeños para su distracción.

SONÁMBULO, LA adj. y s. Se dice de la persona que durante el sueño se levanta, anda, habla o realiza otros actos de un modo automático, sin recordarlos al despertar.

SÓNAR m. Equipo utilizado para la detección submarina sónica y ultrasónica, medida de distancias, sondeos y comunicación. Tiene aplicaciones militares, pesqueras, topográficas, aéreas, etcétera.

SONAR intr. Producir sonidos. || Tener valor fonético una letra. || Nombrarse, citarse. || tr. Tocar un instrumento u otra cosa para que suene armónicamente.

SONATA f. Composición musical para uno o más instrumentos y que consta generalmente de cuatro movimientos, siendo el primero de ellos el que tiene propiamente forma y consta de tres partes: exposición, desarrollo y reexposición. Es una forma bitemática tripartita.

SONDA f. Acción y efecto de sondar. || Paraje marino cuya profundidad es co-

múnmente conocida. || Tubo quirúrgico con el que se extraen líquidos o se introducen alimentos en el cuerpo. || *astronáutica* Nave espacial no tripulada enviada para explorar las condiciones del espacio.
SONDAR tr. Medir profundidades utilizando el escandallo. || Examinar mediante una sonda la naturaleza de algo. || Introducir una sonda en el cuerpo para desobstruir un conducto, introducir alguna sustancia o explorar un órgano. || Sondear.
SONETO m. Estrofa poética de 14 versos endecasílabos, en dos cuartetos y dos tercetos *(ABBA ABBA CDC DCD)*.
SONIDO m. Conjunto de sensaciones acústicas provocadas por vibraciones sonoras. || Manera peculiar de sonar cada letra. || Significación y valor literal que tienen las palabras. || En la acústica física, conjunto de ondas que producen los objetos que vibran, generando una variación periódica de la presión en cada punto del medio de propagación.
SONORIZAR tr. Aumentar la potencia sonora de un foco emisor empleando amplificadores electrónicos y altavoces. || Convertir en sonora una consonante sorda. || Incorporar sonido (ruidos, diálogo, música, etc.) a un filme, durante el rodaje o bien posteriormente.
SONORO, RA adj. Se dice de lo que suena o puede sonar. || Que suena intensa y agradablemente. || Que tiene buenas condiciones acústicas. || Se dice del lenguaje grandilocuente y rotundo. || adj. y f. Se dice del sonido en cuya pronunciación vibran las cuerdas vocales, y de la letra que lo representa. || adj. y m. Se dice del filme con sonido incorporado.
SONREÍR tr. y prnl. Reírse levemente y sin emitir ningún sonido. || fig. Tener aspecto agradable y atractivo las cosas. || Ofrecerse la vida, la fortuna o un asunto cualquiera con un aspecto agradable o esperanzador.
SONRISA f. Gesto facial, obtenido por contracción muscular, generalmente refleja, que levanta la comisura de los labios y que expresa agrado, simpatía, etcétera.
SONROJAR tr. y prnl. Provocar vergüenza de modo que afluya la sangre al rostro.

SONROSADO, DA adj. De color rosado, especialmente la piel de los niños o de personas saludables.
SONSACAR tr. Conseguir con habilidad que alguien diga o descubra lo que sabe y mantiene reservado. || Sacar furtivamente algo por debajo de donde está. || Solicitar secretamente a alguien para que deje el trabajo que tiene y lo preste en otra parte.
SOÑADOR, RA adj. Se dice de la persona que sueña mucho. || Que fantasea mucho sin tener en cuenta la realidad. || Que cuenta o cree historias de pura ficción.
SOÑAR tr. e intr. Imaginar durante el sueño sucesos o situaciones que se perciben como reales. || Pensar o imaginar cosas fantásticas y tenerlas por reales. || intr. Desear una cosa vivamente. || *ni soñarlo* Frase que expresa el convencimiento de que una cosa vaya a ocurrir o sea de un modo determinado. || *soñar despierto* Imaginar como real lo que es pura fantasía, o recrearse pensando en una cosa.
SOPA f. Alimento a base de caldo con pasta, cereales, pan, verduras o féculas troceados. || Lo que se echa en el caldo. || Rebanada de pan empapada en un alimento líquido (aceite, vino, etcétera).
SOPAPO m. Golpe que se da con la mano en la papada. || Bofetada.
SOPERO, RA adj. Se dice de todo recipiente o útil de mesa adecuado, por su profundidad, para la sopa. || Se dice de la persona aficionada a la sopa. || f. Vasija en la que se presenta la sopa en la mesa.
SOPESAR tr. Levantar una cosa para tantear su peso o para reconocerla. || Equilibrar el peso de una carga que lleva a lomos una caballería. || Considerar por anticipado los pros y los contras de un asunto.
SOPLAR intr. y tr. Despedir con fuerza aire por la boca formando una abertura estrecha entre los labios. || intr. Lanzar aire con un fuelle u otro aparato. || Correr el viento. || tr. y prnl. Hinchar con aire, particularmente el vidrio. || tr. Apartar con el soplo una cosa. || Tocar un instrumento musical de viento. || Birlar o quitar una cosa a escondidas. || Sugerir, inspirar. || Apuntar, decirle a alguien con disimulo lo

que no acierta o ignora para que lo repita. || Delatar. || intr. y prnl. fam. Beber o comer mucho. || prnl. Envanecerse, engreírse.

SOPLETE m. Instrumento para proyectar a presión un chorro de aire o de gas sobre una flama, a fin de dirigirla sobre un objeto y avivar la combustión, produciendo una elevada temperatura; se usa para soldar y fundir metales.

SOPLIDO m. Soplo brusco y enérgico.

SOPLO m. Acción y efecto de soplar, especialmente de una sola vez. || Lapso indeterminado pero muy breve. || Información proporcionada reservadamente. || Chivatazo. || *cardiaco* Ruido patológico producido por el corazón y audible por auscultación cardiaca.

SOPLÓN, NA adj. y s. Confidente, delator.

SOPOR m. Sueño patológicamente profundo previo al coma. || Por extensión, adormecimiento, modorra.

SOPORÍFERO, RA adj. y s. Que produce sueño; se dice especialmente de los fármacos que lo provocan. || Tedioso, aburrido en extremo.

SOPORTAR tr. Aguantar un peso o carga. || Resistir a una fuerza o presión. || Tolerar un dolor o padecimiento sin sucumbir a él.

SOPORTE m. Sustentáculo o apoyo de algo. || En una película, material sobre el que se extiende la sustancia sensible. || En pintura, superficie sobre la que se pinta. || Figura, generalmente fabulosa, que sostiene un escudo heráldico. || Aislador contra choques o vibraciones, consistente en una parte elástica y una o varias partes relativamente inelásticas, utilizado como s. para el aislamiento de un equipo.

SOPRANO adj. y m. Se dice del registro más agudo de las voces humanas, característico de mujeres y niños (voces blancas). || En una familia de instrumentos, de timbre parecido a la voz de soprano. || com. Cantante con este registro. || Hombre castrado.

SOR f. Término de tratamiento que se antepone al nombre de monjas de ciertas órdenes.

SORBER tr. Introducir un líquido en la boca, aspirándolo. || Atraer algo hacia el interior por succión. || Absorber una cosa a otra de la que se llena o impregna. || Tragar. || Escuchar y asimilar con atención.

SORBETE m. Pasta refrescante, helada y de sabor afrutado, que se sirve formando copete.

SORBO m. Acción y efecto de sorber. || Porción de líquido que cabe en la boca después de una sola aspiración. || Cantidad pequeña de un líquido. || *a sorbos* Al beber, hacerlo en pequeñas cantidades y con discontinuidad.

SORDERA f. Disminución o pérdida del sentido del oído.

SORDO, DA adj. y s. Se dice de la persona privada total o parcialmente del sentido del oído. || adj. Silencioso. || Se dice de la persona que hace caso omiso a los consejos, súplicas, peticiones, etc. || adj. y f. Se dice del sonido en cuya pronunciación no vibran las cuerdas vocales, y de la letra que lo representa. || *diálogo de sordos* Disputa en la que cada una de las partes sólo atiende a las propias razones. || *hacerse el s.* Mostrarse insensible a los mandatos, súplicas, peticiones, etcétera.

SORDOMUDO, DA adj. y s. Se dice de la persona sorda y muda, generalmente con problemas auditivos que han impedido el aprendizaje del habla.

SORNA f. Ironía. || Lentitud deliberada con que se hace o dice algo.

SORPRENDENTE adj. Que sorprende o admira. || Extraño, raro, asombro.

SORPRENDER tr. Pillar desprevenido a alguien. || Descubrir lo que alguien mantiene oculto o disimulado. || tr. y pnrl. Asombrar o admirar con alguna cosa imprevista o extraña.

SORPRESA f. Impresión causada por una cosa inesperada o extraña, generalmente agradable. || Cosa que sorprende. || Operación militar rápida e inesperada, con fines tácticos limitados.

SORTEAR tr. Someter a la decisión de la suerte. || Soslayar o evitar con habilidad un obstáculo o situación comprometida.

SORTEO m. Acción de sortear, especialmente en la lotería, o a los jóvenes para su destino en el servicio militar.

SORTIJA f. Anillo (joya). || Anilla. || Rizo de cabello en forma de anillo.

SORTILEGIO m. Adivinación supersticiosa. || Encantamiento, embrujo, atractivo irresistible.

SOSEGADO, DA adj. Apacible, tranquilo.
SOSEGAR tr. y prnl. Apaciguar, tranquilizar. || Aplacar el ánimo, la cólera o la ira. || intr. y prnl. Aquietarse, tranquilizarse. || intr. Dormir o descansar.
SOSIEGO m. Estado o sensación de quietud y apacibilidad.
SOSLAYO, YA adj. Oblicuo, ladeado o de través. || *al s.* Oblicuamente. || *de s.* Al soslayo. || De perfil, para atravesar un sitio angosto. || Con disimulo, en forma artera. || Con premura o superficialmente.
SOSO, SA adj. Falto o escaso de sal. || Monótono, poco atractivo o gracioso.
SOSPECHA f. Acción y efecto de sospechar. || *levantar sospechas* Provocarlas.
SOSPECHAR tr. Tener motivos para suponer alguna cosa o que alguien ha hecho algo, generalmente delictivo. || intr. Desconfiar, maliciar.
SOSPECHOSO, SA adj. y s. Que es sujeto de sospechas. || Que por su aspecto o comportamiento infunde desconfianza.
SOSTÉN m. Acción de sostener. || Pieza u objeto sobre la que reposa otra. || Persona o actividad que sostiene, ampara o asegura a otras. || Resistencia que ofrece un barco a la fuerza lateral del viento y que le permite mantener el equilibrio. || Prenda femenina que moldea y levanta el pecho, también usado en plural.
SOSTENER tr. y prnl. Sujetar o sustentar una cosa evitando que se caiga o mueva. || tr. Mantener o defender una idea, opinión, parecer, etc. || Tolerar, soportar. || Prestar apoyo o ayuda. || Costear los gastos de manutención de una persona. || Realizar algo de forma prolongada o continuada. || prnl. Mantenerse, guardar el equilibrio un cuerpo.
SOTANA f. Vestidura talar negra abotonada por delante a todo lo largo, que usan los eclesiásticos. || fig. Serie de golpes, paliza, zurra.
SÓTANO m. Parte edificada de una casa situada entre los cimientos o por debajo del nivel de la calle.
SOTO m. Terreno poblado de árboles y arbustos a orillas de un río o en una vega. || Terreno poblado de malezas, matas, árboles y arbustos.
SPORT adj. Deportivo. Se usa especialmente para designar algunas prendas de vestir. || Deporte.

SPRAY m. Aparato o máquina para pulverizar un líquido mediante un gas a presión, aerosol.
STAND m. Instalación montada en una exposición, feria, mercado, etc., para la venta o exhibición de productos.
STATUS m. Voz procedente de la sociología anglosajona. Posición social, sin connotaciones dinámicas de clase. || Más impropiamente, rol, papel en una colectividad.
STOP m. Palabra adoptada en los telegramas en sustitución de punto. || Señal de tráfico que impone la obligación de detener el vehículo, generalmente en un cruce, y ceder el paso a los demás.
STRESS m. Estado agudo de tensión o cansancio, físico o psíquico.
SU, SUS Apócope de *suyo, suya, suyos, suyas;* sólo se emplea antepuesto al nombre.
SUAVE adj. Liso, sin asperezas. || Agradable a los sentidos. || Plácido, tranquilo. || Calmoso, reposado. || Afable, apacible. || Se dice del vino agradable de beber, que puede ser al mismo tiempo ligero o con cuerpo.
SUAVIZAR tr. y prnl. Quitar la aspereza, hacer suave. || Mitigar la brusquedad del trato.
SUBALTERNO, NA adj. Subordinado o dependiente de alguien o de algo. || m. Empleado de baja categoría. || Oficial de empleo inferior al de capitán.
SUBARRENDAR tr. Dar o tomar en arriendo una cosa ya arrendada.
SUBARRIENDO m. Acción y efecto de subarrendar. || Contrato por el que se subarrienda algo. || Precio pagado por ello.
SUBASTA f. Procedimiento de venta que consiste en adjudicar algo al mejor postor. || Adjudicación de una contrata, obra o servicio público mediante licitación. || Venta pública que se hace por resolución judicial de los bienes embargados a un moroso. || *pública* La realizada sin limitación de participantes.
SUBASTAR tr. Vender una cosa o contratar arriendos, servicios, etc., al mejor postor, en pública subasta.
SUBCONCIENCIA f. Estado de conciencia disminuida o imperfecta, en el que los procesos mentales se realizan sin que el

individuo sea claramente consciente de su propia actividad y realidad.
SUBCONSCIENTE adj. Inconsciente. || m. Según ciertos autores, estado intermedio entre el inconsciente y el consciente y, según otros, inconsciente automático.
SUBCUTÁNEO, A adj. Que está debajo de la piel. || s., *tejido* Hipodermis.
SUBDESARROLLO m. Desarrollo insuficiente de algo. || Situación socioeconómica del país, región o cualquier área geográfica que se caracteriza por el bajo nivel comparativo de sus magnitudes económicas, fuertes desequilibrios sociales y espaciales en la distribución de rentas e insuficiencia y baja calidad de sus servicios sociales.
SÚBDITO, TA adj. y s. Se dice de la persona sometida a un superior, especialmente si dicha sumisión es absoluta. || Ciudadano de una monarquía, respecto del soberano. || Nacional del país que se cita.
SUBDIVIDIR tr. y prnl. Dividir una parte resultante de una división anterior.
SUBESTIMAR tr. y prnl. Dar a una persona o cosa menos valor del que realmente tiene.
SUBGÉNERO m. Categoría taxonómica intermedia entre el género y la especie. || Género artístico considerado de inferior empeño o calidad.
SUBIDA f. Acción y efecto de subir o subirse. || Pendiente considerada en la dirección ascendente.
SUBIDO, DA adj. Se dice del color, olor o sabor fuerte. || Elevado, caro o que excede de lo normal. || Fuera de tono, impropio o amoral.
SUBÍNDICE m. Índice situado en la parte inferior del símbolo matemático.
SUBIR intr. Ir de un sitio a otro más alto. || Montar en un vehículo o en una caballería. || Crecer en intensidad o altura ciertas cosas. || Mejorar la categoría, empleo o posición económica. || Ascender una cuenta, deuda, etc., a cierta cantidad. || Crecer en difusión o intensidad ciertas enfermedades. || intr. y tr. Elevar la afinación de una voz o instrumento. || Incrementar el precio o valor de algo. || tr. Ascender, remontar, ir hacia arriba. || Aumentar una cosa hacia arriba.
SÚBITO, TA adj. Repentino, inesperado, que sucede de pronto. || Impulsivo, irreflexivo. || adv. Repentina e inesperadamente. || *de s*. De pronto, de repente.
SUBJETIVO, VA adj. Referente al sujeto o ser humano, en oposición al mundo exterior. || Se dice del modo personal de pensar o sentir. || Se dice de la persona cuyos juicios y apreciaciones suelen estar muy influidos por su manera de ser o sus sentimientos.
SUBJUNTIVO, VA adj. y m. Se dice del modo verbal común a la mayoría de las lenguas indoeuropeas cuya acción está connotada a una expresión de duda, deseo, posibilidad, etc. En español, existe el llamado s. hipotético o futuro de s., tiempo verbal característico de dicho idioma que expresa la eventualidad de una acción.
SUBLEVAR tr. y prnl. Rebelarse o provocar la rebelión en forma colectiva y violenta contra la autoridad establecida o el orden público. || Indignar, irritar.
SUBLIMAR tr. y prnl. Enaltecer, ensalzar. || tr. Pasar un cuerpo directamente del estado sólido al gaseoso y viceversa. || Generar un mecanismo de defensa del yo mediante el cual los impulsos instintivos se desvían hacia fines no sexuales o apreciables socialmente.
SUBLIME adj. Excelso, eminente, de calidad extraordinaria; se dice de lo que alcanza un grado de belleza o de bondad insuperables, especialmente en el campo de la creación artística.
SUBMARINO, NA adj. Que está o sucede bajo la superficie marina. || m. Buque que puede navegar bajo el agua; básicamente usado con fines militares. || m. fig. Individuo que, perteneciendo a una organización política, se introduce en otra, sin dar a conocer su condición militante, para aplicar en ésta la línea de la anterior.
SUBORDINADO, DA adj. y s. Que está sometido a una persona, autoridad, etc. || Se dice de todo elemento gramatical regido o gobernado por otro, especialmente la fase subordinada regida por otra principal.
SUBORDINAR tr. y prnl. Someter a una persona o cosa a la dependencia de otro. || Considerar algunas cosas como accesorias o inferiores respecto a otras. || Postergar. || Supeditar unos elementos gramaticales a otros de categoría diferente.
SUBRAYAR tr. Trazar una raya horizontal por debajo de una palabra o frase.

|| Recalcar mediante la entonación, la insistencia, etc., algo que se dice. || Hacer notar o resaltar algo.

SUBTÍTULO m. Título complementario que a veces se añade al principal. || Traducción impresa y simultánea de los diálogos que se mantienen en un filme en versión original. En la proyección aparece en la parte inferior de la pantalla (se usa generalmente en plural).

SUBURBANO, NA adj. y s. Próximo a la ciudad. || adj. Del suburbio. || m. Habitante de un suburbio. || Tren que une los suburbios con el centro de la ciudad.

SUBURBIO m. Barrio a las afueras de una gran ciudad, donde reside la población con un nivel de vida más bajo. || Zona residencial, especialmente la alejada del centro de la ciudad y que aglomera numerosa población.

SUBVENCIÓN f. Acción de subvenir. || Ayuda económica, de carácter oficial, con la que se promueven actividades o se impulsan empresas y sectores económicos. Son discrecionales para el poder estatal, pero por éste puede obligarse en forma de convenios.

SUBVENIR tr. Ayudar, socorrer. || Sufragar, pagar el costo de una cosa.

SUBVERSIVO, VA adj. Que perturba o atenta contra el orden social establecido. || adj. y s. En los regímenes dictatoriales se usa, desde el poder, para denominar a cualquier opositor político del régimen, mantenga o no posturas pacíficas.

SUBYUGAR tr. y prnl. Oprimir, someter, sojuzgar.

SUCCIONAR tr. Chupar, absorber.

SUCEDÁNEO, A adj. y m. Se dice de cualquier cosa que puede sustituir a otra por la semejanza de sus efectos. || fig. Que imita o deriva de algo careciendo de las cualidades del original.

SUCEDER intr. Reemplazar, pasar una persona o cosa a sustituir a otra. || Heredar los bienes de alguien. || Descender, proceder, provenir. || impers. Acaecer, ocurrir.

SUCEDIDO m. Hecho, suceso, acontecimiento.

SUCESIÓN f. Acción y efecto de suceder. || Paso de una persona o cosa al lugar que ocupaba otra. || Acceso como heredero a los bienes de un difunto. || Descendencia, linaje. || Herencia. || Prole. || Transmisión de bienes, derechos y obligaciones a un heredero. || Tendencia que se observa en los cambios de los ecosistemas sobre largos periodos de tiempo. Generalmente la s. conduce a una mayor madurez y organización. || Conjunto infinito numerable (en correspondencia biyectiva con el conjunto de los números reales). Dada una s., $a_1, a_2,..., a_n$ que se representa abreviadamente por (a_n), se dice que tiene límite cuando existe un número l tal que, para todo $\epsilon > 0$, existe un número natural N, de modo que se cumple: $|l-a_n| < \epsilon$ para todo $n > N$.

SUCESIVO, VA adj. Que sucede o va inmediatamente detrás. || *en lo s.* En el futuro, de aquí en adelante.

SUCESO m. Acontecimiento, hecho importante que sucede. || Paso del tiempo. || Resultado final de un asunto. || Noticias de carácter luctuoso.

SUCESOR, RA adj. y s. Que sucede a otro, especialmente en un cargo o dignidad. || Heredero.

SUCIEDAD f. Cualidad de sucio. || Porquería, inmundicia. || fig. Vileza u obscenidad.

SUCINTO, TA adj. Breve, resumido, conciso. || fig. Pequeño, mínima expresión de algo.

SUCIO, CIA adj. Manchado, pringoso, mugriento, con polvo o impurezas. || Que se ensucia con facilidad. || Que ensucia o produce suciedad. || Lleno de pecados o defectos. || Obsceno, deshonesto. || Se dice del color no puro, generalmente con mezcla de gris o negro. || Con daño, infección o contagio. || adv. Tratándose del juego o del proceder, con dureza, trampas o engaños.

SUCULENTO, TA adj. Sabroso y nutritivo. || Se dice de la planta u órgano vegetal de estructura carnosa, cutícula engrosada y abundante reserva hídrica.

SUCUMBIR intr. Caer, rendirse. || Abandonar la lucha o resistencia. || Morir. || Perder una querella o pleito.

SUCURSAL adj. y f. Se dice del establecimiento comercial, industrial o bancario que depende y sirve de ampliación a otro más importante llamado central.

SUDAR intr. y tr. Despedir el sudor por los poros de la piel. || Rezumar algún

líquido ciertas plantas y frutos. || Formar gotitas de agua en su superficie algunas cosas muy húmedas. || fig. Trabajar con desvelo o fatiga. || tr. Empapar o mojar en sudor. || fig. Dar una cosa a disgusto. || *hacer s.* Dar mucho trabajo una cosa. || Hacer trabajar mucho a alguien.
SUDARIO m. Lienzo con que se cubre la cara de un cadáver o se envuelve su cuerpo.
SUDESTE m. Sureste.
SUDOESTE m. Suroeste.
SUDOR m. Líquido incoloro producido por la secreción de las glándulas sudoríparas. Su función es regular la temperatura del cuerpo. Está formado por agua en su mayor parte, sales minerales, colesterol, ácidos grasos, etc. || Cada una de las gotas de agua que se forman en la superficie de algunas cosas muy húmedas.
SUECO, CA adj. De Suecia. || m. Lengua germánica del grupo nórdico hablada en Suecia, Estonia y alguna zona costera de Finlandia. Tiene una gran riqueza fonética (19 sonidos vocálicos y multiplicación de las dentales).
SUEGRO, GRA m. y f. Con respecto a una persona, padre o madre del cónyuge. || f. Parte más cocida y delgada del pan.
SUELA f. Parte del calzado debajo del pie y en contacto con el suelo. || Cuero grueso y fuerte usado para suelas. || Trozo de cuero que se coloca en la espiga de los grifos para cerrar el paso del agua. || Zócalo, cuerpo inferior de un edificio u obra. || Lenguado. || pl. Sandalias de algunas órdenes religiosas. || *de tres, de cuatro o de siete s.* Redomado, destacado.
SUELDO m. Moneda antigua, con distinto valor según tiempos y países. || Sólido, antigua moneda de oro romana. || Paga o remuneración que se percibe regularmente por un trabajo. || *a s.* Mediante remuneración fija.
SUELO m. Estructura sólida y porosa, de composición heterogénea, que ocupa la parte más superficial de la litosfera. A su formación contribuyen los mecanismos de disgregación de las rocas (física y química) y la propia actividad de los organismos asentados. || Superficie inferior sobre la que se apoyan algunas cosas. || Superficie sobre la que se anda. || Sedimento o poso de un líquido. || Solar de un edificio. || Pavimento, superficie recubierta de algún material para hacerla lisa y resistente. || Elemento arquitectónico que separa los distintos pisos de un edificio.
SUELTO, TA adj. Ágil, rápido. || Diestro en la ejecución de una cosa. || Se dice del lenguaje o del estilo desenvuelto. || Desenfrenado. || Disperso, disgregado, esponjoso. || Que tiene diarrea. || Libre, que no forma parte de un conjunto. || Holgado, no ajustado. || Que no está envasado o empaquetado. || Se dice del verso libre. || adj. y m. Se dice de las monedas fraccionarias. || Se dice del escrito de corta duración y sin firma inserto en un periódico.
SUEÑO m. Estado fisiológico propio del hombre y de los animales superiores, de presentación periódica, en el cual se suspenden los procesos integrativos que tienen lugar al nivel de la corteza cerebral entre las vías nerviosas aferentes y las vías eferentes o motrices. || Ganas de dormir. || Actividad psíquica (sucesos, escenas, etc.) que se desarrolla durante el sueño independientemente de la voluntad del que duerme. || Ilusión, deseo, fantasía.
SUERO m. Parte líquida de un fluido orgánico (sangre, linfa, leche) después de la coagulación del mismo. || Por extensión, solución de electrolitos utilizada terapéuticamente para reponer líquidos, crear defensas, etc. || *fisiológico* El de solución salina normal.
SUERTE f. Combinación de circunstancias que no se pueden prever ni evitar. || Hecho casual que sea favorable o adverso lo que sucede. || Fortuna favorable. || Cada uno de los sucesos que se consideran predeterminados para una persona o cosa. || Cualquiera de los medios casuales empleados antiguamente para adivinar el porvenir. || Cada una de las circunstancias fortuitas a las que se confía el resultado de un asunto. || Sorteo de jóvenes en edad militar para cubrir el cupo de cada reemplazo. || Situación, estado.
SUFICIENCIA f. Competencia, aptitud. || fig. Pedantería, fatuidad.
SUFICIENTE adj. Que tiene la cantidad necesaria. || Adecuado. || fig. Afectado, pedante.
SUFIJO, JA adj. y m. Se dice del morfema derivativo que se pospone al radical de una palabra. La mayoría de las desi-

SUFRAGAR nencias gramaticales indoeuropeas (género, número, tiempo verbal, caso, etc.) son sufijos.

SUFRAGAR tr. Auxiliar, ayudar, socorrer. || Pagar los gastos, costear, satisfacer.

SUFRAGIO m. Ayuda, subsidio. || Oración u otro acto de valor religioso que se hace por las almas del purgatorio. || Parecer, opinión o deseo que se expresa. || Mecanismo por el que un individuo emite su opinión, sea para la provisión de cargos en su colectividad o para que ésta adopte una línea determinada. En política, elemento básico de una elección.

SUFRIDO, DA adj. Que sufre o soporta pacientemente algo. || Se dice del color en el que se nota poco la suciedad, o del tejido muy resistente al uso.

SUFRIMIENTO m. Dolencia física o moral. || Conformidad con que se sufre una cosa.

SUFRIR tr. Experimentar un dolor, cambio, etc. || Sobrellevar un dolor físico o moral con fortaleza o resignación. || intr. Aguantar, soportar. || Tolerar, consentir. || Sostener, resistir. || Expiar. || Someterse a una prueba o examen.

SUGERENCIA f. Acción de sugerir. || Cosa sugerida.

SUGERIR tr. Insinuar o inspirar en alguien una idea o iniciativa. || Evocar.

SUGESTIÓN f. Acción y efecto de sugestionar. || Acción de sugerir. || Idea o iniciativa sugerida. || Proceso psíquico mediante el cual un individuo induce una idea o un sentimiento en otro individuo o en sí mismo (*autosugestión*).

SUGESTIONAR tr. Producir sugestión. || Ejercer gran influencia en el ánimo de alguien hasta el punto de influir en sus percepciones, juicios o formas de actuar. || prnl. Sentir sugestión.

SUGESTIVO, VA adj. Que sugiere o sugestiona. || Atractivo, prometedor.

SUICIDA com. Persona que se quita voluntariamente la vida. || adj. y com. Se dice de la persona consciente de estar arriesgando gravemente su vida. || Se dice de la persona que intenta suicidarse. || adj. Se dice del acto o proceder que perjudica o aniquila a quien lo ejecuta.

SUICIDIO m. Acción y efecto de suicidarse. || Cualquier proyecto descabellado o peligroso que puede perjudicar al que lo realice.

SUI GENERIS Expresión latina que significa 'especial', 'muy singular'.

SUIZO, ZA adj. y s. De Suiza. || Bollo muy esponjoso de huevo, harina y azúcar. || Chocolate a la taza con nata. || f. Disputa, contienda.

SUJECIÓN f. Acción de sujetar o sujetarse. || Cualquier medio de sujetar firmemente una cosa. || Figura retórica por la cual el autor se hace preguntas a sí mismo, respondiéndolas. || Anticipación o prolepsis.

SUJETAR tr. y prnl. Dominar a alguien. || Agarrar. || Fijar, afirmar, unir.

SUJETO, TA adj. Expuesto a un peligro o propenso a algo. || m. Asunto, tema de un escrito, en desuso. || Una de las dos partes o términos fundamentales de la oración (la otra es el predicado). Es aquel de quien se dice o enuncia algo, o bien el agente de la acción expresada. || Individuo; es despectivo. || En epistemología, sinónimo de yo; uno de los polos del conocimiento, opuesto al objeto; en lógica, término del cual se predica, opuesto a predicado. || *de derecho* Toda persona, física o jurídica, a la que el ordenamiento jurídico reconoce la titularidad de derechos y obligaciones con relevancia jurídica. || *elíptico* El que no se halla expresado en la oración pero se halla implícito en el número y persona verbales; suele darse indeterminación de género.

SULFATO m. Sal o éster del ácido sulfúrico. || *de magnesio* Sal del ácido sulfúrico. Polvo blanco soluble en agua. Se usa en explosivos, cerillas y medicina.

SULFURAR tr. Convertir en sulfuro. || Introducir el azufre combinado o disuelto en un grupo químico || tr. y prnl. Enojar, enfurecer, exasperar.

SULFURO m. Cada una de las sales que provienen del ácido sulfhídrico. Se usan en electroquímica, química analítica, etcétera.

SULTÁN, NA m. y f. Título adoptado desde el siglo XI por diversos príncipes islámicos independientes y especialmente por los soberanos turcos otomanos entre 1389 y 1924. || f. Mujer del sultán. || Especie de galera que usaban los turcos.

SUMA f. Conjunto de ciertas cosas, y especialmente de dinero. || Acción y resultado de sumar. || Lo más esencial o importante de una cosa. || Resumen o compendio de las diversas partes y saberes de una ciencia. || Operación que tiene por objeto reunir varias cantidades homogéneas en una sola, que se llama s. o *adición*. Cada uno de los términos de la s. se llaman *sumandos*, y la operación se indica mediante el símbolo +, que se lee "más". || *en s.* Resumiendo, recapitulando. || *s. y sigue* Indica que continúa la s. en la plana siguiente. || Denota también repetición o continuación de algo.

SUMANDO m. Cada término de una suma.

SUMAR tr. Compendiar, resumir o reunir los saberes que atañen a una ciencia o materia. || Formar con varias cantidades homogéneas una cantidad total que las reúna. || Importar o ascender una factura a la cantidad que se expresa. || prnl. Alistarse en un partido político, agrupación, etc., incorporarse a determinado grupo. || Mostrarse solidario o activo con actos tales como manifestaciones, recitales, etcétera.

SUMARIO, RIA adj. Sucinto, conciso, compendiado. || Se dice de ciertas formas procesales en causas civiles en las que se prescinde de determinadas formalidades en aras de la rapidez. || m. Fase del proceso judicial en la que el juez, bajo supervisión fiscal, realiza las actuaciones escritas previas al juicio oral, que tienen como finalidad aclarar las circunstancias del delito y la culpabilidad del acusado, pudiendo decretar contra éste medidas privativas de libertad. || Síntesis, recopilación, resumen. || Índice temático de una publicación.

SUMERGIBLE adj. Capaz de sumergirse. || m. Submarino, embarcación que navega bajo el agua.

SUMERGIR tr. y prnl. Introducir una cosa en determinado líquido hasta que resulte totalmente cubierto por éste. || Sumir, abismar.

SUMIDERO m. Conducto de desagüe. || Boca de alcantarilla.

SUMINISTRAR tr. Abastecer, proveer, proporcionar lo necesario.

SUMIR tr. y prnl. Sumergir o meter bajo tierra o agua. || Hundir en un determinado estado, abatir. || tr. Tomar el sacerdote el pan y el vino de la eucaristía. || prnl. Hundirse una parte del cuerpo, formarse una cavidad o repliegue. || fig. Abatirse, deprimirse. || Abstraerse.

SUMISIÓN f. Acción y efecto de someterse. || Subordinación y obediencia que unas personas tiene respecto a otras. || Acatamiento y respeto que se tiene al juicio de otro. || Sometimiento de una de las partes a jurisdicción distinta de la que le correspondería por su fuero. || fig. Mansedumbre excesiva, cortedad de espíritu.

SUMO, MA adj. Supremo. || Enorme. || *a lo s.* Al límite máximo al que puede llegar una persona o cosa. || Cuando más, si acaso.

SUNTUOSO, SA adj. Lujoso, fastuoso. || Señorial en el porte o en el gesto.

SUPEDITAR tr. Sujetar, dominar. || Dominar, avasallar. || Subordinar, someter. || Condicionar o poner en relación cierta cosa con el resultado o cumplimiento de otra. || prnl. Someterse, ponerse a la disposición de otro.

SUPERAR tr. Aventajar, sobrepasar. || Pasar con éxito una prueba, dificultad, situación difícil, etc. || prnl. Hacer alguien una cosa mejor de lo que en él es habitual.

SUPERÁVIT m. Saldo a favor de los elementos que se consideran como ingresos, frente a los gastos.

SUPERCONDUCTOR m. Metal, aleación metálica o compuesto químico que presenta la propiedad de la superconductividad. Por ej., el estaño, plomo, etcétera.

SUPERCHERÍA f. Trampa, treta, engaño.

SUPERESTRUCTURA f. Parte de una estructura que queda por encima de la superficie del suelo o del agua. || Parte de un barco que se encuentra sobre la cubierta.

SUPERFICIAL adj. De la superficie. || Poco profundo o situado en la superficie. || fig. Ligero, insustancial, falto de solidez. || Trivial, frívolo.

SUPERFICIE f. Parte exterior de un cuerpo que la separa y distingue del resto del espacio. || Porción de tierra. || Apariencia externa. || Configuración geométrica con dos dimensiones. Una s. es un conjunto de puntos $(x, y, z)=0$. || *de revolución* La s. que resulta de la rotación espacial de una línea alrededor de una línea recta o eje. || *helicoidal* La que resulta del giro y la traslación conjunta a lo largo de un eje.

SUPERFLUO, FLUA adj. Innecesario, sobrante.

SUPERÍNDICE m. Índice situado en la parte superior del símbolo matemático.

SUPERIOR adj. Más alto que otra cosa. || Se dice de lo más estimable respecto de otras cosas. || Que se singulariza por sus cualidades. || Magnífico, excelente. || Se dice de los lugares o territorios situados en la parte alta de la cuenca de los ríos.

SUPERIOR, RA m. y f. Persona que dirige una congregación o comunidad religiosa. || Persona que tiene autoridad sobre otra.

SUPERIORIDAD f. Preeminencia, excelencia de una persona o cosa respecto de otra. || Persona u organismo de autoridad superior. || fam. Autoridad, poder gubernativo.

SUPERLATIVO, VA adj. Se dice de lo excelente o de enorme tamaño. || Grado de comparación que indica, a través de un adjetivo o adverbio, una cualidad, modalidad o estado en su grado máximo (*la más bella, bellísima*). Puede ser absoluto, si no existe ningún término de comparación, o relativo, cuando existe.

SUPERMERCADO m. Tienda de comestibles, artículos de limpieza, etc., donde los compradores se suelen servir ellos mismos y pagan a la salida.

SUPERNUMERARIO, RIA adj. Que excede del número señalado o establecido. || Se dice del militar excedente. || adj. y s. Se dice del empleado que trabaja en un centro oficial y no figura en plantilla.

SUPERPONER tr. y prnl. Situar una cosa encima de otra. || Conceder mayor importancia a una cosa que a otra.

SUPERPRODUCCIÓN f. Exceso de producción. || Filme de costo elevado en el que generalmente se utilizan medios de producción muy complejos y efectistas.

SUPERSÓNICO, CA adj. Se dice de la velocidad superior a la del sonido en el aire. || Se dice del avión que puede sobrepasar dicha velocidad. || fam. Rapidísimo.

SUPERSTICIÓN m. Creencia errónea, generalmente de tipo religioso, contraria a la razón, nacida de la ignorancia o del miedo a cosas desconocidas o de carácter misterioso.

SUPERVISAR tr. Verificar lo que ya ha sido visto, reconocido o inspeccionado.

SUPERVIVENCIA f. Acción y efecto de sobrevivir. || Lo que sobrevive al paso del tiempo. || Gracia concedida a uno que le permite gozar una renta o pensión después del fallecimiento de quien la obtenía.

SUPINO, NA adj. Tendido boca arriba. || Referente a la supinación. || fig. Se dice de la estupidez, en grado superlativo.

SUPLANTAR tr. Sustituir ilegalmente, ocupar fraudulentamente el lugar de otro. || Falsificar un escrito con palabras o frases que tergiversen su sentido.

SUPLEMENTO m. Acción y efecto de suplir. || Complemento, lo que se añade a otra cosa para perfeccionarla o completarla. || Hoja u hojas que se adjuntan a un número ordinario de periódico o revista.

SUPLENTE adj. y com. Que suple.

SÚPLICA f. Acción y efecto de suplicar. || Acta por la que se suplica o solicita algo. || Cláusula de cortesía incluida al final de un escrito dirigido a la autoridad judicial o administrativa, en el que se solicita algo.

SUPLICAR tr. Rogar, implorar, pedir humildemente. || Recurrir ante un tribunal superior una resolución dictada por el mismo.

SUPLICIO m. Dolor corporal muy intenso y prolongado que se infligía como castigo. || Lugar donde se aplicaba este castigo. || Padecimiento físico o moral prolongado e intenso. || *último s.* Pena capital.

SUPLIR tr. Completar lo que falta de una cosa o remediar su carencia. || Sustituir, reemplazar. || Disimular o excusar un defecto de otro.

SUPONER, 1 m. Suposición, conjetura.

SUPONER, 2 tr. Considerar como cierta o existente una cosa. || Fingir, dar existencia ideal a lo que realmente no la tiene. || Implicar.

SUPOSICIÓN f. Acción y efecto de suponer. || Lo que se supone o se tiene por obvio. || En lógica medieval, aquello a que puede responder un término.

SUPOSITORIO m. Preparación farmacéutica sólida de forma cónica, con una sustancia medicamentosa incorporada a otra fusible por el calor corporal, y que al ser introducida por vía rectal o vaginal deja libre el principio activo.

SUPRARRENAL adj. Situado por encima del riñón; se dice especialmente de un tipo de glándulas.

SUPREMACÍA f. Superioridad, preeminencia.

SUPREMO, MA adj. Sumo, del más alto grado o calidad. || Culminante, vital, decisivo. || m. Tribunal Supremo. || f. Consejo de la Suprema Inquisición.

SUPRIMIR tr. y prnl. Eliminar, abolir, anular. || Omitir algo que se dice o escribe.

SUPUESTO, TA adj. Pretendido, falso, fingido. || m. Lo que no se expresa en la proposición pero de lo que depende o en lo que se funda su verdad. || Hipótesis sobre la que se basa lo que se dice.

SUPURAR intr. Crear o expulsar pus. || Impropiamente, rezumar.

SUR m. Punto cardinal diametralmente opuesto al N. Recibe también el nombre de mediodía. || País o zona terrestre situado en esta dirección. || Viento que sopla desde esta parte.

SURCAR tr. Hacer surcos. || Trazar rayas o estrías semejantes a los surcos. || Cruzar el aire o el mar.

SURCO m. Abertura prolongada que se hace con el arado en la tierra. || Señal o huella que deja una cosa al pasar sobre otra. || Arruga profunda del rostro. || Ranura o cisura que en algunos casos permite el paso de elementos anatómicos por su interior. || Trazo producido en un disco fonográfico por el estilete grabador.

SURGIR intr. Surtir, fluir, brotar el agua. || Fondear una nave. || Salir, aparecer, presentar de súbito.

SURREALISMO m. Movimiento artístico y literario que surgió en Francia en 1924 (Breton: *Manifiesto surrealista*). Defendía la plena liberación de la capacidad creadora, a través del automatismo psíquico: abolición de los procesos racionales de la mente, despreocupación por las tradiciones estéticas. || fam. Carácter de lo que resulta ilógico y descabellado.

SURTIDOR, RA adj. y s. Proveedor. || m. Chorro de agua que sale hacia arriba. || Bomba de extracción de gasolina en una estación de servicio. || Chorro de petróleo que brota de la tierra.

SURTIR tr. y prnl. Proveer, abastecer, aprovisionar. || intr. Brotar el agua, especialmente hacia arriba.

SUSCEPTIBLE adj. Que cambia o se impresiona con facilidad. || Quisquilloso, propenso a ofenderse.

SUSCITAR tr. Causar, promover, provocar, originar.

SUSCRIBIR tr. Poner la firma al pie de un escrito. || Convenir, aceptar como propia la opinión de otro. || tr. y prnl. Abonar o abonarse a una publicación periódica. || Aportar parte del capital de una empresa mediante adquisición de sus acciones.

SUSODICHO, CHA adj. Antedicho, sobredicho.

SUSPENDER tr. Colgar, sostener en alto. || Desposeer a alguien temporalmente de un sueldo o empleo. || No obtener el aprobado en un examen. || tr. y prnl. Aplazar, diferir, detener una acción por algún tiempo.

SUSPENSIÓN f. Acción y efecto de suspender o colgar. || Sanción por la que se suspende temporalmente a alguien del ejercicio de un empleo o de la percepción de un sueldo. || Medida disciplinaria consistente en dejar sin efecto una norma o un conjunto de normas.

SUSPENSIVO, VA adj. Que puede suspender o interrumpir.

SUSPENSO, SA adj. Perplejo, admirado. || m. Calificación de haber sido suspendido en un examen. || *en s.* Pendiente, interrumpido, aplazado.

SUSPICACIA f. Calidad de suspicaz. || Idea o actitud suspicaz.

SUSPIRAR intr. Emitir suspiros. || *s. uno por algo* o *por alguien* Ansiar mucho una cosa o amar a una persona intensamente.

SUSPIRO m. Aspiración fuerte y profunda seguida de una expiración audible, que generalmente denota pena, cansancio, tristeza, alivio o deseo.

SUSTANCIA f. Lo más importante o fundamental de cualquier cosa. || Ser, esencia o naturaleza de las cosas. || Lo que hay de permanente en un ser, distinto de cualquier accidente. || Cada una de las distintas clases de materia. || Jugo o parte nutritiva de los alimentos. || Cualquier cosa de la que se nutre otra. || Fortuna, hacienda. || Estimación e importancia que tienen las cosas. || Juicio, sensatez. || Contenido esencial de un escrito, discurso o conversación. || En filosofía, ente que existe por sí. || *gris* Materia gris. || *en s.* En esencia, compendiosamente. || *sin s.* Se dice de la persona superficial e insulsa.

SUSTANTIVO, VA adj. Que existe por sí mismo y goza de independencia. || adj. y m. Se dice de la categoría gramatical que expresa sustancia. Sinónimo de nombre y opuesto a los accidentes.

SUSTENTAR tr. y prnl. Mantener una cosa en su estado o apariencia. || Proporcionar manutención. || Proveer de lo necesario para determinada empresa. || Sostener una cosa, mantenerla recta o en pie. || Defender determinada opinión o juicio. || Estacionarse aparentemente un cuerpo en un fluido, flotar en él.

SUSTENTO m. Alimento. || Cosa que sostiene o apoya otra. || Cosa necesaria para la pervivencia de algo o la consecución de una empresa.

SUSTITUCIÓN f. Acción y efecto de sustituir. || Reacción en la que un átomo o un radical remplaza a otro átomo o radical. || Operación algebraica con la cual se pasa de una permutación a otra. || Método de integración que consiste en expresar la variable que aparece en el integrando por otra variable, de forma que la integral pueda ser determinada. || Método de resolver un sistema de ecuaciones. || Designación de un nuevo heredero o legatario para que a falta del primer designado lo remplace. || *de persona* o *cargo* Delito cometido por quien, para procurarse alguna ventaja o producir algún daño, sustituye a otra persona o se atribuye un falso nombre o cargo.

SUSTO m. Sobresalto brusco y nervioso del ánimo, generalmente por miedo.

SUSTRACCIÓN f. Resta.

SUSTRAENDO m. Cantidad que ha de sustraerse en una resta.

SUSTRAER tr. Separar, sacar, apartar. || Robar o estafar determinada cosa o cantidad de dinero. || Restar. || prnl. Distanciarse de las propias obligaciones, ideas o sentimientos.

SUSURRAR intr. Hablar en voz baja, especialmente si se hace de forma entrecortada o produciendo un rumor sordo y continuo. || fig. Producir un suave ruido el aire, agua, etc., casi calmos al rozar con las cosas: piedras, árboles, etc. || intr. y prnl. Divulgarse algo que era secreto, correrse el rumor.

SUSURRO m. Murmullo, rumor continuo que se produce al hablar en voz muy baja. || fig. Silbido suave que producen algunas cosas, como la brisa, las aguas corrientes al avanzar calmas, etcétera.

SUTIL adj. Delicado, muy delgado o tenue. || fig. Perspicaz, agudo o ingenioso. || Se dice del dicho o idea de naturaleza compleja, especialmente los intrascendentes basados en juegos de palabras.

SUTILEZA f. Calidad de sutil. || fig. Agudeza, dicho o idea brillantes o ingeniosos, aunque triviales. || Instinto de los animales.

SUTURA f. Conjunto de métodos quirúrgicos destinados a obtener la cicatrización de una herida mediante la unión de sus bordes. || Articulación de los huesos planos de la cara y el cráneo. || Línea más o menos aparente que une partes de un órgano floral. || Unión de cosas.

SUYO, SUYA, SUYOS, SUYAS Pronombre posesivo de tercera persona en género masculino y femenino y número singular y plural. Se usa pospuesto al nombre o unido a él a través de un verbo copulativo. || *dar lo s.* (a alguien) Darle su merecido, hacer justicia. || *de s.* Por propia voluntad o naturaleza. || *ir a lo s.* Obrar atendiendo sólo a sus propios intereses. || *la s.* El interés o voluntad de la persona de quien se habla. || *lo s.* Lo normal, lo lógico, correcto y adecuado. || Dificultad o valor intrínseco de una cosa. || *ser muy s.* Ser muy independiente, celoso de los propios derechos, reservado.

T f. Vigésima tercera letra del abecedario castellano (T, t) y decimonovena de sus consonantes. Su nombre es *te*. || Abreviatura de tonelada métrica, tiempo y temperatura (t). || Abreviatura que indica el periodo de oscilación. Además indica la temperatura absoluta, tesla y tera (T).

TABACALERO, RA adj. Relativo al tabaco. || adj. y s. Que cultiva o tuerce tabaco, o que comercia con él.

TABACO m. Cigarro o cigarrillo. || Enfermedad de algunos árboles, cuyo tronco se descompone en un polvo pardusco o negro.

TABAQUERO, RA adj. y s. Que tuerce el tabaco o comercia con él. || f. Caja para tabaco. || Cajita o recipiente con agujeros en su parte superior para guardar y aspirar el tabaco en polvo. || Cazoleta de la pipa. || Petaca para tabaco picado.

TABAQUISMO m. Toxicomanía originada por el consumo crónico de tabaco.

TABARRA f. Persona o cosa pesada y molesta.

TABERNA f. Establecimiento donde se vende o se sirve vino y otras bebidas, y en algunos casos también comidas.

TABERNÁCULO m. Sagrario. || fam. Taberna, tasca, bodega.

TABERNERO, RA m. y f. Encargado o empleado en una taberna.

TABICAR tr. Cerrar con tabique una puerta, ventana u otra abertura. || tr. y prnl. Tapar u obstruir lo que debía estar abierto o tener circulación y acceso.

TABIQUE m. Pared delgada, que generalmente sirve para la división de las habitaciones de las casas. || Separación plana y delgada entre dos huecos. || Estructura anatómica laminar, en especial membranosa, que separa dos partes contiguas de un órgano. || *de carga* El de ladrillos sentados de plano, en el que se apoyan las vigas. || *del escroto* Pared muscular que divide la bolsa testicular y separa los testículos. || *de panderete* El de ladrillos puestos de canto. || *nasal* Lámina osteocartilaginosa formada por el vómer y el cartílago nasal, que separa las fosas nasales.

TABLA f. Pieza generalmente de madera, plana, larga y estrecha, de poco espesor, y de caras paralelas. || Cara más ancha de un madero. || Dimensión mayor de las dos que tiene un madero cortado a escuadra. || Diamante plano y poco grueso. || Parte de un vestido que se deja sin doblar. || Pliegue ancho, largo y plano en la ropa. || Cada división de las tablas reales. || Tablilla de anuncios. || Índice de materias de un libro, generalmente en orden alfabético. || Lista o catálogo de cosas ordenadas. || Esquema cuadrangular sobre el cual se pueden leer los resultados de una operación definida entre determinados elementos o buscar alguna relación entre ellos (t. de multiplicar, de logaritmos, etcétera).

TABLADO m. Suelo plano de tablas unidas por el canto. || Plataforma de tablas construida en alto sobre un armazón. ||

Patíbulo. || Suelo del escenario de un teatro. || Suelo de tablas de una cama sobre el que se coloca el colchón. || Suelo de tablas del carro.
TABLERO adj. Se dice del madero que puede cortarse en tablas. || m. Madera, o láminas de madera unidas, de superficie llana. || Ábaco. || Plancha de madera u otro material rígido, especialmente la que se utiliza para fijar en ella cualquier cosa. || Superficie de una piedra labrada. || Cuadro en una hoja de puerta o ventana. || Mostrador de una tienda. || Timba, casa de juego. || Mesa grande de sastre. || Conjunto de tablas de huerta o jardín. || Suelo bien cimentado de una represa. || Tabla con las divisiones adecuadas para ciertos juegos de fichas (ajedrez, damas, parchís, etc.). || Pizarra. || *de instrumentos* Panel donde están las terminales de control y maniobra de una factoría o vehículo.
TABLETA f. Madera de sierra de distintas dimensiones según la región, empleada especialmente para entarimar. || Comprimido, pastilla. || Placa de chocolate compuesta de varias porciones.
TABLÓN m. Tabla gruesa. || fam. Borrachera. || *de anuncios* Tabla en la que se fijan anuncios y comunicados.
TABÚ m. Término de origen polinesio aplicado a personas o cosas con las que se prohibe, bajo severas penas, todo tipo de contacto, por ser consideradas sagradas. || Por extensión, toda prohibición supersticiosa o sin motivos racionales. || Fenómeno de no utilización de ciertas palabras, por razones religiosas o sociales (pudor, buen gusto, etc.). Importante en la génesis del cambio lingüístico.
TABULADOR, RA adj. y s. Que tabula. || f. Automatismo que tabula e imprime datos y resultados de operaciones aritméticas según se indique en las fichas perforadas con que funciona. Consta de una cabeza lectora, una calculadora y una máquina de escribir.
TABURETE m. Asiento individual sin respaldo ni brazos. || Silla con respaldo muy estrecho. || Banquillo.
TACAÑO, ÑA adj. y s. Mezquino, avariento.
TÁCITO, TA adj. Callado, silencioso, reservado. || Todo aquello que no se entiende, oye o percibe, sino que se supone o se deja entrever, por algunas razones expresas.
TACITURNO, NA adj. Habitualmente callado o poco hablador. || Triste, melancólico o apesadumbrado.
TACO m. Pedazo de material sólido, corto y grueso, que se encaja en algún hueco. || Pieza pequeña de madera, plástico o plomo que se empotra en una pared para fijar en ella un clavo o tornillo. || Tarugo de madera. || Cilindro de trapo, papel, estopa u otra materia que se colocaba entre la pólvora y el proyectil en las armas de fuego. || Cilindro de cualquier material con el que se aprieta la carga de un barreno. || Baqueta de las armas de fuego. || Cilindro de cuero u otro material que se fija en el calzado deportivo para no resbalar. || Pieza de cuero o madera que transmite el impulso a la lanzadera del telar.
TACÓN m. Pieza semicircular más o menos alta unida a la suela del calzado por la parte que corresponde al talón. || Bastidor que sujeta el pliego para imprimirlo.
TACONEAR intr. Hacer ruido con los tacones al andar o bailar. || Andar con arrogancia. || fig. Ir de un sitio para otro haciendo gestiones.
TÁCTICO, CA adj. Relativo a la táctica. || m. y f. Persona entendida en táctica. || f. Conjunto de reglas para disponer y emplear las tropas en combate. || Sistema establecido para conseguir un fin determinado.
TACTO m. Forma de sensibilidad cutánea por la que se perciben las características físicas de los objetos con los que se entra en contacto. || Método de exploración clínico de una cavidad, especialmente la vaginal o rectal, mediante la introducción de un dedo enguantado. || Acción de tocar. || fig. Habilidad para tratar a las personas con acierto y según las circunstancias.
TACHA f. Defecto, falta o imperfección. || Clavo mayor que la tachuela. || Motivo legal que puede hacer que la declaración de un testigo no sea tenida en cuenta.
TACHAR tr. Atribuir alguna tacha o falta a una persona o cosa. || Ocultar con rayas parte de un escrito. || Culpar, censurar, acusar a uno de algo.

TACHÓN m. Raya o señal con que se tacha lo escrito. || Adorno de pasamanería sobrepuesto a una tela o prenda de vestir.

TACHUELA f. Clavo corto y de cabeza grande, usado especialmente en tapicería y en el calzado.

TAFETÁN m. Tela de seda delgada, muy tupida y de lustre apagado. || *inglés*, o *de heridas* El apto para cicatrizar heridas.

TAHONA f. Molino de harina movido por una caballería. || Panadería (tienda).

TAHÚR, RA adj. y s. Persona que juega con habilidad, y especialmente el que lo hace por dinero. || m. Jugador de ventaja. || El que frecuenta las casas de juego.

TAIMADO adj. y s. Astuto, sagaz, ladino.

TAJADA f. Porción de algo, en especial comestible. || fam. Tos, ronquera. || Embriaguez. || *agarrar* o *pillar una t. como un piano* Emborracharse, coger una borrachera enorme. || *sacar* uno *t.* Obtener con maña algún beneficio, o quedarse con algo de lo que se reparte.

TAJANTE adj. Que taja o corta. || fig. Terminante, contundente. || Extremista, sin término medio.

TAJAR tr. Hacer partes de una cosa con tajos.

TAJO m. Corte profundo hecho con instrumento de filo. || Lugar hasta donde llega una cuadrilla de trabajadores avanzando sobre un terreno. || Faena que tiene que realizarse en un tiempo determinado. || Trabajo, y lugar donde se realiza. || Corte brusco y profundo en el terreno. || Trozo grande de madera, apoyado sobre tres patas, para cortar o picar carnes. || Tajuelo, taburete.

TAL adj. Se aplica a las cosas de forma indefinida, para señalar en ellas lo que indica su correlativo. || Igual, parecido. || Tanto o tan grande (se usa para ponderar o exagerar). || Indica de forma indeterminada algo que no está especificado. || Puede utilizarse como pronombre indeterminado con el valor de *alguno*. || Precediendo a un nombre de persona, indica que ésta es desconocida. || adv. Así, de este modo. || Se aplica a las cosas precediendo a *cual, como,* etc., para establecer comparación con otras.

TALA f. Acción y efecto de talar. || Poda de árboles. || Atrincheramiento con árboles cortados cuyas ramas se encaran hacia el enemigo.

TALADRADORA f. Máquina fija o portátil usada para hacer agujeros en materiales duros mediante una broca.

TALADRAR tr. Hacer un taladro (orificio). || Herir los oídos, intensa y desagradablemente, un sonido muy penetrante. || Sufrir un dolor agudo. || Entender, comprender, percibir. || fig. Horadar, penetrar.

TALADRO m. Herramienta de rotación para agujerear o taladrar. || Orificio cilíndrico y estrecho que se hace con t. o con un instrumento similar.

TÁLAMO m. Lugar preeminente donde los novios celebraban sus bodas y recibían los parabienes. || Cama conyugal. || Parte ensanchada del pedúnculo de una flor en la que se insertan algunos o todos los verticilos florales. || Núcleo gris central de cada hemisferio cerebral. Constituye un centro coordinador y de asociación de los impulsos procedentes de otros sectores del sistema nervioso.

TALANTE m. Forma o manera de hacer una cosa. || Ánimo o disposición de las personas; extensión o calidad de las cosas. || Grado, voluntad, deseo. || *de buen* o *mal t.* De buena o mala gana.

TALAR tr. Cortar los árboles por la base. || Devastar, arruinar o incendiar campos o poblaciones.

TALCO m. Silicato hidratado de magnesio. Cristaliza en el sistema monoclínico, generalmente en forma de agregados escamosos, blancos o verdosos, muy blando, exfoliable, untuoso al tacto, mal conductor. Reducido a polvo, se usa en farmacia. || Laminilla metálica fina y brillante usada en bordados u otros adornos.

TALEGA f. Saco o bolsa ancha, corta y de tela recia. || Especie de cofia que utilizaban las mujeres para proteger el peinado. || Fortuna, dinero. || fig. Pecado que debe confesarse. || vulg. Escroto. || Testículos.

TALENTO m. Unidad base del sistema ponderal griego; correspondía a 60 minas. Difícil de establecer su equivalencia por haber variado mucho el valor según el lugar y las épocas (entre 40 y 25 kg). También fue una unidad monetaria. || Dotes intelectuales. || Capacidad o aptitud para ciertas cosas.

TALIÓN m. Ley penal que consiste en infligir al reo el mismo daño que él provocó a sus víctimas. Se basa en una ley practicada por los hebreos en la antigüedad.

TALISMÁN m. Objeto natural o artificial al que se atribuye un poder mágico en circunstancias muy precisas, a diferencia del amuleto, con propiedades protectoras indeterminadas.

TALÓN m. Zona posterior del pie, cuyo esqueleto lo forma el calcáneo. || Parte de una prenda de vestir que recubre esta parte. || Pulpejo de las caballerías. || Parte inferior del arco de los instrumentos de cuerda frotada, opuesto a la punta y junto al mango. || Borde reforzado de la cubierta de un neumático, que se ajusta a la llanta. || Parte de la quilla, cortada al sesgo, donde se ajusta la madre del timón. || Moldura cóncavo-convexa formada por dos arcos de circunferencia contrapuesta. || Cada una de las hojas separables (especialmente cheques, también recibos, resguardos, etc.) de un talonario.

TALONARIO m. Conjunto de recibos, resguardos, entradas, cheques, etc., encuadernados, que constan de matriz y talón, separados por un trepado.

TALUD m. Declive de un muro o terreno. || *continental* Pendiente que separa la plataforma continental de las profundidades abisales.

TALLA f. Acción de tallar. || Obra escultórica, especialmente en madera. || Estatura de una persona; por extensión, capacidad intelectual o altura moral. || Instrumento para medir la estatura. || Abertura quirúrgica de la vejiga. || Cantidad de moneda que debe fabricarse por unidad de peso de metal que se acuña.

TALLAR, 1 adj. Que puede ser talado. || adj. y m. Cierto tipo de peine pequeño. || m. Bosque o monte al que se le acaba de practicar una corta, cuyos renuevos son tiernos y pueden ser destruidos por el ganado. || Bosque o monte nuevo al que se le puede hacer la primera corta.

TALLAR, 2 tr. Esculpir o hacer tallas. || Trabajar piedras preciosas. || Grabar en fondo. || Tasar, calcular el valor. || Medir la estatura. || intr. Participar destacadamente en una conversación o en un asunto cualquiera.

TALLARÍN m. Tira muy delgada de pasta alimenticia; suele usarse en plural.

TALLE m. Proporción, figura del cuerpo de una persona. || Cintura. || Medida que se toma desde el cuello a la cintura para hacer un vestido. || Parte del vestido ceñida a la cintura. || fig. Aspecto.

TALLER m. Sitio donde se enseña o realiza algún trabajo manual o artístico.

TALLO m. En los cormófitos, eje caulinar portador de las hojas, encargado del desarrollo del sistema de ramas laterales, del transporte de sustancias entre las hojas y las raíces; almacena diversos productos de reserva. || Vástago, renuevo. || *subterráneo* El que se desarrolla bajo el suelo (bulbo, tubérculo o rizoma).

TAMAL m. Comida elaborada con masa de maíz rellena de carne y envuelta con la vaina de la mazorca del plátano.

TAMAÑO, ÑA adj. Tan grande o tan pequeño, en relación con lo que se compara. || Semejante, tal. || m. Volumen o dimensión de una cosa. || *crítico* Masa crítica. || *natural* Reproducción artística de igual medida que el objeto original.

TAMBALEAR intr. y prnl. Balancearse por falta de equilibrio.

TAMBIÉN adv. Asimismo, igualmente, de la misma manera. || Además.

TAMBOR m. Nombre genérico de los instrumentos de percusión constituidos por una membrana tensa sobre una caja de resonancia cilíndrica de metal, madera o barro cocido; se percute con baquetas o con las manos. La intensidad del ruido se gradúa por la forma del resonador. || Quien lo toca en una banda. || Aro de madera en el que se ajusta una tela para bordarla. || Recámara giratoria de un revólver. || Tímpano del oído. || Cada uno de los elementos cilíndricos que forman el fuste de una columna. || Estructura arquitectónica cilíndrica que soporta una cúpula. || Cuerpo central del capitel corintio.

TAMBORIL m. Tambor pequeño, de cuerpo alargado y estrecho, de origen provenzal. Se lleva colgado y se toca con la mano derecha, o con una baqueta, para acompañar danzas folclóricas.

TAMIZ m. Cedazo de tela muy tupida. || *pasar* (algo o alguien) *por el t.* fig. Examinar minuciosamente. || Seleccionar una cosa cuidadosamente.

TAMIZAR tr. Pasar algo por el tamiz. || Escoger, elegir, seleccionar.

TAMPOCO adv. Se usa para negar algo tras una negación anterior.

TAN, 1 m. Sonido de la campana y del tambor; se usa repetido.

TAN, 2 adv. Forma apocopada de *tanto* cuando va delante de un adjetivo, un adverbio o una locución adverbial. En correlación con *como, cuan, que*, expresa un sentido comparativo de igualdad.

TANDA f. Turno, alternativa. || Tarea, trabajo. || Tonada, capa. || Cada grupo de personas o animales que se turnan en un trabajo. || Partida de juego, especialmente de billar. || Número indeterminado de ciertas cosas del mismo género, dadas o hechas sin interrupción. || Periodo de días en que alternativamente se trabaja o descansa en una mina.

TANGENTE adj. y f. Se dice de la recta que toca una curva sin cortarla; es decir, cuerda que corta a la curva por dos puntos infinitamente próximos. || Se dice de la función trigonométrica tgα; es periódica y toma valores entre +∞ y -∞. || *escapar, irse o salir uno por la t*. Salir de un apuro o situación embarazosa con un subterfugio o una evasiva.

TANGIBLE adj. Que puede tocarse. || Palpable, perceptible. || Asequible, cierto.

TANGO m. Baile latinoamericano de origen incierto. Entre sus modalidades, el t. argentino es el más conocido. || Cante y baile flamenco, caracterizado por el ritmo marcado y vivo. Una de las formas básicas de dicho arte.

TANINO m. Compuesto fenólico de naturaleza glucosídica presente en la corteza y frutos de muchas plantas. Se emplea como curtiente, para preparar tintas, en fotografía, como reactivo, etcétera.

TANQUE, 1 m. Sustancia cérea con la que las abejas revisten las colmenas.

TANQUE, 2 m. Anglicismo por carro de combate. || Vehículo cisterna para transportar agua u otro líquido. || Depósito de combustible de un vehículo. || Barco cisterna para transportar agua. || Aljibe de agua en los barcos.

TANTEAR tr. Calcular de modo aproximado. || Probar o ensayar algo para ver si coincide con el modelo o con lo propuesto. || Examinar atentamente a una persona o cosa para conocer sus virtudes o defectos. || Reflexionar sobre un asunto antes de llevarlo a cabo. || Explorar discretamente las intenciones de alguien. || Hacer el esbozo de un dibujo. || tr. e intr. Anotar los tantos del juego. || Hacer uso del derecho de tanteo. || intr. Ir a tientas.

TANTEO m. Acción y efecto de tantear. || Número de tantos en el juego. || Derecho del que goza una persona para adquirir o apropiarse de un bien, con preferencia a otros y por el mismo valor, en el caso de que haya enajenación de bienes inmuebles.

TANTO, TA adj. Se dice de un número o cantidad indeterminada. || En correlación con *como*, señala igualdad o equivalencia. || Tan grande, muy grande. || En sentido enfático, equivale al pronombre *eso* (*a t. lleva el vicio*). || m. Cantidad concreta de algo. || Punto, gol, ventaja, etc., en algunos juegos o deportes. || Pieza, ficha, etc., que contabiliza dichos t. || pl. Cantidad imprecisa, que no se quiere dar a conocer. || adv. De tal modo. || Hasta tal punto. || Con verbos de tiempo, indica una duración prolongada. || En correlación con *cuanto*, expresa igualdad. || *por ciento* Relación proporcional de dos cantidades, evaluada sobre 100.

TAÑER tr. Tocar un instrumento musical de cuerda o percusión. || Tocar las campanas. || intr. Tamborilear con los dedos.

TAÑIDO m. Matiz característico del son de un instrumento musical. || Sonido del mismo, en especial el de la campana.

TAPA f. Pieza que recubre o cierra una caja, maleta, vasija o abertura cualquiera. || Dureza córnea del casco de las caballerías. || Trozo de suela o goma que refuerza el tacón del calzado. || Cubierta de un libro encuadernado. || Compuerta de una presa. || Carne de la parte central de la pata trasera de una res. || Doblez que cubre el cuello de la solapa. || Tela que recubre la abertura de un bolsillo. || Aperitivo para acompañar la bebida. || *de los sesos* Parte superior del cráneo. || *levantar*, o *saltar* a uno la *t. de los sesos* Dispararle un tiro en la sien; también tiene uso pronominal.

TAPADERA f. Tapa de un utensilio de cocina, o de un recipiente cualquiera. || fig. Encubridor.

TAPADO, DA adj. Escondido, oculto, resguardado.

TAPAR tr. Cubrir, cerrar, ocultar. || Estar una cosa encima o delante de otra impidiendo que sea vista o que pueda alcanzarse. || Encubrir un defecto o acción censurable. || tr. y prnl. Cubrir con ropa, especialmente de cama; abrigarse.

TAPARRABO (o TAPARRABOS) m. Trozo de tela con el que generalmente las tribus primitivas cubren sus órganos sexuales. || Traje de baño muy reducido.

TAPETE m. Mantelillo para recubrir o adornar una mesa u otra superficie. || Alfombra pequeña. || *verde* Mesa de juegos de azar. || *estar sobre el t.* (una cosa) Estar en estudio, en consideración.

TAPIA m. Pieza de mampostería a base de tierra amasada, apisonada y secada al aire y al sol. || Muro hecho con dichas piezas. || Por extensión, cerca de albañilería. || *estar más sordo que una t.* Estar muy sordo.

TAPICERÍA f. Colección de tapices. || Arte y trabajo de tapicero. || Taller, industria o tienda de tapices, cortinajes o muebles tapizados.

TAPICERO, RA m. y f. Persona que confecciona o repara tapices. || Profesional que tapiza muebles, hace cortinajes, almohadones, etcétera.

TAPIZ m. Labor tejida con finos hilos de lana, seda, oro o plata, cuya trama recubre toda la urdimbre. De origen oriental, el más conocido es el europeo.

TAPIZAR tr. Adornar con tapices. || Forrar muebles o paredes. || Cubrir pared o suelo con tela o moqueta.

TAPÓN m. Pieza de corcho u otro material que se introduce en el cuello de botellas y vasijas para resguardar el contenido. || Masa de algodón o gasa que se usa para absorber secreciones o cohibir una hemorragia. || Atasco.

TAPONAR tr. Cerrar con tapón. || Obstruir.

TAPUJO m. Tapadillo para no ser conocido. || Disimulo con que se disfraza u oculta la verdad. || Enredo, embrollo, marrullería; generalmente se usa en plural.

TAQUICARDIA f. Aumento de la frecuencia del latido cardiaco. La de pulso normal es de 70 contracciones/min., y en la t. supera las 100.

TAQUIGRAFÍA f. Sistema de escritura a base de ciertos signos, abreviaturas, y eliminación de rasgos superfluos que permite transcribir rápidamente un texto al dictado.

TAQUÍGRAFO, FA m. y f. Persona que se dedica a la taquigrafía. || m. Aparato registrador de velocidad.

TAQUILLA f. Ventanilla en donde se venden billetes de espectáculos, ferrocarril, etc. || Ventana de billetes, e importe recaudado. || Armario pequeño para guardar ropa y efectos personales en cuarteles, gimnasios, etc. || Armario de oficina con casillero para clasificar papeles.

TAQUILLERO, RA adj. Se dice de la película, actor, etc., que atrae mucho público y produce gran venta de localidades. || m. y f. Expendedor de billetes en una taquilla.

TAQUIMECANOGRAFÍA f. Oficio del taquimecanógrafo o taquimecanógrafa.

TAQUIMECANÓGRAFO, FA m. y f. Persona que practica taquigrafía y mecanografía.

TARA f. Parte del peso que se rebaja del total de una mercancía por corresponder al envase o embalaje. || Peso en vacío de un vehículo de transporte. || Defecto de una persona o cosa. || Peso que se deja en uno de los platos de la balanza cuando está descompensada. || *hereditaria* Defecto o predisposición patológica que se presenta con carácter familiar.

TARAMBANA (o TARAMBANAS) com. Persona alocada, de poco juicio. || Tarabilla.

TARANTELA (o TARANTELLA) f. Danza napolitana, originaria del siglo XIV, de movimiento vivo, rápido y alegre, en compás ternario.

TARAREAR tr. Canturrear una melodía en voz baja.

TARDANZA f. Dilación, retraso.

TARDAR intr. y prnl. Emplear más tiempo del ordinario en llegar a un sitio, o en hacer algo. || intr. Emplear el tiempo que se expresa en hacer una cosa. || *a más t.* Referido a tiempo, como máximo.

TARDE f. Parte del día comprendida desde el mediodía hasta el anochecer. || Últimas horas de luz solar. || adv. A hora avanzada. || Después del tiempo fijado, habitual, preferible o adecuado. || *buenas tardes* Saludo que se emplea durante la tarde. || *de t. en t.* De tiempo en tiempo, con largos intervalos.

TARDÍO, A adj. Que sucede tarde. || Se dice del fruto que tarda en madurar más tiempo del regular. || Pausado, lento. || m. Cultivo de frutos tardíos; se usa más en plural.

TAREA f. Labor, obra, trabajo. || Lo que hay que hacer en un tiempo determinado. || Penalidad que causa un trabajo continuo.

TARIFA f. Lista o catálogo de precios, derechos o impuestos que deben satisfacerse en pago de alguna cosa o trabajo.

TARIMA f. Plataforma movible de madera, a muy poca altura del suelo, destinada especialmente a la mesa y asiento del profesor. || Estrado.

TARJETA f. Adorno arquitectónico plano y alargado que se aplica sobre un elemento constructivo. || Membrete de cartas, mapas o impresos. || Cartulina pequeña y rectangular con el nombre y dirección de una o más personas. Puede llevar otros datos, como título, cargo, nombre de una entidad comercial, etc. || Cartulina pequeña que contiene una credencial, invitación, etc. || *de crédito* La que permite a su titular realizar compras en ciertos establecimientos sin necesidad de pago en metálico. || *de identidad* Documento personal con datos, fotografía y firma del titular, para su identificación. || *postal* Cartulina ilustrada por una de sus caras, que puede ser enviada por correo sin sobre; las emitidas oficialmente llevan sello estampado.

TARRO m. Vasija cilíndrica de boca ancha. || fam. Cabeza.

TARSO m. Parte del esqueleto del pie comprendido entre las epífisis inferiores de la tibia y peroné y los cinco metatarsianos. Está formado por siete huesos: astrágalo, calcáneo, cuboides, escafoides y los tres cuneiformes. || Artejo terminal de las extremidades de los artrópodos. || Parte delgada de la pata de las aves, que une los dedos con la tibia.

TARTA f. Pastel grande, generalmente redondo y plano.

TARTAMUDEAR intr. Padecer tartamudez.

TARTAMUDEZ f. Trastorno del habla que afecta principalmente el ritmo de la palabra: dificultad de emisión, o interrupción al pronunciar las sílabas.

TARTAMUDO, DA adj. y s. Que sufre tartamudez.

TARTANA f. Embarcación menor de pesca y cabotaje; es de vela latina, con un solo palo en su centro, perpendicular a la quilla. || Carruaje de toldo abovedado y asientos laterales; generalmente de dos ruedas. || fam. Vehículo desvencijado y lento.

TARUGO m. Taco (pedazo de madera). || Clavija de madera preparada para encajarla con un taladro. || Pieza de madera, semejante a un adoquín, usada para pavimentar calles. || Pedazo de pan grueso y de forma irregular. || Persona torpe. || fam. Comisión que reciben ciertos médicos por recetar determinados específicos.

TASA f. Acción y efecto de tasar. || Precio, importe, medida o porcentaje en que se ha tasado alguna cosa. || Documento en que se indica la tasa. || Medida, norma. || Impuesto por determinados servicios públicos. || *sin t.* Sin medida.

TASACIÓN f. Fijación por parte del Estado de los precios máximos y mínimos de determinados productos con objeto de eliminar tensiones que, en condiciones anómalas, afectan al mercado. || Valoración de los bienes económicos según diversos datos: precios de mercado, costo de producción, precio de transformación, etcétera.

TASAJO m. Trozo de cecina o de carne seca y salada. || Por extensión, tajada de carne.

TASAR tr. Efectuar una tasación. || Asignar a una cosa el valor que le corresponde. || Establecer lo que uno merece por su trabajo. || Poner límite o medida a algo.

TATA f. Hermana mayor. || Niñera; criada.

TATARABUELO, LA m. y f. Padre o madre del bisabuelo o de la bisabuela.

TATARANIETO, TA m. y f. Hijo o hija del biznieto o de la biznieta.

TATUAJE m. Procedimiento de decoración del cuerpo humano con dibujos indelebles; consiste en la introducción de pigmentos colorantes bajo la piel, generalmente por medio de punciones, siguiendo diseños previos. Frecuente entre marineros. || Dibujo o pintura realizada con este procedimiento.

TATUAR tr. y prnl. Hacer tatuajes.
TAU m. Decimonovena letra del alfabeto griego (T,τ); se transcribe *t*. || Última letra del antiguo Egipto. || Insignia de ciertas órdenes religiosas. || Partícula elemental, de una masa 4 000 veces menor que la del electrón.
TAURINO, NA adj. Relativo a los toros o al toreo.
TAUTOLOGÍA f. Repetición, bajo distinta forma verbal, de un concepto ya expresado. || Frase que la contiene.
TAXATIVO, VA adj. Limitado a un caso concreto, o a una acepción o sentido determinado.
TAXI m. Automóvil de alquiler para el servicio público.
TAXIDERMIA f. Técnica de conservación de animales por disecación, conservando su aspecto externo con un adecuado tratamiento de la piel y reemplazando los órganos internos susceptibles de putrefacción.
TAXÍMETRO m. Contador de algunos vehículos de alquiler que registra el importe del trayecto, según tarifa por km recorrido.
TAXISTA com. Conductor de un taxi.
TAXONOMÍA f. Disciplina de la biología interesada en la clasificación de todos los seres vivos en una serie de categorías de complejidad creciente, de acuerdo con sus afinidades naturales.
TAZA f. Vasija pequeña con asa usada ara beber. || Su contenido. || Pila redonda y cóncava donde vierten el agua las fuentes. || Recipiente del retrete. || Cazoleta de la empuñadura de algunas espadas.
TE, 1 f. Nombre de la letra *t*. || Denominación de variedad de objetos en forma de T, empleados especialmente en electrónica, mecánica, construcción, etcétera.
TE, 2 Forma átona singular del pronombre personal de segunda persona. Va siempre sin preposición, formando una unidad entonacional con el verbo, al que acompaña proclítica o enclíticamente (en el caso del imperativo, infinitivo y gerundio). Realiza la función de complemento directo o indirecto.
TÉ m. Bebida que se prepara mediante la infusión de las hojas de ciertas plantas.
TEA f. Astilla de madera resinosa que se utiliza para encender el fuego o alumbrar.

TEATRAL adj. Relativo al teatro. || Exagerado, afectado, preparado deliberadamente para causar efecto.
TEATRO m. Construcción o lugar destinado a la representación de un espectáculo, dramático o musical. || Público que asiste a dicho espectáculo. || Arte de escribir obras que por su estructura (forma dialogada; indicaciones técnicas y plásticas al margen) se destinan a ser representadas. || Conjunto de dichas obras escritas por un autor, o en una época, país, etc. || Oficio de quien se dedica a la representación o puesta en escena de tales obras. || fig. Escenario. || *hacer t.* Exagerar la expresión de un sentimiento.
TECLA f. Pequeña palanca de los instrumentos de teclado que, presionada por los dedos, produce el sonido deseado, o acciona el mecanismo de determinados utensilios (máquinas de escribir, linotipias, etc.). || Asunto que merece especial esmero. || *dar uno en la t.* Dar en el clavo, atinar. || *tocar uno una t.* Recurrir a alguien o algo para conseguir un fin.
TECLADO m. Conjunto ordenado de teclas de un instrumento musical o de un mecanismo. || Periférico de entrada en un ordenador o computadora análogo al de una máquina de escribir.
TECLEAR intr. Pulsar las teclas. || tr. Intentar diversos resortes para lograr un objetivo.
TÉCNICA f. Conjunto de medios utilizados en una ciencia, arte o actividad. || Habilidad en el uso de estos medios. || Forma de hacer algo. || Aplicación de la ciencia para resolver o favorecer la resolución de necesidades humanas.
TECNICISMO m. Calidad de técnico. || Voz técnica.
TÉCNICO, CA adj. Relativo a las aplicaciones de la ciencia para conseguir resultados prácticos. || Se dice del término propio de cada ciencia u oficio. || Se dice del artista o deportista que privilegia el dominio del oficio sobre la inspiración. || adj. y s. Especialista, persona con conocimientos teórico-prácticos en una ciencia, arte u oficio.
TECNICOLOR m. Technicolor.
TECNOCRACIA f. Sistema político que preconiza, para el gobierno de un Estado, la sustitución de presupuestos políticos

por presupuestos técnicos, a través de la identificación de ambos.
TECNOLOGÍA f. Conocimiento del uso de herramientas, máquinas y procedimientos que permiten la transformación de la física en provecho de las necesidades humanas. || Conjunto de términos técnicos de una actividad industrial.
TECTÓNICO, CA adj. Relativo a edificios y demás construcciones arquitectónicas. || Relativo a la estructura de la corteza terrestre. || f. Disciplina de la geología que se ocupa de ella en relación con el conjunto de fuerzas internas que la moldean.
TECHNICOLOR m. Procedimiento de cinematografía en color, que empezó a comercializarse hacia 1930.
TECHO m. Superficie que cubre y cierra un edificio, o cualquiera de los aposentos que contiene. || Cara inferior de la misma. || Tope o altura máxima a que puede volar un aparato. || fig. Casa, vivienda, refugio.
TECHUMBRE f. Techo de un edificio. || Estructura y conjunto de elementos que configuran la cubierta de una obra de construcción.
TEDIO m. Desgana, hastío. || Repugnancia, fastidio.
TEGUMENTO m. Revestimiento externo del cuerpo de los animales, y de algún órgano interno, formado por la epidermis y estructuras anejas; piel. || Cualquier órgano vegetal que envuelve y protege a otro, especialmente las cubiertas del rudimento seminal.
TEJA f. Pieza de barro cocido, acanalada, con que se cubren por fuera los techos. || Por extensión, cualquier objeto que tiene esta misma forma. || Sombrero de ala rectangular con las vueltas hacia arriba que usaban los eclesiásticos. || Cada una de las dos piezas iguales de acero que envuelven el alma de la espada.
TEJADO m. Cubierta de tejas de un edificio. || Parte superficial alterada de los yacimientos metalíferos.
TEJAR, 1 m. Fábrica de tejas y ladrillos.
TEJAR, 2 tr. Cubrir con tejas una edificación.
TEJEDOR, RA adj. y s. Que teje.
TEJER tr. Entrelazar los hilos de la trama con los de la urdimbre para obtener telas. || Entrelazar hilos, cordones, nudos, etc., para formar telas, trencillas, alfombras o productos semejantes. || Hacer labor de punto o ganchillo. || Formar ciertas arañas y orugas sus telas y capullos. || Componer, ordenar y colocar metódicamente una cosa. || Cruzar de determinada forma los brazos o pies en la danza, como al hacer las cabriolas. || Maquinar, tramar, urdir.
TEJIDO m. Acción de tejer. || Textura (disposición de los hilos). || Cosa tejida. || Conjunto de células del organismo, diferenciadas morfológicamente y funcionalmente en el mismo sentido. Se distinguen cuatro tipos fundamentales: epitelial, conjuntivo, muscular y nervioso.
TEJO m. Pedazo redondeado de teja, baldosa, etc., que se usa en algunos juegos. || Rayuela. || Placa metálica gruesa y de forma circular. || Porción de oro en pasta. || Cospel. || Cojinete que sirve de guía para un eje vertical.
TELA f. Tejido hecho con muchos hilos entrecruzados, generalmente en el telar; a veces se confecciona con un solo hilo. || Telaraña. || Piel que envuelve algunos frutos, después de la cáscara o corteza. || Membrana (tejido). || Pequeña nube que se forma en la pupila. || Lienzo, cuadro. || Película o capa que se forma en la superficie de ciertos líquidos.
TELAR m. Máquina para hacer tejidos. Su trabajo consiste en entrecruzar los hilos de urdimbre y los de trama de forma adecuada. || Parte superior del escenario, oculta a los espectadores, de donde bajan y a donde suben telones y bambalinas. || Máquina de encuadernador para coser los libros. || Parte superior de las jambas de una puerta o ventana.
TELARAÑA f. Formación emitida por el aparato sericígeno de las arañas, de naturaleza proteica, usada como vehículo de transporte o para la captura de presas. || Nubosidad real, o sensación de tenerla, delante de los ojos, por defecto visual. || fig. pl. Falta de claridad mental. || Cosa sutil e insignificante. || *t., teorema de la* El que relaciona oferta y demanda cuando aquélla tarda en ponerse en el mercado. Supone la acomodación de la oferta al precio de mercado, hasta un punto de convergencia. || *mirar las telarañas* Estar distraído. || *tener telarañas en los ojos* No

percibir bien la realidad, tener el ánimo ofuscado.

TELECOMUNICACIÓN f. Transmisión a distancia de señales de comunicación en forma de signos, imágenes o sonidos mediante sistemas eléctricos o electromagnéticos, y conjunto de los medios que la posibilitan. || pl. Sector, empresa o estudios dedicados a dicha técnica.

TELEFÉRICO m. Transbordador suspendido de un cable de tracción. Se usa principalmente para salvar grandes desniveles del terreno.

TELEFONAZO m. fam. Llamada telefónica.

TELEFONEAR tr. Llamar por teléfono. || Comunicar una cosa por teléfono.

TELEFONISTA com. Persona que trabaja en el servicio de aparatos telefónicos. || Persona que se ocupa de una centralita telefónica.

TELÉFONO m. Aparato electromagnético para transmitir comunicación a distancia mediante cable, compuesto de un auricular receptor, un micrófono, un conmutador, que establece el enlace con la central, y un disco, o teclado, que permite seleccionar el número al que se llama. || pl. Administración de este sistema de comunicación, y edificio en el que se halla instalada.

TELEFOTOGRAFÍA f. Envío y recepción de fotografías a distancia mediante ondas electromagnéticas. || Fotografía transmitida a través de este sistema.

TELEGRAFÍA f. Sistema de telecomunicaciones para la transmisión de mensajes mediante signos convencionales producidos por impulsos eléctricos. || Técnica de construcción de dicho sistema. || Servicio de telégrafos.

TELEGRAFIAR tr. Comunicar algo por telégrafo.

TELÉGRAFO m. Aparato electromagnético usado para transmitir y recibir mensajes a larga distancia, con un código elegido. || pl. Administración de este sistema de comunicación, y edificio en el que se halla instalada. || *eléctrico* El que usa señales eléctricas transmitidas por cables o líneas eléctricas. || *marino* Conjunto de combinaciones de banderas u otras señales que, con sujeción a una clave, usan los buques para comunicarse. || *óptico* Conjunto de señales que se ven desde lejos y se transmiten de una a otra estación. || *sin hilos* El eléctrico, en el que la transmisión de los mensajes se realiza sin alambres conductores, por medio de las ondas hertzianas.

TELEGRAMA m. Comunicación que se transmite por telégrafo. || Papel con el texto de la comunicación que se entrega al destinatario.

TELEOBJETIVO m. Objetivo fotográfico constituido por un sistema de lentes, que permite fotografiar objetos lejanos.

TELEPATÍA f. Percepción extrasensorial del pensamiento de una persona o de la situación en que se encuentra, por encima de la distancia física.

TELESCOPIO m. Instrumento óptico para la observación de objetos muy alejados, usado en astronomía. Se basa en la reflexión de las imágenes, producida en un espejo cóncavo, que son desviadas por medio de un espejo plano (t. de Newton) o convexo (t. de Cassegrain) a un ocular dotado de una lente. || *de Schmidt* El que lleva un sistema de láminas correctoras de las aberraciones; muy usado en fotografía astronómica por la nitidez de sus imágenes. || *electrónico* El que, por medio de un convertidor, transforma los fotones en flujo de electrones.

TELESPECTADOR, RA m. y f. Espectador de televisión.

TELETIPO m. Aparato telegráfico para transmitir textos a distancia mediante impulsos eléctricos, transformados y escritos en el aparato de destino.

TELEVIDENTE com. Telespectador.

TELEVISAR tr. Emitir imágenes a través de la televisión.

TELEVISIÓN f. Sistema de transmisión a distancia de imágenes y sonidos por medio de ondas hertzianas o cable coaxial. Actúa transformando los puntos de luz reflejados por una imagen en variaciones de corriente eléctrica. || Conjunto de los conocimientos, actividad, etc., relacionados con este tipo de transmisión. || Empresa periodística que usa este medio.

TELEVISOR m. Aparato que reproduce en una pantalla las imágenes emitidas por televisión.

TÉLEX m. Sistema de transmisión de noticias mecanográficas a distancia me-

diante teletipos. Se usa especialmente en periódicos y empresas importantes.
TELÓN m. Lienzo colocado en un escenario teatral para ocultar la escena y que se levanta al iniciarse la representación. || *corto* El que permite la actuación de unos pocos actores mientras se cambia el decorado para la próxima escena. || *de boca* El que cierra la embocadura del escenario. || *de fondo*, o *de foro* El que cierra la escena formando el frente del decorado. || *bajar el t.* fig. Interrumpir una actividad que atraía la atención.
TEMA m. Asunto del que trata una obra de arte, conversación, examen, etc. || Elemento lingüístico compuesto por la raíz de un morfema (o radical) y los morfemas temáticos (vocálicos o consonánticos), al que se le añade la desinencia casual o verbal, dando lugar a las declinaciones y conjugaciones. || Frase o motivo en que se basa una composición musical. || f. Obstinación, contumacia, porfía. || Manía, idea fija u obsesiva propia de algunos dementes. || Antipatía o actitud arbitraria contra alguien. || *celeste* En astrología, representación de la posición de los astros en un momento dado.
TEMARIO m. Lista de temas, programa, cuestionario.
TEMBLAR intr. Tener temblores. || Oscilar o moverse una cosa de un modo semejante. || Temer, pasar miedo.
TEMBLOR m. Movimiento de carácter involuntario y rítmico de un grupo muscular, o de tipo generalizado. Puede responder a causas banales (frío, emociones) o tener origen neurológico. || *de tierra* Seísmo.
TEMER tr. Tener miedo a una persona o cosa. || tr. y prnl. Sospechar, recelar. || intr. Experimentar temor.
TEMERARIO, RIA adj. Insensato, demasiado atrevido, que se arroja al peligro sin valorarlo. || Que se dice, hace o piensa sin fundamento, causa o razón.
TEMERIDAD f. Cualidad o actitud de temerario. || Atrevimiento imprudente. || Juicio temerario.
TEMEROSO, SA adj. Que teme un daño. || Pusilánime, cobarde. || Que causa temor.
TEMIBLE adj. Que produce temor.
TEMOR m. Sentimiento que incita a rehusar o eludir lo que se juzga perjudicial o peligroso. || Sospecha, recelo, especialmente de que sobrevenga un daño. || *de Dios* Sentimiento de reverencia y respeto hacia Dios, por el que se le reconoce soberanía y poder absoluto.
TÉMPANO m. Timbal (instrumento musical). || Atabal, especie de tambor. || Parche del tambor, pandero, etc. || Trozo extendido y plano de una materia dura, especialmente el de hielo. || Hoja de tocino desprovista de los perniles. || Tapa de cuba o tonel. || Corcho redondo que sirve para tapar una colmena. || Tímpano arquitectónico. || fam. Persona muy fría.
TEMPERAMENTO m. Forma de ser dominante en un individuo. A diferencia del carácter, el t. responde a los niveles más profundos de la persona y permanece prácticamente invariable. || Cualidad de la persona batalladora, que no se arredra ante las contrariedades. || Estado de la atmósfera. || Lo que se dispone para terminar una disensión u obviar una dificultad. || División de la octava en 12 semitonos iguales, a efectos de afinación de ciertos instrumentos.
TEMPERATURA f. Propiedad que se iguala en dos o más cuerpos que se ponen en contacto térmico, pasando calor del más caliente al menos caliente. Las variaciones de t. producen en los cuerpos fenómenos de dilatación, contracción, etc. || Grado de calor de la atmósfera. || Grado de la t. corporal. || fam. Fiebre. || *basal* La del organismo tomada en condiciones basales, es decir, al levantarse, sin que haya realizado un trabajo que pueda alterarla. Es inferior a los 37° y tiene interés su determinación en la mujer, por cuanto sube en la segunda fase del ciclo menstrual e indica que la ovulación se ha efectuado. || *corporal* La del cuerpo de los seres homeotermos. || *crítica* La límite, por encima de la cual no se puede licuar un gas por compresión. || *máxima*, o *mínima* Mayor, o menor, grado de calor que se observa durante un tiempo determinado.
TEMPESTAD f. Tormenta. || Fuerte alteración del agua del mar, con formación de grandes olas, debida a la violencia de los vientos. || Manifestación ruidosa de desaprobación con gritos, insultos, silbidos, etc. || Excitación del ánimo. || *magnética* Alteración del campo magnético te-

rrestre que ocurre después de las erupciones cromosféricas. || **levantar tempestades** Producir disturbios, trastornos, entusiasmos, alteraciones del orden, etc. || *una t. en un vaso de agua* Complicación o dificultad que surge de un motivo nimio, o bien que se resuelve de modo más fácil de lo que se suponía.

TEMPESTUOSO, SA adj. Que ocasiona una tempestad. || Propenso a tempestades o expuesto a ellas. || De carácter inestable con tendencia a provocar tensiones, discusiones, etcétera.

TEMPLADO, DA adj. Que ejerce la templanza. || Tibio. || Se dice del estilo medio, entre elevado y vulgar. || Valiente, con ecuanimidad, que tiene entereza. || Se aplica al instrumento musical bien afinado.

TEMPLANZA f. Una de las cuatro virtudes cardinales cristianas; consiste en la moderación de las pasiones y apetitos, sometiéndolos al dominio de la razón. || Cordura, sobriedad. || Bonanza climática. || Armonía cromática. || Temple de los metales, vidrios, etcétera.

TEMPLAR tr. Atenuar la fuerza o violencia de una cosa. || Calentar un poco. || Dar el temple adecuado a un determinado material. || Regular la tensión de una cuerda o cable. || Suavizar la fuerza de una cosa mezclándola con otra. || Calmar, apaciguar. || Disponer las velas según la fuerza del viento. || Afinar un instrumento musical. || Combinar tonalidades y colores de modo armónico. || intr. Amainar el frío. || prnl. Moderarse, huir de cualquier exceso.

TEMPLE m. Carácter, genio, humor. || Entereza, valor ante peligros o dificultades. || Postura o elección moderada entre dos extremos. || Calentamiento hasta alta temperatura y posterior enfriamiento brusco de un material, para dotarle de una elasticidad y dureza determinadas. || Afinado de un instrumento. || Pintura de pigmento y aglutinantes que se disuelve en agua para colorear muros, madera, metal, tela, cartón, etc.; ha sido desplazada por el óleo. || Obra realizada con ese procedimiento.

TEMPLO m. Edificio consagrado al culto. || Sitio real o imaginario donde se honra la inteligencia, la virtud y el bien.

TEMPORADA f. Espacio de tiempo indeterminado, generalmente regulado por el clima (t. *de verano, de lluvias*) o por algún acontecimiento (t. *de ópera*). || Período durante el cual se realiza habitualmente alguna actividad.

TEMPORAL, 1 adj. Relativo al tiempo. || Que dura solamente cierto tiempo. || Secular, profano (contrapuesto a espiritual). || Pasajero, que no es eterno. || adj. y s. Relativo al tiempo del verbo. || m. Tempestad.

TEMPORAL, 2 adj. Relativo a las sienes y a los elementos anatómicos de esta región. || m. Hueso craneal par, situado entre el frontal, el parietal y el occipital, con los que se articula además de con el pómulo.

TEMPRANO, NA adj. Que llega, sucede, madura, etc. antes de lo normal. || m. Plantación de fruto temprano. || adv. Al amanecer o al anochecer. || Antes del tiempo convenido o acostumbrado. || Muy pronto.

TENACIDAD f. Calidad de tenaz. || Capacidad de un material, especialmente un metal, para resistir tracciones y cargas deformándose sin llegar a quebrarse.

TENACILLAS f. pl. Variedad de tipos de tenazas pequeñas con finalidades diversas: servir terrones de azúcar o pasteles, rizar el cabello, etcétera.

TENAZ adj. Que se adhiere con firmeza. || Que no se rompe u deforma fácilmente. || Perseverante, obstinado.

TENAZA f. Útil, generalmente de metal, formado por dos brazos cruzados, móviles alrededor de un clavillo o eje, que sirve para sujetar y transportar algunas cosas y también para cortarlas. Según usos y oficios (de carpintero, de cerrajero, de fragua, de curtidor, de cirujano, de chimenea, etc.), adquiere diversas formas; más usado en plural. || Quela. || Obra de fortificación con uno o dos ángulos retirados, sin flancos, situada delante de la cortina. || Formación militar envolvente opuesta a la cuña; centro retrasado respecto a las alas.

TENDEDERO m. Lugar donde se tiende, especialmente ropa a secar. || Dispositivo con cuerdas o alambres para tender la ropa.

TENDENCIA f. Inclinación o propensión hacia algo. || Fuerza psíquica que empuja constante y habitualmente hacia determinadas pautas de conducta. || Orientación religiosa, política, artística, etc., y conjunto de individuos que la encarnan. || Evolución de algo, especialmente de datos estadísticos o económicos, en una determinada dirección. || Grupo organizado, dentro de una asociación o partido político, que defiende opciones distintas a las mayoritarias.

TENDENCIOSO, SA adj. Que defiende o beneficia abierta o encubiertamente una determinada tendencia.

TENDER tr. Desdoblar, extender o desplegar algo. || Desparramar por el suelo. || Colgar la ropa para que se seque o airee. || Extender un cable, cuerda o línea horizontal entre dos o más puntos. || Alargar. || Enlucir paredes o techos con una capa fina de material. || intr. Mostrar inclinación hacia algo. || prnl. Acostarse, tumbarse. || Encamarse las plantas. || Dejar el jugador al descubierto sus cartas, seguro de haber ganado o perdido. || Estirarse al máximo el caballo en la carrera, con el vientre a ras de suelo. || Desatender algún asunto por desidia.

TENDERETE m. Puesto de venta ambulante. || Conjunto de cosas tendidas en desorden. || Tendedero.

TENDERO, RA m. y f. Persona que tiene tienda o que vende al por menor. || Persona que hace tiendas de campaña, o que cuida de ellas.

TENDIDO, DA adj. En posición horizontal o casi. || Se dice del galope del caballo cuando estira al máximo las patas, de la carrera a grandes zancadas. || Se dice del mar con olas grandes que no rompen. || m. Acción y efecto de tender o extender.

TENDÓN m. Haz fibroso por medio del cual los músculos se insertan en el esqueleto. Histológicamente está formado por fibras colágenas, unidas entre sí por escasa sustancia fundamental. || *de Aquiles* El originado por la reunión de los t. de los gemelos y del músculo sóleo y que se inserta en el calcáneo. Es el más robusto del organismo. || fig. Punto vulnerable de una persona.

TENEBROSO, SA adj. Oscuro, en tinieblas. || Tétrico, sombrío. || Oculto, que inspira terror.

TENEDOR, RA m. y f. Quien tiene o posee algo. || Titular legítimo de una letra o documento de crédito. || m. Cubierto de mesa a modo de horca con dos o más dientes, generalmente cuatro, con que se pinchan y llevan a la boca los alimentos sólidos. || *de libros* Contable. || *comer de t.* Tomar alimentos cocinados.

TENER tr. Estar en posesión, ser dueño. || Gozar, disfrutar. || Padecer, soportar. || Asir, coger, sostener. || Contener, encerrar dentro de sí. || Someter, dominar. || Hospedar. || Con *que* (también *de*, aunque hoy en desuso) e infinitivo, indica necesidad u obligatoriedad de realizar lo que expresa dicho infinitivo; equivale al verbo auxiliar *haber*. || tr. y prnl. Con *en* y los adjetivos *poco, mucho* o semejantes, apreciar o estimar según se indica. || Con *por* y adjetivo, considerar o reputar a alguien o algo, según la calificación expresada. || intr. Ser rico. || prnl. Mantenerse en pie. || Asentarse un cuerpo sobre otro. || Resistir un desafío o lucha. || Atenerse.

TENIA f. Nombre común a diversos gusanos platelmintos, del orden Cestodos, de forma acintada aplanada, de color claro, con un escólex en el extremo anterior provisto de órganos de fijación. En fase adulta son parásitos del intestino de vertebrados. || Listón estrecho y alargado de una moldura. || Anat. Denominación de diversas estructuras en forma de cintilla o estría. || *solitaria* (*T. solium*) Escólex provisto de 4 ventosas y corona de ganchos. El ciclo es complejo: en el primer huésped, el embrión se transforma en oncosfera, transformándose posteriormente en cisticerco a la espera de que un carnívoro coma la parte infestada. En el intestino del segundo huésped (el hombre, p. ej.) inicia el proceso de estrobilación y puede llegar a medir 9 metros.

TENIENTE, TA adj. Que tiene una cosa. || m. y f. Persona que ejerce las funciones de otra como sustituta. || Grado inferior al de capitán. || *de navío* Oficial de la armada; con empleo y grado equivalente al de capitán de los ejércitos de tierra o del aire.

TENIS m. Deporte que se juega en un campo de 23.77 × 8.23 m, dividido en su centro por una red de 0.91 m de altura. Consiste en impulsar con raqueta una pelota por encima de la red, de forma que el adversario no pueda devolverla o lo haga defectuosamente.

TENOR, 1 m. Contenido de algo; en especial de un escrito, y particularmente cuando es literal. || *a este t.* De modo. || *a t. de* Según, conforme a, a juzgar por.

TENOR, 2 m. Registro más agudo de la voz masculina; aproximadamente de do_2 a do_4. || Cantante con esta voz. || En una familia de instrumentos, el de timbre parecido a dicha voz.

TENORIO m. Conquistador de mujeres.

TENSIÓN f. Distonía psíquica debida a un estímulo emocional, mental o físico de gran intensidad; excitación, angustia, concentración, etc., ante algo por venir o por realizar. || Discrepancia hostil; estira y afloja entre personas y colectividades. || Fuerza que tiende a producir una deformación elástica en un cuerpo y relación entre ella y la sección del cuerpo. || Momento de la articulación fonética entre la intensión y la distensión. || Presión que ejerce un líquido o un gas. || *arterial* La que ejerce la sangre sobre las paredes de las arterias. || *eléctrica* Voltaje, diferencia de potencial entre dos puntos. || *en t.* Tenso, sometido a t. psíquica o a fuerzas de tensión.

TENSO, SA adj. Sometido a fuerzas opuestas. || En estado de tensión anímica.

TENTACIÓN f. Estímulo espontáneo o provocado que induce a obrar en contra de los propios criterios morales. || Por extensión, deseo intenso. || Persona o cosa que ejerce una influencia negativa. || *caer en la t.* Aceptar esta influencia.

TENTÁCULO m. Formación alargada, móvil, en ocasiones provista de órganos auxiliares (ventosas, elementos urticantes, etc.), que numerosos invertebrados usan para la alimentación, con fines sensoriales, para desplazarse y también como órgano copulador. || Vástago de crecimiento rápido, con ápice a la búsqueda de donde agarrarse. || pl. Influencias, formas de dominio o presión.

TENTATIVO, VA adj. Que sirve para tantear una cosa. || f. Intento, prueba, ensayo. || Inicio de comisión de un delito, sin llegar a ejecutarlo por causas ajenas a la voluntad del ejecutante.

TENTEMPIÉ m. Refrigerio.

TENUE adj. Delicado, suave. || De poca importancia. || Se dice del estilo sencillo, sin ostentación.

TEÑIR tr. y prnl. Efectuar el teñido de algo. || Manchar una cosa a otra. || Comunicar a algo aspecto o apariencia ajenos. || Imbuir afectos u opiniones en alguien. || En pintura, mezclar un color con tonalidades más oscuras.

TEOLOGÍA f. Ciencia sagrada que versa sobre Dios y lo divino. En el cristianismo se distingue la t. *natural*, o *teodicea*, y la t. *revelada*; la primera estudia el concepto de Dios bajo la sola luz de la razón; la revelada se basa en la Biblia. La t. *dogmática* estudia la fe (verdades y dogmas), y la t. *moral* los mandamientos y la conducta.

TEOREMA m. Proposición demostrable cuyo enunciado consta de un supuesto o hipótesis y de una conclusión o tesis.

TEORÍA f. Conjunto de conocimientos especulativos sobre una ciencia o tema, considerados con independencia de toda aplicación práctica. || Conjunto de leyes o principios que se deducen de la observación de determinados fenómenos, y que sirven para explicarlos y relacionarlos. || Hipótesis o conjunto de razonamientos ideados para explicar provisionalmente unos determinados fenómenos. || Procesión religiosa de la antigua Grecia. || *en t.* Sin haberse comprobado en la práctica.

TEÓRICO, CA adj. Relativo a la teoría. || adj. y s. Versado en la teoría de alguna ciencias o arte, o que considera las cosas desde un punto de vista meramente especulativo.

TERAPEUTA com. Especialista en terapéutica; particularmente, psicoanalista.

TERAPÉUTICA f. Parte de la ciencia médica que estudia la forma idónea de tratar la enfermedad para lograr la curación o paliar sus efectos. Los medios disponibles, muy variados, dan origen a las diferentes formas de tratamiento: dietética, medicamentosa, física, climática, hidrológica, etcétera.

TERCERMUNDISTA adj. y com. Del Tercer Mundo. || fam. Que tiene las características (pobreza, falta de calidad, desorganización, etc.) que se suponen en el Tercer Mundo. Término con connotaciones racistas o clasistas.

TERCER MUNDO Conjunto de países sometidos a condiciones de subdesarrollo. Los países que lo integran suelen reconocerse por una baja renta por habitan-

te insuficiencia alimentaria, defectuoso estado sanitario, bajo nivel de instrucción, industrialización reducida, débil consumo de energía, alto nivel de desempleo encubierto y escasa integración nacional.
TERCERO, RA adj. y s. Entre el segundo y el cuarto. || Partitivo de tres. || Que ejerce tercería. || m. y f. Alcahuete, proxeneta. || Terciario (religioso). || m. Persona ajena a aquellas de quienes se trata o de las que participan en un asunto. || f. Intervalo melódico o armónico que incluye tres sonidos de la escala musical.
TERCETO m. Estrofa métrica compuesta de tres versos de arte mayor, generalmente endecasílabos, que riman el 1º y el 3º (ABA). Forma parte del soneto. || *encadenado* o *trenzado* Serie de t. en los que la rima del 2º verso se repite en el t. siguiente (ABA, BCB, CDC...). || Trío.
TERCIAR tr. Cruzar o atravesar una cosa en diagonal. || Dividir algo en tres partes. || Cavar la tierra después de binarla. || Cortar las plantas o arbustos a un tercio de su altura para que rebroten. || Llegar al tercio de algo; vaciar un recipiente o consumir su contenido aproximadamente en un tercio. || intr. Mediar en una discusión o disputa. || Tomar parte igual en la acción de otros. || Participar en algo para completar el número de personas necesario. || Llegar al número de tres. || prnl. Ocurrir casualmente. || Venir bien una cosa, presentarse la ocasión de hacerla.
TERCIARIO, RIA adj. Tercero (en orden o grado). || Se dice de un tipo de arco que se forma en las bóvedas de crucería. || Se dice del sector económico de servicios. || adj. y m. Se dice de la tercera gran era geológica, que se inició hace 72 millones de años y terminó en el Cuaternario (hace un millón de años). Clima cálido, con predominio de las angiospermas en la flora, y en la fauna, disminución de reptiles, abundancia de mamíferos, con aparición de los primates, y adaptación de las aves al vuelo. En el T. tuvieron lugar grandes movimientos tectónicos que conformaron gran parte del relieve actual. || adj. y s. Religioso que sigue comunitariamente la regla de una tercera orden religiosa (franciscana, dominica, carmelita). || *secular* Civil o sacerdote secular que sigue la espiritualidad de una orden.

TERCIO, CIA adj. Tercero. || m. Tercera parte.
TERCIOPELO m. Tela de seda, velluda y tupida, con dos urdimbres y una trama; a veces se confecciona con otros materiales.
TERCO, CA adj. Tozudo, testarudo. || Duro, difícil de trabajar.
TERGIVERSAR tr. Repetir argumentos o palabras, o explicar hechos, deformándolos intencionadamente. || Desordenar, confundir.
TERMAL adj. De las termas. || Se dice del agua que brota caliente del manantial.
TERMAS f. pl. Caldas (baños), y establecimientos donde se toman. || Conjunto de edificaciones romanas destinadas a baños públicos.
TÉRMICO, CA adj. Relativo al calor o a la temperatura.
TERMINACIÓN f. Acción y efecto de terminar o terminarse. || Extremo; conclusión, final. || Letra o conjunto de letras finales de una palabra, generalmente un sufijo (*libr-eta*), o una desinencia que indica persona, número, etc. (*libr-os*). || Estado de un enfermo al empezar la convalecencia.
TERMINAL adj. Final, último. || Se dice de lo que está en el extremo de cualquier parte de una planta. || adj. y f. Estación donde finaliza el trayecto de una línea de transportes.
TERMINANTE adj. Que termina. || Definitivo, indiscutible, decisivo.
TERMINAR tr., intr. y prnl. Acabar.
TÉRMINO m. Extremo, límite, punto final. || Fin, momento en que termina algo. || Límite o extremo de una cosa inmaterial. || Mojón, hito. || Límite entre dos territorios. || Territorio sometido a la jurisdicción de un ayuntamiento. || Lugar señalado para algún fin. || Plazo. || Hora, día o punto preciso para hacer algo. || Objeto, finalidad. || Palabra (o frase) asociada a un significado. || Estado o situación en que se halla una persona o cosa. || Aspecto, apariencia. || Cada uno de los elementos de una serie o sucesión. || Terminal (estación). || Precedido de los adjetivos *primer*, *segundo*, etc., lugar que ocupa lo que se expresa. || Palabra que en una oración realiza una función determinada. || Tecnicismo. || Elemento que forma parte de un sistema lingüístico. || Expresión verbal del

concepto que aparece como sujeto o predicado del juicio. || Mat. En un polinomio o ecuación, cada una de las expresiones separadas por los signos + o –. || Cada una de las cantidades que forman una fracción o proporción.

TERMINOLOGÍA f. Vocabulario característico o especializado de una determinada profesión, ciencia o materia.

TERMO m. Recipiente muy delgado de vidrio, dentro de otro más resistente, entre los que se ha hecho el vacío; aislado del exterior, mantiene por un tiempo la temperatura de su contenido.

TERMODINÁMICA f. Parte de la física que estudia la relación entre la energía calorífica y otras formas de energía.

TERMOELÉCTRICO, CA adj. Se dice del aparato productor de electricidad por medio del calor.

TERMÓLISIS f. Disolución o reacción de descomposición endotérmica. || Eliminación del calor de un organismo (radiación, vasodilatación, evaporación del sudor, etcétera).

TERMÓMETRO m. Aparato que mide la temperatura. Los t. de líquido, como el de mercurio y el de alcohol, constan de una ampolla de vidrio de la que emerge un tubo capilar largo. El líquido que contiene el depósito se dilata al aumentar la temperatura, ascendiendo por el tubo. Los termómetros de gas se basan en las variaciones de presión de un gas a volumen constante. Los t. de resistencia se basan en el hecho de que la resistencia eléctrica de los metales aumenta al crecer la temperatura. || *de máxima* y *mínima* El que señala simultáneamente las temperaturas máxima y mínima de un determinado periodo; consiste en un capilar en forma de U, con alcohol, y mercurio en su base. || *diferencial* El que sirve para medir pequeñas diferencias de temperatura; consiste en un capilar doblado en ángulo recto por sus extremos.

TERMOSTATO m. Aparato automático que conectado a la fuente de calor mantiene constante la temperatura de un recinto.

TERNA f. Grupo de tres personas que se presentan a un cargo, para elegir de entre ellas la que ha de desempeñarlo. || Conjunto de dados para jugar. || En este juego, pareja de tres puntos.

TERNARIO, RIA adj. Que tiene tres elementos, unidades, cifras, etc. || Se dice de un tipo de compás (música). || m. Conjunto de tres días en que se practica un triduo.

TERNERO, RA m. y f. Cría de vaca. || f. Carne de este animal. || *recental* El lechal.

TERNILLA f. Cartílago, especialmente el de la nariz.

TERNURA f. Calidad de tierno. || Actitud afectuosa. || Requiebro, piropo.

TERQUEDAD f. Calidad de terco. || Actitud obstinada, inflexible a la razón.

TERRAMICINA f. Nombre comercial del antibiótico obtenido de los cultivos de *Streptomyces rimosus*. Posee acción antibacteriana contra cocos grampositivos y bacterias gramnegativas.

TERRAPLÉN m. Masa de tierra, piedras o escombros con que se rellena un hueco u hondonada, o que se levanta para construir un camino, vía férrea, u otra obra semejante. || Por extensión, pendiente formada por esta masa.

TERRÁQUEO, A adj. Compuesto de tierra y agua. Se dice únicamente del globo terrestre.

TERRATENIENTE com. Propietario de tierras o fincas rústicas, particularmente si éstas son de grandes dimensiones.

TERRAZA f. Azotea. || Espacio descubierto en algunas viviendas para permanecer en él, tener macetas, tender la ropa, etc. || Trozo de acera con mesas y sillas frente a un bar o restaurante. || Terreno llano y cultivable en la ladera de una montaña retenido por un pequeño muro de piedras. || Arriate. || Superficie plana y generalmente estrecha que interrumpe una pendiente uniforme. || *fluvial* La excavada por el efecto de las sucesivas avenidas de un río; se denomina según el material afectado y la altura a la que se dispone. || *glaciar* La formada por la excavación glaciar y los depósitos morrénicos. || *litoral* o *marina* La dispuesta por encima de la superficie media del mar; se excava por el efecto de abrasión del oleaje.

TERREMOTO m. Seísmo.

TERRENO, NA adj. Terrestre. || Terrenal. || m. Campo, extensión de tierra. || Parte de la corteza terrestre que presenta características uniformes en cuanto a origen, composición y edad. || Esfera de acción en que con mayor eficacia pueden mostrarse la índole o cualidades de personas o cosas. || Lugar donde se disputa un encuentro deportivo. || *abonado* Coyuntura propicia para obtener un resultado favorable. || *allanar el t.* Eliminar los obstáculos.

TERRESTRE adj. Del planeta Tierra. || De la tierra, en oposición al mar o al aire.

TERRIBLE adj. Horrible, espantoso. || Temible. || De carácter duro o insoportable. || Enorme, desmesurado.

TERRITORIO m. Extensión de tierra perteneciente a una nación, región, provincia, etc. || Ámbito de una jurisdicción. || Espacio ocupado por un individuo de una especie determinada, y que defiende contra la invasión de otros congéneres, a excepción generalmente del elegido para la reproducción. || Esbozo germinal destinado a la formación de determinados tejidos u órganos.

TERRIZO, ZA adj. De tierra. || m. y f. Barreño, lebrillo.

TERRÓN m. Masa pequeña de tierra compacta; por extensión, de sal, azúcar, etc. || Trozo de orujo de aceituna que resta en los capachos. || pl. Terreno agrícola.

TERROR m. Miedo extremo, pánico. || Persona o cosa que lo causa.

TERRORISMO m. Dominación por el terror, especialmente la ejercida por el Estado. Se basa en el amplio uso de prácticas arbitrarias o inhumanas (encarcelamientos sin razón, tortura, matanzas, represalias), de carácter al tiempo discriminado (afecta a grupos determinados) e indiscriminado (cualquiera puede incurrir en ese supuesto, siquiera por proximidad). || Táctica política que preconiza el uso de la violencia; el objetivo no es tanto derrocar el poder como crear las condiciones para que lo hagan otros agentes sociales (especialmente las clases populares). || Conjunto de las prácticas terroristas.

TERROSO, SA adj. De tierra o parecido a ella. || Mezclado con tierra.

TERRUÑO m. Terrón, masa pequeña de tierra. || Tierra, especialmente aquella de la que se vive. || Tierra natal.

TERSO, SA adj. Limpio, resplandeciente. || Tirante, sin arrugas. || Se dice del lenguaje o estilo muy puro.

TERTULIA f. Reunión de personas que se juntan habitualmente para conversar amigablemente o para distraerse. || Pasillo en la parte más alta de los antiguos teatros. || Lugar destinado a mesas de juego en los cafés.

TESINA f. Trabajo monográfico, de menor empeño que una tesis, necesario, en muchos casos, para obtener la licenciatura o la graduación universitaria.

TESIS f. En Aristóteles, proposición no demostrada que se usa como premisa de un silogismo. En Fichte y Hegel, primer momento del proceso dialéctico que, por contraposición a la *antítesis*, produce la síntesis. || Opinión defendida con argumentos, especialmente sobre la interpretación de un hecho o en una suposición. || Trabajo de investigación que presenta por escrito el aspirante al grado de doctor.

TESITURA f. Extensión o registro de una voz o instrumento, desde el sonido más grave hasta el más agudo. || Estado de ánimo, actitud ante la vida.

TESÓN m. Empeño, constancia, perseverancia.

TESONERO, RA adj. Que tiene tesón.

TESORERÍA f. Administración del tesoro público. || Conjunto de activos líquidos de una persona o una empresa, pública o privada.

TESORO m. Cantidad considerable de dinero, joyas u objetos de valor que se guardan en algún sitio. || Persona o cosa que se considera muy valiosa. || Apelativo cariñoso. || *público* Caudal de que dispone el Estado, erario. || Departamento de la administración pública en un Estado que lo representa en sus relaciones financieras con los ciudadanos, con el banco central y con otros países; ejerce también funciones de control y de administración en relación con la caja del Estado, la deuda pública y otros aspectos de las finanzas públicas.

TEST m. Prueba mediante la cual se examinan las cualidades psíquicas de un individuo, lo que permite clasificar al sujeto examinado, cuantitativa o tipológicamente.

TESTAMENTARÍA f. Cumplimiento de las condiciones dispuestas en un testamento. || Junta de los testamentarios. || Juicio universal para conservar y repartir la herencia según lo dispuesto en el testamento. || Conjunto de documentos que corroboran los preceptos y condiciones dispuestas por el testador, y que tienen por objeto liquidar y dividir la herencia entre los legítimos herederos, de acuerdo con las leyes y las disposiciones testamentarias.

TESTAMENTO m. Acto por el cual una persona dispone de sus propios bienes en caso de muerte. || Documento que contiene estas disposiciones. || fam. Carta o escrito muy largos. || *común, ordinario o notarial* Puede ser: abierto, si se redacta ante la presencia de notario, o cerrado, si se presenta al notario redactado para que lo firme. || *especial* El otorgado por sordos, mudos, ciegos, en tiempo de epidemias, en estado de guerra, navegación o en un país extranjero. || *ológrafo* Fechado, escrito y firmado por el testador de su puño y letra, y sin la intervención del notario ni de testigos.

TESTAR intr. Otorgar testamento. || tr. Borrar lo escrito, tachar.

TESTARUDO, DA adj. y s. Terco, tozudo, obstinado.

TESTÍCULO m. Glándula genital masculina en la que tiene lugar la espermatogénesis y que desempeña una importante función endocrina. Es un órgano par que está suspendido del cordón espermático en el escroto que lo contiene. Tiene forma ovoide y su peso en el adulto está entre los 15 y 20 gramos.

TESTIFICAR tr. Actuar como testigo, en algún acto judicial, afirmando o negando un determinado hecho. || Declarar con seguridad y verdad una cosa.

TESTIGO com. Persona que, designada por la ley, debe acudir a un procedimiento jurídico para aportar pruebas y dar validez al mismo. || Persona que presencia o adquiere conocimiento directo de algo. || m. Prueba, testimonio. || Prueba de terrenos subyacentes extraída por perforación. || Extremo de una cuerda que se deja sin torcer. || Fracción de una muestra que se separa para que luego sirva de punto de comparación con las que han sido sometidas a algún tipo de experimento. || Objeto, generalmente pequeño bastón, que el corredor entrega a su relevo y con el que se garantiza la reglamentariedad con que éste se ha efectuado.

TESTIMONIAR tr. Testificar, dar testimonio.

TESTIMONIO m. Aclaración y afirmación del testigo. || Prueba, argumento o razonamiento que se afirma para comprobar la verdad o falsedad de un hecho. || Certificación judicial. || *t., falso* Falsa imputación contra alguien. || Impostura, mentira, engaño que aporta en su declaración el testigo.

TESTUZ amb. Frente del caballo y de otros animales. || Nuca del toro, el buey y la vaca.

TETA f. Mama. || Pezón de la mama. || Loma aislada, cónica y roma. || adj. y adv. fam. Estupendo, magnífico. || *dar la t.* Amamantar. || *de t.* Se dice del niño o de la cría de mamífero en periodo de lactancia.

TÉTANOS m. Enfermedad infecciosa que se origina por la contaminación de una herida por el bacilo tetánico o sus esporas. Su sintomatología es contractura espasmódica y dolorosa de la musculatura esquelética.

TETERA f. Vasija para preparar y servir el té.

TETILLA f. Cada una de las tetas de los mamíferos machos. || Especie de pezón de goma que se pone al biberón.

TETRAEDRO adj. De cuatro caras. || m. Poliedro de cuatro caras (pirámide de base triangular).

TETRÁGONO adj. De cuatro ángulos. || m. Cuadrilátero.

TÉTRICO, CA adj. Sombrío, deprimente, excesivamente serio o triste.

TEXTIL adj. Relativo a los tejidos, a las fibras con que se confeccionan (naturales: algodón, lana, seda, lino, cáñamo, yute, etc.; artificiales: rayón, nylon, etc.), y a los procesos previos a su elaboración.

TEXTO m. Cualquier escrito y su contenido. || Cita de una obra escrita. || Por antonomasia, sentencia bíblica. || Contenido de un manuscrito o un libro, exceptuando portadas, índices, comentarios, notas, ilustraciones, etc. || Libro. || Impr. Grado de letra de 14 puntos. || *sagrado* La Biblia.

TEXTURA f. Disposición de los hilos de un tela. || Trabajo de tejer. || Estructura de un obra, poema, etc. || Distribución relativa de las partículas de un cuerpo o sustancia. || En una roca, conjunto de sus

características en relación con la forma, disposición y tamaño de los gránulos que la forman.
TEZ f. Piel del rostro humano.
THETA f. Octava letra del alfabeto griego (Θ,θ), de sonido semejante a nuestra z. Se transcribe *th*.
THRILLER m. Filme de terror, policiaco o suspense, de gran carga emocional.
TI Forma tónica singular del pronombre personal de segunda persona. Se usa sólo con preposición (si se trata de *con* adquiere la forma *contigo*). Realiza la función de un complemento con preposición.
TIBIA f. Hueso largo de la pierna, que conjuntamente con el peroné forman el esqueleto de la misma. || Flauta.
TIBIO, BIA adj. Templado. || Poco entusiasta. || *poner t.* (a uno) Criticarle con malevolencia. || *ponerse t.* Darse un hartazgo.
TIC m. Espasmo breve y estereotipado que se presenta especialmente en la musculatura facial. Suele tener causas psíquicas, en especial de tipo tensional. || Onomatopeya de un sonido instantáneo, seco y poco intenso.
TICTAC m. Ruido característico del reloj.
TIEMPO m. Medida del periodo de existencia de los seres finitos. || Duración de este periodo, y parte de él. || Época. || Cada una de las estaciones del año. || Entre los católicos, cada división del año litúrgico. || Edad. || Momento propicio u oportuno. || Porción de t. disponible para algo. || Espacio largo de t. || Cada una de las acciones sucesivas de determinados ejercicios (militares, gimnásticos, de danza, etc.). || Cada una de las partes de igual duración en que se divide un compás. || Grado de velocidad en que debe ejecutarse un fragmento o una obra musical. || Movimiento o parte de una composición. || Fase de un motor. || Estado atmosférico. || Tempestad duradera en el mar. || Categoría gramatical que indica el momento en que acontece la acción verbal; se puede expresar por los afijos y desinencias verbales (*mor-ía*) o por adverbios temporales (*hoy, ayer*). || *compuesto* El t. gramatical que presenta más de un elemento morfológico (*ha llegado*); se forma con un t. simple auxiliar y el p. p. del verbo que se conjuga.

TIENDA f. Tienda de campaña. || Toldo que se pone sobre algunos carros y embarcaciones para protegerse de la lluvia y del sol. || Establecimiento comercial para la venta de mercancías, generalmente al por menor. || Por antonomasia, la de alimentación. || *de campaña* Alojamiento desmontable para vivir en descampado, constituido por un armazón de palos o tubos hincados en el suelo y cubierto de telas, lonas o pieles. || *de modas* La que presenta modelos de ropa, especialmente de mujer, exclusivos y que varían cada temporada. || *de oxígeno* Espacio cerrado, de paredes de plástico, donde se introduce a ciertos enfermos para administrarles oxígeno.
TIENTA f. Prueba que se hace con la garrocha para conocer la bravura de los becerros destinados a la lidia. || Astucia para averiguar una cosa. || Instrumento quirúrgico, largo y estrecho, para exploración. || *a tientas* Con tiento. || Con desorientación.
TIENTO m. Acción de tentar (palpar). || Bastón de ciego. || Cuerda o palo que sujeta la caballería al peón de la noria. || Palo largo que usan los volatineros para mantener el equilibrio. || Pulso, seguridad en la mano. || Varita que los pintores apoyan sobre el lienzo con la mano izquierda para que sirva de soporte a la derecha. || Tentáculo de un animal. || Cuidado, consideración. || Golpe, porrazo. || Pella de yeso con que los albañiles sujetan las miras y los reglones.
TIERNO, NA adj. Blando, fácil de doblar, cortar o deformar. || Reciente, moderno. || Se dice de la edad infantil. || Sensible, dado al llanto. || Dulce, cariñoso. || Se dice de los ojos con fluxión ligera y permanente.
TIERRA f. La Tierra. || Superficie sólida de este planeta, en oposición a los mares. || Materia inorgánica suelta o desmenuzable que constituye el principal componente del suelo natural. || Piso, suelo. || El suelo, considerado como receptor eléctrico. || Terreno de cultivo. || Patria, nación, país o región en que uno ha nacido. || Conjunto de moradores de un territorio.
TIESO, SA adj. Rígido, difícil de doblar o de torcer. || Erguido, firme. || Con buen estado de salud. || Estirado, tenso, tirante.

|| Valiente, animoso. || Afectadamente grave y circunspecto. || Terco, inflexible. || adv. Fuertemente, con energía. || *dejar t.* Asesinar. || *quedarse* uno *t.* Quedarse agarrotado por el frío. || Fallecer. || *t. que t.* Muy obstinado.

TIESTO m. Maceta, recipiente para plantas. || Trozo de cerámica. || *mear fuera de t.* Desbarrar, salirse del tema, hablar de lo que uno no entiende.

TIFOIDEO, A adj. Relativo o semejante al tifus. || *tifoideas* Fiebre tifoidea.

TIFÓN m. Tromba marina. || Tipo de ciclón del mar de China.

TIFUS m. Denominación de determinadas enfermedades que se caracterizan por producir un estado de sopor y obnubilación de los sentidos.

TIGRE m. Mamífero carnívoro, de la familia Félidos, de hasta 2.8 m de longitud, cola de 0.9 m, de pelaje rayado cuyo dibujo y longitud depende de las razas geográficas. Vive exclusivamente en Asia, en zonas selváticas; de costumbres territoriales, caza a la espera durante la noche una gran diversidad de presas. || Persona cruel y feroz. || *oler a t.* Desprender tufo a causa del sudor o por falta de higiene.

TIJERA f. Instrumento para cortar formado por dos hojas de acero de un solo filo que giran en torno a un eje que las traba; suele usarse en plural. || Zanja que se hace en las tierras húmedas para desaguarlas. || Esquilador de ganado lanar. || Aspa donde apoyar el tronco que se va a partir o serrar. || Persona criticona. || pl. Largueros que forman la escalera del carro. || Armazón de troncos cruzados oblicuamente en el cauce de un río para detener los que bajan por él. || *buena t.* Sastre hábil. || Censor estricto. || *de t.* Se dice de varios utensilios constituidos por dos piezas articuladas como una tijera.

TILDAR tr. Colocar tilde a una letra. || Señalar algún defecto de alguien.

TILDE amb. Signo gráfico diacrítico (ñ), que originariamente indicaba la supresión de alguna letra (generalmente una *m* o *n*); hoy presenta diversas cualidades fónicas: en castellano, se usa encima de la *n* para indicar su palatalización. || Acento. || Tacha, defecto. || f. Cosa insignificante.

TIMAR tr. Hurtar con engaño. || Estafar o conseguir dinero con artimañas. || Hacer promesas que luego dejan de cumplirse. || prnl. Entenderse con la mirada, hacerse guiños los enamorados.

TIMBAL m. Variedad de tambor, de sonido determinado. Consta de una caja semiesférica (caldero) de bronce o de cobre, con una membrana de piel estirada sobre ella, sujeta a un aro metálico con 6 u 8 tornillos tensores para modificar la altura del sonido. || Órgano estridulante de la cigarra. || Empanada en forma de cubilete, rellena de carne, pescado o verduras.

TIMBRAR tr. Estampar o pegar un timbre, sello o membrete en una hoja, documento o artículo comercial. || Colocar el timbre en el escudo de armas.

TIMBRE m. Cualidad del sonido que permite diferenciar dos sonidos de la misma altura e intensidad, producidos por voces o instrumentos distintos. || Sonido característico de cada voz o instrumento. || Emblema en el escudo de armas para mostrar el rango. || Sello estampado en seco o pegado (también t. *móvil*) en documentos públicos, en concepto de derechos fiscales. || Renta de Hacienda obtenida de la venta de los anteriores. || Aparato de llamada o aviso, compuesto de una campana y un macillo que la percute. Puede ser manual o eléctrico. || Hazaña o cualidad intrínseca que honra a alguien.

TIMIDEZ f. Tendencia a perder la seguridad en uno mismo en las relaciones interpersonales, y en especial ante situaciones sociales nuevas. || fig. Cautela excesiva.

TÍMIDO, DA adj. y s. Se dice de la persona que siente timidez. || Apocado.

TIMO, 1 m. Acción y efecto de timar. || Dicho o frase usados como muletilla. || *carne de t.* Incauto, primo.

TIMO, 2 m. Glándula de carácter endocrino, situada en el mediastino anterior por detrás del esternón. Es impar y casi simétrica. Alcanza su máximo desarrollo en la pubertad y luego involuciona, quedando en el adulto el órgano reducido a vestigios. Funcionalmente, el timo está relacionado con el sistema inmunitario, especialmente el linfocitario.

TIMÓN m. Pieza de popa articulada sobre goznes en el codaste de las embarcaciones para guiar la dirección; por extensión, pieza de similares funciones en los aeroplanos. || Palo recto de la cama del arado al que se sujeta el yugo. || Pértigo de una carreta. || Varilla del cohete que le sirve de contrapeso y le da dirección. || fig. Gobierno de un asunto.

TIMONEL   m. Marinero que guía el timón de una embarcación.

TIMONERO, RA   adj. Relativo al timón, especialmente del arado común. || adj. y f. Se dice de las plumas que forman la cola de las aves, y que sirven para estabilizar y orientar el vuelo. || m. Timonel.

TIMORATO, TA   adj. Tímido, indeciso. || Se dice de la persona que se escandaliza fácilmente ante hechos que no se ajustan a la moral convencional.

TÍMPANO   m. Tambor. || Instrumento de cuerdas percutidas con macillos. Antecesor del salterio. || Témpano, tapa de cuba o tonel. || Oído medio, formado por una excavación del hueso temporal. Contiene la cadena de huesecillos del oído (martillo, yunque) que transmiten las ondas sonoras captadas por la membrana timpánica. || Espacio interior de un frontón. || Superficie semicircular entre las arquivoltas y el dintel de la puerta de una portada.

TINA   f. Tinaja. || Recipiente de diversas formas (media cuba, caldera) y materiales (madera, cinc, cobre), para distintos usos (lavar, teñir, bañarse).

TINAJA   f. Recipiente grande de barro cocido, panzudo, que sirve especialmente para guardar líquidos. || Líquido que contiene.

TINGLADO   m. Cobertizo, tablado o armazón sencillo, montado generalmente con carácter provisional. || Almacén portuario. || Chanchullo, maquinación.

TINIEBLA   f. Oscuridad, ausencia de luz; se usa especialmente en plural. || pl. Suma ignorancia o confusión sobre algo. || Matraca.

TINO   m. Habilidad para acertar a tientas con lo que se busca. || Puntería. || Acierto, tacto o moderación para llevar un asunto. || *sacar de t.* Sacar de quicio. || *sin t.* Desmedidamente.

TINTA   f. Color con que se pinta o tiñe una cosa. || Sustancia de color, líquida o pastosa, usada para escribir, dibujar o imprimir. || Tinte. || Líquido espeso y de color oscuro, secretado por los cefalópodos a través de una glándula que desemboca cerca del ano, y que usan como enmascaramiento para la huida en caso de peligro. || pl. Matices de color. || Mezcla de colores para pintar. || *t., media* La que se da antes de pintar al temple o al fresco. || Color templado que une los claros con los oscuros. || *tintas, medias* Palabras o juicios vagos y recelosos. || *china* La que se hace especialmente a base de negro de humo y que se usa para dibujar.

TINTE   m. Teñido. || Sustancia colorante usada para teñir. || Local donde se tiñe. || Aspecto superficial; matiz.

TINTERO   m. Recipiente para la tinta de escribir. || Depósito que recibe la tinta en las máquinas de imprimir. || Mancha negra que tienen las caballerías en la cavidad dentaria, que sirve para conocer su edad. || *dejar* una cosa *en el t.* Olvidarla o silenciarla.

TINTÍN (o TINTINEO)   m. Sonido del timbre, la esquila, la campanilla, el cristal al vibrar o entrechocar levemente, etcétera.

TINTO, TA   adj. De color rojo oscuro. || adj. y m. Se dice del vino de color muy oscuro, y de la uva de zumo negro.

TINTORERÍA   f. Establecimiento donde se tiñen y, por extensión, se limpian prendas de vestir y otros tejidos.

TINTORERO, RA   m. y f. Quien tiene por oficio teñir y, por extensión, lavar y planchar ropa. || Tiburón azul.

TINTURA   f. Teñido. || Sustancia tintórea; líquido en que se ha disuelto un colorante. || Forma de preparación medicamentosa líquida que se obtiene por maceración de una droga, especialmente de origen vegetal, en un disolvente adecuado. || Barniz (conocimiento superficial).

TÍO, A   m. y f. El hermano o la hermana, el primo o la prima del padre o de la madre (los primeros se llaman *carnales*; los restantes, *segundos, terceros*, etc., según los grados que distan). || En medios rurales, tratamiento que reciben el hombre o mujer casados o entrados en años. || Persona, en sentido admirativo o despectivo. || Persona cuyo nombre se desconoce o no se quiere decir.

TIOVIVO   m. Aparato de diversión para niños, con caballitos, vehículos, etc., dispuestos en una plataforma giratoria.

TÍPICO, CA adj. Peculiar, característico, representativo. Se dice especialmente de costumbres, bailes, productos, etc., de un país por los que se le identifica desde fuera.

TIPLE m. Voz más aguda que la de soprano. || Persona (especialmente mujer o niño) que tiene dicha voz. || Instrumento musical de viento, de madera, de sonido agudo y penetrante. Variedad del oboe soprano. Usado en la cobla. || Variedad de guitarra, pequeña y de tonos muy agudos. || Músico que toca el tiple.

TIPO m. Modelo, patrón, ejemplar característico. || Carácter de imprenta. || Cada una de las clases de estos caracteres. || Figura de una persona. || Clase, calidad o condición de las cosas. || Persona singular por sus buenas o malas cualidades. || Persona, sujeto. || Personaje de ficción. || Cada uno de los grupos psicosomáticos en que se intenta clasificar a las personas; también *biotipo*. || Figura más importante de una moneda o medalla. || Biol. Categoría sistemática superior, por debajo del reino; comprende todos los organismos con una misma organización fundamental.

TIPOGRAFÍA f. Técnica de impresión cuyos tipos están en relieve. En ella hay las siguientes fases: composición del texto (con componedor o linotipia); compaginación (distribución de textos, ilustraciones y blancos en la página); imposición (colocación de las páginas en unos moldes —rama— con la separación para hacer los márgenes; el conjunto se llama forma), y tirada, o impresión propiamente dicha. Las ilustraciones se obtienen a partir de unos clichés hechos por fotograbado. || Taller donde se realiza. || Actualmente todo el proceso es computarizado.

TIPÓGRAFO, FA m. y f. Persona que trabaja en tipografía (cajista, teclista, corrector, impresor).

TÍQUET m. Vale, bono, billete, entrada, boleto, etcétera.

TIRA f. Trozo largo, estrecho y delgado de cualquier material. || Cabo que pasa por una polea y del que tiran horizontalmente los marineros.

TIRADA f. Acción de tirar. || Distancia entre dos lugares. || Serie ininterrumpida de ciertas cosas, especialmente las que se dicen o escriben de un tirón. || Impresión (acción y efecto de imprimir). || Número de ejemplares impresos.

TIRADOR, RA m. y f. Persona que lanza o dispara, especialmente con habilidad. || Persona que estira un metal, reduciéndolo a hilo o alambre. || m. Instrumento para estirar. || Asidero del que se tira para abrir o cerrar puertas o cajones, para hacer sonar un timbre o campana, etc. || Regla de hierro que usan los picapedreros. || Variedad de tiralíneas. || Objeto formado por una horquilla con una goma sujeta a sus dos extremos, que se usa para lanzar piedrecillas, etcétera.

TIRALÍNEAS m. Instrumento metálico con un extremo terminado en dos puntas separadas y graduables, entre las que se coloca la tinta; sirve para trazar líneas más o menos gruesas.

TIRANÍA f. Gobierno ejercido por un tirano. || Abuso de superioridad, poder o fuerza en el trato con la gente. || Imposición de un hábito, pasión, etc., sobre la voluntad. || Forma de gobierno de las ciudades de Grecia en los siglos VII-VI a. C. Poder autocrático de un tirano, apoyado por las clases populares, que adopta medidas favorables a éstas y potencia la vida económica y cultural urbana. || fam. Dictadura.

TIRANICIDIO m. Muerte dada a un tirano.

TIRANO, NA adj. y s. Se dice del que se apropia ilegítimamente del poder supremo del Estado, o gobierna despóticamente. || El que ejercía la tiranía en la antigua Grecia. || Se dice de quien impone abusivamente su poder o fuerza. || Se dice de los hábitos, pasiones, etc., que dominan la voluntad. || m. Nombre común a diversas especies de aves paseriformes de la familia Tiránidos; tamaño entre 8 y 20 cm, plumaje apagado, pico ganchudo y alas largas.

TIRANTE adj. Que tira. || Tenso (estirado). || Se dice de situaciones tensas o de relaciones amistosas en peligro de ruptura. || m. Cada una de las cintas, tiras, elásticos, etc., que sujetan de los hombros diversas prendas, como pantalones, delantales, vestidos, etc.; se usa más en plural. || Correa que une la guarnición de la caballería con el carruaje del que tira. || Viga o barra horizontal de la armadura de un tejado que impide la separación de los pares. || Viga que trabaja a tracción, impidiendo que se separen dos piezas montadas en sus extremos.

TIRANTEZ f. Calidad de tirante. || Distancia más corta entre dos extremos. || Sentido de las hiladas de un arco o bóveda.

TIRAR tr. Lanzar una cosa con la mano, arrojarla en una dirección determinada. || Derribar, hacer caer. || Disparar un arma de fuego. || Desechar una cosa, arrojarla a la basura. || Malgastar, dilapidar. || Extender o estirar. || Reducir a hilo o alambre un metal. || Hacer líneas o rayas. || Con voces que expresan daño corporal, ejecutar las acciones que significan (t. una coz, un puñetazo). || Imprimir. || Reproducir en positivo un cliché fotográfico. || tr. e intr. Hacer uso de una pelota, ficha, carta, etc., en una jugada. || intr. Hacer fuerza para atraer o arrastrar.

TIRITAR intr. Temblar de frío o fiebre.

TIRITONA f. Temblor intenso por frío o fiebre.

TIRO m. Acción y efecto de tirar. || Disparo y estampido de un arma de fuego. || Trayectoria e impacto de un proyectil. || Sitio donde se tira al blanco. || Cantidad de munición para cargar una vez el arma. || Alcance de un arma. || Conjunto de las caballerías que tiran de un carruaje. || Tirante de los arreos. || Cuerda de la polea. || Longitud de una pieza de tela. || Corriente de aire producida por el fuego del hogar, o entre las puertas y ventanas de una casa. || Distancia entre la unión de las perneras del pantalón y la cintura. || Anchura del vestido por delante, y de hombro a hombro. || Tramo de una escalera. || Seguido de la preposición *de* y el nombre del objeto arrojado, se usa como medida de distancia (a *un t. de piedra*). || Alusión, indirecta o ataque velado. || Daño grave, físico o moral. || Pozo abierto en la galería de una mina, y profundidad del mismo. || En los deportes de equipo, lanzamiento a puerta con intención de marcar. || Conjunto de disciplinas deportivas que se basan en acertar blanco con un arma de fuego (carabina, pistola, fusil) o arrojadiza (*t. con arco*); muchas modalidades son olímpicas (*skeet*, foso olímpico).

TIROIDES m. Glándula de secreción interna impar, formada por dos lóbulos unidos por una zona estrecha llamada istmo. Se halla en la parte anterior del cuello; segrega diversas hormonas como la tiroxina, que interesa en el crecimiento.

TIRÓN m. Acción de tirar, atraer hacia sí, de forma brusca y poco prolongada. || Estirón. || Procedimiento para robar que consiste en apoderarse de un bolso u otro objeto tirando violentamente de él y dándose a la fuga. || Agarrotamiento muscular. || En carreras deportivas, aceleración brusca de un corredor, para ganar ventaja o desgastar a los contrarios.

TIROTEAR tr. y prnl. Disparar tiros repetidamente. || prnl. Andar discutiendo.

TIRRIA f. Manía (ojeriza).

TISIS f. Tuberculosis pulmonar de evolución progresiva. || Por extensión, cualquier enfermedad de carácter consuntivo. || *galopante* Forma de tisis tuberculosa de evolución muy rápida.

TISÚ m. Tejido de seda con doble trama de hilos de oro o plata.

TITÁN m. fig. Persona muy destacada, especialmente por su gran fortaleza física o moral. || Grúa de grandes dimensiones.

TÍTERE m. Muñeco que se mueve con cuerdas o introduciendo la mano en su interior. || Individuo de aspecto ridículo, pequeño o muy presumido. || Sujeto necio y petulante. || Cuerpo, institución, gobierno, etc., que ejerce sus funciones al dictado de otros u otros. || pl. Representación o pantomima con títeres (muñecos). || Dirigir censuras o ataques en cualquier cuestión contra todo y contra todos.

TITILAR intr. Temblar muy ligeramente algún miembro del cuerpo. || Centellear, oscilar una luz.

TITIRITAR intr. Temblar de miedo. || Tiritar.

TITIRITERO, RA m. y f. Persona que hace representaciones con títeres. || Acróbata.

TITUBEAR intr. Oscilar, tambalearse. || Vacilar en la elección u tropezar en la pronunciación de las palabras. || Estar indeciso ante lo que se tiene que hacer o decir.

TITULADO, DA m. y f. Persona con título académico o nobiliario. || adj. Designado con el título que se expresa.

TITULAR, 1 adj. Que posee algún título. || Se dice del tipo de letra empleado en la

titulación periodística. || m. Cabecera periodística. || *de una cuenta* Persona a cuyo nombre está abierta una cuenta bancaria.

TITULAR, 2 tr. Poner título. || Efectuar una titulación, o valoración, de una disolución química. || intr. Lograr un título nobiliario. || prnl. Graduarse, conseguir un título académico. || Llamarse, tener por título.

TÍTULO m. Enunciado de la temática de un libro, manuscrito, capítulo, impreso, etc. || Nombre de una publicación, obra literaria, teatral, cinematográfica o artística en general. || Cada división mayor de una ley, estatuto, reglamento, etc. || Rótulo que indica el contenido de algo, o la dirección de un envío. || Dignidad nobiliaria, y persona que la ostenta. || Documento que acredita que una persona posee los conocimientos necesarios para ejercer una profesión u oficio; por extensión, dichos conocimientos. || Documento que establece la propiedad de un activo financiero o material. Los t. emitidos por el Estado se llaman deuda pública; los privados de renta fija se llaman obligaciones o bonos de caja, y los de renta variable acciones. || *académico* El correspondiente a una carrera universitaria. || *a la orden* Documento que acredita el traspaso de una persona a otra de un crédito expedido a su favor (cheque, pagaré, etc.). || Crédito expedido a favor de una persona determinada; no es transmisible por endoso.

TIZA f. Arcilla blanca que en forma de barritas se usa para escribir en las pizarras, y pulverizada sirve para limpiar metales. || Compuesto de yeso y greda con el que se frotan las suelas de los tacos de billar. || Asta de ciervo cuando está calcinada.

TIZNAR tr. y prnl. Manchar de negro con tizne, hollín u otra materia semejante. || Por extensión, manchar con una sustancia de cualquier otro color. || Deslustrar, manchar la fama, honra u opinión de alguien.

TIZNE amb. Hollín o humo de la lumbre. || Tizón (leño).

TIZÓN m. Leño a medio quemar. || Mancha o deshonra en la fama o reputación. || Lado más estrecho de un ladrillo o sillar. || *a t.* Se dice de la forma de construcción en que los ladrillos se colocan en su longitud perpendicularmente al paramento.

TOALLA f. Lienzo, generalmente de tela de rizo, que se emplea para secarse. || Paño que se tiende sobre las almohadas.

TOALLERO m. Mueble o colgador para toallas.

TOBA f. Roca blanda de origen eruptivo, formada por la consolidación de material volcánico. || Sarro de la dentadura, o costra que se forma en un objeto. || fam. Colilla. || Papirotazo, guantada. || *calcárea* La formada por la deposición sobre vegetales del contenido calizo de aguas. || *volcánica* Consolidación de cenizas y lapilli, que a veces llegan a estratificarse.

TOBERA f. Abertura por donde entra el aire que alimenta la combustión de un horno. || Boquilla inyectora de este aire. || Cámara de salida en los motores a reacción, donde el chorro se expansiona hasta lograr la presión adecuada para el empuje.

TOBILLERA f. Calcetín elástico abierto por el talón y los dedos, que protege o sujeta el tobillo.

TOBILLO m. Zona de unión de la pierna y el pie; en especial hace referencia a los maléolos.

TOBOGÁN m. Especie de trineo bajo, con una armadura que descansa sobre dos patines largos, y cubierto por una plancha acolchada. || Pista hecha en la nieve para deslizarse por ella. || Rampa estrecha, de fuerte pendiente, para deslizarse como diversión. || Aparato similar, al borde de las piscinas, para lanzarse al agua. || Rampa para el traslado de mercancías.

TOCA f. Tela con que se cubrían la cabeza las mujeres. || Prenda de lienzo blanco ceñida al rostro, que usan algunas monjas para cubrirse la cabeza. || Tela ligera para confeccionarla. || Cofia femenina de ala estrecha.

TOCADISCOS m. Aparato que reproduce los sonidos grabados en un disco, cuyo surco es explorado por la aguja de un dispositivo fonocaptor.

TOCADO, DA adj. Algo perturbado o trastornado. || Se dice de la fruta que ha empezado a estropearse.

TOCADOR m. Especie de toca para cubrirse y adornarse la cabeza. || Mueble en forma de mesa, con cajones y espejo, para el peinado y maquillaje de una persona. || Habitación para este fin. || Neceser.

TOCAR, 1 tr. Percibir por el sentido del tacto. || Alcanzar algo con la mano o con la ayuda de un objeto, sin tomarlo. || Hacer sonar un instrumento musical. || Rozar ligeramente una cosa con otra. || Analizar el oro o la plata con la piedra de toque. || Tratar superficialmente un tema, mencionar de pasada. || Alterar o modificar una cosa. || Acertar en el disparo. || tr. e intr. Estar en contacto. || Llamar con campana, timbre u otro medio. || Llegar su turno o su oportunidad. || Estimular, inspirar.

TOCAR, 2 tr. Peinar o arreglar el cabello. || prnl. Cubrirse la cabeza con toca o velo.

TOCAYO, YA m. y f. En relación con una persona, otra de su mismo nombre.

TOCINO m. Carne grasa del cerdo, especialmente la que está salada. || Lardo. || Témpano de la canal del puerco. || Cerdo. || Serie de saltos acelerados y continuos en el juego de la comba. || *t. o tocinillo del cielo* Dulce hecho con yema de huevo y almíbar. || *entreverado* El que tiene algo de magro.

TODAVÍA adv. Expresa la duración de una acción hasta el momento actual o hasta un momento determinado *(está escribiendo t.)*. || En oraciones con valor adversativo, con todo, a pesar de ello, no obstante *(cumple más que nadie y t. le riñen)*. || Sirve para reforzar las comparaciones *(su hermano es t. más listo que él)*.

TODO, DA adj. Entero, sin excluir ninguna de sus partes. || Se usa para ponderar la abundancia o el exceso de alguna calidad o circunstancia *(es un hombre t. músculos)*. || Seguido de un sustantivo, en singular y sin artículo, da a este sustantivo valor de pl. *(t. hombre es mortal)*. || En plural, cada *(tiene la gripe t. los años)*. || m. Cosa entera. || En las charadas, palabra que contiene todas las sílabas enunciadas. || adv. Enteramente. || *ante t.* Primeramente, principalmente, especialmente. || *así y t.* A pesar de, aun siendo así. || *con t.* Sin embargo, no obstante. || *del t.* Enteramente, absolutamente. || *de todas todas* Expresión que refuerza una afirmación o predicción. || *en t. y por t.* Absolutamente. || *sobre t.* Principalmente, mayormente. || *t. lo más* A lo sumo, como máximo.

TODOPODEROSO, SA adj. Omnipotente, que todo lo puede. || m. Por antonomasia, el creador, Dios.

TOGA f. Prenda principal del vestido romano en forma de manto amplio y largo, que llevaban sobre la túnica. || Traje talar negro que usan sobre el ordinario los magistrados, letrados, catedráticos, etc., en los juicios o en ocasiones solemnes.

TOLDO m. Cubierta de lona que protege del sol o de la intemperie. || Entalamadura. || Engreimiento, presunción.

TOLERANCIA f. Acción y efecto de tolerar. || Respeto y consideración hacia la manera de ser, obrar o pensar de los demás, contraria a la propia. || Régimen generalmente tácito, que acuerda el Estado a ciertas organizaciones, por el que éstas pueden realizar su actividad libremente, pero sin personalidad jurídica o reconocimiento legal. || Diferencia máxima consentida entre la ley o peso efectivo de las monedas y el que realmente le corresponde. || Diferencia, en calidad, cantidad o precio, que se consiente en contratos o compras convenidas. || Inexactitud tolerada entre el plano y la obra terminada. || Habituación, adaptación de un organismo a los efectos de una droga que se ingiere periódicamente.

TOLERAR tr. Sufrir, aguantar. || Consentir una cosa sin permitirla expresamente. || Soportar favorablemente la acción de un medicamento, alimento, etcétera.

TOLTECA adj. y com. Se dice del pueblo amerindio precolombino perteneciente a la familia nahua, que desarrolló en el valle de México una de las culturas más importantes posclásicas (siglos IX-XI). Capital: Tollán (actual Tula). Su carácter guerrero y militarista se reflejaba en la organización de castas y, principalmente, en la religión.

TOLVA f. Recipiente abierto por abajo, en forma de cono o de pirámide invertida, en el que se echa grano u otra cosa para que vaya cayendo poco a poco en el lugar a propósito. || Parte superior de un cepillo, urna, etc., con una ranura para meter monedas, papeletas, etcétera.

TOLVANERA f. Remolino de polvo propio de las regiones estepáricas o desérticas.

TOMA f. Acción de tomar. || Cantidad de algo que se toma de una vez; dosis medicamentosa. || Lugar disponible en un circuito de fluido donde puede conectarse

una derivación (en un depósito o conducción de agua, en un embalse, en una instalación eléctrica, etc.). || Fragmento impresionado de una película. || *de conciencia* Acción de concienciarse. || *de corriente* Punto de la red eléctrica donde el circuito está acondicionado para conectar un aparato que requiera su energía. || *de tierra* Comunicación de una red eléctrica o radioeléctrica con el suelo, prevista como factor de seguridad o potencial de referencia. || Aterrizaje.

TOMAR tr. Asir, especialmente con la mano. || Aceptar voluntariamente. || Conquistar una ciudad, posición o plaza fuerte. || Ingerir. || Adoptar, usar. || Contraer (adquirir). || Contratar, emplear. || Comprar; alquilar. || Recibir o interpretar en un determinado sentido las palabras o acciones de alguien. || Ocupar un sitio cualquiera para obstruir la circulación, la entrada y salida, etc. || Subirse a un vehículo de servicio público. || Acompañar. || Hurtar. || Imitar, emular. || Recibir o sufrir los efectos de alguna cosa. || Encargarse de un asunto. || Sobrevenirle a alguien una determinada sensación física o anímica. || Escoger. || Copular. || Hacer baza en un juego de cartas. || Detener la pelota para interrumpir el juego. || Calcular una magnitud, medida, etc., con los instrumentos adecuados. || Adquirir un nombre, apodo, etc. || prnl. Emborracharse.

TÓMBOLA f. Rifa pública de objetos varios, con fines benéficos o como atracción de feria. || Local o caseta donde se celebra.

TOMO, 1 m. Cada una de las partes, con paginación y encuadernación independientes, en que suele dividirse una obra escrita extensa.

TOMO, 2 m. Grandeza. || *de t. y lomo* De mucho peso y volumen. || Notable, importante; a veces, uso irónico o despectivo.

TONADA f. Melodía de una obra musical o de una canción. || Composición poética apropiada para ser cantada, y música de la misma.

TONADILLA f. Canción ligera de carácter burlesco, satírico, amoroso o de crítica política, interpretada por uno o dos personajes, que se intercalaba en los intermedios de las comedias; nacida en el teatro madrileño del siglo XVII; antecedente de la zarzuela.

TONALIDAD f. Conjunto de sonidos que forma un sistema donde se relacionan todos los grados de la escala musical, y cuyo sonido fundamental es la tónica. || Gradación de colores en una pintura. || Altura de sonido de una vocal en relación con las otras (de menor a mayor, *u-o-a-e-i*).

TONEL m. Cuba grande para contener vino, aceite u otros líquidos. || fam. Persona muy gorda.

TONELADA f. Nombre de varias unidades de masa: una antigua, 20 quintales; otra *métrica*, 103 kg; la británica o *larga*, 2 240 libras, y la estadounidense o *corta*, 2 000 libras. || Nombre de varias unidades de arqueo: una antigua, 8 codos cúbicos de ribera; la *de arqueo* o *Moorson*, 100 pies cúbicos británicos, y la *métrica de arqueo*, 1 m^3.

TONELAJE m. Arqueo (de una embarcación). || Total de toneladas de un conjunto de buques (flota, escuadra, etcétera).

TONGO m. Trampa que hace un boxeador, jinete de carreras, pelotari, etc., dejándose ganar por soborno.

TÓNICO, CA adj. Relativo al tono o tonicidad, especialmente muscular. || adj. y m. Se dice del fármaco reconstituyente y capaz de combatir la fatiga. || Se dice del producto que entona o vigoriza, en especial la loción cosmética para vigorizar la piel o el cabello. || adj. y f. Se dice del acento de intensidad, y de la vocal o sílaba sobre la que recae. || f. Primer grado de la escala musical o de una tonalidad. || Agua tónica.

TONIFICAR tr. Entonar, fortalecer, dar vigor.

TONO m. Mayor o menor elevación del sonido. || Expresión (modo de expresarse). || Acento (entonación). || Peculiaridad del estilo de una obra literaria; ambiente, nivel cultural, intelectual, etc., que se refleja en ella. || Clase, distinción. || Tonada. || Tonalidad. || Distancia entre dos sonidos que consta de dos semitonos (intervalo de 2ª mayor). || Grado de intensidad de un color. || Estado de un órgano o tejido por el que responde con su función fisiológica a un estímulo normal. || En telecomunicación, señal sonora que avisa del establecimiento de comunicación. || *cardiaco* En la auscultación del corazón, cada uno de los dos ruidos normales que se perciben.

TONTERÍA f. Calidad de tonto. || Necedad. || Nadería. || Exagerada delicadeza en las palabras, acciones o ademanes. || Pejiguera. || *dejarse uno de tonterías* No entretenerse en insignificancias que no conducen o ayudan al fin que se persigue.

TONTO, TA adj. y s. Que padece oligofrenia; por extensión, escaso de inteligencia. || Excesivamente remilgado, engreído o pagado de sí mismo y de su clase social. || adj. Propio o característico de quien hace o dice tonterías. || Ingenuo, infeliz. || Absurdo, falto de lógica; injustificado. || Excesivamente tierno o emotivo. || Pesado, fastidioso. || Se dice del tiempo inestable, tirando a malo. || m. Payaso o actor que representa el papel de tonto.

TOP m. Señal eléctrica breve que sirve de referencia para una sincronización, una medida de tiempo, etc. || Mar. Voz de mando para detener algo controlado por un reloj de arena.

TOPACIO m. Fluosilicato de aluminio. Forma cristales rómbicos, a veces de gran tamaño, de color variable. Muy duro, brillo vítreo, exfoliable, infusible.

TOPAR tr. Chocar. || tr., intr. y prnl. Encontrar. || Estribar una cosa en otra. || Tropezar en un obstáculo. || Tener éxito una cosa.

TOPE, 1 m. Pieza o parte saliente de algo que puede topar o que sirve para amortiguar un golpe, o para limitar o detener el movimiento de un mecanismo. || Materia que mantiene rígida, desde el interior, la punta del calzado. || Golpe en la cabeza o dado en ella. || Estorbo, dificultad, y punto donde ésta radica. || Riña, pelea.

TOPE, 2 m. Punto máximo al que se puede llegar en una cosa. || adv. Muy.

TÓPICO, CA adj. De determinado lugar. || adj. y m. Se dice de la medicación que se usa por aplicación local. || m. Frase hecha, expresión, muy corriente o trivial. || Concepto, parecer, argumento, etc., muy conocido y usado.

TOPO m. Nombre común a diversas especies de mamíferos insectívoros de la familia Tálpidos; pequeño tamaño, pelaje denso y hábitos generalmente subterráneos. || adj. y m. Corto de vista, que tropieza en todas partes. || De corto entendimiento.

TOPOGRAFÍA f. Ciencia que determina los procedimientos para representar sobre un plano las dimensiones y características de un terreno. || Configuración de un terreno en su relieve.

TOPONIMIA f. Parte de la lingüística que estudia los nombres de lugar, histórica y sincrónicamente. || Conjunto de los nombres de lugar de una región o pueblo.

TOPÓNIMO m. Nombre de lugar.

TOQUE m. Acción de tocar. || Sonido de las campanas o de ciertos instrumentos (trompeta, clarín) que advierte o anuncia algo; especialmente usado en los acuartelamientos (t. *de diana, de oración*, etc.) o en operaciones militares. || Por extensión, advertencia, amonestación. || Golpe, topetazo, especialmente el poco grave. || Retoque. || Pincelada ligera. || Punto esencial o dificultad en que estriba una cosa. || Prueba que se hace a alguien para conocer su capacidad. || *de atención* Advertencia. || *de queda* En situación de estado de excepción, bando militar por el que la población civil debe recluirse en sus casas a determinada hora; por extensión, dicha hora.

TOQUILLA f. Pañuelo triangular para el cuello o la cabeza. || Pañoleta, generalmente de punto y en forma de capa, que se usa para cubrirse los hombros o para envolver a los niños.

TORÁCICO, CA adj. Relativo al tórax; se dice especialmente de las arterias que irrigan las paredes del mismo.

TÓRAX m. Parte del tronco comprendida entre el cuello y el abdomen. Su esqueleto está formado por la zona dorsal de la columna vertebral, las costillas y el esternón. || En los insectos, parte del cuerpo entre la cabeza y el abdomen.

TORBELLINO m. Remolino de viento, humo, polvo o agua. || Abundancia de muchas cosas que concurren a la vez. || Persona muy activa y turbulenta.

TORCER tr. y prnl. Dar vueltas a una cosa sobre sí misma por sus dos extremos en sentido contrario. || Doblar o curvar una cosa recta; inclinar, ladear. || Desviar con un movimiento violento la dirección de un miembro. || Hacer cambiar la dirección, curso o posición de algo, o la voluntad de alguien. || Hacer que los jueces u otras autoridades actúen con parcialidad. || Dicho del gesto, semblante, etc., expresar desagrado o enojo. || Elaborar los puros envolviendo el relleno en la capa. || Tergiversar.

TORCIDO, DA adj. No recto; curvado o inclinado. || Deshonesto; que actúa con doblez. || m. Dulce de ciruela en forma enrollada. || Operación textil consistente en doblar y aplicar una nueva torsión a los hilos para aumentar su resistencia. || Torcedura.

TOREAR tr. e intr. Lidiar un toro. || tr. Mantener las esperanzas de alguien con mentiras. || Tomar el pelo a alguien. || Marear, cansar, hastiar.

TOREO m. Arte de torear; se despliega en la corrida de toros, en fases (tercios) formalizadas. Dos estilos esenciales: el técnico, profundo y depurado (vinculado a la escuela de Ronda), y el alegre y vistoso (escuela sevillana); junto a ellos, el tremendista, exagerado y peligroso.

TORERO, RA adj. Relativo al toreo. || m. y f. Persona que torea en las plazas. || m. Cliente de ramera. || f. Chaquetilla ceñida al cuerpo que no pasa de la cintura. || *de invierno* Maleta, t. malo.

TORIL m. Corral anexo al coso taurino donde son encerrados los toros en espera de la lidia.

TORMENTA f. Fuerte perturbación de la atmósfera, caracterizada por nubes de desarrollo vertical, violentos aguaceros o nevadas y ráfagas de viento. || Adversidad, infortunio, suceso desgraciado. || Desenfrenada alteración de los ánimos.

TORMENTO m. Acción y efecto de atormentar o atormentarse. || Padecimiento físico muy intenso. || Tortura que se causaba a los acusados para obligarlos a declarar. || Antiguo ingenio bélico para disparar proyectiles. || Congoja, angustia o aflicción. || Persona o cosa que la ocasiona.

TORMENTOSO, SA adj. Que produce tormenta. || Se dice del tiempo malo que amenaza tormenta. || Se dice del barco que por algún defecto trabaja mucho contra la mar y el viento. || fig. Tenso, violento; se dice especialmente de relaciones.

TORNADIZO, ZA adj. Veleidoso.

TORNADO m. Potente remolino de aire, de escasa extensión, propio de América del Norte y África.

TORNAR tr. Devolver (restituir). || tr. y prnl. Mudar, cambiar o transformar. || intr. Regresar a un lugar. || Con *a* y un infinitivo, volver a hacer lo que éste expresa. || Recobrar el conocimiento.

TORNASOL m. Girasol (planta). || Propiedad de ciertas telas o cosas muy tersas de cambiar de color según reciban la luz.

TORNASOLAR tr. y prnl. Hacer tornasoles una cosa o ponerse tornasolada.

TORNEAR tr. Trabajar o dar forma a una cosa con el torno. || fig. Cavilar. || intr. Participar en un torneo.

TORNEO m. Campeonato, competición. || Espectáculo feudal consistente en un combate entre cuadrillas de caballeros. || Modorra (del ganado lanar).

TORNERO, RA m. y f. Empleado en el torno. || Fabricante de tornos. || f. Monja de clausura encargada del torno.

TORNILLO m. Pieza ahusada con resalto helicoidal y ranura en su cabeza o extremo para presionar y girar; si es cilíndrico, se introduce en una rosca; si es cónico y su resalto es cortante (*de rosca golosa*), se abre camino por sí mismo; se usa como pieza de ensamblaje, preferible, por su mayor fijeza, al clavo. || Herramienta de sujeción con dos piezas paralelas que forman su boca o mordaza y cuya abertura se regula por el giro de un t. perpendicular a ellas. || Deserción de un soldado.

TORNIQUETE m. Palanca que transmite el movimiento del tirador a la campanilla. || Mecanismo giratorio en forma de cruz horizontal, colocado en una entrada, que regula el paso individual de los que penetran en el recinto. || Ligadura que, fuertemente apretada sobre un miembro, detiene la circulación de la sangre por éste. || *hidráulico* Dispositivo de física formado por un depósito vertical móvil en torno a su eje con dos tubos inferiores en forma de Z.

TORNO m. Máquina simple; tangencialmente a la sección de un tambor cilíndrico de radio r_1 actúa la resistencia R por medio de un cable que se enrolla en él; en el extremo de un manubrio o el extremo de otra rueda de radio mayor r_2 y giro solidario con el cilindro se ejerce la potencia P. Se cumple $Pr_1 = Rr_2$. Se usa como elevador (grúa, cabria, etc.) o para esfuerzos de tracción (cabrestante). || Tornillo, de sujeción. || Máquina con que se obtiene un giro horizontal en varios quehaceres artesanos como alfarería, hilado —rueca—, etc. || Máquina-herramienta para mecanizar (tornear, mandrinar, refrentar, roscar, etc.) piezas por giro contra una herramienta de corte y arranque periférico de viruta, cuyo espesor se gradúa (movimiento de penetración) y realiza uniformemente (movimiento de avance, a lo largo del carro). || Cilindro hueco giratorio que, acoplado a una pared, sirve para pasar alimentos o encargos en los conventos de clausura. || Movimiento circular, rodeo. || Recodo del cauce de un río. || *en t. a* Alrededor de. || Sobre.

TORONJA f. Fruto del cidro.

TORPE adj. Que se mueve con dificultad, pesado, lento. || Desmañado, falto de destreza. || Tardo en comprender, necio. || Impúdico. || Ruin. || Tosco.

TORPEDEAR tr. Lanzar torpedos. || Entorpecer o hacer fracasar un asunto.

TORPEDERO, RA adj. Armado con tubos lanzatorpedos. || m. Embarcación ligera y rápida, armada con torpedos. Desapareció hacia 1915.

TORPEDO m. Proyectil con forma de huso de alto poder explosivo, automóvil y dirigido bajo el agua, por servomecanismos y giroscopio.

TORPEZA f. Cualidad de torpe. || Dicho o hecho torpe.

TORRE f. Construcción o cuerpo de un edificio, cilíndrico o prismático, más alto que ancho, exento o adosado. De función varia: defensa, vigilancia, prisión, campanario de una iglesia, distribución de aguas, transformación o distribución de corriente, etc. || Estructura metálica piramidal con forma de huso con fines arquitectónicos (p. ej., la t. Eiffel) o soporte de cables de alta tensión, de antenas emisoras, de maquinaria de perforación (sondeo) o extracción minera, de un cohete espacial (*de despegue*) para aprovisionarlo y acondicionarlo antes del lanzamiento, etc. || Instalación cilíndrica o prismática de grandes dimensiones en que se realiza un proceso industrial químico. || Pieza del ajedrez en forma de t. || Armazón móvil de madera, usado en la edad media para asaltar fortalezas.

TORRENCIAL adj. Relativo a los torrentes. || Se dice de los ríos de caudal abundante y corriente impetuosa. || fig. Se dice de las emociones o sentimientos intensos y contradictorios.

TORRENTE m. Curso de agua, pequeño y rápido, de régimen irregular. || Circulación de la sangre por venas y arterias. || Muchedumbre de personas que afluye de golpe a un lugar, o abundancia repentina de cosas. || *de voz* Voz potente y sonora, que fluye sin esfuerzo.

TORRENTERA f. Lecho de un torrente.

TORREÓN m. Torre para defensa de una plaza o castillo.

TORREZNO m. Trozo de tocino frito.

TÓRRIDO, DA adj. Ardiente, muy caluroso; se dice especialmente del clima. || Se dice de la zona de la Tierra comprendida entre los trópicos.

TORRIJA f. Rebanada de pan empapada en leche o vino, rebozada a veces, y frita. Se endulza con miel, almíbar o azúcar. || fam. Borrachera. || Golpe.

TORSIÓN f. Acción y efecto de torcer o torcerse. || Deformación helicoidal de un cuerpo con respecto a su eje al aplicarle dos pares de fuerza (giros) de sentido contrario, en planos paralelos y perpendiculares al eje; operación en la que se efectúa.

TORSO m. Tronco, parte del cuerpo humano. || Escultura que carece de cabeza, brazos y piernas.

TORTA f. Masa de harina redonda y aplastada, con huevos, aceite, etc., cocida al horno a fuego lento. || Cualquier masa en forma de torta. || Paquete de caracteres de imprenta fundidos.

TORTAZO m. Bofetón.

TORTICOLIS (o TORTÍCOLIS) f. Inclinación lateral permanente de la cabeza y el cuello, debida a espasmos o lesiones de los músculos cervicales, especialmente del esternocleidomastoideo. || Dolor muscular que provoca esa inclinación.

TORTILLA f. Frito de huevo batido, a veces con otros ingredientes (de patatas o *[a la] española*, de verduras varias o *a la paisana*, de gambas, etc.), generalmente en forma alargada al enrollarla es la t. *(a la) francesa*.

TÓRTOLA f. Nombre común a diversas especies de aves columbiformes, de la familia Colúmbidos, de distribución cosmopolita.

TÓRTOLO m. Macho de la tórtola. || Hombre en actitud muy amorosa. || pl. Pareja muy amartelada.

TORTUOSO, SA adj. Que tiene vueltas, curvas o rodeos. || Solapado, sinuoso.

TORTURA f. Calidad de tuerto o torcido. || Padecimiento físico o moral muy intenso y prolongado. || Método que consiste en infligir a una persona diversos tipos de castigos corporales o psíquicos, con el fin de que confiese su presunta culpabilidad.

TORTURAR tr. y prnl. Dar tortura, atormentar.

TORVO, VA adj. Siniestro, malvado; se dice especialmente de la mirada, el gesto o las facciones.

TOS f. Expulsión enérgica y sonora del aire pulmonar. Es un acto reflejo, con origen en la presencia de cuerpos extraños, secreciones, humos, etc., en el aparato respiratorio, especialmente en la zona laringeotraqueal. Si se da con expectoración, es *húmeda*; si no, *seca*. || *ferina* Enfermedad respiratoria infectocontagiosa infantil, caracterizada por accesos de t. que siguen a un periodo catarral.

TOSCO, CA adj. Grosero, basto, hecho con poca habilidad. || Que no está pulimentado. || adj. y s. Rústico, patán.

TOSER intr. Tener tos. || *no toserle a (uno)* No poder competir con él, especialmente en valor. || *t. fuerte* Presumir de valiente.

TOSTADO, DA adj. Bronceado, cobrizo, moreno. || m. Tostadura. || f. Rebanada de pan tostado, untada con mantequilla, mermelada, miel, etc. || *olerse la t.* Sospechar, recelar.

TOSTADOR, RA adj. Que tuesta. || m. y f. Instrumento para tostar.

TOSTAR tr. y prnl. Calentar en el tostador o directamente al fuego una cosa hasta que tome color y se deseque sin quemarse. || Calentar excesivamente. || Curtir la piel al sol o al viento.

TOTAL adj. Completo, que comprende todas las partes o aspectos de una cosa. || m. Resultado de una operación aritmética. || Totalidad. || adv. En conclusión, en resumen (también *en total*).

TOTALIDAD f. Cualidad de total. || Todo, cosa completa o íntegra. || La generalidad de todas las cosas o personas que forman una clase.

TOTALITARISMO m. Sistema político con ideología oficial, partido único, fuerte control policiaco, concentración de los medios de comunicación de masas y del aparato militar, y economía centralizada.

TOTALIZAR tr. Sumar, determinar el total que forman varias cantidades. || Hacer el total de algo. || Ser totalitario, ejercer como tal.

TÓTEM m. Ente natural (animal, planta, fenómeno) o material, mediante el cual un grupo se identifica colectivamente frente a otros. || Figuración de dicho ente.

TOXICIDAD f. Capacidad de una sustancia de producir efectos morbosos al entrar en contacto con un organismo vivo.

TÓXICO, CA adj. y s. Se dice de las sustancias dotadas de toxicidad. || m. Veneno.

TOXICOLOGÍA f. Estudio de los tóxicos, las intoxicaciones y su tratamiento.

TOXICOMANÍA f. Inclinación irresistible a tomar sustancias (drogas) que estimulan o inhiben el sistema nervioso central. Se caracteriza por producir en el individuo una tolerancia y una dependencia física o psíquica a las drogas.

TOXINA f. Sustancia de origen biológico dotada de capacidad tóxica y antigénica. Generalmente son de naturaleza proteica y las más importantes por su acción patógena son de origen bacteriano.

TOZUDO, DA adj. Terco, obstinado, testarudo.

TRABA f. Acción y efecto de trabar. || Lo que une y sujeta dos cosas entre sí. || Cuerda con que se atan las manos o los pies de una caballería. || Cuña para calzar las ruedas de un carro. || Lo que impide o dificulta la ejecución de una cosa. || Embargo de bienes.

TRABAJADOR, RA adj. Que trabaja. || Muy aficionado a trabajar. || m. y f. Obrero, asalariado.

TRABAJAR intr. Desarrollar una actividad física o mental continuada para hacer o conseguir algo. || Dedicarse a una profesión o actividad retribuida. || Funcionar activamente. || Desarrollar su actividad los animales o las cosas. || Ejercitar sus fuerzas naturales la tierra y las plantas. || Estar sometido un elemento de una estructura, la pieza de una máquina, etc., a la acción de cierto esfuerzo o carga. || tr. Dar forma, elaborar, disponer, ejecutar o hacer algo con método y orden. || Ejercitar y amaestrar al caballo. || Estudiar mucho una materia o ejercitarse en ella. || Dedicarse un comerciante a vender determinados artículos o en plazas concretas. || Insistir con argumentos o determinadas acciones para lograr algo de alguien. || prnl. Ocuparse con empeño en una cosa o esforzarse en conseguirla; también se usa para referirse a personas.

TRABAJO m. Acción y efecto de trabajar. || Tarea o actividad (especialmente la retribuida), esfuerzo que se invierte en ella y resultado que se obtiene en aquello sobre lo que se ha operado. Su fin es lograr bienes con que satisfacer necesidades humanas. || Lugar, local, etc., en que se realiza el t. || Labor o capacidad productiva de un animal o una máquina. || Dificultad, esfuerzo. || pl. Apuros, penalidades. || t., *accidente de* Lesión corporal incidental que sobreviene en el lugar de trabajo, o en el camino de ida y vuelta a él. || *de zapa* Intriga, maquinación solapada para lograr algo. || *negro* El realizado al margen de la normativa laboral. || *trabajos forzados* Pena judicial, aneja a la de reclusión, en ciertas legislaciones.

TRABAJOSO, SA adj. Se dice de aquello que requiere o cuesta mucho trabajo. || Que sufre trabajos, penalidades. || Demasiado trabajado o elaborado, falto de espontaneidad.

TRABALENGUAS m. Palabra o frase difícil de pronunciar, especialmente la que se propone como pasatiempo.

TRABAR tr. Juntar, sujetar o enlazar dos o más cosas entre sí para darles más fuerza, estabilidad o resistencia. || tr. e intr. Coger, agarrar, asir. || tr. Poner trabas a una caballería. || Dar mayor consistencia a un líquido o masa. || Emprender una contienda, discusión, etc. || Concordar, conformar o conciliar. || Impedir el desarrollo de una cosa o el libre desenvolvimiento de alguien. || Retener o embargar algo. || prnl. Enzarzarse en una pelea o discusión. || Tartamudear, tener dificultad en pronunciar. || Enredarse, quedarse retenido en una cosa.

TRABAZÓN f. Enlace, unión o sujeción de dos o más cosas entre sí. || Solidez o espesor de una masa o líquido. || Conexión o interdependencia entre dos cosas.

TRABILLA f. Tira de tela que en prendas de vestir se usa para sujetar (borde de los pantalones por debajo del pie, cinturón), o ceñir a la cintura. || Punto que queda suelto al hacer media.

TRABUCO m. Catapulta, máquina de guerra que dispara piedras. || Arma de fuego más corta y de calibre mayor que la escopeta.

TRACA f. Artificio pirotécnico consistente en una serie de petardos sujetos por una cuerda, que estallan sucesivamente. || fam. Barullo.

TRACCIÓN f. Fuerza de arrastre. La que supera a las fuerzas de rozamiento, como en los vehículos, provoca movimiento y se clasifica, según el tipo de energía que la suministra, en animal o mecánica (térmica, eléctrica, etc.). || Maniobra incruenta o quirúrgica para reducir las luxaciones, las fracturas óseas, etc., o corregir deformidades.

TRACTOR, RA adj. Que produce tracción. || m. Vehículo automóvil de gran potencia, cuyas ruedas se adhieren fuertemente al terreno, usado para arrastrar máquinas agrícolas, remolques, etcétera. || f. Camión de dos ejes, sin caja, adaptado para arrastrar remolques.

TRADE MARK Marca registrada.

TRADICIÓN f. Cada uno de los valores ideológicos (especialmente culturales) que, transmitidos de generación en generación, forman el sustrato psicológico básico de una colectividad y se traducen en ritos (folclor), costumbres, obras artísticas (épica), etc., indicadores de cómo aquélla reacciona ante los retos más permanentes del entorno; su antagonista es la innovación. || Por oposición a revelación, parte de una doctrina religiosa que corresponde a la interpretación que, a lo largo del tiempo, han hecho de aquélla sus adeptos más relevantes. || Conjunto de pautas de conducta de una persona o institución, basadas no en una normativa positiva, sino en su aplicación reiterada en el pasado.

TRADICIONALISMO m. Doctrina política monárquica, teocrática y nacionalista, base ideológica de los sectores absolutistas del siglo XIX europeo.

TRADUCCIÓN f. Cambio del código en el que aparece expresado un mensaje o serie de ellos y resultado que se obtiene; se aplica generalmente al paso de un texto de una lengua a otra. || Interpretación que se da a un texto oral o escrito. || *literal* La que se hace atendiendo únicamente al cambio de código. || *literaria* La que toma ciertas licencias expresivas respecto a la literal para respetar mejor el sentido del texto. || *simultánea* La oral, realizada inmediatamente después de que se pronuncia el texto en lengua original. Se usa especialmente en foros internacionales.

TRADUCIR tr. Efectuar una traducción. || prnl. Convertir, mudar. || Interpretar, expresar, representar.

TRADUCTOR, RA adj. Que traduce. || Se aplica al elemento de un ordenador que transforma el tipo físico de señales que recibe. || m. y f. Persona que se dedica, generalmente de forma profesional, a traducir. || f. Máquina que pasa a código alfanumérico la información de una ficha perforada.

TRAER tr. Trasladar una cosa a donde está el que habla. || Atraer hacia sí. || Causar, ocasionar, acarrear. || Tener a alguien en un estado de ánimo alterado. || Llevar puesta o usar una prenda de vestir o un objeto de uso personal. || Alegar razones o testimonios en apoyo de lo que se dice. || Obligar, compeler a alguien a hacer una cosa. || Persuadir, atraer hacia una determinada opinión o parecer. || tr. y prnl. Llevar a cabo o andar haciendo una determinada cosa.

TRÁFAGO m. Tráfico. || Ajetreo, trajín.

TRAFICAR intr. Comerciar, negociar, especialmente en actividades no legales.

TRÁFICO m. Acción de traficar. || Circulación, tránsito de personas, vehículos, mercancías, etc., y caudal del mismo en una ruta o lugar, especialmente terminal, de la misma (puerto, aeropuerto, etc.). || *de aterrizaje* Maniobra de aterrizaje en visual, sin aproximación instrumental, de un avión en la pista que el aeropuerto le ha destinado.

TRAGALUZ m. Claraboya.

TRAGAR tr. Hacer que una cosa pase por la faringe desde la boca. || Engullir, comer mucho o con voracidad. || tr. y prnl. Hundirse en la tierra o en el agua. || Dar crédito fácilmente sin averiguar la veracidad de lo dicho. || Tolerar algo que resulta vejatorio. || Consumir exageradamente una cosa. || Absorber. || Disimular, hacerse el despistado. || intr. Ser habitualmente accesible a todo tipo de relaciones y experiencias sexuales. || *no t. a* (una persona o cosa) Aborrecerla, detestarla, sentir antipatía por ella.

TRAGEDIA f. Canto báquico de los antiguos griegos y romanos. || Género teatral, en verso o prosa, que presenta hechos extraordinarios, de base legendaria o histórica, con intervención de personajes nobles y desenlace trágico. || Acontecimiento o suceso trágico o desgraciado.

TRÁGICO, CA adj. Relativo a la tragedia. || Fatal, funesto, lastimoso. || m. y f. Autor o actor de tragedias.

TRAGICOMEDIA f. Género dramático que participa de elementos trágicos y cómicos. || Obra dialogada escrita para ser leída pero no representada. || Suceso de la vida real cómico y trágico a la vez.

TRAGO, 1 m. Líquido que se traga de una vez. || Adversidad, desgracia, mal rato. || Vaso o copa de bebida alcohólica. || *amargo* Trance penoso. || *a tragos* Lentamente, poco a poco. || *mal t.* Trago amargo.

TRAGO, 2 m. Pequeña eminencia, de forma triangular, del pabellón de la oreja, situada por delante del conducto auditivo externo; constituido por una lámina cartilaginosa.

TRAGÓN, NA adj. y s. Que come mucho o con voracidad.

TRAICIÓN f. Delito que se comete al violar la fidelidad o lealtad debidas; por extensión, deslealtad, infidelidad. || *t., alta* La cometida contra la persona del soberano o contra el Estado. || *a t.* Con alevosía o engaño.

TRAICIONAR tr. Cometer traición. || tr. y prnl. Delatar.

TRAÍDO, DA adj. Gastado; se dice especialmente de la ropa. || f. Acción y efecto de traer. || *t. y llevado* Trasladado con frecuencia de un lugar a otro; sobado.

TRAIDOR, RA adj. y s. Que comete traición. || Se dice del animal doméstico de reacciones no acordes a las previstas o esperadas. || Se dice de lo dañino de aspecto inofensivo. || Que denota o implica traición. || Que delata.

TRÁILER m. Fragmento breve de un filme que se proyecta como avance y reclamo publicitario. || Remolque, especialmente el de los camiones de gran tonelaje.

TRAÍÑA f. Denominación de varias redes barrederas, especialmente la usada cerca de la playa para la pesca de la sardina y otras especies costeras.

TRAJE m. Vestido exterior completo de una persona. || Vestido peculiar de una clase o colectividad de personas, de los naturales de un país, de una determinada época o estilo, etcétera.

TRAJÍN m. Acción de trajinar. || Movimiento o actividad intensos; jaleo.

TRAJINAR tr. Transportar mercancías de una parte para otra. || intr. Moverse mucho de un sitio para otro haciendo cosas.

TRAMA f. Conjunto de hilos que, cruzados y enlazados con los longitudinales de la urdimbre, forman una tela. || Conjunto de fibras o células que componen un tejido. || Conjunto de las líneas que forman una imagen de TV. || Intriga, complot. || Ligazón, trabazón, enlace, encadenamiento de ideas y cosas, y especialmente de acciones o sucesos en una obra dramática o novelesca. || Florecimiento y flor de olivo. || *tramas negras* Entorno conspirativo secreto que se halla tras una actuación conocida; especialmente se dice de los poderes que mueven acciones políticas de signo reaccionario.

TRAMAR tr. Cruzar los hilos de la trama con los de la urdimbre para formar un tejido. || Preparar una intriga, engaño o traición, astuta y sigilosamente. || intr. Florecer un árbol, especialmente el olivo.

TRAMITAR tr. y prnl. Hacer pasar un asunto o documento por los trámites necesarios para su solución.

TRÁMITE m. Paso, estado, diligencia que hay que recorrer para ejecutar una cosa. || Transición. || *de t.* Formal, sin importancia.

TRAMO m. Trozo de terreno delimitado, que está junto a otro. || Parte de escalera, entre dos descansillos. || Cada una de las partes en que está dividido un andamio, canal, camino, etc. || Distancia entre dos postes de un tendido telegráfico.

TRAMONTANO, NA adj. De la otra parte de los montes. || f. Norte, y viento frío y fuerte que de allí procede. || Vanidad, soberbia.

TRAMOYA f. Artificio que permite efectuar, en el teatro, cambios de decoración y efectos especiales. || Intriga, trama, enredo.

TRAMOYISTA com. Quien inventa, construye o dirige las tramoyas del teatro. || Tramposo, embaucador, intrigante.

TRAMPA f. Hoyo disimulado, para cazar, del que el animal no puede salir cuando cae en él. || Por extensión, cualquier artilugio de caza en el que un animal queda atrapado. || Trampilla. || Tablero levadizo en un mostrador, para permitir el paso. || Acto ilícito que se cubre con apariencia de legalidad. || Engaño en el juego o en una competición. || Treta, estratagema. || Deuda cuyo pago tiene que aplazarse; generalmente se usa en plural. || *petrolífera* Lugar adecuado para que se forme una bolsa de petróleo por la estructura geológica, o la naturaleza de las rocas que la forman.

TRAMPEAR tr. e intr. Contraer deudas para salir del paso. || Tratar de eludir situaciones adversas con tretas o trampas. || intr. Conllevar los achaques de salud.

TRAMPILLA f. Ventanilla en el suelo de una habitación. || Portezuela con los goznes en la parte superior. || Tira de tela para la abertura de los pantalones por delante.

TRAMPOLÍN m. Base sobre la que un saltador se da el impulso final; usado en gimnasia, natación y esquí (salto). || Persona o circunstancia de las que alguien se aprovecha para ascender rápidamente de posición o para conseguir ventajas sustanciosas.

TRAMPOSO, SA adj. y s. Que contrae trampas o deudas que no puede o piensa pagar. || Que hace fullerías en el juego.

TRANCA f. Estaca, garrote. || Palo grueso para atrancar puertas o ventanas. || Embriaguez. || vulg. Pene. || *a trancas y barrancas* Dificultosamente, pero saliendo adelante.

TRANCAZO m. Golpe con tranca. || fam. Gripe.

TRANCE m. Momento crítico o decisivo en el acontecer de una persona. || Estado hipnótico en el que un médium deja en suspensión sus funciones psíquicas y entra en comunicación con los espíritus. || Apremio judicial sobre los bienes de un deudor.

TRANCO m. Paso largo o salto con las piernas muy abiertas. || Umbral.

TRANQUILIZANTE adj. Que tranquiliza. || adj. y m. Se dice del fármaco dotado de acción sedante.

TRANQUILIZAR tr. y prnl. Calmar, sosegar, hacer desaparecer la agitación o inquietud.

TRANQUILO, LA adj. Que no se altera fácilmente por nada. || Calmoso, reposado. || Despreocupado.

TRANSACCIÓN f. Acción y efecto de transigir. || Contrato por el cual se pone fin a un pleito o disputa, mediante concesiones recíprocas. || Conclusión de un contrato. || Trato, convenio, negocio.

TRANSATLÁNTICO, CA adj. Se dice de las regiones situadas al otro lado del Atlántico. || De estas regiones. || Se dice del tráfico y de los medios de locomoción que cruzan el Atlántico.

TRANSBORDADOR, RA adj. Que transborda. || m. Embarcación que transporta vehículos y pasajeros de una orilla a otra, o entre dos costas próximas. || Barcaza que circula alternativamente entre dos puntos. || Vehículo funicular que transporta viajeros de un punto a otro de un río, puerto, etcétera.

TRANSBORDAR tr. y prnl. Trasladar mercancías o pasajeros de una embarcación a otra o de un tren a otro.

TRANSCRIBIR tr. Copiar. || Pasar un texto de un sistema de caracteres a otro. || Realizar una transcripción musical.

TRANSCRIPCIÓN f. Acción y efecto de transcribir. || Adaptación de una obra musical, modificando la disposición original de instrumentos o voces. || Representación gráfica de las unidades de una lengua hablada según un sistema convencional de signos. || Anotación que consta en el registro de la propiedad de un documento referente a bienes inmuebles. || Transferencia de la información genética contenida en la molécula de ADN a la de ARN. || *fonética* Representación de los matices fonéticos no explícitos en la ortografía. Las realizaciones fonéticas se transcriben entre [ ] y los fonemas entre / /.

TRANSCURRIR intr. Correr el tiempo.

TRANSCURSO m. Curso del tiempo. || Espacio de tiempo que se indica.

TRANSEÚNTE adj. Temporalmente pasajero. || adj. y com. Se aplica a quien transita por un lugar. || Se dice de quien habita transitoriamente en una población.

TRANSEXUAL adj. Se aplica a la persona, especialmente al hombre, que se somete a tratamiento hormonal y quirúrgico de cambio de sexo, generalmente para adaptarse por completo a sus inclinaciones psicofisiológicas.

TRANSFERENCIA f. Acción y efecto de transferir. || Operación por la que se efectúa un traspaso de fondos entre cuentas bancarias. || En la determinación de la renta nacional, subvenciones del Estado a la empresa privada o a las unidades familiares. || Traslado de la actitud afectiva de un objeto (persona o cosa) a otro. || En psicoanálisis, proyección de los sentimientos inconscientes del paciente sobre el psicoanalista.

TRANSFERIR tr. Pasar, llevar o transportar una cosa de un lugar a otro. || Extender o trasladar el significado de una voz para que en sentido figurado designe otra cosa distinta. || Hacer una transferencia bancaria. || Ceder el derecho o dominio que se tiene sobre una cosa, a otra persona. || Diferir, retrasar.

TRANSFIGURAR tr. y prnl. Cambiar completamente el aspecto o la figura de una persona o cosa.

TRANSFORMACIÓN f. Acción y efecto de transformar o transformarse. || Adquisición y transmisión por parte de una cepa bacteriana de las características de otra cepa próxima a través de la transferencia del material genético. || Variación de la función de estado de un sistema termodinámico. || Conjunto de reglas que, partiendo del estudio sincrónico de una lengua, permiten y explican el paso de la situación paradigmática a la creación del sintagma en ella.

TRANSFORMADOR, RA adj. y s. Se dice de la persona o cosa que transforma. || m. Aparato que permite modificar la tensión y la intensidad de la corriente alterna.

TRANSFORMAR tr. y prnl. Dar forma o aspecto distinto a una persona o cosa. || Mudar una cosa en otra. || Cambiar de conducta, costumbres o modo de ser a una persona. || En rugby, después de un ensayo, introducir el balón, impulsado por el pie, entre los palos transversales y la parte superior del horizontal de la portería.

TRÁNSFUGA com. Persona que escapa de un lugar a otro. || Persona que cambia de partido o ideología.

TRANSFUSIÓN f. Acción y efecto de transfundir. || Introducción terapéutica de sangre ajena en el organismo de quien la ha perdido en abundancia, especialmente por hemorragia.

TRANSGREDIR tr. Infringir, vulnerar, violar un mandato, ley, disposición, etcétera.

TRANSGRESIÓN f. Acción y efecto de transgredir. || Invasión de una zona continental por el mar, por hundimiento de aquélla o aumento del nivel de éste.

TRANSICIÓN f. Paso de un estado a otro, o de una manera de ser o de hacer a otra distinta. || Estado intermedio entre uno del que se parte y otro al que se llega en un cambio. || Paso más o menos rápido de una idea o materia a otra en un discurso u obra literaria. || Cambio repentino de tono y expresión al hablar.

TRANSIDO, DA adj. Se dice de la persona afligida por un dolor físico o moral muy intenso. || Miserable, mezquino.

TRANSIGIR tr. e intr. Llegar a una transacción. || Admitir una persona la opinión o los deseos de otra en contra de los suyos propios. || tr. Ceder algo cada una de las partes.

TRANSISTOR m. Dispositivo electrónico a base de semiconductores que tiene propiedades amplificadoras, rectificadoras, etc. || Por extensión, aparato de radio que funciona con dicho dispositivo.

TRANSITABLE adj. Se dice del lugar, especialmente camino, por donde se puede circular en determinado medio de transporte.

TRANSITAR intr. Pasar por la calle. || Circular, viajar.

TRANSITIVO, VA adj. Se dice de lo que se transfiere de uno a otro. || Se dice del verbo que admite un complemento directo, sin que esté obligado a llevarlo, y puede actuar, pues, como intransitivo. Se aplica también a la oración sustituida con este tipo de verbos.

TRÁNSITO m. Acción y efecto de transitar. || Tráfico, circulación por la vía pública. || Lugar de paso. || Corredor de un convento, seminario, etc. || Lugar de parada en una ruta o viaje. || Paso de un estado o empleo a otro. || Paso de un astro por el meridiano de un lugar, o por el disco aparente de otro.

TRANSITORIO, RIA adj. Pasajero, temporal, interino. || Caduco, poco duradero.

TRANSLIMITAR tr. Extralimitarse. || Pasar la frontera de un Estado en una operación militar, sin ánimo de violar el territorio.

TRANSMIGRAR intr. Pasar el alma de un cuerpo a otro (metempsicosis). || Emigrar de forma definitiva un grupo social muy amplio.

TRANSMISIÓN f. Acción y efecto de transmitir. || Conjunto de mecanismos que trasladan la fuerza del motor a las ruedas de un vehículo. || Envío de señales de comunicación. || Componente que transfiere una potencia entre un órgano impulsor y otro que debe ser impulsado. Su actuación puede ser mecánica o por un caudal de fluido. || Contagio. || pl. Servicio militar encargado de la comunicación entre las unidades y la manipulación del instrumental que se usa para ella.

TRANSMISOR, RA adj. y s. Que transmite o puede transmitir. || m. Aparato que produce señales electromagnéticas para transmitirlas a otro lugar por medio de hilos o sin ellos. || En un teléfono, membrana elástica que, al vibrar con los sonidos, provoca la ondulación de las corrientes eléctricas.

TRANSMITIR tr. y prnl. Transferir, traspasar, conducir. || Comunicar avisos, mensajes o noticias. || Contagiar una enfermedad. || Emitir por radio o televisión. || Comunicar por teléfono, telégrafo, télex, etc. || Traspasar un movimiento. || Ceder un derecho o cosa a otra persona.

TRANSMUTAR tr. y prnl. Cambiar una cosa en otra.

TRANSPARENCIA f. Propiedad de algunos cuerpos permeables al paso de la luz. || Truco cinematográfico que consiste en sustituir un fondo real por una proyección o foto fija, para dar la apariencia de un rodaje de exteriores. || Filmina, diapositiva.

TRANSPARENTE adj. Se dice del cuerpo que tiene transparencia. || Traslúcido. || Que se deja adivinar o vislumbrar sin manifestarse. || Tela, papel, vidrio o plástico que se coloca ante una ventana o un foco para atenuar la luz. || Cartel de anuncios con luces internas. || Cristalera situada detrás de un altar, para iluminarlo; en ocasiones, estructura arquitectónica que realza aquélla.

TRANSPIRACIÓN f. Pérdida de agua a través de la piel, especialmente por sudoración. || Eliminación de vapor de agua por las plantas. || *pulmonar* Exhalación de vapor acuoso con el aire expirado, que cuando la temperatura ambiente es fría se aprecia visualmente.

TRANSPIRAR intr. y prnl. Sudar. || Exhalar las plantas vapor de agua. || Rezumar.

TRANSPOLAR adj. Se dice del recorrido o trayectoria que pasa por un polo terrestre, o por sus proximidades.

TRANSPONER tr. y prnl. Trasladar una cosa llevándola más allá de donde estaba. || Ocultarse tras algo lejano. || prnl. Ponerse el Sol. || Adormilarse.

TRANSPORTADOR, RA adj. y s. Que transporta. || m. Semicírculo graduado para medir o trazar ángulos.

TRANSPORTAR tr. Llevar personas o cosas de un lugar a otro, especialmente en vehículo. || Portear. || Modificar la altura de una obra musical sin alterar su estructura inicial. || En geometría, reproducir una figura semejante (a escala) a otra. || prnl. Arrobarse, extasiarse.

TRANSPORTE m. Acción y efecto de transportar. || Medio o vehículo destinado al traslado de personas o mercancías. || Buque para transportar hombres y material bélico. || Acarreo de materiales erosionados por diversos agentes (viento, agua, glaciares, etc.). || Prueba litográfica de una matriz, que sirve para pasar a otra matriz la estampación de la anterior. || Contrato por el que una persona (porteador) se aviene a trasladar, mediante un precio convenido, personas o bienes de un lugar a otro. || *activo* Movilización de iones a través de una membrana de una célula, en contra de un gradiente y con consumo de energía.

TRANSPORTISTA com. Persona que se dedica al transporte público.

TRANSVERSAL adj. Que atraviesa de un lado a otro. || Que se inclina o desvía de la dirección principal o recta. || adj. y s. Se dice del pariente que no lo es en línea directa. || adj. y f. Se dice de la recta que corta a una figura geométrica. || Se dice de la calle que desemboca en otra más importante.

TRANSVERSO, SA adj. Colocado de través. || Se dice de los elementos colocados en el plano perpendicular al eje mayor del cuerpo, como las apófisis laterales de las vértebras.

TRANVÍA m. Vehículo de tracción eléctrica para el transporte de pasajeros, formado por una o dos unidades, que circula por carriles dentro de las ciudades. Han sido prácticamente sustituidos por los autobuses, más rápidos y maniobrables.

TRAPECIO m. Barra suspendida horizontalmente de dos cuerdas o cables que sirve para hacer ejercicios gimnásticos o circenses. || Cuadrilátero irregular que tiene paralelos dos de sus lados (bases). || Hueso carpiano situado entre el escafoides y el primer metacarpiano. || Músculo de la nuca y dorso que eleva y aduce el hombro y gira e inclina la cabeza.

TRAPECISTA com. Gimnasta, acróbata —generalmente circense— que evoluciona en el trapecio.

TRAPEZOIDE m. Cuadrilátero irregular que no tiene lados paralelos. || Pequeño hueso del carpo, situado en la segunda hilera, entre el trapecio y el hueso grande.

TRAPO m. Pedazo de tela viejo, roto o que queda de retal. || Paño usado para limpiar, secar o fregar. || Velamen. || Muleta o capote de torero. || Copo grande que forma la nieve. || pl. Ropa de vestir, especialmente de mujer.

TRÁQUEA f. Conducto impar y medio que forma parte de las vías respiratorias, entre la laringe, a la que continúa, y los bronquios, que proceden de su bifurcación. || Aparato respiratorio de los insectos y otros artrópodos terrestres, formado por una red de tubos capilares que se ramifican; se abren en la superficie del tegumento a través del estigma. || Vaso conductor del tejido leñoso de las plantas, formado por células cilíndricas dispuestas en fila y sin tabique de separación; transporta el agua y sales absorbidas por la raíz.

TRAQUEOTOMÍA f. Intervención quirúrgica de urgencia que tiene por objeto poner en comunicación la luz traqueal con el exterior. Se practica en ciertas formas graves de disnea o por la presencia de obstáculos en las vías respiratorias altas.

TRAQUETEAR intr. Dar estallidos semejantes a los del cohete. || Agitar algo continuamente produciendo ruido. || Manejar continuamente una cosa.

TRAQUETEO m. Ruido producido por los cohetes. || Vaivén de personas o cosas que, al transportarlas, producen ruido.

TRAS prep. En relación con el espacio o el tiempo: después de, a continuación de. || En busca de *(andas tras un trabajo)*. || Detrás de. || Además de, encima de *(tras de mal pagador, tacaño)*. || m. Trasero.

TRASBORDADOR, RA adj. Trasbordador.

TRASBORDAR tr. Transbordar.

TRASCENDENCIA f. Acción de trascender. || Calidad de trascendente. || Penetración, sagacidad.

TRASCENDENTAL adj. Que se despliega o va más allá de su propia esencia. || Que es muy importante. || En la escolástica, se dice de las nociones comunes aplicables a todo ser: ser, cosa, algo, verdadero, bueno.

TRASCENDENTE adj. Que trasciende. || Trascendental. || Se dice de la función que no es algebraica (p. ej., las funciones trigonométricas, logarítmicas, etc.) y de la curva cuya ecuación no es algebraica. || Se dice del número que no es raíz de ninguna ecuación algebraica de coeficientes enteros (p. ej.: e y π).

TRASCENDER intr. Resultar o ser trascendente. || Despedir a distancia un olor muy intenso. || Empezar a conocerse algo que estaba oculto. || Propagarse los efectos de unas cosas a otras. || Penetrar, comprender.

TRASEGAR tr. Revolver, desordenar. || Trasladar cosas de un lugar a otro. || Beber mucho vino o licores.

TRASERO, RA adj. Que está situado o viene detrás. || m. Parte de atrás de un animal. || Eufemismo empleado para designar las nalgas. || f. Parte posterior de una casa, una puerta, un coche, etc. || *lamer el t.* Adular, dar coba.

TRASFONDO m. Lo que está detrás de la apariencia externa o de la intención de alguien.

TRASLACIÓN f. Acción y efecto de trasladar o trasladarse. Se dice especialmente del movimiento de la Tierra alrededor del Sol. || Metáfora. || Figura de construcción, que consiste en el empleo de un tiempo verbal pero prescindiendo de su significado habitual. || Acción por la cual, un sujeto (contribuyente legal), a quien la hacienda pública somete a unos impuestos, hace soportar la carga de éstos a terceros.

TRASLADAR tr. y prnl. Llevar de un lugar a otro. || tr. Pasar a un empleado de un puesto a otro de la misma categoría. || Cambiar a otra fecha. || Traducir de un idioma a otro. || Copiar o reproducir un escrito. || Expresar de forma inteligible una idea, estado anímico, etcétera.

TRASLADO m. Acción y efecto de trasladar a un empleado. || Reproducción textual de un escrito. || Copia o reproducción que se da a una de las partes que intervienen en un juicio, de los escritos o alegatos que presenta el abogado de la otra parte.

TRASLATICIO, CIA adj. Se dice del sentido en que se toma una palabra para que tenga un significado distinto del habitual.

TRASLÚCIDO, DA adj. Se dice del cuerpo que deja pasar la luz, permitiendo ver sólo confusamente lo que hay detrás de él.

TRASLUCIR tr. y prnl. Deducirse o interferirse una cosa de otra a través de ciertos hechos o indicios. || prnl. Ser perceptible una cosa a través de un cuerpo traslúcido.

TRASLUZ m. Luz que penetra a través de un cuerpo traslúcido. || Luz reflejada oblicuamente por un cuerpo. || *al t.* Por transparencia.

TRASNOCHADO, DA adj. Se dice de lo que se ha estropeado durante la noche. || Demacrado, desmejorado. || Pasado de moda. || f. Noche precedente al día de hoy. || Vigilia de una noche. || Emboscada nocturna.

TRASNOCHAR intr. Ir a dormir tarde. || Pasar la noche fuera de casa.

TRASPAPELAR tr. y prnl. Extraviar un papel por haber perdido el orden o lugar que le correspondía.

TRASPASAR tr. y prnl. Atravesar de parte a parte con un arma o instrumento punzante. || Pasar de un sitio a otro. || Pasar adelante, hacia otra parte o a otro lado. || Pasar a la otra parte. || Ceder, a cambio de una cantidad, algo que se tiene arrendado o comprado, especialmente viviendas y negocios. || Transgredir, violar o quebrantar una ley o precepto. || Hacer sentir con gran intensidad un daño físico o moral.

TRASPASO m. Acción y efecto de traspasar. || Cosa o conjunto de cosas que se ceden o traspasan, especialmente viviendas o negocios. || Precio que se paga por el t. o cesión. || Dolor, pena, y causa que los ocasiona. || Ardid, astucia.

TRASPIÉ m. Resbalón, deslizamiento, tropiezo. || Zancadilla. || Descuido, disparate, desatino. || *dar uno un traspié* Cometer algún error.

TRASPLANTAR tr. Trasladar una planta del sitio donde está plantada a otro lugar. || Hacer un trasplante. || prnl. Establecerse una persona en un lugar o país distinto del que ha nacido o vivido.

TRASPLANTE m. Acción y efecto de trasplantar o trasplantarse. || Sustitución quirúrgica de un órgano lesionado por otro sano procedente de un donante; es necesario que exista compatibilidad tisular entre el donante y el receptor.

TRASQUILAR tr. y prnl. Cortar el pelo irregularmente. || tr. Esquilar. || Recortar algo. || fig. Quitar una parte de algo, de modo que quede incompleto, menoscabado.

TRASTADA f. Acción injusta o malintencionada. || Travesura.

TRASTE m. Cada uno de los pequeños listones de madera o tiras metálicas situados transversalmente a lo largo del mástil de determinados instrumentos de cuerda (guitarra, laúd, etc.); marcan los grados de la escala e indican dónde se debe presionar para obtener los intervalos puros.

TRASTEAR tr. Poner los trastes a la guitarra u otro instrumento de cuerda. || Tocar dichos instrumentos.

TRASTIENDA f. Pieza situada detrás de la tienda. || Reserva, disimulo, segunda intención. || fam. Posaderas. || *tener mucha t.* Ser listo y enterado, tener mano izquierda.

TRASTO m. Cualquier mueble o utensilio doméstico, especialmente viejo, estropeado o en desuso. || Cada uno de los bastidores de la decoración de un teatro. || Persona inútil o informal. || pl. Espada, puñal o arma semejante. || Conjunto de los útiles o herramientas usados en alguna actividad. || *tirarse los t. a la cabeza* Discutir o pelearse dos personas.

TRASTOCAR tr. Revolver, desordenar. || prnl. Enloquecer, trastornarse.

TRASTORNAR tr. Dar la vuelta a una cosa de abajo arriba o de un lado a otro. || Invertir el orden regular de una cosa. || Perturbar el orden público, causar disturbios. || Producir un enamoramiento vehemente. || fig. Gustar mucho algo a una persona. || Disuadir a alguien. || tr. y prnl. Hacer perder el sentido o la razón.

TRASTORNO m. Acción y efecto de trastornar o trastornarse. || Leve indisposición. || *mental* Alteración producida en la mente. || *transitorio* Alteración que no deja ningún tipo de lesión o secuela. Se considera eximente de responsabilidad penal.

TRASTROCAR tr. y prnl. Cambiar el ser o estado de algo. || Invertir el orden de las cosas.

TRASUDOR m. Sudoración ligera por causas emotivas.

TRASUNTO m. Reproducción, copia o calco que se saca del original. || Representación que imita con propiedad una cosa.

TRATA f. Tráfico y comercio con personas (esclavos negros). || *de blancas* Tráfico de mujeres de cualquier raza, especialmente fuera de su residencia, a quienes se prostituye en beneficio propio.

TRATADO m. Obra que versa sobre una materia determinada. || Conclusión de un negocio. || Documento escrito o discurso, en el que se expresan las razones que conciernen a una materia determinada. || Convenio, acuerdo o concordato, establecido entre dos o más Estados y organizaciones internacionales, en el que se comprometen a respetar una serie de obligaciones.

TRATAMIENTO m. Acción y efecto de tratar o tratarse. || Manera de nombrar a una persona según su categoría, sus títulos o grado de confianza. || Conjunto de medidas adoptadas por el médico para la práctica terapéutica. || Terapéutica. || Aplicación de algún agente físico o químico para obtener ciertos productos, especialmente metales. || *de textos* Técnica informática de composición de textos.

TRATANTE adj. Que trata. || com. El que compra mercancías para comerciar con ellas, especialmente el comerciante de ganado.

TRATAR tr. Manejar o usar una cosa según se indica. || Dirigir o gestionar algún asunto. || Portarse bien o mal con alguien. || Con la preposición *de*, dar a una persona el tratamiento correspondiente. || Con la preposición *de* y un adjetivo despectivo o injurioso, calificar con él a una persona. || Atender a un paciente. || Someter una sustancia a la acción de un agente determinado. || tr. e intr. Con *de*, *sobre* o *cerca de*, conversar, discurrir o versar sobre un asunto o tema. || intr. y prnl. Relacionarse con alguien. || *t. de* Intentar hacer una cosa o procurar conseguirla. || *t. en* Comerciar con cierta mercancía.

TRATO m. Acción y efecto de tratar o tratarse. || Tratamiento de cortesía. || Tratado, especialmente entre Estados. || Acuerdo, en especial comercial, entre dos personas.

TRAUMA m. Traumatismo. || Fuerte conmoción emocional que puede causar un trastorno en el individuo.

TRAUMATISMO m. Lesión del organismo externa o interna, causada por la actuación de forma rápida y violenta de diversos factores físicos. || Proceso traumático que genera importantes perturbaciones neuropsíquicas, de distinta duración y gravedad.

TRAVÉS m. Inclinación, torcimiento. || Desgracia, contratiempo. || Fortificación para interceptar un paso angosto. || Parapeto para defenderse de un tiroteo que viene por los flancos. || Rumbo perpendicular al de la quilla del barco. || *a t.*, o *al t.* Por entre. || Por medio de. || *de t.* Oblicua o transversalmente.

TRAVESAÑO m. Pieza que atraviesa de una parte a otra. || Almohada que ocupa toda la cabecera. || En deportes, larguero de la portería.

TRAVESÍO, A adj. Se dice del ganado que pace lejos del pueblo donde se recoge. || Se dice de los vientos que soplan de costado. || m. Terreno o lugar de paso. || f. Camino transversal. || Calle que cruza otras dos principales. || Parte de una carretera dentro de una población. || Distancia entre dos puntos de tierra, mar o aire. || Trayecto por mar o aire. || Cantidad que se gana o se pierde en el juego. || Conjunto de traveses de una fortificación. || Viento marítimo perpendicular a la costa. || Salario que recibe el marinero mercante por cada viaje.

TRAVESURA f. Acción propia de niños para divertirse, trasgrediendo alguna norma y ocasionando algún trastorno.

TRAVIESO, SA adj. Puesto de través. || Inquieto, movido, bullicioso; se dice especialmente de los niños. || Astuto, sagaz.

TRAYECTO m. Distancia y recorrido entre dos puntos. || En las heridas de arma, penetración del proyectil o del objeto incisivo.

TRAYECTORIA f. Línea que recorre un objeto, especialmente arrojadizo, en el espacio. || Lugar geométrico formado por las sucesivas posiciones que va adoptando un punto material en su recorrido. || Curva que corta un haz de curvas bajo un ángulo constante. || Curso, recorrido de un huracán. || Orientación, ética o ideológica, del comportamiento. || Ejecutoria profesional.

TRAZA f. Planta o diseño de una obra. || Medio para conseguir un fin. || Apariencia o figura de una persona o cosa. || Rastro, señal; es galicismo. || Trayectoria de un punto luminoso en una pantalla de rayos catódicos. || Impresión de una partícula subatómica en una emulsión fotográfica.

TRAZADO, DA adj. Precedido de los adverbios *bien* o *mal*, de buena o mala apariencia o figura. || m. Acción y efecto de trazar. || Plano o proyecto de un edificio u obra. || Recorrido de un camino, canal, etc., sobre el terreno.

TRAZAR tr. Delinear. || Diseñar el plano de una obra arquitectónica. || Concebir los medios para lograr algo. || Describir los rasgos principales de una persona o asunto.

TRAZO m. Línea, rasgo. || Representación gráfica de un plano o proyecto. || Cada una de las partes de la letra manuscrita. || En una pintura, pliegue de un vestido o cortinaje.

TREBEJO m. Cualquiera de los trastos o instrumentos que sirven para una cosa; suele usarse en plural. || Juguete o cacharro que sirve de entretenimiento o diversión. || Cualquiera de las piezas del ajedrez.

TRECE adj. Diez y tres. || adj. y s. Décimo tercero. || Guarismo del número 13. || *estar, mantenerse,* o *seguir en sus t.* Mantener una actitud obstinada.

TRECHO m. Espacio o distancia. || Campo, trozo de tierra. || Porción de algo que se hace u ocurre progresivamente. || *a trechos* A intervalos. || *de t. en t.* Con intervalos de lugar o tiempo.

TREFILAR tr. Reducir un metal a hilo o alambre pasándolo por la hilera.

TREGUA f. Suspensión temporal de hostilidades entre beligerantes. || Descanso, interrupción. || *dar treguas* Mitigarse un dolor por algún tiempo. || No ser urgente una cosa.

TREINTA adj. Tres veces diez. || adj. y com. Trigésimo. || m. Guarismo que lo representa (30).

TREMEBUNDO, DA adj. Que causa espanto o temor.

TREMEDAL m. Lugar pantanoso con turba y césped, que retiembla al pisarlo.

TREMENDO, DA adj. Horrendo, terrible. || Respetable. || Enorme. || Travieso, revoltoso. || *tomar algo por la tremenda* Descomedirse, llevar una discusión por el lado más exagerado.

TREMENTINA f. Óleo-resina que se obtiene de los pinos, alerces, abetos y terebintos. Jugo semilíquido de color amarillo, pegajoso, viscoso, inflamable y de sabor picante. Se emplea para obtener esencia de trementina, para hacer insecticidas y ungüentos.

TREMOLAR tr. e intr. Ondear al viento las banderas, pendones o estandartes. || Hacer ostentación de algo.

TREMOLINA f. Viento impetuoso. || Alboroto, griterío, trifulca.

TRÉMULO, LA adj. Tembloroso. || Se dice de las cosas que se mueven como temblando.

TREN m. Conjunto formado por los vagones y la locomotora que los arrastra. || Provisión de cosas que se llevan para un viaje o expedición. || Conjunto de máquinas o utensilios dispuestos en serie para una misma operación o servicio. || Conjunto de engranajes de un reloj. || Sucesión ininterrumpida de ondas.

TRENZA f. Entrelazamiento de tres o más hebras, cuerdas, etc., especialmente del cabello largo. || Adorno arquitectónico a modo de trenza.

TRENZAR tr. Hacer trenzas. || intr. Hacer trenzados.

TREPADOR, RA adj. Que trepa. || adj. y f. Se dice de las plantas que requieren de un soporte para mantenerse erguidas, usando para ello zarcillos, raíces adventicias o enroscamiento.

TREPAR intr. y tr. Subir a un lugar de acceso difícil ayudándose de pies y manos. || intr. Crecer sobre un soporte una planta trepadora. || Ascender de posición económica, política o social valiéndose de amistades o influencias.

TREPIDAR intr. Retemblar; temblar fuertemente.

TRES adj. Dos más uno. || adj. y com. Tercero. || m. Guarismo que lo representa (3). || Trío.

TRESCIENTOS, TAS adj. Tres veces cien. || adj. y s. Tricentésimo. || m. Guarismo que lo representa (300).

TRETA f. Ardid, argucia, artimaña para conseguir algo. || En esgrima, finta o golpe fingido.

TRÍADA f. Conjunto de tres cosas iguales. || Conjunto de tres elementos, síntomas o características que definen un proceso patológico. || Acorde de tres notas.

TRIANGULAR adj. De figura de triángulo o semejante a él. || Se dice de cualquier acuerdo, relación, etc., entre tres partes.

TRIÁNGULO adj. Triangular. || m. Polígono de tres lados. Atendiendo a sus lados, los t. se clasifican en *equiláteros* (los tres lados iguales), *isósceles* (sólo dos lados iguales), *escalenos* (los tres lados desiguales). || Instrumento de percusión de sonido indeterminado, barra cilíndrica triangular de acero, abierto por uno de sus vértices. Se toca con baqueta, también de acero; sonido cristalino y agudo. ||

Relación sexual continuada entre tres personas.
TRIBU f. Máxima unidad social, política y económica de numerosos grupos étnicos a partir del Neolítico. Constituida políticamente como asociación igualitaria de clanes sobre una identidad de territorio, lengua y creencias comunes. || Categoría taxonómica que incluye un cierto número de géneros relacionados dentro de una familia. || Familia o cuadrilla numerosa. || *urbana* Cada grupo de jóvenes, de organización poco estricta, identificado con determinados gustos culturales (música, vestimenta, tocado, etc.) y unido por una difusa conciencia de desarraigo y rechazo (*punk, heavy, skinhead*, etcétera).
TRIBULACIÓN f. Dolor, padecimiento. || Desgracia.
TRIBUNA f. Plataforma para oradores, espectadores, autoridades, etc. || Localidad de más categoría en un campo de deportes. || Lugar del foro romano donde el tribuno hablaba al pueblo. || Galería sobre las naves laterales de un templo, de igual anchura que ellas. || Ventana abierta al interior de la iglesia para asistir al oficio. || Oratoria, principalmente política, de un país o época. || Conjunto de creadores políticos de un país o época. || En un periódico, sección destinada a la opinión; también, la que recoge fragmentos de editoriales de otras publicaciones periódicas.
TRIBUNAL m. Magistrado o magistrados que presiden un juicio, conocen sus circunstancias y aplican la sentencia. || Edificio, y lugar del mismo, donde ejercen sus funciones. || Conjunto de personas que presiden y dirigen un examen, oposición, etc. || pl. Justicia.
TRIBUNO m. Magistrado romano de carácter militar o político. || Orador, especialmente el apasionado.
TRIBUTAR tr. Abonar el tributo. || Dar muestras de sumisión, respeto o admiración.
TRIBUTARIO, RIA adj. Relativo al tributo o a la tributación. || adj. y s. Que paga o está obligado a pagar tributo; por extensión, dependiente, bajo la influencia de otro. || Se dice de la corriente de agua, en relación con el mar o río en donde desemboca.
TRIBUTO m. Contribución que se satisface al Estado, a un organismo o a un señor, bien como colaboración en las cargas públicas, o como reconocimiento de sumisión. También puede darse entre Estados. || Cualquier carga u obligación permanente. || Sentimiento de deuda o admiración hacia alguien o algo.
TRÍCEPS m. Músculo formado por tres cabezas o partes que se juntan e insertan en un tendón común.
TRICICLO m. Bicicleta u otro vehículo de tres ruedas.
TRICOLOR adj. Que tiene tres colores; se dice especialmente de la bandera.
TRICROMÍA f. Obtención de imágenes en color mediante combinación de los tres colores primarios (rojo, verde, azul). La t. se usa en estampación, grabado, fotografía, cine y TV. || Lámina así obtenida.
TRICÚSPIDE adj. Que tiene tres puntas. || adj. y f. Se dice de la válvula cardiaca de tres valvas, situada en el orificio auriculoventricular derecho, que durante la fase sistólica se cierra para impedir el reflujo de sangre del ventrículo hacia la aurícula. || También se dice de uno de los molares.
TRIDENTE adj. De tres dientes o puntas. || m. Cetro de Neptuno en forma de arpón de tres puntas.
TRIDUO m. Oficio religioso que dura tres días.
TRIEDRO m. Poliedro de tres caras. || *t., ángulo* Parte del espacio limitada por tres ángulos con el vértice en común y lados comunes dos a dos.
TRIENIO m. Periodo de tres meses. || Plus salarial que se percibe después de trabajar tres años en la misma empresa.
TRIFÁSICO, CA adj. Se dice del sistema eléctrico formado por tres corrientes alternas engendradas por un mismo manantial, desfasadas 1/3 de periodo una de otra. || fam. Enchufe.
TRIFULCA f. Aparato formado por tres palancas para mover los fuelles de los hornos metalúrgicos. || Alboroto, escándalo, riña.
TRIGÉMINO m. Nervio craneal que constituye el quinto par. Tres ramas importantes: oftálmica, maxilar superior y maxilar inferior. Recoge la sensibilidad facial y de la parte anterior de la cabeza e inerva los músculos masticadores.

TRIGÉSIMO, MA adj. y s. Que ocupa el último lugar en una serie ordenada de 30. || Se dice de cada una de las 30 partes iguales en que se divide un todo.

TRIGONOMETRÍA f. Parte de las matemáticas que estudia las relaciones numéricas que existen entre los elementos rectilíneos y angulares de las figuras geométricas y su aplicación a la resolución de los problemas que sobre los mismos pueden plantearse; especialmente la resolución de triángulos planos o esféricos.

TRIGONOMÉTRICO, CA adj. Relativo a la trigonometría. || adj. y f. Se dice de la función que establece una relación entre dos de las variables siguientes: x (abscisa), y (ordenada) y r (radio), de un punto sobre una cincunferencia.

TRIGUEÑO, ÑA adj. De color del trigo, entre castaño y rubio.

TRILINGÜE adj. Que posee tres lenguas. || Que habla tres lenguas distintas. || Escrito en tres idiomas.

TRILOGÍA f. Conjunto de tres obras de un mismo autor o que constituyen una unidad temática.

TRILLA f. Operación de trillar. || Tiempo en que se realiza. || Trillo.

TRILLADO, DA adj. Triturado. || Pisoteado, hollado. || Muy común y sabido.

TRILLAR tr. Triturar las mieses y separar el grano de la paja por medio del trillo o de la trilladora. || Usar o manejar continuamente una cosa. || Dejar maltrecho a alguien.

TRILLIZO, ZA adj. y s. Nacido de un parto triple; a pesar de lo irregular de su construcción, es voz aceptada por la Real Academia y, sobre todo, por el uso.

TRILLO m. Tabla o plataforma, debajo de la cual estaban incrustados antiguamente trozos de pedernal, y tiene hoy incorporadas cuchillas de acero y ruedas afiladas, con las que se tritura las mieses esparcidas por la era.

TRILLÓN m. Un millón de billones; se expresa con la unidad seguida de 18 ceros.

TRIMESTRAL adj. Que sucede o se repite cada trimestre. || Que dura un trimestre.

TRIMESTRE adj. Trimestral. || m. Periodo de tres meses. || Cantidad que se cobra o paga trimestralmente.

TRINAR intr. Hacer trinos. || Dar muestras de rabia o impaciencia.

TRINCA f. Conjunto de tres cosas de igual clase. || Grupo de tres personas que mantienen una controversia sobre un tema como ejercicio de oposición. || Grupo limitado de amigos. || Cabo, cuerda o cable que sirve para trincar, amarrar objetos en un barco.

TRINCAR tr. Atar, apretar o sujetar firmemente. || Inmovilizar a alguien con las manos o brazos. || Apoderarse de algo, hurtar. || Sujetar con trincas alguna cosa para que aguante los bandazos del barco.

TRINCHAR tr. Cortar en trozos alguna vianda. || Decidir en algún asunto con autoridad y decisión.

TRINCHERA f. Excavación estrecha y larga para proteger a los soldados del fuego enemigo. Puede estar reforzada con sacos de arena o con cemento armado. || Desmonte practicado en el terreno, con taludes a ambos lados, para el paso de una vía de comunicación.

TRINCHERO adj. y m. Se dice del plato en el que se trincha. || m. Mueble de comedor sobre el que se trinchan las viandas.

TRINEO m. Vehículo sobre patines, de tracción mecánica o animal, que sirve para el transporte sobre nieve o hielo. Ciertas variedades de t., impulsadas por la fuerza de la gravedad, han originado especialidades deportivas (*luge, bobsleigh*).

TRINIDAD f. En la religión católica, misterio revelado por el que la unidad de Dios coexiste en tres personas (Padre, Hijo y Espíritu Santo) que comparten en plenitud los atributos divinos.

TRINO m. Gorjeo de los pájaros. || Nota musical de adorno; consiste en la alternancia rápida de una nota principal con la auxiliar superior.

TRINOMIO m. Expresión algebraica que consta de tres términos.

TRINQUETE m. Palo que se arbola inmediato a la proa en los barcos que tienen más de uno. || Verga mayor que se cruza sobre ese palo. || Vela que se pone en ella.

TRÍO m. Composición vocal o instrumental para tres intérpretes, y conjunto que la ejecuta. El t. instrumental suele ser de cuerda, con sustitución de algún instrumento por piano, flauta, clarinete, etc. || Grupo de tres personas o cosas.

TRIPA f. Conjunto de intestinos o parte de ellos. || Vientre abultado o voluminoso, especialmente en el embarazo. || Panza, en especial de una vasija. || Parte interna del cigarro puro. || Hoja de tabaco con la que se hace el relleno de los puros. || pl. Laminillas córneas del interior de las plumas de ciertas aves. || Conjunto de las páginas de un libro, unidas entre ellas, pero sin encuadernar. || Conjunto de documentos de un expediente. || fam. Mecanismos internos de una máquina. || Relleno de un objeto.

TRIPARTITO, TA adj. Dividido en tres partes, órdenes o clases. || Se dice de la reunión, pacto, asociación, comisión, etc., en la que intervienen tres partes.

TRIPLE adj. y m. Se dice del número que es exactamente tres veces mayor que otro. || Se dice de la cosa que va acompañada de otras dos semejantes. || *salto* Disciplina atlética, de la modalidad de saltos.

TRIPLICAR tr. y prnl. Hacer el triple. || Hacer tres veces algo.

TRÍPODE m. Cualquier cosa de tres pies, y especialmente el dispositivo que sirve para sostener máquinas fotográficas y aparatos de medición. || Mesa de tres patas.

TRÍPTICO m. Pintura o relieve realizado en tres tablas unidas por bisagras que permiten plegar las laterales sobre la central. || Folleto propagandístico en esta forma. || Libro o tratado que consta de tres partes.

TRIPTONGO m. Combinación de tres vocales consecutivas en una misma sílaba tónica. En español la forman un elemento central, /a/, /e/, y dos elementos, semiconsonántico y semivocálico, /i/, /u/.

TRIPULACIÓN f. Personal de un barco, avión o nave espacial encargado del manejo del aparato o del servicio de los pasajeros.

TRIPULANTE com. Cada uno de los miembros de una tripulación.

TRIPULAR tr. Conducir un barco, avión o nave espacial; por extensión, un coche de carreras. || Dotar de tripulación. || Prestar servicio de tripulación.

TRIQUINA f. Gusano trematódo, con dimorfismo sexual; la hembra mide a lo sumo 4 mm, parásita del hombre y de otros mamíferos.

TRIQUINOSIS f. Parasitosis adquirida por ingestión de carne de cerdo poco cocida o cruda, infestada por larvas de triquina. Son liberadas por el proceso digestivo y se desarrollan rápidamente; la hembra produce gran número de embriones que por vía linfática y hematógena pasan a los tejidos donde se enquistan, especialmente en el muscular.

TRIQUIÑUELA f. Treta, artimaña.

TRIRREME m. Galera de guerra, muy ágil, que lleva tres órdenes superpuestos de remos.

TRISILÁBICO, CA (o TRISÍLABO, BA) adj. y s. Que tiene tres sílabas.

TRISTE adj. Afligido, que tiene pena. || Melancólico. || Que expresa o causa tristeza. || Funesto, desgraciado. || Realizado con pena. || Penoso, doloroso. || Mísero, insignificante.

TRISTEZA f. Calidad de triste. || Enfermedad parasitaria del ganado transmitida por la picadura de garrapatas. || Enfermedad de los agrios, producida por un virus que se manifiesta generalmente por la podredumbre de las raicillas. || pl. Hechos tristes o penosos.

TRITURAR tr. Reducir una cosa sólida a trozos muy pequeños. || Mascar. || Maltratar, jorobar. || Desmenuzar y rebatir una afirmación o argumento.

TRIUNFAL adj. Relativo al triunfo. || Brillante, que despierta admiración o entusiasmo.

TRIUNFAR intr. Ganar, vencer. || Recibir del pueblo romano el honor del triunfo. || Alcanzar con esfuerzo lo que se persigue. || Echar carta del palo del triunfo, en algunos juegos.

TRIUNFO m. Éxito, victoria. || En la antigua Roma, homenaje público que el Senado concedía al general vencedor en una campaña. || En ciertos juegos de naipes, palo elegido o sorteado que vence a los demás. || Burro (juego de naipes). || Botín, despojo o trofeo. || Logro de propósito difícil. || *en t.* Con demostraciones públicas de entusiasmo.

TRIUNVIRATO m. Nombre de varias alianzas políticas realizadas en el periodo de luchas que precedieron a la instauración del imperio en Roma. || En cualquier institución, sistema de dirección ejercida conjuntamente por tres personas.

TRIVIAL adj. Relativo al trivio (cruce). || Muy corriente o conocido por todos. || Frívolo, insustancial.

TRIZA f. Pedazo muy pequeño de una cosa rota. || *hacer t.* Desmenuzar, triturar. || Dejar a alguien muy maltrecho. || Demoler los argumentos del contrincante.

TROCAR tr. Dar una cosa y recibir otra a cambio. || Mudar, alterar, cambiar. || Vomitar. || Equivocarse, confundirse. || prnl. Variar de vida. || Intercambiar el asiento. || Transformarse una cosa en otra distinta.

TROFEO m. Monumento, insignia o señal conmemorativa de una victoria. || Premio a los primeros clasificados en una competición. || Botín de guerra. || Panoplia. || Triunfo alcanzado.

TROGLODITA adj. y com. Que practica el trogloditismo. || Hombre muy primitivo o insociable. || Glotón.

TROJ (o TROJE) f. Granero; por extensión, algorín.

TROLE m. Pértiga de hierro con una ruedecilla u horquilla en su extremo, a través de la cual toman la corriente del cable conductor los tranvías, trolebuses y trenes eléctricos. || Trolebús.

TROLEBÚS m. Autobús urbano de tracción eléctrica que capta la corriente por el trole.

TROMBA f. Fuerte remolino de agua, de desplazamiento vertical entre el mar y una nube tormentosa. || Aguacero súbito y fuerte (también t. *de agua*). || *en t.* De forma masiva y violenta.

TROMBO m. Masa sólida formada en la luz del sistema vascular por los productos de la coagulación sanguínea. Existen dos tipos: el *blanco*, que se forma cuando existe una lesión de la pared vascular, y el *rojo*, que se forma por coagulación masiva de la sangre cuando existe estasis; se desprende más fácilmente y causa la embolia.

TROMBÓN m. Instrumento de viento, de metal, registro grave de la familia de las trompetas; doble tubo cilíndrico en forma de U, terminado en pabellón acampanado, embocadura cóncava. || com. Persona que lo toca.

TROMBOSIS f. Proceso caracterizado por la formación de trombos en el aparato circulatorio; según el lugar donde se forma, puede ser arterial, venosa o cardiaca. || *biliar* Obstrucción de las vías biliares, especialmente intrahepáticas, por estasis de la bilis.

TROMPA f. Instrumento musical de viento, de metal; tubo estrecho y largo enrollado circularmente y terminado en un ancho pabellón, embocadura cónica. || Peonza. || Probóscide de algunos mamíferos o insectos. || Tromba de agua. || Bóveda semicónica que, dispuesta en el ángulo de confluencia de dos estructuras de distinto trazado, facilita la transformación de una planta cuadrada a otra circular u octogonal. || fam. Nariz prominente. || *de Eustaquio* Conducto que comunica la caja del tímpano del oído con la rinofaringe. || *de Falopio* Órgano par que se extiende desde el ángulo superior del útero hasta el ovario; recoge y transporta el óvulo después de la ovulación.

TROMPETA f. Instrumento musical de viento, de metal, el de sonido más agudo: tubo cilíndrico, de curva doble, pabellón acampanado y boquilla cóncava. Usada en las orquestas sinfónicas de jazz y en la cobla. || fam. Enfado, enfado.

TROMPETILLA f. Especie de pequeña trompeta que se aplicaban los sordos a la oreja para oír mejor. || Puro filipino de forma cónica.

TROMPO m. Peonza. || Giro, o conjunto de ellos, que da un automóvil sobre sí mismo como consecuencia de un derrape incontrolado. || Persona poco hábil.

TRONADO, DA adj. Gastado y deslucido por el uso. || Empobrecido. || Loco, ido. || f. Abundancia de truenos durante una tormenta.

TRONAR impers. Producirse truenos. || Sonar con estrépito o estampido. || Despotricar. || Maldecir, blasfemar. || intr. y prnl. Empobrecerse.

TRONCO m. Cuerpo sólido truncado (especialmente el t. de cono o de pirámide). || Tallo típico de los árboles. || Parte del cuerpo donde se implanta la cabeza y los dos pares de extremidades. || Parte más robusta de un vaso o nervio (especialmente de los vasos sanguíneos). || Par de caballerías enganchadas al juego delantero de un carruaje. || Conducto principal del que salen otros menores. || Orden común de dos o más familias. || Unidad filogenética equivalente a tipo.

TRONCHAR tr. y prnl. Partir o quebrar con violencia, y sin herramienta, el tronco o las ramas de un árbol o planta; por extensión, cualquier objeto parecido. || Truncar. || Tronzar (de fatiga). || prnl. Mondarse de risa.

TRONO m. Asiento ceremonial de reyes, emperadores, etc., con gradas y dosel. || Tabernáculo para la exposición del Santísimo. || Lugar en que se coloca la imagen de un santo para venerarlo, especialmente en su festividad. || fig. Monarquía. || pl. Orden angélico.

TRONZAR tr. Dividir en trozos algo, especialmente una pieza cilíndrica, un tronco, etc. || Adornar una falda con pliegues iguales y muy pequeños. || tr. y prnl. Vencer a alguien la fatiga.

TROPA f. Turba, muchedumbre. || Cuerpo militar, en contraposición al civil. || Conjunto de soldados, cabos y cabos primeros. || Toque militar para la formación con las armas. || Conjunto de cuerpos que forman un ejército, guarnición, división, etc. || pl. Ejército.

TROPEL m. Gentío que avanza con ruido y en desorden. || Precipitación, atropellamiento. || Montón de cosas en desorden. || *de*, o *en t*. Con movimiento rápido y atropellado. || En muchedumbre desordenada.

TROPELÍA f. Atropellamiento, precipitación. || Acción violenta y arbitraria. || Agravio, ultraje. || Embaucamiento.

TROPEZAR intr. Chocar con los pies en un estorbo y estar en peligro de caer. || Topar con un obstáculo. || Caer en una falta o error. || Discutir o enfrentarse con alguien. || Hallar dificultades en la ejecución de algo. || prnl. Rozarse las manos las caballerías. || Encontrarse con alguien de improviso.

TROPEZÓN, NA adj. Que tropieza mucho. || m. Acción y efecto de tropezar. || Tropiezo. || Trozo pequeño de jamón u otra carne que guarnece la sopa o las legumbres. || *a tropezones* A trompicones.

TROPICAL adj. Relativo a los trópicos. || Se dice del clima cálido comprendido entre las zonas de clima ecuatorial y clima desértico. Característica alternancia de dos estaciones, una seca y otra húmeda. || Exuberante.

TRÓPICO, CA adj. Relativo al tropo. || m. Cada uno de los paralelos situados a 23° 27' al N (de *Cáncer*) o al S (de *Capricornio*) del ecuador.

TROPIEZO m. Cosa en que se tropieza. || Estorbo, impedimento. || Falta, desliz, yerro. || Motivo de la falta cometida. || Dificultad o contratiempo. || Discusión o enfrentamiento con alguien.

TROPO m. Figura que consiste en una desviación semántica. Las más importantes son: metáfora, metonimia y sinécdoque. || Ornamentación del canto litúrgico medieval, similar a la secuencia.

TROPOSFERA f. Zona inferior de la atmósfera que se extiende hacia la tropopausa (12 km); en ella se desarrollan los meteoros acuosos, aéreos y algunos eléctricos.

TROQUEL m. Matriz para acuñar monedas y lingotes. || Molde para la estampación de chapas, cartones, etc., a veces provisto de perímetro cortante para separar el material excedente.

TROQUELAR tr. Acuñar con troquel. || Recortar por medio de troquel.

TROTAR intr. Ir al trote. || Montar sobre el caballo que trota. || Andar mucho y con rapidez.

TROTE m. Modo de andar de las caballerías con paso ligero, levantando a la vez el pie y la mano de distinto lado. || Trabajo rápido y cansado. || Asunto complicado, enredo. || *al t.* Aceleradamente.

TROVADOR, RA adj. y s. Que trova. || Poeta. || Autor de poesías escritas en lengua de occitano (siglos XI-XIV), destinadas a ser cantadas.

TROZO m. Pedazo, parte o fragmento de una cosa. || Cada grupo de marineros registrados en una ayudantía marítima. || Cada una de las dos partes de una columna (t. *de vanguardia* y t. *de retaguardia*). || *de abordaje* Cada uno de los tres grupos en que, a efectos de abordaje, se divide la dotación de un buque de guerra.

TRUCO m. Cada una de las mañas que se adquieren con la práctica de una profesión o actividad. || Apariencia hábil y engañosa, p. ej., en los juegos de prestidigitación. || Suerte del juego de los trucos, que consiste en introducir por una tronera o hacer saltar por encima de la banda una bola del contrario, al golpearla con la propia.

TRUCULENTO, TA adj. Cruel, atroz y horrible.

TRUENO m. Fenómeno acústico que sigue a un relámpago, debido a la expansión del aire que éste provoca por brusco calentamiento. || Ruido similar, producido por cualquier otra cosa. || Estampido de un arma de fuego. || Artificio pirotécnico de característico estallido final, y ruido que produce. || Individuo juerguista y follonero.

TRUEQUE m. Acción y efecto de trocar, cambiar. || Intercambio directo de bienes sin intervención de moneda.

TRUFA f. Nombre común a diversos hongos ascomicetes de la familia Tuberáceas. Aromáticos, de cuerpo fructífero subterráneo. Constituyen un manjar muy apreciado. || Bombón de chocolate, mantequilla y almendra, parecido a una t. || Parte de la nariz del perro; su color es un carácter definidor de la raza.

TRUHÁN, NA adj. y s. Se dice de la persona que vive engañando o estafando. || Se dice de la persona que divierte a otros con bufonadas, bromas, cuentos u ocurrencias.

TRUNCAR tr. Mutilar una cosa, separar una parte de ella. || Cortar la cabeza al cuerpo de una persona o animal. || Omitir alguna palabra o palabras de un escrito, especialmente con mala intención. || Dejar incompleto el sentido de una frase. || Dejar defectuosa una acción u obra al interrumpirla.

TRUST m. Consorcio de empresas que renuncian total o parcialmente a su independencia en favor de una dirección común que fija el género y la cantidad de producción de cada uno de los participantes; suele comportar un poder de monopolio.

TSETSÉ f. Mosca t. || Enfermedad tripanosómica en la que la mosca t. actúa como vector.

TU, TUS adj. Apócope de tuyo, tuya, tuyos, tuyas (sólo se emplea antepuesto al nombre).

TÚ Pronombre personal de mención directa referido al interlocutor, de género masculino o femenino y número singular. Funciona sintácticamente como sujeto de la oración.

TUBÉRCULO m. Órgano subterráneo de reserva, procedente generalmente de un tallo, con reducción de los elementos conductores y desarrollo de los tejidos de reserva. || Protuberancia dispuesta en el tegumento de un órgano o sobre la superficie del esqueleto externo de un animal, y que generalmente sirve para la implantación de elementos defensivos. || Pequeña eminencia natural en la superficie de un hueso, o de otra estructura anatómica, generalmente nerviosa. || Granuloma característico de la tuberculosis.

TUBERCULOSIS f. Enfermedad infectocontagiosa y endémica. Se contagia generalmente por vía aérea (también digestiva). De la inmunidad subsiguiente a la primoinfección (lesión pulmonar y adenopatía satélite) depende que se generalice (t. *miliar*) o se localice en algún órgano. Fiebre, astenia, sudoración, etc., son síntomas generales.

TUBERCULOSO, SA adj. Relativo al tubérculo o que tiene su forma. || adj. y s. Con tubérculos. || Enfermo de tuberculosis.

TUBERÍA f. Serie de tubos empalmados para la conducción de líquidos o gases. || Conjunto de tubos. || Industria o comercio de tubos.

TUBO m. Pieza cilíndrica —a veces prismática—, más larga que gruesa, de diversos materiales y usos (conducción de fluidos; recipiente elástico para coloides como pinturas, pomadas, pegamentos, etc.; recipiente rígido para pastillas u objeto menudos; barra metálica hueca, etc.). || Órgano, estructura, etc., anatómicos que tienen tal forma. || Recipiente cerrado, de forma varia, de vidrio, cerámica o metal, dotado de dos o más electrodos para generar un flujo de partículas eléctricas.

TUBULAR adj. Relativo al tubo. || Se dice del elemento floral de forma cilíndrica.

TUDESCO, CA adj. y s. Relativo a cierta región alemana, en la Sajonia inferior. || Por extensión, alemán. || m. Capote alemán.

TUERCA f. Pieza con un agujero helicoidal que encaja con la espiral del tornillo.

TUERTO, TA adj. y s. Se dice de la persona a quien le falta un ojo o lo tiene ciego. || m. Ofensa, injuria. || pl. Dolores de vientre tras el parto.

TUÉTANO m. Médula (de los huesos o del tallo de las plantas). || Meollo, parte interna de algo. || *hasta los t.* Profundamente, íntimamente.

TUFARADA f. Olor desagradable y repentino.
TUFO m. Vaho desagradable a causa de fermentaciones y combustiones imperfectas; por extensión, mal olor. || Orgullo, soberbia; suele usarse en plural. || fig. Lo que provoca recelo o es sospechoso.
TUGURIO m. Cabaña de pastores. || Vivienda pequeña y miserable.
TUL m. Tejido muy delgado y transparente de mallas generalmente octogonales.
TULLIDO, DA adj. y s. Baldado, impedido, que no puede mover el cuerpo o alguno de sus miembros.
TULLIR tr. Dejar tullido. || Baldar, rendir el cansancio. || intr. Excrementar las aves rapaces. || prnl. Quedarse tullido.
TUMBA f. Sepulcro para enterrar a alguien. || Armazón en forma de ataúd que se usa en las exequias. || Cubierta abovedada de algunos carruajes.
TUMBAR tr. Hacer caer a una persona o cosa de modo que quede tendida. || Marear o privar del sentido un olor intenso, la bebida, un dolor fuerte, etc. || Suspender en un examen. || Matar, liquidar. || intr. Caerse al suelo quedándose tendido. || prnl. Tenderse, especialmente a dormir.
TUMBO, 1 m. Oscilación violenta, traqueteo. || Estruendo, ruido grande. || *dar tumbos* Avanzar con tropiezos y dificultades.
TUMBO, 2 m. Ola de mar crecida. || Ondulación de un terreno. || Libro grande de pergamino donde constaban los privilegios y escrituras de monasterios, abadías, concejos, etcétera.
TUMEFACCIÓN f. Aumento del volumen de una parte del cuerpo por hinchazón edematosa, inflamatoria o tumoral.
TUMOR m. Masa de tejido neoformado por crecimiento patológico de los tejidos. Se distinguen benignos y malignos, según que dicho crecimiento se efectúe de forma lenta y sin tendencia a invadir los tejidos próximos, o sea de desarrollo rápido y carácter destructor y tendencia a formar metástasis a distancia.
TÚMULO m. Montículo de tierra o piedras, de forma cónica, que se levantaba sobre las sepulturas. || Sepultura levantada sobre la tierra. || Catafalco, armazón revestido de paños fúnebres para las exequias solemnes.

TUMULTO m. Disturbio, alboroto de gente amotinada. || Agitación, desorden ruidoso.
TUNA f. Nopal. || Higo que produce esta planta.
TUNANTE, TA adj. y s. Pillo, granuja, taimado.
TUNDA f. Zurra, paliza.
TUNDRA f. Paisaje y bioma de las zonas árticas, de vegetación y actividad biológica del suelo pobrísimas debido a la gelidez permanente del subsuelo. Hay musgos y líquenes en las zonas esteparias y, en el resto, pastos y escasos arbustos.
TÚNEL m. Paso subterráneo grande, abierto artificialmente, para establecer una comunicación o para conducciones.
TÚNICA f. Vestidura que a modo de camisa usaban los antiguos griegos y romanos debajo del manto o clámide. || Vestidura de lana que usan los religiosos debajo de los hábitos. || Cualquier vestidura externa, larga y amplia. || Membrana que cubre algunos órganos. || Envoltura o tegumento de órganos vegetales. || Cada una de las capas que constituyen un órgano hueco (p. ej., el tubo digestivo).
TUPÉ m. Rizo de pelo sobre la frente. || Penacho eréctil de algunas aves. || fam. Descaro, frescura, jeta.
TURBA, 1 f. Carbón natural de formación más reciente, formado por sustancia vegetal poco carbonizada, de color pardusco, fibrosa y con una proporción de carbono generalmente inferior a 50%. Se usa como abono y como combustible. Casi siempre se forma en la pendiente de una montaña, en zonas húmedas. || Mezcla de estiércol y carbón mineral que se usaba como combustible en los hornos de ladrillos.
TURBA, 2 f. Muchedumbre confusa que marcha en desorden.
TURBACIÓN f. Acción y efecto de turbar o turbarse. || Desbarajuste, caos.
TURBANTE m. Casquete, a modo de faja enrollada en la cabeza, que usan algunos pueblos orientales; por extensión, tocado semejante.
TURBAR tr. y prnl. Trastornar o alterar el estado o curso natural de una cosa. || Enturbiar. || Aturdir, causar inquietud. || Perturbar el sosiego y la paz.

TURBINA f. Máquina rotativa movida por un fluido de peso continuo que transforma la energía cinética de éste en energía mecánica. Su accionamiento puede ser hidráulico, de gas o de vapor. || *de combustión* Motor compuesto por una turbina y un compresor montados sobre un eje común y separados por una o más cámaras de combustión.

TURBIO, BIA adj. Falto de la claridad natural por estar sucio, mezclado o revuelto. || Confuso, poco claro; se dice especialmente de la visión, del lenguaje o de un asunto de licitud dudosa. || Revuelto, azaroso, turbulento; se dice en especial de los tiempos y circunstancias. || Turbulento. || m. pl. Posos o heces del aceite o del vino.

TURBIÓN m. Chaparrón con viento fuerte. || Aluvión de cosas. || Multitud de sucesos que se producen de golpe.

TURBORREACTOR m. Turbina de gas que actúa por reacción directa; usada en aeronáutica.

TURBULENCIA f. Cualidad de turbio, o de turbulento. || Movimiento desordenado de las partículas de un fluido, que origina trayectorias y remolinos.

TURBULENTO, TA adj. Turbio. || Agitado, confuso, alborotado. || Promotor de conflictos, disturbios, etc. || Se dice del régimen estacionario en el que se cruzan las líneas de corriente, de manera que las capas del líquido no se deslizan unas sobre otras, como si fueran láminas fluidas.

TURCO, CA adj. y s. Del Turquestán (región del Asia Central). || De Turquía. || m. Idioma de la rama lingüística de las altaicas, del grupo lingüístico uralo-altaico. Se habla en Turquía, parte de Bulgaria, Grecia, Rumania y ex Yugoslavia.

TURGENTE adj. Abultado, erguido, tieso. || Se dice de una parte tumefacta por exceso de líquido. || Se dice de la célula con la membrana tensa a causa de la presión a que la someten los líquidos citoplasmáticos.

TURISMO m. Práctica de viajar por recreo. || Organización dedicada a este tipo de viajes. || Coche de uso particular.

TURISTA com. Persona que viaja por recreo, especialmente por un país extranjero.

TURNAR intr. y prnl. Alternar con una o más personas en algo o establecer un turno con ellas.

TURNO m. Alternativa u orden sucesivo que se establece para el logro o ejecución de algo. || Momento en que siguiendo este orden le toca actuar a uno, y uso que hace, especialmente en una corporación, asamblea, etc., de su vez. || *de oficio* Orden correlativo de asistencia establecido entre los abogados en ejercicio para atender y defender los pleitos de quienes tienen pocas posibilidades económicas. || *a t.* Siguiendo t. || *de t.* Que ejerce el t. en ese momento. || *por t.* A turno.

TURQUESA f. Fosfato de cobre y aluminio. Cristaliza en el sistema triclínico, generalmente en masas y nódulos. Dura, exfoliable, brillo céreo. Se usa como gema.

TURRÓN m. Masa a base de frutos secos tostados, mezclados con miel o azúcar. Puede llevar otros ingredientes como fruta confitada, yema de huevo, coco, nata, etc. || Empleo público o beneficio estatal.

TURULATO, TA adj. fam. Atónito, pasmado. || Majareta, chiflado.

TUTEAR tr. y prnl. Tratar de tú a alguien.

TUTELA f. Protección y representación de una persona incapaz, según la ley, de gobernarse a sí misma. || Función de tutor. || fig. Defensa o protección ejercidos por alguien con respecto a otro. || *dativa* La decretada por el consejo de familia a falta de t. establecida por ley *(legítima)* o por testamento *(testamentaria)*.

TUTOR, RA m. y f. Persona encargada de la tutela de alguien. En el derecho familiar vigente, el t. sustituye la patria potestad. || Protector o defensor de alguien. || Persona encargada de una clase, curso u otro ente académico.

TUYO, TUYA, TUYOS, TUYAS Pronombres posesivos de segunda persona, género masculino y femenino, número singular y plural. || *la tuya* La ocasión favorable para aquel a quien uno se dirige.

TV Abreviatura de televisión.

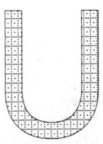
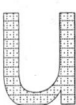

U, 1 f. Vigésima cuarta letra del abecedario castellano (U,u) y última de sus vocales.

U, 2 Conjunción disyuntiva usada en lugar de o, para evitar el hiato, ante palabras que empiezan por el mismo sonido.

UBÉRRIMO, MA adj. superl. Muy fértil o fecundo.

UBICAR intr. y prnl. Radicar, estar presente en determinado sitio.

UBICUIDAD f. Facultad de estar presente a un mismo tiempo en todas partes.

UBRE f. Teta de las hembras de los mamíferos. || Conjunto de ellas.

UFANARSE prnl. Jactarse, vanagloriarse.

UFANO, NA adj. Arrogante, jactancioso, engreído. || Satisfecho, alegre. || Que procede con resolución y desenvoltura.

ÚLCERA f. Pérdida de sustancia que se presenta en piel y mucosas por la actuación local de algún factor patógeno y que no tiende a la cicatrización espontánea. || *gastroduodenal* Enfermedad crónica del aparato digestivo, que experimenta exacerbaciones, especialmente de tipo estacional, y se forma en la mucosa gástrica o en el duodeno.

ULCERAR tr. y prnl. Llagar.

ULTERIOR adj. Más allá de un lugar o territorio. || Que se dice, hace u ocurre después de otra cosa.

ÚLTIMAMENTE adv. Por último, finalmente. || Recientemente.

ULTIMAR tr. Dar fin a una cosa, acabarla, concluirla.

ULTIMÁTUM m. En el lenguaje diplomático, nota, comunicado o resolución definitiva, generalmente con amenaza, en la que un Estado advierte a otro de la finalización de un plazo determinado con anterioridad. || Resolución concluyente, decisiva.

ÚLTIMO, MA adj. Posterior a todos los demás en el espacio o en el tiempo. || Se dice de lo más lejano, retirado o escondido. || Definitivo, no sujeto a cambios o modificaciones. || Se dice de lo mayor, más excelente, singular o superior en su línea. || Se dice del fin, aspiración, etc., al que se dirigen las acciones y designios. || Se dice del precio que se pide como mínimo o del que se ofrece como máximo.

ULTRAJAR tr. Afrentar, humillar u ofender.

ULTRAJE m. Injuria grave. || Ofensa, desprecio hecho de palabra u obra, contra el honor y el prestigio.

ULTRAMAR m. País o lugar al otro lado del mar. || Azul de u. || *de u.* Se decía de los territorios coloniales separados de la metrópoli por el océano.

ULTRAMARINO, NA adj. De ultramar. || m. pl. Géneros traídos de ultramar, y especialmente los comestibles que se conservan mucho tiempo.

ULTRASONIDO m. Onda sonora de frecuencia superior a 20 kHz; no audible. Producida por métodos mecánicos (diapasones, silbatos) o eléctricos (especialmente magnetostrictivos y piezoeléctricos).

ULTRATUMBA, *de* locución De más allá de la tumba, de la muerte.

ULULAR intr. Gritar o dar alaridos; producir algo un sonido parecido.

UMBILICAL adj. Relativo al ombligo, y especialmente al cordón que une el feto a la placenta.

UMBRAL m. Parte inferior o escalón en la puerta o entrada de una casa. || Inicio o principio de cualquier cosa. || Viga que se atraviesa en lo alto de un vano para sostener el muro. || Intensidad mínima de un estímulo para que se produzca la respuesta adecuada. || Límite a partir del cual es perceptible una sensación. || Elevación suave que separa dos cuencas. || *absoluto* Estimulación mínima capaz de ser perceptible. || *de audición* Límite mínimo en el que un sonido es audible. || *de conciencia*, o *de percepción* Límite a partir del cual se reconocen sensaciones o estímulos.

UMBRÍO, A adj. Sombrío, poco soleado. || f. Zona de un terreno casi siempre a la sombra por causa de su orientación.

UN, UNA Según la gramática tradicional, artículo indeterminado singular en género masculino y femenino. A. Alonso le niega el valor de artículo para pasar a ser un pronombre numeral. Como adjetivo concuerda en género con la palabra a la que acompaña.

UNÁNIME adj. Se dice del parecer, sentimiento, deseo, opinión, etc., que es compartido por un determinado grupo de personas, y también de las personas que lo comparten. || General, común, sin excepción.

UNDÉCIMO, MA adj. y s. Que ocupa el último lugar en una serie de 11. || Se dice de cada una de las 11 partes iguales de un todo.

UNGÜENTO m. Cualquier sustancia usada para untar o ungir. || Pomada. || Lo que suaviza el estado de ánimo o la voluntad. || Irónicamente, remedio para todo.

ÚNICO, CA adj. Solo en su especie. || Singular, extraordinario.

UNICORNIO m. Animal fabuloso, a modo de caballo con un cuerno recto en la frente; símbolo medieval de la virginidad y el vigor. || Rinoceronte. || Marfil fósil de mastodonte. || *de mar* Narval.

UNIDAD f. Cualidad de todo lo que deja de ser ello mismo al ser dividido. || Único en número o calidad. || El número 1. || Magnitud que se toma como referencia o término de comparación de las demás de su especie. || Fracción de una fuerza militar que opera bajo mando único. || Sección o departamento de un complejo de producción, donde se llevan a cabo tareas diferenciadas. || Acuerdo, carencia de discrepancia sobre un aspecto que se considera fundamental e irrenunciable. || *de acción, de lugar, de tiempo* Las del teatro clásico a las que debía ceñirse una obra dramática, también seguidas por el teatro clásico francés. || *de cuidados intensivos* En un hospital, sección especializada en el tratamiento de procesos de urgencia.

UNIFICAR tr. y prnl. Hacer de muchas cosas un todo. || Aunar cosas diversas o separadas para un propósito determinado.

UNIFORMAR tr. y prnl. Hacer iguales o uniformes dos o más cosas. || Proporcionar uniforme a individuos de un mismo cuerpo, grupo, equipo, etcétera.

UNIFORME adj. Que tiene la misma forma. || Invariable. || Que actúa de modo constante. || m. Vestimenta peculiar de un cuerpo, grupo, equipo, etcétera.

UNIGÉNITO, TA adj. Se dice del hijo único. || Por antonomasia, Jesucristo.

UNILATERAL adj. Referido sólo a una parte o a un aspecto de alguna cosa. || Que procede de una sola de las partes posibles.

UNIÓN f. Acción y efecto de unir. || Convergencia o conformidad de pensamiento, parecer, esfuerzo, etc. || Conformidad entre dos o más cosas. || Matrimonio, casamiento. || Similitud de colorido y tamaño entre dos perlas. || Resultado de la combinación o mezcla de varias cosas. || Alianza, federación. || Concordia, anillo formado por dos, enlazados. || Inmediación, contigüidad. || Fusión de los bordes de una herida. || Operación entre dos conjuntos matemáticos.

UNIPERSONAL adj. Que tiene una sola persona. || Que corresponde, pertenece o es propiedad de una sola persona. || Se dice del verbo impersonal.

UNIR tr. Juntar dos o más cosas en una. || Mezclar, combinar o trabar varias cosas haciendo un todo homogéneo. || Atar, enlazar. || Aproximar una cosa a otra para que formen un conjunto o converjan en un mismo fin. || Aunar voluntades o pareceres. || Cicatrizar una herida. || prnl. Asociarse para un fin. || Estar dos cosas muy próximas o cercanas. || Reunirse, congregarse. || tr. y prnl. Casarse.

UNISEX adj. De uso indistinto para ambos sexos.

UNISEXUAL adj. Se dice de los organismos, plantas o animales, con un solo sexo.

UNÍSONO, NA adj. Que coincide en el sonido o el tono. || Se dice del intervalo formado por dos notas que tienen la misma altura sonora. || m. Conjunto de voces e instrumentos que ejecutan a la vez las mismas notas. || *al u*. Al tiempo, unánimemente.

UNITARIO, RIA adj. Relativo a la unidad. || Formado por una sola unidad. || Se dice de la organización sociopolítica, formada por partidos, asociaciones e independientes, con vistas a objetivos concretos. || adj. y s. Que es partidario de la unidad. || Que une.

UNIVERSAL adj. Relativo al universo. || De todo el mundo, de todos los tiempos. || Que abarca o es común a todos en su especie, sin excepción. || adj. y s. En la filosofía escolástica, concepto.

UNIVERSIDAD f. Institución de enseñanza superior, dividida en facultades según las especialidades de estudio. || Edificio destinado a enseñanza superior. || Conjunto de miembros de una corporación.

UNIVERSO, SA adj. Universal. || Espacio que contiene la materia y la energía.

UNÍVOCO, CA adj. Que únicamente tiene un sentido o significado.

UNO, NA adj. Entero, íntegro, que no admite división. || Identificado o unido física o moralmente a otro. || Idéntico. || Único en su especie. || Con sentido de reparto, se contrapone a *otro*. || Primero. || adj. pl. Algunos. || Antepuesto a un número cardinal, aproximadamente. || Pronombre indefinido, que en singular distingue un solo y único ejemplar de entre un grupo más amplio, sin determinación especial. || En plural hace mención a más de un ejemplar, sin determinar su número. || s. Unidad. || Primero de los números naturales, y guarismo o cifra con que se expresa. || m. y f. Individuo de cualquier clase.

UNTAR tr. Aplicar sobre una cosa una materia grasa. || fig. Sobornar, corromper. || prnl. Ensuciarse con grasa u otra materia similar. || Apropiarse fraudulentamente de algo de lo que se maneja.

UÑA f. Anexo cutáneo, en forma de lámina córnea, implantada en el extremo dorsal de los dedos. Dividida en cuerpo, cuya cara inferior descansa sobre el lecho ungueal, y raíz, recubierta por un repliegue dérmico. || Aguijón de la cola del alacrán. || Púa curva de ciertas plantas. || Trozo de rama que queda en el árbol cuando se poda. || Muesca o escopladura hecha en algunas piezas para poder moverlas con el dedo. || Gancho de algunos instrumentos metálicos.

URANIO m. (U) Elemento químico del grupo VIb de la tabla periódica. Forma parte del subgrupo del actinio. Hasta que se logró la fisión del uranio su importancia comercial era escasa. El u. natural es una mezcla de 3 isótopos de masas 238, 234 y 235; el primero es el más abundante. La más importante fuente de u. es la pechblenda. Es muy reactivo y en contacto con el aire se recubre de una superficie amarilla que luego se convierte en negra. Se usa como combustible nuclear.

URANIO, NIA adj. De los astros y del espacio celeste.

URBANIDAD f. Educación, buenos modales.

URBANIZACIÓN f. Acción y efecto de urbanizar. || Terreno acotado y dotado de infraestructura y servicios para edificar en él un conjunto residencial, y el mismo conjunto. Generalmente situado en campo abierto, con viviendas unifamiliares.

URBANIZAR tr. y prnl. Hacer que alguien adquiera buenos modales. || Convertir un terreno en zona edificable, dotándolo de los servicios adecuados.

URBANO, NA adj. Relativo a la ciudad. || adj. y s. Policía municipal que regula el tráfico.

URBE f. Ciudad, especialmente la grande y muy poblada.

URDIR fig. Tramar, maquinar.

URÉTER m. Órgano par, que forma parte del aparato urinario. Es un conducto que recoge la orina excretada por el riñón y la lleva hasta la vejiga.

URETRA f. Órgano del aparato urogenital que comunica la vejiga urinaria con el exterior.

URGENCIA f. Calidad de urgente. || Necesidad apremiante. || Obligación y deber de cumplir estrictamente las leyes y preceptos.

URGENTE adj. Que urge. || Se dice de los telegramas, giros, cartas, etc., que se expiden con más rapidez que los normales.

URGIR intr. Apremiar la ejecución de algo. || Obligar actualmente una ley o precepto.

URINARIO, RIA adj. Relativo a la orina. || m. Lugar que se destina para orinar en sitios públicos. || *u., aparato* Parte del aparato urogenital donde se forma y excreta la orina.

URNA f. Recipiente, generalmente con tapa, que contiene las cenizas de los difuntos. De uso frecuente a partir de la edad del bronce. || Caja o arquita donde se depositan los números o papeletas en sorteos o votaciones. || Caja de vidrio para guardar objetos de valor.

UROLOGÍA f. Rama de la medicina que estudia la anatomía, fisiología y patología del aparato urinario.

UROSCOPIA m. Examen general de la orina.

URTICARIA f. Reacción alérgica de la piel que se manifiesta por la súbita presentación de elementos papulares (ronchas), con prurito y carácter fugaz. La provocan el contacto de algunas sustancias vegetales (ortiga) o animales (medusa, araña, etc.), o bien es la respuesta a la ingestión de ciertos alimentos.

USADO, DA adj. Gastado y ajado por el uso. || Acostumbrado, que tiene práctica. || *al u.* Dicho de letras de cambio, pagaderas al modo habitual.

USANZA f. Uso o práctica de una cosa. || Uso vigente, moda.

USAR tr. Utilizar una cosa para algo. || Disponer alguien de una cosa, sea o no su propietario. || Hacer o ejecutar algo habitualmente. || intr. Tener hábito o costumbre. || Llevar una prenda de vestir o tener por costumbre ponerse algo. || prnl. Estar de moda.

USO m. Acción y efecto de usar. || Ejercicio o práctica de una cosa. || Manera o estilo de obrar. || Hábito, costumbre; moda. || Aplicación; empleo continuado. || Empleo común que se hace de una lengua, al margen de reglas gramaticales; es básico para fijar la norma. || Forma del derecho consuetudinario que consiste en la repetición continuada de actos del mismo tipo, de modo que llegan a convertirse en norma. || Derecho semejante al usufructo, que permite beneficiarse de los frutos de algo ajeno, según las necesidades del usuario y su familia.

USTED Pronombre personal de segunda persona, que concuerda con el verbo en tercera persona; se usa en tratamientos de cortesía o de respeto. En diversos países latinoamericanos (especialmente en América meridional) sustituye sistemáticamente a *vosotros*.

USUAL adj. De uso corriente o habitual; general, común. || Utilizable.

USUARIO, RIA adj. y s. Que usa ordinariamente una cosa; especialmente el cliente habitual de un servicio público o semipúblico. || Se dice de la persona que puede utilizar, con limitaciones, una cosa ajena.

USUFRUCTO m. Derecho real, temporal e intransmisible, por el cual una persona puede disfrutar de unos bienes ajenos con la condición de conservar su forma y sustancia; suele ser vitalicio. || Provecho o utilidad que se obtiene de cualquier cosa.

USURA f. Préstamo concedido a un interés muy superior al legalmente establecido. En algunas legislaciones se considera delito, y se contempla tanto la u. habitual del prestamista, como la u. encubierta que aparece en algunos contratos y obligaciones. || Interés abusivo en un préstamo. || Beneficio abusivo que se obtiene de algo.

USURERO, RA m. y f. Persona que presta con usura o interés excesivo. || Persona que obtiene beneficio abusivo en tratos o negocios.

USURPACIÓN f. Delito cometido por apropiación indebida de algún bien o derecho ajeno. || Cosa usurpada. || *de atribuciones* Delito que comete el funcionario público que se arroga competencias impropias de su cargo, o no respeta las inhibiciones o actuaciones provenientes de una autoridad que pueda ejercitarlas. || *de funciones públicas* Ejercicio de competencias reservadas a los funcionarios.

USURPAR tr. Cometer el delito de usurpación. || Arrogarse la dignidad, empleo u oficio de alguien.

UTENSILIO m. Objeto o instrumento de uso manual y frecuente; suele usarse en plural. || Instrumento o herramienta de una profesión.

UTERINO, NA adj. Relativo al útero. Se dice especialmente de la arteria que irriga la matriz.

ÚTERO m. Órgano piriforme del aparato genital femenino, destinado a contener el óvulo fecundado, y adaptado para el parto y el final de la gestación. Situado en la pelvis menor.

ÚTIL adj. Que resulta provechoso, conveniente o de interés. || Que puede servir y beneficiar en algún sentido. || Se dice del tiempo o días hábiles a efectos legales o laborales. || m. Calidad de útil. || Utensilio, instrumento; suele usarse en plural.

UTILIDAD f. Calidad de útil. || Beneficio que se obtiene de alguien o algo. || En economía, satisfacción obtenida por el consumo de un bien.

UTILITARIO, RIA adj. Que concede prioridad a lo útil. || adj. y m. Automóvil de reducidas dimensiones y poco consumo.

UTILIZAR tr. y prnl. Servirse o aprovecharse de algo o alguien.

UTILLAJE m. Conjunto de herramientas de un oficio, o maquinaria utilizada en una fábrica.

UTOPÍA f. Forma de pensamiento político caracterizado por establecer proyectos de organización social alternativa y radicalmente distinta de la existente. || Obra literaria que describe una sociedad utópica. *La república* de Platón es considerada la primera u. || Proyecto irrealizable o descabellado.

UVE f. Nombre de la letra *v*. || *v doble* o *doble v* Nombre de la letra *w*.

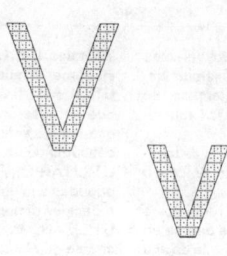

V Vigésima quinta letra del abecedario castellano (V, v); su nombre es *uve*.
VACA. f. Hembra del toro. || Carne de vaca o de buey. || Piel curtida de la vaca. || Dinero que juegan en común dos o más personas. || *lechera* La criada para producir leche. || *marina* Manatí. || *vacas gordas* o *flacas* Épocas de prosperidad o penuria.
VACANTE adj. y f. Se dice del cargo, empleo o dignidad que está sin cubrir.
VACIAR tr. y prnl. Dejar vacío. || Extraer el contenido de un recipiente. || tr. Hacer un hueco en un cuerpo sólido. || Afilar un instrumento cortante. || Exponer ampliamente una teoría. || Entresacar, de un libro o escrito, los párrafos que más interesan. || intr. Desaguar los ríos u otras corrientes de agua. || Descender el agua en el mar, los ríos, etc. || prnl. Hablar más de la cuenta. || Entregarse, esforzarse al máximo.
VACILAR intr. Tambalearse, oscilar, moverse con imprecisión. || Estar una cosa inestable en su estado. || Estar indeciso, dudar, titubear. || Estar poco firme o segura una cosa inmaterial (sentimientos, aseveraciones, etc.). || tr. fam. Burlarse, pitorrearse, divertirse a costa de alguien. || intr. fam. Pasar un buen rato charlando desenfadadamente empleando un tono de guasa, humor, burla o ironía.
VACÍO, A adj. Sin contenido (sin el que habitualmente o por el contexto se le supone a algo). || Poco concurrido. || Sin solidez o sustancia. || Soso, banal. || Se aplica a una hembra de ganado no preñada. || adj. y m. En matemáticas, se dice del conjunto sin elementos. || m. Espacio libre de campos y de materia; es una abstracción física, también llamada v. *absoluto*. || Técnicamente, espacio con depresión. || Abismo. || Cavidad, oquedad. || Ijada (cavidad). || Ausencia de una persona o cosa que se nota al faltar. || *caer en el v.* Encontrarse sin apoyo, audiencia, buena acogida, etc. || *de v.* Sin carga o pasaje. || Sin obtener el resultado esperado y apetecido. || *hacerle el v.* (a uno) Aislarle, negarle el trato.
VACUNA f. Preparado a base de gérmenes atenuados (con capacidad antigénica pero y no patógenos, generalmente muertos) mediante sucesivos cultivos en medios o tejidos adecuados de una cepa, cuya virulencia queda así disminuida.
VACUNACIÓN f. Inmunización activa y específica que se desarrolla al vacunar.
VACUNAR tr. Inocular o administrar cualquier vacuna con fines profilácticos.
VACUNO, NA adj. Bovino. || De piel de vaca. || m. Res bovina.
VACUO, CUA adj. Vacío, sin contenido. || Vacante, sin ocupar. || m. Cavidad o hueco.
VADEAR tr. Atravesar un río o corriente de agua a pie firme. || prnl. Manejarse, proceder.
VADO m. Paraje de un río o corriente de agua con fondo firme, llano y poco profundo, por donde se puede vadear. || Parte rebajada de una acera y de su bordillo

para facilitar el acceso de los vehículos a un garaje u otro local. || *al v. o a la puente* Apremio con que se insta a alguien a resolver rápidamente.

VAGABUNDO, DA adj. Que va errante. || adj. y s. Haragán u ocioso, sin domicilio ni ocupación estables.

VAGANCIA f. Acción de vagar o de estar ocioso. || Calidad de vago.

VAGAR, 1 intr. Estar ocioso, haraganear.

VAGAR, 2 intr. Deambular. || Errar sin encontrar lo que se busca. || Andar suelto algo sin el orden y disposición que debe tener.

VAGIDO m. Gemido o llanto del recién nacido.

VAGINA f. Órgano impar y medio del aparato genital femenino; es un conducto musculomembranoso muy elástico, situado entre el cuello del útero y la vulva.

VAGO, GA, 1 adj. y s. Gandul, holgazán. || Sin oficio, desocupado.

VAGO, GA, 2 adj. Errante, que anda ocioso de un lugar a otro. || Se dice de las cosas que no tienen objeto o fin determinado. || Impreciso, indeterminado. || Se dice de cada uno de los dos nervios del décimo par craneal, que inervan el corazón y los aparatos digestivo y respiratorio.

VAGÓN m. Coche de los ferrocarriles para el transporte de viajeros, equipaje o mercancías. || *cisterna* El adaptado al transporte de líquidos.

VAGONETA f. Vagón pequeño y descubierto, generalmente basculante, para transporte de mercancías.

VAGUEDAD f. Calidad de vago, errante. || Falta de precisión, sea o no intencionada.

VAHÍDO m. Lipotimia.

VAHO m. Vapor que emana de los cuerpos en determinadas condiciones.

VAINA f. Funda para armas blancas e instrumentos punzantes. || Fruto de las leguminosas, que se abre a lo largo de dos hendiduras longitudinales y con las semillas adheridas a las valvas. || Base de la hoja que cubre total o parcialmente la rama en que se inserta. || Jareta en el borde de una vela para reforzarla, o en el canto de una bandera para pasar la driza. || Funda tubular en que se aloja el material de fisión de un reactor nuclear. || Vulva.

VAIVÉN m. Movimiento oscilatorio de un cuerpo. || Inestabilidad, cambio o fluctuación de las cosas. || Mar. Cabo delgado de dos o tres cordones, que sirve para entrañar otros más gruesos, ligar o hacer tejidos.

VAJILLA f. Conjunto de vasos, platos, etc., para el servicio de mesa.

VALE m. Papel, nota o documento en el que consta la obligación de pagar una deuda. || Documento mercantil de efectos similares a la letra de cambio. || Bono. || Albarán. || Invitación para un espectáculo.

VALEDERO, RA adj. Que vale o puede valer, o es canjeable.

VALENCIA f. Número indicador de la capacidad de combinación de un átomo de un elemento químico con uno, o más, de otro que se toma como referencia, generalmente el hidrógeno o el oxígeno.

VALENCIANO, NA adj. y s. De Valencia. || m. Dialecto occidental del catalán. Se caracteriza por una mayor abertura de *e* y *o*, junto con la sustitución de ciertas vocales por otras, tanto por razones etimológicas como por fonética sintáctica. Reduce a *ix* el grupo *eix*, presenta alteraciones en el infinitivo *(vindre, vore)* y en la conjugación verbal. Se divide en valenciano general y apitxat.

VALENTÍA f. Cualidad de valiente. || Actitud para acometer resueltamente acciones muy difíciles o para arrostrar sin miedo los peligros. || Decisión y audacia para establecer innovaciones, romper moldes, sostener ideas atípicas, etcétera.

VALER, 1 m. Valor, valía.

VALER, 2 intr. Proteger, defender, ayudar. || Rendir, producir. || Hablando de número, montar, sumar. || Costar, importar, tener un determinado precio. || Equivaler, tener una cosa un valor comparable al de otra. || Tener mérito, valor o buenas cualidades. || Servir para algo. || Con el adverbio *más*, y usado unipersonalmente, ser preferible *(vale más aceptar)*. || En infinitivo y precedido de *hacer*, prevalecer una cosa en oposición a otra *(hizo valer su opinión)*. || Tener una cosa el valor requerido *(vale la comparación)*. || Con la preposición *por*, incluir en sí las cualidades de otra cosa *(este ejemplo vale por muchos)*. || Tener cabida, aceptación o autoridad con uno. || prnl. Servirse de algo. || Servirse del favor o de la intercesión de alguien. || *no poder valerse* Estar inválido o incapacitado. || *¡vale!* interjección familiar ¡De acuerdo!

VALÍA f. Valor, mérito o cualidades de un persona o cosa. || Valimiento, favor. || Facción, bando. || v., *mayor* Aumento del valor de algo por variación de las circunstancias en que se enmarcó.

VALIDO, DA adj. Apreciado, preferido. || En los siglos XVII y XVIII, en España, persona que, por gozar de la confianza del rey, ejercía el gobierno.

VÁLIDO, DA adj. Firme, vigente, con fuerza legal. || Vigoroso, esforzado.

VALIENTE adj. Fuerte, corpulento. || Activo, eficaz. || Sobresaliente, destacado. || irónicamente, excesivo, grande *(v. tontería).* || adj. y com. Que tiene valor. || fam. Arrogante, valentón.

VALIJA f. Maleta. || Saca donde se transporta la correspondencia, y contenido de la misma. || Maletero de un coche. || *diplomática* La precintada, que contiene la correspondencia oficial de un gobierno con sus representantes diplomáticos en un país extranjero.

VALIOSO, SA adj. Que tiene mucho valor o se tiene en mucha estima.

VALOR m. Cualidad de las cosas por la que éstas son deseables (bienes) o indeseables (males). || Precio, v. de cambio. || Significación o importancia de algo. || Valentía, entereza de ánimo. || Atrevimiento, descaro, desvergüenza. || Subsistencia y firmeza de un acto. || Efectividad, aptitud. || Rédito o rendimiento. || Duración de una nota o un silencio, según la figura y el compás musicales, y signo que la determina. || Certificado que acredita a su tenedor una deuda (obligación) o una participación (acción) financieras. || Determinación numérica de una magnitud, una función algebraica, una función, etc. || *de cambio* Precio de un bien en el mercado. || *de uso* El que tiene un bien para su comprador.

VALORAR tr. Valuar, tasar. || Estimar la valía o cualidades de alguien o algo. || Valorizar, acrecentar el valor de algo. || Titular una disolución.

VALORIZAR tr. Estimar, evaluar. || Acrecentar el valor de algo.

VALS m. Danza popular y de salón, de origen austriaco. De compás ternario, se ejecuta por parejas. Surgió a finales del siglo XVIII y alcanzó gran importancia en el siglo XIX como pieza de baile y como forma musical.

VÁLVULA f. Dispositivo capaz de regular u obturar alternativa o permanentemente una corriente de fluido de un sistema de tuberías, de una máquina, de un motor, etc., y controlar sus magnitudes físicas (presión, temperatura, etc.). || Nombre que se da al tubo electrónico (diodo, triodo, etc.), porque sólo deja pasar la corriente en un sentido y la rectifica. Usado antiguamente en radio, ha sido desplazado por el transistor. || Estructura anatómica de repliegues, situada en un conducto, que permite al fluido una dirección de circulación. || Pistón de un instrumento musical. || *de escape* La que deja salir los gases en un motor de explosión. || Actividad con que se descarga la tensión que crea el exceso de trabajo o la monotonía.

VALLA f. Cerco o estacada para defender, cerrar, proteger o señalar un lugar. || Cada uno de los obstáculos colocados en el recorrido de ciertas carreras deportivas. || fig. Obstáculo, impedimento.

VALLAR, 1 adj. De la valla. || m. Valla (cerco, estacada).

VALLAR, 2 tr. Rodear con valla.

VALLE adj. y m. Se aplica a lo que tiene forma de V o de valle. || Depresión cóncava de la superficie terrestre, formada por dos pendientes opuestas (laderas) que se unen en una línea.

VAMPIRO m. Nombre común a los mamíferos quirópteros de la familia Desmodóntidos, de unos 30 cm de tamaño, hocico con relieves, pelaje generalmente oscuro y dentadura con 24 piezas, en las que destacan los incisivos que utilizan para perforar la piel de las víctimas y succionar la sangre, ya que son hematófagos. De costumbres nocturnas, viven en las selvas de América Central y del Sur. || Fantasma o cadáver que, según creencia supersticiosa, sale por la noche de su ataúd para chupar la sangre de los vivos. || Persona que vive a costa de los demás.

VÁNDALO, LA adj. y s. Se dice del miembro de un pueblo germano asentado hacia el siglo I en el Vístula medio y que, a mediados del siglo V, se asentó en España y formó un reino en el norte de África. || m. y f. Persona que actúa con brutalidad y espíritu destructivo.

VANGUARDIA f. El o lo que va en cabeza, destacándose del resto. || Movimiento artístico que supera los estilos establecidos a través de la experimentación, y que se considera preludia los estilos posteriores. || Ideología u organización social que propone soluciones avanzadas y se muestra muy activa en su consecución.

VANIDAD f. Calidad de vano. || Pompa; ostentación. || Jactancia, vanagloria. || Palabra inútil o insustancial. || Vana representación o ficción de la fantasía.

VANO, NA adj. Carente de sustancia, realidad o entidad. || Vacío, hueco. || Se dice de los frutos de cáscara faltos de meollo. || Falto de utilidad, provecho o interés. || Altanero, orgulloso. || Inestable o de poca duración. || Falto de fundamento o razón. || m. Apertura en un muro, como el hueco para puertas y ventanas. *en v.* Inútilmente, de forma infructuosa o ineficaz. || Sin necesidad o motivo.

VAPOR m. Gas próximo al punto de condensación o en equilibrio con la fase sólida en proximidad de su punto de sublimación. || Barco de vapor. || Desmayo. || pl. Eructos. || Ataques histéricos. || *v., punto de* Punto de ebullición.

VAPORIZACIÓN f. Paso del estado líquido al de gas por suministro o absorción de calor. || Terapia a base de baños de vapor, especialmente de aguas termales.

VAPORIZAR tr. y prnl. Efectuar una vaporización. || Pulverizar un líquido. || tr. Hacer el vaporizado textil.

VAPOROSO, SA adj. Que exhala o produce vapor. || fig. Tenue, ligero.

VAPULEAR tr. y prnl. Zurrar, pegar. || tr. Reprender o increpar duramente.

VAQUERO, RA adj. y s. Se dice de los pastores de ganado vacuno. || adj. y m. Pantalón tejano; suele usarse en plural.

VARA f. Rama larga, delgada, lisa y sin hojas. || Palo delgado y largo. || Bastón de mando. || Medida antigua de longitud que en Castilla valía 0.8359 m. || Listón de este largo para medir. || Pica de toreo. || Garrochazo dado con ella. || Cada uno de los dos palos del carro entre los que se engancha la caballería. || Conjunto de unos 40 o 50 cerdos, que puede cuidar un hombre vareándoles la bellota. || Cuerno de ciervo. || Tubo en forma de U que constituye la parte móvil en el trombón de varas. Sus distintas posiciones modifican la longitud de la columna de aire en el interior del tubo, y con ello la entonación.

VARIABLE adj. Que varía o puede variar. || Cambiante. || Se dice de la cantidad que, expresada mediante un símbolo (*x, y, z*), representa cada uno de los valores de un sistema numérico.

VARIACIÓN f. Acción y efecto de variar. || En matemáticas, cada uno de los subconjuntos que pueden formarse con un conjunto determinado. || Forma musical basada en la repetición de un tema, con modificaciones del tiempo, tono, armonía o clave. || *variaciones sobre un mismo tema* Frase irónica referida a una repetición, con otras palabras, de la misma idea.

VARIADO, DA adj. Que posee variedad. || De colores diversos.

VARIANTE adj. Que varía. || f. Disparidad en los textos de diferente época o edición. || Cada una de las versiones de una misma cosa. || Desvío en un camino o carretera. || En las quinielas, cada derrota o empate del equipo que juega en su propio terreno. || En lingüística, cada uno de los rasgos que diferencian un morfema o fonema respecto a los aceptados convencionalmente.

VARIAR tr. Cambiar, volver diferente una cosa. || Dar variedad a una cosa. || intr. Cambiar, modificarse o alterarse una cosa. || Diferir, ser una cosa diferente de otra. || Formar ángulo la dirección de la brújula con el meridiano.

VARICE (o VÁRICE) f. Variz.

VARICELA f. Enfermedad infecciosa eruptiva, propia de la infancia y que es causada por un virus contagioso.

VARIEDAD f. Calidad de vario. || Diversidad, diferencia dentro de la unidad. || Mutabilidad o alteración de las cosas. || Variación, cambio. || Categoría taxonómica intermedia entre especie y subespecie. || Abstracción matemática del concepto familiar de curva o superficie. || pl. Espectáculo con actuaciones diversas (cómicas, musicales, etc.) sin relación entre sí.

VARILLA f. Barra delgada y larga. || Cada una de las piezas largas y estrechas que forman el armazón de un abanico, paraguas, sombrilla, etc. || pl. Bastidor rectangular donde se mueven los cedazos para cerner.

VARIO, RIA adj. Diverso o diferente. || Cambiante, variable. || Indeterminado o indiferente. || Variado. || pl. Algunos, unos cuantos. || Se dice de la parte de una reunión, informe, etc., en la que se tratan temas secundarios respecto a lo que motiva aquéllos. || m. pl. Conjunto de materiales diversos como documentos, folletos, etc., reunidos en tomos, legajos o cajas.

VARIZ f. Dilatación permanente de las venas, con alteración patológica de sus paredes. Son especialmente frecuentes en las piernas.

VARÓN m. Persona del sexo masculino. || Hombre llegado a la edad adulta. || Hombre respetable. || Cada uno de los cabos o cadenas que se sujetan por un extremo a la pala del timón y por el otro a los costados del buque para gobernarlo. || *santo v.* Hombre muy bondadoso y sencillo.

VARONIL adj. Relativo al varón. || Con las cualidades que se atribuyen al hombre.

VASALLO, LLA adj. y s. En las relaciones feudales, se dice del noble que contraía un vínculo de vasallaje con otro miembro de la nobleza o el rey, lo que implicaba la prestación de homenaje y de ayuda militar a cambio de un dominio territorial o feudo. || También, persona dependiente de un señor feudal, o súbdito de un soberano o de un Estado autoritario. || Persona que acepta a otra por superior.

VASCO, CA adj. y s. Del País Vasco (España). || Lengua de origen desconocido hablada en dicha región. Carácter aglutinante.

VASCULAR adj. Relativo a los vasos sanguíneos. También a los vasos o conductos de los vegetales.

VASECTOMÍA f. Sección y ligadura quirúrgica de los conductos deferentes del aparato genital masculino, practicada con finalidad anticonceptiva.

VASELINA f. Mezcla de hidrocarburos superiores a 20 átomos de carbono. Se obtiene de la parafina y aceites pesados del petróleo. Masa semilíquida de color blanco insoluble en agua, poco soluble en alcohol y soluble en éter. Se usa en perfumería, farmacia y como lubricante.

VASIJA f. Recipiente pequeño, de materia y formas diversas, que sirve para contener líquidos y alimentos. || Por extensión, la de tamaño grande o mediano. || Conjunto de las cubas y tinajas de una bodega.

VASO m. Recipiente generalmente troncocónico o cilíndrico que se usa para beber, y líquido que puede contener. || Conducto tubular de un organismo vivo, adaptado al transporte de líquidos orgánicos. || Cuerpo del capitel corintio. || Bacín (orinal). || Embarcación, y especialmente su casco. || Casco de una caballería. || *de noche* El excretorio. || *excretorio* Bacín, orinal. || *lacrimatorio* El funerario del que se creyó que contenía las lágrimas de familiares y deudos del difunto.

VÁSTAGO m. Brote o renuevo de una planta. || Conjunto formado por el tallo y las hojas. || Varilla metálica, solidaria con una pieza de un motor, una válvula, etc., que transmite un movimiento. || fig. Hijo o descendiente de un linaje.

VASTO, TA adj. Extenso, amplio, muy grande.

VÁTER m. Retrete con agua corriente.

VATICANO, NA adj. Del monte Vaticano. || Del palacio vaticano. || Del papa o de la corte pontificia.

VATICINAR tr. Pronosticar, predecir.

VATICINIO m. Pronóstico, adivinación.

VATIO (de *Watt*) m. (W) Unidad de potencia en el sistema internacional. Es la cantidad de trabajo eléctrico equivalente a un julio por segundo.

VE f. Nombre de la letra *v*.

VECINDAD f. Calidad de vecino. || Conjunto de los vecinos de una misma casa, barrio o población. || Relaciones entre vecinos. || Cercanías de un lugar.

VECINDARIO m. Vecindad (calidad y conjunto). || Padrón municipal.

VECINO, NA adj. y s. Que vive con otros en un pueblo, barrio o casa, en vivienda independiente. || Que tiene casa en una población y participa de los derechos y deberes municipales. || Cercano o contiguo. || Parecido, semejante.

VECTOR m. Magnitud determinada por un número positivo o módulo, y la dirección en que hay que considerar dicho módulo. Son v. la velocidad, aceleración, fuerzas, etc. Un v. se representa mediante una flecha proporcional al módulo, y con la dirección de la magnitud representada. || Agente que transmite una enfermedad; especialmente los insectos. || En artillería de misiles, elemento portador de una cabeza explosiva.

VEDAR tr. Prohibir. || Impedir.

VEGA f. Tierra fértil de regadío, baja y llana.

VEGETACIÓN f. Conjunto de las plantas que ocupan un área determinada, cuya composición depende de factores tanto geográficos como ecológicos, y que además sirve para caracterizar los distintos ambientes de la Tierra. || Desarrollo y crecimiento de las plantas. || pl. Adenoides.

VEGETAL adj. Que vegeta. || Relativo a las plantas. || m. Organismo perteneciente a uno de los dos reinos de la naturaleza, y que en principio se caracteriza por disponer de pigmentos fotosintéticos que le permiten aprovechar la energía luminosa, presentar el cuerpo celular revestido por una membrana de celulosa y ser inmóvil e insensible frente a los distintos estímulos.

VEGETAR intr. y prnl. Germinar, nutrirse, crecer y desarrollarse las plantas. || intr. Llevar alguien una vida meramente orgánica, similar a la de las plantas. || Vivir tranquilamente, sin trabajar, sin problemas ni inquietudes.

VEHEMENTE adj. Que actúa, siente o se expresa con ímpetu, fuerza o viveza. || Se dice de lo que se siente o expresa de este modo.

VEHÍCULO m. Máquina conducida por el hombre, y que sirve como medio de transporte. || Transmisor. || Excipiente.

VEINTE adj. Veinte veces uno. || adj. y s. Vigésimo. || m. Guarismo o cifras con que se representa este número. || *a las v.* A deshora o mucho más tarde de lo habitual.

VEJAR tr. Maltratar, zaherir a uno humillándolo. || Hacer vejamen, burlarse de los defectos de alguien.

VEJESTORIO m. despectivo. Anciano que está hecho una pena, caduco.

VEJEZ f. Calidad de viejo. || Último periodo de la vida humana caracterizado por un paulatino deterioro de los órganos, sus funciones y las facultades psíquicas, que varía considerablemente de una persona a otra.

VEJIGA f. Vesícula. || Flictena. || Pústula de viruela. || com. Persona tonta. || *urinaria* Órgano del aparto urinario donde se acumula la orina.

VELA, 1 f. Acción y efecto de velar. || Tiempo durante el que se vela. || Vigilancia de un centinela. || Velatorio. || Tiempo que se destina a trabajar por la noche. || Peregrinación o romería. || Pieza generalmente cilíndrica de cera, estearina u otra materia grasa, con pabilo, que sirve para alumbrar. || pl. Mocos colgantes.

VELA, 2 f. Pieza de tejido resistente, de formas muy diversas, que se sostiene en los palos y asegura en las vergas, para recibir el viento que impulsa la embarcación. || Toldo. || Oreja erguida de las caballerías u otros animales.

VELADA f. Vela (acción y efecto). || Concurrencia nocturna en un lugar público con motivo de alguna fiesta o espectáculo. || Reunión nocturna con fines recreativos. || Audición musical o tertulia literaria celebrada por la noche.

VELADOR, RA adj. y s. Que vela o está sin dormir. || Que vela o cuida algo. || m. Candelero, normalmente de madera. || Mesita generalmente redonda de un solo pie dividido en tres en su parte inferior.

VELAR, 1 intr. Mantenerse sin dormir el tiempo que se destina normalmente al sueño. || Trabajar de noche después de la jornada ordinaria. || Cuidar celosamente. || Asomar sobre la superficie del agua un escollo u otra cosa peligrosa. || Continuar soplando el viento durante la noche. || tr. Hacer guardia nocturna. || Asistir durante la noche a un enfermo o permanecer junto a un difunto. || Observar atentamente una cosa

VELAR, 2 tr. y prnl. Cubrir una cosa con velo. || Realizar las velaciones. || Borrarse total o parcialmente una placa o película fotográfica por exceso de luz. || tr. Ocultar a medias una cosa, disimularla. || Aplicar veladuras en la pintura.

VELATORIO m. Acción de velar a un difunto. || fam. Reunión poco animada.

VELEIDAD f. Voluntad antojadiza o capricho. || Volubilidad o inconstancia en las decisiones o afectos.

VELEIDOSO, SA adj. Voluble, inconstante.

VELERO, RA adj. y s. Se dice del barco que navega a vela. || Se dice del barco a vela de buenas características marineras. || m. y f. Fabricante de velas de barco.

VELETA f. Pieza metálica, por lo general en forma de flecha, que se coloca en lugares elevados, y que al girar impulsada por el viento indica su dirección. || Pluma que advierte a los pescadores de caña que pica el pez. || com. Persona versátil y voluble.

VELO m. Tela transparente o muy fina que cubre alguna cosa. || Prenda femenina de tul, gasa, seda u otra tela fina que se utiliza para cubrir la cabeza, el cuello o el rostro. || Manto que cubre la toca de las monjas. || Lienzo que cubre a los esposos en la misa que se celebra después del casamiento. || Fiesta que se celebra al profesar una monja. || Cualquier cosa vaporosa y fina que cubre ligeramente a otra. || Disimulo o pretexto para ocultar la verdad. || Ofuscamiento para lo que no se desea conocer. || Lo que oculta el conocimiento real de algo. || Aparejo de pesca formado por un varal y una red. || Capa que cubre el aparato esporífero de los hongos. || Difuminación de la imagen en un negativo fotográfico.

VELOCIDAD f. Rapidez, prontitud, ligereza. || Cada una de las combinaciones en la caja de cambios de un vehículo que le permite un grado distinto de v. || Magnitud que representa la variación del desplazamiento en la unidad de tiempo. || *angular* En un movimiento circular, ángulo descrito por el radio vector en la unidad de tiempo. || *de escape* La mínima que necesita un cuerpo para vencer la gravitación de otro.

VELÓDROMO m. Pista corta y cerrada en la que se realizan ciertas pruebas ciclistas. Debido a las grandes velocidades que se alcanzan, las curvas están muy peraltadas. Puede ser de cemento o de madera.

VELORIO m. Reunión nocturna celebrada en los pueblos con ocasión de algún acontecimiento doméstico. || Velatorio, especialmente de un niño. || Reunión o festejo aburridos.

VELOZ adj. Rápido, que realiza cualquier movimiento en poco tiempo. || De pensamiento ágil o de acción expedita.

VELLO m. Pelo corto y suave que cubre algunas partes del cuerpo humano. || Pelusilla de algunas plantas, frutas o telas.

VELLÓN m. Lana que sale unida en una esquilada. || Zalea. || Vedija o mechón de lana.

VELLUDO, DA adj. Con mucho vello. || m. Felpa o terciopelo.

VENA f. Vaso sanguíneo que conduce la sangre desde los capilares periféricos al corazón. || Veta, filón. || Nervio de una hoja. || Faja de tierra o piedra interpuesta en una masa de distinta naturaleza. || Conducto subterráneo y natural de agua. || Inspiración poética. || Estado de ánimo variable.

VENADO m. Ciervo.

VENCER tr. Rendir al enemigo. || Aventajar, ganar en una competición o comparación. || Subordinar los afectos y pasiones a la razón. || Dominar los obstáculos y dificultades. || Predominar una cosa sobre otra. || Persuadir, someter. || Sufrir con paciencia un dolor o dificultad. || Coronar, ascender, superar una altura. || tr. y prnl. Dominar a uno cosas físicas o morales. || Ladearse o romperse algo a causa de una gran fuerza o peso. || intr. Expirar un término o plazo. || Caducar un contrato por expirar el plazo fijado. || Ser exigible un cobro u obligación por expirar el término convenido. || Triunfar, ganar. || intr. y prnl. Refrenarse, reprimirse.

VENCIMIENTO m. Acción de vencer, victoria; hecho de ser vencido, derrota. || Inclinación o torcimiento de una cosa material. || Cumplimiento de un plazo, obligación, pago, etcétera.

VENDA f. Tira de tela, generalmente de gasa, para proteger las heridas o sujetar una parte del cuerpo dañada o fracturada. || Banda ceñida a las sienes que usaban los reyes como distintivo de autoridad. || *caérsele* a uno *la v. de los ojos* Desengañarse, salir de la ofuscación en que se encontraba. || *poner* a uno *una v. en los ojos* Influir en alguien para que permanezca engañado. || *tener* uno *una v. en los ojos* No querer conocer la verdad sobre algo por ofuscación mental.

VENDAJE f. Colocación de una venda para realizar una cura. Existen diversas técnicas, según la topografía anatómica o la finalidad terapéutica.

VENDAR tr. Aplicar una venda. || Ofuscar las pasiones o los instintos.

VENDAVAL m. Viento fuerte del sur con inclinación al oeste; por extensión, cualquier viento fuerte. || fig. Agitación.

VENDER tr. Cambiar una cosa por dinero. || Expender, despachar mercancías. || Obtener algún dinero o provecho por cosas con las que normalmente no se comercia. || Faltar a la confianza o amistad. || fam. Persuadir, convencer. || prnl. Dejarse sobornar o corromper. || Arriesgarse plenamente en favor de alguien. || Traicionarse, dejar adivinar lo que se quería esconder.

VENDIMIA f. Cosecha de la uva. || Temporada en que se realiza. || Beneficio abundante obtenido de una cosa.

VENDIMIAR tr. Recoger la vendimia. || Disfrutar una cosa, especialmente cuando es ajena y se hace con violencia o injusticia.

VENENO m. Líquido tóxico, segregado por varias especies de animales, tanto vertebrados como invertebrados, utilizado como medio de defensa o para la captura de presas. || Sustancia tóxica que, ingerida, provoca la muerte o graves daños. || Cualquier cosa que puede perjudicar la salud o pervertir moralmente. || Sentimiento de ira, resentimiento, envidia u otro semejante.

VENENOSO, SA adj. Que contiene veneno. || Malintencionado.

VENERABLE adj. Digno de ser venerado. || Tratamiento dado a los prelados. || adj. y s. Se dice del primer grado de un proceso de santificación. || Superior de la logia masónica.

VENERAR tr. Dar culto de adoración a Dios, o a los santos. || Honrar, reverenciar personas por su dignidad, avanzada edad, virtudes, o imágenes sagradas por su significación.

VENÉREO, A adj. Relativo al acto sexual; especialmente se dice del placer que ocasiona. || Se dice de las enfermedades cuya transmisión está muy relacionada con el acto sexual. Principales: la sífilis, la gonococia, muchas uretritis no blenorrágicas, etcétera.

VENGANZA f. Acción y efecto de vengar.

VENGAR tr. y prnl. Causar mal a alguien como reparación de injuria, agravio o daño recibidos.

VENIA f. Perdón, remisión. || Consentimiento, autorización que da un superior para ejecutar una acción determinada. || Saludo con una inclinación de cabeza.

VENIAL adj. Se dice de lo que se opone ligeramente a la ley o precepto, y especialmente del pecado leve.

VENIDA f. Acción de venir. || Vuelta, regreso. || Crecida impetuosa de un río o arroyo. || Prontitud, ímpetu o acción inconsiderada. || En esgrima, acometimiento mutuo después de presentar el arma.

VENIDERO, RA adj. Futuro, que está por venir o acontecer. || m. pl. Sucesores o descendientes.

VENIR intr. Trasladarse de allá hacia acá. || Llegar a donde está quien habla. || Presentarse una persona ante otra. || Adaptarse, amoldarse una cosa a otra. || Reanudar un tema después de una digresión. || Inferirse. || Transmitirse de unos a otros la propiedad o el disfrute de algo. || Hacerse u obtenerse un producto en un terreno. || Aproximarse el momento en que ha de producirse un hecho. || Derivar o depender una cosa de otra. || Imaginar, recordar. || Iniciarse, empezar a manifestarse algo. || Con a y un infinitivo, acaecer al fin lo que se preveía o temía. || Suceder, acontecer o sobrevenir. || Aparecer en una publicación. || intr. y prnl. Transigir, condescender.

VENTA f. Hecho y resultado de vender. || Conjunto de cosas vendidas. || Cesión de un bien propio mediante un precio pactado. || Posada o mesón en los caminos o despoblados.

VENTAJA f. Preeminencia de una persona o cosa sobre otra. || Situación favorable en que se halla una persona o cosa. || Sobresueldo. || Utilidad, provecho. || Hándicap deportivo. || Distancia en puntos o tiempo que media entre el equipo o jugador ganadores y sus oponentes. || Beneficio que se obtiene cuando el equipo contrario comete una falta.

VENTANA f. Vano efectuado en un muro, más alto que el nivel del suelo, gene-

ralmente para posibilitar la iluminación y la ventilación de un espacio interior cerrado. || Marco metálico o de madera con un cristal para tapar dicho vano. || Orificio anatómico (p. ej., v. nasal). || *salir uno por la v.* Salir mal librado de un asunto o lugar. || *tirar por la v.* Derrochar. || Desperdiciar, malograr.
VENTANAL m. Ventana muy grande.
VENTANILLA f. Ventana pequeña, especialmente la de automóvil, vagón de tren, etc. || Taquilla para comunicar con el público. || Abertura en los sobres de las cartas que permite leer la dirección. || *pasar por la v.* Tener que hacer gestiones burocráticas para conseguir algo.
VENTILACIÓN f. Acción y efecto de ventilar o ventilarse. || Abertura o instalación para ventilar una habitación. || Corriente de aire que se produce al ventilarla.
VENTILADOR m. Máquina que genera movimiento de aire mediante un órgano de rotación. || Conducto de ventilación con salida al exterior de un recinto.
VENTILAR tr. y prnl. Hacer circular o penetrar aire en algún lugar. || Agitar o exponer una cosa al viento. || Renovar el aire de una habitación. || Examinar y resolver un asunto de forma rápida. || Dar a conocer un asunto privado o íntimo.
VENTISCA f. Tempestad de viento, o de viento y nieve.
VENTISQUERO m. Lugar de una montaña expuesto a las ventiscas, o donde se mantienen la nieve y el hielo.
VENTOSA f. Abertura para dar salida al aire, p. ej., en alcantarillas, tuberías. || Pieza cóncava de goma que se adhiere a una superficie lisa al ser presionada y producirse el vacío en su interior. || Órgano de sujeción presente en numerosos grupos de animales.
VENTRÍCULO m. Nombre de ciertas cavidades corporales pequeñas (p. ej., el v. laríngeo, o espacio que existe entre las cuerdas vocales). || Estómago de diversos grupos de animales. || Cada una de las dos cavidades inferiores del corazón, que impulsan la sangre a la arteria pulmonar y a la aorta.
VENTRÍLOCUO, CUA adj. y s. Se dice de la persona que tiene la habilidad de modificar su voz para simular que provienen los sonidos de otra persona, objeto, o

de la lejanía. Antiguamente se creía que el v. emitía los sonidos desde el vientre.
VENTURA f. Felicidad, suerte, dicha. || Contingencia o azar. || *a la v.* o *a la buena v.* Al azar, a lo que depare la suerte.
VENTUROSO, SA adj. Afortunado. || Feliz.
VER tr. Percibir por la vista. || Observar, examinar. || Visitar a alguien por cortesía, amistad, u otro motivo. || Prestar atención a lo que se hace. || Comprobar, averiguar, reconocer. || Notar, reparar, considerar. || Prever, presentir, sospechar, conjeturar. || Conocer, valorar.
VERA f. Borde, orilla. || *a la v.* A la orilla. || Junto a, al lado de.
VERANEAR intr. Pasar en algún sitio las vacaciones de verano. || Vivir durante el verano en lugar diferente del habitual.
VERANEO m. Acción y efecto de veranear. || Lugar donde viven algunos animales durante el verano.
VERANIEGO, GA adj. Del verano. || *ir v.* Vestir ropa propia del verano.
VERANO m. Estación calurosa del año, comprendida entre el solsticio de v. y el equinoccio de otoño; en el hemisferio norte, del 21 de junio al 21 de septiembre, y en el sur, del 21 de diciembre al 21 de marzo. || En la zona ecuatorial, tiempo caluroso de sequía, aproximadamente 6 meses.
VERAZ adj. Verdadero, sincero.
VERBAL adj. De la palabra, o de palabra: *concepto v., contrato v.* || Del verbo: *desinencia v.* || adj. y m. Se dice de las palabras derivadas de un verbo.
VERBALMENTE adv. De palabra.
VERBENA f. Fiesta popular nocturna, generalmente al aire libre, que se celebra en las vísperas de san Juan, san Pedro, Santiago, y en otras festividades.
VERBIGRACIA (o VERBI GRATIA) Locución latina que significa 'por ejemplo'. Se abrevia v. gr.
VERBO m. Nombre que, a partir de la *Vulgata,* traduce el griego *logos* del cuarto Evangelio, designando la palabra creadora encarnada en Jesucristo, o palabra de Dios. || Palabra. || Juramento, voto, reniego. || Parte de la oración gramatical que indica la existencia del sujeto, la acción que éste realiza o el estado en que se encuentra. || *auxiliar* El que se usa en la

conjugación de las voces compuestas o pasivas de otro verbo; en castellano, *haber* y *ser*. || *encarnado* Jesucristo. || *intransitivo* El que no puede llevar complemento directo. || *irregular* Aquel que en su conjugación no sigue siempre la raíz o terminación de su paradigma. || *pronominal* El que debe conjugarse con un pronombre de la misma persona que el sujeto. || *regular* El que sigue el paradigma de su conjugación. || *transitivo* El que exige complemento directo.

VERBORREA (o VERBOSIDAD) f. Fluidez de palabra del demagogo y el charlatán.

VERDAD f. En filosofía griega, escolástica y en el realismo, en general, conformidad del pensamiento con la cosa. En el idealismo moderno, coherencia sistemática, conformidad del pensamiento con sus leyes. || Proposición verdadera. || Conjunto de principios, especialmente religiosos, en que se supone que ha de basarse no sólo el comportamiento de uno, sino su comprensión del universo.

VERDADERO, RA adj. Que es verdad. || Cierto, real. || Sincero, veraz.

VERDE adj. y m. Se dice de uno de los colores del espectro solar. Se encuentra entre el amarillo y el azul. Posee una longitud de onda entre 4 920 Å y 5 700 Å. || Se dice de la leña viva. || Se dice de las legumbres que se consumen frescas, en contraposición a las que se guisan secas. || Inmaduro, que no ha alcanzado la sazón. || Junto a algunos sustantivos, del color que éstos designan. || Se dice de los primeros años de la vida y de la juventud. || Incipiente, que está en sus comienzos. || Libre, indecente, obsceno. || Se dice de la persona que intenta aventuras sexuales impropias de su edad. || m. Follaje.

VERDÍN m. Cardenillo. || Color de las plantas en las primeras fases de su desarrollo.

VERDOR m. Color verde intenso de las plantas. || Color verde. || Juventud, lozanía.

VERDUGO m. Brote o vástago del árbol. || Estoque muy angosto. || Azote de cuero, vara o mimbre. || Roncha larga o señal que deja un verdugazo. || El que ejecuta las penas de muerte, y antiguamente otras corporales, como azotes y tormento. || Arete (pendiente). || Verdugada. || Gorro que cubre cabeza y cuello. || Moldura convexa y de contorno semicircular. || Persona muy cruel o despiadada. || Cualquier cosa que atormenta mucho.

VERDUGUILLO m. Mancha que se forma a veces en las hojas de una planta. || Listón de media caña. || Navaja de afeitar larga y estrecha. || Verdugo (estoque), especialmente el utilizado en toreo para el descabello. || Arete (pendiente).

VERDULERO, RA m. y f. Persona que vende hortalizas. || f. Mueble para guardar verduras. || fam. Mujer grosera, descarada.

VERDURA f. Verdor (color). || Hortaliza. || Follaje representado en pintura, dibujo y decoración. || Independencia, obscenidad.

VEREDA f. Senda muy estrecha formada por el paso de peatones y ganado. || Cañada.

VEREDICTO m. Fallo, sentencia, declaración que pronuncia el jurado después de haber valorado las pruebas, y determinando de la culpabilidad o no del procesado. || Por extensión, dictamen, parecer o juicio emitido por un experto en alguna materia.

VERGA f. Pene. || Arco de la ballesta. || Varilla de madera. || Tira de plomo o cinc con ranuras en los cantos, que sirve para sujetar los vidrios de las ventanas. || Palo colocado horizontalmente en un mástil que sirve para sostener la vela.

VERGEL m. Huerto o jardín con variedad de flores y árboles frutales.

VERGONZOSO, SA adj. Que debería avergonzar. || adj. y s. Inclinado a sentir vergüenza.

VERGÜENZA f. Sentimiento de pérdida de dignidad ocasionado por el miedo a la deshonra, al ridículo, por una falta cometida o por una humillación o insulto recibidos. || Pundonor, valoración de la propia dignidad. || Timidez. || Pudor. || Acción indigna o indecorosa. || Exposición pública de un reo con alguna señal que indicaba su delito.

VERICUETO m. Lugar alto y escarpado por donde es difícil transitar; suele usarse en plural. || pl. Asuntos complicados y difíciles.

VERÍDICO, CA adj. Verdadero. || Veraz.

VERIFICAR tr. Demostrar que algo que ofrece dudas es verdadero. || Comprobar o examinar la verdad de algo, el resultado conseguido, la exactitud de una máquina o aparato, etc. || Compulsar cada uno de los documentos públicos o privados en que se contiene un apoderamiento. || tr. y prnl. Realizar alguna cosa prevista de antemano. || prnl. Resultar verdadero algo previsto o pronosticado.

VERJA f. Reja que cierra el vano de una puerta o ventana, especialmente la que sirve de cerca.

VERMUT m. Aperitivo a base de vino blanco o rosado, ajenjo y sustancias tónicas y amargas, con una graduación alcohólica entre 16° y 20°.

VERNÁCULO, LA adj. Propio del país. Se dice especialmente de la lengua.

VEROSÍMIL adj. Que parece verdadero. || Creíble por no ofrecer indicios de falsedad.

VERRUGA f. Dermatosis de carácter proliferativo de origen vírico, que causa unas excrecencias de tamaño variable, de carácter benigno, localizadas preferentemente en las manos. || Persona o cosa fastidiosa. || Vicio, defecto. || Agalla. || Cualquier prominencia en la superficie de un órgano vegetal.

VERSAL adj. y f. Se dice de la letra mayúscula.

VERSILLA (o VERSALITA) adj. y f. Se dice de la letra mayúscula de igual tamaño que la minúscula del mismo cuerpo.

VERSÁTIL adj. Que puede volverse con facilidad. || Variable, veleidoso, tornadizo. || Susceptible de ser usado en diversas circunstancias o facetas.

VERSÍCULO m. Cada una de las divisiones del texto de ciertos libros, especialmente la Biblia y el Corán.

VERSIFICAR intr. Hacer versos. || tr. Pasar a verso.

VERSIÓN f. Traducción. || Modo peculiar de relatar un hecho o acontecimiento. || Cada una de las interpretaciones de un suceso, del texto de una obra, o de un tema artístico o musical. || En obstetricia, maniobra para modificar una posición fetal desfavorable.

VERSO m. Palabra o conjunto de ellas que mantienen una estructura rítmica o melódica que se reproduce o tiene ecos en otras agrupaciones semejantes dentro de un poema. || fam. Poesía o composición en verso. || Versículo (división de un texto).

VERSO, SA adj. Se dice del reverso de un folio o de la página de un libro que cae a la izquierda del que lee.

VÉRTEBRA f. Cada una de las piezas óseas superpuestas y articuladas que forman la columna vertebral. En el hombre existen 33-34 v., de las cuales 24 son libres y el resto están soldadas en 2 huesos: sacro y cóccix.

VERTEBRADOS m. pl. Subtipo de Cordados, que incluye especies de animales metazoos de simetría bilateral que poseen un eje esquelético formado en los adultos por la columna vertebral, con el cuerpo dividido en 3 regiones (cabeza, tronco y cola), estructurado sobre un esqueleto interno óseo, con sistema circulatorio cerrado con un corazón dividido en varias cavidades, respiración pulmonar o branquial, musculatura estriada muy desarrollada y reproducción sexual, generalmente con sexos separados.

VERTEDERO m. Lugar en el que o por donde se arroja algo, en especial escombros, desperdicios o sobrantes de agua.

VERTEDOR, RA adj. y s. Que vierte. || m. Conducto para dar salida a las aguas residuales.

VERTER tr. y prnl. Derramar o esparcir un líquido u otras cosas como azúcar, harina, etc., fuera del recipiente que las contiene. || Inclinar o invertir un recipiente para vaciarlo. || tr. Traducir. || Expresar determinadas ideas, generalmente con mala intención. || intr. Desaguar, desembocar.

VERTICAL adj. Perpendicular respecto a la dirección o al plano horizontal. || Normal a una superficie. || Derecho, aproximadamente vertical. || Jerarquizado de arriba abajo. || adj. y f. Recta vertical.

VÉRTICE m. Punto en que concurren dos lados de una figura plana. || En un poliedro, punto en que se cortan tres o más aristas. || Extremo más saliente de ciertos órganos.

VERTIENTE adj. Que vierte. || f. Declive del terreno o de un tejado para facilitar el desagüe. || Modo de considerar un asunto o cosa.

VERTIGINOSO, SA adj. Relativo al vértigo. || Que produce vértigo. || Que padece

vértigos. || Se dice de la velocidad muy grande y del movimiento muy acelerado.
VÉRTIGO m. Perturbación del sentido del equilibrio, en la que parece que haya movimiento de rotación del cuerpo. Se presenta por crisis y obliga a permanecer en decúbito. || Torbellino; coincidencia de muchas actividades o muy rápidas. || Arrebato (arranque). || fam. Temor a las alturas.
VESÍCULA f. Órgano en forma de saco, lleno de aire o líquido. || En las algas, cavidad llena de gases que facilita la suspensión en el agua. || Lesión cutánea de tipo ampolla, formada por una elevación circunscrita de la piel, que contiene serosidad.
VESPERTINO, NA adj. Relativo al atardecer. || Se dice de los astros que cruzan el horizonte después del ocaso del Sol. || adj. y m. Periódico de la tarde. || m. Sermón que se pronuncia por la tarde.
VESTÍBULO m. Estancia, portal o patio de entrada a un edificio. || Recibidor. || Espacio o cavidad anatómica por la que se accede a otra.
VESTIDO m. Ropa para cubrir o abrigar el cuerpo. || Conjunto de las principales piezas de vestir. || Prenda de vestir femenina de una sola pieza.
VESTIDURA f. Vestido, traje. || Ornamentos con que se reviste el sacerdote para el culto; suele usarse en plural. || *rasgarse las v.* Escandalizarse o indignarse hipócritamente por lo que otros hacen o dicen.
VESTIGIO m. Pisada. || Muestra o señal de la existencia o paso de algo. || Ruinas que preconizan una civilización anterior; suele usarse en plural. || Indicio del que se infiere alguna cosa.
VESTIMENTA f. Vestidura.
VESTIR tr. Cubrir el cuerpo con un vestido. || Guarnecer o cubrir una cosa. || Facilitar a alguien lo necesario para cubrir sus necesidades primarias. || Ser un vestido adecuado o elegante. || Ser sastre o modisto de alguien. || Exornar con galas retóricas. || Disimular o disfrazar la realidad de algo. || intr. y prnl. Ponerse un vestido. || Cubrir. || Simular externamente un sentimiento o afecto. || prnl. Aparentar, engreírse.
VESTUARIO m. Conjunto de prendas de vestir de una persona. || Conjunto de trajes para una representación escénica. || Uniforme completo de la tropa. || Lugar del teatro donde se visten los artistas; por extensión, local destinado para vestirse.
VETA f. Franja de distinto color o materia que los de la masa en que se encuentra intercalada. || Vena, filón. || Capacidad de una persona para una ciencia o arte. || *descubrir la v. (de uno)* Conocer sus inclinaciones o proyectos.
VETAR tr. Poner un veto o impedimento.
VETERANO, NA adj. y s. Soldado que lleva mucho tiempo en el servicio militar. || Experimentado en un trabajo.
VETERINARIO, RIA adj. Relativo a la veterinaria. || com. Profesional de la veterinaria.
VETO m. Derecho o facultad que posee una persona o una comunidad para impedir la promulgación de alguna ley o de cualquier otro tipo de acuerdo. || Prohibición.
VETUSTO, TA adj. Muy viejo o muy antiguo.
VEZ f. Cada ocasión en que sucede o se realiza algo susceptible de repetición. || Momento u ocasión que le corresponde a uno cuando se guarda turno. || Ganado que pertenece colectivamente a un pueblo. || Cometido que se desempeña en sustitución de alguien. || *a la v.* Simultáneamente. || *a su v.* Por su parte. || *a veces* En algunas ocasiones. || *de una v.* De un golpe, con una sola acción. || *de v. en cuando* En ocasiones, a veces. || *en v. de* En lugar de. || *otra v.* De nuevo. || *tal v.* Quizá. || *una que otra v.* Alguna v. || *una v.* Alusión a un momento indeterminado del pasado. || *una v. que* Después que.
VÍA f. Camino. || Par de carriles del ferrocarril, y terreno donde se asientan. || Espacio entre dos rodadas. || Conducto del cuerpo humano. || Ruta, itinerario. || Medio de transporte o comunicación. || Sistema para hacer o lograr algo. || Ordenamiento procesal.
VIADUCTO m. Puente sobre una depresión del terreno para el paso de una carretera o vía férrea.
VIAJANTE adj. Que viaja. || com. Representante de una casa comercial que visita clientes para efectuar compras o ventas.

VIAJAR intr. Ir de un sitio a otro con cualquier medio de transporte. || Estar bajo los efectos de la droga, especialmente de algún alucinógeno.

VIAJE m. Ida de un lugar a otro, especialmente distante. || Jornada de un país a otro, o de un sitio a otro del mismo país. || Carga o peso que se transporta de un lugar a otro.

VIAJERO, RA adj. Que viaja. || m. y f. Persona que viaja, y especialmente la que escribe comentarios sobre sus viajes.

VIAL adj. Relativo a la vía. || m. Calle flanqueada por dos filas paralelas de árboles o plantas.

VIALIDAD f. Calidad de vial. || Conjunto de servicios relacionados con las vías públicas.

VIANDA f. Sustento de los racionales. || Cualquier comida que se sirve a la mesa.

VIANDANTE com. Transeúnte, caminante.

VIÁTICO m. Comunión que se administra a los enfermos en peligro de muerte. || Dieta para viajes que perciben funcionarios y diplomáticos.

VIBRACIÓN f. Sucesión de oscilaciones de pequeña amplitud y gran frecuencia, en un sistema elástico capaz de oscilar en torno a una configuración de equilibrio. || pl. Corriente de simpatía o rechazo que parece emanar de las personas.

VIBRAR tr. Producir vibraciones. || Temblar un objeto alargado y elástico. || Sonar trémula la voz. || Estremecerse; sentir escalofríos. || Entusiasmarse ante algo.

VICARIO, RIA m. y f. Apelativo que se da a aquella persona que posee la facultad y el poder de otro, en concepto de sustitución, especialmente tratándose de ministerios eclesiásticos. || adj. Biol. Se dice de dos especies muy afines pero con áreas de distribución distintas.

VICEPRESIDENTE, TA m. y f. Persona encargada de sustituir al presidente o asumir alguna de sus funciones.

VICEVERSA adv. Recíprocamente, al revés, al contrario. || m. Cosa, dicho o hecho al revés de como debía ser o acontecer.

VICIAR tr. y prnl. Corromper o pervertir. Adulterar una sustancia. || Falsificar un escrito con enmiendas o adiciones. || Quitar validez a un acto público, un documento, etc. || Tergiversar. || prnl. Abandonarse a los vicios. || Enviciarse, aficionarse mucho a algo. || Combarse una superficie.

VICIO m. Imperfección o defecto físico en una persona o cosa. || Falsedad, falta de rectitud. || Tendencia a obrar mal. || Libertinaje, licencia. || Afición desmedida a una cosa. || Comba de una superficie. || Excesivo desarrollo de las plantas, que perjudica su rendimiento. || Mal hábito. || Mimo, consentimiento excesivo. || *de dicción* Defecto en el uso del lenguaje.

VICIOSO, SA adj. Que tiene algún vicio o defecto. || adj. y s. Dado al vicio. || adj. Poderoso y fuerte, especialmente para producir. || Abundante, deleitoso.

VICISITUD f. Sucesión alternativa de alguna cosa. || Alternancia de sucesos favorables o no. || Acontecimiento adverso que produce un cambio brusco en la buena marcha de algo; suele usarse en plural.

VÍCTIMA f. Persona o animal sacrificado o que está destinado al sacrificio. || Persona que se expone a un grave daño en favor de otra. || Persona que resulta perjudicada por culpa ajena o por un hecho fortuito. || *propiciatoria* La que se sacrifica para conseguir el beneplácito de los dioses.

VICTORIA f. Acción de vencer en la guerra, o de ganar al rival en una disputa o lid. || Resultado venturoso. || Dominio sobre los vicios o pasiones. || *cantar v.* Celebrar el triunfo.

VICTORIOSO, SA adj. y s. Vencedor, que ha logrado una victoria.

VIDA f. Estado de actividad de los seres orgánicos que se manifiesta de modo diverso (crecimiento, reproducción, movimiento, irritabilidad, etc.), soportado por una serie de reacciones metabólicas que suministran la energía necesaria para estos procesos. Sus rasgos característicos, pues, son el metabolismo y la reproducción. || Actividad de un ser vivo o de un organismo social. || Tiempo comprendido entre el nacimiento y la muerte. || Tiempo que duran las cosas. || Modo de vivir y de conducirse. || Medios de subsistencia. || Biografía. || Vivacidad, especialmente en los ojos o en el lenguaje. || Lo que produce mucho placer o bienestar. || Lo que se considera esencial para vivir.

VIDE Voz latina que significa 'véase', usada en escritos y libros para remitir al lector a determinado lugar.

VIDENTE adj. Que ve. || adj. y com. Se dice de la persona que pretende predecir el futuro o descubrir cosas ocultas. || m. Profeta.

VIDEO m. Señal de imagen de TV. || Sistema de grabación y reproducción (inmediata o aplazada) de imágenes por medios electrónicos. Consiste esencialmente en una cámara electrónica, un grabador de imágenes (magnetoscopio) y un receptor (puede ser un televisor convencional); las imágenes quedan grabadas en un cartucho (videocassette).

VIDEOCASSETTE f. Magnetoscopio que utiliza cintas magnéticas contenidas en estuches estándar. || Por extensión, estuche que contiene la cinta.

VIDEO CLIP m. Filmación en video con que se promociona una grabación musical.

VIDEO TAPE m. Registro de un programa de TV en una cinta magnética, mediante un magnetoscopio.

VIDRIERO, RA m. y f. Persona que tiene por oficio fabricar, vender o colocar vidrios. || f. Bastidor con vidrios; elemento de cierre en ventanas y puertas que permite la iluminación y tiene valor decorativo. || Escaparate.

VIDRIO m. Sustancia amorfa que se obtiene por la fusión de distintas materias primas (arena silícica, carbonatos, sulfatos, etc.) y que tiene la propiedad de no cristalizar durante el enfriamiento. Es insoluble en ácidos (excepto fluorhídrico). || Pieza de vidrio. || Cristal de puertas y ventanas. || Asiento de un carruaje opuesto a la testera. || Vaso, generalmente de vino o licor. || fig. Cosa muy frágil y delicada.

VIDRIOSO, SA adj. Quebradizo, rompible. || Resbaladizo por las heladas. || Se dice de la materia delicada que debe ser tratada con gran cuidado y tiento. || De genio difícil y enojadizo. || Se dice de los ojos cubiertos por una película líquida.

VIEJO, JA adj. Antiguo. || Que no es reciente. || Estropeado por el uso. || adj. y s. De mucha edad. || m. y f. fam. Padre y madre. || *de v.* Se dice de los objetos (libros, muebles, ropa, etc.) de segunda mano, y del establecimiento o puesto en donde se venden.

VIENTO m. Movimiento horizontal de masas de aire. Las diferencias de temperatura de los estratos de la atmósfera provocan diferencias de presión atmosférica que producen el v. || Aire de la atmósfera. || Rastro oloroso que dejan las piezas de caza. || Olfato de algunos animales, para rastrear. || Lo que agita el ánimo con violencia. || Tirante con que se sujeta algo para mantenerlo en su posición. || Holgura que queda entre el ánima y la bala en el cañón. || Rumbo de una embarcación. || En música, familia de instrumentos que suenan por vibración del aire, al ser insuflado, humana o mecánicamente.

VIENTRE m. Abdomen. || Conjunto de vísceras que contiene esa cavidad. || Panza de una vasija. || Cavidad grande de una cosa. || Criatura en el claustro de la hembra preñada. || Puntos de una onda estacionaria en los que la amplitud es máxima. || *evacuar, exonerar, mover el v.*, o *hacer del v.* Defecar.

VIERNES m. Sexto día de la semana. || *haber aprendido* algo *en v.* Repetir, venga o no a cuento, lo que se aprendió alguna vez.

VIGA f. Madero largo y grueso usado especialmente para sostener el techo de una construcción. || Hierro con sección de doble T usado en la construcción moderna para los mismos usos que la v. de madera. || Pieza de hierro o madera que en algunos coches antiguos enlaza el juego delantero con el trasero. || Prensa primitiva compuesta por un gran madero horizontal que puede girar alrededor de uno de sus extremos, usada en fábricas de paños, lagares y molinos de aceite. || También la de madera con tirante metálico. || *de aire* La que sólo se apoya por sus extremos. || *maestra* La que se tiende sobre pilares o columnas para sostener las cabezas de otros maderos horizontales.

VIGENTE adj. Se dice de las leyes, disposiciones, costumbres, etc. que están en vigor.

VIGÉSIMO, MA adj. Que sigue en orden al decimonono. || adj. y s. Cada una de las 20 partes iguales en que se divide un todo.

VIGÍA com. Persona que vigila, especialmente desde un lugar elevado. || f. Atalaya (torre). || Escollo que despunta sobre la superficie del mar.

VIGILANCIA f. Acción y efecto de vigilar. || Servicio que ejerce esta acción.

VIGILANTE adj. Que vigila. || Que está en vela. || com. Persona encargada del servicio de vigilancia.

VIGILAR tr. e intr. Velar cuidadosamente a una persona o cosa a fin de que no le sobrevenga ningún mal. || Atender, cuidar.

VIGILIA f. Estado del que se halla despierto o en vela. || Falta de sueño o dificultad para dormirse. || Trabajo intelectual nocturno. || Cada turno de guardia en el servicio militar. || Víspera, especialmente de una festividad religiosa importante, y oficio litúrgico con que se conmemora. || Ayuno y abstinencia de carne, en la cuaresma.

VIGOR m. Fuerza, vitalidad del cuerpo o del espíritu. || Viveza o eficacia en la ejecución de las cosas. || Fuerza expresiva en las obras artísticas o literarias. || Vigencia de las leyes, costumbres, estilos, etcétera.

VIHUELA f. Instrumento musical de cuerda pinzada, antecesor de la guitarra española (siglos XVI-XVII); con 6 cuerdas dobles, y notación musical por medio de tabulatura.

VIL adj. Despreciable, indigno, infame. || adj. y s. Se dice de la persona que corresponde mal a la confianza depositada en ella.

VILEZA f. Calidad de vil. || Infamia, indignidad.

VILIPENDIAR tr. Tratar con vilipendio.

VILIPENDIO m. Insulto, denigración, maltrato dado a persona o cosa.

VILO, *en* locución adverbial. Suspendido, sin apoyo o seguridad. || Intranquilo, inquieto, impaciente.

VILLA f. Casa de recreo, especialmente en el campo. || Población con algunos privilegios o de cierta importancia histórica, generalmente menor que una ciudad y mayor que un pueblo. || Corporación de un municipio.

VILLANCICO m. Canción breve tradicional popular del siglo XV, derivada de la poesía trovadoresca.

VILLANÍA f. Bajeza de nacimiento, condición o estado. || Acción ruin. || Expresión indecente.

VILLANO, NA adj. y s. En la edad media, se decía del habitante de una villa o aldea, generalmente agricultor no siervo o pequeño propietario, en contraposición al hidalgo o noble, y al burgués de las ciudades. || adj. Rústico, grosero. || Ruin, indigno.

VINAGRE m. Líquido resultante de la fermentación acética de líquidos alcohólicos, como el vino, sidra, etc. Contiene alrededor de 5% de ácido acético.

VINAJERA f. Cada uno de los jarrillos para servir el vino y el agua en la misa. || pl. Conjunto de ambos jarrillos y de la bandeja que les sirve de soporte.

VINCULAR tr. Sujetar o gravar los bienes a vínculo, para perpetuarlos en empleo o familiarmente determinados por el fundador. || tr. y prnl. Unir, atar, supeditar. || Perpetuar o continuar una cosa.

VÍNCULO m. Unión, ligadura. || Nexo de unión que existe entre una cosa o persona con otra.

VINDICAR tr. y prnl. Vengar. || Defender o exculpar al calumniado o injuriado. || Reivindicar.

VINÍCOLA adj. Relativo a la fabricación del vino. || com. Viticultor.

VINO m. Bebida que se obtiene por fermentación de zumo de uva. Entre sus componentes, al margen de agua y alcohol (que le da hasta 18°), ácidos cítrico, tartárico y otros; glucosa y otros azúcares, vitamina B, proteínas, taninos (color y sabor), acetato de etilo, etc. Puede ser *tinto* (uva negra, fermentación previa al prensado), *clarete* (mezcla de uva blanca y negra), *rosado* (vinificación en blanco de uva negra, o escaso tiempo de maceración en negro) y *blanco* (uva blanca, prensado directo tras el pisado; suele tener un sabor más afrutado que los otros). || *de mesa* (o *de pasto*) El común. || *nuevo* El de la cosecha del año. || *peleón* El muy malo. || *tener buen,* o *mal v.* Ser (alguien) agradable o no cuando se emborracha.

VIÑA f. Viñedo. || *de todo hay en la v. del Señor* Expresión para señalar que hay defectos y rarezas en todas partes. || *tener una v.* Sacar mucho provecho de algo.

VIÑEDO m. Terreno plantado de vides.

VIÑETA f. Adorno gráfico que se coloca al comienzo o final de un libro o capítulo, como orla de una página, entre artículos de una publicación, etc. || Cada uno de los cuadros o escenas en que se divide una historieta gráfica. || Dibujo o emblema adoptado por una entidad.

VIOLÁCEO, A adj. y s. De color violeta. || f. pl. Familia de plantas del orden Parietales, de hojas esparcidas, flores pentámeras y fruto en cápsula o baya. Unas 800 especies, cosmopolitas.

VIOLACIÓN f. Delito que comete quien tiene acceso carnal con una mujer sin su consentimiento, por la fuerza o viéndose ésta privada del sentido. || Acción y efecto de violar (una ley, un lugar sagrado). Otras v. constitutivas de delito son la de correspondencia, la del secreto, la de inmunidades, la de sepulturas, la de tregua y armisticio (ésta es casi siempre delito militar).

VIOLAR tr. Contravenir, vulnerar, infringir una ley o disposición. || Perpetrar una violación sexual. || Profanar un templo o lugar sagrado.

VIOLENCIA f. Cualidad de violento. || Acción y efecto de obligar o forzar. || Acción violenta en que se hace uso exclusivo o excesivo de la fuerza. || Violación de una mujer.

VIOLENTAR tr. Obligar, forzar o aplicar medios violentos a personas o cosas. || Tergiversar un texto o un relato. || Penetrar en un lugar contra la voluntad del propietario. || prnl. Vencer el reparo que se siente hacia alguien o algo.

VIOLENTO, TA adj. Contrario al modo de ser o de actuar normal. || Que procede con fuerza impetuosa. || Se dice de lo que uno hace contra su gusto o voluntad. || Impetuoso, arrebatado; fogoso, iracundo. || Se dice de la interpretación tergiversada que se da a lo dicho o escrito. || Que se lleva a cabo contra el modo regular o con injusticia.

VIOLETA adj. y m. Se dice del color básico que ocupa el 7º lugar en el espectro solar; correspondiente a la porción de menor longitud de onda del espectro visible. || Se dice del color morado claro.

VIOLÍN m. Instrumento musical de cuerda frotada y arco. Forma una familia de instrumentos; es el de sonido más agudo. De madera de pino o abeto, sin trastes en el bastidor. Con 4 cuerdas afinadas de grave a agudo (sol, re, la, mi). || com. Persona que toca este instrumento.

VIOLÓN m. Nombre antiguo del contrabajo. || com. Persona que lo toca. || *tocar uno el v.* Hacer o decir algo inoportuno.

VIOLONCHELO m. Instrumento musical de cuerda frotada y arco; registro grave de la familia del violín. De construcción similar a éste, pero de mayores proporciones.

VIPERINO, NA adj. Maldiciente.

VIRA f. Especie de flecha delgada y de punta muy aguda. || Tira entre la suela y la pala para reforzar el calzado.

VIRAJE m. Acción y efecto de virar. || Cambio de dirección en la marcha de un vehículo. || Procedimiento para dar color a un filme o fotografía. Se usa un virador, o disolución química, con tintes y mordientes. || Giro en las ideas, intereses, actitudes, etcétera.

VIRAR tr. Efectuar un viraje fotográfico. || tr. e intr. Cambiar de rumbo o de bordada una embarcación. || Dar vueltas el cabrestante para levar anclas o subir o bajar cosas de mucho peso a bordo. || intr. Cambiar de dirección en la marcha de un automóvil. || Tener lugar un viraje, sea en un indicador, o una forma de comportamiento o de pensamiento, etcétera.

VIRGEN adj. y com. Persona que no ha tenido relación sexual. || adj. Se dice de la tierra que no ha sido cultivada. || Se aplica a las cosas que conservan su integridad y pureza originales. || Que no ha tenido artificio en su formación. || Por antonomasia, la Virgen María. || Imagen que la representa.

VIRGINAL adj. Relativo a la Vírgen, o a la virginidad. || Puro, incólume, inmaculado. || Instrumento musical de teclado y cuerdas pinzadas, variante del clavicémbalo.

VIRGINIDAD f. Estado e integridad corporal de la persona virgen.

VIRIL adj. Varonil.

VIRILIDAD f. Característica del varón. || Edad viril, comprendida generalmente entre los 30 y 50 años.

VIRREINATO (o VIRREINO) m. En los antiguos reinos de la corona de Aragón, cargo y dignidad del que, en ausencia del rey, gobernaba éstos, asumiendo sus funciones. || La misma institución, trasladada con funciones similares a América por los españoles, o a la India por los británicos. || Territorio bajo su jurisdicción y periodo de duración de dicho cargo.

VIRREY m. Persona que ejerce la jurisdicción sobre un virreinato. || Título que solía darse al lugarteniente de Irlanda y al gobernador general del imperio británico de la India. || fig. Persona con poderes amplios y autónomos en un territorio alejado de la metrópoli.

VIRTUAL adj. Que puede producir un efecto, aunque no lo produzca. || Implícito, tácito, sobreentendido. || Aparente.

VIRTUD f. En filosofía griega, estado de una cosa que constituye su excelencia propia y la capacidad para realizar bien su función. || Eficaz para curar o conservar la salud. || Capacidad de una cosa para producir un determinado efecto. || Fuerza, valor. || Potestad de obrar. || Integridad, bondad. || Disposición que incita a obrar bien. || Castidad, especialmente en la mujer. || *en, o por v. de* A consecuencia de, por tal motivo.

VIRTUOSO, SA adj. y s. Que tiene virtud o virtuosismo. || adj. Capaz de producir el efecto que le corresponde.

VIRUELA f. Enfermedad infectocontagiosa aguda de origen vírico. Caracterizada por la fiebre elevada y la aparición de pústulas que dejan cicatrices. Endémica. || Cada una de las pústulas y cicatrices causadas por esta enfermedad. || Pequeña protuberancia en la superficie de algunas cosas, como plantas, papel, etcétera.

VIRULENCIA f. Calidad de virulento. || Grado de la capacidad de un organismo para producir una enfermedad.

VIRULENTO, TA adj. Causado por un virus. || Ponzoñoso, con pus. || Mordaz, maligno, cáustico.

VIRUS m. Microorganismo submicroscópico, de carácter no celular; no es retenido por los filtros bacterianos normales. || fig. Lo que, habitualmente considerado negativo, transforma la moral o las costumbres.

VIRUTA f. Tira de madera o metal, generalmente en espiral, que se saca con el cepillo u otra herramienta. || fam. Dinero, calderilla, suelto. || m. fam. Carpintero, ebanista; se usa en plural con valor de singular: *un virutas*.

VISADO m. Visto bueno; autorización que se hace constar en los pasaportes por la cual la autoridad consular permite la entrada en su país al titular del pasaporte.

VISAJE m. Gesto, mueca.

VISAR tr. Efectuar un visado. || Dirigir la puntería o la visual. || Encuadrar la cámara de cine o fotográfica.

VÍSCERA f. Cualquier órgano situado en el interior de las grandes cavidades corporales (tórax y abdomen).

VISCOSA f. Materia obtenida por disolución del xantato de celulosa con lejía de sosa, y coagulada en forma de filamentos con ácido diluido. Se emplea como fibra textil.

VISCOSIDAD f. Calidad de viscoso. || Sustancia viscosa. || Propiedad de las sustancias fluidas de oponer resistencia al deslizamiento a causa de su cohesión y adhesión.

VISERA f. Parte sobresaliente de una gorra, que resguarda del sol los ojos; también pieza semejante sujeta a la cabeza con una goma elástica. || Pieza, avance o voladizo usado con fines protectores (en un coche, para el sol; sobre una ventana, para la lluvia, etcétera).

VISIBILIDAD f. Calidad de visible. || Mayor o menor posibilidad de ver lo que rodea según que las condiciones climáticas sean favorables o no.

VISIBLE adj. Que se puede ver. || Manifiesto, evidente.

VISIGODO, DA adj. y s. Se dice del miembro de un pueblo germano establecido en el siglo IV en la cuenca baja del Danubio, que, entre principios del siglo VI y el año 711 constituyó un reino en la península Ibérica.

VISILLO m. Cortina traslúcida para ventanas o puertas con cristales; suele usarse en plural.

VISIÓN f. Capacidad de ver. || Acción y efecto de ver. || Cosa vista, especialmente si es extraordinaria. || Percepción imaginaria asumida como verdadera. || Punto de vista particular. || *ver visiones* Dejarse llevar por la imaginación.

VISIONARIO, RIA adj. y s. Que fácilmente toma como real lo que es quimérico. || Idealista.

VISIR m. Auxiliar del califa que bajo los abbasíes pasó a ser jefe de la administración central del gobierno, lo que representaba el control del poder.

VISITA f. Acción de visitar. || Persona que realiza esta acción. || Inspección, reconocimiento. || *de cumplido* La de mera cortesía. || *de médico* La de corta duración. || *pastoral* La del obispo a su diócesis.

VISITAR tr. Ir a ver a alguien a su casa por cortesía, amistad u otro motivo. || Acudir a un lugar, monumento, población, país, etc., para conocerlo. || Ir a un templo por devoción o para ganar indulgencias. || Acudir una autoridad a un lugar determinado para informarse personalmente o inspeccionar sobre el propio terreno. || Inspeccionar las mercancías en las aduanas. || intr. Reconocer el médico a un enfermo.

VISLUMBRAR tr. Ver un objeto con imprecisión por estar lejos o por no haber luz suficiente. || Deducir por pequeños indicios.

VISO m. Reflejo de algunos tejidos u otras materias, de color distinto al que tienen uniformemente. || Destello luminoso que producen algunas cosas heridas por la luz. || Forro o combinación que se usa debajo de un vestido transparente. || Apariencia, especialmente de verdad o falsedad.

VISÓN m. Mamífero carnívoro de la familia Mustélidos, de unos 35 cm de longitud, cola larga, cabeza pequeña, manto pardo, patas cortas palmeadas. Vive en Europa y norte de Asia. Su piel es usada en peletería.

VISOR m. Aparato con lentes de aumento para visionar películas durante su montaje. || Dispositivo de la cámara fotográfica a través del cual se enfoca la imagen. || Reducida pantalla donde el operador de una telecámara observa la imagen captada. || Dispositivo óptico en los sistemas de puntería aérea y antiaérea.

VÍSPERA f. Día anterior, especialmente a una fiesta o conmemoración. || pl. Una de las divisiones del día romano, que correspondía al atardecer. || *en vísperas* Poco antes.

VISTA f. Sentido por el que se percibe la luz y las formas y colores de los objetos. El órgano sensorial es el ojo, que capta los estímulos luminosos. || Acción y efecto de ver. || Apariencia, aspecto. || Paisaje o panorama que se ve desde un lugar. || Ojo o conjunto de ambos. || Tarjeta postal, cuadro, grabado, etc., que representa un lugar o monumento. || Sagacidad, perspicacia. || Intento, propósito. || Parte de una cosa que queda visible, como los puños, cuello y pechera de una camisa. || Vistazo. || Audiencia (acto judicial). || pl. Ventanas, puertas, etc., de un edificio.

VISTAZO m. Ojeada rápida y superficial.

VISTO, TA m. Der. Examinado o juzgado. || m. Parte del informe, resolución o sentencia que precede a los considerandos. || *bueno* Fórmula generalmente abreviada (Vº Bº) al pie de un documento con la firma del funcionario que lo aprueba. || *bien*, o *mal v.* Bien, o mal considerado. || *estar algo muy v.*, o *más v. que el tebeo* Ser muy poco original. || *lo nunca v.* Asombroso, sorprendente. || *ni v. ni oído*, o *v. y no v.* Con gran rapidez. || *por lo v.* Al parecer.

VISTOSO, SA adj. Que capta la atención por su originalidad, pomposidad o colorido.

VISUAL adj. Relativo a la vista. || Línea recta, desde el ojo al objeto observado. || Mirada, ojeada, vistazo.

VISUALIZAR tr. Representar gráficamente nociones abstractas. || Reconstruir mentalmente algo que no se ve.

VITAL adj. Relativo a la vida. || Trascendental, esencial.

VITALICIO, CIA adj. Que se tiene para toda la vida. Se dice especialmente de prebendas o cargos públicos. || m. Póliza de seguro de vida. || Pensión vitalicia.

VITALIDAD f. Calidad de tener vida. || Energía, dinamismo.

VITAMINA f. Factor biológico no sintetizable por el organismo, por lo que es preciso se ingiera con la alimentación para impedir la presentación de las enfermedades carenciales (avitaminosis, hipovitaminosis). Son sustancias de tipo catalizador; por ello, cantidades pequeñas son suficientes para efectuar su acción fisiológica.

VITICULTURA f. Cultivo de la vid, y técnicas que se usan en ella.

VITOREAR tr. Aclamar, dar vítores.

VITRAL m. Vidriera de colores; es galicismo.

VÍTREO, A adj. Relativo al vidrio o parecido a él. || Se dice del brillo característico de las caras del cuarzo, que corresponde al de la mayoría de los minerales.

VITRINA f. Aparador o escaparate con cristales para exponer objetos.

VITUALLA f. Víveres; suele usarse en plural. || Cantidad grande de alimentos.

VITUPERAR tr. Insultar. || Reprobar duramente.

VITUPERIO m. Insulto, oprobio. || Censura, reprobación.

VIUDO, DA adj. y s. Persona a quien se le ha muerto su consorte y no ha realizado nuevo matrimonio. || adj. Se dice de algunas aves que han perdido su pareja.

VIVACIDAD f. Calidad de vivaz. || Resplandor, brillo, especialmente de los colores.

VIVAR m. Criadero de caza menor, especialmente de conejos. || Vivero de peces.

VIVARACHO, CHA adj. Muy despierto, alegre y divertido.

VIVAZ adj. De larga vida. || Se dice de las plantas que conservan los órganos subterráneos durante la época desfavorable y que anualmente renuevan su aparato epigeo. || Vigoroso, enérgico. || Sagaz, listo.

VIVENCIA f. Identificación del sujeto consciente con sus emociones y sentimientos, sin la polaridad sujeto-objeto propia del conocimiento. || Experiencia que uno integra a su personalidad. || Recuerdo.

VÍVERES m. pl. Cantidad de alimentos para abastecer a un grupo de personas (ejército, expedición, tripulación, etc.). || Comestibles, provisiones.

VIVERO m. Semillero. || Criadero industrial.

VIVEZA f. Vivacidad. || Rapidez de reflejos y de acción. || Agudeza intelectual. || Exaltación verbal. || Brillo de los colores. || Expresividad, referida especialmente a los ojos.

VIVIDOR, RA adj. Que vive, o que vive mucho. || adj. y s. Que sabe vivir bien, especialmente a costa ajena.

VIVIENDA f. Casa, morada.

VIVIFICAR tr. Comunicar vida. || Reanimar, fortalecer.

VIVÍPARO, RA adj. Se dice de los animales que completan su desarrollo dentro de la madre; carecen generalmente de vitelo en los huevos y se alimentan a través de los tejidos maternos (mamíferos euterios).

VIVIR, 1 m. Vida, existencia. || Medios de subsistencia.

VIVIR, 2 intr. Estar vivo. || Habitar. || Pasar la vida. || Llevar cierto tipo de vida. || Manejarse en la vida. || Durar, permanecer. || Experimentar cierta vivencia.

VIVISECCIÓN f. Investigación de forma cruenta de fenómenos fisiológicos o patológicos que se practica sobre animales de experimentación vivos.

VIVO, VA adj. y m. Que posee vida; se dice especialmente del organismo cuyo metabolismo activo le permite asimilar sustancias del medio, que transforma en materiales plásticos y de energía. || adj. Que posee viveza. || Agudo, penetrante. || Fuerte, acusado. || Impulsivo, impetuoso. || Vigente; actual. || Perdurable en el recuerdo. || Convincente; realista. || adj. y s. Vivales. || m. Canto, borde, arista, especialmente si son muy agudos. || Adorno en el extremo de una falda o sobre una costura. || ¡viva! interj. y m. Expresa aclamación, entusiasmo, aprobación, alegría, etcétera.

VIZCONDE m. Título de nobleza, entre barón y conde.

VOCABLO m. Palabra, especialmente la sacada fuera de contexto y aislada de cualquier relación lógica o gramatical. || Sonido o grafía de una determinada palabra.

VOCABULARIO m. Caudal léxico de una lengua, especialmente el normativo que recoge una institución oficial. || Cualquier reunión de las palabras usables en un idioma, ciencia, oficio, materia, etc. || Catálogo o lista de palabras acompañadas de una definición escueta o de su traducción a otro idioma. || Libro en que aparecen.

VOCACIÓN f. Llamada que se siente como invitación divina para cumplir una función o misión, o abrazar el estado religioso. || Inclinación a cualquier estado, profesión o carrera concreta. || Advocación.

VOCAL adj. Relativo a la voz. || Que se expresa verbalmente. || adj. y f. Se dice de los sonidos del lenguaje que, a diferencia

VOCALISTA com. Cantante de una orquesta de baile.

VOCALIZAR intr. Articular clara e inteligiblemente las vocales, consonantes y sílabas de las palabras.

VOCATIVO m. Caso que en las lenguas flexivas se usa para interpelar el hablante a una persona o cosa personificada.

VOCEAR intr. Dar voces. || tr. Pregonar algo a voces. || Llamar o aclamar a voces. || Vanagloriarse públicamente.

VOCERÍA f. Vocerío. || Cargo del vocero.

VOCIFERAR intr. Vocear (dar voces). || tr. Vocear (vanagloriarse).

VOCINGLERO, RA adj. y s. Que grita mucho. || Que habla más de la cuenta. || Petulante.

VODKA amb. Aguardiente de centeno, cebada o maíz, de fuerte graduación.

VOLADIZO, ZA adj. y m. Se dice del elemento arquitectónico que sobresale del muro o del edificio.

VOLADOR, RA adj. Que vuela. || Que cuelga de modo que el aire lo pueda mover. || Rápido. || m. Cohete. || Molinete (juguete).

VOLADURA f. Acción y efecto de hacer saltar una cosa por los aires, generalmente con explosivos.

VOLANDERO, RA adj. Volantón. || Suspenso en el aire. || Casual, imprevisto. || Que no se fija o detiene en ningún lugar. || f. Pieza anular que evita el roce entre dos elementos de una máquina. || Muela de molino. || fam. Mentira.

VOLANTE adj. Que vuela. || Que no tiene asiento fijo. || m. Tira de tela fruncida que adorna algunos vestidos. || Pantalla movible y ligera. || Hoja de papel en la que se escribe alguna comunicación o aviso. || Pieza en forma de aro para controlar la dirección del automóvil. || Rueda giratoria muy pesada, para uniformar la velocidad de un mecanismo.

VOLANTÍN m. Cordel para pescar, con uno o varios anzuelos.

VOLAR intr. Moverse por el aire, sosteniéndose con las alas. || Desplazarse en avión, nave espacial, etc. || Moverse una cosa en el aire, impulsada por el viento. || Ir muy aprisa. || Desaparecer rápida e inesperadamente una cosa. || Sobresalir del paramento de un edificio. || Hacer algo con gran rapidez. || Propagarse una noticia con rapidez. || Transcurrir rápidamente el tiempo. || Llegar lejos, triunfar. || Huir de un lugar. || Dejar que vague la imaginación. || Estar drogado. || tr. Hacer saltar por el aire una cosa, generalmente con explosivos. || Impr. Levantar una letra o guarismo para que resulten volados.

VOLÁTIL adj. y com. Que vuela o puede volar. || adj. Se dice de las cosas que se mueven ligeramente por el aire. || Voluble, inconstante. || Se dice de la sustancia que se evapora fácilmente.

VOLATILIZAR tr. y prnl. Convertir en gaseoso un cuerpo sólido o líquido. || prnl. fam. Desaparecer sin ser notado.

VOLATINERO, RA m. y f. Acróbata.

VOLCÁN m. Zona de la superficie terrestre por la que se emiten materiales procedentes del interior (gaseosos, líquidos y sólidos) a temperatura muy elevada. Un v. consta generalmente de aparato o cono, terminado en una excavación llamada cráter que comunica directamente con la chimenea por la que ascienden los materiales. || Fuego o ardor muy vivo. || Pasión ardiente.

VOLCÁNICO, CA adj. Relativo al volcán. || Se dice de la roca efusiva. || Vehemente, impetuoso.

VOLCAR tr. e intr. Inclinar o invertir una cosa de modo que caiga lo que contiene. || tr. Turbar la cabeza un olor muy fuerte. || Hacer cambiar de parecer. || Irritar a fuerza de bromas o burlas. || prnl. Esforzarse al máximo en favor de una persona o propósito.

VOLEAR tr. Golpear una cosa en el aire para impulsarla.

VOLITIVO, VA adj. Relativo a la voluntad.

VOLQUETE m. Vehículo con dispositivo mecánico para volcar la mercancía.

VOLTAJE m. Tensión o diferencia de potencial expresada en voltios.

VOLTEAR tr. y prnl. Dar vueltas a una persona o cosa. || Poner una cosa al revés de como estaba. || tr. Trastrocar, mudar. || Construir un arco o bóveda. || intr. Dar vueltas una persona o cosa, rodando al caer.

VOLTERETA f. Vuelta del cuerpo en el aire, apoyando a veces la cabeza en el suelo, o dándose impulso en las manos.

VOLTÍMETRO m. Aparato que mide la diferencia de potencial entre dos puntos de un circuito. || Es un galvanómetro conectado a una resistencia de valor elevado (al menos 10 000 ohmios).

VOLTIO m. (V) Unidad de potencial eléctrico en el sistema MKS. Es el potencial que existe en un punto de un campo eléctrico cuando para trasladar desde el infinito hasta él la carga de un culombio hay que realizar el trabajo de un julio.

VOLUBLE adj. Fácilmente enrollable. || De carácter inconstante o versátil.

VOLUMEN m. Libro; cada uno de los tomos que componen una obra escrita. || Espacio que ocupa un cuerpo tridimensional; se mide en metros cúbicos (m^3). || Intensidad de un sonido. || Envergadura o importancia de una cosa, asunto o negocio. || Grosor de una medalla o moneda. || *atómico* Cociente entre el peso atómico de un elemento y su densidad.

VOLUMINOSO, SA adj. Que ocupa mucho espacio.

VOLUNTAD f. Facultad que gobierna la parte consciente de la mente, y que promueve y controla las acciones de los seres humanos, y conjunto de operaciones por las que se ejerce esta actividad personal consciente. || Tesón. || Querencia, afecto. || Deseo de realizar una cosa. || Autoridad, decisión o gusto de alguien o de uno mismo.

VOLUNTARIO, RIA adj. Que nace de la voluntad. || Que pone buena voluntad. || Que gusta de imponer su voluntad. || adj. y s. Que se ofrece voluntariamente para algo; se dice especialmente del soldado que se alista antes de que le corresponda o sin que deba hacerlo.

VOLUNTARIOSO, SA adj. Que gusta de ofrecerse para realizar las cosas. || Que gusta de imponer su voluntad.

VOLUPTUOSIDAD f. Complacencia en los deleites, especialmente en los sexuales.

VOLUPTUOSO, SA adj. Sensual.

VOLUTA f. Motivo ornamental de los capiteles jónico y corintio en forma de espiral, de origen fitomórfico. || Aquello cuya forma evoca una espiral.

VOLVER tr. Dar la vuelta a algo. || Voltear algo. || tr., intr. y prnl. Girar. || Con las prep. *a*, *hacia*, dirigir, encaminar. || tr. Devolver. || Volver del revés. || Traducir. || Binar la tierra. || tr. y prnl. Transformar. || intr. y prnl. Regresar. || intr. Seguido de *a*, en perífrasis verbales, otra vez *(volver a leer)*. || prnl. Virar. || *v. a nacer* Salvarse de un peligro grave. || *v. en sí* Recuperar el conocimiento. || *v. lo de arriba abajo*, o *lo de abajo arriba* Trastornar el orden de las cosas. || *volverse atrás* Cambiar de propósito. || *volverse contra* (uno) Ponerse algo o alguien en contra de uno. || *volverse uno por donde ha venido* Tener que irse de un sitio sin conseguir lo que se pretendía. || *v. sobre sí* Recapacitar.

VOMITAR tr. Padecer un vómito. || Salir algo violentamente por una abertura o boca. || Lanzar exabruptos, injurias o palabras malsonantes. || fam. Soltar uno bajo presión algo que mantenía oculto (un objeto, un secreto, etc.). || *hacer v.* Dar asco.

VOMITIVO, VA adj. y m. Que produce vómitos.

VÓMITO m. Vaciado por la boca del contenido gástrico, de forma repentina y violenta. Es un acto reflejo, mecanismo fisiológico para eliminar sustancias nocivas ingeridas, o bien síntoma de alguna enfermedad. || Materias expulsadas al vomitar. Proporcionan datos útiles para el diagnóstico.

VORÁGINE f. Remolino de aguas que arrastra hacia su centro. || Encadenamiento de pasiones, afectos, situaciones o acontecimientos que lo arrastran a uno.

VORAZ adj. Que come mucho y ávidamente. || Devastador.

VOS Pronombre personal de segunda persona, que puede usarse para cualquiera de ambos géneros, o números. Era la fórmula cortés de tratamiento hasta que fue sustituida por el *usted* actual. Aún se mantiene en ciertos casos, como muestra de gran respeto. Pide verbo en plural, pero concierta en singular con el adjetivo aplicado a la persona a quien se dirige.

VOSOTROS, TRAS Formas masculina y femenina del pronombre personal de segunda persona del plural.

VOTACIÓN f. Acción y efecto de votar. || Conjunto de votos. || Proceso de elección de un cargo o cargos entre distintos candidatos. || Mecanismo por el que un grupo elige entre varias opciones (puede ser *a mano alzada*, *nominal* o *secreta*).

VOTAR tr. e intr. Emitir un voto en una elección, asamblea, etc.; por extensión, aprobar mediante votación. || Hacer un voto, promesa. || intr. Maldecir, jurar.

VOTO m. En una asamblea o elección, parecer que emite cada uno de los componentes para designar un cargo, adoptar un acuerdo, etc. || Facultad de emitirlo. || Votante. || Promesa hecha a Dios o a un santo, por la que se hará algo a condición de obtener lo que se pide. || Cada compromiso contraído al entrar en una orden religiosa (pobreza, castidad y obediencia). || Deseo. || Maldición, juramento.

VOX POPULI Opinión pública.

VOZ f. Sonido que emite el aparato fonador humano, por vibración de las cuerdas vocales de la laringe al paso del aire. || Timbre, tono y volumen de este sonido. || Conjunto de sonidos emitidos por determinados animales. En algunos (p. ej., aves) tiene una función de comunicación social. || Grito. || Palabra. || Opinión; derecho a opinar. || Rumor. || Llamada o advertencia de ciertas facultades interiores o instintos (de la razón, conciencia, sangre, etc.). || Cada una de las partes de una obra polifónica. || Forma del verbo que expresa si el sujeto es agente o receptor de la acción.

VUELCO m. Acción y efecto de volcar. || *darle* a uno *un v. el corazón* Sobresaltarse.

VUELO m. Acción de volar. || Capacidad de algunos grupos animales de sustentarse y desplazarse por el aire con ayuda de órganos especializados (alas). || Distancia recorrida o tiempo empleado por una aeronave desde el despegue hasta el aterrizaje. || Viaje en avión, globo, helicóptero, aeronave, etc. || Longitud de un voladizo. || Amplitud de una prenda desde el punto en que está fruncida: falda, visillo, tapete, etcétera.

VUELTA f. Giro de 180° o de 360° grados. || Espira de una bobina. || Desvío o curvatura en una línea. || Curva que describe el interior de un arco o bóveda. || Paseo, caminata. || Recorrido por la periferia de algo. || Regreso al punto de partida. || Cambio de un pago. || Devolución de algo a su antiguo poseedor. || Repetición de algo. || Fase de un campeonato, concurso, elecciones, etc. || Cambio de una situación, de criterio o forma de pensar, etc. || Cara opuesta a la que se ve de una cosa. || Embozo de una capa. || Doblez de adorno en puños, perneras, etc. || En las labores de punto, pasada. || Labor que se da a la tierra. || Voltereta (lance en el juego). || Brillo que despide la plata al término de la copelación.

VUESTRO, TRA, TROS, TRAS Adjetivo y pronombre posesivo de segunda persona. || *la vuestra* Ocasión propicia para las personas con quienes se está hablando. || *los vuestros* Los familiares, amigos o camaradas de nuestros interlocutores.

VULCANISMO m. Conjunto de fenómenos y procesos relacionados con la emisión de magma a través de los volcanes.

VULGAR adj. Común, del vulgo. || Se dice de las lenguas modernas por contraposición al griego y latín clásicos. || Soez.

VULGARIDAD f. Grosería. || Trivialidad.

VULGARISMO m. Palabra propia del léxico popular, especialmente las mal vistas socialmente.

VULGO m. Gente común; es despectivo.

VULNERABLE adj. Susceptible de sufrir algún daño.

VULNERAR tr. Herir, lastimar, perjudicar. || Violar, transgredir.

VULVA f. Aparato genital externo femenino; lo forma una hendidura limitada lateralmente por repliegues cutáneos (labios mayores) recubiertos de vello, y anteriormente por el monte de Venus (pubis).

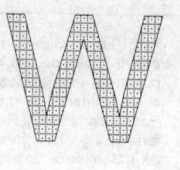

W f. Vigésima sexta letra del abecedario castellano (W, w); su nombre es *uve doble*; en realidad no corresponde a ningún fonema propio y sólo se usa en nombres de origen extranjero.

WAT Abreviatura de vatio.

WATERPOLO m. Deporte acuático que se practica entre 2 equipos de 7 jugadores. Cada equipo trata de introducir una pelota, jugada con la mano, en la portería contraria. Dividido en 4 tiempos de 5 min cada uno. La profundidad mínima del lugar de juego debe ser de 1.80 m. Las porterías miden 3 m de ancho y 0.90 m de altura. Olímpico desde 1900.

W. C. m. Váter.

WELTER adj. y com. Se dice de la categoría de peso en el boxeo y lucha equivalente al semimedio, situada entre los 61.235 y los 66.678 kg.

WESTERN m. Género cinematográfico creado en EUA que sitúa su acción en la colonización y costumbres del O americano.

WHISKY m. Bebida que se fabrica por fermentación alcohólica de determinados cereales, especialmente avena y cebada, previamente germinados.

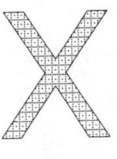
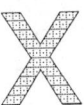

X f. Vigésima séptima letra del abecedario castellano (X, x); su nombre es *equis*. Representó el sonido velar fricativo sordo, que hoy se transcribe en *j*, a excepción de ciertas palabras que todavía conservan la grafía *x* (México, Texas). || Se usa la letra *x* para designar cosas, personas, etc., cuyo nombre no se desea especificar.

XENOFOBIA f. Hostilidad u odio hacia lo extranjero.

XENÓN m. (Xe). Elemento químico situado en el grupo VIIIa de la tabla periódica. Forma parte del grupo de los gases nobles. Se encuentra en la atmósfera ($8.7 \cdot 10^{-6}$% en volumen). Es un gas inodoro, incoloro e insípido. Se usa como contador de neutrones, contador de rayos X y para llenar lámparas de destello usadas en fotografía.

XEROGRAFÍA f. Procedimiento de impresión en seco para reproducir copias sin contacto directo con el original. || Fotocopia que se obtiene por este método.

XI f. Décimo cuarta letra del alfabeto griego (Ξ, ξ); se transcribe *x*. || Número griego. (= 60 000).

XIFOIDES m. Apéndice que forma el extremo inferior del esternón, que a veces permanece cartilaginoso.

XILÓFAGO, GA adj. Se dice de los animales que se alimentan de madera. Su flora intestinal suele contener grupos bacterianos que equilibran la dieta en contenido de nitrógeno.

XILÓFONO m. Instrumento de percusión de sonido determinado: serie de láminas de madera dura o bambú, dispuestas consecutivamente sobre un marco. Su altura viene determinada por la longitud y espesor de éstas. Se toca con baquetas. De origen asiático.

XILOGRAFÍA f. Técnica del grabado en madera. El dibujo sobre la plancha puede realizarse en relieve o en hueco.

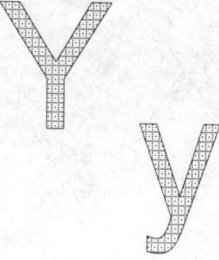

Y, 1 f. Vigésima octava letra del abecedario castellano (Y, y); su nombre es *ye* o *i griega*.

Y, 2 Conjunción coordinada copulativa que enlaza palabras u oraciones con valor afirmativo. Cuando une varias palabras de un mismo período oracional sólo aparece, por lo general, precediendo a la última. || Toma un valor consecutivo, adversativo o concesivo, cuando sirve de nexo entre oraciones. || Toma el valor de adverbio interrogativo cuando introduce una oración interrogativa.

YA adv. Antes. || Ahora. || Después, en adelante. || De acuerdo (a veces, irónicamente). || conj. (distributiva) *ya..., ya...* Ora..., ora... || (adversativa) *no ya, o ya no* No sólo. || (causal) *ya que* Puesto que. || *¡ya está!* Expresión que indica un acuerdo completo o el hecho de haber concluido algo.

YACER intr. Estar acostado, generalmente por enfermedad. || Estar muerto y, especialmente, en la tumba. || Acostarse con la pareja. || Reposar el ganado caballar o vacuno, por la noche, en el campo.

YACIMIENTO m. Depósito natural en el que se encuentran acumulados minerales o hidrocarburos en concentración tal que hace su explotación económicamente viable. || Por extensión, zona en la que se localizan fósiles o restos arqueológicos.

YAMBO m. Pie métrico de la poesía griega y latina formado por 2 sílabas, breve la 1ª y larga la 2ª. En la poesía castellana, pie formado por una sílaba átona seguida de otra tónica.

YANQUI (o YANKEE) adj. y com. Denominación aplicada a los estadounidenses; especialmente a los de procedencia anglosajona.

YARDA f. Unidad de longitud usada en los países anglosajones, equivale a 0.9144 metros.

YATE m. Embarcación, generalmente de líneas elegantes, acondicionada para recreo (de motor o a vela) o para competiciones deportivas (a vela).

YE f. Nombre de la letra *y*.

YEDRA f. Hiedra.

YEGUA f. Hembra del caballo. || Despectivamente, mujer.

YEÍSMO m. Vicio del habla consistente en pronunciar la *elle* como *ye*. El fenómeno reside en la deslaterización de *l*, que se convierte en una fricativa central: *y*. Está muy extendido por Hispanoamérica y por la zona centro y sur de España, y su consideración sociolingüística varía enormemente.

YEMA f. Brote en desarrollo de las plantas, que generalmente se dispone en la axila de las hojas. || Lo que reúne en sí las excelencias de algo. || Pastelillo, generalmente esférico, de yema de huevo y azúcar. || Vitelo.

YEN m. Unidad monetaria de Japón.

YERBA f. Hierba. || argot. Marihuana, grifa. || *mate* Arbusto leñoso de la familia Aquifoliáceas, de hojas coriáceas alternas, fruto en drupa. Con sus hojas se

YERMO prepara el mate. || *y otras yerbas* Y otras cosas que no se citan.

YERMO, MA adj. Se dice de la tierra inculta. || Despoblado.

YERNO m. Respecto a alguien, marido de su hija.

YERRO m. Error.

YERTO, TA adj. Agarrotado. || Rígido; apelmazado.

YESCA f. Material tratado para que resulte muy seco e inflamable; por extensión, lo que por estar muy seco arde fácilmente. || Lo que exacerba la pasión o la sed.

YESERÍA f. Fábrica o tienda de yeso.

YESO m. Sulfato de calcio hidratado. Cristaliza en el sistema monoclínico, en forma prismática y alargada, generalmente maclado; otras veces forma cristales lenticulares en agrupaciones características llamadas rosa del desierto. Color claro, gris o amarillento. Blando, fácilmente exfoliable, transparente. Es un mineral sedimentario de origen químico, por precipitación directa de aguas salinas. || Escultura vaciada en yeso. || Tiza.

YEYUNO m. Segunda porción del intestino delgado que sigue al duodeno y que, con el íleon que lo continúa, forma el intestino mesentérico.

YO Nominativo singular (género masculino y femenino) del pronombre personal de primera persona. || m. Unidad dinámica constituida por el individuo consciente de su personalidad y de sus relaciones con lo que le rodea. || En psicoanálisis, término empleado por Freud desde 1923 para designar la instancia psíquica, parte consciente y parte inconsciente, que se rige por el principio de la realidad.

YODO m. (I) Elemento químico situado en el grupo VIIa de la tabla periódica. Forma parte de la familia de los halógenos. Se encuentra en la naturaleza en salmueras como yoduro y como yodato de calcio y sodio. Numerosas especies que viven en el mar concentran yodo en sus organismos. Es un sólido negro con ligero brillo metálico. Es un no metal. Se usa como antiséptico en medicina y como reactivo en análisis químicos.

YOGA m. Antiguo sistema de disciplina desarrollado en la India para el despertar del hombre a la experiencia gozosa de la divinidad.

YOGUI adj. Relativo al yoga. || com. Adepto a la filosofía del yoga. || Practicante de sus ejercicios.

YOGUR m. Leche cuajada resultante de la fermentación de la leche descremada, pasteurizada y, a veces, homogeneizada.

YO-YO m. Juguete formado por dos discos unidos en su centro por un eje al que se enrolla un cordel por el que suben y bajan aquéllos, al ser impulsado.

YUGO m. Útil agrícola con el que se uncen dos bueyes, mulas, etc. || Especie de arco de poca altura, por el que los antiguos romanos hacían pasar al enemigo vencido, con el fin de humillarlo. || Pieza de madera en que se arma la campana y permite echarla al vuelo. || Sujeción opresiva y molesta. || Tablón curvo que forma el armazón del codaste.

YUGULAR, 1 adj. y f. Relativo al cuello. Se dice especialmente de las 4 venas tributarias del sistema venoso de la cava superior y que recogen la casi totalidad de la sangre de la cabeza y el cuello.

YUGULAR, 2 tr. Degollar. || Cortar bruscamente una actividad o un proceso.

YUNQUE m. Prisma cuadrangular de acero, con uno o dos extremos prolongados en punta, sobre el cual se estira el metal con el martillo. || Persona que soporta pacientemente las calamidades.

YUNTA f. Par de mulas, bueyes, etc., uncidos. || En ciertos lugares, unidad de superficie correspondiente a la tierra capaz de arar una yunta de bueyes en un año.

YUXTAPONER tr. y prnl. Colocar una cosa junto a otra.

YUXTAPOSICIÓN f. Acción y efecto de yuxtaponer. || Unión de dos o más frases que se delimita, tanto por lazos semánticos difíciles de precisar, como por una pausa fónica.

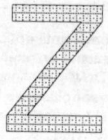

Z f. Vigésima novena y última letra del abecedario castellano (Z, z); su nombre es *zeta*. || Símbolo de la impedancia.

ZACATE m. Cualquier planta para alimentar el ganado.

ZAFAR tr. y prnl. Quitar de en medio. || prnl. Deshacerse de algo o de alguien que molesta. || Eludir. || Salirse una correa de su guía. || Evitar, esquivar, escabullirse de algo.

ZAFARRANCHO m. Acción y efecto de despejar y disponer para una tarea una parte de la embarcación. || Limpieza general. || Altercado o pelea, y destrozos que produce.

ZAFIO, FIA adj. Bruto, mal educado.

ZAFIRO m. Variedad de corindón, azul, apreciada como gema.

ZAFRA f. Recolección y cosecha de caña de azúcar. || Fabricación de azúcar de caña, y tiempo que dura. || Vasija metálica agujereada para escurrir las medidas de aceite. || Vasija metálica para guardar aceite.

ZAGA f. Parte trasera de algo. || Carga situada en la parte trasera de un carruaje. || m. El último en un juego. || *a la* z., o *en* z. Detrás; por debajo.

ZAGAL, LA m. y f. Adolescente. || Pastor joven. || m. Refajo.

ZAGUÁN m. Vestíbulo de una casa, que da a la calle.

ZAGUERO, RA adj. Rezagado. || En frontón de parejas, el que juega atrás y lleva el peso del partido. || En deportes de equipo, defensa.

ZAHERIR tr. Echarle algo en cara a alguien. || Humillar o maltratar con palabras o con alguna acción.

ZAHORÍ com. Persona que practica la radiestesia. || Persona intuitiva y observadora.

ZAMARRA f. Zalea, y chaleco hecho con ella. || Chaquetón de piel.

ZAMARREAR tr. Agitar su presa el animal que la tiene sujeta con los dientes. || Zarandear. || Acorralar a alguien en una pelea o disputa.

ZAMBO, BA adj. y s. Patizambo. || Mulato.

ZAMBOMBAZO m. Explosión, estruendo. || fam. Golpetazo.

ZAMBULLIR tr. y prnl. Sumergir bruscamente en el agua. || prnl. Ocultarse bajo algo. || Dedicarse de lleno a un asunto.

ZAMPAR tr. y prnl. Comer de prisa y en abundancia. || Introducir bruscamente en algún sitio.

ZAMPOÑA f. Instrumento musical de viento. Varilla de la flauta, con varios tubos de diferentes tamaños. || fam. Bobada, necedad.

ZANCA f. Pierna de las aves, desde el tarso a la articulación del muslo. || Pierna larga y delgada. || Travesaño inclinado en que se engarzan los brazos de una escalera.

ZANCADA f. Paso muy largo. || *en dos zancadas* Velozmente.

ZANCADILLA f. Acción de cruzar la pierna por entre las de otro que camina, o bien pasarla por detrás y empujarle, para hacerle caer al suelo. || Por extensión, trampa para dificultar la actuación de alguien.

ZANCO m. Cada uno de los dos palos largos, provistos de estribos a media altura, sobre los que se afirman los pies, para andar con ellos; suele usarse en plural.

ZANCUDO, DA adj. De largas zancas.

ZÁNGANO Persona holgazana; a veces, como femenino: *zángana*. || Lerdo; inoportuno.

ZANJA f. Excavación larga y estrecha.

ZANJAR tr. Cavar una zanja. || Dar por acabado un asunto.

ZAPA f. Pala de zapador. || Zanja o galería excavada al pie de un muro para socavar sus cimientos. || Conjunto de actividades encubiertas con que se intenta socavar los fundamentos de una organización.

ZAPADOR m. Soldado de ingenieros dedicado a labores de zapa.

ZAPATA f. Parte del freno en un vehículo de ruedas que, al accionarlo, incide directamente sobre ellas, o sobre sus llantas, tambores o ejes. || Protector de cuero, fieltro, etc., que se coloca en el quicio de una puerta. || Tablón que protege la base de la quilla. || Madero colocado horizontalmente sobre un pie derecho. || Parte lateral de los cimientos que rebasan el grosor del muro que sostienen.

ZAPATAZO m. Golpe dado con la suela de un zapato, y ruido seco que produce. || Por extensión, caída o golpe que originan un ruido semejante.

ZAPATEADO m. Baile español sin acompañamiento instrumental y para un solo bailarín, que lo ejecuta con diversos ritmos, percutiendo vigorosamente los tacones de los zapatos en el suelo. De origen gitanoandaluz.

ZAPATEAR tr. Golpear con la suela del zapato. || Bailar zapateado. || Percutir un conejo el suelo con las manos cuando se siente en peligro. || Entrechocar manos y pies una caballería al galopar. || Maltratar a alguien.

ZAPATERÍA f. Taller donde se fabrican zapatos. || Establecimiento donde se venden.

ZAPATERO, RA adj. Se dice de la legumbre que no se ha ablandado con la cocción, o del bistec, tortilla, etc., que se han quedado correosos o duros. || m. y f. Quien hace, compone o vende zapatos. || m. Armario para zapatos.

ZAPATILLA f. Calzado de material cálido y flexible, sin cordones, que se usa para estar cómodo en casa. || Calzado para ballet clásico. || Remate de cuero del taco de billar. || Casco de los mamíferos de pata hendida. || Guión de adorno que cruza los trazos verticales de algunas letras. || Trozo de terciopelo o ante que en los instrumentos musicales de viento con pistones (trompas, tubas, trompetas) se coloca debajo de éstos para que se acoplen bien a los agujeros.

ZAPATO m. Calzado que llega como máximo al tobillo.

¡ZAPE! Interjección usada para espantar gatos; también expresa sorpresa, o temor, prevención.

ZAR m. Título, procedente de los Estados eslavos medievales, usado por los soberanos rusos (desde 1547) y búlgaros (1908).

ZARANDAR (o ZARANDEAR) tr. Cribar. || tr. y prnl. Sacudir o agitar vivamente a una persona o una cosa. || Ajetrear.

ZARCILLO m. Pendiente de aro con colgantes.

ZARINA f. Esposa del zar. || Emperatriz de Rusia.

ZARPA f. Acción y efecto de zarpar. || Extremidad de algunos animales mamíferos, formada por los dedos y las uñas robustas y afiladas. || fam. Mano. || *echarle a uno la z.* Atraparlo.

ZARPAR tr. Partir un barco de donde está fondeado o amarrado. || intr. Salir en barco.

ZARPAZO m. Golpe de zarpa; manotazo. || Trastazo.

ZARRAPASTROSO, SA adj. Sucio, descuidado; andrajoso.

ZARZAMORA f. Zarza, y su fruto.

ZARZUELA f. Forma escénica musical en la que el canto y el diálogo alternan con el diálogo hablado. || Música y texto o libreto de esta obra. || Plato surtido de pescado, guisado con salsa.

¡ZAS! interj. Expresa un golpe, o su sonido.

ZASCANDIL m. fam. Vagabundo entrometido y pendenciero.

ZENIT m. Cenit.

ZEPELÍN m. Dirigible aerostático de estructura rígida y cubierta de algodón, creado por F. von Zeppelin.

ZETA f. Nombre de la letra z. || Sexta letra del alfabeto griego (z, z); se transcribe z.

ZIGZAG m. Línea quebrada alternativamente a derecha e izquierda.

ZIGZAGUEAR intr. Seguir una trayectoria en zigzag.

ZINC m. Cinc.

ZÓCALO m. Elemento inferior de un edificio que unifica el nivel de los basamentos. || Cuerpo inferior del pedestal. || Basa de una columna. || Faja en relieve o pintada en la parte baja de un muro. || Llanura o plataforma formada por rocas cristalinas que constituye el componente normal de la mayor parte de la corteza terrestre. || Parte de un aparato electrónico en que se conectan y sostienen sus componentes eléctricos y electrónicos (lámparas, etc.), que resultan así fácilmente reemplazables en caso de avería.

ZOCATO, TA adj. Zurdo. || Torpe. || Se dice del fruto que amarillea antes de llegar a la madurez.

ZODIACAL adj. Relativo al Zodiaco. || z., luz Débil claridad del cielo que se observa antes de la salida del Sol, dentro del crepúsculo astronómico.

ZODIACO (o **ZODÍACO**) m. Cinturón circular de 17° de altura que envuelve la Tierra y por cuyo centro pasa la eclíptica. Las 12 constelaciones del Z. fueron consideradas como las mansiones sucesivas del Sol en su ruta anual; como no tenían igual duración, se distribuyó el camino del Sol en 12 secciones de 30° de longitud. Los 12 signos del Z. son: Aries, Tauro, Géminis, Cáncer, Leo, Virgo, Libra, Escorpión, Sagitario, Capricornio, Acuario y Piscis. Cada signo está representado por un símbolo, cuyo origen no ha sido determinado.

ZONA f. Superficie, terreno o espacio exactamente delimitados. || Inmediaciones. || En baloncesto, porción del campo más próximo a la cesta.

ZOOFILIA f. Alteración sexual consistente en el amor erótico a los animales.

ZOOLATRÍA f. Culto religioso a los animales, considerados como encarnación de la divinidad.

ZOOLOGÍA f. Disciplina de la biología encaminada al estudio de los animales, especialmente desde el enfoque de su identificación y descripción.

ZOOLÓGICO, CA adj. Relativo a la zoología. || adj. y s. Se dice de la instalación (parque) destinada al mantenimiento y exhibición al público de animales salvajes.

ZOOM m. Objetivo de focal variable que permite realizar tomas de aproximación o alejamiento.

ZOOMORFO m. En forma de animal.

ZOPENCO, CA adj. y s. fam. Bruto, desmañado.

ZOQUETE m. Al labrar un madero, pedazo de madera sobrante. || Trozo de pan. || fam. Persona de pocas entendederas. || Persona gorda y de mal aspecto. || Calcetín.

ZORRO m. Macho de la zorra. || Piel de zorra, curtida. || Hombre astuto y capcioso. || Quien simula estupidez para rehuir el trabajo. || pl. Sacudidor del polvo hecho con tiras de piel u otro material.

ZOZOBRA f. Acción y efecto de zozobrar. || Desasosiego. || En los dados, cara opuesta a una determinada.

ZOZOBRAR intr. Estar a punto de naufragar una embarcación por el carácter tormentoso de los vientos. || Naufragar. || Peligrar o frustrarse un asunto. || Desasosegarse. || tr. Provocar un fracaso.

ZUECO m. Zapato de madera labrada; se usa en lugares húmedos y encharcados. || Por extensión, zapato con suela de madera o de corcho.

ZULAQUE m. Pasta usada en fontanería para cerrar e impermeabilizar juntas.

ZULÚ adj. y com. Se dice del miembro del pueblo negroafricano, de raza e idioma bantú, que habita en el este de la República Sudafricana (provincia de Natal); 3 970 000 individuos (1970).

ZUMBADOR m. Dispositivo electromagnético donde una lámina puesta en vibración por un electroimán produce un sonido de baja frecuencia. || Madera, juguete.

ZUMBAR intr. Producir zumbidos. || tr. fam. Pegar, golpear. || Robar, hurtar. || tr. y prnl. Chancear. || *estar zumbado* Estar sonado o medio loco. || *zumbando* Rápidamente. || *zumbarle a uno los oídos* Tener la impresión de que se habla de él.

ZUMBEL m. Cordel con que se imprime el giro a un trompo.

ZUMBIDO m. Sonido continuo, como el de una superficie al vibrar.
ZUMBÓN, NA adj. Guasón. || m. Cencerro zumbón.
ZUMO m. Jugo vegetal. || Beneficio que se obtiene de algo.
ZURCIR tr. Reconstruir un tejido desgarrado mediante hilos entrecruzados. || Remendar una tela rota o desgarrada por medio de pequeñas puntadas. || Unir dos cosas sin que se note el nexo.
ZURDO, DA adj. y s. Se dice del individuo que tiene preferencia a usar el lado izquierdo de su cuerpo en vez del derecho. Se debe a un predominio del hemisferio cerebral derecho. || Izquierdo, referido especialmente al pie o a la mano.
ZURRA f. Acción de zurrar pieles. || Paliza, golpes dados a una persona. || Pelea.
ZURRAR tr. En tenería, dar el acabado a las pieles. || Dar una paliza. || Reñir o apabullar a alguien en público.
ZURRÓN m. Morral; por extensión, bolsas semejantes para diversos usos. || Cubierta externa de algunos frutos, como la castaña.
ZUTANO, NA pron. Ése o aquél; se usa detrás de *fulano* y/o *mengano*.

Diccionario Práctico
se terminó de imprimir en marzo 2006 en
Comercializadora y Maquiladora Tucef, S.A. de C.V.
Venado Nº 104, Col. Los Olivos
C.P. 13210, México, D. F.